満洲における政府系企業集団

柴田善雅

日本経済評論社

凡　例

- 西暦を用いた。ただし日本が太陽暦に移行する明治6年1月1日以前、中華民国が太陽暦に移行する1912年1月1日以前は元号を用い西暦を（　）で追記した。それ以外の日本元号、日本皇紀、満洲国元号、成吉思汗暦、中華民国暦、ロシア暦の併記を省略した。
- 数字は千、百万単位で主に表記した。
- 地名では、関東州、満洲国、新京、京城、中華民国臨時政府、察哈爾自治政府、晋北自治政府、蒙古聯盟自治政府、蒙疆聯合委員会、蒙古聯合自治政府、綏遠、厚和、をそのまま歴史的呼称として利用した。
- 法人名等は、南満洲鉄道株式会社を満鉄、東洋拓殖株式会社を東拓、満洲重工業開発株式会社を満業、満洲炭礦株式会社を満炭、満洲中央銀行を満銀、満洲興業銀行を満興銀、満洲電業株式会社・満洲電業股份有限公司を満電、満洲投資証券株式会社を満投、日本窒素肥料株式会社を日窒、帝国燃料興業株式会社を帝燃、日本興業銀行を興銀、蒙疆銀行を蒙銀、中国聯合準備銀行を聯銀、中央儲備銀行を儲備銀、大蔵省預金部資金を預金部資金と略記することがある。満洲に移駐した日本産業株式会社と別法人の株式会社日産との混同を防ぐため、「日産」は株式会社日産のみを指す。
- 商号に本店所在地が含まれる場合には、概ね本店所在地を省略した。
  ロシアが敷設した満洲における鉄道は、清朝期は東清鉄道、中華民国期は東支鉄道、満洲国期の1932年9月以降は中東鉄道、1933年5月30日以降は北満鉄道と記した。1935年12月買収により満洲国有鉄道の一部となる。
- 銀行券については、日本銀行券を日銀券、朝鮮銀行券を朝銀券、満洲銀行券を満銀券、蒙疆銀行券を蒙銀券、中国聯合準備銀行券を聯銀券、中央儲備銀行券を儲備券と略称することがある。
- 法人名は、各章で最初に正式商号を掲げ、二度目以降に用いる際には「株式会社」等を省略して掲載することがある。
- 日本法人株式会社の民間銀行については本文中で「株式会社」を省略した。
- 股份有限公司の股票を株式、股東を株主、董事を取締役と表記し、日本の「商法」（会社篇）の表記に統一した。
- 日本と満洲国、蒙疆政権、華北華中の占領地政権の法令は公布日、植民地総督等が制定した法令は裁可日、条約は調印日を基準に記載し、公布・施行については必要に応じて補記した。日本の法令は『法令全書』、国立国会図書館法令検索データベースで、満洲国法令は『満洲国政府公報』で点検したが、その典拠を省略した。
- 会社設立日は創立総会の日を利用したが、創立総会が開催されない場合には発起人総会もしくは登記日を利用した。創立総会以外の設立日の記載を確認できた場合にはそれを

できるだけ補記した。創立総会開催日が不明の場合には『満洲銀行会社年鑑』、『満洲商工概覧』等の記載に依拠した。『満洲銀行会社年鑑』掲載の満洲国期の商業登記制度確立後の会社設立日は登記日を記載している。同年鑑に依拠した設立日は登記日となる。解散は解散決議日を用いたが、決議日不明の場合に清算結了日等を利用しそれを明示した。吸収合併される場合には合併決議のほか合併実施日が記載される場合も多いが、確認できない場合には合併日として記載し、解散日としていない。増資日も決議日を記載したが、増資実施日を用いる場合にはそれを明示した。

・日本法人銀行の設立年月日は社史に依存しないものは一般社団法人全国銀行協会図書館銀行変遷史データベースに、保険会社は同様に農商務省、商工省、大蔵省『保険年鑑』に依拠し、個別典拠明示を省略した。
・営業報告書等の営業期を示す数値は、読みやすさに配慮して、アラビア数字に置き換えた。また会社により『事業報告書』、『決算書』等の表記があるが、『営業報告書』で表記を統一した。
・表で多数の関係会社を列記したが、設立日、商号変更・解散等の典拠は、本文・注で紹介している場合には表の出所への記載を省略した。
・表の出所の営業報告書等の商号は「株式会社」を「㈱」に、「股份有限公司」を「㈮」に圧縮して表記した。
・注に記載する個人の経歴に現れる会社のうち同一章もしくは他の章の本文もしくは掲表で設立年月等が紹介されているものについては設立年月等を省略した。
・個人名の敬称をすべて省略した。
・文中で典拠を参照文献一覧から紹介する場合には、誤解を発生させない範囲で商号等を短縮した。
・出資率は会社支配を重視するため、公称資本金に対する保有率を指す。
・1906年9月1日設置関東都督府発行の『関東都督府府報』を『府報』と略称することがある。大正改元で1912年7月31日号を第1号とし番号体系を改変した。
・1919年4月12日設置関東庁発行の『関東庁庁報』を『庁報』と略称することがある。昭和改元で1926年12月27日号を第1号とし番号体系を改変した。
・1934年12月26日設置関東局発行の『関東局局報』を『局報』と略称することがある。
・『満洲銀行会社年鑑』を『満銀年鑑』と略称することがある。
・『満洲国政府公報』を『公報』と略称することがある。

目　　次

凡　　例　i

序　章　満洲における政府系企業集団研究の課題と方法 ……… 1

　第1節　課題と分析視角　1
　　1．課題　1
　　2．分析視角　7
　第2節　先行研究と本書の概要　11
　　1．先行研究の概要　11
　　2．本書の概要　13

第1章　満洲の会社法制 …………………………………… 19

　はじめに　19
　第1節　満洲事変以前会社法制　20
　　1．関東州・南満洲鉄道附属地の会社登記体制の導入　20
　　2．合弁法人設立　24
　第2節　初期満洲国会社法制　27
　　1．中華民国「公司法」の準用　27
　　2．特殊会社制度の導入　30
　　3．為替リスク回避の二重法人化　36
　第3節　「会社法」体制への移行　40
　　1．「会社法」　40
　　2．「外国法人法」　47
　第4節　アジア太平洋戦争期の会社法制　50
　おわりに　53

第2章　満洲企業の趨勢 ……………………………………… 55

はじめに　55

第1節　満洲事変前期の満洲企業　57
　　1．企業と資本金の趨勢　57
　　2．特定時点の会社趨勢と主要会社　63

第2節　満洲国期の企業　79
　　1．満洲国会社件数・資本金趨勢　79
　　2．特定時点の会社と主要会社　85

おわりに　102

第3章　第1次大戦終結前期南満洲鉄道系企業集団 ………… 105

はじめに　105

第1節　南満洲鉄道の設立と監督体制　106
　　1．南満洲鉄道の設立　106
　　2．監督体制　110

第2節　事業と関係会社出資の概要　113
　　1．事業概観　113
　　2．関係会社出資の概要　117
　　3．関係会社総資産と連結総資産　125

第3節　公益事業投資　131
　　1．清和公司と電力投資　131
　　2．運輸業投資　134

第4節　製造業・鉱業投資　139
　　1．大連製造業支援　139
　　2．その他製造業等投資　141

第5節　取引所信託と市場会社等の支援　147
　　1．取引所信託の支援　147
　　2．市場会社等の支援　149

3．その他事業支援　151
　おわりに　157

第4章　1920年代南満洲鉄道系企業集団　159

　はじめに　159
　第1節　事業と関係会社投資の概要　160
　　　1．事業概要　160
　　　2．関係会社投資の概要　165
　　　3．関係会社総資産と連結総資産　182
　第3節　1920年代有力直営事業の分社化　192
　　　1．造船業　192
　　　2．窯業　194
　　　3．ガス・電力事業　196
　　　4．製鉄業　198
　　　5．旅館業　199
　第4節　運輸業支援　204
　　　1．小運送業等の支援　204
　　　2．鉄道業　208
　第5節　鉱工業　212
　　　1．鉱業　212
　　　2．製造業　215
　第6節　取引所信託等・保険・銀行の支援　222
　　　1．取引所信託等の支援　222
　　　2．保険・銀行業の支援　226
　第7節　拓殖業・不動産業・メディア産業等　233
　　　1．拓殖業　233
　　　2．土木・労力供給・不動産　235
　　　3．メディア産業等　238
　第8節　中間持株会社　242

おわりに 249

第5章　満洲事変期南満洲鉄道系企業集団 … 251

はじめに 251

第1節　事業と関係会社投資の概要 253
1．事業概要 253
2．関係会社投資概要 256
3．関係会社総資産と連結総資産 278

第2節　関係会社の再編・重点投資 291
1．関係会社株式公開・譲渡方針 291
2．特殊会社・準特殊会社の新設・株式取得 295
3．新規鉱工業育成 303
4．中間持株会社の機能強化 306

おわりに 325

第6章　産業開発計画発動後の南満洲鉄道系企業集団 … 329

はじめに 329

第1節　日中戦争期南満洲鉄道の事業と関係会社投資の概要 331
1．事業概要 331
2．日中戦争期関係会社投資の概要 333
3．関係会社総資産と連結総資産 355

第2節　保有株式譲渡と関係会社の再編 366
1．満洲重工業開発への保有株式譲渡 366
2．「会社法」体制への対処 369
3．中間持株会社 371

第3節　アジア太平洋戦争期の事業と関係会社投資の概要 378
1．事業概要 378
2．関係会社投資の概要 382
3．関係会社総資産と連結総資産 390

4．中間持株会社等　393
　おわりに　399

第7章　東洋拓殖系企業集団　401

　はじめに　401
　第1節　満洲事変前期関係会社投資　402
　　　1．事業概要　402
　　　2．関係会社投資　405
　　　3．関係会社総資産と連結総資産　411
　第2節　1920年代東省実業と満蒙毛織の支援　414
　　　1．東省実業の満洲投資　414
　　　2．満蒙毛織の設立と事業の不振　420
　第3節　満洲事変期関係会社投資　426
　　　1．事業概要　426
　　　2．満洲関係会社投資　430
　　　3．満洲関係会社総資産と連結総資産　434
　第4節　産業開発計画期の満洲投資　437
　　　1．日中戦争期事業概要　437
　　　2．日中戦争期関係会社投資　439
　　　3．日中戦争期関係会社総資産・連結総資産　445
　　　4．アジア太平洋戦争期事業概要と関係会社投資　447
　　　5．アジア太平洋戦争期関係会社総資産・連結総資産　451
　第5節　満蒙毛織の中間持株会社化　453
　　　1．満洲国期事業の回復　453
　　　2．日中戦争以降の事業の拡張　460
　　　3．満洲国内関係会社投資の拡大　463
　　　4．日中戦争後の満洲外事業の拡張　465
　おわりに　474

第8章　満洲国政府系企業集団 ……………………………… 477

はじめに　477

第1節　満洲事変期関係会社出資　479
1．満洲国の資金調達と出資体制　479
2．満洲国政府関係会社出資　482
3．関係会社総資産　502
4．中間持株会社　503

第2節　日中戦争期の満洲国政府出資　515
1．満洲国出資体制の強化　515
2．関係会社出資の概要　516
3．関係会社総資産　535
4．政府出資会社の関係会社出資　539

第3節　アジア太平洋戦争期関係会社出資　564
1．満洲国政府出資の概要　564
2．関係会社総資産　572
3．中間持株会社　574

おわりに　579

第9章　満洲重工業開発系企業集団 ……………………………… 581

はじめに　581

第1節　日本産業の満洲移駐　583
1．日本産業企業集団の拡大　583
2．日本産業の満洲移駐　586
3．持株会社日産への改組　589

第2節　日中戦争期満洲重工業開発の関係会社投資　593
1．事業概要と資金調達　593
2．満洲国政府経由の南満鉄洲鉄道保有株取得　596
3．第1次産業開発計画発動後の投資先の拡大　601

4．満洲投資証券の設立と株式譲渡　607
　　　5．関係会社総資産と連結総資産　609
　　　6．中間持株会社　613
　第3節　アジア太平洋戦争期関係会社投資　629
　　　1．事業概要　629
　　　2．関係会社投資の概要　635
　　　3．関係会社総資産と連結総資産　647
　　　4．中間持株会社　649
　おわりに　656

終　章　満洲における政府系企業集団の解体と結語　659

　第1節　満洲企業の戦後処理　659
　　　1．国民政府の企業接収体制　659
　　　2．瀋陽における接収企業　662
　　　3．日本国内の敗戦処理　666
　第2節　結語　672

あとがき　683
参照文献　687
付地図　満洲・朝鮮略地図　701
索　引　703

序　章　満洲における政府系企業集団研究の課題と方法

第1節　課題と分析視角

1．課題

　日露戦争の結果、満洲において遼東半島租借地関東州と南満洲鉄道附属地が日本の法的主権を主張できる直轄植民地となり公式帝国として編入された[1]。以後、さらに関東州・満鉄属地域外の満洲の鉄道沿線商埠地は非公式帝国として位置づけられる。満洲における帝国の在り方は政治的状況に伴い変遷した。公式帝国関東州・満鉄附属地を拠点に域外の商埠地、すなわち非公式帝国をも視野に入れて日本の帝国圏内に取り込む長期的な利権拡張が追及された。日本人植民者の増大と経済的利権の拡大は多様な経済活動の拡張なしに実現できない。ただし利権扶植を支援する関東都督府特別会計・関東庁特別会計を中心とした政府財政の資金枠は限られておりそれを強力に補強する政府系企業の投資が期待された。満洲事変前期満洲においては南満洲鉄道株式会社が多様な投資の中で事業持株会社として企業集団を編成し、傘下企業を支援した。それを一部補完する東洋拓殖株式会社も小規模ながら満洲で企業集団を編成した。両社は満洲における日本の経済利権扶植のため活動した。さらに満洲国樹立後は占領地非公式帝国と位置付けられる満洲国域内が巨大な商埠地と化し、日本企業の操業の自由が担保された。しかも関東軍の意向で経済政策が展開されるなかで、満鉄のみならず満洲国政府も経済政策の担当者として産業基盤拡張に乗り出し多数の会社に出資し企業集団を編成した。さらに日中戦争期に満洲産業開発5カ年計画が始動する中で、日満一体となった満洲投資が行われ、新たな担い手として満洲重工業開発株式会社が純粋

持株会社として出現し、同社は傘下に主要鉱工業会社の企業集団を編成した、これら企業集団が満洲における経済開発の中心的役回りを負った。

　本書は長期にわたる日本の公式帝国・非公式帝国として位置づけられる満洲への日本の利権拡大と経済開発の経過の中で、経済活動を中心的に担った政府系企業集団の編成とその事業の拡大縮小等の変動を分析する。公式帝国と非公式帝国が併存した満洲における企業活動の拡張で日本利権拡張を目指し、さらに満洲国期に占領の非公式帝国化することで政治的投資リスクを考慮することなく経済開発に傾注した。その中心に立ったのが政府系企業集団であった。

　さらに本書で分析の対象とする政府系企業集団を定義しておこう。政府系企業集団とは政府出資法人もしくは政府が出資することで編成される企業集団を指す。本書では政府系企業集団として満鉄・東拓・満洲重工業開発株式会社と満洲国政府に限定した。これ以外にも日本政府出出資法人も一部該当する。すなわち日本政府出資の満鉄・東拓・朝鮮銀行・満洲電信電話株式会社・満洲拓殖公社が満洲で活躍した。さらに子会社として満鮮拓殖株式会社を抱えた鮮満拓殖株式会社を付け加えることができる。ただし満洲で事業展開した時期において東拓・朝鮮銀行の出資率は50％未満であり、満洲電信電話・満洲拓殖公社は設立時から50％未満であった。日本政府出資企業で50％を上回ったのは満鉄のみである。朝鮮銀行も対満洲政策の担い手の特殊法人であり、東拓と同じ位置づけとしても、50％以上出資の満洲の主要会社は満洲興業銀行のみであり、同行は満洲国政府系銀行として扱うため、朝鮮銀行系企業集団を取り上げて分析する必要性は乏しい。本書で満鉄系企業集団を最も重視して分析するため、敢えて日本政府系企業集団として括って分析対象とする必要はない。この満洲における政府系企業集団を編成した関連会社を細大漏らさず分析の視野に入れ、かつその事業規模にまで論点を深めて論証する。

　満洲における企業集団は満洲事変前からかなりの規模で存在した。満洲では南満洲鉄道株式会社が1906年11月26日に政府出資特殊法人として設立され（本店東京、1907年4月16日大連移転）、日本の満洲経済利権の中心かつ代表として鉄道輸送・大連港管理運営・撫順炭礦等採掘と一部外販等で大規模な事業を担ったが、さらに満鉄附属地行政権を保有したため、附属地におけるインフラストラクチ

ャーの提供も業務とした。その一環としてガス・電力・都市交通の提供も行い、さらに医療・教育にまで投資の義務を負った。満鉄は本体で直営として事業を展開するほか、1908年10月に日清合弁清和公司に出資し日本の満洲における利権獲得を開始した。1909年に営口水道電気株式会社（1906年11月15日設立）の株式を取得し、その後過半出資に保有を増大させ支配下に置き、持株会となり、営口の有力インフラストラクチャーの支援にあたった。また満鉄附属地における日本人植民者の商業利権拡張を支援するため、事業法人への補助金交付のみならず満鉄が出資し、取締役と監査役派遣等で経営にも関わった。これらの出資は関東都督府・関東庁・在外公館からの支援要請を受けたものである。政府も多額の補助金を交付したがその財源には制約があった。日本の植民地財政は公債発行や一般会計からの多様な支援なしでは維持できない。関東都督府特別会計・関東庁特別会計も同様の状況にあり、その財源不足による企業支援を満鉄が肩代わりした[2]。そのほか1920年代には満洲の景気低迷の中で満鉄本体事業を積極的に分社化し本体事業の領域を縮小しつつ経営の効率性を追求した。以後も多数の日本法人等に50％以上の出資をすることで連結子会社に置き、また50％未満20％以上の出資をすることで持分法適用会社に置き、これら会社群は増加した。さらに関係会社のいくつかは中間持株会社化して、中小規模会社を傘下に入れて、満鉄の直接出資の管理負担を代行した。満鉄の出資件数は膨大であるが、とりわけ満洲事変前の関係会社については、その出資経緯不明の会社も見出す。企業集団の把握を行う場合には、関係会社の設立年月・出資年月とその金額を確定する作業から始まることになるが、その作業だけでも多くの負担が発生する。さらにその資産規模の把握に進むことになるが、その作業はさらに困難が付きまとう。1931年3月末まで満鉄は累計80社を超える会社等に出資し、同期末で50社を超える会社等に出資残高を保有した。他方、朝鮮農事経営と農事金融を目的として1918年12月28日に設立された東洋拓殖株式会社（本店京城、1917年10月1日東京移転）は、1917年7月21日設置法改正により朝鮮のみならず満洲・華北その他地域に投資する事業持株会社に改組されたことで、満洲にも重点投資し1920年代で満洲本店会社累計34社に出資し、1931年12月期で満洲法人21社に出資残高を保有していた（柴田［2015a］第1章）。

さらに満洲国樹立後の満洲事変期に関東軍から多額投資の要請を受け、満鉄は満洲国と分担しつつそれに応じた。満洲国政府は財政出資として満洲国の会社に直接出資し、1934年7月以降は投資特別会計で財源調達を行いつつ出資した。同特別会計は後日、日本で設立される政府出資特別会計とは異なり、大蔵省預金部特別会計の歳入歳出外資金運用も所管し、出資・融資の両方で資金投下する体制となった[3]。その後の日中戦争勃発以降も投資先を整理しつつ新規投資に応じた。その結果、満鉄の関係会社は増大し、東拓も新たな投資を行った。満洲事変勃発と満洲国樹立後に満鉄、東拓のみならず満洲国も多額政府出資を行い、政府系企業集団は拡大した。さらに日中戦争勃発とその直前に始動した満洲産業開発五カ年計画で鉱工業投資に重点が置かれるが、その担い手として日本産業株式会社（1912年9月28日設立、本店東京）が1937年11月20日に満洲国に移駐し、同年12月1日「会社法」施行で満洲国法人に転換し、「満洲重工業開発株式会社管理法」に基づく特殊会社の満洲重工業開発株式会社に商号変更し、純粋持株会社に転換し、満鉄の鉱工業部門の多くを肩代わりし鉱工業投資に傾注し、傘下に多数の支配子会社等を並べた。

　以上のように、満洲における政府系企業集団が複数見出される。時期により異なるが、満鉄系、東拓系、満洲国政府系、満業系の企業集団が満洲で活躍した。とりわけ日本の最大国策会社満鉄の傘下の企業集団はほぼ拡大を続け、1945年3月で累計160社を超える会社に出資し、70社程の株式を保有していた。この中には満洲外本店法人を含む。同様に東拓は1945年6月で累計130社を超える会社に出資し、86社の株式を保有していた。ただし、東拓出資満洲本店法人は累計32社に過ぎない。満業は満洲移駐後に累計50社を超える会社に出資し、40社を超える会社の満洲本店株式を保有した。このように政府系企業3社は多数の関係会社を抱えた企業集団を編成し、満洲国政府自身も巨額投資で80社を超える関係会社に出資した。本書はこれらの企業集団の全体像を会社の設立年月・持株会社の出資時期とその規模を解明したうえで分析を加えるものである。特に満洲国政府系企業集団以外については、持株会社企業集団分析を行うことで、企業集団の事業の総体を掌握する。その際に関係会社の出資率に着目して支配関係を明確にし、関係会社の資産規模を把握し、さらに満洲国政府系企業集団を除き、出資50％を以

上の関係会社との連結総資産を試算することで企業集団規模の把握を行う。これにより企業集団相互の規模比較を行う。

　本書では満鉄設立から日本敗戦までを対象とするが、複数の持株会社が企業集団を編成するため、それらを分析するに当たり、以下のように時期区分する。満洲における投資環境が激変するのは満洲事変と満洲国樹立である。この前と後では関東州及び満鉄附属地における日本の行政権を獲得した公式帝国中国への参入から、満洲国という占領地非公式帝国への参入という政治状況の激変があり、日本企業にとって投資・参入の障壁は格段に低下した。そのため満洲事変前の時期を満洲事変前期として概括する。さらに満洲事変前期を満鉄設立から第1次大戦終結までと、第1次大戦終結から満洲事変前までの時期で二分し、前者を第1次大戦終結前期、後者を1920年代期として二分する。第1次大戦は1918年に連合国の対独休戦協定で交戦状態は終結したが、戦後復興需要を期待して第1次大戦期の景気の高揚状態は続いた。その後の1919年6月28日ヴェルサイユ条約調印による対ドイツ講和、同年9月10日調印サン・ジェルマン条約による対オーストリア講和等と続いた。日本における戦後恐慌の勃発となる1920年3月で日本と満洲の大戦景気は終焉するが、それと満鉄会計年度を考慮し、第1次大戦終結前期を1919年年度末すなわち戦後恐慌が発生する1920年3月までに延長して考察する。年度途中の区切りが発生しないため1920年3月期が統計処理としてはふさわしいと判断した。次いで第1次大戦終結から1931年9月18日満洲事変勃発までを1920年代期とし、満鉄の会計年度としては1931年3月期までとする。この時期に関係会社投資を行う東拓についても3月期決算であるため同様とする。ただし東拓決算期は1929年12月より6月・12月半期決算に改められたため、1931年12月までとする。1932年3月1日に満洲国が樹立されると満鉄の投資環境が激変する。

　満洲国期も1937年7月7日日中戦争勃発までを満洲事変期、1941年12月アジア太平洋戦争期勃発までの時期を日中戦争期、敗戦までをアジア太平洋戦争期に区分して分析する。満洲事変期は満鉄が最大投資会社として過分の期待を負わされて多領域に多額投資に応じ、また満洲国政府が満洲の大規模投資機関として出現する。この満洲事変期のみに限った分析を行う。満鉄の会計年度では1937年3月期まで、東拓の会計年度では1937年6月期、満洲国政府会計年度では1936年12月

期とする。日中戦争期に満洲産業開発五カ年計画が始動し巨額投資が続いたため[4]、日本産業株式会社が満洲に移駐し、満洲重工業開発株式会社に商号変更し満洲国特殊会社に転換し純粋持株会社として、同社が鉱工業投資の中心的な役回りを担い、新たな多額投資負担を担う会社の活動がこの時期を特徴づける。日中戦争期には満業の純粋持株会社化のみならず、1937年12月1日満鉄附属地行政権の返還と満洲国「会社法」施行で新たな法人法制が導入され、満洲国における法人が急増することも特徴である。日中戦争期の終期は企業集団により異なる。満鉄の会計年度としては1941年3月期までとするが、東拓では1941年12月期、満洲国会計年度は暦年を採用しているため、同様に1941年12月期とする。満業の会計年度としては1941年11月期までとする。1941年12月8日アジア太平洋戦争勃発で(日本時間)、満洲国の投資環境も激変する。1941年12月以降日本敗戦までをアジア太平洋戦争期とする。満洲国は日本への過度の資金と資材の依存が困難になる。以上のように5期に区分して分析を加えるが、満洲事変前の時期を一括して満洲事変前期と称することもあり、また日中戦争期・アジア太平洋戦争期を一括して産業開発計画実施期と称することもある。

　なお鈴木編[2007]で事実関係について多くの細かな誤りがちりばめられており、残念ながらとりわけ筆者の担当した部分にそれが目立つ。それを克服するためにも満洲における企業の設立・商号変更・資本金額変動・解散・合併・支店開設等についてできるだけ事実関係にこだわり整理して叙述することを課題としたい。そのため鈴木編[2007a]で依拠した日清興信所『満洲会社興信録』1922年版、南満洲鉄道庶務部調査課[1928]、大連商工会議所『満洲銀行会社年鑑』1936年版、1942年版、満洲中央銀行調査課『満洲会社表』1943年版、1944年版、のみならず、『満洲銀行会社年鑑』1935年版、1938年版、1940年版、南満洲鉄道地方部勧業課『満鉄沿線商工録』1917年版、同『南満商工要鑑』1919年版、南満洲鉄道殖産部商工課『満洲商工概覧』1930年版の企業データを取り込んでこれらの時点の社数・資本金規模を紹介できるデータベースを構築した。ただし設立年月日や商号変更・資本金変動・合併・解散等については掌握しきれない。そこでそれを掌握するため現在入手できる復刻版の『関東都督府府報』(欠号多し)、『関東庁庁報』(欠号多し)、『満洲国政府公報』1936年～1945年5月の商業登記記事を悉皆入力

序　章　満洲における政府系企業集団研究の課題と方法　7

し個別企業のデータとして整理したうえで紹介する。この処理を行ったことで、とりわけ設立・資本金・増資・減資・商号変更・解散・本店移転の年月日の精度が大幅に向上した。この作業を経たことにより企業集団を編成した個別会社への累年投資残高の掌握が可能となった。これにより本書で鈴木編［2007a］に収録した筆者執筆部分の誤記を補正したが、その件数が多すぎるため個別補正個所を明示していない。

2．分析視角

　本書で政府系企業集団とは政府出資の会社が支配下に置いた会社群か満洲国政府出資の会社群を指す。政府系持株会社企業群としなかったのは、満洲国政府が自ら多数の会社に出資し、巨大な株式投資機関となったためである。本書で扱う企業集団は満鉄、東拓、満洲国政府、満業とその出資先の会社群である。支配子会社の中には中間持株会社となった事例も多いため、出資先の会社群としてそれにも視野を広げて政府系企業集団を把握する。

　従来は企業集団把握について「コンツェルン論」を当てはめて「満鉄コンツェルン」、「東拓コンツェルン」、「満業コンツェルン」として持株会社の傘下に配列された企業群を説明する手法が見られるが[5]、本書では「コンツェルン論」を採用しない。柴田［2005a］では持株会社論として展開し、「コンツェルン」を採用しなかった。特に満洲国でこれを採用すると持株会社組織ではない満洲国政府出資会社群を「満洲国政府コンツェルン」と称することになるが、政府出資の企業群を「コンツェルン論」で位置づけることになり、躊躇せざるを得ない。また「コンツェルン」は1930年代から敗戦までの時期の企業に適用される概念であり、戦後企業集団に適用されない時代相を負った概念であり、一般化できないため採用しない。

　政府系持株会社の満洲投資は日本政府の政策に沿ったものであり、政府の政策の発動としての位置づけを与えることになるため、政策史アプローチを採用し政府系企業集団の特性を政策史的背景から解明する。そのためには政策史として位置づけることができる資料発掘が不可欠である。満洲事変以前の時期の満鉄出資は関東都督府・関東庁の認可によるものであり、さらに規模の大きな会社設立は

鉄道省・大蔵省等の承認を経た。それにより満鉄余裕金の日本人企業社会への投資や有力事業分野の分社化として発現した。同様に東拓の満洲出資は拓務省ほかの日本の行政機構の承認を受けていた。そのため満鉄・東拓の関係会社投資は概ね政府の意向でなされたといえる。ただし個別行政機関の出資の際の介入が確認できる事例は限られている。満洲国期では関東軍の強い意向で満鉄出資が方向づけられ立案調査書類が膨大に残されている。満鉄重役会議事録は政府の意向と役員の経営判断を受けたものであり、利用価値が高い。ただしそれを掌握できる時期は限定されている。多くの政策史資料にアクセスできない場合には、その周辺資料から読み解くことで接近したい。本書分析では満洲事変期の政策資料が充実しており、それ以外の時期とで資料的に落差が大きいが、それはやむを得ない。それゆえに章に分割する際に満洲事変期満鉄について1章を与えている。

　企業参入・退出アプローチを採用する。企業集団の把握に当たっては、関係会社数、会社への投資金額、企業集団の資産規模を検討するほか、関係会社の設立・切り離し・合併・解散等に着目して、関係会社のあり方を検証する。これを関係会社の参入・退出アプローチと位置づける。個別関係会社の出資経緯と解散・投資回収時期の解明にも注力する。会社の解散、商号変更、本店移転の時期の特定は設立年月特定よりも難しいが、『満洲銀行会社年鑑』の説明のほか、掌握できた『関東都督府府報』、『関東庁報』及び『満洲国政府公報』の登記情報を集積したうえで可能な限り提示する。この手法を採用すると、個別会社の説明が長くなり関係会社の所属する個別産業史的分析に紙幅を割くことが難しくなるため、産業史分析は後景に退く。持株会社が多数の企業に出資するが、その新設や株式取得の際の政府の政策方針を極力解明し、持株会社の方針を検証することで位置づけを与え、当該関係会社の操業環境と事業拡張等の紹介し、あるいは退出・解散・譲渡の経緯を解明する。

　企業集団分析に当たり、その企業集団の規模を確定する必要がある。従来の企業集団の研究では、持株会社の傘下企業の一覧表を提示し、その社数、投入資本金規模を紹介することで、企業集団の規模として認定させてきた。ただしそれだけでは企業集団の真の規模を把握することはできない。持株会社の100％子会社で持株会社から融資を受けて操業する事業法人は親会社の帳簿上の分身に過ぎな

い。そのような完全子会社が多数並んでも実質的に親会社と一体の経営と見なすべきである。そのような連結子会社は連結処理すると連結総資産にはほとんど貢献しない。企業集団の資産負債を連結処理することで、それにより真の企業集団の規模に接近することが可能となる。本書では連結処理の可能な範囲として連結総資産を採用する。親子間企業の内部取引を相殺して集計することになる連結総売上に拡張するためには、企業の内部情報を使うしかないが、営業報告書や決算公告情報等の水準では現実的には不可能である。そのため本書では連結総資産のみを集計の課題とする。連結総資産であれば、出資・融資・その他企業間勘定等を相殺処理することで試算できるからである。ただし連結処理するに当たり、関係会社の線引きが問題となる。本書では出資50％以上を連結子会社、50％未満20％以上を持分法適用会社、20％未満をその他会社と位置づけた。実際には50％以下40％以上でも代表取締役を派遣していれば実質的に支配下に置いていると認定し、実質支配基準を用いることも可能である。また20％未満15％以上でも取締役を派遣していれば、実質的に影響下に置いていると認定し、影響力基準を用いることも可能である。ただしそのためには取締役派遣の位置づけを悉皆ベースで点検する作業が必要となる。取締役全員の経歴の傍証がなしえない場合には、支配力基準と影響力基準で貫徹できない。そのため本書では支配力基準と影響力基準を採用せず、50％以上会社を連結子会社、50％未満20％以上を持分法適用会社とするという外見的数値基準のみで判定を下すこととした。この手法を用い東拓と台湾拓殖株式会社の企業集団の分析を試みた（柴田［2015a］）。満洲国政府出資会社についても出資率で50％以上、50％未満20％以上、20％未満に区分して分類したが、満洲国政府が会社ではないため、連結子会社、持分法適用会社の語を使用しない。本書は以上の手法を採用し満洲における企業集団の連結総資産を集計することで分析を試みる。なお役員持株の線引きで判断に苦慮する場合がある。具体的には満鉄退職者を満鉄出資会社の役員に就任させている場合に、その役員持株を満鉄出資とみなせるか否かという点である。この場合には満鉄会［1992］、笠原［1922］ほかを用いて満鉄在職者か否かで判定したがそれでも確定できない場合が残った。

　本書でも多数の中間持株会社が出現するが、その支配子会社の規模が小さい事

例が多く貸借対照を悉皆ベースで集積することができなかったため、孫会社にまで連結処理を拡張できなかったが、一部の中間持株会社についてはその支配会社の総資産を列記することで、中間持株会社の企業集団総資産を把握できるように努めた。そのほか持株会社が連結子会社と親子で会社に出資する場合には、持株会社の出資率が50％未満であっても連結子会社出資と合計で50％以上となる場合には、総資産を集計する場合には連結子会社と認定した。なお満洲国政府系企業集団についても、政府の投資特別会計の出資が中心になるため、同特別会計の貸借対照表を用いた連結処理も考慮したが、同特別会計の貸借対照表を通時的に掌握することが困難であり、また利益を究極の活動目標とし多数の株主の出資により資金を集めている株式会社の投資動機とはかけ離れた制度にあるため採用しなかった。満洲国政府系企業集団については連結総資産集計を行わなかったが、連結子会社に相当する50％以上の関係会社と、持分法適用会社に相当する50％未満20％以上の関係会社の総資産を集計し、その合計でほかの企業集団との比較を試みた。それにより関係会社群の資産規模で満洲国政府系企業集団の規模を判定するとが可能となる。満洲国政府の50％以上出資会社に満業のほか満洲中央銀行・満洲興業銀行・興農金庫が含まれており、この4社の総資産規模が巨額なため、単純合計すると資産額が跳ね上がる。それらを除外した資産統計も作成し、比較できるようにした。政府系企業集団の支配会社には大規模事業法人となり傘下に関係会社を多数編成する中間持株会社がかなりみられた。その出資会社の一覧表を提示することで、親会社の出資のみならず中間持株会社の出資により、満洲における企業社会におけるプレゼンスはさらに巨大なものであることも強調する。

1) 非公式帝国の概念については Garaher & Robinson [1953] 参照。日本の非公式帝国の多面的な解説は、Duus, Myers eds. [1989] を参照。
2) 植民地各特別会計は財源の税収が脆弱なため公債発行と一般会計繰入で不足を埋める体制が続き、植民地財政単体で独立できた事例はない。植民地財政の概観は平井 [1997] 参照。
3) 満洲国の投資特別会計については柴田 [2001]、日本の政府出資特別会計については柴田 [2002a] 参照。
4) 満洲国の経済政策については、原 [1972]、[1976] が政策立案から施行までを幅

広く点検している。マクロ経済は山本［2003］が詳細である。
5）　小島［1937］は「満鉄コンツェルン」の語を用い、また樋口［1942］は満鉄・東拓等について「特殊会社コンツェルン」と位置付けている。

第2節　先行研究と本書の概要

1．先行研究の概要

　満鉄は直営の鉄道輸送・港湾・炭礦の事業規模の巨大さ、1937年12月1日治外法権撤廃・満鉄附属地行政権返還まで、満鉄が直接管理した附属地行政権としてのインフラストラクチャー事業や教育・医療まで担当した幅広い事業、直接雇用している従業員の規模、中国人末端労働者の雇用規模、さらには巨大なシンクタンクや研究所設立による周辺事業の規模で異数のレヴェルにあった。これまで巨大な満鉄の事業について、数次にわたる社史が刊行され[1]、多数の刊行物、内部文書等で紹介・検討されてきた。そして個別各論として、経済史分析に限定しても、満鉄の鉄道輸送、港湾輸送、労務もその範囲の広さから注目されてきた[2]。従来の満鉄関係会社研究では、満洲事変前の対満洲投資の中で満鉄もしくは企業集団若しくは個別会社を位置づけるものは多い[3]。これらの研究を通じて資料発掘が進み、満鉄系企業の多面的な分析が可能となる。

　満洲事変前期については蘇［1990］、金子［1991］が詳細である。前者は個別企業については一次資料を駆使した解説が詳細で利用できるが、満洲事変前期の関係会社一覧表の提示がなく、満鉄関係会社投資の全体像が判明しない。金子は2時点の関係会社一覧表を提示し、しかも満鉄の本体事業のみならず日本企業の投資全体を視野に入れており、視野の広さは特筆できる。ただし金子［1991］は関係会社の出資として満鉄評価額を利用しており、読者に出資率から出資額の計算を求めている。増資新株を取得した場合の出資率すなわち株式保有率は出資額と対応しない場合が発生するため、出資率と満鉄評価額の提示のみでは読者は使いにくい。満洲事変前期の満鉄関係会社投資で会社の出資が不明のまま放置され

ている事例もあるため、出資した関係会社を細大漏らさず確認する作業はまだ完了していない。満洲国期についても、特定時点の関係会社の出資額を集計し、その時点の資料で解説を加え、さらに異時点の関係会社出資額集計と比較を行うものが多い。花井［2007a］は満鉄払込出資額を重視している。そのほか満鉄貸借対照表の関係会社株式保有を満鉄評価額基準で累年統計として整理する安冨［1997］がある4)。花井［2007a］では空白の時点の関係会社が無視されるため欠落が少なくない。満鉄関係会社の件数が多数に昇り、特定時点の一覧表を掲示して関係会社を論じようとしても、短期間の保有で終わった事例も多く、特定時点の列記では欠落が発生する。関係会社の設立の検討から経営実態まで、細かな事実関係の突合せが必要になるが、個別企業の規模が小さく存在時期も短い場合には、ほとんど無視されてしまい、その前の段階で止まっている。また投資回収、関係会社解散等の情報を掌握した上で、満鉄関係会社群を位置づける必要があるが、設立のみ説明がなされる場合が多い。そうなると解散が不明のまま存続しているかの理解が続くため、満鉄企業集団に対する過大評価に陥りやすい。柳沢［2008］の1940年の関係会社一覧表は荒すぎて信頼できない。蘇［1990］は1937年のみ一覧表を提示しているが、欠落会社が多く満洲国期の個別会社の解説も少ない。該期に支配下に入れた大規模会社の乏しさが反映しているようである。安冨［1997a］、［1997b］は関係会社の損益状況を反映して、株価を内部で評価した満鉄の時価評価額を重視する。1935年以降の関係会社投資累年統計を提示したうえで、その出資評価額の変動を満洲国における資金循環の一部とみなす。満洲国全体の金融資産負債表が作成されていない段階で資金循環表に接近しようとする試みであるが、資金循環表としては不備・欠落はあまりに大きすぎる5)。満鉄の現金・現物の出資額と関係会社側との貸借対照表の自己資本部分との乖離が発生する。安冨［1997］は満鉄完全子会社や50％以上出資の連結子会社に対する出資も資金流出として理解するが、連結ベースで把握するなら、グループ内資金移動に過ぎない。子会社の資金収支を別に集計して試算する必要がある。また満鉄の関係会社融資・預り金等は無視されており、関係会社投資キャッシュ・フロー統計としては完成していない。そのほか関係会社と満鉄あるいは満鉄関係会社相互の資金繰りは検討されておらず、連結の発想は皆無である。満鉄子会社の個別研究も多い。

ただし個別関係企業を論ずることを本稿は目的としているのではないため、その概要を省略するが、企業一次資料を使った分析として、例えば同和自動車工業株式会社のようなレヴェルに達するものは乏しい[6]。

1937年以降では満業企業集団が巨大なプレゼンスを示し研究も豊富である[6]。東拓系企業集団の研究も豊富である[7]。満洲国政府系企業集団については政府が持株会社ではないため相対的に関心が乏しくなるのはやむを得ないため研究は乏しい（柴田［2007e］）。もちろん満洲における財閥系企業集団との比較も重要であり、有力な研究がなされており各論で参照する[8]。他方、規模が小さなものとしては、吉林省の植民地朝鮮隣接地域に集中投資した東満洲産業株式会社の編成した企業集団のような事例もある[9]。これらの企業集団の中でも、満洲国政府系企業集団を除き、コアをなす会社は事業持株会社もしくは純粋持株会社として機能している。

以上から満鉄関係会社の全体像さえ完全には把握できていない研究状況にあって、満鉄関係会社を細大漏らさず視野に入れ、設立と投資経緯を解明し、解散・出資回収等の経緯を精査したうえで関係会社の全体像を把握し、連年、連結子会社・持分法適用会社の総資産を把握し、さらに満鉄の連結子会社融資・預り金を集計し、それを相殺することで連結子会社総資産を用い企業集団規模を比較する。そのうえで連結総資産を試算することで企業集団の規模を把握する。同様の手法を東拓・満業の関係会社に適用し、連結子会社・持分法適用会社の総資産を把握し、連結総資産を試算する。連結総資産連単倍率を試算し、企業集団内の親会社に対する子会社の比重を確認する。満洲国政府については50％以上出資会社と50％未満20％以上出資会社の総資産の単純合計のみを比較対象とする。なお満鉄・東拓については満洲外本店会社への出資も多額に及ぶため満洲関係会社のみを合計した総資産の集計も考慮したが連結の意義が乏しくなるためその試算を省略した。

2．本書の概要

第1章では満洲の会社法制を、法人法制を中心に解明する。満洲の法人法制も満洲事変前期の日本の会社法性の延長適用がなされたが、日本の法制と同一では

なく、また合弁法人の場合には別の規定も導入された。この満洲事変前期の法人法制を分析し、それと満洲国期の会社法制と法人法制への移行を解明する。とりわけ満洲国「会社法」施行で満洲国では法人設立原則規制から原則推奨に転換したことにより多数の法人が急増する会社社会が形成されるため、その制度の在り方を検討する。

　第2章では満洲の会社法性に則して満洲事変前期には日本法人の社数・資本金の推移を検討する。満洲日本法人統計の集計は、典拠資料によりかなりの異動を示す。集計範囲を調整してできるだけ長期の会社数・資本金を列記することで基礎的データを紹介する。その分析を通じて満洲の法人社会の長期趨勢を把握する。なお満洲事変期には日本法人法制に基づく日本法人が中心であり、これに合弁中国法人を追加するが、満洲国期には関東州・満鉄附属地を含むが日本法人と満洲国法人を統合した統計を整備することで数量的変化を把握する。「会社法」施行後の満洲国会社の急増とその業種分類を明らかにする。

　第3章と第4章では満鉄の満洲事変前期の関係会社投資を分析する。満鉄関係会社で出資経緯をすべてにわたり解明し、取得時期・出資回収・解散を解明し関係会社数・資本金を満洲・満洲外に分けて集計しそのトレンドを把握する。満鉄は1911年3月に営口水道電気株式会社を連結子会社にしたことで事業持株会社化した。その後、第1次大戦期の地域電力会社、取引所信託会社、市場会社等の少額出資社数の増大、1920年代期の直営事業の分社化に伴う出資額の増大が見られた。分社化では南満洲瓦斯株式会社、南満洲電気株式会社、株式会社昭和製鋼所が代表である。保有するその他電力会社の株式を概ね南満洲電気に譲渡したため、同社が中間持株会社となった。1920年代後半に多額資本金連結子会社の増大に伴う連結総資産の増大を検証できた。

　第4章では満洲事変期満鉄の関係会社投資を分析する。満鉄は満洲国樹立後の投資環境の劇的改善の中で、関東軍による多額満洲投資の要請を受け、現物出資資産を含み多額出資で関係会社を設立する。満洲国政府との提携投資もなされた。その代表が満洲炭礦株式会社である。そのほか満鉄出資で設立された日満商事株式会社等の支配下に置いた会社のみならず満洲石油株式会社や満洲曹達株式会社のように新規産業設立支援で50％以下、20％以上を出資した事例も多い。そのほ

か既存関係会社への資金支援を続けた。他方、満洲国体制への地域経済の中央集権的統合により地域事業法人の解散も見られた。

　第6章では日中戦争期とアジア太平洋戦争期満鉄の関係会社投資を分析する。満鉄は満業の設立に伴い鉱工業主要部門を満洲国政府経由で満業に有償譲渡した。これに伴い利益計上まで時間のかかりそうな重厚長大関係会社を分離したことで満鉄は追加資金出資の負担が軽くなり、交通を中心とするコア事業に傾注することが可能となったが、産業開発計画による鉱工業以外の部門の新規投資要請が発生し、また中国占領地経済化初体制に協力を求められ華北交通股份有限公司に多額出資を続けたことで満洲外投資額も増大を辿った。他方、大連都市交通株式会社に満洲国陸上輸送業投資を行わせ中間事業持株会社として用いた。1941年3月には関係会社投資は過去最多額に達した。アジア太平洋戦争期にも新規投資案件は続いた。他方、連結子会社の株式処分もあり規模の大きな連結子会社は減少した。

　第7章では東拓の満洲における関係会社投資を分析する。東拓は1920年代前半の満洲投資の傾注と不良資産化で経営を悪化させたが、東拓の満洲投資は満洲事変期に投資案件が増大し、とりわけ業績が復活した満蒙毛織株式会社が中間持株社化することで同社総資産規模が急増したため、投資件数は東拓全体では少ないが、満洲連結子会社総資産はかなりの規模に達した。

　第8章では満洲国政府の関係会社投資を分析する。満洲国政府は会社組織ではないが、政府が直接出資することで満洲国産業を下支えした。満洲国初期の投資は旧東北軍閥政権事業資産を承継することで政府所有に帰した財産の現物出資も多数みられた。満炭、満洲採金株式会社、株式会社本渓湖煤鉄公司が代表であり、多くは満洲国特殊会社か準特殊会社である。現物出資のみならず現金出資することでも新規会社設立に注力し満洲国特殊会社制度を充実させた。満業設立で満鉄の鉱工業出資を満業に移転させ、そのほか満洲国政府出資も移転した。そのため鉱工業投資の比重は低下したが新規の多業種への現金出資による会社設立と支援を続けた。満洲国政府100％出資の満銀と過半出資に出資率を引き上げて特殊会社に転換した満洲電業株式会社も持株会社化して傘下に複数の会社を抱えた。

　第9章では満業の関係会社投資の分析を行う。満業は満洲国移駐に伴い満洲国

の主要鉱工業の株式を取得した。昭和製鋼所や満炭が代表である。日本国内の株式会社日立製作所や日本産業株式会社系会社の株式も保有していたが、その処分により資金調達を続けた。1941年に日本の生命保険会社により満洲投資証券株式会社を設立することで満業保有日本株式を同社に譲渡し一挙に多額資金調達が可能となり、関係会社投資を続けた。1941年満業の連結総資産は急増し総資産連単倍率は1.28に低下し、短期間で満業資金投資により関係会社事業資産を膨張させたといえよう。中間持株会社を用いた企業集団の再編が行われた。しかしアジア太平洋戦争期には東辺道開発株式会社のような見込みを大きく下回る事例も発生したため満業全体のパフォーマンスは芳しいものではなく、満炭を分割し複数の満業連結子会社の炭礦会社に転換し、さらに1944年4月に満洲製鉄株式会社設立で昭和製鋼所、本渓湖煤鉄公司、東辺道開発を統合するといった再編がなされた。

終章では満洲の政府系企業集団の戦後の解体過程を紹介し、本書全体の論点を序章の課題設定を回帰させたうえで到達度を確認し結論を提示する。

1) 1930年代の関連社史として、南満洲鉄道［1937］、［1938］、満鉄会［1986］等がある。
2) 鉄道輸送で金子［1991］、蘇［1990］第10章、高橋［1995］、岡部［2008b］、港湾輸送で風間［2008］、労務で松村・解・江田［2002］、華北進出で解［2007］、満洲事変以前で金子［1991］と蘇［1991］第1部、Matsusaka［2001］等がある。満鉄関係会社研究も充実している。金子［1991］は満洲事変前の満鉄投資の解説としては出色であるが、満鉄関係会社の欠落が多く、出資の全貌を明らかにしえていない。出資の累年統計が欲しい。安冨［1997a］、［1997b］は満洲国財政収支や満銀・満鉄・満業等の貸借対照表の増減差で資金循環を検討し、満鉄・満業については個別会社出資額を紹介するが、満洲国政府についてはそれが行われない。花井［2007a］の関係会社論は、1930年、1937年、1945年の時点での比較を試みているが、個別関係会社の設立・廃止の解説は乏しい。また柳沢［2008］は1934年と1940年の関係会社群の設立と事業を紹介しているが、欠落企業も多く、論述の荒さも否めない。これらのうち柳沢［2008］を含む岡部［2008a］について、満洲企業史の研究に長らく従事した立場から論評を加えた（柴田［2009b］）。蘇［1990］の関係会社論では、出資ピークの1937年3月期出資一覧表の掲示で解説を加えている。一次資料を駆使した解説は詳しく、有用であるが日本本店会社や重役・傍流の会社には関心がなく、それらへの説明は乏しいため、満鉄関係会社論としては限界がある。
3) 産業史的把握も重要であるが、多数の産業にわたる関係会社の出資がなされ、そ

序　章　満洲における政府系企業集団研究の課題と方法　17

の解説に傾注したため、紙幅の都合から圧縮せざるを得ない。鈴木［2007a］では、産業別分析の中で、企業進出アプローチのほか産業史的アプローチを絡ませて論述する章と、前者のみの章が混在し、統一されていない。

4）　安冨［1997b］は満鉄関係会社投資を満鉄の帝国議会説明資料に掲載された評価額を利用している。この評価額は不振関係会社に対する償却後の評価額を０円とする会社を多数含んでいる。これに大連製油株式会社ほかかなりの会社が該当する。また評価額が現金出資額を大きく下回る会社も含まれている。これに該当するのが満蒙毛織株式会社ほかかなりの会社を見出す。ただし評価額は出資会社の事業の業績により変動する。評価額が上昇した満蒙毛織に対する出資額は変動していない。また帝国議会説明資料が１月開会の帝国議会に向けて準備されるものが多く、９月末集計数値となり、1939年９月期まで満鉄営業期末の３月期末と対応しない。帝国議会説明資料も1935年９月期から満洲事変前まで遡及可能であるが、利用していない。そのため安冨［1997b］が示す満鉄出資統計は実態から離れた数値となっている事例が少なくない。満鉄出資評価額の変動で満鉄の投資キャッシュ・フローを推計する作業は実態からかなり乖離したものとならざるを得ない。満業についても評価額と払込資本金に齟齬が発生する事例があるものの、満鉄ほど多額ではないため統計的不備は残るが立論の結果にはほとんど影響はない。

5）　老川［1997］、［2002］が遼寧省档案館の一次資料を駆使して関係会社を説明した出色の到達度を示す。

6）　満業系については原［1976b］、安冨［1995］、柴田［2007c］。

7）　黒瀬［2003］、柴田［2007a］、柴田［2015a］がある。財閥系については、鈴木・疋田・花井・須永［2007］、三井系については三井文庫［2001］、合名会社大倉組系については大倉財閥研究会［1982］等多数の研究がある。

8）　東満洲産業グループについては柴田［2010］参照。

第1章　満洲の会社法制

はじめに

　満洲において日本資本の本店会社は日露戦争後に設立された。その後、関東州と南満洲鉄道附属地に日本「商法」（会社篇）を適用させ、南満洲鉄道株式会社が本店を東京から大連に移転することで（第3章参照）、大連中心の日本人法人社会が出現した。また満鉄附属地及び商埠地における日本法人の進出が続き、日本人が多面的な企業活動を展開した。さらに満洲国期に巨大な特殊会社のみならず、膨大な数の合資会社・合名会社の設立がなされ、短期間で会社制度が経済活動を支える中心的な組織となった。日本法人の満洲における企業活動は清朝末期から開始されアジア太平洋戦争終結の1945年8月までの間、長期に行われた。企業活動は法人法制を基盤に成り立っている。法人法制インフラストラクチャーが満洲における日系企業の活動の基礎をなした。満洲の法人法制を検討する際には、清国期、中華民国期、満洲国期に分けて考察する必要がある。満洲事変前期では日本資本の普通法人のほか、日本との合弁法人が多数設立されるため、清国法制・中華民国法制と商埠地・租界・租借地における日本法人法制が並立した。関東州・満鉄附属地以外の地域においては、清国との通商条約の締結後の商業活動の保証、その後の法人新設の保証を経て、日本法人が増大した。中華民国法人法制は日本の「商法」（会社篇）を基礎に制定されたため、日本の制度と近似する部分が多い。満洲国期についても1937年12月1日施行の治外法権撤廃及び南満洲鉄道附属地返還と同時施行の「会社法」体制により法人法制が大転換し、日本型法人法制が全面的に導入された。本章では満洲の法人法制を通時的に検討し、日本企業と満洲国期の全法人の操業基盤をなす法的インフラストラクチャーとして

検討を加える。

　従来の研究としては、満洲国法人法制を通時的にその制度を解明した小林・柴田［2007］第2節が詳細である。満洲国占領体制の中の法制の大きな転換として、治外法権の撤廃・満鉄附属地行政権の移譲があるが、これについては従来から研究が進んでいる（副島［1995］）。ここでは満洲事変前期の法人法制の制度を改めて整理し、日本法人に対する日本「商法」（会社編）の適用を経たうえで、満洲国期に日本型「商法」（会社篇）体系を満洲国に全面的に適用させようとする法的インフラストラクチャー整備として新たな資料を積み上げて再検討を行う。本章は小林・柴田［2007］第2節を基礎に再論するものであるが、会社制度のみに傾注するため法人税制を省略し、不備を改め大幅に補強した。

第1節　満洲事変以前会社法制

1．関東州・南満洲鉄道附属地の会社登記体制の導入

　1896年7月21調印の日清通商航海条約により清国開港地における日本の法人・個人の商業活動が保証されたが、清国内法人設立については規定が与えられなかった。1899年3月20日「領事館ノ職務ニ関スル法律」により条約または地方慣習に依る以外に日本の法律に従い訴訟事件並びに非訟事件について地方裁判所及び区裁判所が事務を取り扱うこととなり、日本法人支店が日本「商法」（会社篇）に準拠し領事館等に登記して事業を行うことが可能となった[1]。租界・商埠地において領事館登記を行った日本法人支店はそのまま事業活動を展開した。多数の銀行・商社・海運業者等が支店を開設して領事館登記して営業した。ただし法人設立については規定がなされなかった。1903年10月8日調印「日清両国間の追加通商航海条約」（1904年1月19日公布）第4条で、日本人が清国人と共同で組合または会社を組織する場合には、契約または覚書並びに定款若しくはこれを基礎に作成した細則により公平に損益を分かつものとする、もし日本人が契約または覚書等の義務を履行しないときは日本の裁判所はその義務の履行を強制することができると規定した（外務省［1965］214-215頁）。これに伴い清国において各地

租界・商埠地等で領事館裁判権に服する日本法人の設立が容易になり法人新設が行われる体制となった。

　残存する在上海総領事館登記簿に掲載されている最も早期に設立された上海本店法人は、1892年創業の個人事業者が法人転化した合資社瀛華洋行である（1903年10月15日設立、本店上海、資本金6千円）。同社は条約に基づき領事館に法的保護を受ける体制となったことから自営業が法人転化し登記した[2]。同社以外に日露戦争前に設立された上海本店法人は確認できていない。

　日露戦争後に日本租借地となった関東州は「大日本帝国憲法」を直接適用できない外国であり、関東州では天皇の命令による行政権の発動としての勅令により個別選択的に日本法制を適用する体制となった。この体制は満鉄附属地行政権を獲得したことにより、併せて附属地にも適用された。他方、清国法制・中華民国法制に準拠した清国・中華民国法人として合弁法人を設立することも可能であり、現実に存在した。

　日露戦争後の満洲では関東州の法人登記体制が確立する前に関東州外においては満鉄沿線等各地領事館の法人登記が先行した。遼河河口の港湾都市営口では1876年3月28日在牛荘領事館が開設された。当初は在天津総領事館（1875年9月20日設立）代理であった。その後営口領事館に改称した（外務省［1966］附表98頁）。日露戦争前の満洲で操業した法人は、営口における三井物産合名会社ほかであり、本店法人は存在しない。先述の条約により規定が整備されるまでは本店法人の新設は困難であった。満洲では上記条約締結後に1906年4月30日に在安東領事館、同年5月26日在奉天領事館の設立となり、その後も1907年3月10日在吉林領事館、同年11月10日在長春領事館、1908年9月10日在鉄嶺領事館と在遼陽領事館、10月29日在斉斉哈爾領事館、1909年1月20日在延吉領事館、同年11月2日在間島領事館、1910年12月12日在琿春領事館の設立が続き、満洲の主要都市にほぼ設置された（外務省［1966］附表98頁）。満鉄沿線附属地ほか各地商埠地等において日本人事業者の法人登記が可能となった。

　1916年8月時点で資本金が確認できる初期の領事館登記法人として以下の事例を挙げる。営口では11月15日に営口水道電気株式会社（資本金2百万円4分の1払込）、1907年5月22日に三井系の日支合弁株式会社三泰油房（本店営口、資本

金銀500千円払込)、1908年1月15日に安田系合弁の正隆銀行(本店営口、資本金240千円払込)が設立された[3]。安東では1906年10月21日に合名会社藤平兄弟商会(本店安東、資本金35千円)が設立された。代表社員藤平泰一はその後、1911年4月26日設立の安東貯金銀行専務取締役に就任し、同行は1918年1月17日に満洲商業銀行に商号変更し[4]、藤平がそのまま経営を続け安東実業界の有力者となった。遼陽では1906年12月20日に満洲製粉株式会社設立された。鉄嶺では1908年3月15日に合資会社鉄嶺銀行(資本金50千円)が設立された[5]。鉄嶺・遼陽の領事館設立は1908年9月10日のため(外務省［1966］附表98頁)、両社は奉天領事館に設立登記したと推定する。その後もこれら地域における領事館登記法人が新設されたが、関東州に日本法人設立体制が導入されると、満洲の法人設立は大連に集中した。

　関東州に本店を有する普通法人については、1906年6月関東総督府令第7号「関東州民事審理規則」により地方の法令慣習及び日本「民法」(1896年4月26日)その他附属法令を参酌し審理取り扱いを行うものとしたが、満洲で事業活動に着手する日本人が急増したため(関東庁［1926］784-785頁)、1908年9月24日勅令「関東州裁判事務取扱令」により日本の「民法」と「商法」(会社篇)(1899年3月9日)が適用され、国際的には日本の法人として位置づけられた。ただし日本の法体系では関東州は「大日本帝国憲法」が適用されない外国であり、関東州本店法人は準外国会社としての位置づけとなった。それでも「商法」(会社篇)の適用により関東州における日本法人の活動の法的基盤は、難点はあるものの与えられたことになり、日本の法令に準拠して日本法人の設立登記が行われた。それに伴い日本から関東州への本店の移転、あるいはその逆の移転の登記も可能となった。この法人登記を所管したのが1906年9月1日設置の関東都督府、それを1919年4月12日改組した関東庁である。ただし『関東都督府府報』・『関東庁庁報』に掲載される商業登記は関東州内のみであり、州外登記法人は関東州内支店設置廃止等以外には掲載されない。1908年9月24日勅令「関東州裁判事務取扱令」以前に関東州における法人は登記されない。

　関東州では「関東州裁判事務取扱令」施行以前に、関東都督府に登記しないまま大連・旅順で操業する法人がかなり見られた。1907年6月末で株式会社8社

（満鉄、横浜正金銀行、日本郵船株式会社、大阪商船株式会社、株式会社三重洋行（1905年3月設立、本店四日市）等）が、そのほか三井物産合名会社や合名会社大倉組等、合計20社が、また旅順では大連との重複を除外した2社が支店または代理店を開いて操業していた[6]。その後同年12月末で満洲水産株式会社（1908年1月20日設立、本店大連、資本金18千円払込）、大日本塩業株式会社（1906年9月8日設立、本店神戸）、日清豆粕製造株式会社（1907年4月1日設立、本店東京、1918年5月20日、日清製油株式会社に商号変更）、満洲商業株式会社（1907年6月設立、本店神戸）、満洲煉瓦株式会社（1907年4月18日設立、本店東京）、満韓塩業株式会社（1906年10月18日設立、本店東京）等が参入していた[7]。そのほか株式会社光明洋行（同年7月18日本店大連、資本金100千円払込）、大連信託合資会社（同年8月31日設立、資本金21.6千円）が操業していた[8]。このうち満洲水産、光明洋行、大連信託合資は大連に本店登記できないまま操業していた。

「関東州裁判事務取扱令」施行後、満洲水産は12月16日、大連信託は11月5日、光明洋行は1909年2月24日に大連に登記し、三泰油房は1909年1月11日に大連支店を登記し本店を営口から旅順に移した[9]。このうち大連信託は1911年4月5日に、光明洋行は1909年3月31日に解散した[10]。関東州外の領事館に法人設立登記し、関東州の法人登記体制が確立するまで未登記の支店営業で参入することも可能であった。正隆銀行は1911年5月30日に営口から大連に本店を移転した[11]。満鉄が中心となる大連の地場経済規模の成長が望めるため、とりわけ銀行にとっては大連を主要事業地とすることに有利性があった。1908年3月31日設立の株式会社三星洋行（本店神戸）は設立と同時に大連支店を設置し、1909年8月21日に大連支店登記して活動し、さらに1911年1月27日に大連に本店を移転した[12]。規模の大きな法人として大日本塩業は1914年9月3日に満韓塩業を吸収合併し、1915年1月19日に本店を大連に移転したが[13]、1921年3月に東京に移転した（日塩[1988]85頁）。関東州・満鉄附属地は日本の「商法」（会社篇）の適用を受けるため、日本との間の法人の移転は可能である。同様に関東州の法人登記制度が導入される前に大連に進出していた横浜正金銀行は1908年10月9日に、三井物産は10月26日に大連で支店登記を行った[14]。そのほか多くの支店営業法人が両社に続いて登記を行った。また満鉄附属地における日本法人も関東都督府に登記した。

他方、満鉄附属地外の日本法人は領事館に設立登記した。

その後、関東州及びその他の植民地と日本の法人の法的地位の差異を埋める必要が生じ、1918年4月17日「共通法」により、朝鮮・台湾・関東州に関する植民地法令が、日本国内法令と概ね民事上で同一視されるものとなった[15]。これにより関東州と満鉄附属地の日本法人は、日本の会社法制のもとで等しく位置づけられた。なお日本法人の資本金は日本円を単位とする。

2．合弁法人設立

合弁法人もかなりの件数を見出す。その趨勢の紹介は第2章に譲る。「商法」（会社篇）の規定では日本法人の資本金は日本円建であるが、現実には、満洲における合弁法人は円建以外の通貨で設立された事例も少なくない。例えば1908年9月11日設立の日本政府出資の鴨緑江日清合同採木公司（本店安東）、1910年5月22日設立の合名会社大倉組出資の日清合弁本渓湖煤礦公司、1922年4月4日設立の満鉄出資の日支露合弁札免採木公司（本店哈爾濱）はいずれも中国通貨を資本金とした。このうち本渓湖煤礦公司は1911年10月6日に日支商弁本渓湖煤鉄有限公司に商号変更した[16]。ただし日中合弁で設立された企業の場合には、個別合弁協定・契約により創業されるが、その協定により設立される法人の性格は曖昧なものが見られた。法人の登記がなされないまま事業が行われる場合には、法人の国籍さえも定かでない事例も発生していた。例えば大倉組との合弁で1907年9月に設立された瀋陽馬車鉄道股份有限公司は、奉天の満鉄附属地を本店としたが、日本法人としての登記を行わないまま、中国法人事業の形態で操業されていた[17]。また安東を本店とする鴨緑江製材無限公司は、先述の鴨緑江日清合同採木公司と大倉組の合弁により、1915年10月1日に中華民国「公司条例」（1914年1月13日公布、9月1日施行）による無限公司として設立されたが、法人登記がなされないまま事業が続いた[18]。このような事例はほかにも多く、そのため満洲における合弁事業には多くの難点が発生していた。

日本・中国両国の合弁会社設立について、日本の会社法制では資本を銀で充当することができなかった。そのため日本の事業家の中には、銀資本とするため中国の「公司条例」により中国法人を設立する事例も見られた[19]。しかし同条例の

規定では、日本人経営企業の保護が十分に期待できなかった。この不利を打開するため、関内における日本事業者は租界等において日本の法律により銀による出資を認めることを要望した。外務省で検討した結果、「支那ニ本店ヲ有スル会社ノ資本ニ関スル法律」1923年3月31日公布、8月15日施行となった。新たな日本の法律により、中国における日本法人の資本金の銀による払込が認められた。因みにこの法律施行前の銀資本金により設置された法人は、中国各地において農業2、工業21、金融業5、運輸倉庫業5、貿易業24、合計57、工商資本金29,359千円、払込10,410千円である。これらは上海に集中していた[20]。かなりの銀資本出資の需要が見られたと判断できる。この法律施行後の銀による出資の合弁法人設立は容易になった。

　満洲における合弁法人の設立件数は多い（第2章参照）。ただしこの法律施行前に外国通貨で設置された満洲の合弁法人は本渓湖煤鉄公司、鴨緑江採木公司、札免採木公司等10件ほどである。この法律が制定される情勢の中で満洲における企業家はすでに満洲においては既成事実として合弁法人の銀資本建が認められているため、満洲への実質的な適用は不要だとの意見を表明するものも少なくなかった。法律公布後の既存の銀建資本金法人の位置づけとして、外務省は在外公館における法人登記で従前どおりに日本円以外の通貨による日本法人設立を黙認するが、紛議が発生した場合には裁判所の判断に従うものとするとの判断を示し、従前の合弁の日本法人による法人の位置づけは、新たな法律施行前の状況と変わらなかった。

　法律施行後の満洲における銀資本出資の合弁法人として確認できる事例は、1926年の満洲企業の一覧では、株式会社は僅か1件、1923年9月設立の株式会社東山鉱山公司（本店鉄嶺、資本金100千元4分の1払込）のみである。これ以外には法人形態が不明の1924年4月設立の復興公司（本店本渓湖、資本金500千元（奉天小洋票）払込、合弁折半出資）以外に確認できない（南満洲鉄道庶務部調査課［1928］）。そのためこの法律は、上海と異なり満洲では有効に活用されなかった。鉱山利権や林業利権の取得では、地場資本家とジョイントで事業を起こすことも有効ではあったはずであるが、この法律施行後に満洲における日本利権回収運動が起きており、その法律を適用する必要性が相対的に小さかったと見られ

る。

1) 個人事業も商号・代表者・経理人を登記することで登記地域において第三者に対し対抗できるが、本章では法人法制のみを対象とするため個人事業法制については省略する。
2) 瀛華洋行は1913年10月31日に解散し自営業に戻ったようであるが（「在上海総領事館登記簿・合資会社ノ部」（『外務省記録』3．3．2．-32-4））、その後同一経営者により株式会社瀛華洋行（1939年10月1日設立、本店上海）として再度法人化した（「在上海総領事館登記簿・株式会社ノ部」（『外務省記録』3．3．2．-32-10））。
3) 南満洲鉄道地方部地方課『満鉄沿線商工要録』1917年版、40頁。1906年9月設立の合資会社営口煉瓦製造所（資本金不詳）が、南満洲鉄道地方部勧業課『南満洲商工要鑑』1919年版、714-715頁に掲載があるが、『満鉄沿線商工要録』1917年版に掲載なく、日清興信所『満洲会社興信録』1922年版でも掲載がない。三泰油房については鈴木［2007c］参照。正隆銀行については『関東都督府府報』355号、1909年3月12日。
4) 『満鉄沿線商工要録』1917年版、423頁、『満洲日日新聞』1918年1月21日。
5) 『満鉄沿線商工要録』1917年版、206頁。満洲製粉設立日を1906年4月20日とする大連商工会議所『満洲銀行会社年鑑』1935年版、251頁の記載もあるが、「定款」記載日を利用した。
6) 関東都督府『関東都督府第1統計書』1907年版、221-223頁。
7) 同『関東都督府第2統計書』1908年版、147-148頁。日清豆粕製造と日清製油については日清製油［1969］参照。
8) 『府報』352号附録、1909年3月1日、321号、1908年11月8日。
9) 満洲水産については『府報』331号、1908年12月21日。大連信託については『府報』321号、1908年11月8日。光明洋行については『府報』352号附録、1909年3月1日。三泰油房については『府報』339号、1909年1月15日。1906年7月設立、本店大連の合資会社佐藤商会については『南満洲商工要鑑』1919年版、102頁。1915年3月20日旅順支店登記しか確認できないため（『府報』554号、1914年5月2日）、他から移転の可能性がある。
10) 『府報』693号、1911年4月18日、749号、1916年4月19日。
11) 『府報』729号、1911年6月15日。
12) 『府報』号外、1909年8月26日、380号、1911年3月30日。
13) 『府報』520号、1915年1月30日。
14) 『府報』314号、1908年10月19日、320号、11月26日。
15) 南満洲鉄道調査課『満蒙に於ける各国の合弁事業』（1）1922年、174-178頁。

16) 同『満蒙に於ける各国の合弁事業』(2) 63-73、86-87、155-157頁。
17) 同前207-209頁。
18) 同前73-75頁。
19) 「公司条例」施行以前の時期の中国会社法制は、1904年公布「大清欽定商律」とその附属法令の「公司律」であった（前掲『満蒙に於ける各国の合弁事業』(1) 163頁）。
20) 「「支那ニ本店ヲ有スル会社ノ資本金ニ関スル法律」ニ関スル件」（外務省記録、議TS-3）。この法律制定施行については柴田［2008a］第1章参照。

第2節　初期満洲国会社法制

1．中華民国「公司法」の準用

　1932年3月1日満洲国樹立後、政府職員は当面する各種の制度設計のための法令作業に忙殺され、満洲国全域に新たな会社法制を導入できずにいた。先述の「公司条例」は日本の「商法」（会社篇）を参考にして1929年12月27日「公司法」（施行1931年7月1日）により全文改正され、中国の資本主義化した体制に対応した法人法制として機能することが期待されていた。ただし満洲事変前の満洲における「公司法」に準拠した法人の件数は多くはなかった。満洲国の法人法制は1932年3月9日勅令「暫ラク従前ノ法令ヲ援用スルノ件」で、満洲国の方針に抵触しない限り従前の法令を一律に援用するとして、そのまま暫定的に満洲国に適用した。すなわち「公司法」が概ね満洲国に適用された。「公司法」は日本の「商法」（会社篇）と近似しているため、満洲国体制になってもそのまま適用可能であった。それが満洲国出現後に急いで「公司法」を廃止し、新たな「商法」（会社篇）の翻訳版を満洲国に導入せずに済んだ大きな理由である。
　「公司法」は、法人を無限公司（合名会社に相当、以下同様）、両合公司（合資会社）、股份有限公司（株式会社）、股分両合公司（株式合資会社）に分類し、この規定に基づく法人組織を選択するものとなる。満洲国における日本人の普通法人設立は、株式会社組織であれば満洲国で登記する場合には股份有限公司、合名会社組織であれば無限公司、合資会社組織であれば両合公司となる。この「公司

法」に基づき、満洲国最初の股份有限公司として、1933年7月1日に大興股份有限公司が、満洲中央銀行の現業部門を分離して同行全額出資で設立された（本店新京、資本金6百万円払込）[1]。ただし「公司法」の規程には日本の会社法制と齟齬があるため、日本人事業者にとっては対応しにくい点が多数見られた。

　日本事業者の対満投資促進のため、「公司法」全部改正前に一部改正を行う。関東軍司令部は1934年5月16日「公司法一部改正ニ関スル件」を審議し、日本人企業の投資上の障害を除去するため、「公司法」とその附属法令のうち利用の多い股份有限公司制度について改正を行うものとした。その改正点は、法人の有限責任社員または株主はほかの会社の株主になる場合に、4分の1の出資額を上限とするとの規程を廃止する、日本の会社法制では、株式会社資本金は4分の1払込で設立可能であり「公司法」では2分の1以上の払込で法人設立となるが、日本人の会社設立を容易にする4分の1払込に基準を引き下げる、株主総会の決議を出席株主の株式の過半数で成立を認める等の改正を加え、そのほか会社の資本金と計算を日本通貨で行うことを認めることを特別の法律で規程する、日本人の満洲国内法人設立は附属地内業務を主たる事業としない企業については満洲国法人とする、以上の会社法制の修正提案を行い、同日に満洲国実業部に送付した[2]。このうち資本金の通貨について満洲国側では1934年6月18日に、満鉄附属地を含む満洲国内で設立される会社は特殊のものを除き、必ず満洲国法人とすることを了承してもらい、金融業を除き会社の資本金は実業部の許可を受け、外国の通貨を以て定めることを可能とするとの勅令案を取りまとめた（南満洲鉄道経済調査会［1935b］81-82頁）。これに対して関東軍は実質的な会社法制の治外法権撤廃を意味することになるため、附属地内企業については受け入れず、満鉄附属地内営業を主とするものを除外するとの原則を付して、満洲国側の提案を受け入れた（南満洲鉄道経済調査会［1935b］82頁）。

　以上の方針に沿って1934年8月17日勅令「公司資本ニ関スル件」で資本は満洲国実業部の認可を得て外国貨幣で定めることを認めた。ただし銀行・保険・信託・無尽・交易所については適用外とした。また満洲国法人設立を認める場合には、その本店所在地を満鉄附属外に設置させることとした[3]。法人登記については、国民政府実業部「公司登記規則」（1931年6月30日公布、7月1日施行）の

規程が同様に準則主義により、満洲国に引継がれたが、1935年12月21日「商業登記法」により法人登記体制が固まった。ただし満洲国樹立前に存在していた法人については1936年6月15日勅令「大同元年三月一日前ニ設立シタル公司ノ登記ニ関スル件」で施行後6カ月以内に満洲国の法人として登記の認可申請を行わせ、「公司法」以外の法令で設立された法人については「公司法」の規定に沿って定款を改正させた。この期間に申請しない法人と認可を却下された法人は解散したものと見なされた。この勅令は同年9月1日より施行されたため翌年2月末までに再登記を行うものとされたが、登記期間は延長された。この勅令により旧中華民国法人を満洲国法人として再登記させたが、「会社法」施行前では再登記時点でも股份有限公司等のままである[4]。

　再登記法人として20件ほどを確認できる。無限公司3件以外は股份有限公司である。資本金規模が大きいものを中心に紹介しよう。益通商業銀行股份有限公司（1919年1月14日設立、本店新京、資本金1百万円4分の1払込）は1936年12月14日に再登記した[5]。亜洲興業麺粉股份有限公司（1921年5月31日設立、本店新京、資本金300千円払込）は1937年5月1日に再登記した[6]。同公司はその後1938年8月31日に亜洲製粉株式会社に商号変更した[7]。股份有限公司奉天紡紗廠（1921年9月30日設立、資本金4,500千円4,171.5千円）は1936年11月9日に再登記した[8]。中東海林採木有限公司（1924年3月15日設立、本店哈爾濱）が1937年8月17日に中東海林採木股份有限公司（本店新京）に商号変更し再登記した[9]。鶴岡煤礦股份有限公司（1926年4月16日設立、本店新京、資本金3百万円払込）は1937年4月3日に再登記してほどなく6月30日に解散し、満洲炭礦株式会社（1934年5月7日設立、本店新京）に吸収合併された[10]。西安煤礦股份有限公司（1927年8月1日設立、本店奉天省西安県、資本金3百万円払込）は1937年4月1日に再登記したが、1938年6月29日に満炭が営業譲渡契約を決議し、7月1日に吸収合併し解散させた[11]。昌隆電灯股份有限公司（1927年11月8日設立、本店濱江省珠河県一面坡、資本金29.7千円払込）は1937年5月24日に再登記し、同年12月20日に一面坡電灯株式会社に商号変更した[12]。吉林衆志火柴股份有限公司（1929年4月16日設立、本店吉林、資本金200千円150千円払込）は1937年3月5日に再登記し、同年7月1日に吉林金華火柴股份有限公司に商号変更した[13]。遼

寧煙草股份有限公司（1930年1月31日設立、資本金36千円払込）は奉天煙草股份有限公司に商号変更し1937年6月4日に再登記した[14]。四平街電灯股份有限公司（1931年5月11日設立、資本金110千円払込）は1937年4月5日に再登記した[15]。裕東煤礦股份有限公司（1931年9月11日設立、本店新京、資本金600千円）は1937年4月3日に再登記した[16]。これらのうち四平街電灯、裕東煤礦と遼寧煙草は「公司法」に基づく設立である。

　なお中華民国の法人法制では、外国法人に関する法制は整備されていない。そのため既存の治外法権による保護がなければ活動しにくい状況にあった。満洲国の「公司法」に準拠した股份有限公司を設立することを好まなければ、日本人事業者は関東州・満鉄附属地で日本法人登記をして、そのまま治外法権に守られて満洲国でほぼ内国民待遇で事業を行うことができた。しかも満洲国になってからは、日本法人の事業に排他的な扱いはさほど取られなかった。そのため日本国籍を持たない企業家が満鉄附属地で日本法人を設立することも可能となり、むしろ満洲国籍法人より有利な立場を享受しようとする事例も見られた。ただし満洲国政府の財源確保のため、日本法人に対する税制上の課税強化等の標的となる場合も見られた（柴田［2001］参照）。満洲国居住者は満洲国法人として「公司法」の適用を受けて満洲国法人となり股份有限公司を設立して事業を行うか、満鉄附属地で登記して日本の「商法」の規定に従って法人として事業を行うかで選択できた。ただし前者に対しては規制が強く設立件数は限られた。

2．特殊会社制度の導入

　満洲国の特殊会社制度はある程度日本型の特殊会社制度を導入したものである。日本の植民地のための特殊会社として、個別の法令に基づき設立された事例も多い。例えば1906年6月7日勅令「南満洲鉄道株式会社令」による満鉄や、1908年8月27日「東洋拓殖株式会社法」による東洋拓殖株式会社等がこれに該当する。満鉄は当初日本本店として設立されたが、大連に本店を移転した。東拓も同様に設立時には本店を京城に置いたが東京に移転した。満鉄本店が移転した関東州大連は制度上外国であり「大日本帝国憲法」が適用されない地域であるが、関東州及び満鉄附属地において天皇の命令による勅令により日本「商法」適用が可能で

ある。ただし先述のように「関東州裁判事務取扱令」前の時期には満鉄は大連に本店登記できない状態が続き、同令施行後に登記を行っていた。こうして日本最大の外地本店特殊会社が関東州・満鉄附属地で日本法令に準拠して活動した。他方、東拓は日本・韓国の法律に基づき設置され、1910年8月29日韓国併合後には植民地朝鮮が「大日本帝国憲法」の適用地域となり、本店を京城に置くことについて制度上では何ら問題はなかった[17]。

　満洲国における特殊会社制度は、日本の特殊会社の政府出資法人に近い制度である。満洲国の特殊会社とは、1933年3月1日「満洲経済建設要綱」で、「国防若クハ公共公益的性質ヲ有スル重要産業ハ公営又ハ特殊会社ヲシテ経営セシム」としたが、民間企業側の懸念があるため、翌年6月27日「声明書」により、国防上重要産業、公益事業および一般産業の基礎産業である交通、通信、鉄鋼、軽金属、金、石炭、石油、自動車、硫安、曹達、採金、採木等について特別の措置を講ずるものとし、それ以外の分野については広く民間の進出を歓迎するとして、懸念の払拭に努めた（横浜正金銀行調査部［1942］105-106頁）。満洲国に導入された特殊会社については、①法令に基づく会社、②満洲国と他国の条約に規定される会社、準特殊会社については、①政府出資の会社、②産業法規により政府の命令監督を受ける会社、のいずれかにあるいは複数に該当する（横浜正金銀行調査部［1942］1-2頁）。ただし個別設置法令が公布されても、準特殊会社の事例もある。準特殊会社を特殊会社にしないのは、個別の法令で産業独占を認めていないためである。条約で設立された事例として、例えば満洲拓殖公社は1937年8月2日の満洲拓殖公社の設置に関する協定により設立されており、ほか同様に満洲電信電話株式会社がある。そのほか当初は準特殊会社として設立されたが、業種別統制権限を法律で規定して特殊会社に転換した事例もある。例えば準特殊会社の満洲棉花股份有限公司（1934年4月19日設立、本店奉天）が特殊会社の満洲棉花株式会社に転換した（横浜正金銀行調査部［1942］203頁）。逆に特殊会社から普通法人に転換した満炭や満洲房産株式会社（1938年2月19日設立、本店新京）の事例もある。そのほか政府出資の普通法人もあり、上記の基準の例外も存在した。

　満洲国で特殊会社は多数設置されたものの、「特殊会社通則法」のような法律

は公布されず、特殊会社全般を規定する法律はない。特殊会社が日本法人と満洲国法人、日満条約法人により成り立っているため、それを満洲国の法律で一元的に規定することは不可能である。また準特殊会社については、もとより個別法人設置法令がないものもあり、事実上の地域的あるいは業種的独占が認められている法人が該当するため、個別の法人設置を規定した法令は必ずしも必要ではない。特殊会社と準特殊会社の区分にはやや曖昧なものがあり、また準特殊会社と普通会社との区分にも曖昧な面が残る。

　1936年7月24日に関東軍司令部は「満洲国特殊会社及準特殊会社ノ指導監督方策」を決定し、満洲国国務院に通知した[18]。それによれば満洲国政府の監督機関の充実を図り、満洲国産業政策全般の見地から、役員任期等の人事・役員等給与・事業計画・利益金処分で指導させるものとした。これに対応して、満洲国総務庁企画処は1936年8月29日に「特殊会社指導監督方策ニ基ク処置要領案」をまとめ、特殊会社監督を一元的に統制するため、総務庁に関係各部職員で組織する委員会で基本方策を決定させ、満洲国実業部における監督機構の一元化をはかりそれを強化するとの方針を打ち出した[19]。実業部の監督権限の強化はほかの所管部署の監督権限の圧縮となる。日本の中央省庁から派遣された職員は官僚的セクショナリズムから、既存所管権限としての監督権限の後退となる決定を受け容れないため、諒解を得ることが難しく、特殊会社を統一的な基準で特定の部署が監督するという体制は機能しなかったとみられる。

　それに換え実業部は「重要産業統制法」を提案し、それに規程される産業を幅を広く取ることで、同法の所管を通じて監督権限の拡張を試みた。それにより個別事業法・個別特殊会社法により規定される鉱工業全般を、概ねを統制する通則法が公布されることになる。重要産業とは勅令により政府が指定するもので、指定業種の事業を営むものは政府の許可制に置かれる、政府は事業者に生産・販売に関し必要な命令を行うことができる、生産制限等の協定、製造設備の拡張・変更、事業場と法人の解散については政府の許可を得るものとした。「重要産業統制法」は1937年5月1日に裁可施行された。

　1936年11月16日に見込まれている同法による指定者と事業者として表1-1に掲載された会社等が列記されていた。後日商工省の統制官僚を代表する総務庁企

表 1-1 「重要産業統制法」指定予定会社

業　種	業名・商号	設立年月日	本店	国籍	法人属性等
(兵器製造業)	(株)奉天造兵所	1936.7.24	奉天	満洲国	特殊会社
(航空機製造業)	満洲航空(株)	1932.12.16	新京	満洲国	準特殊会社
(自動車製造業)	同和自動車工業(株)	1934.3.31	新京	満洲国	特殊会社
(液体燃料製造業)	満洲石油(株)	1934.2.24	新京	満洲国	特殊会社
	満洲油化工業(株)	1936.9.1	新京	満洲国	普通法人
	大同酒精(股)	1933.11.21	哈爾濱	満洲国	普通法人
(金属精錬業)	本渓湖煤鉄(股)	1935.9.25	本渓湖	満洲国	準特殊会社、再登記法人
	満洲採金(株)	1934.5.16	新京	満洲国	特殊会社
	満洲軽金属製造(株)	1936.11.10	撫順	満洲国	特殊会社
	(株)昭和製鋼所	1929.7.4	鞍山	満洲国	準特殊会社
	日満マグネシウム(株)	1933.10.21	東京	日本	普通法人
(石炭業)	満洲炭礦(株)	1934.5.7	新京	満洲国	特殊会社
(毛織物製造業)	満蒙毛織(株)	1918.12.25	奉天	日本	普通法人
(紡績織布業)	営口紡織(股)	1933.3.24	営口	満洲国	普通法人
	奉天紡織廠	1921.9.30	奉天	満洲国	公司再登記未了
	満洲紡績(株)	1923.3.15	遼陽	日本	普通法人
	満洲福紡(株)	1923.4.1	大連	日本	普通法人
(麻製造業)	満日亜麻紡織(株)	1934.6.15	奉天	満洲国	普通法人
	満洲製麻(株)	1917.5.22	大連	日本	普通法人
(製粉業)	日満製粉(株)	1934.6.25	哈爾濱	日本	普通法人、子会社に日満製粉(股)
(麦酒業)	大満洲葱布(株)	1934.6.25	哈爾濱	満洲国	普通法人
	哈爾濱麦酒(股)	1936.4.7	哈爾濱	満洲国	普通法人
	満洲麦酒(株)	1934.4.19	奉天	日本	普通法人、子会社に満洲麦酒(股)
	亜細亜麦酒(股)	1936.7.8	奉天	満洲国	普通法人
(製糖業)	満洲製糖(株)	1935.12.26	奉天	日本	普通法人、子会社に満洲製糖(股)
	北満製糖(株)	1934.3.6	哈爾濱	満洲国	普通法人
(煙草業)	満洲煙草(股)	1934.12.24	新京	満洲国	普通法人、子会社に満洲煙草(股)
	啓東煙草(股)	1936.2.29	奉天	満洲国	普通法人、英米煙草トラスト系
	老巴奪(股)	1936.8.1	奉天	満洲国	普通法人、英米煙草トラスト系
	東亜煙草(株)	1906.11.9	東京	日本	普通法人
(曹達製造業)	満洲曹達(株)	1936.5.22	新京	満洲国	普通法人
(肥料製造業)	満洲化学工業(株)	1933.5.30	関東州海猫屯	日本	普通法人
(パルプ製造業)	東満洲人絹巴爾普(股)	1936.6.17	間島・和龍	満洲国	普通法人、1934.5.1設立東満洲人絹パルプ(株)(本店東京)の子会社
	満洲巴爾普通工業(株)	1936.5.11	牡丹江	満洲国	普通法人、1934.5.27設立満洲パルプ工業(株)(本店東京)の子会社
	日満巴爾普製造(株)	1936.9.11	新京	満洲国	普通法人
	東洋パルプ(股)	1936.9.11	新京	満洲国	普通法人
	康徳葦パルプ(股)	1936.12.4	奉天	満洲国	普通法人
	鴨緑江製紙(株)	1919.5.24	安東	日本	普通法人
(油房業)	満洲大豆工業(株)	1934.7.23	大連	日本	普通法人
	大連油脂工業(株)	1916.4.26	大連	日本	普通法人
(セメント製造業)	大同洋灰(股)	1933.11.22	吉林	満洲国	普通法人
	撫順セメント(株)	1934.7.18	撫順	日本	普通法人
	満洲小野田洋灰(株)	1935.5.28	四平・昌図	満洲国	普通法人
(燐寸製造業)	吉林燐寸(株)	1914.4.30	吉林	日本	普通法人
	日清燐寸(株)	1907.10.24	新京	日本	普通法人
	宝山燐寸(株)	不詳	不詳	日本	普通法人

注：パルプを巴爾普とする等の正式商号への修正を加えた。
出所：「重要産業統制法指定産業者一覧表」1936年11月16日（一橋大学経済研究所社会科学統計文献センター蔵『美濃部洋二文書』H18-36-1）。

画処参事官美濃部洋二（1934年5月〜1936年12月在任）の作成と推定する[20]。指定予定法人には満洲国法人と附属地本店の日本法人のほか、支店法人、関東州本店法人を含む。日本法人も満洲国法律で指定し服属させる体制となった。附属地行政権返還後の体制が先取りされたのみならず、関東州の日本法人まで統制の対象に入れていた。ここでは本店法人の主要なものを紹介しよう。機械製造業のうち兵器製造業では株式会社奉天造兵所、航空機製造業では満洲航空株式会社、自動車製造業では同和自動車工業株式会社が列記されている。このうち奉天造兵所と同和自動車工業は特殊会社で満洲航空は準特殊会社である。化学工業のうち液体燃料製造業では満洲石油株式会社は特殊会社、満洲油化工業株式会社、大同酒精股份有限公司は普通会社である。金属製錬事業では本渓湖煤鉄股份有限公司（1935年9月25日再登記）、満洲採金株式会社、満洲軽金属製造株式会社、日本法人では株式会社昭和製鋼所、日満マグネシウム株式会社が並ぶ。このうち満洲採金、満洲軽金属製造は特殊会社であり、本渓湖煤鉄と昭和製鋼所は準特殊会社の位置づけであるが、前者は満洲国に再登記改組した法人である。炭礦業では満炭のみが指定される見込みであり同社は特殊会社である。毛織物製造業では日本法人の満蒙毛織株式会社、紡績および綿織物業では営口紡織股份有限公司、再登記前の奉天紡紗廠、日本法人では満洲紡績株式会社、満洲福紡株式会社、麻製品製造業では満日亜麻紡織株式会社、日本法人では満洲製麻株式会社が並んでいる。食品工業のうち製粉業では日本法人の日満製粉株式会社（日満製粉股份有限公司が現業を担当）、麦酒業では大満洲忽布麦酒股份有限公司、哈爾浜麦酒股份有限公司、日本法人では満洲麦酒株式会社（満洲麦酒股份有限公司が現業を担当）、亜細亜麦酒株式会社、製糖業では満洲製糖株式会社（満洲製糖股份有限公司が現業を担当）、日本法人の北満製糖株式会社、煙草業では啓東煙草股份有限公司（英米煙草トラスト系）、老巴奪股份有限公司（同）、日本法人の東亜煙草株式会社、満洲煙草株式会社（満洲煙草股份有限公司が現業を担当）が並び、満洲国法人と日本法人が混在している。曹達製造業では満洲曹達股份有限公司、肥料製造業では日本法人の満洲化学工業株式会社、パルプ製造業では東満洲人絹巴爾普股份有限公司（東京本店の東満洲人絹パルプ株式会社の支配下で現業を担当）、満洲巴爾普工業股份有限公司（東京本店の満洲パルプ工業株式会社の支配下で現業を担

当)、日満巴爾普製造股份有限公司、東洋パルプ股份有限公司、康徳葦パルプ股份有限公司、日本法人の鴨緑江製紙株式会社、油房業では日本法人の満洲大豆工業株式会社、大連油脂工業株式会社、セメント製造業では大同洋灰股份有限公司、満洲小野田洋灰股份有限公司、哈爾浜洋灰股份有限公司、本渓湖洋灰股份有限公司、満洲洋灰股份有限公司、日本法人の撫順セメント株式会社、関東州小野田セメント株式会社、マッチ製造業では日本法人の吉林燐寸株式会社、日清燐寸株式会社が並び同様に満洲国法人と日本法人が混在している。以上の会社には個別特別会社法や個別事業法で規定される特殊会社も含むが、それらのみならず広い範囲で強力に産業統制を行う方針を明確にした。こうして「重要産業統制法」で統制下に置くことになる。列記された日本法人は治外法権撤廃で満洲国法人に転換するため当然ながら統制の直接対象となる。関東州本店会社については法制度上は支店以外には満洲国法律の適用対象外として続くため、直接の統制対象とはならないが、この法律では幅広い統制を目指していたものとして注目できよう。外資系企業として、英米煙草トラスト系の啓東煙草と老巴奪があるが[21]、これらも「重要産業統制法」の標的とされた。またこの一覧表には日本法人の下に満洲国現業法人を抱えている後述の為替リスクを回避した二重法人の事例も多い。そのため親会社が日本法人であっても現業法人を指定することで統制の対象となる。

　事実上同一の事業を、日本法人と満洲国法人の両建とした事例がある。1937年9月7日設立の満洲鴨緑江水力発電株式会社(本店新京)と同日設立の朝鮮鴨緑江水力発電株式会社(本店京城)で、前者は満洲国の特殊会社、後者は朝鮮の特殊会社として出現した。両社のバランスシートは2社に区分経理されている。そのため2国本社法人のような事例とは見なせない。国籍を異にする2社で同一の事業に従事しているという形態が取られていた。また両社の資本金は常に同額とし、両社は資本金の2分の1の株式を相手国側の株主に保有させ、さらに両社の株主に両社の株式を同数保有させ、両社資産負債は両社共同とし、両者の事業経営により生じた損益は両社に均等に配分することにした[22]。したがって事業内容はその負担・損益等においてほぼ完全に統合されそれが折半されている。

　別の事例として、満洲拓殖公社に吸収合併される前の満鮮拓殖股份有限公司と同社の親会社の鮮満拓殖株式会社がある。満鮮拓殖と鮮満拓殖は満洲における朝

鮮人移民事業を行うものである。満鮮拓殖は1936年6月26日「満鮮拓殖股份有限公司法」により、同年9月14日に満鮮拓殖股份有限公司として設立された（本店新京、資本金15百万円半額払込）。「会社法」施行後、1938年7月21日に設置法が「満鮮拓殖株式会社法」に改められ、満鮮拓殖株式会社に商号変更した。別に特殊会社の日本人移民事業のための満洲拓殖株式会社があり混乱しやすいが別法人である。鮮満拓殖は1936年6月4日制令「鮮満拓殖株式会社令」により、満鮮拓殖の親会社として、同年9月9日に設立された日本法人である（本店京城、払込資本金8百万円）。親子の両社には満洲国政府出資がなされなかった。満鮮拓殖資本金の全額が鮮満拓殖から出資された。両社の事業は事実上一体化し、役員も同一であり、鮮満拓殖では総裁、満鮮拓殖では理事長と名称は異なるが同一人物の二宮治重（元陸軍中将）が就任していた（満鮮拓殖・鮮満拓殖［1941］14-26頁）。1941年10月27日に鮮満拓殖の設置法は廃止されたが、同社はそれより先の同年6月1日に解散決議した[23]。満鮮拓殖も同年6月30日に解散した。この両社の事例は、名を二つ持ち、二つの国に分かれていながら、資本金は朝鮮の親会社が負担し、事業は一体という事例である。

3．為替リスク回避の二重法人化

1932年7月1日に満洲中央銀行が設立され、銀系通貨満銀券で満洲国通貨統一が実現された[24]。満洲国で事業を行う日本法人は満銀券取引をすることとなった。その後の満洲国体制の安定化によりカントリーリスクは低下したものの、1930年代前半の銀相場の下落で、日本の対満洲直接投資の会計勘定を銀建取引にするリスクを抱えた。そのため日本国内の株主の意向もあり、日本法人は為替リスク回避のために、現業部門を満銀券建の現地法人として分社化して切り離し、日本法人は円建てのまま持株会社化した。それにより日本法人本体としての為替リスクを表面的に分離する体制となった。事業の実態を満洲国事業法人の「公司法」に基づく子会社の「股份有限公司」に任せ、その実質管理を日本法人の株式会社が行うという体制を採用する法人が出現した。実際には、持株会社も奉天にそのまま本社を置き、事業法人も奉天に置くような事例があり、会計上の操作のためのみの設立であった。そのため満洲国において活動した法人の払込資本金を集計す

る場合には、この操作により法人数と資本金が事実上二重計算に近い状態となる。こうした事態への対処を迫られた結果として、先述の1934年8月17日の公司の資本金の外国通貨、すなわち日本円建計算の承認となる。この措置により資本金部分については為替変動リスクから除外されたが、それ以外の計算項目については為替変動リスクを抱えたままとなる。

　そのため為替リスク回避のための二重法人設立措置を採用する事例が発生した。例えば満洲製粉株式会社がある。関東軍の斡旋による、日本内製粉業者各社の出資で1934年6月25日に設立された日本法人満洲製粉株式会社（本店哈爾濱）は、設立時から満洲国法人となることを求められた。しかし「公司法」の規定が、日本側出資者側になじみがないため妥協して、当初は日本法人として出発し、後日満洲国法人へ転換すると約束して事業に参入した。しかしそのまま日本法人であり続けたため、関東軍は満洲国法人に転換することを強く求めた。この間、1935年12月に満銀券と朝鮮銀行券を介した日本銀行券の等価が実現したが、それが永続性を持つと必ずしも予想できなかったこともあり、1936年12月15日に「公司法」に基づく日満製粉股份有限公司を設立し（本店哈爾濱）、日満製粉株式会社の全事業資産を譲渡して操業させ、日本法人日満製粉は投資会社に転換した形にして対処した（日満製粉［1939］10-14頁）。日本の「商法」（会社篇）が適用され、かつ附属地治外法権を享受できるため、日本法人は法人法制体系の異なる満洲国への直接進出には逡巡する事例が少なくなかったとみられる。その後、後述のように治外法権撤廃・「会社法」施行で、満洲国法人に切り離しておく必然性が薄れ、日本法人が満洲国法人に転換する。

　同様の為替リスク回避の二重法人を設立した事例を見出す。関東軍・満洲国政府側の意向で日本法人満洲煙草株式会社（1934年12月24日設立、本店新京）が1935年2月12日に満洲国法人満洲煙草股份有限公司を設立した（本店新京）。前者の日本における資金調達の都合で二重法人を採用したものである。前者が投資会社として現業を担当する後者に全額出資して支配下に置いた（柴田［2013a］第3章参照）。日本法人満洲自動車交通株式会社（1933年10月31日設立、本店新京）と満洲国法人満洲自動車交通股份有限公司（1933年12月25日設立、本店新京）も同様である。前者が投資会社として現業を担当する後者に全額出資して支配下

に置いた25)。大満採金有限股份公司（1935年12月21日設立、本店新京、資本金200千円4分の1払込）の持株会社の日本法人株式会社大満採金（1934年6月30日設立、本店大連、資本金200千円4分の1払込）が全額出資で支配下に置き、現業を担当させていた26)。これは持株会社を関東州に置いた事例である。満鉄附属地もしくは関東州に本店を置く場合には、満洲の会社件数と資本金集計で事実上の重複計算となり、資本金が実態に比べやや水膨れすることになる。

　持株会社を満洲に設置せず、日本に置き現業法人を満洲国に設置した事例もある。日満亜麻紡織株式会社（1934年4月25日設立、本店東京）と満日亜麻紡織股份有限公司（1934年6月15日設立、本店哈爾濱）の関係も前者の本店が東京にあるだけで同一である。前者が投資会社として現業を担当する後者に全額出資し支配下に置いた。前者は持株会社業務以外に亜麻繊維採取・紡績、麻類種子売買等にも従事するとしており、富山に工場を設置し操業していた27)。同社は日本に工場を抱えているため東京本店会社とした。満洲投資の持株会社として設立された日本法人満洲セメント株式会社（1934年1月29日設立、本店東京、5百万円4分の1払込）は満日合弁満洲洋灰股份有限公司（1934年5月11日設立、本店奉天、資本金2百万円半額払込）に全額出資し、遼陽工場を操業をさせていた28)。同様の事例として東満洲人絹パルプ株式会社（1934年5月1日設立、本店東京、資本金15百万円4分の1払込）が日満合弁東満洲人絹巴爾普股份有限公司（1936年6月17日設立、本店間島和龍、資本金7.5百万円半額払込）を全額出資で支配下に置き操業させた29)。また満洲パルプ工業株式会社（1934年5月27日設立、本店大阪、資本金10百万円4分の1払込）が満洲国法人満洲巴爾普工業股份有限公司（1936年5月11日設立、本店新京、資本金5百万円半額払込）を全額出資で支配下に置き操業させていた30)。このような事例が多いため、同一法人と混同しやすい。

1) 　大興股份有限公司については柴田［1998c］参照。
2) 　関東軍参謀部「満洲国公司法暫定改正ニ関スル件」1934年5月16日（一橋大学経済研究所社会科学統計文献センター蔵『美濃部洋次文書』（以下『美濃部洋次文書』）H16-1-2）。
3) 　実業部発財政部「満洲国法人ノ住所ニ関スル件」1935年3月13日（『美濃部洋次文

書』H16-1-2）。
4） 須永［2007c］817頁は関東火柴股份有限公司が1937年4月5日に関東火柴株式会社に、甡甡火柴股份有限公司が1937年4月3日に甡甡火柴株式会社に、奉天恵臨火柴股份有限公司が1937年7月29日に奉天恵臨火柴株式会社に改組されたと説明するが、いずれも股份有限公司として再登記したに過ぎない。「会社法」施行後の、各1938年5月19日、1938年4年5日、1938年10月1日に株式会社に商号変更した（『満洲国政府公報』958号、1937年6月10日、1095号、同年11月23日、1438号、1938年4月5日、1456号、1939年2月17日、2353号、1942年3月18日）。
5）『公報』935号、1937年5月34日。
6）『公報』981号、1937年7月7日。
7）『公報』1994号、1939年10月31日。
8）『公報』821号、1936年12月15日。
9）『公報』1095号、1937年11月26日。柴田［2015a］では商号変更時期を特定できなかった。
10）『公報』957号、1937年9月7日、1081号、1937年11月6日。
11）満洲炭礦株式会社『第5期営業報告書』1938年6月期、2頁、『公報』969号、1937年6月23日、1298号、1938年8月5日。
12）『公報』1079号、1937年11月4日、1328号、1938年9月9日。疋田・須永［2007］404頁で1936年5月時点の「一面坡昌隆電灯股份有限公司」（1927年11月17設立、資本金60千円30千円払込）を紹介しているが商号は本章と異なる。
13）『公報』942号、1937年5月22日、1045号、1937年9月22日。
14）『公報』1097号、1937年11月25日。柴田［2013a］では遼寧煙草が1937年6月4日に奉天煙草に改組新設されたと理解したが再登記に修正する。
15）『公報』993号、1937年7月21日。
16）『公報』957号、1937年6月9日。同公司は満鉄半額出資で1917年4月24日に設立された四平街電灯株式会社とは別法人である。
17）1938年11月7日に日本の法律「中支那振興株式会社法」により設置された関内占領地投資の特殊法人の中支那振興株式会社は上海に本店を置いた。上海租界では在上海総領事館が「商法」（会社篇）に準拠し日本法人設立を認めて登記させており特段の問題はなかったが、日本政府出資特殊法人の中では合弁法人以外では稀有の事例である。
18）『美濃部洋次文書』H37-1-1。
19）『美濃部洋次文書』H37-2。
20）商工省を代表する統制官僚の美濃部洋二については秦［1991］226頁。「重要産業統制法指定産業業者一覧表」1936年11月16日（『美濃部洋次文書』H18-39-1）。実業

部統制科の作成と思われる。
21) 英米煙草トラスト系の啓東煙草と老巴奪については柴田 [2013a] 第3章参照。
22) 「鴨緑江及図們江発電事業覚書ニ関スル件」1937年8月23日産業部布告、横浜正金銀行調査部 [1942] 134頁。満洲国側の電力業については、堀 [1995]、疋田・須永 [2007] 参照。朝鮮における電力業と朝鮮鴨緑江水力発電については、堀 [1995]、東拓系関係会社としての位置づけとして柴田 [2015a] 参照。
23) 『公報』2625号、1943年2月27日。
24) 満銀券による通貨統一については、柴田 [1999a] 第2章参照。
25) 『満銀年鑑』1936年版、328、659頁。
26) 『満銀年鑑』1935年版、295、605頁。
27) 『満洲年鑑』1936年版、620、672頁。
28) 『満銀年鑑』1935年版、605、629頁。
29) 『満銀年鑑』1937年版、634、738頁。
30) 『満銀年鑑』1936年版、622、677頁。

第3節　「会社法」体制への移行

1．「会社法」

　1937年6月24日「商人通法」、「会社法」、「運送法」、「倉庫法」、「海商法」等を裁可した。これより前の5月13日には「手形法」、「小切手法」も裁可している。そのほか個別業態法を列記することができる。このうち「商人通法」では商業登記、商号、商業帳簿、営業譲渡、代理商、仲立人、問屋、匿名組合等を規定し、商業登記体制を整備し商業行為者の位置づけを行った。
　設立当初の満洲国の法人体系は基本的に「公司法」を承継しているため、普通法人としては股份有公司、両合公司、無限公司等が一般の法人の形態である。満洲国でも個別特殊会社については、個別設置法でその法人の内容を規定できるが、満洲国普通法人の場合に会社法制上「公司法」に準拠せざるを得ない。日本法人のまま満鉄附属地で事業を継続する途も残されていたことも、「公司法」の暫定施行と「会社法」公布が遅れた理由である。しかし1937年の産業開発計画発

動後に日本の対満洲国投資は急増し、それと並行して法人設立が急増した。日本人経営の法人が満洲各地で事業を展開する事例が急増し、その齟齬が拡大したと見られる。そのため満洲国の会社法体系を日本型に切り替える必要が生じた。治外法権撤廃と附属地行政権返還が日程に乗り、結局日本の会社法制をそのまま導入することとなった。そして1937年6月24日「会社法」裁可、12月1日施行となった。1937年12月1日満鉄附属地の満洲国移譲に伴い、附属地を本店とする日本法人もすべて満洲国法人に切り替えられるため、日本型会社法の公布がふさわしかった。法人の国籍だけが問題となり、それ以外の法人形態については、満洲国法人と日本法人の規定は大差なかった。

　他方、先述のこの為替リスク回避のための法人は、1937年12月1日の治外法権撤廃・満鉄附属地移譲に伴い、満洲国の株式会社に転換し、併せて事業法人の股份有限公司を本体に吸収合併した事例が多い。先に紹介した日本法人日満製粉株式会社は1937年12月1日に日本国法人から満洲国法人化に転化した。「会社法」の施行により、法人名はそのまま改める必要がなかった。その後、満洲国側の命令により、現業を担当する形にしていた満洲国法人の日満製粉股份有限公司は1938年1月19日に事業資産を日満製粉株式会社に譲渡して解散した（日満製粉［1939］14-15頁）。同様に1937年12月24日に日本法人満洲煙草株式会社が満洲国法人満洲煙草股份有限公司を吸収合併し、商号はそのままで満洲国法人の煙草製造販売事業者に転換し後者は同日に解散した（柴田［2013a］第3章）。また1938年に日本法人満洲自動車交通株式会社が満洲国法人満洲自動車交通股份有限公司の事業を取得し商号はそのままで自動車運輸事業者に転換し、後者を解散させた[1]。満日亜麻紡織股份有限公司も満洲国法人化し商号を満日亜麻紡織株式会社に変更し、日満亜麻紡織は解散せず日本の工場で操業を続け併せて満日亜麻紡織への出資を続けた[2]。先述の満洲国内現業法人を設立し、金円建の日本内もしくは関東州内に本店を置いていた二重法人体制を採用した会社は満銀券と日本円が等価で安定し、「会社法」施行により、附属地に持株会社を有する事例ではそのまま持株会社が満洲国法人に転換し満洲国内現業の満洲国法人を吸収合併した。この場合には「株式会社」を冠する持株会社が子会社を吸収合併するため商号変更を必要としない。日本内に本店を有する持株会社は必ずしも解散する必要はな

いが、満洲現業法人を支配するためだけに設立したものは解散し、満洲国法人がそのまま「株式会社」を冠する商号に変更し操業を続けた。満洲洋灰股份有限公司は満洲セメント株式会社に商号変更し操業を続け、持株会社の満洲セメントは解散した。東満洲人絹巴爾普股份有限公司は東満洲人絹巴爾普株式会社に、満洲巴爾普工業股份有限公司も満洲パルプ株式会社に商号変更し、両社の持株会社は解散した。

　「会社法」で株式会社・合名会社・合資会社・株式合資会社を定義した。特に株式会社についてはその設立、株式会社の株式、株式会社の機関としての株主総会・取締役・監査役を位置づけ、会社の計算、社債発行、定款変更、会社整理、解散、清算を規定した。また合名会社の設立・社員の退社・解散等を規定した。合名会社の規定の多くは合資会社にも適用されている。最低資本金の規定はないが、1株50円、4分の1以上の払込で設立するとして、日本と同じ規定が盛り込まれている。中国語の対訳法文でも「株主」、「株券」、「株式会社」、「合名会社」、「合資会社」、「株主総会」、「発起人」、「総会」、「清算人」が用いられている。他方、日本語と違う用語は「取締役」が「董事」、「監査役」が「監査人」、「社長」が「董事長」、「債権者」が「債権人」とされ、一部異なるがほぼ日本の用語が導入された。こうしてこの法律により満洲国はほぼ日本と同じ会社法体系に置かれた。これにより日本人の株式会社設立が容易になる。もちろん設立後の増資も容易である。この法律より先に満洲国で「民法」、「破産法」が裁可され、会社法制は一段と整備されていた。

　この「会社法」により、満洲国の既存法人は定款変更により商号変更した。すなわち股份有限公司は株式会社、両合公司は合資会社、無限公司は合名会社と改称した。治外法権撤廃に伴う会社法制の切り替えにより、満鉄附属地および満洲国内各地商埠地に本店を置いた日本法人は満洲国法人に転換する。治外法権撤廃前の1936年6月2日満洲国総務庁企画処がまとめている集計によると、日本法人は株式会社240社、合資会社643社、合計883社が満洲国法人に転換するものとされた（表1-2）。そのほか日本法人で満洲国内支店営業をしていた法人が、別法人として満洲国内本店会社を分社化されるものとして4件ある。これに該当するのは東亜煙草株式会社（本店東京）、国際運輸株式会社（本店大連）、満洲急送貨

表1-2　満洲国法人転化見込件数

(単位：件)

	法人新設		本店設置	支店設置	
	株式会社	合資会社	株式会社	株式会社	合資会社
銀行	10	—	—	3	—
無尽	6	—	—	3	—
取引所清算会社	4	—	—	11	—
金融売買仲介等	28	17	1	26	8
商事	30	357	—	—	321
市場	6	—	—	—	—
紡織染色	6	108	—	5	108
化学	13	—	—	15	—
金属機械器具	11	—	—	5	—
製材木製品	8	—	—	4	—
食料品工業	26	—	1	7	—
雑工業	6	—	—	4	—
窯業鉱業	17	7	—	13	12
電気ガス	4	—	—	2	—
交通運輸	6	17	2	18	46
倉庫保険ラジオ	4	—	—	2	—
拓殖興業	16	8	—	6	24
土地建物	18	21	—	10	13
請負労力供給	2	50	—	7	34
新聞印刷	9	—	—	4	—
旅館娯楽場	6	—	—	—	—
雑業	4	58	—	—	57
合計	240	643	4	145	623

注：紡織・染色の合資会社は「工業」と分類されている。
出所：満洲国総務庁企画処「会社統制ニ関スル資料」1936年6月2日（一橋大学経済研究所社会科学文献情報センター蔵『美濃部洋次文書』H29-1）。

物運輸株式会社（1933年10月25日設立、本店大連）、大連火災海上保険株式会社（本店大連）である[3]。そのため治外法権撤廃と「会社法」施行で、満洲国内本店法人は少なくとも887社が出現するものと見られた。6月から12月1日の治外法権撤廃までさらに附属地・商埠地における日本法人の登記が続くため、これをかなり上回る件数の日本法人が満洲国法人に転換したはずである。治外法権撤廃後の日本法人支店営業は満洲国法人に比べ対政府取引その他で不利な位置に立たされるため、満洲国政府との取引を行う企業は、満洲国現地法人に積極的に転換する。

それにより例えば、先述のように持株会社の日本法人と事業会社の満洲国法人の二重構造を暫定的に採用していた事例も満洲国法人化させる法人に含まれるため、満洲国法人となる件数は上記の集計よりもやや少なめになる。他方、日本法人に満洲国内本店法人を設置させるとした上記4社のうち、国際運輸（大連）は1937年11月26日に満洲国内店舗網を一括切り離し、満洲国法人の国際運輸株式会社（奉天）を設立して移譲し、大連の会社がその親会社となり4)、東亜煙草は満洲東亜煙草株式会社を1937年10月25日に設立し分離した（本店奉天）。大連火災海上保険は1937年12月1日の満洲火災海上保険株式会社設立で（本店新京）、事業譲渡し解散し清算に移り、満洲急送貨物運輸株式会社（1919年12月5日設立、本店大連）はこの情報を整理している時期にはすでに休業中であった。

　「会社法」と後述の「外国法人法」の施行により満洲国で新たな企業法制が始動した。政府はこの法体系に沿った法人による事業を奨励した。こうして満洲国に多数の日本の会社法制に準拠した会社が設置されることとなった。また満洲国法人への転換に当たっては、治外法権撤廃前の奉天等の日本領事館登記法人は、治外法権撤廃と同時にその登記事務は満洲国に引き継がれ、そのまま満洲国法人として登記されるとの便法を講じた。そのため多数の日本法人がそのまま満洲国法人に転換した。法人国籍の再登記を行う場合には税負担と手数料が発生するが、今回の治外法権撤廃に伴い既存の日本法人が満洲国内に本店を有せず支店のみ営業している事業者が、その支店を満洲国法人に転換する際に、満洲国による法人登記に伴う課税と手数料は、1937年11月30日満洲国国務院訓令「満洲国ニ於ケル治外法権ノ撤廃及南満洲鉄道附属地行政権ノ移譲ニ関スル条約第四条ノ適用ニ関スル件」第7項により免除された。そのため既存満洲国内日本法人支店等の満洲国法人化は軽便に実施できた。また先述の公司の資本金の外貨による採用を認めた勅令は、満洲国の法人体系が公司から会社へと転換したことに伴い、1938年9月15日勅令「会社ノ資本金ニ関スル件」で、経済部大臣の認可を得て金融業を除き外国の貨幣を充当することを認めた。そのほか会社設立を行ったのは、満洲国に参入した日本人のみならず、多数の満洲国居住者事業家も含まれている。「会社法」施行後に満洲国の地場中国人経営と思われる多数の法人設立が見られた。

　そのほか「会社法」施行を見越した関東州・日本からの満鉄附属地への本店移

転が見られた。同法施行前に本店を移転しておくことで、施行後に自動的に満洲国法人に転換できた。この事例として満鉄子会社の東亜土木企業株式会社（1920年1月10日設立、本店大連）がある。同社は1937年11月22日に本店を奉天に移転し[5]、そのまま「会社法」施行に伴い満洲国法人に転換した。土木建築業種のため満洲国法人が受注する際に有利である。大連本店のまま操業すると、満洲国法人子会社を設立して操業させることになるが、土木建築が活況を呈している満洲国に移転して事業拡張を目指した。日本からの移転事例として、株式会社葉山洋行（1923年7年3月1日設立、本店浜松）が1937年11月30日に本店を奉天に移転し[6]、株式会社内田洋行（1926年12月19日設立、本店大阪）が同年1月10日に奉天に移転し[7]、「会社法」施行でそのまま満洲国法人に転換した。ただしこのような本店移転の事例は限られている。他方、満洲国法人になる前に日本法人のまま満洲から転出した事例として株式会社大蒙公司がある（1935年7月5日設立、本店新京）。同社は1937年11月20日に蒙疆占領地張家口に転出し、同地域を事業地とした[8]。さらに1939年3月14日に解散し、同時に張家口本店の株式会社大蒙公司新設で蒙疆法人に転換した[9]。これは満洲国法人に転換すると蒙疆に転出することが困難となるためであろう。

　「会社法」施行後に満洲国内事業を分社化する事例も多数みられた。日中戦争勃発後の満洲産業開発計画五か年計画の発動による大規模投資が続く満洲国において、建設投資も沸きあがった。日本法人として土木建築事業に参入していた日本法人として大倉土木株式会社（1917年12月28日設立、本店東京）、株式会社鹿島組（1930年2月20日設立、本店東京）、株式会社清水組（1937年8月25日設立、本店東京）、株式会社大林組（1936年12月19日設立、本店大阪）、株式会社竹中工務店（1909年5月16日設立、本店大阪）がある。各社はそのまま後述の「外国法人法」適用を受けて事業を継続することも可能であった。しかし「会社法」施行に合わせ、各社は満洲国事業を分社化し、それぞれ満洲大倉土木株式会社（1939年9月2日設立、本店奉天、資本金10百万円2.5百万円払込）、株式会社満洲鹿島組（1940年3月14日設立、本店奉天、資本金2百万円1.5百万円払込）、株式会社満洲清水組（1940年3月29日設立、本店新京、資本金5百万円払込）、株式会社満洲大林組（1940年3月25日設立、本店奉天、資本金5百万円）、株式会社満洲

竹中工務店（1939年3月13日設立、本店奉天、資本金2百万円1百万円払込）として満洲事業を分社化した。満洲国法人に分社化せずに事業を継続すると、官公庁受注で競り負ける可能性があり、分社化せざるを得なかった[10]。同様に大連拠点で事業をしていた在満証券業者は、「会社法」体制への移行に対応し、満洲事業は満洲野村証券株式会社（1939年8月15日設立、本店奉天、資本金1百万円510千円払込）、満洲川島屋証券株式会社（1939年9月9日設立、本店奉天、資本金1百万円4分の1払込）、満洲山一証券株式会社（1940年10月19日設立、本店奉天、資本金1百万円4分の1払込）として分社化した。日本法人のままだと満洲国発行市場や流通市場で不利な操業環境に置かれる可能性があり、分社化に踏み切らざるをえなかった[11]。

　第1次産業開発五カ年計画期に満洲国の法人は急増する。1937年7月7日日中戦争勃発に伴い、日本の戦時経済統制は強化され、同年9月10日に「臨時資金調整法」が公布施行された。日中戦争の広がりにより日本の戦時統制経済が強化され、日本と同様の統制法規が満洲国においても導入される。1938年4月1日「国家総動員法」に先駆けて、満洲国でも1938年2月26日「国家総動員法」を裁可施行した。日本の設備資金統制の導入から1年ほど遅れ、満洲国においても1938年9月20日に「臨時資金統制法」が裁可施行された[12]。それにより銀行の設備資金に統制が課せられたが、併せて増資・合併・社債発行・株式払込等が経済部の認可制となった。これにより企業は同法により資金統制を受けるが、小規模企業は適用除外となった。すなわち同日裁可の経済部令「臨時資金統制法施行規則」により資本金500千円以上の企業が対象となり、それ未満の企業の設立については規制の対象外とした。そのため資本金500千円未満の企業が急増する。1938年9月20日から1939年12月25日の間に設立された会社1,331社のうち株式会社541社、公称資本金500千円未満317社（1社不明）、合資会社364社うち500千円未満361社（3社不明）、合資会社516社のうち500千円未満510社であり、規制を回避した零細法人が急増した[13]。この小企業適用除外枠はその後1939年12月26日裁可「臨時資金統制法」改正で、同日に施行規則が改正され、統制対象が500千円以上から200千円以上に引き下げられ、200千円以上が統制の対象となると、200千円未満の小企業の設立が急増した。1939年12月25日から1941年末の間に1,727社の新設

を見たが、そのうち株式会社919社のうち公称資本金200千円未満669社（6社不明）、合資会社538社うち200千円未満511社、合名会社270社のうち200千円未満269社であり、零細法人が「会社法」体制のなかで、政府からの規制を回避しつつ増大を続けていた[14]。強力な統制経済によって維持される満洲国の企業活動の中で、統制外の自由な経済活動を享受できる小企業として、合名会社・合資会社はもちろん、株式会社でも公称資本金200千円未満の企業数が格段に多いという状態になる。そのほか個人課税の強化による小規模法人の税制上の利点もあり、日本人経営のみならず地場中国人経営の零細法人はこの200千円未満の規模で大量に新設された。

2．「外国法人法」

　先述したように初期満洲国の会社法制の不備を列記した中に、関東軍側は日満関係について考慮すべき点として、「公司法」で会社を設立する場合の治外法権国人たる発起人や役員に対する罰則取締、満洲国内において設立する外国法人に対する監督および課税および外国法人が満洲国内に支店営業所を設置する場合の取り扱いを掲げていた[15]。このうち日本人の発起人と課税権は治外法権撤廃とともに片付いたが、外国法人、すなわち主として日本企業の満洲国内営業については、治外法権が撤廃されるとその活動の法的根拠を失うことになる。

　治外法権撤廃に併せて、満洲国における日本法人の支店営業を法的に位置づける必要が発生した。そのため1937年10月21日に満洲国は「外国法人法」を裁可した。この法律は日本の満鉄附属地返還が施行される同年12月1日に施行された（1937年11月25日勅令「外国法人法施行期日ニ関スル件」）。この法律は外国法人、実質的に多くは日本法人の満洲国における全般的な活動を、満洲国の「会社法」に準拠して規定したものである。それによれば、外国法人とは、法律または条約によりその成立を認められたもののほか、外国、満洲国地方団体及び営利法人に限り認め、外国法人は同種類またはもっとも類似する満洲国法人と同一の権利能力を有する。ただし法律または条約において特別の規定を与えているものについてはこの限りではない。満洲国に支店を設けている外国法人はこれと同種類または最も類似する満洲国の会社がなすべき登記と同一の登記をする。外国法人は満

洲国における代表者を定めて登記し、支店設置の登記を行う等が定められていた。ただし満洲国内で主たる事業を行う法人についてはこの法律は適用されない。そのためこれに該当し、満洲国で主たる営業を行う事業者は満洲国法人への転換を余儀なくされる。

　こうして満洲国における外国法人、主に日本法人はそのまま「外国法人法」に基づき支店・支店代表者等について外国法人登記を行えば、概ね「会社法」と同等に近い法的保護を受けることができた。日本法人であり続けることを選択した法人は「外国法人法」の規定に従い、支社を満洲国で法人登記し「会社法」に準拠した外国法人としての扱いを受けることになる。先述の1936年6月の国務院企画処集計では、関東州・日本本土・植民地朝鮮を本店とする法人で、満洲国に外国法人支店として設置させるものとして、株式会社145社、合資会社623社、合計768社が数えられていたが、ほとんど日本法人である[16]。合資会社形態の法人はもとより本体事業そのものの規模が大きくないため、満洲国部門を分社化し、形態上別法人として活動させるよりは、そのまま満洲国内で支店営業展開するだけで十分とする経営判断が見られた。

　満洲国における日本法人支店等は主たる事業を満洲国内で行うものでなければ、そのまま「外国法人法」に従い、日本法人として事業を継続することも可能となった。ただし規模の大きな満洲国事業については、店舗・事業資産をもとに満洲国法人への転換が促進された。外国法人として営業活動を続けるよりも、満洲国法人に転換したほうが有利な状況が発生した。満洲国内事業を別会社、多くは完全子会社のような現地法人を設立した例が多い。他方、そのまま外国法人として活動を継続した事業者も少なくなかった。大連本店の合資会社は事業規模が小さいため、「会社法」体制に移行後に満洲国に支店を開設し、支店営業で「外国会社法」の規定を受けて操業する事例もかなり見られた。この対処により、事業の実態は不変でも、日本もしくは関東州の事業と分離されて、満洲国で事業を行う法人件数が増大する。日本国内の事業者が支店営業していた事例では、満洲国法人に転換するため、満洲関係の法人の増大が確認できよう。事業資産規模そのものは満洲国現地法人の分離前と比べ急増したわけではないが、「外国法人法」の適用回避のための満洲国内事業の満洲国法人化は、法人件数の底上げとなり、し

かも一定規模以上の法人でかなり見られたため、満洲における法人の総資産・払込資本金等の合計数値は、重複を排除して集計できないため水脹れが発生している。満鉄が個別事業を関係会社として分社化した事例も見いだせる。他方、先述のように日本法人・満洲国法人の二重構造を解消して水脹れを解消した事例もある。満洲国の産業開発計画発動という経済活動の拡大の中での法人活動の範囲は拡大する。満洲国の効率的な経済統制にとって、満洲国で活動する日本法人の「外国法人法」による満洲国法人化は望ましいものであった。1937年12月1日満鉄附属地行政権返還と治外法権撤廃に伴う「会社法」体制のインパクトの大きさを改めて確認できよう。以後の満洲国には法人設立が激増する。以上の満洲国会社件数・資本金趨勢については第2章参照。

1) 『満銀年鑑』1938年版、573-574頁に両社が掲載されており、1938年6月頃までは満洲国法人満洲自動車交通股份有限公司は解散していない。合併を傍証できていない。満洲自動車交通は1938年5月28日に満洲交通株式会社に商号変更した(『公報』1404号、1938年12月10日)。
2) 『銀行会社要録』1941年版、東京121頁。
3) 満洲国総務庁企画処「会社統制ニ関スル資料」1936年6月2日(『美濃部洋次文書』H29-1)。
4) 満洲国内国際運輸事業分離は国際運輸[1943] 33-44頁、親会社役員が子会社役員を兼務した。
5) 東亜土木企業株式会社『第18期営業報告書』1938年3月期、2頁。
6) 『満銀年鑑』1938年版。山葉洋行は1923年9月5日に大連支店を設置し満洲事業に着手していた(『関東庁庁報』791号、1923年9月27日)。
7) 『満銀年鑑』1937年版、805頁。内田洋行[1980]には大阪から奉天に移転した日付の記載が見当たらない。満鉄従業員内田小太郎が退社後満鉄用達業者として創業し満洲で事業展開した延長で、奉天移転後に満洲で内田工業株式会社(1940年3月18日設立、本店奉天、1943年6月25日満洲航空精機株式会社に商号変更(『公報』2798号、1943年9月30日))、株式会社大連内田(1941年9月29日設立)、株式会社内田(1941年4月1日設立、本店奉天、1944年4月10日解散、奉天の内田洋行に吸収合併(『公報』3169号、1945年1月8日))、内田商事株式会社(1942年4月4日設立、本店新京)のほか、関内にも子会社を設立した(内田洋行[1980] 51-54頁)。設立日は『満銀年鑑』1942年版。内田洋行[1980] 51頁は満洲航空精機の設立を1940年9月とし、内田工業の商号更ではなく内田洋行系の株式会社満洲測機舎(1941年6月9日設立、

本店奉天）の商号変更とし、そのほか株式会社内田の解散の説明がない。
8） 『公報』2243号、1941年10月29日。
9） 『公報』2389号、1942年5月5日。大蒙公司の特異な活躍は柴田［2007c］、［2008a］参照。
10） 満洲鹿島組は1941年8月19日に本店を新京移転（『満銀年鑑』1941年版、1566頁）。満洲国の土木建築業者の分社化については吉川［2007a］参照。
11） 満洲証券会社が「会社法」施行に対応して満洲国証券会社を設立する経緯については柴田［2013c］参照。
12） 関東州の資金統制のため、1937年11月10日勅令「関東州臨時資金調制令」が公布施行された。
13） 『満銀年鑑』1938年版、1940年版と『公報』商業登記で試算。
14） 『満銀年鑑』1940年版、1942年版と『公報』商号登記で試算。
15） 南満洲鉄道経済調査会『満洲国国籍並会社国籍及資本方策』［1935b］95頁。
16） 前掲「会社統制ニ関スル資料」。ただし外国法人として支店設置させるものの、集計後に削除されている株式会社3件を含む。

第4節　アジア太平洋戦争期の会社法制

　先述の「重要産業統制法」では重要産業と政府が指定した産業に対して、政府がその経営に介入する権限を得た。当初から重要産業の範囲は広く設定されていたが、さらにその産業の裾野を広げると、鉱工業全般に及ぶことになる。鉱工業全般に介入する法律として、1942年10月6日に「産業統制法」が公布され、先述の「重要産業統制法」が廃止された。「産業統制法」は産業一般を統制する法律となり、当該業種は事業新設拡張、事業の廃止譲渡、合併解散、休止、定款変更については政府の許可を受ける体制となり、さらに政府が必要と認める統制産業については合併・譲渡・委託等を命ずることができるものとなった。そしてこの法律により統制対象の産業が指定された。その対象業種を規定している1942年10月6日勅令「産業統制法ノ施行ニ関スル件」によると、全86業種が指定され、例えば石炭鉱業、紡績業、非鉄金属精錬業、電気機器製造業、航空機製造業、兵器製造業、セメント製造業、製紙業、油房業等が含まれており、鉱工業のほぼ全体を網羅していた。所管については、兵器製造業については治安部、農業用機械製

造業、油房業、煙草製造業、製糖業等は農興部、造船業については交通部、その他産業はすべて経済部が統制を担当した。軍需産業や重化学工業のみならず、繊維産業や印刷業等にまで幅広く指定した。こうして政府の幅広い製造業への介入に法的根拠が与えられた。この政府介入の強化は規模の大きな該当産業法人設立に影響した。

　そのほか収益や操業状況の芳しくない会社は統合された。企業規模拡大で打開を狙ったが、資材・資金・労働者調達が次第に苦しくなる中で、企業の操業状況は一段と悪化した。また幅広い品目において流通統制が実施されるため小売業・卸業の純民間セクターの事業領域が政府系品目別流通統制会社に蚕食されるため、操業できずに解散に追い込まれる事業者も多数みられ、小規模法人新設は減少した。日本と同様に商号に含まれる流通・貿易統制が強化される中で「商事」を「産業」やほかの表記に改め、事業領域を変更する事例もみられた。政府系、満鉄系、満業系の資本系列にある特殊会社・準特殊会社の大規模法人への統合も行われた。そのほか公社形態の法人の増大がみられた。これは政府の全額もしくは過半出資を受ける政府丸抱え法人の増大を意味する。それまでの公社組織は日満条約で設置された日本人満洲移民送出機関の満洲拓殖公社（1937年8月31日設立、本店新京）、農産物流通統制機構の満洲特産専管公社（1939年10月20日設立、本店新京）、満洲特産専管公社と満洲糧穀株式会社（1938年12月21日設立、本店新京）及び満洲穀粉管理株式会社（1940年1月17日設立、本店新京）の3法人を統合した満洲農産公社（1941年8月1日設立、本店新京）及び1939年3月1日設立の満洲農地開発公社（資本金50百万円30百万円払込）だけであった。このうち満洲農地開発公社は設置法の全文改正で1944年3月1日に同名の法人に改組された（資本金50百万円30百万円払込）[1]。1944年5月1日に満洲畜産公社が設立された（本店新京、資本金35百万円払込）[2]。これは既存の準特殊会社の満洲畜産株式会社（1937年9月1日設立、本店新京、満洲国政府出資）、満洲畜産工業株式会社（1936年11月16日設立、本店新京、満洲国政府・満鉄出資）、満洲羊毛株式会社（1941年6月24日設立、本店新京）を中心に畜産系会社を統合したものである。1944年5月15日に満洲繊維公社が設立された（本店新京、資本金30百万円10.5百万円払込）[3]。これは既存の繊維品流通統制組織を統合したものである。この設立にあたり社団

法人満洲繊維聯合会（1939年3月3日設立社団法人満洲綿業聯合会が1940年10月15日名称変更）が同年5月15日に解散した[4]。1944年9月1日に満洲林産公社が設立された（本店新京、資本金70百万円35百万円払込）[5]。これは既存の特殊会社の満洲林業株式会社（1936年2月29日設立、本店新京）と準特殊会社の満洲造林株式会社（1941年2月14日設立、本店新京）を事業統合したものであり、造林・育成から伐木・集荷配給までを担当する事業者となった。

　他方、関東州において戦時統制経済は強化され、その担い手として関東州を本店とする日本の特殊法人が増設された。すなわち1943年6月2日勅令「関東州住宅営団令」により、関東州住宅営団が、日本の住宅営団（1941年3月7日「住宅営団法」に基づき同年5月1日設立）に倣って同年に設立された。また1944年7月26日勅令「関東州産業設備営団令」に基づき同年に関東州産業設備営団が設立された。これは日本の産業設備営団（1941年11月26日「産業設備営団法」に基づき同年12月26日設立）に倣って設立された[6]。さらに1944年8月9日勅令「関東州価格平行金庫令」により、同年に関東州価格平行金庫が、満洲国の経済平衡資金部に倣って設立された[7]。

　さらに軍需生産を強化するため、当該産業は一段と政府の統制下に移された。すなわち1945年4月30日裁可「軍需会社法」により、重要軍需物資の生産加工修理を行う軍需事業に対し軍需会社の指定を行い、指定を受けた軍需会社は戦力増強の国家要請に応え、全力で事業の遂行に当たらせる、軍需会社には生産責任者を置き、株式会社では取締役を充当する、この生産責任者が代表して業務執行に当たる、軍需会社には基幹的会社を指定し、その会社と協力関係のある企業を協力会社として指定する、軍需会社は主務大臣の認可を受けた場合には株主総会の議決を経ずして業務を執行できる、生産責任者がその職務を果たさない場合には主管大臣が解任できる、また軍需会社の役員及び職員等が生産責任者の指揮に従わない場合には、主務大臣がそれらの者に解任を含む懲戒処分を行うことができるとし、政府の増産政策を、生産責任者を指定して実施に移させるものとした。この法律は1945年5月1日に施行された。こうして特殊会社を含む主要な製造業者は軍需会社の指定を受け、政府の行政命令に基づいて活動することを求められた。この体制は日本の1943年10月31日公布「軍需会社法」を模倣したものである。

ただし日本の制度で見られたような、特定銀行との融資関係は設定されていない。満洲国では大口資金供給を行う銀行が、満洲国法人の銀行としては、満銀、満洲興業銀行（1936年12月7日設立、本店新京）と興農金庫（1943年8月10日設立、本店新京）に限られており、軍需産業には主に満興銀が融資した。しかし軍需会社制度の導入は日本の敗色の明らかな時期であり、5月以降に指定を開始したが、この法律が十分機能する前に日本敗戦となった。

1）『公報』2960号、1944年4月14日。
2）『公報』2045号、1944年8月5日。
3）『公報』3045号、1944年8月5日。
4）『公報』2421号、1942年6月11日、3046号、1944年8月7日。満洲綿業聯合会（設立時理事岸信介ほか）は1940年10月15日に満洲繊維聯合会に改称していた（理事古海忠之ほか）（『公報』2633号、1943年3月11日）。
5）『公報』3134号、1944年11月22日。
6）住宅営団と産業設備営団については閉鎖機関整理委員会［1954］参照。
7）満洲国の経済平衡資金部については、柴田［1999a］第5章参照。

おわりに

満洲の関東州と満鉄附属地の日本の「商法」（会社篇）は後者の領事館登記が先行し、前者には1908年9月にほぼそのまま導入された。その後本店法人登記が増大した。満洲において中国人との合弁では日本の法制で銀本位による法人設立は困難で、それを緩和する法律が制定され、銀資本の合弁法人の設立が可能になったが利用件数は限られていた。満洲国出現後に日本の会社法制を踏襲した既存の「公司法」をそのまま適用して日本支配下満洲国で法人の基本法令とした。「公司法」の規定とは別に個別設置法で「株式会社」を冠する特殊会社も設立され個別産業の担い手となった。他方、満鉄附属地ではそのまま日本法制度による会社が設立された。治外法権撤廃と附属地行政権の返還がなされた1937年12月1日に「会社法」が施行され、これにより日本の会社法制がほぼそのまま導入された。それにともない満洲国の「股份有限公司」等が株主総会等の決議を経て「株式会

社」等に商号変更した。満洲国内の支社は「外国法人法」の規定に従うものとなったが、日本型会社法制が導入されたため、多数の日本法人が満洲国法人に転換し、あるいは分社化された事例が見られた。

満洲国の会社法制は日本の制度と異なるため、満洲国に治外法権撤廃・附属地行政権返還まで日本人経営の法人は、満洲国法人となることに不利益があったが、日本型会社法制の導入で、満洲国法人に転換した。満洲国にとっては満洲国法人の多数の創出となり、その持つ意味は大きなものである。この円滑な移行は、1935年12月以降の事実上の満銀券と朝鮮銀行券を介した日銀券の等価リンクの実現も大きな促進要因となりえた。満洲国法人と日本法人の当初の資本金の金建・銀建の区別を考慮する必要がなくなったからである。

満洲国法人化で日本との取引の関係で困る場合には、関東州に親会社もしくは子会社を設置することで、それが日本法人として活動すれば、従来どおりの日本法人としての利点を享受できた。ただし日本本店法人の満洲国法人化あるいはその逆の法人国籍の転換は、満洲国に日本の「商法」が適用できないため皆無に近かった。満洲国という日本の属領とは別の非公式帝国の性格から、このような法的な不備が発生していた。満洲国内で日本側と一体として事業する際に、法人形態で工夫が必要となった。それが同名の別法人設置、鴨緑江の共同事業の別法人設置等として現れている。「会社法」施行後に、多数の地場零細事業が株式会社・合名会社・合資会社として法人成りした。それを促進したのは行政的圧力ではない。個別自営業者に法人転化を強要しても転換意義がなければ応ずる必要がない。「社長」（中国語で「董事長」）の肩書きの魅力か、税法上の優遇措置か、法人登記上の法的権利の強さか等のいずれかであろう。

第 2 章　満洲企業の趨勢

はじめに

　南満洲鉄道株式会社の設立後本店大連移転から日本敗戦まで満洲に多数の日本法人、満洲国期には満洲国法人と日本法人が活動した。満洲事変前期では関東州と南満洲鉄道附属地を中心に多数の日本企業が参入し、満洲国期には満洲国政府出資特殊会社の新設で新たな企業体制が構築され、1937年12月1日「会社法」施行で満洲国の会社が急増した。満洲における会社を通時的かつ定量的に把握する必要がある。本章では満洲企業の法制的位置づけの把握の延長上に、満洲企業の社数・資本金規模と資本系列の概要を把握することを課題とする。とりわけ企業集団の資本系列に着目する場合には、本書全体の課題である政府系企業集団との関係性を重視する。本章では満洲事変前期と満洲国期に分け、それぞれの複数の時点の会社件数、資本金合計規模、その地域的分類、さらには上位会社を列記することで時期的特長を把握する。そのうえで資本系列について考察を深める。ただし満洲事変前期については満洲における法人統計は日本籍会社に概ね限定される。中国の「公司条例」等に基づく多数の法人が満洲各地で活動していたが、それについて依拠すべき統計の発掘ができなかった。満洲国期については関東州・満鉄附属地登記法人と満洲国登記法人にほぼ限定した。『満洲銀行会社年鑑』には満洲国法人については再登記した法人以外には一部を除き掲載されていない。そのため会社統計として集約される法人には再登記されない法人をほぼ含まない。

　従来の研究では満洲の特定政府系企業や財閥系企業に着目し、特定時点の一覧表を提示し、持株会社から出資を受ける会社等の件数、本店所在地、資本金規模等で系列に属するか否かを判定する手法が多かった[1]。満洲の会社全体を把握す

る作業は第1次大戦前に満鉄が事業持株会社化することで企業集団を編成してから満洲国消滅までの30年以上の時間を経過する。その全体像を通観するためには多くの作業が必要となる。そのため会社件数と資本金の長期趨勢を把握したうえで、特定時点の会社統計を分析することで特定時期を代表させる。複数の時点の会社件数と資本金規模を検証し、長期の満洲企業のトレンドの把握を試みた疋田［2007a］が最も統計的に工夫されているが、会社の累年投資残高統計ではなく、特定時点会社投資統計を加工して集計しているだけであり欠落会社は多い[2]。

通時的な満洲企業の把握を目指す本書では、関東都督府・関東庁・関東局編の『統計書』、大連商工会議所編『満洲銀行会社年鑑』に依拠し通時的会社統計を整備したうえで、特定年次の会社の資本金上位会社を紹介することで、その時期の特性を剔出する。満洲中央銀行調査課編『満洲会社表』1944年版以降の満洲国会社については、『満洲国政府公報』掲載の法人登記情報を追加することで、会社登記情報の掲載が終わる1945年5月末時点の会社数・資本金等を推計し[3]、満洲国企業社会の最終局面の実態を分析する。残念ながら関東局『関東局局報』の1943年以降の登記情報の発掘ができず、そのため関東局『統計書』1942年版以降の会社統計を整備できなかった。それでも本章は満洲の通時的な会社・資本金の推移を把握した上で、特定時点の会社件数・資本金の関東州内外の区分による紹介と、さらに本店地域をも視野に入れて、会社件数・資本金を把握し日本の商業権益のみならず満洲における会社制度の土着化の通時的拡張を論証する。満洲企業の特定時点会社一覧では、満洲事変前期に払込資本金上位30位までを、また満洲国期に払込資本金上位50社を資本金順に列記し分析する。最大50社に限定したのは、その時期の特徴を現す企業が上位に並ぶと想定し、また50社は一覧容易な2頁程度の掲載規模にふさわしいと判断したことによる。なお満洲国期の上位50社の商号変更・解散の解説は第5章以降で与えるため、本章ではその典拠を省略した。

1）　金子［1991］から柳沢［2008］までほぼ同様に一覧表とそこに現れる会社の解説を重視する。蘇［1990］654-655頁で1937年3月末満鉄関係会社表を提示するが悉皆ベースではなく、同書は満鉄が何社に出資していたかについては解説がない。関心

のない会社を無視したということになる。
2） 疋田［2007a］は会社一覧表のデータ入力により会社設立年時統計を作成し紹介しているが、1922年統計より前の時期については短命で解散した会社は欠落していることになる。1922年以降の時期についても一覧表データとの間の時期については同様のことが言える。つまり疋田［2007a］66頁の会社設立の片対数長期変動は疋田［2007a］推計というべきものとなる。短命で解散した会社の資本金は多額ではないと判断できるため疋田［2007a］推計と大幅な乖離が発生するとは思えないが、その推計に基づく実数統計も読者のため必要であろう。
3） 法人登記情報は奉天・長春・哈爾濱といった大都市については頻繁に掲載され、地方小規模都市では数カ月分がまとめて掲載されるため、特定時点の統計として集計するのは難しい。これは『満洲銀行会社年鑑』掲載の会社も『満洲国政府公報』・『関東局局報』掲載の法人登記情報を集計しているため集約された数値には同様の性格を有する。

第1節　満洲事変前期の満洲企業

1．企業と資本金の趨勢

1905年9月5日日露講和条約調印後（10月15日発効）、1905年10月18日設置の軍事組織関東総督府が当該地域行政を所管した。軍政終了に伴い1906年8月1日に関東都督府が設置された。総司令官兼行政の長として関東都督はその後も陸軍大将または中将が任命され、天皇に直隷し関東州と満鉄附属地を管轄した。関東都督府は1906年11月26日南満洲鉄道株式会社設立後には同社鉄道と同附属地の保護取締りに当たる体制となった。関東州及び南満洲鉄道附属地行政所管部署として関東都督府民政署が置かれ、文官が業務を遂行した。10月26日に関東都督府は営業取締規則を定め、都督の許可を要する業種10種、民政署長の許可を要する業種52種を指定し、満洲に殺到しようとしていた日本人に営業許可を与える体制となった。これに伴い法人登記制度が導入された。1899年3月20日法律で支店の領事館登記が可能となり、1903年10月8日調印条約から日本本店法人新設登記が可能となった（第1章参照）。ただし日露戦争前に日本法人本店会社の領事館登記

は確認できていない。その後、日露戦争後の関東州・満鉄附属地行政権の日本帰属により日本法人の設立が容易になり、第1次大戦期の満洲経済の大拡張の中で日本法人も急増した。1908年9月24日勅令により日本「商法」（会社篇）が関東州・満鉄附属地に適用されると（第1章参照）、関東都督府が商業登記事務を所管し、商埠地では領事館が同様に商業登記事務を所管した。1919年4月12日に関東都督府が関東庁に代わり、1933年4月12日に関東局に代わった。その後1937年12月1日満鉄附属地行政権返還で、関東局の法人登記業務は関東州のみとなった。他方、満洲国内の日本法人は満洲国法人に転換し、満洲国政府の商業登記体制に取り込まれた。

　満洲の会社社数・払込資本金を関東州・州外（満鉄附属地）・領事館（満鉄附属地外）の登記に分け、地域合計を株式会社・合資会社・合名会社に区分し1906年12月から1931年12月までの趨勢を検討する（表2-1）。1906年12月株式会社4社、払込資本金122百万円、合資会社1社、資本金2百万円、合名会社皆無、合計5社、124百万円となっている。1907年では株式会社7社122百万円、合資会社5社2百万円となっている。ここには3社には1906年11月26日設立の満鉄資本金が含まれている。ただし設立当初の満鉄本店は東京であり、1907年4月1日に満洲駐屯軍から鉄道の引渡しを受けた直後の4月16日株主総会で本店移転の定款変更を決議し、同日移転登記した。1908年9月24日勅令「関東州裁判事務取扱令」公布後10月から登記事務が開始され大連本店登記を行った。そのため1906年と1907年12月期では領事館登記以外の法人は関東都督府管轄内の未登記法人である。すなわち関東州・満鉄附属地では会社は設立後も登記せず操業を開始し、法人登記制度が確定するのを待った。行政統計としては登記ベースで集計するべきである。そのためこの2時点の会社統計は登記法人統計とは見なせず、参考数値と言うべきものであろう。

　1908年株式会社12社資本金126百万円、合資会社13社資本金2.4百万円、合名会社2社資本金20千円であり、このうち関東州内に満鉄公称資本金200百万円、政府現物出資100百万円と民間株式出資20百万円2百万円払込で合計102百万円払込が登記されている。資本金合計129百万円の同年12月株式会社7社であるが、満鉄は払込資本金105百万円の96％を占めた。

日本人商業者の満洲への移住はかなり進んだが、日露戦争後の景気低迷で法人新設はさほど伸びず、1914年で株式会社43社、資本金127百万円、合資会社42社資本金6.9百万円、合名会社11社資本金0.5百万円である。関東都督府の集約する日本法人は関東州内のみならず満鉄附属地所在法人と領事館登記日本法人が含まれる。またこの統計には日本法人として法人登記を行った合弁法人を含むが、合弁法人として設立した中国法人を含まない。そのため関東都督府・関東庁の会社統計は他の調査機関が把握して日本人経営の中国合弁法人を紹介している会社統計の総数・資本金と合致しない。自営業者の進出はかなり見られたが本店設置法人事業者の進出は限られていた。もちろん支店登記して操業する大手銀行や事業法人もかなりの件数を見たが、この統計からは除外されている。同年3月満鉄資本金120百万円払込となり、満鉄は85.3％を占めた。満鉄の傑出した立ち位置はほとんど変わらなかった。

　第1次大戦期に満洲在住日本人は急増し、満洲も日本と同様に空前の好景気に沸いた。大戦が終わる1920年で株式会社405社資本金458百万円に増大し、関東州203社資本金405百万円、州外137社資本金39百万円、領事館登記65社資本金14百万円へと増大した。合資会社200社資本金24百万円、合名会社42社資本金3.3百万円となり、自営業者の法人成が続いたといえよう。会社の新設が続いたとはいえ647社資本金合計486百万円のうち満鉄資本金180百万円は36.9％を占めておりまだ傑出した地位にいた。

　1920年代には会社の増大は止まるが、新設・転入と解散・転出が拮抗するような状況が続いた。新設・転出・増資・減資の統計が南満洲鉄道庶務部調査課［1928］で紹介があるが、この統計の数値を年度末資本金増大・減少に上乗せして集計すると、次年度末統計と整合せず、欠落が多数含まれているようである。『関東庁庁報』掲載商業登記から増資・減資まで欠落を発生させずに悉皆ベースで収録するのは難しい。そのため新設・解散等の紹介を省略し、年末集計の関東庁統計のみで紹介する。1929年より領事館登記の併記がなされなくなった。州外に合算されたとすると、その分増大するはずであるが、逆に社数と資本金が減少しているため、領事館登記法人を除外した可能性がある。資本金で見ると株式会社では1929年356社資本金588百万円がピークとなる。合計では同様に1929年1,122社資

表2-1 満洲の日本

年末	株式会社								合資会社	
	州　内		州　外		領事館		合計			
	社数	資本金	社数	資本金	社数	資本金	社数	資本金	社数	資本金
1906	1	120,000	1	750	2	1,300	4	122,050	1	2,000
1907	3	120,115	2	90	2	1,300	7	122,405	5	2,086
1908	6	120,220	2	990	4	5,550	12	126,760	13	2,496
1909	4	120,620	4	970	5	1,540	13	123,130	14	2,538
1910	5	120,668	3	887	5	4,250	13	125,806	21	1,169
1911	7	121,384	4	1,120	8	4,960	19	127,464	19	2,592
1912	10	121,811	3	947	8	2,660	21	125,419	29	676
1913	17	124,124	7	665	14	5,017	38	129,806	42	5,233
1914	19	123,901	12	793	12	2,329	43	127,023	42	6,905
1915	26	120,641	15	998	12	2,734	53	124,374	58	6,901
1916	29	131,744	19	1,603	13	5,424	61	138,772	64	7,590
1917	45	136,166	30	4,309	11	2,824	86	143,300	82	16,667
1918	74	205,041	55	9,123	20	4,400	149	218,565	104	15,491
1919	178	238,741	105	22,202	44	10,979	327	271,923	175	21,158
1920	203	405,002	137	39,770	65	14,012	405	458,785	200	24,377
1921	192	440,436	149	41,557	63	19,613	404	464,607	210	21,138
1922	195	401,164	153	51,961	67	24,981	415	478,108	251	26,051
1923	194	411,442	183	60,553	27	22,045	404	494,041	316	26,864
1924	185	421,329	175	62,591	25	18,077	385	501,998	361	27,636
1925	188	429,502	168	65,379	27	18,230	383	513,111	473	28,935
1926	193	452,426	167	66,982	25	16,303	385	535,713	548	37,146
1927	187	474,739	164	65,902	21	6,525	372	547,167	606	39,141
1928	189	492,163	158	63,554	20	16,473	367	572,191	670	42,695
1929	197	530,704	159	57,870			356	588,574	679	40,949
1930	194	528,390	160	52,698			354	581,079	729	42,644
1931	192	520,089	154	53,498			346	573,587	793	42,831
1932	199	518,789	138	40,253			337	559,043	848	45,396
1933	206	652,724	141	102,048			347	754,772	899	43,640
1934	224	657,651	153	126,360			377	784,011	955	42,799
1935	232	736,358	171	148,002			403	884,361	1,017	47,163
1936	250	724,808	191	254,174			441	978,982	1,048	37,978

注：1）1907年末まで関東都督府の法人登記がなされないため、領事館数値は登記数値であるが、関
1906年に集計されている。
2）関東庁［1926］で1924年末までを利用し、1925年末より関東庁・関東局『統計書』の数値を
正後を利用した。
3）1929年末数値より領事館登記法人の区分掲載なし。
出所：関東庁［1926］779-781頁、関東庁・関東局『統計書』各年版。

会社の趨勢

(単位：社、千円)

合名会社		合計							
		州内		州外		領事館		総計	
社数	資本金	社数	資本金	社数	資本金	社数	資本金	社数	資本金
—	—	1	120,000	2	2,750	2	1,300	5	124,050
—	—	5	120,141	4	3,040	3	1,310	12	124,491
2	20	15	120,603	6	3,098	6	5,575	27	129,276
3	120	14	121,023	9	3,208	7	1,558	30	125,789
3	295	22	121,500	8	1,502	7	4,267	37	127,270
7	410	24	121,864	10	3,520	11	5,082	45	130,466
6	196	39	122,512	8	1,109	9	2,670	56	126,291
11	508	57	125,561	13	4,831	21	5,156	91	135,548
11	528	60	125,762	18	6,118	18	2,577	96	134,458
13	509	85	122,393	21	6,394	18	2,997	124	131,784
21	838	96	134,187	27	7,109	23	5,904	146	147,201
22	883	129	143,669	40	11,129	21	6,052	190	160,850
30	1,225	168	210,745	77	16,652	38	7,884	283	235,281
38	2,869	324	249,231	152	31,371	64	15,348	540	295,950
42	3,382	381	417,554	180	50,709	86	18,281	647	486,544
51	6,572	390	415,620	191	52,818	84	23,879	665	492,318
58	7,737	439	417,660	194	63,143	91	31,092	724	511,896
55	6,793	497	428,822	238	75,680	40	23,197	775	527,699
60	7,462	529	439,504	240	78,544	37	19,048	806	537,097
61	6,816	582	448,394	296	81,303	39	19,166	917	548,863
65	6,584	642	471,472	319	90,733	37	17,237	998	579,443
75	6,852	663	494,274	355	90,809	35	8,076	1,053	593,161
63	5,868	698	513,349	366	89,446	36	17,958	1,100	620,755
87	10,709	742	558,171	380	82,062			1,122	640,233
97	10,983	783	557,929	397	76,779			1,180	634,708
103	11,404	827	549,704	415	78,119			1,242	627,824
115	11,271	896	550,127	404	65,583			1,300	615,711
123	11,620	933	684,088	436	125,945			1,369	810,033
137	12,104	983	688,661	486	150,254			1,469	838,915
144	12,272	1,026	768,301	538	175,495			1,564	943,796
158	13,155	1,075	756,710	572	273,402			1,647	1,030,113

東都督府所管の州内・州外数値は参考数値である。1907.4.16満鉄本店大連移転前の満鉄資本金が

利用。関東庁［1926］の誤植を修正し、後年版『統計書』数値を補正している場合があるため、補

表2-2　満洲の合弁会社

(単位：社、千円)

年末	株式会社				合資会社		合名会社		合　計			
	州　内		州　外						州　内		州　外	
	社数	資本金	社数	資本金	社数	資本金	社数	資本金	社数	資本金	社数	資本金
1906	—	—	1	1,000	1	7,000	—	—	—	—	2	8,000
1907	—	—	2	1,500	1	7,000	—	—	—	—	3	8,500
1908	—	—	5	4,640	4	10,210	—	—	1	20	8	14,830
1909	—	—	5	4,640	4	10,210	—	—	1	20	8	14,830
1910	—	—	5	3,940	4	10,032	—	—	1	20	8	15,952
1911	1	650	7	5,237	5	10,032	—	—	2	670	11	15,250
1912	1	650	7	5,320	4	10,020	—	—	2	670	10	15,320
1913	2	1,250	9	5,469	5	10,115	1	100	4	1,255	13	15,679
1914	2	1,250	10	4,707	9	11,268	1	100	4	1,273	18	16,052
1915	2	1,250	10	5,382	9	10,850	3	602	5	1,282	16	16,802
1916	3	5,575	16	6,804	9	10,838	9	762	5	5,580	25	18,399
1917	6	2,700	17	6,937	9	13,885	6	1,262	10	2,752	28	22,032
1918	8	6,675	27	5,822	15	14,336	7	1,294	15	7,068	42	21,060
1919	32	17,745	35	17,720	19	14,955	8	1,292	41	18,099	53	33,613
1920	36	28,832	47	17,235	19	14,902	9	2,592	44	29,553	67	34,009
1921	36	23,475	60	28,795	18	12,200	9	2,094	45	24,587	78	41,977
1922	35	23,409	59	39,923	20	12,637	9	2,592	44	24,385	79	54,177
1923	51	50,430	57	50,415	28	15,453	8	1,392	65	51,651	79	66,039
1924	50	50,178	61	42,405	36	15,711	10	1,408	66	51,408	91	58,294
1925	43	57,346	55	45,962	29	9,681	4	4,576	55	58,162	76	59,403

注：1910年州外株式会社資本金は5,940千円の誤植と思われる。
出所：関東庁［1928］783-784頁。

本金640百万円がピークとなる。社数では関東州内株式会社は増大していないが、合資会社が増大したことで社数は大きく伸びた。実質自営業者が合資会社形態で法人登記を行うことで満洲における日本人社会の拡大の中で定着を目指したものであろう。株式会社の1社あたりの資本金も1921年の1,150千円から1929年の1,653千円に増大しているため、会社の事業規模は拡大していた。

　満洲ではかなりの件数の合弁法人を見た。その制度については第1章で紹介した。その件数と資本金の趨勢を紹介しよう（表2-2）。関東庁作成統計であるが、日本国籍法人とそれ以外を含むものである。清国籍・中華民国籍法人を含む。ロシア籍法人が含まれているかについては不詳である。合弁法人のため満鉄沿線の附属地外の商埠地で設立する場合には領事館登記となる。この統計は合弁法人の

第 2 章　満洲企業の趨勢　63

表 2-3　満洲会社数資本金（1917年）

(単位：千円)

	株式会社		合資会社		合名会社		合　計	
	社数	払込資本金	社数	資本金	社数	資本金	社数	払込資本金
合計	48	145,055	18	1,019	6	442	72	146,517
関東州	18	139,867	12	844	1	50	31	140,762
大連	18	139,867	12	844	1	50	31	140,762
満鉄沿線	30	5,188	6	175	5	392	41	5,755
奉天	5	690	1	30	—	—	6	720
長春	4	259	—	—	—	—	5	604
営口	2	2,010	—	—	—	—	2	2,010
安東	5	265	2	90	4	387	11	742
鉄嶺	4	977	3	55	—	—	7	1,032

出所：南満洲鉄道地方部地方課『満鉄沿線商工要録』1917年版。

社数と資本金のみを掲載しているため、日本人出資比率は不詳である。合弁という特性から関東州外の比率が高い。日本人の多数居住する関東州とりわけ大連は日本人事業者が資金を持ち寄って会社設立に進む事例が多いが、州外では事業基盤の構築の必要性もあり、合弁設立が事業するうえで有益であったはずである。それは会社合計の社数と資本金に現れている。ほぼ増大を辿り、1925年末で州内55社、58百万円に対し、州外76社、59百万円である。この中には本渓湖煤鉄公司や正隆銀行、三泰油房といった代表的な事業者も含まれている。本渓湖煤鉄公司は合資会社形態である。

2．特定時点の会社趨勢と主要会社

　関東州以外の満鉄沿線にまで収録領域を広げた会社統計として、1917年版の南満洲鉄道地方部地方課『満鉄沿線商工要録』がある。収録時点は1916年8月1日現在である。これは第1次大戦期に満洲の日本法人が急増する時期の中間的な集計として利用できる。地域別としては株式会社で48社中、関東州18社すべて大連である（表2-3）。大連本店には満鉄が含まれているため関東州の比重が極めて高い。表2-1の数値よりもかなりの欠落が見られる。州外満鉄沿線30社には哈爾濱本店法人が含まれない。哈爾濱は満鉄沿線ではないため、集計から除外されたようであるが、集計時点で日本法人は設立されていない可能性もある。資本金

では関東州139百万円、沿線5百万円という状況で、金額では営口の2件2百万円が沿線都市の中でも多い。早期からの開港地であり日本人の進出も早かったためである。ただし沿線都市への参入はまだ一部に止まっており大連中心の日本人の進出と概括できる。次にこの日本法人を資本金規模順に上位30位を一覧しよう（表2-4）。上位30社で満鉄を含むため資本金の確認できた満洲法人73社の98.8％を占めている。2位大連汽船株式会社（1915年1月28日設立、満鉄全額出資）、営口水道電気株式会社（1909年6月15日設立、満鉄過半出資）各2百万円、4位正隆銀行（1908年1月15日設立、本店大連、安田系）、大連銀行（1912年12月25日設立）各1,500千円、6位満洲製粉株式会社（1906年12月20日設立、本店鉄嶺、日本の製粉業者出資）、7位大連東和汽船株式会社（1916年5月20日設立、本店大連、三井物産合名会社系）、大連土地家屋株式会社（1909年3月23日設立）、開原取引所信託株式会社（1915年12月10日設立、満鉄一部出資）各500千円、10位大連取引所信託株式会社（1913年6月19日設立）400千円と続いた。このうち4位大連銀行は1915年7月1日に大連貯蓄銀行が商号変更し商業銀行に業態変更した[1]。営口水道電気は関東都督府が営業許可開始直後の、しかも満鉄本店移転前の1906年設立であり最も早期の参入者である。7位大連東和汽船は1911年12月30日関東都督府「関東州船籍令」により関税回避のため日本に船籍をおかず大連に便宜置籍する船会社が第1次大戦期に急増し、資本金上位会社にも出現したがこれもその一例である[2]。7位大連土地家屋は設立時に島徳蔵が取締役に連なったが、1919年2月27日に解散した[3]。12位田中合資会社（1916年2月21日設立、本店大連）は海運業者であるが1919年3月15日に解散し、1922年3月15日設立の田中汽船合資会社に承継された[4]。17位株式会社鉄嶺商品陳列館（1913年5月31日設立、満鉄一部出資）、22位株式会社満洲日日新聞社（1913年11月26日設立、本店大連、満鉄81.85％出資）、23位長春取引所信託株式会社（1916年3月26日設立、満鉄10％出資）、26位遼陽電灯公司（1911年10月14日設立、満鉄過半出資）、27位株式会社鉄嶺電灯局（1910年11月13日設立、満鉄過半出資）が並んでいた。12位日支合弁三泰油房株式会社（1907年5月22日設立、本店大連）300千円は三井物産系の合弁法人である。他方、合名会社大倉組と奉天省との合弁設立の日支商弁本渓湖煤礦公司（1910年5月22日設立）は収録時点で中華民国法人でありこ

表2-4　1917年満洲会社資本金上位30社

(単位：千円)

順位	商号	設立年月日	本店	払込資本金	備考
1	南満洲鉄道(株)	1906.7.13	大連	132,000	日本政府出資
2	大連汽船(株)	1915.1.28	大連	2,000	満鉄全額出資
2	営口水道電気(株)	1909.6.18	営口	2,000	満鉄過半出資
4	(株)正隆銀行	1908.1.15	営口→大連	1,500	安田系、1911.5.31大連移転
4	(株)大連銀行	1912.12.25	大連	1,500	1915.7.1大連貯蓄銀行が商号変更
6	満洲製粉(株)	1906.12.20	鉄嶺	650	日本の製粉業者等出資
7	大連東和汽船(株)	1916.5.20	大連	500	三井物産系
7	大連土地家屋(株)	1909.3.23	大連	500	1919.2.27解散
7	開原取引所信託(株)	1915.12.10	開原	500	満鉄一部出資
10	大連取引所信託(株)	1913.6.19	大連	400	
11	奉天倉庫金融(株)	1914.8.1	奉天	350	
12	田中(資)	1916.2.21	大連	300	1919.3.15解散
12	日支合弁(株)三泰油房	1907.5.22	大連	300	三井物産系
14	橋本汽船(株)	1913.5.16	大連	250	1917.6.8解散
14	遼東汽船(株)	1912.12.15	大連	250	1934.1.20解散
15	(名)鴨緑江製材無限公司	1915.10.1	安東	250	
17	(資)富来洋行	1913.11.10	大連	200	土木建築事業
17	(株)南満銀行	1913.7.—	奉天	200	1920年前解散と推定
17	(株)鉄嶺商品陳列館	1913.5.31	鉄嶺	200	満鉄一部出資
20	満洲水産(株)	1908.1.20	大連	180	1920年代後半解散
21	満洲電気(株)	1914.3.30	開原	150	後日野村系
22	(株)満洲日日新聞社	1913.11.26	大連	135	満鉄81.85%出資
23	満洲殖産(株)	1913.7.5	大連	125	1922.12.9解散
23	長春取引所信託(株)	1916.3.26	長春	125	満鉄10%出資
23	(株)安東銀行	1911.4.28	安東	125	1920年に満洲商業銀行に吸収合併
26	遼陽電灯公司	1911.10.14	遼陽	120	満鉄過半出資
27	(株)鉄嶺電灯局	1910.11.13	鉄嶺	110	満鉄過半出資
28	大洋汽船(株)	1915.5.5	大連	100	1917.1.25解散
28	(株)安東貯金銀行→(株)満洲商業銀行	1911.4.26	安東	100	1918.1.17商号変更決議
28	(名)石崎商店	1916.1.13	安東	100	1920.1.23(株)石崎商店に改組
	合計		30社	145,220	
	満鉄除外　うち関東州		29社　15社	13,220　8,240	対29社62.3%、対72社56.7%
	満鉄出資		8社	5,190	対29社39.2%、対72社35.7%
	総計		73社	146,917	
	総計から満鉄除外		72社	14,517	うち満鉄系8社34.7%

出所：『満鉄沿線商工要録』1917年版。

表2-5　満洲会社数資本金（1919年）

(単位：社、千円)

	株式会社			合資会社		合名会社		合　計	
	社数	公称資本金	払込資本金	社数	資本金	社数	資本金	社数	払込資本金
合計	197	357,445	192,999	116	7,983	33	2,698	346	203,680
関東州	109	301,325	173,345	88	6,800	18	1,421	215	181,567
大連	102	299,855	172,570	84	6,245	15	1,378	201	180,194
満鉄沿線	88	56,120	19,654	28	1,182	15	1,276	131	22,112
奉天	25	36,066	11,496	5	195	3	115	33	11,806
長春	12	3,020	1,050	3	1,900	—	—	15	1,240
営口	4	510	235	2	310	1	60	7	605
安東	11	3,805	1,977	4	153	7	955	22	3,086
鉄嶺	5	3,910	2,160	5	114	—	—	10	2,274

注：1）合資会社と合名会社に哈爾濱各1件を含む。
　　2）(株)松江銀行資本金10百万円の掲載があるが、払込額の記載がないため除外。
出所：南満洲鉄道地方部勧業課『南満洲商工要鑑』1919年版。

の一覧表には掲載されない。海運会社として大連汽船のほか、14位橋本汽船株式会社（1913年5月16日設立、本店大連）、遼東汽船株式会社（1912年12月15日設立、本店大連、便宜置籍船会社）各250千円、28位大洋汽船株式会社（1915年5月5日設立、本店大連）100千円が含まれており、第1次大戦期の海運業の活況を反映しているが、大洋汽船は1917年1月25日に、橋本汽船は同年6月8日に解散した[5]。23位満洲殖産株式会社（1913年7月5日設立、本店大連）は製塩を主業とし、1920年2月17日に特産物売買を業とする南満洲殖産株式会社（1919年10月13日設立、本店大連）を吸収合併し資本金5百万円4分の1払込となったが、1922年12月9日に解散した[6]。23位安東銀行（1911年4月28日設立）は1920年に満洲商業銀行に吸収合併された（柴田 [2007g] 439頁）。28位の安東貯金銀行（1911年4月26日設立）は1918年1月17日に満洲商業銀行への商号変更決議し商業銀行に業態転換した[7]。合名会社石崎商店（1916年1月13日設立、本店安東）は1920年1月23日に株式会社石崎商店に改組した[8]。これら2位以下30社までに満鉄出資会社が8社を占めた。満鉄が出資した8社の資本金合計5,190千円は30社資本金合計から満鉄を除外した対29社13,220千円の39.2％となり、また総計から満鉄を除外した72社の35.7％を占めた。しかも満鉄を除外した関東州会社が総計の過半を占めていた。大連中心の日本の会社投資を確認できる。

第2章 満洲企業の趨勢

表2-6 満洲会社資本金上位30社（1919年）

(単位：千円)

順位	商号	設立年月日	本店	払込資本金	備考
1	南満洲鉄道(株)	1906.11.26	大連	140,000	日本政府出資
2	南満洲製糖(株)	1916.12.15	奉天	3,500	満鉄一部出資
3	(株)正隆銀行	1908.1.15	大連	3,000	安田系
4	満蒙毛織(株)	1918.12.25	奉天	2,500	東拓20％出資、満鉄一部出資
5	大連東和汽船(株)	1916.5.20	大連	2,000	三井物産系
5	大連汽船(株)	1915.1.28	大連	2,000	満鉄全額出資
7	(資)富来洋行	1913.11.10	大連	1,900	土木建築業者
8	満洲製粉(株)	1906.12.20	鉄嶺	1,500	日本の製粉業者等出資
8	(株)大連機械製作所	1918.5.4	大連	1,500	(資)大連機械製作所（1917.8.14設立、代表相生由太郎）を改組新設
10	神桟汽船	1915.12.—	大連	1,250	1921.12.19解散、1914.12設立の記載あり
11	満洲興業(株)	1918.8.18	大連→鞍山	1,250	安田系東京建物(株)出資、1921.3.1本店移転
11	星ケ浦土地建物(株)	1919.9.3	大連	1,250	野津孝次郎経営、相生由太郎、山田三平取締役
13	営口水道電気(株)	1909.6.18	営口	1,000	満鉄過半出資
13	大連取引所信託(株)	1913.6.19	大連	1,000	
13	南満洲汽船(株)→南満洲物産(株)	1913.1.15	大連	1,000	南満洲汽船(株)が1916.5.3商号変更、鈴木商店系
13	(株)進和商会	1919.5.1	大連	1,000	(資)進和商会（1909.3.23設立、本店大連、高田友吉経営）を解散で新設、1919.7.3清算結了
17	(株)大連銀行	1912.12.25	大連	750	
17	南満鉱業(株)	1918.4.8	大連	750	満鉄一部出資
17	東省実業(株)	1918.5.4	奉天	750	東拓25％出資
17	満蒙繊維工業(株)	1919.2.6	奉天	750	社長安田善三郎
17	日支合弁中和興業(株)	1917.11.1	奉天	750	1920年代に休業状態、1938.3.18中東産業(株)に商号変更、中東貿易(資)と(名)中東鉱業所を合併増資で再起
22	(株)大信洋行	1918.12.16	大連	600	石田栄造経営
23	(株)大連商業銀行	1918.11.23	大連	500	
23	大連取引所銭鈔信託(株)	1917.5.30	大連	500	
23	(名)鴨緑江製材無限公司	1915.10.1	安東	500	
23	大連油脂工業(株)	1916.4.26	大連	500	満鉄40％出資
23	(名)原田組	1919.1.7	大連	500	1938.1.1解散、原田商事(株)に合併
23	大陸窯業(株)	1919.3.25	奉天→大連	500	1921.2.17大連移転
23	旅順冷蔵(資)	1919.2.18	旅順	500	
23	臭水土地建物(株)→周水土地建物(株)	1919.6.10	大連	500	1922.2.4周水土地建物(株)に商号変更
23	日華特産	1919.9.30	大連	500	
23	満洲不動産信託(株)	1919.8.29	大連	500	
23	東亜商事(株)	1919.8.24	大連	500	1921.4.1、1百万円4分の1払込に減資
23	遼東証券信託(株)	1919.9.10	大連	500	1920年代前半に解散と推定
23	日華証券信託(株)	1919.8.22	大連	500	1920.7.1大正信託(株)解散合併、1922.12.1解散
23	華商証券信託(株)	1919.9.7	大連	500	1920.7.27解散
	合計		36社	174,250	対374社85.5％
	満鉄除外		35社	37,000	
	うち関東州		26社	21,250	対35社57.4％、対347社32.8％
	満鉄出資合計		5社	6,750	対35社18.2％、対34社10.4％
	満鉄・東拓出資合計		7社	7,500	対35社20.2％、対347社11.5％
	総計		348社	204,700	
	総計から満鉄除外		347社	64,700	

注：払込資本金不明の株式会社を除外。
出所：『南満洲商工要鑑』1919年版、大連商工会議所『満洲銀行会社年鑑』1935年版。

次に第1次大戦後恐慌が襲来する前のまだ景気の高揚で多数の会社設立が見られた時期の南満洲鉄道地方部勧業課『南満洲商工要鑑』1919年版を利用する。1919年1月末の集計を基礎に同年9月末まで補充し11月に刊行した。この集計後も1920年初頭まで会社設立が続くがその前の状況を反映している。それは大戦期の企業大量参入という先述の状況である。株式会社は197社、払込資本金192百万円に増大し、関東州109社、173百万円、うち大連102社、172百万円である（表2-5）。州外は88社払込資本金19百万円に増大した。うち奉天25社11百万円であり、大戦中の奉天への日本人商業者のかなりの参入が見られる。その他の都市でも長春に12社、安東に11社へと増大した。集計した378社のうち上位30社を点検すると（表2-6）、2位日本の砂糖商社や台湾の製糖業による南満製糖株式会社（1916年12月15日設立、本店奉天、満鉄一部出資）3,500千円、3位正隆銀行3,000千円、4位満蒙毛織株式会社（1918年12月25日設立、本店奉天、東洋拓殖株式会社20％満鉄一部出資）2,500千円、5位大連東和汽船、大連汽船各2,000千円、7位合資会社富来洋行（1913年11月10日設立、本店大連、土木建築業）1,900千円、8位満洲製粉、株式会社大連機械製作所（1918年5月4日設立）各1,500千円、10位神桟汽船株式会社（1915年12月設立、本店大連）1,250千円と続いた[9]。上位に汽船3社が並び大連中心の海運の急増が確認できる。大連には大戦中の好景気に乗って便宜置籍船の登録だけを目的とする多数の海運会社が参入した（柴田・鈴木・吉川［2007］第2節）。神桟汽船は1921年12月19日に解散した[10]。ただし資本金規模の大きな海運会社は自社所有船舶で運行する会社である。商業・銀行以外の製造業も見られるため、満洲投資の産業領域が拡張していたことも判明する。大連機械製作所は1917年8月14日設立の合資会社大連機械製作所の改組で新設された[11]。下位には不動産、証券信託等の会社が多数並び、大連と沿線都市に設立された多数の取引所で日本籍会社の株式が上場されたが、当該証券の売買とそれを組み込む金融商品の販売に多くの事業者が参入した。11位満洲興業株式会社（1918年8月18日設立、本店大連、安田系東京建物株式会社（1896年8月8日設立）出資）1,250千円の参入は不動産需要を反映している。大戦中に大連・奉天等では満洲特産大豆を中心に、銭鈔取引、繊維製品取引、株式取引等で活況を呈したが、同様にそれが反映されている。満洲在住日本人が必ずしも長期に居

住して利益を目指すわけではなく、多くの商業者が短期的な株式や商品の取引による利益獲得を期待した。13位南満洲汽船株式会社（1913年1月15日設立、本店大連、合名会社鈴木木商店系）1,000千円は1916年5月3日に南満洲物産株式会社に商号変更した[12]。13位株式会社進和商会（1919年5月1日設立、本店大連）1,000千円は、1909年3月23日設立合資会社進和商会（本店大連、高田友吉経営）の解散で改組新設した[13]。17位南満鉱業株式会社（1918年4月8日、本店大連）に満鉄が一部出資した。17位東省実業株式会社（1918年5月4日設立、本店奉天）750千円は、東拓系金融会社で25％の出資を受けた（第7章参照）。17位満蒙繊維工業株式会社（1919年2月6日設立、本店奉天）社長は安田善三郎であり、安田系の3社目の出資である。17位日支合弁中和興業株式会社（1917年11月1日設立、本店奉天）は1920年代に不振で休業した[14]。22位株式会社大信洋行（1918年12月16日設立、本店大連）は有力満洲事業家石田栄造が経営した[15]。23位大連油脂工業株式会社（1916年4月26日設立）500千円は満鉄40％の出資を受けた。満鉄保有技術の分社化の最初の事例である（第3章参照）。23位大陸窯業株式会社（1919年3月25日設立、本店奉天）500千円は大戦終結後の事業地の操業不振で日本人の多い大連に1921年2月17日に移転した[16]。23位臭水土地建物株式会社（1919年6月10日設立、本店大連）500千円は1922年2月4日に周水土地建物株式会社に商号変更した[17]。このなかには戦後恐慌で不振に陥る業種も含まれており、23位日華証券信託株式会社（1919年8月22日設立、本店大連）500千円は1920年7月1日に大正信託株式会社（1919年11月10日設立、本店大連）を吸収合併し解散させたが、1922年12月1日に解散した[18]。また23位華商証券信託株式会社（1919年9月7日設立、本店大連）500千円は1920年7月27日に解散した[19]。合資会社1社、合名会社2社が含まれており[20]、資本規模の低さを示しているといえよう。満鉄資本金は上位30社のうち80.3％、374社のうち68.7％を占めており、この時期にあっても巨大な存在であり続けた。満鉄出資の上位30社に掲載されるのは5社に止まったが、これはこの時期の企業の新設で満鉄系会社を上回る規模の会社の新設が見られたためである。満鉄出資5社6,750千円の対35社37,000千円に占める比率は18.2％に、また対347社比率は10.4％に止まった。東拓は1917年7月21日の「東洋拓殖株式会社法」改正により農事経営から拓殖金融に主たる業態を転換

表2-7　満洲会社数資本金（1922年）

(単位：千円)

	株式会社			合資会社		合名会社		合　計	
	社数	公称資本金	払込資本金	社数	資本金	社数	資本金	社数	払込資本金
合計	424	885,035	542,214	238	14,761	51	3,756	713	560,731
関東州	194	709,052	475,793	167	11,297	28	1,968	389	489,059
大連	179	703,489	474,145	157	10,716	27	1,938	363	486,801
旅順	9	4,823	1,385	8	375	1	30	18	1,790
満鉄附属地等	230	175,983	66,420	71	3,464	23	1,787	324	71,672
奉天	50	64,111	25,359	17	923	5	440	72	26,722
長春	23	9,670	2,863	8	303	4	212	35	3,379
営口	18	10,870	4,772	6	430	2	160	26	5,362
安東	35	30,735	11,837	11	611	3	125	49	12,574
鉄嶺	12	11,485	5,133	3	90	1	250	16	5,473
哈爾濱	14	14,350	5,250	—				14	5,250

出所：日清興信所『満洲会社興信録』1922年版。

し、本店を京城から東京に移転し満洲・華北への出資・融資にも参入した（柴田［2015a］第1章参照）。その結果、満洲企業として上記の出資が見られたが、政府系企業集団として満鉄出資に東拓出資会社を加算すると、7社合計7,500千円となり対35社20.2％、対347社11.5％となり、満洲投資の日が浅いため満鉄系会社にいくらか上乗せした。

1920年3月に満洲にも戦後恐慌が波及し、以後の会社設立のペースが低下する。大量参入後の会社統計として1922年に株式会社日清興信所の編纂した『満洲会社興信録』が利用できる。1921年6月末の集計である。掲載株式会社424社、払込資本金542百万円、合資会社・合名会社とも合計713社560千円である（表2-7）。うち関東州株式会社194社475百万円うち大連179社474百万円、州外230社66百万円であり、州外会社は社数で初めて関東州を凌駕した。すなわち第1次大戦期の好況により日本人事業者が満鉄沿線等各地で事業を起こし、法人化してさらなる事業拡張を狙ったものといえよう。ただし州外の合資会社は71社、合名会社は23社でとりわけ合資会社の件数は関東州が大きく上回っていた。

1922年版に掲載された上位30社を一覧しよう（表2-8）。2位正隆銀行9,500千円、3位大連郊外土地株式会社（1920年3月20日設立）、南満洲製糖（満鉄一部出資）各5,000千円、5位龍口銀行（1913年3月22日設立、本店龍口の中国籍

第 2 章 満洲企業の趨勢

表 2-8　満洲会社資本金上位30社（1922年）

(単位：千円)

順位	商号	設立年月	本店	払込資本金	備考
1	南満洲鉄道(株)	1906.11.26	大連	380,000	日本政府出資
2	(株)正隆銀行	1908.1.15	大連	9,500	安田系
3	大連郊外土地(株)	1920.3.20	大連	5,000	1922.3.1、1923.12.28の減資で7百万円2.5百万円払込に
3	南満洲製糖(株)	1916.12.15	奉天	5,000	満鉄一部出資
5	龍口銀行(股)→(株)龍口銀行	1913.12.22	龍口→大連	4,862	1919.9.10本店を龍口から移転、日本法人転化、1924年満鉄一部取得、1925.12.23解散、正隆銀行に吸収合併
6	満蒙毛織(株)	1918.12.25	奉天	3,500	東拓20％、満鉄一部出資
7	東省実業(株)	1918.5.4	奉天	3,000	東拓25％出資
8	(株)大連銀行	1912.12.25	大連	2,500	1923.7.31解散
8	大連取引所信託(株)	1913.6.19	大連	2,500	
8	満蒙土地建物(株)	1919.12.10	大連	2,500	1922.9.30、2,500千円625千円払込に減資
8	(株)大連株式商品取引所	1920.2.5	大連	2,500	
8	満洲興業(株)	1917.8.18	大連→鞍山	2,500	安田系東京建物(株)出資、1922.3.1本店移転
13	満洲製粉(株)	1906.12.20	鉄嶺	2,375	満鉄出資の北満製粉(株)の1920.3.18吸収合併による株式転換に伴う一部出資
14	(株)満洲商業銀行	1911.2.1	安東	2,275	1923.7.31解散
15	大連汽船(株)	1915.1.28	大連	2,000	満鉄全額出資
15	大連東和汽船(株)	1916.5.20	大連	2,000	三井物産系
15	(株)大連商業銀行	1918.11.23	大連	2,000	1933年解散
15	日華絹綿紡織(株)	1918.6.—	安東	2,000	1926年版掲載なし
19	(株)遼東銀行	1916.4.2	普蘭店	1,575	東拓一部出資、1923.7.31解散
20	大連取引所銭鈔信託(株)	1917.5.30	大連	1,500	
20	(株)大連機械製作所	1918.5.4	大連	1,500	
20	営口水道電気(株)	1906.11.15	営口	1,500	満鉄過半出資
20	満蒙繊維工業(株)→奉天製麻(株)	1919.2.6	奉天	1,500	1920年代前半商号変更、1936.5.1解散
24	満洲殖産(株)	1913.7.5	大連	1,250	1922.12.9解散
24	神桟汽船(株)	1915.12.—	大連	1,250	1921.12.19解散
24	星ヶ浦土地建物(株)	1919.9.3	大連	1,250	
24	南満洲倉庫建物(株)	1919.9.29	大連	1,250	鈴木商店系
24	東亜土木企業(株)	1920.1.10	大連	1,250	満鉄・東拓一部出資
24	大連株式信託(株)	1920.3.18	大連	1,250	
24	中華製粉(株)	1920.5.—	大連	1,250	1925.3.5解散
24	満蒙殖産(株)	1920.3.6	大連	1,250	向井龍造経営
24	満蒙証券(株)	1920.3.16	奉天	1,250	野村系一部出資、1929.5.19廃業
24	鴨緑江製紙(株)	1919.5.24	安東	1,250	大倉組・王子製紙・大川系
	合計		33社	456,087	
	満鉄除外		32社	76,087	
	うち関東州		22社	54,437	対32社71.5％、対519社39.4％
	満鉄出資合計		6社	15,625	対32社20.5％、対519社11.3％
	満鉄・東拓出資合計		8社	20,200	対32社26.5％、対519社14.0％
	総計		520社	518,090	
	満鉄除外総計		519社	138,090	

出所：『南満洲商工要鑑』1919年版、南満洲鉄道興業部商工課『満洲商工概覧』1928年版、日清興信所『満洲会社興信録』1922年版。

合弁銀行が1919年12月15日に大連本店の日本法人に転換）4,862千円、6位満蒙毛織（東拓20％・満鉄一部出資）3,500千円、7位東省実業（東拓25％出資）3,000千円、8位大連銀行、大連取引所信託、満蒙土地建物株式会社（1919年12月10日設立、本店大連）、株式会社大連株式商品取引所（1920年2月5日設立）、満洲興業（安田系）各2,500千円が並んだ。このうち満洲興業は満鉄による鞍山製鉄業開発による不動産需要に期待して1921年3月1日に鞍山に移転した[21]。以下、13位満洲製粉2,375千円は吸収合併増資で資本金を積み上げたが、満鉄一部出資の北満製粉株式会社（1913年10月設立、本店哈爾濱）を吸収合併したことにより一部満鉄出資となった。15位大連汽船、20位営口水道電気、24位満鉄が一部出資する東亜土木企業株式会社（1920年1月10日設立、本店大連、満鉄・東拓一部出資）1,250千円等が並んでいた[22]。戦後恐慌の打撃で延命できない会社も多く、大連銀行、満洲商業銀行及び東拓一部出資の遼東銀行（1916年4月2日設立、本店普蘭店）は1923年7月31日に解散し、同日設立の満洲銀行（本店大連）に事業統合された[23]。龍口銀行は1925年12月23日に不振の中で正隆銀行に合併され解散した[24]。24位満洲殖産株式会社（1913年7月5日設立、本店大連）は1922年12月9日に、神桟汽船は1921年12月19日に解散した[25]。24位中華製粉株式会社（1920年5月設立、本店大連）は1925年3月5日に解散した[26]。24位満蒙殖産株式会社（1920年3月6日設立、本店大連、社長向井龍造）は畜産・開墾耕作植林・製造・販売を業とするが獣骨粉加工を主業とし、1920年7月20日に満洲皮革株式会社（1917年10月20日設立、本店大連、社長向井龍造）と奉天化学工業株式会社（1917年11月21日設立、資本金500千円4分の1払込、社長向野堅一）を吸収合併し解散させ、合併増資で資本金5百万円1,250千円払込となった[27]。24位満蒙証券株式会社（1920年3月16日設立、本店奉天）は野村系の出資を受け、社長柴山鷲雄が就任し、同年10月29日に支店を大連にも設置し手広く活動したが、1920年代の満洲経済の低迷で1929年5月19日に廃業した[28]。24位資本金が1,250千円に増大したことで合資会社・合名会社の商号は消えた。満鉄出資6社のうち大連汽船と営口水道交通以外に多額出資はなく、6社資本金合計15,625千円は満鉄を除外した対32社合計76,087千円の20.5％また、対519社138,090千円の11.3％を示した。さらに東拓系2社を含む8社合計は20,200千円となり、満鉄除外対32社26.5％、

第2章 満洲企業の趨勢 73

表 2-9 満洲会社資本金上位30社 (1927年)

(単位：千円)

順位	商　号	設立年月	本店	払込資本金	備　考
1	南満洲鉄道(株)	1906.11.26	大連	337,156	日本政府出資
2	南満洲電気(株)	1926. 5.21	大連	22,000	満鉄全額出資
3	共栄起業(株)	1923. 6. 1	吉林	10,000	王子製紙・大倉組出資
4	南満洲瓦斯(株)	1925. 7.18	大連	9,300	満鉄全額出資
5	南満洲製糖(株)	1916.12.15	奉天	7,500	満鉄一部出資
6	大連取引所信託(株)	1913. 6. 9	大連	6,000	
7	(株)正隆銀行	1908. 1.15	大連	5,624	安田系、満鉄端株保有
8	東亜勧業(株)	1921.12.10	奉天	5,000	東拓過半出資、満鉄一部出資
9	亜細亜煙草(株)	1919. 9.30	上海→奉天	4,900	満鉄、東拓一部出資、1925.6.25奉天移転、1927.9.24東亜煙草(株)に合併解散
10	大連汽船(株)	1915. 1.28	大連	4,750	満鉄全株保有
11	南満洲旅館(株)	1927.12.15	大連	3,880	満鉄全株保有
12	開原交易信託(株)	1921.10.23	開原	3,750	
13	国際運輸(株)	1926. 8. 1	大連	3,400	満鉄全株保有
14	鴨緑江製紙(株)	1919. 5.24	安東	3,000	大倉組・大川系
15	(株)満洲銀行	1923. 7.31	大連	2,906	東拓一部出資
16	大連株式信託(株)	1920. 3.18	大連	2,500	
16	大連郊外土地(株)	1920. 3.20	大連	2,500	
16	満洲興業(株)	1917. 8.18	鞍山	2,500	安田系東京建物(株)出資
16	満紡紡績(株)	1923. 3.15	遼陽	2,500	満鉄25%出資、富士瓦斯紡績過半出資
16	東亜拓殖(株)	1920. 4.10	奉天	2,500	1932.11大同産業(株)に商号変更
16	(株)大連株式商品取引所	1920. 2. 5	大連	2,500	
16	東省実業(株)	1918. 5. 4	奉天	2,500	東拓過半保有
23	満洲製粉(株)	1906.12.20	鉄嶺	2,375	満鉄端株保有
24	(株)大連商業銀行	1918.11.23	大連	2,000	1933頃解散
24	(名)宏治商会	1921. 7.16	大連	2,000	ロシア人経営
26	満蒙毛織(株)	1918.12.25	奉天	1,950	東拓20%出資、満鉄一部出資
27	福昌華工(株)	1926.10.15	大連	1,800	満鉄全株保有
28	奉天製麻(株)	1919. 2. 6	奉天	1,500	1936.5.1解散、満洲製麻(株)に吸収合併
28	大連取引所銭鈔信託(株)	1917. 5.30	大連	1,500	
28	営口水道電気(株)	1906.11.15	営口	1,500	満鉄過半出資
28	旅順無尽(株)	1927. 9. 5	旅順	1,500	
	合計		31社	462,791	
	満鉄除外合計		30社	125,635	
	うち関東州		16社	74,160	対30社59.0%、対1,319社28.9%
	満鉄出資合計		14社	71,079	対30社56.5%、対1,319社27.7%
	満鉄・東拓出資		16社	76,485	対30社60.8%、対1,319社29.8%
	総計		1,320社	593,757	
	満鉄除外総計		1,319社	256,601	

注：正隆銀行を満鉄出資に含ませた。
出所：南満洲鉄道庶務課［1928］、出版までに追録があり、1927年12月まで掲載、『南満洲商工要鑑』1919年版、南満洲鉄道興業部商工課『満洲商工概覧』1928年版。

対519社1.9%へと上乗せした。しかも金額と比率で1919年数値をかなり上回っていた。

　満鉄は1920年代半ばに直営事業を分社化することでかなりの連結子会社を設立

するため、その影響を上位30社の構成で確認しよう。南満洲鉄道庶務部調査課［1928年］を用い、1927年12月末現在の1,320社の日本法人を集計した（表2-9）。合計593,757千円である。1922年集計に比べ件数が倍増しているが、金額は14.6％上昇しただけである。2位南満洲電気株式会社（1926年5月21日設立、本店大連、満鉄全額出資）22,000千円、3位共栄起業株式会社（1923年6月1日設立、本店吉林、王子製紙株式会社・大倉組系）10,000千円、4位南満洲瓦斯株式会社（1925年7月18日設立、本店大連、満鉄全額出資）9,300千円、5位南満洲製糖（満鉄一部出資）7,500千円、6位大連取引所信託6,000千円、7位正隆銀行（東拓一部出資）5,624千円、8位東亜勧業株式会社（1921年12月10日設立、本店奉天、満鉄一部出資、東拓過半出資）5,000千円、9位亜細亜煙草株式会社（1919年9月30日設立、本店上海、1925年6月25日奉天移転、満鉄・東拓一部出資）4,900千円、10位大連汽船（満鉄全額出資）4,750千円と並び、その下に11位南満洲旅館株式会社（1927年12月15日設立、本店大連、満鉄全額出資）3,880千円、13位国際運輸株式会社（1926年8月1日設立、本店大連、満鉄全額出資）3,400千円、16位満洲紡績株式会社（1923年3月15日設立、本店遼陽、満鉄25％出資、富士瓦斯紡績株式会社75％出資）、東省実業（東拓過半出資）各2,500千円、23位満洲製粉（満鉄端株出資）2,375千円、26位満蒙毛織（東拓20％出資、満鉄一部出資）1,950千円、27位福昌華工株式会社（1926年10月15日設立、本店大連、満鉄全額出資）1,800千円、28位営口水道電気（満鉄過半出資）1,500千円等が並んでいた[29]。とりわけ上位の満鉄直営事業を分社化した連結子会社の資本規模が注目される。これに伴い満鉄出資14社合計71,079千円となり、満鉄除外30社合計125,635千円の56.5％、また満鉄除外1,319社の27.7％を占め一段と満鉄系会社のプレゼンスを高めた。さらに東拓を含む16社76,485千円は対30社の60.8％、対1,391社の29.8％を占め、しかも上位に並び、政府系企業集団の満洲におけるプレゼンスはさらに高まった。

　1920年代期の最後に南満洲鉄道殖産部商工課『満洲商工概覧』1930年版の会社データを紹介しよう。1930年3月頃の集計である。この一覧では合資会社・合名会社の悉皆的集約がなされていないようであり、818社のみが集計の対象となる。そのため合資会社・合名会社の信頼性は劣る。それでも資本金規模の大きな有力

表2-10　1930年満洲会社資本金上位30社（1930年）

(単位：千円)

順位	商号	設立年月	本店	払込資本金	備考
1	南満洲鉄道(株)	1906.11.26	大連	321,156	日本政府出資
2	南満洲電気(株)	1926. 5.21	大連	22,000	満鉄全株保有
3	大連汽船(株)	1915. 1.28	大連	13,750	満鉄全株保有
4	共栄起業(株)	1923. 6. 1	吉林	10,000	王子製紙・大倉組出資
5	南満洲瓦斯(株)	1925. 7.18	大連	9,300	満鉄全株保有
6	大連取引所信託(株)	1913. 6.19	大連	6,000	
7	(株)正隆銀行	1908. 1.15	大連	5,624	安田系
8	南満洲旅館(株)	1927.12.15	大連	5,520	満鉄全株保有、1931.3.31解散
9	東亜勧業(株)	1921.12.10	奉天	5,000	満鉄が90％以上保有
9	大農農事(株)	1929. 4.15	大連	5,000	満鉄全株保有
11	鴨緑江製紙(株)	1919. 5.24	安東	3,800	大川系
12	満洲紡績(株)	1923. 3.15	遼陽	3,750	満鉄が25％保有、旭硝子(株)が75％出資
13	国際運輸(株)	1926. 8. 1	大連	3,400	満鉄全株保有
14	満洲製粉(株)	1906.12.20	鉄嶺	3,275	満鉄が端株保有
15	(株)満洲銀行	1923. 7.31	大連	2,966	東拓一部保有
16	満洲興業(株)	1917. 8.18	鞍山	2,500	東京建物(株)系
16	(株)大連株式商品取引所	1920. 2. 5	大連	2,500	
16	大連株式信託(株)	1920. 3.18	大連	2,500	
16	大連郊外土地(株)	1920. 3.20	大連	2,500	
20	営口水道電気(株)	1906.11.15	営口	2,000	満鉄が過半保有
20	(名)宏治商会	1921. 7.18	大連	2,000	
20	(株)金福鉄路公司	1925.11.10	大連	2,000	満鉄が一部保有
20	日本精鑞(株)	1929. 2.23	大連	2,000	満鉄全株保有
24	満蒙毛織(株)	1918.12.25	奉天	1,950	東拓が過半保有、満鉄一部保有
25	福昌華工(株)	1926.10.15	大連	1,800	満鉄全株保有
26	東省実業(株)	1918. 5. 4	奉天	1,750	東拓が全株保有
27	満洲福紡(株)	1923. 4. 1	大連	1,500	福島紡績(株)が全株保有
28	大連取引所銭鈔信託(株)	1917. 5.30	大連	1,250	
28	南満洲倉庫建物(株)	1919. 9.29	大連	1,250	山田三平系
28	東亜土木企業(株)	1920. 1.10	大連	1,250	満鉄過半出資
	合計		30社	449,292	
	満鉄除外合計		29社	128,136	
	うち関東州		20社	94,110	対29社73.4％、対817社41.3％
	満鉄出資合計		15社	81,995	対29社63.9％、対817社30.6％
	満鉄・東拓出資合計		17社	86,711	対29社67.6％、対817社38.0％
	総計		818社	548,914	
	総計満鉄除外		817社	227,758	

出所：南満洲鉄道殖産部商工課『満洲商工概覧』1930年版。

会社は掲載されていると判断できる（表2-10）。2位南満洲電気（満鉄全額出資）22,000千円、3位大連汽船（満鉄全額出資）13,750千円、4位共栄起業（王子製紙・大倉組系）10,000千円、5位南満洲瓦斯（満鉄全額出資）9,300千円、6位大連取引所信託6,000千円、7位正隆銀行（東拓端株出資）5,624千円、8位南満

洲旅館（満鉄全額出資）5,520千円、9位東亜勧業（満鉄95％出資）、大連農事株式会社（1929年4月15日設立、満鉄全額出資）各5,000千円が並び、12位満洲紡績（満鉄25％・富士瓦斯紡績75％出資）3,750千円、13位国際運輸（満鉄全額出資）3,400千円、14位満洲製粉（満鉄端株出資）3,275千円、15位満洲銀行（1923年7月31日設立、本店大連、東拓一部出資）2,966千円と続き、この下にも20位営口水道電気（満鉄過半出資）、株式会社金福鉄路公司（1925年11月10日設立、本店大連、満鉄一部出資）、日本精鑛株式会社（1929年2月23日、本店大連、満鉄全額出資）各2,000千円、24位満蒙毛織（東拓20％・満鉄一部出資）1,950千円、25位福昌華工（満鉄全額出資）1,800千円、26位東省実業（東拓全額出資）1,750千円、27位満洲福紡株式会社（1923年4月1日設立、本店大連、福島紡績株式会社全額出資）、28位東亜土木企業（満鉄過半出資）1,250千円等が並び[30]、満鉄出資会社の比率は上昇した。このうち南満洲旅館は1931年3月31日に解散した[31]。満鉄出資15社合計81,995千円であり、満鉄除外29社合計128,136千円の63.9％を、また満鉄除外817社30.6％占めており、満鉄出資会社の満洲の上位株式会社に占めるプレゼンスは一段と高まった。さらに東拓を含む17社合計86,711千円は対29社67.9％、対817社38.0％に上昇し、しかも上位に並び、満洲における政府系企業集団は多くの事業分野で経済活動の中心に位置した。とりわけ注目できるのが関東州の比重の高さであり、20社合計94,110千円は対29社の73.4％、対817社の41.3％を占め、関東州中心の日本企業投資はピークを迎えていた。

1）『関東都督府府報』608号、1915年7月9日。関東州・満鉄附属地においては1890年8月25日「銀行条例」と同「貯蓄銀行条例」は適用されず、台湾における1898年9月2日勅令「銀行条例貯蓄条例及銀行合併法ヲ台湾ニ施行スルノ件」及び樺太における1911年4月1日勅令「貨幣法、銀行条例等ヲ樺太ニ施行スルノ件」と同様の勅令は公布されず、「銀行条例」及び「貯蓄銀行条例」は個別の領事館を経由した大蔵省審査を経て準用されていたが、当初は銀行類似会社については黙認されていた。
2）関東州の便宜置籍船会社については柴田・鈴木・吉川［2007］第3節が詳しい。
3）『府報』365号、1909年4月2日、1263号、1919年3月7日。
4）『府報』717号、1916年3月4日、1275号、1919年3月27日、『関東庁庁報』518号、1922年4月1日。
5）『府報』992号、1917年2月15日、1011号、1917年7月17日。遼東汽船も1934年1

第 2 章　満洲企業の趨勢　77

月20日に解散した（『庁報』1007号、1934年3月1日）。
6) 『府報』225号、1913年7月16日、『庁報』119号、1919年10月29日、169号、1920年3月3日、656号、1922年12月28日。
7) 『満洲日日新聞』1918年1月21日。
8) 南満洲鉄道興業部商工課『満洲商工概覧』1928年版、428頁。
9) 会社設立年月日は南満洲鉄道地方部勧業課『南満洲商工要鑑』1919年版参照。
10) 『庁報』492号、1922年1月24日。
11) 『府報』1027号、1917年8月22日。
12) 『府報』767号、1919年5月20日。
13) 『府報』361号、1909年3月29日、『庁報』13号、1919年5月5日、50号、1919年7月10日。高田友吉は1880年2月5日生、進和商会、大連機械製作所社長、満洲銀行、満洲水産株式会社、大連工業株式会社、華北車輛株式会社（1940年6月3日設立、本店北京）、株式会社満洲進和商会（1937年5月20日設立、本店奉天、1937年11月27日に満洲進和釘鋲股份有限公司が商号変更、12月13日登記）、奉天工業株式会社各取締役、満洲久保田鋳鉄管株式会社（1935年12月4日設立、本店鞍山）、大和染料株式会社（1919年12月15日設立、本店大連、1929年頃、大和染料製布株式会社が商号変更）各監査役（帝国秘密探偵社『大衆人事録』1943年版、関東州25頁、大連商工会議所『満洲銀行会社年鑑』1938年版、384、423、426頁、『満洲国政府公報』1184号、1938年3月19日、柴田［2008a］76頁）。
14) 中和興業は1938年3月18日に中東産業株式会社に商号変更し、同年10月5日に同系の中東貿易合資会社（1923年11月3日設立、本店奉天）と合名会社中東鉱業所（1937年5月27日設立）を吸収合併し、資本金800千円に増資し再起した（『満銀年鑑』1938年版、『公報』2190号、1941年8月22日）。
15) 石田栄造は1883年5月20日生、1907年哈爾濱に大信洋行創業、1909年大連に移転、1918年12月大信洋行設立、1937年11月28日株式会社満洲大信洋行（本店奉天、1941年3月10日株式会社満洲大信洋行に商号変更）社長（『大衆人事録』1943年版、関東州5頁、『満銀年鑑』1938年版、332頁、大信洋行［1960］、『公報』2608号、1943年2月2日）。
16) 『庁報』353号、1921年3月15日。
17) 『庁報』673号、1923年1月31日。
18) 『庁報』131号、1919年11月23日、237号、1920年7月8日。
19) 『庁報』260号、1920年9月3日。
20) 原田組は1938年1月1日に原田商事株式会社（1937年10月12日設立、本店大連）に吸収合併（『満銀年鑑』1938年版、43頁、『公報』1715号、1940年1月5日）。
21) 『庁報』354号、1921年3月16日、第4章参照。

22) 設立年月日については『満銀年鑑』1935年版、龍口銀行については柴田［2007g］、［2011d］、本書第3章参照、満洲興業については『府報』1041号、1917年9月11日、『庁報』354号、1921年3月16日。
23) 『庁報』773号、1923年8月18日、789号、1923年9月22日。1922年4月17日勅令「関東州及南満洲鉄道附属地ニ於ケル銀行ニ関スル件」及び「関東州及南満洲鉄道附属地ニ於ケル貯蓄銀行ニ関スル件」により関東州及満鉄附属地にも「銀行条例」と「貯蓄銀行条例」が適用され、関東庁・各地在外公館の介入権限が強化された。
24) 『庁報』1154号、1926年1月15日。
25) 『庁報』656号、1922年12月28日、492号、1922年1月24日。
26) 『庁報』1029号、1920年11月5日。
27) 向井龍造は1913年2月24日に日に合資会社向井獣骨粉工場（本店大連、資本金180千円）を設立し、同社は1919年8月23日に向井商事工業合資会社に商号変更した。同社とは別に向井は満洲皮革（資本金1百万円4分の1払込）を設立し、同社は1919年12月1日に大連皮革株式会社（1917年11月15日設立、資本金200千円4分の1払込）を吸収合併した。奉天化学工業の前身は満蒙化学工業合資会社（1916年12月設立、本店奉天）であったが株式会社に改組した。1920年3月6日に向井は満蒙殖産を設立し（当初資本金3,300千円825千円払込）、同社は1920年7月20日に満洲皮革と奉天化学工業を吸収合併し解散させ、合併増資で資本金5百万円1,250千円払込となった。向井商事工業も同年3月31日に満蒙殖産に事業譲渡し解散した。向井はこれらの会社とは別に1920年12月31日に向井合資会社（本店大連、資本金20千円）を設立し、満蒙殖産の定款業目以外の分野に試験的に参入させようとしたが活動実態はなかった。満蒙殖産は戦後恐慌のなかで不振に陥り1922年10月6日に資本金1百万円払込に減資した（『府報』133号、1913年3月1日、1066号、1917年10月27日、1086号、同年12月10日、『庁報』82号、1919年8月28日、237号、1920年7月18日、251号、1920年8月13日、326号、1921年1月14日、624号、1922年10月22日、『満鉄沿線商工要録』1917年版、164頁、『南満洲商工要鑑』1919年版、66、82、330-331頁、『満洲会社興信録』1922年版、231頁）。向井龍造については吉田［2011］参照。同論文は満蒙殖産の専論であるが、設立前後の向井龍造の経営した会社等については調査不足であり誤りが多い。満洲事業家向野堅一については新潮社［1991］698頁。
28) 『庁報』295号、1920年11月5日、柴田［2013c］参照。
29) 会社設立年月日は南満鉄道殖産部商工課『満洲商工概覧』1930年版、『満銀年鑑』1935年版参照。
30) 会社設立年月日は『満洲商工概覧』1930年版、『満銀年鑑』1935年版参照。
31) 南満洲旅館株式会社『第4期営業報告書』1931年3月期。

第2節　満洲国期の企業

1．満洲国会社件数・資本金趨勢

　満洲国期の会社法制は「会社法」施行前と後とでは決定的に異なる。「会社法」前の時期の満洲の会社は日本の法制の適用を受ける関東州・満鉄附属地・商埠地と満洲国に分かれる。前者は日本の法人登記体制の中にある。そのため満洲事変前期の法人体制の延長上に位置づけることができる。満洲国法人としては1929年12月27日公布中華民国「公司法」(施行1931年7月1日)の準用で法人設立が可能であったが、設立を制限しており、件数は限られている。他方、「公司法」適用外の特殊会社は個別特殊会社設置法により規定されるため、別の満洲国法人群を形成する。満洲事変後に新たな日本法人が設立された。

　1935年2月までに新設法人として集約された日本の会社と満洲国法人を紹介しよう（表2-11）。1931年10月～12月には合資会社、合名会社各1社、各100千円の設立を見ただけであったが、満洲国が樹立される1932年には会社新設が急増し、株式会社24社、払込資本金26百万円、合資会社18社、1.8百万円、合名会社5社、360千円の設立を見た。その後も1933年株式会社34社、47百万円、1934年37社53百万円と対満洲投資の急増が見られる。満洲本店会社累計222社、総額247百万円である。この投資先は関東州よりは満鉄附属地への新設が特徴である。大連は76社、12百万円であった。金額では大連が中心であったが、件数は奉天60社であり比率は高いが資本金は合資会社・合名会社が多く合計2,500千万円に止まった。他方、満洲国首都となった新京には34社が設立されたが、資本金169,464千円であり、新設会社資本金の過半を占めた。大連を格段に上回る多額となった（日満実業協会［1935a］）。これは満洲国特殊法人の満洲中央銀行（1932年6月15日設立、本店新京、資本金30百万円4分の1払込、同年「満洲中央銀行法」により設立）、日満条約で設立が規定された満洲電信電話株式会社（1933年8月31日設立、本店新京、資本金50百万円、29,375千円払込、同年日満条約「満洲電信電話株式会社設立ニ関スル日満条約」に基づく設立）を含むためである。満洲国樹立後の1932

表2-11　満洲事変後1935年までに設立された会社

(単位：千円)

年	株式会社		合資会社		合名会社		股份有限公司		両合公司		合　計		支店会社	
	社数	払込資本金	社数	資本金	社数	資本金	社数	資本金	社数	資本金	社数	資本金	社数	資本金
1931.10～12	—	—	1	100	1	100	—	—	—	—	2	200	—	—
1932	24	26,542	18	1,838	5	360	1	500	—	—	48	29,240	2	1,250
1933	34	47,604	27	2,897	6	510	11	15,720	—	—	78	66,731	3	13,000
1934	37	53,430	37	3,951	4	610	11	92,980	1	71	90	151,042	6	14,250
1935.1～2	2	85	1	100	1	100	—	—	—	—	4	285	1	3,000
累計	97	127,661	84	8,886	17	1,680	23	109,200	1	71	222	247,498	12	31,500

出所：日満実業協会［1935 a］。

　年3月以降は長春が新京に改称されたが、法人設立において特殊会社の本店を置く新京の比重が急速に高まったといえよう。また「公司法」に準拠した普通法人として股份有限公司が設立されたが、合計23社109百万円であり金額は多いが件数は限られていた。この中には資本金払込90百万円の満洲電業股份有限公司が含まれている。満洲国政府は普通法人の股份有限公司の設立を抑制していた。政策的要請による新設も含まれている。旧政権が関わって設立された股份有限公司の多くは満洲国政府所有に帰属した事業財産の満洲国法人化による設立等にほぼ限定された。前者には大徳不動産股份有限公司（1934年6月4日設立、本店新京）、満洲棉花股份有限公司（1934年4月19日設立、本店奉天）、後者には大興股份有限公司（1933年7月1日設立、本店新京、満銀全額出資）、大安汽船股份有限公司（1934年9月12日設立、本店新京、政府出資）および敦化電業股份有限公司（1933年3月18日設立）ほかの各地電力事業が含まれる[1]。

　満洲国会社統計で日本法人のみであれば1936年末までの趨勢を把握できる（表2-1）。1932年から会社総計はとりわけ関東州内で増大をはじめ、1933年から州外でも増大が見られた。会社合計1932年1,300社から1936年1,647社に増大し、資本金は615百万円から1,030百万円に増大した。とりわけ株式会社が337社から441社、559百万円から978百万円に増大した。満洲事変後の満洲へあわただしく参入を図る事業者が多数みられた。ただし満洲国内では受け入れる関東軍の産業政策・企業体制が確立しておらず、政府の現物出資や満鉄の特殊会社投資が見られたが、民間の争った満洲進出という状態ではない。

　1937年12月1日の治外法権撤廃と附属地行政権返還により満洲の企業体制は激

表2-12 関東州内会社（1937年以降）

(単位：千円)

年末	株式会社		合資会社		合名会社		合　計	
	社数	資本金	社数	資本金	社数	資本金	社数	資本金
1937	269	577,563	714	21,979	130	11,815	1,113	911,358
1938	227	861,536	633	21,289	132	12,904	992	895,730
1939	228	923,918	290	13,212	71	9,763	589	946,895
1940	243	1,037,107	273	13,735	72	9,967	588	1,060,809
1941	291	1,053,159	301	15,718	75	6,317	667	1,075,195
1942	379	1,070,026	340	18,972	83	7,144	802	1,096,143

出所：関東局『第37次統計書』1942年版。

変した。満鉄附属地は満洲国の行政地域となり、関東局専管行政地域は関東州のみとなった。そのため関東局編集の法人統計も関東州のみに限定される。1937年末で1,113社、うち株式会社269社、資本金合計911百万円、株式会社577百万円であった（表2-12）。1938年には株式会社、合資会社、合名会社ともに社数が減少し、満洲投資は産業開発計画始動後の満洲国に傾注したことで、関東州法人は満洲国に転出するか解散した。ただし株式会社は資本金規模を拡大させ、1941年で1937年を社数で凌駕し、資本金では毎年増大を辿って1942年には1,070百万円にまで増大した。この一部には合資会社の株式会社への改組も含まれている。満洲投資の中心が奉天・新京に移動しても大連を中心とした立地で満洲産業開発計画による巨額投資に付随する周辺的投資の増大が寄与した。

満洲国期の会社統計の基本資料として大連商工会議所『満洲銀行会社年鑑』を利用するが、この資料は1935年版より1942年版まで刊行されている。1920年代期最後の会社統計として『満洲商工概覧』1930年版を利用したが、この掲載会社がどの程度引き継がれているか、あるいは逆に1935年版掲載までに解散・転出等の会社がどの程度存在したかをあらかじめ確認しておきたい。『満洲商工概覧』掲載会社は合資会社・合資会社の範囲がやや狭いと先に指摘した。ここでは株式会社のみを点検しよう。1930年版に掲載された株式会社312社がある。この中には南満洲汽船のようにすでに商号変更し南満洲物産となっているが両社が掲載されており、前者を排除した。1935年版と接続できない会社は56社である。このうち1920年代半ばに休業状態にあった開原銀行と1935年6月までに解散が確認できて

表 2-13　関東州満洲国株式

業　種	1935年版		1936年版		1937年版	
	社数	資本金	社数	資本金	社数	資本金
銀行業	29	33,758	13	11,818	13	11,518
取引所	14	12,310	13	9,935	9	235
清算会社	—	—	—	—	—	—
無尽業	9	462	10	502	13	754
金融及び売買仲介業	81	18,408	82	17,780	91	18,568
商事会社	74	12,741	83	15,685	100	22,453
市場	7	531	9	721	9	883
紡績及び染色工業	15	9,334	16	9,794	15	14,014
化学工業	36	32,330	36	33,740	36	42,240
金属工業	18	81,857	18	95,332	21	101,742
機械器具工業	—	—	—	—	—	—
製材及び木材製品工業	20	4,562	21	4,662	25	6,297
食料品工業	37	19,645	38	20,695	42	23,553
印刷及び製本工業	—	—	—	—	—	—
その他工業	17	10,055	16	5,020	18	5,350
窯業	47	36,437	40	8,130	42	9,885
鉱業	—	—	—	—	—	—
電気ガス	18	127,965	6	32,300	5	11,017
交通運輸	41	602,520	34	607,208	38	611,760
倉庫保険通信	9	30,748	9	31,243	9	38,118
土地建物	32	11,192	34	13,127	41	14,152
拓殖興業	32	22,842	35	23,506	38	23,468
請負労力供給	8	4,500	10	4,800	13	6,437
新聞業	15	2,171	15	2,231	16	2,750
旅館娯楽場	11	1,636	12	1,676	16	2,347
投資	—	—	—	—	—	—
雑業	17	2,457	16	2,082	16	2,082
合　計	585	1,087,358	566	952,043	626	977,623

注：1）1937年まで金属工業は金属工業及び機械器具工業、その他工業に印刷及び生本
　　2）1936版と1937年版の資本金合計に不突合あり。
　　3）1935年版の股份有限公司の商業を商事会社、工業をその他工業に統合した。
　　4）金銀混計した。
　　5）1935年版と1936年版は満洲国法人として再登記未了の法人を総てではないが含
出所：『満銀年鑑』（各年版）。

第 2 章 満洲企業の趨勢

会社払込資本金合計

(単位：社、千円)

1938年版		1939年版		1940年版		1941年版	
社数	資本金	社数	資本金	社数	資本金	社数	資本金
47	47,427	50	47,840	50	67,298	50	70,673
4	3,950	4	4,450	2	2,750	2	3,000
8	5,485	7	5,360	4	860	3	610
14	782	39	14,195	15	1,215	15	1,240
39	13,262	15	955	39	23,083	38	28,419
214	57,539	315	108,940	482	225,398	582	381,258
10	1,043	14	5,404	9	759	2	1,393
33	38,660	38	57,860	50	87,813	59	109,200
61	107,010	99	197,935	126	292,410	148	425,353
23	140,732	49	352,301	66	462,715	68	502,233
25	36,632	58	139,314	110	250,475	164	391,967
32	9,292	46	14,878	75	32,831	81	36,733
69	59,151	86	56,895	104	77,196	133	101,347
15	2,410	20	4,135	29	9,440	31	10,012
33	89,679	47	96,272	78	108,615	124	117,392
51	20,238	69	38,284	83	63,652	101	85,905
27	72,000	54	310,425	66	661,916	74	867,498
28	141,882	19	185,332	4	212,500	4	265,000
62	691,650	67	805,748	79	873,479	85	1,050,570
12	75,468	12	40,326	14	60,481	19	74,467
64	26,477	80	52,189	91	71,415	101	82,113
40	99,868	52	117,729	70	147,059	97	166,939
19	7,542	32	13,492	74	55,038	110	68,973
13	4,851	16	6,649	20	9,535	23	4,462
16	2,412	17	2,707	22	11,627	20	14,217
4	209,627	4	466,252	4	467,502	7	470,369
26	4,990	25	5,294	30	4,800	37	5,600
989	1,970,068	1,334	3,151,168	1,796	4,281,872	2,175	5,336,952

業を含み、窯業に鉱業を含み、取引所に清算会社を含む。

む。

いる19社あり、それ以外の大連・旅順本店会社14社と奉天・安東・営口等本店12社が接続できない。前者については利用できた『関東局局報』の欠号が多いためもあり解散情報には見当たらない。山東興業株式会社（1917年9月6日設立、本店大連）や北支那青果株式会社（1926年5月1日設立、本店大連）のような華北事業のため便宜上大連に本店を置いた会社が存在したが、前者は華北に転出し青島本店法人となった。後者については不詳である。また満洲国法人ではないため『満洲国政府公報』の商業登記には支店設置会社の変動以外には掲載されない。26社については解散・転出・商号変更については不明のままである。それでも276社については1935年版掲載会社として接続できたため、この掲載会社については信頼できる。

　満洲事変期の株式会社としては股份有限公司を満銀券と日本金建てを混計したうえで統合した統計を作成し提示する（表2-13）。以下、『満洲銀行会社年鑑』の1935年版から1942年版までを利用する。1935年版の数値から1936年版の数値にかけて株式会社数が減少している。資本金も同様である。この数値にはさらなる精査が必要かもしれない。満洲事変期末の1937年版では626社977百万円という金額である。そのうち交通運輸が611百万円で突出している。ここには満鉄が含まれているためである。金属工業が101百万円へと増大を続けていた。ここには株式会社昭和製鋼所（1929年7月4日設立、本店京城、1933年5月2日鞍山移転）が含まれているため巨額となっている[2]。この626社と1936年版掲載株式会社・股份有限公司合計764社と合致しない。理由は不明だが、1936年版626社が株式会社のみを掲載している可能性がある。それでも1936年版から集計できる股份有限公司の件数は43件である。1935年版には満洲国に再登記していない股份有限公司を一部ではあるが掲載している。実際には商号変更後の情報しか残っていないため、43件以上の股份有限公司が存在した可能性は強い。ただし設立については抑制的であったため、138社に達するまで設立されたとは思えない。

　1938年会社989社資本金1,970百万円に急増した。産業開発五カ年計画始動により多数の特殊会社が新設され、民間満洲投資も盛り上がったことによるが、そのほか「会社法」施行により、それまで公司新設は抑制されていた状況が、小規模法人は原則設立自由となり日本人で満洲に参入した事業家のみならず、地場事業

家が積極的に会社新設に向かった。自営業よりも法人のほうが税制上の優遇措置が与えられることも一因である。業種では投資業者の新設と資本金の多額が注目されるがここには日中戦争期に最も多額の出資を行う満洲重工業開発株式会社が含まれている。1939年には1,334社3,151百万円に増大した。交通運輸業が最大業種であるが、投資、金属工業、鉱業も急速に資本金規模を増大させていた。1940年には1,796社4,281百万円、1941年には2,175社5,336百万円に達し、資本金総額は4年で5倍を上回っていた。このような事態は満洲国における政府系企業集団が持株会社として活躍するため、資本金が実際には重複集計される事例が多く、急速に資本金総計規模が膨らんでいった。しかも業種も交通運輸を中心としつつも、鉱業、金属工業、機械器具鉱業、紡績染色等幅広い業種に投資が行われていた。

2．特定時点の会社と主要会社

満洲国期の株式会社（股份有限公司を含む）を中心に業種別のあり方を見た上で、時期区分に沿って概要を把握し、その上で特定時点の会社で資本金上位50社を紹介する。

『満洲銀行会社年鑑』1936年版掲載の関東州、満鉄附属地、満洲国の会社・股份有限公司を金銀等価として、上位50社を掲載した（表2-14）。「会社法」施行前の満洲会社状況を把握できる。2位満洲電業股份有限公司（1934年11月1日設立、本店新京、満鉄・満洲国政府・東拓出資）90,000千円、3位昭和製鋼所（満鉄全額出資）82,000千円、4位満洲電信電話株式会社（1933年8月31日設立、本店新京、満洲国政府・日本政府出資、満鉄一部出資）29,375千円、5位満洲化学工業株式会社（1933年5月30日設立、本店大連、満鉄過半出資）18,750千円、6位満洲炭礦株式会社（1934年5月7日設立、本店新京、満洲国政府・満鉄折半出資）16,000千円、7位満銀（満洲国政府全額出資）15,000千円、8位大連汽船14,450千円、9位南満洲瓦斯、株式会社本渓湖煤鉄公司（1935年9月25日設立再登記、満洲国政府・大倉組折半出資）各10,000千円である。新設の政府系企業集団に列するのは満洲拓殖股份有限公司（1936年1月4日設立、本店新京、満洲国政府・満鉄出資）9,000千円、満洲採金株式会社（1934年5月5日設立、本店新京、

表 2-14　1936年満洲会社資本金上位50社

(単位：千円)

順位	商号	設立年月日	本店	払込資本金	備考
1	南満洲鉄道(株)	1906.11.26	大連	584,208	日本政府出資
2	満洲電業(股)→満洲電業(株)	1934.11.1	新京	90,000	1938.3.19商号変更、満鉄過半出資、満洲国政府出資、東拓一部出資
3	(株)昭和製鋼所	1929.7.4	京城→鞍山	82,000	満鉄全株出資、1933.5.2本店移転
4	満洲電信電話(株)	1933.8.31	新京	29,375	日本政府、満洲国出資、満鉄一部出資
5	満洲化学工業(株)	1933.5.30	大連	18,750	満鉄過半出資
6	満洲炭礦(株)	1934.5.7	新京	16,000	満鉄・満洲国政府折半
7	満洲中央銀行	1932.6.15	新京	15,000	満洲国政府全株出資
8	大連汽船(株)	1915.1.28	大連	14,450	満鉄全株出資
9	南満洲瓦斯(株)	1925.7.18	大連	10,000	満鉄全株出資
9	本渓湖煤鉄(股)→(株)本渓湖煤鉄公司	1935.9.25	本渓湖	10,000	再登記日、大倉組と満洲国政府折半出資、1938.5.26商号変更
11	満洲拓殖(股)	1936.1.4	新京	9,000	満洲国、満鉄一部出資、1938.8.31満洲拓殖公社設立で解散
12	満洲採金(股)	1934.5.15	新京	7,175	満洲国、満鉄、東拓出資
13	延和金鉱(株)	1935.10.3	延吉	6,600	満洲国政府出資
14	南満鉱業(株)	1918.4.8	海城県	6,000	満鉄過半出資
14	大興(股)→(株)大興公司	1933.7.1	新京	6,000	満銀全株出資、1938.2.24商号変更
16	(株)正隆銀行	1908.1.15	大連	5,624	安田系、1936.12.7満洲興業銀行設立で事業統合解散
17	大連農事(株)	1929.4.15	大連	5,000	満鉄全株出資
17	満洲石油(株)	1934.2.24	新京	5,000	満洲国、満鉄一部出資
19	(株)満洲工廠	1934.5.22	奉天	4,800	
20	大連都市交通(株)	1926.5.21	大連	4,400	満鉄全株出資、1936.4.1南満洲電気(株)が商号変更
21	(股)奉天紡紗廠→(株)奉天紡紗廠	1921.9.3	奉天	4,171	1936.11.9再登記、満洲国政府出資、1938.1.25商号変更
22	大連取引所信託(株)	1913.6.19	大連	4,125	
23	鴨緑江製紙(株)	1919.5.24	安東	4,000	大倉組・王子製紙・大川系出資
23	大同産業(株)	1920.4.1	奉天	4,000	
23	満洲住友鋼管(株)	1934.9.11	鞍山	4,000	東亜拓殖が1932.11商号変更、住友系
23	満洲住友金属工業(株)	1934.9.17	奉天	4,000	住友系
23	満洲鉛鉱(股)→満洲鉛鉱(株)	1935.6.19	奉天	4,000	日満鉱業(株)、満鉄折半出資、1938商号変更
23	満洲曹達(股)→満洲曹達(株)	1936.5.22	新京	4,000	満洲国政府出資、満鉄25％出資、1938.2.25商号変更
29	東満洲人絹巴爾普(股)→東満洲人絹パルプ(株)	1936.6.17	間島・和竜県	3,750	鐘淵紡績系、1938.3.25商号変更
30	満洲製粉(株)	1906.1.22	鉄嶺	3,545	満鉄一部出資
31	同和自動車工業(株)	1934.3.31	奉天	3,200	満洲国出資、満鉄一部出資
32	満洲紡績(株)	1923.3.15	遼陽	3,125	富士瓦斯紡績系、満鉄25％出資
33	満洲鉱業開発(株)	1935.8.22	新京	3,100	満洲国出資、満鉄45％出資
34	営口紡織(股)→営口紡織(株)	1933.3.24	営口	3,000	朝鮮紡織(株)系、1938.7.30商号変更
34	大同洋灰(股)→大同洋灰(株)	1933.11.22	吉林	3,000	浅野セメント系、1938.4.20商号変更
34	満日合弁満洲洋灰(股)→満洲洋灰(株)	1934.5.11	遼陽	3,000	磐城セメント系、1938.3.26商号変更
34	満洲煙草(株)	1934.12.24	新京	3,000	満洲煙草(股)の持株会社
34	本渓湖洋灰(股)→本渓湖洋灰(株)	1935.12.2	本渓湖	3,000	本渓湖煤鉄公司出資、1938.3.30商号変更

第2章　満洲企業の趨勢　87

39	(株)満洲銀行	1923.7.31	大連	2,906	東拓一部出資、1936.12.7満洲興業銀行設立で事業統合解散
40	(株)三泰油房	1907.5.22	大連	2,500	三井系
40	満洲興業(株)	1917.8.18	鞍山	2,500	東京建物(株)系、1937.3同社が吸収合併
40	満蒙毛織(株)	1918.12.25	奉天	2,500	東拓系、満鉄一部出資
40	東亜勧業(株)	1921.12.10	奉天	2,500	満鉄ほぼ全株出資、1936.11.16解散
40	北票炭礦(股)	1933.12.1	新京	2,500	1937.3.1解散、満炭が吸収
40	撫順セメント(株)	1934.7.18	撫順	2,500	満鉄全株出資
40	満洲煙草(股)	1935.2.12	新京	2,500	満洲煙草(股)が全株保有、1937.12.24満洲煙草(株)に吸収合併
40	奉天工業土地(股)	1935.3.11	奉天	2,500	満洲国政府、満鉄折半出資、1937.11.15解散
40	満洲小野田洋灰(股) →満洲小野田洋灰(株)	1935.5.28	四平・昌図	2,500	小野田セメント製造系、1938.5.22商号変更
40	(株)興中公司	1935.12.20	大連	2,500	満鉄全株出資
40	満洲製糖(株)	1935.12.26	奉天	2,500	日本の大手製糖会社出資、満洲製糖(股)の持株会社
40	満洲林業(股) →満洲林業(株)	1936.2.29	新京	2,500	満洲国出資、満鉄25％出資、1938.7.21商号変更
40	満洲パルプ工業(股) →満洲パルプ工業(株)	1936.5.11	新京	2,500	三菱製紙系、1938.1.7商号変更
合計			52社	1,028,805	
満鉄除外合計			51社	444,597	
うち関東州合計			10社	70,355	対51社15.8％、対763社9.5％
満鉄出資合計			24社	333,120	対51社74.9％、対763社45.0％
満洲国政府出資合計			14社	193,121	対51社43.4％、対763社26.1％
東拓出資合計			5社	108,205	対51社24.3％、対763社14.6％
満鉄・満洲国政府・東殖出資合計			31社	377,421	対51社84.8％、対763社51.0％
総計			764社	1,232,467	
満鉄除外総計			763社	739,259	

注：満鉄子会社等による間接出資を除した。
出所：『満銀年鑑』1936年版。

満洲国政府・満鉄・東拓出資）7,175千円、延和金鉱株式会社（1935年10月3日設立、本店延吉、満洲国政府出資）、満洲石油株式会社（1934年2月24日設立、本店新京、満洲国政府・満鉄出資）5,000千円、股份有限公司奉天紡紗廠（1921年9月30日設立、満洲国政府出資）、満洲鉛鉱股份有限公司（1936年6月19日設立、本店奉天、満鉄半額出資）、満洲曹達股份有限公司（1936年5月22日設立、本店新京、満洲国政府・満鉄出資）4,000千円、同和自動車工業株式会社（1934年3月31日設立、本店奉天、満洲国政府・満鉄出資）3,200千円、満洲鉱業開発株式会社（1935年8月22日設立、本店新京、満洲国政府・満鉄折半出資）3,100千円、撫順セメント株式会社（1934年7月18日設立、満鉄全額出資）、奉天工業土地股份有限公司（1935年3月11日設立、満洲国政府・満鉄折半出資）、株式会社興中

公司（1935年12月20日設立、本店大連、満鉄全額出資）、満洲林業股份有限公司（1936年2月29日設立、本店新京、満洲国政府・満鉄出資）各2,500千円出資である[3]。満鉄24社333百万円、満洲国政府14社193百万円、東拓5社108百万円となり、政府系企業集団にある計31社337百万円に達した。対51社の84.8％、対763社の51.0％を占め、満洲国期になっても上位企業の比重は高く政府系企業が占めていた。すなわち満鉄は満洲事変期に満洲の新規鉱工業の立ち上げに多面的に資金支援したといえよう。他方、関東州の比重は決定的に低下し、関東州で上位50社に並ぶ満洲国期新設会社は満洲化学工業と興中公司のみであった。満洲国政府も新たな投資機関として多数の会社に出資して、出資法人件数を増やしたが、満洲国政府の資金繰りが潤沢ではなく、これら出資は旧政権財産を承継したことによる現物出資が多額に含まれている。そのため新規現金出資が可能な投資機関として満鉄が過度に期待され、現金出資の要請を受けた。その結果が上記のような満洲事変期の新規鉱工業に多額現金出資となった。それは満鉄の本業と離れた投資になるため、満鉄の資金繰りの悪化となる。増資と社債の追加発行のほかに、既存取得株式の売却処分で外部資金調達に向かうことになる。東拓の上位に並ぶ新規出資は満鉄・満洲国政府との共同投資に限定された（第7章参照）。

　その後、1937年度に満洲産業開発五カ年計画による多額投資戦略が始動したが、7月7日盧溝橋事件後の日中戦争の展開でその計画は拡大され、さらなる投資規模を追求した[4]。その結果、日中戦争期に満洲国における会社は急増した。鉱工業を中心とした開発戦略ではあったが[5]、関内からの導入労働力、日本からの移住者の急増をみるため食糧生産、その他基礎消費財（衣類・煙草等）の満洲内生産が急がれため、金属工業・機械器具製造工業・化学工業のみならず食品や繊維に代表される軽工業にも多額投資が続いた。満洲国における製造業において、政府直営は皆無に近いため生産と投資の担い手は民間企業である。本章では満洲産業構造の変貌を紹介する場ではなく、その結果としてあるいは担い手として新設もしくは拡大した大手法人を紹介する。

　『満洲銀行会社年鑑』1940年版に掲載された株式会社を集計した。株式会社1,778社、払込資本金総額4,245,110千円へと増大した（表2-15）。1936年株式会社・股份有限公司と比べ、社数で2.3倍、資本金総額で3.4倍増した。資本金上位

第2章 満洲企業の趨勢 89

表2-15 1940年満洲会社資本金上位50社

(単位：千円)

順位	商号	設立年月日	本店	払込資本金	備考
1	南満洲鉄道(株)	1906.11.26	大連	766,208	日本政府出資
2	満洲重工業開発(株)	1912.9.18	新京	450,000	満洲国政府半額出資
3	満洲炭礦(株)	1934.5.7	新京	250,000	満業全額出資
4	(株)昭和製鋼所	1929.7.4	鞍山	200,000	満業過半額出資、満鉄一部出資
5	満洲電業(株)	1934.11.1	新京	142,500	満洲国出資、満鉄一部出資
6	(株)本渓湖煤鉄公司	1935.9.25	本渓湖	100,000	満洲国出資、大倉組出資、満鉄一部出資、1938.3.30本渓湖煤鉄(股)を商号変更
7	東辺道開発(株)	1938.9.14	通化	91,250	満業過半額出資
8	満洲軽金属製造(株)	1936.11.10	撫順	80,000	満業全額出資
8	満洲鉱山(株)	1938.2.28	新京	80,000	満業全額出資
10	満洲電信電話(株)	1933.8.31	新京	55,625	満洲国政府・日本政府出資
11	満洲採金(株)	1934.5.15	新京	55,000	満洲国政府全額出資
12	啓東煙草(株)	1936.2.29	奉天	52,325	英米煙草トラスト全株保有
13	満洲拓殖公社	1937.8.31	新京	50,000	満洲国政府・日本政府出資、満鉄・東拓出資
13	満洲鴨緑江水力発電(株)	1937.9.7	新京	50,000	満洲国政府・東拓・日窒系長津江水電出資
13	満洲飛行機製造(株)	1938.6.20	奉天	50,000	満業全額出資
16	吉林人造石油(株)	1939.9.4	吉林	35,000	満洲国政府、日窒出資
17	同和自動車工業(株)	1934.3.31	奉天	30,000	満業過半額出資、1941に満洲自動車製造に譲渡
17	満洲興業銀行	1936.12.7	新京	30,000	満洲国政府・朝鮮銀行折半出資
17	満洲合成燃料(株)	1937.8.6	新京	30,000	満洲国政府出資
17	満洲房産(株)	1938.2.19	新京	30,000	満洲国政府・東拓出資
21	満洲鉱業開発(株)	1935.8.22	新京	27,500	満洲国政府か半出資、満鉄一部出資
22	満洲化学工業(株)	1933.5.30	大連	25,000	満鉄半額出資
22	満洲東亜煙草(株)	1937.10.25	奉天	25,000	東亜煙草全額出資
22	本渓湖特殊鋼(株)	1938.10.22	本渓湖	25,000	本渓湖煤鉄公司出資
22	満洲生活必需品配給(株) →満洲生活必需品(株)	1939.2.23	新京	25,000	満洲国政府・満鉄一部出資、1939.12.26商号変更
22	満洲自動車製造(株)	1939.5.11	新京	25,000	満業全株出資
27	満洲航空(株)	1932.12.16	新京	23,989	満洲国政府出資、満鉄一部出資
28	満洲石油(株)	1934.2.24	新京	20,000	満洲国政府出資、満鉄一部出資
28	満洲林業(株)	1936.2.29	新京	20,000	満洲国政府・満鉄・東拓出資
28	満洲糧穀(株)	1938.12.21	新京	20,000	満洲国政府出資、1941.8.1満洲農産公社設立で事業統合解散
31	(株)奉天造兵所	1936.7.24	奉天	19,900	満洲国政府50％出資、三井物産・三菱商事一部出資
32	(株)大連機械製作所	1918.5.4	大連	15,000	
32	満洲中央銀行	1932.6.15	新京	15,000	満洲国政府全額出資
32	日満商事(株)	1936.10.1	新京	15,000	満鉄、満洲国政府折半出資
32	満洲畜産(株)	1937.9.1	新京	15,000	満洲国政府出資
32	満洲工作機械(株)	1939.9.1	奉天	15,000	
32	満洲特産専管公社	1939.10.20	新京	15,000	満洲国政府出資、1941.8.1満洲農産公社設立で事業統合解散
38	大連汽船(株)	1915.1.28	大連	14,450	満鉄全株保有
39	(株)大興公司	1933.7.1	新京	13,000	満洲中央銀行全株保有、1938.2.24大興(股)を商号変更
40	満蒙毛織(株)	1918.12.25	奉天	12,500	東拓過半額出資、満鉄一部出資
40	満洲三菱機器(株)	1935.11.20	奉天	12,500	三菱電機出資
40	満洲塩業(株)	1936.4.28	新京	12,500	満洲国政府、満鉄、東拓出資
40	満洲車輌(株)	1938.5.5	奉天	12,500	日本車輌出資
40	満洲硫安工業(株)	1939.2.9	新京	12,500	満洲国政府出資
40	大倉事業(株)	1939.2.14	新京	12,500	大倉組出資

40	満洲柞蚕(株)	1939.8.19	新京	12,500	満洲国政府出資
47	満洲曹達(株)	1936.5.22	新京	11,000	満洲国政府出資、満鉄一部出資
48	満洲鉛鉱(株)	1935.6.19	奉天	10,500	満洲鉱山全株保有
49	南満洲瓦斯(株)	1925.7.18	大連	10,000	満鉄過半出資
49	満洲住友金属工業(株)	1934.9.17	奉天	10,000	住友合資出資
49	(株)満洲ロール製作所	1935.7.25	鞍山	10,000	大谷重工業出資
49	満洲製糖(株)	1935.12.26	奉天	10,000	日本の大手製糖業社出資
49	満洲瓦斯(株)	1937.11.25	新京	10,000	南満洲瓦斯全株保有
49	東棉紡織(株)	1938.2.15	錦州	10,000	東洋棉花全株保有
49	東満洲鉄道(株)	1938.6.15	琿春	10,000	満鉄過半出資
49	東洋タイヤ工業(株)	1938.6.17	奉天	10,000	東洋棉花出資
49	満洲マグネシウム工業(株)	1938.7.4	新京	10,000	満洲軽金属製造全株保有、1941.11.29同社が吸収合併
49	舒蘭炭礦(株)	1939.7.23	吉林省永吉県	10,000	満洲国政府、日窒出資
49	協和鉄山(株)	1939.8.5	新京	10,000	満洲国政府、満業出資
49	琿春炭礦(株)	1939.9.29	琿春	10,000	東満洲産業・満炭出資
合計			60社	3,230,747	
満鉄・満業除外			58社	2,014,539	
うち関東州本店			4社	64,450	対58社3.1%、対1,776社2.1%
満鉄出資合計			16社	665,064	対58社33.0%、対1,776社21.9%
満業出資合計			10社	716,250	対58社35.5%、対1,776社23.6%
満業除外満洲国政府出資合計			27社	863,014	対58社42.8%、対1,776社28.4%
東拓出資合計			6社	175,000	対58社8.6%、対1,776社5.7%
満鉄・満業・満洲国政府・東拓出資合計			40社	1,744,214	対58社86.5%、対1,776社57.5%
総計			1,778社	4,245,110	
満鉄・満業除外総計			1,776社	3,028,902	

注:満業子会社出資会社を満業系に合計していない。
出所:『満銀年鑑』1940年版。

　50社の特徴として関東州本店会社は満鉄を含み5社に減少し、満洲国法人の件数と規模の増大が反映している。日中戦争期設立大連本店会社で上位50社には1社も顔を出していない。1位満鉄766百万円、2位満業450百万円、3位満炭250百万円、4位昭和製鋼所200百万円、5位満電142,500千円、6位本渓湖煤鉄公司100百万円、7位東辺道開発株式会社(1938年9月14日設立、本店通化)91,250千円、8位満洲軽金属製造、満洲鉱山株式会社(1938年2月28日設立、本店新京、満業全額出資)各80百万円、10位満洲電信電話55,625千円の順であった。1937年9月以降に新設された会社は26社で過半に達した。上位10社の東辺道開発、満洲鉱山以外に13位満洲飛行機製造株式会社(1938年6月20日設立、本店新京、満業全額出資)50百万円、16位吉林人造石油株式会社(1939年9月4日設立、満洲国

政府出資）35百万円、17位満洲房産株式会社（1938年2月19日設立、本店新京、満洲国政府・東拓出資）30百万円、22位満洲東亜煙草株式会社（1937年10月25日設立、本店奉天、東亜煙草株式会社全額出資）25百万円、本渓湖特殊鋼株式会社（1938年10月22日設立）25百万円、満洲生活必需品株式会社（1939年2月23日設立、本店新京、満洲国政府・満鉄出資）25百万円、満洲自動車製造株式会社（1939年5月11日設立、本店新京、満業全額出資）25百万円が上位に並び、このうち満鉄・満業・満洲国政府・東拓が直接出資しないものは満洲東亜煙草と本渓湖特殊鋼のみである[6]。さらに下位の28位満洲糧穀株式会社（1938年12月21日設立、本店新京、満洲国政府出資）20百万円、32位満洲畜産株式会社（1937年9月1日設立、本店新京、満洲国政府出資）、満洲工作機械株式会社（1939年9月1日設立、本店奉天）、満洲特産専管公社（1939年10月20日設立、本店新京、満洲国政府出資）各15百万円、40位満洲車輛株式会社（1938年5月5日設立、本店奉天）、満洲硫安工業株式会社（1939年2月9日設立、本店新京、満洲国政府出資）、大倉事業株式会社（1939年2月14日設立、本店新京）、満洲柞蚕株式会社（1939年8月19日設立、本店新京、満洲国政府出資）各12,500千円、49位満洲瓦斯株式会社（1937年11月25日設立、本店新京、南満洲瓦斯出資）、東棉紡織株式会社（1938年2月15日設立、本店錦州）、東満洲鉄道株式会社（1938年6月15日設立、本店琿春）、東洋タイヤ工業株式会社（1938年6月17日設立、本店奉天、東洋棉花株式会社系）、満洲マグネシウム工業株式会社（1938年7月4日設立、本店新京、満洲軽金属製造出資）、舒蘭炭礦株式会社（1939年7月23日設立、本店吉林省永吉県）、協和鉄山株式会社（1939年8月5日設立、本店新京、満洲国政府・満業出資）、琿春炭礦株式会社（1939年9月29日設立、満炭出資）各10百万円が並び[7]、農畜産流通も多いがそれ以上にかなりの規模の各種鉱工業が幅広く新設されたことが特徴であろう。しかも列記した下位の新設会社の多くは満鉄、東拓、満業、満洲国政府およびその出資会社のいずれかから出資を受けている。また満業と満洲国政府が重複して出資している事例は少ない。満業は鉱山採掘と大規模な金属工業と機械工業を中心に投資し、他方、満洲国政府は農畜産物流通や軽工業・化学工業に出資した。重複している出資は協和鉄山のみである。出資分野で棲み分けがなされていたといえよう。なお満洲瓦斯は1937年12月1日「会社法」施行にともなう南

表2-16　1942年満洲会社資本金上位50社

(単位：千円)

順位	商　号	設立年月日	本店	払込資本金	備　考
1	南満洲鉄道㈱	1906.11.26	大連	1,026,208	日本政府出資
2	満洲重工業開発㈱	1912.9.18	新京	506,250	満洲国政府出資
3	満洲炭礦㈱	1934.5.7	新京	300,000	満業過半出資、満洲国政府一部出資
4	㈱昭和製鋼所	1929.7.4	鞍山	200,000	満業過半出資、満洲国政府、満鉄一部出資
5	満洲電業㈱	1934.11.1	新京	192,000	満洲国政府最多出資
6	満洲鉱山㈱	1938.2.28	新京	150,000	満業全額出資
6	満洲投資証券㈱	1941.6.2	新京	150,000	日産と日本の生命保険出資
8	吉林人造石油㈱	1939.9.4	吉林市	140,000	満洲国政府出資、日窒出資
9	東辺道開発㈱	1938.9.14	通化	126,350	満業過半出資
10	㈱本渓湖煤鉄公司	1935.9.25	本渓湖	100,000	満洲国政府・大倉組出資
10	密山炭礦㈱	1941.7.11	東安・鶏寧県	100,000	満炭全額出資
12	満洲飛行機製造㈱	1938.6.2	奉天	90,000	満業全額出資
13	満洲軽金属製造㈱	1936.11.1	撫順	80,000	満業全額出資
14	満洲電信電話㈱	1933.8.31	新京	68,125	満洲国政府出資・日本政府出資
15	満洲拓殖公社	1937.8.31	新京	65,000	満洲国政府・日本政府出資、満鉄、東拓一部出資
16	満洲鴨緑江水力発電㈱	1937.9.7	新京	62,500	満洲国政府・東拓・長津江水力電気出資
17	満洲採金㈱	1934.5.16	新京	60,000	満洲国政府出資、1943.9.7満洲鉱山開発に吸収合併
18	満洲農産公社	1941.8.1	新京	54,000	満洲国政府出資
19	啓東煙草㈱	1936.2.29	奉天	52,325	英米煙草トラスト系
20	満洲合成燃料㈱	1937.8.6	新京	50,000	満洲国政府出資
20	満洲重機㈱	1940.5.17	新京	50,000	満業過半出資、1940.10.15満洲重機製造㈱を商号変更
22	満洲航空㈱	1932.12.16	新京	45,000	満洲国政府・満鉄出資
22	満洲鉱業開発㈱	1935.8.22	新京	45,000	満洲国政府・満鉄出資
24	満洲興業銀行	1936.12.7	新京	37,500	満洲国政府・朝鮮銀行折半出資
25	渓城炭礦㈱	1942.1.19	本渓湖	30,115	満業過半出資
26	満洲石油㈱	1934.2.24	新京	30,000	満洲国政府・満鉄出資
26	同和自動車工業㈱	1934.3.31	奉天	30,000	満洲自動車製造㈱出資、1942.3.23解散、満洲自動車製造に吸収合併
26	満洲住友金属工業㈱	1934.9.17	奉天	30,000	住友金属工業出資
26	満洲鉛鉱㈱	1935.6.19	奉天	30,000	満業出資
26	満洲林業㈱	1936.2.29	新京	30,000	満洲国政府・満鉄・東拓出資
26	満洲房産㈱	1938.2.19	新京	30,000	満洲国政府出資
26	満洲生活必需品㈱	1939.2.23	新京	30,000	満洲国政府出資、満鉄一部出資
26	舒蘭炭礦㈱	1939.7.23	吉林省永吉県	30,000	満洲国政府と日窒出資
26	満洲特殊鉄鉱	1940.10.15	新京	30,000	満洲国政府・満業出資
35	満洲電気化学工業㈱	1938.10.24	吉林	26,250	満洲国政府・満電出資
36	大連汽船㈱	1915.1.28	大連	25,700	満鉄過半出資
37	満洲化学工業㈱	1933.5.30	大連	25,000	満鉄過半出資
37	㈱奉天造兵所	1936.7.24	奉天	25,000	満洲国政府出資
37	満洲東亜煙草㈱	1937.10.25	奉天	25,000	東亜煙草全株保有
37	満洲自動車製造㈱	1939.5.11	新京	25,000	満業全額出資
37	琿春炭礦㈱	1939.9.29	琿春	25,000	満炭・東満洲産業出資
42	満蒙毛織㈱	1918.12.25	奉天	22,500	東拓過半出資、満鉄一部出資
42	満洲塩業㈱	1936.4.28	新京	22,500	満洲国政府出資、満鉄・東拓一部出資
44	㈱大連機械製作所	1918.5.4	大連	20,000	
44	満洲畜産㈱	1937.9.1	新京	20,000	満洲国政府出資
44	満洲工作機械㈱	1939.9.1	奉天	20,000	

47	東満洲鉄道(株)	1938. 6 .15	琿春	18,100	東満洲産業出資
48	満洲三菱機器(株)	1935.11. 2	奉天	16,500	三菱系出資
49	(株)満洲工廠	1934. 5 .22	奉天	16,200	
50	満洲曹達(株)	1936. 5 .22	新京	16,000	満洲国政府・満鉄出資
合計			50社	4,399,123	
満鉄・満業除外			48社	2,866,665	
うち関東州			4社	70,700	対48社2.4%、対2,804社1.9%
満鉄出資合計			12社	556,700	対48社19.4%、対2,804社15.1%
満業出資合計			14社	1,014,465	対48社36.3%、対2,804社28.3%
満業除外満洲国政府出資合計			24社	1,208,875	対48社42.1%、対2,804社32.8%
東拓出資合計			5社	202,500	対48社7.0%、対2,804社5.5%
満鉄・満業・満洲国政府・東拓出資合計			39社	2,245,865	対48社78.3%、対2,804社61.0%
総計			2,806社	5,209,652	
満鉄・満業除外総計			2,804社	3,677,194	

出所:『満銀年鑑』1942年版。

満洲瓦斯の満洲国内事業を完全子会社にして分離したものである。また満洲東亜煙草は同様に「会社法」体制への移行に伴い、東亜煙草株式会社（1906年10月20日設立、本店東京）の満洲国内事業を分社化することで現地化したものである。満鉄出資16社665百万円、満業出資10社716百万円、満業除外満洲国27社863百万円、東拓出資6社175百万円である。特徴的なことは満業と満洲国政府のいずれも出資金が満鉄を上回っていることである。日中戦争期の満業と満洲国政府の出資急増が件数と出資規模でも判明しよう。東拓も1936年に比べ件数は増大し、出資先資本金増額も増大していた。東拓の資金力は満洲国産業開発計画の投資増大の中で大幅に見劣りするが、投資額を増大させた。政府系企業集団40社の対58社86.5%、対1,776社57.5%を占め、一段と満洲全体の会社社会の中でプレゼンスを高めた。

　『満洲銀行会社年鑑』1940年版と同様に1942年版を集計し、株式会社2,806社の中から上位50社を掲載することで、第1次満洲産業開発五カ年計画の終期に近い時期の会社の趨勢を紹介しよう（表2-16）。関東州内本店会社との一括表の掲載が可能なのはこの時点までである。50社払込資本金合計4,399,123千円で1940年の1.4倍に増大した。この間の会社組織の底辺を構成する株式会社の件数の急増は特筆に価する。2年で1千社以上の増大を示した。この中には合資会社の株式会社への転換も含まれている。払込資本金総額は5,209百万円に1.2倍増を示した。

小規模株式会社の件数が増大した。50社資本金合計はその84％を占め、上位の限られた会社の資本金規模が格段に大きいことを告げるものである。関東州内本店法人は4社合計1,096百万円で、この中には満鉄を含むが関東州の比率は一段と低下したことを告げる。満鉄以外には36位大連汽船25,700千円、37位満洲化学工業25百万円、44位大連機械製作所20百万円のみである。上位10社には満鉄1,026,208千円、2位満業506,250千円、3位満炭300百万円、4位昭和製鋼所200百万円、5位満電192百万円、6位満洲鉱山、満洲投資証券株式会社（1941年6月2日設立、本店新京）各150百万円、8位吉林人造石油140百万円、9位東辺道開発126,350千円、10位本渓湖煤鉄公司、密山炭礦株式会社（1941年7月11日設立、本店鶏密、満炭出資）各100百万円である[8]。このうち1940年以降に設立された会社は2件、満投と密山炭礦である。以下50位までに並ぶ新設会社は18位満洲農産公社（1941年8月1日設立、本店新京、満洲国政府出資）54百万円、20位満洲重機株式会社（1940年5月17日設立、本店新京、満業出資）50百万円、25位渓城炭礦株式会社（1942年1月19日設立、本店本渓湖、満業出資）30,115千円のみである[9]。第1次産業開発計画に投入した資金で多分野にわたる重厚長大会社や大規模流通統制会社を設立したことで、1940年以降の大規模法人の新設は急減した。概ね1940年までに第1次産業開発五カ年計画の担い手の法人は設立を終えた。換えて既存法人への株式払込や増資に応じることで資金支援を強めたといえよう。満鉄出資は12社合計556百万円で1940年より社数も資本金合計も減少した。他方、満業は14社同1,041百万円で社数は減少したが、出資合計は増大した。新規出資会社の資本金規模が多額なことによる。満業除外満洲国政府出資は24社出資合計は1,208百万円に増大した。出資を上乗せした会社や新規設立会社の資本金規模が多額なためである。他方、東拓は5社202百万円へとともに減少した。大規模法人からの投資回収が反映している。東拓の満洲企業へのプレゼンスは後退を続けたといえよう。政府系企業集団に含まれる合計39社2,245百万円は対48社78.3％、対2,804社61.0％を占めた。政府系巨大法人の資本金の集中は一段と高いものとなった。

　1941年12月のアジア太平洋戦争勃発で満洲産業開発計画は大幅な見直しを必至とした。満洲への日本からの資金と資材の投入という開発戦略は、日本国内資材

確保が優先される事態となり、換えて満洲内調達が要請されることになる。そのため新たな大規模な開発に向けた企業投資は抑制されざるを得ない。関東州・満洲国を統合した会社統計で紹介することはできないため、1944年満洲中央銀行調査課の編纂した『満洲会社表』1944年版による株式会社を集計することで満洲国会社のみを紹介しよう（表2-17）。1942年までの趨勢で関東州のプレゼンスは低下する一方であり、最大国策会社満鉄の資本金規模のみ傑出するが、他の会社は上位50位までの表では低下を続けていた。そのため関東州を除外しても満洲国の上位会社の分析でほぼ満洲の会社の趨勢を掌握することが可能といえよう。上位50社資本金合計4,668百万円で1942年よりも1.06倍の増大を示している。満鉄を除外しても合計が増大したことで、満洲国の上位会社の資本金規模が増大したことを示している。満洲国の集計した株式会社2,793社資本金合計7,085百万円であり、1942年より社数は13社減少したにすぎず、資本金合計は1.36倍を示した。僅か2年での増大としてはこの金額は注目される。50社資本金合計4,668千円は資本金合計の65％にすぎず、1942年と比べウエイトを低下させていた。これは最大規模会社満鉄を除外したことにより上位50社の総額が伸び悩んだことも一因するが、そのほか満洲の企業社会の厚みが増した結果でもある。満洲にも1942年以降の日本からの投資と資材の調達難から物価騰貴が発生した。それは陸境を接した華北からの中国聯合準備銀行券と満銀券の等価交換が成り立つ日本占領地通貨体制の中で、満洲国内財の高物価地域華北への輸出ドライブと華北輸入財の価格騰貴による輸入インフレが発生したことも反映している。ある程度のインフレは企業活動を促進する。物価上昇の中で企業成長を目指す株式会社が増大したといえよう。

　以下、上位の会社を紹介しよう。資本金1位満電528百万円、2位満業506百万円、3位昭和製鋼所300百万円、4位満投295百万円、5位本渓湖煤鉄公司、密山炭礦各200百万円、7位吉林人造石油180百万円、8位阜新炭礦株式会社（1943年2月26日設立、本店新京、満業出資）155百万円、9位満洲鉱山140百万円、10位東辺道開発140百万円と続いた[10]。このうち1942年以降に設立されたのは阜新炭礦のみである。首位が満電に交代したことも象徴的である。満業の満洲における投資活動はパフォーマンスが悪く、投資負担が重いわりには利益に反映しないた

表 2-17　1944年満洲国会社資本金上位50社

(単位：千円)

順位	商号	設立年月日	本店	払込資本金	備考
1	満洲電業㈱	1934.11.1	新京	528,994	満洲国政府
2	満洲重工業開発㈱	1912.9.18	新京	506,250	満洲国政府出資
3	㈱昭和製鋼所	1929.7.4	鞍山	300,000	満業過半出資、満鉄一部出資、1944.4.1解散
4	満洲投資証券㈱	1941.6.2	新京	295,022	日本の生命保険会社と㈱日産出資
5	㈱本渓湖煤鉄公司	1935.9.25	本渓湖	200,000	満洲国政府と大倉組、満業出資、1944.4.1解散
5	密山炭礦㈱	1941.7.11	東安省鶏寧県	200,000	満業全株保有
7	吉林人造石油㈱	1939.9.4	吉林→新京	180,000	満洲国政府出資、日窒出資、1944.4.28新京移転、1944.12.17解散
8	阜新炭礦㈱	1943.2.26	新京→阜新	155,379	満業全株保有、設立日移転
9	満洲鉱山㈱	1938.2.28	新京	150,000	満業全株保有
10	東辺道開発㈱	1938.9.14	通化	140,000	満業過半出資、1944.4.1解散
11	満洲炭礦㈱	1934.5.7	新京	100,000	満業全株保有
11	満洲飛行機製造㈱	1938.6.2	奉天	100,000	満業全株保有
13	鶴岡炭礦㈱	1943.11.26	三江	98,249	満業全株保有
14	満洲電信電話㈱	1933.8.31	新京	87,500	満洲国政府、日本政府出資
15	満洲拓殖公社	1937.8.31	新京	81,250	満洲国政府、日本政府、満鉄、東拓出資
16	満洲軽金属製造㈱	1936.11.1	撫順	80,000	満業全株保有
17	興亜窯業㈱	1940.10.24	新京	75,050	
18	満洲自動車製造㈱	1939.5.11	新京→奉天	75,000	満業全株保有、1942.12.25本店移転
19	満洲電気化学工業㈱	1938.10.24	吉林	71,000	満洲国政府・満鉄出資
20	満洲合成燃料㈱	1937.8.6	新京	70,000	満洲国政府出資
21	満洲鉱業開発㈱	1935.8.22	新京	69,000	満洲国政府、満鉄出資
22	満洲鴨緑江水力発電㈱	1937.9.7	新京	62,500	満洲国、日窒系朝鮮電業出資
23	満洲特殊鉄鉱㈱	1940.10.15	新京	60,000	満業全株保有、1944.6.30解散
24	西安炭礦㈱	1943.2.16	四平・西安県	58,827	満業全株保有
24	北票炭礦㈱	1943.2.26	新京→錦州省・北票	58,827	満業全株保有、1943.3.15本店移転
26	満洲興業銀行	1936.12.7	新京	55,000	満洲国政府と朝鮮銀行折半出資
27	満洲農産公社	1941.8.1	新京	54,000	満洲国政府出資
28	老巴奪㈱→満洲中央煙草㈱	1936.8.1	奉天	52,325	
29	満洲鉛鉱㈱	1935.6.19	奉天	50,000	満業出資、1944.8.1解散、満洲鉱山に吸収合併
29	満洲重機㈱	1940.5.17	新京	50,000	満業出資、満洲重機製造㈱が1940.10.15商号変更
29	渓城炭礦㈱	1942.1.19	本渓湖	50,000	満業全株保有
29	興農金庫	1943.8.1	新京	50,000	満洲国政府全株保有
33	満洲航空	1932.12.16	新京	45,000	満洲国政府出資、満鉄一部出資
34	満洲石油㈱	1934.2.16	新京	35,000	満洲国政府出資、満鉄一部出資
35	満洲林業㈱	1936.2.24	新京	32,000	満洲国政府、満鉄、東拓出資、1944.8.14解散
36	満洲住友金属工業㈱	1934.9.17	奉天	30,000	
36	満洲農地開発公社	1939.3.1	新京	30,000	満洲国政府出資
36	舒蘭炭礦㈱	1939.7.23	吉林省永吉県	30,000	満洲国政府、日窒出資、1944.12.17解散
36	琿春炭礦㈱	1939.9.29	琿春	30,000	東洋産業・満業折半出資
40	満洲東亜煙草㈱	1937.10.25	奉天	29,625	満業出資、1944.5.30解散
41	㈱満洲工廠	1934.5.22	奉天	26,200	満業過半出資
42	満蒙毛織㈱	1918.12.25	奉天	25,000	東拓出資、満鉄一部出資
42	満洲中央銀行	1932.6.15	新京	25,000	満洲国政府全株保有

第 2 章 満洲企業の趨勢 97

42	満洲塩業(株)	1936.4.28	新京	25,000	満洲国政府出資、満鉄、東拓一部出資
42	(株)奉天造兵所	1936.7.24	奉天	25,000	満洲国政府出資
42	満洲畜産(株)	1937.9.1	新京	25,000	満洲国政府出資、1944.5.1解散
42	北満産業(株)	1941.6.23	哈爾濱→綏化	25,000	東拓出資
48	日満商事(株)	1936.9.28	新京	24,000	満鉄・満洲国政府折半出資
49	国際運輸(株)	1937.11.26	奉天→新京	21,500	国際運輸(大連)全額出資
50	東洋人織(株)→満洲東洋紡績(株)	1939.9.4	安東	21,000	東洋紡績出資、1943.11.16商号変更と東洋精麻加工(株)・満洲天満紡績(株)合併の広告
合計				50社 4,668,497	
満業除外合計				49社 4,162,247	
満鉄出資合計				10社 657,750	対49社15.8%、対2,492社9.9%
満業出資合計				19社 1,908,481	対49社47.6%、対2,492社29.0%
満業除外満洲国政府出資合計				23社 1,376,250	対49社58.7%、対2,492社31.7%
東拓出資合計				6社 250,750	対49社6.0%、対2,492社3.8%
満鉄・満業・満洲国政府・東拓合計出資				43社 3,130,231	対49社75.2%、対2,492社47.5%
総計				2,793社 7,085,643	
満業除外総計				2,492社 6,579,303	

出所：満洲中央銀行調査課『満洲会社表』1944年版（資本金20万円以上）、（資本金20万円未満）。

め、増資で資金調達するよりは社債発行に依存したことによる。満電は既存電力法人を吸収合併したことに伴う多額増資で満業を追い抜いた。以下、1942年版掲載以降に新設されたのは13位鶴岡炭礦株式会社（1943年11月26日設立、本店三江、満業出資）98百万円、24位西安炭礦株式会社（1943年2月16日設立、本店西安、満業出資）、北票炭礦株式会社（1943年2月26日、本店錦州省、満業出資）各58,827千円、29位興農金庫（1943年8月1日設立、本店新京、満洲国政府出資）のみである[11]。この炭礦4社は満炭が普通法人化したことにより抱えていた事業が分社化して新規設立となり、満業傘下に移されたものである（第9章参照）。他の会社も資本金を積み上げた事例が多く、50位21百万円となっており、1942年版の42位〜44位の水準である。本書で課題とした政府系企業集団に直接出資で編入されていない会社は、満投、興亜窯業株式会社（1940年10月24日設立、本店新京）75百万円、満洲中央煙草株式会社（1936年8月1日設立、本店奉天）52百万円、満洲住友金属工業株式会社（1934年9月13日設立、本店奉天）30百万円、満洲東亜煙草29百万円及び満洲東洋紡績株式会社（1939年9月4日設立、本店安東）21百万円の僅か6社のみである[12]。満洲国の主要会社はほぼ政府系企業集団の系列に入り、その中で資金調達を続け拡張を目指していたといえよう。そのなかで

満鉄は10社に出資し、出資先資本金合計657百万円、満業19社1,908百万円、満業除外満洲国政府出資23社1,376百万円、東拓6社250百万円で、1942年までと同様に、満業と満洲国政府は重複投資をしないように業種・会社を調整していた。それが効率的に多業種・多数の会社を支援することに連なるとの判断である。とりわけ満業は石炭産業に傾注し、非石炭鉱業と製造業への投資の比重は低下していた。東拓は満洲国における持株会社としてのプレゼンスをさらに低下させた。ただし連結子会社の満蒙毛織は増資を続けその傘下に多数の関係会社を抱えため中間持株会社として企業集団を編成した（第7章参照）。政府系企業集団43社3,130百万円は対49社75.2％、対2,492社47.5％を占めた。

　さらに満洲国会社に限定し商業登記を集約することで、1945年3月時点の会社の件数と資本金を紹介しよう。満洲国の会社の総計の最終段階の集計である。『満洲銀行会社年鑑』1942年版の数値を基準に、そのあとの時期の『満洲国政府公報』商業登記の会社設立、公称資本金、払込資本金、増資、減資、解散、合併を集計し接続を試みた。実際には細かな増資・減資・解散・商号変更・本店移転を把握するため、1935年に商業登記が同公報に掲載されるまで遡及して登記情報を集積した。ただし『満洲銀行会社年鑑』1942年版に掲載されていない会社でその前の版に掲載があるが、1942年以降に解散・合併吸収等の記載を見いだせない事例がかなり発生している。これらについては解散情報を拾いきれなかった可能性がある。ただし解散情報は新聞3行広告程度のスペースの記載が多いが、新設は商号、本店所在地、目的、資本金、取締役等の記載が続くため拾い漏れの発生はむしろ解散に発生しやすい。それでも合併・破産でなければ解散決議登記のほか清算人選任、清算結了登記がなされるため拾い漏れの発生はいくらか軽減する。『満洲銀行会社年鑑』1942年版やそれ以前の版にも掲載がなく、新設情報も見当たらず解散のみ掲載が残っている会社だけで300社を下回らない。多くは合資会社・合名会社である。また増資・減資の情報も3行広告程度のスペースのため拾い漏れはかなり発生したがそれはやむを得ない。また『満洲国政府公報』も後年になるほど印刷用紙の供給が細り、掲載スペースに余裕がなくなり掲載漏れが発生しても不思議ではない。1945年3月以降の同公報の商業登記記事が限定されているようであり、それ以降も掲載があるが、情報の信憑性から1944年12月末と1945年3

月末時点の会社件数と資本金を集計した。1944年12月期で『満洲会社表』掲載会社の設立日が怪しいものを排除し、一部不明のものを除外して集計した。これにも漏れている会社がありうる。5,968社、資本金合計7,783,841千円、うち株式会社3,593社資本金7,584,965千円、200千円未満1,742社資本金合計200,675千円、合資会社1,539社資本金合計114,491千円、200千円未満1,482社資本金合計94,633千円、合名会社835社資本金合計84,316千円、200千円未満789社53,673千円であった。1945年3月期で5,947社、資本金合計7,783,841千円、株式会社3,605社、200千円未満1,742社、合資会社1,516社、200千円未満1,459社、合名会社826社、200千円以下という暫定的な数値を得た。まだ改良の余地がある。日本の敗色が濃厚になる中で、会社新設は続いた。社数は微減したが、資本金はほとんど変化していない。200千円以上の株式会社1,863社で資本金の94％を占めていた。他方、合資会社・合名会社は資本金200千円未満に集中しており、政府の規制を回避した法人であり実質自営業が多い。満洲国に「会社法」体制が敷かれて7年半ほどで、会社組織の裾野が広がっていた。実質自営業者でも経営者の才覚と運で企業成長を目指すことも可能である。ただし統制経済の中の資金調達の困難を増大していた。

　以下、1945年3月末満洲国会社の払込資本金上位50社を紹介する（表2-18）。1位満洲製鉄株式会社（1944年4月1日設立、本店鞍山）640百万円、2位満電528百万円、3位満業506百万円、4位満投347百万円、5位密山炭礦200百万円、6位満洲飛行機製造175百万円、7位阜新炭礦155百万円、8位満洲鉱山150百万円、9位鶴岡炭礦146百万円、10位満洲軽金属製造140百万円であり、昭和製鋼所と本渓湖煤鉄公司及び東辺道開発を事業統合新設された満洲製鉄が首位に躍り出た。満業が3位に低下した。あとは満業系の大規模会社が並んだ。上位50位までを眺めると1942年版に掲載のない新設会社は26位安東軽金属株式会社（1944年4月2日設立、満業出資）50百万円、31位満洲人造石油株式会社（1943年6月1日設立、本店吉林、満洲国政府・満鉄出資）37百万円、32位満洲畜産公社（1944年5月1日設立、本店新京、満洲国政府出資）、満洲林産公社（1944年9月1日設立、本店新京、満洲国政府出資）各35百万円、35位満洲農地開発公社（1944年3月1日、本店新京、満洲国政府出資）30百万円、44位満洲中央煙草株式会社（1944年9月

表2-18　1945年3月満洲国会社資本金上位50社

(単位：千円)

順位	商　号	設立年月日	本　店	払込資本金	備　考
1	満洲製鉄株式会社	1944. 4. 4	鞍山	640,000	満鉄・満洲国政府・満業出資
2	満洲電業(株)	1934.11. 1	新京	528,994	満洲国政府出資
3	満洲重工業開発(株)	1912. 9. 2	新京	506,250	満洲国政府出資
4	満洲投資証券(株)	1941. 6. 2	新京	347,147	日産と日本の生命保険会社出資
5	密山炭礦(株)	1941. 7 .11	東安省鶏寧県	200,000	満業出資
6	満洲飛行機製造(株)	1938. 6. 2	奉天	175,000	満業出資
7	阜新炭礦(株)	1943. 2. 3	阜新	155,379	満業出資
8	満洲鉱山(株)	1938. 2. 3	新京	150,000	満業出資
9	鶴岡炭礦(株)	1943.11. 3	三江省鶴立県	146,083	満業出資
10	満洲軽金属製造(株)	1936.11. 1	撫順	140,000	満業出資
11	満洲電信電話(株)	1933. 8. 3	新京	125,000	満洲国政府・日本国政府出資
12	満洲炭礦(株)	1934. 5. 1	新京	100,000	満業全額出資
13	満洲拓殖公社	1937. 8. 3	新京	97,500	満鉄・満洲国政府・東拓出資
14	満洲電気化学工業(株)	1938.10. 2	吉林	93,000	満洲国政府・満電出資
15	満洲興業銀行	1936.12. 1	別市	90,000	満洲国政府出資
15	満洲鉱業開発(株)	1935. 8.22	新京	90,000	満洲国政府・満鉄出資
17	満洲合成燃料(株)	1937. 8. 1	新京	80,000	満洲国政府出資
18	満洲自動車製造(株)	1939. 5. 1	新京	75,000	満業出資
18	満洲鴨緑江水力発電(株)	1937. 9. 1	新京	75,000	満電・朝鮮電業出資
20	満洲航空(株)	1932.12. 2	新京	60,000	満洲国政府出資
21	西安炭礦(株)	1943. 2. 2	四平省西安県	58,827	満業出資
21	北票炭礦(株)	1943. 2. 3	錦州省北票	58,827	満業出資
23	満蒙毛織(株)	1918.12. 3	奉天	55,000	東拓出資、満鉄一部出資
24	満洲農産公社	1941. 8. 1	新京	54,000	満洲国政府出資
25	(株)満洲工廠	1934. 5. 2	奉天	52,000	満業出資
26	興農金庫	1943. 8. 1	新京	50,000	満洲国政府
26	安東軽金属(株)	1944. 4. 2	安東	50,000	満業・満洲軽金属製造出資
26	満洲重機(株)	1940. 5. 2	新京	50,000	満洲国政府出資
26	渓城炭礦(株)	1942. 1. 2	本渓湖	50,000	満業出資
30	満洲石油(株)	1934. 2. 2	新京	40,000	満洲国政府・満業出資
31	満洲人造石油(株)	1943. 6. 1	吉林	37,500	満洲国政府・満業出資
32	満洲畜産公社	1944. 5. 1	新京	35,000	満洲国政府出資
32	満洲林産公社	1944. 9. 1	新京	35,000	満洲国政府出資
32	満洲東洋紡績(株)	1939. 9. 1	安東	35,000	東洋紡績系
35	満洲農地開発公社	1944. 3. 1	新京	30,000	満洲国政府出資
35	錦州パルプ	1939. 6. 2	錦州	30,000	
35	満洲住友金属工業(株)	1934. 9. 2	鞍山	30,000	
35	満洲車輌(株)	1938. 5. 1	奉天	30,000	満鉄出資
35	南満鉱業(株)	1918. 4. 1	奉天	30,000	満洲鉱業開発出資
35	琿春炭礦(株)	1939. 9. 3	琿春	30,000	満業・東満洲産業出資
41	日満商事(株)	1936. 9.28	新京	29,000	満鉄・満洲国出資
41	国際運輸(株)	1937.11. 3	新京	29,000	満鉄・満洲国政府出資、1945. 3前本店移転
43	満洲塩業(株)	1936. 4. 3	新京	28,750	満洲国政府・満鉄・東拓出資
44	満洲中央煙草(株)	1944. 9. 1	新京	25,000	
44	満洲中央銀行	1932. 6. 2	新京	25,000	満洲国政府出資
44	満洲鐘淵製紙(株)	1936. 6. 2	間島省和龍県	25,000	鐘淵工業出資
44	満洲電線(株)	1937. 3. 2	奉天	25,000	
44	(株)奉天造兵所	1936. 7. 2	奉天	25,000	満洲国政府出資
44	北満産業(株)	1941. 6. 2	綏化	25,000	東拓出資
44	札賚炭礦(株)	1941.11. 2	新京	25,000	満業出資
合計			50社	4,977,256	
満業除外合計			49社	4,471,006	
満鉄出資合計			11社	1,136,750	対49社25.4%、対5,946社5.6%

満業出資合計	17社	2,156,115	対49社48.2%、対5,946社29.6%
満業除外満洲国政府出資合計	22社	2,322,744	対49社51.9%、対5,946社31.9%
東拓出資合計	4社	256,250	対49社5.7%、対5,946社3.5%
満鉄・満業・満洲国政府・東拓出資合計	40社	3,848,859	対49社86.0%、対5,946社52.8%
総計	5,947社	7,783,841	
満業除外総計	5,946社	7,277,591	

出所：『満銀年鑑』1942年版、『満洲会社表』1944年版、『満洲国政府公報』商業登記より集計。

1日改組新設、本店新京）25百万円のみである。50位のうち満鉄出資11社1,136百万円、満業出資17社2,156百万円、満業除外満洲国政府出資22社2,322百万円、東拓出資4社256百万円となり、満洲国政府出資会社資本金が満業出資会社資本金を凌駕した。これら政府系出資は40社3,848百万円は対49社の86％、対5,946社の52％を占めた。満洲国に多数の会社が設立されたとはいえ、資本金で見る事業規模では僅か上位50社のうちの政府系企業集団が52％を占めており、一部の企業群が傑出したプレゼンスを示していた。満業系、満洲国政府系、満鉄系、東拓系以外の会社は政府・満業の出資がない満投を含め8社のみであり、そのほかはいずれも政府系企業集団に組み込まれた会社が並んでいた。また特殊会社が多いのも特徴であり、これは満洲国期の中で一段とその傾向を強めた。資本金規模の増大に比例し製造業の比率は上昇している。ただし吉林人造石油が解散しており、上位の巨大会社でも行き詰まる事例があることを告げている。1944年と異なるのは満業系の炭礦会社の分社化で上位に満業出資炭礦会社が並んだことであろう。また満洲国政府系の公社形態の法人5社が含まれており、満洲国統制経済の農林畜産物と移民農事を統制する体制を担っていたことを告げている。満洲国会社体制で膨大な中小企業法人が出現したが、その頂点に立つ一群の企業だけで、満洲国会社資本金の60％以上を抑えているため、零細企業の増大も逆に指摘できよう。ただし1945年には会社新設より解散が増えたため満洲国期会社新設による拡大は概ねピークアウトした。

1）　股份有限公司設立年月日は『満銀年鑑』1935年版参照。
2）　株式会社昭和製鋼所『第6期営業報書』1934年3月期。
3）　設立年月日等については『満銀年鑑』1936年版参照。

4) 満洲産業開発五箇年計画の立案と施行過程については原［1972］参照。
5) 満洲産業開発戦略とマクロ経済パフォーマンスについては山本［2000］参照。
6) 満洲国政府と満業の出資する本渓湖煤鉄公司は本渓湖特殊鋼に35％出資しており（第9章参照）、間接出資会社の位置づけが可能である。
7) 設立年月日は『満銀年鑑』1940年版参照。
8) 設立年月日は『満銀年鑑』1942年版参照。
9) 設立年月日は『満銀年鑑』1942年版参照。
10) 阜新炭礦については『満洲会社表』1944年版参照。
11) 設立年月日は『満洲会社表』1944年版参照。
12) 設立年月日は『満洲会社表』1944年版参照。

おわりに

　満洲の政府系企業集団の形成において満鉄の果たした役割は極めて大きい。満鉄は設立当初は現業の維持拡大に注力したが、1910年代に関係会社投資を増やした。折半出資・過半出資の関係会社を抱えることで満鉄は事業持株会社化を開始した。第1次大戦期に満鉄の関係会社投資は件数・出資額ともに増大した。満洲企業の比重で満鉄が傑出しているため、大連中心の投資となるが、日本法人会社の本店所在地から見ても大連中心は明白であった。満鉄連結子会社の満洲企業番付に占める位置は、同社関係会社の件数が限られているため、他を圧するほどではなかった。満鉄は1920年代の慢性化した経済環境の中で分社化を進めた結果、満鉄の有力現業部門が満洲の大規模会社として並び、南満洲瓦斯、大連窯業、南満洲電気、昭和製鋼所等が満洲本店企業番付の上位に並び、満洲における有力事業投資のかなりを満鉄が支えていたと評しても過言ではなかった。1920年代に満洲投資の有力担い手として期待されて満洲投資の参入した東拓は1920年代前半で事業に行き詰まり、投資額を拡大させる前に満洲投資を手控えざるを得なかった。
　満洲事変後の東北軍閥政権の消滅と満洲国の樹立で、投資環境は激変し関東軍の要請で満鉄に多業種への新規投資案件が発生した。そのため満洲事変期にも満洲投資の主役としての位置づけに変わりはなかった。新たに満洲国政府が出資機関として登場したが、旧政権の現物資産を現物出資する事例も多くみられた。満

洲投資の状況が激変するのは日中戦争勃発と産業開発五カ年計画の始動である。それに伴い満業の満洲投資が開始され鉱工業投資の主要担い手として活動した。満鉄が多額投資負担を続けにくい分野で満業が肩代わりし投資規模を拡大させた。満洲国期の満洲新設会社では特殊会社・準特殊会社の資本金規模が大きいため、新京本店会社が急増し、満洲の経済の中心地は大連から新京に移転した。その結果1940年における満洲の大規模企業番付では満鉄系、満洲国政府系に並び満業系が上位に並んだ。しかし1941年12月アジア太平洋戦争勃発で日本からの資金・資材・技術の導入による満洲開発という枠組みが、日本側の負担軽減を図る方策の中で維持できなくなり、投資の急増は望めなくなった。その結果、新規設立会社の規模は小ぶりとなり多額増資も困難となった。1944年の満洲国会社番付では満業は満洲国政府系の満電に次ぐ２位に甘んじる状態であり、満業の多額満洲鉱工業投資による開発戦略は頭打ち状態に陥ったことを象徴していた。

　満洲国の最終局面の1945年３月期の会社件数と資本金を集計した。会社新設を会社解散が上回る状況になり満洲国の会社体制はピークアウトしたといえよう。資本金総額と上位50社の資本金合計から見て、上位集中は変わらない。ただし上位には政府系企業集団に含まれている会社が並び、満洲国会社体制の頂点を形作る企業群であった。

第3章　第1次大戦終結前期南満洲鉄道系企業集団

はじめに

　南満洲鉄道株式会社は1906年11月26日に設立され、現業資産を政府より承継し、翌年4月16日に本店東京を大連に移転を決議し、日本の対満洲経済政策の中心的な担い手となった。同社の事業は鉄道運行・港湾経営・炭礦経営のほか多岐にわたるが、その全体像を掌握するだけでも多くの労力を要する。本章では満鉄設立から第1次大戦終結前までの14年間の事業を概観したうえで満鉄関係会社投資を分析する。ヴェルサイユ講和条約締結後の日本における戦後恐慌の勃発となる1920年3月に日本の大戦景気は終焉し、満洲も同じ状況に置かれるため、第1次大戦終結前期を満鉄創業から満鉄会計年度を考慮し1919年度末すなわち戦後恐慌が発生する1920年3月までに延長して考察する。満鉄は設立当初は事業持株会社化を期待されたものではなかったため、株式会社出資に着手するのは1909年度からである[1]。満鉄が50％以上の株式支配で会社経営に責任を持つのは1910年度からであり、それ以降が満鉄の事業持株会社として活躍する時期となる。

　満鉄研究は豊富である。第1次大戦終結前期について研究が相対的に遅れており、不明のまま放置されている関係会社が多数残されている[2]。先行研究では第1次大戦終結までの時期については金子［1992］が満洲における日本人事業者の展開を踏まえた満鉄本業と関係会社投資を描き最もまとまっている。蘇［1990］が満鉄一次資料を駆使し多くの関係会社を紹介している。ただし蘇［1990］は悉皆ベースの関係会社投資の研究ではなく、また満洲とは関係の薄い会社や日本に本店を置いた会社については多数の欠落が見られる。本章は該期満鉄関係会社投資に悉皆的な検討を加え、その全体像を提示するものである。関係会社の全体像

の把握は南満洲鉄道［1919］等の記述に依拠するが、そこにも欠落が見られる。従来の研究では全く言及されなかった会社も視野に入れ、欠落を発生させないように論述することで、第1次大戦終結前期満鉄関係会社論として悉皆性を主張したい。満鉄は該期在満日本人の経済活動を支援するため、多業種に投資したが、それは関東都督府・関東庁の産業政策を満鉄の資金力で引き受けさせたことを意味するため、本章では会社設立経緯を業種等に分類し詳論する。特に満鉄系企業集団として把握するため、関係会社を満洲と満洲外に分類し、さらに連結子会社と持分法適用会社及びその他会社に分類し、それらの出資規模の把握を行う。ただし該期の関係会社の営業報告書や貸借対照表を集約することに困難が付きまとうため、ある程度の欠落が発生することはやむを得ない。発掘できた貸借対照表を用いて満鉄の関係会社の総資産、連結総資産を試算することで、満鉄企業集団の事業規模を提示する。

1） 1908年10月設日清合弁清和公司に半額出資しているが、関東都督府は合資会社と認定しており（後述）、株式会社出資を基準とした。
2） 満洲事変前期満鉄の関係会社投資を視野に入れる柳沢［2008］も該期関係会社の全体像を提示できていない。

第1節　南満洲鉄道の設立と監督体制

1．南満洲鉄道の設立

　日露戦争の帰結として1905年9月5日日露講和条約調印（10月15日発効）によりロシアに韓国における強力な介入権限を承認させ、日本は遼東半島のロシア利権をそのまま承継しさらにロシアの経営する東清鉄道の南部支線、すなわち長春以南旅順まで鉄道と支線及び附属権利、附属炭礦の譲渡を受け、北緯50度線以南の南樺太を日本領とし、そのほか極東ロシア沿岸漁業権を協定締結により許可を得るといった広範な利権を獲得した。この条約に基づき鉄道の引継ぎ作業が行われた。遼東半島に派遣された野戦鉄道提理部（1904年6月設立、本部東京）が戦

争中に鉄道補修等に従事していたが、講和発行後に各地で鉄道運行を再開した（南満洲鉄道［1919］1-14頁）。満洲におけるロシア利権について1905年12月22日調印「満洲ニ関スル日清条約附属協約」により清国政府の承認を得た。

　満洲の鉄道経営の会社設立の方針を決定し、1900年9月15日法律「外国ニ於テ鉄道ヲ敷設する帝国会社ニ関スル件」に基づき、1906年6月8日勅令「南満洲鉄道株式会社設立ノ件」により国策特殊会社が設立されることとなった。同令に拠れば、会社は満洲の鉄道運輸業を行い（第1条）、鉄道、附属財産及び炭礦の現物出資を認め（第3条）、日清両国人及び両国政府のみが株主となることができ（第2条）、株式の第1回払込は額面の10分の1まで引下げることができる（第5条）。本社を東京に支社を大連に置き（第6条）、総裁1名、副総裁1名、理事4名以上を置き（第7条）、総裁・副総裁は政府が任命し任期5年とし、理事は50株以上保有株主の中から政府が任命し任期4年とする（第9条、同第2項）。政府は南満洲鉄道株式会社監理官を置き会社を監視させると規定した（第12条）。監督権限を行使する政府の省庁名は記載されず、所管権限を主張する省庁間の軋轢が発生する可能性を有した。以上の勅令を踏まえ同年7月13日に南満洲鉄道株式会社設立委員会が設置された（委員長児玉源太郎（陸軍大将））。委員長ほか80名の委員が委嘱された。同月24日に児玉が急逝し、25日に後任として陸軍大将寺内正毅が就任した（南満洲鉄道［1919］18-21頁）。1906年8月1日の会社設立に関する事務管理を行わせる命令で鉄道便益のため次の附帯事業、すなわち①鉱業とりわけ撫順・煙台の石炭採掘、②水運業、③電気業、④主要な鉄道貨物委託販売業、⑤倉庫業、⑥鉄道附属地における土地及び家屋の経営、⑦その他政府の許可を受けた営業を認めた（南満洲鉄道［1919］21-23頁）。この時点では新会社が関係会社投資を行うという方向は見出せない。個別政府認可でなされうる周辺業務との位置づけに過ぎなかった。同日の政府の新設会社に対する監督権限を逓信省・外務省・大蔵省の三省が表明しその方針に新会社は従う体制となったため、この三省が所管省庁となった。鉄道輸送を本業とするため鉄道を所管する逓信省が、関東州は外国であり、また関東州を含む外国における鉄道事業法人であるため外務省が、また政府財産・資金繰りに全面的に責任を持つ大蔵省が所管権限を主張した。巨大政府出資法人を設立する際に、財産評価・法人設立手続き等で国

内外に人員を動員して対処できるのは大蔵省しかありえなかった[1]。この時点では1906年9月1日に陸軍の部隊組織として編成された関東総督府が満洲軍政を続けており、満洲所管行政機関が設置されないため関東州・満鉄附属地の所管省庁は確定していない。

　定款案が固まり、1906年11月1日に逓信省より即日許可を得て、同月26日に創立総会を東京で開催し、南満洲鉄道株式会社が設立された。資本金200百万円としたが第1回募集は20百万円としその払込2百万円であり、政府現物出資100百万円と合計120百万円102百万円払込の巨大会社が出現した。政府出資特殊法人としては台湾銀行（1897年4月1日「台湾銀行法」に基づき1899年7月5日設立、本店台北）、北海道拓殖銀行（1899年3月22日「北海道拓殖銀行法」に基づき1900年2月16日設立、本店札幌）に次ぎ3社目であるが、当初払込資本金規模では台湾銀行5百万円4分の1払込、北海道拓殖銀行3百万円4分の1払込と比べ格段に巨額であった[2]。政府現物出資鉄道港湾炭礦財産がいかに巨額であったかを確認させる。

　会社設立と定款の承認を経て、総裁に後藤新平が就任した（1906年11月13日〜1908年7月14日在任、前台湾総督府民政長官）、副総裁に中村是公（1906年11月26日〜1908年12月19日在任、前台湾総督府総務局長兼財務局長）が任命された[3]。中村是公は台湾総督府勤務で後藤に仕事ぶりを評価されたことで指名を受けた。総裁が副総裁以下理事の選任人事権を有した。ただし省庁の押し込み人事がありえるため、総裁が副総裁及び理事の人選のすべてを決定できたわけではない。

　当初の満鉄の定款では1株資本金は2百円とされたが、1915年6月19日に1百円に改められた。満鉄は政府財産の承継作業を続け、会社の鉄道運行が可能な体制になり、1907年3月5日設置勅令改正で本店を大連に支社を東京に置くと規定し、同年4月1日に野戦鉄道提理部その他より鉄道その他施設の引継を受け業務を開始した。同月16日総会で定款を改正し本店を大連に移転し（南満洲鉄道［1919］31頁）、同日に本店移転登記を行った[4]。こうして大連本店の傑出した日本法人が出現した。

　満鉄の経営トップは総裁、理事長、社長、総裁と職位が変遷する。第1次大戦終結前期の総裁・副総裁等を紹介しよう。総裁後藤新平は1908年7月14日に桂内

閣逓信大臣に就任するために辞任した。第2代総裁は中村是公（1908年12月19日～1913年12月18日在任）が昇格し、副総裁に技術担当理事国沢新兵衛（1908年12月19日～1913年12月18日在任）が昇格した。国沢は逓信省の鉄道技師出身である5)。第3代総裁野村龍太郎（1913年12月19日～1914年7月15日在任）は元鉄道院副総裁の鉄道技術官僚であり6)、副総裁の伊藤大八（1913年12月19日～1914年7月15日在任）は前立憲政友会幹事長の衆議院議員であるが、1898年7月13日～11月26日に逓信省鉄道局長にあったことから副総裁に任じられた。立憲政友会系の押し込み人事である7)。伊藤は人事権を行使し理事の首を挿げ替え、優柔不断と評された総裁野村以上の権限を揮っていた。総裁中村の任期の末に近い1913年11月に鉄道院・朝鮮総督府・満鉄による三線連絡運賃設定会議が開催された。設立以来の満鉄理事犬塚信太郎（1906年11月26日～1914年7月14日在任）も参加し、山陽線・朝鮮鉄道・安奉線の連絡運賃引き下げを実施する方針が決定され、日本製品の満洲向け輸出に寄与すると説明された。朝鮮官営鉄道強化を視野に入れたこの提案は陸軍側の軍事的要請を踏まえたものであった（北岡 [1978] 103-109、235-244頁）。ところが大連経由汽船輸入から安奉線経由になると大連中心主義の満鉄には多額の損失を発生させることが判明し、満鉄社員と理事犬塚信太郎が反対に回り、鉄道院に見直しを要求した。満鉄は三線連絡運賃問題として反対論を続け、大連居住者も大連の位置低下を懸念し、反対する意見が多く見られた。外務省ほかにも働きかけて、協定を無期限から有期にし、該当品種の数を抑えこみ、時間を要したものの満鉄側の実質的な勝利となった8)。総裁野村龍太郎と副総裁伊藤大八は満鉄理事の合議制を廃止し、部局制を導入しようとした。ところが古参理事犬塚信太郎に反対されたことで社内の軋轢が表面化し、鉄道院総裁仙石貢（1914年4月16日～1915年9月3日在任）が正副総裁に辞任を迫り、正副総裁は拒否しようとしたが、結局1914年7月14日に野村と伊藤は更迭され、併せて犬塚も罷免された9)。部局制を理由とする更迭の説明は社史の記述である。実際には三線連絡運賃設定会議の鉄道院・朝鮮総督府と締結した合意を社内の反対で覆し、大塚とその支持者は大連中心主義を掲げ反対を続けたことによる軋轢も問題とされた。理事の合議制は維持された。第4代総裁中村雄次郎（1914年7月15日～1917月7日31日在任）は元陸軍次官・陸軍総務長官（1900年5月20日～1902年4

月17日)、官営八幡製鉄所長官を経て就任した[10]。軍人出身の総裁を支えるため、副総裁国沢新兵衛が再任された(1914年7月20日～1917年7月31日在任)。第5代は理事長職に改められ副総裁国沢新兵衛が理事長に昇格した(1917年7月31日～1919年4月12日在任)。理事長時期に副理事長を配置しなかった。第6代より理事長に換え社長職となり、野村龍太郎が社長として再任され(1919年4月12日～1921年5月31日在任)、副社長中西清一が就任した(1919年4月12日～1921年5月31日在任)[11]。野村の再任は第3代総裁の在任期間が短かったため鉄道院が配慮して復権させたものといえよう。中西は内務省出身の鉄道院監督局長を経た前逓信次官である(1918年9月30日～1919年4月12日在任)。中西は野村龍太郎が一度目の満鉄総裁を辞任する際に鉄道院の満鉄監理官として辞任に反対し1914年7月16日に抗議の辞表を提出し、その後鉄道院理事に復帰した経歴を有した[12]。中西の副社長就任は原敬内閣(1918年9月29日～1921年11月13日)の押し込みであり立憲政友会人事といえた。立憲政友会系中西に満鉄経営を支配させるため、その独走を押さえつける力量の低い野村を配置したといえよう。

2. 監督体制

　設立後の満鉄の監督体制は変遷を続けた。巨大国策会社に対する監督権限・発言権の確保は所管官庁権限の拡張となる。それは天下り官僚を派遣する権限や満鉄の取引に介入する利権とも連動する。満鉄監督体制は巨大会社の操業利権と多岐にわたる事業内容から複数の監督官庁が監督権限行使を主張した。先述のように設立時には逓信省・外務省・大蔵省が監督権限を主張したが、1906年8月1日「関東都督府官制」により同年9月1日に関東州・満鉄附属地の行政権を所管する行政組織が設立されると、満鉄は満洲においては関東都督府の監督を受けた(初代関東都督大島義昌(1906年9月1日～1912年4月26日在任))。関東都督は関東軍の指揮権を有するため、以後も陸軍現役大将が就任した。1906年6月8日勅令「南満洲鉄道株式会社ニ関スル件」により満鉄に監理官を置く規定が導入されると、1907年1月7日に逓信省鉄道局長山ノ内一次が監理官に任命された(南満洲鉄道[1919]65頁)。しかし監督系統が整備されないため、1908年7月20日勅令で会社に関する事項は逓信大臣の管理に属し、関東都督府は外交関係を除外

し満鉄案件は逓信大臣の監督を受ける体制に切り替わり、同月21日に閣議決定がなされた（南満洲鉄道［1919］65頁）。外交案以外の満鉄事業を逓信省単独で所管すると関東都督府が抱える植民地行政への逓信省の介入権限が巨大になりすぎるため、当然ながら反発があり、1908年12月4日勅令で逓信省所管の満鉄に対する事項は内閣総理大臣に移され、内閣総理大臣の監督を受けて関東都督府が所管することになった。同日の鉄道院官制公布で満鉄に関する事項は内閣の鉄道院の所管に移った（南満洲鉄道［1919］70頁）。1911年8月23日鉄道院官制改正で、満鉄に関する事務は植民地行政機関として内閣の拓殖局（1910年6月22日設置）に移った（南満洲鉄道［1919］71-72頁）。その後、1913年5月3日勅令で鉄道院官制が改正され、満鉄の鉄道に関する業務は鉄道院の所管となり、鉄道以外の業務については拓殖局がそのまま所管した。さらに1913年6月13日拓殖局廃止と同時に鉄道院官制が改正され、満鉄に関する事項は全部鉄道院の所管となった（南満洲鉄道［1919］73頁）。このようにめまぐるしく所管省庁が変遷したがそれは植民地行政を主管する行政体制が安定しなかったことに由来する。その後1917年7月31日に拓殖局設置で再度植民地行政官庁が復活した。その後、1919年4月12日に関東都督府は、軍事組織の関東軍と非軍事行政組織の関東庁に再編され、後者が満洲で満鉄業務を監督した。初代関東長官林権助（1919年4月12日～1920年5月24日在任、前中華民国駐箚公司）であり、以後満洲事変勃発まで長官には文官が任命された。

1) 植民地朝鮮における農事経営と農業金融を主業とする東洋拓殖株式会社が設立された際にも、会社設立業務を仕切ったのは大蔵省であった（柴田［2015a］第1章第1節参照）。
2) 台湾銀行史編纂室［1964］13頁、北海道拓殖銀行［1971］44頁。台湾銀行と北海道拓殖銀行は政府出資法人であるが、同じく設置法により規定された1902年2月21日設立日本興業銀行と1907年6月7日設立日本勧業銀行は政府出資法人ではない。
3) 中村是公は慶応3（1867）年11月25日生、1893年7月帝国大学法科大学卒、大蔵省採用、1896年4月台湾総督府財務局税務課長、1902年11月同臨時台湾土地調査局長、1903年7月兼同専売局長、1905年12月兼同総務局長、1906年4月同財務局長、1906年11月～1908年12月満鉄副総裁、1907年4月25日～1908年5月15日兼関東都督府民政長官、1908年12月～1913年12月満鉄総裁、1917年5月貴族院議員、1917年5月鉄

道院副総裁、1918年4月23日鉄道院総裁、1918年9月辞職、1924年10月～1926年6月東京市長、1927年3月1日没（秦［1981］168-169頁）。本章では当該期に理事の関係会社役員の兼務派遣はないため、概ね関係会社に派遣された後に理事に昇任する人物の紹介に限定した。

4）　『関東都督府府報』341号、1909年1月20日。

5）　国沢新兵衛は元治元（1864）年11月23日生、1889年7月帝国大学工科大学卒、九州鉄道会社（1888年6月設立免許）採用、1892年8月鉄道庁採用、1902年5月通信技師・鉄道局設計課、1906年11月～1908年12月満鉄理事、1908年12月～1913年12月満鉄副総裁、1914年7月～1919年4月満鉄理事長、1919年5月～1924年1月衆議院議員、1937年10月～1940年2月日本通運株式会社社長、1953年11月26日没（秦［1981］93頁）。

6）　野村龍太郎は安政6（1859）年1月25日生、1881年7月東京大学理学部土木工学科卒、東京府御用掛採用、1893年11月10日逓信省鉄道技師、1907年4月1日帝国鉄道庁建設部長、1908年12月5日鉄道院建設部長、1913年5月12日鉄道院副総裁兼鉄道院運輸局長、1913年12月～1914年7月満鉄総裁、1919年4月～1921年5月満鉄社長、1922年6月26日～1923年6月帝国鉄道協会（1898年11月設立）会長、1914年3月4日～1932年東京地下鉄道株式会社（1920年8月設立）社長、1925年8月～1934年11月南武鉄道株式会社（1921年3月設立、本店川崎）社長、1943年9月18日没（秦［1981］178-179頁、襄洲会［1938］年譜、帝国興信所『帝国銀行会社要録』1937年、東京149頁、神奈川29頁）。

7）　伊藤大八は安政5（1858）年11月15日生、1874年中江兆民の仏学塾で学び、1890年7月衆議院議員、1898年7月13日～11月26日逓信省鉄道局長、1910年～1911年立憲政友会幹事長、江ノ島電気鉄道株式会社（1900年11月25日設立、本店藤沢）取締役、1913年12月～1914年7月満鉄副総裁、1927年9月10日没（臼井ほか［2001］91頁）。

8）　岡本［1953］84-107頁。犬塚信太郎は1874年3月24日生、東京高等商業学校卒、三井物産採用、1906年11月～1914年7月満鉄理事、立山水力電気株式会社（1917年9月設立、本店富山）取締役（人事興信所『人事興信録』1918年版、い95頁、『帝国銀行会社要録』1919年版、富山22頁）。

9）　南満洲鉄道［1919］92頁、『満洲日日新聞』1914年7月11日、7月12日、7月13日。

10）　中村雄次郎は嘉永5（1853）年2月生、1874年2月陸軍中尉、1890年3月陸軍省軍務局砲兵課長、1896年10月軍務局第一軍事課長、1898年1月陸軍次官、1900年4月陸軍省総務長官、1902年4月中将、予備役、1902年4月17日～1914年7月15日製鉄所長官、1904年8月貴族院議員、1914年7月～1917年7月満鉄総裁、1917年7月現役復帰、1917年7月31日～1919年4月12日関東都督、1920年6月～1921年2月宮内大臣、1922年2月～1928年10月枢密顧問官、1939年12月25日没（日本近代史料研

究会［1971］53頁、秦［1981］401頁、［1991］307頁）。
11）　中西清一は1874年9月25日生、1899年7月東京帝国大学法科大学卒、内務省採用、1900年5月岩手県参事官、1901年4月兵庫県参事官、1901年11月法制局参事官、1913年1月鉄道院理事・監理部事務課長、1914年4月鉄道院監督局長、兼南満洲鉄道株式会社監理官、1914年7月辞職、1916年12月鉄道院理事・総裁官房文書課長、1917年10月鉄道院監督局長、1918年9月通信次官、1919年4月休職、1919年4月～1921年5月満鉄副社長（在官のまま）、1921年4月休職満期退職・懲役10箇月判決、1923年控訴の無罪判決、1927年9月23没（秦［1981］167-168頁）。
12）　五十嵐［1918］820頁、『満洲日日新聞』1914年7月17日。

第2節　事業と関係会社出資の概要

1. 事業概観

　満鉄の事業を概観しよう（表3-1）。満鉄の営業第1期は本店が東京にあり鉄道設備等の引継前の時期のため収益を計算するにはふさわしくない。営業第2期の1907年9月期未払込資本金控除総資産（以下総資産）は143,986千円である。総資産利益率は0.6％に過ぎず、払込資本利益率も同様に0.9％と低いものであった。日露戦後から第1次大戦勃発前の時期は世界的な景気悪化の時期が続き、満洲でも東清鉄道と満鉄が輸出農産物をウラジオストック向と大連向で奪い合ったが、満洲大豆の収穫量がまだ伸びない時期のため、国民の多大の期待を背負って出現した国策会社の利益率としては低いものであった。決算報告を手にした株主には落胆したものも多かったはずである。
　満鉄の設立時の民間株式払込は僅かに2百万円のみであり、不景気と業績の低迷が続くため、その後も払込徴収は難しい状況が続いた。満鉄は巨額設備投資に資金を投入するため社債発行による資金調達に乗りだす。営業第2期1907年9月期で39,052千円社債発行を行い、民間保有株式払込を上回る資金調達を実現した。その後も社債発行残高は1908年9月期58,578千円、1909年3月期78,104千円に増大したため、1910年1月20日勅令で満鉄社債発行高は払込資本金の2倍、ただし公称資本金を超えないとする上限が定められた。1911年3月期136,682千円、1911

表 3-1　南満洲鉄道

年　期	1907.3期	1907.9期	1908.3期	1908.9期	1909.3期	1909.9期	1910.3期	1910.9期
(資産)								
未払込資本金	18,000	18,000	18,000	18,000	18,000	18,000	18,000	18,000
政府出資財産	100,000	100,000	100,000	100,000	100,000	100,000	100,000	100,000
事業費	—	4,513	14,048	35,707	46,527	55,334	64,421	78,282
有価証券	—	—	—	—	—	100	100	100
貸金	—	—	—	—	—	2,470	2,461	2,452
支社地所家屋	169	183	633	—	—	32,777	—	—
流動資産	2,284	35,588	28,278	29,020	41,511	5,983	28,393	12,881
仮受金等雑勘定	—	3,700	4,488	44,589	5,787	214,664	4,219	4,873
合計	120,454	161,986	164,449	187,317	211,826	214,664	217,596	216,589
未払込資本控除総資産	102,454	143,986	146,449	169,317	193,826	196,664	199,596	198,589
(負債)								
社債金	—	39,052	39,052	58,578	78,104	78,104	78,104	78,104
銀行貸借	—	—	—	—	—	—	—	—
社員身元保証金	—	—	—	—	—	39	167	310
短期負債	—	905	1,066	1,151	1,657	2,369	1,502	2,484
仮受金等雑勘定	—	693	3,048	4,690	7,951	8,533	8,328	8,322
資本金	120,000	120,000	120,000	120,000	120,000	120,000	120,000	120,000
諸積立金	—	—	22	269	523	1,062	2,129	3,213	4,417
前年度繰越金	—	—	386	925	1,602	1,707	1,803	2,194	2,316
本年度利益金	454	928	1,087	771	1,341	1,685	4,085	632
合計	120,454	161,986	165,449	187,317	211,826	214,664	217,596	216,589
未払込資本金控除総資産対有価証券	—	—	—	—	—	0.001	0.001	0.001
未払込資本金控除総資産対(有価証券+貸金)	—	—	—	—	—	0.013	0.013	0.013
総資産利益率	0.004	0.006	0.007	0.005	0.007	0.009	0.020	0.003
払込資本金利益率	0.004	0.009	0.010	0.008	0.013	0.013	0.040	0.006

注：1909.9〜1910.9期貸金は清国借款。
出所：南満洲鉄道株式会社『営業報告書』(各期)。

年9月期117,156千円の規模となり、払込資本金を上回る金額に達した。社債で調達した資金で満鉄は巨額投資を続けた。

　満鉄は本業以外の規定された業種として、政府の許可を得て1909年9月期より出資・融資業務を開始した。満鉄は2,470千円の清国借款に応じ清国国債1,000千円を取得した。清国の一部で事業を行う事業法人として清国借款は自社の立場を強化させる意義があり、外務省の判断がなされたはずである。そのほか営口水道電気株式会社(1906年11月15日設立、資本金2百万円4分の1払込)の株式12.5%5,000株62.5千円を取得した[1]。満鉄は関東都督府の意向で、営口の水道・交通・電力・通信のインフラ部門を一手に引き受けていた営口水道電気の事業を支援した。この株式取得が満鉄の事業法人株式取得の始まりといえよう。持株会社化と主張するには株式の50％以上を保有する必要があるが、この時点の保有株式は50％以下であり、営口水道電気の経営支援に止まっていた。実際には満鉄は同社より先に日清合弁清和公司(1908年10月設立、本店奉天、清国法人、資本金

第3章　第1次大戦終結前期南満洲鉄道系企業集団

貸借対照表（1）

(単位：千円)

	1911.3期	1911.9期	1912.3期	1913.3期	1914.3期	1915.3期	1916.3期	1917.3期	1918.3期	1919.3期	1920.3期
	18,000	18,000	18,000	8,000	40,000	36,005	32,001	28,001	38,000	26,000	—
	100,000	100,000	100,000	100,000	100,000	100,000	100,000	100,000	100,000	—	—
	91,913	104,442	115,457	127,053	138,433	147,588	152,606	158,894	176,539	287,357	369,356
	552	552	552	6,913	782	1,188	1,274	4,590	4,890	5,226	7,210
	2,991	3,190	3,218	3,566	6,119	5,926	4,774	4,802	11,300	11,693	20,082
	56,546	25,183	16,946	12,963	18,897	18,028	22,115	22,721	31,304	47,749	63,039
	9,401	8,180	7,785	8,669	8,272	7,354	75,800	8,791	12,069	35,115	38,843
	279,406	259,550	261,959	267,166	312,505	316,092	320,353	327,802	374,085	413,142	503,532
	261,406	241,550	243,959	259,166	272,505	280,086	288,351	299,800	336,085	387,142	503,532
	136,682	117,156	117,156	117,156	117,156	117,156	117,156	117,156	1,273,356	137,156	19,716
	—	—	—	—	—	—	—	—	—	3,678	—
	467	640	8,007	1,166	1,591	2,091	2,636	3,196	3,576	3,936	5,310
	3,595	4,246	2,330	4,042	4,258	3,505	3,603	5,197	8,460	28,911	42,245
	8,832	8,682	9,807	9,776	10,148	10,781	11,048	11,117	13,829	2,436	6,591
	120,000	120,000	120,000	120,000	160,000	160,000	160,000	160,000	180,000	180,000	180,000
	4,949	6,103	6,616	7,786	10,032	12,391	15,268	18,172	21,177	26,923	40,033
	18,003	2,465	1,830	2,311	2,625	2,560	2,857	4,759	7,905	7,819	
	3,075	255	3,411	4,926	7,167	7,541	8,080	10,107	14,925	22,193	24,374
	276,406	259,550	261,959	267,166	312,505	316,092	320,353	327,802	374,085	413,142	503,532
	0.002	0.002	0.002	0.027	0.003	0.004	0.004	0.015	0.015	0.014	0.014
	0.014	0.002	0.015	0.040	0.025	0.026	0.021	0.031	0.048	0.044	0.054
	0.011	0.001	0.014	0.019	0.026	0.027	0.028	0.033	0.044	0.057	0.048
	0.030	0.003	0.033	0.044	0.060	0.066	0.063	0.077	0.105	0.144	0.135

40千元）に折半出資し、同公司を支援し影響力を行使できる立場を獲得していた。これは満鉄の奉天省政権側との提携による利権獲得工作の一環であった。そのため満鉄の事業持株会社化は1908年10月清和公司設立時期に求めることも可能である。ただし満鉄は清和公司株式を有価証券保有と分類せず、資産項目から見て仮払金で処理していた。満鉄はその後1911年3月期に552.5千円の有価証券を保有したが、このすべてが営口水道電気23.1千株である[2]。後述のように満鉄は営口水道電気の増資新株を取得することで過半株式を保有し、同社を支配下に入れた。これが満鉄の事業持株会社業務の開始といえよう。満鉄保有有価証券は1913年3月期3種6,913千円、1914年3月期5種783千円と変動したが増大趨勢をを続けた[3]。営口水道電気への支援が成功したため、関東都督府と外務省は満洲各地における日本人居留民支援に満鉄を動員する。満鉄は営業キャッシュ・フローや社債発行による財務キャッシュ・フローで得た資金を、本業や附属地経営のためのインフラ部門のみならず、一部を日本人設立法人に投資キャッシュ・フローとし

て出資した。満鉄は政府の命令で満洲における日本人居住者支援のため会社組織の出資に乗り出すことで本業以外の部門における事業持株会社化の道を進み始めた。

満鉄の営業期は3月・9月期の半年決算であった。株式会社として半期で決算し損益を集計し配当していた。満鉄は1912年3月11日に定款変更し[4]、3月期決算に改め政府会計年度と同一にした。満鉄の営業は秋冬時期に大量農産物出荷で貨物輸送の売上が増大するが春夏期には逆に減少するという明白な季節サイクルを描く。それが9月期と3月期の利益に連動し、配当率に影響する可能性がある。多数の日本国民の株主への期待に安定的に答えるため、通年決算に切り替え売上と利益の変動を平準化する意義があった。さらに政府会計年度と一致させることで、満鉄事業予算決算等は政府の予算決算サイクルに対応した。

1914年7月28日に第1次大戦の勃発で翌年には日本に多額の戦時需要が舞い込み、満洲にも波及した。まさに天佑というべき事業拡大の時期が到来した。満洲の農産物出荷は急増した。大豆栽培は南満から北満へと新たな適地を求めて北上した。満鉄の業績が好転したため1913年3月期に民間引受株式の払込徴収を求め、さらに1918年3月に民間株式追加発行で資金調達し、他方、社債発行を繰り返し1920年3月期社債残高は19,716千円に増大した。その結果、総資産503,532千円に増大した。この間、総資産利益率は通年営業期に変更した後の時期で1913年3月期1.9％、1914年3月期2.6％でありその後も上昇を続け、1917年3月期3.3％、1919年3月期5.7％とピークをつけ、1920年3月期に4.8％に低下した。払込資本金利益率も1913年3月期4.4％が1915年3月期6.6％、1917年3月期7.7％、1918年3月期10.5％、1919年3月期14.4％とピークに達し、1920年3月期に13.5％に低下した。この間、満鉄は収益で余裕がある巨大事業者にのし上がっていったため、満鉄の資金力・保有設備・人員に期待し1917年7月31日勅令「朝鮮総督ノ管理スル鉄道ノ業務委託ニ関スル件」により同日に満鉄が植民地朝鮮の官営鉄道の運行業務を受託した[5]。満洲在住日本人は満鉄が満洲外の朝鮮投資に振り向けられることになると反発する意見も見られたが、満鉄の鉄道事業に植民地朝鮮の官営鉄道をぶら下げる体制は続いた[6]。満鉄の本体事業が急速に拡大するため保有有価証券額を増大させても比重は増加しなかった。満鉄保有有価証券は1915年3

月期に株式8銘柄1,188千円を保有していたが、総資産対有価証券比率は0.4％に過ぎなかった[7]。1917年3月期に17銘柄4,590千円に増大し1.5％に達した[8]。その後も株式投資を増大させたが1920年3月期7,210千円に達しても総資産対有価証券比率は1.4％に止まった。すなわち満鉄の事業持株会社活動はこの程度の事業規模に止まっていたといえよう。

満鉄関係会社の監督は、主として当初は地方課、1914年5月20日より地方部地方課、沿線都市では地方事務所に担当させた（満鉄会［1992］28、38頁）。

2．関係会社出資の概要

満鉄の関係会社投資、すなわち新規株式取得・増資引受・株式・会社解散等の経緯を年度別に概観しよう（表3-2）。

満鉄の資産に有価証券が計上されるのは1911年3月期であるが、その前の1908年10月設立の日清合弁清和公司に資本金40千元に折半出資し仮払金で処理した。同公司は満洲の土木建築事業のみならず事業投資にも従事した[9]。同公司は合弁組織の日本の「商法」（会社篇）に照らし合わせると合資会社の形態と認定されていた。

1909年9月期より満鉄の有価証券100千円保有が計上されるが、それが1906年11月15日設立の営口水道電気株式会社である（資本金2百万円半額払込）。満鉄は1909年10月期に同社株12.5％550千円を保有した。

(1911・1912・1913年度)

1911年10月14日創立総会で合弁設立された遼陽電灯公司（資本金120千円払込）に満鉄は83.3％を出資したが、この出資も仮払金で処理した。1912年度では株式会社鉄嶺電灯局（1910年11月13日創立決議の合弁設立、110千円払込）の株式95％104.5千円を取得した。清和公司が同社に出資していたが、1912年4月17日に同公司が解散したことにより（蘇［1990］239頁）、満鉄がその出資全額85千円を承継した。

1913年8月11日に中国興業株式会社が設立された（本店東京、資本金10百万円4分の1払込）。同社は中国投資を行う合弁法人であり、満鉄は政府の要請を受

表3-2　南満洲鉄道

商号	設立年月日	本店	1909.3期	1910.3期	1911.3期	1912.3期	1913.3期
日清合弁清和公司	1908.10.―	奉天	20	…	…	84	―
営口水道電気㈱	1906.11.15	営口	―	<u>125</u>	550	550	550
遼陽電灯公司	1911.10.14	遼陽	―	―	―	100	100
鉄嶺電灯局	1910.11.13	鉄嶺	―	―	―	―	85
中国興業㈱→中日実業㈱	1913.8.11	東京	―	―	―	―	―
㈱満洲日日新聞社	1913.11.26	大連	―	―	―	―	―
瓦房店電灯㈱	1914.10.15	瓦房店	―	―	―	―	―
大連汽船㈱	1915.1.28	大連	―	―	―	―	―
開原取引所信託㈱	1915.12.10	開原	―	―	―	―	―
渓城鉄路公所	1916.4.18	本渓湖	―	―	―	―	―
大連油脂工業㈱	1916.4.26	大連	―	―	―	―	―
長春取引所信託㈱	1916.3.26	長春	―	―	―	―	―
大石橋電灯㈱	1916.7.25	大石橋	―	―	―	―	―
公主嶺電灯㈱	1916.8.10	公主嶺	―	―	―	―	―
南満洲製糖	1916.12.15	奉天	―	―	―	―	―
四平街電灯㈱	1917.5.7	四平街	―	―	―	―	―
長春市場㈱	1917.5.16	長春	―	―	―	―	―
満洲市場㈱	1917.9.1	奉天	―	―	―	―	―
長春運輸㈱	1917.12.5	長春	―	―	―	―	―
日清燐寸㈱	1907.10.24	広島	―	―	―	―	―
南満鉱業㈱	1918.4.8	大連	―	―	―	―	―
大連工業㈱	1918.4.5	大連	―	―	―	―	―
撫順市場㈱	1918.5.15	撫順	―	―	―	―	―
東亜興業㈱	1909.8.18	東京	―	―	―	―	―
㈱鉄嶺商品陳列館	1913.5.31	鉄嶺	―	―	―	―	―
満蒙毛織㈱	1918.12.25	奉天	―	―	―	―	―
北満製粉㈱	1913.10.―	哈爾濱	―	―	―	―	―
満洲鉱山薬㈱	1919.4.18	安東	―	―	―	―	―
満洲刷子工業㈱	1919.5.―	撫順	―	―	―	―	―
公主嶺取引所信託㈱	1919.8.1	公主嶺	―	―	―	―	―
亜細亜煙草㈱	1919.9.30	上海	―	―	―	―	―
鉄嶺取引所信託㈱	1919.11.6	鉄嶺	―	―	―	―	―
朝鮮中央鉄道㈱	1916.4.29	大邱	―	―	―	―	―
満鮮坑木㈱	1919.12.21	安東	―	―	―	―	―
満洲製粉㈱	1906.12.20	鉄嶺	―	―	―	―	―
東亜土木企業㈱	1920.1.10	大連	―	―	―	―	―
満洲ベンジン工業㈱→大連製油	1918.9.25	大連	―	―	―	―	―
湯崗子温泉㈱	1920.3.20	湯崗子	―	―	―	―	―
合計	社数 合計		1 20	1 125	1 550	3 734	3 735
満洲	社数 合計		1 20	1 125	1 550	3 734	3 735
うち関東州内	社数 合計		― ―	― ―	― ―	― ―	― ―
満洲外	社数 合計		― ―	― ―	― ―	― ―	― ―
連結子会社	社数 合計		1 20	― ―	1 550	3 734	3 735

第3章　第1次大戦終結前期南満洲鉄道系企業集団　119

関係会社出資（1）

(単位：千円)

1914.3期	1915.3期	1916.3期	1917.3期	1918.3期	1919.3期	1920.3期	備　考
—	—	—	—	—	—	—	50%、1912.4.17解散
550	550	550	550	550	550	550	12.5%→56.5%
100	100	100	60	60	60	60	83.3%→50%
104	104	104	104	104	104	104	77.2%→95%、1912㈱に改組
15	15	15	15	30	30	45	1.2%、1914.4.25商号変更
110	110	110	110	110	110	226	81.5%→100%
—	6	13	13	13	13	13	55%、登記日
—	500	500	2,000	2,000	2,000	2,000	100%
—	—	5	5	5	9	19	4.5%
—	—	—	399	399	399	399	70%
—	—	—	92	92	165	277	37%
—	—	—	12	12	12	12	10%
—	—	—	6	13	13	13	55%
—	—	—	6	13	13	13	55%
—	—	—	177	248	248	248	7.1%
—	—	—	—	6	6	6	50%
—	—	—	—	12	12	12	50%
—	—	—	—	50	50	50	50%
—	—	—	—	12	12	12	10%
—	—	—	—	1	1	6	1%
—	—	—	—	—	75	75	10%
—	—	—	—	—	53	107	42.8%
—	—	—	—	—	2	2	10%
—	—	—	—	—	12	12	0.21%、1918.7.22増資引受
—	—	—	—	—	75	75	18.75%、1918.11取得
—	—	—	—	—	131	131	5.25%
—	—	—	—	—	20	—	4.65%、1920.7満洲製粉に合併
—	—	—	—	—	—	125	5%
—	—	—	—	—	—	25	20%
—	—	—	—	—	—	62	50%
—	—	—	—	—	—	12	0.5%
—	—	—	—	—	—	62	50%
—	—	—	—	—	—	37	1.25%
—	—	—	—	—	—	600	50%
—	—	—	—	—	—	20	0.52%
—	—	—	—	—	—	60	4.8%
—	—	—	—	—	—	6	0.46%、1920.2.12商号変更
—	—	—	—	—	—	250	50%
5 880	7 1,386	9 1,411	14 3,554	19 3,737	26 4,203	36 5,807	
4 865	6 1,371	8 1,396	13 3,539	19 3,724	23 4,159	31 5,698	
1 110	2 610	2 610	3 2,203	3 2,203	5 2,424	7 2,751	
1 15	1 15	1 15	1 15	2 31	3 44	5 109	
4 865	5 1,371	6 1,378	9 3,251	12 3,334	12 3,334	17 4,672	

持分法適用会社	社数	—	—	—	—	—
	合計	—	—	—	—	—
その他会社	社数		1	—	—	—
	合計		125	—	—	—

注：1）ボールドは満洲会社、イタリックは持分法適用会社、アンダラインは20％未満の会社。
　　2）社史等に名前が現われる中日合弁振興鉄鉱（無）出資70千元は1930年代まで存続したが省略した。
　　3）大華電気冶金公司も法人形態不明、1918.3設立、本店不詳、1918.3取得、150千円。出資率不詳。
　　4）1910.3期、1911.3期に清和公司の出資があるが金額不詳のため省略した。
　　5）日清燐寸株取得時期は推定。
出所：南満洲鉄道(株)『営業報告書』（各期）、南満洲鉄道［1919］、［1928］、［1937］、［1938］、同地方部地方課『満信所』『満洲会社興信録』1922年版、大連商工会議所『満洲銀行会社年鑑』1935年版、大連汽船［1935］、営口

け1.2％15千円を出資した。日本側副総裁は高木陸郎である。中国興業は1914年4月25日に中日実業株式会社に商号変更した。同社は1921年3月期に全額払込とし満鉄は払込徴収に応じた。中日実業は第1次大戦期に中国の地方電力業や銀行等に投資した[10]。国策で設立された中国投資機関の株主名簿に名を連ねただけの少額出資である。1913年11月26日に株式会社満洲日日新聞社が設立された（本店大連、資本金135千円払込）。満鉄は81.5％110.5千円を出資して支配下に入れて支援した。1914年3月期有価証券は対前年度末553千円から6,913千円に急増し、1915年3月期に783千円に急減している。営口水道電気ほか5種とあるが[11]、遼陽電灯公司、満洲日日新聞社、中日実業以外の満洲銘柄株式を短期間取得したにしては多額すぎるため、日本国債か中華民国政府国庫証券の短期保有と処分ではないかと推定する。

　1914年3月期では合計5社880千円を出資し、うち満洲4社865千円、連結子会社4社865千円であった。満鉄本体と比べても十分少額であり、持株会社機能は主張できてもそれは全くの傍流の業務であった。満洲以外の出資にも投資範囲を拡張したことが注目される。政府は資金的に余裕がある満鉄に国外投資を図る会社への出資を要請した。

（1914年度）
　1914年10月15日に瓦房店電灯株式会社が設立登記された（資本金500千円4分の1払込）。満鉄は同社に55％68.75千円を出資した。同社は鉄嶺電灯局及び遼陽電灯公司への投資と異なり、合弁形態を採用しない日本法人である。1915年1月

第3章　第1次大戦終結前期南満洲鉄道系企業集団　121

—	—	—	1	1	2	3	
—	—	—	92	92	238	409	
1	1	3	4	6	12	16	
15	15	33	210	310	630	725	

鉄沿線商工要録』1917年版、同勧業課『南満洲商工要鑑』1919年版、同興業部商工課『満洲商工概覧』1928年版、日清興水道電気㈱『営業報告書』(各期)。

28日に大連汽船株式会社が設立された（資本金2百万円4分の1払込）。満鉄全額出資であり、同社は満鉄の保証で社債と借入金で資金調達を続け（大連汽船［1935］参照）、大連港を拠点とする大規模海運事業者となる。1915年3月期では出資合計7社1,386千円に増大した。満洲6社1,371千円はいずれも連結子会社である。

（1915年度）

　1915年12月10日に開原取引所信託株式会社の発起人が株式を引き受けて設立された（資本金500千円4分の1払込）。同月29日に関東都督府より設立許可を得た。設立登記は翌年2月15日である[12]。満鉄は4.5%56,250円を出資した。合弁設立に配慮して出資率を抑えた。満鉄は開原取引所信託出資で沿線に設立される官営取引所附属清算業者への出資を開始した。この出資には関東都督府の指示がなされた。満鉄は1916年3月に中日合弁振興鉄鉱無限公司（1915年2月28日設立、本店鞍山、資本金140千円（銀建））に出資した。同公司は満鉄が企画している鞍山の製鉄所の原料鉄鉱石鉱区取得を狙う合弁法人であり、代表者は鎌田弥助と満鉄事業を支援する于冲漢である。鎌田の資金は満鉄融資であり、鎌田名義の満鉄出資と位置づけている。同公司は1917年9月に奉天に移転し、1918年8月に鞍山に再移転した。于は北洋政府礦政司と交渉を続けた結果、1917年2月23日に正式の採掘許可を得て、満鉄は3月1日に奉天省財政部に採掘権を登録した[13]。満鉄は社史に掲載するため鎌田のみに資金を支援した形にしているが、実際には于の出資も満鉄資金の資金である。同公司は1930年代まで存続するが、解散時期が不明

であり表 3-2 に掲載していない。そのため1916年 3 月期では前期とほとんど変化はない。

(1916年度)

　1916年 4 月18日に渓城鉄路公所設立章程が締結され、合弁で渓城鉄路の敷設と運行を目的とし渓城鉄路公司が設立された（本店本渓湖）（南満洲鉄道 [1919] 686頁）。表 3-2 では章程同日の設立としたが、設立日を傍証できていない。満鉄は資本金570千円（銀建）に70％399千円を出資した。30％出資は本渓湖煤鉄公司である。同公司が鉄道経営の力量がないため満鉄と共同で設立し運行を任せた。満鉄は運輸課西村信敦を理事に、本渓湖地方事務所主任増尾鉄三を兼務派遣した[14]。該期の渓城鉄路公司の資産規模等を告げる資料は見当らない。同年 3 月26日に長春取引所信託株式会社が設立された（資本金500千円 4 分の 1 払込）。満鉄は10％12.5千円を出資し、官営取引所附属清算業者への支援を拡大した。同年 4 月26日に大連油脂工業株式会社が設立された（資本金 1 百万円 4 分の 1 払込）。満鉄は37％92.5千円を出資した。満鉄保有技術の産業化の一環であり、満洲大豆を加工する川下産業を支援した。同年 7 月25日に大石橋電灯株式会社の創立総会が開催された（登記 8 月 7 日、資本金50千円 4 分の 1 払込）。 8 月10日に公主嶺電灯株式会社の創立総会が開催された（資本金50千円 4 分の 1 払込）。満鉄は両社に各55％6,875円を出資した。同年12月15日に南満洲製糖株式会社が設立された（本店奉天、資本金10百万円3.5百万円払込）。日本・台湾の有力製糖事業者と砂糖商社が中心となって設立したものであり、満鉄は7.1％248.5千円を出資したが、満洲内事業法人への部分的な支援に止まっていた。

　1917年 3 月期では14社3,554千円への出資となり、第 1 次大戦期の日本企業の満洲進出が反映している。満鉄は一部ではあるがその支援を行った。13社が満洲本店で3,539千円となっている。うち関東州 3 社2,203千円となり大連汽船の設立で関東州の比重が高まった。連結子会社 9 社3,251千円に増大した。関東都督府の指示で小規模の連結子会社支援を強め、その他会社も 4 社210千円に増大した。

(1917年度)

　1917年5月7日に四平街電灯株式会社が設立された（5月7日登記、資本金50千円4分の1払込）。満鉄は50％6,250円を出資した。同年5月16日に長春市場株式会社が設立された（資本金50千円半額払込）。満鉄は同社に50％を出資し、地域の物産取引会社への支援を開始した。これも関東都督府の指示によるものであろう。同年9月1日に満洲市場株式会社が設立された（本店奉天、資本金400千円4分の1払込）。満鉄は50％50千円を出資した。同様に関東都督府の出資要請を受けたものである。同年12月5日に長春運輸株式会社が設立された（資本金500千円4分の1払込）。満鉄は10％12.5千円を出資した。同社は長春を拠点とする馬車輸送を業とした。満鉄本体事業と関連する小運送事業のため出資意義は大きい。1918年3月に大華電気冶金公司（本店大連、現金出資140千円、労務出資10千円）が設立されたとの記載を見出すが（南満洲鉄道［1928］991頁）、同公司のその後は不詳であり、表3-2に掲載していない。

　1918年3月期では19社3,737千円の出資となり、満洲本店会社は17社3,724千円、連結子会社12社3,334千円に増大した。出資社数は増大したが出資額では大連汽船が過半を占めた。

(1918年度)

　1918年4月8日に南満鉱業株式会社が設立された（本店大連、資本金3百万円4分の1払込）。満鉄は10％75千円を出資した。この出資には監査役山田潤二（総務部文書課長兼務）の500株を含む[15]。日本法人鉱業事業者への最初の投資である。同年4月5日に大連工業株式会社が設立された（資本金500千円4分の1払込）。満鉄は42.8％53.5千円を出資した。同年5月15日に撫順市場株式会社が設立された（資本金100千円4分の1払込）。合弁相手側に配慮し満鉄はほかの市場会社より出資率を引き下げ10％2.5千円出資とした。東亜興業株式会社（1909年8月18日設立、本店東京）は中国各地への投資を主業とする政府の政策の担い手であり、日本興業銀行、三井合名会社、三菱合資会社、住友合資会社、安田保善社、合名会社大倉組が主要出資者として並んでいた。設立時点では満鉄は株式投資に着手していないため、東亜興業に出資しなかったが、同社が1918年7月22日資本金20

百万円7.25百万円払込に増資の際に、政府の要請を受けて新株0.21％12.5千円を引き受け16)、豪華な出資者の列に加わった。株式会社鉄嶺商品陳列館（1913年5月31日設立、資本金200千円払込）が1918年11月に増資し資本金400千円払込となった際に、満鉄は18.75％70千円の株式を取得し支援した（南満洲鉄道［1919］915頁）。1918年12月25日に満蒙毛織株式会社が設立された（本店奉天、資本金10百万円4分の1払込）。東洋拓殖株式会社が20％を出資したが、満鉄も沿線毛織物工業支援のため本体で5％、役員株を含み5.25％131,250円を出資した（柴田［2014a］192頁）。同年に満鉄は北満製粉株式会社（1913年10月設立、本店哈爾濱、資本金1,250千円437.5千円払込）の株式の4.65％20,375円を取得した。ただし1917年後半に取得した可能性もある。

　1919年3月期では会社新設が続き満鉄も関東都督府の指示で新規出資を続け、26社4,203千円、満洲23社4,159千円、連結子会社12社3,334千円、持分法適用会社2社238千円となった。その他会社12社630千円となり低率出資会社の増大も注目できる。出資社数が増大したが出資額1位大連汽船2,000千円、2位営口水道電気550千円、3位渓城鉄路公所399千円で連結子会社3社合計で69％を占めた。

（1919年度）

　1919年4月18日に満洲鉱山薬株式会社が設立された（本店安東、資本金1百万円半額払込）。撫順炭礦ほかで大量に使用する爆薬製造業者のため満鉄は5％25千円を出資した。1919年12月21日に満鮮坑木株式会社が設立された（本店安東、資本金3百万円1.2百万円払込）。満鉄が50％600千円を出資した。ほかの出資者は安東の林業関係者である。満洲製粉株式会社（1906年12月20日設立、本店鉄嶺、社長吉村鉄之助）は1920年3月18日に北満製粉の吸収合併を決議し7月に合併した。その結果、満鉄保有北満製粉株式は満洲製粉株式に転換されたが、合併後同社資本金4,250千円1,937.5千円払込に対し満鉄出資率は僅かに1.36％払込額20,375円に過ぎない微額に止まった17)。1919年5月に満洲刷子工業株式会社が設立された（本店撫順、資本金500千円4分の1払込）。満鉄は20％25千円を出資した。1919年8月1日に公主嶺取引所信託株式会社が設立された（資本金500千円4分の1払込）。満鉄は50％62.5千円を出資した。1919年9月30日に亜細亜煙草株式会社

が設立された（本店上海、資本金10百万円4分の1払込）。満鉄は中国煙草産業の進出を支援するため、0.5％12.5千円を出資した。1919年11月6日に鉄嶺取引所信託株式会社が設立された（資本金500千円4分の1払込）。満鉄は50％62.5千円を出資した。1916年4月29日設立の朝鮮中央鉄道株式会社の1919年9月30日増資に応じ、資本金12百万円5,250千円払込となり満鉄は1.25％37.5千円を出資した（柴田［2015a］73頁）。1920年1月10日に東亜土木企業株式会社が合弁で設立された（本店大連、資本金5百万円4分の1払込）。満鉄は同社に4.8％60千円を出資した[18]。満鉄は1920年2月12日に大連ベンジン工業株式会社（1918年8月25日設立）の株式を一部取得した。1920年3月20日に湯崗子温泉株式会社が設立された（資本金500千円4分の1払込）。満鉄は50％250千円を出資した。

　1920年3月期では36社5,807千円、満洲31社5,698千円、連結子会社17社4,672千円、持分法適用会社3社409千円へとさらに増大し、持株会社機能は拡大した。ただし後述のように連結子会社の規模が小さく、社数は増大したとはいえ満鉄本体の事業資産規模が巨額なため、満鉄本体の総資産に比べ少額に止まっていた。1位大連汽船2,000千円、2位満鮮坑木600千円、3位営口水道電気550千円、4位渓城鉄路公所でいずれも連結子会社である。

3．関係会社総資産と連結総資産

　該期満鉄の関係会社のうち連結子会社と持分法適用会社の総資産を紹介しよう。残念ながら当該会社のすべてについて総資産を掌握できたわけではない。関係会社資本金と満鉄出資額以上に資産額の確認で困難が付きまとうため、欠落が発生するのはやむを得ない。連結子会社として最も早期に資産が判明するのは営口水道電気である。同社は1911年3月期から連結子会社となった。1910年3月期では12.5％出資でありその他会社の位置づけでとなるため、満鉄の連結子会社としての最初の集計となる。1,662千円という規模であり、その後の事業拡張で増大した。1914年3月期より満洲日日新聞144千円も列したが少額である。1916年3月期から大連汽船が連結子会社として追加され、1917年3月期には営口水道電気を上回った。また同期には大石橋電灯も連結総資産会社に列したが38千円という資産規模に止まった。4社合計5,733千円である。また大連油脂工業が持分法適用会社

表3-3 南満洲鉄道関係会社

商号	設立年月日	本店	1911.3期	1912.3期	1913.3期	1914.3期	1915.3期
営口水道電気(株)	1906.11.15	営口	1,662	1,701	1,799	2,035	2,042
(株)満洲日日新聞社	1913.11.26	大連	―	―	―	144	160
瓦房店電灯(株)	1914.10.15	瓦房店	―	―	―	―	―
大連汽船(株)	1915.1.28	大連	―	―	―	―	―
大連油脂工業(株)	1916.4.26	大連	―	―	―	―	―
大石橋電灯(株)	1916.7.25	大石橋	―	―	―	―	―
満洲市場(株)	1917.9.1	奉天	―	―	―	―	―
大連工業(株)	1918.4.5	大連	―	―	―	―	―
公主嶺取引所信託(株)	1919.8.1	公主嶺	―	―	―	―	―
合計	社数		1	1	1	2	2
	合計		1,662	1,701	1,799	2,180	2,202
連結子会社	社数		1	1	1	2	2
	合計		1,662	1,701	1,799	2,180	2,202
持分法適用会社	社数		―	―	―	―	―
	合計		―	―	―	―	―

注:1)イタリックは持分法適用会社。
　　2)資産不詳の会社は掲載していない。
出所:『満洲会社興信録』1922年版、大連汽船[1935]、満洲市場[1938]、営口水道電気(株)『営業報告書』(各期)、02303)、『第4期営業報告書』1918年3月期(満鉄資料館22291)、『第5期営業報告書』1918年9月期(満鉄資料1917年2月28日、1918年2月21日、1919年2月27日、1920年2月2日、3月8日、7月27日、1921年2月15日。

として281千円の資産を確認できる。1918年3月期には満洲市場の資産を確認できた。連結子会社5社合計9,475千円で、このうち大連汽船が6,951千円へと増大していた。自己勘定による船舶保有のため資産規模は増大を続けた。1919年3月期では1時点だけ瓦房天電灯の資産を確認でき、新たに大連工業が持分法適用会社として451千円の資産を計上した。連結子会社5社11,287千円となり大連汽船の比重が高いまま続いた。1920年3月期には公主嶺取引所信託490千円が新たに集計対象となり、連結子会社6社11,888千円へと増大した。同期連結子会社15社の40%しか掌握されていないが、15社資本金合計の半額近くが大連汽船であり、それに営口水道電気を合計すると過半に達しているため、連結子会社総資産もこの設備投資を必要とする2社で80%以上を押えていると推定できる。

次に満鉄総資産と組み合わせた連結総資産を集計しよう。連結対象会社が乏しいため、満鉄連結総資産が大きく膨らまないのは集計する前から判断できるが、それを検証する。表3-1、表3-2、表3-3より満鉄総資産に満鉄連結子会社

第 3 章　第 1 次大戦終結前期南満洲鉄道系企業集団

総資産（1）（20％以上出資）

(単位：千円)

1916.3期	1917.3期	1918.3期	1919.3期	1920.3期	備　考
2,077	2,107	2,107	2,230	2,794	同年4月期
165	191	268	324	380	前年12月期
—	—	—	65	—	
1,110	3,395	6,951	8,627	6,960	前年12月期
—	281	393	981	1,878	同年5月期、1918.3期は前年11月期
—	38	40	41	46	1919.3期は前年9月期、1920.3期は同年9月期
—	—	106	…	215	
—	—	—	451	680	同年5月期
—	—	—	—	490	前年12月期
3	5	6	7	8	
3,353	6,014	9,869	12,722	13,446	
3	4	5	5	6	
3,353	5,733	9,475	11,288	11,888	
—	1	1	2	2	
—	281	393	1,433	2,558	

大連工業㈱『営業報告書』（各期）大石橋電灯㈱『第2期営業報告書』（吉林省社会科学院満鉄資料館（以下満鉄資料館）館22392）、『第8期営業報告書』（1920年9月期（満鉄資料館22393）、『満洲日日新聞』1915年2月17日、1916年3月13日、

　総資産を合計し、それから満鉄出資を相殺した数値が連結総資産に近い数値となる。それ以外の貸借関係として、総資産が確認できる会社に対する満鉄融資がある。営口水道電気に1911年4月430千円、1912年4月455千円、1913年4月465千円、1914年4月645千円、1915年4年・1916年4月669千円、1917年4月・1918年4月665千円、1919年4月635千円、1920年4月310千円の残高があり、これを各年3月期として相殺する[19]。また1917年3月期から1920年3月期まで大石橋電灯融資6.5千円を計上し、瓦房店電灯の1919年3月期に1.5千円の融資残高があると判定し[20]、相殺する。大連汽船への預け金が1918年3月期のみ1,450千円あると判定し、相殺する。大連汽船は社債発行と借入金で資金調達を行ったが、満鉄はそれを引き受けていない。大連汽船は満鉄保証の社債と同借入金による資本金以外の資金調達を行っていたため、オフバランスの資金支援を得ていたといえよう。ほかの連結対象子会社の営業報告書を見る限り満鉄とのその他の貸借関係は判明しない。
　1911年3月期では営口水道電気のみのため単純合計総資産から満鉄出資と融資

表3-4　南満洲鉄道

	1911.3期	1912.3期	1913.3期	1914.3期
南満洲鉄道総資産	261,406	243,959	259,166	272,505
連結子会社総資産	1,662	1,701	1,799	2,180
単純合計総資産	263,069	245,661	260,965	274,541
相殺：出資	550	550	550	550
相殺：融資	430	455	465	465
連結総資産	262,089	244,659	259,950	273,380
総資産連単倍率	1.003	1.003	1.003	1.003
連結集計子会社数	1	1	1	2

注：1918.3期に大連汽船への満鉄融資1,450千円あり、次期に償還したと判定
出所：表3-1、表3-2、表3-3、大連汽船［1935］、大石橋電灯（株）『第4期鉄資料館22392）、『第8期営業報告書』1920年9月期（満鉄資料館22393）。

を相殺し総資産連単倍率を計算すると、1.003となり満鉄総資産の0.3%を押し上げる資産規模でしかなかった。同様の状況は満鉄本体の資産規模も膨れ上がるため続き、いくらか変わるのは1917年3月期の連結子会社4社となってからである。この時期に連結子会社資産が5,733千円に増大したことにより、連結総資産は302百万円となり総資産連単倍率は1.008に上昇し、満鉄総資産を0.8%押し上げる規模となった。1918年3月期では満鉄本体の資産規模も増大したがそれ以上に連結子会社総資産の増大が見られ、連結総資産340百万円となり、総資産連単倍率は1.014に上昇した。1919年3月期ではさらに連結子会社総資産が増大したことにより、連結総資産は395百万円に増大し、総資産連単倍率1.021に上昇した。1920年3月期には大連汽船の総資産が前年度の短期的増大の反動で減少したことにより連結子会社総資産が減少し、他方、満鉄総資産が増大したことにより総資産連単倍率は1.015に低下した。以上の満鉄連結総資産は未点検会社等の連結子会社総資産の発掘でいくらか上昇する可能性があるが、大連汽船ほど多額資産の会社はほかにありえないため、大きく変動することはない。該期満鉄の本体事業が巨大であり、他方、連結子会社は営口水道電気のみの時期には満鉄連結総資産にほとんど反映しない。大連汽船が計上されるようになってからは同社が最多額でそれに次いで営口水道電気が多く、両社総資産が連結総資産を1%程度上昇させたが、その他連結子会社の資産規模は小さなものであった。

連結総資産（1）

(単位：千円)

1915.3期	1916.3期	1917.3期	1918.3期	1919.3期	1920.3期
280,086	288,351	299,800	336,085	387,142	503,532
2,202	3,353	5,733	9,598	11,288	10,888
282,129	291,539	305,533	345,683	398,498	514,521
550	2,550	2,667	2,717	26,774	32,440
660	669	671	2,121	641	316
281,087	289,328	302,194	340,837	395,101	510,876
1.004	1.008	1.008	1.014	1.021	1.015
2	2	4	5	5	6

した。
営業報告書』1918年3月期（満鉄資料館22391）、『第6期営業報告書』1918年9月期（満

1) 南満洲鉄道株式会社『第6期営業報告書』1909年9月期、『第7期営業報告書』1910年3月期。営口水道電気株式1,000株の保有は1910年3月期財産目録に掲載。営口水道電気株式会社『第6期営業報告書』1909年10月期、株主名簿で満鉄が5千株保有の筆頭株主として出現。柳沢［2009］167頁は1911年過半株式取得と説明し1909年9月期取得の説明がない。
2) 南満洲鉄道株式会社『第9期営業報告書』1911年3月期。
3) 同『第11期営業報告書』1913年3月期、『第12期営業報告書』1914年3月期。
4) 前掲南満洲鉄道『第11期営業報告書』1913年3月期、2-3頁。
5) 1917年勅令は1925年4月1日廃止となったが、同日「朝鮮総督府鉄道局官制」で新たな官営鉄道運行体制のなかで満鉄への業務委託が続いた。
6) 南満洲鉄道［1928］435頁。この典拠で勅令を1917年7月28日公布とする。朝鮮銀行理事大田三郎（大連常駐）は満鉄の巨額利益と朝鮮鉄道の僅かの利益から見て、「富豪と貧者の結婚の如く満鉄に取りては極めて迷惑なる関係成立」と評した（『満洲日日新聞』1917年9月7日）。
7) 南満洲鉄道株式会社『第14期営業報告書』1915年3月期。
8) 同『第16期営業報告書』1917年3月期。
9) 南満洲鉄道［1919］688頁。設立年月はこの典拠による。蘇［1990］346頁では1908年11月3日設立とする。
10) 中日実業については野口［1940］参照。設立については坂本［1986］も参照。華中の日系銀行投資については柴田［2011d］参照。高木陸郎は1880年10月生、東京商工中学校卒、1898年三井物産採用、1910年漢冶萍煤鉄廠礦有限公司日本代表、1922年中日実業副総裁、南満鉱業、官屯鉱業株式会社各社長、東満洲産業株式会社、株式会社満蒙毛織百貨店各監査役（中西利八編『満洲紳士録』満蒙資料協会、1943年版、

1131頁)。
11) 南満洲鉄道株式会社『第12期営業報告書』1914年3月期、63頁。
12) 開原取引所信託株式会社『第1期営業報告書』1916年11月、1-2頁。金子［1991］225頁は1916年2月取得とする。
13) 南満洲鉄道［1919］687頁、［1928］967頁、友清［1992］44、52頁。振興鉄鉱無限公司設立は友清［1992］44頁による。契約認可は1916年4月17日。同書は当初本店を奉天城内とするが、同書には随所に粗さが見られるため本店は南満洲鉄道［1928］967頁に依拠した。北洋政府礦政司は1914年1月設立（劉ほか［1995］46頁）。
14) 『満洲日日新聞』1916年5月19日。
15) 南満鉱業株式会社『第1期営業報告書』1918年6月期。山田潤二は1910年満鉄採用、1917年9月26日総務部事務局庶務課長心得、1918年1月15日総務部文書課長、1919年7月16日興業部興業課長、1920年辞職。文書課長時期に「満鉄事件」の引き金となったパンフレットを大阪毎日新聞社に配布した。その後大阪毎日新聞社に移り昇進し取締役となる（笠原［1922］322頁、満鉄会［1992］32、37、44頁、帝国秘密探偵社『大衆人事録』1942年版、東京1051頁）。金子［1991］225頁は1915〜1919年度の出資で52％とする。
16) 東亜興業の設立とその事業については坂本［1986］参照。
17) 『南満洲商工要鑑』1919年版、460頁。満洲製粉は1920年4月12日に朝鮮製粉株式会社と大陸製粉株式会社を合併し、資本金5,750千円2,375千円払込へと増大した（満洲製粉株式会社『第27期営業報告書』1920年5月期、3-7頁、同『第28期営業報告書』1920年11月期、8-9頁）。吉村鉄之助は安政5（1858）年8月1日生、同志社で学び、多数の会社経営、満洲製粉社長、南満洲製糖、帝国製糖株式会社（1910年10月30日設立、本店台中）各監査役、衆議院議員、1937年8月28日没（『大衆人事録』1930年版、ヨ46頁、『台湾銀行会社録』1933年版。
18) 『第62回帝国議会説明資料』1932年5月。
19) 営口水道電気株式会社『営業報告書』（各期）。
20) 大石橋電灯株式会社『第2期営業報告書』1917年3月期（吉林省社会科学院満鉄資料館（以下満鉄資料館）02303）、『第8期営業報告書』1920年9月期（満鉄資料館22393）、南満洲電気［1930］290頁）。

第3節　公益事業投資

1．清和公司と電力投資

　満鉄は創立初期の1907年4月に電気事業部門を設置し、電力事業に参入した。大連の電気供給のみならず、奉天には1908年6月に、長春には1909年8月に事業所を設置して営業していた。安東では1909年12月12日営業開始の安東電気株式会社の事業を1910年12月に事業譲渡を受け、安東営業所として事業を継続した[1]。満鉄は直営電力事業のみならず、多数の地域電力事業者に出資し支援した。

　最初の満鉄合弁出資により1908年10月に日清合弁清和公司が設立された（本店奉天、資本金奉天大洋票40千元）。合弁相手は奉天省官憲である。満鉄との折半出資で、土木事業等の請負工事を業とした[2]。土木請負のみならず広く多彩な業務を引き受けたとの解説もある[3]。法人形態は両合公司（合資会社）組織である。清和公司は1911年9月に鉄嶺満鉄附属地に支店を開業し1910年11月13日設立の鉄嶺電灯局にも満鉄の代わりに出資した。同支店を関東都督府に登記し電力業を営んでいた。1913年12月時点資本金110千円払込との記載があるが南満洲鉄道[1919] 688頁の記載と整合しないため、鉄嶺支店開業時点の資本金が掲載されている可能性がある[4]。清和公司の事業は当初は順調であり、事業拡大とともに満鉄出資は増加し84千元に達したため、資本金は168千元に増大していた。同公司は満鉄理事犬塚信太郎の指令で鞍山鉄鉱床利権獲得の窓口事業者として交渉に着手したが不首尾に終わった[5]。清和公司は営業不振に陥り1914年4月17日に事業を停止し解散した[6]。

　満鉄最初の株式会社の株式取得は営口水道電気株式会社株式である。日露戦争と戦後の関東総督府時期に営口に軍政が敷かれ、軍政署が水道・電話・電灯事業を操業していたが、軍政撤廃後に民間事業に転換されることになった（南満洲鉄道[1928] 959頁）。電力事業については日清合弁の営口電気株式会社（設立年月不詳、1906年前半と推定）が軍政署の事業を承継して工事に着手していた。そこへ合弁の営口水道電気株式会社が1906年11月15日に設立された。当初資本金2百

万円4分の1払込であり、日本人がほぼ半分の株を保有していた。設立前の11月1日に水道事業、電気鉄道敷設、電話事業払下げ、11月10日に電力事業買収、同月17日に遼河水運の許可を得て、設立後に既存の営口電気と交渉し事業譲渡を受けた[7]。こうして営口における水道・電灯・電話及び電気鉄道ほか運輸業を経営する同地最大のインフラ事業者となった。電灯事業については1908年から1912年の5カ年の経営を大阪の才賀電機商会に請け負わせた。同様に軽便鉄道事業では松茂洋行（自営業）に請負わせた。才賀電機商会の電気事業は振るわず、1909年上期まで年3％配当に止まり、以後は配当できない状況に陥った。この間、1908年11月1日に満鉄からの石炭納入契約を締結し取引関係が発生した[8]。さらに満鉄は同社への支援のため1909年10月期に半額払込の同社株式12.5％5千株125千円を取得し筆頭株主となった[9]。才賀電機商会の委託経営は期待を下回ったため、営口水道電気は1911年に契約を解除し、満鉄に経営肩代わりを求めた。満鉄は政府の意向を受け同年3月に550千円で日本人保有株式を買収し56.5％22,500株となり過半を掌握し、同年に役員を大幅に交代させ、社長に満鉄作業所長田沼義三郎、取締役に満鉄庶務課長沼田政二郎、監査役に満鉄調査課長川村鉚次郎を兼務派遣し経営を掌握した[10]。併せて430千円の融資に応じ持株会社として資金支援を強めた。沼田が1911年9月9日に満鉄理事就任に伴い11月26日に辞任すると川村が取締役に転じ、1915年4月期に社長となった[11]。営口水道電気は1911年10月期より利益を計上し、1912年10月期より年4％の配当を実現し以後も配当を続け[12]、満鉄は同社の再建に成功した。川村も1917年9月26日に満鉄理事就任に伴い10月15日に辞任した[13]。営口水道電気の1920年4月期総資産は2,794千円、当期利益171千円を計上し[14]、連結子会社の中では後述の大連汽船に次ぐ資産規模であった。同社経営トップは満鉄理事に昇任する幹部候補が座るポストであり重点事業であった。

　満鉄は沿線における中国側への電力供給事業を計画したが、各地地方政権はそれを拒み独自の電力事業者の立ち上げを計画した。そのため満鉄は出資計画に賛同することにより名を捨て実をとる方策に転換した。それが遼陽電灯公司と鉄嶺電灯局への出資である。1911年10年14日創立総会が開催され遼陽電灯公司が満鉄との合弁で設立された。資本金120千円のうち満鉄83.3％100千円、ほか清国企業

家が20千円を出資した。総弁于冲漢で監事に調査課長川村鉚次郎を兼務派遣した。同公司は地域における電力供給を目的とした。1912年3月営業開始後、年6％配当を実現し良好な操業を続けた。満鉄は設立前の約束に従い保有株を譲渡し1916年6月21日に出資率を50％に低下させた[15]。満鉄奉天公所（1909年5月1日設立）長佐藤安之助が奉天省政府側と交渉し賛成を得て日清合弁清和公司電灯部として鉄嶺で電力事業を起こす計画を立て、1910年4月1日に関東都督府・在鉄嶺領事館より認可を得て、鉄嶺電灯局は1910年11月13日に資本金110千円の事業として設立された。清和公司が85千円、清国企業家が25千円を出資した。鉄嶺電灯局は1911年9月に営業を開始し、1912年度に年5.4％の配当を実現しその後も年3％配当を続けていた。他方、先述のように1912年4月17日に清和公司が操業不振の中で解散し、1912年4月27日に清和公司保有出資は満鉄保有に転換し、その後満鉄は保有株を増大させ95％を掌握した。当初は奉天公所長が監督したが、清和公司解散後は満鉄電気作業所長が監督した[16]。

　満鉄は合弁ではなく日本資本のみで設立された電力事業法人に出資した。瓦房店経理係主任横田多喜助が瓦房店に電力事業を起こすことで奔走し、満鉄から承認を得て、満鉄55％出資とし残る45％を民間応募とし、1914年10月2日に創立事務所を置き、同月15日に瓦房店電灯株式会社が設立登記された（資本金50千円4分の1払込、その後半額払込）。満鉄は55％6,875円を出資した。瓦房店電灯は同年12月より営業を開始し年6％の配当を実現し、その後も年7.8％の配当を維持した。満鉄は社長に1915年12月に瓦房店経理主任小倉鐸二、1917年6月に瓦房店事務所長三島潤郎を兼務派遣し、経営に当らせた[17]。満鉄大石橋事務所長伊藤原蔵が設立を主導し、1916年7月25日に大石橋電灯株式会社の創立総会が開催された（登記8月7日、資本金50千円半額払込）。満鉄は55％13,750円を出資した。満鉄は社長に入江正太郎を派遣したが、1917年1月に換えて工藤雄助を就任させた。1918年7月就任の大石橋事務所長藤井省策を社長に兼務派遣し経営に当らせた[18]。社長は頻繁に交代した。同社は同年10月26日に営業を開始し期末に6％配当を実現した。1917年3月22日に半額払込にして資金調達したが、それでは不足する資金を1916年10月18日に満鉄より6.5千円を1921年9月末まで年7％で借入れる契約を締結し資金力を強化し、配当も続けた[19]。満鉄は事業持株会社とし

て融資でも資金支援した。大石橋電灯は事業が好調のため1920年9月期で融資の全額償還を終えた[20]。公主嶺地方の電力事業を起こすため才賀電機商会が事業許可を得たが同商会破綻で事業は停頓した。満鉄公主嶺地方事務所長服部誠蔵が設立に動き満鉄の了解を得て、1916年7月4日に関東都督府より設立認可を得て、8月10日に公主嶺電灯株式会社の創立総会が開催された（資本金50千円4分の1払込、1918年3月期には半額払込）。満鉄は55％6,875円を出資し、公主嶺地方事務所長服部誠蔵を社長に兼務派遣し経営を担当させた。同社は1917年1月に業務を開始した[21]。四平街における電力事業の設立に公主嶺地方事務所長服部誠蔵と四平街出張所主任田中挙二が計画し、1915年8月30日に関東都督府より許可を得たが、遅延した。1917年5月7日に四平街電灯株式会社の創立総会が開催された（5月7日登記、資本金50千円4分の1払込）。満鉄は50％を出資し社長服部誠蔵（公主嶺地方事務所長）、取締役に四平街事務所長田中挙二を兼務派遣し、経営を掌握した田中は1918年5月に社長に昇任した[22]。この4社に対し50％以上出資することで支配下に置き当該地電力インフラ投資を重点的に支援した。

2．運輸業投資

満鉄は自社所有船で大連港を拠点に海運業にも参入していた。満鉄とは出資関係のない組合組織で北清輪船公司が1911年6月に設立され（本店大連、資本金20千円）、近海で海運に着手し関東都督府命令航路補助金と満鉄補助金を受給して事業を拡大させ、1913年1月に大連汽船合名会社（資本金100千円）に改組した（大連汽船［1935］26-28頁）。満鉄は自社支配下の海運業を育成するため、大連汽船合名とは別に1915年1月28日に大連汽船株式会社を設立した（資本金2百万円払込、全株満鉄保有）。設立日は創立発起人会開催日である[23]。同年2月10日に大連汽船合名を解散させ、同社保有権利義務を承継し、併せて満鉄直営海運業を大連汽船に譲渡統合した（大連汽船［1935］10-11頁）。社長に元満鉄作業所長田沼義三郎を就任させ、監査役に満鉄調査課長川村柳次郎を兼務派遣し経営を掌握した（大連汽船［1935］96-98頁）。大連汽船は第1次大戦期の海運大拡張時期に事業を急拡大させた。同社は増資せずに一部資金を満鉄融資で調達したほか、満鉄保証社債・借入金による資金調達で事業拡大を進め、大連では傑出した大規

模海運事業者にのし上がっていた。また関東都督府命令航路を引き受け、1916年末で大連－安東－天津線、大連－龍口線、大連－貔子窩線、大連－柳樹屯線を運行することで補助金を受給しつつ操業し、その他航路の大連－青島線、青島－上海線等も運行し、航路拡張を続けていた[24]。1920年12月期で総資産6,981千円、船舶2,964千円で、利益531千円を計上する満鉄最大の優良子会社となっていた[25]。

　第1次大戦期に満鉄本線北端の拠点駅長春界隈の農産物出回りが急増した。1917年秋の出回り時期に長春発着の馬車貨物輸送を強化するため、三井物産株式会社のほか山口合名会社（1909年12月26日設立、本店神戸、通称、山口運輸公司、資本金200千円）が参入した。山口合名は1910年1月6日に大連支店を登記して営業していた[26]。同社は満洲で1910年に大阪商船株式会社の荷客取扱事業に着手し、1918年12月26日に山口運輸株式会社に改組した（本店神戸、資本金1百万円半額払込）[27]。そのほか松茂洋行（自営業、1918年3月9日合資会社長春松茂洋行に改組）が従事していた。この三者が協定し馬車輸送の統一機関設立を計画した。会社組織とし資本金500千円、うち満鉄が20％100千円を出資し残る80％を発起人引受と公募で消化する方針とした。1917年11月12日より新会社の株式を公募した。新会社設立により長春以北の満鉄の運送補助機関として活躍を期待した[28]。株式購入要望が強いため満鉄は発起人及び賛成人に割当株10％を譲り、2千株を公募した。公募株に52倍104千株の応募があり応募者に比例分配で引き受けさせた。東支鉄道は哈爾濱・長春間の配車を制限し南行貨物の圧迫を加えていたため、新会社が長春・哈爾濱間馬車輸送で長春からの満鉄南行貨物の集荷に尽力する方針とし[29]、同年12月5日に長春運輸株式会社が設立された（資本金500千円125千円払込）。当初の企画とは異なり満鉄は10％12.5千円を出資した。満鉄は専務取締役染谷保蔵（満鉄販売部門職員）、監査役小日山直登（満鉄兼務）を送り込んで経営を掌握した[30]。満鉄は同社を自社の補助機関と位置づけた。第1次大戦期の満洲大豆の出回り急増のなかで長春運輸の業績は好調で1918年5月期総資産142千円、年8％配当、11月期総資産154千円、特別配当4％を含み年16％の配当を実現した[31]。

　朝鮮中央鉄道株式会社は1916年4月29日に朝鮮軽便鉄道株式会社として釜山に設立されたが、翌年6月に大邱に移転し、1919年9月30日に朝鮮中央鉄道株式会

社に商号変更し、京城に本店を移転し併せて9百万円を増資し、資本金11百万円5,250千円払込となった（新株4分の1払込）。新株の配当を期待した帝国生命保険株式会社（1888年3月1日設立、本店東京）が3.75％株の筆頭株主となり、同様に6位東拓5千株、8位満鉄1.36％3千株で株主に列した（柴田［2015a］72-73頁）。満鉄は先述のように1917年8月に朝鮮官営鉄道運行を受託しため、朝鮮の民間鉄道事業にも支援する趣旨で朝鮮中央鉄道の株式を取得した（南満洲鉄道［1928］992頁）。日本国内の有力民間法人が朝鮮中央鉄道に多額出資するため（柴田［2015a］第1章参照）、満鉄出資は低率に止まった。

1) 南満洲電気［1930］16-25頁。安東電気の存在を傍証できない。
2) 南満洲鉄道［1919］683、688頁。関東都督府『第8統計書』1913年版では合資会社に分類し本店奉天。
3) 蘇［1990］346-348頁参照。ただし同書でも清和公司本店所在地の記載がない。
4) 関東都督府『第8統計書』1913年版に掲載があるため関東都督府に支店登記したと判断した。ただし奉天本店は附属地外のため登記しない。
5) 佐藤安之助（陸軍軍人、満鉄奉天公所所長）と鎌田弥助（満鉄奉天公所副所長）が「本業の余暇に」、奉天省「官僚たちと組んで小規模ながらサイドビジネスに手を出していた。石炭、木材を販売する「清和公司」の経営である」と友高［1992］31頁は解説する。交渉着手を1919年とするが誤りである。両名のサイドビジネスとする清和公司の位置づけは鞍山鉄鉱鉱床利権獲得を目的とした満鉄投資先の過小評価となろう。
6) 南満洲鉄道［1919］683、688頁。清和公司解散は蘇［1990］348頁による。
7) 営口水道電気株式会社『第1期営業報告書』1907年4月期、1-7頁。
8) 同『第5期営業報告書』1909年4月期、8頁。才賀電機商会の事業については、満洲事業ではないが吉田［1982］、三木［1991］を参照。
9) 営口水道電気株式会社『第6期営業報告書』1909年10月期、同月株主名簿。なお営口水道電気は1907年12月26日に第2回12.5円払込を通知し半額払込とした（同『第3期営業報告書』1908年4月期）。
10) 営口自来水電気有限公司『第9期営業報告書』1911年4月期、17-18、22頁及び株主名簿。田沼義三郎は1909年満鉄採用、1912年12月1日満鉄作業所長、1918年辞職（笠原［1922］264頁、満鉄会［1992］28頁）。沼田政二郎は1873年4月生、1900年東京帝国大学法科大学卒、日本郵船株式会社（1885年9月29日設立、本店東京）採用、台湾銀行に移り、1907年満鉄採用、調査役兼秘書役、1907年4月23日総務部庶務課長、

第3章　第1次大戦終結前期南満洲鉄道系企業集団　137

　　1911年9月9日〜1914年1月17日満鉄理事、1914年六十五銀行（1878年11月15日設立、本店神戸）取締役、頭取、1924年3月25日〜1925年9月22日東拓理事、1925年9月復興建築助成株式会社（1925年12月設立、本店東京）社長（『大衆人事録』1942年版、東京755頁、笠原［1922］192頁、南満洲鉄道［1919］64頁、満鉄会［1992］24、28頁、柴田［2015a］67頁）。川村柳次郎は明治2（1869）年4月2日生、1894年東京帝国大学法科大学卒、中立銀行（1884年7月5日設立、本店大阪）採用、三十四銀行（1878年3月14日設立、本店大阪）副支配人、京都市助役、1908年満鉄採用、1908年12月25日調査課長、1914年5月20日総務部事務局調査課長、1911年11月営口水道電気取締役、1915年社長、1915年1月28日大連汽船監査役兼務、1917年9月〜1920年2月理事、1920年辞職、大安生命保険株式会社（1924年2月2日設立、本店東京）専務取締役、朝鮮殖産株式会社（1907年4月設立、本店清州）監査役（『大衆人事録』1928年版、カ49頁、満鉄会［1992］28、32頁、『帝国銀行会社要録』1919年版、朝鮮13頁）。

11)　満鉄会［1992］28、32頁、営口水道電気株式会社『第11期営業報告書』1912年3月期、11頁、『第17期営業報告書』1915年4月期、22頁。

12)　営口水道電気株式会社『第18期営業報告書』1919年10月期、南満洲鉄道［1919］682頁。

13)　満鉄会［1992］32頁、営口水道電気株式会社『第22期営業報告書』1917年10月期、13頁。

14)　営口水道電気株式会社『第27期営業報告書』1920年4月期、21-22頁。

15)　南満洲鉄道［1919］683頁。設立年月日・役員・株式は南満洲電気［1930］330頁。南満洲鉄道地方部勧業課『南満洲商工要鑑』1919年版、289頁。

16)　南満洲鉄道［1919］683-684頁。設立年月は『南満洲商工要鑑』1919年版、461頁、南満洲電気［1930］353-354頁。奉天公所設立は満鉄会［1992］29頁。

17)　南満洲鉄道［1919］684頁、満鉄会［1992］39頁、南満洲電気［1930］281-283頁。小倉鐸二は1912年満鉄採用、1922年1月7日社長室人事課、1929年12月16日奉天地方事務所長（笠原［1922］366頁、満鉄会55、66頁）。

18)　南満洲鉄道地方部地方課『満鉄沿線商工要録』1917年版、116頁、『南満洲商工要鑑』1919年版、254頁。伊藤原蔵は1907年満鉄採用、1918年辞職（笠原［1922］144頁）。南満洲電気［1930］309-312頁。入江正太郎は1887年1月21日生、1911年東京帝国大学法科大学卒、満鉄採用、1918年1月15日に遼陽地方事務所長、1922年1月7日総務部外事課長、1923年4月21日庶務部庶務長、1927年10月21日東京支社長、南満洲電気専務取締役、満洲印刷株式会社（1939年4月11日設立、本店奉天）取締役、松下電気工業株式会社（1938年10月設立、本店大阪）会長、阪神築港株式会社顧問（笠原［1922］157頁、『大衆人事録』1943年版、兵庫21頁、入江正太郎［1938］、満鉄会［1992］55、62、68-69頁、『帝国銀行会社要録』1942年版、大阪162頁）。工藤雄助は

1913年満鉄採用、1917年1月24日大石橋電灯社長、1922年1月30日監察員、1923年7月31日庶務部社会課参事、1926年3月8日興業部庶務課長、1936年9月股份有限公司安東造紙廠（1936年9月11日設立、1938年1月31日安東造紙株式会社に商号変更）社長（笠原［1922］320頁、満鉄会［1992］55、62、67頁、大連商工会議所『満洲銀行会社年鑑』1937年版、633頁、『満洲国政府公報』1530号、1939年5月24日）。藤井省策は1907年採用、1918年1月15日大石橋地方事務所長（笠原［1922］352頁、満鉄会［1992］39頁）。

19) 前掲大石橋電灯『第2期営業報告書』。
20) 前掲大石橋電灯『第8期営業報告書』で2.5千円の借入金が、大石橋電灯株式会社『第10期営業報告書』1921年3月期（満鉄資料館22394）で皆無となっていた。
21) 南満洲鉄道［1919］684頁、『南満洲商工要鑑』1919年版、570頁、南満洲電気［1930］426-427頁。服部誠蔵は1907年採用、公主嶺地方事務所長、1920年辞職（笠原［1922］170頁、満鉄会［1992］39頁）。
22) 『南満洲商工要鑑』1919年版、536頁、満鉄会［1992］33、39頁、南満洲電気［1930］407-408頁。
23) 大連汽船株式会社『第1期営業報告書』1915年12月期、6-7頁。大連汽船［1935］2頁は設立日を設立認可及び登記日2月1日とする（大連汽船［1935］65頁、『府報』528号、1915年2月17日）。
24) 南満洲鉄道［1919］680頁、大連汽船［1935］のほか柴田・鈴木・吉川［2007］も参照。
25) 大連汽船株式会社『第6期営業報告書』1920年12月期、10-11頁。
26) 『府報』462号、1910年1月14日。
27) 『府報』1240号、1919年1月12日。山口合資、山口運輸の業務については『南満洲商工要鑑』1919年版、569-570頁。
28) 『満洲日日新聞』1917年11月11日。長春松茂洋行については『南満洲商工要鑑』1919年版、633頁。
29) 『満洲日日新聞』1917年11月26日。満洲大豆の南行と東行の集荷競争については岡部［2008b］参照。蘇［1990］152頁は長春運輸への満鉄出資を8％とし役員株を考慮しない。
30) 『満洲日日新聞』1917年12月8日。小日山直登は1886年4月24日生、1912年7月東京帝国大学法科大学卒、同年11月満鉄採用、1918年1月撫順炭礦庶務課長、1921年9月17日撫順炭礦庶務部長、「満鉄事件」で起訴、無罪、1923年3月辞職、1923年6月～1926年8月国際運送株式会社社長、1926年8月～1927年11月国際運輸株式会社専務取締役、1927年9月17日～1930年5月7日満鉄理事、1935年6月～1937年6月北満洲金鉱株式会社（1935年6月25日設立、本店新京）社長、1937年6月～1941年3月株

式会社昭和製鋼所社長、1938年3月～1941年3月満洲重工業開発株式会社理事、1941年4月26日～1943年1月鉄鋼統制会理事長、1943年7月～1945年4月満鉄総裁、1945年4月～10月運輸通信大臣・運輸大臣、同年12月石炭庁長官、同年10月貴族院議員、1946年公職追放、1949年8月29日没（秦［1981］99頁、新潮社［1991］745頁、満鉄会［1992］38、44頁、『日産懇話会々報』101号、1941年5月15日）。染谷保蔵は1907年満鉄採用（笠井［1922］274頁）。金子［1991］225頁の1915～1919年度満鉄出資には見出せない。

31）『満洲日日新聞』1918年6月26日、12月2日。

第4節　製造業・鉱業投資

1．大連製造業支援

　満鉄は満鉄本線と大連港の稼働率の極大化による大連中心の事業拡大戦略を採用しているため、大連の産業化の支援を続けた。満鉄の内部技術を用いた分社化や個別製造業の支援も見られる。そのほか満鉄沿線都市の有力製造業の参入にも支援した。設立時から出資した大連の製造業を先に紹介しよう。

　満鉄中央試験所（1910年5月1日設置）は満洲大豆を原料とする川下部門の製造技術の企業化研究を続けていた。その成果として豆油、豆粕、硬化油、石鹸その他油脂加工品の製造を目的とする会社の設立が発起された。資本金1百万円20千株に対し、満鉄が7,400株、発起人と賛成人9,600株を引き受け一般公募3千株に対し1916年2月10日～15日申込で153倍459,525株の応募が殺到し[1]、1916年4月26日に大連油脂工業株式会社が設立された（資本金1百万円4分の1払込）。満洲企業家や植民地在住者の株式投資への選好が最も顕著に表れた事例である。社長鈴木庸生（満鉄総務部瓦斯作業所所長兼務）、取締役石本鑓太郎（満洲事業家）、相生由太郎（満洲事業家）、栃内壬五郎（満鉄地方部産業試験場長）ほか、監査役佐藤至誠（石炭商ほか）ほかという陣容で、満鉄が37％92.5千円を出資し経営に深く関わっていた。同社は油房事業としての製油工場と硬化油工場を保有した[2]。1918年11月期に同社は500千円半額払込とし資金力を強化し[3]、1919年5月期ま

で連続して利益を計上していたが、大豆油相場が牛脂に対し高止まりしていたため、ほかの油房業者と同様に不振に陥り翌年5月期より損失を計上した[4]。

満鉄は1909年以来、自社の経理部用度課の直営事業の雨覆、雨具並びに防水塗料製造販売及び各種裁縫受託ロープ製造販売家具建具製造販売の業務に従事していた（担当桝田憲道）。1918年4月5日に同事業を分社化し大連工業株式会社を設立した（資本金500千円125千円払込）。専務取締役に同年満鉄から転出した桝田が座り、取締役相生由太郎、佐藤至誠、監査役藤井文陽（満鉄経理職員、1919年辞職）、高田友吉（株式会社進和商会（1919年5月1日設立、本店大連）経営）が並んでいた。満鉄は3,980株と藤井文陽300株の合計42.8％4,280株を出資した。同社は9月1日より事業を開始した。同社の雨覆用防水塗料は桝田が考案した満洲大豆油を原料とする製品であった。同社は需要がさほど変動しない商品を製造し、しかも納品先は満鉄、関東都督府、関東軍、大連市役所等であり安定しており[5]、営業第1期1918年5月期より利益を計上した[6]。

1918年9月25日に満洲ベンジン工業株式会社が設立された（本店大連、資本金300千円半額払込、専務取締役金子隆二）[7]。設立時に満鉄は出資しなかった。同社は事業拡張のため1920年2月10日に210千円払込としたうえで、同月12日に資本金210千円払込に減資し同時に2,790千円（4分の1払込）増資を決議し、資本金3,000千円907.5千円払込とした。併せて大連製油株式会社に商号変更する決議を行い5月29日に登記した[8]。満鉄は大連の製造業支援のため150千円の債務保証を与え、大淵三樹（満鉄地方部勧業課長）名義で株式を取得し、1920年2月2日に監査役大淵の就任登記し、同社の経営監視に当たらせ、増資後に旧株70株と新株210株合計6,125円保有とした[9]。同社大口株主は役員のほか東省実業株式会社（1918年5月4日設立、本店奉天）も旧株350株、新株1,050株を、また大連油脂工業も旧株350株、新株1,050株を保有し支援していた。しかし大連製油は1920年5月期でも損失を計上し[10]、その後も不振を続け、1923年10月に工場火災で打撃を受け再起不能のまま休業状態に陥り（南満洲鉄道［1928］977頁）、解散せずに満洲事変期まで存続した。

2．その他製造業等投資

第1次大戦期の砂糖価格の急騰のなかで1916年3月に代議士小西和が満洲における甜菜を原料とする粗糖と精糖の生産を行う満洲糖業設立計画案を関東都督府に提起した。その企画によると満洲における土地取得負担の重さを考慮し関東都督府からの資本金額の5％の補助金受給で支援を受け、南満洲で資本金5百万円4分の1払込の会社を新設し、第1回払込金を製糖工場費用に充当するとした。発起人は大橋新太郎（株式会社大橋本店社長）、中野武営（代議士、東京商業会議所の重鎮）ほかで、前記補助金は第1工場の費用に充当する、精糖工場では自社のみならず社外から粗糖を購入し精製し、株式は中国人にも引き受けさせるものとした。設立に当たり張作霖からこの案件で了承を得るため、1916年11月に製糖会社設立関係者を代表し馬越恭平と小西和は奉天に赴き、満鉄総裁国沢新兵衛の紹介で面会し出資を求めたが、立場上出資できないと断られた。そのほか張作霖側は過日4百万元を投じて設立した呼蘭製糖公司が経営困難に陥っているため、買収してほしいと要請した。張作霖への陳情には甜菜栽培地にかかる土地商租権の確保も含まれていた。張側が提案した呼蘭製糖公司の買収は実現せず、同公司は満洲事変後の接収資産となる[11]。

南満洲製糖株式会社は1916年12月15日に設立された（本店奉天、資本金10百万円2.5百万円払込）。200千株、株主1,227名中、満鉄7.1％14,200株が最多で177.5千円を出資した。以下、荒井泰治5,100株、鈴木岩治郎（合名会社鈴木商店）5,000株、安部幸兵衛4,500株、吉村鉄之助2,500株、大橋2,700株、石本2,000株等で、満洲各地投資家のほか日本・台湾でも引き受けた。社長荒井泰治（塩水港製糖株式会社）、常務取締役橋本貞夫、取締役大橋新太郎（株式会社博文館社長）、槇哲（塩水港製糖）、小西和（代議士）のほか、満鉄は元満鉄作業所長田村義三郎を就任させた。監査役に安部幸兵衛（塩水港製糖）、吉村鉄之助（満洲製粉社長）、石本鑓太郎（満洲事業家）ほかが並んだ[12]。満鉄が筆頭株主に座ることで投資家に信頼を与え、糖業技術については塩水港製糖が引き受け、販売は主に安部幸兵衛商店と鈴木商店が引き受ける体制であった。満鉄の本業と製糖業の関連は薄いが、1916年時点で満洲における多額投資が可能な法人は満鉄以外にありえなかった

（柴田［2007i］594-595頁）。安部幸兵衛は1919年9月6日に病没した[13]。1917年8月南満洲製糖は三井物産上海支店からロシア産甜菜種を入手し、また甜菜栽培用等の土地41ヘクタールの商租権契約を締結した。甜菜種子を撒き、結果は予想を超えて好調で満洲の甜菜栽培の将来性を期待できた。甜菜栽培契約農地は2,700ヘクタールに増大した。甜菜圧縮機の到着が遅れ粗糖生産の開始が当初見込みよりいくらか遅れたが粗糖生産に漕ぎ付けた。同社が加工して生産した精糖は奉天のみ直接販売し、満洲及びその他地域については三井物産、鈴木商店、安部幸兵衛商店を特約店として卸した。三井物産は国外、その他2社が国内販売を担当した。南満洲製糖は農民に配布する甜菜種子の農場経営に対し1918年5月より関東都督府より補助金を受給していたため原料調達で有利であった（柴田［2007i］595頁）。しかし1920年3月に満洲にも戦後恐慌が波及し、粗糖価格が下落し甘蔗を原料とする輸入粗糖に価格で比較劣位に立ち、1920年代に低迷を続けた。

　1918年12月25日に満蒙毛織株式会社が設立された（本店奉、資本金10百万円4分の1払込）。筆頭株主として東拓本体33千株、役員株合計で20％、満鉄5％10千株、そのほか満洲投資に関心を寄せる日本・植民地の事業家が出資した。社長石塚英蔵（東拓総裁兼務）であり、東拓が経営に責任を負った。満鉄は栃内壬五郎（満鉄農事試験場長）を監査役に兼務派遣した。満蒙毛織は大きな期待を背負って発足したが、戦後恐慌後に不振に陥った。東拓の関係会社として第7章で解説する。

　満鉄は最大炭礦の撫順炭礦を抱えており、その掘削作業では火薬は必需品である。満洲で安定的に鉱山用火薬を供給するため、1919年4月18日に満洲鉱山薬株式会社が設立された（本店安東、資本金1百万円半額払込）。設立当初は藤瀬政次郎7.5％37.5千円、満鉄と田崎銃砲火薬店（自営業）各5％25千円を出資し、以下、石本鑽太郎（満洲事業家）、大橋新太郎、高木陸郎、佃一予（元満鉄理事（1913年12月26日～1917年12月25日在任））、神成季吉（前三井物産大連支店長代理）、藤原銀次郎（王子製紙株式会社社長）、相生由太郎各2.5％を保有し、株式は分散していた。満鉄保有株に佃保有株を合計すると7.5％の保有となるが、佃個人資産による取得と判定した。社長佃一予、常務取締役明石東次郎（前日本セ

ルロイド人造絹糸株式会社（1908年3月設立、本店網干）製造部長、火薬製造業、退役陸軍大佐）、吉家敬造（満洲事業家）、取締役荒井泰治、神成季吉、監査役高木陸郎ほかであった。満鉄は元理事佃を社長に就任させ経営掌握した。満洲鉱山薬は工場用地として安東官有地約100千坪を借り受けたほか、満鉄から宿舎用地として官有地10千坪を転借し、密接な取引関係を有した。1919年10月総資産499千円、124円の利益を計上した[14]。1920年10月期で戦後恐慌が満洲に波及したため撫順炭以外の鉱山や工事用の需要が想定より伸びない状況となった。筆頭株主は三井物産7.5％となり、藤瀬政次郎個人名義で取得した株式を会社設立後に同社が買収した[15]。

　1919年5月に満洲刷子工業株式会社が設立された（本店撫順、資本金500千円4分の1払込）。満鉄は取締役に山崎重次（1909年採用、1922年で予備職員）を兼務派遣した。同社は満蒙の羊豚毛を有利に商品化し、満洲の低賃金労働に従事する撫順炭礦従業者の家族に副業を与える目的で設立された。満鉄は20％25千円を出資した[16]。そのほか関東庁より36.6千円の補助貸下げを受けて業務を開始したが、製造技術及営業の両面で期待通りの成績を挙げることなく当初より損失を計上し予想を大きく下回った（南満洲鉄道［1928］990-991頁）。

　1919年9月30日に亜細亜煙草株式会社が設立された（本店上海、資本金10百万円4分の1払込）。同社は第1次大戦期の景気高揚の中で中国関内に大規模紙巻煙草事業を立ち上げ、先行する巨大な英米煙草トラスト系の大英煙公司と中華煙草股份有限公司および華僑系事業者の南洋兄弟烟草公司に対抗する日系勢力の構築を目指した。満鉄0.5％1千株、東拓1.5％3千株を引き受け、政府が政策的に関内煙草事業を支援した。取締役会長山本悌二郎（前台湾製糖株式会社会長）ほかが取締役に並んだ。満鉄は役員を派遣しなかった。出資社には満洲製粉社長吉村鉄之助、安部幸之助ほか南満洲製糖の役員も並んでいた。しかし亜細亜煙草は事業を立ち上げたものの上海における煙草工場設立を実現できずにいた（柴田［2005］105-107頁）。

　第1次大戦期に鉱業投資のみならずその製錬業も拡張したが、その際に耐火材の増産も必要とされた。満鉄は1915年に満洲のマグネサイト鉱区を発見した。この採掘と買鉱のため会社設立が提案された。発起人に大橋新太郎、荒井泰治、高

木陸郎、安部幸兵衛、森恪（三井物産）のような国内企業家のほか、石本鑑太郎、相生由太郎、斉藤茂一郎のような満洲企業家も並んでいた[17]。1918年4月8日に鉱物採掘と製錬、鉱物原料の耐火材製造、日本・欧米向け輸出を業とする南満鉱業株式会社が設立された（本店大連、資本金3百万円4分の1払込）。満鉄10％（役員株500株を含む）のほか、中丸一平（三井物産）、赤羽克己（三井物産）、荒井泰治、大橋新太郎各5％、高木陸郎3.3％、安部幸兵衛、森恪、茂木惣兵衛（茂木合名会社）各1.66％等、多くの有力企業が同社の企画に賛同して出資した。社長荒井泰治、専務取締役高木陸郎、取締役大橋新太郎、中丸一平、相生由太郎ほか、監査役山田潤二、藤崎三郎助（塩水港製糖）ほかである[18]。満鉄は経営監視のため監査役に総務部文書課長山田潤二を兼務派遣した。有力企業家が並び、期待された事業であったが、1920年3月の戦後恐慌で一挙に需要が減少し、1921年6月期に損失を計上し[19]、以後不振を続けた。

1）『満洲日日新聞』1916年2月9日株式募集広告、1919年7月10日。
2）　南満洲鉄道［1928］974-975頁。この典拠では設立時「七拾五万円」払込としているが誤りである。満鉄中央試験所の企業化研究については飯塚［2005］参照。設立日は『満銀年鑑』1935年版、185頁。役員等は『南満洲商工要鑑』1919年版、78頁。この典拠では同年5月1日設立。鈴木庸生職位は満鉄会［1992］32頁。石本鑑太郎は元治元（1864）年4月4日生、1874年より大学予備門で学び、1882年上海・北京に留学、三井物産ほかで勤務、日清戦争で支那語教官、日露戦争従軍、1906年関東都督府より阿片事業許可を得て大連で蓄財、1915年衆議院議員、同年10月大連市長、多数の会社経営、教育銀行（1900年6月3日設立、本店大連）破綻で事業縮小、1933年12月30日没（『満蒙日本人紳士録』1929年版、い40頁、『関東庁庁報』1007号、1934年3月1日）。相生由太郎は1905年9月10日生、1896年7月東京高等商業学校卒、1907年8月満鉄採用、1908年12月5日大連埠頭事務所長、1909年10月辞職、1911年9月満洲水産株式会社取締役、1913年6月大連取引所信託株式会社取締役、1916年5月大連油脂工業取締役、1918年南満鉱業取締役、1920年1月東亜土木企業取締役、相生合名会社（1929年5月23日設立、本店大連）代表、満洲塗装株式会社（1934年6月23日設立、本店大連）社長、満洲水産販売株式会社（1933年10月10日設立、本店大連）、興亜食料工業株式会社（1939年4月28日設立、本店大連）、白河艀船株式会社、復州鉱業株式会社各取締役、株式会社福昌公司、満蒙興業株式会社（1917年9月10日設立、本店大連）、大連郊外土地株式会社各監査役、1930年1月2日没（『大衆人

事録』1943年版、関東州1頁、笠原［1922］392頁満鉄会［1990］28頁、篠崎［1932］年譜）。栃内壬五郎は1913年満鉄採用、1914年5月20日地方部産業試験場長、1918年1月15日同農事試験場長、1921年5月23日地方部勧業課次席、1922年1月7日地方部農務課長、1923年5月21日興業部農務課長（笠原［1922］188頁、南満洲鉄道［1919］91頁、満鉄会［1992］32-33、39、49、57、68頁）。佐藤至誠については中西利八編『満洲紳士録』1943年版、431頁。

3）　『満洲日日新聞』1918年6月28日、12月26日。
4）　南満洲鉄道［1928］975頁、『満洲日日新聞』1919年6月30日、12月28日。
5）　『大連工業株式会社定款経歴及現況』1919年5月、大連工業株式会社『第3期営業報告書』1919年5月期、20-21頁）。藤井文陽は1907年満鉄採用、1919年辞職、経理部門（笠原［1922］351頁）。枡田憲道は1907年満鉄採用、1918年辞職（笠原［1922］349頁）。柳沢［2008］172頁は満鉄の当初出資を「五割強」とする。
6）　大連工業株式会社『第1期及第2期営業報告書綴』。
7）　『南満洲商工要鑑』1919年版、77頁。
8）　大連製油株式会社『第3期営業報告書』1920年5月期、1‐4頁、『満洲会社興信録』1922年版、49頁。大連製油設立1918年9月25日は『満銀年鑑』1936年版、202頁。
9）　大淵三樹は1885年8月生、1911年東京帝国大学法科大学卒、満鉄採用、1919年7月16日地方部勧業課長、1925年9月18日東京支社次長、1927年10月23日審査役、1929年6月15上海事務所長、1930年6月14日東京支社長、1932年10月4日〜1936年10月3日理事、樺太人造石油株式会社（1939年5月29日設立、本店豊原）社長、帝国燃料興業株式会社副総裁、北海道人造石油株式会社（1938年12月設立、本店札幌）等取締役（帝国秘密探偵社『大衆人事録』1942年版、東京222頁、『帝国銀行会社要録』1940年版、北海道30頁、満鉄会［1992］44、62、63、69頁、柴田［2015］548頁）。金子［1991］225頁は1918年9月設立時出資とする。
10）　南満洲鉄道［1928］976-978頁、前掲大連製油『第3期営業報告書』3-13頁。
11）　柴田［2007i］594頁。小西和は1873年4月生、札幌農学校卒、東京朝日新聞社記者、衆議院議員、南満洲製糖、東亜拓殖工業株式会社（1919年2月設立、本店東京、1927年頃、東亜拓殖澱粉工業株式会社が商号変更）取締役、1947年11月30日没（『大衆人事録』1942年版、東京390頁、『帝国銀行会社要録』1927年版、東京88頁）。荒井泰治は文久元（1861）年5月16日生、毎日新聞社、日本銀行、鐘淵紡績株式会社支配人、富士瓦斯紡績株式会社支配人を経て1899年マーカス・サミュエル商会 Marcus Samuel & Co.（1876年創業）台湾支店長、台湾の多数の会社設立に関わり、1912年貴族院議員、多数の外地会社に関係し1927年3月7没（『大正人名事典』1918年、東洋新報社、1794頁、満洲鉱山薬株式会社『第9期営業報告書』1927年10月期、2頁ほか）。吉村鉄之助は安政5（1858）年8月1日生、同志社で学び、多数の企業経営に従事、衆議院

議員、南満洲製糖、帝国製糖株式会社（1910年10月設立、本店台中）各監査役（『大衆人事録』1928年版、ヨ44頁）。

12) 南満洲製糖株式会社『第2期営業報告書』1916年2月期、15-16頁、「株主名簿」1917年12月27日現在。

13) 安部幸兵衛は弘化4（1847）年9月18日生、横浜で起業、砂糖貿易で財を成し、塩水港製糖ほかの設立に関わった。1919年9月6日没。安部の事業は1918年7月設立、株式会社安部幸商店（本店横浜）に改組（『帝国銀行会社要録』1919年版、神奈川46頁）。

14) 満洲鉱山薬株式会社『第1期営業報告書』1919年10月期、1-9頁。佃与一は元治元（1864）年7月12日生、1890年7月帝国大学法科大学卒、内務省採用、1893年11月大蔵省に移り参事官、1897年5月主計局予算決算課長、1898年3月神戸税関長、1900年7月主税局関税課長、1906年6月日本興業銀行副総裁、1913年12月～1917年12月満鉄理事、1919年8月満洲鉱山薬社長、1925年3月14日没（大蔵省百年史編集室［1973］113頁）。神成季吉は1875年生、1897東京高等商業学校卒、入営、日本郵船採用、三井物産に転じ、1912年4月満洲営業部長代理、1917年3月辞職、大連銭鈔信託取引所株式会社専務取締役、1919年周水土地建物株式会社専務取締役、満洲製麻株式会社（1917年5月22日設立、本店大連）、大連火災海上保険株式会社取締役（満洲日報社『満蒙日本人紳士録』1929年、か28頁）。明石東次郎については岩井産業［1964］206頁、『帝国銀行会社要録』1918年版、兵庫30頁。

15) 満洲鉱山薬株式会社『第2期営業報告書』1920年10月期。

16) 南満洲鉄道［1928］990-991頁。山崎重次については笠原［1922］327頁。『満洲会社興信録』1922年版では東拓も出資したとの記載が含まれているが、東拓は出資せず換えて東省実業が出資した（柴田［2007d］）。それを東拓出資と誤認したと推定する。

17) 『南満鉱業株式会社定款』24-26頁。斉藤茂一郎は1881年2月20日生、慶應義塾理財科卒、三井物産採用、1909年南昌洋行採用、大連支店長、満洲棉花株式会社、東洋スレート株式会社（1919年9月21日設立、本店大連）、南昌工業株式会社（1936年12月23日設立、本店大連）各社長、満洲製糖株式会社（1935年12月26日設立、本店奉天）、大和染料株式会社各取締役、日満アルミニウム株式会社、関東州工業土地株式会社各監査役（『大衆人事録』1943年版、関東州20頁、『満銀年鑑』1937年版、119、241頁、『庁報』102号、1919年10月2日）。

18) 南満鉱業株式会社『第1期営業報告書』1918年6月期、『関係会社年報』1938年版、811頁、『南満洲商工要鑑』1919年版、61頁。

19) 南満鉱業株式会社『第9期営業報告書』1921年6月期。

第5節　取引所信託と市場会社等の支援

1．取引所信託の支援

　満洲における特産大豆等の集散地で自然発生的にあるいは省政府認可で中国人による取引所類似組織が現われ、操業を開始していた。関東州でも1913年2月15日勅令「関東州内ニ設立スル重要物産取引市場ニ関スル件」により、関東州に官営取引所が設立された。さらに満鉄附属地の取引所に取引を集積させるため、1915年4月13日に勅令改正で適用地域が満鉄附属地に拡張し、関東都督府の認可を得て、1916年2月15日に官営開原取引所が、同年4月1日に官営長春取引所が業務を開始した。この両取引所は特産大豆と関連商品のみならず銭鈔取引も兼営した。1919年10月に官営四平街取引所、同年11月に官営公主嶺取引所と官営鉄嶺取引所が開設された（関東局［1936］569頁）。

　官営開原取引所の取引清算業務を担う会社が企画された。関東都督府から担当事務官、満鉄地方課長村井啓太郎（1914年8月5日～1919年7月16日在任）が出張し調査したうえで、設立許可を与える方針となり、創立委員長は在開原領事館補が担当した[1]。関東都督府は満鉄沿線に事務所を有しないため個別に出張で対処するだけであり、当該地に張り付いて設立業務を仕切るのは沿線領事館であった。1915年10月20日に設立申請を行い、12月10日に発起人の株式引受を行い、同日に開原取引所信託株式会社が設立された（資本金500千円125千円払込）。翌年1月30日株式払込を完了し、2月1日に発起人総会を開催し取締役を選任した。同社は合弁で設立され満鉄は本体で4.4％440株、神保太仲（満鉄）名義0.1％10株、合計4.5％450株22.5千円5.625千円払込を出資した。合弁設立のため満鉄出資率を抑えた。官営取引所附属事業のため関東都督府が出資を命じたはずである。社長王執中（開原事業家）、専務取締役木村総助（元満鉄運輸課勤務）であり、満鉄は専務取締役のほか監査役に地方部開原主任神保太仲を兼務派遣した。開原取引所信託は金勘定のほか少額の銀勘定、小洋銭勘定を開き地場需要に応じた。創業第1期1916年11月期より利益を計上した[2]。これが満鉄の出資した満鉄附属地

における最初の取引所清算会社である。同社は大豆先物取引のほか銭鈔取引も行った。第1次大戦末期の満洲大豆の栽培と出荷の増大の中で日本人と中国人の地域内取引を急拡大させて1920年6月期では金勘定総資産1,158千円、資本金500千円払込、利益233千円を計上し事業として成功していた³⁾。1920年4月25日に資本金2百万円875千円払込に増資し、満鉄出資は3.545％に低下した⁴⁾。

　官営長春取引所の清算業務のため、合弁の取引所清算会社設立が計画された。関東庁が設立認可を与えたうえで創立委員長に在長春領事山内四郎が就任し設立事務に当たり、専務取締役に中国側も信頼できる人物を据える必要があるとし、満鉄の1千株を持たせ満鉄から適任者を推薦させるのがふさわしいと主張した⁵⁾、満鉄沿線の合弁会社設立のため関東庁ではなく在外公館が主に設立業務に携わった。1916年2月19日に株式募集を締め切り公募2千株に対し4.25倍8,507株の応募が見られた⁶⁾。1916年3月26日に長春取引所信託株式会社が設立された（資本金500千円4分の1払込）。同社に満鉄は10％12.5千円を出資した。他は在満日本人企業家と地場中国人商人の出資であった。設立前在長春領事山内四郎は1916年3月1日に満鉄本社に出向き、役員派遣を求めた結果⁷⁾、3月4日に満鉄は専務取締役に田村羊三を、監査役に運輸部庶務課長村田懿麿を兼務派遣したが、その後は長春地方事務所主任・同所次席・所長を監査役に兼務派遣し経営監視させた⁸⁾。1916年12月期で総資産306千円、利益23千円を計上し、特別配当を含み15％の配当を実現し好調に操業していた⁹⁾。ほかの満鉄沿線の官営取引所附置清算会社として、1919年8月1日に公主嶺取引所信託株式会社が設立された（資本金500千円125千円払込）。満鉄は50％を出資し、監査役に公主嶺地方事務所長を兼務派遣した¹⁰⁾。11月6日に鉄嶺取引所信託株式会社が設立され（資本金500千円125千円払込）、満鉄は50％出資した。沿線の日本人と中国人事業家により設立された。満鉄は50％を出資し、同様に鉄嶺地方事務所長を監査役として兼務派遣した¹¹⁾。同年9月1日四平街取引所信託株式会社が設立された（資本金500千円125千円払込）。満鉄は設立当初に同社には出資せず、1920年6月期に出資した。これら取引所の清算会社支援はいずれも関東都督府の命令によるものであろう。各清算会社の役員は取引員を兼務し、併せて地場企業経営に当たっている事例も多数見受けられるため利益相反が働きやすい環境にあった。1919年12月官営奉天

取引所が設立され、この取引所の清算業務のため、1920年1月25日に奉天取引所信託株式会社が設立された（資本金3百万円4分の1払込）。同社設立時に出資申込が殺到したため満鉄の資金支援を必要としなかった[12]。なお奉天には官営取引所のほか1919年9月1日に民営の株式会社奉天商品証券交易所が設立された。官営取引所と上場品目が異なっていた。同社は1922年12月17日に株式会社満洲取引所に商号変更し事業を続けたが、この取引所の清算会社は1921年6月15日設立の満洲取引所信託株式会社（本店奉天）である[13]。

2．市場会社等の支援

第1次大戦期に満鉄附属地沿線で日本人商業者の商取引を円滑にするため、商取引の場を提供する私設市場が設立された。本来は関東都督府による官営設立がふさわしいが、当該地域の事業規模に合わせた私設市場が設置された。1917年初には長春の食品取引の集中のため「長春魚菜市場会社」の設立が計画された。多数食品卸小売の参加による競り取引で妥当な価格形成が実現することが期待された。この計画に沿って1917年5月16日に設立されたのは長春市場株式会社である（資本金50千円半額払込）。設立時に商号は修正されていた。同社は海陸物産の委託販売及び糶市場の場の提供を主業とした。満鉄が設立時期から半額12.5千円を出資した。社長に長春地方事務所次席平島達夫を兼務派遣した。取締役に長春の事業家藤田与市郎（長春銀行（1917年12月18日設立）専務取締役、満洲木材株式会社（1918年1月設立、本店長春）取締役ほか）、和登良吉（長春銀行取締役、株式会社長春倉庫（1917年7月設立）取締役ほか）が並んでいた[14]。1918年1～7月期で取引高48千円、3.8千円の手数料収入を得た[15]。その後、大戦後の反動不況の中で同社は1920年6月期決算で一部株主から実態の数値との乖離が指摘され、仲買人に対する売掛代金20千円が回収不能に陥り、多額欠損が隠蔽されたまま1割配当を行うのは問題ありとし役員の責任追及が勃発し、臨時株主総会の開催が要求され[16]、元役員と現役員間の軋轢が表面化した。1920年代の慢性化した不況の中で事業の拡張は困難となった。

奉天日本人有力者が食品の市場取引のため1916年8月15日に奉天市場株式会社が設立された（資本金50千円4分の1払込）。小売市場として操業するには資本

金規模が小さく満鉄に資金支援を要求したが断られた。満鉄の支援を求めるなら別会社を設立し、経営指導に従うなら4千株を引き受けるとの条件を付した。こうして満洲市場株式会社が1917年9月1日に設立された（本店奉天、資本金400千円4分の1払込）。満鉄は設立時から50％50千円を出資した。3千株は奉天市場の株主が引き受け、1千株を公募した。同社は水産物の委託販売と競売市場の提供を目的とした。社長は奉天市場取締役で1916年に満鉄奉天地方事務所主任で退社した原田鉄造が就任した。満鉄は1918年11月5日就任の三代目社長以後、島崎好直（奉天地方事務所次席）ほかを兼務派遣した。取締役に向野堅一ほか、監査役藤田与市郎ほか満洲日本人事業家が並んだ[17]。同社は1919年6月期で売上は順調で、中国人向取引の拡大を目指していた[18]。同期で年8％配当を行い積立金3.8千円を計上した[19]。同年12月期でも鮮魚・塩魚、野菜・果実類が好成績を上げ、北は開原、南は遼陽まで販路を拡張し、さらに天津・北京方面の需要も取り込む方針で、朝鮮・内地産の林檎等の供給に注力していた[20]。この期あたりが事業の一つのピークで、1920年代の不況で事業を拡張できなかった。

　撫順市場株式会社は1918年5月15日に設立された（資本金100千円半額払込）。撫順地場政府系との合弁設立で、満鉄は設立当初より10％5千円を出資し筆頭株主となった。出資率を抑えたのは合弁相手側への配慮である。社長に鉱業部撫順炭礦庶務課長小日山直登を兼務で派遣した。同社1918年11月期は創業間もないため利益を繰り越して無配とし、1919年5月期に利益10.7千円を計上し年6％の配当を行い、さらに中国人街に第二市場を開設する方針とした。第二市場設立については中国人商務会には反対意見も見られたため、在奉天総領事館が交渉に当たり解決の方向となった[21]。ほかに満鉄沿線で1918年10月1日に開原市場株式会社が設立されたが（資本金100千円払込）、満鉄は出資しなかった[22]。満鉄は関東都督府の意向で出資するものであるが、開原は満洲市場の商圏内にあると判断されたとみられる。これ以後の満洲事変前期において市場会社の新設に満鉄は出資による支援を行わなかった。

　満鉄は満洲への日本物産の輸出の促進策として1916年1月に長春に商品陳列所を設置し、そのまま直営を続けた（南満洲鉄道［1928］907頁）。他方、鉄嶺商品陳列館は1906年に軍政下の錦州軍政署が創設し、関東都督府陸軍部の管理に移り、

1909年4月に同民政部所管に移った。同館は1913年5月までは補助金の受給ができず苦しい資金繰りを続けたが、1910年頃よりようやく商品の取扱高が増加したため、1913年5月に経営者草間正志等の請願で、同月31日に株式会社鉄嶺商品陳列館が設立された（資本金200千円払込、関東都督府180千円出資）。さらに運転資金として同府75千円、満鉄40千円の融資で支援した。関東都督府が出資した珍しい事例である。1916年で事業は377千円の取り扱いを見た。同館は1918年11月に増資し400千円払込となった。その際に満鉄は融資の株式転換と追加35千円出資で合計18.75％75千円出資とした。同館は貿易・金融・倉庫等の営利事業で1916年から1919年の間に約200千円の利益を計上したが、戦後恐慌で約300千円の損失を計上し不振に陥った[23]。

3．その他事業支援

満鉄はそのほか多数の事業に出資した。そこには満鉄丸抱えのメディア産業、満鉄過半出資の旅館業、その他少額出資の株式肩代わりまで幅広いものであり、解明の遅れている会社も含まれているためまとめて紹介する。

満洲の新聞発行を計画した満鉄は1907年11月3日に『満洲日日新聞』のタイトルで大連において発行を開始した。そのほか英字新聞の『Manchuria Daily News』を発行した。直営から独立させるために1911年8月に守屋善兵衛に経営を任せ、1913年11月26日に株式会社満洲日日新聞社に分社化した（本店大連、資本金135千円払込）。その株式2,700株のうち満鉄は2,210株を取得し支配下に置いた（南満洲鉄道［1919］681頁）。利益は期待できなかったが満洲日本人社会の情報提供に貢献した。しかも満鉄・関東都督府・関東庁のプロパガンダの機関として十分な活躍をした。同社の1917年社長村田誠治、取締役守屋秀也ほかである[24]。さらに満鉄は1920年3月期に満洲日日新聞社の少数株を買収し全額出資子会社とし、500千円226.25千円払込に増資し資金力を強化し経営の全責任を負った。1921年に満鉄を退職した清瀬規矩雄を監査役に派遣した[25]。実際には満鉄が新聞発行を開始する前の1905年10月25日に陸軍より許可を得て大連で個人経営により『遼東新報』が発行された。これが満洲における最初の日本語新聞である。この事業は1919年10月株式会社遼東新報社が設立され（本店大連、資本金500千円半

額払込)、法人組織に切り替えられた[26]。満鉄の支援を受けた満洲日日新聞は満洲事変前期の満洲最大の日系メディア事業者となり、関東都督府の公報『関東都督府府報』、関東庁の公報『関東庁庁報』の発行も引き受けた。

満鉄沿線の湯崗子に満鉄直営で温泉旅館を経営していたが、1919年8月に火災被害を受け、その復旧に際し大規模建物を設立し多数の温泉客を招致する計画を立てた(南満洲鉄道［1928］1007頁)。従来から当地の温泉旅館業者は激しく競合していた。満鉄は温泉旅館を新築するに当たり温泉旅館直営を止め、他の温泉旅館事業者からも出資を募り、既存の同業者との共同経営に移す方針とした。これは第1次大戦期の好況が反動恐慌として突然終わる前の状況判断で会社設立に進んだものであり、次年であればこの投資判断はなされなかった可能性がある。資本金2百万円4分の1払込の会社を設立し、満鉄が株式の半分を引き受け、温泉用地一帯の用地、温泉使用および残存財産の払下等の支援を行う方針とし、発起人賛成人引受株式38,500株のほか公募枠1,500株を1920年2月18〜23日を申込期限として募集した[27]。この募集を経て1920年3月20日に湯崗子温泉株式会社が設立された(資本金2百万円500千円払込)。満鉄は50％の株式を取得し社長に児玉翠静(1913年満鉄採用、勧業部門職員)を送り込み経営に責任を持った。取締役山田三平(満洲事業家)ほかが並んだ。監査役に大淵三樹(満鉄地方部勧業課長)を兼務派遣して経営監視に当たらせた[28]。

満鉄本業の炭礦用坑木と線路枕木に必要な木材調達のため1919年12月21日に満鮮坑木株式会社が設立された(本店安東、資本金3百万円4分の1払込)。第1次大戦期の撫順炭礦の石炭需要の増大で坑木需要も増大した。そのほか安奉線鉄道用枕木の需要にも応ずる必要があった。個人事業の坑木供給業者では対応できないため、満鉄が中心になり安東中心に個人林業者にも出資を募り満鮮坑木を設立し満鉄は50％600千円を出資した[29]。満鉄は1921年で専務取締役に新羅祐三を派遣し経営に深く関与させ、監査役に地方部安東地方事務所長山中重雄を兼務派遣し経営監視に当たらせた[30]。

満鉄は吉林における代理店として吉林貿易公司(1913年4月設立、土居節経営)を利用した。土居節は1914年4月30日設立の吉林燐寸株式会社の設立に深く関わった。満鉄が吉林貿易公司に資金支援したようであるが、経営者土居節の乱費に

より経営不振に陥り、満鉄から長春地方事務所経理主任岩崎弥五郎を派遣し経営を掌握したが[31]、同公司は経営不振のため1915年末には閉店状態に陥った。吉林貿易公司は日清燐寸株式会社（1907年10月24日設立、本店広島、資本金300千円180千円払込）の株式60株1,800円払込を保有していた。吉林燐寸との関係で取得したと推定する。同公司解散に伴い満鉄は僅か1％の日清燐寸株式を1917年4月以降取得した[32]。日清燐寸は1915年までに長春支店を設置し吉林省に参入した[33]。すでに第1次大戦期に日系の燐寸事業の満洲本店会社は吉林燐寸、満洲燐寸株式会社（1919年6月1日設立、本店大連）、大連燐寸株式会社（1919年8月8日設立）が操業しており日清燐寸は競合関係に立った[34]。

　北満製粉株式会社は1913年10月に設立された（本店哈爾濱、資本金500千円175千円払込）[35]。同社は哈爾濱における有力事業者であった。満鉄は哈爾濱の日満商会（1909年7月設立、夏秋亀一経営）を哈爾濱における代理店とし貨物運送取扱石炭販売を担当させていたが、1915年8月鉱業部販売課哈爾濱出張所を開設し石炭を直販に切り替え、さらに1917年3月1日に満鉄哈爾濱公所が取り扱うことになり2月末で日満商会との取引を止めた[36]。北満製粉は第1次大戦好況時の1918年2月期で資本金500千円半額払込で機械195千円、貯蔵品原料商品228千円のほか三井物産露貨勘定188千円と三井物産金円勘定24千円があり、同社と取引を開いていた[37]。北満製粉は第1次大戦好況時に1,250千円437.5千円払込に増資した[38]。日満商会との取引停止後に満鉄が同商会保有北満製粉600株（旧株250株50円払込、新株350株22.5円払込、合計20,375円）を肩代わりした[39]。満鉄が日満商会に融資していたが、その不良債権化により担保として北満製粉株式を取得したようである（日満実業協会［1934］4頁）。満鉄取得株式は北満製粉株式の4.65％に過ぎなかった。北満製粉は第1次大戦後の景気の反動で業績悪化に直面した。他方、満洲最大の日系製粉業者の満洲製粉株式会社（1906年12月20日設立、本店鉄嶺）は第1次大戦中に増資で事業拡張を急速に進めた[40]。関東都督府の斡旋がなされたかは明らかではないが、1920年3月18日に満洲製粉は北満製粉との合併を決議し、7月に合併事務を終え後者は解散した[41]。満鉄保有の北満製粉株式は満洲製粉株式に転換された。さらに満洲製粉は同年4月12日に朝鮮製粉株式会社（1917年9月21日設立認可、本店鎮南浦）と大陸製粉株式会社（本店奉天、

設立年月不詳）を吸収合併し、資本金5,750千円2,375千円払込となった[42]。この結果、被合併3社の工場は満洲製粉哈爾濱工場、同鎮南浦工場、同奉天工場として操業を続けた[43]。満鉄の満洲製粉出資600株20,375円は0.52％に低下した。このような少額出資株式を処分しなかった理由は関東都督府の沿線日本人商工業者支援の意向のみならず、満洲製粉が1920年5月期に年12％の普通配当のほか38％の特別配当を行った高利益法人であったことも一因であろう[44]。しかし1920年代の満洲事業不振の中で満洲製粉は輸入製粉に価格競争で勝てずに不振を続けた（柴田［2007i］参照）。そのため満鉄保有株式の処分は困難となった。

1）『満洲日日新聞』1915年6月9日、9月12日。
2）開原取引所信託株式会社『第1期営業報告書』1915年12月期。株主名簿も参照。発起人による株式引受日を設立日とする。10月29日設立許可、1916年2月15日設立登記。『満鉄沿線商工要録』1917年版、228頁と『南満洲商工要鑑』1919年版、496頁も1915年12月10日を設立日とする。地方部所属の神保太仲（1907年満鉄採用）については笠原［1922］442頁、満鉄会［1992］33、39頁。
3）開原取引所信託株式会社『第6期営業報告書』1920年6期、4-5頁。
4）同『第8期営業報告書』1920年6月期、『第9期営業報告書』1920年12月期。
5）『満洲日日新聞』1916年1月11日。
6）『満洲日日新聞』1919年2月22日。
7）『満洲日日新聞』1916年3月4日、内閣印刷局『職員録』1915年版甲、133頁。
8）『満洲日日新聞』1917年1月23日、満鉄会［1992］43頁。田村羊三は1883年3月生、1907年東京高等商業学校卒、満鉄採用、1916年長春取引所信託専務取締役、1918年2月23日大連鉄道管理局庶務課長、1919年7月16日運輸部庶務課長兼営業課長、1920年紐育事務所長、1923年11月8日庶務部社会課長、1925年12月25日年興業部長、1930年6月辞職、1940年6月華北車輛株式会社（1940年6月3日設立、本店北京）社長、関東州工業土地取締役、満洲製麻株式会社（1917年5月22日設立、本店大連）、満洲棉花（本店大連）各監査役（『大衆人事録』1943年版、関東州25頁、満鉄会［1992］39、62、68頁、柴田［2008a］第4章）。村田懿磨は1907年満鉄採用、1919年7月16日運輸部大連管理局庶務課長、1920年7月16日運輸部庶務課長、1920年辞職（笠原［1922］298頁、満鉄会［1992］43頁）。『南満洲商工要鑑』1919年版では監査役は長春地方事務所次席平島達夫（1921年8月29日所長昇任）（満鉄会［1992］39頁）。
9）『満洲日日新聞』1917年1月23日。
10）設立日は関東局［1936］。『満洲商工概覧』1930年版は1919年8月29日設立。『満洲

興信録』1922年版で監査役に公主嶺地方事務所長妻木隆三が就任していることから監査役兼務派遣と判断した。
11) 『満洲会社興信録』1922年版422頁で監査役に鉄嶺地方事務所長石崎頼久が就任していることから判断した。
12) 『満洲会社興信録』1922年版、370頁。設立日は関東局［1936］564頁。
13) 奉天商品証券取引所・満洲取引所、さらに改組された満洲証券取引所と満洲取引所信託については柴田［2007h］参照。
14) 南満洲鉄道株式会社『関係会社年報』1938年版、1067頁。南満洲鉄道［1937a］で長春市場への満鉄出資が1926年12月期で30千円うち47.5％14.55千円となっており、1920年代に50％に達していないが、満鉄派遣役員株を除外した数値である。1924年9月期で25千円うち50％12.5千円を出資している。長春市場について柳沢［2008］172-173頁で設立の説明がある。平島達夫の満鉄職位は満鉄会［1992］39頁。長春銀行は安東銀行に1919年に吸収合併（柴田［2007g］439頁）。長春倉庫は1935年中頃前に新京倉庫運輸株式会社に商号変更。
15) 『南満洲商工要鑑』1919年版、624頁、『満洲会社興信録』1922年版、460、465頁。
16) 『満洲日日新聞』1920年12月17日。
17) 満洲市場［1938］2-7、22-23頁。島崎好直については満鉄会［1992］39頁。向野堅一については新潮社［1991］698頁。
18) 『満洲日日新聞』1918年7月12日。
19) 『南満洲商工要鑑』1919年版、335-336頁。
20) 『満洲日日新聞』1919年1月10日。
21) 『南満洲商工要鑑』1919年版、730-731頁、『満洲日日新聞』1919年6月23日、1919年7月19日。
22) 設立日は『満銀年鑑』1935年版、159頁。資本金は『南満洲商工要鑑』1919年版、500頁。ただしこの資料では設立を1918年11月19日とする。ほか満洲中央銀行調査課『満洲国会社表』1944年版では1918年12月17日とする。
23) 南満洲鉄道［1928］915頁。設立日は『南満洲商工要鑑』1919年版、458頁。
24) 『満鉄沿線商工要録』1917年版、48頁。
25) 『満洲興信録』1922年版、20頁。清瀬規矩雄は1918年採用、1919年辞職（笠原［1922］418頁）。
26) 『満洲会社興信録』1922年版、105頁。
27) 『満洲日日新聞』1920年2月19日株式募集広告。
28) 南満洲鉄道［1928］1007頁、日清興信所『満洲会社興信録』1922年版、308頁。児玉翠静は1892年1月7日生、1914年神戸高等商業学校卒、満鉄採用、販売課、旅客課旅館係主任、1919年辞職、1920年3月湯崗子温泉社長、満蒙冷蔵株式会社取締役、

1927年12月南満洲旅館株式会社取締役、豊国興業株式会社（1935年11月21日設立、本店奉天）取締役（笠原［1922］373頁、『大衆人事録』1943年版、関東州18頁、『満銀年鑑』1936年版）。満蒙冷蔵については第4章。
29) 『関係会社年報』1938年版、1093頁。
30) 満鮮坑木株式会社『第3期営業報告書』1922年10月期、10-11頁。新羅祐三は1907年採用（笠原［1922］443頁）。山中重雄は1907年採用、1921年8月29安東地方事務所長就任（笠原［1922］330頁、満鉄会［1992］49-50頁）。
31) 『満洲日日新聞』1915年4月1日、4月6日。「満鉄より出資し」の記載があるが、出資を傍証できない。岩崎弥五郎は1914年満鉄採用、1916年辞職（笠原［1922］149頁）。土居節は三井物産出身で同社出身の理事犬塚信太郎との関係で取引を開いたようである。
32) 南満洲鉄道［1919］689頁、［1928］980頁。1917年4月からの時期を扱う後者社史に掲載があるため1917年4月以降と推定した。
33) 『帝国銀行会社要録』1915年版、広島9頁、日清燐寸長春支店の記載。1913年版、広島10頁では長春支店を持たない。
34) 『満銀年鑑』1935年版、199、201頁。満洲の燐寸事業者については須永［2007c］参照。
35) 『満洲日日新聞』1917年6月22日。
36) 南満洲鉄道［1919］689頁、満鉄会［1992］32-33頁。夏秋亀一は後藤新平の腹心のロシア語通訳であり、後藤との関係で満鉄と取引を開いていたようである。
37) 『帝国銀行会社要録』1918年版、朝鮮・満洲8頁。
38) 『満洲日日新聞』1917年6月22日で、資本金500千円175千円。『満洲会社興信録』1922年版415頁の注記で資本金1,250千円の北満製粉を満洲製粉が合併と記載。
39) 南満洲鉄道［1928］982頁の満洲製粉満鉄保有株式が北満製粉株式と同等と看做した。
40) 満洲製粉は1918年3月1〜5日を申込期限とする500千円増資にプレミアム価格1株15円以上を要求する強気の増資募集広告を掲載していた（『満洲日日新聞』1918年3月2日）。
41) 満洲製粉株式会社『第27期営業報告書』1920年5月期、3頁。
42) 旧株90千株、新株25千株22.5円払込（南満洲鉄道［1928］981-982頁）。
43) 満洲製粉株式会社『第28期営業報告書』1920年11月期、5‐6頁。
44) 同『第27期営業報告書』1920年5月期、11-12頁。

おわりに

　満鉄はポーツマス条約の帰結として日本政府所有に移った東清鉄道南部支線と大連港・撫順炭礦を中心とし、大規模事業資産を保有する巨大国策会社として1907年に設立された。満鉄は満洲開発の中心的役回りを期待されたが、設立後大連に支店を移転後の当初は現業部門の操業に注力した。関東都督府の要請を受け満鉄は1909年に会社の株式取得を開始した。ただし当初は有価証券保有項目は見当たらず、仮払金で処理していた。そのため本格的な出資とは言えない状況にあった。持株会社としての機能を主張するするためにも50％出資会社が必要である。1911年に営口水道電気への過半出資で会社支配を開始した。とりわけ第１次大戦期の景気の高揚の中で対満投資が急増し、満鉄もそれを支援した。大連汽船は本体事業の部分的分社化であり、同社を強力に支援した。第１次大戦結了前期満鉄の出資は関東都督府・関東庁の要請を受け、日本人植民者社会の経済活動を支援し安定させることを課題とした。地方都市インフラの電力事業への出資は鉄嶺電灯局ほか件数も多く重点投資事業であった。沿線取引所の清算会社への出資も多く、官営取引所の支援の一環であった。また沿線都市卸売市場支援を行った。そのほか満鉄本業とは全く縁の遠い北満製粉の株式を取得し、南満洲製糖、満蒙毛織、満洲鉱山薬、満洲刷子工業の設立を支援し、満洲の製造業育成にも資金を投入した。関東都督府・関東庁は資金に余裕のある満鉄にこれら多業種への投資を要請した。満鉄は満洲における産業政策の有力な担手となった。第１次大戦期にも満鉄の直営事業の分社化を始めた。最初の事例が大連油脂工業である。第１次大戦期に設立された会社としては、全力を挙げて支援したのは大連汽船のみといえた。

　満鉄は関係会社に出資するだけでなく、人材を派遣した。連結子会社には経営トップを兼務で経営に当たらせた。大連本店以外の会社にも当該地方事務所職員を動員し、経営を掌握させた。満洲の低率出資の会社にも監査役を兼務派遣し、あるいは退職者に経営を任せた。満鉄は出資に見合う経営人材を投入することで経営に責任を負った。

1920年3月期で36社に出資したが、満洲内の連結子会社とその他会社が多い。小規模事業と低率出資が多いため、連結総資産を試算すると同期の満鉄総資産の僅か1.5％を上乗せするだけの事業規模にすぎず、満鉄の巨大な事業規模から見る限り、事業持株会社業務は周辺的な傍流業務に止まっていた。

第4章　1920年代南満洲鉄道系企業集団

はじめに

　南満洲鉄道株式会社は1920年代日本の対満洲経済政策の中心的な担い手であった。日本における戦後恐慌の勃発となる1920年3月で日本の大戦景気は終焉し、満洲も同じ状況に置かれる。本章は満洲における満鉄の事業持株会社業務を中心に関係会社投資を通観し、企業集団の総資産にを把握することでその全体像を提示ことを課題とする。満洲事変勃発までの不況色が続く1920年から1931年満洲事変勃発までを1920年代期として考察する。満鉄会計年度を考慮し第1次大戦終結前期を1919年度末すなわち戦後恐慌が発生する1920年3月までに延長するため該期は1920年4月から満洲事変勃発前の1931年3月期として考察する。

　満鉄研究は豊富である。金子［1991］が日本の対満投資の中で満鉄を位置づけ、満鉄事業の各論として関係会社投資を分析しており説得的であるが、1930年時点の一覧表の紹介に止まっている。蘇［1990］は多くの関係会社を一次資料を用いて紹介しているが、悉皆ベースの関係会社投資の研究ではないため、関係会社の全体像が見えない。1920年代でもかなりの関係会社の欠落が見られる。花井［2007a］は金子［1991］を用い、1930年時点の一覧表を提示するが、払込資本金を用い加工している。ほかにも柳沢［2008］があるが特定時点の関係会社一覧表の提示もなく、1920年代満鉄関係会社論としてもかなりの欠落は否めない。特定時点の一覧表の提示だけで本体との関係を十分に説明し得ているかについては再考する必要がある。1920年代でも新設・解散・譲渡は多い。とりわけ満鉄事業資産を分社化して新設された会社については、単に資本金の多額のみならず満鉄本体を含む企業集団としての資産の位置づけを考慮する必要がある。柴田［2011b］は1930

年代の満鉄投資を課題とし、満洲事変前から存続する関係会社についてのみ言及しているため該期の悉皆的関係会社論ではない。南満洲鉄道［1928］、［1938］等の記述も大いに参考になるが、これらですら欠落が見られる。関係会社の全体像の把握のため関係会社の範囲を満洲本店に限定せず検討する。それにより従来の研究では言及が乏しいか全く無視されている会社について可能な限り設立経緯とその後の事業展開について解説を与え、関係会社の欠落を発生させないようにすることで、1920年代期満鉄関係会社論として悉皆性を主張したい。そして関東庁の意向を受け1920年代満洲の日本政府の産業政策の中心に立ち幅広い業種に出資したことを強調する。そのうえで関係会社を満洲と満洲外に分類し、さらに連結子会社と持分法適用会社及びその他会社に分類し、それらの出資規模の把握を行う。さらに関係会社総資産を集計し連結総資産を試算し、該期満鉄の事業規模を判定する。本章は柴田［2011b］の満洲事変前期設立会社の解説を一部転用しているが、新たな資料発掘に基づき書き改めたため原形をとどめていない。

第1節　事業と関係会社投資の概要

1．事業概要

　第1次大戦後満洲への戦後恐慌の波及で物価が下落し、満鉄の荷動きもやや落ち込み利幅が減少した。貸借対照表を点検しよう。満鉄の未払込資本金控除総資産（以下、総資産）は1921年3月期605百万円、1924年3月期737百万円から1927年3月期845百万円に増大していた。そのため総資産利益率は1924年3月期4.7％から4.0％に低下した（表4−1）。その対処として経営率化を目指し本業から離れた現業部門の分社化を行う。それが有価証券に現われる。この中には日本政府国債を含むが、1921年3月期8百万円から1926年3月期27百万円、1927年3月期52百万円、さらに1930年3月期94百万円に増大した。その結果、総資産対有価証券比率は1921年3月期1.4％が1927年3月期6.2％、1930年3月期9.1％へとほぼ上昇を辿った。これは満鉄の事業持株会社化の進展であるが、総資産に占める比率は低く、大規模現業を切り離し分社化したとはいえ、関係会社投資は満鉄事業

総体から見ればいまだ周辺的な位置づけに止まっていた。ただし世界恐慌が日本に波及し収益が低下し、併せて世界的低金利が進行する中で満鉄の多額長期社債の金利負担は重くのしかかった。1930年3月期利益は45.5百万円、総資産利益率は4.4％であったが、不況の満洲への波及と農産物価格下落、輸出不振が深刻化し、1931年3月期利益は僅かに21.6百万円に止まり、総資産利益率は2.0％に低下した。1920年代で最低の利益率に転落していた。これは満鉄と同社を監督する政府にとってもゆゆしき事態となった。満鉄経営の危機が叫ばれる事態となった。東北軍閥による満鉄平行線による貨物取扱の増大も脅威と映っており、これらが満洲事変勃発の経済的要因の一部となる。

　満鉄社長野村龍太郎（1919年4月12日～1921年5月31日在任）と副社長中西清一（1919年4月12日～1921年5月31日在任）は、世上「満鉄事件」すなわち撫順塔連炭礦買収事件で引責辞任し、後任社長に早川仙吉郎（前三井合名会社理事）が就任した（1921年5月31日～1922年10月14日在任）[1]。原敬内閣（1918年9月29日～1921年11月4日）は後任社長に内務次官水野錬太郎（1916年12月27日～1918年4月23日在任）を起用しようとしたが、水野は辞退して三井物産株式会社常務取締役から政界に転じた山本条太郎を推薦し、原敬も山本を起用する意向を有したが、すでに立憲政友会の政治家となっていたため、換えて三井系の早川仙吉郎を据えたとの説明がある[2]。三井系事業家が総裁ポストを獲得した。副社長に理事松本烝治が昇格した（1921年5月31日～1922年3月24日在任）。ところが早川が10月14日に急死し、後任総裁の人選で富士瓦斯紡績株式会社（1896年2月26日設立、本店東京）社長和田豊治を押す意見が強かった[3]。和田は総理大臣加藤友三郎（1922年6月12日～1923年9月2日）より正式に就任依頼を受け、意欲を見せていた[4]。ほぼ固まりかけたところ、富士瓦斯紡績側が強硬に反対し同月20日の同社役員会で和田は総裁就任は困難と判断し辞退した[5]。換えて和田が適任として推薦した宝田石油株式会社（1893年3月設立、本店長岡）社長橋本圭三郎（元大蔵次官、前農商務次官、貴族院議員）との就任交渉に移ったが[6]、内閣拓殖局長官を経た内務次官川村竹治が辞任して満鉄社長に就任した（1922年10月24～1924年6月22日在任）[7]。副総裁は空席とした。

　満鉄本体事業の分社化は後任の社長安広伴一郎（1924年6月22日～1927年7月

表 4-1　南満洲鉄道

	1921.3期	1922.3期	1923.3期	1924.3期
(資産)				
未払込資本金	70,844	70,844	58,844	58,844
事業費	430,691	474,443	506,886	536,081
有価証券	8,702	12,857	21,830	17,460
貸金	31,317	39,623	47,450	59,459
流動資産	107,622	99,529	108,801	89,492
仮払金等雑勘定	27,056	23,151	26,866	35,409
合計	676,234	720,450	770,678	796,746
未払込資本控除総資産	605,392	649,606	711,834	737,902
(負債)				
社債金	145,000	175,000	195,000	219,052
社員身元保証金	8,342	11,983	15,873	18,890
短期負債	46,680	42,634	49,955	37,682
仮受金	7,417	5,636	8,876	5,539
資本金	380,000	380,000	380,000	380,000
諸積立金	53,252	66,622	80,191	93,945
前年度繰越金	8,148	7,187	5,701	6,840
本年度利益金	27,391	31,386	35,080	34,795
合計	676,234	720,450	770,678	796,746
未払込資本金控除総資産対有価証券	0.014	0.020	0.031	0.024
未払込資本金控除総資産対（有価証券＋貸金）	0.066	0.081	0.097	0.104
総資産利益率	0.045	0.048	0.049	0.047
払込資本金利益率	0.089	0.102	0.109	0.108

出所：南満洲鉄道(株)『営業報告書』(各期)。

19日在任)が強く推し進めた[8]。その後の社長はその方針を翻すことはなかった。安広就任後に副社長として住友財閥出身の大平駒槌が就任した（1924年11月11日～1927年7月19日在任)[9]。その後、立憲政友会の田中義一内閣は加藤友三郎内閣が指名した社長安広に7月14日に辞表を提出させ、後任に立憲政友会代議士・幹事長で元三井物産取締役山本条太郎を就任させた（1927年7月19日～1929年8月14日在任)。副社長に元満鉄理事松岡洋右が就任した（1927年7月19日～1929年8月17日在任)。立憲政友会系の正副社長という体制となった。山本は張作霖側と吉長鉄道敷設等の交渉の結果、1927年10月15日に5鉄道敷設協約の締結にこぎつけた（山本条太郎翁伝記編纂会［1942］577-580頁)。山本と松岡は満鉄平行線への対策として張作霖軍閥側との交渉に当たったが、張は1928年6月4日に関

貸借対照表（2）

(単位：千円)

1925.3期	1926.3期	1927.3期	1928.3期	1929.3期	1930.3期	1931.3期
58,844	42,844	42,844	84,844	52,844	52,844	52,844
573,288	598,725	593,923	644,841	671,751	716,201	742,069
18,091	27,980	52,696	55,287	57,614	94,226	93,391
62,390	66,872	66,694	59,452	65,840	69,265	69,185
96,430	77,340	103,796	123,134	156,857	118,400	128,002
39,711	30,310	28,938	27,428	40,468	36,498	30,155
848,755	844,074	888,593	994,948	1,045,375	1,087,437	1,115,648
789,911	801,230	845,749	910,104	992,531	1,034,593	1,062,804
254,052	243,752	268,452	278,152	277,627	277,102	296,577
23,696	21,751	24,944	27,507	32,579	36,905	41,743
37,279	30,584	35,340	45,306	80,563	99,506	115,485
4,011	3,642	1,858	11,548	2,356	3,892	997
380,000	380,000	380,000	440,000	440,000	440,000	440,000
108,185	122,413	136,656	147,363	160,230	174,330	188,610
6,978	7,066	7,183	8,795	9,496	10,194	10,560
34,552	34,865	34,157	36,274	42,552	45,505	21,673
848,755	844,074	888,593	994,948	1,045,375	1,087,437	1,115,648
0.023	0.035	0.062	0.061	0.058	0.091	0.088
0.102	0.118	0.141	0.126	0.124	0.158	0.152
0.044	0.044	0.040	0.040	0.043	0.044	0.020
0.108	0.103	0.100	0.102	0.110	0.118	0.056

東軍大佐河本大作を首謀者とする陰謀で爆殺され交渉は頓挫した。任期中の1929年6月21日に職位が総裁・副総裁に戻った。1929年7月2日立憲民政党浜口雄幸内閣が成立すると、浜口内閣は立憲政友会の山本に換え元鉄道大臣（1924年6月11日〜1926年6月3日）の仙石貢を総裁に押し込んで（1929年8月14日〜1931年6月13日在任）、立憲民政党系の人事を行使した[10]。副総裁に大平駒槌を再度就任させた（1929年8月17日〜1931年6月13日在任）。このように満鉄トップ人事は疑獄事件で揺れ、社長急死といった事態も発生し、とりわけ立憲政友会系と憲政会・立憲民政党系の政権交代による社長・総裁の指名による人事権限の行使により、経営方針も影響を受けた。

　この間に満鉄の監督官庁は変遷した。1917年7月31日に内閣に拓殖局が設置さ

れると満鉄を所管し、満洲における直接的行政執行は関東庁が所管した。1920年5月15日に鉄道省が設置されると、満鉄は拓殖局と鉄道省の共管となり、1922年11月1日に拓殖局は拓殖事務局に改組され、拓殖事務局と鉄道省の共管となり、1924年12月20日に拓殖事務局が内閣拓殖局に再度改組されると、内閣拓殖局と鉄道省の共管となった。満鉄は第1次大戦中に事業を大拡張し、1920年代にやや低迷するがほかの植民地会社、すなわち満洲事業で躓いた東洋拓殖株式会社・朝鮮銀行の不振に比べれば大規模独占鉄道輸送を主業とするため、大きく落ち込むことはなかった。そのため複数の省庁が満鉄への影響力強化を狙った。

　1924年1月7日に清浦圭吾内閣（同年6月11日辞職）が成立すると勝田主計が大蔵大臣に返り咲いた。勝田は寺内正毅内閣（1916年10月9日〜1918年9月29日）の大蔵大臣に就任し対満経済政策を主導し、満洲における日本側の中央銀行として朝鮮銀行を据え同行券の流通拡大による日本主導の満洲の金本位制への移行を推進した。その側面支援として植民地朝鮮の開発を担当していた東拓の設置法を改正し、同社を満洲・華北の不動産担保長期金融に参入させた。この両社業績は日本と同様に1920年代の満洲の不振の中で低迷し、大蔵省はその救済策を主導した。勝田は朝鮮銀行と東拓の監督権限を朝鮮総督府から切り離し、大蔵省の強い監督下に置いた。また東拓本店を東京に移転後に朝鮮総督府、拓殖局、拓殖事務局と変転し拓務省の設立される前の監督体制の弱さの中で東拓を大蔵省主管とする提案を行った。ただしこれは実現しなかった（柴田［2015a］第1章参照）。朝鮮銀行については閣議決定で大蔵省の主管とし朝鮮については朝鮮総督府、関東州については関東庁の監督権限を残した。

　さらに勝田は清浦内閣が倒れる直前の1924年6月7日閣議に満鉄監督権限の大蔵省移管を提案した。大蔵省内でも前から満鉄の大蔵省移管が検討されていたようであるが、植民地開発機関の強化に長年注力してきた勝田が大蔵大臣再任の機会にそれを実現しようとした。閣議ではこの案に対し反発があり、実現しなかった。関東長官児玉秀雄（1923年9月26日〜1927年12月17日在任）は満鉄の主管を大蔵省に移すことは監督権限の屋上屋を重ねるもので不要であり、従来通りに総理大臣の監督下に置き関東長官がそれを代行するだけで十分だと反論した[11]。鉄道省も所管権限を失うことには当然ながら反対したはずである。結局従来通りに

総理大臣の下で内閣拓殖局と鉄道省が共管し、現地監督も従来通りに関東庁がそれを代行し、鉄道営業については鉄道省、対中国政府案件は外務省、投資計画と資金計画に大蔵省が認可するという体制で続くこととなった。その後、1929年6月10日に拓務省が設置され植民地行政が拓務省に統合され、単独所管となり、現地監督の所管権限は拓務省が関東庁を通じて行い、ほかに鉄道省・外務省・大蔵省も部門ごとに所管権限を維持した。

　戦後恐慌後の満鉄の事業不振が長期化したため、事業整理として1925年2月20日付で5％ほどの人員を整理した。職員475名、庸員日本人718名、同中国人897名、合計2,090名となる。整理されたのは抱える職員が多い鉄道部183名、地方部114名が中心であった[12]。

　満鉄は長春以南の幹線鉄道運行で独占的営業により利益を得ることができたが、同社でさえ減員せざるを得ない満洲の経済状況を反映していた。鉄道輸送という多額営業キャッシュ・フローを維持できた満鉄と比べ本体事業規模が見劣りする東拓や満洲の日系銀行業内の中央銀行化した朝鮮銀行の受けた不振はさらに大きく、多額政府資金投入か減資で事業整理せざるを得なかった。この人員整理に至る前から満鉄は人件費の圧縮と効率経営を迫られるため、事業体制としてコアをなす鉄道・炭礦・港湾以外の部門を分社化し、満鉄の多額営業利益に依存させない体制に移す方針を採用した。それが後述の1920年代の大規模直営事業の分社化である。造船・ガス・電力・製鉄に代表される大規模事業を分社化することで、これらの興業部・地方部所属人員がそれに伴いスピンオフされることになる。

　満鉄関係会社の監督は主として地方部と沿線地方事務所が担当したが、1922年1月7日より本社では興業部が担当し、直営事業を分社化した場合には、その関連部署が担当した。1927年11月18日より総務部業務課が担当し、1930年6月14日より総務部考査課の担当に移った（南満洲鉄道［1938］37頁、満鉄会［1992］44頁）。

2．関係会社投資の概要

　1920年代にも満鉄は多数の関係会社等に出資し、満鉄業務と直接に関係の薄い事業にも政府の意向を受けて株式を引き受けた。該期に新設、解散、改組もしく

表4-2　南満洲鉄道

商　号	設立年月日	本　店	1921.3期	1922.3期	1923.3期	1924.3期	1925.3期
営口水道電気(株)	1906.11.15	営口	875	875	875	875	1,147
遼陽電灯公司	1911.10.14	遼陽	60	60	60	75	75
(株)鉄嶺電灯局	1910.11.13	鉄嶺	144	144	144	144	144
中日実業(株)	1913.8.11	東京	60	60	60	60	60
(株)満洲日日新聞社→(株)満洲日報社	1913.11.26	大連	226	226	226	226	500
瓦房店電灯(株)	1914.10.15	瓦房店	13	13	13	13	20
大連汽船(株)	1915.1.28	大連	2,000	2,000	3,000	3,000	3,000
開原取引所信託(株)	1915.12.10	開原	36	36	36	36	31
渓城鉄路公司	1916.4.18	本渓湖	399	399	399	399	399
大連油脂工業(株)	1916.4.26	大連	277	277	277	277	270
南満洲製糖(株)	1916.12.15	奉天	355	355	355	194	194
長春取引所信託(株)	1916.3.26	長春	12	125	125	125	125
公主嶺電灯(株)	1916.8.10	公主嶺	13	13	13	51	51
大石橋電灯(株)	1916.7.25	大石橋	13	13	13	13	13
長春市場(株)	1917.5.16	長春	12	12	12	12	12
四平街電灯(株)	1917.4.24	四平街	25	25	71	71	71
日清燐寸(株)	1907.10.24	広島→長春	1	1	1	1	1
満洲市場(株)	1917.9.1	奉天	50	50	50	50	50
長春運輸(株)	1917.12.5	長春	12	12	12	12	—
南満鉱業(株)	1918.4.8	大連	75	75	75	75	194
大連工業(株)	1918.4.5	大連	85	85	107	107	107
撫順市場(株)	1918.5.15	撫順	2	2	2	2	2
東亜興業(株)	1909.8.18	東京	25	25	25	25	25
(株)鉄嶺商品陳列館	1913.5.31	鉄嶺	75	75	75	75	75
満蒙毛織(株)	1918.12.25	奉天	131	131	131	131	102
満洲鉱山薬(株)	1919.4.18	安東	25	25	25	25	25
満洲刷子工業(株)	1919.5.—	撫順	25	25	25	25	25
公主嶺取引所信託(株)	1919.8.1	公主嶺	62	62	62	62	125
亜細亜煙草(株)	1919.9.30	上海→奉天	12	12	12	12	12
朝鮮中央鉄道(株)→朝鮮鉄道(株)	1916.4.29	大邱→京城	52	52	52	52	52
鉄嶺取引所信託(株)	1919.11.6	鉄嶺	62	62	62	62	—
満鮮坑木(株)	1919.12.21	安東	600	600	600	600	600
満洲製粉(株)	1906.12.20	鉄嶺→奉天	20	20	20	20	20
大連ベンジン工業(株)→大連製油(株)	1918.9.25	大連	6	6	6	6	6
東ali土木企業(株)	1920.1.10	大連	60	60	60	60	147
湯尚子温泉(株)	1920.3.20	湯尚子	250	250	250	250	250
四平街取引所信託(株)	1919.9.1	四平街	62	62	62	62	62
国際通信(株)	1920.7.29	東京	15	15	15	15	15
遼陽取引所信託(株)	1920.8.24	遼陽	62	62	62	—	—
営口取引所信託(株)	1920.9.10	営口	250	250	250	250	—
東洋炭礦(株)	1917.3.—	東京→旅順→撫順	1,000	1,000	1,000	1,000	1,000
范家屯電気(株)	1920.11.11	范家屯	0	0	0	0	3
中日合弁大興煤礦有限公司	1914.9.—	撫順	184	184	184	184	184
奉天取引所重要物産信託(株)→奉天取引所信託(株)	1921.7.29	奉天	—	375	375	437	437
(株)哈爾濱取引所	1921.12.10	哈爾濱	—	12	12	12	—
鞍山不動産信託(株)	1921.10.26	鞍山	—	1	1	1	1
東亜勧業(株)	1921.12.10	奉天	—	1,562	1,450	1,450	2,075
札免採木公司	1922.6.25	哈爾濱	—	—	169	169	2,221
満蒙冷蔵(株)	1922.6.1	大連	—	—	1	1	1
大連火災海上保険(株)	1922.7.28	大連	—	—	166	166	166
(株)哈爾濱新聞社	1922.11.1	哈爾濱	—	—	10	10	10
吉林倉庫金融(株)	1918.8.25	吉林	—	—	—	15	15
満洲紡績(株)	1923.3.15	遼陽	—	—	625	625	625
撫順炭販売(株)	1923.3.20	東京	—	—	150	150	150
東亜運送(株)	1923.3.14	奉天	—	—	800	—	—
満洲船渠(株)	1923.3.31	大連	—	—	800	800	800
山東鉱業(株)	1923.5.27	東京→青島	—	—	—	450	450
国際運送(株)	1923.6.22	東京	—	—	—	2,400	2,400

第 4 章　1920年代南満洲鉄道系企業集団　167

関係会社出資 (2)

(単位：千円)

1926.3期	1927.3期	1928.3期	1929.3期	1930.3期	1931.3期	備　考
1,147	1,233	1,322	1,170	1,290	1,320	66%
100	100	—	—	—	—	50%、1927.3.7南満洲電気に譲渡
144	144	—	—	—	—	96%、1927.3.7南満洲電気に譲渡
60	60	60	60	60	60	100%
500	500	750	750	750	750	100%、1927.11.1商号変更
20	20	—	—	—	—	55%、1927.3.7南満洲電気に譲渡
3,000	4,570	4,570	13,750	13,750	13,750	100%
31	31	31	36	31	35	3.5%
399	399	399	399	399	399	70%
90	90	90	90	90	90	36%
194	194	194	220	220	220	2.6%
125	125	125	125	125	128	10%→50%
51	51	—	—	—	—	55%、1927.3.7南満洲電気に譲渡
13	20	—	—	—	—	55%、1927.3.7南満洲電気に譲渡
12	15	15	15	15	15	50%
71	71	—	—	—	—	50%、1927.3.7南満洲電気に譲渡
1	1	1	1	1	1	1%、1926.4長春移転
50	50	50	50	100	50	10%
—	—	—	—	—	—	国際運輸50%に事業譲渡、1927.11.13解散清算結了
194	194	194	194	194	194	10%→51.9%
107	107	124	127	127	127	42.8%→51%
2	2	2	2	2	2	10%
25	30	30	30	30	30	0.25%
—	—	—	—	—	—	18.7%、1925.11.10解散
102	102	102	102	102	92	5.2%
25	25	25	—	—	—	5%、1928.9前に株式譲渡
—	—	—	—	—	—	20%、1925年解散
125	125	125	187	187	187	50%
7	7	—	—	—	—	0.5%、1925.6.26奉天移転、1927.7.23東亜煙草に吸収合併決議、1927.7.23合併
52	52	52	52	52	52	1.36%、1923.5.28商号変更、1923.9.1本店移転
—	—	—	—	—	—	50%、1924.10.31解散
600	600	600	600	600	600	100%
20	21	21	21	21	21	0.35%→0.52%、1930.7.20本店移転
6	6	6	6	6	6	0.4%、1920.2.12商号変更決議
147	590	590	627	627	627	4.8%→11.8%→47.2%→50.2%
250	129	123	123	123	126	50%
62	62	62	62	62	62	50%
15	—	—	—	—	—	7.5%、1925.5.1事業譲渡
—	—	—	—	—	—	50%、1923.9.10解散
—	—	—	—	—	—	50%、1924.10.31解散
1,000	1,000	—	—	—	—	100%、1920.12取得、1927.10.20解散
3	3	—	—	—	—	3%→12%、当初は監査役の役員株、1927.3.7南満洲電気に譲渡
184	184	184	184	184	368	50%→100%、円換算評価額
437	437	437	250	250	250	50%、設立直後に既存の奉天取引所信託(株)を吸収合併して1921.11.15商号変更
—	—	—	—	—	—	5%、1924.10.18解散
1	1	426	426	426	426	0.12%→42.6%
2,075	2,075	4,800	2,380	2,380	2,450	31.2%→42.5%→95%
2,000	2,000	2,000	2,000	2,000	2,000	33.3%
1	1	1	1	1	1	0.5%、1926年7月休業
166	166	166	166	166	166	33%
150	150	150	150	150	150	5%→75%
15	15	—	—	—	—	25%→31%、1927.8.25解散
625	937	937	937	937	450	25%
150	825	825	825	825	825	10%→55%
—	—	—	—	—	—	71.4%
800	800	800	800	420	420	100%、1931.9.26大連汽船が吸収合併決議
450	990	990	990	990	990	20%→44%、1928.2.28青島移転
2,400	—	—	—	—	—	50%、1927.1.20満鉄出資買上償却、1927.11吸収合併解散

㈱龍口銀行	1917.12.15	大連	—	—	—	—	1
元山海水浴㈱	1923. 5.28	元山	—	—	—	—	100
開平鉱務有限公司	1900.12.21	ロンドン	—	—	—	—	859
昌光硝子㈱	1925. 4.17	東京	—	—	—	—	—
南満洲瓦斯㈱	1925. 7.18	大連	—	—	—	—	—
大連窯業㈱	1925. 7.15	大連	—	—	—	—	—
㈱正隆銀行	1908. 1.15	大連	—	—	—	—	—
㈱金福鉄路公司	1925.11.10	大連	—	—	—	—	—
㈱盛京時報社	1925.11.20	奉天	—	—	—	—	—
南満洲電気㈱	1926. 6. 1	大連	—	—	—	—	—
国際運輸㈱	1926. 8. 1	大連	—	—	—	—	—
福昌華工㈱	1926.10.15	大連	—	—	—	—	—
東洋窒素工業㈱	1926.12. 1	東京	—	—	—	—	—
南満洲旅館㈱	1927.12.15	大連	—	—	—	—	—
東亜煙草㈱	1906.10.20	東京	—	—	—	—	—
南満洲硝子㈱	1928.11. 3	大連	—	—	—	—	—
㈳登瀛閣	1929. 1.10	大連	—	—	—	—	—
日本精鑞㈱	1929. 2.23	大連	—	—	—	—	—
復州鉱業㈱	1929. 2.13	奉天省復県	—	—	—	—	—
大連農事㈱	1929. 4.15	大連	—	—	—	—	—
日満倉庫㈱	1929. 6. 1	東京	—	—	—	—	—
阪神築港㈱	1929. 7. 3	神戸	—	—	—	—	—
㈱昭和製鋼所	1929. 7. 4	京城	—	—	—	—	—
㈱遼東ホテル	1928. 9.26	大連	—	—	—	—	—
哈爾濱土地建物㈱	1920. 5. 1	哈爾濱	—	—	—	—	—
合計	社数		43	47	55	56	55
	出資額		7,775	9,851	15,300	16,872	18,375
満洲内本店	社数		37	41	48	47	44
	出資額		7,623	8,099	14,998	14,105	14,649
うち関東州	社数		6	6	9	9	9
	出資額		2,676	2,676	4,644	4,644	4,998
満洲外本店	社数		6	6	7	9	11
	出資額		151	151	301	2,766	3,726
連結子会社	社数		22	23	25	24	23
	出資額		6,405	6,868	9,515	10,768	10,836
持分法適用会社	社数		3	4	7	9	8
	出資額		409	1,972	4,650	5,115	5,708
その他会社	社数		18	20	23	23	24
	出資額		959	973	1,134	988	1,830

注：ボールドは満洲本店会社、イタリックは持分法適用会社、アンダラインは20％未満の会社。
出所：南満洲鉄道株式会社『営業報告書』（各期）、南満洲鉄道 [1919]、[1928]、[1937]、[1938]、同産業部 [1935a]、『満洲商工概覧』1930年版、南満洲鉄道『統計年報』（各年版）、『第48回帝国議会説明資料』1924年12月、『第56回帝国議会説明資料』1932年12月、日清興信所『満洲会社興信録』1922年版、1923年版、満洲日報社『満蒙銀行会社...

は商号変更した関係会社を中心にその概要を年次を追って紹介しよう（表4-2）。出資以外にも満鉄は一部会社に融資で支援し、あるいは余裕金を満鉄への預かり金として回収していたため、それについても付言する（表4-3）。

（1920年度）

1920年6月期に満鉄は四平街取引所信託株式会社（1919年9月1日設立、資本金5百万円4分の1払込）の株式50％62.5千円を同社専務取締役田中拳二から取

—	—	—	—	—	—	0.012%、1925.11.19正隆銀行に合併決議
100	100	100	100	100	100	66%
859	859	859	859	859	1,202	2.5%、ポンド建、取引時円換算額を掲示
1,200	1,200	1,200	1,200	1,200	1,200	40%
9,300	9,300	9,300	9,300	9,300	9,300	100%
1,200	1,200	1,200	1,200	1,200	1,200	100%
6	—	—	—	—	—	0.005%、龍口銀行株式の転換
22	22	45	45	45	45	2.25%
142	142	142	200	200	200	57.1%
—	22,000	22,000	22,000	22,000	22,000	100%
—	2,750	3,400	3,400	3,400	3,400	80.8%→100%
—	1,800	1,800	1,800	1,800	1,800	100%
—	375	375	375	375	375	30%
—	—	3,800	5,560	6,560	6,560	100%、1931.3.31解散
—	—	7	7	7	7	0.065%、亜細亜煙草株式の転換
—	—	—	12	12	12	16.6%、大連窯業と合計で100%
—	—	—	—	15	15	60%
—	—	—	2,000	2,000	2,000	100%
—	—	—	—	138	197	33.5%→47.6%
—	—	—	—	5,000	5,000	100%
—	—	—	—	2,000	2,000	100%
—	—	—	—	1,000	1,000	40%
—	—	—	—	25,000	25,000	100%
—	—	—	—	424	454	50.5%
—	—	—	—	—	500	100%、既存休眠法人を1930.12.1買収
59	57	50	52	60	61	
30,391	58,132	65,095	78,129	110,616	118,214	
48	49	42	43	47	48	
25,472	54,690	60,978	74,005	77,773	85,371	
11	13	14	17	19	19	
4,841	33,403	37,993	51,145	57,499	57,223	
11	8	8	9	13	13	
4,918	3,441	4,116	4,124	34,842	32,842	
28	28	27	30	35	36	
21,911	48,378	57,739	70,865	101,901	109,446	
9	10	8	7	10	10	
6,728	6,170	5,917	5,810	6,192	6,975	
22	19	15	15	15	15	
1,751	1,583	1,439	1,453	1,802	1,792	

[1935b]、同庶務部調査課［1928］、同調査部［1939］、同興業部商工課『満洲商工概覧』1928年版、同殖産部商工課『満議会説明資料』1928年12月、『第57回帝国議会説明資料』1929年12月、『第59回帝国議会説明資料』1930年12月、『第62回要覧』1929年版、日満実業協会［1934］、大連商工会議所『満洲銀行会社年鑑』1935年版、国際運輸［1934］。

得し、監査役を派遣した。田中挙二は満鉄四平街事務所長であったが1919年9月3日に辞職し、四平街取引所信託に転出した。田中の株式取得は最初から満鉄が取得することを織り込み済みの立替出資であったとみられる[13]。田中挙二は四平街取引所信託専務取締役就任後も満鉄の予備職員と分類されている（笠原［1922］258頁）。1920年1月10日に東亜土木企業株式会社が設立された（本店大連、資本金5百万円4分の1払込）。設立時に満鉄出資は4.8％である[14]。7月29日国際通信株式会社が設立された（本店東京、資本金200千円払込）。満鉄も7.5％15千円を

表 4 - 3　南満洲鉄道関係

	1921.3期	1922.3期	1923.3期	1924.3期	1925.3期	1926.3期
(融資)						
営口水道電気(株)	470	500	470	550	550	470
鉄嶺電灯局	623	685	751	788	794	905
遼陽電灯公司	52	52	—	—	—	—
瓦房店電灯(株)	24	20	40	56	55	51
大連汽船(株)	—	—	—	—	2,169	—
大連油脂工業(株)	*332*	*332*	*398*	*1,398*	*1,013*	*498*
公主嶺電灯(株)	72	812	72	72	112	78
四平街電灯(株)	70	65	80	20	46	70
大連工業(株)	*100*	*100*	*100*	*85*	*55*	—
南満鉱業(株)	—	—	—	—	—	125
満鮮坑木(株)	—	—	—	—	—	—
湯崗子温泉(株)	—	—	—	79	79	79
鞍山不動産信託(株)	—	—	—	—	*420*	—
東亜勧業(株)	—	—	—	—	*229*	—
南満洲電気(株)	—	—	—	—	—	—
国際運輸(株)	—	—	—	—	—	—
南満洲旅館(株)	—	—	—	—	—	—
(株)遼東ホテル	—	—	—	—	—	—
大連農事(株)	—	—	—	—	—	—
合計	1,745	2,567	1,911	3,049	5,524	2,277
(預り金等)						
大連工業(株)	*2*	*56*	*20*	*46*	*33*	*9*
満鮮坑木(株)	—	—	—	—	—	—
大連窯業(株)	—	—	—	—	—	5
(株)昭和製鋼所	—	—	—	—	—	—
大連農事(株)	—	—	—	—	—	—
合計	2	56	20	46	33	14

注：1) イタリックは持分法適用会社。
　　2) 東亜勧業の1930年3月期と1931年3月期、満鉄と東拓からの未払金があるが分割できず除外した。
　　3) 南満洲電気に電力会社株式を譲渡した時点で瓦房店電灯、鉄嶺電灯局、四平街電灯、公主嶺電灯、
　　4) 大連工業の預り金等は買掛金、未払金。
出所：南満洲鉄道［1937b］、営口水道電気(株)『営業報告書』(各期)、大連油脂工業(株)『営業報告書』(各期)、
　　　鮮坑木(株)『営業報告書』(各期)、湯崗子温泉(株)『営業報告書』(各期)、南満洲電気(株)［1930］、『営業報
　　　告書』(各期)、(株)遼東ホテル『営業報告書』(各期)、(株)昭和製鋼所『営業報告書』(各期)。

第4章　1920年代南満洲鉄道系企業集団　171

会社融資・預り金（1）

(単位：千円)

1927.3期	1928.3期	1929.3期	1930.3期	1931.3期	備　考
—	—	—	—	—	同年4月期
—	—	—	—	—	前年9月期
—	—	—	—	—	
—	—	—	—	—	前年9月期
—	—	—	—	—	前年9月期
498	498	498	498	498	同年5月期、1926.3期より同年4月期
—	—	—	—	—	
—	—	—	—	—	同年5月期
125	203	224	223	222	前年12月期、1926.3期のみ同年6月期
—	—	150	46	—	1930.3期は前年9月期
84	89	34	34	34	
—	—	—	—	—	前年9月期
—	—	500	500	500	
—	—	—	—	900	
4,326	5,991	6,279	6,517	2,300	前年9月期
—	497	—	70	83	
—	—	—	—	354	
—	—	—	—	77	未払金を含む
5,034	7,280	7,686	9,727	4,791	
12	7	4	6	27	同年5月期、1926.3期より同年4月期、1929.3期より満鉄勘定、その前は未収金
—	—	—	—	120	前年10月期
8	—	21	83	138	
—	—	—	24,303	16,073	1930.3期は同年6月期
—	—	—	2,148	1,730	
21	7	26	26,541	18,089	

范家屯電気に合計430千円の融資残高を有していたが遡して范家屯電気以外の残高を確認できないため除外した。

大連工業(株)『営業報告書』(各期)、大連汽船［1935］、『営業報告書』(各期)、南満洲鉱業(株)『営業報告書』(各期)、満告書』(各期)、国際運輸(株)［1934］、『営業報告書』(各期)、南満洲旅館(株)『営業報告書』(各期)、大連農事(株)『営業

出資した。12月に東洋炭礦株式会社（1917年3月設立、本店当初東京、旅順に移転、資本金1百万円払込）の全株式を買収した。同社はその後本店を撫順に移転した。満鉄は後述のように同社が保有していた日支合弁大興煤礦有限公司（1914年9月設立、本店撫順、資本金銀建100千元払込）の株式50％を取得した。この円建て評価額は184千円である[15]。1920年11月11日に范家屯電気株式会社の創立総会が開催された（1921年1月8日登記、資本金200千円4分の1払込）。満鉄は設立時に3％375円を取得し監査役に橋本幾三郎を派遣し経営監視させた[16]。范家屯電気は1923年2月第2回払込徴収で業績不振のため多数の失権株を発生させ、1923年1月20日に満鉄に救済を求めた。満鉄は同年7月11日に救済を決定し、また范家屯電気は1923年10月18日に救済案を受け入れ翌年1月7日に50千円4分の1払込に減資して損失を処理し、さらに1924年度に満鉄は産業資金助成し半額払込とし満鉄出資率は12％に上昇した[17]。

　1921年3月期で43社7,775千円の出資を見ており、満洲37社7,623千円である。連結子会社22社6,405千円で、その他会社18社959千円も多い。出資上位会社は1位大連汽船2百万円、2位東洋炭礦1百万円、3位営口水道交通875千円、4位満鮮坑木600千円、5位渓城鉄路公所399千円であった。「満鉄事件」として訴訟にまで発展した東洋炭礦の取得はこの時期の満鉄保有株式の中でも注目すべき金額であった。営口水道電気株式会社、鉄嶺電灯局等に融資し、そのほか持分法適用会社の大連油脂工業株式会社と大連工業株式会社に融資で資金支援していた。1920年代の不振であえいでいたため融資の返済は難しかった。

（1921年度）

　1921年7月29日に奉天取引所重要物産信託株式会社が設立され（3百万円4分の1払込）、同社が直ちに既存の不振に喘ぐ奉天取引所信託株式会社を吸収合併し、商号を奉天取引所信託株式会社に商号変更し、事業を承継した。満鉄は50％375千円を出資した。12月10日に株式会社哈爾濱取引所が設立され（資本金10百万円4分の1払込）、満鉄は5％12.5千円を出資したが、戦後恐慌の襲来で取引所業務は沈滞した。12月10日東亜勧業株式会社が設立され（本店奉天、資本金20百万円5百万円払込）、満鉄は東拓に次ぐ31.2％の出資を行った。1921年10月26日に

鞍山不動産信託株式会社が設立されたが（資本金800千円払込）に１千円のみ出資した。

1922年３月期では出資47社9,851千円、満洲内41社8,099千円、連結子会社23社6,868千円に増大した。出資上位に２位に持分法適用会社の東亜勧業1,562千円が列した。

(1922年度)

　1922年度では６月25日に日支露合弁札免採木公司が設立された（中華民国法人、本店哈爾濱、大洋票建資本金６百万元）。設立日は満鉄・黒龍省政府・シェフシェンコ商会 Shevchenko & Co.（1911年設立）の協定調印日である。満鉄は３分の１を出資した。同公司を通じて黒龍江省の林業利権獲得に着手した[18]。６月１日に満蒙冷蔵株式会社が設立された（本店大連、資本金１百万円４分の１払込）。満鉄は0.5％を出資したに止まったが、東亜勧業が50％を出資しており、同社経由で経営監視させた[19]。満鉄が東亜勧業を支配下に移す前の時期であり親子出資とは見なせない。７月28日に大連火災海上保険株式会社が設立された（資本金２百万円４分の１払込）。満鉄が33％を出資し、残りを日本の損害保険会社ほかが引き受けて損害保険の地場消化を図った（柴田［2007d］463-464頁）。1923年３月15日に満洲紡績株式会社が設立された（本店遼陽、資本金５百万円半額払込）。満鉄は25％を出資した。３月20日に撫順炭販売株式会社が設立された（本店東京、資本金３百万円半額払込）。満鉄は日本内撫順炭販売を三井物産と株式会社南昌洋行（1917年10月25日設立、本店撫順、社長斉藤茂一郎）を特約店として販売していたが、撫順炭増産のなかで日本国内の販売を強化するため撫順炭販売専業会社を設立することとし、満鉄は10％、ほか南昌洋行45％、三井物産33.3％、三菱商事株式会社11.7％の出資で撫順炭販売を設立した。社長武部治右衛門（満鉄興業部販売課長兼務）、取締役斉藤茂一郎ほか、監査役大和田勇（満鉄東京支社経理課長兼務）、荒井泰治（植民地事業家）である。満鉄出資は10％に過ぎないが、三井物産・三菱商事が出資しているため、経営のバランスをとる必要があり経営トップを掌握し、監査役も兼務派遣し経営監視させた[20]。満鉄は撫順炭販売を通じて鉄道省・海軍工廠・官営八幡製鉄所等への直接販売により販路拡張を図った。

その後、満鉄は南昌洋行の株式を買収し、1927年6月8日に名義書換で55％出資とした。満鉄のほか役員株と斉藤茂一郎株を合計した比率である[21]。南昌洋行保有株式は満鉄の代理出資であり、満鉄が三井物産・三菱商事等と並んで出資するために過半出資にならないように調整していた。その配慮が不要となり満鉄が南昌洋行から買収したことで55％出資に引き上げて直接支配下に移した。1923年3月14日に東亜運送株式会社が設立された（本店奉天、資本金7百万円2.8百万円払込）。同社は満洲の小運送業を日本運送株式会社（1899年6月設立、本店東京）と提携して強化するため過渡的に設立されたものであり、満鉄が71.4％を出資し支配下に入れた（国際運輸［1934］16頁）。3月31日に満鉄の事業を分社化し満洲船渠株式会社が設立され（本店大連、資本金2百万円800千円払込）、満鉄が全額出資した。

　1923年3月期で55社15,300千円、満洲内48社14,998千円、連結子会社25社9,515千円であった。1位大連汽船3百万円、2位東亜勧業1,450千円、3位東洋炭礦1百万円、4位営口水道電気株式会社875千円、5位に新設の満洲船渠800千円が並んだ。

（1923年度）

　1923年5月27日に山東鉱業株式会社が設立された（本店東京、1922年12月9日青島軍政解除後、1928年2月28日青島に移転、資本金5百万円2,250千円払込）に満鉄は20％を出資し筆頭株主となった。その後ほかの株主から買収して持株比率を高め、1926年12月期で44％出資、払込資本金2,250千円のうち990千円を負担していた[22]。同社は傘下に山東省の炭礦業の現地法人を抱えた。6月22日に日本運送の極東事業と東亜運送が合併して国際運送株式会社が設立された（本店東京、支店大連、資本金1百万円4.8百万円払込）、満鉄は50％を出資し、東亜運送が解散した。こうして日本と大陸を統合した小運送会社が出現した（国際運輸［1934］16頁）。満鉄は1919年11月に朝鮮中央鉄道株式会社（1916年4月29日設立、本店大邱、資本金11百万円5,250千円払込）の新株9百万円4分の1払込の1.36％3,000株37.5千円を取得していたが、同社は1923年5月28日に西鮮殖産鉄道株式会社（1919年12月11日設立、本店京城）、朝鮮森林鉄道株式会社（1920年2月28

日設立、本店京城)、朝鮮産業鉄道株式会社(1920年2月18日設立、本店京城)、南朝鮮鉄道株式会社(1920年1月20日設立、本店馬山、合名会社鈴木商店系)、両江拓林鉄道株式会社(1920年5月27日設立、本店京城、王子製紙株式会社系)5社を合併し、朝鮮中央鉄道が存続会社となり、朝鮮鉄道株式会社に商号変更し本店を京城に移転することを決議し、9月1日に合併し本店を移転した(柴田[2015a] 75頁)。その結果、54,500千円17,650千円払込の朝鮮最大の陸運会社となったことで、満鉄出資比率は0.27％に低下した。1923年9月10日に遼陽取引所信託株式会社(1920年8月24日設立、資本金500千円4分の1払込)は奉天取引所信託株式会社に吸収合併された。

1924年3月期で56社16,872千円、満洲内47社14,105千円、連結子会社24社10,768千円でほとんど変動はなく、上位5社も前年期と同様であった。

(1924年度)

吉林倉庫金融株式会社(1918年8年25日設立、資本金200千円4分の1払込)は合弁で設立されたが、戦後恐慌で経営不振に陥り業務を停止した。同社は1923年優先株発行で30千円を増資し、資本金60千円とした。この優先株の半分300株15千円を満鉄が引き受けた。一時的に経営を再建させ倉庫及び金融業務を復活させた。満鉄は優先株出資のみならず同社借入金に利子補給を行って支援し、同社は委託売買を開始したが、不振で1924年に48千円に減資し全額払込とした[23]。

1924年9月前に小額ではあるが経営危機に陥った龍口銀行(1913年12月22日設立、本店龍口、1917年12月15日大連に本店、日本法人転化、11月29日認可、資本金1百万4分の1払込)の株式を取得した。関東庁の支援要請を受け同社の業務再建を支援した。満洲における2番目に大きな普通銀行の倒産を阻止するため銀行株式0.012％を取得した。併せて満鉄・東拓は各2.5百万円の預金を行い資金支援した[24]。役員の派遣はしなかった。満鉄は朝鮮総督府官営鉄道の運行を受託している関係から、朝鮮の温泉保有地に所在する元山海水浴株式会社(1923年5月28日設立、資本金50千円払込)の支援に乗り出した[25]。1924年度に同社が資本金150千円払込に増資した際に満鉄が出資し3分の2を保有し支援を続けた。満鉄は監査役に経理部会計課長白浜多次郎を兼務で派遣し経営監視させた[26]。哈爾濱

取引所は業績不振のまま1923年12月に資本金5百万円4分の1払込に減資し、満鉄出資は62.5千円になっていたが同年10月18日に解散し（南満洲鉄道［1928］945頁）、同月31日に営口取引所信託株式会社（1920年9月10日設立、資本金2百万円4分の1払込、満鉄50％出資）が解散し、出資を回収した。

　開灤炭礦は直隷省唐山付近の有力炭礦であり、1878年より西洋式経営で開平鉱務局が操業を開始していたが、1900年義和団事件の軍事的混乱の中で在天津税関長が鉱区の代理権を得て、アメリカ人ハーバート・フーバー Herbert Hoover に権利を譲渡した。炭礦操業の受け皿法人を設立するため、フーバーはイギリスとベルギーで資金を集め1900年12月21日にイギリス法人の The Chinese Engineering and Mining Co., Ltd.（開平鉱務有限公司）を設立した（本店ロンドン、資本金1百万ポンド）。開平鉱務は1901年2月10日に開平鉱務局との間に引き渡し契約を締結し、1901年5月20日に4.5百万両で買収した[27]。その後1907年10月に清国政府と民間の出資200千両で北洋灤州官礦有限公司を設立し、採掘を開始したことで開平鉱務の鉱区が重複し紛争となり、結局、開平鉱務と北洋灤州官礦が持株会社としてそのまま存続し、1912年6月1日契約で両公司の下に事業統合した開灤鉱務総局が6月27日に設立され（本店天津）、7月1日より操業を開始した[28]。開平鉱務は合併増資で発行株式1,400千ポンドとなった。満鉄は撫順炭礦の販売政策上有利と判断し、1924年に開平鉱務株式70株を取得しさらに同年に無記名株式35,000株を取得し、合計35,070ポンドを保有した。これは発行株式の2.5％になる。政府公定相場1ポンド＝24.5円で換算すると859,215円である。満鉄資金で開灤炭礦利権に食い込みを図ったといえよう。1930年に開平鉱務は発行10株に対し4株のボーナス株を割当てたため、満鉄は49,098株の保有となった[29]。発行株式1,960千株のうち2.5％保有は変わらない。保有株式の円建換算は1,202,901円となった。満鉄のほか三井物産も取得し1935年末で両社合計約50千株の保有となった。出資は英国人約65％、ベルギー人約32％であった（堀内・望月［1960］22頁）。

　1925年3月期で55社18,375千円、満洲内44社14,649千円、連結子会社23社10,836千円で金額は増大した。出資上位会社は1位大連汽船3百万円、2位新設の札免採木公司2,221千円、3位東亜勧業2,075千円、4位営口水道電気1,147千円、5

位東洋炭礦1百万円の順であった。

(1925年度)

　1925年4月17日に昌光硝子株式会社が設立され（本店東京、資本金3百万円払込）、満鉄は40％を出資し同社に満洲向けの窓ガラス製造を任せた。同年7月15日に大連窯業株式会社（資本金1.2百万円払込）、7月18日に南満洲瓦斯株式会社（本店大連、資本金10百万円9.3百万円払込）を設立し、満鉄本体事業を分社化し100％出資子会社とした。11月10日に株式会社金福鉄路公司（本店大連、資本金4百万円4分の1払込）が設立され、満鉄も2.25％出資した。同日に株式会社鉄嶺商品陳列館（1913年5月31日設立、資本金400千円払込、満鉄75千円出資）が解散決議した。同社は1920年に300千円の損失を計上し不振に陥り、1922年11月に金利支払いを停止した。1923年1月に所有不動産処分と整理資金借入の陳情がなされたが、関東庁は再建の見込みなしと判断し、1924年9月に解散を勧め、解散決議に至った。関東庁と満鉄は各20千円の解散支援資金を支出し清算させた（南満洲鉄道［1928］915-916頁）。11月19日に龍口銀行は正隆銀行に吸収合併される決議を行い、満鉄保有株式は正隆銀行株式に転換された。満鉄は次年度に正隆銀行株を処分したと思われる。操業不振で損失を続けていた南満鉱業は1925年3月16日に資本金1.5百万円4分の1払込を減資したうえで、8月29日に375千円払込に増資し、増資新株を満鉄が全て引き受け、3,846株保有となり同時に監査役に高橋仁一（埠頭事務所庶務課長）を兼務派遣し[30]、役員株と合計51.5％3,868株となり連結子会社に切り替えた。ただし役員に有力事業家が並ぶため監査役派遣に止めた。1925年中に経営困難に陥っていた満洲刷子工業株式会社（1919年5月設立、本店撫順）は解散した。満鉄は整理資金を供給し清算させた（南満洲鉄道［1928］991頁）。

　1926年3月期で59社30,391千円、満洲内48社25,472千円、連結子会社28社21,911千円となりさらに増大した。出資上位会社は1位新設の南満洲瓦斯9,300千円、2位大連汽船3百万円、3位東亜勧業2,075千円、4位札免採木公司2百万円、5位新設の大連窯業1,200千円であった。大規模直営事業の分社化で南満洲瓦斯と大連窯業が上位に躍り出た。

(1926年度)

　満鉄が1％出資する日清燐寸株式会社（1907年10月24日設立、本店広島）が1926年4月に本店を長春に移転し、満洲本店法人に転換した[31]。スウェーデン燐寸株式会社 Svenska Tändsticks AB（1917年設立）が満洲に進出し既存の燐寸事業者の日清燐寸の株式の6割と大連燐寸株式会社（1919年8月8日設立）のほぼ全株を買収し、満洲における日系燐寸事業者を支配下に入れたことに伴うものである（須永［2007ｃ］817-818頁）。このような状況でも満鉄は日清燐寸の株式を譲渡しなかった。1926年6月1日南満洲電気株式会社が設立された（本店大連、資本金25百万円22百万円払込）。同社は満鉄の大規模事業の分社化による設立である。8月1日国際運輸株式会社を設立した（本店大連、資本金10百万円3.4百万円払込）。既存の国際運送大連支社を分離して設立した会社であり、満鉄は国際運送出資を振替えさらに出資を上乗せし80.8％出資とした。10月15日に大連・営口の港湾労働者募集を行う福昌華工株式会社が設立され（本店大連、資本金1.8百万円払込）、満鉄は全額出資した。1927年3月7日に遼陽電灯公司、鉄嶺電灯局、瓦房店電灯株式会社、大石橋電灯株式会社、公主嶺電灯株式会社、四平街電灯株式会社、范家屯電気株式会社の株式を南満洲電気に譲渡し、6社は同社関係会社に転換した。

　1927年3月期で57社58,132千円、満洲内49社54,690千円、連結子会社28社48,378千円に出資は増大した。出資上位会社は1位新設の南満洲電気22百万円、2位南満洲瓦斯9,300千円、3位大連汽船4,570千円、4位新設の国際運輸3,400千円、5位東亜勧業2,075千円であり、新設の直営事業分社化の南満洲電気と小運送業の満洲内分離設立の国際運輸が上位に躍り出た。

(1927年度)

　1927年7月23日に亜細亜煙草株式会社（1919年9月30日設立、本店奉天、資本金1.5百万円払込）が東亜煙草株式会社（1906年11月9日設立、本店東京）に吸収合併され、満鉄の亜細亜煙草出資0.5％は東亜煙草資本金11.5百万円7.3百万円の0.065％7.5千円払込の保有に転換した。8月25日に吉林倉庫金融は解散決議し、事業を国際運輸に譲渡し9月1日に吸収合併され、11月28日に清算結了となった[32]。

炭礦利権を満鉄に譲渡後に休眠状態にあった東洋炭礦は10月20日に解散した。12月15日に南満洲旅館株式会社を設立し（本店大連、資本金8百万円5,220千円払込）、満鉄が直営で操業していたホテル事業部門を分社化した。満鮮坑木株式会社（1919年12月21日設立、本店安東）が材木価格下落で不振に陥り、撫順炭礦への坑木納入契約が満了となることで将来を懸念した非支配株主が株式処分を希望しため、1927年9月10日決議により12月30日に半額減資し資本金1.5百万円600千円払込とし、満鉄以外の株式を払込価格で買収償却し全株満鉄出資とした[33]。満鉄単独出資とすることで少数株主の意見を参酌する必要がなくなり時間をかけて再建することにした。

1928年3月期で50社65,095千円となり社数が減少した。南満洲電気に電力会社株式を譲渡したためである。満洲内42社60,978千円、連結子会社27社57,739千円に増大した。出資上位会社は1位南満洲電気22百万円、2位南満洲瓦斯9,300千円、3位東亜勧業4,800千円、4位大連汽船4,570千円、5位新設の南満洲旅館3,800千円となり、満鉄直営事業分社化の連結子会社の3社が並んだ。東亜勧業株式を東拓から取得したことで同社は連結子会社となった。

(1928年度)

1928年10月期までに満鉄は満洲鉱山薬の保有株式5％を譲渡し支援から手を引いた。前年度11月～3月期の譲渡の可能性がある[34]。同社が解散するのは1935年9月である[35]。1928年11月3日に南満洲硝子株式会が設立された（本店大連、資本金300千円75千円払込）。満鉄出資は16.6％に過ぎないが、大連窯業が83.3％を出資する同社子会社であり、満鉄と合計すると100％となり、実態は満鉄の連結子会社であった[36]。1929年2月23日に日本精鑛株式会社が設立された（本店大連、資本金2百万円払込）。満鉄が全額出資した。旭石油株式会社（1921年2月設立、本店東京）の徳山工場の事業資産一切を買収して取得し、当分の間、同社に賃貸することで事業に着手し、その後も徳山に事業拠点を置いたまま操業した[37]。本店は大連であるが事業の実態は徳山である。1929年1月10日に匿名組合登瀛閣が設立された（本店大連、資本金25千円15千円払込）。満鉄は60％を出資した。満鉄は自社技術の事業化のため設立した大連工業の資本金500千円半額払込に42.8％

を出資していたが、1928年11月26日に満鉄直営の被服裁断事業所を大連工業に譲渡する契約を締結し、併せて満鉄は同社株式の保有を増やしたことで、派遣する取締役300株と監査役100株を合計し51％5,100株を保有し支配を強めた[38]。ただし同社事業は不振を続けた。銑鉄共同組合が当年度に結成されたようであるが、設立日とほかの組合員は不詳である。出資金50千円で満鉄は20％を出資した[39]。表4-2には掲載していない。

　1929年3月期で52社78,129千円、満洲内43社74,005千円、連結子会社30社70,865千円へ増大した。上位出資は1位南満洲電気22百万円、2位大連汽船13,750千円、3位南満洲瓦斯9,300千円、4位南満洲旅館5,560千円、5位東亜勧業2,380千円となった。大連汽船が増資して2位に上昇し、東亜勧業は減資して5位に下がった。

（1929年度）
　1929年4月15日に大連農事株式会社が設立された（資本金5百万円払込）。全額満鉄出資で関東州における農事移民事業に着手させた。7月4日に株式会社昭和製鋼所が設立された（本店京城、資本金100百万円4分の1払込、満鉄全額出資）。同社は満鉄が長年商業化に向けて試験研究を続けていた鞍山の貧鉱を用いた製鉄事業の分社化であり、最大規模の関係会社となった。同社は最多出資の会社となるが、実際には出資した資金を使うまで満鉄に預け金として戻しており、実質的な出資は預け金を控除した金額となる。6月1日に日満倉庫株式会社が設立された（本店東京、資本金2百万円、満鉄全額出資）。日本で倉庫業に参入させた。7月3日に阪神築港株式会社が設立された（本店神戸、資本金10百万円4分の1払込）。山下汽船株式会社（1917年5月設立、本店神戸）60％1,500千円、満鉄40％1,000千円の出資であった。阪神築港は山下亀三郎（山下汽船社長）ほかが免許を取得した武庫川から西甲子園浜までの海面約620千坪を承継して港湾建設に着手するものとし、港湾鉄道の敷設まで計画に入れていた。同社に出資することで満鉄は港湾利権確保を図った。社長山下亀太郎であり満鉄は東京支社長入江正太郎を常務取締役に、経理部長竹中政一を監査役に兼務派遣した[40]。株式会社遼東ホテルは1928年9月26日に設立された（本店大連、資本金1百万円900千円

払込)。山田三平が経営していたが、1929年3月期総資産900千円で、20円の損失を計上していた。この程度の損失で満鉄に支援を求めた理由は不詳である。満鉄はすでに南満洲旅館を分社化し大連ほか満洲の大規模都市に店舗を展開しており、大連で競合する会社の支援には異論が出た可能性があるが、1929年9月までに株式50.5％454.5千円を取得した[41]。後日、山田側に売り戻すことになるため、山田からの取得と思われる。満鉄は監査役に前大連鉄道事務所長代理金丸富八郎を派遣し経営監視させた[42]。1929年2月13日に復州鉱業株式会社が設立された(本店奉天省復県、資本金65千円払込)。当初満鉄は出資しなかったが、同社が同年9月前に500千円413千円払込に増資し、満鉄は33.535％138.5千円を出資した。同年12月期に満鉄は株式を追加取得し、47.69％197千円出資とした[43]。

　1930年3月期で60社110,616千円、満洲内47社77,773千円、連結子会社35社101,901千円に増大した。出資上位会社は1位新設の昭和製鋼所25百万円、2位南満洲電気22百万円、3位大連汽船13,750千円、4位南満洲瓦斯9,300千円、5位南満洲旅館6,560千円の順であった。大連汽船以外は本体事業の分社化による設立会社でありこれらが上位を占めた。

(1930年度)

　1930年7月20日に不振を続けていた満洲製粉が本店を鉄嶺から奉天に移転した。資本金5,750千円3,355千円払込の同社は1931年5月期で繰越損失3,456千円という状況で配当は全く期待できず[44]、事業は追い詰められ工場資産処分を続けたが満洲国期にも再起できず、事実上の休業状態に陥った(柴田[2007i] 599-600頁)。満鉄は12月1日に哈爾濱土地建物株式会社(1920年5月21日設立)の全株式を取得した。同社は資本金2百万円4分の1払込で設立されたが不振に陥り1924年11月19日に500千円払込に減資し、その後休眠状態にあった。同社全株式を買収し哈爾濱における不動産市場を支援した[45]。代表取締役に前満鉄哈爾濱事務所長古沢幸吉を就任させ、取締役に向坊盛一郎(計画部次長)、武部治右衛門(興業部商工課長)、中西敏憲(総務部人事課長)を兼務で派遣し経営支配下に置き、古沢に経営を任せた[46]。同社は1930年12月に営業を開始した[47]。満鉄は中日合弁大興煤礦有限公司株式の50％32.2千元評価額184千円を保有していたが、1930年度

中に残る50％の株式を合弁相手から買収し64.4千元評価額368千円の完全子会社に切り替えた。大興煤炭は1930年度で38,726円の配当を行う優良事業者であった[48]。年度中に銑鉄共同組合に対する出資10千円を差入保証金に振り替えて処分した[49]。1931年3月31日に南満洲旅館が解散し満鉄に吸収合併され[50]、ホテル事業等はまた満鉄の直営に戻った。

1931年3月期61社1,718,214千円、満洲内48社85,371千円、連結子会社36社109,446千円で金額が微増した。出資上位会社は1位昭和製鋼所25百万円、2位南満洲電気22百万円、3位大連汽船13,750千円、4位南満洲瓦斯9,300千円、5位南満洲旅館6,560千円で前期と順位も金額も同一であった。大規模本体事業の分社化はほぼ終了したことを告げるものである。

3．関係会社総資産と連結総資産

満鉄は1920年代に多数の新規関係会社に出資し、しかも出資額の大きな直営事業の分社化を行った。満鉄出資20％以上の関係会社の総資産を点検しよう（表4-4）。貸借対照を確認できた会社に限定する。1921年3月期17社18,439千円ですべて満洲内で、連結子会社15社15,400千円であった。大連汽船6,981千円、営口水道電気2,937千円、大連油脂工業2,304千円、満鮮坑木2,205千円の順である。このうち大連油脂工業のみ持分法適用会社である。1922年3月期は金額が増大したが、上位4社は同一である。1923年3月期に19社27,822千円に増大した。すべて満洲内で連結子会社15社17,110千円はほ微減した。上位会社は1位新設の東亜勧業7,349千円、2位大連汽船6,878千円、3位営口水道交通3210千円、4位大連油脂工業2,287千円、5位満鮮坑木1,372千円となり、持分法適用会社の東亜勧業の資産規模が多額であった。1924年3月期で19社44,110千円、満洲外会社も2社出現した。連結子会社13社28,069千円に増大した。1926年3月期では27社75,421千円、満洲25社56,483千円、連結子会社21社56,652千円に増大した。上位資産会社は1位大連汽船11,146千円、2位新設の南満洲瓦斯9,189千円、3位東亜勧業7,466千円、4位新設の満洲紡績7,004千円、5位営口水道電気3,727千円であった。このうち東亜勧業と満洲紡績は持分法適用会社である。満鉄直営事業の分社化会社が上位を占めるようになり、分社化が進んだ1929年3月期では31社106,899千円、

満洲内27社94,369千円、連結子会社25社91,232千円となり、1位南満洲電気24,642千円、2位大連汽船18,687千円、3位南満洲瓦斯9,001千円、4位南満洲旅館7,024千円円、5位東亜勧業6,936千円であり、いずれも連結子会社である。分社化した連結子会社3社が上位に並んだ。分社化がほぼ完了した1931年3月期では40社180,749千円、満洲内32社133,769千円、連結子会社31社161,528千円へと増大した。上位資産会社は1位大連汽船27,377千円、2位南満洲電気26,422千円、3位昭和製鋼所25,419千円、4位東亜勧業13,903千円、5位国際運輸12,376千円であり上位会社の資産額は増大を続けていた。いずれも連結子会社で、昭和製鋼所のみ満洲外であった。

　さらに満鉄総資産（表4-1）と連結子会社総資産（表4-4）から満鉄出資（表4-2）と融資・預り金（表4-3）を相殺した連結総資産を試算しよう（表4-5）。1921年3月期の満鉄総資産605,390千円、14社連結子会社総資産は15,400千円で、単純合計総資産は620,729千円であったが、これから出資4,590円、融資54千円を相殺した連結総資産は615,660千円となり、総資産連単倍率1.016となり、満鉄単体総資産を1.6％押し上げる規模に止まっていた。満鉄本体の資産規模も拡大を続けるため、連結子会社総資産が増大しても、1923年3月期総資産連単倍率は1.014に低下し、1925年3月期までは総資産連単倍率はさほど伸びなかった。1926年3月期に本体事業の分社化による事業資産規模の多額となる連結子会社が発生したことで、連結子会社総資産が53,133千円に増大し、総資産連単倍率は1.040に上昇した。この総資産連単倍率が1920年代のピークとなる1930年3月期で満鉄総資産1,034,593千円に対し連結子会社総資産156,551となり、出資97,826千円、融資6,890千円、預り金24,393千円を相殺した連結総資産1,061,833千円となりこれから試算する総資産連単倍率は1.026となった。すなわち連結子会社総資産は満鉄総資産を2.6％押し上げる規模で止まった。1931年3月期も連結子会社総資産の増大で総資産連単倍率は1.039に上昇し、満鉄総資産を3.9％押し上げた。1921年3月期と比べ連結子会社の比重が上昇した。小規模連結会社で総資産が不明の事例もかなりあるため、それらを発掘ですれば、さらにこの数値をいくらか上昇させることができる。直営事業を分社化することで連結子会社資産として合計することになるが、連結子会社資産が多額でも満鉄出資・満鉄借入金に丸ごと

表4-4　南満洲鉄道関係会社

商号	設立日	本店	1921.3期	1922.3期	1923.3期	1924.3期	1925.3期
営口水道電気(株)	1906.11.15	営口	2,937	3,059	3,210	3,433	3,637
(株)満洲日日新聞社→(株)満洲日報社	1913.11.26	大連	518	611	686	704	599
瓦房店電灯(株)	1914.10.15	瓦房店	…	78	…	…	…
大連汽船(株)	1915.1.28	大連	6,981	7,461	6,878	7,039	10,060
大連油脂工業(株)	1916.4.26	大連	2,304	2,183	2,287	2,207	1,315
長春取引所信託(株)	1916.3.26	長春	…	1,074	913	896	897
大石橋電灯(株)	1916.7.25	大石橋	54	58	59	64	…
四平街電灯(株)	1917.4.25	四平街	98	…	155	184	229
長春市場(株)	1917.5.16	長春	91	100	…	…	…
公主嶺電灯(株)	1916.7.4	公主嶺	…	…	181	…	…
満洲市場(株)	1917.9.1	奉天	215	210	218	…	…
南満鉱業(株)	1918.4.8	大連	…	…	…	…	…
大連工業(株)	1918.4.5	大連	521	582	546	549	544
満洲硝子工業(株)	1918.5.―	撫順	213	…	…	…	…
公主嶺取引所信託(株)	1919.8.1	公主嶺	426	426	462	371	446
四平街取引所信託(株)	1919.9.1	四平街	256	275	253	273	313
鉄嶺取引所信託(株)	1919.11.6	鉄嶺	275	246	275	…	…
満鮮坑木(株)	1919.12.21	安東	2,205	1,528	1,372	1,511	1,641
東亜土木企業(株)	1920.1.10	大連	…	…	…	…	1,339
湯崗子温泉(株)	1920.4.2	湯崗子	566	591	639	736	736
遼陽取引所信託(株)	1920.8.24	遼陽	152	168	―	―	―
営口取引所信託(株)	1920.9.10	営口	621	602	859	―	―
東洋炭礦(株)	1917.3.―	撫順	―	1,992	…	…	…
奉天取引所重要物産信託(株)→奉天取引所信託(株)	1921.7.29	奉天	―	989	928	1,128	1,193
鞍山不動産信託(株)	1921.10.26	鞍山	―	―	…	…	…
東亜勧業(株)	1921.12.10	奉天	―	―	7,349	7,672	7,593
大連火災海上保険(株)	1922.7.28	大連	―	―	529	608	619
(株)哈爾濱日日新聞社	1922.11.1	哈爾濱	―	―	…	…	…
満洲紡績(株)	1923.3.15	遼陽	―	―	―	2,672	4,642
撫順炭販売(株)	1923.3.20	東京	―	―	―	…	…
満洲船渠(株)	1923.3.31	大連	―	―	―	1,265	1,472
山東鉱業(株)	1923.5.7	東京→青島	―	―	―	2,391	2,409
元山海水浴(株)	1923.6.2	元山	―	―	―	…	…
国際運送(株)	1923.6.22	東京	―	―	―	10,398	12,176
昌光硝子(株)	1925.4.17	東京	―	―	―	―	…
南満洲瓦斯(株)	1925.7.15	大連	―	―	―	―	…
大連窯業(株)	1925.7.15	大連	―	―	―	―	…
(株)盛京時報社	1925.11.20	奉天	―	―	―	―	…
南満洲電気(株)	1926.6.1	大連	―	―	―	―	―
国際運輸(株)	1926.8.1	大連	―	―	―	―	―
東洋曹達工業(株)	1926.12.1	東京	―	―	―	―	―
南満洲旅館(株)	1927.12.15	大連	―	―	―	―	―
満洲硝子(株)	1928.11.3	大連	―	―	―	―	―
日本精鑞(株)	1929.2.23	大連	―	―	―	―	―
復州鉱業(株)	1929.2.13	奉天省復州	―	―	―	―	―
大連農事(株)	1929.4.15	大連	―	―	―	―	―
日満倉庫(株)	1929.6.1	東京	―	―	―	―	―
阪神築港(株)	1929.7.3	神戸	―	―	―	―	―
(株)昭和製鋼所	1929.7.4	鞍山	―	―	―	―	―
(株)遼東ホテル	1928.9.26	大連	―	―	―	―	―
合計 社数			17	18	19	19	19
資産額			18,439	22,239	27,822	44,110	51,870
満洲内会社 社数			17	18	19	17	17
資産額			18,439	22,239	27,822	31,321	37,283
満洲外会社 社数			―	―	―	2	2
社数						12,789	14,586
連結子会社 社数			15	16	15	13	14
資産額			15,400	19,474	17,110	28,069	35,363

第4章　1920年代南満洲鉄道系企業集団　185

総資産（20％以上出資会社）

（単位：千円）

1926.3期	1927.3期	1928.3期	1929.3期	1930.3期	1931.3期	備　考
3,727	3,430	3,621	3,740	3,827	3,777	同年4月期
604	618	…	1,072	…	1,541	前年12月期、1931.3期のみ同年5月期
152	—	—	—	—	—	
11,146	12,945	15,864	18,687	25,069	27,377	前年12月期
830	826	855	867	821	823	同年5月期
847	847	855	864	911	888	前年12月期
88	—	—	—	—	—	1919.3期は前年9月期、1920.3期と1926.3期は同年9月期
586	—	—	—	—	—	1922.3期は翌年9月期
99	102	101	93	81	84	
…	…	…	…	…	…	
269	278	291	293	301	208	前年12月期
659	693	775	647	663	663	同
428	489	531	542	784	474	同年5月期、1926.3期より同年4月期
—	—	—	—	—	—	
586	926	857	744	724	752	前年12月期、金勘定のみ
291	325	348	416	372	307	同
—	—	—	—	—	—	前年12月期、1922.3期は前年6月期
1,625	1,678	1,770	1,159	995	914	前年10月期
1,738	1,853	2,367	1,513	2,870	3,203	
754	767	379	401	412	372	
—	—	—	—	—	—	前年12月期、1922.3期は前年6月期
…	…	…	…	…	…	1921.3期は前年12月期、1922.3期は前年6月期、1923.3期は同年6月期
1,523	1,598	1,960	1,418	1,022	964	前年12月期
—	—	1,041	1,041	1,051	1,027	同
7,466	7,296	7,328	6,936	6,343	13,903	前年12月期
648	714	759	860	941	1,000	
…	…	202	…	…	202	同年5月期
7,004	6,323	6,183	6,254	6,119	4,211	同年4月期
—	4,496	4,876	5,727	7,942	7,667	
1,421	…	…	1,968	1,687	1,244	
2,389	2,376	2,407	2,375	2,414	2,419	同年5月期
…	…	…	160	159	162	前年12月期
16,549	—	—	—	—	—	
3,519	3,939	4,185	4,267	4,105	3,964	
9,189	8,988	8,954	9,001	9,073	9,811	
1,271	1,288	1,322	1,323	1,327	1,268	
—	—	—	441	362	364	前年12月期
—	23,730	26,162	24,642	25,577	26,422	
—	—	—	—	17,244	12,376	
—	—	—	7,024	2,366	2,733	前年12月期
—	—	4,447	408	6,842	8,744	1930.3期は前年9月期
—	—	—	2,001	414	391	大連窯業と合計で100％
—	—	—	—	2,255	3,512	
—	—	—	—	493	516	同年2月期
—	—	—	—	5,016	5,095	
—	—	—	—	2,065	2,089	
—	—	—	—	2,502	2,502	
—	—	—	—	31,057	25,419	
—	—	—	—	943	1,318	
27	24	26	31	38	40	
75,421	86,633	98,452	106,899	177,167	180,729	
25	21	23	27	30	32	
56,483	75,819	86,982	94,369	124,553	133,769	
2	3	3	4	8	8	
18,938	10,813	11,469	12,529	46,960	46,960	
21	17	19	25	29	31	
56,652	64,665	82,489	91,232	156,351	161,528	

			3	2	4	6	5
持分法適用会社	社数		3,309	2,765	10,712	16,101	16,506
	社数						

注：ボールドは満洲内会社、イタリックは持分法適用会社。
出所：南満洲鉄道産業部［1937a］、［1937b］、同庶務部調査課［1928］、日満実業協会［1934］、国際運輸［1934］、日報告書』（各期）、長春取引所信託（株）『営業報告書』（各期）、大石橋電灯（株）『第10期営業報告書』（吉林省社会1922年9月期（満鉄資料館22397）、『第16期営業報告書』1924年3月期（満鉄資料館22398）、四平街電灯（株）『第『営業報告書』（各期）、大連工業（株）『営業報告書』（各期）、公主嶺取引所信託（株）『営業報告書』（各期）、四平街崗子温泉（株）『営業報告書』（各期）、遼陽取引所信託（株）『営業報告書』（各期）、奉天取引所信託（株）『営業報告書』期）、撫順炭販売（株）『営業報告書』（各期）、満洲船渠（株）『営業報告書』（各期）、山東鉱業（株）『営業報告書』（各期）、窯業（株）『営業報告書』（各期）、南満洲電気（株）『営業報告書』（各期）、国際運輸（株）『営業報告書』（各期）、東洋精鑛（株）『営業報告書』（各期）、復州鉱業（株）『営業報告書』（各期）、大連農事（株）『営業報告書』（各期）、日満倉ル『営業報告書』（各期）、『満洲会社興信録』1922年版、1923年版、『満蒙銀行会社要覧』1929年版、『満洲日日新聞』年1月31日、1926年11月30日、1927年5月29日。

表4-5　南満洲鉄道連

	1921.3期	1922.3期	1923.3期	1924.3期	1925.3期
南満洲鉄道総資産	605,390	649,606	711,834	737,902	789,911
連結子会社総資産	15,400	19,474	17,110	28,009	34,744
単純合計総資産	620,790	669,080	728,944	765,912	824,655
相殺：出資	4,590	6,167	6,087	8,725	9,575
相殺：融資	540	520	622	649	2,845
相殺：預り金	—	—	—	—	—
南満洲鉄道連結総資産	615,660	662,392	722,235	756,537	812,234
総資産連単倍率	1.016	1.019	1.014	1.025	1.028
連結集計子会社数	14	17	15	13	13

出所：表4-1、表4-2、表4-3、表4-4。

依存すれば、相殺されるため連結総資産をさほど押し上げる効果はない。満鉄は1920年代に子会社を増やし、大規模直営事業の分社化を図った結果、連結総資産を増大させた。全額出資会社であっても満鉄以外からの資金調達や内部留保により子会社は総資産を増大させることが可能であり、また大連汽船のように満鉄保証で社債・借入金で資金調達して事業拡大を図ることで連結総資産を引き上げる効果がある。1920年代満洲の総じて不振の経済状況にあって、取引所信託会社のように不振を続けた業種も存在するが、100％出資連結子会社は経営の効率性を追求しつつ事業規模拡大を行った。満鉄の直営事業の分社化ではすでに収益を挙げている電力・ガス事業では成功したといえよう。1920年代の満鉄は事業持株会社化へと大きく歩みを進めた。

6	7	7	6	9	9
18,769	21,967	15,963	15,666	20,816	19,200

満倉庫［1940］、営口水道交通（株）『営業報告書』（各期）、大連汽船（株）『営業報告書』（各期）、大連油脂工業（株）『営業科学院満鉄資料館（以下、満鉄資料館））、『第12期営業報告書』1922年3月期（満鉄資料館22396）、『第13期営業報告書』13期営業報告書』1924年3月期（満鉄資料館22402）、『第15期営業報告書』1925年3月期（満鉄資料館22404）、南満鉱業（株）取引所信託（株）『営業報告書』（各期）、満鮮坑木（株）『営業報告書』（各期）、東亜土木企業（株）『営業報告書』（各期）、湯（各期）、東亜勧業（株）『営業報告書』（各期）、大連火災海上保険（株）『営業報告書』（各期）、満洲紡績（株）『営業報告書』（各国際運送（株）『営業報告書』（各期）、昌光硝子（株）『営業報告書』（各期）、南満洲瓦斯（株）『営業報告書』（各期）、大連窒素工業（株）『営業報告書』（各期）、南満洲旅館（株）『営業報告書』（各期）、南満洲硝子（株）『営業報告書』（各期）、日本庫（株）『営業報告書』（各期）、阪神築港（株）『営業報告書』（各期）、（株）昭和製鋼所『営業報告書』（各期）、（株）遼東ホテ1920年2月2日、7月27日、1921年1月31日、2月10日、7月21日、1922年1月29日、8月1日、1923年5月6日、1924

結総資産（1）

（単位：千円）

1926.3期	1927.3期	1928.3期	1929.3期	1930.3期	1931.3期
801,230	845,749	910,104	992,531	1,034,593	1,062,804
53,133	64,665	82,489	91,232	156,351	161,528
854,363	910,415	992,594	1,083,764	1,190,944	1,224,333
20,087	38,399	46,707	61,960	97,826	99,542
804	4,536	6,782	6,688	6,890	3,894
—	5	8	26	24,393	16,359
833,471	867,473	939,095	1,015,088	1,061,833	1,104,357
1.040	1.025	1.031	1.022	1.026	1.039
20	18	19	25	29	30

1） 早川仙吉郎は文久3（1863）年6月生、1887年7月帝国大学法科大学卒、1889年12月同大学院農政学研究科修了、1890年1月大蔵省採用、1898年11月主税局関税課長、1899年9月日本銀行監理官、1900年7月辞職、三井家同族会理事、1918年1月三井合名会社副理事長、三井銀行取締役、1921年6月貴族院議員、1921年5月満鉄社長、1922年10月14日没（大蔵省百年史編纂室［1973］140頁）。浅野［1922］も参照。

2） 山本条太郎翁伝記編纂会［1942］530-531頁。山本条太郎は慶応3（1867）年10月11日生、1881年三井物産採用、1906年6月三井物産理事、1909年10月三井物産常務取締役、1914年4月辞任、衆議院議員、1926年4月立憲政友会幹事長、1927年7月〜1929年8月満鉄社長・総裁、1935年12月貴族院議員、1936年3月25日没（山本条太郎翁伝記編纂［1942］年譜）。

3） 和田豊治は文久元（1861）年11月18日生、1884年慶應義塾卒、1891年日本郵船株式会社採用、1893年鐘淵紡績株式会社支配人、1901年1月28日富士瓦斯紡績取締役、1916年6月20日富士瓦斯紡績社長、1918年日華紡織株式会社（1918年7月19日設立、

本店上海）社長、1917年東洋製鉄株式会社取締役等歴任、1922年貴族院議員、1924年3月4日没（富士紡績［1947］15、60頁、新潮社［1991］1882頁、喜多［1926］年譜1-7頁、柴田［2008a］44頁）。松本烝治は1877年10月14日生、1900年7月東京帝国大学法科大学卒、農商務省採用、1901年6月農商務省参事官、1903年6月東京帝国大学法科大学助教授、1910年11月同教授、1919年5月6日〜1921年5月31日満鉄理事、1921年5月〜1922年3月満鉄副社長、1923年9月〜1924年1月内閣法制局長官、1914年1月貴族院議員、1925年3月〜1928年3月関西大学学長、1934年2月〜7月商工大臣、1945年10月〜1946年5月国務大臣、1946年9月〜1950年10月公職追放、1954年10月8日没（秦［1981］221頁）。

4）『満洲日日新聞』1922年10月19日、喜多［1926］586-590頁。

5）『満洲日日新聞』1922年10月21日。

6）『満洲日日新聞』1922年10月21日。橋本圭三郎は慶応元（1865）年9月23日生、1890年7月東京帝国大学法科大学卒、法制局採用、1907年5月大蔵省官房第四課長、同年8月主税局葉煙草専売課長、1900年4月専売局事業部長、1905年9月横浜税関長、1906年5月臨時国債整理局長、1907年9月主計局長、1911年9月大蔵次官、1912年12月辞職、貴族院議員、1913年2月農商務次官、1914年4月辞職、1916年1月宝田石油社長、1921年5月日本石油株式会社副社長、1926年3月〜1944年2月同社長、1934年2月満洲石油株式会社理事長、1941年12月〜1946年3月帝国石油株式会社（1941年9月1日設立、本店東京）総裁、1944年2月〜4月日本石油会長、1946年9月公職追放、1959年2月14日没（秦［1981］181頁、第5章参照）。

7）川村竹治は明治4（1871）年7月17日生、1897年7月東京帝国大学法科大学卒、内務省採用、1898年3月通信事務官、1907年9月大阪郵便局長、1908年4月内務省警保局保安課長兼警務課長、1909年10月台湾総督府内務局長、1911年9月和歌山知事、1914年6月香川県知事、1917年1月青森県知事、1918年10月内務省警保局長、1921年5月27日内閣拓殖局長官、1922年6月貴族院議員、1922年6月14日内務次官、同年10月24日辞職、同年10月〜1924年6月満鉄総裁、1928年6月15日〜1929年7月30日台湾総督、1932年3月25日〜5月26日司法大臣、1955年9月8日没（秦［1981］81頁、新山［1929］参照）。

8）安広伴一郎は安政6（1859）年10月13日生、1875年9月慶応義塾入学、1880年5月香港中央書院卒、1887年12月ケンブリッジ大学卒、1888年8月第三高等中学校教員、1890年6月内閣書記官、1891年3月法制局参事官、1893年内務省参事官、1896年2月内務省社寺局長、1897年4月文部省普通学務局長、同年11月辞職、1898年2月通信省郵務局長、同年11月内閣書記官長、1900年10月辞職、同年9月貴族院議員、1901年6月農商務総務長官、1903年9月辞職、1908年7月法制局長官兼内閣恩給局長、1911年8月辞職、1916年3月〜1924年6月枢密顧問官、1924年6月〜1927年7月満

鉄社長、1951年5月27日没（秦［1981］240頁）。
9） 大平駒槌は明治2（1869）年12月生、東京帝国大学法科大学卒、農商務省採用、鉱山監督署事務官、住友別子鉱業所採用、土佐吉野川水力電気株式会社代表取締役、住友総本店理事、1924年11月～1927年7月及び1929年8月～1931年6月満鉄副総裁、貴族院議員、枢密顧問官、1947年5月11日没（帝国秘密探偵社『大衆人事録』1928年版、オ140頁、勝田［1927］オ85頁、帝国興信所『帝国銀行会社要録』1928年版、愛媛8頁ほか）。
10） 仙石貢は安政4（1857）年6月2日生、1878年7月工部大学校土木工学科卒、東京府庁採用、1881年8月東北鉄道株式会社創立事務に従事、1884年工部省鉄道局、1890年5月鉄道庁技師、1893年逓信省鉄道局監理課長、1894年6月同運輸課長、1896年同兼汽車課長、1896年10月辞職、同年11月筑豊鉄道株式会社社長、1897年11月九州鉄道株式会社副社長、1898年4月同社長、1908年5月～1912年5月衆議院議員、1911年10月猪苗代水力電気株式会社社長、1914年4月辞任、同月鉄道院総裁、1915年9月辞任、1924年6月～1926年6月鉄道大臣、1926年1月貴族院議員、1929年8月～1931年6月満鉄総裁、1931年10月30日没（秦［1981］134-135頁）。河本大作は1882年1月24日生、1903年11月陸軍士官学校卒、1914年11月陸軍大学卒、1926年3月関東軍参謀、1928年6月張作霖爆殺、1929年7月停職、1930年7月予備役、1932年10月4日～1936年10月3日満鉄理事、1936年10月～1940年9月満洲炭礦株式会社理事長、1943年山西産業株式会社（1942年4月1日設立、本店太原）社長、1949年戦犯容疑で拘置、太原収容所で1955年8月25日没（日本近代史料研究会［1971］31頁、新潮社［1991］705頁）。
11） 『満洲日日新聞』1924年6月11日。
12） 『満洲日日新聞』1925年3月18日。
13） 四平街取引所信託株式会社『第1期営業報告書』1919年12月期、9-10頁、同『第2期営業報告書』1920年6月期、9頁。1919年12月期株主名簿で専務取締役田中拳二5,650株の保有が掲載されており、その中から満鉄に5千株を譲渡した。金子［1991］225頁では1919年8月取得とし設立時満鉄出資と判定する。
14） 南満洲鉄道［1928］1005頁は東亜土木企業を1921年9月創立、1927年で5％出資とする。ただし1927年度末出資率が正しく反映していない。
15） 『第48回帝国議会説明資料』1924年12月。
16） 南満洲鉄道［1928］954頁。この典拠は1920年11月設立とする。橋本幾三郎は1919年満鉄採用、1922年で撫順炭礦庶務課（小笠原［1922］164頁）。
17） 南満洲電気［1930］446-448頁、南満洲鉄道［1928］955頁、南満洲鉄道『第48回帝国議会説明資料』1924年12月。橋本幾三郎が設立時から監査役に就任しており、設立時出資と判定。

18) 札免採木公司については蘇［1990］332-335頁が詳細である。
19) 『関東庁庁報』559号、1922年6月23日、南満洲鉄道［1928］1000頁。
20) 『第56回帝国議会説明資料』1928年12月。撫順炭販売株式会社『第1期営業報告書』1923年9月期。武部治右衛門は神戸高等商業学校卒、1910年満鉄採用、1920年10月6日商事部販売課長、1922年1月7日〜1923年3月26日興業部販売課長、1926年復職、1927年11月18日興業部商工課長、1931年2月21日地方部次長、1932年12月1日商事部長、1936年11月21日〜1940年11月20日理事、日満商事株式会社社長（笠原［1922］268頁、『大衆人事録』1943年版、関東州27頁、満鉄会［1992］58、68、77、83、93頁）。大和田勇職位については満鉄会［1992］59頁。斉藤茂一郎については第3章参照。
21) 撫順炭販売株式会社『第9期営業報告書』1927年9月期、4頁。
22) 柴田［2008］第1章参照。青島が軍政支配時期には青島総領事館が設立されておらず、青島で登記できなかった。
23) 南満洲鉄道［1928］996-997頁。合弁設立の記載は南満洲鉄道庶務課［1926］。
24) 『関東都督府府報』1903号、1917年12月29日。『満洲日日新聞』1918年7月22日、1925年6月30日。龍口銀行については柴田［2011d］も参照。
25) 設立日は東亜経済時報社『朝鮮銀行会社組合要録』1940年版、558頁。『関係会社年報』1938年版、1213頁では1923年6月2設立。
26) 『帝国銀行会社要録』1925年版、朝鮮40頁。白浜多次郎は1908年満鉄採用、1919年7月16日商事部会計課長、1922年1月7日経理部用度課長、1924年5月28日同会計課長、1930年6月14日用度部次長（笠原［1922］432頁、満鉄会［1992］59、68、79頁）。
27) 堀内・望月［1960］1頁。フーバーは1929年3月4日第31代アメリカ合衆国大統領就任。
28) 堀内・望月［1960］2-3頁、南満洲鉄道株式会社『関係会社年報』1938年版、803頁。
29) 『関係会社年報』1938年版、803頁。開平鉱務の1934年6月期以後の総資産しか反映しないが、同期2,880千ポンドで、業績の悪化の中で対前期利益皆無に転落していた（同前、804-805頁）。金子［1991］383頁で開平鉱務ではなく「開灤炭坑」出資が掲載。
30) 南満鉱業株式会社『第15期営業報告書』1925年6月期、1-2頁、『第16期営業報告書』1925年12月期、1-3頁。
31) 『帝国銀行会社要録』1927年版、満洲2頁。
32) 国際運輸［1934］219頁、国際運輸株式会社『第3期営業報告書』1928年3月期、2、7頁。
33) 満鮮坑木株式会社『第9期営業報告書』1928年10月期、1頁。『第62回帝国議会説明書』1932年5月。

34) 満洲鉱山薬株式会社『第9期営業報告書』1927年10月期株主名簿に満鉄1千株保有あり、『第10期営業報告書』1928年10月期株主名簿に掲載なし。前年11・12月譲渡の可能性あり。
35) 同『第14期営業報告書』1932年10月期表紙に1935年9月解散と手書き記載。
36) 大連窯業株式会社『第12期営業報告書』1937年9月期、11頁。南満洲硝子株式5,000株50円払込を保有。須永［2007b］794頁は満鉄全額出資で設立したかの記述をしているが、当初から大連窯業の子会社と思われる。
37) 日本精鑞株式会社『第1期営業報告書』1929年3月期、3頁。
38) 大連工業株式会社『第22期営業報告書』1938年12月期、2、11、13頁。
39) 南満洲鉄道株式会社『統計年報』1930年版、78-79頁。
40) 阪神築港株式会社『第1・2期営業報告書』1930年3月期、1-2、7頁。入江正太郎については第3章参照。竹中政一は1883年10月11日生、1907年神戸高等商業学校卒、同年5月満鉄採用、1919年7月16日総務部文書課長、1923年5月21日奉天地方事務所長、1924年3月4日北京公所長、1926年3月8日経理部長、1931年7月15日〜1935年7月14日理事、1936〜1937年銑鉄共同販売株式会社代表取締役、1936年〜1937年日印通商株式会社専務取締役、1938年6月27日〜1941年2月18日満洲重工業開発株式会社理事、1939年8月〜1941年2月18日協和鉄山株式会社副社長、1943年2月〜1944年4月満洲瓦斯株式会社社長、1947年株式会社光和商会監査役、東北鉄山株式会社、日本合同鉱業株式会社監査役、1950年11月27日没（岡本［1957］、『大衆人事録』1942年版、東京616頁、満鉄会［1992］43、66、63、68頁）。
41) 『第59回帝国議会説明資料』1930年12月、『満銀年鑑』1935年版、405頁。柳沢［2009］169頁は遼東ホテル設立を1930年とする。
42) 『満洲商工概覧』1930年版、159頁。金丸富八郎は1883年9月生、1908年山口高等商業学校卒、鉄道院採用、満鉄に移り、長春駅長、大連鉄道事務所長代理1926年5月21退任、南満洲電気、南満洲瓦斯、南満鉱業、奉天取引所信託、満洲殖産銀行各重役を歴任し、遼東ホテル、昭徳建物株式会社各監査役（『大衆人事録』1943年版、満洲85-86頁、満鉄会［1992］64頁）。
43) 日満実業協会［1934］、南満洲鉄道調査部［1939］、『第57回帝国議会説明資料』1929年12月。
44) 満洲製粉株式会社『第47期営業報告書』1931年5月期。
45) 『満銀年鑑』1935年版、『関係会社年報』1938年版、1245頁。
46) 『満洲商工概覧』1930年版、586頁、満鉄会［1992］71頁。向坊盛一郎は1884年8月生、1908年神戸高等商業学校卒、満鉄採用、1923年5月21日興業部商工課長、1927年11月18日総裁室業務課長、1930年6月14日計画部次長、1931年退社、東亜勧業社長、奉天商工会議所副会頭、1939年10月〜1941年7月特産専管公社理事長、満洲大豆化

学工業株式会社社長（『大衆人事録』1943年、満洲287頁、『満洲紳士録』1943年版、1293頁、満鉄会［1992］62、68、74頁）。中西敏憲は1894年3月生、1919年東京帝国大学法科大学卒、満鉄採用、1928年6月19日地方部地方課長、1930年6月14日総務部人事課長、1931年8月1日総務部文書課長、1932年12月1日地方部長、1935年9月12日総務部長、1936年10月5日〜1940年10月4日理事、1940年10月辞職、1942年4月衆議院議員（『大衆人事録』1943年版、東京700頁、満鉄会［1992］65、74、82、90、92頁）。

47）『統計年報』1930年版、78-79頁。
48）『統計年報』1930年版、78-79頁。
49）『統計年報』1930年版、78-79頁。
50）南満洲旅館株式会社『第3期営業報告書』1931年3月期。

第3節　1920年代有力直営事業の分社化

1．造船業

　日露戦争勃発前からロシアの東清鉄道は植民地開発の一環としてダルニー（のちの大連）で船渠を設計・起工し、事業に着手していたが戦後日本に所有権が移転し海軍防備隊の所管に移った。満鉄設立後その事業資産を承継したが、同社に船渠を操業する経験も人材もなかったため、株式会社川崎造船所（1896年10月15日年設立、本店神戸）と1908年7月に船渠工場の操業の契約を締結した。同社は同月に大連出張所を設置し事業を開始した。船渠の設備を拡張し、6千トン級の船舶の入渠を可能とした。また船舶修理のみならず諸機械の修理、汽車、機関車、電車、鉱山用機械、油房機械の製造および修理にも事業を拡張した。大連市中に有力な鉄工場が設置されていないため同社は多くの需要に応じた。1910年4月15日「関税定率法」により船舶輸入税が引き上げられため、日本の海運会社が船舶輸入の関税賦課を回避するため輸入税無税の関東州で1911年12月30日関東都督府令「関東州船籍令」により置籍船が出現した。同令により日本の船舶会社等が関東州に名義上の船舶運航会社を設置した。日本航路では外国籍船舶となり不利となるが、対中国沿岸航路で操業することで利益が期待できた。さらに満鉄の鞍山

製鉄所工場の開設に伴う各種機械、機関等の製造も引き受けた。1917年7月の工場面積15.8千坪、建坪1.5千坪、機械工場、錬鉄工場、鋳造工場、模型工場、鉄船工場、木工場、ガス工場、真鍮工場を擁し、技術者10名、日本人職工110名、中国人職工510名を雇用していた[1]。ところが第1次大戦の終結で海運界は一挙に不況に陥り、川崎造船所は大型船舶を入渠できる設備を増設することで乗り切る方針としたが大連に新規の船渠を拡張するには資金的に苦しい状況あった。そこで川崎造船所大連出張所工場長岩藤与十郎は旅順の海軍工場の払下げを受ける意向を表明した[2]。他方、満鉄は海軍省と交渉し旅順要港部所属修理工場の経営を引き受け、10年の賃貸契約で年12千円の賃貸料を支払うことで合意し、満鉄旅順工場と改め1922年12月1日より事業を開始した。15千トンの船渠を擁するこの新工場の操業で既存の川崎造船所大連工場と競合することになる。そのため旅順工場を会社組織に改める際には川崎造船所大連工場も合併するという方向に進むと観測されていた[3]。川崎造船所は満鉄旅順工場という有力な競合者の出現となるため、満鉄に大連工場の買収を求めた。満鉄の買収額は800〜1,000千円とみられていた[4]。旅順工場長には12月15日に予備役となった前工場主管荒尾文雄が就任し、海軍からの天下りを受け入れた[5]。

1923年3月24日に満洲船渠株式会社の発起人総会が開催され、31日に登記し、同日に川崎造船所大連出張所の事業資産の譲渡を受け、4月1日に事業に着手した（本店大連、資本金2百万円800千円払込）。専務取締役岩藤与十郎、常務取締役荒尾文雄、ほか満鉄沙河口工場庶務課長栗村平三郎を兼務派遣し、取締役に埠頭事務所庶務課長市川数造、運輸部機械課長武村清、同線路課長代理堀親道を兼務派遣し、監査役に運輸部庶務課長岩田熊次郎、興業部商工課長向坊盛一郎を兼務派遣し、主に満鉄運輸部が同社を監督する体制となった[6]。川崎造船所大連工場と旅順工場の職員をそのまま雇用した[7]。船舶修理のみでは夏場に船渠の稼働率が低下するため新造船にも事業を拡張する計画を有していたが[8]、計画は進まなかったようである。1923年9月期総資産962千円は、1924年3月期に半製品繰越高と未収入金の増大で1,265千円となったが、損失を計上し、その後も1925年9月期、1926年3月期も損失を計上しており、総資産はさほど増大せず操業は芳しいものではなかった[9]。1920年代の慢性的不景気の中で同様の状況が続いた。

損失処理のため満洲船渠は1928年12月に1,400千円半額払込に減資して損失処理したうえで、満鉄は持株の40％を大連汽船に譲渡し、60％出資84千円42千円払込に引き下げ、大連汽船にも支援を分担させ親子出資に切り替えたが[10]、さらに1931年9月26日に大連汽船が満洲船渠を吸収合併し解散させ、船渠事業は大連汽船の直営事業に切り替えて同社の資金力の中で操業される体制に移行した。

2．窯業

1910年5月に満鉄中央試験所窯業課が各種窯業製品試験を行ってきたが、1920年6月に研究所から分離し窯業試験工場とし地方部の管理に移り、さらに1922年1月より興業部の所管に移った（南満洲鉄道［1928］1045頁）。

満鉄は1920年1月に「大華窯業株式会社」の設立を目論んだが、戦後恐慌の襲来で実現困難となったため、1920年10月1日に匿名組合大華窯業公司を設立した（本店大連、資本金87,275円）。満鉄窯業工場の工場群のうち窓ガラス工場以外の敷地建物機器144,167円を無償で満鉄より貸与し事業を継続させた。1923年度より収支が償う状況になっていたが1924年度以降に満鉄からの補助金を受給していた（南満洲鉄道［1928］936-937頁）。その後について不詳のため表4－2に掲載していない。

満鉄は1923年度に窯業試験工場附属窓ガラス工場の建設に着手し、1924年4月には工場建設に取り掛かる手はずとなっていた。発注した機械は2月には到着見込みで5月頃にアメリカから技師と職工を招聘した。工事を急ぎ秋には工場設備を竣工し、年末には製品出荷を開始するとの方針を示していた。原料は高級品には関東州産の硅石、下級品には朝鮮産の砂を使用する方針で朝鮮北部の砂の採取権を取得していた[11]。その後、沙河口の工場は1924年中には竣工し4月からは製品出荷の見込みとなった。満洲・華北の板ガラス供給は山海関のイギリス系会社と旭硝子株式会社（1907年9月8日設立、本店東京）のみであり、それに満鉄が続くため3社の競争が発生するとみられていた[12]。満鉄は耐火煉瓦、陶磁器、硝子器の試験工場を付設し、各種窯業品の製造、改良試験並びに採算的試験を続け、ようやく採算の取れる営利事業として独立させる見込みが立ち、1924年10月2日に窯業工場と改称した。耐火煉瓦、陶磁器、空洞硝子、窓硝子の工場を付設して

いたが、1925年7月15日に試験事業を打ち切ることとした。この間、1920年10月1日に大華窯業公司の経営に移し、窓ガラス工場は旭硝子との共同経営に移し、残る耐火煉瓦及び空洞硝子の工場は別会社に移すことにした（南満洲鉄道［1928］1045頁）。

満鉄は窓ガラス製造の研究を重ねグリンク式を採用し1923・1924年度に2百万円で工場設立の準備を開始したが窓硝子事業を起こしても操業では採算を取ることが難しく、また満鉄の窓硝子製造法は特許権で問題が発生し、その打開策として1924年に三菱系ガラス製造大手の旭硝子に経営を委嘱したい旨を表明し、同社と共同で1925年4月17日に昌光硝子株式会社を設立した（本店東京、資本金3百万円払込）（南満洲鉄道［1928］937頁、旭硝子［1967］131-132頁）。同社会長山田三次郎（旭硝子）、常務取締役藤田臣直（旭硝子）、岩崎俊哉（旭硝子）が経営を掌握したが、満鉄は取締役に理事入江海平を、監査役に理事赤羽克己を兼務派遣した。満鉄が理事を兼務派遣した最初の会社である。設立当日に満鉄大連のガラス工場事業資産を昌光硝子に譲渡した。満鉄は昌光硝子に40％出資しているが、旭硝子側の役員が昌光硝子工場経営を引き受けており、経営はほとんど旭硝子に任せていた[13]。こうして満鉄はガラス工場を分離独立させた。しかし昌光硝子は操業不振を続けて、1925年9月期から1931年3月期まで損失を続けたため、満鉄は配当収入を期待できる状態ではなかった[14]。

満鉄本体の大連窯業工場のうち空洞硝子工場と耐火煉瓦工場の分社化については、後述のガス事業の分社化とほぼ一括して政府に申請していたが、1925年7月15日に窯業工場分社化の認可を得た。満鉄は即日発起人会を開催し、大連窯業株式会社を設立した（資本金1,200千円払込）。分社化にあたり満鉄以外の出資者を探すのは困難な状況にあり、窯業試験場の社内関係者で会社を設立し、操業後に時期を見てから民間出資者に売り渡す方針とした。社長中島亮作（満鉄審査役兼務）、取締役に横山武（満鉄窯業試験場参事）、矢野端（満鉄鞍山製鉄所次長）、富永能雄（満鉄経理部用度課長兼務）、監査役向坊盛一郎（満鉄興業部商工課長兼務）ほかが就任した。事業分離の認可は4月1日に遡及して認められた。1.2百万円の根拠は満鉄の1924年度末窯業試験場投資1百万円、その他貯蔵品140千円、生産物その他160千円、合計1,300千円のうち250千円を償却することから承継資

産1,050千円となり、150千円を流動資金として今後の事業に投入する方針となっていた。興業部長岡虎太郎（1924年4月24日〜1925年12月25日在任）はかねてより試験研究に注力していたが、分社化後は利益の期待できる耐火煉瓦や空洞硝子等を生産し販路を広げると説明していた[15]。同社は1925年度には鞍山製鉄所より大口受注し耐火煉瓦を大量に納入したが、その後は受注に恵まれず、業績は期待したほど伸びなかった。1925年上期から無配を続けた（南満洲鉄道［1928］934-936頁）。

3．ガス・電力事業

満鉄は1908年10月に政府より許可を得てガス事業に参入した。ガス事業は公益事業であるとともに撫順炭をガスの原料として使用するという川下部門の事業と位置づけられていた。満鉄の直営事業として大連、鞍山、奉天、長春、安東でガス製造販売、ガス副産物生成販売、ガス仕様器具製作販売に従事していたが、直営よりは独立経営に移し効率性をさらに追求する方針とし、1925年7月18日に南満洲瓦斯株式会社が設立された（本店大連、資本金10百万円9.3百万円払込）。全額満鉄出資である。代表取締役富次素平（前興業部瓦斯作業所長）、取締役貝瀬謹吾（満鉄興業部長兼務）、白浜多次郎（経理部会計課長兼務）、監査役高橋仁一（前満鉄埠頭事務所庶務課長兼務）、向坊盛一郎（興業部商工課長兼務）であり、長らく満鉄ガス部門を担当していた富次素平を社長に配置して業務を任せ、ほかの役員を兼務派遣して経営監視した。同社は既存の満鉄のガス事業を丸ごと分離して独立採算に移行した。大連以外の地域は同社支店営業に切り替えられた。ガス需要は増大を続けたため、1925年度より年5％配当を続けた[16]。

満鉄の直営電力事業はガス事業に次いで分離対象となっているが、電力事業への既存投資額は20百万円を下らないため、日本の民間事業者でそれを引き受けることができる事業者は見当たらない状況にあった[17]。社長安広伴一郎は1925年8月に電力事業の分離はまだ決定していないと説明していたが[18]、1925年11月26日に満鉄は拓殖局に電力事業の分離の認可申請を行った。既往投資総額は23百万円と見積り資本金25百万円の会社とし、当面は大連・長春・安東・奉天・連山関の電力事業を吸収するが撫順の電力は炭礦経営と連動するため分離しない方針とし

た[19])。社長安広と民間電力事業者との接触等で新会社株式の取得への意欲を表明する民間の会社が見られた。翌年4月1日より新会社に分離後、一部株式を民間に譲渡する可能性も伝えられた[20])。資本金25百万円22百万円払込とし、3月31日現在簿価20百万円と見積もり、2百万円は満鉄の1926年度予算における電気事業関係事業費により現金支出するものとした。満鉄の減価償却準備としての特別積立金からの支出は行わず、新会社は1930年まで配当を年7、8％以下に抑え、経常利益で減価償却と積立金に充当させる方針であった[21])。

　ところが新会社の官庁認可が遅れた。鉄道省は鉄道事業と電力は一体経営が必要と主張したが、大蔵省は5月17日に満鉄附属事業の分離独立方針で新会社に営業に責任を持たせるとの方針を支持し認可を決定し、鉄道省も認可し同月20日総理大臣決定となった[22])。こうして予定より遅れ1925年6月1日に南満洲電気株式会社が設立された（本店大連、資本金25百万円22百万円払込）。全額満鉄出資である。専務取締役横田多喜助（前満鉄審査役、元満鉄興業部電気作業所所長）、取締役に平島敏夫（地方部地方課長）を兼務派遣し、監査役に前大連鉄道事務所長代理金丸富八郎のほか向坊盛一郎（興業部商工課長兼務）、白浜多次郎（経理部会計課長）を兼務で派遣した[23])。現業部門が人員とともに分社化された。設立時に奉天・長春・安東・鞍山の事業所資産を各支店とし操業させた。1926年9月には満鉄は営口水力電気株式会社以外の電力会社の資産査定したうえで、譲渡し経営管理を南満洲電気に任せる方針とした。なお営口水道電気のみ電力以外にガス・水道・地域自動車輸送の事業を経営しているため株式譲渡は見送る方針であった[24])。

　満鉄は希望があれば南満洲電気株式を内地投資家に譲渡するとの方針を示したため、東亜興業株式会社（1909年8月18日設立、本店東京）、東京電灯株式会社（1883年2月設立）等より譲渡希望が寄せられた。これに対し満鉄は①過半は満鉄が保有する、②公益事業のため配当を制限する、③社員役員の急激な入れ替えをしない、④資産評価額は簿価を利用する、との条件を付した。そのほか満鉄が専務取締役を派遣し、譲渡は現金に限る等が付されていた。このうち投資会社としては①と④には異論はないが、残る②と③については受け入れがたいとして譲渡交渉にまで進捗しなかった[25])。

4．製鉄業

　満鉄は第1次大戦期に鞍山周辺で採掘される品位の低い鉄鉱石を原料とした製鉄業を起業することを狙っていた。鉱業利権獲得で于冲漢が北洋政府と交渉し利権獲得のため1915年2月28日に中日合弁振興鉄鉱公司（資本金140千円）を設立し利権獲得の窓口法人とし、租鉱権を取得させた（第3章参照）。これにより同公司を通じた鞍山の原料鉄鉱石を確保する体制ができた。ただし貧鉱を原料とする製鉄工程は技術的に難易度が高く、銑鉄製造工場設立まで多くの時間と資金を必要とした。1918年5月15日に鉱業部に鞍山製鉄所が設置され、本格的に事業に着手した。鞍山に大規模工場設立が期待され、鞍山の住宅投資が盛んになったが、実際には溶鉱炉の建設は大きく後れ、先に住宅投資をした事業者も当てが外れて困窮した。それを打開するため満鉄は後述のように1921年10月26日に鞍山不動産信託株式会社を設立し、過剰住宅不動産を抱えた業者資産の流動化・資産移転を図った。時間をかけた技術開発を経て、技術的に製鉄業を興しても採算がとれるとの見込みが立ち、会社設立方針が固まった。鞍山事業所で試験プラントを稼働させていため、操業関係者は鞍山に銑鋼一貫の製鉄所を設立することを期待した。ところが満鉄総裁山本条太郎の主張で京城本店会社の設立とし、新義州に工場を設立する方針となった[26]。理由は日本内本店会社としたほうが日本に鋼材を販売する場合の関税負担の回避と、利権維持に有利との判断であった。原料鉄鉱石と石炭の新義州までの輸送コストを計算すると採算は一段と悪化するはずであったが、この新義州工場設立への方針転換は満蒙5鉄道敷設計画で東北軍閥・中華民国政府との交渉で難渋したことで山本の中国事業のリスク判断が働いたのかもしれない。社長の意見に押し切られ株式会社昭和製鋼所が1929年7月4日に設立された（本店京城、資本金100百万円4分の1払込）。社長伍堂卓雄（前呉海軍工廠長）を迎え、取締役に宇佐美寛爾（満鉄鉄道部長）、山西恒郎（文書課長）を、監査役に向坊盛一郎（総裁室業務課長）を兼務派遣した[27]。新義州に工場建設作業が進み始めていたが、1929年7月2日に田中義一内閣が倒れ、総裁山本が更迭され仙石貢が総裁に就任すると政府は方針を一変する。その結果、新義州の製鋼工場設立は見送られ鞍山に設置する方針となった。これも立憲政友会と立憲民政

党の政権交代に伴う方針の変更である。ただし山本条太郎が退任しても本店の鞍山移転は見送られた。

同社は満鉄出資で建設投資を続けたが、1931年6月期総資産25,521千円、建設勘定7,948千円、他店貸借すなわち満鉄預金16,073千円という構成で、多額設備投資負担を続ける必要があり本格操業には程遠い状況であった[28]。

5．旅館業

満鉄は旅客集客の必要性もありヤマトホテルを直営で内部の会計を分離して経営してきた。その操業に当たり満鉄運輸部旅客課（1922年1月7日設置）が広範な裁量権限を得て、1923年1月24日にヤマトホテル及び食堂車事務所規定を制定し、各支配人に権限を委譲し効率性を高める方針とした[29]。ただしさほど収益を挙げることができなかった。1925年で満鉄は大連、星ヶ浦、旅順、奉天、長春にホテルを有し、そのほかホテル事業部門で食堂車、洗濯、自動車部門も経営していた。満鉄はこれらのホテル事業についてもガス・電力と同様に分離する検討を行った。その個別ホテルの1924年度と推定する収支計算では、大連、星ヶ浦、奉天は黒字、旅順と長春は赤字操業であり、そのほか食堂車も赤字となっていた。合計では黒字となっているが実際には総務費、従業員賞与、社宅料も加算すると赤字となる。この収支状況では独立可能と判断し、1926年4月にホテル部門を満鉄全額出資の株式会社に分離する方針で検討を進めた[30]。ただし電力・ガスと異なり当面は自立経営が困難であるため満鉄内部で異論があり、関東庁経由で政府に申請するにしてもその分離実現は1926年4月では困難と見られていた[31]。利益も民間の株式引受も期待できないため、計画が進捗せず、満鉄社内の独立会計の区分経理のままとするとの検討も平行して続けられていたようである。結局1926年9月重役会で分離を提案したが、大連と星ガ浦のホテル以外には欠損を続けているため、当分は満鉄から補助を与え、南満洲電気と同様に分社化させることとした。監督官庁の承認を得てからの分社化となるため、1927年度に実現する見込みとなった[32]。同月10日の重役会で分離を決定した。資本金は6百万円を予定した。これは従来の投資額2.8百万円、奉天ヤマトホテル新築費用1.8百万円、助成ホテルの投資額1.5百万円のほぼ合計に一致する。5ホテルと哈爾濱ほかのホ

テルに単年度150千円ほどの補助金交付になると観測されていた[33]。

　このホテル事業分社化の申請は、操業上の懸念は見られたが拓殖局、鉄道省、大蔵省より承認を得た。新会社資本金8百万円、「南満洲ホテル株式会社」の商号とし、認可日に関わらず1927年10月1日に分社化させる計画で、5年間に一定額を補助するため完全な自立は5年後と見込まれた[34]。その後、満鉄社長が山本条太郎に交代したため、拓殖局が一時文書処理を止めていたが、社長・副社長の名義書換後に処理が進んだ。新社長山本も前社長安広伴一郎の立案した「南満洲旅館会社」案を踏襲した[35]。こうして分離計画が表面化してから4年を経てようやく1927年12月15日に南満洲旅館株式会社が設立された（本店大連、資本金8百万円払込、全額満鉄出資）。専務取締役横山正男（元運輸部旅館事務所長、前運輸部旅客課課長代理）、取締役桂城太郎（元運輸部旅館事務所次長、鉄道部旅客課参事）、児玉翠静（満鉄派遣）、市川数造（前運輸部埠頭事務所庶務課長）、酒井清衛兵（鉄道部庶務課長）、監査役中山正三郎（経理部主計課長）、山内勝雄（運輸部貨物課課長代理）であり[36]、満鉄旅館部門が切り離されたことで同部門事業に関わっていた横山正男が退職し経営の中心となり、そのほかは兼務派遣役員で固めた。このうち児玉は株式会社湯崗子温泉（1920年3月20日設立、資本金2百万円4分1払込、満鉄50％出資）の社長も兼務し旅館業経営に習熟していた。南満洲旅館は満鉄事業資産の大連、星ヶ浦、旅順、奉天、長春のホテルの出資を受け、満鉄列車食堂の経営に着手した。満鉄から譲渡を受けた建物を貸し付けることで各地の旅館業を支援した。建物の貸付先は熊岳城温泉、奉天悦来楼、本渓湖ホテル、安東ホテル、鄭家屯ホテル旅館、北京扶桑館等である。1928年3月期で満鉄出資のほか満鉄勘定497千円の支援を受け、さらに31千円の満鉄補給金の交付を受けていた[37]。南満洲旅館の分社化に併せて、不振の湯崗子温泉も1927年12月30日に半額減資で資本金1百万円250千円払込とし、既存役員を更迭し代表取締役に桂城太郎を兼務派遣し、南満洲旅館の経営配下に置いた[38]。南満洲旅館はヤマトホテルの優良店舗を核に創業されたが、収益は芳しいものではなかった。

　満鉄の湯崗子温泉と遼東ホテルに対する出資比率は50％を越えているが、両社の規模が小さいため南満洲旅館の経営指導下に置いた。南満洲電気と同様に旅館業の中間持株会社に機能を拡大することも視野に入れていた可能性がある。しか

し南満洲旅館は1929年3月期で総資産7,025千円、当期利益を計上したが、満鉄からの損失処理のための運営補助金を得ており、ホテル部門等の利益だけでは同業者の経営支援ができないまま続いた。1930年3月期も総資産6,843千円に低迷し、損失を計上し満鉄からの補助金で赤字を補填していたため、満鉄本体の巨額利益にぶら下がる経営であることには変わりは無かった。そのため1931年3月31日に解散を決議し、翌日に満鉄に資産を譲渡して解散した[39]。以後は満鉄の直営に戻り、同旅館に統合せずにそのまま満鉄が直営を続けていた採算の悪いホテルと一括で操業した。湯崗子温泉と遼東ホテルについては満鉄関係子会社のまま存続させた。

1) 『満洲日日新聞』1918年7月22日。川崎重工業［1959］48、58頁。川崎造船所創立総会は10月1日であるが社史記述を採用。関東州便宜置籍船については柴田・鈴木・吉川［2007］第2節参照。植民地開発会社としての東清鉄道については麻田［2012］参照。
2) 『満洲日日新聞』1921年6月16日。
3) 『満洲日日新聞』1922年11月24日。
4) 『満洲日日新聞』1922年12月18日。
5) 『満洲日日新聞』1923年1月1日。
6) 『庁報』711号、1923年3月24日、川崎重工業［1959］74頁、満鉄会［1992］55-58頁。
7) 『満洲日日新聞』1923年4月5日。
8) 『満洲日日新聞』1923年8月9日。
9) 『満洲日日新聞』1923年12月28日、1924年6月19日、1925年12月9日、1926年6月17日。
10) 満洲船渠株式会社『第15期営業報告書』1930年9月期。減資時期は蘇［1990］146頁。
11) 『満洲日日新聞』1924年1月24日。
12) 『満洲日日新聞』1924年3月20日。
13) 昌光硝子株式会社『第1期営業報告書』1925年9月期、1-7頁、旭硝子［1967］131-132頁。須永［2007c］に昌光硝子設立と満洲昌光硝子設立までの解説がある。入江海平は1881年1月1日生、東京帝国大学法科大学卒、1908年8月統監府採用、1910年10月朝鮮総督府会計局経理課長、1912年4月官房総務局会計課長、1914年11月度支部司計局理財課長、1917年7月内閣拓殖局第一課長、1917年8月兼南満洲鉄道株式会社監理官、1922年11月拓殖事務局第一課長、1923年6月28日～1927年6月27日満鉄理事、1935年1月19日～1937年5月14日拓務次官、1938年1月17日没（秦

[1981] 40、389頁)。赤羽克己は明治2 (1869) 年2月29日生、1893年東京高等商業学校卒、三井物産採用、同社業務課長、1921年12月23日～1925年12月23日満鉄理事、北海道炭礦汽船株式会社常務取締役、共立汽船株式会社 (1922年8月設立、本店東京)、夕張鉄道株式会社 (1924年1月19日設立) 各取締役、1941年7月5日没 (『大衆人事録』1932年版、ア57頁ほか)。

14) 昌光硝子株式会社『第10期営業報告書』1930年3月期～『第19期営業報告書』1934年9月期)。

15) 『満洲日日新聞』1925年7月17日。満鉄内職位は満鉄会 [1992] 62、68、70-71頁。なお同一商号の法人が1916年7月7日に設立されたが、1919年7月21日に解散した (『府報』813号、1916年7月29日、『庁報』67号、1918年8月9日)。清算結了登記したのは1925年8月7日であり (『府報』1097号、1925年8月15日)、同名法人を新設するため清算を終らせたものであろう。

16) 南満洲鉄道 [1928] 932-934頁、設立年月日は大連商工会議所『満洲銀行会社年鑑』1935年版、308頁。役員は『帝国銀行会社要録』1926年版、満洲36-37頁。富次素平は1909年満鉄採用、1920年10月6日地方部瓦斯作業所長、1922年1月7日興業部瓦斯作業所長 (笠原 [1922] 185頁、満鉄会 [1922] 58、68頁)。貝瀬勤吾は1878年3月21日生、京都帝国大学工科大学卒、野戦鉄道技師、満鉄採用、1918年1月15日大連管理局運転課長、1922年1月7日埠頭事務所長、1924年4月24日興業部員、審査役、満洲化学工業株式会社社長、南満洲瓦斯、東洋炭礦各役員 (『大衆人事録』1943年版、関東州13頁、満鉄会 [1992] 39、56、68頁)。

17) 『満洲日日新聞』1925年3月17日。
18) 『満洲日日新聞』1925年8月18日。
19) 『満洲日日新聞』1925年11月27日、1926年2月5日。
20) 『満洲日日新聞』1926年1月9日。
21) 『満洲日日新聞』1926年2月5日。
22) 『満洲日日新聞』1926年5月19日。
23) 『帝国銀行会社要録』1927年版、満洲27頁、満鉄会 [1992] 68頁。平島敏夫は1891年11月4日生、1918年7月東京帝国大学法科大学卒、内務省採用、1922年6月神社局第二課長、1922年11月辞職、満鉄採用、1926年8月地方部地方課長、1928年6月辞職、台湾総督府総督官房秘書課長、1929年7月辞職、1932年2月～1935年9月衆議院議員、1935年9月満洲国協和会中央事務局次長、1936年同総務部長、1937年7月錦州省次長、1938年1月～1942年2月満鉄理事、1942年2月満洲電業株式会社副理事長、1944年4月同理事長、1945年6月満鉄副総裁、1947年12月公職追放、1952年9月電源開発株式会社 (1952年9月16日設立、本店東京) 理事、1956年7月～1974年7月参議院議員、1958年4月～1961年11月大東文化大学学長、1982年2月14

日没（秦［1982］193頁、平島［1972］ほか）。
24）『満洲日日新聞』1926年9月5日、9月5日。
25）『満洲日日新聞』1926年11月6日。
26）昭和製鋼所［1940］参照。鉱業部鞍山製鉄所設置は満鉄会［1992］38頁。工場立地の方針転換には鞍山製鉄所プロジェクトに関わった職員は落胆した。
27）昭和製鋼所［1940］12頁、満鉄会［1992］62、64頁。伍堂卓雄は1877年9月23日生、東京帝国大学工科大学卒、呉海軍工廠長、1929年7月昭和製鋼所社長、1930年7月2日〜1934年7月1日満鉄理事、1937年2月2日〜6月4日商工大臣兼鉄道大臣、貴族院議員、1939年8月30日〜10月16日農林大臣兼商工大臣、1939年10月16日〜1940年1月16日商工大臣、1956年4月7日没（新潮社［1991］731頁）。宇佐美寛爾は1884年1月生、東京帝国大学法科大学卒、鉄道院採用、中島鉱業株式会社に移り1919年満鉄採用、1920年10月6日運輸部営業課長、1922年同貨物課長兼旅客課長、1925年9月18鉄道部次長、1927年4月5日鉄道部長、1934年7月25日〜1938年7月24日理事、1939年4月17日華北交通股份有限公司総裁、1954年2月10日没（『大衆人事録』1943年版、支那17頁、満鉄会［1992］64頁）。山西恒郎は1886年11月生、東京帝国大学法科大学卒、満鉄採用、1910年10月6日地方部庶務課長、1922年1月7日文書課長、1925年3月17日撫順炭礦次長、1929年7月15日撫順炭礦長、1930年6月14日地方部次長、1931年7月15日〜1935年7月14日理事、昭和製鋼所取締役、満洲鉱業開発株式会社理事長、株式会社興中公司社長、1938年11月北支那開発株式会社副総裁（『大衆人事録』1943年版、支那152頁、満鉄会［1992］49、55、70、77頁）。
28）株式会社昭和製鋼所『第3期営業報告書』1931年6月期。
29）『満洲日日新聞』1923年1月9日、1923年1月24日。
30）『満洲日日新聞』1925年12月22日。立案者は児玉翠静（岡本［1957］194頁）。
31）『満洲日日新聞』1926年1月14日。
32）『満洲日日新聞』1926年9月4日。
33）『満洲日日新聞』1926年9月11日。
34）『満洲日日新聞』1927年7月14日。
35）『満洲日日新聞』1927年8月2日。
36）満鉄会［1992］43、63、68頁、笠原［1922］155、246、329、403頁。児玉翠静については第3章参照。金子［1991］382頁は南満洲旅館設立を1927年とし月日を特定できていない。花井［2007a］もそれを踏襲する。旅館業を扱った吉川［2007b］も特定できていない。
37）南満洲旅館株式会社『第1期営業報告書』1928年3月期。
38）湯崗子温泉株式会社『第11期営業報告書』1928年3月期、2、12頁。
39）南満洲旅館株式会社『第2期営業報告書』1929年3月期、『第3期営業報告書』1930

年3月期、『第4期営業報告書』1931年3月期。この経緯は吉川［2007ｂ］977-979頁も詳しい。

第4節　運輸業支援

1．小運送業等の支援

　1918年8月25日に吉林倉庫金融株式会社が合弁で設立された（資本金200千円50千円払込）[1]。同社は吉林における木材業を支援するため、寄託貨物に対する融資、委託売買等に従事したが、戦後恐慌に強打され営業不振に陥り倉庫融資業務を中止した。1923年に資本金30千円に減資し、併せて優先株600株30千円を発行し60千円に増資し、満鉄は優先株300株15千円を引き受けた。同社は倉庫業と金融業を復活し委託売買を開始したが経営再建できず、1924年に減資し48千円払込となったが、優先株は減資しなかったため満鉄出資15千円は変わらない。同社は借入金に対し満鉄より利子補給を受け業務は回復し1924年度で優先株15％、普通株2％に復配し、1925年度は優先株4％の配当を実現した、やはり不振を脱却できず1927年8月25日に解散し[2]、事業を国際運輸に譲渡した。

　東支鉄道は農産物のウラジオストック経由促進策を採用し、沿線農産物等の南下阻止策を行った。これに対抗し満鉄経由の農産物等南下策を強化するため、満鉄撫順炭礦庶務部長小日山直登ほかが1922年4、5月に北満運輸強化のため運輸会社設立を提案した（国際運輸［1934］9-12頁）。そして山口運輸株式会社（1918年12月26日設立、本店神戸）と、日本大手の日本運送の賛同を得て、両社の満洲における事業を統合することとなった。1922年11月29日「国際運送株式会社事業目論見書」によると、資本金10百万円200千株とし、業務は東アジアにおける海陸運送、倉庫委託販売、関係者への資金供給等とするものとされた。満洲側の出資により新会社を設立し、これを日本運送と提携し新に国際運送株式会社を設立し、同社の株式を東亜運送株主と日本運送株主に交付するものとした。そのほか内国通運株式会社が全株を保有する明治運送株式会社（1907年3月5日設立、本

店東京)の営業を継承し、さらに山口運輸株式会社その他の既設運輸会社を買収するという方針であった[3]。事業統合までの過渡的な位置づけで、東亜運送株式会社は1923年3月14日に設立された（本店奉天、資本金7百万円2.8百万円払込）。満鉄71.4％100千株800千円払込、残りを日本運送が出資した。代表取締役小日山直登である（国際運輸［1934］7-8頁）。小日山は満鉄撫順炭礦庶務部長時期の1923年3月に「満鉄事件」で起訴され辞職していた。1923年3月14日に東亜運送は奉天で法人登記を完了すると同月18日に日本運送と東亜運送の合併契約を締結した。この契約は4月4日の両社の株主総会で可決され、1923年6月22日に国際運送株式会社が設立された（本社東京、資本金10百万円4.8百万円払込）。旧日本運送株主と旧東亜運送株主に株式を交付し、満鉄は50％を取得した。代表取締役会長中島久万吉（古河系事業家）、専務取締役小日山直登、中島多嘉吉（前日本運送専務取締役、中島久万吉実弟）、取締役平田驥一郎（前満鉄鉄道部貨物課参事）ほか、監査役村田懿麿（元満鉄運輸部庶務課長）、岩倉具光（中島久万吉の義弟、岩倉具視孫、前株式会社紅葉屋商会（1919年11月設立、本店東京）専務取締役）ほかであった。満鉄本体名義では出資せず、小日山46千株、村田50千株、平田・三木各2千株の保有とした[4]。小日山と中島多嘉吉が経営に当たったが、有力事業家中島久万吉を会長に担ぎ出したことで、久万吉は義弟岩倉具光を監査役にはめ込んだ。国内店舗は本社、満洲・朝鮮・台湾・華北・シベリアの店舗は大連支社が統括する体制とし、小日山は大連支社に常駐した（国際運輸［1934］9-12頁）。国際運送大連支社は満鉄駅からの小運送業務に注力した。

　国際運送の当初の大連支社の傘下の営業拠点は京城・釜山のみであったが、1923年8月1日に浦塩運輸株式会社（1912年12月設立、本店ウラジオストック）、8月11日に山口運輸の各業務を継承した。それにより奉天・長春・営口・鉄嶺・哈爾浜・浦塩で営業した（国際運輸［1934］19-20、132-141頁）。1923年には大阪商船株式会社と海陸連絡輸送契約を締結し、1923年12月20日に哈爾浜倉庫株式会社（1917年6月設立）を、1924年1月24日に北満倉庫株式会社（1918年10月設立、本店哈爾濱）を買収した。さらに1924年には東支鉄道・満鉄と日本内鉄道船舶との国際海陸連絡輸送で、国際運送の直通連絡証券の利用が急増し、海上輸送でも自営船舶運航を開始した。その後、斉斉哈爾・間島・龍井村・山東省・天津

に店舗を開設した5)。山口運輸の保有船舶の承継等による海運業への参入もみられた。1923年11月4日四洮鉄道（四平街・洮南間）が竣工すると、翌年1月に四平街出張所を開設し特産物集荷を強めた。1925年5月に安東支店で大阪商船の代理店となり、安東経由の海陸輸送体制の基礎ができた。しかし1925年11月に郭松齢が張作霖に軍事反抗を試みて混乱し、また1926年1月には東支鉄道が満鉄との協定交渉でもめて、哈爾濱長春間の運行を停止して混乱した。この状況の中で1月後半に哈爾濱長春間の馬車・自動車による輸送を実施して対応した。

　1925年末に日本国内の小運送業における交互計算方式で内国通運系、国際運送・明治運送系、中立系の3派に分かれて紛糾したため、1926年6月9日に鉄道省が業者の大合同を提案した（日本通運［1963］232-237頁）。そのため国際運送の支社部門を分離して別会社に移し、それ以外の部分と国内業者が大合同することとなった。朝鮮・台湾は支社側と合同会社の自由営業地とした。この方針に沿って大連支社が分立し、1926年8月1日に国際運輸株式会社が設立された（本店大連、資本金10百万円3.4百万円払込）。旧国際運送の支社部門が中心で、満鉄の国際運送への出資分2,750千円と内地側の出資650千円を払込とした（国際運輸［1934］12-15頁）。満鉄出資は80.8%である。同社設立に当たり満鉄は出資ではなく貸付金で処理したが、実質的に満鉄出資である。そのため出資切替前の時期には関係会社一覧に掲載しない場合がある6)。8月13日設立登記し15日に国際運送と明治運送から営業譲渡を受ける契約を締結した。国際運輸専務取締役に小日山が就任し満鉄側が経営を掌握した。1926年11月29日に国際運送の平田、三木、村田が辞任し小日山は平取締役となった。国際運送は1927年1月20日に資本金5百万円3.6百万円に減資し、満鉄出資を買い上げ償却した7)。他方、国内事業者の内国通運は既存小運送業統合で1926年10月1日に合同運送株式会社が設立されると（本店東京、社長中島久万吉）、同社は1927年9月期に国際運送株式の76.9%を掌握し8)、支配下に入れ、1927年11月に吸収合併し、合同運送は国際通運株式会社に商号変更した（日本通運［1962］246-245頁）。国際運送が吸収合併されるまでは、日本と外地との輸送提携のため国際運輸は株式相互持合を行った。小日山は国際運送が吸収合併されるまで同社200株の保有を続け取締役に列した9)。国際運輸設立時の支店15、出張所12、営業所等17、合計44の店舗、従業員

491名で発足した（国際運輸［1934］22頁）。1927年11月に国際運送が吸収合併された際に満鉄が少数株主の同社から株式を買収し全額出資に切り替えた。

　国際運輸が事業開始後に満鉄一部出資の長春運輸株式会社（1917年12月5日設立、資本金500千円4分の1払込、満鉄10％出資）との合併が報道された。しかし国際運輸は吸収合併することなく事業譲渡を受けて、満鉄系小運送事業者を統合し、長春運輸は解散し1927年11月12日に清算を結了した[10]。国際運輸の大連・奉天・鉄嶺・長春各支所は貨物自動車輸送を開始し、荷馬車と一体となった一般運送業務、関東軍契約貨物、駅小荷物運搬に従事した。また長春農安間に結氷期間中の旅客バス輸送も開始した。1926年には長春支店で第二松花江下流における特産物の河川輸送を開始した。1927年には吉長鉄道沿線の業務拡張のため、吉林永長洋行を買収しその名義のまま国際運輸の業務を行わせた。同年8月25日に解散した吉林倉庫金融の事業を、9月1日に買収して、国際運輸の支店とした。営口支店は大連汽船の代理店を引き受けた。国際運輸は哈爾浜で南下特産物のみならず、東行特産物の検査業務も引き受けており、取扱の拡張と認知を得るために妥協せざるを得なかった。朝鮮向け輸送では、出口部門の港で朝鮮側の事業者、北鮮運輸株式会社（1923年8月設立、本店清津、資本金300千円払込、大阪商船系）に比べ権益が弱く[11]、国際運輸は1929年4月に同社に11％出資し提携した（国際運輸［1934］459-460頁）。天図・図門の国際鉄橋の完成、港への直接輸送が可能となり改善の兆しを得た。1928年になると6月の吉林敦化線の部分開通、10月の全通で木材輸送を奪われ、同年8月の奉天海林線の開通で取扱に打撃を受けた。1928年6月4日の張作霖爆殺で、奉天派の日本利権への攻撃が続いた。満鉄が営口倉庫汽船株式会社（1919年12月設立、資本金500千円払込）を買収し、事業を直営に移し満鉄埠頭料金を引き下げたため営口埠頭の稼働率が急上昇した。1929年6月に張学良がソ連と国交断絶し東支鉄道の運行途絶となり、北満特産物が大量に南下し長春以北の特産物では空前の積荷取扱となった。長春までの取扱で全力を挙げ、満鉄平行線への積荷が流れるのを極力阻止した。大連・営口埠頭の扱う貨物の急増で港湾関係の業務の大いに業績を伸ばした。この状況は1930年2月の東支鉄道の東行開通まで続いた。従来自動車輸送は低廉な馬車・小車輸送に価格で敗北して収支が償わなかったが、この冬は大連で極寒となり路面凍結により

荷馬車輸送に代わり、トラック輸送が普及した。しかし日本の金解禁で銀貨暴落が進み、満鉄の集荷に著しく不利となり、満鉄包囲網の効果が急速に高まっていった。国際運輸は満鉄への荷物取り込みに全力をあげたが、鉄道輸送価格で勝てないため苦杯をなめることが多かった。北満大豆も東支鉄道の運賃政策により東行貨物のみとなり南下特産物は僅かとなった。取扱料金を引き下げたもののなお中国側鉄道輸送のほうが安く、この状況は満鉄の受けた打撃と軌を一にするものであった。国際運輸は関東州内で1931年4月に旅順・大連間に貨物自動車運送を開始した[12]。そのほか1930年4月1日に国際運輸の朝鮮支社を分社化し朝鮮運送株式会社を設立した（4月17日登記、本店京城、資本金3,850千円払込、国際運輸26.4％出資）[13]。北鮮運輸と朝鮮運送への国際運輸の出資率は50％未満であり同社が中間持株会社化したとは認定できない。

2. 鉄道業

　第1次大戦期1915年10月に相生由太郎ほかが関東州内の普蘭店・貔子窩間24マイルの軽便鉄道敷設を計画し、同月12日に関東都督府より許可を得た。6カ月以内に会社を設立するものとされ、資本金100千円払込の会社設立を予定し、敷設路線地の実測を開始していた。設立後は関東都督府より1916年4月以降5カ年間年額7千円補助金が交付されることになっていた[14]。しかし鋼材等の価格騰貴で会社設立は実現できずにいた。1918年で両地間で1日数回のバスの運行がなされていた。運航に2時間もかかり貨物運送には不便であり軽便鉄道または電車鉄道の敷設が期待されていた[15]。関東庁は普蘭店・貔子窩間の鉄道敷設の可能性を調査した。東拓は貔子窩に大規模塩田を開設したが海路の搬出のためには港湾整備が必要となり鉄道敷設を期待していた。鉄道敷設は満鉄に依頼することになるが、1923年10月に満鉄理事大蔵公望（1921年12月23日～1927年9月17日在任）はこの件について関東庁の依頼はないが、現在の満鉄の財務状況では到底収支が引き合わない路線であり、敷設工事費を負担する余裕はないと主張し[16]、負担を回避する姿勢を示していた。

　金州・貔子窩間の鉄道新設について、1923年春から東亜土木企業顧問の堀三之助が企業化を関東庁・満鉄ほかに折衝して練り上げ、「金貔鉄道」設立計画は

1924年11月には設立認可を受ける見込みとなっていた。当初は普蘭店から貔子窩間の敷設を計画していたが、関東庁の意向で金州方面の中国人の希望と貔子窩以南の土地開発にも裨益するため、金州起点に変更し貔子窩を通過し州境の城子瞳を終点とする約60マイルの鉄道敷設計画となった。敷設後は州内警備と貔子窩付近の塩田の出荷にも有益であるため関東庁も乗り気で、「金貔鉄道」設立に当たり、満鉄に1割配当保証を要請した。これに対し満鉄は1924年11月19日に、5年間の1割配当を保証する、鉄道運行は満鉄が引き受ける、塩の輸送が始まれば塩については大連・金州間の運賃を割り引く、満鉄がこの鉄道で得る純利益を新会社に割り戻すとの回答し、満鉄が中心となって運営することとなった。当初の見込みでは総工費3,750千円、工事着手後2年で竣工し、営業初年度に貨物収入289千円、旅客収入288千円を見込んでいた[17]。満鉄の5年間の資金支援559千円とする記載もある（関東局［1936］978頁）。資金調達のため関東長官児玉秀雄は1924年12月26日に東京の工業倶楽部で実業界有力者を招き「金貔鉄道」設立に向けた計画の概要を説明し満鉄が1割配当を保証するとの投資リスクの低さも強調し賛同を集めた[18]。その企業目論見書によると、商号は変更され「株式会社金福鉄路公司」を大連に本店を置いて設置し、金州・貔子窩間における鉄道運輸と倉庫を業とし資本金4百万円とし、建設費概算書によると建設費総額3,750千円とし起工後1年で工事完了を予定した。当初からの事業の特典として金州駅の連絡設備に満鉄が便宜を与え、軌条についても満鉄の中古品の払い下げを受け、運行も満鉄が実費で引き受けるため、機関車・車輌の調達が不要で、満鉄から補助金を受給し、金福鉄路の操業で派生した満鉄の利益を割り戻してもらい、大連経由の塩輸出については金州大連間の運賃割引を受けるものとした[19]。

　その後出資者が固まり、日中共同経営の事業となり、1925年11月10日に株式会社金福鉄路公司が設立された（本店大連、資本金4百万円1百万円払込）。出資は80千株中、1933年時点で合名会社大倉組4,870株、三井物産4,700株、三菱合資会社4,000株、小曾根喜一郎（日本毛織株式会社（1896年12月設立、本店神戸）取締役）3,000株、住友合資会社（1921年2月設立、本店大阪）2,700株、大川合名会社（1920年11月設立、本店東京、大川平三郎の投資会社）2,200株、横浜火災海上保険株式会社（1897年8月13日設立）、根津嘉一郎、安田保善社、鴻池合

名会社（1921年4月設立、本店大阪）、岸本共同株式会社（1921年11月設立、本店大阪）各2千株ほかで、満鉄は2.25％1,800株22.5千円を出資した（日満実業協会［1934］63頁）。満鉄は少額出資のみで鉄道の自社建設負担を回避することができた。社長門野重十九郎（大倉組）。金福鉄路公司は線路の測量を1925年11月に満鉄に委嘱して着手し、鉄道事業認可を1926年5月25日に得た。測量と用地買収を続け工事を2区に分け、第1区を榊谷仙次郎に、第2区を大倉土木株式会社（1924年6月設立、本店東京）に請負わせた。軌条と付属品については指名競争入札で大倉商事株式会社（1918年7月設立、本店東京）が落札して納入した[20]。金福鉄路公司は建設投資を続けるため無配の赤字操業であり、株式払込徴収を行わず、換えて1926年11月30日に社債500千円（3年償還、金利年8％）を発行し[21]、これを建設投資に充当した。さらに1927年2月15日に500千円（半年据置、2年内随時償還、金利年8％）を追加発行して資金調達を強めて建設投資に充当した[22]。払込資本金と同額の社債残高となった。そのため同年8月31日に払込徴収により2百万円払込とした[23]。1927年度には満鉄から105.4千円の補助金を受給した（関東局［1936］981頁）。金福鉄道は満鉄金州駅から関東州境の城子疃の102キロで建設工事を続け1927年10月1日に金州・貔子窩間を開通させ営業を開始した[24]。企業目論見書のように独自営業は行わず、機関車・貨車・客車を満鉄から借入れ、運転もすべて満鉄に委託した。開通式に社長大倉組門野重九郎と関東長官児玉秀雄が祝辞を寄せた[25]。金福鉄路公司は設立時から関東州から安東に延伸し、朝鮮への連絡線にするという展望を持っていた[26]。金福鉄路公司の事業が順調に進むと、金福鉄路公司に対する中国側の警戒感が強まっていった[27]。新たな交通インフラの出現で沿線住民・事業者にとっても歓迎すべき事態であったが、沿線の需要は多くなく営業は不振であった。追加投資の資金需要は多額ではないため、1928年4月10日・20日に1百万円社債計2本（5年償還）を発行し借り換えさらに、1933年4月10日・20日に1百万円社債計2本（5年償還）を発行し借り換え操業を続けた（日本興業銀行［1970］237頁）。

1）『南満洲商工要鑑』1919年版、820頁。
2）南満洲鉄道［1928］996-997頁。減資の記載はこの典拠によるが1923年減資後払込

第4章　1920年代南満洲鉄道系企業集団　211

　　資本金が不詳である。南満洲鉄道［1928］996頁では60千円48千円払込とある。1923
　　年と1924年の説明は満鉄会計年度の第4四半期に該当しないとの想定で記載してい
　　るが、傍証できていない。金子［1991］225頁は1918年8月満鉄出資とする。
3）　国際運輸［1934］4-5頁。国際運輸設立については柴田・鈴木・吉川［2007］参照。
　　日本運送については『帝国銀行会社要録』1919年版、東京55頁、明治運送設立は日
　　本通運［1962］194頁。
4）　国際運送株式会社『第1期営業報告書』1923年9月期、1-2、株主名簿21、29、
　　37、40頁。満鉄名義の出資ではなかったため、南満洲鉄道［1928］でも記載がない。
　　平田驥一郎職位については満鉄会［1992］63頁。中島久万吉は1873年7月24日生、
　　1897年東京高等商業学校卒、1901年桂太郎総理大臣秘書官、1906年西園寺公望総理
　　大臣秘書官、同年古河鉱業合名会社採用、横浜護謨製造株式会社（1917年10月設立）・
　　古河電気工業株式会社（1896年6月設立、本店東京）各社長、1917年日本工業倶楽
　　部専務理事、1932年5月26日～1934年2月9日商工大臣、帝人事件で起訴、無罪、
　　1947年日本貿易会会長、1960年4月25日没（臼井ほか［2001］745頁）。紅葉屋商会
　　については『帝国銀行会社要録』1927年版、東京305頁。
5）　国際運輸［1934］18-20、1930-132頁。哈爾濱倉庫と北満倉庫の設立年月は日清興
　　信所『満洲会社興信録』1922年版、513頁。
6）　南満洲鉄道［1928］の関係会社の解説に掲載がない。『第56回帝国議会説明資料』
　　1928年9月では貸付金。
7）　国際運送株式会社『第8期営業報告書』1927年3月期、2頁。村田懋磨について
　　は第3章参照。
8）　同『第9期営業報告書』1927年9月期、株主名簿9頁。
9）　同前、10頁、株主名簿9頁。金子［1991］382頁は1930年9月満鉄の国際運輸出資
　　率80.9％とし、花井［2007a］92頁も踏襲している。
10）　南満洲鉄道［1928］317頁。国際運輸の営業報告書と国際運輸［1934］には長春運
　　輸合併の記載が見当たらないため、合併でないと判断した。蘇［1990］は長春運輸
　　解散に言及がない。
11）　国際運輸［1934］28-29頁。この典拠に掲載されている北鮮運輸は『帝国銀行会社
　　要録』1928年版、朝鮮4-5頁。
12）　国際運輸［1934］128-168頁。営口倉庫汽船については『満洲会社興信録』1922年版、
　　南満洲鉄道庶務部調査課［1928］参照。
13）　設立日は国際運輸［1934］456頁、『朝鮮総督府官報』2651号、1942年7月30日。
　　蘇［1990］154頁は1930年5月設立。資本金は国際運輸［1934］459頁、『銀行会社要録』
　　1931年版、朝鮮9頁は2百万円払込。
14）　『満洲日日新聞』1915年10月6日、10月17日。

15) 『満洲日日新聞』1918年4月27日。金福鉄路公司設立については柴田・鈴木・吉川［2007］311-312頁も参照。
16) 『満洲日日新聞』1923年10月27日。大蔵公望は1882年7月23日生、1904年7月東京帝国大学工科大学卒、1908年鉄道院採用、1917年12月鉄道院運輸局貨物課長、1919年神戸運輸管理局運輸課長、1918年7月満鉄運輸部次長、1921年12月～1927年9月満鉄理事、1929年10月～1931年7月満鉄理事、1937年9月財団法人東亜研究所副総裁、1943年5月技術研究動員本部総裁、1946年公職追放、1968年12月24日没（秦［1981］57頁）。
17) 『満洲日日新聞』1924年12月3日。
18) 『満洲日日新聞』1925年1月27日。
19) 在安東領事館「金福鉄路公司設立趣意書等報告ノ件」1926年5月17日（『外務省記録』F.1.9.2-42）。
20) 在牛荘領事館「金福鉄道ニ関スル件」1927年7月11日（『外務省記録』F.1.9.2-42）。満洲の土木建築業で活躍する榊谷仙次郎については柳沢［1996］参照。日本の会社設立年月は『帝国銀行会社要録』1927年版。
21) 『庁報』2号、1926年12月28日。
22) 『庁報』33号、1927年3月11日。この2回の社債発行については日本興業銀行［1970］237頁で「不詳」とされ、1928年4月10日第3回発行以降の金福鉄路公司社債情報の掲載がある。
23) 『関東庁報』122号、1927年9月21日。
24) 『関係会社年報』1938年版、381頁。
25) 前掲「金福鉄路公司設立趣意書等報告ノ件」。
26) 『満洲日日新聞』1927年10月5日。
27) 在安東領事館「金福鉄道延長阻止方ニ関スル支那側訓令ノ件」1929年12月4日（『外務省記録』F.1.9.2-42）。

第5節　鉱工業

1．鉱業

撫順炭礦近傍に塔連炭礦があり、開発のため1914年9月に孫世昌と提携した日本人企業家が日支合弁大興煤礦有限公司を設立し、1916年6月に同公司は農商務

総長より操業許可を得て着手可能となった。1917年に日本側持分は東洋炭礦株式会社（1917年3月設立、本店当初東京、旅順に移転、買収後撫順に移転、資本金1百万円払込）に譲渡された。同社社長上中尚明、専務取締役森恪（立憲政友会幹事）、取締役飯田邦彦、高木陸郎（中日実業株式会社（1913年8月11日設立、本店本店東京、満鉄一部出資）副総裁））である。その結果、東洋炭礦が撫順塔連炭礦の採掘権を取得した。満鉄撫順炭礦はコークス原料炭を産出しないが、東洋炭礦はコークス原料炭を産出するため価値が高いと見られた。1918年3月期東洋炭礦資産に採掘権813千円のほか興業費138千円ほかが計上されており、撫順と奉天に支店を置き炭礦採掘を手掛けていた。採掘権とは半額出資の大興煤礦の出資を含むものであろう。その後、東洋炭礦は本店を旅順に移転した。同社とは別に満洲採炭株式会社（1918年9月設立、本店戸畑、支店奉天、資本金1百万円4分の1払込）が操業しており、社長森恪、専務取締役上中尚明、取締役高木陸郎ほか、監査役飯田邦彦ほかで、東洋炭礦と役員が重複しており奉天を拠点に撫順炭礦周辺の採炭に従事する方針であり、一体で経営されていた。満鉄は副社長中西清一の提案で1920年12月1日に東洋炭礦を買収し同社から撫順塔連炭礦の採掘権の買収する契約を交わし、同月24日に引き継ぎ、さらに本店を撫順に移転させた[1]。旅順、その後の撫順への移転は買収を目立たなくする戦術の可能性がある。満鉄は2.2百万円で東洋炭礦全株を買収し支配下に置くことで、同社が半額出資する大興煤礦が保有する塔連炭礦の採掘権を事実上取得した。満鉄は東洋炭礦資本金を上回る資金で買収したことになる。中西は東洋炭礦の評価額を2,929千円と算定していた。

　副総裁中西は東洋炭礦買収のみならず、撫順製錬株式会社（1919年4月1日設立、資本金5百万円4分の1払込）の買収も狙った。同社取締役は馬越恭平（日本麦酒株式会社社長、東省実業株式会社社長）、小日山直登（1920年9月17日より満鉄撫順炭礦庶務部長兼務）ほかである。馬越恭平も1909年11月26日に満鉄監事に就任し、日本のビール王と称され三井系の周辺に位置し立憲政友会系に近いと見られる事業家で、しかも満鉄幹部との広い人脈を持っていた[2]。しかしこの買収は成功しなかった。同時に進めた大連汽船による内田汽船株式会社（1914年12月設立、本店神戸、社長内田信也）所有船舶買収は実現した。内田信也は立憲

政友会系の人物であった。大連汽船は当初は三菱造船株式会社（1917年10月設立、本店東京）の新造船を調達する予定でいたがその方針を翻し、評価額の低い内田汽船所有船舶の買収を行った[3]。満鉄に不利な価格による取引に納得しない理事川上謹一（1913年12月26日就任）は1920年10月4日に辞任した。

「満鉄事件」は満鉄文書課長山田潤二が告発パンフレットを大阪毎日新聞社に送付したことから始まった[4]。この取引は市価を無視した高価買入であり、満鉄の裏で暗躍する立憲政友会系総理大臣原敬（1918年9月29日～1921年11月4日）と逓信大臣野田卯太郎（九州地盤有力事業家）の意向を汲んだ政治資金調達工作であり業務上背任に当たるとして、1921年1月31日帝国議会予算総会で立憲憲政会早速整爾が塔連炭礦買収問題、内田汽船船舶購入問題等を取り上げ激しく論難した[5]。満鉄は告発を受け、1921年3月7日に社長野村龍太郎と中西は告訴された。世上「満鉄事件」と称され耳目を集め、非難の的となり野村と中西は5月31日に辞任した。その後、中西は塔連炭礦買収に関し背任罪として東京検事局により予審に付され、1921年1月11日に東京地方裁判所は有罪の判決を下したが、控訴審で1923年11月12日に無罪判決を得た[6]。「満鉄事件」では中西の買収策に反対していた小日山直登も法廷で偽証罪に問われ被告となり、一旦満鉄を退社した。後日無罪判決を得てから、満鉄に復帰する。これらの事態は満鉄が政権に人事権や関連法令制定施行、資金調達で下属する立場に置かれているため、圧力に抗しきれない立場にあることを告げるものである。満鉄は東洋炭礦を支配下に入れ、同社が「満鉄事件」で休眠状態に陥る前の1921年初に保有大興煤礦株式を取得したと推定する。1924年9月期で満鉄は大興煤礦92株（1株700元）の半額46株64,400元（小洋銭建）満鉄簿価184千円を保有していた[7]。東洋炭礦は事業実態を喪失していたため、1927年10月20日に解散した。この取得により満鉄は鞍山製鉄所原料用石炭採掘の利権を獲得した。

日露戦争前から奉天省復州炭礦でロシア人が採掘した粘土を利用し旅順要塞築城用煉瓦を製造していた。日露戦後に1908年に日本人が耐火粘土採掘の経営に乗り出し、第1次大戦期に事業参入に着手し、満鉄の支援で1926年2月25日に福井米次郎と佐志雅雄ほかが復州粘土公司を設立し、粘土採掘販売権を同公司に移し、満鉄に全量販売させた。粘土利権を拡張するため1929年2月13日に復州鉱業株式

会社が設立された（本社大連、資本金65千円払込）。設立時株主名簿は見当たらない。満鉄は設立時に出資していない。同社設立後、1929年末か1930年初に中国側が認めた粘土採掘と復州鉱業に粘土を販売する復州湾粘土公司が設立され、復州鉱業と販売契約を締結した。恐らくこの進展を見て復州鉱業が1930年2月期に500千円413千円払込増資し満鉄が株式を取得した。10千株中、1934年時点の株主名簿から満鉄は4,600株、佐志雅雄1,110株を出資していた[8]。1930年取締役は亀井宝一（前満鉄興業部電気作業所参事）・福井米次郎・佐志雅雄ほか、監査役金丸富八郎（前大連鉄道事務所長代理）ほかであった[9]。このうち佐志は合資会社復州粘土窯業公司（1918年7月24日設立、本店大連）の代表社員であり、満鉄の支援を得て復州粘土利権に参入していた。福井は大連の建築材料・窯業原料・建築材料を販売するほか請負労働供給を業とする株式会社福井組（1920年3月25日設立、本店大連）の代表取締役である[10]。満鉄は亀井を経営の中心に据え、経営監視のため金丸を監査役に派遣した。こうして大連の復州粘土を原料とするか、あるいは供給する事業者等が経営に関わった。復州鉱業は1930年2月以降に毎期利益を計上しており、1931年2月期で総資産516千円、利益68千円を計上した（日満実業協会［1934］）。復州鉱業の粘土採掘販売に対する中国側の反撃がさらに強硬になり操業環境が悪化したが（蘇［1990］254-255頁）、満洲事変で政治状況が激変した。

2．製造業

　1921年12月10日に東亜勧業設立後、同社を中心に奉天・大連の事業家が、満洲の畜産を原料とする冷蔵食品の生産加工販売と日本に輸出する資本金1百万円4分の1払込の会社（本店大連）を設立するという計画を建てた。1921年から満鉄が支援し満洲産牛肉の日本への試験的輸出の支援を行っていた組合組織の資材等を買収する手はずとなっていた。また日本への輸出で東京府からも冷蔵庫及び販売用敷地建物の貸下げの内諾を得ており、満鉄から設立後5年間に第1回払込に対し年10％の利益配当の保証を得て、さらに牛輸送用家畜専用貨車の建造も予定されていた。20千株中10千株を東亜勧業、残り10千株を日本及び満洲の投資家に売り捌く方針とし公募もありうると見ていた[11]。1922年6月1日に満蒙冷蔵株式

会社が設立された（本店大連、資本金1百万円4分の1払込）。東亜勧業が半額を出資し、満鉄は0.5％を出資するに止めた。東亜勧業専務取締役大淵三樹が満鉄地方部勧業課長兼務で併せて満蒙冷蔵取締役に就任し経営を掌握した。ほかの取締役に満洲企業家庵谷忱ほかが並んでいた。東亜勧業は所有する缶詰用、食肉用の生牛を満蒙冷蔵に譲渡した[12]。この時点の満鉄の東亜勧業出資率は29％で東拓より低率であったが、東拓を押しのけて東亜勧業を通じて、0.5％出資の満蒙冷蔵に経営介入をした。他方、日本でも立憲政友会の山本条太郎が資本金10百万円の食料輸送会社を設立し、満洲ほかから生牛、肉鶏卵、野菜等を輸入する計画を立て、4分の1払込とし残りを政府低利資金の融資を受ける計画と見られた。満蒙冷蔵も同様に政府低利資金の融資を受ける計画と見られこの両社設立計画は連動していると観測された。この設立計画に対し農商務省と大蔵省が審査に着手したが[13]、食料運輸を主業とする会社は実現しなかった。満洲の畜産輸入にそれほどの需要がないと判断されたと見られる。その後1923年9月関東大震災で満蒙冷蔵の東京の冷蔵庫と取引先に被害が発生し売掛金の回収が困難となった。満洲牛は内地への輸出で価格的に不利であり、満蒙冷蔵は初年度より損失と無配を続けた。1924年2月4日に東亜勧業は満蒙冷蔵保有の葛原冷蔵株式会社（1923年12月設立、本店横浜、資本金20百万円払込）株式の譲渡を受け契約を締結し、1924年3月に葛原冷蔵株式5千株250千円を満蒙冷蔵から取得した[14]。1924年3月8日に大淵が東亜勧業と満蒙冷蔵の取締役を退任すると、満鉄は児玉翠静（満鉄系湯崗子温泉社長）を就任させた[15]。ところが葛原冷蔵は経営不振の中で資金繰りに窮し八千代生命保険株式会社（1913年3月13日設立、本店東京）からの多額借入を行った。これが報道されたことで八千代生命保険の破綻を懸念した商工省（1925年4月1日設置）が介入し融資を回収させたため葛原冷蔵は倒産した。葛原冷蔵は1926年3月に東洋冷蔵株式会社に商号変更し本店を東京に移転した[16]。満蒙冷蔵は葛原冷蔵の破綻で一段と苦境に陥った。満蒙冷蔵は満鉄からの5年間の配当保証補助金受給後に自立できる力量はなく、1926年7月営業休止に陥り事業整理に移り（日満実業協会［1934］30頁）、1935年4〜6月前に解散した[17]。満鉄は清算会社の株式を保有した。

満洲における綿紡績業は張作霖軍閥系の奉天の事業者が1919年に着手し、1921

年9月30日に奉天紡紗廠有限公司として法人化した。日本人事業者としては1920年3月14日に満蒙紡織株式会社が設立された（本店遼陽、資本金700千円4分の1払込）。同社は紡織に専念する前に1920年6月に満蒙棉花株式会社（1919年4月13日設立、本店遼陽、資本金300千円4分の1払込）を吸収合併し、満蒙紡織株式会社に商号変更した。合併後の業務は紡織よりは満蒙棉花の綿花栽培業務が中心となっており、紡織業から離れていた[18]。第1次大戦期の需要急増の中で紡績業者が上海を中心に直接投資に踏み切った状況を鑑み、満洲でも紡績業の参入が検討された。本格的な日系事業者として、既に上海・青島に工場を有する内外綿株式会社（1886年8月27日設立、本店大阪）が1921年4月27日に金州に工場用地を買収し、1924年4月に竣工し、同年12月に紡績機械の据え付けを終え、操業を開始した（内外綿［937］65-66頁）。同社を追って1923年3月15日に満洲紡績株式会社が設立された（本店遼陽、資本金5百万円半額払込）。同社は紡績と織布を手がける兼営織布事業者である。富士瓦斯紡績が4分の3、満鉄が4分の1を出資し、前者の資金と技術及び後者の資金とインフラ設備の提供で企業化された。社長伊藤文吉（日本鉱業株式会社取締役）、専務取締役遠藤宗六、取締役持田巽（富士瓦斯紡績取締役）、倉知鉄吉（中日実業副総裁）、河合良成（株式会社東京株式取引所常務理事）ほか、監査役向坊盛一郎（満鉄興業部商工課長）、山田三平（満洲企業家）等であった[19]。富士瓦斯紡績が役員を独占したのではなく、満洲投資に関心のある日本の事業家に参加させたといえよう。満鉄は向坊盛一郎を監査役に兼務派遣した。和田豊治は相談役となったが翌年病没した。なお富士瓦斯紡績は1920年9月15日に中華紡織株式会社（1919年8月設立、本店青島、資本金5百万円）の吸収合併を行い、青島の操業開始前の工場を入手し1923年3月末にはフル稼働していた（富士紡績［1947］179-180頁）。満洲ではほかに1923年4月1日に満洲福紡株式会社が設立された（本店大連、資本金3百万円4分の1払込、発起人株式引受日、発起人総会は同月5日）。同社は福島紡績株式会社（1892年8月8日設立、本店大阪）の子会社として参入し、1925年12月1日に操業を開始した[20]。そのほか東亜証券商品株式会社（1920年4月設立、本店東京）が満洲に紡績業で参入する計画も見られたが、これは満洲の景気低迷の中で実現しなかった。上海・青島に集中した在華紡の進出の満洲版であるが（高村［1982］、

柴田［2008a］参照)、満洲の操業状況は芳しいものではなかった。

　満洲紡績は1925年4月末には機械の据付を完了し同年末に初めて紡績ラインの昼夜運転を、織布は昼運転のほか一部夜間運転を開始した。同年上期から配当を開始し工場の生産能力を発揮できる体制になったが、東三省官銀号が発行する奉天票の大暴落や華北の内戦、税制の不安定、大阪繊維三品相場の下落等で操業不振に陥り、1926年上期に330千円、下期に450千円の欠損を計上し無配状態となった（南満洲鉄道［1928］977-978頁)。経営効率を高めるため1926年11月に満洲紡績は親会社の富士瓦斯紡績に合併する計画が進展していた。それは満鉄出資を回収することになる。この件で満鉄との交渉が進捗していなかったが、翌年春には合併するとみられていた[21]。しかし満鉄は満洲紡績の将来性を期待し譲渡することを拒否し、1927年に同社に補助金を交付することで折り合いをつけた。満洲紡績は1930年10月期まで損失を計上していたが、補助金交付で損失を処理した。満洲紡績は1930年10月期で払込資本金1,875千円であったが、損失処理と経営不振のため、1930年11月28日に半額減資し損失処理を行った[22]。満鉄は持株比率を変更さず、支援を続けた。

　日本国内化学工業事業者の提携出資で、東洋窒素組合の事業を承継し、所有していたハーバー・ボッシュ空中窒素固定法 Haber-Bosch process の特許権の実現を期すため1926年12月1日に東洋窒素工業株式会社（本店東京）が設立された（資本金5百万円4分の1払込)。設立時に満鉄は出資しなかった[23]。満鉄がウーデー法による窒素肥料の工業を起こす場合にも東洋窒素工業の保有するハーバー・ボッシュ法特許権を有する会社の一員となることが望ましく、また満鉄が石炭液化事業を起こす場合も同社の保有する財産を投資することにも意義があり、満鉄の加入を求められた。これについては海軍も推奨した[24]。そこで満鉄は1929年6〜9月期に東洋窒素工業の株式30％30千株を取得した[25]。1930年7月29日に満鉄は東京支社長大淵三樹を取締役に兼務で派遣し、大淵の役員株と合計30％とした[26]。1931年6月期でも資本金は変化なく、総資産2,930千円、当期利益196千円を計上していた[27]。

　1928年11月3日に南満洲硝子株式会社が設立された（本店大連、資本金300千円75千円払込)。小規模資本の法人である。同社に対する満鉄出資は16.6％に過

ぎないが、同社は大連窯業が83.3％を出資する同社子会社であり、満鉄と合計すると100％出資であり実態は満鉄の連結子会社であった[28]。小規模法人のため出資を大連窯業に任せたものといえよう。満鉄は親子出資した。

　1919年9月30日に設立された亜細亜煙草株式会社（本店上海、資本金10百万円4分の1払込）は関内工場設立を実現できずにいた（柴田［2013a］105-107頁）。同社は1920年6月1日に中華葉煙草株式会社を設立し（本店青島）、山東省葉煙草集荷に従事させたが同地の有力集荷業者に成長できなかった（柴田［2005］第2章、第5章）。亜細亜煙草は1921年6月3日に大安煙公司の名義で奉天の工場建設に着手し10月15日に竣工した。同工場製造紙巻煙草の地場供給を開始した結果、売上増大をみたが英米煙草トラストと南洋兄弟烟煙草と競合したため市場シェアをさほど拡大できず、1925年6月25日に本店を奉天に移転し完全な満洲法人とし同地で全力を挙げる方針としたが、1924年9月15日～11月5日の第二奉直戦争後の財政需要のために張作霖軍閥は紙巻煙草への消費印紙税を導入し、併せて奉天票暴落による円建て商品の販売難に直面し苦境に陥った。状況は改善せず、1926年3月21日に減資し資本金1,500千円払込とした。その後も再起の展望を見出せず、1927年7月23日に最大の外地日系煙草事業者の東亜煙草株式会社（1906年10月20日設立、本店東京）への吸収合併を決議して解散した。吸収合併されるまでに関東長官児玉秀雄が満鉄総裁山本条太郎と折衝した際に前亜細亜煙草会長の田中義一内閣農林大臣山本悌二郎（1927年4月20日～1929年7月2日在任）が介入し、亜細亜煙草株式を東亜煙草株式と等価評価させ、亜細亜煙草株主に有利な処理をしたと観測されている。この条件を飲ませたことで満鉄が東亜煙草に補助金名目の200千円を提供した（柴田［2013］108-109頁）。亜細亜煙草株式が東亜煙草株式に転換されると、1927年10月期資本金11,500千円7,300千円払込のうち満鉄保有株7,500円は僅か0.065％に過ぎない低率となった（柴田［2013］84-85頁）。満鉄は東亜煙草株式を満洲事変期になっても処分せず保有し続けた。

1)　南満洲鉄道［1928］36頁。『南満洲商工要鑑』1919年版、728頁、この典拠は東洋炭礦設立を1917年4月1日とする。『満洲会社興信録』1922年版、407頁。『帝国銀行会社要録』1918年版、東京98頁で本店東京、1920年版、朝鮮・満洲10頁で本店旅順。

森恪については山浦［1940］、岡本［1957］149-152頁。飯田邦彦は1877年7月生、1910年東京外国語学校支那語科卒、南満鉱業取締役、満洲採炭監査役、王子製紙監査役（『大衆人事録』1928年版、イ59頁）。『南満洲商工要鑑』1919年版、728頁では役員を満洲採炭と同一とする。

2) 山田潤二後任の文書課長竹中政一も評価額2,929千円を妥当な金額だと主張していた（岡本［1957］153頁）。馬越恭平については大塚［1935］参照。撫順製錬については『満洲会社興信録』1922年版、40頁。

3) 『東京朝日新聞』1921年2月2日。内田汽船については『帝国銀行会社要録』1927年版、兵庫48頁。

4) 岡本［1957］150頁。山田潤二については第3章参照。

5) 『第44回帝国議会衆議院予算委員会議録』1921年3月1日。

6) 南満洲鉄道［1928］36頁。野田卯太郎息子野田俊作も満鉄に勤務し内通しやすい立場にいた。この訴訟については弁護に当たった花井卓蔵の伝記が紹介している（大木［1935］）。

7) 『第48回帝国議会説明資料』1924年12月、『統計年報』1930年版、78-79頁。

8) 復州鉱業の粘土利権をめぐる満鉄の支援と中国側の対抗については蘇［1990］251-255頁が詳しい。蘇［1990］253頁は復州鉱業設立時資本金500千円、満鉄出資46％出資とするが、満鉄出資は増資新株取得である。初期の貸借対照表は日満実業協会［1934］参照。

9) 『満鉄沿線商工概覧』1930年版、159頁、満鉄会［1992］68頁。

10) 『満銀年鑑』1935年版、391、485頁。

11) 『満洲日日新聞』1922年5月19日。

12) 東亜勧業株式会社『第1期営業報告書』1923年3月期、4頁、『庁報』559号、1922年6月23日。大淵三樹については第3章参照。

13) 『満洲日日新聞』1922年7月23日。

14) 東亜勧業株式会社『第2期営業報告書』1924年3月期、3-6頁。

15) 南満洲鉄道［1928］1000-1001頁、東亜勧業株式会社『第2期営業報告書』1924年3月期、3頁、『帝国銀行会社要録』1925年版、満洲27頁。

16) 葛原冷蔵の操業及び破綻と事後処理については高［2004］が詳しい。『大阪毎日新聞』1925年10月23日、12月29日、1926年3月27日（神戸大学図書館ディジタル新聞記事文庫）。破綻後の事業整理で1927年に日魯漁業株式会社が多くの資産を買収した。高［2004］には設立年月、本店と借入先の記載がなく不備が多い。社長葛原猪平に換え前商工官僚の美濃部俊吉が天下り動きが見られたそのまま葛原が続けた。1930年4月23日に八千代生命保険は解散。

17) 『統計年報』1934年版に掲載あり、『満銀年鑑』1935年版に掲載なし。1935年4月

~6月に解散と判定。
18) 『南満洲商工要鑑』1919年版、290頁、『満洲会社興信録』1922年版、331頁。
19) 伊藤文吉は1885年12月15日生、伊藤博文養子、1908年7月東京帝国大学法科大学卒、農商務省採用、1918年5月農商務省鉱山局鉱政課長、1919年12月商務局商事課長、1922年6月辞職、1922年3月貴族院議員、1923年6月久原鉱業株式会社取締役、1934年5月～1941年12月日本鉱業社長、1947年5月公職追放、1956年11月25日没（秦［1981］29頁）。倉知鉄吉は明治3（1870）年12月3日生、1894年7月帝国大学法科大学卒、内務省採用、1897年4月外務省参事官、1908年6月外務省政務局長、1912年5月外務次官、1913年2月辞任、1913年2月～1944年12月貴族院議員、中日実業副総裁、ほか多数の外地会社役員兼務、1944年12月22日没（秦［1981］93頁、『大衆人事録』1942年版、東京366頁）。河合良成は1886年7月26日生、1911年7月東京帝国大学法科大学卒、農商務省採用、1918年4月臨時外米監理部業務課長、1918年8月同外米課長、1919年5月株式会社東京株式取引所支配人、同年12月常務理事、1934年4月帝人事件で逮捕、1937年12月無罪、1942年8月東京都助役、1944年2月運輸通信省海運総局船舶局長、1945年10月農林次官、1946年1月辞職、1946年5月～1947年5月厚生大臣、1947年12月～1964年7月株式会社小松製作所社長、1952年10月～1953年3月衆議院議員、1970年5月14日没（秦［1983］81頁）。
20) 『満銀年鑑』1935年版、170頁、福島紡績［1942］161-162頁。福島紡績設立日を創立総会日としたが、社史では創立日を創立許可の8月1日とする（福島紡績［1942］8頁）。
21) 『満洲日日新聞』1926年12月2日。
22) 花井［2007b］557-558頁に設立と1930年減資までの説明がある。満洲紡績株式会社『第16期営業報告書』1931年4月期、2頁。
23) 東洋窒素工業株式会社『第1期営業報告書』1927年6月期、1頁、株主名簿。
24) 『関係会社年報』1938年版、573頁。
25) 東洋窒素工業株式会社『第6期営業報告書』1929年12月期。同期に30,600株の移動があり、これに満鉄の取得が含まれている。役員株200株の保有者は不詳。1929年9月期に満鉄保有30％の数値があるためこれを利用した（『第57回帝国議会説明資料』1929年12月）。
26) 東洋窒素工業株式会社『第8期営業報告書』1930年6月期、2、8頁。
27) 同『第10期営業報告書』1931年6月期、3頁。
28) 大連窯業株式会社『第12期営業報告書』1937年9月期、11頁。南満洲硝子株式5,000株、50円全額払込を保有。須永［2007b］794頁は満鉄全額出資で設立したかの記述をしているが、当初から大連窯業の子会社である。

第6節　取引所信託等・保険・銀行の支援

1．取引所信託等の支援

　満鉄沿線における取引所の増設は続き、1920年8月に官営遼陽取引所、10月に官営奉天取引所と官営営口取引所が開設された（関東局［1936］549頁）。それに伴い8月24日に遼陽取引所信託株式会社（資本金500千円125千円払込）、9月10日に営口取引所信託株式会社（資本金2百万円500千円払込）、1920年1月25日に奉天取引所信託株式会社（資本金3百万円4分の1払込）が設立された（柴田［2007h］488-489頁、関東局［1936］563-564頁）。このうち満鉄は遼陽取引所信託と営口取引所信託に50％を出資して設立時から支援した。また1919年9月1日に設立された四平街取引所信託は、1920年6月期に満鉄が株式の50％を取得することで同様に支援した。

　既存の長春取引所信託株式会社（1915年3月26日設立、資本金500千円4分の1払込、満鉄10％出資）は官営長春取引所の清算業務を行っていたが、同社の経営は乱脈経理と背任で混乱し1921年1月23日より立会停止となり、2月19日に従業員10名以上が検挙されるという事態に陥った[1]。この醜態をさらした状況を問題視した関東庁は沿線取引所整理を検討し、遼陽、四平街、公主嶺、鉄嶺、営口の各取引所廃止、開原を残し、長春を改組して存続させるといった観測がなされていた[2]。長春取引所信託株主は関東庁・満鉄に救済の陳情を続け満鉄の救済が決定し、3月21日より救済スキームの協議を開始した。満鉄の示した条件は長春取引所信託の資本金500千円を半額減資し、満鉄が資本金750千円の別会社を設立し、両社を合併させ、資本金1百万円とし、旧株2株で新株1株を割り当て、20千株のうち10千株すなわち50％を満鉄が保有するというものであった。これに対し長春取引所信託の株主は満鉄の救済は時期を逸しており、また減資は過酷で満鉄の保有率が高いことから長春の特産物取引に影響が大きすぎると反発した[3]。そのため同月25日の株主総会では決着がつかなかった。その後、合併条件が変わり満鉄新設会社との減資無しの対等合併とし、満鉄全額出資で設立する会社の資

本金を500千円4分の1払込とした。この方針に沿って1921年6月28日に長春取引所信託は満鉄が設立した長春特産物信託株式会社（資本金500千円4分の1払込）との合併とそれに伴う1,000千円への増資、4分の1払込とする決議をした。合併の結果、長春取引所信託が資本金1百万円250千円払込の存続会社となり、満鉄から再建に向けて取締役山崎重次（1909年採用、1922年で予備職員）を送り込み経営監視をする体制となった。同社は資金力を強化したことで事業継続が可能ととなり、長春取引所は同年8月1日より大豆先物取引を復活させた[4]。

奉天では官営の奉天取引所の清算業務を奉天取引所信託が担当していた[5]。同社は満洲殖産銀行（1918年7月25日設立、本店奉天、資本金500千円払込、1920年2月に満洲商工株式会社が改組）に300千円ほど預金していたところ、同行が1921年に経営危機に陥り預金回収が不可能となり、奉天取引所信託も経営危機に陥った。清算会社が営業停止となり併せて取引所も休場となった。満鉄は奉天取引所信託の救済を求められ、支援策として銀行の資本金を500千円から200千円に減資させる、満鉄から監査役を派遣する、50千円以上の預金者の預金は満洲殖産銀行株式に転換する、併せて250千円を奉天取引所信託に出資して救済するとの提案をした。満蒙毛織株式会社（1918年12月25日設立、本店奉天、満鉄一部出資）と東亜証券商品株式会社が預金の株式転換に反対していた[6]。その後の交渉の結果、奉天取引所信託は資本金を1,375千円に、満洲殖産銀行は250千円に減資し50千円以上の預金の株式転換は満蒙毛織と東亜証券商品を除外するとの条件で落着した[7]。1921年8月7日の株主総会で反対派株主からの批判を受けつつも上記の改組提案が承認された。その結果、奉天取引所信託は資本金3百万円を半額減資し1,500千円4分の1払込とした。別に満鉄が関東庁から7月27日に許可を得て7月29日に奉天取引所重要物産信託株式会社（本店奉天、資本金1,500千円4分の1払込、全額満鉄出資）を設立した。専務取締役岸利信（満鉄派遣）、監査役島崎好直（地方部奉天地方事務所長の兼務）である。同社は同年8月21日に奉天取引所信託の吸収合併を決議し、資本金3百万円75千円払込とし、新設会社が存続会社となり事業を継続した。さらに11月15日に商号を奉天取引所信託株式会社に変更した[8]。この結果、満鉄は同社株式の50％を保有した。

関東庁は1922年6月には不振を続ける官営取引所の整理を行う意向を示してい

た。取引所の急速な廃止が困難な理由として附置清算会社の解散処理が難しいことにあった。事業規模が小さな遼陽取引所信託は奉天からも近いため1923年6月には奉天取引所信託への合併説が表面化し、好機として附置清算会社も解散させる方針とした[9]。吸収合併であれば解散は容易である。満鉄と関東庁の意向で奉天取引所信託は1923年8月27日に遼陽取引所信託を吸収合併する決議を行い[10]、9月10日に合併し後者は解散したが、満鉄は遼陽取引所信託に50％出資を行っていたため、合併増資後資本金3,500千円875千円払込の出資率は変わらなかった。その後、奉天取引所信託は資金難に苦しみ満鉄に救済を求めたが、満鉄のみが株主責任を負う事態を拒否し、1925年7月3日に4株を1株とし875千円払込に減資させた[11]。奉天取引所信託の操業不振は続き、1928年7月23日に7株を4株に併合し500千円払込に減資した[12]。1928年9月期奉天取引所信託の満鉄評価額は0円であった[13]。

その後も沿線の官営取引所と附置清算会社の事業が衰退していた。鉄嶺取引所信託株式会社（1919年11月6日設立、資本金500千円半額払込、満鉄半額出資）は開業以来欠損を続けており、初代専務理事が独断で社外に融資を行い回収困難に陥り、1922年2月には背任の告訴も検討される事態に陥入っていた[14]。関東庁は競争力を喪失した官営取引所の閉鎖に踏み切り、1924年10月31日に遼陽、鉄嶺、営口の取引所を廃止し、鉄嶺取引所信託と営口取引所信託は同年10月31日に解散した。他の官営取引所は満洲事変前期には存続した。

哈爾濱周辺では中国人経営の濱江農産信託公司が1915年8月1日に設立された（資本金500千ルーブル4分の1払込、本店傳家甸）。同公司が農産物と銭鈔の取引を行い成績良好であった。同公司はロシア革命後、1920年11月に資本金500千元4分の1払込に変更した。さらに1922年4月1日に資本金哈爾濱大洋票100万元（半額払込）の濱江糧食証券交易所有限公司に改称した。この交易所が中国側の取引を担当した（柴田［2007h］482頁）。そのため日本事業者は商品・銭鈔の定期取引事業に参入できなかった。ロシア革命の影響でロシア通貨の動揺があり、他方、哈爾濱における日本人事業者のプレゼンスの拡張で、1918年4月に日本人取引所設置が計画された。1918年8月1日にロシア・中国側官憲の諒解を得て、哈爾濱信託株式会社を設立した（資本金1百万円）。銭鈔部と穀類部に分かれ取

引を行うものとし、取締役は辻光（哈爾濱実業人、北満電気株式会社（1918年4月10日設立、本店哈爾濱、東拓25％出資）取締役）のほか日本人4名、ロシア人5名が並んだ。取引商品は日本通貨対ロシア通貨、官帖（銅系地場通貨）対日本通貨またはロシア通貨、大豆、小麦であった。同社は1918年10月20日に在哈爾濱総領事館より営業認可を得て、1919年2月10日に営業開始した。1919年末、組織変更し日本人のみが株主となり、有価証券取引の仲介とその担保貸付を追加する定款変更を申請し、1920年2月17日に外務省はそれを認可した。ロシア行政管内の設置ではあるが日本の「商法」に準拠して設置したものであるため、株式会社上海取引所の前例に準拠し領事館が管轄した。改組後の資本金10百万円200千株で、理事は吉野小一郎（株式会社中華煙草公司（1919年9月設立、本店済南）社長）、山田三平（大連実業人、南満洲倉庫建物株式会社（1919年9月29日設立、本店大連）社長）、庵谷忱（満洲実業人、満蒙土地建築株式会社（1919年12月10日設立、本店大連、設立時は満蒙土地建物株式会社）取締役ほか）、森上卯平（株式会社大連株式商品取引所（1920年2月5日設立）理事）、ほか日本人3名、中国人3名であった。取引品目は大豆、小麦、豆粕、豆油、麦粉、麻袋、綿糸、綿布、銀、官帖及び有価証券であった。その後1921年3月、森上卯平を発起人総代とし、哈爾濱信託株式会社の資産を承継し、日中合弁の哈爾濱取引所設置（資本金10百万円）の認可申請を行い、同年5月11日に在哈爾濱領事館の設立認可を得た[15]。

　吉林督軍孫烈臣は当初哈爾濱取引所を承認する方針でいたが、その後、新設の取引所は農商部の「交易所条例」に違反すると抗議した。これに対して在哈爾濱総領事館は、新設取引所は日本の法律で設立したものであり、中国側の認可を受ける筋合いではないと突っぱねた。すると中国人株主を逮捕し銃殺するとの脅しをかけた。この紛議に対して北京公使館経由や在奉天総領事館を通じ、また張作霖を経由して懐柔に務め、最終的に吉林省側の諒解を得た。そして吉林省側と1921年10月15日に正式協定を締結し同年12月10日に株式会社哈爾濱取引所が設立された（資本金5百万円4分の1払込）。満鉄は5％62.5千円を出資した。中国側から1922年4月29日に営業認可を得た。在哈爾濱総領事館が所管した。哈爾濱取引所の取引物件は特産物、銭鈔、有価証券及び商品であり、定期取引と現物取引を行うものとした。さらに1922年7月22日に延取引の認可を得た。この取引品

目は中国側交易所の品目と競合するため、中国側が取引している特産物と銭鈔については取引しない旨声明し、日本の有価証券と商品のみを取扱い、競合することで発生する紛糾を回避していた（柴田［2007h］482-483頁）。しかしすでに戦後恐慌が満洲に波及し取引はほとんど実現せず損失を計上し[16]、操業困難に陥り取引沈滞の中で事実上休業状態となり、1924年10月18日に解散した[17]。

　満鉄は沿線日本人商業者支援で長春市場株式会社（1917年5月16日設立）、満洲市場株式会社（1917年9月1日設立、本店奉天）、撫順市場株式会社（1918年5月15日設立）に設立時から出資したが、開原市場株式会社（1918年10月1日設立）には出資しなかった。1920年代後半では1927年9月9日に鞍山市場株式会社の設立発起人会を開催し9月10日に設立を申請し[18]、1930年10月24日にようやく設立となったものの（資本金50千円半額払込）、やはり満鉄は出資しなかった。同様に1929年9月16日合弁で設立の貔子窩市場株式会社（資本金60千円18.6千円払込）にも出資しなかった[19]。関東庁は1920年代新設市場会社に満鉄の資金支援を求めず、自前資金で立ち上げさせるという方針に切り替わったようである。満鉄も本業と関係の薄い市場会社への出資を好まなかったはずである。

2．保険・銀行業の支援

　満洲に本店を有する保険会社はなく、損害保険は1910年6月27日勅令「関東州ニ支店又ハ代理店ヲ設ケテ保険事業ヲ営ム者ニ関スル件」により代理店営業がなされ、三井物産が代理店業務をほぼ独占するような状況が続いていたが、その後、多数の事業者が代理店業務に参入した。鈴木商店、三菱商事、福昌公司（自営業、1929年5月23日株式会社福昌公司設立、本店大連）、出光商会（1911年設立）、大倉商事が代理店となり、保険契約を引き受けていた[20]。大連埠頭では特産大豆が野積保管されており、その大豆に対して保険契約がなされていた。ところが1918年前半に野積保管大豆に火災が頻発し、これに対し保険会社が既存の損害保険契約の解除と新規保険契約を拒絶するという事態になった。資産額40百万円の野積保管大豆等が無保険状態に陥り、銀行は野積保管大豆担保融資を減少させた。野積保管品への融資は20百万円、そのうち大豆高粱に対する融資は12百万円と見られていたが減少し始めていた[21]。野積保険契約の復旧のため保険料の引き上げと、

従来はすべて満鉄が保険料を引き受けていたが、荷主側は保険料の10％を負担するとの打開策が検討された[22]。これに対し保険会社は到底契約を復活する状況にないと主張したため、資本金10百万円の新たな保険会社を設立し無保険状態を打開しようとする計画が動き出した[23]。鈴木商店西川芳太郎は大連民政署に保険会社設立の許可申請を行った。資本金2百万円4分の1払込の会社を起こし火災、運送、海上の保険を提供するとしたが、埠頭の貨物保険も引き受けるため満鉄にも相当の支援を求めることになる。満洲本店の損害保険会社が存在しないため、関東都督府は設立許可を与えるとみられていたが[24]、許可されなかった。理由は不詳であるがその後の展開から利権獲得を巡る鈴木商店と三井物産が暗闘が繰り広げた可能性がある。無保険状態を打開するため、荷主側では満鉄本体に保険営業を兼務させる案、荷主出資の相互保険会社を組織し出資の過半を満鉄に引き受けさせる案、満鉄の埠頭荷物保管規則を改め負担すべき現行の項目の雨濡れ、盗難に火災を追加させる案が検討されていたが[25]、いずれも満鉄に大きな負担を引き受けさせる満鉄依存案であり荷主側の保険料の引き上げは考慮外であった。鈴木商店に対抗し三井物産が火災保険会社設立を計画し、1922年3月に同社は大連本店の保険会社設立申請を決定した。資本金2百万円とし東京海上火災保険株式会社（1878年12月12日設立）と大正海上火災保険株式会社（1918年10月12日設立、本店東京）の2社で3分の1、満鉄も3分の1を引き受け、残りを大連と満洲各地の日本人事業者が引き受けるものとした[26]。この損害保険会社新設は大連在住者にも歓迎された。すなわち代理店が徴収した保険料は日本の会社に吸収され満洲で運用されることはないが、大連本店の会社であれば保険料を満洲で運用することが期待され、また代理店を通じないため保険料の低下も期待された[27]。

　三井物産の会社設立案が承認され、大連火災海上株式会社が1922年7月28日に設立された（資本金2百万円4分の1払込）。満鉄は33.25％166,250円を出資した。ほかの出資者として東京海上火災保険と大正海上火災保険各16.625％83,125円を出資し[28]、そのほか日本の損害保険各社と満洲関係者が残り3分の1を引き受けた。代表取締役村井啓次郎（前満鉄総務部埠頭事務所長）、取締役古仁所豊（満鉄参事兼務）、高橋仁一（満鉄陸運課長兼務）、神成季吉（前三井物産大連支店長代理）ほか、監査役向坊盛一郎（満鉄興業部商工課長兼務）である[29]。大連火災

海上保険は東京海上火災保険の大連における別働隊となり、関東州・満鉄附属地で損害保険の取り扱いを行った。顧客は主に日本の輸出業者による海上保険が中心であり、定款で規定する引受保険は、火災保険・海上保険・運送保険・自動車保険・再保険・輸出入保険であった。ここには埠頭野積品の運送保険も含まれていた。大連火災海上保険が新規参入したことで大連の損害保険市場は代理店側と大連火災海上保険との競合状態に陥り、既存の代理店契約を後者が切り崩すため保険料率は低下した。大連の火災保険（海上保険を除外）の契約合計は、満鉄本体の保険を除き150百万円とみられていたが、創業後5カ月を経た1922年12月期契約高では大連火災海上保険は11百万円で首位の三井物産68百万円、福昌公司23百万円よりは見劣りするが、鈴木商店11百万円と並び出光商会8百万円、三菱商事6百万円を上回り[30]、その後も契約を増大させた。大連火災海上保険は1923年3月期総資産529千円、うち融資192千円、有価証券173千円、銀行預金113千円という構成であり、1924年3月期より利益計上した[31]。1926年3月期に正味保険契約を引き上げたが、保険料が低下する中で銀行預金が291千円に増大し、融資84千円、有価証券181千円となり、資産運用利回りが低下し損失を計上した[32]。その後は利益を上げつつ事業を拡大させ、1931年3月期には総資産1,000千円、融資480千円、銀行預金257千円、有価証券117千円という構成となり[33]、満洲内で出資融資に資金を運用し、当初の目的の保険料の満洲内運用がある程度実現したが事業規模は伸び悩んでいた[34]。

　山東省龍口に設立された合弁の龍口銀行有限公司（1913年3月22日設立）は1913年12月22日大連支店設置後、大連における事業拡大の中で1917年12月15日本店を大連に移転し、1890年8月25日「銀行条例」準拠日本法人の龍口銀行に転換し、満洲主要業務地の銀行となった。同行は1920年5月13日に松江銀行（1917年か1918年設立、本店哈爾濱、資本金1百万円362.5千円払込）を、1920年12月21日に満洲銀行（1919年設立と推定、本店大連、資本金1百万円半額払込）を吸収合併し事業拡大を続けていた[35]。1922年で満洲における民間銀行では安田系の正隆銀行（1908年1月15日設立、本店大連）の9,500千円払込資本金に次ぐ第2位の4,862.5千円という規模であった。1922年3月8日に龍口銀行は鞍山銀行（1920年1月26日設立）の合併を決議し、同年5月に手続を完了し、合併増資後に鞍山、

安東の支店を取得した[36]。弱小銀行の多い中では、相対的に資本金規模の大きな龍口銀行は事業譲渡先を探す銀行に対し、積極的に事業買収に打って出たといえよう。龍口銀行の大株主には石本鑽太郎、相生由太郎（監査役）、野津孝次郎（星ヶ浦土地建物株式会社（1919年9月3日設立、本店大連）代表取締役）等の満洲事業家が顔を並べ、在大連中国人事業者も多数含まれており、積極策で満洲実業界の維持が期待されていた。さらに同年12月15日に東華銀行（1918年7月7瓦房店銀行設立、1920年12月6日商号変更、本店瓦房店）の合併を決議し、1923年1月には合併手続を終了した[37]。これに伴い瓦房店ほか1地域に店舗を拡張した。また1923年4月12日に龍口銀行は旅順銀行（1918年5月6日設立）の合併を決議し、6月には合併を完了し旅順銀行は同年7月31日に解散した[38]。こうして龍口銀行は15.4百万円6,097.5千円払込に増資し満洲内店舗としては大連本店のほか5支店3出張所を構えるまでに拡張した。しかし強気の事業拡張戦略を採用した龍口銀行の事業環境は必ずしも好転したわけではなく、1922年6月期の配当率年12％から、1923年6月期10％、12月期8.5％、1924年6月期7％へと低下を続けた[39]。

　龍口銀行も第1次大戦後の満洲日本人商工業者の慢性不況と平行し事業は低迷し、経営危機に陥り資金繰りに窮し1924年8月16日に休業した[40]。この事態に対し関東庁は満鉄に支援を求め、龍口銀行は同年に資本金15,400千円6,097.5千円を減資し、併せて第二新株を発行し、満鉄は大蔵省の承認を得て同新株144株1,800円4分の1払込を取得した[41]。そのほか満鉄と東拓は各2.5百万円を龍口銀行に預金し支援した。

　これにより満鉄は在満商工業者救済の領域を銀行にまで広げた。満洲の金融機関に対して本来は朝鮮銀行もしくは東拓が支援するべきであるが、両社ともにすでに満洲事業で多額損失を計上し疲弊しており、その余裕はなくやむなくまだ損益で余裕のある満鉄に株式を引き受けさせた。満鉄は少額出資のみならず満鉄余裕金の銀行預金等で支援した。しかし経営危機が表面化し救済を受けた龍口銀行の預金残高維持は難しく、他方不良債権化した融資債権等は減少せず、資金繰りに窮して経営破綻し休業した。関東庁は龍口銀行の預金者債権保持のため、正隆銀行に吸収合併を求めた。同行も1920年代には同様に経営は芳しくはなかったが、

安田系の支援を受けることも可能であり1925年11月19日に龍口銀行の救済合併契約を議決し[42]、12月23日に救済合併した。合併条件は龍口銀行株3株対正隆銀行株1株を交換するものとした。正隆銀行は合併増資し払込資本金は11,532千円となった。正隆銀行の店舗は本店大連のほか、龍口銀行併合に伴い鞍山・瓦房店・松樹に支店を追加し、関東州に1店、満洲各地に13店を擁し、そのほか関内に5店舗を抱えていた[43]。この期に正隆銀行はまだ8％の配当を行うことができた。龍口銀行預金者は正隆銀行預金に移転することにより保護された。この結果、満鉄保有龍口銀行株式144株12.5円払込1,800円は正隆銀行50円払込株式と12対1の交換比率で転換され正隆銀行12株600円の保有に転換した[44]。満鉄は龍口銀行救済のために取得した株式であり、正隆銀行の経営支援を行う必要はなく翌年にはこの少数保有株を処分したと推定する。満鉄の龍口銀行預金は正隆銀行に移転したが、さらに5百万円の預金を上乗せし、東拓預金も同様に移転し、ともに10年据置きとして支援を強めた[45]。

1) 『満洲日日新聞』1921年1月26日、2月21日。
2) 『満洲日日新聞』1921年3月14日。
3) 『満洲日日新聞』1921年3月25日。
4) 『満洲日日新聞』1921年7月5日、8月6日。笠原［1922］327頁。蘇［1990］241頁では「長春交易信託会社」、日訳241頁では「長春物産信託株式会社」、新聞記事では「特産信託株式会社」であるが、関東庁［1926］756頁では長春特産物信託株式会社でありこれを採用した。関東局［1936］563頁は「長春特産株式会社」を合併と説明し、やや信頼を欠く。
5) 『満洲会社興信録』1922年版、370頁、南満洲鉄道［1928］939頁、関東局［1936］564頁。
6) 『満洲日日新聞』1921年7月3日。満洲商工・満洲殖産銀行については『満洲会社興信録』1922年版、479頁、関東庁［1926］468頁。
7) 『満洲日日新聞』1921年7月22日。
8) 『満洲日日新聞』1921年8月10日、『満銀年鑑』1935年版、34-35頁、南満洲鉄道産業部［1937a］110-111頁。蘇［1990］は満銀設立の奉天取引所重要物産信託については言及がなく、1920年1月奉天取引所信託設立時から満鉄が出資したかの解説となっており減資しつつも存続したと説明する。奉天取引所信託株式会社『第1期営業報告書』1921年12月期、1-4頁、株主名簿。合併後の岸利信名義29,922株、監査

役島崎好直100株が満鉄出資。島崎好直の職位は満鉄会［1992］49頁。この営業報告書には設立時の商号が記載されていないため新聞掲載商号を傍証できない。1922年12月期で満鉄保有29,400株と派遣役員株に切り替えた（奉天取引所信託株式会社『第2期営業報告書』1922年12月期、株主名簿2頁）。岸利信は1917年満鉄採用、1922年運輸系職員で在職（笠原［1922］417頁）。

9）　『満洲日日新聞』1922年6月9日、1923年6月7日。
10）　奉天取引所信託株式会社『第5期営業報告書』1923年12月期、2頁。
11）　同『第9期営業報告書』1925年12月期、2頁。
12）　同『第15期営業報告書』1928年12月期、2頁。
13）　『第57回帝国議会説明資料』1928年12月。
14）　『満洲日日新聞』1922年2月17日。
15）　柴田［2007h］482-483頁。北満電気については第7章参照。中華煙草公司については柴田［2013a］第2章参照。南満洲倉庫建物と満蒙土地建築については『満銀年鑑』1935年版、331、345頁。吉野小一郎は1879年5月生、1906年東京帝国大学法科大学卒、日本興業銀行採用、台湾銀行庶務課長、同調査課長、東拓奉天支店長、東省実業取締役、奉天商工会議所会頭、1920年衆議院議員、1922年哈爾濱取引所理事長、八王寺醸造工業株式会社（1937年8月16日設立、本店奉天）、興亜醸造株式会社（1938年11月設立、本店天津）各社長（『満洲紳士録』1943年版、324頁、『満銀年鑑』1942年版、469頁、『帝国銀行会社要録』1942年版、中華民国9頁）。
16）　『満洲日日新聞』1923年5月4日。
17）　南満洲鉄道［1928］945頁。この典拠では当初資本金5百万円とするが、1923年12月に当初資本金10百万円を半額減資したとの記載があり混濁している。また設立日も1922年4月1日とする資料もある。
18）　『満洲日日新聞』1927年9月15日。
19）　『満銀年鑑』1935年版、153頁。
20）　『満洲日日新聞』1923年8月22日。
21）　『満洲日日新聞』1918年7月1日。
22）　『満洲日日新聞』1918年7月18日。
23）　『満洲日日新聞』1918年9月7日。
24）　『満洲日日新聞』1918年12月19日、12月21日。
25）　『満洲日日新聞』1919年4月30日。
26）　『満洲日日新聞』1922年3月19日。
27）　『満洲日日新聞』1922年3月21日。
28）　東京海上火災保険［1964］130頁、大正火災海上保険［1961］70頁。後者の典拠は満鉄半額出資と誤記する。

29） 『帝国銀行会社要録』1924年版、満洲16頁。村井啓次郎については『大衆人事録』1943年版、関東州44頁、満鉄会［1992］37頁。古仁所豊については満鉄会［1922］55頁。神成季吉については第3章参照。
30） 『満洲日日新聞』1923年8月22日。
31） 『満洲日日新聞』1923年5月6日、1924年6月1日。
32） 大連火災海上保険株式会社『第4期営業報告書』1926年3月期。
33） 同『第9期営業報告書』1931年3月期。
34） 大連火災海上保険の保有株式として確認できるのは1935年で協和建物株式会社（1934年7月23日設立、本店大連、資本金2百万円4分の1払込）500株である（『満銀年鑑』1935年版、338頁）。ほかに満鉄株式を保有した可能性があるが傍証できない。
35） 『満洲会社興信録』1922年版、34頁、『庁報』270号、1920年8月9日、322号、同年12月29日。
36） 龍口銀行『第6期営業報告書』1922年6月期。鞍山銀行設立日は柴田［2007ｇ］440頁参照。
37） 龍口銀行『第7期営業報告書』1922年12月期。星ヶ浦土地建物については『庁報』101号、1919年10月1日。瓦房店銀行設立と東華銀行への商号変更については『庁報』131号、1919年11月23日、153号、1920年1月21日。
38） 龍口銀行『第10期営業報告書』1923年6月期。旅順銀行設立は『庁報』166号、1920年2月21日、解散は『庁報』766号、1923年7月31日。
39） 龍口銀行『第6期営業報告書』1922年6月期、『第8期営業報告書』1922年6月期、『第9期営業報告書』1922年12月期、『第12期営業報告書』1924年6月期。
40） 『満洲日日新聞』1924年8月16日。
41） 龍口銀行『第13期営業報告書』1924年6月期、41頁、正隆銀行『第37期営業報告書』1925年12月期、7-8頁。第二新株12.5円払込の発行を引き受けたと判断した。
42） 前掲正隆銀行『第37期営業報告書』。
43） 正隆銀行『第36期営業報告書』1925年12期、1-12頁。
44） 同前の株主名簿に満鉄保有12株が掲載されている。
45） 『満洲日日新聞』1925年6月30日。

第7節　拓殖業・不動産業・メディア産業等

1. 拓殖業

　満洲における日系農林業の土地取得と農事経営を目的として1921年12月10日に東亜勧業株式会社が発起人総会で設立された（1922年1月20日登記、本店奉天、資本金20百万円5百万円払込）[1]。同社400千株に対し東拓が最多の172千株を出資し、以下満鉄125千株、大倉組100千株と続き、ほぼこの3社の出資で出現した。代表取締役倉知鉄吉（元外務次官）であり、満鉄は専務取締役に地方部勧業課長大淵三樹を兼務派遣した（東亜勧業［1933］16頁、満鉄会［1992］49頁）。1922年5月1日に東亜勧業が蒙古産業公司を買収する際に満鉄・東拓が各9千株を放出したが、大倉組は張作霖軍閥との合弁事業に展望を見出せず1924年8月29日に東拓・満鉄に各50千株を譲渡して撤収し、その結果満鉄は166千株保有となった。東亜勧業は吉林省土地取得で商租権を巡り省政府と紛争になり、操業困難に陥った。東亜勧業の経営について東拓と満鉄の間に円滑を欠いていた。東拓は1920年代前半の満洲事業等で深刻な不振に直面し、1927年3月期に大蔵省主導で多額損失処理を行い、満鉄は1928年4月14日に東拓から東亜勧業株式210千株を取得し、満鉄95％保有とし完全な支配下に置いた（柴田［2015a］第1章参照）。1928年7月14日に満鉄は前地方部長の理事田辺敏行（1927年9月17日～1929年10月10日在任）を社長に兼務派遣し経営を掌握した。関係会社への理事の派遣は光昌硝子に次いで2社目である。東亜勧業の経営権掌握で満鉄が東拓に代わり責任を負ったため、政府の意向もあり理事を派遣したものであろう。東亜勧業は1928年3月期に東拓借入金250千円のほか満鉄・東拓未払金1,695千円を抱えて身動きがとれず、1929年2月28日に10百万円4分の1払込に減資し、対東拓845千円と対満鉄203千円の未払金の免除を受け、残る債務を満鉄借入金500千円に切り替える決議を行った[2]。東亜勧業株式払込額2,625千円の東拓からの取得額は不詳であるが、1929年3月期と9月期に504千円、1930年3月期と9月期に378千円の同株式未収金が残っており、満鉄としても不振の東亜勧業株式買収金の一括支払に難色を示

し分割支払とした（柴田［2015a］58-29頁）。1929年12月27日に田辺は理事退任に伴い社長を辞任し、同日後任に理事大蔵公望が就任したが[3]、不振の東亜勧業の再建は難しく、1930年5月24日に大蔵は社長を辞任し同日、満鉄出身の専務取締役花井脩治が昇格した[4]。

　日本人対満洲移民を行政的に安定している関東州で展開するため、満鉄出資で移民による拓殖事業を促進する会社が計画された。『大連農事株式会社定款』によると、①目的を土地の収得、開墾及び分配、拓殖のために必要な住民の募集及び扶植、③農業、牧畜、植林の経営、④拓殖のために必要な水利及び運搬事業、⑤拓殖のために必要な農産加工及び貯蔵、⑥移住民のため必要な建物の築造、貸付または売買、⑦農業経営に必要な資金及び物資の供給または貸付、⑧農産物の販売斡旋とした。資本金10百万円とし第1回で半額払込とするとの方針であった。全額満鉄出資である[5]。1929年4月15日発起設立の形式で会社を創立した。4月16日に専務取締役栃内壬五郎（前興業部農務課長）、常務取締役千葉豊治（満鉄嘱託）、取締役白浜多次郎（経理部会計課長）、松島鑑（興業部農務課長兼務）、監査役向坊盛一郎（総裁室業務課長兼務）、金丸富八郎（満鉄出身）を選任した。その後、同年5月6日に代表取締役に理事田辺敏行を選任した。田辺は先述のようにすでに東亜勧業社長を兼務しており、さらに大連農事社長を兼務した。同年12月21日に田辺が理事退任に伴い辞任し、理事大蔵公望が社長に就任した[6]。社長の満鉄理事兼務派遣は1929年6月10日拓務省設置で政府の移民政策の強化に伴い、満鉄としても政府の方針に即した重点事業と見なしたようである。しかし事業拡張は進まず1930年5月27日に定款変更で社長を置かなくともよいとし、大蔵公望が退任し、専務取締役栃内壬五郎が代表取締役に就任し経営責任を負った。移住民用の土地取得と土地改良工事ははかどらず、1931年3月期で移住契約を締結した農家は僅かに60戸に過ぎず、総資産5,095千円のうち土地2,745千円のほか満鉄預金1,730千円を抱えており、他方、満鉄借入金9,000千円も計上し[7]、事業は予想を超えた沈滞状況にあった。期待を大きく下回った大連農事に理事兼務派遣は不要と判断された。

2．土木・労力供給・不動産

　第1次大戦の好況時に満洲の公共土木も需要が増大したため、その建設業の担い手として会社設立が企画された。1920年1月10日に新会社の設立に伴う株式募集が広告された。その設立趣意書によると、合弁会社を設立し満洲の土木建築に貢献すると謳い、株を公募し資金調達をするというもので、発起人には有力満洲企業家の石本鏆太郎・相生由太郎・志岐信太郎（満洲不動産信託株式会社（1919年8月29日設立、本店大連）監査役）が並び、多くの応募者が殺到したはずである。株式募集を終えて1920年1月10日に合弁法人の東亜土木企業株式会社が設立された（本店大連、資本金5百万円4分の1払込）。社長石本鏆太郎、専務取締役有賀定吉（大連建材株式会社（1919年6月22日設立）代表取締役、土木建築業者）、取締役岡部三郎（中日実業取締役）、倉知鉄吉（元外務次官、中日実業取締役）、相生由太郎が並び、満鉄は役員を派遣していない[8]。満鉄4.8千株、中日実業、東拓各2千株、満洲の土木業者のほか、中華民国交通部関係者も引き受けて合弁設立となった[9]。1920年3月に戦後恐慌が襲来したため、以後の東亜土木企業の取引は低迷した。1921年12月期総資産1,379千円のうち最多資産は資金貸付464千円であり、101千円の利益を計上した。満鉄は1922年2月15日に監査役に交通課長藤根寿吉を兼務派遣した。同年12月5日に相生由太郎が社長に就任した[10]。その後、1924年12月期に満鉄は11,800株（監査役200株を含む）を保有する筆頭株主になった。土木建設工事の発注者として取引を持つ立場の満鉄が最大出資者となり保有株を増大させた。2位は相生由太郎9,775株で、岡部と有賀は各2,500株を保有していたが、初代社長石本は取締役から降り保有株を処分していた。満鉄は経営を掌握するため元満鉄職員津田元吉を専務取締役に送り込み、監査役に前経理部会計課参事橋本戊子郎を兼務派遣した[11]。東亜土木企業は1925年4月1日に京城に出張所を開設し、朝鮮における事業展開を目指した[12]。張作霖軍閥の日本利権の圧迫策により、1926年度に吉林敦化間鉄道建設で東亜土木企業と吉林有力者により吉林興業土木公司を設立し、同公司名義で満鉄より工事を引き受け、その工事を東亜土木企業とほかの満洲土木業者に割り当てて工事を行わざるを得ない状況になっていた。満鉄は中日実業や東拓から東亜土木企業株式を買い取っ

た。その結果満鉄出資は1926年12月期で47.2％に上昇し[13]、さらに1928年9月期に50.2％に上昇し[14]、支配株主となり経営に責任を負った。この間に1927年2月28日に相生由太郎が社長を辞任し張作霖顧問の予備役陸軍大佐町野武馬が就任し[15]、張作霖側との事業の調整を図ろうとしたが、翌年6月8日に張作霖は爆殺された。その後も満洲事変前期に東亜土木企業の操業はさえず、払込資本金を徴収もできないまま続いた。

　大連埠頭の荷役作業は相生由太郎の個人事業福昌公司に請け負わせていたが、繁忙期には15千人を越える大量労働力の雇用となるため、満鉄は請負制度とは別の体制を検討していたところ、相生側からも営口駅荷役作業と大連埠頭労働者請負業の返還を申し出てきた。そこで請負労働力の会社を満鉄過半出資で設立し相生側の出資を認めることとした。相生由太郎は両事業の譲渡価格3百万円を提示したが、満鉄側の評価額はそれより安く、その評価に基づき満鉄は1926年10月15日に福昌華工株式会社を設立した（本店大連、資本金1.8百万円払込）。同社設立後に同社に福昌公司所有の営口駅と大連埠頭の動産・不動産及び労働者との請負契約を承継させたうえで、満鉄が相生由太郎の保有する全株式を買収し、満鉄全額出資とし、営口では支店で営業した[16]。1928年の代表取締役高尾秀市、相生由太郎が就任し、相生側も経営に関わった。満鉄は専務取締役に埠頭業務が長い高尾秀市を、取締役に埠頭事務庶務課長足立直太郎、同前工務課長代理野中秀次、鉄道部経理課参事加藤友治、元埠頭事務所海運課長吉富金一、鉄道部庶務課長酒井清兵衛を、監査役に鉄道部営業課長兼埠頭事務所長市川数造を派遣し経営を掌握した。福昌華工は相生側の既得利権を切り崩すのは難しいため、大連港荷役と営口駅荷役の作業に限定した[17]。他方、相生由太郎は1929年5月23日に株式会社福昌公司を設立し（本店大連、資本金1百万円払込）、法人化して事業拡大を目指した[18]。

　1917年に満鉄が鞍山に製鋼所設立を打ち出し、同地に宿舎建設方針を示した。同地における満鉄従業員用の家屋建設・賃貸を目的として、同年5月に東京建物株式会社（1896年8月8日設立、10月1日開業）は「鞍山建物会社」設立に動き、その後「満洲企業会社」設立に計画を変更した。満鉄は東京建物と協議し、鞍山駅周辺の宿舎を建物会社に建設させる方針を示し[19]、東京建物は1917年8月18日

に満洲興業株式会社を設立した（本店大連、資本金5百万円4分の1払込）。東京建物は50％を出資し、安田保善社も大株主になった[20]。社長安田善三郎（東京建物会長）、取締役に大橋新太郎のほか相生由太郎、加藤定吉（外地事業家）、監査役に佐藤至誠、皆川広量（植民地事業家）が並び、安田系資金を中心に株式会社大橋本店と植民地事業家が参画した。満洲興業は大連奉天で住宅を建設し満鉄に代用宿舎として賃貸し、鞍山支店事業にも注力し、1921年3月1日に鞍山に本店を移転し同地事業に傾注する体制としたが、鞍山事業は不振となった[21]。1918年8月18日に遼陽鞍山信託株式会社が設立された（本店遼陽、支店鞍山、資本金100千円25千円払込、社長西村多三郎）。同社は1920年6月期に500千円200千円払込に増資したが[22]、支配人西山昌作の不正行為が表面化して信頼を失墜した[23]。同社とは別に鞍山の賃貸不動産市場強化のため、1919年7月には「鞍山建物会社」（資本金800千円）の設立が提案されていた[24]。この計画は先の東京建物の計画とは異なり資本金から見て鞍山不動産信託設立案である。1921年5月には鞍山銀行（1920年2月設立）、南満銀行（1920年1月設立、本店大連）、大連銀行（1912年12月25日設立）、遼陽鞍山信託鞍山支店を中心に発起され、資本金4百万円半額払込の不動産信託会社設立計画として満鉄に支援を求めた[25]。この会社設立案に東拓も賛同し満鉄も支援の融資を約束した。ただし東拓は出資しなかった。1921年10月26日に鞍山不動産信託株式会社が設立された（資本金800千円払込）。満鉄は1千円のみ出資した。専務取締役に満鉄鞍山製鉄所勤務の香取真策を転籍させ就任させた[26]。鞍山不動産信託は遼陽鞍山信託の事業を承継した[27]。鞍山不動産信託は同社債務者に対し家屋評価額の4割を強制的に株式に転換させ、債務に対し年7％の利子負担を求め、債権者に対しては満鉄からの融資で支払うものとした。これは現金出資のなされない会社設立スキームであり、鞍山不動産市場を救済する趣旨から見て問題との報道がなされた[28]。鞍山不動産信託は鞍山製鉄所事業の縮小の影響を受け経営困難に陥り、満鉄は経営監視のため1926年12月期後に監査役に金丸富八郎を派遣した[29]。満鉄は1927年11月の期限で420千円を融資して支援したが鞍山不動産信託は不振を続けた。満鉄は融資を据え置くことで不良資産化が予想できたため、同年に融資残高と未収利子の合計426.3千円の資産を株式転換し、併せて減資させ資本金1百万円払込、50千株（1株20円）となり、

満鉄は42.63％21,315株を取得した（南満洲鉄道［1928］1008頁）。併せて取締役に鞍山地方事務所長林清勝を兼務派遣し、撫順炭礦勤務で退職した平井誉次郎を就任させ経営を掌握したが[30]。その後も同社の操業は芳しいものではなかった。

3．メディア産業等

満鉄は1913年11月26日設立の株式会社満洲日日新聞社（本店大連、資本金750千円払込）の全株を保有し支配下に入れメディアのみならず出版部門としても利用していた。満洲各地の日本人居住者の増大に対処させ、1922年11月1日設立の株式会社哈爾濱日日新聞社（資本金200千円払込）に設立時に5％10千円を出資した。その後、株式を買収し75％出資に引き上げた。1925年11月20日設立の株式会社盛京時報社（本店奉天、250千円払込）の57.1％142,750円を出資した。漢字紙盛京時報は1906年10月3日創刊である。その法人化に伴い満鉄が支配下に入れた[31]。盛京は奉天の別称である。哈爾濱日日新聞社の出資75％に引き上げた時期は盛京時報社設立より後の時期と推定する。1927年盛京時報社の専務取締役に満鉄が長春運輸の専務取締役に押し込んだ染谷保蔵を起用し、取締役に経理部会計課長白浜多次郎、文書課長木村通を兼務派遣し、監査役に元満鉄職員金丸富八郎を就任させ経営を掌握した[32]。これら事業は必ずしも利益が期待できるわけではなく、地域メディア育成の資金支援である。満洲最大の新聞社の満洲日日新聞社は1927年11月1日に株式会社満洲日報社に商号変更し、新聞名は『満洲日報』に改称した[33]。

満鉄は国際通信事業を営む会社の設立を支援した。1914年3月25日設立の合資会社国際通信社（本店、資本金100千円、代表樺山愛輔）が、1920年7月29日に国際通信株式会社（本店東京、資本金200千円払込（2千株））に改組された（共同通信社［1996b］11-13頁）。小規模事業者であったが満鉄は7.5％150株7,500円を出資した。出資者は樺山愛輔160株、以下、日本郵船株式会社、日本銀行内井上準之助、横浜正金銀行内児玉謙次、串田万蔵（三菱銀行）ほか各150株、渋沢栄一100株、松方幸次郎、藤田平太郎（合名会社藤田組）、大阪商船各60株、朝鮮銀行ほか各30株という構成で[34]、日本からの情報発信の意義を認めた渋沢が株式募集に尽力した（共同通信社［1996a］712-713頁）。有力企業・有力者による

出資により設立され将来が期待された企業といえた。日本銀行と横浜正金銀行は事業法人に出資しないため、個人名義で出資した。1924年3月期総資産341千円で、日本、中国、アメリカ、英国等に24の支局を配置していた。ただし日本の1927年時点で国際通信業務は株式会社日本電報通信社（1906年10月11日設立、本店東京、資本金1百万円630千円払込）が植民地・満洲・中国関内のみならずニューヨーク、ロンドンにも支局を設置し先行しており[35]、同社に対抗させる新しい通信社の設置を企画したものといえよう。事務所と人員のみの初期投資負担の軽い事業であるが、短期間で先行者を上回る業績を実現するのは困難である。国際通信は経営を外国人に任せたことによる意思疎通の悪さや資本金規模が零細なため事業展開が遅れ期待を下回った。1926年1月に国際通信は大手新聞社に新通信社設立による共同経営を提案し、日本新聞聯合社が1926年5月1日に設立され（本店東京）、国際通信は事業譲渡して解散した[36]。

1929年1月10日に匿名組合登瀛閣が設立され（本店大連、出資金25千円）。満鉄は登瀛閣に15千円を出資した。登瀛閣は小村公園内で満鉄の宴会の便宜を図り、一般中華料理店を経営した[37]。満鉄は朝鮮官営鉄道の操業を受託しており、その関連で1923年5月28日に朝鮮元山にある元山海水浴株式会社が設立される際に融資した。元山海水浴はホテル・別荘の運営を業としていた。翌年増資の際に融資を出資に振替え現金出資を追加し、満鉄が3分の2を取得し支配下に置いた[38]。満鉄は経理部会計課長白浜多次郎を監査役に兼務派遣し経営監視させた[39]。

1) 東亜勧業については東亜勧業［1933］参照。同社の土地取得を巡る紛議は良く知られており、多くの先行研究があるため、その内容を省略する。江夏［2003］、［2004］ほか。
2) 東亜勧業株式会社『第7期営業報告書』1929年3月期、2-3頁。田辺敏行は1878年7月生、1906年東京帝国大学法科大学卒、1907年3月満鉄採用、1918年1月15理事長室監査課長、1919年7月16日社長室人事課長、1922年1月7日地方部長、1927年9月17日～1929年10月10日理事、その後大連自動車株式会社（1931年5月4日設立）、遼東モータース株式会社（1933年12月10日設立、本店大連）各社長（『満洲紳士録』1943年版、992頁、満鉄会［1992］37、43、57、65頁、『満銀年鑑』1936年版、121、319頁）。
3) 東亜勧業株式会社『第8期営業報告書』1930年3月期、3頁。

4） 同『第9期営業報告書』1931年3月期、4頁。花井脩治は1888年1月生、1909年満鉄採用、1922年12月1日地方部本渓湖地方事務所長、1925年4月1日地方部鞍山地方事務所長、1926年3月17日地方部長春地方事務所長、1930年5月24日東亜勧業専務取締役、1937年8月31日満洲拓殖公社理事、1939年6月1日満洲土地開発株式会社理事長（『満洲紳士録』1943年版、1202-1203頁、満鉄会［1992］57、66頁、『満銀年鑑』1938年版、632頁）。

5）『大連農事株式会社株主名簿』1930年3月31日現在。

6） 大連農事株式会社『第1期営業報告書』1930年3月期、1-2頁。栃内壬午郎については第3章参照。千葉豊治は1881年12月生、早稲田大学政経科卒、1906年東京毎日新聞通信委員として渡米、カリフォルニア大学で学び、1909年加州中央農会専務理事、1922年帰国、満鉄嘱託、亜細亜貿易株式会社（1935年5月21日設立、本店大連）取締役（『大衆人事録』1943年版、関東州28頁、『満銀年鑑』1936年版、124頁）。松島鑑は1886年7月21日生、1913年東北帝国大学農科大学卒、満鉄採用、興業部農務課長、大連農事、東亜勧業各取締役、1931年関東軍嘱託統治部産業課長、1932年満洲国実業部参事官、農鉱司長兼実業部総務司長、農林司長、鉱務司長、1934年農務司長、日満緬羊協会理事、農林技術員養成所長、1937年退職、満洲特産中央会専務理事、1941年8月興農合作社中央会理事長、満洲麻袋株式会社代表取締役、満洲豆稈パルプ株式会社取締役、満洲大豆化学工業株式会社監事（『大衆人事録』1943年版、満洲270頁）。

7） 大連農事株式会社『第2期営業報告書』1931年3月期、1-3、9-14頁。

8） 東亜土木企業株式会社『第1期営業報告書』1920年12月期の役員一覧が欠落しているため、同『第2期営業報告書』1921年12月期を利用した。なお南満洲鉄道［1928］1005頁は設立を1921年9月とする。有賀定吉と大連建材については『庁報』44号、1919年6月30日。同社は1925年5月23日解散（『庁報』1139号、1925年11月26日）。志岐信太郎と満洲不動産信託については『庁報』86号、1919年9月3日。志岐は朝鮮事業家でもある（柴田［2013a］第1章・第2章参照）。

9）『関係会社年報』1938年版、1221頁。

10） 東亜土木企業株式会社『第3期営業報告書』1922年12月期、2頁、満鉄会［1992］55頁。

11） 東亜土木企業株式会社『第5期営業報告書』1923年12月期。

12） 同『第8期営業報告書』1925年12月期、2頁。

13） 同『第9期営業報告書』1926年12月期、4頁、南満洲鉄道調査部［1939］128-129頁。該期に44,800株が移動しており、満鉄は中日実業・東拓のみならず他の出資者から買い集めたと判断した。

14）『第57回帝国議会説明資料』1928年12月。

15) 東亜土木企業株式会社『第8期営業報告書』1927年12月期、2頁。
16) 篠崎［1932］194頁、『第62回帝国議会資料』1932年5月。柳沢［2008］175頁は満鉄出資を55.5％1百万円とし残る株式が相生由太郎所有となったと解説する。
17) 南満洲鉄道［1928］966頁、『満鉄沿線商工概覧』1928年版、141頁。高尾秀市は1919年採用（笠原［1922］256頁）。この典拠では「秀一」。吉富金一は1911年採用（笠原［1922］245頁）。酒井清兵衛は1908年採用（笠原［1922］408頁）。満鉄の職位については満鉄会［1992］63、64頁。
18) 『満銀年鑑』1935年版、118頁、篠崎［1932］参照。
19) 『満洲日日新聞』1917年5月19日。
20) 『府報』1041号、1917年9月11日、東京建物［1968］18頁。この社史では設立時から本店鞍山とする。
21) 『府報』1041号、1917年9月11日、『庁報』354号、1921年3月16日。『満洲会社興信録』1922年版、310頁。1919年9月16日に半額払込後（『庁報』128号、1919年11月18日）、資本金は変動せず、1935年株主構成は100千株中、東京建物40千株、安田保善社9,600株、大橋本店900株他であり、役員株を含め安田系が過半を保有していた（『満銀年鑑』1935年版、353頁）。満洲興業は1937年3月に東京建物吸収合併され、1937年11月13日設立の康徳不動産株式会社（本店鞍山）に分離された（東京建物［1968］120頁）。吉川［2007a］には東京建物系3社の解説がない。
22) 遼陽鞍山信託株式会社『第5期営業報告書』1920年12月期（満鉄資料館25982）では200千円払込となっているが、増資決議がなされていないため同年6月期と判断。1920年12月期で総資産1,391千円。
23) 西山昌作支配人在任は前掲『第5期営業報告書』。西山は1921年7月4日辞任。1921年12月期より遼陽鞍山信託は損失計上に転落（同『第7期営業報告書』1921年12月期（満鉄資料館25993）、『満洲会社興信録』1922年版、309頁）。
24) 『満洲日日新聞』1919年7月15日。
25) 『満洲日日新聞』1921年5月8日。
26) 『帝国銀行会社要録』1922年版、満洲32頁。香取真策は1907年満鉄採用、1919年辞職（笠原［1922］236頁）。
27) 前掲遼陽鞍山信託『第7期営業報告書』。
28) 『満洲日日新聞』1921年11月2日。
29) 『帝国銀行会社要録』1927年版、満洲24頁。鞍山不動産信託は12月期決算のためその後の総会で就任と判定。
30) 『帝国銀行会社要録』1928年版、満洲24頁。林清勝は1918年満鉄採用、1926年3月17日鞍山地方事務所長（笠原［1922］163頁、満鉄会［1992］66頁）。平井誉次郎は1907年満鉄採用、1916年辞職（笠原［1922］445頁）。

31) 関東庁［1926］893頁。南満洲鉄道［1928］にはこの両社株式取得に言及がない。蘇［1990］にも同様に掲載がない。
32) 『帝国銀行会社要録』1927年版、満洲28-29頁、満鉄会［1992］62、68頁。同時期の哈爾濱日日新聞社の役員に満鉄派遣者が確認できない。木村通は1910年東京帝国大学法科大学卒、満鉄採用、1926年3月8日文書課長、1927年10月23日人事課長、1932年2月21日殖産部長、鮮満拓殖株式会社理事、満洲土地開発株式会社理事（『大衆人事録』1943年、満洲98頁、満鉄会［1992］62、77頁）。
33) 『満洲日報』1927年11月1日。満洲のマスメディアについては吉川［2007c］が詳しい。
34) 国際通信株式会社『第3期営業報告書』1923年3月期。日本銀行と横浜正金銀行は株式出資を好まないため、総裁・頭取名義で取得した。
35) 『帝国銀行会社要録』1927年版、東京50頁。日本電報通信社設立年月は共同通信社［1996b］9頁。
36) 共同通信社［1996b］15頁。1915年10月1日設立の東方通信社（本店上海、1920年8月1日東京移転）が国際通信を合併し事業譲渡したかの記載となっているが、東方通信社の存在を傍証できない（共同通信社［1996a］715-716頁、［1996b］11-15頁）。蘇［1990］に国際通信の説明がない。
37) 『関係会社年報』1938年版、1103、1105頁。
38) 同前1211-1213頁。柳沢［2008］187頁で、満鉄の分類を受け入れて元山海水浴を「満蒙における産業助成」に分類しているが、朝鮮は「満蒙」ではない。資料批判が必要であろう。
39) 『帝国銀行会社要録』1926年版、朝鮮40頁、満鉄会［1992］68頁。

第8節　中間持株会社

　1920年代にも満鉄連結子会社で中間持株会社化した事例があるため、その内容をここでまとめておこう。南満洲電気と東拓から株式の譲渡受けた東亜勧業の2社である。国際運輸も複数の会社に出資したが長期保有会社は50％未満であるため持株会社と認定できず言及を省略する（第5章）。
　南満洲電気設立により満鉄が電力事業者株式を譲渡する手はずとなっており、さらに南満洲電気は満洲各地の日本経営の電力事業の買収にも注力し、併せて都市交通事業にも分野を広げた。すなわち事業持株会社として規模の拡大を図った。

表4-6　南満洲電気の満鉄保有電力会社株式取得

(単位:株、円、％)

商　号	設立年月日		総株数	譲渡株数	1株当払込金額	払込額	額面	持株比率
四平街電灯(株)	1917.4.24	旧株 新株 合計	1,000 6,000 7,000	550 3,500 4,050	50 12.5	27,500 43,750 71,250	50,000 75,000 125,000	57.8
公主嶺電灯(株)	1916.8.10	旧株 新株 合計	1,000 4,000 5,000	550 1,950 2,500	50 12.5	27,500 24,375 51,875	50,000 50,000 100,000	50.0
遼陽電灯公司	1911.10.14		2,000	1,000	100	100,000	200,000	50.0
鉄嶺電灯局	1910.11.13		1,500	1,445	100	144,500	150,000	96.3
瓦房店電灯(株)	1914.10.15		1,000	550	37.5	20,625	37,500	55.0
大石橋電灯(株)	1916.7.25		1,000	550	37.5	20,625	37,500	55.0
范家屯電気(株)	1920.11.11		1,000	120	25	3,000	25,000	12.0
合　計			18,500	10,215		411,875		

出所:『満洲日日新聞』1927年2月25日。

　南満洲電気は1926年10月に関東庁直営の旅順電気と金州電気の事業譲渡を関東庁と交渉したが、譲渡価格で懸隔があり決着がつかなかった[1]。同社は1926年11月9日に関東庁より営口水道電気の経営する鞍山営業所買収の認可を得て、10月1日に遡及して取得し経営を開始した。鞍山製鉄所等の電力需要に応じるものである。営口水道電気はこの譲渡所得で満鉄借入金を償還した。さらに海城電灯株式会社（1923年12月設立、本店海城、資本金125千円32.25千円払込）の合併を関東庁に申請し[2]、1926年12月13日に許可を得た。その後の2、3日中に事業譲渡を得て海城支店として営業を開始した[3]。買収金額は50千円である。正式合併と海城電灯の解散の決議は同月中に実施され[4]、翌年3月5日に海城電灯は解散した。

　南満洲電気は1927年2月24日に満鉄保有の沿線電力会社7社株式の買受を申請し（表4-6）、四平街電灯、公主嶺電灯、遼陽電灯、鉄嶺電灯局、瓦房店電灯、大石橋電気、范家屯電気の株式合計10.2千株を買収した。買受額は払込資本金額411,875円である。このうち范家屯電気のみ満鉄出資率は12％という低率であるが、ほかは50％以上出資のため、買収後は南満洲電気が范家屯電気以外を支配下に置くこととなる。1927年3月7日に譲渡契約が締結され満鉄は即日譲渡し、併せて満鉄の瓦房店電灯、鉄嶺電灯局、四平街電灯、公主嶺電灯及び范家屯電気に対す

表4-7 南満洲電気貸借対照表

(単位:千円)

	1926.9期	1927.3期	1928.3期	1929.3期	1930.3期	1931.3期
未払込資本金	3,000	3,000	3,000	3,000	3,000	3,000
興業費	19,408	19,797	19,402	19,776	20,300	22,787
貸金	—	430	459	419	401	251
有価証券	—	313	590	787	792	968
貯蔵品現預金等流動資産	—	2,849	3,338	2,453	2,349	1,868
雑勘定	411	339	370	1,206	1,734	546
合計	23,535	26,730	24,162	24,672	28,577	29,422
未払込資本金控除総資産	20,535	23,730	21,162	21,672	25,577	26,422
(負債)						
社員身元保証金	42	141	319	500	680	878
借入金	—	—	—	—	—	900
短期債務	810	57	725	727	1,274	924
仮受金	20	31	6	56	118	82
資本金	25,000	25,000	22,000	22,000	25,000	25,000
諸積立金	—	33	215	356	503	651
繰越益金	—	2	34	38	25	20
当期利益金	661	964	861	963	974	964
合計	23,535	26,730	24,162	24,672	28,544	29,422

出所:南満洲電気(株)『営業報告書』(各期)、『満洲日日新聞』1926年11月30日、1927年5月29日。

る融資合計430,754円も譲渡した[5]。1927年3月期南満洲電気の資産に新たに有価証券313千円、貸金430千円が計上された(表4-7)。この両者合計743千円を総資産23,730千円で除した3%が中間持株会社化した当初の南満洲電気の関係会社投資比率であった。南満洲電気の事業資産規模が大きいため低率に止まった。支配下に置いた電力法人の資産が判明するのは1927年3月期で瓦房店電灯154千円、大石橋電灯94千円という事業規模に止まった(表4-8)。ほかの株式譲渡を受けた会社資産は不詳である。

この買収後に満洲に残る日系電力事業は、満洲電気株式会社(1914年3月30日設立、本店開原、資本金500千円237.5千円払込)、普蘭店電灯株式会社(1921年1月12日設立、資本金150千円37.5千円払込)、貔子窩電灯(1919年9月25日設立、合弁法人、資本金55千円払込)、官営の旅順・金州の電力事業、本渓湖煤鉄公司の直営、撫順の満鉄直営、営口水道電気の8事業である。

才賀電機商会が手掛けた開原の電力事業が同商会破綻で頓挫し、それを日本興

業株式会社（1913年4月設立、本店大阪、資本金4百万円3,410千円払込、電力鉄道投資を主業）が承継し、満洲電気株式会社を設立した。当初本店を大連に置いたが1914年9月15日に開原に移転した。同年10月25日に営業を開始した。1918年2月20日に第2回払込を終えたが、同年7月に野村系の満蒙証券株式会社（1920年3月設立、本店大連）社長柴山鷲雄が取締役に就任したことで大阪野村銀行（1918年5月15日設立）の経営支配下に移った[6]。野村系保有株式の譲渡では価格で折り合えるか不明と観測された。残る貔子窩電灯は大連北川工務所（自営業、1928年4月10日、合資会社北川電気工務所設立、本店大連、資本金30千円、代表社員北川芳洲）が主として経営してきた。普蘭店電灯と貔子窩電灯は合併の可能性があると見られていた[7]。その後、南満洲電気は満洲電気の株式譲渡交渉の結果、1927年12月17日に野村合名会社（1922年3月設立、本店大阪）から10千株中、過半の5,020千株を買収し支配下に入れた[8]。それに伴い1928年3月期判明する3社総資産合計738千円となったが南満洲電気総資産の3％程度で続いた。1929年には満洲電気に南満洲電気専務取締役高橋仁一を兼務で取締役に派遣し経営監視していた[9]。満洲電気は1930年1月28日に開原電気株式会社に商号変更した[10]。開原電気・満洲電気は1927年12月期で総資産437千円、借入金10千円、当期利益30千円を計上し、確認できる1926年6月期から商号変更後の1931年3月期まで利益を続けていた（南満洲鉄道［1937b］）。南満洲電気が買収しなかった貔子窩電灯は1927年11月1日に、普蘭店電灯は1928年1月に関東庁に事業譲渡し解散した（関東局［1936］1070-1071頁）。

　南満洲電気は1927年5月23日に35台の自動車を用いロシア町波止場から大連神社まで1日13回等の輸送を行う計画を表明し、さらに第二期計画として事業を拡張する計画を関東庁に申請した。この計画は大連の人力車夫1,040名と馬車夫705名にとって大なる脅威となり、死活問題だとして人力馬車組合は同日23日に当局に対し救済を求めたが[11]、同社は計画通りに自動車事業の拡張を続けた。同社とは別に旅大自動車株式会社（1925年2月28日設立、本店旅順、資本金160千円4分の1払込）は関東庁より補助金を受給し旅順大連間の乗合自動車と市内乗合自動車を運行していたが操業不振のため、関東庁の斡旋で南満洲電気に譲渡する契約を締結し6月17日に解散した[12]。

表 4-8　南満洲電気

	設立日	本店	1927.3期	1928.3期	1929.3期	1930.3期
鉄嶺電灯局	1910.11.13	鉄嶺	…	…	369	452
遼陽電灯公司	1913.10.14	遼陽	…	…	333	…
瓦房店電灯(株)	1914.10.15	瓦房店	154	192	156	155
公主嶺電灯(株)	1916.8.10	公主嶺	…	…	229	…
大石橋電灯(株)	1916.7.25	大石橋	94	109	126	142
四平街電灯(株)	1917.4.24	四平街	…	…	250	…
満洲電気(株)→開原電気(株)	1914.3.30	開原	―	437	444	475
新義州電気(株)	1913.6.14	新義州	―	―	751	751
合　計			249	738	2,661	1,977

注：四平街電灯、公主嶺電灯、遼陽電灯公司は不詳。
出所：新義州電気［1936］、南満洲鉄道産業部［1936b］、満洲日報社『満蒙銀行会社要覧』1929年版、南満洲電気(株)『営

　南満洲電気は1928年9月18日に満鮮殖産電気株式会社（1923年3月設立、本店平安北道義州郡光城、資本金500千円4分の1払込、王子製紙系）ほかから新義州電気株式会社（1913年6月14日設立、資本金700千円325千円払込）の株式67.5％を取得し支配下に入れた。南満洲電気は安東・新義州間の海底送電線を敷設しており、王子製紙新義州工場に送電する大口契約を獲得した[13]、鴨緑江対岸の売電窓口会社として新義州電気を用いた。この朝鮮投資について関東庁の指示がなされたかについては不詳である。南満洲電気は1928年10月10日に常務取締役の高橋仁一を新義州電気取締役に兼務派遣し経営監視させた（新義州電気［1936］165頁、附録30頁）。1929年3月期資産判明8社合計2,661千円は南満洲電気総資産の12.2％に達する。この数値が支配子会社資産規模を最も良く示すものであろう。1930年3月期総資産判明5社合計1,977千円は7％を超えていた。判明しない南満洲電気傘下会社を合計しても12％を大きく超える数値とはならないはずである。新義州電気は1931年2月28日に満鮮殖産電気の事業譲渡を受け、1932年3月14日に定州電気株式会社（1925年3月30日設立）を合併し、1933年12月に宜川電気株式会社（1925年10月25日設立）の事業譲渡を受ける決議をして事業拡張を続け、鴨緑江対岸の有力事業者に成長していった（新義州電気［1936］58-69頁）。
　東亜勧業は拓殖業務として先述の満蒙冷蔵に50％出資を行い、そのほかの会社にも過半出資を行っており、小規模ではあるが中間持株会社化した（表4-9）。

第4章　1920年代南満洲鉄道系企業集団　247

関係会社総資産（1）

(単位：千円)

1931.3期	1932.3期	備　考
…	…	1929.3期は前年9月期
…	…	1929.3期は前年9月期
163	179	1929.3期は前年9月期
…	…	1929.3期は前年9月期
150	153	
…	…	
464	474	1927.12.27野村合名より取得、1930.1.28商号変更、1930.3期まで前年12月期
798	895	1928.9.18取得、前年12月期
1,562	1,703	

業報告書』（各期）。

　ただし満鉄が東亜勧業株式を1927年度に東拓から取得し95％出資とし支配下に置く前は東拓が過半出資であり、その間は東拓系中間持株会社の位置づけとなる。1930年3月期で株式会社協済公司（1922年4月3日設立、本店奉天、資本金1百万円4分の1払込）、満洲蚕糸株式会社（1926年9月15日設立、本店旅順、資本金1百万円4分の1払込）、葛原冷蔵株式会社（1923年12月設立、本店東京、資本金20百万円払込）及び満蒙冷蔵に出資した。葛原冷蔵は倒産、満蒙冷蔵も休業するに至った。このうちの協済公司は農業資金融資を主業とした。1928年3月期で東亜勧業13,360株と代表取締役栗田作四郎（東亜勧業）3,230株で合計82.95％を出資した。そのほか監査役錦織是喜代（東亜勧業）も保有しているため比率はさらに上昇する。協済公司の1928年3月期総資産は287千円であった[14]。同社は1936年版『満洲銀行会社年鑑』から掲載がない。東亜勧業が解散する方針となったため、併せて解散したようである。東亜勧業は関東州で桑園を保有し養蚕に参入していたが、製糸業の経験が乏しいため、1926年9月15日に満洲蚕糸株式会社を設立し（本店旅順、資本金1百万円4分の1払込）、同社に40％出資し桑園等を譲渡した。満洲蚕糸に対し日華蚕糸株式会社（1920年6月7日設立、本店上海）が60％を出資し経営を担った[15]。日華蚕糸は東亜蚕糸組合の事業を承継し、中国おける蚕糸集荷を目的として設立され、満洲蚕糸設立時点ではすでに片倉製糸紡績株式会社（1920年3月23日設立、本店東京）の支配下に置かれていた。日華蚕

表 4-9　東亜勧業関係会社出資

(単位:千円)

	設立年月日	本店	払込資本金	東亜勧業出資	備　　考
満蒙冷蔵(株)	1922.6.1	大連	250	125	満鉄0.5%出資、1926休業
(株)協済公司	1922.4.3	奉天	250	217	金融業
葛原冷蔵(株) →東洋冷蔵(株)	1923.12.—	東京	20,000	250	1924.3取得、1926.3商号変更、 1930年度休業
満洲蚕糸(株)	1926.9.15	旅順	250	100	片倉製糸紡績系日華蚕糸60%出資

出所：東亜勧業株式会社『営業報告書』（各期）、『満洲銀行会社年鑑』1935年版、『帝国銀行会社要録』1926年版。

糸は華中のみならず山東省でも蚕糸集荷を展開し、子会社に山東省の葉煙草集荷も担当させていた（柴田［2013a］第4章参照）。日華蚕糸は満洲蚕糸に代表取締役今井五介（片倉製糸紡績）、取締役に鈴木格三郎（同）、片倉武雄（同）を送り込み経営を支配し、東亜勧業は監査役錦織是喜代を送り経営監視するに止まった[16]。満洲蚕糸の1927年3月期総資産448千円の事業規模に過ぎなかった[17]。東洋冷蔵と満蒙冷蔵は不振のまま休業状態に陥っていた。

1) 『満洲日日新聞』1926年10月13日。
2) 『満洲日日新聞』1926年11月11日。海城電灯については南満洲鉄道庶務部調査課［1928］。
3) 『満洲日日新聞』1926年12月17日。
4) 『満洲日日新聞』1926年10月19日。
5) 『満洲日日新聞』1927年3月9日。
6) 南満洲電気［1930］385-388頁、『満洲日日新聞』1927年2月25日、『満洲会社興信録』1922年版、375頁、『帝国銀行会社要録』1915年版、大阪21頁。満蒙証券については柴田［2013c］参照。
7) 北川電気工務所については『満銀年鑑』1935年版、309、439頁。普蘭店電灯については南満洲鉄道庶務部調査課［1928］。普蘭店電灯は設立時資本金300千円4分の1払込であったが、1925年10月24日に半額に減資しており操業は順調ではなかった（『庁報』332号、1921年1月28日、1134号、1925年11月11日）。貔子窩電灯の代表取締役は北川芳洲（『庁報』108号、1919年10月11日）。
8) 南満洲電気株式会社『第4期営業報告書』1928年3月期、17頁。南満洲電気［1930］388頁は譲渡日を1927年12月11日とする。疋田・須永［2007］412頁では「満州開原電気」が設立されたとする。『満洲会社興信録』1922年版、427頁でも満洲電気である。大阪野村銀行から野村合名に譲渡した時期は特定できない。

第4章　1920年代南満洲鉄道系企業集団　249

9）『満洲商工概覧』1930年版、352頁。
10）南満洲電気株式会社『第8期営業報告書』1930年3月期、25頁。
11）『満洲日日新聞』1927年5月24日。
12）『満洲日日新聞』1927年6月7日。南満洲鉄道庶務部調査課［1928］。旅大自動車については『庁報』1037号、1925年4月9日、90号、1927年7月6日。
13）南満洲電気株式会社『第5期営業報告書』1929年3月期、20、28頁。満鮮殖産電気については京城商工会議所『朝鮮会社表』1931年版、112頁。新義州電気については新義州電気［1936］参照。
14）『満蒙銀行会社要覧』1929年版、95-96頁。
15）東亜勧業株式会社『第5期営業報告書』1927年3月期、5頁、『庁報』1271号、1926年10年4日。株主構成と資産額は『満蒙銀行会社要覧』1929年版、95-96頁。
16）『満洲商工概覧』1930年版、459頁。
17）『満蒙銀行会社要覧』1929年版、70頁。

おわりに

　満鉄は1920年代に多数の会社に新規出資した。46社の新規出資先をみたが1920年代に解散もかなり発生しており、1930年3月期期で60社を超える出資となっていた。第1次大戦終結前期にくらべ社数のみならず出資額は格段に多額となり、大規模法人が増えた。その最大の要因は巨大な直営事業を抱え込んでいた満鉄本体部門の分社化を進めたことにある。第1次大戦後の不況期には、満鉄も事業全体を見直す必要があり、その中で満洲船渠、南満洲瓦斯、大連窯業、南満洲電気、昭和製鋼所、南満洲旅館を分社化した。本体事業とは関係の薄い事業や研究開発を続け単独経営が可能な状況に到達した事業を切り離し別会社に移した。この措置は満鉄経営の陸運・大連港・撫順炭礦といった中心的事業に経営資源を振り向け、周辺事業は関係会社に任せるという企業集団戦略が採用されたことを意味する。また陸運小運送事業の国際運輸を支配子会社として設立し鉄道輸送の本業の周辺に位置づけて、同社を使った陸運の一体的強化に乗り出した。これにより満鉄企業集団は一挙に膨れあがった。
　とりわけ南満洲電気には営口水道電気を除く満鉄出資の沿線の電力会社株式を

譲渡し、中間持株会社化させ、小規模事業への直接的な経営介入の負担を回避できる体制とした。それは関係会社資本金規模で傍証できる。ほかにも東拓の経営を肩代わりした後の東亜勧業を中間持株会社として使った。満洲に新たな製造業設立への支援が要請されたため、満洲紡績、昌光硝子等の株式を一部ではあるが引き受けて支援し、経営を日本の有力事業法人に任せた。これは満洲経済の製造業育成策の一環である。幅広い産業政策に資金支援できるのは満鉄と東拓に限られていたが、東拓は1920年代前半で不振に陥り追加投資は困難な状況に陥った。ただし満鉄支援で立ち上がったこれら製造業の操業は1920年代満洲の景気低迷の中で芳しいものではなかった。同様に従前からの関係会社のうち満鉄沿線日本人商業者支援の取引所附属清算業者の取引所信託の多くは取引所と連動して経営は不振を続け、関東庁の指示で満鉄による救済支援を受けて延命できた会社もあれば解散した会社も見られた。さらに満鉄は銀行救済にまで動員され、地場損害保険業者の新設にも手を貸した。満鉄は出資会社を増大させたが、その中には立憲政友会政権と密着したとして総裁・副総裁辞任、副総裁逮捕起訴された東洋炭礦買収もあり、政権との関係に翻弄される局面が見られた。これは満鉄という経営トップ人事が政権に掌握されている政府出資特殊法人会社の一面を象徴していた。

　1920年代期の分社化した事業の規模は大きなものではあったが、昭和製鋼所のように銑鋼一貫製鉄業として立ち上がるまで巨額の資金の投入を続ける必要があり、また補助金付きで分社化した南満洲旅館は結局自立する展望を失い僅か3年で本体に吸収した。分社化のすべてが順調であったわけではない。連結子会社は増大を続け、とりわけ分社化した子会社の事業資産規模は大きく、分社化に伴い現業職員のみならず、かなりの数の中堅人材をスピンアウトさせて経営に当たらせた。また関係会社には役員を兼務派遣し、直接経営に当たらせるか経営監視に当たらせたことで、関係会社への人材投入は増大した。満鉄企業集団の事業規模は成長したが、確認できた連結子会社の総資産を集約して試算した結果、連結総資産は1931年3月期でも満鉄単体の総資産を3.9％押し上げる規模に止まっていた。そのため関係会社投資は満鉄の巨大な事業の中では傍流に近い位置に止まっていたといえよう。

第5章　満洲事変期南満洲鉄道系企業集団

はじめに

　南満洲鉄道株式会社の操業環境は1931年9月18日満洲事変勃発以後に激変した。東三省の関東軍による軍事制圧後、1932年3月1日樹立満洲国は領域的主権国家を主張した。満鉄は満洲国の出現で操業と投資の安定的な環境を得たが、他方、従来にも増して満鉄に対する資金要請は増大した。満洲国のインフラストラクチャーや民間企業投資レヴェルは低く、その急速な底上げのため主要な担い手として過大な期待が寄せられた。もちろん満洲国政府自らが巨大な事業投資機関となり、当初の旧政権事業資産の満洲国への取り込みに始まり、その後の追加的資金投資を続けたが、現実には資金繰りの制約もあり、満洲事変期の経済政策に過剰な介入を行った関東軍が最も期待したのが満鉄であった。満鉄は日本の満洲における最大の利権組織として、また巨額の営業キャッシュ・フローで安定的に営業利益を積み上げ、かつ日本市場で認知された満鉄債発行で財務キャッシュ・フローを維持し、それを投資キャッシュ・フローに充当することにより、満鉄本体及び既存関係会社とは関係の乏しい産業にも積極的に投資した。その結果、満鉄は満洲事変期を通じて事業持株会社の機能を一段と強化した。満洲事変期の始期は満鉄営業年度と対応させ年度内に満洲事変が勃発する1931年度すなわち1931年4月とし、終期は日中戦争勃発後の1937年9月10日「臨時資金調整法」、「輸出入等ニ関スル臨時措置ニ関スル件」（法律）公布により、日本国内戦時体制が構築される時点とする。

　本章は満洲事変満鉄の関係会社投資をその事業持株会社活動として再検討することを課題とする。また多額社債残高を抱えているため、1930年代前半の低金

利の進行の中で収益は悪化した。本業の営業キャッシュ・フローと増資、株式払込徴収と社債発行による財務キャッシュ・フローのみでは殺到する巨額投資要求に不足するため、満鉄は関係会社投資の見直しを行う。既存の株式の一部譲渡等で資金繰りをつけて新規投資に応ずるという投資キャッシュ・フローの回収を行わざるを得なかった。こうした経緯を満鉄の重役会資料で位置づけながら満洲事変期の事業持株会社活動を解明する。

従来の研究でも満鉄の関係会社投資の研究は豊富である。満洲事変期の満鉄の活動に限定しても、花井［2007］では1930年・1937年、1945年一覧表の払込資本金で解説する[1]。柳沢［2008］も1934年と1940年関係会社投資一覧表を作成して紹介する[2]。安冨［1997］は1935年以降の満鉄関係会社投資を自社の評価額を基準に解説する[3]。中国の満鉄研究として最も包括的な蘇［1990］では1937年の一覧表のみを掲載し、主要な関係会社の設立経緯と操業実態を紹介する[4]。そのほか柴田［2011ｂ］で満鉄の1930年代関係会社の新規出資経緯を明らかにしつつ連年の出資残高を整理して検討したのみならず、20％以上出資会社に傾注して総資産残高を検討することで事業持株会社としての企業集団の資産規模を提示した。本章でも満鉄の出資率と払込金額を精査したうえでそれによる株式支配を重視する。満鉄の内部の評価額を重視しない。本章は柴田［2011ｂ］の満洲事変期のみを分離してさらに低率出資関係会社の解説を補強し、関係会社総資産を補強した上で連結総資産を集計し、該期満鉄の関係会社投資とその企業集団の資産ベースの総体的把握を試みるものである。

1) 花井［2007ａ］の関係会社論は３時点での比較を試みているが、紙幅の制約もあり個別関係会社の設立・解散の解説は乏しい。
2) 柳沢［2008］は1934年と1940年の関係会社群の設立と事業を紹介しているが、欠落企業も多く、論述の荒さも否めない。法人国籍と商号に配慮がない。柳沢［2008］を含む岡部［2008ａ］について、柴田［2009ｂ］で論評を加えた。
3) 安冨も法人国籍と商号に配慮がない。安冨［1997ｂ］は満鉄作成の帝国議会説明資料の株式保有統計の評価額数値を用い、1936年９月期から整理して紹介する。満鉄評価額資産は３月期であれば同社貸借対照表と整合する。ただし満鉄株式評価額は払込資本金を大幅に下回る事例も多く、評価額０円も含まれ関係会社の側の払込資本金と整合しない。また帝国議会説明資料が１月開会の帝国議会に向けて準備され

るため、9月末集計数値は満鉄営業期末3月期残高と対応しない。蘇［1990］の関係会社論では、出資ピークの1937年3月期出資一覧表の掲示で解説を加えている。一次資料を駆使した解説は詳しく、有用であるが少額出資会社と日本内本店会社には関心がなく、それらへの説明は乏しい。

第1節　事業と関係会社投資の概要

1．事業概要

　満鉄は1931年9月18日満洲事変勃発とともに、関東軍の兵力輸送等で大きな貢献をした。それを南満洲鉄道［1934］として詳細に記録し事業を誇示している。満洲国樹立後に満洲で新京が政治経済中心地となり、満鉄の業務も1936年10月1日に新京事務局を設置し、満洲国内の幅広い業務を担当させた[1]。満鉄の資産負債で事業を概観しよう（表5-1）。満洲事変勃発で日本の満洲利権の東北軍閥からの圧迫という政治的リスクは霧散した。しかし1930年代の低金利進行の中で、満鉄の既往発行社債の金利負担が重く経営が圧迫された。これは社債発行で長期資金を調達して出資・融資する債券発行機関に共通の難局である。本書でも東洋拓殖株式会社の事例を紹介している（第7章参照）。満鉄は1932年3月期に累積利益を取り崩し、かろうじて利益20百万円を計上するという状況に追い詰められていた。未払込資本金控除総資産（以下、総資産）1,102百万円に対し同利益率1.8％という低率で苦しい状態にあった。しかも満洲事変後に事業範囲が拡大したことにより資金調達を強めざるを得なかった。満洲国樹立とともに東北軍閥政府直営鉄道が満洲国鉄に移管され、満鉄は満洲国鉄の運行を受託した。満洲国鉄の地方路線は設備投資が不備のまま運行してきた路線も多く、また採算も取れない路線も同様に多く、満鉄にとってその整備と運行は大きな負担となった。1933年3月期に未払込資本金徴収と社債発行で資金繰りをつけたが、事業費はむしろ微減し、貸金が159百万円に急増した。これは満洲国政府借款の負担である。1934年3月期には増資によりさらに資金調達を強め貸金と有価証券を増大させた[2]。保有有価証券には日本政府国債を含むが、その多くは関係会社株式である。

表 5-1 南満洲鉄道貸借対照表 (3)

(単位：千円)

	1932.3期	1933.3期	1934.3期	1935.3期	1936.3期	1937.3期
(資産)						
未払込資本金	52,844	27,844	287,792	251,792	215,792	179,792
事業費	758,673	758,428	737,941	777,944	802,940	833,923
有価証券	87,359	88,094	133,365	159,949	199,857	201,290
貸金	69,975	159,273	158,604	218,025	342,778	464,409
流動資産	150,230	140,775	120,797	156,198	183,405	209,472
仮払金等雑勘定	35,826	71,290	174,206	247,292	238,288	220,529
合計	1,154,909	1,245,706	1,612,707	1,811,202	1,983,062	2,109,418
未払込資本控除総資産	1,102,065	1,217,862	1,324,915	1,559,410	1,767,270	1,929,626
(負債)						
社債金	316,052	389,527	377,850	537,625	652,400	777,175
社員身元保証金	41,548	45,057	47,716	51,392	56,954	62,829
短期負債	99,421	62,126	109,797	117,559	168,108	149,069
仮受金	3,398	5,548	18,274	29,115	14,135	14,256
資本金	440,000	440,000	800,000	800,000	800,000	800,000
諸積立金	234,113	236,326	208,800	219,860	229,190	238,680
前年度繰越金		5,832	7,348	9,182	12,649	16,233
本年度利益金	20,375	61,287	42,920	46,467	49,624	50,173
合計	1,154,909	1,245,706	1,612,707	1,811,202	1,983,062	2,109,418
未払込資本金控除対有価証券	0.079	0.072	0.101	0.103	0.113	0.104
未払込資本金控除対 (有価証券＋貸金)	0.143	0.020	0.220	0.244	0.307	0.345
未払込資本金控除総資産利益率	0.018	0.050	0.032	0.030	0.028	0.026
払込資本金利益率	0.053	0.148	0.084	0.085	0.085	0.081

出所：南満洲鉄道(株)『営業報告書』(各期)。

貸金にも一部関係会社融資を含む。1934年3月期に有価証券の総資産に対する比率は初めて10％を超過した。ただし利益は乏しい状態が続いた。低金利が進行する中での既往満鉄社債の金利負担の重さも不振の要因であった。1935年3月期には事業費も微増したが、有価証券と貸金が増大し有価証券比率10.3％、有価証券と貸金を合計した出資融資比率は24.4％に達した。1935年12月に満洲国政府はソ連から北満鉄道を買収し満洲国鉄に繰り入れたため、満鉄が運行する路線はさらに拡大した。1936年3月期には有価証券199百万円、貸金342百万円に増大し、有価証券比率11.3％、有価証券と貸金を合計した出資融資比率は30.7％に増大し満鉄の事業構成が変貌しつつあった。同年6月3日勅令により満鉄社債発行限度上限を公称資本金とする規定を削除し、払込資本金の2倍が限度となり、発行上限が緩和された。1937年3月期有価証券201百万円、貸金464百万円に増大し出資融

資比率は34.5%に達した。この間の総資産も増大を続け1,929百万円に膨れ上がっていたが、総資産利益率は利益が資産ほど伸びないため1933年3月期から1937年3月期まで低下を続けた。この状況を見て満鉄は経営危機にあるとされ改組が提案されるが[3]、その際に政府による介入は避けて通れない。

　この間のトップ人事のみ簡単に紹介しよう。満洲事変勃発前の立憲民政党浜口雄幸内閣が就任させた満鉄総裁仙石貢（1929年8月14日〜1931年6月13日在任）は就任後から体調がすぐれず病気退職したため、後任に元外務大臣内田康哉を送り込み（1931年6月13日〜1932年7月6日在任）、副総裁大平駒槌（1929年8月14日〜1931年6月13日在任）に換え、元三菱合資総理事江口定条を就任させた（1931年6月13日〜1932年4月7日在任）[4]。総裁内田康哉は前外務大臣（1911年8月30日〜1912年12月21日在任、1918年9月29日〜1923年9月2日在任）であり、満洲事変と満洲国樹立に進む激動の時期に対処した。中国政治状況に精通している元外務大臣歴任者として政府との調整能力も高いため適任であったはずである。政権に返り咲いた立憲政友会犬養毅内閣（1931年12月13日〜1932年5月26日）は三菱合資会社総理事を経た立憲民政党系の副総裁江口定条を罷免した。満鉄トップ人事は政府の思惑が色濃く反映するものであった。これに抗議して総裁内田は辞職した。内田は1932年7月6日に斉藤実内閣（1932年5月26日〜1934年7月8日）の外務大臣に就任した（内田康哉伝記編纂委員会［1969］参照）。内田の後任に山本条太郎の再任の動きがあったが、山本は辞退した（山本条太郎翁伝記編纂［1942］年譜20頁）。結局、東京帝国大学教授・貴族院議員の林博太郎が就任した（1932年7月26日〜1935年8月2日在任）。林は鉄道経営や満洲経済利権とは縁のない人物であり[5]、政党の色が薄く実業界からの押し込み競争を回避するような人選といえた。そのため鉄道営業については元鉄道次官の副総裁八田嘉明（1932年4月7日〜1935年9月21日在任）が実務を取り仕切ったはずである（八田［1976］参照）。林の後任総裁に松岡洋介が就任した（1935年8月2日〜1939年3月24日在任）。松岡は外務官僚出身で満鉄理事・副社長・副総裁経験者であり（1932年7月19日〜1929年8月17日副社長・副総裁在任）、副総裁時期に満鉄の対外利権拡張で尽力した。衆議院議員を経て満洲事変後の国際連盟臨時会議における日本代表として同連盟離脱を成し遂げて満鉄総裁として復帰した（松岡洋

右伝記刊行会［1974］参照）。松岡は鉄道事業経営を鉄道官僚出身で前関東軍交通監督部長を経て副総裁に就任した副総裁大村卓一（1935年9月21日～1939年3月24日在任）に任せた[6]。

満洲国出現という新たな事態に対処し、1932年8月8日に関東軍司令官武藤信義が関東長官を兼務し文官の対満洲政策権限を縮小し、陸軍・関東軍側が対満洲政策の介入権限を強めた。併せて武藤は駐満洲国特命全権大使も兼務したことで対満政策の行政機構の多頭制が統合された。日本政府は対満政策の新たな担い手として、1934年12月10日に関東庁に換え関東局を設置した。関東局本庁は新京に置かれ満鉄附属地を直接統治して旅順に関東州行政を所管する関東州庁を置いた。初代関東局長官南次郎は関東軍司令官と駐満洲国大使を兼務し関東軍が絶大な権力を掌握した。同月26日に対満洲政策を統合する趣旨で対満事務局が設置された。同局は関東局と拓務省所管の満鉄を監督した。対満事務総裁に陸軍大臣林銑十郎が兼務で就任したことで、陸軍省と関東軍が権限拡張の梃子として使う組織とみられ、対満事務局の設立に外務省が反対したのみならず関東庁文官・警官が激しく反発したことが知られている（馬場［1983］第8章参照）。対満事務局は対満政策の調整業務に当たり、以後も陸軍大臣が総裁を兼務した。この関東軍の権力の飛躍的強化の中で満鉄も関東軍に密着した。同軍の満洲産業開発計画策定という重大な経済政策の立案に当たりシンクタンクとして1932年12月1日に経済調査会を設置し、人員と資金を投入した。同会は関東軍の下請けの調査立案業務を担当し大活躍した。満洲産業開発計画策定後に同会は1936年10月1日満鉄産業部設置に伴い吸収された（満鉄会［1992］90-111頁）。

満鉄関係会社の監督は監理部が担当したが、1932年12月1日より総務部に移り、さらに1936年10月1日より総裁室監理課に移った（満鉄会［1938］62、84頁）。

2．関係会社投資概要

満鉄は満洲事変期に多数の新規関係会社投資を行い、また既存の関係会社への追加投資も行った。新規関係会社投資を中心に、商号変更・解散・譲渡・有力会社の追加投資を概観しよう（表5-2）。出資以外の貸借関係として満鉄の関係会社融資と関係会社余裕資金の預り金等が件数は少ないが確認できるためそれも併

せて紹介する（表5-3）。以下、満鉄の会計年度に沿って関係会社投資を概観する。

(1931年度)

満洲事変勃発後の1931年度に新規投資関係会社は存在しないが、1931年9月26日に大連汽船株式会社（1915年1月28日設立）が受注不振で経営難に陥っていた満洲船渠株式会社（1923年3月31日設立、本店大連、資本金1.4百万円半額払込、満鉄全額出資）を吸収合併し解散させ、大連汽船が船渠部門を直営した。満鉄が経営不振の船渠事業の再建を大連汽船に任せた。大連汽船は多額余裕金を満鉄に預け入れており、1932年3月期で2,730千円の規模であり、満洲事変期を通じ多額の預け金を続けた。

1932年3月期で出資58社103,027千円、満洲内45社70,184千円、連結子会社34社94,346千円、持分法適用会社10社6,975千円という規模であった。出資上位は1位株式会社昭和製鋼所（1929年7月4日設立、本店京城）25,000千円、2位南満洲電気株式会社（1926年6月1日設立、本店大連）22,000千円、3位大連汽船14,450千円、4位南満洲瓦斯株式会社（1925年7月18日設立、本店大連）9,300千円、5位大連農事株式会社（1929年4月15日設立）5,000千円であり、いずれも満鉄全額出資であった。昭和製鋼所のみ本店を満洲外に置いた。そのため満洲外会社の資本金額32,842千円に反映している。このうち大連汽船は1930年代に日本郵船株式会社、大阪商船株式会社に次ぐ、日本帝国で3番目の規模の海運会社にのし上がっていた。満鉄融資は東亜勧業株式会社（1921年12月10日設立、本店奉天）が多額である。ほか連結子会社8社に融資していた。満鉄は大連汽船、昭和製鋼所、大連農事ほかから預り金を受けていた。昭和製鋼所は払込資本金を実際に設備投資等に投入するまで暫定的に満鉄が預かっているものであり、建設投資の進捗で引き出されてゆく性格のものである。

(1932年度)

1932年度では8月25日に銑鉄共同販売株式会社が設立された（8月31日登記、本店東京、資本金1百万円250千円払込）。同社は昭和製鋼所、日支商弁本渓湖煤

表 5-2　南満洲鉄道

商号 1	設立年月日	本店	1932.3 期	1933.3 期	1934.3 期
営口水道電気(株)→営口水道交通(株)	1906.11.15	営口	1,320	1,320	1,320
中日実業(株)	1913.8.11	東京	60	60	60
(株)満洲日報社	1913.11.26	大連	750	750	750
大連汽船(株)	1915.1.28	大連	14,450	14,450	14,450
渓城鉄道公司	1916.4.18	本渓湖	399	399	399
大連油脂工業(株)	1916.4.26	大連	90	340	340
開原取引所信託(株)	1915.12.10	開原	36	35	35
長春官営取引所信託→新京取引所信託(株)	1916.3.26	長春→新京	128	128	128
長春市場(株)→新京市場(株)	1917.5.16	長春→新京	15	23	25
満洲市場(株)	1917.9.1	奉天	50	60	100
南満鉱業(株)	1918.4.8	大連	194	194	194
大連工業(株)	1918.4.5	大連	127	127	127
撫順市場(株)	1918.5.15	撫順	2	2	2
東亜興業(株)	1909.8.18	東京	30	30	30
満蒙毛織(株)	1918.12.25	奉天	17	20	142
公主嶺取引所信託(株)	1919.8.1	公主嶺	187	187	187
四平街取引所信託(株)	1919.9.1	四平街	62	62	62
朝鮮鉄道(株)	1916.4.29	京城	52	52	52
満鮮坑木(株)	1919.12.21	安東	600	600	600
東亜土木企業(株)	1920.1.10	大連	627	627	627
南満洲製糖(株)	1916.12.15	奉天	220	220	220
湯崗子温泉(株)	1920.4.2	湯崗子	126	126	126
満洲製粉(株)	1906.12.20	東京	21	21	21
日清燐寸(株)	1907.10.24	長春→新京	1	1	1
大興煤鉱有限公司	1914.9.—	撫順	368	368	368
奉天取引所信託(株)	1921.7.29	奉天	250	250	250
鞍山不動産信託(株)	1921.10.26	鞍山	426	426	426
東亜勧業(株)	1921.12.10	奉天	2,391	2,450	2,450
札免採木公司	1922.6.25	哈爾濱	2,000	2,444	2,444
満蒙冷蔵(株)	1922.6.1	大連	1	1	1
大連火災海上保険(株)	1922.7.28	大連	166	166	166
(株)哈爾濱日日新聞社	1922.11.1	哈爾濱	150	150	150
満洲紡績(株)	1923.3.15	遼陽	531	518	610
撫順炭販売(株)	1923.3.20	東京	825	825	825
山東鉱業(株)	1923.5.27	東京→青島	989	990	990
大連製油(株)	1918.9.25	大連	6	6	6
元山海水浴(株)	1923.5.28	元山	100	100	100
開平鉱務有限公司	1900.12.21	ロンドン	1,202	1,202	1,202
昌光硝子(株)	1925.4.17	東京	1,200	1,200	1,200
南満洲瓦斯(株)	1925.7.18	大連	9,300	9,300	9,300
大連窯業(株)	1925.7.15	大連	1,200	600	600
(株)盛京時報社	1925.11.20	奉天	200	200	200
(株)金福鉄路公司	1925.11.10	大連	45	45	45
南満洲電気(株)→大連都市交通(株)	1926.6.1	大連	22,000	22,000	22,000
国際運輸(株)	1926.8.1	大連	1,700	1,700	1,700
福昌華工(株)	1926.10.15	大連	1,800	1,800	1,800
東洋窒素工業(株)	1926.12.1	東京	375	375	375
東亜煙草(株)	1906.11.9	東京	7	7	7
南満洲硝子(株)	1928.11.3	大連	12	12	12
(匿)登瀛閣	1929.1.10	大連	15	15	15
日本精蝋(株)	1929.2.23	大連	2,000	2,000	2,000
復州鉱業(株)	1929.2.13	奉天省復県	197	197	197
大連農事(株)	1929.4.15	大連	5,000	5,000	5,000
日満倉庫(株)	1929.6.1	東京	2,000	2,000	2,000
阪神築港(株)	1929.7.3	神戸	1,000	1,000	1,000
(株)昭和製鋼所	1929.7.4	京城→鞍山	25,000	25,000	60,000
(株)遼東ホテル	1928.9.26	大連	495	454	454
哈爾濱土地建物(株)	1920.5.1	哈爾濱	500	500	500

関係会社出資（3）

（単位：千円）

1935.3期	1936.3期	1937.3期	備考
1,320	1,320	1,320	66%、1935.11.29商号変更
60	60	60	1.2%
750	750	—	100%、満洲弘報協会に譲渡
14,450	14,450	14,450	100%
399	399	399	70%
340	340	340	32%→68%
—	—	—	4.2%、1934.3.21解散
128	128	128	50%、1932.7.29商号変更
25	25	50	50%
150	150	200	50%
419	419	419	51.2%→69%
127	127	127	50.4%
2	2	2	10%
30	30	30	0.25%
142	142	142	5.25%
—	—	—	50%、1934.3.21解散
—	—	—	50%、1934.3.21解散
52	52	52	0.27%
600	600	600	100%
627	627	627	50.2%
259	259	259	2.5%、1934.1.30解散
126	126	126	50.6%
21	21	21	0.52%
—	—	—	1%、1934.12期処分
368	368	—	100%
250	—	—	50%、1936.1.31解散
426	426	426	42.63%
2,450	2,450	2,391	96%、1936.11.16解散
2,444	2,444	2,444	1931.3期は大洋票建、満洲国後に改組として1934.9期資本金を遡及
1	—	—	0.5%、休業中
166	166	166	33.25%
150	150	—	満洲弘報協会に譲渡
610	762	781	25%
825	825	—	55%、1936.10.1解散
990	990	1,259	20%→56%
6	6	6	0.47%、休業中
100	100	100	66.6%
1,202	1,202	1,202	2.5%、ポンド建、取得時円換算額を提示
1,200	1,200	1,200	30%
9,300	10,000	5,013	100%→50%
600	600	600	100%
200	200	—	57.1%、満洲弘報協会に譲渡
45	45	45	2.25%
22,000	22,000	4,400	100%、1936.4.1減資、商号変更
1,700	1,700	1,700	100%
1,800	1,800	1,800	100%
375	375	375	30%
7	7	7	0.065%
50	50	50	16.6%、大連窯業と合計で100%
15	15	15	60%、匿名組合
2,000	2,000	2,000	100%
238	345	345	47.6%、1937.8.28復州鉱業(股)に事業譲渡解散
5,000	5,000	5,000	100%
2,000	8,250	8,250	100%
1,200	1,200	1,200	40%
82,000	82,000	82,000	100%、1933.5.2鞍山移転
424	495	495	50.5%
500	500	500	100%

会社名	設立年月日	所在地			
銑鉄共同販売(株)	1932. 8 .25	東京	—	85	85
満洲航空(株)	1932. 9 .26	奉天	—	1,650	1,650
満洲化学工業(株)	1933. 5 .30	関東州海猫屯	—	—	6,500
満洲電信電話(株)	1933. 8 .31	新京	—	—	872
(股)哈爾濱交易所	1933.10. 1	哈爾濱	—	—	125
(株)マンチュリア・デーリー・ニュース	1933.10.10	大連	—	—	48
日満マグネシウム(株)	1933.10.21	東京	—	—	875
満洲石油(株)	1934. 2 .24	新京	—	—	995
同和自動車工業(株)	1934. 3 .31	奉天	—	—	725
満洲炭礦(株)	1934. 5 . 7	新京	—	—	—
満洲採金(株)	1934. 5 .15	新京			
(株)大満採金公司	1934. 6 .30	新京			
撫順セメント(株)	1934. 7 .18	撫順			
満洲大豆工業(株)	1934. 7 .23	大連			
満洲電業(股)	1934.11. 1	新京			
奉天工業土地(股)	1935. 3 .11	奉天			
満洲鉛鉱(股)	1935. 6 .18	鞍山			
安東市場(株)	1935. 8 .22	安東			
満洲鉱業開発(株)	1935. 8 .22	新京			
満洲火薬販売(股)	1935.11.11	奉天			
(株)興中公司	1935.12.20	大連			
満洲拓殖(株)	1936. 1 . 4	新京			
(株)日仏対満事業公	1936. 2 .25	大連			
満洲林業(株)	1936. 2 .29	新京			
新京屠宰(股)	1936. 4 . 1	新京			
満洲塩業(株)	1936. 4 .27	新京			
満洲曹達(股)	1936. 5 .22	新京			
(株)錦州市場	1934. 6 .18	錦州			
(株)満洲弘報協会	1936. 8 .28	新京			
鮮満拓殖(株)	1936. 9 . 9	京城			
日満商事(股)	1936. 9 .28	新京			
満洲軽金属製造(株)	1936.11.10	撫順			
満洲畜産工業(株)	1936.11.16	新京			
満洲輸入(株)	1935. 6 .28	大連			
満洲鉱業(株)	1937. 6 .23	奉天			
満洲合成燃料(株)	1937. 8 . 6	新京			
(株)満洲映画協会	1937. 8 .21	新京			
復州鉱業(股)	1937. 8 .28	奉天省復県			
満洲拓殖公社	1937. 8 .31	新京	—	—	—
満洲豆稈巴爾普(股)	1937. 9 . 4	開原	—	—	—
合計	社数		58	60	67
	出資額		103,027	104,881	150,277
満洲内	社数		45	46	57
	出資額		70,184	71,954	141,474
うち関東州	社数		16	16	16
	出資額		43,730	43,940	43,988
満洲外	社数		13	14	10
	出資額		32,842	32,927	8,802
連結子会社	社数		34	36	38
	出資額		94,346	94,207	136,624
持分法適用会社	社数		*10*	*10*	*13*
	出資額		*6,975*	*8,967*	*10,826*
その他社	社数		<u>14</u>	<u>14</u>	<u>13</u>
	出資額		<u>1,705</u>	<u>1,707</u>	<u>2,826</u>

注：ボールドは満洲会社、イタリックは持分法適用会社、アンダラインは20%未満出資。
出所：南満洲鉄道 [1928]、[1937]、[1938]、『統計年報』（各年版）、『関係会社年報』1938年版、同議会説明書』1933年12月、『第67回帝国議会説明資料』1934年12月、『第68回帝国議会説明資料』満実業協会 [1934]、大連商工会議所『満洲銀行会社年鑑』（各年版）。

第 5 章　満洲事変期南満洲鉄道系企業集団　261

85	85	85	34%、連結子会社出資と合計100%
1,650	1,650	1,650	42.85%→20.82%→18.91%
6,500	9,750	9,750	50%
872	872	1,745	1.75%
125	125	125	10.4%
48	48	—	48%、満洲弘報協会に譲渡
1,225	1,225	1,225	50%
1,990	1,990	2,240	40%→25%
725	1,450	1,450	42.6%
8,000	8,000	16,000	50%
1,250	2,500	2,500	39%
50	50	50	50%
2,500	2,500	2,500	100%→50%
750	800	800	50%→53.3%→42.5%
32,162	32,162	45,000	36%→66%
—	2,750	2,750	50%
—	2,000	2,000	50%
—	82	82	50%
—	1,350	1,350	50%
—	37	37	10%
—	2,500	5,000	100%
—	3,000	4,000	33.3%
—	25	50	50%
—	625	937	25%
—	—	150	50%、1937.11.30解散
—	—	250	20%、満洲化学工業と合計で旧株で25%
—	—	1,000	25%、満洲化学工業と合計で50%
—	—	25	50%
—	—	1,061	61%
—	—	2,000	25%
—	—	3,600	100%
—	—	3,500	100%
—	—	300	100%
—	—	—	17.8%
—	—	—	100%
—	—	—	10%
—	—	—	50%
—	—	—	50%、復州鉱業(株)事業を承継
—	—	—	20%
—	—	—	10%
69	76	80	
218,639	243,023	256,713	
56	62	67	
211,117	227,680	241,666	
18	21	19	
45,000	48,366	32,439	
18	14	13	
8,527	15,602	15,047	
41	45	50	
170,336	189,084	231,011	
14	17	15	
45,475	51,334	20,315	
14	14	15	
2,828	2,864	5,386	

産業部［1937a］、［1937b］、同調査部［1939］、『第64回帝国議会説明書』1932年12月、『第65回帝国議会説明書』1935年12月、『第70回帝国議会説明資料』1936年12月、『第74回帝国議会説明資料』1938年12月、日

表 5-3　南満洲鉄道関係会社融資・預り金

(単位：千円)

	1932.3期	1933.3期	1934.3期	1935.3期	1936.3期	1937.3期	備考
(融資)							
(株)満洲日日新聞	83	83	83	73	—	—	1930.3期前年9月期
大連油脂工業(株)	*498*	248	248	248	278	293	同年5月期
南満鉱業(株)	322	401	299	103	91	7	前年12月期、1926.3期のみ同年6月期
同社債	—	—	450	450	450	450	同
満鮮坑木(株)	18	—	—	—	—	—	1930.3期は同年9月期
東亜土木企業(株)	604	604	640	313	—	—	
湯崗子温泉(株)	34	34	34	31	28	25	
東亜勧業(株)	2,684	3,012	7,190	7,880	4,390	—	
南満洲瓦斯(株)	—	—	—	7	8	—	
南満洲電気(株)	320	—	—	7,408	—	—	
国際運輸	617	903	2,747	1,661	3,273	3,301	同年9月期
(株)遼東ホテル	400	350	300	250	200	150	
大連農事(株)	22	—	—	—	—	—	
哈爾濱土地建物(株)	—	—	282	478	458	400	同年11月期
(株)興中公司	—	—	—	—	—	900	
合計	5,604	5,638	12,276	18,906	9,182	5,527	
(預り金等)							
大連汽船(株)	2,730	3,700	4,400	6,500	7,700	7,600	前年12月期
大連工業(株)	14	87	38	26	105	71	同年4月期
大連窯業(株)	100	100	100	150	200	250	
南満鉱業(株)	—	—	50	53	10	—	前年12月期、1934.3期のみ同年6月期
満鮮坑木(株)	225	430	260	—	—	62	前年10月期
南満洲瓦斯(株)	—	—	—	—	—	62	
(株)昭和製鋼所	17,784	17,629	18,372	20,552	24,066	33,691	
大連農事(株)	1,300	1,030	920	860	…	…	
福昌華工(株)	—	—	2,650	2,850	2,900	3,000	1934.3期のみ前年9月期
日満倉庫(株)	2,136	2,161	1,884	361	972	404	
満洲炭礦(株)	—	—	—	—	255	—	同年6月期
(株)興中公司	—	—	—	—	2,200	3,736	
合計	24,290	25,138	28,674	31,353	38,406	48,815	

注：1）大連工業は買掛金。他に預り金もあるが分割不能。
　　2）大連農事預り金の1936.3期以降は満洲興業銀行預金と混計し分割不能。
　　3）東亜勧業融資は東拓融資前年12月期を控除。
　　4）イタリックは持分法適用会社。
出所：大連油脂工業(株)『営業報告書』（各期）、大連汽船(株)『営業報告書』（各期）、大連工業(株)『営業報告書』（各期）、南満鉱業(株)『営業報告書』（各期）、満鮮坑木(株)『営業報告書』（各期）、東亜土木企業株『営業報告書』（各期）、湯崗子温泉(株)『営業報告書』（各期）、大連窯業(株)『営業報告書』（各期）、(株)昭和製鋼所『営業報告書』（各期）、東亜勧業(株)『営業報告書』（各期）、南満洲瓦斯(株)『営業報告書』（各期）、南満洲電気『営業報告書』（各期）、(株)遼東ホテル『営業報告書』（各期）、日満倉庫(株)『営業報告書』（各期）、大連農事(株)『営業報告書』（各期）、満洲炭礦(株)『営業報告書』（各期）、南満洲鉄道(株)『関係会社年報』1938年版、柴田［2008a］、［2015a］。

鉄有限公司（1910年5月22日設立、合名会社大倉組系）及び日本国内生産の銑鉄の共同販売組織である。出資は満鉄34％85千円、本渓湖煤鉄11％の満洲側計45％、三菱製鉄株式会社（1917年10月設立、本店兼二浦）、釜石製鉄株式会社（1934年1月設立）、輪西製鉄株式会社（1931年10月設立）の日本側計55％である。満鉄

は代表取締役に前満鉄理事小日山直登（1927年9月17日〜1930年5月7日在任）を就任させ、取締役に満鉄理事大淵三樹を兼務派遣し経営を掌握しようとした[7]。銑鉄共同販売設立前に満鉄は1929年9月期で銑鉄協同組合（本店東京、500千円）に20％を出資している。設立年月は不詳であるが1929年設立と推定する[8]。これ以前以後の同組合への出資の有無とほかの出資者を確認できないが、銑鉄共同販売が同組合の事業を承継した可能性がある。銑鉄共同販売設立当初から満鉄は日満折半出資にこだわっていた。その後、銑鉄共同販売は1933年6月に日印通商株式会社（1920年10月設立、本店東京、資本金2.5百万円半額払込）の株式を取得して実権を握った。1933年4月6日「日本製鉄株式会社法」に基づき1934年1月29日に日本製鉄株式会社が設立され（本店東京）、三菱製鉄、釜石製鉄、輪西製鉄が鉄鋼合同に参加して解散し、日本製鉄が銑鉄共同販売の株式の55％を掌握した。満鉄は満洲側との折半出資の会社と位置づけその方針に固執し[9]、その主張を続けた。満鉄の執拗な要求に日本製鉄が硬化し、1935年に同社は50％に出資率を引き下げるなら銑鉄共同販売から降りると通告したため、巨大国策会社の日本製鉄と満鉄の間でもつれ、満鉄が対満事務局に善処を求める事態となった[10]。結局、両社は妥協せず、日本製鉄は銑鉄共同販売から離脱し、昭和製鋼所と本渓湖煤鉄が日本製鉄から銑鉄共同販売の株式を買収し、銑鉄共同販売は1935年8月20日に定款を変更し日本製鉄製品の取り扱いを停止した。日本製鉄保有株式を取得した昭和製鋼所40％、本渓湖煤鉄公司26％とし3社で支配下に置いた[11]。銑鉄共同販売も満鉄の親子出資の支配下に移った。9月26日に満洲航空株式会社が設立された（本店奉天、資本金3,850千円半額払込）。同社の個別設置法令は見当たらないため準特殊会社である。満鉄は設立当初は42.8％825千円を出資し満洲国の空運産業を支援した[12]。満洲国法人で個別設置法に基づかない「株式会社」の商号はほかに見出せない。「公司法」に準拠した満洲国法人設立で「株式会社」の付く商号が認めらるのは難しいが、満洲国登記制度が固まる前のため名乗ることは可能であったとみられる。

　撫順炭礦の石炭外販のため撫順炭販売株式会社（1923年3月20日設立、本店東京、資本金1,500千円払込）が従事しており、満鉄が同社株式の55％を保有していた。1931年3月期で3,000株中、満鉄1,600株、三井物産株式会社980株、三菱

商事株式会社290株で、1936年3月期でもほとんど変化がなかった[13]。撫順炭販売の存立期間は1933年3月20日で満了となるが、満鉄は生産物販売会社が存続しても問題ないと判断し、当面の策として10カ年の延長を決定し存続させた[14]。

1916年4月26日設立の大連油脂工業株式会社は1920年代に経営不振を続けた。満鉄の自社開発技術を用いて大豆油加工を業とした（第3章参照）。1932年9月期の満鉄社内の投資評価額は0円である。1932年5月期で満鉄は出資のほか払込資本金250千円の2倍近い融資498千円で支援していた[15]。同社は1932年12月27日に資本金500千円払込へと倍額増資し新株を満鉄が引き受け、持株を36％90千円から債務の株式化により68％500千円に引上げて連結子会社にし金利負担を軽減させた[16]。これは満鉄が1930年代に持株比率を過半に引き上げた珍しい事例である。大連油脂工業は設立に当たり満鉄技術の事業化を目標としたため見放すことができず、責任を取ったものといえよう[17]。官営取引所の清算業者の長春取引所信託株式会社（1916年3月26日設立、資本金1百万円4分の1払込、満鉄半額出資）は、1932年3月14日に長春が新京と改称後、同年7月29日に新京取引所信託株式会社に商号変更した[18]。

1933年3月期で60社104,881千円、満洲内46社71,954千円を出資し、連結子会社36社94,207千円、持分法適用会社10社8,967千円であり、満洲国投資が緒についたばかりであり前年度と大差ない状況であり、上位出資会社は前年期と同一であった。

（1933年度）

1933年度には同年5月2日に昭和製鋼所（資本金100百万円70百万円払込）が本店を京城から鞍山に移転し、満鉄附属地法人に転換した。同社は設立時から鞍山事業所で銑鉄製造プラントの構築作業を続けていたが、朝鮮の新義州に設立を計画した鋼鉄生産工場を変更し、鞍山事業所に集中し銑鋼一貫生産体制を取ることとなった。同社は満鉄から全額出資を受けていたが、具体的な資金使途が決まるまで満鉄に預け金として戻していた。1932年3月期17,784千円が1937年3月期33,691千円に増大していた。昭和製鋼所は鞍山一帯の鉄鉱区に関し、1936年6月より満日合弁振興鉄鉱無限公司（1915年2月28日設立、本店鞍山）との租鉱契約

を締結し鉄鉱石の採掘を行った[19]。5月30日に満洲化学工業株式会社が設立された（本店関東州海猫屯、資本金25百万円半額払込）。満鉄は50％6,462.5千円を出資し支配下に置いた。同社は関東州内で大連汽船に次ぐ資本金の関係会社となる。1933年3月26日調印日満条約「満洲ニ於ケル日満合弁通信会社ノ設立ニ関スル協定」に基づき、同年8月31日に満洲電信電話株式会社が設立された（本店新京、資本金50百万円29,375千円払込）。日満両政府が出資するため、満鉄は1.75％875千円を出資しただけで止まった[20]。同社は『満洲銀行会社年鑑』1935年版の日本法人と満洲国法人に2回掲載されているが、二重国籍法人ではなく、条約に基づく満洲国本店の両国の特殊法人という位置づけである。満鉄は総務部監査役八木聞一を監査役に兼務派遣した[21]。満洲国政府系との位置づけが強いため第8章で説明する。

　哈爾濱周辺で農産物ほかの取引市場を操業していた濱江糧食証券交易所有限公司（1922年4月1日設立、本店哈爾濱、資本金哈大洋票1百万元半額払込）は満洲国樹立後、1932年12月に政府命令で満洲中央銀行券建資本金800千円半額払込に増資した。さらに1933年10月1日に2百万円1.2百万円払込に増資し、併せて股份有限公司哈爾濱交易所に商号変更した。日満合弁組織に改組するため満鉄は日本側として増資に応じ、新株12.5％25円払込5,000株125千円を取得し筆頭株主になった[22]。ほかの日本側株主は大連取引信託株式会社（1913年6月19日設立）1,500株、株式会社大連株式商品取引所（1920年2月5日設立）1,000株、大連取引所銭鈔信託株式会社（1917年5月30日設立）800株が並び民営取引所業者と附置清算業者が出資し、そのほか国際運輸株式会社（1926年8月1日設立、本店大連）・三菱商事・三井物産各500株の出資である[23]。満鉄は理事に満鉄哈爾濱事務所長金井清を送り込み経営に参画させ、監査役に総務部監査役八木聞一を兼務派遣して経営監視に当たらせた[24]。満鉄は1921年12月10日設立の株式会社哈爾濱交易所に出資したものの、同社は不振のまま1924年10月18日に解散しており（第4章参照）、同社と競合していた既存の取引所に出資したことになる。

　1933年10月10日に株式会社マンチュリア・デーリー・ニュースが設立された（本店大連、資本金100千円払込）。満鉄は英語の満洲情報の発信のため、1912年8月創刊の英字紙のマンチュリア・デーリー・ニュースを買収する方針を固め、

同紙事業の有形資産を評価して買収し、債務処理し経営者ほかに退職慰労金を支給して処理した[25]。英語の新聞刊行と出版印刷を業とするため資本金は少額である。満鉄が48千円を出資した。ほかに関東庁・関東軍・満洲国政府・在満洲国日本大使館が各13千円を出資した[26]。『満洲銀行会社年鑑』では満鉄が全額出資したと記載するが、後述する股份有限公司満洲弘報協会への現物出資株式で判明する満鉄保有マンチュリア・デーリー・ニュース株式は48千円であり、関東庁・関東軍・満洲国政府・在満洲国日本大使館の出資を表面化させたくないため満鉄全額出資としてぼかしている。

1933年10月21日に日満マグネシウム株式会社が設立された（本店東京、資本金7百万円4分の1払込）。同社は満洲におけるマグネシウム開発のため理化学興業株式会社ほかと提携し満鉄は50％70千株875千円を出資した。1934年2月21日「満洲石油株式会社法」に基づく特殊会社として、1934年2月24日に満洲石油株式会社が設立された（本店新京、資本金5百万円4分の1払込）。満鉄は40％500千円を出資した。1934年2月24日「同和自動車工業株式会社法」に基づく特殊会社として、1934年3月31日に同和自動車工業株式会社が設立された（本店奉天、資本金6.2百万円1.2百万円払込）。満鉄は42.6％425千円を出資し、この出資は満洲における新規製造業の支援である。南満洲製糖株式会社（1916年12月15日設立、本店奉天、資本金3百万円払込）は長年不振を続け休業状態に近かった。満鉄は2.595％220千円を出資していたが、1933年9月期の満鉄社内評価は0円である[27]。同社は1934年1月30日に解散決議した。休業状態にあったため投資回収は困難で、損失処理した。そのほか官営の開原取引所・公主嶺取引所・四平街取引所が1934年3月20日に廃止されたことに伴い（関東局［1936］558頁）、翌日に開原取引所信託株式会社（1915年12月10日設立、資本金2百万円875千円払込、満鉄5％出資）、公主嶺取引所信託株式会社（1919年8月1日設立、資本金500千円375千円払込、満鉄50％出資）及び四平街取引所信託株式会社（1919年9月1日設立、資本金500千円125千円払込、満鉄50％出資）が解散した。満鉄は解散に伴い投資を回収した。

1934年3月期で満鉄出資は67社150,277千円に増大し、満洲内57社141,474千円、連結子会社38社136,624千円となり、満洲内の増大には昭和製鋼所本店移転が反

映している。出資上位は1位昭和製鋼所60百万円、2位南満洲電気22百万円、3位大連汽船14,450千円、4位南満洲瓦斯9,300千円、5位新設の満洲化学工業6,500千円であり、満洲化学工業は満洲事変期の関東州における新規の注力投資案件であった。5社合計112,250千円は出資総額の75％を占めていた。

(1934年度)

1934年度には4月6日「満洲棉花股份有限公司法」に基づき同月19日に満洲棉花股份有限公司が設立された（本店奉天、資本金2百万円4分の1払込）。満洲国政府50％出資のほか、満鉄と満洲棉花協会（1934年設立）が各25％の10千株125千円払込で引き受けたと推定する[28]。同公司は準特殊会社として満洲国で棉花栽培奨励・集荷に従事していた。農事合作社の出資の記載もあるが[29]、満鉄と農事合作社の出資は短期で満洲棉花協会会員の満洲棉花株式会社（1926年10月20日設立、本店大連）に譲渡した[30]。1934年12月期満鉄保有株式一覧には見いだせないため[31]、短期間保有であった。満鉄株式取得は一時的な立替取得のようである。

1934年2月27日「満洲炭礦株式会社法」に基づき5月7日に満洲炭礦株式会社の創立総会が開催された（同日登記、本店新京、資本金16百万円払込）。同社は特殊会社として設立され満洲国政府と満鉄が各8百万円を出資した。満洲国政府は保有炭礦を現物出資し、満鉄は保有炭礦の現物出資のほか現金出資をした。5月3日「満洲採金株式会社法」に基づき5月15日に満洲採金株式会社の創立総会が開催された（5月16日登記、本店新京、資本金12百万円3百万円払込）。同社は満洲国の産金政策の担い手として設立された特殊法人であり、満鉄は保有金鉱区現物出資を含み27.7％1,312.5千円を出資した。6月30日に株式会社大満採金公司が設立された（本店新京、資本金50千円払込）。満鉄は満鉄出身の企業家上島慶篤との折半出資で25千円を出資したが、大満採金公司は操業不振のまま続いた[32]。7月18日に撫順セメント株式会社が設立された（資本金2.5百万円半額払込）。満鉄は全額を出資した。7月23日に満洲大豆工業株式会社が設立された（本店大連、資本金1.5百万円払込）。満鉄は同社に50％750千円を出資した。11月1日に満洲電業股份有限公司が設立された（本店新京、資本金90百万円払込）。同

社は満洲国の電力産業の準特殊法人と位置づけられた。満鉄は南満洲電気株式会社の電力事業資産を満電に譲渡させ、それを54,676千円現物出資とし、そのほか3,708千円の現金出資も行わせ合計58,385.6千円1,167,712株64.87％の出資とし、暫定的に南満洲電気の過半支配で傘下に入れたが[33]、同社は満洲国内の電力業の操業基盤を喪失した。満電設立に伴う関東軍・満洲国側の思惑が貫徹される中で、満鉄は南満洲電気の事業の存続で満洲国における電力業の影響力を残すことを狙ったが、押し切られた。

　奉天鉄西工業用地の買収・開発の会社設立が満鉄・関東軍・満洲国側とで検討されていたが、1932年12月には、会社設立まで時間がかかると見られていた[34]。ようやく1935年3月11日に満鉄と満洲国政府で折半出資の奉天工業土地股份有限公司が設立された（資本金5,500千円半額払込）。役員8名が13,450株を保有したが、そのうち満鉄は50％1,375千円を出資した。満鉄は元奉天地方事務所参事梅津理を専務取締役に就任させ、地方部長中西敏憲を取締役に兼務派遣し経営を掌握し、総務部監査役三輪環を監査役に兼務派遣し経営監視させた[35]。同公司が奉天の工業用土地開発に着手した。1937年に満洲国政府が奉天工業土地の満鉄出資を買収する方針を決定したが、1937年10月3日に満洲不動産株式会社（本店新京）設立後に、消滅しており同社に一部事業が吸収されたと見られる。奉天における不動産業者として1936年9月12日に昭徳建物株式会社が設立された（本店奉天、資本金400千円払込）。同社に満洲市場株式会社（1917年9月1日設立、本店奉天、資本金400千円半額払込）が全額出資した。満洲市場は1936年6月期保有不動産625千円のうち400千円を現物出資した。さらに満洲市場は1936年12月期昭徳建物勘定89千円を計上し、流動資金を融資した[36]。1937年で満鉄が満洲市場に総務部監査役富田租を監査役に兼務派遣し、そのほか満鉄退職者の金丸富八郎を監査役に就任させ経営監視していた。さらに昭徳建物の監査役に両名が併せて兼務で就任していた[37]。満鉄の直接出資していない会社へ職員の役員兼務派遣は少ないため、実質的に満鉄が迂回出資して支援したといえよう。奉天の人口急増に対処させるため不動産業を支援したとみられる。そのほか1933年9月期に満洲企業組合（本店不詳、資本金40千円）に満鉄が半額出資しているが[38]、同組合のほかの出資者とその投資目的は不詳である。1934年9月期にも同額の出資が確認できる

が[39]）、それ以降は掲載されない。残高が変動していないため、1934年3月期にも同額出資残高が見られるはずであるが、この出資は内実が不詳のため表5-2から除外してある。

　1935年3月期には69社218,639千円、満洲内57社211,117千円、連結子会社41社170,336千円に増大していた。上位出資は1位昭和製鋼所82百万円、2位新設の満電32,162千円、3位南満洲電気22百万円、4位大連汽船14,450千円、5位南満洲瓦斯9,300千円であった。上位5社合計159,912千円であり、出資総額の73％を占めていた。出資件数は多いが一部有力会社に出資額が集中していた。満電のみが持分法適用会社である。この時点で南満洲電気の電力業資産は満電に譲渡されていた。

（1935年度）

　1935年度には6月18日満洲鉛鉱股份有限公司が設立された（本店奉天、資本金4百万円払込）。満鉄は日満鉱業株式会社（1919年5月22日設立、本店東京）と各50％2百万円を出資した。常務取締役白城定一（日満鉱業専務取締役、山下汽船株式会社常務取締役）、山下市助（帝国人造肥料株式会社（1919年12月設立、本店大阪）監査役）、立野儀光（日満鉱業監査役）、五十嵐澄夫（日満鉱業取締役）である。日満鉱業が経営を担当した。満鉄は取締役に昭和製鋼所取締役の久留島秀三郎を就任させ、さらに計画部業務課長奥村慎次と総務部監査役山鳥登を兼務派遣し経営掌握に努めた[40]。同公司は鉛採掘を目的とする。日満鉱業は秩父鉱業株式会社の商号で設立されたが満洲投資に注力するため、1933年4月に商号変更した（資本金5百万円払込）。日満鉱業の目的は金銀銅鉄鉛亜鉛石炭その他一般鉱物採掘及び製錬並びに各種鉱石の売買、有価証券不動産取得である[41]。同社は満洲鉛鉱に2百万円を投資後もまだ3百万円の投資枠が残っていたが、ほかの満洲投資は不詳である。

　安東市場株式会社が1935年8月22日に設立された（資本金165千円払込）。出資は満鉄50％、日本水産株式会社（1916年12月設立、本店東京）20％、その他30％とした。安東における生鮮食料品配給体制を強化するため、従来の日本水産経営の私設卸市場と公設小売市場（満鉄経営）を買収し、奉天等の事例を踏襲し日本

法人を設立して事業統合をして日本法人株式会社を設立する方針を実現した[42]。

1935年8月1日「満洲鉱業開発株式会社法」に基づき8月22日満洲鉱業開発株式会社が設立された（本店新京、資本金5百万円3.1百万円払込）。満鉄は満洲国政府と折半で1,350千円を出資した。満洲における非石炭鉱業開鉱区保有とその稼鉱を目指した。11月1日「満洲火薬販売株式会社法」に基づき11月11日に満洲火薬販売股份有限公司が設立された（本店奉天、資本金500千円4分の3払込）。同社は満洲国における鉱山等に必要な火薬販売を目的に設立され、満洲国政府は設置法により半額を出資した[43]。満鉄は10％37.5千円を出資した。ほか満炭、昭和製鋼所、本渓湖煤鉄公司、株式会社奉天造兵所（1932年10月29日設立）が各10％を出資した。満鉄は満炭・昭和製鋼所と合計で満鉄系30％出資となる。理事長小柳津正蔵は昭和製鋼所取締役の退役陸軍中将で関東軍の推薦である。満鉄は監査役に総務部監査役富田租を派遣し経営監視した[44]。同公司設立に合わせて満洲鉱山薬株式会社（1919年4月18日設立、本店安東）が解散し事業譲渡した[45]。満鉄は満洲鉱山薬設立時に5％を出資していたが、1928年10月期に処分していた（第4章参照）。12月20日に株式会社興中公司が設立された（本店大連、資本金10百万円2.5百万円払込）。満鉄は全額出資し社長に理事十河信二（1930年7月11日～1934年7月10日在任）が就任した[46]。同社は満鉄の関内事業投資を担当する会社である。そのほか1930年に不振のため休業状態に陥っていた満蒙冷蔵株式会社（1922年6月設立、本店大連）が1935年6月頃に清算結了した。

大連最大の新聞社の株式会社満洲日報社（1913年11月26日設立、本店大連、資本金750千円払込、満鉄全額出資）は、独立系零細事業者の株式会社大連新聞社（1919年11月4日設立、資本金140千円払込）を1935年8月1日に満鉄支援で吸収合併した[47]。

満鉄が華北分離工作の電力事業で営口水道電気株式会社（1906年11月15日設立）を動員した。完全子会社で中間持株会社化していた電力事業譲渡前の南満洲電気を華北に動員しなかった理由は満電に事業譲渡が予定されていたためである。営口水道電気は1933年2月15日に綏中電灯股份有限公司の電力事業を復旧させ、同年10月20日に山海関電灯股份有限公司を設立し（資本金100千元）、半額出資し、同公司に同地の電力供給に応じさせた[48]。その後、先述のように同社は1934年11

月1日満電設立に伴い同社4,417.7千円を出資し12月1日に電灯事業を譲渡し[49]、1935年5月13日に決議し6月1日に同社の電話通信事業資産を満洲電信電話に譲渡した[50]。併せて綏中電灯と山海関電灯の事業も満電に譲渡し、満電が華北分離工作の電力事業部門を担当した。日本からは電力事業者の共同出資により北支電力株式会社（1936年12月8日設立、本店東京）が出資した。同社は1937年4月26日大連移転、1938年4月26日東亜電力株式会社に商号変更し、さらに同年11月19日北京に移転した（柴田［2008a］第1章参照）。営口水道電気は水道と地域自動車交通に事業を縮小させたため、1935年11月29日に事業実態に即した営口水道交通株式会社に商号変更した[51]。同社は電力事業を譲渡したことで1937年9月15日に半額減資し同社1株を保有する満電株2株と交換して株主に還元した[52]。これに伴い満鉄は13,207株を取得し満電保有株を上乗せした。

　1935年12月12日「満洲拓殖株式会社法」に基づき1936年1月4日に満洲拓殖株式会社が設立された（本店新京、資本金15百万円9百万円払込、総裁坪上貞二（元拓務次官））。同社は満洲への日本人移民促進を目的とする特殊会社である。満鉄は3分の1の3百万円を出資した。満洲国政府3百万円、三井合名会社と三菱合資会社が各1.5百万円を出資した。同公司は日本人大量移民政策の策定までの暫定機関として移住地の経営管理を行う目的で設立された[53]。

　1936年1月31日に奉天取引所信託株式会社（1921年7月29日設立、資本金500千円払込、満鉄半額出資）は、官営奉天取引所が同月15日に廃止されたことに伴い（関東局［1936］558頁）、解散した。南満鉱業株式会社（1918年4月8日設立、本店大連、資本金375千円、社長高木陸郎、満鉄51.9％出資）は鉱産価格低迷で不振に喘ぎ満鉄に救済を求めた。その処理策を1934年2月12日に満鉄重役会決議で決定した。その内容は未払利息等免除、社債発行の元利保証、融資未収金の増資への振替、役員派遣等であった[54]。関東州の会社のため満鉄以外には救済できず、特段の配慮がなされた。1934年4月7日に満鉄が承認した支援案は、1931年12月の満鉄借入金225千円を年6％配当の優先株に転換し、併せて満鉄保証社債450千円を発行するというもので、同月28日決議し、南満鉱業は増資し600千円払込、満鉄出資69.9％419.9千円出資となった。満鉄は監査役に総務部監査役山鳥登を兼務派遣した[55]。

1936年2月25日に株式会社日仏対満事業公司が設立された（本店大連、資本金100千円半額払込）。満鉄は50％を出資した。定款案によると、日仏両国の商業並びに財力を利用し、土木建築請負、物品販売業務を業とするとし、社長日本人、常務取締役日仏各1名とし、社長は総裁大村卓一が兼務し、取締役に前総務部審査役金井清、鉄道建設局工事課長河辺義郎、監査役に総務部監察役三浦環を派遣した[56]。フランス資本の満洲導入の合弁法人であるが、関東軍が支配する満洲国で事業は順調に進まなかったようである。日仏対満事業公司より先に、1935年3月11日に株式会社極東企業公司が設立された（本店大連、資本金100千円50千円払込）。フランスとの合弁の建設業者で満鉄は出資しなかったが、東亜土木企業株式会社に半額出資させた。社長柳生亀吉（東亜土木企業社長）、取締役に東亜土木企業取締役兼満鉄鉄道総局監察員山領貞二を、監査役に同監査役兼満鉄総務部監査役三輪環を兼務派遣し経営監視させた。極東企業公司は日仏対満事業公司設立後の1936年6月29日に解散した[57]。

　1936年2月20日「満洲林業股份有限公司法」に基づき2月29日に満洲林業股份有限公司が設立された（本店新京、資本金5百万円半額払込）。満鉄は25％625千円を出資した。ほかの出資は満洲国政府50％、共栄起業株式会社（1923年6月1日設立、本店吉林、王子製紙株式会社・大倉組出資の林業利権保有事業者）50％である。同公司は満洲国で独占的な流通統制を担当するものではなく、部分的な林業利権と木材流通統制を担当するだけのため準特殊会社と位置づけられる。

　1935年10月に満鉄附属地返還への対応として本体事業の水道事業の分社化をはかり「満洲水道株式社」を設立する案が満鉄重役会で検討されたが[58]、分社化は見送られた。水道事業は電力・ガスと異なり独占的供給者として独占価格の供給で利益を確保すると個別家計からの反撃を受けるため採算に乗りにくいと判断したもののようである。

　1936年3月期で出資は76社243,023千円、満洲62社227,680千円、連結子会社45社189,084千円へ増大した。満洲への投資は一段と金額を上乗せした。上位出資5位までは前年と同一である。5社合計160,612千円は出資総計の66％に低下し、新規投資案件へ出資が分散していた。

(1936年度)

　1936年4月1日に新京屠宰股份有限公司が設立された(資本金300千円払込)。新京の屠獣施設の不備が認められるため、満鉄は新京市政府と共同で、1935年3月末までに新屠獣施設の経営する法人設立の方針を固め、満洲国法人「株式会社新京屠宰場」を設立し資本金300千円で両者が折半出資するものとした[59]。法人の設立が遅れたが、設立を見て満鉄が50%150千円を出資した。1936年株主には満鉄の名前がなく株主はいずれも個人名である。6千株中、専務取締役宇戸修次郎(満鉄出身獣医)、常務取締役松元時雄(元満鉄商事部門職員)、取締役武田胤雄(満鉄地方部営口事務所長)、多田晃(満鉄地方部地方課長)等、監査役富田租(満鉄総務部監査役)等で、満鉄は役員を派遣して経営に責任を負った。松元1,000株、武田、多田、富田各750株計54.1%3,250株の保有で個人名義取得の形にした[60]。満鉄作成資料でも50%主張しているが[61]、54.1%に達しているのは、50%に調整するまでの一時的な株式の肩代り取得と判断し表5-2では50%を採用している。同公司は1937年11月30日に解散し短命に終わった[62]。後述の満洲畜産股份有限公司の設立で同公司常務取締役に宇戸修次郎が就任しており、同公司に事業譲渡したとみられる。

　1936年4月23日裁可「満洲塩業株式会社法」に基づき同月27日に満洲塩業株式会社が設立された(本店新京、資本金5百万円4分の1払込)。満鉄は20%250千円を出資したが、満洲化学工業も5%を出資しており満鉄系25%の出資となる。同社は化学工業原料の天日塩製造及び輸出・販売を目的として設立された特殊会社である。5月22日に満洲曹達股份有限公司が設立された(本店新京、資本金8百万円半額払込)。満鉄は25%1百万円を出資した。そのほか旭硝子株式会社35%1.4百万円、満洲化学工業25%1百万円、昌光硝子株式会社15%0.6百万円の出資であり、満鉄系の満洲化学工業と親子出資合計で50%、旭硝子が支配下に置いている昌光硝子と合計で50%となり、満鉄系と旭硝子系で折半出資により設立した[63]。そのため満洲曹達も満鉄の連結子会社の位置づけが可能である。

　1937年2月2日に錦州市場株式会社(1934年6月18日に設立、資本金50千円当初4分の1払込、1936年6月前に半額払込)が倍額増資する際に満鉄が新株を引き受けて50%出資とした。1936年8月29日錦州市場が半額減資し損失処理し25千

円払込となった。満鉄は社長に鉄路総局奉天鉄路局産業処所長平尾康雄を、監査役に満鉄総務部監査役富田租を派遣し経営を掌握した[64]。満鉄は地域市場会社の支援先をさら拡大した。1936年4月9日法律「関於股份有限公司満洲弘報協会之件」に基づき8月28日に股份有限公司満洲弘報協会が設立された（本店新京、資本金2百万円1,875千円払込）[65]。満鉄は同社に60.4％1,208千円を出資した。役員株現金出資30千円のほか保有する満洲日報社、株式会社哈爾濱日日新聞社（1922年11月1日設立、資本金200千円払込、満鉄75％出資）、株式会社盛京時報社（1925年11月20日設立、本店奉天、資本金350千円払込、満鉄57.1％出資）およびマンチュリア・デーリー・ニュースの株式を現物出資した。満洲弘報協会は満鉄過半出資で設立されたが、1937年7月14日1百万円増資25円払込に[66]、満鉄は引き受けなかったため、出資率を40.2％に低下させ、支配株主の期間は1年に満たなかった。同公司は満洲国特殊会社で満洲国のメディア統制の担い手であり、満洲国政府が支配下に置くまでの暫定的な出資であるが、満洲弘報協会が持株会社となったため、現物出資した株式の会社は満鉄の連結孫会社となった。1936年8月に満鉄は山東鉱業株式会社（1923年5月27日設立、本店青島、資本金5百万円2,250千円払込）の株式12％12千株270千円払込を買収したことにより、同社株式保有は56％に上昇し[67]、満鉄の連結子会社に位置づけが変動した。

　1936年9月9日に鮮満拓殖株式会社が設立された（本店京城）。（本店京城、資本金20百万円8百万円払込）。満鉄・東拓・三井合名会社・三菱合資会社各25％2百万円を出資した。同社は朝鮮人の満洲移民促進を目的に1936年6月4日制令「鮮満拓殖株式会社令」に基づき設立された朝鮮総督府特殊法人である[68]。9月28日に日満商事股份有限公司が設立された（本店新京、資本金10百万円6百万円払込）。満鉄は60％3.6百万円を出資した。同社は撫順炭の販売を目的として設立された準特殊会社である。同社設立に伴い撫順炭販売は解散した。満鉄がほぼ全額出資で支配下に置いていた東亜勧業は満鮮拓殖股份有限公司設立で、同公司に朝鮮人移民事業を譲渡し、満洲国の日本人移民を担当する特殊法人の満洲拓殖の設立で譲渡した。さらに同日に1936年11月16日に満鉄が全額出資で満洲畜産工業股份有限公司を設立し（本店新京、資本金300千円払込）[69]、東亜勧業の抱えていた食肉部門資産300千円を満鉄出資に振替え、11月16日に東亜勧業は解散した[70]。

満鉄は大興煤礦有限公司（1914年4月設立、本店撫順）に全額出資し炭礦利権を間接保有していたが、同公司は1936年9月以後年度末までに解散させたようである[71]。

1937年3月期で出資は80社256,346千円、満洲内67社241,299千円、連結子会社50社231,011千円に増大した。出資上位は1位昭和製鋼所82百万円、2位満電45百万円、3位満炭16百万円、4位大連汽船14,450千円、5位満洲化学工業9,750千円である。南満洲電気は減資して大連都市交通株式会社に商業変更し、また南満洲瓦斯株式を一部処分したことで、満炭と満洲化学工業が浮上した。5社合計167,200千円で、出資総額の65％を占めていたが前年とほとんど変動していない。

（1937年度）

1937年度では、7月7日盧溝橋事件で日中戦争が勃発し戦時体制に移行するが、戦時統制経済に移行する9月10日までの会社設立等について解説する。満鉄は1937年4月27日に満洲輸入株式会社（1935年6月28日設立、本店大連、資本金500千円払込）の増資新株を取得した。輸入統制を担当する組織として満鉄からの資金支援で活動してきた満洲輸入組合聯合会は法人格を有しないため、1935年6月28日に株式会社に転換した（資本金400千円全額払込）。当初は全額満鉄出資で設立する方針であったが[72]、満鉄出資は見送られた。その理由は不詳であるが満鉄出資を受けることで介入されることに会員企業が難色を示したのかもしれない。上記の資本金5百万円全額払込に増資する際に、満鉄が18％900千円増資株式を取得し、監査役に総務部監査役富田租を派遣した[73]。満鉄出資は大連の中小貿易業者支援策である。

1937年6月23日に満洲鉱業股份有限公司が設立された（本店奉天、資本金5百万円半額払込）。満鉄と満洲国政府は折半出資した。専務取締役山口忠三（前満鉄嘱託、藤田鉱業株式会社出身）、常務取締役に前満鉄鉄道総局監察亀岡精二、取締役市川健吉（鉄道総局経理局長）、江崎重吉（鉄道総局産業課長）、奥村慎次（満鉄計画部業務課長兼務）ほか、監査役山鳥登（満鉄総務部監査役）、山崎善次（鉄道総局第一経理課長）が就任した。同社は満洲国内で産金開発を行うことを目標とした。同公司は創立事務所を大連に置いており、満鉄が主導権を握ってい

た[74]）。

　南満鉱業は満洲国体制のなかで事業拡張を目指し満鉄の承認を得たうえで7月5日に資本金を600千円から3.6百万円に増資を決議した。優先株を除く旧株1株に新株5株を割り当てたことに伴い満鉄は50.13％1,805千円776,135円払込となった。さらに同社は「会社法」施行前の11月25日に奉天省海城県に移転し[75]、満洲国法人への転換を準備した。同社は1933年11月6日に理化学興業と締結した同社生産による炭酸マグネシウムの一手販売契約を1937年4月28日に解除した。理化学興業の炭酸マグネシウム供給は円滑に進まなかったようである。他方、南満鉱業が保有する南関嶺ドロマイト鉱区を本渓湖ドロマイト工業株式会社（1936年8月25日設立）に同年6月1日より同社原料鉱区として使用させる契約を交わした[76]。南満鉱業の事業基盤が鉱区利権の安定した満洲国内に移動したことにより、本店移転に踏み切った。鉱業会社の満洲国への移転はほかには見いだせない。

　1937年7月29日「満洲合成燃料株式会社法」に基づき8月6日に満洲合成燃料株式会社が設立された（本店新京、資本金50百万円10百万円払込）。満洲国政府34％、満炭16％、満鉄10％ほかの出資で設立された。満鉄は監査役に総務部監査役星野龍雄を兼務派遣した[77]。同社は法律の規定により第1回払込を5分の1とすることを認められていた。同社は阜新炭を原料としたガス合成法による合成燃料の製造を行う特殊会社である。

　1937年8月2日調印条約「満洲拓殖公社設立に関する日満協定」に基づき同年8月31日に満洲拓殖公社が設立された（本店新京、資本金50百万円30百万円払込）。同公社に日本政府・満洲国政府各30％9百万円、満鉄20％6百万円、東拓7.5％2,250千円、三井合名会社、三菱合資会社各5％、住友合資会社2.5％の出資がなされた。これにより日本人の大量満洲移民政策が実施に移される体制となった。同公社は設立日に満洲国の特殊会社の満洲拓殖株式会社（1936年1月4日設立、本店新京、資本金15百万円12百万円払込）を吸収合併し解散させた[78]。満鉄は同社に3分の1の4百万円を出資していたが、解散に伴い出資を回収し、その回収額に現金出資2百万円を上乗せし満洲拓殖公社出資6百万円に振替えた。条約により日満政府が支援するため出資比率を引き下げた。

　1937年8月14日「株式会社満洲映画協会法」に基づき同年8月21日に特殊会社

の株式会社満洲映画協会が設立された（本店新京、資本金5百万円4分の1払込）。満洲国政府経済部と満鉄が折半で1,250千円を出資した。理事長に金璧東（本名愛新覚羅憲奎、清朝皇族、軍人、元長春市長）が就任し、満鉄は常務理事に前満鉄総裁室庶務課長林顕蔵を転出させた。同社は国策映画の制作・配給を業務とした[79]。

　1937年8月28日に復州鉱業股份有限公司が設立された（設立登記日、本店奉天省復県、資本金2百万円半額払込）。満鉄は50％500千円を出資した。満鉄は復州鉱業株式会社（1929年9月13日設立、本店奉天省復県、資本金1百万円750千円払込）に46％345千円を出資していた。同公司は耐火粘土採掘を業としたが、「会社法」体制への移行に伴う満洲国法人への転化を急ぎ、別法人復州鉱業公司を設立し、8月31日に旧復州鉱業の社有事業所一切を譲渡し、9月1日より操業に移り[80]、既存の復州鉱業株式会社は解散した。

　1937年9月4日に満洲豆稈巴爾普股份有限公司が設立された（本店開原、資本金10百万円半額払込）。日本繊維工業株式会社（1937年4月5日設立、本店長岡、資本金12百万円3百万円払込、呉羽紡績株式会社系）が70％を出資し支援した。満鉄・満洲国政府・満洲興業銀行（1936年12月7日設立、本店新京）各10％500千円を出資した。社長酒井伊四郎（酒井繊維工業株式会社（1937年4月設立、本店福井）社長）であり、満鉄は監査役に総務部監査役星野龍男を兼務派遣した[81]。同社は酒井繊維工業が大豆稈の繊維を用いたパルプ製造技術を開発したことで同社技術の商業化を目指して設立された。会社立ち上げ後、酒井繊維工業は日本繊維工業保有株式を買収し支配権を強めた。日本繊維工業の出資は暫定的な資金支援のための取得のようである。日本繊維工業は1941年8月に呉羽紡績に吸収合併された（日本興業銀行［1957b］350頁、呉羽紡績［1960］486頁）。ほかに満洲国でパルプ製造に参入した会社として王子製紙の出資を受けた日満巴爾普製造股份有限公司（1936年9月11日設立、本店新京）、鐘淵実業株式会社の出資を受けた東満洲人絹巴爾普股份有限公司（1936年6月17日設立、本店間島省和龍）、康徳葦パルプ株式会社（1936年12月4日設立、本店奉天）、日本毛織株式会社の出資を受けた東洋パルプ株式会社（1936年9月11日設立、本店間島省汪清）、三菱製紙株式会社（1917年11月設立、本店東京）の出資を受けた満洲パルプ工業株式会

社（1936年5月11日設立、本店新京）がある[82]。国内大手事業者の支援で参入したため満鉄と満洲国政府の支援は必要なかった。他方、酒井繊維工業の事業規模が相対的に小規模で豆稈を原料とする事業を起こすため、満鉄と満洲国政府ほかが一部出資し支援した。

3．関係会社総資産と連結総資産

満鉄は多数の連結子会社・持分法適用会社を抱えたが、資産が判明する会社の資産を満洲会社・それ以外地域の会社に分け、また連結子会社・持分法適用会社に区分し各社総資産を紹介しよう（表5-4）。1932年3月期では38社166,664千円のうち満洲内31社142,137千円であった。連結子会社36社資産合計144,697千円で、連結子会社の資産額が出資額の増大に伴う同資本金の増大へと連動するため、当然ながら多額になる。他方、持分法適用会社は無視してもよいほどに、その資産額は少ない。1932年3月期で上位資産会社は1位大連汽船30,972千円、2位南満洲電気26,756千円、3位昭和製鋼所25,758千円、4位南満洲瓦斯9,857千円、5位国際運輸9,177千円であった。昭和製鋼所のみ満洲外会社である。この5社合計102,520千円は連結子会社総資産の70％を占めた。連結子会社等のうち渓城鉄路公所、日支蘇合弁札免採木公司、福昌華工株式会社、匿名組合登瀛閣の資産が不明のままであるが、連結子会社の資産合計を大きく上振れさせるものではない。1933年3月期では39社総資産175,442千円、満洲内31社148,872千円、連結子会社31社156,008千円で前年で金額で微増した。資産上位5社では4位国際運輸、5位南満洲瓦斯に変動した。前者の満洲国体制下の取引の増大が反映している。1934年3月期には43社250,061千円、満洲内34社217,566千円、連結子会社34社229,412千円に急増した。この期より昭和製鋼所が鞍山満鉄附属地に移転しており、満洲枠に集計されている。資産上位会社は1位昭和製鋼所64,663千円、2位大連汽船31,962千円、3位南満洲電気29,093千円、4位国際運輸15,588千円、5位新設の満洲化学工業12,869となった。昭和製鋼所の建設投資が進み資産額が急増した。また満洲化学工業も大規模初期投資で多額資産を計上した。5社合計154,175千円は連結総資産の67％へ低下した。満洲事変期の満鉄出資会社の増大で連結子会社が増大しているためである。1935年3月期には51社469,105千円、満洲内43

社436,625千円、連結子会社39社326,407千円に増大した。資産上位は1位新設の満電100,916千円、2位昭和製鋼所90,940千円、3位南満洲電気44,242千円、4位大連汽船34,061千円、5位満洲化学工業25,270千円であった。このうち満電は持分法適用会社である。満電の事業規模は昭和製鋼所を上回った。連結会社上位5社として6位国際運輸17,286千円の合計211,799千円は連結子会社資産合計の64％に低下した。1936年3月期では56社566,357千円、満洲内47社470,899千円、連結子会社43社350,366千円に増大した。資産上位は1位満電113,850千円、2位昭和製鋼所103,886千円、3位大連汽船35,174千円、4位満洲化学工業27,282千円、5位南満洲電気25,680千円となり、満電は持分法適用会社のままであった。6位満炭19,950千円で連結5社合計211,972千円は連結子会社合計の60％に低下した。1937年3月期では62社611,093千円、満洲54社569,270千円、連結子会社47社533,812千円に増大した。資産上位は1位昭和製鋼所127,824千円、2位満電123,632千円、3位大連汽船37,592千円、4位満洲化学工業30,483千円、5位満炭28,954千円となり、満電は連結子会社に転換した。上位5社合計348,485千円は連結子会社資産合計の65％に上昇した。満電の連結子会社への転換が反映している。満鉄出資会社は増大した。とりわけ満洲の会社増大と新規出資、これら会社の資産規模の増大に伴い満鉄連結子会社の資産規模は膨らんだ。連結子会社・持分法適用会社合計は1932年3月期39社から1937年3月期63社に増大したが、それ以上にこれら会社資産は166百万円から611百万円に急増した。とりわけ満洲の連結子会社の資産増大が大きく寄与した。その資金を支えたのが一部現物出資を含むが満鉄の多額出資であった。

　次にこの連結子会社総資産を用い、満鉄の総資産と接続することで連結総資産を試算する。満鉄貸借対照表（表5-1）、満鉄連結子会社総資産表（表5-4）で総資産を合算した上で、満鉄出資表（表5-2）と満鉄融資・預り金表（表5-3）で満鉄の出資残高と融資・預り金を相殺することで集計できた連結子会社に限定される。満鉄払込資本金を用い、社内評価額を採用しない[82]。残念ながら連結子会社であっても1932年3月期から1937年3月期までの時期について貸借対照表の欠落が発生している場合には、その分が連結総資産の圧縮要因となる。そのほかの取引先等の預り金・未収金等と合算され分割できないため満鉄預り金に集計で

表5-4　南満洲鉄道関係

商　号	設立日	本　店	1932.3期	1933.3期	1934.3期
営口水道電気(株)→営口水道交通(株)	1906.11.15	営口	3,850	4,081	4,432
(株)満洲日報社	1913.11.26	大連	1,023	1,047	1,147
大連汽船	1915.1.28	大連	30,972	30,550	31,962
大連油脂工業(株)	1916.4.26	大連	853	984	1,125
長春取引所信託→新京取引所信託(株)	1916.3.26	長春→新京	598	526	483
渓城鉄路公所	1916.4.18	本渓湖	…	…	…
長春市場(株)→新京市場(株)	1917.5.16	長春→新京	77	92	118
満洲市場(株)	1917.9.1	奉天	304	335	541
大連工業(株)	1918.4.5	大連	473	657	911
南満鉱業(株)	1918.4.8	関東州海城県	789	937	1,092
公主嶺取引所信託(株)	1919.8.1	公主嶺	697	665	663
四平街取引所信託(株)	1919.9.1	四平街	274	273	208
満鮮坑木(株)	1919.12.21	安東	882	996	1,170
東亜土木企業(株)	1920.1.10	大連	2,274	4,933	6,787
湯崗子温泉(株)	1920.4.2	湯崗子	343	353	372
奉天取引所信託(株)	1921.7.29	奉天	931	1,175	941
鞍山不動産信託(株)	1921.10.26	鞍山	*1,055*	*1,094*	*1,242*
東亜勧業(株)	1921.12.10	奉天	6,782	6,938	11,538
札免採木公司	1922.6.25	哈爾濱	…	…	…
大連火災海上保険(株)	1922.7.28	大連	*1,040*	*1,094*	*1,234*
(株)哈爾濱日日新聞社	1922.11.1	哈爾濱	212	211	211
満洲紡績(株)	1923.3.15	遼陽	*4,312*	*4,383*	*4,251*
撫順炭販売(株)	1923.3.20	撫順	8,053	8,615	10,890
山東鉱業(株)	1923.5.7	青島	*2,452*	*2,527*	*2,689*
元山海水浴(株)	1923.6.2	元山	165	165	166
昌光硝子(株)	1925.4.17	東京	*4,171*	*3,951*	*3,390*
南満洲瓦斯(株)	1925.7.18	大連	9,857	9,961	9,961
大連窯業(株)	1925.7.15	大連	1,265	732	887
(株)盛京時報社	1925.11.20	奉天	385	433	456
南満洲電気(株)→大連都市交通(株)	1926.6.1	大連	26,756	26,800	29,093
国際運輸(株)	1926.8.1	大連	9,177	12,133	15,588
福昌華工	1926.10.15	大連	…	…	…
東洋窒素工業(株)	1926.12.01	東京	*3,041*	*3,186*	*3,142*
南満洲硝子(株)	1928.11.03	大連	394	406	439
(匿)登瀛閣	1929.1.10	大連	…	…	…
日本精鑞(株)	1929.2.23	大連	3,813	4,177	3,521
復州鉱業(株)	1929.2.13	復州	*537*	*596*	*807*
大連農事(株)	1929.4.15	大連	5,057	5,064	5,065
日満倉庫(株)	1929.6.1	東京	2,140	2,166	2,240
阪神築港(株)	1929.7.3	神戸	*2,502*	*2,600*	*2,572*
(株)昭和製鋼所	1929.7.4	京城→鞍山	25,758	25,834	64,663
(株)遼東ホテル	1928.9.26	大連	1,381	1,402	1,430
哈爾濱土地建物(株)	1920.5.1	哈爾濱	…	…	877
銑鉄共同販売(株)	1932.8.25	東京	—	3,356	*5,638*
満洲航空(株)	1932.9.26	新京	—	…	…
満洲化学工業(株)	1933.5.30	大連	—	—	12,869
(株)マンチュリア・デーリー・ニュース	1933.10.10	大連	—	—	*137*
日満マグネシウム(株)	1933.10.21	東京	—	—	1,773
満洲石油(株)	1934.2.24	新京	—	—	*1,318*
同和自動車工業(株)	1934.3.31	新京	—	—	—
満洲炭礦(株)	1934.5.7	新京	—	—	—
満洲採金(株)	1934.5.15	新京	—	—	—

会社総資産（出資20％以上）

(単位：千円)

1935.3期	1936.3期	1937.3期	備　考
4,680	6,328	5,967	同年4月期
1,343	1,456	—	同年5月期、満洲弘報協会に譲渡
34,061	35,174	37,592	前年12月期
1,091	1,100	1,141	同年5月期
468	607	634	前年12月期
779	…	827	
122	241	260	前年12月期
905	864	845	同
716	719	631	同年4月期
1,586	1,602	1,762	前年12月期
—	—	—	前年12月期
—	—	—	同
1,834	1,964	1,765	前年10月期
8,525	6,141	4,892	
385	384	426	
1,045	—	—	前年12月期
1,473	*1,695*	*1,955*	同
13,159	11,238	6,373	
6,771	7,238	7,550	前年9月期
1,238	*1,318*	*1,517*	
218	…	—	同年5月期、満洲弘報協会に譲渡
4,448	*4,667*	*7,021*	同年4月期
12,997	15,345	—	
2,680	*2,692*	*3,285*	同年5月期
166	168	157	前年12月期
3,610	*3,954*	*5,535*	
10,400	11,200	11,611	
994	1,114	1,184	
…	…	…	前年12月期、満洲弘報協会に譲渡
44,242	25,680	7,784	
17,286	19,808	26,246	
4,534	4,724	4,857	
2,873	*2,896*	*2,871*	前年12月期
326	353	442	大連窯業出資で合計100％
36	34	35	
3,244	3,455	3,449	
1,060	*1,304*	*1,527*	同年2月期
5,054	5,068	5,102	
2,358	8,652	8,653	
3,078	*3,010*	*3,394*	
90,940	103,886	127,824	
1,455	1,435	1,417	
1,073	1,064	1,025	前年11月期
5,635	*5,787*	*6,610*	1935.9昭和製鋼所40％と合計74％出資
6,959	9,287	16,667	前年12月期
25,270	27,282	30,483	
122	134	—	満洲弘報協会に譲渡
1,856	2,850	4,015	
7,940	*9,729*	*11,580*	同年6月期、1937.3期のみ前年12月期
2,405	*4,055*	*5,555*	同年6月期
16,024	19,950	28,954	同年6月期
4,790	*7,426*	*8,444*	前年12月期

㈱錦州市場		1934.6.18	錦州	—	—	—
㈱大満採金公司		1934.6.30	奉天	—	—	—
撫順セメント㈱		1934.7.18	撫順	—	—	—
満洲大豆工業㈱		1934.7.23	奉天	—	—	—
満洲電業(股)		1934.11.1	新京	—	—	—
満洲鉛鉱(股)		1935.6.18	新京	—	—	—
安東市場㈱		1935.8.22	安東	—	—	—
満洲鉱業開発㈱		1935.8.24	新京	—	—	—
㈱興中公司		1935.12.20	大連	—	—	—
満洲拓殖㈱		1936.1.4	新京	—	—	—
㈱日仏対満事業公司		1936.2.25	大連	—	—	—
満洲林業(股)		1936.2.29	新京	—	—	—
満洲塩業㈱		1936.4.27	新京	—	—	—
満洲曹達(股)		1936.5.22	新京	—	—	—
(股)満洲弘報協会		1936.8.28	新京	—	—	—
鮮満拓殖㈱		1936.9.9	京城	—	—	—
日満商事(股)		1936.9.28	新京	—	—	—
満洲軽金属製造㈱		1936.11.10	新京	—	—	—
満洲畜産工業㈱		1936.11.16	奉天	—	—	—
社数 総計				38 166,664	39 175,442	43 250,061
満洲内	社数 資産額			31 142,137	31 148,872	34 217,566
満洲外	社数 資産額			7 22,527	8 26,569	9 32,504
連結総計	社数 資産額			36 144,697	31 156,008	34 229,412
持分総計	社数 資産額			9 19,967	8 19,433	9 20,649

注:1) ボールドは満洲本店会社。イタリックは持分法適用会社。
 2) 営業報告書掲載数値を優先し、不明・欠落年期にほかの資料で埋めた。
出所:南満洲鉄道［1938］、同産業部［1937a］、［1937b］、『統計年報』(各年版)、『関係会社年報』1938年版、営口水道電気㈱『営業報告書』(各期)、営口水道交通㈱『営業報告書』(各期)、大連汽船㈱『営業報告書』(各期)、大連工業㈱『営業報告書』(各期)、南満鉱業㈱『営業報告書』(各期)、公主嶺尚子温泉㈱『営業報告書』(各期)、奉天取引所信託㈱『営業報告書』(各期)、東亜勧業㈱『営業報告書』(各期)、山東鉱業㈱『営業報告書』(各期)、昌光硝子㈱『営業報告書』(各期)、南満洲瓦斯㈱『営業報告書』(各期)、国際運輸㈱『営業報告書』(各期)、東洋窒素工業㈱『営業報告書』(各期)、阪神築港㈱『営業報告書』(各期)、洲化学工業㈱『営業報告書』(各期)、同和自動車工業㈱『第3期営業報告書』1937年6月期(吉林省期)、撫順セメント㈱『営業報告書』(各期)、満洲電業(股)『営業報告書』(各期)、満洲鉱業開発㈱『営業報告書』(各期)、日満商事(股)『営業報告書』(各期)、満洲軽金属製造㈱『営業報告書』(各期)。

きない事例があり、この場合には相殺できていない。ただし資産規模の多額な連結子会社はほぼ集約できているため、大幅な欠落にはならない見込みである(表5-5)。

1932年3月期では満鉄総資産1,102百万円に対し連結子会社29社総資産144百万円であり、単純合計1,246百万円から満鉄出資額91百万円、融資5百万円、預り金22,990千円を相殺した1,126百万円が連結総資産となる。これを満鉄総資産で割

第5章　満洲事変期南満洲鉄道系企業集団　283

55	66	89	同年1月期
441	697	724	
2,886	3,678	3,839	同年4月期
1,578	2,069	2,524	同年6月期
100,916	*113,850*	*123,632*	前年12月期
—	4,088	4,081	同
—	208	249	同
—	3,100	3,146	同
—	2,506	11,273	
—	—	*12,365*	前年12月期
—	50	118	
—	—	2,836	前年10月期
—	—	*1,262*	前年12月期
—	—	4,000	前年11月期、満鉄出資35％、満洲化学工業15％出資で合計50％、連結子会社に分類
—	—	*1,963*	前年11月期
—	—	*8,127*	同年1月期
—	—	31,893	
—	—	6,256	前年12月期
—	—	317	同
51	56	62	
469,105	566,357	611,093	
43	47	54	
434,625	470,899	569,270	
9	9	9	
35,259	45,358	42,650	
39	43	47	
326,407	350,366	533,812	
13	13	15	
143,477	165,890	77,280	

日満実業協会［1934］、日満倉庫［1940］、鮮満拓殖・満鮮拓殖［1941］、大連商工会議所『満洲銀行会社年鑑』（各年版）、報告書』（各期）、大連油脂工業㈱『営業報告書』（各期）、長春取引所信託㈱『営業報告書』（各期）、新京取引所信託㈱嶺取引所信託㈱『営業報告書』（各期）、満鮮坑木㈱『営業報告書』（各期）、東亜土木企業㈱『営業報告書』（各期）、報告書』（各期）、大連火災海上保険㈱『営業報告書』（各期）、満洲紡績㈱『営業報告書』（各期）、撫順炭販売㈱『営スナ㈱『営業報告書』（各期）、大連窯業㈱『営業報告書』（各期）、南満洲電気㈱『営業報告書』（各期）、大連都市交通㈱南満洲硝子㈱『営業報告書』（各期）、日本精鑛㈱『営業報告書』（各期）、復州鉱業㈱『営業報告書』（各期）、大連農昭和製鋼所『営業報告書』（各期）、㈱遼東ホテル『営業報告書』（各期）、銑鉄共同販売㈱『営業報告書』（各期）、満社会科学院満鉄資料館（以下、満鉄史料館）02349）、満洲炭礦㈱『営業報告書』（各期）、満洲採金㈱『営業報告書』（各業報告書』（各期）、満洲拓殖㈱『第1期営業報告書』1936年、満洲塩業㈱『営業報告書』（各期）、満洲曹達㈱『営業

った総資産連単倍率は1.021で満鉄総資産に2.1％上乗せする程度の規模に止まっていた。ところが満洲事変期の関係会社投資の増大で連結子会社資産も増大したことで、1934年3月期で連結子会社34社総資産229百万円に増大し、連結総資産1,381百万円となり、総資産連単倍率は1.042に上昇した。それでも連結子会社の比重は本体の5％も底上げするものではなかった。さらなる満洲国期の関係会社投資の累増で、1935年3月期には総資産連単倍率は1.067に上昇し、本体資産を

表 5-5　南満洲鉄道連結総資産 (3)

(単位：千円、社)

	1932.3期	1933.3期	1934.3期	1935.3期	1936.3期	1937.3期
南満洲鉄道総資産	1,102,066	1,217,862	1,324,916	1,559,410	1,767,270	1,929,626
連結子会社総資産	144,697	156,008	229,274	326,285	350,232	537,924
単純合計総資産	1,246,762	1,373,870	1,554,190	1,885,696	2,117,503	2,467,551
相殺：出資	91,264	91,058	134,917	171,279	188,186	222,774
相殺：融資	5,023	5,555	12,193	18,833	9,182	5,527
相殺：預り金	22,990	25,138	26,024	31,353	35,796	48,815
連結総資産	1,126,184	1,252,118	1,381,055	1,664,228	1,884,336	2,190,433
連結子会社数	29	31	34	38	42	48
総資産連単倍率	1.021	1.028	1.042	1.067	1.066	1.135

出所：表5-1、表5-2、表5-3、表5-4。

6.7％膨らませる規模に拡大した。1937年3月期には連結子会社総資産は537百万円に増大し連結総資産は2,190百万円となり、1932年3月期の倍近い規模に膨れ上がり、総資産連帯倍率は1.135に上昇していた。これを東拓の事例と比較すると、1932年12月期総資産連単倍率1.044が上昇し、1936年12月期には1.118に達していた。東拓の1936年12月期連結子会社総資産は82百万円に止まり、同社連結子会社の資産規模は大きいものではなかった。ただし東拓と満鉄とでは本体事業の有形事業資産規模が決定的に異なり、東拓の1936年12月期総資産は315百万円で満鉄の1937年3月期の19％の規模に止まっていた（柴田［2015a］115頁）。

1） 満鉄本部業務の新京事務局への移転については南満洲鉄道［1938］98-99頁参照。
2） 満鉄の1934年増資については平山［2009］参照。
3） 満鉄の危機については鉄道経営史から高橋［1995］が紹介している。
4） 江口定条は元治2（1865）年4月1日生、東京商業学校卒、同校教員、1891年三菱社採用、三菱合資営業部長、1920年同社総理事、1921年辞職、1931年6月〜1932年4月満鉄副総裁、1933年貴族院議員、1925年社団法人如水会理事長、同仁会（1902年6月16日設立）副会長を歴任、1946年3月14日没（新潮社［1991］290頁）。
5） 林博太郎は1874年2月4日生、1899年7月東京帝国大学文科大学卒、1904年6月学習院教授、1908年9月東京高等商業学校教授、1914年2月貴族院議員、1919年9月東京帝国大学教授、兼務で1918年7月〜1921年8満鉄総裁、1968年4月28日没（秦［1981］187-188頁）。
6） 大村卓一は明治5（1872）年2月13日生、1896年7月札幌農学校卒、北海道炭礦

鉄道株式会社採用、鉄道国有化に伴い1906年10月逓信省採用、1907年11月帝国鉄道庁北海道管理局工務課長、1908年12月鉄道院北海道管理局工務長、1925年5月朝鮮総督府鉄道局長、1932年6月関東軍交通監督部長、1935年10月〜1939年3月満鉄副総裁、1939年3月〜1943年7月満鉄総裁、1945年1月大陸科学院長、1945年11月中国共産党軍に抑留、1946年3月5日海龍で没（大村卓一追悼録編纂会［1972］、秦［1981］62頁）。

7) 銑鉄共同販売株式会社『第1期営業報告書』1932年12月期、会社設立年月日は大連商工会議所『満洲銀行会社年鑑』1935年版、帝国興信所『帝国銀行会社要録』1933年版。小日山直登と大淵三樹については第2章参照。

8) 南満洲鉄道株式会社『第57回帝国議会説明資料』1929年12月。

9) 「重役会決議録」：「銑鉄共販株式会社株式肩代リニ関スル件」1935年5月9日（小田原市立図書館蔵『山崎元幹文書』マイクロフィルム版（以下『山崎元幹文書』と略記）R-75）。以下同文書綴名称の「重役会議決議録」の記載を省略。銑鉄共同販売株式会社『第1期営業報告書』1932年12月期、11頁。なお日印通商株式は1937年2月16日に株式会社岸本商店（1918年12月設立、本店大阪）と売却契約を結び処分した。3社以外に官営八幡製鉄所、富士製鋼株式会社（1917年12月設立、本店東京）と九州製鉄株式会社（1918年9月設立、本店八幡）が製鉄合同に参加し、その後、大阪製鉄株式会社（1915年12月設立）も参加した（日本製鉄株式会社史編集委員会［1959］参照）。本渓湖煤鉄有限公司は1935年9月25日に本渓湖煤鉄股份有限公司として再登記し満洲国の準特殊会社に転換した。

10) 「銑鉄共販株式会社株式肩替ニ関スル件」1935年6月5日（『山崎元幹文書』R-75）、「銑鉄共同販売株式会社今後ノ方針ニ関スル件」1935年6月21日（『山崎元幹文書』R-71）。

11) 銑鉄共同販売株式会社『第4期営業報告書』1935年12月期、2-3、11頁。役員株を合計した。

12) 南満洲鉄道株式会社『関係会社年報』1938年版、365頁。

13) 撫順炭販売株式会社『第16期営業報告書』1931年3月期、18頁、同『第26期営業報告書』1936年3月期、15頁。撫順炭販売の設立については第3章参照。

14) 「撫順炭販売会社存続期間ニ関スル件」1933年2月21日（『山崎元幹文書』R-71）。

15) 設立と営業不振については須永［2007c］821頁で説明があるが、満鉄による資金支援強化は無視している。大連油脂工業株式会社『第33期営業報告書』1932年5月期、6-10頁。なお大連油脂工業は満鉄未収金35千円と満鉄株式若干を保有していたが満鉄借入金がはるかに多額である。満鉄の出資の評価額は『第64回帝国議会説明資料』1932年12月。

16) 大連油脂工業株式会社『第35期営業報告書』1933年5月期、1頁。

17) 大豆油脂加工・商品化の満鉄独自技術開発に関わった満鉄中央試験所については飯塚［2008］が詳しい。
18) 長春取引所信託株式会社『第21期営業報告書』1932年6月期、新京取引所信託株式会社『第22期営業報告書』1932年12月期を点検し、商号変更前の第21期で1932年7月29日株主総会開催のみのため同日商号変更決議したと判断したが、議案には掲載されていない。
19) 『日産懇話会々報』96号、1941年3月1日。この鉱業権を買収し1941年2月7日に昭和製鋼所に鉱業権移転登記した。振興鉄鉱については第3章参照。柳沢［2009］169頁は1937年昭和製鋼所出資率45％としているが、満業への譲渡前で100％である。
20) 満洲電信電話［1941］参照。満洲電信電話の設立については疋田・須永［2007］379-383頁。
21) 八木閒一は1897年1月生、東京高等商業学校卒、久原鉱業株式会社採用、久原商事株式会社（1918年8月設立、本店東京）勤務、1931年満鉄秘書役、1933年6月15日総務部監査役、1936年10月1日参与、1937年6月29辞職、昭和製鋼所理事、1941年6月満洲重工業開発株式会社理事、満洲自動車製造株式会社、満洲重機械株式会社、満洲特殊鉄鉱株式会社各取締役（中西利八編『満洲紳士録』満蒙資料協会、1943年版、1004頁、満鉄会［1992］90、111頁）。
22) 南満洲鉄道株式会社『関係会社年報』1938年版、1005頁。『満銀年鑑』1935年版、581頁で満鉄保有は4,890株となっているが、役員株を除いたものであろう。設立日の1922年4月1日は1915年8月1日設立の濱江農産信託公司が改組した日である（『関係会社年報』1938年版、1005頁）。
23) 『満銀年鑑』1935年版、581頁。
24) 金井清は1884年12月生、1911年東京帝国大学法科大学卒、鉄道院採用、帝都復興院書記官、鉄道院書記北平上海駐在鉄道監察官、1932年辞職、1932年1月21日満鉄哈爾濱事務所長、1935年5月22日総務部審査役、日仏対満事業公司常務理事、中支那振興株式会社理事（帝国秘密探偵社『大衆人事録』1943年版、満洲285頁、満鉄会［1992］90、94頁）。
25) 関東庁［1926］894頁。「安東満日合弁実業公司設立ニ関スル件外2件」1933年1月13日（『山崎元幹文書』R-71）。
26) 南満洲鉄道株式会社経済調査会『満洲事変後設立会社業態』1935年2月（スタンフォード大学フーバー研究所旧東アジア図書館蔵）。
27) 『第65回帝国議会説明資料』1933年12月。
28) 『満銀年鑑』1935年版、611頁に満洲国政府20千株のほかは「満鉄会社ト棉花協会ニテ所有」と記載有り、満鉄と満洲棉花協会の各10千株出資と判定した。
29) 『満銀年鑑』1935年版、611頁。

30) 山川［1944］240頁、『満銀年鑑』1935年版、369頁。
31) 1934年9月期の『第67回帝国議会説明資料』1934年12月でも保有なし、1935年9月期も保有なし（『第68回帝国議会説明資料』1935年12月）。
32) 上島慶篤は1886年1月1日生、1907年東京高等工業学校卒、満鉄採用、1918年大華電気冶金公司創立、1939年8月協和鉱山株式会社社長、大華鉱業株式会社社長、東亜鉱山株式会社取締役（『大衆人事録』1943年版、関東州14頁）。
33) 『満銀年鑑』1935年版、594頁。
34) 「奉天鉄西工業用地ニ関スル件」1932年12月15日（『山崎元幹文書』R-71）。
35) 『満銀年鑑』1936年版、666頁。この典拠では資本金2.5百万円払込、50千株となっているが、役員8名で13,750株とあり、5.5百万円となる。中西敏憲については第4章参照。三輪環は1889年8月生、1910年早稲田大学商科卒、満鉄採用、1932年12月1日総務部監察役、1936年5月東亜土木企業株式会社専務取締役、1937年10月13日監察役兼総務局監察、1939年8月関東州工業土地株式会社常務取締役（『満洲紳士録』1943年版、298頁、満鉄会［1992］90、111頁）。
36) 『満銀年鑑』1938年版、352、611頁。
37) 『満銀年鑑』1937年版、352頁。富田租は1886年生、1911年神戸高等商業学校卒、満鉄採用、1933年9月6日総務部監査役、昭和製鋼所、満鮮坑木株式会社、安東市場、満洲市場、錦州市場、南満洲瓦斯、昭徳建物、満洲輸入、営口水道交通各役員、日満商事理事、哈爾濱土地建物株式会社監査役（『大衆人事録』1943年版、関東州31頁、満鉄会［1992］90頁）。金丸富八郎については第4章参照。
38) 『第65回帝国議会説明資料』1933年12月。
39) 『第67回帝国議会説明資料』1934年12月。
40) 『満銀年鑑』1936年版、654頁、『帝国銀行会社要録』1937年版、東京99頁、大阪192頁、株式会社昭和製鋼所『第8期営業報告書』1936年3月期、満鉄会［1992］90、95頁。奥村慎次は1894年5月25日生、1920年東京帝国大学法学部卒、満鉄採用、1931年8月1日総務部外事課長、1932年1月27日経済調査会主査、1933年5月31日兼計画部業務課長、1936年10月1日産業部次長、1937年12月26日辞職、1938年1月満業常務理事、東辺道開発株式会社常務理事、鉄鋼統制会理事（満鉄会［1992］82、90、95、107、120頁、『大衆人事録』1943年版、満洲73-74頁）。山鳥登は1890年2月生、1913年神戸高等商業学校卒、同年5月満鉄採用、1932年12月1日総務部審査役、1934年3月15日同監査役、1939年9月20日監察役、1941年8月辞職、満洲農産公社監察役（『満洲紳士録』1943年版、315頁、満鉄会［1992］103、115、133、162頁）。帝国人造肥料については『帝国銀行会社要録』1936年版、大阪180頁。
41) 『満銀年鑑』1935年版、632頁。
42) 「安東市場会社設立援助ニ関スル件」1935年7月8日（『山崎元幹文書』R-75）。安

東市場についても鈴木［2007b］では言及がない。日本水産は株式会社山神組として設立され、1917年3月に商号変更した。後日、日本産業株式会社系の共同漁業株式会社と協同で日満水産株式会社に出資し、共同漁業に吸収合併された（日本水産［1961］410頁）。

43) 設置法は「満洲火薬販売株式会社法」であり、同法に基づき股份有限公司が設立されたことになる。やや面妖ではあるが、1938年9月20日に満洲火薬販売股份有限公司は満洲火薬販売株式会社に商号変更しており（『満洲国政府公報』2363号、1942年3月31日）、当初設立されたのは股份有限公司である。

44) 『満銀年鑑』1936年版、613頁。小柳津正蔵は1881年5月生、1902年陸軍砲兵少尉、東京、大阪の工廠長、1933年陸軍中将、1933年8月待命、同年昭和製鋼所取締役、1940年5月辞職、顧問就任（『満洲紳士録』1943年版、111頁）。

45) 須永［2007c］851頁で奉天造兵所が吸収合併したと解説。

46) 興中公司については柴田［2000］、［2008a］第1章参照。興中公司の台湾拓殖株式会社との競合については柴田［2013b］参照。十河信二は1884年4月14日生、1909年7月東京帝国大学法科大学卒、鉄道院採用、1918年9月鉄道院経理局調査部庶務課長、1919年5月経理局購買第一課長、1920年9月経理局会計課長、1924年2月内務省復興局経理部長、1924年8月鉄道省経理局長、1925年1月休職、辞職、1930年7月〜1934年7月満鉄理事、1935年12月〜1938年11月興中公司社長、1955年5月〜1963年5月日本国有鉄道総裁、1981年10月3日没（秦［1981］135頁、北条［1971］参照）。柳沢［2008］192-193頁で本店大連の関内投資を担当させた興中公司を「満洲国国策事業の協力」と位置付ける。

47) 「満洲日報社ト大連新聞社トノ合同ニ関スル件」1935年7月16日（『山崎元幹文書』R-75）、「満洲日報社ト大連新聞社ニ関スル件」1935年7月23日（『山崎元幹文書』R-75）。なお8月1日は解散・事業吸収予定日。

48) 営口水道電気株式会社『第54期営業報告書』1933年10月期、15頁。南満洲電気の営業報告書には華北分離工作参入の記載がない。

49) 営口水道電気株式会社『第57期営業報告書』1935年4月、8頁。

50) 同『第58期営業報告書』1935年10月期、6頁。

51) 営口水道交通株式会社『第59期営業報告書』1936年4月期、7頁。

52) 同『第62期営業報告書』1937年10月期、7-8頁。

53) 『満銀年鑑』1936年版、667頁、『関係会社年報』1938年版、1143頁。坪上貞二は1884年6月1日生、1909年7月東京高等商業学校卒、1912年11月外交官試験合格、1923年4月外務省亜細亜局第三課長、1925年5月会計課長、1929年6月文化事業部長、1934年7月拓務次官、1935年1月辞職、1935年12月満洲拓殖理事長、1941年8月タイ駐箚大使、1945年辞職、1946年12月公職追放、1979年5月28日没（秦［1981］155頁）。

54) 「南満鉱業株式会社整理更正ニ関スル件」1934年2月12日（『山崎元幹文書』R-72）。
55) 南満鉱業株式会社『第33期営業報告書』1934年6月期、1-2頁。柳沢［2008］169頁は1937年南満鉱業への出資率50.6％とし、満鉄の追加支援が反映していない。
56) 『満銀年鑑』1936年版、402頁、『関係会社年報』1938年版、1125、1127頁、「株式会社日仏対満事業公司定款ニ関スル件」1933年10月3日（『山崎元幹文書』R-72）、満鉄会［1992］93頁。設立経緯については蘇［1990］733-738頁が詳細である。
57) 『満銀年鑑』1936年版、402頁、東亜土木企業株式会社『第15期営業報告書』1935年3月期、3-4頁、『第16期営業報告書』1936年3月期、8頁、満鉄会［1992］90、95頁。
58) 「満洲水道株式会社設立ニ関スル件」1935年10月4日（『山崎元幹文書』R-76）。
59) 「株式会社新京屠宰場設立ニ関スル件」1934年2月6日（『山崎元幹文書』R-72）。
60) 『満銀年鑑』1936年版、668頁、満鉄会［1992］90-92頁、笠原［1922］343頁。宇戸修次郎については『満洲紳士録』1937年版、1378頁。
61) 『第70回帝国議会説明資料』1936年12月。
62) 『公報』1191号、1938年3月28日。
63) 『満銀年鑑』1936年版、623頁。
64) 1936年8月29日半額減資は『関係会社年報』1938年版、983頁。『満銀年鑑』1937年版、136頁。この典拠では減資は1936年11月12日。1937年1月期貸借対照表と整合しない。平尾康雄については満鉄会［1992］90、96頁。
65) 蘇［1990］883頁では9月28日設立とする。
66) 『関係会社年報』1938年版、1265頁。柳沢［2008］169頁では1937年で満鉄は満洲日報社・盛京時報社・哈爾濱日日新聞社の株式を保有している。
67) 『関係会社年報』1938年版、761頁。
68) 満鮮拓殖・鮮満拓殖［1939］参照。東拓の出資については柴田［2015a］第2章参照。
69) 『関係会社年報』1938年版、733、735頁、『公報』935号、1937年5月14日、「満洲畜産加工会社設立ニ関スル件」1936年6月8日（『山崎元幹文書』R-78）。柳沢［2008］169頁では1937年東亜勧業への出資率96％とし、187頁では1940年でも出資が続いている。
70) 『公報』1155号、1938年2月10日。
71) 1936年9月時点集約の『第70回帝国議会説明資料』1936年12月に大興煤礦の掲載があるが、1937年3月時点の『統計年報』1936年度版には掲載がない。
72) 「満洲輸入組合聯合会ヲシテ満洲輸入株式会社ヲ設立セシムル件」1935年6月4日（『山崎元幹文書』R-75）。
73) 『満銀年鑑』1938年版、333頁。満鉄出資には役員株を含む。
74) 満洲鉱業股份有限公司『第1期営業報告書』1938年3月期（吉林省社会科学院満鉄

資料館02510)。『満銀年鑑』1938年版、540頁で満鉄全額出資と記載があるが誤りである。1937年4月30日に待命となり転出した亀岡精二前職位は満鉄会［1992］104頁。市川健吉、江崎重吉、山崎善次の職位は満鉄会［1992］115-116頁。山口忠三については『満洲紳士録』1940年版、85頁。

75) 南満鉱業株式会社『第40期営業報告書』1937年12月期、1、7-8頁、『関係会社年報』1938年版、811頁。

76) 南満鉱業株式会社『第39期営業報告書』1937年6月期、3頁。

77) 『満銀年鑑』1938年版、387頁。星野龍雄は1892年生、1914年東亜同文書院卒、満鉄採用、1932年12月1日地方部商工課長、1936年3月27日総務部監査役、1936年10月1日総裁室監査役、1942年大連医院理事（『満洲紳士録』1943年版、1256頁、満鉄会［1992］90、91、103頁）。

78) 満洲拓殖公社設立については柴田［2007k］参照。同公社は満洲国法人であるが、柳沢［2008］193頁は「日満両国に籍をもつ」二重国籍法人とする。

79) 『満銀年鑑』1938年版、655頁。林顕蔵は1887年3月生、京都法政学校終了、東京音楽学校研究科卒、1918年6月満鉄採用、1932年12月1日総務部庶務課長、1936年10月1日総裁室庶務課長、1937年8月辞職、満洲映画協会常務理事、満洲音盤配給株式会社（1943年1月25日設立、本店新京、1945年7月8日解散、満洲音盤株式会社設立で事業統合、満洲蓄音器株式会社（1939年4月28日設立、本店新京）も併せて解散事業統合）社長（『満洲紳士録』1943年版、961頁、満鉄会［1992］90、103頁、『公報』3324号、1945年7月20日）。閉鎖機関整理委員会［1954］592-493頁。満洲の映画産業については吉川［2007b］が詳しい。胡・古［1990］も参照。金壁東については国務院総務庁『満洲国人名鑑』1934年版、332頁ほか。

80) 『関係会社年報』1938年版、769、771頁、柴田［2007g］664-665頁、『満銀年鑑』1937年版、281頁。

81) 『満銀年鑑』1938年版、406頁。日本繊維工業については呉羽紡績［1960］486頁。鈴木［2007c］も参照。鈴木［2007c］は設立時から満洲豆稈パルプ工業とする。

82) 満洲のパルプ製造会社については鈴木［2007c］参照。会社設立年月については『満銀年鑑』1938年版、404-406、408頁、『帝国銀行会社要録』1938年版参照。

82) 安冨［1997a］、［1997b］は満鉄評価額の増減で関係会社向け出資残高の増減と認定する。この手法には大きな欠陥がある。無配の関係会社の評価額は株式払込額を大きく下回る。評価額皆無の会社も珍しくない。例えば大連農事の出資額5百万円は変動しないが評価額は1934年9月期4百万円に、1935年9月期2百万円に、1936年9期1.4百万円、1938年9月期1百万円へ減少を辿った（『第67回帝国議会説明資料』1934年12月、『第68回帝国議会説明資料』1935年12月、『第70回帝国議会説明資料』1936年12月、『第74回帝国議会説明資料』1938年12月）。評価額を出資額に代替する

と投資キャッシュ・フローが回収されたことになるが現実は異なる。投資パフォーマンスが悪いため評価額を引き下げたにすぎない。満鉄は株式譲渡する際には内部の評価額を用いず払込額を利用した。例えば満洲弘報協会に現物出資したメディア4社の1935年9月期の満洲日報社の満鉄出資払込750千円、評価額75千円、哈爾濱日日新聞社の満鉄出資払込150千円、評価額0円、盛京時報社の満鉄出資払込200千円、評価額4千円であるが(『第68回帝国議会説明資料』1935年12月)、譲渡する際には払込額を採用している。休業状態等に直面していなければ対外的には払込額で会社価値を主張する。また安冨［1997b］は関係会社の本店所在地に拘泥しないため、満洲国の金融なのか関東州を含めた満洲の金融なのかも判然としない。満洲国内か関東州かは区分されず、しかも関内投資の法人の株式増減(1935年以降の興中公司・華北交通股份有限公司・大同炭礦株式会社)も安冨［1997b］の主張する満洲国資金循環に取りこんでいるため、満洲国関係会社投資が過大に表示される。満鉄の巨額運輸営業損益、営業キャッシュ・フローも、満洲国と関東州を、さらには満洲外を区分していない。満鉄の事業収支を満洲国のみに限定できないため、満洲国の金融として理解する場合に読者は混乱する。営業報告のみでは満鉄営業全体から満洲国内を区分集計するのは不可能であり別の資料発掘による解明が必要となる。安冨［1997b］は有用な統計集ではあるが、法人名・本店所在地や関係会社の事業内容にこだわりを持たない統計作りが、典拠資料にもたれかかる法人一覧に散見する誤記の類にも影響しているようである。

第2節 関係会社の再編・重点投資

1. 関係会社株式公開・譲渡方針

満鉄は多数の関係会社を抱えていたが、それらを永久的に保有する意図は乏しく、満洲事変期にその保有株式の公開・譲渡、すなわち一部株式の処分のみならず子会社の切り離しも検討していた。1934年2月13日重役会で決定した方針として、以下の関係会社の全部もしくは一部の持株開放の具体案を作成するように満鉄総務部に求めていた[1]。31社が開放の対象とされた(表5-6)。そのほか別の時期に株式処分の検討がなされており、それも併記して紹介する。重役会決定では連結子会社は、新京取引所信託ほか取引所信託3社、新京市場株式会社ほか市

表 5-6 南満洲鉄道保有株式売却予定銘柄

(備考:円、%)

商　号	設立年月日	本店	持株率	満鉄払込額	満鉄簿価	売却株式
国際運輸(株)*	1926. 8. 1	大連	100	1,700,000		
(匿)登瀛閣*	1929. 1.10	大連	50	15,000		
四平外取引所信託(株)*	1919. 9. 1	四平街	50	62,500		
公主嶺取引所信託(株)*	1919. 8. 1	公主嶺	50	187,500		
新京市場(株)*	1917. 5.16	新京	50	25,000		
満洲市場(株)*	1917. 9. 1	奉天	50	150,000		
撫順市場(株)*	1918. 5.15	撫順	10	2,500		
南満洲製糖(株)	1916.12.15	奉天	2.5	77,850		
南満洲瓦斯(株)	1925. 7.18	大連	100	4,650,000	2,500,000	半数以内売却
満鮮坑木(株)	1919.12.21	安東	100	300,000	150,000	同
撫順セメント(株)**	1934. 7.18	撫順	100	1,250,000	1,250,000	同
(株)昭和製鋼所**	1929. 7. 4	鞍山	100	41,000,000	41,000,000	同
満洲化学工業(株)**	1933. 5.30	大連	51.7	212,500	212,500	半数超過分売却
東亜煙草(株)**	1906.11. 9	東京	0.1	7,500	0	全部売却
満洲製粉(株)**	1906.11.15	東京	0.5	21,425	0	同
東洋窒素工業(株)**	1926.12. 1	東京	30	375,000	600,000	同
昌光硝子(株)**	1925. 4.17	大連	40	1,200,000	120,000	同
大連製油(株)**	1918. 8.25	大連	0.5	6,125	0	同
満洲紡績(株)	1923. 3.15	遼陽	25	625,000	231,250	同
満蒙毛織(株)	1918.12.25	大連	5.7	142,500	124,937	同
大連窯業(株)	1925. 7.15	大連	100	600,000	120,000	同
大連工業(株)	1918. 4. 5	大連	50.8	127,000	73,660	同
南満洲硝子(株)	1928.11. 3	大連	16.7	50,000	37,500	同
満蒙冷蔵(株)**	1922. 6.—	大連	0.5	1,250	0	同
朝鮮鉄道(株)	1916. 4.29	京城	0.3	52,500	30,000	同
満洲電信電話(株)**	1933. 8.31	新京	7	875,000	875,000	同
(株)金福鉄路公司**	1925.11.10	大連	2.3	45,000	9,000	同
阪神築港(株)	1929. 7. 3	神戸	40	1,200,000	800,000	同
東亜土木企業(株)	1920. 1. 2	大連	50.2	627,562	150,615	同
鞍山不動産信託(株)	1921.10.26	鞍山	42.6	426,300	0	同
哈爾濱土地建物(株)	1920. 5. 1	哈爾濱	100	500,000	500,000	同
元山海水浴(株)**	1923. 6. 2	元山	66.7	100,000	0	同
(股)哈爾濱交易所**	1933.10. 1	哈爾濱	12.5	125,000	133,875	同
大連火災海上保険(株)	1922. 7.28	大連	33.3	166,250	66,500	同
新京取引所信託(株)	1916. 3.26	新京	51.4	128,572	0	同
奉天取引所信託(株)**	1921. 7.29	奉天	50	250,000	125,000	同
(株)遼東ホテル	1928. 9.26	大連	55	495,000	220,000	同
湯崗子温泉(株)	1920. 4. 2	湯崗子	50.6	126,375	220	同
合　計				55,685,359	49,330,057	払込金額合計55,694,175

注:1) 払込金額合計55,694,175円は、哈爾濱交易所資本金が満銀券建のため100:107.1で日本円に換算した金額。
　　2) *は1934年2月重役会提案のみに掲載。**は1935年処分方針のみに掲載。
　　3) 満鉄払込額合計と簿価合計は1935年提案による。
出所:「関係会社持株開放ニ関スル件」1934年2月13日(『山崎元幹文書』R-72)、アジア経済研究所図書館 [2011]。

場会社1社、製造業では大連工業株式会社、大連窯業株式会社、南満洲硝子株式会社（大連窯業と合計100％）の3社、運輸業では国際運輸、公益事業では南満洲瓦斯が並び、そのほか旅館業の株式会社湯崗子温泉ほか3社等と満鮮坑木株式会社、東亜土木企業、哈爾濱土地建物株式会社で合計18社である。持分法適用会社は、製造業では満洲紡績株式会社、昌光硝子の2社が含まれており、そのほか鞍山不動産信託株式会社、大連火災海上保険株式会社、阪神築港株式会社が並び合計5社である。その他会社では、製造業の満蒙毛織株式会社、南満洲製糖ほか3社と撫順市場株式会社、朝鮮鉄道株式会社、開原取引所信託の合計5社である。満鉄重役会では株式譲渡を行う理由として、優良企業株式の日満の株式流通市場への開放の意義、満鉄の有望事業独占への非難解消、持株の資金化と新規事業への投資力増大を掲げていた。満鉄の重要周辺事業として全額出資の国際運輸と南満洲瓦斯があるが、事業規模が大きいのはこの2社のみであった。他方、1935年の時期の計画では昭和製鋼所、撫順セメント、満洲化学工業ほかが並び、満鉄支配から切り離し、満洲電信電話の支援から手を引く方針であった。ただし両計画には大連汽船と南満洲電気の掲載はなく、両社を手放す意欲はなかった。前者は大連中心の輸送の海運部門の基幹をなし、後者は傘下に電力事業者を抱えた中間持株会社で満洲国電力業においてプレゼンスを維持する方針を抱いていた。ただし別に満電設立の動きがあり、南満洲電気の位置づけは確定していなかった。それ以外の製造業は満鉄本体事業との関係は薄く、事業が独り立ちできれば、長期保有を行う必然性は乏しいものであった。出資率の低い株式の保有意義は乏しく、前から処分の時期を狙っていたはずである。ただし営業収支で利益を計上できないために売却できない会社も含まれていた。譲渡の実現は重役会決定の方針をある程度踏まえて開放方針が進められるが、その後の満洲国の産業政策や満洲重工業開発株式会社設立で、重厚長大の鉱工業の譲渡が先行することになる。31社のうち処分対象会社となった開原取引所信託、公主嶺取引所信託及び四平街取引所信託の3社は1934年3月21日に解散し、譲渡の機会を失った。また同業の奉天取引所信託も近日解散の可能性が高く、1936年1月16日に解散したため[2]、譲渡は不可能であった。

　上記の売却方針に沿って、満鉄に関係会社持株開放審議委員会を設置し、売却

対象株式の処理方針を検討した。満鉄がマイノリティー出資の銘柄は支配出資会社に処分しやすいため、個別交渉に入った。損失を計上している昌光硝子の株式を旭硝子に全株24,00株払込を1株65円で売却する交渉に入った。しかし旭硝子は満鉄との関係が消滅すると、関東州で満鉄から供与を受けている珪石、石灰石、珪砂の無償採取利権が消滅する可能性がある等の不利益が発生するのを恐れ、満鉄に保有継続を求めた。そのため満鉄も売却方針について社内で再検討することにし[3]、売却は当面棚上げとなった。同様に1934年11月5日に大連火災海上保険の株式を、同社出資者の東京海上火災保険株式会社(1878年12月12日設立)と大正海上火災保険株式会社(1918年10月12日設立、本店東京)に売却し、出資を回収する方針を打ち出した。それにより商業ベースで満鉄が損害保険を契約できるようになるとみていた。また大連火災海上保険設立趣旨の満洲における損害保険料の満洲外への漏出阻止をさほど実現できず、出資関係で支援を続ける必要が乏しいと判断した[4]。そのほか1934年11月5日に過半の株式を保有する大連工業の株式開放も打ち出した。満洲の重要産業とはいえない大連工業の株式5,080株式25円払込を1株40円で一般に開放し、資本関係を断ち切るとした。大連工業との関係では、満鉄が大株主として支援せざるを得ない立場にあるため不利な条件で同社と取引する恐れがあり望ましいものではないと判断していた[5]。

満鉄系の優良子会社の南満洲瓦斯も株式公開の対象となる。満鉄は1935年5月9日に南満洲瓦斯の株式の半分以内の開放を決定した。理由として撫順炭使用以外に満鉄との直接の関係はない、近年業績好調であり満鉄から離脱しても経営に支障はなく、しかも満洲国の重要産業統制策とも関係がないため株式公開に踏み切るとした。資本金10百万円9,300千円払込1株46.5円であるが、満鉄の内部評価額は25円であった。これを46.5円以上で主として一般大衆に証券会社を通じて公募売出で売却するとの方針を固め[6]、南満洲瓦斯の株式公開を1935年9月から3カ月以内で実施する方針で、計画を具体化した[7]。満鉄は保有する南満洲瓦斯の株式の半分を1935年12月に投資家に売却した。売却先は満洲と日本内の事業法人・機関投資家である。すでに長期にわたる設備投資により南満洲瓦斯の利益も十分期待できるため[8]、同社の評価は高く満鉄はほぼ半分の株式を譲渡して売却収入を得た。満鉄は日清燐寸株式を1934年12月前に処分した。処分の重役会決定

は見当たらないが、保有株は僅かであり日清燐寸の経営に関わる意思はなく処分を急ぐことができた。

　上記の株式公開方針に対して、大連火災海上保険と大連工業は満鉄という最大取引先を失う可能性があるため、株式開放を思い止まるように陳情したはずである。以後の詳細を告げる文書が見当たらないが、両社株式をそのまま保有した。前者は満洲国損害保険体制の確立の中で事業清算に移行したが、後者はそのまま敗戦まで満鉄保有が続いた。株式処分会社として掲げられていた南満洲製糖は、先述のように解散し満蒙冷蔵も清算を結了したが、両社は不振企業のためほとんど投資を回収できなかったはずである。

2．特殊会社・準特殊会社の新設・株式取得

　満洲事変期にも多数の会社の新設を見た。満鉄は満洲事変期において最も満洲投資に注力した投資機関である。満洲国政府出資を大きく上回った。この時期の満鉄は満洲国鉄の運行受託のほか特殊会社・準特殊会社への出資で満洲国産業政策に全力で支援した。特殊会社・準特殊会社の株式取得についてまとめて解説する。

　満洲事変直後に関東軍は日本航空輸送株式会社（1928年10月20日設立、本店東京）に命令して軍用輸送を行わせた。航空輸送の重要性に鑑み、満洲国樹立後に関東軍で航空会社設立方針が検討された。1932年8月7日関東軍総司令官本庄繁と満洲国国務総理鄭孝胥の「航空会社の設立に関する協定」により、満洲に航空会社設立が決定した。満洲国の設置法に基づく資本金3.5百万円の合弁法人の特殊会社とし、本店を新京に置く、出資は満洲国政府現物出資1百万円のほか満鉄1.5百万円、住友合資会社1百万円の引き受けとなり、さらに満洲国政府は新設航空会社に補助金を交付することが盛り込まれていた（満洲航空史話編纂委員会［1972］17-19頁）。その後、設置法制定は見送られ、結局「公司法」に基づく準特殊会社として1932年9月26日に満洲航空株式会社が設立された（設立日は登記日、本店奉天、資本金3,850千円半額払込）。同社に満鉄は42.85％825千円、満洲国政府と住友合資会社は各28.57％550千円を出資した。満鉄と住友合資の出資は無配であり（満洲航空史話編纂委員会［1972］30頁）、配当負担を考慮せず事業

投資を可能とした。満洲航空も交通業であるため満鉄は出資を求められた。社長栄源、副社長児玉常雄である。予備役陸軍航空大佐児玉常雄は拓務大臣を経た有力官僚政治家児玉秀雄の実弟で、押し込み人事であろう。満鉄は取締役に計画部長根橋禎二を兼務派遣した。ただし満洲国内航空旅客輸送業務は満鉄高額座席旅客で競合する面があるため全力で支援する立場ではない。同社は1933年5月1日に全額払込となった[9]。満鉄出資比率は満洲航空の1936年8月7日8百万円払込への増資で、増資新株を取得しないため20.82％へ低下した。さらに1937年3月28日に8,580千万円払込に増資し、やはり満鉄は追加取得をしないため19.23％に低下し[10]、持分法適用会社からも離れた。1936年12月年時点の満洲航空の総資産は16,667千円という規模である。1937年6月23日に日本と満洲間の空路を運行する国際航空株式会社が設立された（本店東京）。同社に満洲航空は5百万円を出資した。この出資のため同年8月26日に13,580千円11,580千円払込に増資したことで[11]、満鉄出資率は8.3％に低下した。

　1934年2月24日「同和自動車工業株式会社法」に基づき同年3月31日に同和自動車工業株式会社が特殊会社として設立された（本店奉天、資本金6.2百万円1.7百万円払込）。満鉄は46.77％725千円の現金出資で最多株主となり支援した。満洲国は旧政権事業資産現物出資で2百万円を出資した。日本国内の自動車工業株式会社（1929年5月設立、本店東京）、東京瓦斯電気工業株式会社（1910年8月設立）、三菱造船株式会社（1917年6月設立、本店東京）、日本車輛製造株式会社（1896年9月設立、本店東京）、川崎車輛株式会社（1928年5月設立）、戸畑鋳物株式会社（1910年10月設立）、自動車製造株式会社（1933年12月設立、本店東京）の各社が出資した[12]。理事長谷田繁太郎（陸軍中将）であり、関東軍が押し込んだ。同社は満洲国における自動車用部品製造、組立を目指した。

　1934年2月27日「満洲炭礦株式会社法」に基づき同年5月7日に特殊会社の満洲炭礦株式会社の創立総会が開催された（同日登記、本店新京、資本金16百万円払込）。満鉄は同社に50％、旧政権の炭礦利権を承継して満洲国政府実業部・財政部・交通部合計46.26％、満銀6.73％で満洲国側も50％を現物出資した。満鉄出資にも炭礦の現物出資を含んでいる。理事長十河信二（満鉄理事）、副理事李叔平（民政部土木司長）、理事粟野俊一（前満鉄奉天地方事務所長）、竹本徳三郎

（元満鉄参事、前関東軍特務部委員）、長井租平（実業部工商司工務科長、満鉄出身）ほかが就任した[13]。十河、粟野、竹本が満鉄枠派遣であり、主導権を確保した。満鉄は最大の撫順炭礦を抱え石炭外販を行っているため、満炭とは競合関係にあり軋轢を生ずることになる。1934年8月28日に十河が辞任し後任に満鉄理事河本大作（1932年10月4日〜1936年10月3日在任）が就任した[14]。満洲では原油採掘が行われていないが、1934年2月21日「満洲石油株式会社法」に基づき同月24日に石油の採掘から原油輸入・精製・販売までを手がける特殊会社の満洲石油株式会社が設立された（本店新京、資本金5百万円4分の1払込）。満鉄は40％250千円を引き受けた[15]。そのほか満洲国政府、三井物産、日本石油株式会社（1894年1月設立、本店東京）、小倉石油株式会社（1925年4月設立、本店東京）、三菱石油株式会社（1931年2月設立、本店東京）が各10％を出資した。新会社設立に当たり、満鉄が出資に応じたのはすでに手がけている頁岩油増産・石炭液化事業と競合させないように要望を付しており、満洲石油の経営方針に介入する意図を有していた。そして満鉄は当初方針を修正し、影響力を確保するため半額出資を目指したが、実現しなかった[16]。満洲石油理事長に橋本圭三郎（日本石油社長）、専務理事に佐藤健三（前日本石油下松製油所長）が就任し、日本石油が中心として操業した[17]。満鉄も常務理事に前総務部監査役由利元吉を転出させ、監事に満鉄総務部監査役堀義雄を兼務派遣した（満鉄会［1992］90頁）。満洲石油は1936年8月31日10百万円7.5百万円払込に増資し、満鉄は新株を引き受けず出資率20％となり影響力は低下した。

　満洲国政府は1933年6月24日「産金収買法」により産金強化策に着手していたが、その担い手として、1934年5月3日「満洲採金株式会社法」に基づき同月15日に満洲採金株式会社の創立総会が開催された（5月16日登記、本店新京、資本金12百万円4,760千円払込）。満鉄は同社にも鉱区を39.68％の現物出資とした。満洲国政府と東拓も一部出資している（柴田［2007ｇ］654-656頁）。副理事長草間秀雄は元大蔵省造幣局長を経て朝鮮総督府財務局長から転じ、産金鋳造管理に通じていた（大蔵省百年史編集室［1973］62頁）。草間は1938年3月25日に理事長死亡退任に伴い理事長に昇任した[18]。日本・植民地・満洲国を通じた産金政策に配慮した人事であろう。満鉄は元地方部商工課長小須田常三郎を専務理事に就

任させ、総務部監査役山鳥登を監査役に兼務派遣し経営に強く関わった[19]。

1935年8月1日「満洲鉱業開発株式会社法」に基づき同年8月22日に満洲鉱業開発株式会社の創立総会が開催された（8月24日登記、本店新京、資本金5百万円3.1百万円払込）。満鉄と満洲国の出資により、鉱業開発会社設立方針が検討され、1934年10月13日に満鉄重役会で決定を見た。その案では、満鉄の関東州内と煙台炭礦を除外した現物出資と現金出資、満洲国が全額現物出資で、資本金4百万円、満鉄・満洲国の折半出資の満洲国特殊会社を設立するものとした[20]。計画通りに満鉄は満洲国政府と折半出資とした。同社は石炭以外の新規鉱区開発に傾注するものとした。満鉄は理事長に元理事山西恒郎（1931年7月15日〜1935年7月14日在任）を就任させ、監事に審査役山鳥登を兼務派遣し経営の主導権を掌握した[21]。

1936年5月22日に準特殊会社の満洲曹達股份有限公司が設立された（本店新京）。大連に大規模ソーダ工業を起こすため満鉄の関係会社を設立する方針が検討され、1934年7月の関東軍特務部の検討案では、大連に資本金12百万円、半額払込の会社を設立し、満鉄、満洲化学工業及び旭硝子に主として出資させ、そのほか東拓と曹達業者にも出資させる方針とし、状況によっては一部公募も考慮するものとした。同年6月28日の案では資本金15百万円4分の1払込で発足、出資は満鉄、満洲化学工業及び旭硝子に各4分の1割当て、残りは他の企業に引き受けさせるとして、東拓の名前は掲げずに事実上は排除していた[22]。この大連の日本法人設立では満洲国の化学産業への寄与が低くなるため、満洲国法人設立に方向転換する。そして資本金8百万円4百万円払込のうち満鉄は25％1百万円を出資したが、満洲化学工業も同額を出資しており合計で50％を占め、満洲曹達も満鉄連結子会社として位置づけられる。残りを旭硝子と同社系の昌光硝子が出資した[23]。社長西山虎吉と常務取締役生野稔を旭硝子が派遣し、満鉄も常務取締役に前経理部庶務課長長山七治を押し込み、監査役に総務部監査役堀義雄を兼務派遣したが、経営の主導権を旭硝子側が掌握したといえよう[24]。満洲曹達は本店を新京に設置したが、株主総会は大連支店で開催しており、実質的な本店機能はまだ大連に置かれていた[25]。

1936年11月2日「満洲軽金属製造株式会社法」に基づき特殊会社の満洲軽金属製造株式会社が同年11月10日に設立された（本店撫順、資本金25百万円、4分の

1払込)。満鉄は1934年1月にはマグネシウム・アルミニウム原料供給のため、満鉄鉱区や南満鉱業等の鉱区を統合した「軽金属鉱株式会社」(仮称)の設立を検討していたが[26]、その川下部門の軽金属事業者の検討はそれよりもはるかに前に開始されていた。1932年10月9日関東軍参謀長より満鉄に対し「アルミニウム鉱業企業ニ関スル件」が示され、満洲産礬土頁岩を原料とした満洲のアルミ工業を計画するよう求められた。満鉄はこれを受けて、撫順に試験工場を設置し、試験研究を続けた。平行して満洲からの対日アルミ輸出の関税撤廃を満鉄側も求めていた。また製法特許として、1933年2月24日に満鉄と日満アルミニウム株式会社(1933年10月設立、本店東京)との間の覚書による技術の導入を図った。日満アルミニウムは蘭領東印度からの輸入ボーキサイトを原料としたアルミ製造で実績があった。他方、財団法人理化学研究所の保有する乾式アルミナ製造法特許をも使用できるように別に交渉したが、この製法は最終的に利用しないことに決定した。こうして技術的な見極めを得た上で、「満洲軽金属製造株式会社設立計画案」を取りまとめた。同案によれば日本法人とし本店を撫順に置き、資本金25百万円4分の1払込で発足し、満鉄が半額を出資し、残りを日本の事業者に引き受けさせるものとした。電力は撫順発電所より供給するものとした[27]。この満鉄の立案は日本法人を設立するというものであり、関東軍の満洲国産業政策方針と異なる。結局、満鉄は56％3.5百万円を出資し、以下、満洲国政府40％2.5百万円、住友合資会社2％、日本電気工業株式会社(1934年3月設立、本店東京、森興業株式会社系)1.6％、日本曹達株式会社(1920年2月設立、本店東京)・日満アルミニウム各0.2％の出資となった。満鉄は理事長に前計画部長根橋禎二を就任させ経営に責任を負い、監査役に総務部監査役堀義雄を兼務派遣し経営監視させた[28]。満鉄が満洲事変期に新規に着手した製造業では、規模から見て最も力点を置いた企画であった。関東軍主導で実現したため満鉄の思惑と会社の位置づけは異なった。

　先述のように準特殊会社として満電が設立され、1936年3月期に満鉄が過半の株を取得した。満電は1937年3月期に総資産123百万円となり、同時期で昭和製鋼所に次ぐ大規模の連結子会社となっていた。1936年3月期で満電の資本金90百万円払込で、満鉄出資65.7％に達した。満鉄の連結子会社となった満電は南満洲電気から出資会社株式を取得したため短期間ではあるが満鉄の中間持株会社となった。

満鉄は満電設立時期に南満洲電気との事業分担を狙って利権温存を試み失敗しているため、満電に対しては距離を置く立場を取る。そして1936年3月11日に満電株式売却方針を固め、50％に持株比率を低下させるものとした。理由として65.7％も保有する積極的理由はない、満電が今後の資金調達のため同社株式を一部市中流通させたほうがよい、同社の公共性から満鉄持株比率を50％に低下させたほうがよい等が掲げられているが[29]、満電への資金支援から撤収する方向を模索していたと見られる。満鉄は満電株式処分で投資キャッシュ・フローを回収でき、資金を新たな投資先に振り向けることも可能である。1936年5月26日に満電株式の公開に伴う譲渡先をある程度固めた。売却先は、①満洲100千株、うち従業員10千株、満電取引先の満鉄系会社等計40千株、満鉄関係会社30千株、満洲の銀行等10千株、大連一般公募10千株、②日本内180千株、うち電業関係20千株、満洲関係銀行等とその他金融機関等100千株、一般公募60千株とした[30]。そして満鉄は1936年後半に保有する満電株式を放出し[31]、1937年3月期には出資率50％に低下させ、さらにその延長で日中戦争期に持株比率を低下させてゆくことになる。

　1935年12月12日「満洲拓殖株式会社法」に基づき1936年1月4日に満洲拓殖株式会社が特殊会社として設立された（本店新京、資本金15百万円9百万円払込）。政府と満鉄は各3分の1の3百万円を出資した。そのほか三井合名会社と三菱合資会社が各6分の1の1,500千円を出資した。総裁坪上貞二（前拓務次官）、理事に元満鉄殖産部次長木下通敏のほか、満鉄出身の前東亜勧業専務取締役花井脩治を就任させ、幹事に満鉄総務部監査役山鳥登を兼務派遣して経営に責任を負った。1936年9月前に12百万円払込となり、12月期総資産12,365千円、利益127千円を計上したが、日本の満洲移民支援の本格的な会社設立に伴い合併される手筈となっていた[32]。同公司は日本人満洲移民を受け入れる組織である。同様の拓殖会社として、1936年6月4日制令「鮮満拓殖株式会社令」に基づき同年9月9日に鮮満拓殖株式会社の創立総会が開催された（本店京城。資本金20百万円8百万円払込）。満鉄は25％2百万円を出資した。東拓、三井合名、三菱合資25％出資した。設立後に朝鮮殖産銀行、朝鮮銀行、住友合資会社ほか日本の生命保険会社や朝鮮の銀行等に分散させた。総裁二宮治重（予備役陸軍中将）であり、満鉄は理事に元文書課長木村通を派遣した[33]。株式分散の結果、満鉄・東拓の出資率は20％に

低下した（鮮満拓殖・満鮮拓殖［1941］13-14頁）。鮮満拓殖の全額子会社として1936年6月26日「満鮮拓殖股份有限公司法」に基づき1936年9月14日に満洲国特殊会社の満鮮拓殖股份有限公司の創立総会が開催された。同公司の全株式を鮮満拓殖が保有した。理事長二宮治重、理事に満鉄派遣の木村通が就任した[34]。同公司を通じて朝鮮人移民導入策が展開された。満洲国政府が全く出資しない満洲国設置法による唯一の満洲国特殊会社である。満鉄は満鮮拓殖に出資をしてはいないが、1936年12月期より融資を行って資金支援した[35]。

満洲林業股份有限公司が準特殊会社として1936年2月20日「満洲林業股份有限公司法」に基づき同年2月29日に設立された（本店新京、資本金5百万円2.5百万円払込）[36]。満鉄25％625千円の出資である。ほかに満洲国政府50％、共栄起業が林業利権を出資した。満鉄は監査役に前総務部監査役三輪環を兼務派遣し経営監視させた[37]。同公司は吉林省の伐木・搬出の林業利権を束ねる組織であり、全国的統制機関ではない。

1936年9月28日に日満商事股份有限公司の発起人総会が開催された（10月1日登記、本店新京、資本金10百万円6百万円払込）。撫順炭の販売は、先述の撫順炭販売が担当していたが、1934年2月13日に満鉄重役会は、同社と関係会社生産品の一手販売を業務とする「満洲商事株式会社」設立を決議した。資本金20百万円、当初3割出資、満鉄が過半を押さえ、昭和製鋼所、満洲化学工業に出資させ、希望により撫順炭販売に参加した三井物産、三菱商事の出資のほか、設立後に満炭の参加も考慮するものとした[38]。その後満洲国政府、関東軍等との関係で計画が遅延し、取扱商品の利害調整に手間取ったが、同社が設立された。満鉄が60％3,600千円を出資して連結子会社とした。ほかに満炭が販売委託を行うことで日満商事に40％出資しており[39]、親子出資とした。併せて満鉄の直営石炭販売部署の1931年8月1日設置の商事部（部長十河信二、廃止時武部治右衛門、前身は1930年6月14日設置の販売部）の事業を統合した[40]。満炭が満鉄子会社から切り離されるまでは、実質的に満鉄全額出資子会社の位置づけとなる。撫順炭販売に参加した三井物産・三菱商事は排除された。日満商事設立に伴い撫順炭販売は1936年10月以降に事業譲渡し解散した。以後、撫順炭販売のみならず、昭和製鋼所の鋼材や満炭の石炭の販売で取引が急増する。

1936年4月23日「満洲塩業株式会社法」に基づき同月27日に特殊会社の満洲塩業株式会社の創立総会が開催された（4月28日登記、本店新京、資本金5百万円4分の1払込）。1935年9月1日に商工省の斡旋で、設立に向けて動き出し、大蔵省・商工省・拓務省・陸軍省と旭硝子、日本曹達、東拓および大日本塩業株式会社が集まり、設立準備協議会が設置され、その後満鉄と満洲化学工業も参加した。満洲に調査団を派遣したうえで、満鉄・東拓・大日本塩業にそれぞれ企画提案をさせたところ、3社の内容が相違していたため、協議会は大日本塩業に計画の取りまとめを求めた。同社の試案を基礎に企業化目論見書が作成され、関東軍・満洲国政府の承認を得て法律裁可と満洲塩業設立となった（日塩［1999］145-146頁）。当初の関東軍案では資本金5百万円半額払込、満鉄が35％を出資し、残りを日満製塩業関係者が負担するとの方針であった[41]。満鉄は経済調査会を通じ関東軍の産業政策に食い込んでいるため、満鉄に有利な計画が提案された可能性が強い。この計画案は変更され満鉄出資は引き下げられ20％1,250千円を出資した。ほかの出資者は大日本塩業32％、満洲国政府25％、旭硝子、徳山曹達株式会社各6％、満鉄連結子会社の満洲化学工業5％、東拓2％ほかの出資である。満鉄は満洲塩業にも親子出資し実質的に25％の出資とした。理事長三角愛三（旭硝子取締役）、理事芝喜代二（大日本塩業専務取締役）ほかで、監査役に満鉄は満鉄監査役の富田租を兼務派遣し経営を監視した。1936年12月期で総資産1,262千円に過ぎない事業規模であった[42]。

満洲国のメディア戦略として国策広報宣伝組織の傘下で活動する体制を創出するため、統括組織の設立が検討された。弘報委員会の指導監督の下に財団法人を設立して、同組織を通じて広報事業を統括する方針が検討された。しかし財団法人設立には出資者の財産整理や資産評価等が必要になるため、相当に時間がかかると認められた。そのため財団法人設立に先立ち、実現容易な特殊会社を設立し、速やかに法人化を図るものとし、その後、時機を見て財団法人化を図るものとした。そして1936年4月9日法律「関於股份有限公司満洲弘報協会之件」が裁可され、同法に基づき1936年8月28日に特殊会社の股份有限公司満洲弘報協会が設立された（本店新京、資本金2百万円1,875千円払込）[43]。満鉄は満洲日報社に750千円（自社評価額75千円）、哈爾濱日日新聞社株式75％150千円（同0円）、盛京

時報社に57.1％200千円（同4千円）及びマンチュリア・デーリー・ニュースに48％48千円（同0円）を出資して支援していたが、これら株式28,900株（払込1,148千円）の全株式を満洲弘報協会に現物出資し、1,148千円から逆算した22,960株を取得した[44]。同会は政府直営の満洲国通信社、満洲国斯民社、満洲事情案内所の全財産を取得し、大新京日報社、大同報社、満蒙日報社、満洲日報社及びマンチュリア・デーリー・ニュースの全株式、哈爾濱新聞社及び盛京時報社の株式の過半を取得した。同会はマンチュリア・デーリー・ニュース設立時に出資した関東軍・関東局・駐満洲国大使館保有株式も満洲弘報協会が取得したが、満洲国政府が肩代わりしたうえで現物出資したと思われる。理事長は高柳保太郎（予備役陸軍中将）、理事に満鉄経済調査会第一部主査三浦義臣が就任した[45]。同協会は満鉄系報導事業者のほか傘下に10事業者を抱え込むものとしていた。関東軍が退役陸軍中将高柳保太郎に天下りポストを提供した。同会はメディア統制に従事した。その後通信事業分離方針が採用され、股份有限公司満洲国通信社が1937年7月1日に設立され、傘下から離脱したことで、同会は持株会社業務以外には満洲事情案内所を直営するだけの組織となった。そこで1937年7月14日に1百万円増資で資金力を強め、同会が直接に2事業者、傘下会社をして16事業者の地方新聞を買収し、そのうち16事業者を廃刊させ、メディア統制を強化した[46]。

　1937年7月29日「満洲合成燃料株式会社法」に基づき8月6日に満洲合成燃料株式会社が設立された（本店新京、資本金50百万円10百万円払込）。満鉄は10％を出資して一部を支援した。満鉄は役員を派遣しなかった。満鉄は長らく頁岩からオイルシェールを抽出する技術の企業化研究に取り組んでおり（飯塚［2008］参照）、その関係で出資したが、競合する立場のため設立時の一時的な支援に止まった。

3．新規鉱工業育成

　満鉄は満洲事変期に満洲国の新規鉱工業に投資を行い企業投資では満洲国産業政策の中心に立ち、満洲国の幅広い産業を支援した。特殊会社・準特殊会社以外の新規投資を紹介しよう。

　満洲の硫安化学工業会社設立案が、1932年11月24日満鉄重役会で決議された。その内容は満鉄出資60％以内とし、新設硫安工業会社の経営権を握り、満鉄の出

資する東洋窒素工業にも引き受させることも認める方針であった[47]。そして1933年1月16日に出資比率を固めた。満鉄50％、同業者20％、満洲特殊関係者10％、公募20％である[48]。満鉄は東洋窒素工業に出資する化学会社にある程度根回しを行っていたと推定する。この方針に沿って1933年5月30日に満鉄は先述の満洲化学工業株式会社を設立した（本店関東州海猫屯）。資本金12,500千円に対し、満鉄は過半の6,500千円を出資し、満洲化学工業を大連における主要な製造業として育成することになる。

　1933年10月21日に日満マグネシウム株式会社が設立された（本店東京、資本金7百万円1,750千円払込）。満鉄は半額を出資した。他の出資社は理化学興業21％30千株、住友合資会社、住友伸銅管株式会社、三菱航空機株式会社各7％10千株、古河電気工業株式会社、沖ノ山炭礦株式会社（1928年10月設立、本店宇部）各3％5千株である。日満マグネシウム設立で理化学興業は傘下の理研マグネシウム株式会社（1932年4月設立、本店東京、資本金400千円払込）を日満マグネシウムに事業譲渡させ解散させた[49]。日満マグネシウムは直江津工場を操業するほか宇部工場の建設も計画したが（日満実業協会［1934］27頁）、設立当初は満洲にもマグネシウム製造工場の設立か、製造子会社の設立による満洲進出を見込んでいたため満鉄が出資した。日満マグネシウムの1934年3月期総資産1,776千円が宇部工場設置後の1936年3月期総資産2,850千円に増大していた[50]。日本のマグネシウム精錬の同業者は増大し、日満マグネシウムが満洲進出を撤回したため、満鉄は1938年3年20日に株式を理化学興業に譲渡し、日満マグネシウムは1938年3月に理研金属工業株式会社に商号変更した。この出資は不首尾に終わった事例である。他方、旧満鉄子会社の満洲軽金属製造が子会社として1938年7月4日に満洲マグネシウム工業株式会社を設立し（本店新京、1938年払込資本金10百万円払込）[51]、満洲側でも新たにマグネシウム工業に参入した。

　満鉄は撫順の油母頁岩を利用したセメント製造に乗り出すため、1934年4月24日にセメント製造法人設立を決定した。日本法人で本店撫順、資本金2,500千円半額払込で発足するものとした。当初盛り込んでいた株式の1割を公募する方針は撤回し、小野田セメント製造株式会社と七尾セメント株式会社（1926年11月設立、本店東京）等に引き受させることにしたが、これらセメント製造会社が引き

受けない場合には全株を満鉄が引き受けるものとした[52]。しかし拓務省の「内意」により[53]、満鉄全額出資へと方針を転換し、1934年7月18日に資本金2,500千円の完全子会社撫順セメント株式会社を設立した。開発に沸く満洲国で必要なセメントを地場原料の撫順炭を使って製造するものである。

　満鉄保有技術公開の一環として大豆から酒精抽出等の技術を提供し大豆加工事業を立ち上げるものとした。かつて大連油脂工業へ出資し支援したが、同社が長期の操業不振に陥った事例を抱えたまま、再度満洲大豆を原料とした川下産業の創出を企図した。資本金半額を満鉄が引き受け、残りの株式は公募せず、豊年製油株式会社（1922年4月20日設立、本店東京、旧鈴木商店系）・三菱商事・三井物産・日清製油株式会社（1907年2月22日設立、本店東京、大倉組系）等に引き受させ、満鉄は新設会社に対し、2年間年50千円の補助金を支給し支援するものとした。こうして1934年7月23日に満洲大豆工業株式会社が設立された（本店大連、資本金2百万円1.5百万円払込）。満鉄は半額を引き受けた。満鉄以外の上記4社のほか日本食料工業株式会社（1927年12月6日設立、本店東京、日本産業株式会社系）が出資した[54]。

　先の満洲鉱業開発設立により、同社が満洲国の新規鉱区の開発に着手したが、それとは別に満鉄は個別鉱業会社を支援した。1934年6月30日に株式会社大満採金公司が設立された（本店新京、資本金200千円50千円払込）。満鉄は満洲国の採金業者の上島慶篤への貸金の一部を出資に振り替えて、満鉄と折半出資の零細事業の日本法人として設立したが[55]、操業不振のまま続いた。満洲国政府が満洲国籍を有しないものの鉱業権を認可しない体制となったため、大満採金公司は操業が難しくなり、同年12月21日に上島は別会社の満洲国法人の大満採金股份有限公司を設立した（本店新京、資本金200千円50千円払込）。同公司に前者を合併させて、満洲国法人として操業を継続させようとした。同公司は満鉄と無関係で、上島慶篤が主に出資して設立し、資本金規模は大満採金公司と同じであった[56]。しかし合併は実現せず満洲国法人の大満採金に事業が移転したため、そのまま事業実態がない休眠会社の状態で大満採金公司が存続した。そのほか満洲鉛鉱株式会社（1935年6月18日設立、本店鞍山）にも満鉄が出資した（柴田［2007g］646-647、661頁）。

4．中間持株会社の機能強化

　満鉄系の大手事業者の南満洲電気は関東州・満鉄附属地で発電・売電を行っていたが、南満洲電気の事業エリア以外にも多数の電力事業者が操業していた（東北物資調節委員会研究組［1948b］2－8頁）。満鉄が1920年代に地場の電力業者に出資して関係会社としていたが、南満洲電気がこれらを肩代わりし同社の関係会社に切り替えていた（第4章参照）。さらに満洲事変期に既存の地場政府系地域電力事業等を法人化し南満洲電気が出資を行い、同社の関係会社に切り替えた。事業規模の小さな地方電力業者を、満鉄が直接に関係会社として抱え込むよりも、当該産業に精通した南満洲電気に委ねるほうが技術や経営管理の面で効率性が増したはずである。その結果、南満洲電気の傘下の電力事業者が増大した[57]。南満洲電気の保有有価証券は1934年3月期で1,696千円、これに貸金759を合計した2,455千円が支配下に置いていた会社や非支配会社への出資・融資である（表5－7）。それは同社総資産の8％を超えていた。本業の電力事業の傍らに次第に関係会社投資を増やしていたが、この期が電力事業者としての南満洲電気の関係会社投資のピークとなる。南満洲電気の支配下に置かれていた四平街電株式会社（1917年4月24日設立、南満洲電気半額出資）と公主嶺電灯株式会社（1916年8月10日設立、同）を統合し、1933年4月1日に大同電気株式会社を設立し（本店四平街、資本金850千円287.5千円払込）、事業規模拡大を進めた。南満洲電気は同社に50％を出資した（表5－8）。1933年3月18日設立の敦化電業股份有限公司（資本金100千円70千円払込）に25％、1933年3月22日設立の延吉電業股份有限公司（資本金200千円払込）に50％出資して支援した。他方、1933年3月31日に范家屯電気株式会社（1920年11月11日設立）を解散させ、南満洲電気が吸収合併した。1933年7月28日設立の日満合弁安東電業股份有限公司に出資したが、金額は不詳である。1934年8月1日設立の克山電業股份有限公司（資本金50千円払込）に100％出資し地方電力業を支援した。また新義州電気株式会社（1913年6月14日設立、資本金200千円払込）は1932年6月に定州電気株式会社（1925年3月設立、本店平安北道定州郡、資本金150千円52.5千円払込）を吸収合併し、資本金850千円払込とし事業規模拡大を進めていた[58]。南満洲電気が中間持株会社として活動

表5-7 南満洲電気・大連都市交通貸借対照表

(単位:千円)

	1932.3期	1933.3期	1934.3期	1934.9期	1935.3期	1935.9期	1936.3期	1936.9期
未払込資本金	3,000	3,000	3,000	3,000	3,000	3,000	3,000	600
興業費	22,958	22,004	22,326	23,439	3,437	3,821	3,947	3,988
事業費未決算	—	—	—	—	—	84	92	190
貸金	366	636	759	905	—	—	—	—
有価証券	905	1,166	1,696	2,201	37,673	29,607	17,847	270
流動資産	1,786	2,419	2,614	4,816	2,674	2,152	3,699	3,065
保証債務見返	545	496	455	431	384	33	32	106
雑勘定	194	77	1,240	10,117	73	35	61	46
合計	29,756	29,800	32,093	44,912	47,242	38,735	28,680	8,267
未払込資本金控除総資産	26,756	26,800	29,093	41,912	44,242	35,735	25,680	7,667
(負債)								
社債	—	—	—	10,000	10,000	10,000	—	—
社員身元保証金	1,084	1,188	1,378	1,512	350	384	418	449
借入金	320	—	—	—	7,408	—	—	—
短期債務	932	1,089	1,976	3,718	1,882	696	542	535
雑債務	626	575	560	588	513	9	37	154
資本金	25,000	25,000	25,000	25,000	25,000	25,000	25,000	5,000
諸積立金	797	944	1,592	2,250	983	1,167	1,628	1,766
繰越益金	17	20	27	29	—	35	94	28
当期利益金	978	981	1,557	1,813	1,077	1,403	960	332
合計	29,756	29,800	32,093	44,912	47,242	38,735	28,680	8,267

出所:南満洲電気㈱・大連都市交通㈱『営業報告書』(各期)。

していた時期の出資会社の総資産を検討すると(表5-9)、新設電力会社は延吉電業しか判明しないが1933年3月期で210千円という少額である。その他の地域電力会社も規模は伸びず、新義州電気が1933年3月期で最大資産であった。1933年3月期で連結子会社8社資産合計3,758千円である。実際には総資産が判明しない会社が存在するためこれをいくらか上回る規模となる。同期南満洲電気総資産25,756千円の14%に達していた。1934年3月期も9社合計3,983千円へと微増し、同期南満洲電気総資産の13%の規模であった。1920年代末の支配会社の総資産は増大していた。満洲国期の安定した体制の中で電力事業者は投資を拡大が容易になっていた。ところが満電設立で南満洲電気の資産構成は激変する。

満洲国で国策電力会社設立が検討されていたが、1933年2月13日満鉄重役会の判断では、新設の国策電力法人と満鉄子会社の南満洲電気との関係について、以下の方針を固めていた。すなわち満鉄は附属地と近傍においては南満洲電気に担当させ、附属地外において電力事業統制に従事する満洲国の会社が担当すればよ

表5-8 満洲事変期南満洲電気・

関係会社	設立年月日	本店	1932年6月期資本金		満電譲渡前の出資		
			公称	払込	公称	払込	出資率
鉄嶺電灯局	1911. 4. 1	鉄嶺	50	300	145	145	96.3
遼陽電灯公司	1911.10.14	遼陽	200	250	100	100	50.0
新義州電気(株)	1913. 6.14	新義州	700	700	700	700	100.0
開原電気(株)	1914. 3.30	開原	150	237.5	251	119.225	50.0
瓦房店電灯(株)	1914.10. 2	瓦房店	50	12.5	37.5	20.625	55.0
公主嶺電灯(株)	1916. 8.10	公主嶺	50	12.5	125	51.875	50.0
大石橋電灯(株)	1916. 7.25	大石橋	50	12.5	37.5	20.625	55.0
四平街電灯(株)	1917. 4.24	四平街	50	12.5	202.5	71.25	57.8
范家屯電気(株)	1920.11.11	范家屯	200	50	6	3	12.0
敦化電業(股)	1933. 3.18	敦化	100	70	25	17.5	25.0
延吉電業(股)	1933. 3.22	延吉	200	200	100	100	50.0
大同電気(株)	1933. 4. 1	四平街	850	287.5	425	143.75	50.0
日満合弁安東電業(股)	1933. 7.28	安東	—	—	…	…	…
克山電業(股)	1934. 8. 1	克山	—	—	50	50	100.0
満洲電業(株)	1934.11. 1	新京	—	—	58,385.6	58,385.6	64.87
新京交通(股)	1935. 7. 8	新京	—	—	500	250	50.0

注:設立順に掲載した。出資順とは異なる。満洲国前設立会社は1932年6月資本金を掲載。
出所:南満洲鉄道[1937b]、『関係会社年報』1938年版、『満銀年鑑』1935年版～1938年版、「満洲電業史」編『営業報告書』(各期)。

いとして、南満洲電気株式の日満両国における株式公開まで視野にいれ、関東軍の意向に対抗して南満洲電気の統合を回避する方針を維持していた[59]。満鉄は育成した大規模公益事業の南満洲電気を切り離したくなかったといえよう。併せて南満洲電気から電車・バス事業を分離する方針を決定していた[60]。電力事業統合案に対する満鉄の反発で関東軍側との対立が激化したが、同年6月7日には満鉄側が折れて南満洲電気の満洲の電力業合同方針に応じ、併せて満洲国弱小電力事業は、合同会社の傘下に入れるものとした[61]。

　満洲国電力業統合を視野に入れて、1934年11月1日に満洲電業股份有限公司が準特殊会社として設立された（本店新京、資本金90百万円払込）。満電設立に当たり南満洲電気が64.87％を出資した。社長吉田豊彦（退役陸軍大将）、副社長入江正太郎（元満鉄東京支社長）、孫瀓（満洲国実業部商標局長）、常務取締役小池筧（朝鮮銀行出身、関東軍特務部員）、高橋仁一（南満洲電気常務取締役）、石橋

大連都市交通の関係会社

(単位:千円)

備　考
300千円に増資、全額払込、1936後半か1937前半解散
300千円に増資、250千円払込
850千円に増資、1932.6 定州電気(株)を買収増資、1934.2 宜川電気(株)を買収合併、1937.1 西鮮合同電気(株)に吸収合併
50％保有、大同電気に統合
57.8％保有、大同電気に統合
取得時資本金50千円25千円払込、1933.3.31解散、南満洲電気が合併
合弁、株式を満電に譲渡
合弁、株式を満電に譲渡
合併日
満電に事業譲渡後1933.12後解散と推定
現物出資で株式取得

纂会［1976］、疋田・須永［2007］、柴田・鈴木・吉川［2007］、南満洲電気(株)『営業報告書』(各期)、大連都市交通(株)

米一（同前、満鉄出身）、王聘之（前奉天電灯廠長）、取締役に奥村慎次（満鉄計画部事業課長）が並んだ[62]。南満洲電気は11月30日に満電に電力事業と保有する電力事業者株式を譲渡し、譲渡代金38,553千円を取得した。これが満電株式に転換した。満電設立に伴い営口水道電気と東拓出資の北満電気株式会社（1918年4月10日設立、本店哈爾濱、資本金1.2百万円4分の3払込）が満電株式と交換で電力事業を譲渡し、前者は4.9％88,354株447.7千円、後者は2.0％36,013株180.65千円の出資となった[63]。南満洲電気の電力事業譲渡前の1934年9月期総資産41,912千円、うち興業費23,439千円、地域電力会社株式で構成される有価証券2,201千円、預金1,959千円、仮払金10,089千円であり、仮払金は同年5月1日に社債10,000千円（1941年5月1日満期、金利4.5％）を発行し資金調達を行ったことで発生していた[64]。この仮払金のほとんどは満電現金出資部分と推定する。南満洲電気は満電設立時に1,167,712株58,385.6千円64.87％を取得した。路面電車事業と地

表 5-9　南満洲電気関係会社総資産（2）

(単位：千円)

	設立日	本店	1933.3期	1934.3期	1935.3期	1936.3期	備　考
遼陽電灯公司	1911.10.14	遼陽	468	488	495	517	
鉄嶺電灯局	1910.11.13	鉄嶺	445	487	…	…	
瓦房店電灯（株）	1914.10.2	瓦房店	183	254	231	236	
大石橋電灯（株）	1916.7.25	大石橋	193	336	293	313	
開原電気（株）	1914.3.30	開原	544	560	582	594	
新義州電気（株）	1913.6.14	新義州	992	975	1,909	2,309	
敦化電業（股）	1933.3.18	敦化	—	352	352	427	日満合弁、1934.3期は1934.9期
延吉電業（股）	1933.4.8	延吉	210	272	393	570	日満合弁
大同電気（株）	1933.4.1	四平街	720	255	1,115	1,365	
満洲電業（股）	1934.11.1	新京	—	—	100,916	113,850	前年12月期
新京交通（股）	1935.7.8	新京	—	—	—	529	前年12月期
合　計			3,758	3,983	106,291	120,715	

出所：南満洲鉄道［1937b］、新義州電気［1936］、『満銀年鑑』1935～1937年版、南満洲電気（株）『営業報告書』（各期）、満洲電業（股）『営業報告書』（各期）、敦化電業（股）『第9期営業報告書』1936年12月期（満鉄資料館02641）。

域電力会社株式を除く電力事業資産合計ではこの金額に達しない。そのため事前に社債を発行し、さらに満鉄からの借入金で資金を潤沢にして満電に事業資産と現金で出資したことでこの出資額に到達した。1935年3期借入金7,408千円は、株式58,385千円を取得した時点ではもっと多額に膨れていたはずである。この同年12月期に保有株式35.7％32,162千円を満鉄に譲渡したことで[65]、1935年3月期総資産44,242千円に減少し、興業費3,437千円、有価証券37,673千円、預金1,963千円、仮払金72千円、満鉄借入金7,408千円となっていた[66]。

　南満洲電気の保有事業資産が満電出資に転換し資産構成が大きく変貌していた。満電は1934年12月期で総資産100,919千円、電力事業固定資産83,203千円、関係会社有価証券2,247千円を保有していた（表5-10）。電力事業固定資産は南満洲電気の1934年3月期22,326千円の3.7倍でという事業規模であった。また関係会社有価証券合計は南満洲電気が保有する譲渡前の出資合計1,492千円を大きく上回っていた。南満洲電気保有の出資電力事業者株式の取得のみならず既存の新設電力事業者の株式を買収したことでこの金額に達していた。残念ながらこの時期の満電保有株式銘柄を検証できないが、金額から見て南満洲電気保有電力事業者株式のすべてを譲渡したと推定できる。ところが南満洲電気が満電株式を取得して50％出資とする短期的な連結子会社状態の置いたことで、子会社が南満洲電気資産総額を大きく超えるという構図となっていた。すなわち資産規模で親子が逆

表5-10 満洲電業貸借対照表 (1)

(単位：千円)

	1934.12期	1935.12期	1936.12期	1937.6期
(資産)				
電力事業有形固定資産	83,203	97,310	108,115	114,149
関係会社有価証券	2,247	3,277	3,422	2,743
関係会社貸付金	1,126	1,510	2,619	3,508
未収金現預金貯蔵品等流動資産	13,096	9,104	11,735	9,075
雑勘定	1,242	2,647	3,738	2,239
合計	100,916	113,850	129,632	131,716
(債務)				
社債	—	10,000	25,000	25,000
社員身元保証金	330	1,672	2,203	2,470
未払金等短期債務	9,560	6,184	4,621	5,366
仮受金等雑勘定	728	991	765	690
資本金	90,000	90,000	90,000	90,000
諸積立金	—	1,073	3,043	4,013
前期繰越金	—	270	339	249
当期利益金	296	3,659	3,660	3,926
合計	100,916	113,850	129,632	131,716

出所：満洲電業(股)『営業報告書』(各期)。

転していた。南満洲電気も事業規模が拡大していたが、満電の規模には届かなかった。1936年3月期では南満洲電気は満電株式のかなり部分を満鉄に譲渡して資産を圧縮したことにより総資産25百万円に減少したが、他方満電は1935年12月期113百万円に増大していた。この時点ではすでに満電株式を段階的に満鉄に譲渡しているため、満電が南満洲電気の連結子会社ではなく一部出資会社に低下していた。

　満鉄は南満洲電気の保有する余裕金を満鉄に取り込むこととした。余裕金を満鉄に預金させ、商号を変更させ、また満鉄保証で発行した南満洲電気社債の処理として、支払義務を満鉄が承継する方針とし、また南満洲電気受領譲渡代金のうちから先述の社債肩代わり、融資返済、南満洲電気減資による出資回収、満鉄への配当として、1,785千円を除き満鉄が回収するものとした[67]。この方針は時間をかけて行われた。1935年9月期総資産35,735千円、興業費3,821千円、有価証券29,607千円、預金2,074千円、社債10百万円となり、借入金7,408千円を償還し、有価証券8,066千万円を満鉄に譲渡して総資産を圧縮した[68]。さらに1935年12月

27日に南満洲電気社債を満鉄が承継したことで（日本興業銀行［1970］320頁）、1936年3月期に総資産25,680千円に減少した。社債残高皆無、興業費3,947千円、有価証券17,847千円、預金3,607千円となり[69]、社債相当の満電株式を満鉄に譲渡した。そのほか先の方針で満鉄への8％配当で利益を還元した。さらに1936年4月1日に資本金25百万円22百万円払込を5百万円4.4百万円払込に減資し、同時に保有する満電株式をすべて譲渡した。併せて南満洲電気は大連における路面電車等のみを事業とする会社になるため、大連都市交通株式会社に商号変更したが、別商号案として「満洲都市交通株式会社」、「新興都市交通株式会社」、「大連電気軌道株式会社」及び「大連電車バス株式会社」が検討されたが[70]、この商号が選択された。同年9月期総資産7,667千円、興業費3,988千円、有価証券270千円、預金2,979千円となっており、減資による満鉄出資回収17.6百万円相当の満電株を譲渡した[71]。実際には営口水道電気が満電に事業譲渡して満電株式49,840株2,492千円を保有したが[72]、営口水道電気が減資した際に満鉄出資を株式で回収したことで、満鉄が取得しており満電投資額はさらに多額となっている。満電の中間持株会社としての活動については満洲国政府系企業として第8章に譲る。

　満鉄全額出資の大連汽船・国際運輸は運輸系会社に出資した。満洲のみならず華北にも展開した。それを紹介しよう（表5-11）。大連汽船は1929年9月1日に白河艀船株式会社を設立し（本店天津、資本金600千円払込）50％を出資した。大連汽船の天津港事業の関連で出資した。そのほか満洲事変期には1937年4月1日に株式会社塘沽運輸公司（本店天津）を国際運輸及び興中公司と共同で設立した。大連汽船は自社造船部門を同年8月1日に大連船渠鉄工株式会社として分社化した。国際運輸は大同運輸株式会社（1929年4月18日設立、本店平壌）に51％81千円を、株式会社国際運輸組（1929年12月1日設立、本店高雄）に69％42千円を出資したが前者は1932年3月14日に、後者は1930年8月に譲渡した。長期保有し支援する意欲は乏しかった。1934年5月7日に満洲国政府と折半出資した満炭も中間持株会社として関係会社を支配下に置いた。満炭は設立時に政府・満銀・満鉄から石炭鉱区の現物出資を受けたため、当初から直営炭礦を経営していた。1934年6月期で総資産16,021千円、直営炭礦事業資産8,884千円を保有したが、ほかに投資炭礦4,119千円を保有していた。これは1935年6月期に投資4,315千円

第5章 満洲事変期南満洲鉄道系企業集団

表5-11 南満洲鉄道の運輸系関係会社の出資

(単位:千円)

商号	設立年月日	本店	取得時出資額		備考
(大連汽船)					
白河艀船(株)	1929.9.1	天津	300	50%	
(株)塘沽運輸公司	1937.4.1	天津	600	20%	天津艀船運輸(株)に譲渡解散
青島埠頭(株)	1938.9.16	青島	100	50%	同前
満洲化学工業(株)	1933.5.30	大連	10	0.4%	
大連船渠鉄工(株)	1937.8.1	大連	3,200	100%	1938.4.1満鉄に譲渡
(株)神戸海運クラブ	1916.4.26	神戸	0.3	0.3%	
上海電力(股)	1929.8.8	上海	1.0	0.002%	銀両建、中支那振興に譲渡
日満倉庫(株)	1929.6.1	東京	7,500	50%	1940.12.28満鉄から取得、親子出資に切り替え
日本海汽船(株)	1939.12.—	東京	4,560	38%	
南日本汽船(株)	1940.9.11	台北	75	3%	
関東州機帆船運航(株)	1942.6.8	大連	45	50%	
天津艀船運輸(株)	1942.7.10	天津	1,200	8.2%	国際運輸出資を取得したと想定、天津艀船運輸資本金14,600千円払込
昌龍汽船(株)	1938.12.28	大連	1,000	100%	1943.3.2買収
船舶無線電信電話(株)	1942.10.—	東京	50	0.5%	
(国際運輸)					
大同運輸(株)	1929.4.18	平壌	81	51%	1932.3.14譲渡
北鮮運輸(株)	1923.8.—	清津	300	11%	大阪商船系、1929.4取得
(株)国際運輸組	1929.12.1	高雄	42	69%	台湾運輸(株)と台湾運送荷役(株)と協同投資、1930.8両社に譲渡
朝鮮運送(株)→朝鮮海陸運送(株)	1930.4.1	京城	3,850	26.4%	朝鮮内事業の分社化、資本金は1931.11.6増資後、1943.10.1商号変更
(株)塘沽運輸公司	1937.4.1	天津	210	20%	天津艀船運輸に事業譲渡解散
国際運輸(株)	1937.11.26	奉天	3,000	100%	満洲国内事業分社化
蒙疆運輸(股)	1938.7.8	張家口	3,000	50%	華北運輸に譲渡、1944.8.1解散
華北運輸(股)	1941.10.1	北京	4,000	33.3%	蒙疆運輸(股)を支配下に置く、天津艀船運輸(株)に出資、1944.4.1華北交通(股)に吸収合併
新京運送(株)	1941.12.6	新京	480	48%	
大連運送(株)	1942.6.15	大連	1,250	50%	既存零細小運送者を統合設立
満洲軽車輛工業(株)	1942.8.1	新京	350	16.6%	
奉天運送(株)	1944.3.31	奉天	2,000	40%	
(福昌華工)					
華北運輸(股)	1941.10.1	北京	500	4.16%	国際運輸と共同出資

出所:南満洲鉄道[1938]、『関係会社年報』1938年版、国際運輸[1934]、[1943]、大連汽船(株)『営業報告書』(各期)、『第42期営業報告書』1943年3月期(満鉄資料館24911)、日満倉庫[1940]、柴田[2008a]、[2015a]、東亜経済時報社『朝鮮銀行会社組合要録』1940年版、『満洲国政府公報』2975号、1944年5月13日、『朝鮮総督府官報』5067号、1943年12月22日。

に切り替わる。満炭総資産は増大を辿るが、1936年6月期投資9,026千円に、1937年6月期投資7,798千円のほか投資炭礦5,051千円が計上されていた。これらには満洲国前に設立されていた既存炭礦法人の株式が含まれていた(表5-12)。設立時に満洲国政府保有の鶴岡煤礦股份有限公司(1923年4月16日設立、本店新京)、西安煤礦股份有限公司(1927年8月1日設立、本店奉天)、北票煤礦股份有

表 5-12　満洲炭礦貸借対照表 (1)

(単位：千円)

	1934.6期	1935.6期	1936.6期	1937.6期
(資産)				
直営炭礦用事業資産	8,884	9,669	11,864	26,360
投資	—	4,315	9,026	7,798
投資炭礦	4,119	—	—	5,051
日満商事勘定	—	—	—	829
西安炭礦勘定	—	—	1,510	—
満鉄勘定	—	—	255	—
総局勘定	—	—	309	—
有価証券	—	—	37	37
流動資産	2,946	5,821	5,030	5,176
雑勘定	71	143	919	2,496
未払込資本金	—	—	—	48,000
合計	16,021	19,950	28,954	95,751
未払込資本金控除総資産	16,021	19,950	28,954	47,751
(負債)				
社債	—	—	10,000	10,000
借入金	—	2,736	—	343
社員身元保証金	0	27	117	257
鶴岡煤礦勘定	—	—	123	—
北票煤礦勘定	—	—	225	—
未払金支払手形当座借越等	—	659	1,082	2,634
雑勘定	20	25	91	358
資本金	16,000	16,000	16,000	80,000
諸積立金	—	—	109	589
前期繰越金	—	—	373	353
当期利益金	—	501	831	1,215
合計	16,021	19,950	28,954	95,751

出所：満洲炭礦(株)『営業報告書』(各期)。

限公司 (1933年12月1日設立、本店新京) の株式の現物出資を受けた。このうち鶴岡煤礦と西安煤礦は満洲事変前の設立であり、満洲国政府に所有権が移転し、そのまま現物出資を行った (表5-13)。このうち鶴岡煤礦と北票煤礦とは炭礦操業の取引関係で1936年6月期に短期債務を、他方、西安煤礦とは短期資産を計上していた。炭礦が採掘されていたことが判明する。この鶴岡煤礦と西安煤礦は旧政権時期の「公司条例」・「公司法」により設立された法人の再登記制度が導入されたことに伴い、前者は1937年4月3日に再登記したが、同年6月30日に満炭に吸収合併され解散した[73]。後者は1937年4月1日に再登記して満洲国法人として

第 5 章　満洲事変期南満洲鉄道系企業集団　315

表 5-13　満洲炭礦関係会社

(単位：千円)

商号	設立年月日	本店	取得時払込資本金	出資率	備考
鶴岡煤礦(股)	1923.4.16	新京	3,000	100%	1937.4.3再登記、1937.6.30解散
西安煤礦(股)	1927.8.1	奉天	3,000	100%	1937.4.1再登記、1938.7.1解散
北票煤礦(股)	1933.12.1	新京	1,500	100%	1937.3.1解散
満洲火薬販売(股)→満洲火薬販売(株)	1935.11.1	新京	38	10%	1938.9.20商号変更、1941.2.1解散
日満商事(股)→日満商事(株)	1936.9.28	新京	2,400	40%	設日登記日は1936.10.1、1938.5.18商号変更、1939.12満鉄に譲位
裕東煤礦(股)→裕東煤礦(株)	1923.2.—	新京	53	0.875%	1935.7.17取得、1937.4.3再登記、1938.5.5商号変更
満洲合成燃料(株)	1937.8.6	新京	1,600	16%	増資後 6 %、1943.6期処分
営城子炭礦(股)→営城子炭礦(株)	1937.11.15	新京	600	60%	1937.12.25商号変更、1943.3満業に譲渡
(株)阜新製作所	1937.9.2	新京→阜新	648	43.25%	1942出資率を利用、1943.3満業に譲渡
満洲油化工業(株)	1938.2.23	新京→四平	125	2.5%	1941.5.12解散
東辺道開発(株)	1938.9.12	通化	3,400	33.3%	満業と親子出資、増資後 7.1 %→0.7%、1944.4.1解散
杉松崗炭礦(株)	1939.4.28	通化	1,200	60%	1941.10.31東辺道開発に譲渡、1945.4.1解散
舒蘭炭礦(株)	1939.7.26	吉林省永吉県→吉林→吉林省永吉県	1,000	40%	1940.4.20、1940.10.21本店移転、1944.12.17解散
満炭坑木(株)	1939.9.23	新京	5,000	100%	1943.3満業に譲渡
琿春炭礦(株)	1939.9.29	琿春	3,000	50%	1943.3満業に譲渡
満炭鉱機(株)	1939.10.31	密山	2,300	65.6%	1942.2.28解散
満洲火薬工業(株)	1941.2.1	新京	70	0.82%	1943.2.3増資で20.35%、1,017.5千円、満業に譲渡
密山炭礦(株)	1941.7.1	東安省鶏寧県	100,000	100%	満業に譲渡
西安炭礦(株)	1943.2.16	四平省西安	58,827	100%	満業に譲渡
鶴岡炭礦(株)	1943.2.26	三江省鶴立県	98,249	100%	満業に譲渡
北票炭礦(株)	1943.2.26	新京	45,657	100%	満業に譲渡、1943.3.15錦州省北票に移転
阜新炭礦(株)	1943.2.26	新京	155,375	100%	満業に譲渡、1943.2.26阜新に移転
福洞炭礦(株)	1940.10.3	間島省龍井県	1,000	100%	1944.2.1全株取得、1945.6.5吸収合併。

出所：満洲炭礦(株)『営業報告書』(各期)、『満洲炭礦株式会社業務概要』1935年 5 月、『満銀年鑑』1935年版、1942年版、満洲重工業開発(株)『関係会社事業概況』1940年版(アメリカ議会図書館蔵)、満洲中央銀行調査課『満洲会社表』1944年版。

認定を受けたが、7月1日に同様に満炭に吸収合併され解散した[74]。北票煤礦は満洲国期に「公司法」に準拠して設立された法人であり、再登記の必要はない。1934年4月8日に2.5百万円に増資したが[75]、1937年3月1日に満炭に吸収合併され解散した[76]。こうして支配下に置いた3公司の事業を直営事業に切り替えた。北票煤礦は1934年3月31日満洲興業株式会社(本店新京、資本金1百万円払込)を設立し[77]、同社は取締役に片倉製糸紡績株式会社の片倉武雄、監査役に鈴木格三郎が並び、片倉系の同社取締役岡田栄三郎が北票煤礦社長を兼務し、解散後は

1937年11月15日設立の営城子炭礦股份有限公司（本店新京、資本金1百万円払込）への岡田名義出資18.35％に転換した[78]。その後、同公司は1937年12月25日に営城子炭礦株式会社に商号変更した[79]。1937年6月期投資金額が3社出資合計とその他の満洲火薬販売10％38千円と裕東煤礦股份有限公司（1923年2月設立、1937年4月3日再登記、本店新京）への0.875％53千円出資を合計した金額と近似する[80]。る。そのため1937年7月の投資炭礦は法人化していない炭礦の買収を示すものであろう。

　そのほか満鉄支配下にある複数の会社が新たに関係会社出資を行い、部分的に中間持株会社の機能を得た。ただし1社のみ支配下に置いている会社を持株会社と主張するのは難しい。まして50％以上を出資しない会社については持株会社と認定できない。そのためその他の会社の出資として括った。50％未満の出資しかなくとも満鉄との親子出資で合計50％を超えている場合には、満鉄連結支配下に置いたと認定できる。満鉄系のほかの株式投資を行った会社を一括して紹介しよう（表5-14）。新京市場は三和建物株式会社（1937年2月4日設立、本店新京）、満洲市場は昭徳建物株式会社（1936年9月12日設立、本店奉天）に100％出資した。地場商品売買の場を提供することが本業の両社が地場不動産会社を抱える積極的な意義は不明である。満洲の不動産投資が盛り上がったため資産運用で不動産事業に参入したようである。両社は解散するため、保有株式は処分された。東亜土木企業が短期間ではあるが満鉄の代わりに株式会社極東企業公司（1935年3月11日設立、本店大連）に50％25千円を出資したが1936年6月29日に解散した。1936年11月に満鉄が株式追加取得することで山東鉱業株式会社出資が56％となり同社が連結子会社となった。同社は山東鉱業利権確保のため投資しており、魯大鉱業公司（1923年8月16日設立、本店青島）、旭華鉱業公司（1934年10月10日設立、本店青島）に出資していた。後者は1920年7月に設立された同名法人が改組された。いずれも山東省の石炭鉱区を保有して採掘を続けていた。満洲化学工業は満鉄親子出資で満洲曹達、満洲塩業に出資した。前者には合計50％出資とし、満鉄連結子会社に位置づけた。

　1935年12月20日に株式会社興中公司が設立された（本店大連、資本金10百万円4分の1払込、社長十河信二（満鉄理事））。同社は関内投資を目的とし、直接に

表 5-14　南満洲鉄道系その他会社の出資

(単位：千円)

関係会社	設立年月日	本店	取株式資本金	取得時出資率	備考
(新京市場)					
三和建物(株)	1937.2.4	新京	100	100%	1938.8.1 福信金融建物(株)に吸収合併
(満洲市場)					
昭徳建物(株)	1936.9.12	奉天	400	100%	
(大連工業)					
奉天工業(株)	1938.7.30	奉天	350	100%	
(満鮮坑木)					
哈爾濱木材(株)	1936.5.20	安東→哈爾濱	700	49%	1937.12.17増資で取得、1937.12.27本店移転、安東挽材(株)が少数株主
興安林業(株)	1939.8.25	安東	50	100%	全額出資と想定
(東亜土木企業)					
大連火災海上保険(株)	1922.7.27	大連	0.25	0.05%	1938.7.31解散
(株)金福鉄路公司	1925.11.10	大連	7.5	0.375%	1939.5.20解散
(株)極東企業公司	1935.3.11	大連	25	50%	1936.6.29解散
(山東鉱業)					
魯大鉱業公司	1923.8.16	青島	5,000	50%	1936.11満鉄追加取得で56%　銀建
旭華鉱業公司	1934.10.1	青島	300	30%	銀建、1920.7当初設立、改組
官荘炭礦公司	1938.11.1		450	56%	銀建
(南満洲瓦斯)					
満洲瓦斯(株)	1937.11.25	新京	8,000	100%	満洲国内事業分社化
(昭和製鋼所)					
銑鉄共同販売(株)	1932.8.25	東京	100	40%	満鉄と親子で74%出資
満洲火薬販売(株)→満洲火薬販売(株)	1935.11.1	奉天	50	10%	
満洲火薬工業(株)	1941.2.1	奉天			
(大連農事)					
東亜生果(株)	1938.3.22	大連	10	4%	1940.10.23関東州青果配給統制に事業譲渡解散
満洲養鶏振興(株)	1942.10.31	瓦房店	250	50%	
関東州青果配給統制(株)	1942.10.27	大連	55	1.1%	
(満洲化学工業)					
満洲曹達(株)→満洲曹達(株)	1936.5.22	新京	1,000	25%	満鉄と親子出資で50%、1938.2.25商号変更
満洲塩業(株)	1936.4.28	新京	62.5	5%	当初満鉄と親子出資25%
関東州工業土地(株)	1939.7.12	大連		5%	満鉄と親子出資
大和染料(株)→満洲染料(株)	1937.11.30	奉天	1,000	100%	1942.11.28大和染料(株)(大連)吸収合併で子会社に、1943.2.20商号変更
(撫順セメント)					
満洲共同セメント(株)	1938.9.30	新京	25	7.69%	1943.8.1事業を日満商事に譲渡解散
(興中公司)					
天津電業(股)	1936.8.20	天津	2,000	50%	華北電業(股)に譲渡
(株)塘沽運輸公司	1937.2.24	天津	2,625	60%	
冀東電業(股)	1937.12.20	唐山	75	25%	華北電業(股)に譲渡
北支棉花(株)	1938.3.19	天津	500	33%	北支那開発に譲渡
北支産金(株)	1938.4.9	北京	1,000	50%	北支那開発に譲渡
蒙疆電業(股)	1938.5.27	張家口	7,425	33%	北支那開発に譲渡

会社名	設立年月日	所在地	資本金	出資比率	備考
北支礬土鉱業(股)	1939.12.9	北京	…	66%	北支那開発に譲渡
斉魯電業(股)	1938.12.21	済南	500	25%	華北電業(股)に譲渡
泰和銀公司	1930.6.—	上海	43.8	14.6%	
(株)福大公司	1937.11.1	台北	125	16.6%	大日本製糖(株)に譲渡
裕通公司	1937.11.—	天津	…	40%	
(日満商事)					
(資)姫寅組	1928.10.13	神戸	12	20%	
(資)大見組	1928.6.22	大阪	30	20%	
(資)岡田商店	1932.8.20	東京	8	25%	
(資)中田廻漕店	1923.6.28	川崎	95	63%	
(資)千代田組	1919.9.11	名古屋	30	60%	
(資)松江売炭公司	1938.5.20	佳木斯	5	10%	
新京煤油総批発(股) →新京石油元卸売(株) →新京石油販売(株)	1935.4.8	新京	21.5	9.6%	1938.1.15、4.8商号変更、1945.6.30解散、満洲液体燃料(株)設立で事業統合
奉天煤油総批発(股) →奉天石油元卸売(株) →奉天石油販売(株)	1935.4.19	奉天	35.25	9.4%	1937.12.17石油元卸売に商号変更、同前
四平街煤油総批発(股) →四平街石油元卸売(株) →四平街石油販売(株)	1935.4.8	四平街	8.75	9.7%	1937.12.23、1938.4.5商号変更、同前
営口煤油総批発(股) →営口石油元卸売(株) →営口石油販売(株)	1935.4.9	営口	15.35	11%	同前
安東煤油総批発(股) →安東石油元卸売(株) →安東石油販売(株)	1935.4.1	安東	9.8	9.8%	同前
龍江煤油総批発(股) →斉斉哈爾石油元卸売(株) →斉斉哈爾石油販売(株)	1935.4.1	斉斉哈爾	15	8.8%	1938.2.23、8.1商号変更、同前
通化石油販売(株)	1938.9.17	通化	10.24	12%	同前
吉林石油販売(株)	1935.5.3	吉林	6.375	8.5%	同前
満洲共同セメント(株)	1938.10.1	新京	25	7.7%	1943.8.1吸収合併
日満鉄鋼販売(株)	1938.7.1	東京	250	50%	日本製鉄と折半出資
満洲石炭工業(株)	1943.5.1	新京	2,500	50%	満業と折半出資
(大連船渠鉄工)					
関東州工業土地(株)	1939.7.12	大連	125	5%	満鉄と親子出資
(満洲不動産)					
鞍山不動産信託(株)	1921.10.26	鞍山	1,000	42.6%	1939.2.1満鉄より取得
哈爾濱土地建物(株)	1920.5.1	哈爾濱	500	100%	1939.2.1満鉄より取得

注: 1) 出資会社の設立順に配列。
　　2) 会社組織のみを掲載。
出所:『満銀年鑑』(各年版)、大連商工会議所『北支会社年鑑』1942年版、大連工業(株)『営業報告書』(各期)、満鮮坑木(株)『営業報告書』(各期)、東亜土木企業(株)『営業報告書』(各期)、山東鉱業(株)『営業報告書』(各期)、(株)昭和製鋼所『営業報告書』(各期)、大連農事(株)『営業報告書』(各期)、満洲化学工業(株)『営業報告書』(各期)、関東州工業土地(株)『第1期営業報告書』、南満鉄道(株)『関係会社年報』1938年版、国際運輸 [1943]、柴田 [2008a]、[2015b]、吉川 [2007a]、『公報』1237号、1938年5月25日、1278号、7月13日、1292号、7月29日、1333号、9月15日、1399号、12月5日、1404号、12月10日、1408号、12月15日。

個別事業を手がけ、併せて関係会社に投資をした。日中戦争勃発前の華北投資の一翼を担った。興中公司の投資規模の大きな関係会社としては、塘沽運輸公司があり、興中公司が60％、大連汽船と国際運輸が各20％を出資した。塘沽運輸公司は天津港の港湾運輸に従事した。そのほか1936年8月20日天津電業股份有限公司の設立に当たり、興中公司は資本金銀4百万元のうち半額を出資し、残る半額を天津市政府に出資財源として融資した[81]。その他の事業については、華北占領前の時点で興中公司が過半出資をする法人が見当たらないため省略する[82]。同社の出資が本格化するのは華北占領体制が構築される日中戦争期である。日満商事は日本各地の小規模港湾荷役事業者に出資し、満洲では各地石油販売会社に低率出資して石油販売取引関係を構築した。

　短期的ではあるが満洲弘報協会に対する現物出資で満鉄は株式の過半を掌握した。同会は満鉄現物出資株式の満洲日報社、盛京日報社、哈爾濱日日新聞及びマンチュリア・デーリー・ニュースの株式を保有し支配下に置き、ほかの会社の株式も取得した。ただし満鉄が満洲弘報協会の株式の過半を保有したのは1937年3月期のみであり、翌年3月期には増資により満鉄出資率は50％を下回り、満鉄の中間持株会社から満洲国政府の中間持株会社に転換した。満洲弘報協会の過半出資は短期間であり同社活動は満洲国政府系の位置づけが強いため、支配下に置いた会社の詳細は第8章に譲る。1937年3月期のみ満電が満鉄の連結子会社となった。同社は南満洲電気保有株式を取得し、さらに満洲各地の電力事業を買収して事業持株会社となった。同社の持株会社の活動は第8章に譲る。

1) 「関係会社持株開放ニ関スル件」1934年2月13日（『山崎元幹文書』R-72）。林博太郎が総裁の時期に関係会社株式処分計画はすでに着手されていた。松岡洋右が総裁期に前理事竹中政一を1935年9月11日に臨時財産評価委員長に任命し、翌年5月31日事務終了で提出した報告書を基礎に傍系会社分離案が練られたとの説明がある（岡本［1953］220-221頁）。この案が昭和製鋼所の株式を含むものであるが、それが満業設立と連動していたのかについては傍証が必要である。
2) 柴田［2007e］488-489頁。奉天取引所信託の解散を1936年1月31日とする記述もある（南満洲鉄道産業部［1937a］111頁）。
3) 「昌光硝子株式会社株式開放ニ関スル件」1934年10月23日（『山崎元幹文書』R-74）。
4) 「大連火災海上保険株式会社株式開放ノ件」1934年11月5日（『山崎元幹文書』

R-74)。大連火災海上保険の満洲内資産運用として協和建物株式会社（1934年7月23日設立、本店奉天、資本金2百万円4分の1払込）の1.25％6,250円の取得が確認できるが、ほかの株式取得は判明しない（『満銀年鑑』1935年版、364頁）。なお協和建物は1941年5月29日倍額増資後、満鉄が半額を保有しているが、設立時から満鉄退職職員が出資していた。

5）「大連工業株式会社株式開放ノ件」1934年11月5日（『山崎元幹文書』R-74）。

6）「南満洲瓦斯株式会社株式開放ニ関スル件」1935年5月9日（『山崎元幹文書』R-75）。

7）「満洲瓦斯株式会社株式売却実施ニ関スル件」1935年9月21日（『山崎元幹文書』R-75）。

8）南満洲瓦斯株式の転売先について、疋田・須永［2007］424頁で紹介がある。

9）『満銀年鑑』1935年版、611頁では満洲国法人として「満洲航空株式会社」と記載。12月16日設立とする。設置法令はなく「公司法」に基づく準特殊会社であるが対外的「株式会社」と称するのを例外的に認めたのかもしれない。社長・副社長は同1935年版による。

10）『満銀年鑑』1937年版、697頁、『関係会社年報』1938年版、365頁。

11）『関係会社年報』1938年版、365頁。同社営業資料で活動を紹介する柴田・鈴木・吉川［2007］第3節が詳しい。

12）同和自動車工業設立と活動については老川［1997］、［2002］参照。

13）満洲炭礦株式会社『第1期営業報告書』1934年6月期、1-9頁。李叔平については『満洲紳士録』1943年版、1259頁。粟野俊一は1887年8月生、東京帝国大学法科大学卒、満鉄採用、1926年3月17日鉄嶺地方事務所長、1923年5月21日安東地方事務所長、1929年3月18日吉林公所長、1930年6月14日地方部地方課長、1931年8月1日奉天事務所公所長、1932年12月1日奉天地方事務所長、満炭常務理事、日満商事取締役、満洲合成燃料理事、営城子炭礦取締役（『満洲紳士録』1943年版、567頁、満鉄会［1992］63、66、77、86、92頁）。竹内徳三郎については『満洲紳士録』1943年版、1304頁。長井祖平は1896年2月20日生、1917年弁護士登録、1919年満鉄入社、瓦房店地方事務所長、1929年参事、満洲国実業部事務官、工商司工務科長、満炭常務理事、舒蘭炭礦株式会社監査役（『大衆人事録』1943年版、満洲214頁）。

14）満洲炭礦株式会社『第2期営業報告書』1935年6月期、1頁。河本大作については第4章参照。

15）『関係会社年報』1938年版、685、687頁。柴田［2007c］139頁。須永［2007c］854-855頁で解説があるが、本店を大連、「満洲国最初の特殊会社」とするが誤りである。最初の特殊会社は満洲中央銀行。満洲石油は川上から川下まで幅広い事業に従事していた。ただし採掘は試掘段階で終わり実現しなかった。

16) 須永［2007c］854頁。「満洲石油会社設立ニ関スル件」1933年3月20日（『山崎元幹文書』R-71）。公称資本金4百万円中、満鉄出資2百万円で差し支えないとの決定を下していた（「満洲石油会社設立ニ関スル件」1933年4月6日、『山崎元幹文書』R-72）。
17) 『満洲紳士録』1943年版、1094頁。
18) 満洲採金株式会社「第4回定時株主総会決議報告」（仮題）1938年3月。
19) 小須田常三郎については満鉄会［1992］83頁。
20) 「満洲鉱業開発株式会社設立計画案ニ関スル件」1934年10月13日（『山崎元幹文書』R-74）。
21) 『満銀年鑑』1936年版、655頁。山西恒郎については第4章参照。
22) 「満洲曹達製造株式会社（仮称）設立ニ関スル件」1934年6月28日（『山崎元幹文書』R-73）。この文書に関東軍特務部（吉田私案）「満洲曹達製造株式会社（仮称）設立要綱案」1934年7月、が付されていた。「吉田私案」作成者の吉田豊彦は1873年11月1日生、1894年7月陸軍士官学校卒、1915年陸軍省兵器局銃砲課長、1918年6月同工政課長、1921年5月兵器局長、1924年2月中将・造兵廠長官、1928年3月技術本部長、1930年3月大将、1931年8月予備役、1941年1月10日没（日本近代資料研究会［1971］78頁）。退役後、関東軍特務部顧問に就任した。
23) 須永［2007c］840頁で満洲曹達の満洲国準特殊会社設立からの説明があるが、そこでは旭硝子・昌光硝子で50％出資しており、三菱系と満鉄の折半出資とされている。満洲化学工業の出資を満鉄出資に合計させている。また当初から「満州曹達株式会社」設立としているが、設立されたのは設置法に基づかない「公司法」に準拠の準特殊会社満洲国法人の満洲曹達股份有限公司である。
24) 旭硝子［1967］、満鉄会［1992］90頁。堀義雄は1889年4月生、1915年東京帝国大学法科大学卒、司法官試補、自営業を経て満鉄採用、東亜経済調査局参事、1933年12月19日総務部監査役、満洲化学工業常務取締役、満洲曹達取締役、満洲硫安工業株式会社理事（『大衆人事録』1943年版、関東州39頁）。
25) 満洲曹達股份有限公司『第4期営業報告書』1937年12月期、2頁で株主総会を大連で開催。
26) 「日満合弁軽金属鉱株式会社設立要綱ニ関スル件」1934年1月29日（『山崎元幹文書』R-72）。
27) 「アルミニウム工業企画計画ニ関スル件」1936年3月30日（『山崎元幹文書』R-77）。「満洲軽金属製造株式会社設立計画案」が付されている。疋田［2007a］には設立経緯の紹介がない。日満アルミニウムは1942年3月24日に昭和電工株式会社へ経営委任決定、1943年10月1日に昭和電工が吸収合併した（昭和電工［1977］290-291頁）。
28) 『満銀年鑑』1937年版、637頁。この典拠では株式会社住友本社となっているが、

住友合資が住友本社に改組したのは1937年3月のため修正した。満鉄会［1992］90、103頁。疋田［2007a］686頁でも言及があるが設立経緯については解説がない。

29)「満洲電業股份有限公司株式売却ニ関スル件」1936年3月11日（『山崎元幹文書』R-76）。

30)「満洲電業株式会社株式売却ニ関スル件」1936年5月26日（『山崎元幹文書』R-78）。

31) 満洲電業股份有限公司『第5期営業報告書』1936年12月期に名義書換株式289,609株、50円払込で14,480千円を超える株式の取引がなされており、この多くが満鉄の放出である。

32)『満銀年鑑』1937年版、701頁、満鉄会［1992］90頁。秦［1982］155頁では1935年12月満洲拓殖公社総裁とあるが誤りである。

33) 鮮満拓殖・満鮮拓殖［1941］13-14頁。1941年1月株主名簿の商号を設立時のものに修正した。ただし満鉄・東拓作成資料では25％のままである。二宮治重については日本近代史料研究会［1971］54頁。木村通については第4章参照。設立時から鮮満拓殖・満鮮拓殖［1941］29、31頁の出資割当だとすると満鉄・東拓の出資率は20％に低下する。

34)『満銀年鑑』1937年版、702頁、満鉄会［1992］74頁、鮮満拓殖・満鮮拓殖［1941］14-21頁。

35) 1936年12月期に満鉄は満鮮拓殖に2,544千円、1937年12月に1,375千円を融資していたが、その後変動しない。出資していない会社への満鉄融資は限られているが、鮮満拓殖への出資者として支援したことになろう。1937年12月期より新たに鮮満拓殖が満鮮拓殖に6,550千円を融資しており、その後も増大した（鮮満拓殖・満鮮拓殖［1941］141-142頁）。

36) 満洲林業設立については柴田［2007h］921-922頁。

37)『満銀年鑑』1936年版、668頁。

38)「満洲商事株式会社設立ニ関スル件」1934年2月13日（『山崎元幹文書』R-72）。日満商事設立について山本裕［2003］参照。同論文では撫順炭販売に言及するが、同社の日満商事設立に伴う解散日付を記載していない。撫順炭販売の営業報告書は1936年3月期まで残っており、それ以降に解散した。

39) 日満商事股份有限公司『第1期営業報告書』1937年3月期、1-3、17-19頁。鈴木［2007b］541-543頁でも説明がある。鈴木［2007b］と山本［2003］は当初から日満商事株式会社が設立されたと説明するが、「公司法」に準拠した満洲国法人準特殊会社の日満商事股份有限公司が設立されたのであり、「会社法」施行後の、1938年5月18日に日満商事株式会社への商号変更を含む定款変更決議し、6月3日に商号変更登記を行った（日満商事株式会社『第3期営業報告書』1938年3月期、2-3頁、『公報』2460号、1942年7月29日）。日本人投資家向の営業報告書の著者名は当初から「日満

商事株式会社」の日語訳商号を使っているが新京法院の登記上の商号ではない。山本［2003］は日満商事の商号変更を無視している。その後1939年12月26日「日満商事株式会社法」に基づく特殊法人に移行する。

40) 満鉄会［1992］76、85、93頁。武部治右衛門については第4章参照。
41) 関東軍司令部「満洲塩業会社設立要綱案」1933年12月16日（「満洲塩業会社設立ニ関スル件」1934年1月15日（『山崎元幹文書』R-72））。満洲塩業については柴田［2007f］613-615頁参照。
42) 満洲塩業株式会社『第1期営業報告書』1936年12月期、10-12頁、日塩［1999］147-148頁参照。
43) 満洲弘報協会設立については吉川［2007c］103-104頁が詳しいが、財団法人化案の説明は与えられていない。李［2000］に財団法人化案の解説がある。「株式会社満洲弘報協会出資ニ関スル件」1936年3月17日（『山崎元幹文書』R-76）。
44) 『関係会社年報』1938年版、1265頁、『第70回帝国議会説明資料』1936年12月。
45) 『満銀年鑑』1937年版、712頁、満鉄会［1992］95頁。高柳保太郎は明治2（1869）年12月生、1893年士官学校卒、陸軍中将、満鉄採用、1936年9月満洲弘報協会理事長、1937年10月満鉄辞職、満洲国国務院総務庁企画処参事官、1938年5月30日満洲弘報協会辞職、満洲国国務院総務庁理事官、株式会社泰東日報社（1935年3月8日設立、本店大連）社長（『大衆人事録』1943年版、関東州26頁、『満銀年鑑』1935年版、『満洲紳士録』1943年版、1067頁）。三浦義臣は1884年4月生、東亜同文書院卒、関東都督府採用、満鉄に移り、経済調査会第五部主査、第一部主査、関東軍嘱託、満洲弘報協会理事、満洲国通信社理事、株式会社満洲演芸協会（1940年5月24日設立、本店新京）副社長（『大衆人事録』1943年版、満洲276頁）。
46) 『関係会社年報』1938年版、1265頁。満鉄の株式評価額は『第68回帝国議会説明資料』1935年12月。李［2000］135-136頁。
47) 「硫安化学工業株式会社株式引受ニ関スル件」1932年11月21日（『山崎元幹文書』R-71）。
48) 「満洲化学工業株式会社創立事務ニ関スル件外1件」1933年1月7日（『山崎元幹文書』R-71）。このうちの特殊関係者が満鉄子会社となる。柳沢［2008］189頁では「東洋窯業」なる企業の5.96％出資が紹介されているが、該当する法人が見当たらない。
49) 斉藤［1987］337頁、『銀行会社要録』1932年版、東京96頁、『帝国銀行会社要録』1933年版、山口6頁。
50) 『満銀年鑑』1935年版、624頁、1936年版、678-679頁。
51) 日満マグネシウム設立については蘇［1990］684-685頁が詳しい。『満銀年鑑』1935年版、624頁。満洲マグネシウム工業については、『満銀年鑑』1940年版、543頁。株式譲渡は南満洲鉄道『統計年報』1937年版。

52)「撫順セメント株式会社設立ニ関スル件」1934年4月24日（『山崎元幹文書』R-73）。撫順セメントについては須永［2007b］778頁でも解説がある。
53)「撫順セメント株式会社株式引受ニ関スル件及万国議員会議出席者援助金ノ件」1934年6月25日（『山崎元幹文書』R-73）。
54)「満洲大豆工業株式会社設立ニ関スル件」1933年11月16日（『山崎元幹文書』R-72）、『満銀年鑑』1936年版、178頁。須永［2007c］824-825頁でも説明がある。
55)「大満採金公司ニ関スル件」1934年6月9日（『山崎元幹文書』R-73）で、資本金200千円50千円払込と決定した。
56)「株式会社大満採金公司及大満採金股份有限公司ノ処理ニ関スル件」1935年2月25日（『山崎元幹文書』R-75）。
57) 疋田・須永［2007］419-415頁でも南満洲電気の関係会社に言及がある。
58) 新義州電気［1936］62-66頁。定州電気については京城商工会議所『朝鮮会社表』1931年版、113頁。
59)「満洲電気事業統制案ニ対スル件」1933年2月21日（『山崎元幹文書』R-71）。満洲国電力政策は疋田・須永［2007］参照。
60)「満電電車バス分離ニ関スル件」1934年2月27日（『山崎元幹文書』R-72）。
61)「満洲ニ於ケル電気事業合同方針ノ件」1933年6月7日（『山崎元幹文書』R-72）。
62) 満洲電業股份有限公司『第1期営業報告書』1934年12月期、16頁。孫潡は光緒20（1894）年生、日本育ち、1920年日本大学政治科卒、四鄭鉄路局勤務、中東鉄路顧問、満洲国実業部工商司長、商標局長兼権度局長、満電副社長、満興銀理事、満洲興業証券株式会社取締役（『満洲紳士録』1943年版、1241頁、入江［1938］253頁）。入江正太郎と高橋仁一については第4章参照。石橋米一は『満洲紳士録』1943年版、1149頁、王聘之については同1940年版、224頁。
63) 営口水道電気株式会社『第57期営業報告書』1935年4月期、8頁。柴田・鈴木・吉川［2007］316頁。疋田・須永［2007］415頁でも満電への譲渡について説明がある。北満電気については第3章及び柴田［2017a］第1章参照。
64) 南満洲電気株式会社『第17期営業報告書』1934年9月期。南満洲電気社債については日本興業銀行［1970］320頁
65)『第67回帝国議会説明資料』1934年12月期で35.7％32,162千円の保有を確認できる。
66) 南満洲電気株式会社『第18期営業報告書』1935年3月期。
67)「電気供給事業譲渡後ニ於ケル満電ノ改組並社債及電業株式ノ処置ニ関スル件」1935年7月9日（『山崎元幹文書』R-75）。
68) 南満洲電気株式会社『第19期営業報告書』1935年9月期。
69) 同『第20期営業報告書』1936年3月期。
70) 柴田・鈴木・吉川［2007］も参照。商号変更前にすでに電力事業から撤収しており、

第 5 章　満洲事変期南満洲鉄道系企業集団　325

実態に商号を合わせた。また準特殊会社として「公司法」に準拠して設立された満洲電業股份有限公司を疋田・須永［2007］は「満洲電業株式会社」と表記しているが日本法人ではない。前掲「電気供給事業譲渡後ニ於ケル満電ノ改組並社債及電業株式ノ処置ニ関スル件」、大連都市交通株式会社『第21期営業報告書』1936年9月期。疋田・須永［2007］400頁では「南満州電気が解散し」たとしているが事実とは異なる。柳沢［2008］169頁は1937年満鉄の南満洲電気出資率を50％とする。大連都市交通への商号変更後も100％で変化しない。満電と混同している可能性あり。

71)　前掲大連都市交通『第21期営業報告書』。
72)　『満銀年鑑』1936年版、637頁。
73)　『公報』956号、1937年6月9日、1081号、1937年11月6日。
74)　『公報』969号、1937年6月23日、1298号、1938年8月5日。
75)　『満銀年鑑』1935年版、604頁。
76)　『公報』957号、1937年6月9日。
77)　『満銀年鑑』1935年版、147頁。
78)　岡田栄太郎は1887年3月24日生、1918年中央大学法科卒、片倉組採用、東亜蚕糸組合書記、日華蚕糸株式会社主任、合同煙草株式会社取締役、同和興業株式会社（1932年11月9日設立、本店奉天、片倉系）各監査役、満洲興業取締役、北票炭礦常務取締役、営城子炭礦専務取締役、満洲東亜スレート株式会社（1941年5月5日設立、本店吉林）社長（『大衆人事録』1943年版、満洲69頁）。岡田の実弟も営城子炭礦勤務のため岡田個人資産の出資の可能性が強い。東亜蚕糸組合、日華蚕糸、合同煙草については柴田［2013a］第4章参照。
79)　『公報』1210号、1938年4月19日。
80)　裕東煤礦設立は『関係会社年報』1938年版、821頁。『満洲会社表』1943年版「二十万円以上」38頁は1925年2月1日設立、再登記記事では1931年9月11日。1938年5月5日に裕東煤礦株式会社に商号変更（『公報』1463号、1939年3月2日）。
81)　「興中公司ノ天津電業股份有限公司ニ対スル投資ノ件」1936年6月8日（『山崎元幹文書』R-78）。
82)　天津電業の設立を含む興中公司の活動については、柴田［2000］と［2008a］第2章参照。

おわりに

満鉄は満洲事変前から多数の関係会社を抱えていた。その中でも満鉄の運輸事

業に直結するか、直営事業を分離した大連汽船、南満洲瓦斯、国際運輸、南満洲電気、昭和製鋼所が規模としてぬきんでていた。そのほか関東州の工業化への支援で中小規模事業者にかなりの件数を出資し、また関東州・附属地の日本人居住民と商業者支援のための、満鉄本体事業とは関わりの薄い事業にも積極的に関わってきた。これらのうちで満洲事変後に操業環境の激変で廃業する事例や、事業規模拡大を進む事例があり、後者の代表が昭和製鋼所であった。満洲事変期に満洲国特殊会社体制に応じて、多数の特殊会社・準特殊会社の出資に応じた。満炭、満洲採金、同和自動車工業、満洲軽金属製造等がこれに該当する。ただし満鉄の思惑とは関係会社の設立が合致せず、満鉄側が関東軍・満洲国側に押し切られた満洲軽金属製造のような事例も含まれている。これら株式譲渡金額も、満鉄にとっては、対満洲国鉄道借款規模を下回る金額に過ぎなかった。株式転売収入よりも、むしろ満鉄にとって、満洲国鉄の受託経営に伴う膨大な負担を耐えて操業していたといえよう。また鉱工業以外の分野でも、日満商事、満洲弘報協会等の設立を見て、満洲国期前半の満鉄による関係会社投資の規模は、傑出したものであった。投資残高とそれに伴う関係会社の総資産規模は急増した。ただし満鉄の育成した南満洲電気の事業が、不本意ながらも譲渡させられるといった事態は、満鉄にとって好ましいものではなかった。関係会社の投資額の一つのピークは満業の事業譲渡する直前の1937年3月期であった。

　これらの満鉄企業集団の全体像を明らかにし、その出資額・連結子会社・持分法適用会社の総資産を集計することで企業集団の規模を明らかにした。さらに確認できた連結子会社1937年3月期総資産は537百万円に増大し、総資産連単倍率は1.135に上昇した。1920年代とは異なり満鉄が満洲国で多額投資を行い該期満洲国産業政策の企業投資において中心に立っていたことを再確認させる。これは関東軍と密着した満鉄が同軍の意向に応じて資金力の乏しい満洲国政府に代わり多額出資で満洲経済開発の担い手であり続けたことを示すものである。

　満鉄は満洲事変期に多数の特殊会社・準特殊会社・普通会社に出資し、満洲事変期の経済政策の実際の担い手の会社組織の設立に最も貢献した。該期には満洲国政府も新たな大規模会社投資組織として活躍するが、当初は現物出資が中心であり財源の制約から多額現金出資ができないため、多額現金出資が可能な政府系

法人として満鉄に頼らざるを得なかった。そのため満鉄への出資要請が集中した。関東軍も満洲国の産業化の出資の担い手として大いに期待し、満鉄はそれを担った。しかも満鉄は会社設立に現金出資・一部現物出資で貢献したのみならず、会社の役員を派遣し経営を担った。経営者には満鉄の理事・課長等を経た退職者を送り込み、監査役には現役職員を兼務派遣して経営監視に努めた。満洲国との共同投資の場合に満洲国側から派遣できる人材は限られていた。満洲国は理事長等に関東軍の推挙による退役軍人や満洲国の地場の有力者を派遣したが、満洲国内部では経営を担う人材を送り込むことは難しい状況が続いた。日本からの官僚の派遣の天下り先として機能するにはまだ時間が必要であった。日本の財閥との共同投資のような投資案件の場合には、財閥系企業から有能な経営者を迎え入れることができたことで、満鉄の負担も軽くなった。満鉄も役員を派遣して出資に見合う経営監視に努めた。満鉄が多数の有能な退職者や兼務派遣できる職員を抱えたのは、長期にわたる学卒職員の採用と内部育成を続けたことによる。社内人事プロモーションで育成された人材が学卒採用後、20年を経て大量動員が可能となった。また1930年以降の満鉄経営の不調で多数の学卒高給与職員を退職させたことにより、この人材が満洲国期に特殊会社・政府機関等で活躍の場を得た。満鉄は会社経営人材供給の宝庫としての位置づけも可能となる。

第6章　産業開発計画発動後の南満洲鉄道系企業集団

はじめに

　1937年7月7日盧溝橋事件の勃発で日中戦争となり戦時体制に移行する。その前に満洲国は満洲産業開発五カ年計画を策定・始動し日中戦争勃発後に拡大改定計画に練り直し、満洲国の急速な産業化を推し進めた。産業開発計画の始動と1937年12月1日「会社法」施行に伴い、それまでの満洲国における法人新規設立の原則抑制から原則奨励に転換することで対満洲国投資が盛り上がり、多数の会社が設立された。さらに1941年12月8日（日本時間）真珠湾攻撃でアジア太平洋戦争が勃発し、日本の対満投資は後退し満洲経済の日本依存の開発は困難になってゆく。

　本章は日中戦争勃発から1945年8月日本敗戦と満洲国解体までの時期を満洲国産業開発計画期と位置づけ、その中の南満洲鉄道株式会社の関係会社投資により拡大編成された企業集団の分析を行う。7年余の時期の区分として日中戦争勃発から1941年12月までを日中戦争期とし、それ以降をアジア太平洋戦争期とする。満洲の乱開発はこの時期に急拡大するが、その主役は満鉄から満洲重工業開発株式会社に移行する。脇役に転じた満鉄の事業持株会社活動は新たな領域への投資という形で継続する。その同社企業集団の総体的把握を本章の課題とする。満鉄の関係会社投資は1937年3月期に一つのピークを迎え、1937年度に満業が満洲国特殊法人として満洲国に表れると、同社に鉱工業投資の過半を譲渡し、満鉄の鉱工業投資負担は軽減された。譲渡で多額投資キャッシュ・フローの回収となり財務状況が改善された。ただし満鉄には日中戦争期にも新たな投資要請が発生するため、譲渡した重厚長大型鉱工業投資とは別の分野で投資案件が増えることで株

式保有は増大する。これは満洲産業開発五カ年計画に対応を迫られたものであり、満業投資以外の分野への投資の担い手として新たな役回りが発生した。アジア太平洋戦争期には産業開発計画の実質的な縮小により日本からの持出負担の軽減化が不可避となることに伴い、満洲国内資金・資材等の地場調達の強化が要請される事態と対応する。すなわち満洲国内資金供給の担い手として満鉄の関係会社投資はさらに増大を続ける。この二期に区分し満鉄関係会社投資を分析する。さらに満鉄本体との総資産の連結処理を試みることで満鉄企業集団の事業資産の実像に接近する。

　従来の研究では満鉄の関係会社一覧を提示することで概観する蘇［1990］、花井［2007a］、柳沢［2008］がある。満鉄の一次資料を駆使した蘇［1990］は1937年1時点のみ一覧表による関係会社の提示であり、日中戦争期・アジア太平洋戦争期において欠落している会社が残されている。また閉鎖機関整理委員会［1954］の満鉄の1945年3月期一覧表の掲載があり、花井［2008a］も利用している。ただしその掲載前に出資を回収した会社も少なくないため、いずれの研究にも欠落している法人を見出す。柳沢［2008］の1940年満鉄出資会社表は多くの粗さを抱えており信頼できない。安冨［1996b］は1935年以降の満鉄の帝国議会説明資料に掲載されている各社を一覧表に取りまとめている。ただし満鉄評価額が掲載されているため、貸借対照表とは整合するが、難点を含んでいる。本章はほぼ連年にわたり満鉄関係会社の払込資本金に着目しその推移を一覧表として掲載し、さらに関係会社を連結子会社、持分法適用会社、その他会社に分類し、出資額の推移を眺めたうえで、連結子会社と持分法適用会社の総資産を連年にわたり集計することで満鉄企業集団の関係会社資産規模を検討し、そのうえで満鉄総資産と連結子会社を合計した連結総資産を集計する。それにより満鉄企業集団の連結ベースでの真の総資産規模を把握することで他の企業集団との資産比較の基準を与える。

　本章は柴田［2011b］で試みた日中戦争期関係会社の出資経緯を補強し、総資産等に加工を加えたうえで連結総資産を集計し、その延長でアジア太平洋戦争期をほぼ同様の手法で延長しさらに連結総資産を集計し分析を深めたものである。アジア太平洋戦争期関係会社総資産の集計では1944年3月期に精度が低下するが、

傾向を判断するために掲載している。

第1節　日中戦争期南満洲鉄道の事業と関係会社投資の概要

1．事業概要

　満鉄は日中戦争勃発後に華北占領地における軍用鉄道運行で支援し大いに活躍した。1937年に満洲産業開発五カ年計画が始動すると追加投資が要請され、それに従わざるを得なかった[1]。産業開発計画の多くの企業化の素案は日中戦争勃発前に満鉄経済調査会（1932年12月1日設置）が引き受けて膨大なデスクプランを練り上げた[2]。同会は満洲事変期のシンクタンクとしての政策支援し、その成果が産業開発五カ年計画と位置づけられよう。さらに1937年11月20日に日本産業株式会社が新京満鉄附属地に移駐し、本店新京の日本法人となり、そのまま「会社法」施行で満洲国法人に転換し、さらに満洲重工業開発株式会社に商号変換し満洲国特殊会社に転換すると（第8章参照）、同社に大規模鉱工業関連会社の株式を満洲国政府経由で譲渡し、後述のように満鉄関係会社投資負担は軽減され、同社の経営改善に寄与した。

　満鉄トップ人事は政府の意向に左右された。日中戦争期の満鉄正副総裁を紹介しておこう。総裁松岡洋右（1935年8月2日～1939年3月24日在任）は日中戦争勃発後の関内への満鉄事業拡張で外交官出身のため大いに活躍したが2期目の途中に退任した。後任に鉄道官僚出身の副総裁大村卓一（1935年9月21日～1939年3月24日在任）が昇格し（1943年7月14日まで在任）、後任副総裁に元専売局長官で満鉄理事（1934年7月25日～1938年6月24日在任）の佐々木謙一郎が昇格した（1938年6月24日～1942年3月30日在任）[3]。大蔵省は押し込み人事で満鉄副総裁のポストを確保した。松岡が外務省、大村が鉄道省、佐々木が大蔵省と、監督官庁がポストを獲得するため押し込みを強めていたことがわかる。大蔵省と折衝する資金調達業務は佐々木が担当した。満鉄業務が拡大し業務も好転したため副総裁が1名追加され、理事佐藤応次郎（1935年7月25日～1939年3月24日在任）が1939年3月24日に副総裁に昇格した（1944年3月23日まで在任）。佐藤は東京

帝国大学工科大学卒満鉄採用の土木技術者で、満鉄学卒採用者として初の副総裁となった。佐藤は満鉄の土木建築関連業務を担った[4]。

満鉄の貸借対照表を概観すると、1937年3月期未払込資本金控除総資産（以下、総資産）1,929百万円に対し有価証券は201百万円であったが（表5-1）、1938年3月期に総資産2,119百万円に増大した。他方、有価証券は152百万円に急落し、有価証券対総資産比率は7.2％に低下した（表6-1）。これは満業への満洲国政府経由株式譲渡の結果である。満鉄は多額関係会社投資を回収したことにより身軽になった。また1937年12月1日に満鉄附属地行政権の返還に伴い、満鉄附属地沿線に満鉄が抱えていた学校・水道・その他施設も満洲国に引き継がれて直営から離れ、有形固定資産が圧縮され、これも満鉄の負担軽減に連動した[5]。その後も1939年3月期も総資産2,343百万円に対し有価証券保有157百万円に低迷していたため、新規株式取得・追加出資は抑えられていた。有形資産を中心とした総資産増大の結果、有価証券対総資産比率は6.7％にまで低下した。資産増大に対処し、満鉄は社債発行を増大させていた。しかし満鉄は産業開発計画の資金需要の中で満業が担当しない分野の会社投資の要請を受け、資金力増強が必要になった。1940年1月20日に1,400百万円856,208千払込に増資決議し併せて定款を変更し満洲国政府も出資を可能とした。この増資に日本国政府と日本民間のみならず満洲国政府も引き受けた。両国政府払込は1株10円であり満洲国政府は3.57％額面50百万円10百万円払込となった[6]。期末払込資本金は820,680千円となり、満鉄の社債発行枠は払込資本金の2倍のため上限が1,641百万円へと引き上げられた。1940年3月期に総資産は2,717百万円に増大し、有価証券投資は214百万円にまで増大した。その結果、有価証券対総資産比率は7.9％に上昇した。さらに1941年3月期には総資産3,084百万円、有価証券投資258百万円へと増大し、1937年3月期のピークの有価証券保有額を上回り、有価証券対総資産比率も8.4％へと上昇していた。主として満洲国政府借款が貸金として増大を続け、一部関係会社融資も含むが、有価証券と貸金の対総資産比率は1941年3月期で42.5％に上昇しており、本体事業の有形資産として計上される事業費1,030千円を上回った。満鉄総資産からみた事業内容は大きく変貌していた。資産構成から見る限りでは満鉄は満洲国借款と関係会社投資が主要業務になりつつあった。ただし関係会社投資による

表6-1 南満洲鉄道貸借対照表(4)

(単位:千円)

	1938.3期	1939.3期	1940.3期	1941.3期
(資産)				
未払込資本金	123,792	103,792	63,792	543,792
事業費	852,719	892,164	935,875	1,030,392
有価証券	152,005	157,134	214,569	258,242
貸金	625,342	762,201	902,351	1,053,240
流動資産	285,981	285,077	320,759	344,656
仮払金等雑勘定	203,354	246,288	343,554	397,805
合計	2,243,194	2,446,858	2,780,903	3,628,130
未払込資本控除総資産	2,119,402	2,343,066	2,717,111	3,084,338
(負債)				
社債金	797,950	951,825	1,166,990	1,404,345
社員身元保証金	65,167	76,126	91,265	104,787
短期負債	217,811	218,075	279,811	249,483
仮受金	22,677	31,332	40,890	37,810
資本金	800,000	800,000	800,000	1,400,000
諸積立金	248,190	278,890	297,540	321,440
前年度繰越金	17,467	17,733	26,557	33,552
本年度利益金	73,919	72,875	77,848	76,711
合計	2,243,194	2,446,858	2,780,903	3,628,130
未払込資本金控除総資産対有価証券	0.072	0.067	0.079	0.084
未払込資本金控除総資産対(有価証券+貸金)	0.367	0.392	0.411	0.425
総資産利益率	0.035	0.031	0.029	0.025
払込資本金利益率	0.109	0.105	0.016	0.090

出所:南満洲鉄道株式会社『営業報告書』(各期)。

投資キャッシュ・フローで得るリターンの金額は、無配か新設間もない会社も多いため、巨大な現業部門で得る巨額営業キャッシュ・フローに比べ、当然ながら見劣りする状態が続いた。

関係会社管理業務は総務部監理課が担当していたが(南満洲鉄道[1938]81-82頁)、1937年12月1日に総裁室監理課に移り、1938年9月18日より鉄道総局附業局が主に担当した(満鉄会[1986]114頁、[1992]136頁)。

2. 日中戦争期関係会社投資の概要

日中戦争期にも多数の新規投資を行い、他方、投資を回収した事例もあるため、以下、日中戦争期の会社新設、株式譲渡、解散を中心に年度に沿ってそれを概観

表6-2　南満洲鉄道関係会社出資 (4)

(単位：千円)

商　号	設立年月日	本　店	1938.3期	1939.3期	1940.3期	1941.3期	備　考
営口水道交通(株) →営口水道(株)	1906.11.15	営口	660	660	660	660	66.35%、1939.10.16商号変更
中日実業(株)	1913.8.11	東京	60	60	60	60	1.2%
大連汽船(株)	1915.1.28	大連	11,450	14,450	14,450	25,700	100%
大連油脂工業(株)	1916.5.1	大連	340	—	—	—	68%→0%、1938.8.29日本油脂(株)に譲渡
新京取引所信託(株) →新京官営取引所信託(株)	1916.3.26	新京	128	128	—	—	5%、1939.12.21興徳銀行に改組決議
新京市場(株)	1917.5.16	新京	50	—	—	—	50%、1939.1.24満鉄株式売却、1940.6.30解散
満洲市場(株)	1917.9.1	奉天	200	200	—	—	50%、1939.3.14解散
南満鉱業(株)	1918.4.8	大連	766	—	—	—	50.1%→0%
大連工業(株)	1918.4.5	大連	127	50	254	254	50.8%
撫順市場(株)	1918.5.15	撫順	0	1	7	10	10%、1943.4解散
東亜興業(株)	1909.8.18	東京	30	30	30	30	0.25%
満蒙毛織(株)	1918.12.25	奉天	142	142	174	174	1.42%
朝鮮鉄道(株)	1916.4.29	京城	52	52	52	52	0.27%
満鮮坑木(株)	1919.12.21	安東	600	600	600	1,500	100%
東亜土木企業(株)	1920.1.10	大連→奉天	627	627	627	627	50.2%、1937.11.22本店を奉天に移転
南満洲製糖(株)	1916.12.15	奉天	259	—	—	—	2.5%、1938.9.6解散清算結了
湯崗子温泉(株)	1920.3.20	湯崗子	126	126	126	126	50.5%
満洲製粉(株)	1906.11.15	東京	21	21	21	21	0.52%
鞍山不動産信託(株)	1921.10.26	鞍山	426	—	—	—	42.6%→0%、1939.2.1満洲不動産に譲渡
札免採木公司	1922.6.25	哈爾濱	2,444	2,444	—	—	50.9%、1939.4.1解散、1940.3回収、満洲林業に出資振替
大連火災海上保険(株)	1922.7.28	大連	166	66	166	166	33.2%、大連海上保険(株)設立で事業譲渡、1939.7.31解散、清算法人出資
満洲紡績(株)	1923.3.15	遼陽	915	1,171	1,171	1,171	25%、1941.9満鉄保有株42,300株開放、譲渡
山東鉱業(株)	1923.5.7	青島	1,259	1,259	1,259	1,259	55.9%
大連製油(株)	1918.8.25	大連	6	6	6	6	0.46%、休業
元山海水浴(株)	1923.6.2	元山	100	100	100	100	66.6%
開平鉱務(股)	1900.12.21	ロンドン	49	49	49	49	2.5%
昌光硝子(株)	1925.4.17	東京	1,200	1,200	—	—	40%→0%、1939.4～9期に旭硝子に売却
南満洲瓦斯(株)	1925.7.18	大連	5,013	5,013	5,000	5,625	50%→34.5%
大連窯業(株)	1925.7.15	大連	600	900	1,200	1,200	100%
(株)金福鉄路公司	1925.11.10	大連	45	45	—	—	2.25%、1939.5.20解散
大連都市交通(株)	1926.6.1	大連	4,400	5,000	5,000	10,000	100%
国際運輸(株)	1926.8.1	大連	3,400	3,400	5,000	7,500	100%
福昌華工(株)	1926.10.15	大連	1,800	1,800	1,800	1,800	100%
東洋窒素工業(株)	1926.12.1	東京	593	600	750	—	30%→0%
東亜煙草(株)	1906.11.9	東京	7	—	—	—	0.65%→0%、1938.9～1939.3に売却
南満洲硝子(株)	1928.11.3	大連	50	50	—	—	16.6%→0%、1940.3.15岩城硝子に譲渡
(置)登瀛閣	1929.1.10	大連	15	15	15	15	60%
日本精蝋(株)	1929.2.23	大連	2,000	2,000	4,000	4,000	100%
大連農事(株)	1929.4.15	大連	5,000	5,000	5,000	5,000	100%
日満倉庫(株)	1929.6.1	東京	9,500	14,500	14,500	7,500	100%→50%、半額を1940.12.28大連汽船に譲渡
阪神築港(株)	1929.7.3	神戸	1,480	1,480	—	—	40%→0%、1940.3期に山下汽船側に譲渡
(株)昭和製鋼所	1929.7.4	鞍山	40,050	45,000	45,000	45,000	45%→22.5%
哈爾濱土地建物(株)	1920.5.1	哈爾濱	500	—	—	—	100%→0%、1939.2.1満洲不動産に譲渡
銑鉄共同販売(株)	1932.8.25	東京	85	—	—	—	34%、1938.8.25解散
満洲航空(株)	1932.9.26	奉天	2,190	2,550	2,550	2,250	18.7%→8.5%、1941.7.21特殊会社に改組
満洲化学工業(株)	1933.5.30	関東州海猫屯	9,750	13,000	12,925	12,925	51.7%
満洲電信電話(株)	1933.8.31	新京	1,745	1,745	—	—	7%→0%
(股)濱濱交易所 →(株)哈爾濱交易所	1933.10.1	哈爾濱	125	125	125	—	12.5%、1938.6.16商号変更、1939.11.24、満洲証券取引所に事業譲渡解散
満洲石油(株)	1934.2.24	新京	2,500	2,500	2,500	2,500	25%→6.25%
(株)大満採金公司	1934.6.30	新京	50	50	50	50	50%
撫順セメント(株)	1934.7.18	撫順	2,500	2,500	2,500	2,500	100%→50%
満洲大豆工業(株)	1934.7.23	大連	1,073	1,073	1,073	—	34.6%、1940.10.10解散、1940.6.20設立の満洲大豆化学工業(株)の事業資産に吸収
満洲電業(股) →満洲電業(株)	1934.11.1	新京	41,320	41,320	30,070	15,070	25.8%→18.7%、1938.3.19商号変更

第6章 産業開発計画発動後の南満洲鉄道系企業集団 335

会社名	日付	所在地					備考
満洲鉛鉱(股) →満洲鉛鉱(株)	1935.6.18	鞍山	2,000	—	—	—	50%→0%、1938.6満業に全株譲渡
安東市場(株)	1935.8.22	安東	82	82	82	82	50%
満洲鉱業開発(株)	1935.8.24	新京	2,500	2,500	2,500	2,500	50%→5%
満洲火薬販売(股) →満洲火薬販売(株)	1935.11.11	奉天	50	50	50	—	10%、1938.9.20商号変更、1941.2.1満洲火薬工業(株)設立で解散
(株)興中公司	1935.12.20	大連	10,000	—	—	—	100%→0%、1939.1.31に北支那開発に譲渡、1941.10.31解散
(株)日仏対満事業公司 →(株)日仏事業公司	1936.2.25	大連	50	50	50	50	50%、1938年商号変更、清算事業法人に移行
満洲林業(株) →満洲林業(株)	1936.2.29	新京	937	1,250	3,500	2,500	25%→16.6%→8.3%、1938.7.21商号変更
満洲塩業(株)	1936.4.28	新京	500	500	1,000	1,000	20%→5%
満洲曹達(股) →満洲曹達(株)	1936.5.22	新京	1,000	2,000	2,000	2,750	25%、1938.2.25商号変更
(株)錦州市場	1934.6.18	錦州	25	25	25	25	50%、1941.2.26解散
(股)満洲弘報協会 →(株)満洲弘報協会	1936.8.28	新京	1,148	1,148	1,148	—	38.2%→22.9%、1938.7.21設置法改正で商号変更、1940.12.2解散
鮮満拓殖(株)	1936.9.24	京城	2,000	2,000	2,000	2,000	25%、1941.6.31解散
日満商事(株) →日満商事(株)	1936.10.1	新京	3,600	3,600	7,500	7,500	設立登記日1938.5.18商号変更
満洲畜産工業(株)	1936.11.16	新京	300	—	—	—	100%→0%、1938.10.20満洲畜産に譲渡、1941.11.20増資で50%出資
満洲輸入(株) →関東州貿易実業振興(株) →関東州実業振興(株)	1935.6.28	大連	900	900	900	900	18%、1940.5.1関東州貿易実業振興に改称、1937.4.27増資で満鉄出資
満洲鉱業(株)	1937.6.23	奉天	2,500	5,000	5,000	5,000	50%、1938.4.30商号変更
満洲拓殖公社	1937.8.31	新京	1,600	6,660	10,000	10,000	33.3%→20%
(株)満洲映画協会	1937.8.21	新京	1,250	1,562	2,187	3,250	
満洲合成燃料(株)	1938.8.6	新京	1,000	—	—	—	10%、1938年度帝燃に譲渡
満洲豆粍巴爾普(股) →満洲豆粍パルプ	1937.9.4	新京	500	500	500	500	10%、1938.2.10商号変更
満洲不動産(株)	1937.10.30	新京	2,500	3,000	3,000	3,000	10%
大連船渠鉄工(株)	1937.8.1	大連	—	3,200	4,500	4,500	100%、1938.4.1大連汽船保有全株式を取得
復州鉱業(股) →復州鉱業(株)	1937.8.28	奉天省復県	500	500	500	625	50%、改組新設、1938.2.15商号変更
奉天中央卸売市場(株)	1938.12.20	奉天	—	121	121	—	8%、1940.6.30解散
青島埠頭(株)	1938.9.23	青島	—	800	800	800	40%
北支那開発(株)	1938.11.7	東京	—	2,508	2,508	2,508	2.9%
中支振興(株)	1938.11.7	上海	—	2	2	2	0.01%
満洲生活必需品配給(株)→ 満洲生活必需品(株)	1939.2.23	新京	—	1,000	1,000	2,314	50%→4%→7%、1939.12.26商号変更
満洲特殊製紙(株)	1939.3.2	新京	—	107	475	750	40%→21%
華北交通(株)	1939.4.17	北京	—	—	48,000	72,000	50%
関東州工業土地(株)	1939.7.12	大連	—	—	1,250	1,250	50%
(株)興徳銀行	1939.12.21	新京	—	—	205	—	51%、設立日は銀行改組日、満銀に譲渡
大同炭礦(株)	1940.1.10	大同	—	—	5,000	7,500	50%
満洲火薬工業(株)	1941.2.1	奉天	—	—	—	70	0.8%
満洲造林(株)	1941.2.14	新京	—	—	—	2,000	25%
満洲輸入(株) →満洲実業振興(株)	1937.11.28	新京	—	—	—	2,500	50%、1940.7.25増資で満鉄半額出資、1940.8.5商号変更
日本協同証券(株)	1941.3.31	東京	—	—	—	125	0.5%
協和建物(株)	1934.7.23	大連→奉天	—	—	—	—	25%、「会社法」施行前奉天移転と推定、1941.5.29増資で取得
永安建物(株)	1940.4.4	撫順	—	—	—	—	10%、1941.10株式取得
総計	社数 出資額		74 194,944	67 212,441	67 268,431	65 296,958	
満洲内本店	社数 出資額		62 178,576	53 187,799	53 193,319	51 202,970	
うち関東州	社数 出資額		18 47,436	16 43,019	17 49,664	16 67,966	
満洲外本店	社数 出資額		12 16,367	14 24,642	14 75,112	16 93,987	
連結子会社	社数 出資額		40 88,832	30 89,645	30 99,297	29 109,250	
持分法適用会社	社数 出資額		15 94,928	14 106,198	13 116,976	12 150,213	
その他	社数 出資額		19 11,183	23 16,598	24 52,157	24 37,494	

注：ボールドは満洲内本店会社、イタリックは持分法適用会社、アンダラインは20%以下のその他会社。
出所：南満洲鉄道［1938］、『統計年報』（各年版）、『関係会社年報』1938年版、『帝国議会説明資料』（各年版）、大連商工会議所『満洲銀行会社年鑑』（各年版）。

表6-3　南満洲鉄道関係会社融資・預り金（2）

(単位：千円)

	1938.3期	1939.3期	1940.3期	1941.3期	1942.3期	1943.3期	1944.3期	備考
（融資）								
大連油脂工業(株)	281	—	—	—	—	—	—	同年5月期
湯崗子温泉(株)	52	44	25	12	8	2	—	
大連都市交通(株)	—	1,000	4,500	6,000	4,500	7,661	13,396	
国際運輸(株)	884	809	2,754	3,109	2,809	7,309	17,309	前年9月期
(株)遼東ホテル	40	—	—	—	—	—	—	
哈爾濱土地建物(株)	370	330	—	—	—	—	—	前年11月期
(株)興中公司	430	—	—	—	—	—	—	
(株)日仏事業公司	100	68	—	—	—	—	—	
満洲不動産(株)	620	2,698	2,577	5,471	10,350	—	—	前年12月期
関東州工業土地(株)	—	—	3,100	6,315	5,038	5,767	—	
合計	2,779	4,951	9,857	14,592	17,667	14,974	30,706	
（預り金）								
大連汽船(株)	10,850	17,350	24,684	26,323	18,771	3,771	—	前年12月期
大連工業(株)	93	13	227	171	132	38	304	買掛金、同年4月期
大連窯業(株)	200	—	525	375	—	—	—	
福昌華工(株)	3,100	2,680	27,800	—	—	—	—	1934.3期のみ前年9月期
満洲不動産(株)	930	3,330	690	—	—	—	—	前年12月期
合計	15,173	23,373	28,906	26,869	18,903	3,809	304	

出所：『関係会社年報』1938年版、大連油脂工業(株)『営業報告書』1938年5月期、大連汽船(株)『営業報告書』（各期）、湯崗子温泉(株)『営業報告書』（各期）、大連都市交通(株)『営業報告書』（各期）、国際運輸(株)『営業報告書』（各期）、大連工業(株)『営業報告書』（各期）、大連窯業(株)『営業報告書』（各期）、関東州工業土地(株)『第2期営業報告書』1941年3月期（満鉄資料館02572）、『第3期営業報告書』1942年3月期（満鉄資料館24479）、『第4期営業報告書』1943年3月期（満鉄資料館24480）、福昌華工(株)『第21期営業報告書』1938年3月期（満鉄資料館20611）、『第24期営業報告書』1939年9月期（満鉄資料館22741）、『満洲日日新聞』1941年4月6日、1942年4月9日、『満銀年鑑』（各年版）、柴田［2000］。

する（表6-2）。満鉄は関係会社融資と関係会社預り金による出資以外の貸借関係が一部発生しており、それも併せて紹介する（表6-3）。

（1937年度）

　1937年度途中に日中戦争が勃発したため、日中戦争期の戦時体制経済体制が確立した9月10日以降の会社設立・解散等に限定する。1937年10月30日に満洲不動産株式会社が設立された（本店奉天、資本金10百万円4分の1払込、満鉄全額出資）。社長中野忠夫（前満鉄総務部文書課長）、常務取締役小川卓馬（前満鉄開原地方事務所長）、取締役松田進（前満鉄大石橋地方事務所長）、古賀叶（満鉄鉄道総局福祉課長兼務）ほか、監査役長倉不二夫（鉄道総局工務局建築課長）、富田租（総裁室監査役）、新井静二郎（附業局産業課長兼務）であった[7]。満鉄は多

くの役員を就任させ経営を掌握した。同社は満鉄附属地行政権撤廃後、満鉄直営土地管理は制度上困難となるため不動産投資管理業務を移管する受け皿として設立された。満鉄の出資する奉天工業土地股份有限公司（1935年3月11日設立、満鉄50％2,750千円出資）は1937年11月15日に解散し[8]、満洲不動産に住宅部門は譲渡されたようであるが傍証できない。

満洲事業家山田三平が経営する遼東ホテル株式会社（1928年9月26日設立、本店大連）を支援するため、満鉄は1929年12月期に資本金1百万円900千円払込の50.5％454.5千円を取得し、支配下に入れて経営支援していた（第4章参照）。1937年6月に山田三平が死没後、二代目山田三平が家督を承継すると、同年11月に満鉄は保有する遼東ホテル株式を山田家に譲渡して経営支援から手を引いた[9]。1934年2月13日満鉄重役会で遼東ホテル株式を譲渡対象銘柄に指定しており（第5章参照）、それが実現した。しかし同じく候補に掲げられていた旅館業の湯崗子温泉株式会社（1920年4月20日設立、本店湯崗子）と元山海水浴株式会社（1923年6月2日設立、本店朝鮮・元山）及び匿名組合登瀛閣（1929年1月10日設立、本店大連）は経営自立ができないまま満鉄過半出資の子会社であり続けた。

東亜土木企業株式会社（1920年1月10日設立、本店大連、資本金5百万円4分の1払込、満鉄50.2％出資）は1937年11月22日に奉天に移転を決議し、同月30日に在奉天総領事館に本店登記し[10]、12月1日「会社法」施行でそのまま満洲国法人に転換した。満洲国内事業の受注では満洲国法人が有利となるため、関東州中心の土木建築業から満洲国中心の事業者に転換した。

1937年11月30日に新京屠宰股份有限公司（1936年4月1日設立、資本金300千円払込）は解散し[11]、満鉄は出資を回収した。短命に終わった新京屠宰の事業は準特殊会社の満洲畜産株式会社（1937年9月1日設立、本店新京）が買収したと推定するが傍証できない。

1937年12月1日に満洲火災海上保険株式会社が設立された（本店新京、資本金5百万円4分の1払込）。同社が満洲損害保険の中心に立つ体制となった（柴田[2007g]463-464頁）。設立日が「会社法」施行日であり、最初から株式会社の商号を冠することが可能であった。同社に政府出資はないが準特殊会社の位置づけである。同社に既存の大連火災海上保険株式会社（1922年7月28日設立）が

20％、東京海上火災保険株式会社（1878年12月12日設立）14.65％、満洲興業銀行（1936年12月7日設立、本店新京）、株式会社大興公司（1933年7月1日設立、本店新京、満洲中央銀行全額出資）、国際運輸株式会社（1926年8月1日設立、本店大連、満鉄全額出資）各2％を出資した。そのほか日本内損害保険会社32社各1.85％、2社各1％1,000株を出資した。社長に大連火災海上保険代表取締役村井啓次郎（満鉄出身）が就任した[12]。同社設立に当たり満洲国総務庁参事官企画部長美濃部洋二（商工省出身）が1936年11月に満洲火災保険協会設立を日本の保険会社に提案し、その延長で満洲国1937年12月27日裁可「保険業法」に伴う損害保険会社新設に向かった。新設会社に東京海上火災保険に過半を保有させたいと美濃部が主張したことで、同社対東京火災保険会社（1888年10月1日設立）とその他の保険会社で軋轢が生じた。再協議を経て、東京海上火災保険が経営権を引き受け、同社を含む各社均等出資に落ち着いた。そして1937年2月12日に損害保険会社40社が合意した。ただし引受辞退会社が発生した場合には満洲国にその処分をゆだねることとした。1社割当1,850株であるが、6社が辞退し、2社が各1,000株引受に減少させた（日本保険新聞社［1968］66-68頁）。この未消化の株式12,800株が発生したが満洲国政府すなわち美濃部洋二の裁量で東京海上火災保険に肩代わりさせた。満洲火災海上保険の設立で大連火災海上保険の存在意義は消滅した。1934年2月13日満鉄重役会で大連火災海上保険の株式譲渡方針が固められたが、新会社設立で同社の事業基盤が消滅し株式譲渡の機会を失った。

　1938年1月28日に新京取引所信託株式会社（1916年3月26日設立、資本金1百万円4分の1払込、満鉄半額出資）が新京官営取引所信託株式会社に商号変更した[13]。満鉄沿線官営取引所は満洲国期に廃止されたことで附属取引所信託も解散したが（第5章参照）、同取引所は満鉄附属地返還により運営が関東局から満洲国に移転したがまだ存続していた。3月20日に満鉄は日満マグネシウム株式会社（1933年10月21日設立、本店東京、資本金7百万円2,450千円払込）の半額出資を理化学興業株式会社（1927年11月設立、本店東京）に譲渡して回収した[14]。

　満洲豆稈巴爾普股份有限公司は「会社法」施行で、1938年2月10日に満洲豆稈パルプ株式会社に商号変更し、1941年10月12日に本店を新京に移転した[15]。「会社法」施行で復州鉱業股份有限公司は1938年2月15日に復州鉱業株式会社に商号

変更し[16]、満洲曹達股份有限公司は同年2月25日に満洲曹達株式会社に商号変更した[17]。

　1938年3月期では合計74社194,944千円、満洲内62社178,576千円、連結子会社40社88,832千円となった。社数は5社の減少のみであるが、特に資本金額は満鉄附属地・満洲国で3分の1以下に急減した。譲渡した株式会社昭和製鋼所、満洲炭礦株式会社、同和自動車工業株式会社等が関係会社出資に占める位置がいかに高かったかが理解できる。満業への主要鉱工業出資の譲渡と満洲電業株式会社株式の処分により出資合計額は急減した。満鉄の出資負担は大きく軽減された。出資上位は1位満電41,320千円、2位昭和製鋼所40,050千円、3位大連汽船株式会社14,450千円、4位興中公司10,000千円、5位満洲化学工業株式会社9,750千円であった。このうち満電と昭和製鋼所は持分法適用会社である。そのため持分法適用会社15社94,928千円に増大した。また大連汽船は満鉄預け金10,850千円、株式会社興中公司は満鉄借入金2,060千円を計上していた。ほかに満鉄からの融資を確認できるのは大連油脂工業株式会社、国際運輸株式会社、哈爾濱土地建物株式会社、株式会社日仏事業公司および満洲不動産である。いずれも連結子会社である。

（1938年度）

　1938年4月1日に満鉄は大連船渠鉄工株式会社（1937年8月1日設立、資本金2百万円払込）の全株式を大連汽船から取得した。大連汽船は満洲船渠株式会社（1923年3月31日設立、本店大連）を1931年9月26日に吸収合併し、本体に造船部門を抱えたが、その造船部門を再分離して操業させた。同社が大規模造船会社を直接抱えると負担が重いため満鉄に肩代わりを求めた。1938年3月13日に大連船渠鉄工は資本金4,500千円3,200千円払込に増資決議し、満鉄は4月1日に譲渡を受け、4月25日に1,300千円増資払込を引き受けて資金支援を強めたうえで[18]、全額出資に切り替えた。

　1938年4月30日に満鉄と満洲国政府折半出資の満洲鉱業股份有限公司（1937年6月23日設立、本店奉天、資本金5百万円半額払込）が満洲鉱業株式会社に商号変更した[19]。満鉄は満洲鉛鉱株式会社（1935年6月18日設立、本店奉天、資本金

4百万円払込）に日満鉱業株式会社（1919年5月22日設立、本店東京）と折半出資していたが、1938年6月に保有40千株2百万円を満業に譲渡し、満洲鉛鉱支援から手を引いた。その後、満業は同社完全子会社の満洲鉱山株式会社（1938年2月28日設立、本店新京）に満洲鉛鉱株式を譲渡した[20]。股份有限公司哈爾濱交易所（1933年10月1日改組、資本金2百万円1.2百万円払込）は1938年6月16日に株式会社哈爾濱交易所に商号変更し、哈爾濱で証券取引の場を提供していた[21]。

1938年7月1日に日満商事株式会社（1936年10月1日設立登記、本店新京）と日本製鉄株式会社の折半出資で日満鉄鋼販売株式会社が設立されたことに伴い（本店東京）、日本における昭和製鋼所の鉄鋼販売業務を手掛けていた銑鉄共同販売株式会社（1932年8月25日設立、本店東京）が事業譲渡し同年8月25日に解散した[22]。

特殊会社の股份有限公司満洲弘報協会（1936年8月28日設立、本店新京）は1937年7月14日に1百万円増資を行い3百万円2.5百万円払込となった。満鉄出資は設立時の現物出資1,148千円のままで増資に応じないため出資率は61％から38.2％に低下していた。同会は満洲国メディア統制を強めていたが、1937年12月開催の弘報委員会決定で、1938年1月1日以降、抱えている満洲事情案内所を同会傘下から分離し国務院弘報処直轄組織に移した[23]。1938年7月21日に設置法が「株式会社満洲弘報協会法」に改正されたことに伴い、株式会社満洲弘報協会に商号変更した。その後1939年2月13日資本金5百万円4百万円払込に増資し[24]、満鉄出資は22.96％に低下した。その後1940年6月12日3百万円増資4分の1払込で資本金8百万円5,750千円払込となり[25]、満鉄出資はさらに14.35％に低下した。その後も満洲弘報協会は1940年11月28日払込徴収を行い22.5％払込で8百万円6,350千円払込となった[26]。同会は資金力を強化し地場メディア買収を続け、政府系持株会社となった（第8章参照）。

満洲林業股份有限公司（1936年2月29日設立、本店新京、資本金5百万円4分の1払込）は満鉄25％のほか満洲国政府50％、東拓16.6％、共栄起業株式会社（1923年6月1日設立、本店吉林、王子製紙株式会社・合名会社大倉組出資の林業利権保有事業者）8.4％出資であった。満洲国の全一的な林業集荷統制を行う法人ではなく、準特殊会社の位置づけである。「会社法」施行後、1938年7月21

日に設置法が「満洲林業株式会社法」に改正されたことで、同日満洲林業株式会社に商号変更した[27]。満鉄は1937年末で満洲林業の資本金5百万円3,750千円払込に25％937.5千円を出資していた。満洲林業は1938年10月13日設置法改正で、満洲全域の林業統制を行う特殊会社に改組された。併せて同年11月7日に増資し資本金30百万円20百万円払込とした。満洲国政府・満鉄・東拓が増資に応じたが、満鉄出資率は16.6％5百万円3.5百万円払込に低下し、その他会社に位置づけが変わった[28]。その後、1940年7月12日陸軍省「満洲林業株式会社資本構成及重役機構改組要綱案」に沿って、満洲国・満鉄・東拓の保有する株式各2.5百万円を東満洲人絹パルプ株式会社（1936年6月17日設立、本店間島省和龍県、鐘淵紡績株式会社系）、東洋パルプ株式会社（1936年9月11日設立、本店間島省汪清県）及び満洲パルプ工業株式会社（1936年5月11日設立、本店牡丹江）に引き受けさせ負担を軽減し[29]、満鉄は保有する株式の半分を譲渡し、1941年3月期には8.33％50千株2.5百万円払込に低下した。設立時に満鉄に求められた支援は満洲国内の事業者の規模拡張の中で不要となっていた。

　満鉄が過半出資で支えてきた大連油脂工業株式会社（1916年5月1日設立）は長年不振を続けていたが、1938年8月26日に同社株式を満業系の油脂業界大手日本油脂株式会社（1921年4月20日設立、本店東京）に譲渡した。その際に満鉄は大連油脂工業に対する既往融資の元利を全額免除した[30]。大連油脂工業の抱えている債務処理が譲渡の条件であったと見られる。大連油脂工業は満鉄系から満業系に移転した。その後、大連油脂工業は日本油脂系の満洲油脂株式会社（1938年6月18日設立、本店奉天、1940年1月31日、奉天油脂株式会社が商号変更）の傘下に移された。大連油脂工業は1940年6月1日に油脂事業を満洲油脂に譲渡する契約を締結し、同月25日決議を経て7月1日の譲渡し903.7千円の譲渡益を得た[31]。

　満洲国の特殊会社の位置づけの満鮮拓殖股份有限公司（1936年9月14日設立、本店新京、資本金15百万円4分の1払込）は、「会社法」施行後1938年7月21日に設置法が「満鮮拓殖株式会社法」に改正されたことに伴い8月31日に満鮮拓殖株式会社に商号変更し[32]、1939年前半に半額払込とした。満鉄は満鮮拓殖の親会社の鮮満拓殖株式会社（1936年9月9日設立、本店京城）に25％1,250千円を出資し、さらに満鮮拓殖にも1936年12月期で2,544千円、1937年12月期1,375千円、

1938年12月期で1,375千円を融資していた[33]。朝鮮人対満移民を所管する拓務省・朝鮮総督府・対満事務局からの要請に応じ、親子会社両方に資金支援した。親子同時出資とならないように孫会社には出資を控えた。親子会社で法人国籍が異なるためこのような資金支援となった。

　1938年9月20日に満洲火薬販売股份有限公司（1935年11月11日設立、本店奉天、資本金500千円375千円払込）が満洲火薬販売株式会社に商号変更した[34]。満鉄は同社に設立時より10％を出資していた。9月23日に青島埠頭株式会社が設立された（資本金2百万円払込）。同社に満鉄は40％800千円を出資したが、他の出資者は大連汽船50％であり[35]、満鉄系が支配下に置いた。満鉄系子会社との親子出資となった。満鉄は旧東亜勧業株式会社の畜産部門を分社化して引き継いだ満洲畜産工業株式会社（1936年11月16日設立、本店新京、資本金300千円払込）を1938年10月20日に準特殊会社の満洲畜産株式会社に譲渡して投資を回収した[36]。1938年11月7日に北支那開発株式会社（本店東京、資本金350百万円99.32百万円払込）と中支那振興株式会社（本店上海、資本金100百万円31,383千円払込）が設立された。1938年4月30日「北支那開発株式会社法」と「中支那振興株式会社法」に基づく占領地投資を目的とする日本政府出資の純粋持株会社である。満鉄は前者に2.9％2,508千円を、後者に0.01％2.5千円を出資したが比率は低い[37]。満洲塩業株式会社（1936年4月28日設立、本店新京、資本金5百万円半額払込）は準特殊会社として塩田経営による製塩に注力していた。満鉄は同社に20％、満洲化学工業も5％を出資していた。同社は資金調達を急ぎ、1938年12月7日に15百万円8.75百万円に増資したことで[38]、満鉄は新株を引き受けなかったため、出資比率は5％台に低下して持分法適用会社から切り離された。

　1938年12月20日に奉天中央卸売市場株式会社が設立された（資本金3百万円半額払込）。奉天における卸売取引の場を提供するものである。奉天市公署25.9％（役員株除外）で、満鉄8.06％60.5千円（同）の出資をみた。社長香取真策（満鉄出身、満洲市場株式会社常務取締役）、常務取締役中根照夫（前満洲市場支配人）、小田要一（前満洲市場常務取締役）、取締役吉田市郎平（満鉄出身、前奉天市公署勧業科長）、庵谷忱（満洲事業家）、方煜恩（奉天事業家）ほか、監査役倉橋泰彦（奉天市理事官）ほかであった。満洲市場出身者3名が並んだ。満鉄は満洲市

場を半額出資で支援しており、奉天中央卸売市場設立に当たり、奉天市公署と協議のうえ事業の重なる満洲市場と連携したうえで事業を承継させるため満鉄出身の満洲市場常務取締役に社長を兼務させ、満鉄出身で奉天市公署に転出した吉田市郎平を取締役に就任させた[39]。奉天中央卸売市場は1939年7月1日に50円払込とし資金力を強めた[40]。他方、吉林中央卸売市場株式会社（1936年6月24日設立、資本金70千円払込）、哈爾濱中央卸売市場株式会社（1934年12月17日設立、資本金700千円払込）、新京特別市中央卸売市場株式会社（1938年11月9日設立、資本金1百万円払込）、牡丹江中央卸売市場株式会社（1939年3月20日設立、資本金250千円払込）に対して満鉄は出資していない[41]。新京市場株式会社（1917年5月16日設立、満鉄半額出資）と新京特別市中央卸売市場との関係は満洲市場と奉天中央卸売市場との関係と同一であるが、奉天中央卸売市場のみに出資した理由は不詳である。

　満鉄と満洲国政府との出資で設立された満洲鉱業開発株式会社（1935年8月24日設立、本店新京）は、1938年1月10日未払込資本金徴収で資本金5百万円払込となった。満鉄は50％2.5百万円出資とし連結子会社に置いていたが、同年12月25日の満洲鉱業開発の増資で新株を満洲国政府が全額引き受けて、資本金50百万円20百万円払込となり満鉄出資比率は5％に低下し、併せて満鉄が派遣していた理事長山西恒郎が辞任し後任に前奉天省次長竹内徳亥が就任した。同社は満洲国政府支配下に置かれた[42]。満鉄にとってはその他の関係会社の位置づけに後退し、監事を鳥居重夫に換え経営監視させるに止まった[43]。満鉄は新京市場株式会社（資本金100千円払込、満鉄半額出資）の株式を1939年1月24日に売却した[44]。満洲国政府若しくは新京特別市公署が暫定的に取得し事業を後述の満洲生活必需品配給株式会社に統合させたと推定する。その後、新京市場は1940年6月30日に解散した[45]。

　満鉄は関内投資を株式会社興中公司（1935年12月20日設立、本店大連、資本金10百万円半額払込）に担当させていたが、北支那開発が設立され同社が華北占領地への政府系投資の中心となるため、興中公司の保有株式を譲渡させ、さらに1939年1月31日に興中公司の全株を北支那開発に譲渡した[46]。その後興中公司は1940年12月1日に華北の受命操業の軍管理炭礦を北支那開発の子会社として独立

させ、また華北交通股份有限公司に塘沽新港事業を譲渡し、1941年10月30日華北重石鉱業株式会社設立で（本店北京）、同社に事業譲渡し、1941年10月31日に解散した[47]。塘沽新港事業は1944年10月1日に塘沽新港股份有限公司として分社化された（柴田［2008a］参照）。

　1939年2月1日に満鉄は保有する哈爾濱土地建物株式会社（1920年5月1日設立、資本金500千円払込、全額満鉄出資）、鞍山不動産信託株式会社（1921年10月26日設立、資本金1百万円払込、満鉄426.3千円出資）の株式を満洲不動産に譲渡し出資関係を整理し[48]、中間持株会社とした。併せて満洲不動産は東省実業株式会社保有の鞍山不動産信託株式を買収した。哈爾濱土地建物と鞍山不動産信託は1934年2月13日満鉄重役会における株式譲渡候補企業であり（第5章参照）、満洲不動産への売却で処分が直接出資から切り離されたが、間接出資を続けたことになる。哈爾濱土地建物と鞍山不動産信託は敗戦まで存続した。満鉄は満洲国法人に転換した南満鉱業株式会社（1918年4月8日設立、本店奉天省海城県）に多額救済資金支援を行ったが同社の事業整理が進み、また非炭礦業の鉱山利権を満洲鉱業開発に統合する方針に沿って、1939年2月14日に南満鉱業株式を満洲鉱業開発に譲渡し支援から手を引いた[49]。

　1939年2月23日に満洲生活必需品配給株式会社が設立された（本店新京、資本金10百万円5百万円払込）。満鉄は20％1百万円を出資した。ほか満洲国政府40％、満洲国官吏消費組合20％、満鉄社員消費組合20％の出資であった。同社は満洲国の生活物資配給の準特殊会社であった。代表取締役葆康（前濱江省実業庁長）、取締役木村正道（満鉄社員消費組合総主事、元満鉄職員）、難波経一（満洲電気化学工業株式会社常務取締役兼務）、石崎広治郎、（新京流通配給の有力者）、監査役松田義雄（満興銀理事）、人見雄三郎（満鉄鉄道総局人事局長）であり、満鉄は満鉄出身の社員消費組合総主事を取締役に就任させ監査役にも兼務派遣した[50]。満鉄は保有する満洲市場株式会社（1917年9月1日設立、本店奉天、資本金400千円払込、満鉄半額出資）の株式を1939年3月前に譲渡した。満洲生活必需品配給に譲渡したと推定する。満洲市場は1939年3月14日に解散した[51]。その際に同社が全額出資していた昭徳建物株式会社（1936年9月12日、本店奉天、資本金400千円払込）の株式を処分した。敗戦まで存続する昭徳建物株式の処分先

は満鉄系の満洲不動産と推定するが傍証できない。

　1939年3月2日に満洲特殊製紙株式会社が設立された（本店新京、資本金500千円払込）。満鉄は設立時に40％200千円を出資した。社長飯島省一（前満洲中央銀行印刷所長）、常務取締役斉藤貢（前満鉄総裁室監理課主任）、取締役岡崎孝平（満洲紙工株式会社専務取締役）、監査役田中広吉（康徳製紙株式会社社長）であった。満鉄は常務取締役を就任させ経営に責任を負った[52]。同社は防諜を考慮した官公庁・特殊会社等の反故紙原料の再生紙事業を目的とした。満洲特殊製紙は1939年10月31日増資で2.5百万円1.5百万円払込となり、満鉄は30％出資となった。1940年10月25日増資で3.5百万円払込に資金力を強めた。その時点で満洲国経済部42.85％に次いで満鉄は21.4％15千株750千円、ほかに康徳製紙株式会社（1937年6月10日設立、本店吉林省九台県、資本金300千円半額払込）、撫順製紙株式会社（1930年11月23日設立、資本金250千円198千円払込）、特種製紙株式会社（1926年11月設立、本店静岡県駿東郡、資本金500千円払込）が出資していた。満洲紙工株式会社（1936年10月21日設立、本店奉天、資本金2百万円725千円払込）も出資した。撫順製紙は康徳製紙に20％を出資し、前者の社長田中広吉が後者の社長を兼務していた[53]。その後、康徳製紙は1940年12月5日に満洲特殊製紙に吸収合併された[54]。

　満鉄は満洲合成燃料株式会社（1937年8月6日設立、本店新京、資本金50百万円10百万円払込）の設立時に10％を出資していたが、1939年1月以降に帝国燃料興業株式会社に譲渡し[55]、満鉄本体業務と関係の薄い満洲合成燃料の支援から手を引いた。フランス事業者と合弁で着手した株式会社日仏対満事業公司（1936年2月25日設立、本店大連、社長大村卓一（満鉄副総裁））の土木建築事業は沈滞を続けていた。同社は1938年に株式会社日仏事業公司に商号変更した[56]。

　1939年3月期で74社212,441千円、満洲内53社187,799千円、連結子会社30社89,645千円となった。持分法適用会社14社106,198千円が出資額で連結子会社を上回った。出資上位で1位満電41,320千円、2位昭和製鋼所45,000千円、3位日満倉庫株式会社14,500千円、4位大連汽船14,450千円、5位満洲化学工業13,000千円であるが、このうち満電、昭和製鋼所は持分法適用会社であるのは変わらない。連結子会社で6位南満洲瓦斯株式会社5,013千円、7位大連農事株式会社と

満洲鉱業各5,000千円であり、連結子会社上位5社合計51,963千円となり、連結子会社合計の58％を占めた。

(1939年度)

　満鉄の黒龍江省における林業利権を管理運営する日満蘇合弁札免採木公司（1922年6月25日設立、本店哈爾濱、資本金6百万円4.8百万円払込）は満洲事変期に満洲国との合弁に切り替え、満鉄は50.91％2,444,137円を出資していたが、満洲国産業部との協定に基づき1939年4月1日に解散し、林業資産を満鉄鉄道総局林業事務所に移管したうえで、満洲国政府に林業利権を譲渡し事業清算に移った[57]。4月17日に華北交通股份有限公司が設立された（本店北京、資本金300百万円60百万円払込）。満鉄は同公司設立前の華北占領地陸運事業資産を充当し40％24百万円を出資した。満鉄は総裁に元理事宇佐美寛爾（1934年7月25日〜1938年7月24日在任）を送り込んだ。同社は北支那開発の最大子会社となる[58]。7月12日に関東州工業土地株式会社が設立された（本店大連、資本金10百万円4分の1払込）。満鉄は50％1,250千円を出資し関東州の工業用地開発を支援した。そのほか東拓は25％、満洲化学工業と大連船渠鉄工も小額であるが出資した[59]。関東局の求めに応じたものであろう。関東州工業土地の1941年3月期総資産は9,738千円という規模に止まった[60]。大連火災海上保険は満洲火災海上保険に事業譲渡して、1939年7月31日に解散し清算に移った[61]。それに伴い同社は保有する満洲火災海上保険株式を処分した。その結果、東京海上火災保険株式会社が19.45％を保有する最多株主となり、三菱海上火災保険株式会社（1919年8月21日設立、本店東京）、明治火災海上保険株式会社（1891年2月2日設立、本店東京）、大正火災海上保険株式会社（1918年10月21日設立、本店東京）各6.65％を保有した[62]。満鉄の清算法人大連火災海上保険株式保有は続いた。

　昌光硝子株式会社（1925年4月17日設立、本店東京、資本金3百万円払込）は満鉄40％、旭硝子株式会社60％の出資を受け、関東州で事業所を設置して操業を続けていた。昌光硝子は1937年9月20日設立の満洲昌光硝子股份有限公司（本店奉天、資本金3百万円半額払込）に全額出資し満洲国でも事業を展開した。奉天の子会社は1938年2月28日に満洲昌光硝子株式会社に商号変更していた[63]。硝子

事業は満鉄本体事業と直接関わりがないため、1934年2月13日重役会株式譲渡方針に沿って（第5章参照）、売却する機会を窺い1939年4～9月期に昌光硝子株式を旭硝子に譲渡して出資を回収し、昌光硝子は旭硝子の全額出資子会社になった[64]。阪神築港株式会社（1929年7月3日設立、本店神戸、資本金10百万円4分の1払込）は満鉄40％、山下汽船株式会社（1917年5月1日設立、本店神戸）60％の出資で設立され操業を続けてきた。阪神築港株式の保有の意義が低いため満鉄は1939年4～9月に山下汽船側に譲渡して出資を回収した[65]。昌光硝子と阪神築港の株式は1934年2月13日重役会の譲渡候補でありそれが実現した。

営口水道交通株式会社（1906年11月15日設立、資本金1百万円）は長らく営口と周辺のインフラ部門を経営してきたが、すでに1935年11月29日に電力事業を満洲電業股份有限公司に譲渡し（第5章参照）、水道と陸上交通事業に業務を縮小していた[66]。1939年10月10日に同社は交通事業の譲渡を決定し、併せて営口水道株式会社に商号変更した。そして営口水道は同年10月16日に奉南交通株式会社発起人総代に交通事業資産を譲渡し運輸業から撤収した[67]。この交通事業は1939年11月10日設立の奉南交通株式会社に承継された（本店鞍山、資本金1百万円払込）[68]。同社のインフラ事業は水道のみとなったが、1940年4月期総資産は4,297千円を維持していた[69]。株式会社満洲取引所（1919年9月1日設立、本店奉天）が1939年2月25日に株式会社満洲証券取引所に改組されると株式会社哈爾濱交易所（1922年4月1日設立）は1939年11月24日に解散し、同交易所の証券取引事業は満洲証券取引所哈爾濱支所に承継されそのまま同地における証券取引を継続した[70]。

満洲国の取引所が再編され証券取引以外は淘汰され、最終的に満洲証券取引所とその支所のみとなった（柴田［2007e］496-499頁）。それに伴い各地の取引所信託は解散したが、関東都督府による設置以来長らく操業を続けてきた新京官営取引所信託株式会社（1916年3月26日設立、資本金1百万円4分の1払込、満鉄半額出資）も従来の業態では維持できなくなり、1939年12月21日に株式会社興徳銀行に改組商号変更を決議し、同月29日に銀行業の認可を得た[71]。満鉄の出資は興徳銀行株式に切り替えられた。同行は1940年2月15日に40千円払込とし、資金力を強化した[72]。

満洲生活必需品配給は1939年12月26日「満洲生活必需品株式会社法」に基づき

資本金50百万円25百万円払込に増資し特殊会社に転換し、同日に満洲生活必需品株式会社に商号変更した[73]。満鉄の出資は 1 百万円で変わらず 4 ％に低下したため持分法適用会社から外れた。理事長島田茂（元台湾銀行頭取）、副理事委長許桂恒（前黒河省長）、常務理事木村正道（満鉄社員消費組合総主事）ほか、理事石崎広治郎（新京流通配給の有力者）ほかとなり、満鉄は監査役に鉄道総局附業局長心得神守源一郎を兼務派遣したが[74]、出資率とともに発言力も低下した。以後の満洲生活必需品の事業は満洲国政府系としての活動が中心となるため、第 8 章に譲る。先述のように奉天中央卸売市場に満鉄は8.06％121千円を出資していたが同社1940年 6 月30日に解散し[75] 出資を回収した。これより遅れ錦州市場株式会社（1934年 6 月18日設立、資本金50千円払込、満鉄半額出資）は1941年 2 月26日に解散した[76]。奉天中央卸売市場と同様の機能を有した、満鉄出資のない吉林中央卸売市場、哈爾濱中央卸売市場、新京特別市中央卸売市場及び牡丹江中央卸売市場も1940年 6 月30日に解散し、 7 月 1 日に吸収合併された[77]。満洲生活必需品配給とそれを改組した満洲生活必需品の食品・日用品の卸売・小売の流通統制体制が確立したことで、主要都市の市場会社・卸売会社等を解散させ事業統合した。

　1940年 1 月10日蒙古聯合自治政府の「大同炭礦株式会社法」に基づき同日に大同炭礦株式会社が設立された（本店大同、資本金20百万円半額払込）。関東軍が蒙疆を占領後に1937年10月 9 日に大同炭礦を接収し、1938年 2 月20より仮経営を満鉄に委託した。その炭礦を本格操業する法人設立計画が進められ、満鉄は操業に関わったため25％ 5 百万円を出資した。ほかは蒙古聯合自治政府（1939年 9 月 1 日設置、首都張家口）50％、北支那開発25％であった。満鉄は取締役に撫順炭礦調査役児玉八郎（児玉秀雄の実弟）を派遣した[78]。

　満鉄と大連窯業株式会社（1925年 7 月15日設立、満鉄全額出資）は親子で南満洲硝子株式会社（1928年11月 3 日設立、本店大連、資本金300千円払込）の全株式を保有していた。満鉄16.6％、大連窯業83.3％である。両社で南満洲硝子を抱え続ける必然性が薄いため、1940年 3 月15日に岩城硝子株式会社（1937年10月設立、本店東京）に譲渡した[79]。南満洲硝子も先の重役会の譲渡候補企業でありそれが実現した（第 5 章参照）。岩城硝子は別に満洲国で満洲岩城硝子株式会社（1938年 8 月16日設立、本店奉天、資本金500千円半額払込）を子会社として抱えてお

り[80]、さらに関東州の子会社を取得したことになる。

　1940年3月期で67社268,431千円、満洲53社193,319千円、連結子会社30社99,297千円となり金額では増大していた。持分法適用会社13社116,976千円に増大した。これは華北交通、大同炭礦への新規出資と満電の持分法適用会社から外れたことが反映している。出資上位では1位華北交通48,000千円、2位昭和製鋼所45,000千円、3位満電30,070千円、4位日満倉庫14,500千円、5位大連汽船14,450千円であり、この上位2位までが持分法適用会社で満電はその他会社となった。連結子会社3位満洲化学工業12,925千円、4位日満商事7,500千円、5位南満洲瓦斯、大連都市交通、国際運輸、大連農事、満洲鉱業各5百万円で並んだ。連結子会社上位5社合計54,375千円となり、連結子会社合計の55％を占めたが前年より比率は低下した。

(1940年度)

　満鉄は満洲大豆工業株式会社（1934年7月23日設立、本店大連、資本金1.5百万円払込）が1937年7月10日に満洲大豆製品株式会社（本店川崎）を吸収合併し、5百万2,525千円払込に増資したため、34.6％に出資率を低下させ、日本油脂株式会社の経営支配下に移った（第9章参照）。1940年6月20日に満洲大豆化学工業株式会社が設立されたのに伴い（本店新京、資本金30百万円4分の1払込、社長向坊盛一郎）、新設会社に事業を譲渡して解散させ[81]、満鉄出資は満洲大豆化学工業株式に転換せず出資を回収した。

　1940年7月28日に満洲輸入株式会社（1937年11月28日設立、本店奉天、資本金1百万円払込）が増資し資本金5百万円払込となり、8月5日に満洲実業振興株式会社に商号変更し、本店を新京に移転した。この増資に満鉄が2.5百万円を引き受けて50％2.5百万円出資とした[82]。同名の満鉄出資の大連本店法人は、同年5月1日に関東州貿易実業振興株式会社に商号変更した[83]。同年に「財団法人東方旅行社」が設立され、満鉄は50％を出資したとの記載がある。同社は会社登記していないため情報が乏しく、以後の出資先一覧からは消滅するため、表6-2に掲載していない[84]。

　満鉄は南満洲瓦斯株式会社（1925年7月18日設立、本店大連、資本金10百万円

払込）の株式の半分を1936年後半に公開して幅広く日満投資家に売却した（第5章参照）。さらに1940年9月25日に南満洲瓦斯が倍額増資に踏み切り、資本金20百万円払込12.5百万円とした。その際に満鉄は増資新株の34.5％しか引き受けず、満鉄出資比率が31.25％に低下し[85]、持分法適用会社となった。満鉄は最大株主であり続けたが南満洲瓦斯の経営支援からは大きく後退した。

満鉄は東洋窒素工業株式会社（1926年12月1日設立、本店東京、資本金5百万円2.5百万円払込）に30％750千円を出資していた。ほかの出資者は日本国内の化学工業会社である[86]。同社は特許権保有の投資会社で工場を保有せず実態が乏しく、1940年6～12月期に満鉄は保有株式を同社の株主の化学工業各社に売却して投資を回収した[87]。満洲弘報協会は満洲国メディア戦略の転換に伴い1940年12月21日に解散し、1941年1月の満洲新聞協会設立で、同協会に事業を譲渡して業務を終了し、それに伴い満鉄は投資を回収した[88]。株式会社満洲映画協会（1937年8月21日設立、本店新京）は1940年11月25日に資本金9百万円6百万円払込に増資し、満鉄も満洲国政府との折半出資に応じた。同社は資金力を強めて映画メディアを通じた文化戦略を展開した。なお1939年10月30日に理事長に甘粕正彦が就任し敗戦までその地位にいた[89]。

1940年12月28日に満鉄は日満倉庫株式会社（1929年6月1日設立、本店東京、資本金15百万円払込、全額満鉄出資）の株式50％を日本航路の売上げが順調で、また資金に余裕のある大連汽船に7.5百万円で肩代わりさせた[90]。日満倉庫は日本の埠頭荷扱いで業務に関連性があるため大連汽船も出資を引き受け、満鉄・大連汽船の親子出資に転換した。1940年9月期日満倉庫総資産は16,730千円という規模であり当期利益291千円を計上していた[91]。

1940年11月25日「満洲火薬工業株式会社法」に基づき1941年2月1日に満洲火薬工業株式会社が設立され（本店奉天、資本金8,500千円払込）、既存の株式会社奉天造兵所（1936年7月24日設立）の火薬製造部門、南満火工品株式会社（1929年7月26日設立、本店撫順、資本金1.5百万円払込、社長吉家敬造（前満洲鉱山薬株式会社（1919年4月18日設立）取締役）撫順工場及び満洲火薬販売の事業を吸収したが、その際に満洲火薬販売の満鉄出資10％50千円は満洲火薬工業株式会社に転換され、それに一部現金出資を上乗せし0.82％70千円出資とした[92]。奉天造兵

所が75％、南満火工品が18％、そのほか満鉄以外に満洲国政府、昭和製鋼所、満洲炭礦株式会社、株式会社本渓湖煤鉄公司（1935年9月25日設立）が出資した（須永［2007c］851頁）。満洲火薬販売は事業譲渡して1941年2月1に解散し93)、同様に南満火工品も1942年4月1日に解散した94)。

　1941年2月14日に満洲造林株式会社が設立された（本店新京、資本金8百万円払込）。満洲国政府が50％4百万円、満鉄と東拓が25％各2百万円を出資した。満鉄は監査役に総裁室監査役長倉親義を兼務派遣した95)。伐木が続くと将来的に林業資源の枯渇の懸念があるため、同社は長期的林業投資に従事し、準特殊会社と位置づけられた。3月31日に日本協同証券株式会社が設立された（本店東京、資本金50百万円半額払込）。満鉄も日本国内で株式・社債を市場消化させているため、日本国内の株式流通市場の安定化を図るために設立された同社に0.5％125千円を出資した。この取得を大蔵省が推奨したはずである。満鉄のみならず東拓、台湾拓殖株式会社（1936年11月25日設立、本店台北、政府出資特殊会社）も同様に小額を出資した96)。

　満鉄は多額の満電株式を保有していたが、経営に積極的に関わることはなく、1939年度に一部処分した。満電は1940年12月21日「満洲電業株式会社法」に基づき特殊会社に転換した。併せて同月28日に増資し320百万円192百万円払込（第二新株10円払込）となった97)。特殊会社に転換した満電を満鉄が資金的に支える必要は乏しく、満電株式処分を決定し、1941年2月7日に証券会社を通じて300千株を処分し98)、4.7％に低下した。1941年3月28日満電払込徴収に満鉄は応じたが、2月の株式譲渡により満興銀が最多保有株主となっていた。

　満鉄は新京官営取引所信託が興徳銀行に改組したことに伴い同行株式51.8％を保有していたが、資本金銀行株式保有の積極的な意義がないため、1940年度中に満銀に売却処分した99)。改組前の取引所信託が長期不振企業であったため1940年3月期満鉄保有興徳銀行株式払込205,620円の満鉄社内評価額は37.4％77,107円に過ぎない100)。株式を払込価格で譲渡したはずである。1934年2月13日重役会で新京取引所信託株式も譲渡対象企業であったが（第5章参照）、銀行改組後に処分できた。

　満鉄は満洲国と折半出資で設立した満洲鉱業株式会社（1937年6月23日設立、

本店奉天、資本金5百万円払込)の満洲国保有株式を1941年7月頃より前に取得し完全支配下においた[101]。満洲事変期以降、満鉄は株式保有率を引き下げる事例が多いが、産業開発計画期に株式を買収し完全子会社に転換した珍しい事例である。

1941年3月期で65社296,958千円、満洲51社202,970千円、連結子会社29社109,250千円へと金額は増大した。それでも持分法適用会社12社150,213千円が金額で連結子会社を上回っていた。出資上位では1位華北交通72百万円、2位昭和製鋼所45百万円、3位大連汽船25,700千円、4位満電15,070千円、5位満洲化学工業12,925千円である。このうち華北交通、昭和製鋼所は持分法適用会社であり、とりわけ華北交通の出資負担が重くなっていた。満電株式をさらに処分したため保有額が減少していた。連結子会社3位大連都市交通10百万円、4位国際運輸、日満商事各7,500千円であった。連結子会社上位5社合計63,625千円は連結子会社合計の56％でほとんど変化しない。

(1941年度)

満鉄は1941年2月に満電株式を証券会社を通じて処分したがその成績がよく、1941年度満鉄予算編成でも満電株式全株譲渡による資金調達を予定した。満鉄は大口引受先として簡易保険積立金を所管する保険院（1938年1月11日設置）と協議し肩代わりを求めた。満鉄は設立時から逓信省系の国策会社として位置づけられているため、余裕資金の豊富な簡易生命保険特別会計積立金は最もふさわしい株式の嵌め込み先であった。そして同年5月14日に満鉄は保有する満電株602,828株（旧株301,414株50円払込、新株301,414株10円払込）を保険院に譲渡することを決定した。譲渡金額は18百万円となる。予算で予定した株式譲渡による資金調達16百万円を満電株式処分だけで上回った[102]。これにより満鉄は満洲国電力業から完全に手を引いた。1941年5月29日に協和建物株式会社（1934年7月23日設立、本店奉天、資本金2百万円半額払込）が4百万円半額払込に増資し満鉄は25％500千円出資とした。同社は設立時に本店を大連に置き、資本金2百万円4分の1払込であった。1935年株主は桝田憲道（大連工業株式会社設立で満鉄辞職）800株、田村羊三（元満鉄興業部長）、山崎幸太郎（満鉄職員）、大連火災海上保

険各500株の出資で、1935年社長貝瀬謹吾(元満鉄興業部長)、取締役田村羊三ほかが就任しており103)、満鉄退職者ほかの一部出資により設立された。同社は1937年12月1日「会社法」施行前には新京に本店を移しそのまま満洲国法人に転換したと推定する。さらにその後、奉天に移転した104)。この会社の株式取得は元満鉄部長級職員が設立に関わっていたため資金支援したもののようである。満鉄出資に伴い社長に村田懿磨(満鉄出身)を就任させた105)。満鮮拓殖は朝鮮人対満洲移民事業を続けていたが、1941年6月1日に移民事業を統合する政府方針に沿って満洲拓殖公社(1937年8月31日設立、本店新京)に事業を譲渡し同日解散した(柴田[2007k]904-907頁)。それに伴い鮮満拓殖も1941年6月31日に解散した。満鉄は鮮満拓殖出資を満洲拓殖公社出資に振り替えず回収したため、増資後出資率は20%から15.38%に低下した。

　準特殊会社の満洲航空株式会社(1932年9月26日設立、本店奉天)は1941年7月21日「満洲航空株式会社法」に基づき特殊会社に転換した。この時点の満洲航空資本金30百万円払込のうち満鉄出資は8.5%2.25百万円に止まっていた。満鉄は1941年6月でも総裁室監査役長倉親義を監査役に兼務派遣していた106)。満洲紡績株式会社(1923年3月15日設立、本店遼陽、資本金5百万円4分の3払込)は満鉄25%、富士紡績瓦斯株式会社75%の出資を受け操業してきた。満洲紡績は1939年2月10日増資で資本金10百万円5百万円払込となったが、満鉄も増資に応じ25%1,250千円の出資とした。満洲紡績は日中戦争期には業態を回復させており十分な利益を計上していた107)。満洲紡績の事業は満鉄本業と関係が乏しいため、1934年2月13日重役会で株式譲渡候補企業に挙げられていた(第5章参照)。譲渡方針に沿って1941年9月に富士瓦斯紡績に持株を譲渡して投資を回収した108)。

　1941年10月に満鉄は永安建物株式会社(1940年4月4日設立、本店撫順、資本金100千円4分の1)の株式10%を取得した。同社は1940年8月15日に50円払込となっており満鉄出資は10千円となった109)。1941年11月20日に満洲畜産工業株式会社(1936年11月16日設立、本店新京)が3百万円に増資する際に、親会社の満洲畜産の資金繰りが苦しいため満鉄が増資を引き受けたことで、満洲畜産との折半出資とした110)。満鉄が一度切り離した関係会社に再出資した珍しい事例である。日仏事業公司は1942年には対フランス債権債務関係の処理が難しくなった

表 6 - 4　南満洲鉄道関係会社総資産 (4)（出資20％以上）

(単位：社、千円)

商　号	設立日	本　店	1938.3期	1939.3期	1940.3期	1941.3期	年期備考
営口水道交通(株) →営口水道(株)	1906.11.15	営口	3,935	4,197	4,297	4,520	同年4月期
大連汽船(株)	1915.1.28	大連	41,794	50,940	64,684	92,143	前年12月期、1943.3期は1942.9期
新京取引所信託 →新京官営取引所信託(株)	1916.3.26	新京	697	863	—	—	前年12月期
新京市場(株)	1917.5.16	新京	265	—	—	—	前年12月期
満州市場(株)	1917.9.1	奉天	864	—	—	—	前年12月期
大連工業(株)	1918.4.5	大連	851	1,233	1,652	2,497	同年5月期1926.3期より同年4月期
南満鉱業(株)	1918.4.8	奉天省海城県	2,848	—	—	—	
満鮮坑木(株)	1919.12.21	安東	2,966	4,122	6,573	10,620	
東亜土木企業(株)	1920.1.10	大連→奉天	6,468	7,451	9,464	15,511	
湯崗子温泉(株)	1920.4.2	湯崗子	435	457	496	570	1922.3期のみ前年9月期
鞍山不動産信託(株)	1921.10.26	鞍山	2,245	—	—	—	前年12月期
札免公司	1922.6.25	哈爾濱	5,293	—	—	—	前年9月期
大連火災海上保険(株)	1922.7.28	大連	1,788	1,297	—	—	
満洲紡績(株)	1923.3.15	遼陽	6,883	11,323	11,517	16,351	同年4月期
山東鉱業(株)	1923.5.7	青島	3,552	7,688	17,863	28,905	同年5月期
元山海水浴(株)	1923.6.2	元山	158	157	152	—	
南満洲瓦斯(株)	1925.7.18	大連	12,593	14,073	19,364	24,756	
大連窯業(株)	1925.7.15	大連	1,381	1,752	24,370	2,462	
大連都市交通(株)	1926.6.1	大連	8,594	10,498	20,370	24,297	
国際運輸(株)	1926.8.1	大連	19,116	28,711	44,024	50,822	
福昌華工(株)	1926.10.15	大連	5,140	5,228	6,074	—	
東洋塗素工業(株)	1926.12.1	東京	3,591	3,680	4,275	—	前年12月期
南満洲硝子(株)	1928.11.3	大連	442	531	—	—	大連窯業と合計で100％
(匿)登瀛閣	1929.1.10	大連	33	38	…	…	
日本精鑞(株)	1929.2.23	大連	3,819	4,228	6,159	7,726	
復州鉱業(股)→復州鉱業(株)	1929.2.13	奉天省復県	1,325	1,797	2,648	2,350	同年2月期、同年1月期
大連農事(株)	1929.4.15	大連	5,120	5,101	5,165	5,190	
日満倉庫(株)	1929.6.1	東京	10,222	15,212	15,739	16,874	同年3月期、1930.3期は同年6月期、1931.3期は前年12月期
(株)昭和製鋼所	1929.7.4	鞍山	153,324	198,644	231,071	406,537	
哈爾濱土地建物(株)	1920.5.1	哈爾濱	1,011	992	—	—	
銑鉄共同販売(株)	1932.8.25	東京	23,428	—	—	—	
満洲化学工業(株)	1933.5.30	関東州海猫屯	36,408	42,660	45,029	45,591	
(株)錦州市場	1934.6.18	錦州	121	165	158	…	同年1月期
(株)大満採金公司	1934.6.30	新京	761	779	—	—	
撫順セメント(株)	1934.7.18	撫順	4,120	6,598	8,050	8,980	
満洲大豆工業(株)	1934.7.23	大連	4,343	5,099	…	—	同年6月期
満洲電業(股)→満洲電業(株)	1934.11.1	新京	151,869	192,043	268,865	—	
満洲鉛鉱(股)→満洲鉛鉱(株)	1935.6.18	鞍山	4,629	—	—	—	前年12月期
安東市場(株)	1935.8.22	安東	252	374	374	—	前年12月期
満洲鉱業開発(株)	1935.8.24	新京	3,210	—	—	—	
(株)興中公司	1935.12.20	大連	20,661	—	—	—	
(株)日仏対満事業公司 →(株)日仏事業公司	1936.2.25	大連	219	175	—	—	
満洲林業(股)→満洲林業(株)	1936.2.29	新京	5,279	—	—	—	
満洲塩業(株)M	1936.4.28	新京	2,689	—	—	—	
満洲曹達(股)→満洲曹達(株)	1936.5.22	新京	4,666	8,452	13,806	19,833	
(股)満洲弘報協会 →(株)満洲弘報協会	1936.8.28	新京	2,660	3,811	5,249	—	前年12月期、1941.3期は前年12.21
鮮満拓殖(株)	1936.9.24	京城	16,080	24,922	30,836	38,449	同年1月期
日満商事(股)→日満商事(株)	1936.10.1	新京	52,544	86,118	146,812	185,711	
満洲畜産工業(株)	1936.11.16	新京	340	—	—	—	
満洲鉱業(株)	1937.6.23	奉天	3,882	7,210	10,799	14,158	
満洲拓殖公社	1937.8.31	新京	47,660	140,974	—	—	
(株)満洲映画協会	1937.8.21	新京	1,428	3,031	7,019	9,369	前年12月期
満洲不動産(株)	1937.10.30	奉天	3,175	7,416	8,381	19,657	
大連船渠鉄工(株)	1937.8.1	大連	—	8,959	14,866	15,787	

第6章　産業開発計画発動後の南満洲鉄道系企業集団　355

青島埠頭(株)	1938.9.23	青島	—	—	5,083	...	
奉天中央卸売市場(株)	1938.12.20	奉天	—	—	2,518	—	
満洲特殊製紙(株)	1939.3.02	新京	—	—	*1,501*	*3,799*	前年12月期
華北交通(股)	1939.4.17	北京	—	—	*192,653*	*501,628*	
関東州工業土地(株)	1939.7.12	大連	—	—	5,705	9,738	
(株)興徳銀行	1939.12.21	新京	—	—	617	3,163	前年12月期、1939.12
満洲輸入(株) →満洲実業振興(株)	1937.11.28	奉天	—	—	—	9,662	
合計		社数 資産	54 710,564	42 919,018	39 1,242,351	31 1,594,510	
満洲内		社数 資産	48 653,527	37 967,357	34 980,983	27 1,008,652	
うち関東州		社数 資産	16 162,370	16 180,530	12 261,367	11 281,015	
満洲外		社数 資産	6 57,036	5 51,661	5 261,367	4 585,858	
連結子会社		社数 資産	41 289,507	33 337,221	31 496,367	25 602,986	
持分法適用会社		社数 資産	13 421,056	9 581,797	8 745,960	6 991,523	

注：ボールドは満洲会社、イタリックは持分法適用会社。
出所：『満銀年鑑』（各年版）、『関係会社年報』、『統計年報』、『満洲国政府公報』。営口水道交通(株)・営口水道(株)『営業報告書』（各期）、大連汽船(株)『営業報告書』（各期）、新京取引所信託(株)・新京官営取引所信託(株)『営業報告書』（各期）、大連工業(株)『営業報告書』（各期）、満鮮坑木(株)『営業報告書』（各期）、東亜土木企業(株)『営業報告書』（各期）、湯崗子温泉(株)『営業報告書』（各期）、大連火災海上保険(株)『営業報告書』（各期）、満洲紡績(株)『営業報告書』（各期）、山東鉱業(株)『営業報告書』（各期）、南満洲瓦斯(株)『営業報告書』（各期）、大連窯業(株)『営業報告書』（各期）、大連都市交通(株)『営業報告書』（各期）、国際運輸(株)『営業報告書』（各期）、東洋窒素工業(株)『営業報告書』（各期）、南満洲硝子(株)『営業報告書』（各期）、日本精鑞(株)『営業報告書』（各期）、復州鉱業(股)・復州鉱業(株)『営業報告書』（各期）、大連農事(株)『営業報告書』（各期）、日満倉庫(株)『営業報告書』（各期）、(株)昭和製鋼所『営業報告書』（各期）、銑鉄共同販売『営業報告書』（各期）、満洲化学工業(株)『営業報告書』（各期）、撫順セメント(株)『営業報告書』（各期）、満洲電業(股)・満洲電業(株)『営業報告書』（各期）、満洲鉛鉱(股)・満洲鉛鉱(株)『営業報告書』（各期）、満洲林業(股)・満洲林業(株)『営業報告書』（各期）、満洲塩業『営業報告書』（各期）、満洲曹達(股)・満洲曹達(株)『営業報告書』（各期）、鮮満拓殖(株)『営業報告書』（各期）、日満商事(股)・日満商事(株)『営業報告書』（各期）、満洲軽金属製造(株)『営業報告書』（各期）、満洲鉱業(株)『営業報告書』（各期）、満洲拓殖公社『営業報告書』（各期）、満洲映画協会『営業報告書』（各期）、大連船渠鉄工(株)『営業報告書』（各期）、華北交通(股)『営業報告書』（各期）、関東州工業土地(株)『営業報告書』（各期）、(株)興徳銀行『営業報告書』（各期）。

ためか休業法人に移行した[111]。北支那開発の関係会社投資体制が固まると1941年度に満鉄は青島埠頭株式を北支那開発に譲渡した。

3．関係会社総資産と連結総資産

　満鉄関係会社総資産を検討する（表6－4）。1938年3月期で総資産が確認できるのは54社710,564千円、満洲内48社610,564千円、連結子会社41社289,507千円である。持分法適用会社13社421,056千円のほうが多額であった。資産上位は1位昭和製鋼所153,324千円、2位満電151,869千円、3位日満商事52,544千円、4位満洲拓殖公社47,660千円、5位大連汽船41,794千円であり、このうち昭和製鋼

所、満電、満洲拓殖公社は持分法適用会社である。昭和製鋼所・満電が前年3月期の連結子会社から持分法適用会社に移ったため、連結子会社総資産の減少に反映している。連結子会社3位満洲化学工業36,408千円、4位興中公司20,661千円、国際運輸19,116千円であった。連結子会社5社合計170,523千円は連結子会社合計の52％を占めた。会社数は増えても資産規模の大きな会社は一部である。1939年3月期で42社919,018千円、満洲内37社967,359千円、連結子会社33社337,221千円、持分法適用会社9社581,797千円であり、金額は増大したが満鉄が注力支援していない持分法適用会社の増大が顕著である。資産上位は1位昭和製鋼所198,644千円、2位満電192,043千円、3位満洲拓殖公社140,974千円、4位日満商事86,118千円、5位大連汽船50,940千円で順位は前年3月期と同様である。連結子会社3位満洲化学工業42,660千円、4位国際運輸28,711千円、5位日満倉庫15,212千円であり、連結子会社5社合計223,641千円であり連結子会社合計の66％を占めた。1940年3月期では39社1,242,351千円、満洲内34社980,983千円、連結子会社31社496,367千円、持分法適用会社8社745,960千円であり金額は一段と増大したが、持分法適用会社がやはり上回っていた。資産上位で1位満電268,865千円、2位昭和製鋼所231,071千円、3位華北交通192,653千円、4位日満商事146,812千円、5位大連汽船64,684千円であり、このうち満電、昭和製鋼所、華北交通は持分法適用会社である。前年度の満洲拓殖公社の増資に応じなかったため、その他会社に切り替わり、新たに華北交通が現れた。日満商事も特殊会社化し満洲国内取引急増が反映している。連結子会社3位満洲化学工業45,029千円、4位国際運輸44,024千円、5位南満洲瓦斯19,364千円であった。連結子会社5社合計319,913千円であり、連結子会社合計の64％にやや低下した。1941年3月期で31社1,594,510千円、満洲内27社1,008,652千円、連結子会社25社602,986千円であり、資産額判明会社の減少も影響し資産額が伸び悩んだ。資産上位で1位華北交通501,628千円、2位昭和製鋼所406,537千円、3位日満商事185,711千円、4位大連汽船92,143千円、5位国際運輸50,822千円であった。満電株式を一部処分したためその他会社に移った。このうち華北交通と昭和製鋼所が持分法適用会社であり前者は華北物価騰貴に連動し資産額が膨らみ、1社で関係会社総資産の31％を占めた。連結子会社4位満洲化学工業45,591千円、5位大連都市交通株式

表6-5 南満洲鉄道連結総資産（4）

(単位：千円、社)

	1938.3期	1939.3期	1940.3期	1941.3期
満鉄総資産	2,119,403	2,343,067	2,717,111	3,084,338
連結子会社総資産	280,979	337,221	496,390	602,986
連結子会社数	45	36	34	27
単純合計総資産	2,400,382	2,680,287	3,213,501	3,687,324
相殺：出資	92,838	89,824	101,262	116,025
相殺：融資	2,739	4,951	10,247	14,592
相殺：預り金	15,173	23,373	28,906	26,869
満鉄出資控除総資産	2,289,630	2,562,139	3,073,084	3,529,837
総資産連単倍率	1.080	1.093	1.131	1.144

出所：表6-1、表6-2、表6-3、表6-4。

会社24,297千円であり、連結子会社5社合計398,564千円は連結子会社合計の66％を占めた。満鉄出資は産業開発五カ年計画に対応し新規出資もかなり見られたが、大規模事業資産を保有する新設会社はなかった。

次に日中戦争期満鉄の連結総資産を試算しよう。満鉄総資産（表6-1）と連結子会社総資産（表6-4）の合計から満鉄出資（表6-2）と満鉄融資・預け金（表6-3）を相殺し連結処理を行う（表6-5）。貸借対照表を悉皆入手できなかったため集計漏れの会社が発生するのはやむを得ないが、資産規模の多い会社は網羅しているため集計漏れの金額は10％にも達しないと推定する。1938年3月期満鉄総資産2,119百万円に対し連結子会社45社総資産は180百万円に止まり、単純合計総資産2,299百万円から満鉄出資と融資・預り金を相殺した連結総資産は2,400百万円であり、総資産連単倍率は1.080で連結子会社は総資産に8.0％を上乗せする程度の規模に過ぎなかった。昭和製鋼所を連結子会社から外した影響もある。その後の追加出資で連結子会社の社数と資産額が増大し、満鉄本体資産が増大したものの総資産連単倍率は1939年3月期1.093、1940年3月期1.131に上昇した。1941年3月期には満鉄総資産3,084百万円に対し連結子会社27社総資産602百万円に増大し、満鉄出資・預り金を相殺した連結総資産は3,529百万円に増大していた。この総資産連単倍率は1.144に上昇し、満鉄総資産を14％以上増大させる規模となった。満鉄出資額は有力鉱工業会社株式が満業に移転したことにより1938年3月期には連結子会社総資産額が減少したが、その後の満洲産業開発計画の巨額投

資が積み上る中で満鉄も新規投資を続けた結果、この増額となった。満鉄の収益が改善したことで多額追加出資に応ずる余力が回復していた。満洲の大規模開発投資の中心は満業に比重が移ったとはいえ、満鉄本体の事業の規模から見てもまだ十分に追加投資をする余力があり、重厚長大な鉱工業以外の産業の新規投資や追加投資を実現した。

1) 産業開発計画については原［1972］、［1976］参照。
2) 立案調査書類として政策検討資料が膨大に印刷されている。
3) 佐々木謙一郎は1882年12月29日生、1907年7月東京帝国大学法科大学卒、大蔵省採用、1918年6月大蔵省大臣官房会計課長、1923年12月専売局経理部長、1932年1月11日～1934年7月25日専売局長官、1934年7月辞職、1934年7月～1938年6月満鉄理事、1938年6月～1942年3月満鉄副総裁、1942年3月～1945年10月南方開発金庫総裁、1953年6月29日没（大蔵省百年史編纂室［1973］74頁）。
4) 佐藤応次郎は1881年10月23日生、1904年9月東京帝国大学工科大学卒、満鉄採用、1923年5月21日撫順炭礦土木課長、1931年8月1日鉄道部次長、1932年7月25日鉄道建設局長、1935年7月～1939年3月理事、1939年3月～1944年3月副総裁、1951年4月28日没（佐藤応次郎氏追憶委員会［1950］年譜、満鉄会［1992］70、82、93頁）。
5) 満鉄附属地返還に伴い処分された有形資産、とりわけ各種公益事業については南満洲鉄道総裁室地方部残務整理委員会［1939］参照。
6) 南満洲鉄道株式会社『第39期営業報告書』1940年3月期、2-7頁、閉鎖機関整理委員会［1954］383頁。
7) 大連商工会議所『満洲銀行会社年鑑』1938年版、613頁。松田進は1896年7月10日生、1923年東京帝国大学法科大学卒、満鉄採用、地方部大石橋地方事務所長、1937年10月満洲不動産取締役（帝国秘密探偵社『大衆人事録』1943年版、満洲270頁、満鉄会［1992］92頁、西村利八編『満洲紳士録』満蒙資料協会、1943年版、1326頁）。古賀叶については同200頁、満鉄会［1992］103頁。長倉不二夫については『満洲紳士録』1943年版、489頁、満鉄会［1992］104頁。中野忠夫については同1940年版、1305頁、小川卓馬については同173頁、新井静二郎については同565頁。富田租については第4章参照。
8) 吉川［2007a］966頁で満洲不動産設立と満鉄系不動産関係3社株式取得の説明がある。奉天工業土地の株式を満洲国政府は満鉄から買収し国営社に改組するとの記述があるため（『満銀年鑑』1937年版、707頁）、満洲房産株式会社に統合する計画が練られたのかもしれないが傍証できない。奉天工業土地の解散は『満洲国政府公報』1184号、1938年3月19日。哈爾濱土地建物と鞍山不動産信託は満洲中央銀行調

査課『満洲国会社名簿』1944年版まで存続し、その後も解散・商号変更の説明を見出せず敗戦まで存続したと判断した。柳沢［2008］187頁では1940年で満鉄が哈爾濱土地建物と奉天工業土地に出資している。
9)　『満銀年鑑』1938年版、157頁。遼東ホテル株式の譲渡については吉川［2007b］978頁に説明がない。山田三平については、須永［2007a］で満洲における地場系有力日本人資本家として紹介がある。
10)　東亜土木企業株式会社『第18期営業報告書』1938年3月期、2頁。同様の日本の土木建築業者の満洲国内現地法人への分社化については第1章参照。
11)　『公報』1191号、1938年3月28日。
12)　満洲火災海上保険株式会社『第1期営業報告書』1938年12月期、『満銀年鑑』1938年版、592頁。
13)　新京官営取引所信託株式会社『第33期営業報告書』1938年6月期、1-2頁。
14)　南満洲鉄道株式会社『統計年報』1937年版、90-91頁。この経緯については斉藤［1987］に説明がない。柳沢［2008］187頁では1940年でも満鉄は日満マグネシウム工業に出資している。
15)　『公報』1411号、1938年12月19日、2230号、1941年10月11日。
16)　『公報』1542号、1939年6月7日。
17)　満洲曹達株式会社『第5期営業報告書』1938年6月期、1-3頁。
18)　南満洲鉄道株式会社『関係会社年報』1938年版、393頁、大連汽船株式会社『第32期営業報告書』1937年12月期、12頁。疋田［2007b］739頁は大連汽船の再分離との説明を与えるが、満鉄への大連船渠鉄工全株譲渡については言及がない。柳沢［2008］196頁は増資後の大連船渠鉄工への出資率を25.3％とする。
19)　満洲鉱業株式会社『第2期営業報告書』1939年3月期（吉林省社会科学院満鉄資料館（以下、満鉄資料館）24289）。
20)　満洲鉛鉱のその後は第9章参照。柳沢［2008］187頁は1940年で満鉄が満洲鉛鉱に出資している。
21)　『関係会社年報』1938年版、1005頁。
22)　日満鉄鋼販売株式会社『第1期営業報告書』1939年3月期、1-3、11頁、『関係会社年報』1938年版、1059頁。山本［2002］は日満商事設立に解説を傾注しているためか、銑鉄共同販売の解散に言及がない。柳沢［2008］は銑鉄共同販売が「合流した」（191頁）とするが意味不明。しかも187頁では1940年でも満鉄が銑鉄共同販売に出資している。
23)　『関係会社年報』1938年版、1265頁。
24)　『公報』2282号、1942年12月15日。『関係会社年報』1938年版は2月27日増資とする。
25)　『公報』2170号、1941年7月30日。

26) 『公報』2565号、1942年12月8日。
27) 『公報』1578号、1939年7月20日、満洲林業株式会社『第3期営業報告書』1938年10月期（満鉄資料館23224）。
28) 満洲林業の資本金と林業統制の強化については柴田［2007h］922-924頁。共栄起業については鈴木［2007c］も参照。
29) 外務省記録E55。この資料では「東満パルプ」、「満洲パルプ」と記載。東満洲人絹パルプ、東洋パルプ、満洲パルプ工業については『満銀年鑑』1940年版、509、510、513頁。
30) 大連油脂工業株式会社『第46期営業報告書』1938年11月期、3頁。須永［2007c］821頁では1920年代の不振後、製油工場売却を経て、『満洲鉱工年鑑』1944年版の記述に依拠して、1940年7月に満洲油脂株式会社（1938年6月18日設立、本店奉天）を設立したとの理解を与えかねない。柳沢［2008］187頁は1940年でも満鉄が大連油脂工業に出資している。
31) 大連油脂工業株式会社『第50期営業報告書』1940年11月期、1頁。
32) 満鮮拓殖株式会社『第3期営業報告書』1938年12月期、1-2頁。
33) 満鉄の満鮮拓殖融資は1940年12月期まで残高は変化しない（鮮満拓殖・満鮮拓殖［1941］141-142頁）。
34) 『公報』2363号、1942年3月31日。
35) 大連汽船株式会社『第34期営業報告書』1939年12月期、17頁で2千株保有を記載。
36) 『関係会社年報』1938年版、733、735頁。
37) 北支那開発、中支那振興については柴田［2008a］第4章。
38) 満洲塩業株式会社『第3期営業報告書』1938年12月期、2頁。
39) 奉天中央卸売市場株式会社『第3期営業報告書』1939年12月期、10-17頁、『満銀年鑑』1938年版、352頁。1939年12月期株主名簿による。香取真策は1882年11月生、1902年法学院卒、満鉄採用、鉄嶺地方事務所勤務、昭徳建物代表取締役、満洲市場常務取締役、満洲生活必需品理事（『大衆人事録』1943年版、満洲78頁）。中根照夫については同208頁、小田要一については同52頁、吉田市郎平については同314頁。方煜恩は光緒28（1902）年9月6日生、奉天省公署諮議、奉天省金融整理委員、奉天省商工公会副会長、満洲銀行協会（1938年9月設立）長、奉天儲蓄会常務理事、奉天商工銀行社長、満洲セメント株式会社、協和工業株式会社（1937年11月23日設立、本店奉天）、満洲軍援産業株式会社（1940年5月29日設立、本店新京）、奉天紡紗廠株式会社各取締役（『大衆人事録』1943年版、満洲257-258頁、『満洲紳士録』1943年版、1234頁、『満銀年鑑』1940年版、575、920頁、満洲中央銀行［1942］148頁）。倉橋泰彦については『大衆人事録』1943年版、満洲110頁。
40) 『公報』2153号、1941年7月9日。

41) 吉林中央卸売市場は吉林批発市場股份有限公司として設立、1938年5月17日商号変更（『公報』730号、1936年8月24日、1360号、1938年10月18日）。哈爾濱中央卸売市場も哈爾濱批発市場股份有限公司として設立後、1938年に商号変更した（『満銀年鑑』1935年版、584頁、1938年版、361頁）。牡丹江中央卸売市場設立は『満銀年鑑』、1939年版、985頁。各地中央卸売市場の説明は満洲市場［1938］参照。
42) 満洲鉱業開発株式会社『第3期営業報告書』1938年12月期、6-7頁。『関係会社年報』1938年版、791頁。竹内徳亥は1888年1月生、東京帝国大学法科大学卒、樺太庁採用、関東庁理事官、樺太庁鉱務課長、大連民政署総務課長、関東庁学務課長、旅順民政署長、関東庁土木課長、大連民政署長、満洲国民生部理事官総務司長、交通部理事官総務司長、奉天省公署総務庁長、奉天省次長、1938年9月辞職、同年10月満洲鉱業開発理事長、満洲ボーリング株式会社会長（『満洲紳士録』1943年版、1175頁）。
43) 前掲満洲鉱業開発『第3期営業報告書』6-7頁。鳥居重夫は1899年1月生、1922年東京高等商業学校卒、満鉄採用、1938年11月1日総裁室監査役、満洲鉱業開発監事、1940年6月辞職、撫順セメント株式会社常務取締役（『満洲紳士録』1943年版、1082-1083頁、満鉄会［1992］151頁）。
44) 『関係会社年報』1938年版、1065頁。
45) 『公報』1937号、1940年10月9日。
46) 『関係会社年報』1938年版、1183頁。柳沢［2008］187頁は1940年でも満鉄が興中公司に出資している。
47) 『満洲日日新聞』1941年11月2日。北支那開発傘下に編入された炭礦法人については柴田［2008a］参照。
48) 『関係会社年報』1938年版、1245、1257頁。
49) 『関係会社年報』1938年版、811頁。柳沢［2008］187頁は1940年でも満鉄が南満鉱業に出資している。
50) 『満銀年鑑』1939年版、338頁。満洲生活必需品［1940］。葆康は光緒19（1893）年10月生、1913年奉天陸軍講武堂卒、察哈爾財政庁長、興業銀行総弁、奉天税捐局長、東省特別区長官公署政務庁長、民政部次長、濱江省実業庁長、1934年奉天省長、満銀副総裁、満興銀副総裁、満洲畜産監査役、満洲殖産公社監事、満洲生活必需品配給代表取締役（『大衆人事録』1943年版、満洲257頁、『満洲紳士録』1943年版、1139頁）。木村正道は1885年10月生、東京高等商業学校卒、満鉄採用、参事、1931年3月辞職、満鉄社員消費組合主事、1939年2月満洲生活必需品配給取締役、同年12月満洲生活必需品常務理事、1942年1月満関貿易聯合会常務理事（『満洲紳士録』1943年版、809頁）。難波経一は1901年1月11日生、1914年3東京帝国大学法科大学卒、大蔵省採用、1932年12辞職、1933年1月満洲国専売公署副署長、1935年4月同専売総署副署長、1937年11月冀東政府最高顧問、1937年12月河北省政府顧問、1938年10月満洲

電気化学工業常務理事、1943年3月商工省金属回収本部長、1943年11月軍需省企業整備本部長、1944年6月軍需省燃料局長官、1945年6月軍需省整備局長官、1945年8月辞職、1946年11月山陽パルプ株式会社社長、1969年4月同会長、1986年2月22日没（大蔵省百年史編集委員会［1973］128頁ほか）。石崎広治郎は1885年4月生、東亜同文書院卒、1915年渡満、新京商工会議所会頭、満洲特産物商組合聯合会理事長、満洲小麦粉配給組合理事長、満洲雑貨組合理事長、満関貿易聯合会理事、満洲生活必需品配給取締役、満洲生活必需品理事（『満洲紳士録』1943年版、4頁）。村田義雄については『満洲紳士録』1940年版、617頁。人見雄三郎は1895年4月生、1923年東京帝国大学卒、同年4月満鉄採用、鉄道総局文書課長、1937年8月27日総裁室人事課長、1938年9月18日兼鉄道総局人事局長、1940年9月15日総裁室人事課長（『満洲紳士録』1943年版、1269頁、満鉄会［1992］115、133、135、167頁）。

51)　『公報』2531号、1942年10月28日。
52)　『満銀年鑑』1940年版、442頁。飯島省一については『大衆人事録』1943年版、満洲23頁。岡崎孝平については『満洲紳士録』1943年版、459頁。斉藤貢については同284頁。田中広吉については同1018頁。
53)　『満銀年鑑』1940年版、499-501頁、新京商工公会『満洲国法人名録』1940年版、16頁。満鉄の当初出資については南満洲鉄道株式会社『第74回帝国議会説明資料』1939年12月。特種製紙については帝国興信所『帝国銀行会社要録』1938年版、静岡22頁。満洲特殊製紙については鈴木［2007c］888頁にも解説があるが康徳製紙には言及がない。
54)　『公報』2593号、1943年1月15日。
55)　帝国燃料興業株式会社『第2期営報告書』1939年3月期、8頁。帝燃は1939年1月19日設立、本店東京の「帝国燃料興業株式会社法」に基づく特殊法人。柳沢［2008］187頁では1940年でも満鉄が満洲合成燃料に出資している。
56)　『関係会社年報』1938年版、1127頁。
57)　蘇［1999］715頁で解散と満鉄鉄道総局林業事務所への移管の説明はあるが、林業利権の満洲国譲渡については言及がなく、満鉄がそのまま保有していたかの説明になっている。1939年4～9月期清算貸借対照表（『関係会社年報』1938年版、1122頁）には満洲国への林業利権譲渡が示されている。
58)　華北交通股份有限公司『第1期営業報告書』1939年9月期、1-3頁。華北交通については柴田［2008a］参照。設立経緯については福田［1983］参照。宇佐美寛爾については第4章参照。
59)　満洲化学工業株式会社『第12期営業報告書』1939年9期、9頁、大連船渠鉄工株式会社『第5期営業報告書』1939年9月期、10-11頁。柳沢［2008］196頁は満鉄の関東州工業土地出資率6.5％とする。

60) 関東州工業土地株式会社『第2期営業報告書』1941年3月期（満鉄資料館02572）。
61) 大連火災海上保険株式会社『清算第1期営業報告書』1939年7月期。
62) 満洲火災海上保険株式会社『第2期営業報告書』1939年12月期。
63) 『満銀年鑑』1938年版、510頁、『公報』1694号、1939年12月6日。
64) 昌光硝子の1939年4月〜9月期に24,300株の異動があり、60千株中、旭硝子59千株となり株主名簿から満鉄が消えたため、これが満鉄株式の譲渡とみられる（昌光硝子株式会社『第29期営業報告書』1939年9月期、5、13頁）。満鉄保有株式の譲渡について須永[2007c]には説明がない。
65) 阪神築港株式会社『第21(3)期営業報告書』1940年3月期、1頁。『第75回帝国議会説明資料』1939年12月で同年9月期末満鉄出資会社に掲載がなくその前に譲渡した。
66) 1937年10月期同社総資産は4,911千円、うち交通業興業費205千円であった（営口水道交通株式会社『第62期営業報告書』1937年10月期、13頁）。
67) 営口水道株式会社『第66期営業報告書』1939年10月期、5-8頁。
68) 『満銀年鑑』1940年版、797頁。
69) 営口水道株式会社『第67期営業報告書』1940年4月期、10-11頁。
70) 『公報』2525号、1942年1月21日、2303号、1942年1月15日。満洲証券取引所への満洲の取引所の統合については柴田[2007h]参照。
71) 興徳銀行『第36期営業報告書』1939年12月期（満鉄資料館02585）。
72) 同『第37期営業報告書』1940年6月期。柳沢[2008]187頁では1940年に満鉄は興徳銀行のほか「各取引所信託」に出資しているが、奉天取引所信託株式会社が1936年11月6日に解散後は新京官取取引所信託以外には存在せず、他取引所信託はそれより先に解散した（第5章参照）。
73) 『公報』2531号、1942年10月28日。鈴木[2007a]519頁は満洲生活必需品の特殊法人化による増資と商号変更に言及がない。
74) 『満銀年鑑』1940年版、350頁。島田茂は1885年9月22日生、1912年7月東京帝国大学法科大学卒、1913年2月大蔵省採用、1925年5月銀行局特別銀行課長、1927年3月〜8月台湾銀行理事、1927年8月〜1934年5月同頭取、帝人事件で逮捕、辞職、満洲生活必需品理事長、満洲火災海上保険代表、1953年9月26日没（大蔵省百年史編纂室[1973]85頁、新潮社[1991]871頁）。許桂恒は光緒31(1905)年生、遼陽警務学校卒、満洲国期に安東省民政庁長、黒河省長、満洲生活必需品副理事長（『満洲紳士録』1943年版、1332頁）。神守源一郎は1900年4月生、東京帝国大学法科大学卒、満鉄採用、1936年10月1日地方部庶務課長、1933年9月6日地方部事務取扱、1939年4月1日鉄道総局附業局長心得、同局長、1940年9月15新京支社次長、1942年2月10日同支社長（『満洲紳士録』1943年版、805頁、満鉄会[1992]91、108、154、

181頁）。
75）『公報』2648号、1943年3月29日。
76）『公報』2614号、1943年2月13日。
77）『公報』2529号、1942年9月26日、2247号、1941年11月4日。哈爾濱中央卸売市場の清算結了が1940年11月16日のため（『公報』2643号、1943年3月23日）、他の市場会社と同日解散と判定した。吸収合併は『京城日報』1940年6月27日。
78）大同炭礦については柴田［2008a］356頁。樺太開発株式会社取締役に転出する児玉八郎については柴田［2015a］第6章参照。履歴は「樺太開発株式会社役員履歴」（外務省記録E147）による。
79）南満洲硝子株式会社『第23期営業報告書』1940年3月期、2頁。須永［2007b］には南満洲硝子の岩城硝子への譲渡について説明がない。
80）この経緯は須永［2007c］797頁も参照。満洲岩城硝子設立日は『満銀年鑑』1942年版、548頁。
81）『日産懇話会々報』93号、1941年1月5日。
82）商号変更については『満銀年鑑』1940年、補遺。8月5日設立とするのは『公報』2566号、1942年12月9日、2608号、1943年2月2日。
83）『満銀年鑑』1940年版、36頁。鈴木［2007b］は財閥系を中心とした純民間法人以外の流通・貿易調整を業務とする会社には関心がないため、満洲輸入（奉天・新京）・満洲実業振興・満洲輸入（大連）・関東州実業振興株式会社（1935年6月28日設立、本店大連）について言及がない。
84）吉川［2007a］979頁では東亜旅行社満洲支部の解説があるが、東方旅行社の記載はないため東亜旅行社の誤りかもしれない。
85）『満銀年鑑』1942年版、86頁、南満洲瓦斯株式会社『第31期営業報告書』1940年9月期、2-3頁。
86）設立時の株主構成等については第4章参照。
87）東洋窒素工業株式会社『第28期営業報告書』1940年12月期、3頁、で満鉄保有株を上回る株式の移動がなされ、満鉄保有がその後消滅しているため、この時期の売却と判断した。
88）解散は『公報』2080号、1941年4月9日掲載の最終貸借対照表日付。満洲新聞協会については満洲国史編纂刊行会［1970］407頁。吉川［2007c］1014頁では1941年1月に満洲新聞協会が設立されたのに伴い、年月記載はないが「解散」したと説明している。李［2000］179-180頁では解散の説明がなく、新聞協会設立後の満洲弘報協会への言及がない。
89）株式会社満洲映画協会『第3期営業報告書』1939年12月期（満鉄資料館02481）、『第4期営業報告書』1940年12月（満鉄資料館26527）。甘粕正彦は1891年1月26日生、

1912年5月陸軍士官学校卒、1921年6月憲兵大尉、1923年9月関東大震災でアナキスト大杉栄と内縁の伊藤野枝ほかの殺害首謀者、同年10月停職、同年12月懲役10年、1927年仮出所、1932年3月満洲国民生部警務司長、1937年4月〜1941年3月満洲協和会中央本部総務部長、1939年10月満洲映画協会理事長、1945年8月20日服毒自殺（新潮社 [1991] 68頁、日本近代史料研究会 [1971] 5頁）。甘粕については武藤 [1956]、佐野 [2008] を参照。

90) 大連汽船株式会社『第38期営業報告書』1940年12月期、12頁。
91) 日満倉庫株式会社『第23期営業報告書』1940年9月期。日満倉庫 [1940] も参照。
92) 満洲火薬工業については須永 [2007c]。南満火工品については『満銀年鑑』1941年版、477頁。
93) 『公報』2031号、1941年2月5日。
94) 『満洲日日新聞』1942年4月16日。
95) 『満銀年鑑』1941年版、760頁、柴田 [2007k] 925頁、[2015a] 166頁。長倉親義は1899年1月生、東京高等商業学校卒、満鉄採用、1936年10月1日紐育事務所長、1938年4月1日総裁室監査役（『満洲紳士録』1943年版、221頁、満鉄会 [1992] 103頁、167頁）。
96) 日本協同証券については柴田 [2007i]、[2013a]、東拓・台拓の出資については柴田 [2015a] 第2章、第5章参照。
97) 満洲電業株式会社『第13期営業報告書』1940年12月期。
98) 『満洲日日新聞』1941年5月15日。
99) 満洲国の普通銀行の再編淘汰については、柴田 [2007d] 参照。政策背景については柴田 [1999] 第3章参照。
100) 『第76回帝国議会説明資料』1940年12月。
101) 満洲鉱業株式会社『第4期営業報告書』1941年3月期（満鉄資料館24291）。期末株主名簿で満鉄の満洲国政府保有株式取得が判明するが、時期は役員大幅改選時の7月頃と推定した。
102) 1941年度満鉄予算では361百万円の資金調達は株式払込100百万円、社債発行245百万円、株式開放16百万円であった（『満洲日日』1941年5月15日）。
103) 『満銀年鑑』1935年版、364頁、満鉄会 [1992] 62頁。貝瀬謹吾については第4章参照。田村羊三と枡田憲道については第3章参照。山崎幸太郎は『満洲紳士録』1943年版、1037頁。
104) 『満銀年鑑』1938年版、595頁、1942年版、605頁。
105) 『満銀年鑑』1942年版、605頁。村田懿磨については第3章参照。
106) 『満銀年鑑』1941年版、595頁。
107) 1940年4月期で総資産11,517千円に対し利益751千円を計上していた（満洲紡績株

式会社『第34期営業報告書』1940年4月期、7 - 9頁、富士紡績［1947］317-318頁）。
108) 1941年5月～10月の間に満洲紡績株式46,233株の名義書換が行われており、これが満鉄の譲渡と判定した（満洲紡績株式会社『第37期営業報告書』1941年10月期、5頁）。花井［2007a］、［2007b］に満鉄投資回収の解説がない。
109) 『公報』2251号、1941年11月8日。
110) 『満銀年鑑』1942年版、491頁。
111) 『第81回帝国議会説明資料』1942年12月「満鉄関係会社一覧」1942年3月期より休業法人に分類。

第2節　保有株式譲渡と関係会社の再編

1．満洲重工業開発への保有株式譲渡

　1937年11月20日決議で日本産業株式会社が満洲国に移駐し（本店新京）、12月1日「会社法」施行で満洲国法人に転換した。同社は、1937年12月20日「満洲重工業開発株式会社管理法」裁可施行で、満洲国特殊会社に改組した。満洲国が同社に半額出資を行い、同社が満洲国の鉱工業の中心に立つこととなった。この政策の大転換で、満鉄の位置づけは大きく変動した。満鉄傘下に抱えていた規模の大きな鉱工業の関係会社は満業に移転することとなった。満洲国が満鉄から株式の有償譲渡を受け、さらにそれを満業に譲渡するという手続きがとられた。この日中戦争期の満鉄関係会社の再編として最も大規模なものが、満業への鉱工業関係会社の有償譲渡であり、この結果、満鉄は総額107,500千円の投資キャッシュ・フローの回収となった[1]。満鉄保有有力企業の満業への移転は総裁松岡洋右が1935年9月11日に臨時財産評価委員会で前理事竹中政一に委員長を委嘱し翌年5月31日任期満了で提出させた献策を実行に移したとの説明がある（岡本［1953］219-223頁）。これが傍系会社譲渡処分を伴う満鉄改組計画であり、有力会社が満業に譲渡された。この方針に対し満鉄内部では植民地開発会社として多面的な事業を持ち続けることに愛着を感じる社員会等が反発した（岡本［1953］228-230頁）。しかし満洲事変期の満鉄事業規模の大拡張と日中戦争勃発があり、満洲産業開発

計画の始動で満洲産業構造が大転換する中で満鉄改組を回避できるわけではなく、当初方針通りに譲渡された。

　満鉄は最大子会社昭和製鋼所の株式額面82百万円全額保有していた。昭和製鋼所は1937年12月1日に「会社法」施行に対応し、満洲国普通法人に転換した。1938年3月に満鉄は同社株式の満洲国譲渡を決定した。その際に満鉄の昭和製鋼所株式譲渡価格が問題となった。関東軍は満鉄の監督官庁の対満事務局抜きで、参謀長東条英機を中心とする評価委員会を立ち上げて決定しようとした。これに対し第三者の公平な評価に任せるべきだと、対満事務局次長原邦道（大蔵省出身）が巻き返し、日満両国政府任命による直接関係のない人員で評価委員会を設置させる方針とした。委員長吉田豊彦（陸軍大将、予備役、前造兵廠長官）、委員に宝来市松（日本興業銀行総裁）、杉野喜作（株式会社東京株式取引所理事長）、野村得七（野村合名会社代表）、中井励作（元農商務次官、日本製鉄社長）、大河内正敏（理化学興業社長）、満洲側から満銀総裁田中鉄三郎、満興銀総裁富田勇太郎、関東局総長武部六蔵、同監理部長田中信良、満洲国産業部次長岸信介、同経済部次長西村淳一郎が就任した[2]。吉田は予備役編入後、1934年に関東軍特務部顧問に就任し満鉄投資に介入権限を得ていたため、吉田の人選は陸軍・関東軍側が睨みを利かせるための押し込みといえよう（第5章参照）。1938年2月26日に委員会は評価額を決定した。昭和製鋼所1株払込44.5円を70円と評価し、譲渡株数1,100千株譲渡金額77,000千円、満炭旧株50円払込を52.55円と評価し、譲渡株数160千株譲渡金額8,408千円、同新株12.5円払込を13.14円と評価し、譲渡株数640千株譲渡金額8,409.6千円、満洲採金1株50円払込を52.8円と評価し、譲渡株数100千株譲渡金額5,208千円、同和自動車工業25円払込を25円と評価し、譲渡株数58千株譲渡金額1,450千円、満洲軽金属製造1株25円を25円と評価し、譲渡株数280千株譲渡金額7,000千円とし、譲渡金額合計107,475.6千円と算定した[3]。満鉄の昭和製鋼所の建設投資と満炭・満洲採金の現物出資等が評価額を押し上げた。なお満鉄は昭和製鋼所資本金100百万円89百万円払込のうち40.05％40,050千円の株式をそのまま保有し、持分法適用会社として関係を維持した。その後昭和製鋼所は1938年9月5日増資で資本金200百万円150百払込となり満鉄出資額は旧株払込で45百万円に増大した。1940年3月29日に昭和製鋼所は払込徴収で200百万円

払込となったが4)、満鉄保有は45百万円で変わらず、20%以上を維持し続けた。

満鉄関係会社の保有株の満業への譲渡により、当初から株式の50%以下の保有しかない同和自動車工業と満洲採金を除外した、1937年3月期の連結資産単純合計103百万円が切り離された。満鉄の関係会社群に占める重厚長大産業の連結子会社は乏しくなり、満業に譲渡された会社群のうち、満鉄と関連を持ち続けた持分法適用会社資産は昭和製鋼所の153百万円のみとなった。満業への譲渡により、先述のように満鉄連結子会社総資産が1937年3月期の537百万円から、1938年3月期の343百万円へと急減した。事業資産規模の大きな事業を譲渡したため、当然である。満業への譲渡より先に、満電が連結子会社からはずれ、それも連結子会社の総資産が減少する一因であった。しかし満鉄の貸借対照表には（表6-1）、株式譲渡に伴う短期預金の増大のような項目は見えない5)。実際には満鉄の株式譲渡を大きく上回る資金の動きが発生していた。確かに満鉄は満洲国に有償譲渡した関係会社株式で巨額の投資キャッシュ・フローの回収を実現した。昭和製鋼所、満炭、満洲採金、同和自動車工業及び満洲軽金属製造の譲渡株式評価額合計107,525千円と試算される（花井［2007a］100頁）。表6-2では1937年3月期から1938年3月期で満鉄の満洲国内出資は、連結子会社で121百万円の減少となっているが、持分法適用会社で昭和製鋼所が加わったため、87百万円へと75百万円の増大を見た。そのためこの両方を合算すると、46百万円の減少となっている。同じ時期の有価証券の保有高が49百万円の減少となっており、ほぼ対応している。満鉄は満洲国から満業保有に切り替える株式を有償譲渡したが、それ以上に満洲国政府に資金を供給した。すなわち貸金の増大である。1937年3月期の貸金464百万円が1938年3月期に625百万円に増大し、その後も1940年3月期に902百万円にまで膨れ上がっていた。すなわち満鉄が満洲国政府に株式譲渡で得た金額を大きく超えた満洲国政府への資金供給がなされたことになる。そのため満洲国政府は満鉄からの譲渡を受けた株式の支払いに困ることはなかった。貸金内訳は満洲国鉄道借款がほとんどで、333,731千円から613,664千円へと増大しており、ほぼこの金額が1938年3月期の数値に近似する。1940年3月期の貸金残高として鉄道借款891,108千円ほか合計902,351千円は貸借対照表の数値と合致している6)。これらの鉄道借款の財源の一部が満鉄に株式譲渡に見合う分だけ還流したものとい

えよう。その後も満鉄は満洲国政府に多額の資金供給を続けるため、満鉄の総資産に占める金融資産の比率は上昇し、1940年3月で有価証券と貸金の合計で40％を超えた。これは満鉄業務の部分的な変質を物語るものである。満鉄の設立以来のコアをなす鉄道・港湾・炭礦事業を確保しつつ、周辺事業を関係会社に分離し、本体と関係の薄い会社を切り離して資金を調達しつつ満洲国に融資した。貸借対照表を急速に拡大させることが可能な出資融資事業は、満洲国経済が成長軌道にある限り平行して拡大させることができる。しかも満鉄にとって安定的な利子配当収入が期待できた。

2．「会社法」体制への対処

1937年12月1日満洲国治外法権撤廃附属地行政権返還に備え、満洲国政府はそれに先立つ6月24日に「会社法」を裁可し、治外法権撤廃・附属地返還と同日の12月1日に施行した。満洲国「会社法」体制への移行に伴い[7]、満洲国内の満鉄関係会社事業の調整が行われる。その対処として満鉄関係会社にも分社化が実施された事例がある。

満洲国現地法人への事業分離の規模の大きなものとして、1937年11月26日に国際運輸の完全子会社の国際運輸株式会社が設立された（本店奉天、資本金4百万円3百万円払込）。同社は日本人法人として奉天附属地に設立され、12月1日治外法権撤廃・附属地行政権返還とともに、満洲国法人に転換した[8]。国際運輸（奉天）は、国際運輸（大連）の満洲国内資産を分離して、完全子会社として設立され、事実上一体経営されていた。1938年3月期の国際運輸（奉天）総資産17,695千円は同時期国際運輸（大連）の総資産19,116千円の92％という規模である。払込資本金3百万円と国際運輸（大連）勘定5,964千円を控除した8,731千円が国際運輸（奉天）の満洲国内資金調達による資産の上乗せ部分といえよう[9]。本体事業の45％ほどの事業資産が出資融資に転換し分社化されたことになる。これに伴い以後の国際運輸（大連）の事業資産規模は拡大しない。

同様に1937年11月25日に南満洲瓦斯が完全子会社の満洲瓦斯株式会社を設立した（本店新京、資本金10百万円8百万円払込）。同社は南満洲瓦斯の満洲国内事業資産を分離して満洲国法人として事業を継続した。この分社化で南満洲瓦斯の

事業資産のかなりの部分が満洲瓦斯に移転した。満洲瓦斯の貸借対照表は1941年2月以降しか確認できないため、残念ながら分離当初の事業規模を比較できない。南満洲瓦斯の資産には満洲瓦斯株式保有と短期資産の満洲瓦斯勘定のみが反映しているにすぎない。満洲瓦斯の分社化による事業切り離しにより、取得した満洲瓦斯株式の出資差益金を10％控除して処理したことに対し、1940年2月15日に大連税務署は南満洲瓦斯に対し所得課税を通告し更正処分した。分社化時の資産移転による出資差益圧縮に対して課税回避と大連税務署は認定した。この更正決定に伴い南満洲瓦斯は448千円の修正申告を余儀なくされている[10]。これは関東州から満洲国への事業資産の移転に対する移転価格税制の大連税務当局の更正執行であり、多額の国境を越えた事業資産取引で税務執行側が摘発した事例といえよう。なお満洲瓦斯証券株式会社が1941年4月24日に設立された（本店大連）。1941年で資本金195千円117千円払込であるが[11]、南満洲瓦斯が自社株式公開・処分を担当させ、自社と満洲瓦斯従業員への融資も担当する系列会社と想定する。ただし役員が南満洲瓦斯と重複していないため確証できない。

　国際運輸・南満洲瓦斯の満洲国現地法人設立により事業資産が満洲国子会社に移転したが、その事業資産全額が両社の貸借対照表に反映するわけではない。出資融資と売掛金等短期資産のみであり、それ以外の部分が国際運輸・南満洲瓦斯の実質総資産から圧縮されており、関係会社総資産額の縮減要因となっている。そのため国際運輸・南満洲瓦斯の満洲国内事業子会社と事業資産を連結して、事業規模を点検する必要があるが省略した。

　他方、満鉄子会社の大連から満洲国への移転で、満洲国法人化を図る事例も見出される。それが東亜土木企業である（本店大連）。同社は満鉄が50.2％株式を保有する大連拠点の土木建築事業者であった。ところが同社は「会社法」が施行される直前の1937年11月22日に本店を奉天満鉄附属地に移転した。日本法人であるため奉天満鉄附属地への移転は日本の「商法」（会社篇）上で特に問題はない。同年12月1日の附属地返還と「会社法」施行に伴い、同社はそのまま満洲国法人化し、満洲国政府・地方政府からの公共土木建築の受注に有利な立場を得た[12]。満鉄からの下請工事のみでは事業の先行きの展望が乏しいため、満洲国都市開発で賑わっている公共事業に参入する体制を整えたものといえよう。同社は満鉄の

表6-6 大連都市交通貸借対照表

(単位:千円)

	1937.3期	1938.3期	1939.3期	1940.3期	1941.3期	1942.3期	1943.3期	1944.3期
未払込資本金	600	600	—	—	5,000	2,500	—	11,250
運送業事業固定事業資産	4,465	4,660	5,195	6,213	8,293	10,009	12,375	13,239
貸金	50	206	25	250	550	750	2,430	3,373
有価証券	1,529	1,429	3,927	6,753	12,018	15,271	20,021	49
株式	—	—	—	—	—	—	—	24,000
貯蔵品未収金現預金等流動資産	1,606	1,873	857	5,301	1,702	1,819	2,663	3,808
仮受金等雑勘定	133	424	492	1,851	1,733	568	4,915	8,471
当期損失金	—	—	—	—	—	—	199	769
合計	8,384	9,194	10,498	20,370	29,297	35,918	42,604	64,961
未払込資本金控除総資産	7,784	8,594	10,498	20,370	24,297	33,418	42,604	53,711
(負債)								
社債	—	—	—	—	—	4,000	7,500	7,500
社員身元保証金	478	575	678	798	1,052	1,289	1,475	1,626
借入金	—	—	1,000	4,500	6,000	4,500	7,661	13,396
未払金等短期債務	594	878	777	5,472	1,956	1,833	3,199	2,848
仮受金等雑勘定	131	335	329	1,587	1,830	5,013	3,588	5,155
資本金	5,000	5,000	5,000	5,000	15,000	15,000	15,000	30,000
諸積立金	1,903	2,108	2,377	2,637	2,892	3,576	3,991	3,933
繰越益金	40	49	63	54	43	250	188	501
当期利益金	235	247	273	319	523	456	—	—
合計	8,384	9,194	10,498	20,370	29,297	35,918	42,604	64,961

出所:大連都市交通(株)『営業報告書』(各期)。

株式譲渡候補企業であったが(第5章参照)、満鉄の土木事業の必要性からか、あるいは1933年3月期に繰越損失を一掃したためか[13]、その後も売却されなかった。

3. 中間持株会社

　満鉄関係会社が中間持株会社としてその機能を強め、満鉄の直接出資に換えて多数の関係会社群編成した。それを紹介しよう。多数の小規模関係会社を満鉄が直接に傘下に置くと管理負担が重いため、小規模事業者出資については中間持株会社に分担させて満鉄本体の負担の軽減を図った。満鉄系最大の中間持株会社となった満電は1938年に満鉄が株式を日本国内機関投資家・満洲国内投資家に譲渡して分散させたことより、満鉄系中間持株会社から離脱した。

　大連都市交通株式会社(1926年6月1日設立)も同様に満洲国内各地の地方交通会社を傘下に収めた。大連都市交通は満洲国各地の自動車輸送事業者を自社系列に再編し、1941年で9社を支配下に置いた。最初に同社の事業規模を点検しよ

う(表6-6)。1937年3月期同社総資産7,784千円、うち運送事業固定資産4,465千円、有価証券1,529千円、貸金50千円であり、有価証券と貸金の合計が関係会社投資と見なせよう。両者合計1,579千円は総資産の20％を占めており、本体事業の資産規模が小さいため、南満洲電気株式会社の時期よりはるかに関係会社投資比率は高かった。その後も本体事業以上に有価証券投資に注力し、1941年3月期有価証券12,018千円となり最多項目となっていた。これに貸金550千円を合計した12,568千円は総資産24,297千円の51％を占めた。大連都市交通は満洲国各地の都市交通インフラ投資に支援した。関東州内よりは満洲国各地の都市交通インフラの需要が強く、それに対応した。

日中戦争勃発前に設立した新京交通股份有限公司(1935年7月8日設立、資本金1百万円半額払込)と復県交通股份有限公司(1936年8月1日設立、資本金100千円払込)及び奉天交通股份有限公司(1937年3月20日設立、資本金2.5百万円半額払込)が操業していた(表6-7)。このうち新京交通は新京市政府と、奉天交通は奉天市政府と折半出資である。大連都市交通が手掛けた満洲国内の地域輸送会社のうち軌道を敷設し電車の操業まで規模を拡大していたのは新京交通と奉天交通のみである[14]。新京交通は1938年2月26日に新京交通株式会社に、奉天交通は同年1月21日に奉天交通株式会社に、復県交通は1938年2月28日に復県交通株式会社に商号変更した[15]。日中戦争勃発後、1938年12月1日に安東交通株式会社(資本金100千円払込)を大連都交通全額出資で設立し、既存の安東自動車株式会社(1934年8月3日設立)を解散させ同社事業を吸収した。1938年12月20日奉北交通株式会社(本店開原)を設立し、開原ほかの地域に自動車交通事業に着手し、同社は翌年12月20日に本店を四平に移転した[16]。その後1939年11月10日に奉南交通株式会社を設立した際に(本店鞍山、資本金1百万円払込)、既存の復県交通を解散させ、営口水道交通株式会社(満鉄過半出資)の自動車輸送事業、奉天交通の事業の一部を統合した。奉南交通に大連都市交通は85％出資した。さらに吉林交通株式会社(1936年12月10日設立)の事業を買収し、1941年3月5日に東吉林交通株式会社を設立した(本店吉林、資本金1百万円払込、大連都市交通全額出資)[17]。さらに同年4月23日に牡丹江交通株式会社を設立した(資本金500千円払込、大連都市交通70％出資)。残る30％は牡丹江市政府の出資であっ

第 6 章　産業開発計画発動後の南満洲鉄道系企業集団　373

表 6-7　大連都市交通関係会社

(単位：千円)

商　号	設立年月	本店	設立時資本金	大連都市交通出資額	1941.6払込資本金	大連都市交通出資	備　考
(満洲国)							
新京交通(股)→新京交通(株)	1935.7.8	新京	500	250	3,500	1,750	1938.2.26商号変更日付
復県交通(股)→復県交通(株)	1936.8.1	瓦房店	100	90	—	—	1938.1.23期商号変更、奉南交通設立で事業統合解散
奉天交通(股)→奉天交通(株)	1937.3.20	奉天	2,500	1,250	7,500	3,750	1938.1.21商号変更
安東交通(株)	1938.12.1	安東	1,000	850	2,500	2,500	安東産業自動車交通(股)(1934.8.3設立)→安東自動車(株)、1939.2.15清算結了、同社事業を承継、
奉北交通(株)→四平交通(株)	1938.12.20	四平	1,250	1,061	1,875	1,875	開原交通(1934.7.28設立)、開原鉄道(株)の自動車輸送、四平街自動車公司の事業統合で設立、1939.12.20本店移転、1943.1.1商号変更
奉南交通(株)	1939.11.10	鞍山	1,000	850	2,000	1,880	復県交通(株)、営口水道交通(株)両社の事業、奉天交通(株)の一部陸運事業の統合で設立
東吉交通(株)→吉林交通(株)	1941.3.5	吉林	1,000	1,000	1,000	1,000	1942.9.18商号変更
牡丹江交通(株)	1941.4.23	牡丹江	500	500	500	350	
(華北)							
青島交通(株)	1938.7.28	青島	1,000	500	—	—	華北汽車公司出資、1941.4.30華北交通(股)の子会社に移転
天津交通(股)	1938.9.1	天津	1,000	500	—	—	華北汽車公司出資、1941.5.10華北交通(股)の子会社に移転

出所：柴田[2017]。

た[18]。これらの地場交通会社が必ずしも利益が出ているわけではない。大連都市交通は関東州の日本法人であり、満洲国に移転せずに、満洲国に対しては純粋持株会社として活動し、関東州のみ直営で市内交通事業を担当した。大連都市交通は満鉄にとって使い勝手のよい中間事業持株会社であったといえよう。大連都市交通の総資産額は、傘下の満洲国各地交通会社への出資と本体事業資産にほぼ限定され、満洲国内事業資産を抱え込まなかったため、肥大化させることなく操業できた。そのほか華北においても青島交通株式会社(1938年7月28日設立)と天津交通股份有限公司(1938年9月1日設立)の設立に関わった。ただしそれらは暫定的なものであり、華北占領体制が安定を見せる中で、華北交通が設立されると、同公司に肩代わりされた[19]。大連都市交通の傘下会社の事業規模を紹介しよう。青島交通と天津交通が欠落しているが(表6-8)、先行した新京交通より最初から市内鉄道路線の敷設を行っていた奉天交通のほうが多額であった。次いで奉北交通・四平交通であった。これら地域交通会社は近傍の弱小自動車会社を吸収合併し操業エリアを拡大し事業規模を拡張した。大連都市交通はこの事業拡張に伴う増資に応じた(柴田[2017]参照)。

表6-8　大連都市交通

	設立年月日	本店	1936.3期	1937.3期	1938.3期	1939.3期
新京交通(股)→新京交通(株)	1935.7.8	新京	526	573	1,012	1,597
復県交通(股)→復県交通(株)	1936.8.1	瓦房店	—	154	152	169
奉天交通(股)→奉天交通(株)	1937.3.20	奉天	—	2,619	2,692	3,589
安東交通(株)	1938.12.1	安東	—	—	—	1,058
奉北交通(株)→四平交通(株)	1938.12.2	四平	—	—	—	811
奉南交通(株)	1939.11.10	鞍山	—	—	—	—
東吉林交通(株)→吉林交通(株)	1941.3.5	吉林	—	—	—	—
牡丹江交通(株)	1941.4.23	牡丹江	—	—	—	—
合　計			529	3,347	3,857	7,227

注：イタリックは持分法適用会社。
出所：柴田［2017］。

　そのほかの満鉄系中間持株会社の活動を紹介する。大連汽船は青島埠頭の50％株式を取得し、満鉄が同社株式を北支那開発に譲渡後も保有を続けた。満鉄から日満倉庫の株式50％を取得し親子出資に切り替えた（表5-11）。1939年12月に日本海汽船株式会社が設立され（本店東京、資本金30百万円12百万円払込）、大連汽船は38％4,560千円を出資し、日本海航路を支援した。ほかの出資者は北日本汽船株式会社（1914年3月12日設立、本店樺太大泊）と朝鮮郵船株式会社（1912年3月設立、本店京城）であった[20]。北日本汽船が島谷汽船株式会社（1917年5月設立、本店神戸）と1935年3月28日に日本海汽船株式会社を設立した（本店東京、資本金1百万円半額払込）。同社は朝鮮郵船と競合したが、北日本汽船が1939年1月31日に買収し解散させた[21]。その後の日本海航路強化のため、大連汽船が参加した同名法人が設立され、朝鮮郵船と北日本汽船の競合を抑え込んだ。そのほか大連汽船は1940年9月11日設立の南日本汽船株式会社（本店台北、資本金5百万円半額払込）に3％75千円を出資した。同社の主要出資者は大阪商船株式会社と日本郵船株式会社であり、前者が保有航路を譲渡した（柴田［2015a］433頁）。
　国際運輸は華北・蒙疆占領地に参入し、1938年7月8日設立の蒙疆運輸股份有限公司（本店張家口）に全額出資し当地の最大自動車事業者となったが、1941年10月1日設立の華北運輸股份有限公司設立（本店北京）で株式を譲渡し、換えて

第6章　産業開発計画発動後の南満洲鉄道系企業集団　375

出資会社総資産

(単位：千円)

1940.3期	1941.3期	1942.3期	1943.3期	1944.3期	備考
2,247	4,242	12,438	17,937	*19,010*	前年12月期
—	—	—	—	—	前年12月期
5,317	7,908	10,584	17,420	27,296	前年12月期、1936.3期は創立時、1944.3期は同年6月期
1,878	2,505	2,417	2,775	2,949	前年12月期、1939.3期、1940.3期は同年5月期、1941.3期は同年6月期
1,246	1,840	2,349	3,591	3,788	前年12月期、1939.3期のみ同年6月期
1,195	1,553	1,493	3,530	3,425	
—	1,169	1,118	1,675	2,064	前年12月期
—	—	873	1,163	1,187	前年12月期、1942.3期のみ同年6月期
11,884	19,217	31,276	48,093	59,719	

　華北運輸株式の3分の1を取得した。華北運輸設立に合わせ、国際運輸とともに福昌華工株式会社が16％を出資した。国際運輸の事業展開にぶら下がり兄弟会社出資を行うことで陸運荷役で事業参入を狙ったといえよう。そのほか1941年12月6日に新京運輸株式会社設立で48％を出資した。

　中国関内投資のため1935年12月20日に設立された株式会社興中公司（本店大連、社長十河信二）は、当初は華南にも参入を目指し、株式会社福大公司（1937年11月1日設立、本店台北）の支配権をめぐり台湾拓殖株式会社（1936年11月25日設立、本店台北）と競合したが事実上競り負け[22]、華南事業から撤収し華北投資に傾注した（表5-14）。同社は冀東電業股份有限公司（1937年12月20日設立、本店唐山）、北支棉花株式会社（1938年3月19日設立、本店天津）、北支産金株式会社（1938年4月9日設立、本店北京）、蒙疆電業股份有限公司（1938年5月27日設立、本店張家口）、斉魯電業股份有限公司（1938年12月21日設立、本店済南）等に出資した。興中公司は関内投資の中間事業持株会社となった。日中戦争勃発後の政治状況の激変で、興中公司は華北占領後の華北沿岸部から蒙疆にかけて多数の案件に投資し、とりわけ直接受命事業に幅広く参加し特異な活動を展開した（柴田［2000］参照）。しかし興中公司の規模の投資機関では巨額占領地開発投資負担に耐え切れないため、1939年1月31日に満鉄は保有株式全部を北支那開発に譲渡し、

満鉄関係会社から外した[23]。以後の同社の関内における活動を省略しよう。興中公司は株式会社塘沽運輸公司（1937年2月24日設立、本店天津）に60％、国際運輸・大連汽船も各20％出資した[24]。満鉄系有力企業が華北投資に傾注したといえよう。興中公司は北支那開発に塘沽運輸公司の株式を譲渡した（柴田［2008a］558-559頁）。

そのほか日満商事は満洲共同セメント株式会社（1938年10月1日設立、本店新京）、日満鉄鋼販売株式会社（1938年7月1日設立、本店東京）に出資した。後者は50％出資である。満洲不動産は1939年2月1日に満鉄より鞍山不動産信託と哈爾濱土地建物の株式を取得して不動産の中間持株会社となった。ほかの取得がなされた可能性があるが傍証できない。

満洲映画協会も満洲国内5社、関内占領地2社に出資した。同社は国策プロパガンダの担い手であり、満鉄は資金支援を求められただけで本業とは関連がなく、満洲国政府・関東軍の意向が強く押し出されているため、第8章で説明する。

1）　花井［2007a］及び柳沢［2008］で言及がある。譲渡時期の事業総資産については、安富［1997a］も検討している。
2）　原［1974］230頁。この評価額については満鉄会［1986］525頁にも紹介がある。
3）　『日産懇話会々報』27号、1938年3月1日。柳沢［2008］187頁は満業に移転した同和自動車工業、満炭、満洲軽金属製造、満洲採金の株式を1940年でも満鉄に保有させている。
4）　株式会社昭和製鋼所『第11期営業報告書』1939年9月期、3頁、『第14期営業報告書』1940年3月期、3頁。
5）　安富［1997a］207頁は満鉄保有株式の満業への移転に伴う貸借対照表への反映が見出せないため、合点が行かないとし、1937年12月1日に満洲国が満銀に80百万円、1938年3月2日に100百万円を引き受けさせて資金調達し、その資金の一部で株式譲渡資金を満鉄に交付したと推定している。それにより満鉄が初めて満洲国の資金に依存したと判定している。ところが満鉄投資キャッシュ・フローのネットベースで見れば満鉄にとっては貸金の上乗せに比べれば相対的に小額の株式譲渡に止まったということになり、満洲国政府に資金依存はせずに、満鉄が一段と満洲国政府への資金供給を強める過程にあったのだという評価となる。なお安富［1997b］124-125頁でも満鉄の帝国議会説明資料を利用し貸金細目統計を1百万円単位で集計しているが、それとの関連では考察されていない。

6) 『第70回帝国議会説明資料』1936年12月、『第74回帝国議会説明資料』1938年12月、『第76回帝国議会説明資料』1940年12月。
7) 満洲国「会社法」体制の意義については、第1章、小林・柴田［2007］第2節参照。
8) 国際運輸株式会社（奉天）『第1期営業報告書』1938年3月期、1-3頁。
9) 国際運輸株式会社（大連）『第17期営業報告書』1938年3月期、9-11頁、国際運輸株式会社（奉天）『第1期営業報告書』1938年3月期、5-7頁。
10) 南満洲瓦斯株式会社『第30期営業報告書』1940年3月期、7-9頁。満洲瓦斯設立について疋田・須永［2007］425-426頁でも解説があるが、評価差益圧縮に対する課税執行については説明がない。
11) 『満銀年鑑』1941年版、1547頁。
12) 東亜土木企業株式会社『第18期営業報告書』1938年3期、2頁。吉川［2007a］957頁は日本からの土木建築業者の進出による現地化に言及しているが、東亜土木企業の移転理由については説明がない。安冨［1997b］132-133頁で、1940年3月期以後の東亜土木企業を「土地建物、土木請負」、それ以前を「興業、拓殖、林業」に業種分類しているが、この業種変更の趣旨不明である。東亜土木企業の営業報告を読む限り「土木請負」である。
13) 東亜土木企業は1930年3月期より損失を続けたが、1933年3月期に利益を計上し、1935年3月期に累積損失を一掃できた（東亜土木企業株式会社『第9期営業報告書』1929年3月期～『第15期営業報告書』1935年3月期）。
14) 奉天交通は満洲事変以前に大倉組が着手した路面電車事業の後継事業体であった。新京交通は満洲国首都開発の一環として新規に導入されたものである。柴田・鈴木・吉川［2007］を参照。
15) 『公報』1358号、1938年10月15日、1538号、1939年6月1日、1542号、1939年2月23日。
16) 『公報』2178号、1941年8月8日。
17) 大連都市交通株式会社『第30期営業報告書』1940年3月期、17頁、東吉林交通株式会社『第2期営業報告書』1941年12月期（満鉄資料館02376）。
18) 大連都市交通株式会社『第31期営業報告書』1941年9月期、16頁
19) 柴田［2008］第4章。天津交通を「天津交通株式会社」とする記載もあるが、華北の中華民国臨時政府の登記法人であり股份有限公司が正式商号である。
20) 大連汽船株式会社『第37期営業報告書』1940年6月期、北日本汽船［1939］9-11頁、東亜経済時報社『朝鮮銀行会社組合要録』1941年版。
21) 北日本汽船［1939］324-327頁、『帝国銀行会社要録』1942年版、兵庫25頁）。
22) 台湾拓殖については柴田［2015a］第6章、福大公司については柴田［2015b］参照。
23) 柴田［2008］第2章、柴田［2000］参照。

24) 大連汽船は満洲事変前に1929年9月設立の白河艀船株式会社(本店天津、資本金300千円払込)に過半出資していた(大連汽船[1935]344-345頁)。

第3節　アジア太平洋戦争期の事業と関係会社投資の概要

1．事業概要

　1941年12月8日アジア太平洋戦争勃発で満鉄の操業環境は大きく変わった。日米開戦後の日本国内の生産要素大量投入体制の強化となり、それに伴い満洲への持ち出しは制約された。併せて満洲への資金移動も制約された。そのため満洲側の地場調達を強めざるを得ず、満銀券の増発と財政出動による満洲開発投資に傾斜する。その過程で物価の上昇が発生する。物価騰貴は華北の中国聯合準備銀行券、蒙疆の蒙疆銀行券と満銀券が等価でリンクされているため陸続きの貿易による輸入インフレと満洲側の廉価財の華北・蒙疆への輸出ドライブが発生し、これによる資材・原料の品薄が発生し満洲側のインフレが加速せざるを得ない。このような日本・満洲・華北・蒙疆を通じた地域間決済と実物貿易への介入により軽減しようと日本政府と満洲国政府は腐心したが、効果は限定的であった。国内インフレに対処して経済平衡資金を設立し調整を図った。同資金は対外決済調整にも動員された[1]。満鉄も満洲への航空機攻撃が限定的だったため、操業を続けた。食料の出回りが悪化し調達が次第に困難になりつつあったが、鉄道輸送の燃料石炭が欠乏することはありえないため、運行に支障は出ていなかった。そのため1945年8月9日のソ連の対日宣戦布告まではほぼ通常どおりの操業が続いたと見てよい[2]。

　1942年11月1日に大東亜省が設立されると、拓務省と対満事務局は廃止され、大東亜省満洲事務局が対満政策を主管した。1943年5月28日大東亜大臣命令で「南満洲鉄道株式会社業務監督規程」が定められ(有馬[1984]53-63頁)、①日満経済統制上重要な投資、満洲外に対する重要な投資、金額5百万円以上の投資は大東亜省の許可を得る。②以下の会社に対し営業目的、資本金、本店所在地の

変更、株式払込または社債発行、役員数の変更、株式払込、事業計画及び事業予算、代表取締役任免等を承認する際には大東亜省の許可を得る、該当会社は大連汽船、大連都市交通、国際運輸、大連船渠鉄工。③社外投資で①に規定するものを除く１百万円以上のものについては満洲国大使館の許可を得る。④以下の会社に対し②と同様の承認を与える場合には、満洲国大使館の許可を受ける、該当会社は日満倉庫、日満商事、満洲不動産、満洲化学工業。⑤以下の会社に対し④と同様の承認を与えた時には満洲国大使館に届け出る、該当会社は日本精鑛株式会社、南満洲瓦斯、満洲曹達、昭和製鋼所、満洲映画協会、福昌華工、華北交通、満洲鉱業、東亜土木企業、関東州工業土地。この規定は同年６月１日より施行された。

日本の敗色が濃厚になる中で、大東亜省は本省と満鉄の経営現場が地理的に離れているため、細かな監督業務が難しくなり、1945年４月１日大東亜大臣命令書により満洲国大使館に以下の事項を除き、処理を任せた。本省が処理する事項は①定款の事業目的と資本金変更、②事業計画事業費及び営業収支予算の策定と変更、③資金計画の策定と変更、④決算、⑤職制の大幅変更については認可を得ることとし、鉄道運賃と総裁・副総裁・理事の任免は稟請させるものとした。こうして在満洲国大使館が大東亜省本省の業務を概ね所管した（有馬［1984］65-66頁）。

総裁大村卓一が任期満了で退任し後任満鉄総裁として1943年７月14日に小日山直登が就任した。小日山は東京帝国大学法科大学卒、満鉄の学卒採用者で撫順炭礦庶務課長時期に塔連炭礦事件で偽証罪に問われ訴追を受け1923年３月に満鉄を一旦辞職し（第３章参照）、その後は国際運送株式会社、国際運輸各社長、満鉄理事（1927年９月17日～1930年５月７日）、昭和製鋼所社長（1937年６月～1941年３月）、鉄鋼統制会理事長（1941年11月～1943年１月）を経て満鉄総裁として復帰した[3]。小日山は満鉄学卒採用の最初の総裁であった。大蔵省が送り込んで副総裁ポストを確保していた佐々木謙一郎は退任し1942年４月１日設立の特殊法人南方開発金庫（本店東京）総裁に就任した[4]。これは大蔵省の退職者ローテーション人事の一環である。佐々木の後任として1942年４月20日に満電副理事長に転出していた元理事山崎元幹（1932年10月４日～1936年10月３日理事在任）が副

総裁に就任した（1945年4月4日まで）。山崎も東京帝国大学法科大学卒の満鉄学卒採用者で、社内の日の当たる道を歩み続けた[5]。もう一人の副総裁佐藤応次郎は（1939年3月24日就任）は1944年3月23日に退任すると、後任に平井喜久松が就任した。平井は東京帝国大学工科大学卒で、鉄道院採用の土木技術者で鉄道省工務局長（1934年4月8日～1936年6月9日在任）で退官し[6]、その後は華北交通理事に就任した。土木技術部門出身の佐藤の後任として運輸通信省が送り込んだ天下り人事である[7]。満鉄内部昇格者が正副総裁3名を占めることは、政府との関係でありえない。1名を運輸通信省が送り込んで確保したといえよう。その後、総裁小日山が1945年4月11日に鈴木貫太郎内閣（1945年4月7日～1945年8月17日）の運輸通信大臣に就任し満鉄総裁を辞職すると、同年5月5日に副総裁山崎元幹が昇格した。山崎は二人目の満鉄学卒採用の総裁である。山崎の後任副総裁として6月17日に平島敏夫が就任した。平島は内務省採用で、満鉄に移り、1928年6月満鉄地方部地方課長を辞職し、1935年9月満洲国協和会中央本部次長で満洲に戻り、1937年7月に錦州省次長、1938年1月22日～1942年2月21日満鉄理事、1942年2月山崎元幹後任の満電副理事長、1944年4月同理事長を務めていたところにポストが空いたため1945年6月17日に副総裁に就任した[8]。官僚出身の満鉄業務・満洲国行政経験者といえよう。日本の敗色が明確になってきた時点で中央官庁からの有力者の派遣は難しくなっていたのかもしれない。

　貸借対照表でこの期の満鉄の事業を概観しよう（表6-9）。満鉄は資金調達のため株式払込を徴収したが、それ以上に社債発行も増大させた。1942年3月期社債発行残高は1,675百万円から1945年3月期2,552百万円に急増した。満鉄社債の増大で資本金2倍を上限とすると発行枠が乏しくなるため、1945年1月24日勅令改正で払込資本金の3倍を上限とする改正が行われた。1945年3月期で1940年1月増資の未払込資本金の徴収は完了し、資本金1,400百万円払込となっていた。これに伴い総資産は1942年3月期3,493百万円から1945年3月期5,293百万円に増大した。この間の有価証券は294百万円から415百万円に増大した。他方、貸金は1,343百万円から1,913百万円、仮払金等雑勘定は337百万円から802百万円に増大しており、この両者の増大に比べて見劣りするものであった。すなわちこの間の満鉄の新規出資・株式払込・増資新株引受による関係会社投資は事業全体の中で

第6章　産業開発計画発動後の南満洲鉄道系企業集団

表6-9　南満洲鉄道貸借対照表（5）

（単位：千円）

	1942.3期	1943.3期	1944.3期	1945.3期
（資産）				
未払込資本金	443,792	313,792	183,792	—
事業費	1,102,008	1,205,935	1,297,699	1,650,658
有価証券	294,102	332,587	366,208	415,463
貸金	1,343,353	1,456,788	1,650,101	1,913,302
流動資産	417,261	444,647	451,135	491,648
仮払金等雑勘定	337,192	483,438	694,601	802,232
合計	3,937,710	4,237,189	4,643,538	5,293,142
未払込資本控除総資産	3,493,918	3,923,397	4,459,746	5,293,142
（負債）				
社債金	1,675,100	1,911,405	2,167,060	2,552,365
借入金	—	—	27,790	58,269
社員身元保証金	117,111	136,105	156,834	186,326
未払金等短期債務	257,568	268,269	331,683	450,457
仮受金等雑勘定	35,699	42,337	53,398	98,009
資本金	1,400,000	1,400,000	1,400,000	1,400,000
諸積立金	345,980	359,590	378,840	398,490
前年度繰越金	34,119	34,594	34,973	35,425
本年度利益金	72,131	84,888	92,956	113,799
合計	3,937,710	4,237,189	4,643,538	5,293,142
未払込資本金控除総資産対有価証券	0.084	0.085	0.082	0.078
未払込資本金控除総資産対（有価証券＋貸金）	0.469	0.456	0.452	0.440
総資産利益率	0.021	0.022	0.021	0.022
払込資本金利益率	0.075	0.078	0.076	0.081

出所：南満洲鉄道(株)『営業報告書』（各期）、『満洲国政府公報』3316号、1945年7月11日。

は控えめなものであった。貸金には関係会社融資が含まれており、また仮払金等雑勘定には関係会社との短期貸借が発生する取引項目が含まれているはずである。それを含ませても関係会社支援は後退したと判断できよう。総資産対有価証券比率は8.4％から7.8％に低下していた。有価証券取得が伸びなかったため、同様に有価証券と貸金の合計の対総資産比率は46％から44％に低下した。満鉄はさらに資金調達の必要から1945年2月20日に1,000百万円の増資を決議し、日本政府50％、満洲国政府17.5％、民間32.5％の割当で、4分の1払込を求めた。日本政府は7月31日に125百万円、満洲国政府は7月1日に43,750千円の払込を完了したが、民間払込は敗戦時に70,170千円にとまり、資本金2,400百万円1,638,920千円払込

となり9月20日開催予定の増資報告総会前に事業閉鎖された（閉鎖機関整理委員会［1954］384頁）。

関係会社管理業務は鉄道総局附業局が主に担当していたが、1942年9月18日より総務局監理課の担当に移った（満鉄会［1986］114-119頁）。

2．関係会社投資の概要

1941年12月アジア太平洋戦争勃発後の満鉄出資会社の新設・株式譲渡・解散等を概観しよう（表6-10）。

（1941年度）

1941年度も1942年3月期までに新規出資や投資の回収が見られた。1942年1月20日に株式会社満洲日日新聞社が新設され（1月22日設立登記、本店奉天、資本金2百万円半額払込）、同名の大連本店会社が解散した。満洲最大のメディア会社が関東州から満洲国に移転したことになる。満鉄は893.5千円、ほかは満洲国政府の出資であった。理事長松本豊三（前満鉄総裁室弘報課長）、理事松岡功（前総裁室調査役）ほかである。同社は満洲日日新聞、安東新聞、錦州新聞、熱河日日新聞、大連日日新聞、こども新聞、大陸商工新聞を発行した[9]。この改組に併せ満鉄は株式会社ハルピン・スコエ・ウレミヤ社（1938年6月17日設立、資本金150千円120千円払込）、株式会社満洲新聞社（1936年8月25日設立、本店新京、資本金649千円498,208円払込）、株式会社康徳新聞社（1942年1月22日設立、本店新京）にも出資した[10]。併せて満洲弘報協会設立の際に満鉄保有株式を譲渡した株式会社哈爾濱日日新聞社（1922年11月1日設立）、株式会社盛京時報社（1925年11月20日設立、本店奉天）及び大連から新京に新設移転した株式会社マンチュリア・デーリー・ニュース（1939年10月31日設立、本店新京）も解散し事業は再編統合された[11]。

1942年3月期で65社323百万円を出資し、満洲内本店52社206百万円、連結子会社28社129百万円、持分法適用会社14社167百万円であり、持分法適用会社が連結子会社出資を上回っていた。出資額上位では1位華北交通96百万円、2位昭和製鋼所45百万円、3位大連汽船25,700千円、4位満洲化学工業12,925千円、5位大

第6章 産業開発計画発動後の南満洲鉄道系企業集団 383

表6-10 南満洲鉄道関係会社出資 (5)

(単位：千円)

商号1	設立年月日	本店	1942.3期	1943.3期	1944.3期	1945.3期	備考
営口水道(株)	1906.11.15	営口	660	660	—	—	66％、1943.12.24解散
中日実業(株)	1913.8.11	東京	60	60	60	60	1.2％
大連汽船(株)	1915.1.28	大連	25,700	25,700	31,755	31,755	100％
大連工業(株)	1918.4.5	大連	508	508	508	508	50.4％
撫順市場(株)	1918.5.15	撫順	10	10	—	—	10％、1943.4解散
東亜興業(株)	1909.8.18	東京	30	30	30	30	0.25％
満蒙毛織(株)	1918.12.25	奉天	341	341	616	616	5.6％
朝鮮鉄道(株)	1916.4.29	京城	52	52	52	52	0.27％
満鮮坑木(株)	1919.12.21	安東	1,500	1,500	2,250	2,250	0.52％
東亜土木企業(株)	1920.1.10	奉天	627	627	1,250	1,250	50.2％
湯崗子温泉(株)	1920.4.2	湯崗子	126	126	126	126	506％
満洲製粉(株)	1906.11.15	東京	24	24	—	—	0.52％
大連火災海上保険(株)	1922.7.28	大連	166	166	—	—	33.25％、清算法人
山東鉱業(株)	1923.5.7	青島	1,260	2,799	2,795	2,795	56％→7.9％、1943.2.26増資で北支那開発傘下に
開平鉱務(股)	1900.12.21	ロンドン	49	49	49	49	2.5％
大連製油(株)	1918.8.25	大連	6	6	—	—	休業中、0.47％
元山海水浴(株)	1923.6.2	元山	100	100	100	75	66.6％
南満洲瓦斯(株)	1925.7.18	大連	5,625	6,237	6,848	7,500	37.5％
大連窯業(株)	1925.7.15	大連	1,200	1,200	1,650	2,550	100％
大連都市交通(株)	1926.6.1	大連	12,500	15,000	18,750	30,000	100％
国際運輸(株)	1926.8.1	大連	12,500	15,000	30,000	47,500	100％
福昌華工(株)	1926.10.15	大連	1,800	1,800	1,800	1,800	100％
(㘴)登瀛閣	1929.1.10	大連	15	15	15	15	60％
日本精蝋(株)	1929.2.23	大連	4,000	4,000	4,000	4,000	100％
復州鉱業(株)	1929.2.13	奉天省復県	625	625	625	3,500	1937.8.28改組新設
大連農事(株)	1929.4.15	大連	5,000	5,000	5,000	5,000	100％
日満倉庫(株)	1929.6.1	大連	7,500	7,500	7,500	7,500	100％
(株)昭和製鋼所	1929.7.4	鞍山	45,000	45,000	45,000		22.5％→11.25％、1944.4.1満洲製鉄に統合
満洲航空(株)	1932.9.26	奉天	3,725	4,693	5,000	5,000	18.91％、1941.7.21特殊会社改組
満洲化学工業(株)	1933.5.30	関東州海猫屯	12,925	12,925	12,925	12,925	50％→46.8％
(株)大満採金公司	1934.6.30	新京	50	50	50	50	50％
撫順セメント(株)	1934.7.18	撫順	3,750	3,437	3,438	6,438	100％→50％
安東市場(株)	1935.8.22	安東	82	82	82	82	50％
満洲鉱業開発(株)	1935.8.24	新京	2,500	2,500	2,500	2,500	5％
(株)日仏事業公司	1936.2.25	大連	50	50	100	50	50％、清算法人
満洲林業(株)	1936.2.29	新京	2,500	2,500	2,500	2,500	8.3％→5％
満洲塩業(株)	1936.4.28	新京	1,000	1,000	1,000	1,375	4％→3.7％
満洲曹達(株)	1936.5.22	新京	3,500	4,000	4,000	6,205	25％
日満商事(株)	1936.10.1	新京	7,500	9,900	12,000	14,500	50％
満洲畜産工業(株)	1936.11.16	新京	750	1,125	1,500	1,500	100％→0％→50％
関東州実業振興(株)	1935.6.28	大連	900	890	890	890	18％
満洲毛織(株)	1937.6.23	奉天	7,500	7,500	8,750	8,750	50％
満洲拓殖公社	1937.8.—	新京	10,000	10,000	10,000	10,000	15.3％
(株)満洲映画協会	1937.8.21	新京	3,750	4,250	4,250	4,625	50％
満洲豆粕パルプ(株)	1937.9.—	新京	500	500	750	1,500	10％
満洲不動産(株)	1937.10.30	奉天	10,000	15,000	20,000	20,000	100％
大連船渠鉄工(株)	1937.8.1	大連	4,500	7,800	10,000	15,000	100％
満洲車輛(株)	1938.5.5	奉天	—	—	—	5,013	33.4％
北支開発(株)	1938.11.7	東京	2,508	2,508	2,509	2,509	2.9％
中支振興(株)	1938.11.7	上海	2	2	10	10	0.01％
満洲生活必需品(株)	1939.2.23	新京	2,314	2,314	8,244	8,244	4％
満洲特殊製紙(株)	1939.3.2	新京	750	1,125	1,500	3,000	21.4％→15％
華北交通(股)	1939.4.17	北京	96,000	120,000	120,000	120,000	40％
関東州工業土地(株)	1939.7.12	大連	2,500	2,500	3,750	3,750	5％
大同炭礦(株)	1940.1.—	大同	10,000	10,000	10,000	10,000	25％→8.3％
満洲水蒸工業(株)	1941.2.1	奉天	70	70	70	70	0.6％
満洲造林(株)	1941.2.14	新京	2,000	2,000	2,000	—	25％、1944.3満洲林産公社設立で事業統合解散
満洲実業振興(株)	1937.11.28	奉天	2,500	2,500	2,500	2,500	50％

会社名	設立年月日	所在地					備考
日本協同証券(株)	1941.3.31	東京	<u>125</u>	—	—	—	0.5%
協和建物(株)	1934.7.23	大連	500	500	500	500	50%
永安建物(株)	1940.4.4	撫順	10	10	10	10	10%、1941.10取得
(株)満洲日日新聞社	1942.1.20	奉天	*894*	*894*	*894*	—	44.7%、1944.5.1解散
(株)満洲新聞社	1936.8.5	新京	*666*	*666*	*666*	—	39.1%、1944.5.1解散
(株)康徳新聞	1942.1.22	新京	<u>459</u>	<u>459</u>	<u>459</u>	<u>459</u>	13.5%
(株)ハルビン・スコエウレミヤ社	1938.6.17	哈爾濱	103	103	103	103	47%
日満化学工業(株)	1942.3.17	奉天	—	—	—	300	30%、1944.3以降増資で取得
戦時金融金庫	1942.4.18	東京	—	62	125	250	0.083%、日本協同証券出資を承継
満洲林産化学工業(株)	1942.7.8	新京	—	500	1,000	2,000	10%
満洲人造石油	1943.6.1	吉林	—	—	3,750	15,000	25%
満洲医薬品生産(株)	1943.11.11	新京	—	—	2,000	2,000	10%
康徳産業(株)	1944.2.1	新京	—	—	700	700	28%
満洲製鉄(株)	1944.4.1	鞍山	—	—	—	45,000	7%
(株)満洲日報社	1944.5.1	新京	—	—	—	…	
(株)富錦鉱業所	1944.5.5	佳木斯	—	—	—	30,000	100%
北満水産開発(株)	1944.7.25	哈爾濱	—	—	—	600	100%
満洲林産塗料(株)	1944.12.27	新京	—	—	—	500	50%
奉天工業(株)	1938.7.30	奉天	—	—	—	2,300	76%
満洲車輛(株)	1938.5.5	奉天	—	—	—	5,013	
満洲酒精工業(株)	1945.1.25	吉林	—	—	—	1,500	50%
合計	社数		65	65	61	67	
	出資		323,873	368,674	408,676	508,153	
満洲本店	社数		52	53	49	55	
	出資		206,185	225,483	265,445	364,822	
うち関東州	社数		15	16	14	14	
	出資		72,470	85,872	115,066	150,318	
満洲外本店	社数		12	12	12	12	
	出資		117,687	143,165	143,230	143,330	
連結子会社	社数		28	28	25	30	
	出資		129,469	132,522	203,249	233,974	
持分法適用会社	社数		14	13	13	15	
	出資		167,214	203,616	163,256	226,306	
その他会社	社数		22	25	23	24	
	出資		27,189	32,505	42,169	49,432	

注:ボールドは満洲会社、イタリックは持分法適用会社、アンダラインは20%以下出資会社。
出所:満鉄会[2007]、『満銀年鑑』1942年版、満洲中央銀行調査課『満洲国会社名簿』1943年版、1944年版、『満洲国政府公報』ほか。

連都市交通と国際運輸各12,500千円であった。このうち華北交通と昭和製鋼所が持分法適用会社であり、それが持分法適用会社出資が連結子会社出資を上回る主な理由であった。連結子会社7位は満洲不動産10百万円であり、上位5社合計73,625千円は連結子会社出資合計の56%を占めた。出資件数は増大したが、多額出資会社は限られていた。

(1942年度)

1942年4月18日に戦時金融公庫が設立された(本店東京、出資金300百万円半額払込)。1942年2月20日「戦時金融金庫法」に基づく日本政府出資の特殊法人

である。同公庫設立時に既存の日本協同証券が解散したため、満鉄保有同社株式を振替出資した。そのため満鉄出資0.083％125千円と僅少であった[12]。

　1942年7月8日に満洲林産化学工業株式会社が設立された（本店新京、資本金20百万円4分の1払込）。満鉄は10％500千円を出資した。ほか東拓と東拓連結子会社の満蒙毛織株式会社が各25％1,250千円を出資した。そのほか旭産業株式会社（1925年7月設立、本店神戸、資本金3百万円2百万円払込）、東洋製紙工業株式会社（1936年9月21日設立、本店天津、資本金10百万円7.5百万円払込、野村系）、満洲大倉商事株式会社（1939年8月25日設立、本店新京）、高島屋飯田株式会社、満洲皮革株式会社（1934年7月13日設立、本店奉天）が出資した。代表取締役加藤鉄矢（予備役陸軍少佐）、取締役中沢正治（東拓理事、満洲林業監事）、椎名義雄（満蒙毛織社長）、斉藤忠雄（前満鉄用度部庶務課長、同購買課長）、小田万蔵（旭産業代表取締役）、佐伯政之助（満洲大倉商事専務取締役）ほか、監査役富田富（東拓新京支店長）、松川英雄（満鉄総裁室監査役）が就任した。同社は「満洲林産化学工業株式会社設立要綱」に基づき設立され、遼陽に工場を設置し単寧剤とクラフト紙の製造を行った[13]。加藤鉄矢は元陸軍主計少佐で国務院地籍整理局総務処長兼事業処長を経て満洲工作機械株式会社監査役、満洲土地開発株式会社監事に就任していた[14]。関東軍の押し込み人事である。満鉄は取締役を就任させ経営に関与し監査役に経営監視させた[15]。

　1942年11月28日に満洲化学工業は大和染料株式会社（1919年12月15日設立、本店大連、資本金2百万円払込）を吸収合併する決議を行い合併した。合併増資で満洲化学工業の資本金27.6百万円払込となり[16]、満鉄出資率は46.8％に低下し持分法適用会社に位置づけを変えた。

　1943年3月期では65社368百万円に出資し、うち満洲本店53社225百万円、連結子会社28社132百万円、持分法適用会社13社203百万円であり、やはり持分法適用会社出資額が多額であった。出資上位では1位華北交通120百万円、2位昭和製鋼所百万円、3位大連汽船25,700千円、4位大連都市交通、国際運輸、満洲不動産各15百万円であった。7位満洲化学工業12,925千円を合計した連結子会社上位5社合計38,625千円は連結子会社合計の63％を占めた。

(1943年度)

　1943年5月17日に大同炭礦は120百万円への増資を決議し56百万円払込となったが（柴田［2008a］356頁）、満鉄は増資新株を引き受けず、出資は8.3％10百万円払込に低下した。関内の聯銀券インフレが波及した蒙疆も同様に蒙銀券インフレとなり、増資金額は膨れ上がるが満鉄は増資を引き受ける余裕はなかった。

　同様に昭和製鋼所が同年4月13日に倍額増資で資本金400百万円300百万円払込となったが、満鉄は引き受けなかったため、出資率は11.25％に低下した。

　1943年6月1日に満洲人造石油株式会社が設立された（本店吉林、資本金50百万円4分の1払込）。同社は日本窒素肥料株式会社が手がけていた吉林人造石油株式会社（1939年9月4日設立）が事業で行き詰まり、人造石油事業を再建するため満鉄が新たに別会社に出資して経営を肩代わりし30％を引き受け理事長に前満鉄理事大垣研を就任させ経営を掌握した[17]。満鉄は吉林人造石油設立前から撫順で人造石油開発の研究を続けており、その延長で事業化に踏み切った（蘇［1990］621-625頁）。11月11日に満洲医薬品生産株式会社が設立された（本店新京）。満鉄は同社に10％を出資した。満洲国政府10％のほか昭和製鋼所、大日本製薬株式会社、武田薬品工業株式会社、塩野義製薬株式会社、田辺製薬株式会社、山之内製薬株式会社、第一製薬株式会社、万有製薬株式会社ほかが出資した。大日本製薬株式会社社長瀧野勇が社長を兼務し、同社が常務理事を派遣した[18]。1944年2月1日に康徳産業株式会社が設立され（本店新京、資本金2.5百万円払込）、満鉄は28％を出資した。同社は野草を原料とする吸菰その他製品加工を業とした[19]。他方、1943年4月に撫順市場株式会社が解散した。他の市場会社が満洲生活必需品による大衆消費財流通統制の強化の中で解散していたが、撫順市場の解散がこの時点まで遅れたのは満洲生活必需品の地方都市への事業展開が遅れていたことをあらわすものかもしれない。満鉄50％出資の安東市場株式会社（1935年8月22日設立）は敗戦まで解散しなかったようである。同年12月24日に営口水道株式会社が解散し[20]、水道事業は他の沿線有力都市と同様に市政府に肩代わりされた。満鉄が最も長期に出資を続けてきた会社が消滅した。1943年5月20日に中日実業株式会社（1913年8月11日設立、本店東京、資本金5百万円払込）が増資し、資本金9百万円払込となったが、満鉄は増資新株を引き受けなかった。同社に融資

していた東拓は増資新株を一部引き受け融資を株式に転換した（柴田［2015a］第3章）。

　1944年3月期で61社408百万円、満洲内本店会社49社265百万円、連結子会社25社203百万円、持分法適用会社13社163百万円に出資した。その他会社が23社に減少したが83百万円に増大したのは昭和製鋼所の出資率が低下し20％未満となったことによる。出資上位では1位華北交通120百万円、2位昭和製鋼所45百万円、3位大連汽船31,755千円、4位日満商事24百万円、5位国際運輸22,500千円であり、日満商事が浮上した。6位満洲不動産20百万円と7位大連都市交通18,750千円を合計した連結子会社上位5社合計117,005千円は連結子会社合計の57％に低下した。満鉄は満洲国産業開発計画が日本国内資材・資金優先投入が強まる中で一部有力会社に出資を積み増したものの投資案件が増大したためである。

（1944年度）

　1944年3月29日「満洲製鉄株式会社法」に基づき4月1日に満洲製鉄株式会社が設立された（本店鞍山、資本金740百万円640百万円払込）。同社は昭和製鋼所、株式会社本渓湖煤鉄公司（1935年9月25日設立）及び東辺道開発株式会社（1938年9月14日設立、本店通化）を統合したものであり、傑出した大規模特殊会社となった[21]。満鉄は設立時からの経緯で昭和製鋼所出資を残しており、その出資を振替え7％出資とした。統合前の3社に満業が多額出資していたが、東辺道開発は採算が取れない不振事業でありその処理も含めた事業統合となった。出資では満業の支配下に置かれたが、資本金は満業を上回っており満洲製鉄の事業規模が巨大なため満業からの独自性を主張することが可能となる規模であった。5月1日に満洲新聞社と満洲日日新聞社が解散し、同日に株式会社満洲日報社が設立された（本店新京、資本金5百万円払込）[22]。ほかの出資者は満洲国政府20％、濱江実業銀行（1941年12月22日設立、本店哈爾濱）、北満製油株式会社（1922年2月設立、本店哈爾濱）、哈爾濱製材株式会社（1921年11月20日設立）、朝鮮銀行、北満倉庫株式会社（1939年11月8日設立、本店吉林省敦化）、東拓、哈爾濱銀行（1943年10月1日設立）、三井物産、株式会社松浦洋行（1935年7月9日設立、本店哈爾濱）である。満鉄の出資率は確認できないが、政府出資と並ぶ20％程度の

出資を負担したと推定する。哈爾濱出資者が多い。1942年10月20日に満洲日日新聞社の改組設立で既存の哈爾濱日日新聞社が解散した[23]。同社に満鉄は75％出資しており、その非支配少数株主として東拓が3.75％を出資していた（第7章参照）。ほかの非支配株主として朝鮮銀行、三井物産、北満製油、哈爾濱製材、北満倉庫、哈爾濱銀行、松浦洋行が出資していたと推定するが傍証できない。その他新聞社を統合したかは定かではない。

　1944年5月5日に株式会社富錦鉱業所が設立された（本店佳木斯、資本金30百万円半額払込）[24]。満鉄は同社に100％出資した。同社は鉄鉱石採掘に従事した。7月25日に北満水産開発株式会社が設立された（本店哈爾濱、資本金600千円払込）。満鉄は同社に全額を出資した。同社は淡水漁業を主業とした[25]。1944年9月1日に満洲林産公社が設立された（本店新京、資本金70百万円半額払込）。これに伴い。既存の満洲林業は1944年8月14日に解散し、事業を同公社に譲渡し、満洲造林株式会社も1945年6月20日に解散し、その事業を満洲林産公社が吸収し、満鉄は投資を回収した[26]。

　満鉄過半出資子会社の大連工業株式会社（1918年4月5日設立、1941年2月28増資で資本金1百万円払込）は1938年4月11日に奉天に被服工場を設立し、その操業を新会社に任せ、同社に出資し、大連工業の役員が奉天工業役員を兼務すると決議した[27]。そして奉天工業株式会社が1938年7月30日に設立された（資本金700千円半額払込）。同社は満鉄用被服と貨物運送用・野積用雨覆を製造し、1941年8月12日に全額払込となっていた[28]。奉天工業が事業拡張のため1944年8月10日に3百万円2,250千円払込に増資を決議したが[29]、大連工業は自社の資本金を上回る増資に応じることができなかった。満鉄が大連工業に増資させて資金力を強化するには、非支配株主の株式会社進和鉄商会（1919年5月1日設立、本店大連、高田友吉が創業）、株式会社山葉洋行（1923年7月31日設立、本店浜松、1937年11月30日大連移転）、相生合名会社（1929年5月23日設立、本店大連、代表相生由太郎）、株式会社鳥羽洋行（1937年9月15日設立、本店大連、社長鳥羽実）ほかの合意を取り付ける必要がある。2,300千円の大幅増資で大連工業が満鉄の強力な支配下に移ると役員の処遇を失いかねないため難色を示したはずである。結局、満鉄が奉天工業増資新株を引き受け76％保有とし連結子会社に移した[30]。

ただし大連工業の奉天工業出資はそのまま続き、役員兼務の利権もある程度継続できたはずである。12月27日に満洲林産塗料株式会社が設立された（本店新京、資本金1百万円払込）。社長石田栄造は有力な満洲実業家であり[31]、満鉄は同社に50％を出資したが、積極的に支配する意欲は乏しかったようである。1945年1月25日に満洲酒精工業株式会社が設立された（本店吉林、資本金5百万円3百万円払込）。満鉄は同社に50％を出資した。社長堀末治は関東州興業株式会社（1934年91月3日設立、本店大連）社長・合同酒精株式会社（1920年3月設立、本店旭川）専務取締役を兼務する酒精工業経営者であり[32]、合同酒精に経営を任せた。

　1944年度に日満化学工業株式会社（1942年3月17日設立、本店奉天、資本金185千円払込）が1百万円払込へ増資し、その際に満鉄は増資新株を引き受け30％300千円を取得した。ほかの出資者は不明である。同社は特殊耐火煉瓦製造を主業とした[33]。満鉄派遣役員を確認できない。日満化学工業は製品を同系の日満化学製品販売株式会社（1942年7月18日設立、本店奉天、資本金185千円138.75千円払込）に販売させていたが、1943年11月28日に同社を吸収合併し解散させたようである[34]。

　1938年5月5日設立の満洲車輛株式会社（本店奉天、資本金20百万円15百万円払込）は巨大事業者であり、日本車輛製造株式会社、住友金属工業株式会社、三菱重工業株式会社、株式会社日立製作所各10％、汽車製造株式会社9.25％、山一証券株式会社6.725％ほかが出資し、満洲唯一の機関車製造業者であった[35]。満洲車輛は1944年3月20日に全額払込と10百万円増資決議し新株半額払込を求めた。満鉄は鉄道車輛の多額調達者のため1944年度に増資新株の過半を引き受け16.71％100,260株の保有とした[36]。満鉄派遣役員を傍証できない。満洲車輛は1944年8月26日に50円全額払込徴収を決議し満鉄払込は5,013千円となった[37]。このように1944年度になっても満鉄に多くの新規出資が要請され、金額的に過大な負担にならない範囲で協力し、満洲国末期の産業基盤の強化を支援した。

　満洲軽金属製造と折半出資で設立した撫順セメント株式会社（1934年7月18日設立、資本金7,500千円6,875千円払込）は操業を続けていたが、1945年3月29日に満洲浅野セメント株式会社（1933年11月22日設立、本店吉林、資本金12百万円）が吸収合併する決議し、6月25日に合併され解散した[38]。

1945年3月期では67社（不明除外）508百万円を出資し、満洲内本店会社55社364百万円、連結子会社30社233百万円、持分法適用会社15社226百万円となりやはり持分法適用会社出資が連結子会社出資を上回った。出資上位は1位華北交通120百万円、2位満洲製鉄45百万円、3位大連汽船31,755千円、4位日満商事24百万円、5位満洲不動産20百万円であった。このうち華北交通は持分法適用会社であり、昭和製鋼所の出資を振り替えた満洲製鉄はその他会社である。大連船渠鉄工、富錦鉱業所各15百万円を合計した連結子会社上位5社合計105,755千円は連結子会社合計の45％に低下した。連結子会社が増大したためである。

1945年3月以降と推定するが国際運輸（奉天）が100百万円71百万円払込に増資し、満鉄は35百万円、満洲国政府は36百万円を出資し、併せて満鉄は国際運輸（大連）の出資と企業間勘定を肩替りしたと推測する（第8章参照）。

3．関係会社総資産と連結総資産

アジア太平洋戦争期の関係会社総資産を点検しよう。該期の関係会社総資産を集計する原資料となる営業報告書の確認が難しい会社が増えるため、精度が落ちるのはやむを得ない。特に1944年3月期以降の貸借対照表の収集が困難である。1944年3月期の連結子会社の総資産が判明する事例が乏しいため暫定的な数値となる。1945年3月期資産が判明する会社は僅かであるが参考数値として掲げた（表6-11）。1942年3月期では出資20％以上の関係会社31社総資産2,164百万円、満洲内28社1,115百万円、満洲外3社945百万円である。連結子会社25社735百万円となる。持分法適用会社6社1,429百万円であり、華北交通と昭和製鋼所が巨額である。これは1941年3月期連結子会社資産合計を上回った。資産上位で1位華北交通878,868千円で2位昭和製鋼所473,213千円、3位日満商事278,296千円、4位大連汽船100,453千円、5位国際運輸46,922千円である。このうち華北交通と昭和製鋼所は持分法適用会社である。連結子会社4位大連都市交通35,918千円、5位満洲実業振興18,201千円であり、連結子会社上位5社合計479,790千円は連結子会社合計の65％を占めた。1943年3月期で28社2,663百万円、満洲内30社1,342百万円、連結子会社21社727百万円、持分法適用会社7社1,935百万円へと増大し、やはり持分法適用会社が上回った。資産上位で1位華北交通1,199,968

第6章　産業開発計画発動後の南満洲鉄道系企業集団　391

表6-11　南満洲鉄道関係会社総資産（5）

(単位：千円)

商　号	設立日	本店	1942.3期	1943.3期	1944.3期	1945.3期	年期備考
営口水道交通(株)→営口水道(株)	1906.11.15	営口	4,542	4,303	—	—	同年4月期
大連汽船(株)	1915.1.28	大連	100,453	113,474	161,907	161,907	前年12月期、1944.3期は1945.3期
大連工業(株)	1918.4.5	大連	2,315	2,636	380,498	…	前年4月期、1945.3期は前年10月期
満鮮坑木(株)	1919.12.21	安東	6,950	5,783	8,599	…	前年9月期
東亜土木企業(株)	1920.1.10	奉天	14,321	20,840	28,185	…	
湯崗子温泉(株)	1920.3.20	湯崗子	645	685	720	…	
山東鉱業(株)	1923.5.7	青島	48,974	—	—	—	同年5月期
大連窯業(株)	1925.7.15	大連	2,361	2,698	4,578	…	
南満洲瓦斯(株)	1925.7.18	大連	26,388	31,845	39,541	…	同年3月期
大連都市交通(株)	1926.6.1	大連	35,918	42,604	53,711	…	
国際運輸(株)	1926.8.1	大連	46,922	60,859	90,201	…	
日満倉庫(株)	1929.6.1	東京	18,007	20,447	21,965	…	1945.3期は前年9月期
(株)昭和製鋼所	1929.7.4	鞍山	473,213	593,951	…	—	同年3月期、1944.3期は前年9月期
満洲化学工業(株)	1933.5.30	大連	46,870	57,339	71,916	…	
撫順セメント(株)	1934.7.18	撫順	8,980	9,983	9,739	…	前年12月期
満洲曹達(株)	1936.5.22	新京	23,751	28,192	40,139	…	前年12月期
日本精鑞(株)	1929.2.23	大連	8,608	9,614	9,158	…	
日満商事(株)	1936.10.1	新京	278,296	326,715	501,084	724,691	同年3月期
満洲鉱業(株)	1937.6.23	奉天	16,345	18,353	…	…	
(株)満洲映画協会	1937.8.21	新京	11,965	14,953	19,239	26,2836	前年12月期
大連船渠鉄工(株)	1937.8.1	大連	17,607	24,971	…	…	同年3月期
復州鉱業(株)	1937.8.28	奉天省復県	2,798	2,997	3,666	5,096	1945.3期は前年7月期
満洲不動産(株)	1937.10.30	奉天	25,898	…	…	…	
満洲特殊製紙(株)	1939.3.2	新京	7,287	…	…	…	1943.3期まで前年12月期、1944.3期のみ当該期
華北交通(股)	1939.4.17	北京	878,868	1,199,968	1,552,562	…	
関東州工業土地(株)	1939.7.12	大連	11,834	14,676	…	…	
満洲造林(株)	1941.2.14	新京	8,164	9,475	9,618	—	1944.3期は前年12月期
満洲実業振興(株)	1937.11.28	奉天	18,201	18,493	…	…	同年3月期
(株)満洲日日新聞社	1942.1.20	奉天	…	4,409	…	…	前年12月期
満洲畜産工業(株)	1936.11.16	奉天	3,937	5,436	…	…	
協和建物(株)	1934.7.23	奉天	12,174	14,629	10,051	11,070	同年4月期
満洲人造石油(株)	1943.6.1	吉林	—	—	140,501	197,953	
合計	社数		31	28	21	8	
	資産額		2,164,968	2,663,102	2,782,049	1,153,559	
連結子会社	社数		25	21	14		
	資産額		735,119	727,637	917,717		
持分法適用会社	社数		6	7	7		
	資産額		1,429,848	1,935,465	1,864,332		
満洲内会社	社数		28	30	19		
	資産額		1,115,083	1,342,888	1,207,522		

うち関東州	社数		11	11	9	2
	資産額		301,643	363,417	435,975	165,731
満洲外会社	社数		3	1	2	
	資産額		945,850	20,447	1,574,527	

注：イタリックは持分法適用会社。
出所：営口水道交通(株)・営口水道(株)各社『営業報告書』、大連汽船(株)『営業報告書』(各期)、『第42期営業報告書』1943年3月期(満鉄資料館24911)、大連工業(株)『営業報告書』(各期)、満鮮坑木(株)『営業報告書』(各期)、東亜土木企業(株)『営業報告書』(各期)、湯崗子温泉(株)『営業報告書』(各期)、山東鉱業(株)『営業報告書』(各期)、大連窯業(株)『営業報告書』(各期)、南満州瓦斯(株)『営業報告書』(各期)、大連都市交通(株)『営業報告書』(各期)、国際運輸(株)『営業報告書』(各期)、日満倉庫(株)『営業報告書』(各期)、(株)昭和製鋼所『営業報告書』(各期)、満洲化学工業(株)『営業報告書』(各期)、撫順セメント(株)『営業報告書』(各期)、満洲曹達(株)『営業報告書』(各期)、日本精鑞(株)『営業報告書』(各期)、日満商事(株)『営業報告書』(各期)、満洲鉱業(株)『営業報告書』(各期)、(株)満洲映画協会『第6期営業報告書』1942年12月期(満鉄資料館26528)、大連船渠鉄工(株)『営業報告書』(各期)、復州鉱業(株)『営業報告書』(各期)、華北交通(股)『営業報告書』(各期)、前掲関東州工業土地(株)『第3期営業報告書』、『第4営業報告書』、満洲造林(株)『営業報告書』(各期)、満洲実業振興(株)『営業報告書』(各期)、『公報』2345号、1942年3月9日、2383号、4月24日、2661号、1943年4月3日、2977号、1944年5月16日、2941号、1944年3月31日、3016号、7月1日、3141号、1945年4月10日、3314号、7月9日、『満洲日日新聞』1942年4月9日。

千円、2位昭和製鋼所593,951千円、3位日満商事326,715千円、4位大連汽船112,474千円、5位国際運輸60,859千円で前年同期と順位は変わらない。昭和製鋼所と持分法適用会社であり、連結子会社4位大連都市交通42,604千円、5位大連船渠鉄工24,971千円である。連結子会社上位5社合計567,623千円であり連結子会社合計の78％を占め、比率が上昇した。主として日満商事の事業規模の拡大によるものである。1944年3月期は集約できた会社資産が乏しいため精度が落ちるのはやむを得ない。21社2,782百万円、満洲内19社1,207百万円、連結子会社14社917百万円、持分法適用会社7社1,864百万円となった。資産上位で1位日満商事501,084千円、2位大連汽船161,907千円、3位国際運輸90,201千円、4位大連都市交通53,711千円となる。日満商事は満鉄出資の資金調達よりは満洲国の銀行から多額借入することで資産規模を急増させていた。昭和製鋼所が持分法適用会社から外れたため、連結子会社5位東亜土木企業28,185千円による連結子会社上位5社合計835,088千円は連結子会社合計の93％に達する。連結子会社の不明件数の増大と、とりわけ満洲国内の石炭・鉄鋼・石油等の流通統制の担い手となった日満商事は短期資産負債が両建てで急増したことが反映している。

次に以上の連結子会社の総資産を用いて、満鉄企業集団の連結総資産を試算しよう（表6-12）。満鉄総資産（表6-9）、満鉄関係会社出資（表6-10）、満鉄融資・預り金（表6-3）、関係会社資産（表6-11）を重ね合わせ、連結総資産を

試算する。1942年3月期満鉄総資産3,493百万円に連結子会社24社総資産735百万円を合計すると単純合計総資産4,229百万円を得る。これから満鉄出資129百万円、融資17百万円と預り金18百万円を相殺すると連結総資産4,063百万円を得る。これを満鉄総資産で割ると総資産連単倍率1.162を得る。連結子会社総資産は満鉄総資産を

表6-12　南満洲鉄道連結総資産（5）

(単位：千円)

	1942.3期	1943.3期	1944.3期
南満洲鉄道総資産	3,493,919	3,923,398	4,459,746
連結子会社総資産	735,119	727,637	917,717
連結会社数	24	22	15
単純合計総資産	4,229,038	4,651,034	5,377,463
相殺：出資	129,382	117,215	119,852
相殺：融資	17,667	14,974	30,706
相殺：預り金	18,903	3,809	304
連結総資産	4,063,084	4,515,034	5,226,601
総資産連単倍率	1.162	1.150	1.171

出所：表6-3、表6-9　表6-10、表6-11。

16％増大させていた。1941年3月期より上昇した。満鉄本体事業が巨大なため連結子会社総資産がかなりの額であっても総資産連単倍率は低い。同様に1943年3月期でも満鉄総資産が増大するため連結子会社22社総資産727百万円を合計しそこから満鉄出資、融資、預り金を相殺すると連結総資産4,515百万円を得る。この総資産連単倍率は1.150でやや低下した。満鉄連結子会社で連結漏れが発生しているため、連結子会社総資産がやや低めの数値となっている。ただし連結漏れの子会社の資産規模は多額ではない。規模の大きな会社は集計されている。この時期には満鉄は連結子会社に対する融資はほとんど行っていないようである。そのため追加の相殺要因は乏しい。この程度をいくらか上回る数値が満鉄連結子会社の資産規模であったといえよう。精度はさらに落ちるが1944年3月期も試算した。連結子会社総資産が917百万円に増大したことで総資産連単倍率は1.171に上昇した。満鉄出資よりは金融機関からの短期資金調達で事業拡大させた日満商事の資産額の増大が反映している。満鉄外からの資金調達で資産を拡大させたため、それが1944年3月期の総資産連単倍率の上昇として現れている。

4．中間持株会社等

　アジア太平洋戦争期の満鉄系中間持株会社もしくは一部会社出資した会社は減少した。山東鉱業株式会社（1923年5月7日設立、本店青島、資本金5百万円2,250千円払込）は1942年12月22日増資で北支那開発が多額増資を引受けたこと

で35百万円払込となり[39]、満鉄出資も増大したものの7.99％2,799千円に低下し、同社はその他会社となった。

　大連都市交通は満洲国内地方交通事業者に出資し支援してきたが、1943年3月期には新京交通の増資に応じなかったため、持分法適用会社に位置づけが変わった（表6-8）。大連都市交通の資金支援よりは新京市政府の出資と地場資金調達に依存する方向を選択した（柴田［2017］参照）。大連都市交通の資金供給余力の乏しさも一因である。これら以外にも多数の地域自動車運行会社が存在したが、大連都市交通はそれらの地方のバス会社等を傘下に取り込むことはできなかった。国際運輸は1942年6月15日の設立の大連運送株式会社（資本金2,500千円払込）に50％1,250千円出資して地域小運送業を統合させた。また同年8月1日の満洲軽車輌工業株式会社設立で（本店新京、資本金3百万円2.1百万円払込）、16.6％350千円を出資した。国際運輸系の運行する荷車等の調達・補修で取引がなされた。蒙疆運輸は1944年4月1日に華北交通に吸収合併され解散した（表5-9）。蒙疆政権の独自性の主張の減退の中で、蒙疆地域は次第に華北に統合されていった。

　国際運輸（大連）の出資ではなく国際運輸（奉天）の出資と推定する奉天運送株式会社が1944年3月31日に設立された（資本金5百万円払込）。同社に国際運輸（奉天）は40％2百万円を出資した[40]。

　大連汽船は1942年3月25日総動員勅令「戦時海運管理令」に基づき設立された4月1日にされた船舶運営会（本部東京）より同年4月23日に運航実務者に、また同年5月5日「関東州戦時海運管理令」基づき6月10日に設立された関東州船舶運営会より、6月10日に運航実務者に指定され、独自配船による商業運航は不可能となっていた[41]。大連汽船は1942年6月8日設立の関東州機帆船運航統制株式会社に（本店大連、資本金180千円半額払込）50％45千円を出資し、同年9月21日に船舶無線電信電話株式会社に0.5％25千円を払込み、同社は同年10月設立された（本店東京、資本金10百万円半額払込）[42]。国際運輸と大連汽船が出資していた塘沽運輸公司は1942年7月10日設立の天津艀船運輸株式会社で事業譲渡して解散したが（柴田［2018a］214頁）、1943年3月期大連汽船の天津艀船運輸出資が塘沽運輸公司出資の2倍の1,200千円に増大したことから、国際運輸出資を肩代わりしたと推定する[43]。1943年3月2日に昌龍汽船株式会社（1938年1月28

日設立、本店大連、資本金1百万円払込）の全株を買収した[44]。

　運輸系以外の株式投資を行った会社は減少した。大連農事が満洲養鶏振興株式会社（1942年10月31日設立、本店瓦房店、資本金500千円払込）に半額出資した。そのほか少額ではあるが関東州青果配給統制株式会社（1942年10月27日設立、本店大連、資本金5百万円払込）に55千円出資した。この出資は1938年3月22日設立東亜生果株式会社（本店大連）に4％10千円を出資していたが、同社解散で新会社設立の際に出資額を上乗せし1.1％55千円を出資した（表5-14）。

　日満商事は1943年5月1日設立の満洲石炭工業株式会社（本店新京）に50％2.5百万円を出資した。満業との折半出資である。満洲国石炭産業の川下部門にも資金を注いだといえよう。満鉄は撫順セメントに半額出資でセメント販売を行わせていたが、日満商事は1943年8月1日に満洲共同セメント株式会社（1938年9月30日設立、本店新京、資本金1,300千円975千円払込）の事業譲渡を受けて同社を解散させた[45]。セメント販売部門への直営で参入した。日満商事は満洲国各地の石油販売会社に低率出資して取引関係を維持していたが、1945年6月30日に満洲液体燃料株式会社が設立されると（本店新京）、各地石油販売7社が解散し、新設会社の販売門に吸収された。解散したのは営口石油販売株式会社、安東石油販売株式会社、錦州石油販売株式会社、承徳石油販売株式会社、奉天石油販売株式会社、通化石油販売株式会社、四平石油販売株式会社、新京石油販売株式会社、吉林石油販売株式会社、哈爾濱石油販売株式会社、斉斉哈爾石油販売株式会社、牡丹江石油販売株式会社、佳木斯石油販売株式会社、間島石油販売合名会社である[46]。満洲液体燃料の資本金は不詳であるが、解散した株式会社13社、合名会社1社の合計資本金2,490千円であり[47]、これを上回る金額と推定する。日満商事はこのうちの8社、営口、安東、奉天、通貨、四平、新京、吉林、斉斉哈爾の会社に出資ししていたため、満洲液体燃料にも出資したと推定するが傍証できない。

　満洲化学工業は大和染料（大連）を1942年11月28日に吸収合併増資を決議し合併したことで、満鉄の連結子会社から外れたが、これに伴い大和染料子会社の大和染料株式会社（1937年11月30日設立、本店奉天、資本金1百万円払込）を完全子会社とした。同社についても付言しよう。大和染料（大連）は1936年2月15日に奉天造兵所の塩素廠の操業の下命を受け、奉天造兵所とともに機器調整し試運

転を経て奉天本店会社として分社化し、苛性曹達塩素製造に伴う染料中間物の生産を行わせた[48]。大和染料（奉天）は1943年2月20日に満洲染料株式会社に商号変更した[49]。

1） 満洲国の対外決済の多岐にわたる対処と経済平衡資金の出動については柴田［1999a］第5章参照。
2） 対ソ戦争の開始後の満鉄従業員については満鉄会［1996］参照。
3） 小日山直登については第3章参照。
4） 南方開発金庫については柴田［1999］第13章参照。
5） 山崎元幹は1889年7月7日生、1916年5月東京帝国大学法科大学卒、満鉄採用、1926年8月撫順炭礦庶務課長、1927年10月社長室文書課長、1929年6月総裁室文書課長、1930年6月交渉部渉外課長、1931年7月総務部次長、1932年10月～1936年10月満鉄理事、1937年9月～1942年4月満電副理事長、1942年4月～1945年5月満鉄副総裁、1945年5月～9月総裁、1971年1月24日没（満鉄会［1973］参照）。
6） 平井喜久松は1885年11月生、東京帝国大学工科大学卒、鉄道院採用、1934年9月8日～1936年6月9日鉄道省工務局長、1936年6月辞職（『大衆人事録』1942年版、東京821頁、秦［1978］386頁）。
7） 1943年11月1日に逓信省と鉄道省を統合し運輸通信省に改組。
8） 秦［1978］193頁。平島敏夫については第4章参照。
9） 『公報』2633号、1943年3月11日。松本豊三は1898年8月生、1922年東京帝国大学経済学部卒、神戸又新日報整理部長、社会部長、編輯局長、満鉄嘱託、総務部資料課長、総裁室弘報課長、1940年2月満洲日報社長、1942年1月満洲日日新聞社理事長（『大衆人事録』1943年版、満洲273頁、『満洲紳士録』1943年版、1308頁）。松岡功は1906年12月生、1930年京都帝国大学経済学部卒、1931年12月満鉄採用、総裁室調査役、満洲日日新聞理事、1942年満鉄東京支社調査役、満鉄参事、大阪事務所長（『満洲紳士録』1943年版、1326頁）。
10） 株式会社ハルピン・スコエ・ウレミヤ社は合資会社ハルピン・スコエ・ウレミヤ社（1936年2月11日設立、資本金300千円）の改組新設。康徳新聞社は『満銀年鑑』1942年版掲載なし。同社は満洲弘報協会解散時点で株式会社の法人形態を採用せず、社団法人とした。満鉄出資459千円、満洲国政府出資4,530千円、斉斉哈爾市政府10千円出資であった（『公報』3280号、1945年5月28日）。
11） 満洲国のメディア会社の再編については吉川［2007c］参照。この3社は『満銀年鑑』1942年版と『満洲国会社名簿』1943年版で掲載がないが、哈爾濱日日新聞社のみ『満洲国会社名簿』1944年版では資本金396千円で復活している。株式会社ではな

く社団法人か財団法人の形態の可能性がある。
12) 日本協同証券から戦時金融金庫への移行については柴田［2011a］第4章参照。
13) 『満洲国会社名簿』1944年版。須永［2007］852頁が設立経緯を紹介している。この典拠では7月9日設立とする。満鉄会［1986］は「昭和三〇」とし満洲林産化学工業設立日を特定できていない。『満洲紳士録』1943年版、982、1012頁、満鉄会［1992］134、152、185頁、柴田［2015a］237頁。旭産業については『帝国銀行会社要録』1942年版、兵庫5頁。東洋製紙工業については柴田［2008a］第3章参照。
14) 『大衆人事録』1943年版、満洲77頁。
15) 松川英雄職位は満鉄会［1992］185頁。
16) 満洲化学工業株式会社『第19期営業報告書』1943年3月期、1-9頁、『満鉄年鑑』1942年版、46頁。旧商号は大和染料製造布株式会社で1929年頃に商号変更。
17) 吉林人造石油の設立と満洲人造石油への事業継承については須永［2007c］参照。大垣研は1888年8月生、1912年神戸高等商業学校卒、満鉄採用、1926年5月21日撫順炭礦用度課長、同年4月7日同経理課長、1930年6月14日炭礦部庶務課長、1931年8月1日経理部主計課長、1932年12月1日撫順炭礦次長、1936年10月1日経理部長、1939年5月10日〜1943年5月理事、1943年6月満洲人造石油理事長（『満洲紳士録』1943年版、1211頁、満鉄会［1992］70、76、82、94、152頁）。
18) 満鉄会［1986］535頁は「満洲医薬品製造」とし設立日と本店を特定できていない。大日本製薬［1957］123頁。須永［2007c］では満洲医薬品生産に言及がない。
19) 『満洲国会社名簿』1944年版「資本金二十万円以上」。満鉄会［1986］536頁は康徳鉱業を1942年7月設立とし、本店を特定できていない。
20) 『公報』2916号、1944年2月29日。
21) 満洲製鉄設立と満洲の製鉄業については松本［2000］参照。
22) 『公報』3030号、1944年7月31日。設立登記日。解散は『公報』3083号、1944年9月21日。満鉄会［1986］537頁は満洲日日新聞社と満洲新聞社を1945年3月期で存続させている。
23) 濱江実業銀行、哈爾濱製材、松浦洋行については『満銀年鑑』1942年版、171、291、702頁。哈爾濱銀行については『満洲国会社名簿』1944年版（資金二十万円以上）。北満製油は『満鉄沿線商工概覧』1930年版に掲載があるが、『満銀年鑑』に掲載がない。北満倉庫も『満銀年鑑』に掲載がないが、『公報』2270号、1941年12月1日に掲載あり。類似商号法人の誤植の可能性もある。哈爾濱銀行は1944年9月16日解散、1944年11月1日に同名法人新設（『公報』3159号、1944年12月21日、3119号、1944年11月4日）。1921年11月設立の同名銀行がある。
24) 『公報』3003号、1944年6月16日。満鉄会［1986］536頁は富錦鉱業所を1944年4月設立とする。

25) 『公報』3064号、1944年8月28日。満鉄会［1986］536頁は北満水産開発の設立日を特定できていない。
26) 『公報』3134号、1944年11月22日、3304号、1945年6月27日
27) 大連工業株式会社『第41期営業報告書』1938年4月期、2-3頁。『満洲鉱工年鑑』1944年版、452頁。
28) 『満銀年鑑』1942年版、510頁。満鉄会［1986］は奉天工業の設立日を特定できていない。
29) 『公報』3216号、1945年3月10日。
30) 大連工業株式会社『第54期営業報告書』1944年10月期。
31) 『公報』3216号、1945年3月10日。満洲の有力事業家石田栄造については第2章参照・須永［2007a］も参照。満鉄会［1986］は満洲林産塗料の設立日と本店を特定できていない。
32) 『公報』3256号、1945年4月28日。満鉄会［1986］は満洲酒精工業の設立日を特定できていない。堀末治については『満洲紳士録』1943年版、1317頁。関東州興業については『満銀年鑑』1942年版、46頁。合同酒精については『帝国銀行会社要録』1942年版、北海道8頁。
33) 『満銀年鑑』1942年版、540頁、『満洲国会社名簿』「資本金二十万円以上」1944年版、閉鎖機関整理委員会［1954］。増資の日付を確定できない。満鉄会［1986］535頁は日満化学工業を1938年設立とし誤りであり、本店を特定できていない。
34) 『満銀年鑑』1942年版、『公報』2980号、1944年5月19日。
35) 『満銀年鑑』1942年版、414頁。10％出資は住友金属工業、三菱重工業、日立製作所は役員株を含ませた数値とし40千株に切り上げ、ほか3社は含ませていない数値とした。
36) 閉鎖機関整理委員会［1954］参照。『公報』3038号、1944年7月28日、3150号、1944年11月21日。
37) 『公報』3150号、1944年12月11日。
38) 『公報』3219号、1945年3月14日、3292号、6月12日。
39) 山東鉱業株式会社『第21期営業報告書』1943年3月期、1-8頁。
40) 『公報』2975号、1944年5月13日、『満洲日日新聞』1943年10月23日。
41) 大連汽船株式会社『第41期営業報告書』1942年9月期、1-2頁。
42) 前掲大連汽船『第41期営業報告書』同前、9頁、『帝国銀行会社要録』1943年版、東京141頁。
43) 大連汽船株式会社『第42期営業報告書』1943年3月期（満鉄資料館24911）の財産目録は塘沽運輸公司24千株と記載あり、これが天津艀船運輸株式と判定した。
44) 前掲大連汽船『第42期営業報告書』5頁、『満銀年鑑』1942年版、91頁。

45)『公報』2857号、1943年12月10日。
46)『公報』3318号、1945年7月13日。
47)『満洲国会社名簿』1944年版。ここには四平石油販売株式会社が掲載されていないが、解散会社に列記されているため、『満銀年鑑』1942年版で補充した。
48)『満銀年鑑』1942年版、343頁、『満洲鉱工年鑑』1944年版、388頁。
49)『公報』2728号、1943年7月6日。

おわりに

満鉄は日中戦争勃発後の局面の転換に伴い、満業への事業譲渡で連結子会社の事業資産は急減し、身軽になれた。重厚長大型の鉱工業への巨額投資を連結子会社のまま満鉄が負担し続けるのは資金的に苦しいものであり、切り離すことができたのは、満鉄にとって有利に作用した。日中戦争期には国策で設立された満洲拓殖公社にも出資しているが、その前の満洲拓殖の出資を振り替えただけであり、経営に責任を負う立場からは遠い位置に立つことができた。しかも日中戦争期には、満鉄の事業とは直接の関わりの乏しい事業から撤収を続けた。投資を撤収した関係会社として、満洲紡績、東洋窒素工業、南満洲硝子、大連油脂工業等が並んでいた。また満洲国「会社法」体制への移行で、関係会社の調整がなされ、国際運輸・南満洲瓦斯のように、満洲国の現地法人を設立する事例も現れた。他方、華北分離工作期には、満鉄も興中公司を通じて、または直接に自動車輸送等で参入を果たし、日中戦争勃発後に事業基盤の対外的拡大を試みたが、華北占領体制が固まると、北支那開発・華北交通による操業体制へ移行し、満鉄の関わりは華北交通と大同炭礦への出資以外にはほぼ消滅した。そのため満洲外の関係会社群の拡張も実現しなかった。満鉄の関係会社群は格段に整理された縮小均衡状態になり、コアの運輸業を中心に再編されていったといえよう。それは満鉄に与えられていた広範囲にわたる植民地開発の責務が、植民地運輸事業とその関連事業に縮小する過程を示すものであった。満洲事変期末までの過大に頼られすぎた満鉄から、コアの事業の特化しつついくらか国策にも支援し、関東州だけはある程度力点を置いて支援するという、ほどほどの大規模満洲運輸会社へいったんは縮小

した。ところが1930年代末には満鉄への新たな資金投資要請が発生することで、新規案件への投資が発生し、それを引き受けることで満鉄の株式保有は満洲事変期ピークの1937年3月期を上回る水準に到達した。

　アジア太平洋戦争期にも満鉄への出資依頼が続いた。満業の鉱工業投資とは別枠の投資として満洲国政府の新規分野投資や日本の財閥の資金と技術を同時に調達する新規投資が増大した。満鉄に満業の投資対象外の分野でかつ日本の財閥の手掛けない分野で多くの投資要請が発生した。満洲国政府の投資では資金繰りが乏しく、また満鉄の経営ノウハウの蓄積のある分野と日本人居留民支援策としての新たな分野への投資が増大した。

　満鉄出身者が多数動員され、満洲の会社経営者の人材の宝庫となった。満洲国政府や満業に転出し会社経営に関わった人材も多く見られた。1930年前後の経営悪化で多数の高級職員を退職させたが、そのうちのかなりが満洲国期に政府機関のみならず満洲の新設大規模法人で活躍の場を見出した。

第7章　東洋拓殖系企業集団

はじめに

　東洋拓殖株式会社は1908年8月27日公布「東洋拓殖株式会社法」に基づき1908年12月28日に京城に本店を置く政府出資法人として設置された。その後、1917年の大蔵大臣勝田主計による対満洲通貨金融政策として、同年7月21日法律改正により、本店を東京に移し、活動地域を朝鮮に限定せず、満洲・華北における会社出資と不動産担保融資による進出が認められた。東拓は日本で債券発行による長期資金を調達し、満洲における不動産金融を強化した。満洲に進出した朝鮮銀行が朝鮮銀行券の満洲内日本側法貨となることによる商業金融で、東拓と並び日本の満洲における日本側金融勢力のみならず、経済的利権拡張を先導するものと期待された。東拓系企業集団の全体像を解説する場合には、持株会社化した1918年から敗戦まで150社を越える出資を検討する必要があるが、それについてはすでに柴田［2015a］で植民地本店会社を中心に展開した。本章ではそれとの重複を避け、論点を満洲本店会社に限定したうえで柴田［2015a］の集計結果を踏まえ解説する。本章では東拓の満洲関係会社出資・融資事業を概観する。東拓の業務は長期融資・農事経営のほかの関係会社投資があるが、農事経営は満洲では土地商租権の制約で関係会社の土地経営が困難であり[1]、関係会社長期融資も1920年代前半で衰退していたことがすでに確認されている（柴田［1977］）。東拓の満洲進出の経緯と活動についてこれまでの研究の蓄積は厚い[2]。1920年代末までの日本の満洲投資についてもまとまった研究がありその中で東拓を位置づけることが可能である（金子［1991］）。

　満洲国期には巨額投資が行われたが、東拓にさほど依存することなかったため、

東拓の位置づけは低く、それゆえ東拓の満洲国における投資については関心を呼ばなかったとみられる[3]。ただし東拓の満洲投資額が急減したわけではなく、それ以外の投資の急増の中で位置づけが後退しただけであり、満洲国企業投資全般の中でその検討の意義はある。黒瀬［2003］は満蒙毛織株式会社の満洲国の活動を紹介し視野を広げた。そのほか東拓の満洲事変以前からの出資・融資案件ではその別働隊の東省実業株式会社をも視野に入れて考察する必要がある[4]。同社は出資先で東拓と分担していたはずである。東省実業についてはこれまで出資案件でいくらか解説が与えられているだけであるが、その融資にも着目して東拓の満洲国における投資の実態を明らかにする必要がある。同様に満洲最大の子会社として中間持株会社化する満蒙毛織株式会社にも着目して東拓企業集団全体を把握することを目的とする。本章は柴田［2007d］と［2015a］の不備を補正し、柴田［2014］で中間持株会社化として巨大化した満蒙毛織の活動を取り込み、満洲に傾注して再論するものである。特に東拓の監督体制、総裁の政府との関係や東拓債発行体制等については柴田［2015a］で展開しており、その再述を避け、関係会社出資と中間持株会社に焦点を当てて分析する。

1) 浅田［1972］が先駆的研究であり、近年では江夏［2003］、［2005］がある。
2) 代表的な業績として河合和男ほか［1999］、黒瀬［2003］、柴田［2007d］、［2015a］がある。
3) 出資各社を広く検討するものに柴田［2007d］と［2015a］があり、後者は東拓関係会社論として全関係会社を網羅した。
4) 黒瀬［2003］は東省実業を満洲都市建設への東拓の「姉妹会社」としての間接融資機関と位置づけている。

第1節　満洲事変前期関係会社投資

1．事業概要

東洋拓殖株式会社（1908年12月28日設立、本店京城）は1917年7月21日「東洋

拓殖株式会社法」改正により従来の朝鮮のみならず、満洲・華北ほかへの進出が法的に認められた。また拓殖資金の供給が主要業務となり、従来の融資のほかに株式への出資が認められ、制度的に事業持株会社化が可能となった。東拓の満洲進出は、朝鮮銀行の満洲進出と一体の政策の施行である。いわゆる朝鮮組内閣と俗称された寺内正毅内閣期の前朝鮮銀行総裁で大蔵大臣勝田主計が、満洲幣制の日本主導による金本位制移行を狙い、従来の横浜正金銀行利用策から、朝鮮銀行採用策に転換した。満洲への朝鮮銀行の積極展開と、満洲における日本側法貨としての朝鮮銀行利用策を採用したものであることはよく知られている。それに併せて、朝鮮を主要事業基盤としてきた東拓に、満洲に進出させ、長期資金供給を担わせ、朝鮮銀行と並行して満洲の金融業務で活躍させることとした。東拓は同年10月1日に定款を変更し、本店を東京に移し、朝鮮のみならず、日本の各地植民地への長期資金供給による開発資金の供給と拓殖事業を業務とした。東拓は企業投資で先行する南満洲鉄道株式会社を追って満洲投資を開始した。東拓の監督権限はそれまでの朝鮮総督府から大蔵省・拓務局（1917年7月31日設置、1922年11月1日より拓殖事務局、1924年12月20日より内閣拓殖局、1926年6月10日より拓務省）に移った。東拓は1917年10月8日に大連、奉天に、また1919年6月10日に、哈爾濱に、それぞれ支店開設を決議した[1]。この間の資金力強化のため、1918年5月22日に公称資本金を10百万円から20百万円に、また1919年9月10日に公称資本金を50百万円に増資した[2]。法律改正で、払込資本金の10倍まで東拓債券の発行枠が与えられたため、東拓債の発行残高も増大した。東拓総資産は1917年3月期31百万円から1923年3月期183百万円へと急増した。これは東拓貸付金急増が最も寄与しているが、そのほか株券及債券の増大も注目できる（表7-1）。この中に東拓の関係会社出資が含まれている。もちろん貸付金にも関係会社融資が含まれている。東拓の事業規模は出資・融資業務の増大が顕著であった。

　東拓の満洲における主要業務は日本人植民者・企業への長期資金供給である。しかし東拓は、第1次大戦期の好況の中で満洲に進出したものの、1920年戦後恐慌により、長期融資の担保であった株式・不動産の暴落により満洲における融資資産は不良資産に転換した。そのほか東拓は朝鮮銀行とともに日本人居留民の要望を入れた政府の救済融資スキームの満洲における窓口となり、地場日系銀行へ

表7-1 東洋拓殖

	1917.3期	1918.3期	1919.3期	1920.3期	1921.3期	1922.3期	1923.3期
(資産)							
未払込資本金	—	—	7,500	22,500	22,500	15,000	15,000
債券価格較差	1,330	1,271	—	—	941	240	1,100
貸付金	5,839	12,278	32,914	70,969	94,578	117,044	126,927
代理貸付金	—	—	—	—	344	337	330
株券及債券	1,100	3,627	6,476	15,528	15,499	22,838	24,123
特種事業資金	—	—	—	—	—	—	3,404
特別預託金	—	2,570	1,696	1,260	639	139	131
土地建物	16,291	16,502	16,185	16,395	16,347	18,481	19,522
機械器具什器農具肥料林産物畜産物牛営農品	1,883	1,521	1,354	3,273	2,215	2,752	1,607
地所建物譲渡高	—	—	—	—	2,379	2,509	5,871
その他仮払金受取手形未集金仮払金等	161	660	2,011	6,111	9,193	7,872	6,661
預金現金	4,695	16,273	7,679	12,759	9,344	11,065	24,185
当期損失金	—	—	—	—	—	—	—
総計	31,299	54,704	75,814	148,793	173,978	198,277	228,861
未払込資本金控除総資産	31,299	54,704	68,314	126,293	151,478	183,277	213,861
(負債)							
資本金	10,000	10,000	20,000	50,000	50,000	50,000	50,000
諸準備金	581	664	730	3,863	4,229	4,573	4,932
債券発行高	19,350	36,350	40,945	65,945	95,385	114,301	141,035
定期預り金	—	2,250	6,326	16,448	11,090	14,888	17,061
借入金	—	—	2,000	4,922	7,106	9,026	9,000
特別受託金	—	4,032	2,672	2,010	951	178	165
地所建物譲渡受高	—	—	—	—	359	496	621
その他雑勘定	283	441	1,357	3,279	1,081	892	1,289
前期繰越金	265	311	344	344	344	344	344
当期純益金	817	657	1,440	1,984	3,432	3,579	4,413
総計	31,299	54,704	75,814	148,793	173,978	198,277	228,861

出所：東洋拓殖(株)『営業報告書』(各期)。

の低利融資の供給を行った。東拓は大蔵省から大蔵省預金部資金を低利資金として、1923年7月31日と12月28日の2回、合計4百万円の貸下げを受け、自己資金と合計し783万円を満洲財界救済資金として融資した[3]。これらの政府救済融資も不良債権に転じた。そのため東拓の1920年代満洲の長期融資は概ね失敗したと総括されている。東拓は1927年3月期に回収困難及び評価額下落の資産20.83百万円のうち、5.9百万円の損失を表面化させ、特別整理で処理するという困難な事態となった[4]。東拓は主に満洲における融資債権の不良化で経営危機に陥ったため、満洲事変勃発まで満洲における長期資金供給機関として在満日本人居留民から期待された活動を示せず、むしろ満洲の不良債権累積で事業縮小を余儀なくされた。東拓総資産は1925年3月期以降伸び悩み、貸付金と株券及債券は1927年3月期に不良資産を処理したため減少し収益は低迷した。

貸借対照表 (1)

(単位:千円)

1924.3期	1925.3期	1926.3期	1927.3期	1928.3期	1929.3期	1929.12期	1930.6期	1930.12期	1931.6期	1931.12期
15,000	15,000	15,000	15,000	15,000	15,000	15,000	15,000	15,000	15,000	15,000
5,723	6,910	6,702	5,945	5,742	10,575	10,087	9,885	9,626	9,369	9,179
152,109	148,764	142,835	126,955	122,236	125,075	124,634	125,097	132,288	133,430	136,680
322	313	304	294	283	277	265	241	234	227	154
21,711	24,261	24,238	18,601	21,120	17,953	20,505	17,353	17,105	15,745	18,688
4,040	5,928	10,864	9,495	9,477	10,096	10,230	10,289	10,206	10,717	11,027
122	100	40	34	23	23	—	—	—	—	—
21,345	22,435	25,924	34,556	33,899	35,032	35,635	36,552	36,759	38,594	38,746
1,588	1,225	1,527	1,924	2,631	1,748	2,636	1,792	2,323	2,468	2,378
5,782	5,452	5,570	10,533	16,921	17,781	20,469	21,090	21,475	21,391	23,813
6,730	8,476	7,700	8,303	7,793	6,362	5,910	6,810	7,080	5,499	4,929
12,864	20,402	13,761	11,216	15,018	8,418	3,292	4,996	2,986	3,294	3,686
—	—	—	5,905	—	—	—	—	—	—	—
247,337	259,267	254,465	248,762	250,143	248,340	248,662	249,104	255,083	255,734	264,280
232,337	244,267	239,465	233,762	235,143	233,340	233,662	234,104	240,083	240,734	249,280
50,000	50,000	50,000	50,000	50,000	50,000	50,000	50,000	50,000	50,000	50,000
5,375	5,677	5,979	6,309	759	1,229	1,469	1,619	1,704	1,733	1,796
173,448	182,475	177,460	170,214	168,237	176,731	172,976	180,770	180,220	180,708	185,252
5,555	5,857	7,553	10,398	7,283	5,740	5,877	6,288	6,315	6,773	7,663
7,500	7,360	7,500	7,457	12,860	2,804	7,399	1,000	8,116	8,678	9,466
159	155	57	36	27	28	—	—	—	—	—
406	516	674	1,294	4,767	5,405	4,956	4,749	4,533	4,340	6,208
1,538	3,870	1,602	2,695	3,668	4,088	4,181	3,530	3,540	2,762	2,928
344	344	344	359	5	372	376	378	378	121	157
3,012	3,012	3,295	—	2,538	1,943	1,428	770	276	619	810
247,337	259,267	254,465	248,762	250,143	248,340	248,662	249,104	255,083	255,734	264,280

2．関係会社投資

　東拓の満洲における業務として、関係会社投資がある。東拓の1920年代の満洲の関係会社は12件を確認できる（表7-2）。そのうち投資規模の大きなものとして1918年4月10日設立の北満電気株式会社（本店哈爾濱）、1918年5月4日設立の東省実業株式会社（本店奉天）、1918年12月25日設立の満蒙毛織株式会社（本店奉天）、1921年12月10日設立の東亜勧業株式会社（本店奉天）がある。そのほか1916年4月2日設立の遼東銀行（本店大連、資本金1百万円250千円払込）に対し、東拓は10%25千円払込で、設立時から資金支援を行った。また1917年1月15日設立の貔子窩銀行（資本金1百万円払込250千円）に対し、東拓は25%62.5千円を出資した。その後、貔子窩銀行は1921年5月14日に遼東銀行に吸収合併さ

表7-2　東洋拓殖

商号	設立年月日	本店	1918.3期	1919.3期	1920.3期	1921.3期	1922.3期	1923.3期	1924.3期	1925.3期
(株)遼東銀行	1916.4.2	大連	—	<u>25</u>	<u>25</u>	<u>25</u>	<u>87</u>	87	—	—
北満電気(株)	1918.4.10	哈爾濱	—	*150*	*150*	*150*	*150*	*150*	*150*	*150*
東省実業(株)	1918.5.4	奉天	—	*191*	*382*	*765*	*765*	*573*	*637*	*1,144*
満蒙毛織(株)	1918.12.25	奉天	—	*500*	*500*	*500*	*700*	*1,000*	*1,157*	*422*
(株)驢子窩銀行	1917.1.15	驢子窩	—	—	*62*	*62*	—	—	—	—
亜細亜煙草(株)	1919.9.30	上海→奉天	—	—	<u>37</u>	<u>37</u>	<u>37</u>	<u>37</u>	<u>37</u>	<u>37</u>
東亜土木企業(株)	1920.1.10	大連	—	—	<u>25</u>	<u>25</u>	<u>25</u>	<u>25</u>	<u>25</u>	<u>25</u>
東亜勧業(株)	1921.12.10	奉天	—	—	—	—	2,150	2,037	2,037	2,625
(株)満洲銀行	1923.7.31	奉天	—	—	—	—	—	—	187	188
(株)鴻業公司	1926.6.5	大連	—	—	—	—	—	—	—	—
東亜煙草(株)	1906.10.20	東京	—	—	—	—	—	—	—	—
(株)昭和酒精公司	1930.5.—	哈爾濱	—	—	—	—	—	—	—	—
総計	社数		1	7	21	23	25	25	22	22
	出資金		627	1,636	6,906	7,443	12,257	12,062	12,413	13,452
満洲	出資金		0	866	1,806	2,189	4,539	4,534	4,855	5,216
	社数			4	8	8	8	8	8	8
満洲外	出資金		627	770	5,100	5,254	7,718	7,528	7,558	8,236
	社数		1	3	13	15	17	17	14	14
連結子会社	社数				1	3	3	3	3	5
	資本金				625	812	2,787	2,787	2,787	6,557
持分法適用会社	社数		*1*	*5*	*10*	*10*	*12*	*12*	*10*	*8*
	資本金		*627*	*1,607*	*4,583*	*4,966*	*7,805*	*7,487*	*6,523*	*2,910*
その他会社	社数			<u>2</u>	<u>10</u>	<u>10</u>	<u>10</u>	<u>10</u>	<u>9</u>	<u>9</u>
	資本金			<u>29</u>	<u>1,697</u>	<u>1,665</u>	<u>1,665</u>	<u>1,787</u>	<u>3,102</u>	<u>3,984</u>

注： 1）ボールドは朝鮮内会社、イタリックは持分法適用会社、アンダラインは20％以下のその他会社。満洲会社に亜
　　 2）(株)哈爾浜日日新聞社（1922.11.1設立）に3.75％、7.5千円を出資したが取得時期不明。
出所：柴田［2015a］第1章。

れた[5]。1922年で遼東銀行資本金3百万円払込1,575千円、東拓5.5％出資払込87.5千円に止まっていた。この遼東銀行は1923年7月31日に満洲における日系銀行の合同で設立された満洲銀行に事業統合された[6]。その結果、満洲銀行の資本金30百万円8,720千円払込、うち東拓出資は2.1％187.5千円に低下した。そのほか1919年9月30日設立の亜細亜煙草株式会社（本店上海）、資本金10百万円2.5百万円払込に設立時から出資した。台湾製糖株式会社系の経営者の企画で発足し、満鉄と並び東拓も出資した。亜細亜煙草は上海工場設置を断念し、奉天に工場を設置して事業拡張を目指したが、東亜煙草株式会社（1906年10月20日設立、本店東京）と満洲で競合関係に立った。満洲で先行した東亜煙草に競り負け、1927年

出資関係会社（1）

（単位：千円）

1926.3期	1927.3期	1928.3期	1929.3期	1929.12期	1930.6期	1930.12期	1931.6期	1931.12期	保有株出資率、その後の経緯
—	—	—	—	—	—	—	—	—	10%、雙子窩銀行吸収合併で17.5%、満洲銀行設立で吸収、解散
150	225	225	225	225	225	225	225	225	25%
1,254	1,254	1,705	1,705	1,705	1,705	1,705	1,553	1,553	25%、1925.3期54.7%→1927.4.28減資97.4%
449	439	439	439	439	439	439	83	83	20%→22%、1924.11.29減資 役員株は加算されていない年次あり
—	—	—	—	—	—	—	—	—	25%、1921.5.14遼東銀行に吸収解散
38	23	—	—	—	—	—	—	—	1.5%、1925.6.25本店移転、1927.7.23東亜煙草に吸収解散
25	—	—	—	—	—	—	—	—	2%、1927.3期に満鉄に譲渡
2,625	2,625	2,625	—	—	—	—	—	—	43%、1924.8.29、52.5%、1928.4.14満鉄に譲渡
188	176	176	176	176	176	176	176	176	遼東銀行株式の転換2.5%→1927.3期減資で7.0%
—	125	125	125	125	125	125	125	125	100%
—	—	23	23	23	23	23	23	23	0.19%、亜細亜煙草株式の転換
—	—	—	—	—	250	250	250	250	100%
21	20	20	19	19	20	21	21	22	
13,703	11,201	12,326	9,695	9,731	9,318	9,335	8,894	9,538	
5,354	4,867	5,295	2,670	2,670	2,920	2,920	2,412	2,412	
8	7	7	6	6	7	7	7	6	
8,349	6,334	7,031	7,025	7,061	6,398	6,415	6,482	7,126	
13	13	13	13	13	13	14	14	16	
4	4	4	3	3	5	5	5	6	
6,604	6,104	6,555	3,930	3,930	4,367	4,367	4,215	4,860	
8	8	8	8	8	7	7	7	7	
3,107	3,173	3,848	3,848	3,878	3,028	3,028	2,672	2,671	
9	8	8	8	8	9	9	9	9	
3,990	1,923	1,923	1,917	1,922	1,922	1,939	2,006	2,006	

細亜煙草と東亜煙草を含ませた。

7月23日に東亜煙草に吸収合併され、亜細亜煙草株式が東亜煙草株式と交換された。以後、満洲事変期に処分するまで東亜煙草の株式保有を続けた[7]。

北満電気株式会社は日露合弁の発送電会社として、1918年4月10日に設立された（本店哈爾濱、資本金1,200千円900千円払込）。取締役に東拓理事高瀬梅吉を兼務派遣した。当初の資本金の25%を東拓が引き受けた。北満電気は既存のロシア人発電事業を買収し、電力事業に参入した。東拓は北満電気に対して1,890千円を融資し、さらに社債450千円を引き受け[8]、経営に責任を負った。北満電気の株式の9割を東拓と東拓以外の主に哈爾濱在住の日本人出資者が引き受けていた。北満電気は当初は哈爾濱界隈最大の電力供給事業者となり利益も十分実現で

きた。ただし同社の事業は正式な認可を得たものではなかった。その後、哈爾濱市で電車敷設の利権の公募があり、北満電気がそれに応募して、当初は採用されそうであったが日本側利権への反発があり採用されなかった[9]。その後、別に「哈爾濱電業公司」の設立計画が進捗する中で、「日支提携」を名目に、新設の電力会社に北満電気を買収してもらい、それによる日本側の哈爾濱における電力電車利権の維持を図る方針で交渉したが[10]、これでは日本側利権確保が乏しいため採用されず、結局、哈爾濱電業公司の設立となる。同公司は吉林省永衡官銀銭号の支配下に設立され、電力供給業を拡張し哈爾濱における電車事業にまで拡大する中で、北満電気は激しい競争にさらされた。その結果、1926年上期に無配に転落し、以後も不振を続けた（黒瀬［2003］159-163頁）。北満電気に対し東拓は社債引受と融資で支援を続けた。

1918年5月4日に東省実業株式会社が設立された（本店奉天、資本金3百万円4分の1払込）。東拓は25％を出資した。東省実業は満洲における東拓融資業務の別働隊の金融業者で、第1次大戦期の好況時期に設置され、日本人事業者相手に事業拡張を行った。東拓が融資しにくいリスクの高い融資先に、東省実業経由で迂回融資を行ったものといえる。東拓は社債引受と融資でも支援した。東省実業は満洲全域における日本人社会の戦後恐慌後の融資先の延滞債権への転落と担保価格の暴落により経営危機に陥った。東省実業は深刻な経営危機に陥り、事業清算しても不思議ではない状況となったが、減資と全株東拓保有により東拓が支えたため倒産にまでいたることなく、満洲国期まで延命できた。持株会社として主張するには50％以上の出資の会社が不可欠である。満洲外では1920年3月期から出現するが、満洲では1925年3月期の東省実業の過半出資への引上げが最初である。満洲事変前の事業については、東省実業の関係会社投資として後述する。1918年12月25日に満蒙毛織株式会社が東拓20％出資で設立された。同社は1920年代に不振を続けた。東拓は同社に対し社債引受と融資でも支援した。東拓が出資比率を引き上げて救済することで満洲事変期に復活を遂げるが1920年代の同社についても後述する。

東亜勧業は満洲における日本人移民のための土地取得と移民送出を目的とし、1920年代満洲移民のための最大事業者となる。しかし満蒙特殊権益として主張し

てきた土地商租権を奉天省・吉林省の各政府とも認めず、東亜勧業による日本人移民の操業用の土地取得は困難であった。しかも当該地官憲からの土地商租権を認めないとする妨害を受ける。そのため東亜勧業の事業は停滞せざるを得ない。東拓は東亜勧業の持株を1928年4月に満鉄に譲渡して（東亜勧業［1933］18頁）、東亜勧業の経営から撤収した。ただし預金部資金引受けの東拓債を原資とする東亜勧業融資はそのまま続いた。

　1920年1月10日設立の東亜土木企業株式会社（本店大連）に2％25千円を出資したが、満鉄に譲渡した（第4章）。

　東拓は満洲進出後に大連・奉天・哈爾濱で融資事業を営むが、戦後恐慌により回収不能に陥る。不良債権を多額に抱え、東拓は先述のように特別整理に追い詰められる。その過程で不良債権処理のため担保価格の暴落した不動産を資産として取得したが、それを本体から切り離した。その受け皿が1926年6月5日設立の株式会社鴻業公司である（本店大連）。同社は、東拓の満洲店舗の融資担保取得不動産の譲渡を受け、その処分による現金化と管理を行った。不良債権となった不動産のいわば関係会社への移転によりオフバランス化された。ただし東拓の保有不動産を有償貸付として運用を任せているものが多く、全額がオフバランス化されたわけではない。同社は東拓の満洲における担保不動産として取得した不動産管理処分を行う会社であり、1920年代の慢性的な不況色の中で、日本の銀行はこうした不動産・株式等を処分する関係会社を設立する例が見られた[11]。同様の趣旨で東拓は朝鮮における保有不動産管理処分のため、1931年10月7日に朝鮮都市経営株式会社を設立した（本店京城）（柴田［2015a］61頁）。

　東拓の1920年代における満洲の株式保有はほかに満洲銀行の株式を若干保有していたに過ぎない。なお東拓は新規株式取得については案件別に拓務省拓務局の許可を得る必要があり、その許可については多額のものであれば東拓の営業報告書に記載がある。1930年5月に株式会社昭和酒精公司が設立された（本店哈爾濱、資本金500千円半額払込）[12]。東拓全額出資と推定する。

　東拓の合弁事業の林業で複雑な経緯を辿った事例に中東海林実業公司への投資がある。東拓が林業利権に食い込むため、吉林省側と協議し、1919年4月5日に日中合弁の中東海林実業公司を設立した（資本金日本円3百万円払込1,250千円、

表7-3 東洋拓殖関係会社

商　号	設立年月日	本店	1919.3期	1920.3期	1921.3期	1922.3期	1923.3期	1924.3期
貔子窩銀行	1917.1.15	貔子窩	—	476	1,107	—	—	—
北満電気(株)	1918.4.10	哈爾濱	1,532	3,614	3,429	…	4,515	4,229
東亜勧業(株)	1921.12.10	奉天				…	7,350	7,672
東省実業(株)	1918.5.4	奉天	13,571	12,537	11,849	10,503	11,836	11,937
満蒙毛織(株)	1918.12.25	奉天	2,559	3,033	4,884	7,606	9,294	5,939
(株)鴻業公司	1926.6.5	大連	—	—	—	—	—	—
満洲会社	社数 資産額		4 16,130	4 9,660	4 21,269	2 18,109	4 32,995	4 29,777
満洲外	社数 資産総額		 872	4 19,421	5 20,308	7 23,945	6 21,166	5 20,728
満洲連結子会社	社数 資産総額		— —	— —	— —	— —	1 11,836	1 11,937
満洲持分法適用会社	社数 資産総額		4 16,130	4 19,660	4 21,269	2 18,109	3 21,159	3 17,840
連結子会社	社数 資産総額		— —	— —	1 252	— —	1 16,086	2 17,603
持分法適用会社	社数 資産総額		3 17,002	8 34,991	8 36,789	9 42,054	8 33,560	7 32,902

出所：柴田［2015a］第1章、『満洲日日新聞』1919年2月1日、1919年6月29日、1920年2月2日、1920年6月25日。

東拓出資630千円、吉林省出資620千円）。中東海林実業公司が事業に着手したものの、東拓の派遣した同公司理事長吉野小一郎が財産横領の廉で東拓から告訴された。この不始末が北満最初の合弁事業に影響するのを恐れた外務省と拓殖局は、1920年1月31日に東拓の権利義務を2,250千円で日本紙器製造株式会社（1913年6月設立、本店東京）に譲渡させた。ところがその後、中東海林実業公司は経営困難に陥り、1922年4月に東拓が日本紙器製造から中東海林実業公司の権利義務を1,710千円で買い戻して東拓の経営に移した[13]。その後も同公司の経営は改善されず、東拓は吉林省財政庁側と交渉の結果、1924年1月23日に「中東海林採木有限公司契約書」を同庁と中東海林実業公司とが締結し、中東海林採木有限公司を同日に設立した（資本金日本円3,500千円）。東拓・吉林省財政庁の折半出資とし、中東海林実業公司が既存林区と実物資産を出資し、吉林省財政庁は同公司から借り入れて出資するものとした[14]。林業の事業主体を改組したものの中東海林

総資産（出資率20％以上）(1)

(単位：千円)

1925.3期	1926.3期	1927.3期	1928.3期	1929.12期	1930.12期	1931.12期	備考
—	—	—	—	—	—	—	前年12月期
…	…	…	…	…	…	…	同年5月期、1921.3期のみ前年11月期
7,594	7,434	7,296	7,328	—	—	—	1923.3期が営業第1期
11,568	9,817	7,856	7,714	7,779	5,794	5,082	1929.3期まで同年5月期、1930.12期より同年11月期、1923.3期より連結子会社
5,158	5,176	5,495	5,641	5,530	5,433	4,172	1929.3期まで同年4月期、1930.12期より同年10月期
—	—	3,058	4,691	8,175	12,033	12,908	前年12月期、1929年より同年9月期
3	3	4	4	3	3	3	
24,320	22,427	23,705	25,374	21,484	23,260	22,162	
6	5	6	6	6	6	6	
24,645	42,773	27,957	27,916	30,974	22,303	31,119	
2	2	3	3	2	2	2	
19,162	17,251	18,210	19,733	15,954	17,827	17,990	
1	1	1	1	1	1	1	
5,158	5,176	5,495	5,641	5,530	5,433	4,172	
3	3	4	4	3	4	4	
25,150	24,033	25,005	27,992	26,654	29,956	31,167	
6	5	6	6	6	5	5	
23,815	23,916	26,657	25,298	25,804	23,386	22,114	

1920年12月23日、1921年2月2日、1922年6月23日。

採木の事業は改善されずにいた。そのため東拓は中東海林採木の事業の一時中止を決断した[15]。しかし簡単に合弁事業を操業中止に追い込めず、その後も中東海林採木は細々と満洲事変まで操業を続けた。なお東拓は中東海林の林業事業を表面上は関係会社投資として経理していたが、内部的には特種事業の分類で直営事業勘定として経理していた。内部では関係会社出資として集計されず、営業資料も整理されていない。

3．関係会社総資産と連結総資産

　東拓関係会社総資産を点検することで、同社企業集団の連結子会社と持分法適用会社の事業規模を判定することができる。東拓の決算期に併せ年1期で集計を試みる。関係会社の貸借対照表を集積し、接続したうえで年期を調整して列記する。営業報告書も全時期にわたり発掘できるとは限らない。表7-2に掲載した

東拓関係会社のうち営業報告書を発掘できない場合には決算公告を発掘した。悉皆ベースで連結子会社と持分法適用会社の未払込資本金控総資産(以下、総資産)を集計することは困難であるが主要会社だけでも掌握することでこの課題をかなり実現できる。

　1920年代期の東拓の満洲関係会社総資産が判明するのは僅かに6社のみである(表7-3)。そのうちの連結子会社は1923年3月期より東省実業が該当する。それ以前は持株法適用会社のみである。1921年3月期4社計21,269千円であった。1923年3月期に東拓が東省実業株式取得して支配下に入れた。同期11,836千円である。その後、1926年3月期には同社の減資により総資産を圧縮した結果、9,817千円に減少していた。1925年3月期に合名会社大倉組から株式を取得して過半を保有し東亜勧業を連結子会社とした。同期総資産は7,594千円で、その後も同社は身動きが取れない状態にあり、変動はないが損失を続けていた。同社株式を1928年4月4日に満鉄に譲渡して処分したため、以後は総資産残高表から消滅した。そのほか東拓保有の満洲・華北不動産処理を任せるために1926年6月設立した鴻業公司は1927年3月期3,058百万円の総資産を保有した。東拓は同社に保有不動産処理を任せ、不動産所有権を東拓に残したまま運用残高が増大したため、総資産額も増大した。この3社の連結子会社時期の合計は1928年3月期19,733百万円である。以後、東亜勧業の残高が消滅した1929年12月期に15,954千円に減少した。満洲関係会社の総資産合計のピークは1923年3月期4社32,995千円である。

　次に東拓の連結総資産を紹介しよう。これは東拓の満洲外連結子会社も含むため、その分が満洲事業のみを検討する作業から見て過大に計算されるが、それはやむを得ない。東拓の企業集団の規模を示すものである。1923年3月期から試算した。この集計には東拓の総資産(表7-1)、連結子会社への出資(表7-2)、連結子会社の総資産(表7-3)のみならず、東拓は連結子会社に融資し、社債を取得し、さらに不動産の所有権を維持したまま譲渡運用させているため、この3項目の貸借関係がさらに存在する。その細かな相殺手続きを本書では省略し、相殺項目、すなわち出資・融資・社債保有・ネットの譲渡不動産を相殺した数値のみ紹介することにする(柴田[2015a]第1章参照)。連結総資産統計のみ掲示する(表7-4)。東拓総資産と連結子会社総資産を合計した単純合計総資産から

第7章　東洋拓殖系企業集団　413

表7-4　東洋拓殖連結総資産（1）

(単位：千円)

	1923.3期	1924.3期	1925.3期	1926.3期	1927.3期	1928.3期	1929.12期	1930.12期	1931.12期
東洋拓殖未払込資本金控除単体総資産	213,861	232,336	244,266	239,464	233,761	235,142	233,662	240,082	249,279
連結子会社未払込資本金控除総資産	4,249	5,666	25,149	24,033	25,004	27,991	26,653	29,956	31,166
単純合計未払込資本金控除総資産	218,110	238,003	269,416	263,497	258,766	263,134	260,315	270,038	280,446
相殺：出資	2,100	2,100	5,869	5,979	5,979	6,430	3,930	2,992	4,360
相殺：融資	560	1,625	8,899	8,704	7,015	6,129	4,056	4,727	3,942
相殺：債券保有	―	―	2,000	2,000	2,000	2,000	2,000	2,000	2,000
相殺：譲渡不動産	―	―	―	―	2,905	4,442	7,747	11,746	12,278
相殺：合計	2,660	3,725	16,769	16,684	17,900	19,001	17,733	21,466	22,580
東洋拓殖連結総資産	215,450	234,278	252,646	246,813	240,865	244,132	242,582	248,572	257,865
資産連単倍率	1.007	1.008	1.034	1.031	1.030	1.038	1.038	1.035	1.034

出所：柴田［2015a］第1章、表7-3。

　上記の相殺合計を控除したことにより、東省実業が連結子会社化した1923年3月期から1931年12月期までを試算した。1920年代では東拓の連結子会社が乏しいため、1925年3月期にようやく総資産連単倍率が1.034になり東拓本単事業を3.4％拡大させる規模となっていた。その後連結子会社総資産は増大し、1931年12月期で31,166千円にまで増大したことで、単純合計総資産は280,446千円にまで膨れ上がったが、出資・融資等を相殺した連結総資産は257,864千円となり、総資産連単倍率は1.034に止まった。1920年代東拓の連結子会社との連結総資産は東拓総資産が巨大なため連結子会社総資産が東拓の10％を超えても東拓出資・融資等に依存した経営であるため、それを相殺した連結総資産を大きく膨らませるほどの事業規模ではなかった。

1） 東洋拓殖株式会社『第10期営業報告書』1918年3月期、13頁、同『第12期営業報告書』1920年3月期、5頁。そのほか満洲事変前の1924年9月8日に朝鮮の元山支店下に間島出張所が設置された（同『第17期営業報告書』1925年3月期、4頁）。1925年2月1日に独立出張所となり、さらに1931年8月1日に間島支店に昇格した（東洋拓殖［1939］76頁）。
2） 同『第11期営業報告書』1919年3月期、2頁、同『第12期営業報告書』1920年3月期、2-3頁。
3） 同『第16期営業報告書』1924年3月期、5頁。
4） 同『第19期営業報告書』1927年3月期、11-12、19頁。

5) 同『第14期営業報告書』1922年3月期、10頁。
6) 同『第16期営業報告書』1924年3月期、11頁、満洲銀行『第1期営業報告書』1923年12月期、5-8頁。
7) 満洲事変前期の亜細亜煙草と東亜煙草については、柴田［2013a］第1章、第2章参照。
8) 「ハルピン市電車問題経過覚書」1924年9月18日（外務省記録F.1-9-2-29）。黒瀬［2003］でも説明がある。
9) 「哈爾濱電車問題概要」1922年12月（外務省記録F.1-9-2-29）。
10) 前掲「ハルピン市電車問題経過覚書」。
11) 例えば特殊銀行として、朝鮮銀行には昭和証券株式会社（1927年10月20日設立、本店東京）と甲子不動産株式会社（1925年6月25日設立、本店東京）、台湾銀行には蓬莱不動産株式会社（1931年4月設立、本店台北）があり（閉鎖機関整理委員会［1954］）、地方の銀行として大分合同銀行には合同不動産株式会社（1928年1月12日設立決議、本店大分）がある（柴田［2005a］参照）。
12) 柴田［2015a］61頁参照。須永［2007c］858頁は「昭和酒精股份有限公司」とし合弁中華民国法人とする。同公司の設立年月と資本金の紹介はない。
13) 「中東海林実業公司ニ関スル件」1927年10月27日（外務省記録E.4.2.1.4）。なお黒瀬［2003］ではこの改組経緯については言及がない。吉野小一郎については第4章参照。
14) 「中東海林採木有限公司契約書」1924年1月23日（外務省記録E.4.2.1.4）。
15) 東洋拓殖株式会社「中東海林採木有限公司ノ件」（仮題）1927年7月8日（外務省記録E.4.2.1.4）。

第2節　1920年代東省実業と満蒙毛織の支援

1．東省実業の満洲投資

満洲の日本人事業の中で新会社を設立し日本の満洲投資を東拓と連携して行うとの提案がなされた。資本金3百万円とし、60千株のうち東拓15千株、発起人及び賛成人42千株の引受で、創立委員会（会長庵谷忱）が1918年3月28～30日に3千株を公募し[1]、その払込を見て、1918年5月4日に東省実業株式会社が設立された（本店奉天、資本金3百万円4分の1払込）。定款によると、東省実業の業

務は、①生産品・不動産を担保とした貸付・手形貸付、②生産品・不動産の売買・仲介、③諸調査・鑑定・設計、④信託・保証、⑤賃貸目的の家屋建設、転売・貸付を目的とする土地建物の買い入れ売却、⑦株式債券の応募引受、⑧各種拓殖事業である[2]。さらに1919年12月24日株主総会で一般倉庫業を追加した。

　1918年11月末の株主名簿によれば、株主408名、60千株のうち15千株を東拓が保有した[3]。以下、個人で最も多い2,100株も東拓奉天支店支配人名義である。そのほかの出資者は満洲における日本人が中心である。東省実業設立に際して、満洲における日本人移民が積極的に応募したため、東拓の資金負担は軽減された。東拓からの資金借入れ事業者や、その他の在満日本人事業者は設立後の東省実業からの資金借入れを期待したものが少なくなかったはずである。取締役社長馬越恭平（大日本麦酒株式会社社長）、専務取締役内藤熊喜、取締役庵谷沈、加藤定吉（以上満洲事業家）ほかであり、馬越のみ東京在住の実業家である。1918年11月期の総資産3,540千円、各種融資2,509千円、株式引受（組合出資を含む）294千円、預貯金356千円であり、各種融資金が最大項目であった。資金調達として、借入金2,323千円があり、払込資本金を上回る債務で事業を行っていた[4]。東拓からの借入金と思われる。東拓も哈爾濱支店を設立したが東省実業も同様に哈爾濱支店を開設した。同地における出資・融資取引を行った。この時期の哈爾濱では松江銀行（1917年もしくは1918年設立、本店哈爾浜）しか操業していないため、日系銀行のプレゼンスが弱く、東拓・東省実業の出資・融資は歓迎されたはずである。

　東省実業の事業初期の株式取得を点検する（表7-5）。1918年11月期では10社への出資が確認できる。ただしこのうち東洋畜産興業株式会社（1918年10月10日設立、本店京城）のように朝鮮に本店を持つ東拓の持分法適用会社への出資がある[5]。これは東拓の要請で一部を取得したものであろう。この時点では東省実業が東拓連結子会社に切り替えられる前の時期のため親子同時出資とは見なせない。また恵通銭号（1918年5月設立、本店長春）のように会社形態でない地場政府官僚経営事業への出資も含まれている。日系事業者として、奉天信託株式会社（1914年7月15日設立）、奉天窯業株式会社（1918年6月30日設立）、満洲ベンジン工業株式会社（1918年8月25日設立、本店大連、1920年4月26日に大連製油株式会社

に商号変更)、北満製粉株式会社（1913年10月設立、本店哈爾濱)、哈爾濱印刷株式会社（1918年10月15日)、北満倉庫株式会社（1918年10月設立、本店哈爾濱)、北満セメント瓦株式会社（設立年月不詳、本店哈爾濱）がある。東洋畜産興業を除き、満洲関係会社出資合計181千円（大洋票建てを混計）となる。このうち北満製粉の株式の一部を満鉄が保有していた（第3章参照)。東省実業の北満製粉持株比率も低い。東省実業設立よりも北満製粉設立が先行しており、設立時の出資による支援ではない。融資担保として取得したか、満鉄同様に北満製粉取引先から取得した可能性が強い。東省実業は出資のみならず融資も行った。東拓と連携して融資先を選別したはずであるが、先述の出資先への融資も含まれていよう[6]。

1919年5月期に出資先は広がり、大陸窯業株式会社（1919年2月25日設立、本店大連)、北満運輸倉庫株式会社（1919年2月設立、本店哈爾濱)、安東興業株式会社（1919年1月10日設立)、株式会社瑞祥号（1919年3月設立、本店奉天）ほか計8社に出資を行った。新規出資は大きく増大して合計519千円となり、一段と投資額を増やしていた。そのほか日本人事業者への融資には関東庁支援・満鉄出資で設置されたが事業が行き詰っていた満洲刷子工業株式会社（1919年5月設立、本店撫順）や東拓の要請で引き受けた勝栄石綿工業株式会社（1918年6月18日設立、本店奉天）のような事例がある[7]。これら8社等に486千円の新規出資を見た。以上の東省実業の出資・融資の実績を見ると、東拓が出資しない相対的小規模企業への出資・融資を行ったと言えよう[8]。

東省実業の出資先には不振事業者が発生しており、それに対して救済融資が見られた。1919年11月期では瑞祥号の事業を継承した南満農産株式会社（1919年10月設立、本店奉天）への6千円の出資が含まれている。同社は経営危機に陥り、東省実業はこの出資に対し全損処理を余儀なくされた。それ以外の新規出資として奉天実業貨桟（1918年10月設立）ほか2件の中国人事業者に128千円をみた。東省実業の資本金はこの期に半額払込となり、出資先はウラジオストック454千円、済南167千円へと広がり、満洲における新規出資は手控えていた[9]。しかし1920年戦後恐慌の襲来で満洲における日本人経済界は大打撃を受けた。不動産・株式価格の急落となり、東拓のみならず東省実業の融資先の担保価値も暴落した。東省実業の出資・融資先の事業者は借入金を返済できる状況にはなかった。東省実

業は1920年5月期では資本金3百万円全額払込となったが、すでに満洲における新規投資はリスクを伴うため、新規出資は無く、親会社東拓株式の取得、華北事業者の山東起業株式会社（1920年1月17日設立、本店済南、軍政解除後青島移転、東拓出資）（柴田［2015a］第1章）ほかの株式を少額追加取得しただけであった。1920年11月期で大連製油株式会社（満洲ベンジン工業の商号変更）追加出資と吉林実業煙草店（1920年10月設立）へ計61千円の出資が見られた[10]。過日出資しているほかの事業者の多くは経営危機に直面しており、配当は期待できないものであり、さらに融資の利子収入も期待できなくなり、東省実業自体が経営危機に直面した。1921年5月期以後、東省実業の営業報告書にこれらの出資先の記載は消滅したため、その後の推移は不詳である。大連製油は満鉄が役員株を保有し監査役を送り込んでいた（第3章参照）。東省実業と同様に満鉄系の大連油脂工業株式会社（1916年4月26日設立）も同社に出資していたが、大連製油の工場は1923年10月に火災となり経営が行き詰まり1926年3月期より休業状態に陥った[11]。

　東省実業は1921年11月期に損失を計上し、馬越恭平は専務取締役から身を引き、ほぼ満洲事業家のみで経営する体制となった[12]。東拓の出資・融資は戦後恐慌後に不良債権へ転換したのみならず、満洲における東拓別働隊のファイナンス・カンパニーの東省実業も同じ境遇に陥った。東省実業は経営危機に陥り1922年5月期に2百万円を減資して社債1.5百万円を東拓に引き受けて貰い、さらに同年11月期に東拓の出資により3百万円払込2,250千円に増資し、東拓負担により損失処理と資金力強化を行った[13]。さらに東省実業の苦境は続くため、1925年3月期に東拓が東省実業株式を買収することで過半出資とし支配下に入れた（柴田［2015a］55頁）。これにより東拓系企業集団における満洲の小規模事業法人投資を行う中間持株会社に位置づけが変わった。その後、東省実業は1927年11月期に払込2,500千円を半額減資し、資本金1,750千円として前期繰越損1,250千円を処理した。この二度目の減資に併せて東拓は東省実業株式を買い取り、一部個人保有以外の株式を取得し、東省実業は東拓のほぼ全額出資子会社となった。同期総資産8,160千円に対し、資本金1,750千円、借入金4,010千円（東拓）、社債2百万円（東拓）という完全な東拓丸抱え状態に陥った[14]。そして東拓からの派遣役員が経営を続けた。東省実業の主要業務の出資・融資は損失を続けるため、毎期に損失を計上

表7-5 東省実業の

法人名	設立年月	本店	公称資本金	払込資本金	東省実業出資払込
(1918年11月期)					
奉天信託(株)	1914. 7 .15	奉天	200	87.5	5
奉天窯業(株)	1918. 6 .30	奉天	200	50	6
東洋畜産興業(株)	1918.10.10	京城	2,000	875	3
恵通銭号	1918. 5 .—	長春	100	25	14
満洲ベンジン工業(株)	1918. 9 .25	大連	300	250	15
北満製粉(株)	1913.10.—	哈爾浜	500	400	8
哈爾浜印刷(株)	1918.10.15	哈爾浜	250	125	16
(株)北満倉庫	1918.10.—	哈爾浜	500	125	55
北満セメント瓦(株)	…	哈爾浜	200	100	51
天元開墾公司	1918.10.—	吉心鎮	32	20	10
(1919年5月期)					
大陸窯業(株)	1919. 2 .25	奉天→大連	2,000	500	137
北満運輸公司	1919. 2 .—	哈爾浜	2,000	500	187
安東興業(株)	1919. 1 .10	安東	500	125	25
(株)瑞祥号	1919. 3 .—	奉天	500	125	36
満洲刷子工業(株)	1919. 5 .—	撫順	500	125	12
奉天石灰セメント(株)	1919. 4 .10	奉天	500	125	66
勝栄石綿工業(株)	1918. 6 .18	奉天	150	37.5	3
開原市場(株)	1918.10. 1	開原	100	100	50
(1919年11月期)					
南満農産(株)	1919.10.—	奉天	500	125	6
奉天実業貨桟	1918.10.—	奉天	60	51	31
長春実業糧桟	1918. 9 .—	長春	80	80	56
通泰号	1918.10.—	大連	100	30	41
(株)中華煙公司	1919. 9 .—	済南	1,500	375	67
(株)済南興業公司	1919. 7 .—	済南	500	125	100
浦塩製粉所	…	浦塩	454	…	454
(1920年5月期)					
東洋拓殖(株)	1908.12.28	東京	50,000	27,500	66
山東起業(株)	1920. 1 .17	済南→青島	10,000	2,500	162
国際信託(株)	1920. 5 .—	東京	50,000	12,500	50
(1920年11月期)					
大連製油(株)	1918. 9 .25	大連	3,000	907.5	36
吉林実業煙店	1920.10.—	吉林	200	…	25

注：東省実業の当初出資を掲示。
出所：東省実業(株)『営業報告書』(各期)、南満洲鉄道地方部勧業課『南満洲商工要鑑』1919年版、日清興信所『満

第7章 東洋拓殖系企業集団 419

株式取得

(単位：千円)

備　　考
事業継続、1938.8.6奉天銀行に商号変更
1928.4解散、事業を第二奉天窯業(株)に承継させ、同社が奉天窯業(株)に商号変更
東拓25.5％保有
中国官憲との合弁事業
1920.4.26大連油脂(株)に商号変更
1920.3.18満洲製粉(株)が合併決議
ロシア人事業の買収、1919年11月期一部売却
1924.1.24に国際運輸に事業譲渡
日露合弁、北満窯工(株)に改称、1922前に解散もしくは休業
土地開墾の共同経営、洋票建
1921.2.17大連移転、事業継続
1935前休業
南満農産(株)に事業譲渡
関東庁支援で設立、満鉄出資、1920.7満鉄の要望で東省実業が整理に着手、1925解散
石灰製造販売で事業継続、設立日は満洲銀行会社年鑑
東拓の要望で引受、回復見込みなく全額損切り、休業状態
事業継続
東省実業は1918.3設立とするが、修正した。瑞祥号の事業を承継、苦境にありこの出資全損処理、1923.4.11破産報道
支店奉天、工場長春、出張所哈爾濱、1921年には休業状態
1918.10買収
東拓22％出資、1927減資後東拓に譲渡と推定
満鉄1922.2、0.55％取得、1923.10後休業

洲会社興信録』1922年版。

し続け満洲事変前に東省実業は再起ができなかった。

2．満蒙毛織の設立と事業の不振

第 1 次大戦期に軍隊総動員の中で軍服需要が急増し国際毛織物相場と羊毛価格が上昇する中で、満洲における毛織物産業の将来性が期待された。東拓は満洲と中国関内における毛織物工業の事業化の可能性について1918年に研究していた[15]。関東軍の軍服原料の地場生産も期待されたはずである。世界の景気が高揚している中で日本の羊毛政策に順応し、満洲における産業を起こすため、東拓と満鉄の後援を得て、合弁組織により奉天に製絨工場を起し、各種毛織物を製造し、軍隊及び一般用の需要に応じ、かねて中国産羊毛の輸出を目的とする会社設立が計画された[16]。東拓総裁石塚英蔵ほか29名の発起人により創立事務所を東拓内に置き、東拓の高瀬梅吉（理事）ほかが創立委員となり、会社設立計画が進められた。創立趣意書によると、欧州体制の中でイギリスと属領は羊毛輸出を禁止したため濠州産羊毛の輸入が困難となったが、満蒙羊毛利用で企業化が可能であり、合弁組織により奉天に会社を起こし製絨工業のほか羊毛輸出も事業とする主張した。さらに企業目論見書では、毛織物製造による供給のほか天津に整理工場を設立し羊毛購入と輸出に当たるとし、当初から天津への進出を掲げていた[17]。

設立される会社の資本金10百万円とし、1918年11月 8 日に定款を作成し株式募集に移り、同年12月 4 日に資本金10百万円のうち第 1 回払込2.5百万円の払込完了し、12月25日に創立総会を開催し満蒙毛織株式会社が設立された（本店奉天）。満蒙毛織の1919年 4 月末株主名簿を点検すると、1,158名中、筆頭株主として東拓33千株、これに役員株を合計で20％40千株、第 2 位茂木惣兵衛（合資会社茂木商店）12,750株、第 3 位に満鉄ほか各10,000株、第 6 位中谷庄兵衛（植民地事業家）5,440株、第 7 位荒井泰治（植民地事業家）3,000株、以下、石塚英蔵、和田豊治（富士瓦斯紡績株式会社社長）、松平直平（東拓理事）各2,000株、安部幸太郎（安部幸兵衛商店）1,800株、吉野小一郎（前東拓奉天支店長、東省実業取締役）1,200株、高瀬梅吉（東拓理事）、相生由太郎（満洲事業家）、島定治郎（島徳蔵兄）各1,000株、栃内壬五郎（満鉄地方部農事試験場長）500株のほか、加藤定吉（植民地事業家）、槇哲（塩水港製糖株式会社）、藤崎三郎助（塩水港製糖）各500株、

高木陸郎（中日実業株式会社）400株、斉藤茂一郎（満洲事業家）310株、馬越恭平（東省実業社長）300株、石本鐶太郎（満洲事業家）250株、庵谷忱（満洲事業家）200株、日本国内の有力事業家として安部幸之助、島徳蔵（株式会社大阪株式取引所理事長）各3,000株、安宅弥吉（自営業安宅商会）1,000株、若尾璋八（甲州財閥として多数の会社役員）350株、福本元之助（大日本紡績株式会社社長）200株等が並んでいた。安部は南満洲製糖株式会社と亜細亜煙草にも出資し、島徳蔵は北浜の相場師で株式会社上海取引所（1918年6月8日設立）ほかの経営に関わった[18]。満蒙毛織への多数の投資家の関わりは、第1次大戦期の旺盛な国外投資熱が反映していた。設立と同日に社長石塚英蔵、取締役荒井泰治、茂木惣兵衛、栃内壬五郎、中谷庄兵衛ほか、監査役島定治郎、相生由太郎、高瀬梅吉ほかが就任した。そのほか同日に和田豊治が相談役に就任した。茂木惣兵衛は第1次大戦後に国外商取引で大拡張した茂木合名会社（1913年6月設立、本店横浜）を経営していた[19]。

　戦後恐慌が満洲経済を強打し操業不振に陥る前の満蒙毛織の操業状況を紹介しておこう。満蒙毛織は東拓、満鉄の出資のみならず、関東庁からの補助金として、1919年4月30日に、1919年度より4年間に、第1回払込に対し年6％の利子補給を交付する指令を受けた[20]。これにより小口株主は安心して満蒙毛織の株式を保有することができた。同社は工場敷地として奉天満鉄附属地外西に、また天津工場は天津ロシア租界の天津駅付近に選定買収を完了した。工場用機械は日本及びアメリカに発注した[21]。同社は東省実業に工事を依頼し、1919年6月5日に起工した。設置する機械の一部を千住製絨所から借り入れることとし、同年9月8日に賃借契約を締結し、11月6日に奉天工場に搬入した。アメリカに発注した機械は日本への輸送する段階となった。同年10月末で奉天第1工場と第2工場を建築中であり、修理工場、製品・原料倉庫等が竣工していた[22]。

　東拓総裁石塚の満蒙毛織社長兼務は難しいため、1919年11月26日に相談役に降りた。満蒙毛織の奉天工場は原料搬入と完成品搬出等のため、1920年3月26日に満鉄より満鉄奉天駅構内から満蒙毛織工場に引込線を敷設することの承認を得た。奉天工場は竣工し、千住製絨所からの借入機械と新規調達機械の据付を完了し、製造作業の試運転し、製品を出荷する段階に達した。他方、天津工場はイギリス

に発注した機械が遅延し、工事できない状態が続いた。同社は出荷皆無のまま、最多収入の配当補助金半期75千円を受給することで、株主に配当を続けた[23]。満蒙毛織は1920年の戦後恐慌の襲来前に、満洲内工場の操業に漕ぎ着けることはできなかった。

　1920年に戦時中の景気の高揚が一挙にしぼみ、戦後の反動恐慌が満洲を強打した。満蒙毛織は設立後僅か2年足らずで苦境に陥った。満蒙毛織は不要な工事を繰り延べ、天津工場の建築を見合わせた。同社は1920年に各種毛布、絨類の紡織に着手したが、操業日数は限られ、また外国発注の機械も未着のまま続いた。官需として陸軍省の下命による軍絨と満洲内日本官庁及び各会社の注文による制服を製造することで限られた納品を行っていた[24]。また満蒙毛織の役員は戦後恐慌の中で大きく変動した。茂木惣兵衛は茂木合名の破綻に伴い辞任し、島定治郎、相生由太郎も辞任した。苦境に立った満蒙毛織は、1920年8月14日に在奉天総領事館より承認を得て奉天と天津の土地および機械を抵当にいれて東拓から借り入れた。こうして最大株主からの資金調達に依存することとなった。10月末で990千円の東拓借入金が計上されている。また同年9月22日取締役会で11月1日までに1株5円の徴収を求め、不況の中でも資金調達に走った[25]。

　1920年10月期末に奉天工場を竣工し、軍用絨と満洲朝鮮青島方面の官庁会社の注文品を製造し、労働者の熟練もあり何とか1921年4月期にも利益を計上した。満蒙毛織は1920年11月3日に関東庁より社債発行の許可を得た。12月2日に陸軍省より千住製絨所買上製品について契約保証金の免除の認可を得た。関東庁より補助金を受給しているが、さらに12月24日に補助金追加交付を申請した。満蒙毛織製品の日本における関税免除願を12月29日に関東庁経由で大蔵省に提出した。1921年2月24日に陸軍省より千住製絨所借入機械の担保金の免除の認可を得た[26]。反動恐慌の打撃で株主構成も変動した。1921年4月末の株主名簿によると、東拓35,000株となり保有株を増加させていた。他方、満鉄10,000株、中谷庄兵衛3,000株、国際信託株式会社（1920年5月設立、本店東京）2,000株、安部幸太郎1,750株、安部幸之助1,500株、和田豊治1,400株等であり、島定治郎の名前は消滅していた。以下関係者として荒井合名会社900株、相生由太郎500株が並んでいたが、いずれも保有株を引き下げていた。東拓に肩代わりしてもらった事例も多い。そ

のほか島徳蔵が1,000株を保有していた。創立時に第3位株主だった茂木惣兵衛は500株保有と七十四銀行（1878年7月19日設立、本店横浜）社長茂木300株のみとなり、すでに過半を売却していた。破綻した茂木合名系の七十四銀行は株式を処分していた[27]。

満蒙毛織は1921年9月1日に東拓と社債3百万円の契約を調印した。その後、島徳蔵は1922年6月14日に社長に就任したが、翌年4月期に満蒙毛織は損失を計上し、同年4月10日に島は社長を辞任した[28]。島は自分の経営する多数の事業が苦境に陥っており、満蒙毛織の経営に傾注する余裕はなかった。

満蒙毛織は東拓債務の金利負担が重いため、1923年9月に金利を引き下げてもらった。また東拓引受の社債は東拓借入金に切り換えて償還処理し、金利負担を軽減した。そのほか1924年3月29日に満鉄に産業助成金交付を申請したが、満鉄は出資先の会社への補助金交付を好まず、実現しなかった。さらに1924年6月27日に奉天工場の火災で機械等の大部分を焼失し、簿価3,524千円の損害となりこれに対し1,707千円の火災保険を受領した[29]。損失処理のため同年11月29日に1株25円払込10株を32.5円払込3株に併合し、60千株3百万円に減資し1,950千円払込とした。この結果、東拓は13,005株となり2割を超えた。満鉄は2,580株と取締役栃内の210株、合計2,790株となった[30]。満鉄は苦境に陥っている満蒙毛織の奉天地代支払いを免除した。満蒙毛織は在庫処分でかろうじて売り上げを計上した。

満蒙毛織は満鉄に事業補助金の交付を申請し、1928年3月8日初めて補助金の交付決定を受けた[31]。以後は関東庁と満鉄からの二重の補助金受給で苦境の中を繋ぐことになる。1929年3月13日に奉天工場でまた火災が発生し、整理工場を全焼し染色工場の4分の1を焼失した。損額は376千円、保険契約で補填できたのは355千円であった[32]。それでも同年月1日実施の中国の毛織物関税引き上げにいくらか光明を見出した。経営不振にあえぐ満蒙毛織は有能な経営者の招聘が必要と判断し、1930年6月28日に椎名義雄を取締役に選任し、常務取締役に就任させた[33]。

満蒙毛織は1923年4月期に損失を計上してから1931年4月期まで、ほぼ損失計上を続けた結果、1931年4月期で前期損失金670千円にまで膨れ上がっていた。満蒙毛織を奉天を拠点とする有望な製造業として存続させるため、整理案が計画

された。1931年1月30日に拓務省殖産局長殖田俊吉（1929年6月10日～1931年5月8日在任）ほか、満鉄理事大蔵公望（1929年10月10日～1931年7月15日在任）、満蒙毛織専務取締役遠藤真一が協議して決定し、2月12日に東拓重役会で承認した。その内容は1930年10月期資産中、償却所要額3,185千円としこれを整理する。その方法として資本金500千円325千円払込に減資し、切り捨てる1,625千円を償却に充当する。残りの1,560千円は1930年11月から1945年10月の15カ年における営業利益で償却する。会社の総資産のうち現実に稼動する資産を1,190千円とする。東拓借入金は865千円とする。そのうち復興借入金と新借入金150千円を控除した715千円に対しては1931年11月より年利3％とし、1938年10月末より3年間75千円、以後は毎年100千円の元金を返済するものとし、元金償還を据え置いた。関東庁は1930年度95千円、1931年度以降55千円の補助金を交付し、満鉄は1930年度60千円、1931年度以降6年間25千円の補助金を交付する[34]。この方針を受けて1931年3月25日に資本金を3百万円から500千円に減資を決議し、6株を1株に併合し、32.5円払込のままとした[35]。これにより株主の負担で一部の損失を処理し、関東庁・満鉄からの補助金受給と東拓からの借入金返済条件緩和により、1945年までに処理するものとした。関東庁・満鉄・東拓からの多くの支援を受けたにもかかわらず満蒙毛織は不振を続けるため、操業環境が変わらない限り大幅利益法人への転換は難しい状況にあった。

　満蒙毛織は1930年下期以降の製造設備の刷新で大衆向各種毛織物の製造を行い満洲各地に直売所、出張所を設置し卸売のほか進んで小売にまで手を広げ販路を拡張に注力した。奉天本社に販売課を設置したほか、満洲では新京、吉林、大連、安東、撫順、奉天城内、哈爾濱、斉斉哈爾、洮南ほかに出張所を設置しそのほか各地に直販所を設置し販路拡張に努めた[36]。満蒙毛織は日本内操業による日本内販売に商機を見出そうとして、1931年8月25日に名古屋工場新設を関東庁に申請し9月18日に許可された[37]。満洲事変勃発の同日であった。

1）　東省実業の株式募集広告（『満洲日日新聞』1918年3月21日）。庵谷忱については第4章参照。
2）　「東省実業株式会社定款」。

3) 東省実業株式会社「株主名簿」1918年11月30日現在。
4) 同『第1期営業報告書』1918年11月期、8-15頁。
5) 東洋畜産興業については柴田［2015a］第1章参照。
6) 前掲東省実業『第1期営業報告書』4-7頁。東省実業の出資先企業の設立年月等については、日清興信所『満洲会社興信録』1922年版、大連商工会議所『満洲銀行会社年鑑』1935年版、南満洲鉄道地方部勧業課『南満洲商工要鑑』1919年版を参照。満鉄が株式を取得した北満製粉と満洲ベンジン工業・大連製油については第3章参照。満洲ベンジン工業の設立日を1918年9月5日とする資料もある。
7) 東省実業株式会社『第2期営業報告書』1919年5月期、4-5頁。満洲刷子工業は1925年に解散した（第4章参照）。
8) 黒瀬［2003］の「間接融資」機関ではなく、出資を中心として補助的に融資を行ったと言えよう。
9) 東省実業株式会社『第3期営業報告書』1919年11月期、4-8頁。
10) 同『第4期営業報告書』1920年5月期、3-5頁。
11) 大連油脂工業については第3章参照。
12) 東省実業株式会社『第7期営業報告書』1921年11月期、2、5頁。
13) 同『第8期営業報告書』1922年5月期、2-4頁、『第9期営業報告書』1922年5月期、3頁。
14) 同『第18期営業報告書』1927年5月期、8頁、『第19期営業報告書』1927年11月期、2-3、6-8頁。1923年の満洲金融疎通資金により東省実業は復配し、その後「経営を安定化させていった」と黒瀬［2003］137頁ではみているが、出資融資先の操業環境から東省実業の経営が安定する環境にはなく、またその後の減資と東拓丸抱えへの移行の説明がなく事実関係の評価に問題があろう。
15) 東洋拓殖［1918b］が東拓による満洲・中国における毛織物産業の有望であると分析している。
16) 満蒙毛織株式会社『第1期営業報告書』1919年4月期、1頁。
17) 「満蒙毛織株式会社設立趣意書企業目論見書」1918年10月（外務省記録E43）。
18) 前掲満蒙毛織『第1期営業報告書』「株主名簿」。石塚英蔵、松平直平、高瀬梅吉については柴田［2015a］第1章参照。荒井泰治、相生由太郎、斉藤茂一郎、石本鏆太郎、栃内壬五郎については第3章参照。和田豊治については第4章参照。島徳蔵の外地取引所への関わりは柴田［2015a］第1章参照
19) 前掲満蒙毛織『第1期営業報告書』。茂木合名は戦後恐慌の打撃を受け破綻し、茂木惣兵衛個人保有の満蒙毛織株式は七十四銀行に移され、あるいは売却処分され減少した。さらに茂木の経営する七十四銀行と横浜貯蓄銀行（1882年1月6日設立）は倒産し、事後処理にあたり多くの時間を要した（柴田［2002b］参照）。

20) 前掲満蒙毛織『第1期営業報告書』4頁。
21) 同前、5頁。
22) 満蒙毛織株式会社『第2期営業報告書』1919年10月期。
23) 同『第3期営業報告書』1920年4月期、4-6、9頁。
24) 同『第4期営業報告書』1920年10月期、4-5頁。
25) 同前、2-3、6、9-10頁。
26) 満蒙毛織株式会社『第5期営業報告書』1921年4月期、2-4頁。
27) 同前「百株以上株主一覧表」。茂木惣兵衛の保有していた日華蚕糸株式会社株も七十四銀行の保有に移り同様に処分された（柴田［2013a］第4章参照）。
28) 満蒙毛織株式会社『第6期営業報告書』1921年10月期、3-4、6-7頁、『第7期営業報告書』1922年4月期、2-3頁、『第9期営業報告書』1923年4月期、2頁。
29) 同『第12期営業報告書』1924年10月期、2-3頁。
30) 同『第13期営業報告書』1925年4月期、株主名簿。
31) 同『第19期営業報告書』1928年4月期、5頁。
32) 同『第21期営業報告書』1929年4月期、4-5頁。
33) 同『第24期営業報告書』1930年10月期、4頁。椎名義雄は1895年1月12日生、東京高等工業学校卒、合同毛織株式会社（1927年8月設立、本店大阪）の有能な毛織物製造技師であった。満蒙毛織取締役就任時に33歳の椎名に満蒙毛織の再建を託された。椎名は伝記に新水［1942］がある。
34) 満蒙毛織株式会社「附帯書類」1934年5月22日（外務省記録E42）。殖田俊吉については秦［1981］45、289頁、大蔵公望については第4章参照。
35) 同『第25期営業報告書』1931年4月期、4-5頁。4月15日に実施した。
36) 「満蒙毛織株式会社増資新株引受ノ件」1934年10月25日拓務省決済（外務省記録E42）。
37) 満蒙毛織株式会社『第26期営業報告書』1931年10月期、5頁。

第3節　満洲事変期関係会社投資

1．事業概要

東拓は満洲事変後に操業環境が激変し、出資先や融資先が復調した。満洲事変期の東拓事業は満洲国体制に移行したことに伴い、1933年9月12日に新京支店を

開設し、満洲国事業の拡大に備えた（東洋拓殖［1939］76頁）。東拓にとって1930年代前半の低金利進行の中で既往発行社債金利負担が重くのしかかったが、大蔵省の配慮で預金部資金保有東拓債の低利債への乗り換えも進められた。また出資率の低い銘柄株式を処分する等で資金繰りを何とかつけてしのいだ。東拓の事業規模は1932年6月期総資産256百万円うち融資132百万円株券及債券27百万円で出資の比率は低い（表7-6）。そのため支配下に置いている会社で規模の大きなものがないのは当然である。満洲事変期に出資額は増大し、1937年6月期株券及び債券は58百万円に増大した。他方融資はかなり絞り込んだためさほど伸びず147百万円で止まっていた。総資産は1935年12月期から増大基調となり、1937年6月期で328百万円に増大していた。

　満洲事変以降、東拓の満洲国からの排除が関東軍側で検討された。しかし朝鮮総督府側からの巻き返し、間島地域における在満朝鮮人のプレゼンス、金融制度上の農地等を担保とする長期金融機関の未設等が考慮され、東拓は満洲国における営業の継続が認められた[1]。1936年12月7日に満洲興業銀行が設立された（本店新京）。その立案の検討に当たっても、不動産担保の長期金融機関設立が考慮されたが、長期の工業金融機関の設立に重点が移動したため、不動産担保金融の農業金融機関の設立は後日の課題となり、朝鮮銀行は満興銀に事業資産を譲渡して満洲国から撤収したが、東拓は満洲国内営業を延命できた。これは横浜正金銀行が満洲における為替業務を担当するため、満洲国設立後も満洲国の外国為替取引の必要性から満洲国で延命でき、そのまま日本敗戦を迎えた事例と近似するものである。満洲事変以前のみならず満洲国時期についても競合する金融機関が発生しなかったことがその存続を担保したものといえよう。なお預金部資金の東拓債保有のうちで1934年末で関東州及び満鉄附属地向資金供給として分類できるものは4,350千円と見られる。これは在満商工業者救済資金として供給された。規模の大きな日本法人は満鉄附属地における日本側金融機関として朝鮮銀行か東拓に資金を依存した。これらの満洲国出現後に設置された東拓の関係会社短期資金供給のため、東拓は満洲国内で資金調達を行っていた。日本からの送金で調達するよりも地場調達のほうが有利との判断があった。1935年9月10日の拓務省決裁で東拓の満洲国内借入金限度20百万円を2.5百万円に拡張することを認めた（柴田

表7-6　東洋拓殖

	1932.6期	1932.12期	1933.6期	1933.12期
(資産)				
未払込資本金	15,000	15,000	15,000	15,000
債券価格較差	8,915	8,922	9,032	9,137
貸付金	132,417	133,882	116,731	115,089
株券及債券	27,800	27,780	30,405	35,990
特種事業資金	11,126	11,169	11,557	12,191
受託事業	468	1,455	2,750	2,326
預け金	4,232	4,709	11,821	12,713
地所	30,772	31,226	31,273	31,542
山林	2,481	2,514	2,557	2,590
建物	6,558	6,444	5,882	5,632
機械器具	517	520	507	138
農林鉱産物等	2,489	2,087	1,629	2,569
地所建物譲渡高	23,661	24,472	25,456	26,103
仮払金等	2,028	2,064	1,946	2,928
物品貸付金	1,261	448	1,640	465
興業費	638	991	1,183	1,568
未収金	238	238	858	112
受取手形	782	430	501	281
金銀	95	112	67	44
当期損失金	—	406	—	—
総計	271,485	274,878	270,804	276,429
未払込資本金控除総資産	256,485	259,878	255,804	261,429
(負債)				
資本金	50,000	50,000	50,000	50,000
諸準備金	1,877	1,899	1,899	1,899
債券発行高	188,095	197,097	195,887	192,490
定期預り金	12,233	7,500	8,549	8,665
借入金	9,453	8,290	3,627	12,864
地所建物譲渡受高	6,348	6,521	6,714	6,782
仮受金	1,428	1,526	2,389	2,578
雑勘定	1,356	1,336	1,351	707
諸引当金等	117	152	237	294
前期繰越金	365	552	146	146
当期純益金	209	—	—	—
総計	271,485	274,878	270,804	276,429

出所：東洋拓殖株式会社『営業報告書』(各期)。

第7章　東洋拓殖系企業集団

貸借対照表 (2)

(単位：千円)

1934.6期	1934.12期	1935.6期	1935.12期	1936.6期	1936.12期	1937.6期
15,000	15,000	15,000	15,000	15,000	15,000	15,000
9,001	8,589	8,531	8,628	8,591	8,579	8,653
119,364	115,327	115,846	138,108	133,474	143,605	147,203
34,231	36,037	37,373	39,579	40,078	49,421	58,995
12,534	12,693	13,234	15,185	12,507	13,088	13,518
2,695	3,458	3,098	3,356	3,457	3,564	3,727
7,566	9,195	8,076	5,802	11,510	13,435	11,059
31,586	31,676	31,404	31,481	33,701	34,017	34,151
2,677	2,760	2,843	2,807	2,767	2,814	2,871
5,570	5,634	5,651	5,799	5,839	5,894	6,451
126	115	100	115	113	135	148
883	2,544	2,006	3,179	4,121	2,817	2,247
25,694	25,871	25,535	25,891	26,095	26,239	26,918
2,628	2,491	1,911	3,606	2,687	6,053	2,597
1,713	468	2,090	477	5,581	1,692	6,462
2,156	2,490	2,644	3,548	3,882	3,647	3,420
282	112	112	—	—	—	—
322	217	261	171	152	94	84
65	141	194	69	62	29	124
—	—	—	—	—	—	—
274,104	274,826	275,915	302,805	309,629	330,132	343,639
259,104	259,826	260,915	287,805	294,629	315,132	328,639
50,000	50,000	50,000	50,000	50,000	50,000	50,000
1,899	1,899	1,935	2,012	2,140	2,330	2,422
188,509	184,560	186,086	189,507	207,849	225,873	248,860
10,121	14,428	14,428	16,626	11,843	17,905	17,587
11,848	12,359	10,799	29,581	22,446	18,040	8,080
6,870	7,164	7,390	7,898	7,952	7,955	8,334
3,552	2,687	3,127	4,122	2,937	3,439	2,831
857	833	872	881	911	1,106	1,194
298	385	202	241	779	1,315	1,744
146	146	308	653	1,212	1,261	1,313
—	361	764	1,281	1,555	903	1,272
274,104	274,826	275,915	302,805	309,629	330,132	343,639

［2015a］第1章参照）。その資金拡張で東拓は後述の日満製粉株式会社、大同酒精股份有限公司のほか中東海林採木有限公司への融資枠の拡張が認められた[2]。

2．満洲関係会社投資

満洲事変期の新規出資を中心に関係会社投資を概観する。中東海林採木は満洲国樹立後、旧吉林省政府の出資が満洲国政府出資に切り替えられ、政府出資と東拓の合弁に切り替えられていた。

東拓はボロヂン高田醸造株式会社（1922年9月29日設立、本店哈爾濱）に対し融資したが回収不能となり、融資担保として酒精工場等を1930年5月に取得した。満洲国樹立後に乱立する北満の酒精企業を再編するため、満洲国政府の薦めで大酒精事業家の徐鵬志と東拓は折半出資し、1933年11月21日に大同酒精股份有限公司（本店哈爾濱）を設立した（大河内［1982］193-184頁）。同社資本金1,670千円全額払込に対し、東拓は835千円（満洲中央銀行券建）の出資を行った（表7-7）。双方とも出資の過半は工場等の現物出資である。すなわち東拓は哈爾濱の酒精工場と附属物件453千円、酒精129,472円、樽・麻袋等動産18,339円のほか現金169,189円を加え770千円、徐鵬志は哈爾濱酒精工場及び附属物件584.9千円、一面坡酒精工場及び附属物件111.8千円、樽・麻袋等動産43,561円のほか現金29,739円を加え770千円とした。東拓現物出資には哈爾濱本店の昭和酒精公司の事業資産が充当されたと推定する。株主には東拓と徐のほか双方が派遣した役員株が含まれている[3]。大同酒精設立で昭和酒精公司は解散した。東拓は、大同酒精に対し1934年6月期より融資で資金支援を行った（柴田［2015a］第1章参照）。大同酒精は満洲の有力アルコール製造事業者としてエチルアルコールのほかブタノールも製造し、利益を上げた（大河内［1982］187-188頁）。

1934年5月16日に満洲採金株式会社が設立された（本店新京、資本金12百万円2,591千円払込）。同社は「満洲採金株式会社法」に基づく満洲国の特殊会社で旧政権所有金鉱山を現物出資し満洲国法人化したものである。満洲国政府が主要株主として現物出資し、そのほか満鉄も現物・現金出資した。東拓も16.6％を現金出資し、そのほか満銀も一部現物出資した（第5章、第8章、柴田［1999a］、［2002a］、［2007］、［2015］参照）。東拓は監査役に奉天支店長新谷俊蔵を兼務派

遣し経営監視に当たらせた[4]）。

　満洲国における製粉業者で日本側製粉業者の共同出資により、1934年6月25日に日満製粉株式会社が設立された（本店奉天、資本金200万円払込）。同社は満鉄附属地における日本法人であり、東拓は500千円を出資し、最大株主となった。同社は為替リスク回避のため附属地における日本法人として設立され、その事業を担当する全額出資子会社の日満製粉股份有限公司（1936年12月9日設立、本店奉天、資本金2百万円）を事業法人として抱えていた。

　1934年11月1日満洲電業股份有限公司が設立された（本店新京、資本金90百万円払込）。同社に北満電気は事業資産を譲渡し、対価に株式1,800千円を取得した（第5章参照）。北満電気は同年12月27日に解散し、その保有株式を東拓が取得した（柴田［2015a］第1章参照）。

　満洲における大豆加工を目標とし、1935年6月25日満洲特産工業株式会社が設立された（本店奉天、資本金4百万円4分の1払込）。理化学興業株式会社（1927年11月設立、本店東京）が13％97.5千円、東拓が8.2％62千円を出資した。筆頭株主は16％125千円出資の安東の油房業者金井佐次であり、社長に就任した[5]）。同社は特産大豆を原料とした加工を業務とする。満洲特産工業は財団法人理化学研究所の開発した合成酒技術を導入し、合成酒を製造販売し好評を得た（大河内［1982］189頁）。満洲特産工業は資金需要が相対的に少ないためか東拓からの出資も増えず、融資もほとんど不要であった。

　1936年4月23日「満洲塩業株式会社法」に基づき同月28日に満洲塩業株式会社が設立された（本店新京、資本金5百万円4分の1払込）。満洲国政府・満鉄ほか日本の化学会社が出資したが、東拓も関東州で直営製塩業に従事しているため、2％25千円を出資した（第5章、第8章参照）。

　1936年制令「鮮満拓殖株式会社令」に基づき1936年9月9日に鮮満拓殖株式会社が設立された（本店京城）。東拓は20％を出資した。同社は1936年6月26日「満鮮拓殖股份有限公司法」に基づき朝鮮人満洲移民支援を目的とする満洲国特殊法人の満鮮拓殖股份有限公司（1936年9月9日設立、資本金20百万円8百万円払込）の全株を保有する持株会社として活動した。

　そのほか東拓は満洲銀行と正隆銀行に対し少額の出資続けていた。さらに1933

表7-7　東洋拓殖

会社名	設立年月	本店	1932.6期	1932.12期	1933.6期	1933.12期	1934.6期	1934.12期
北満電気(株)	1918.4.10	哈爾濱	*483*	*483*	*483*	*483*	*483*	*483*
東省実業(株)	1918.5.4	奉天	1,705	1,718	1,758	1,758	1,758	1,758
満蒙毛織(株)	1918.12.25	奉天	*123*	*123*	*123*	372	384	1,592
(株)満洲銀行	1923.7.31	奉天	<u>175</u>	<u>175</u>	<u>175</u>	<u>175</u>	<u>176</u>	<u>176</u>
(株)鴻業公司	1926.6.5	大連	125	125	125	125	125	125
東亜煙草(株)	1906.11.9	東京	22	—	—	—	—	—
(株)昭和酒精公司	1930.5.—	哈爾濱	250	250	250	—	—	—
(株)正隆銀行	1908.1.15	奉天	—	0	0	0	0	0
大同酒精(股)	1933.11.21	哈爾濱	—	—	—	835	835	835
満洲採金(株)	1934.5.16	新京	—	—	—	—	<u>500</u>	<u>500</u>
日満製粉(株)	1934.6.25	哈爾濱	—	—	—	—	<u>373</u>	<u>373</u>
満洲特産工業(株)	1935.6.25	奉天	—	—	—	—	—	—
満洲電業(株)	1934.11.1	新京	—	—	—	—	—	—
満洲塩業(株)	1936.4.28	新京	—	—	—	—	—	—
鮮満拓殖(株)	1936.9.24	京城	—	—	—	—	—	—
満洲	社数		7	6	6	6	8	8
	資本金		2,883	2,874	2,914	3,748	4,634	5,842
その他地域	社数		16	17	18	18	19	21
	資本金		16,498	17,378	22,316	22,333	23,119	23,568
合計	社数		23	23	24	24	27	29
	資本金		19,381	20,252	25,230	26,081	27,753	29,410
連結子会社	社数		7	7	7	7	7	9
	資本金		14,013	6,071	11,073	11,658	11,658	13,600
持分法適用会社	社数		*7*	*6*	*7*	*7*	*7*	*6*
	資本金		*3,360*	*3,195*	*3,172*	*3,420*	*3,575*	*3,191*
その他会社	社数		<u>9</u>	<u>10</u>	<u>10</u>	<u>10</u>	<u>13</u>	<u>14</u>
	資本金		2,007	10,985	10,985	11,003	12,520	12,618

注：1) イタリックは持分法適用会社、アンダラインは20%以下出資会社。
　　2) 満洲に東亜煙草と鮮満拓殖を含ませた。
　　3) 哈爾浜日日新聞社3.75%7.5千円の出資が続いたが省略した。
出所：柴田［2015a］第1章。

年12月期で正隆銀行2,330千円、満洲銀行722千円の貸付金残高を持ち、両行に対しては出資以上の融資残高でその営業を支えていた。この資金は大蔵省からの支援枠である。その後、1934年12月期に満洲銀行への貸付金を全額回収したが、1936年6月期でも正隆銀行への1百万円の融資が残っていた（柴田［2015a］第1章参照）。1936年12月7日に満興銀が設立されると、朝鮮銀行満洲国内店舗と正隆銀行・満洲銀行は満洲興業銀行に譲渡され、解散した。満興銀は満洲国と朝鮮銀行の折半出資として設立されたため[6]、東拓は満洲銀行・正隆銀行の株式を

第7章　東洋拓殖系企業集団　433

関係会社出資（2）

（単位：千円）

1935.6期	1935.12期	1936.6期	1936.12期	1937.6期	備　考
483	—	—	—	—	25％、1934.12.27解散
1,748	1000	1000	1,000	1,000	100％、1935.5.10減資決議
1,592	1,592	1,592	4,592	4,593	20％ほど、1934.9.12増資引受63.7％→83.5％
<u>176</u>	<u>176</u>	<u>176</u>	<u>176</u>	—	7％、1936.12解散、満洲興業銀行に事業譲渡
125	125	125	125	125	100％
—	—	—	—	—	0.19％、株式処分
—	—	—	—	—	100％、少額資本のため東拓全額出資と想定、大同酒精(股)設立で解散
0	0	—	—	—	0.015％、750円、1932.12取得と推定、1936.12解散、満洲興業銀行に事業譲渡
835	835	835	835	883	50％、銀建、設立時から東拓出資と推定
<u>500</u>	<u>1,000</u>	<u>1,000</u>	<u>1,000</u>	<u>1,000</u>	16.6％
<u>373</u>	<u>373</u>	<u>373</u>	<u>373</u>	<u>934</u>	18.6％
<u>62</u>	<u>62</u>	<u>62</u>	<u>62</u>	<u>63</u>	8.3％
<u>1,800</u>	<u>1,800</u>	<u>1,805</u>	<u>1,805</u>	<u>1,806</u>	2.0％、北満電気保有株式を取得
—	—	25	25	50	2％
—	—	—	2,000	2,000	20％
9	9	10	11	10	
5,894	6,963	6,993	11,993	12,454	
21	22	20	25	29	
25,085	25,069	24,733	34,335	43,858	
30	31	30	36	39	
30,979	32,032	31,726	46,328	56,312	
9	9	8	10	13	
14,690	13,942	13,692	21,305	28,016	
5	*4*	*3*	*4*	*6*	
3,311	*2,827*	*2,747*	*6,227*	*8,811*	
<u>16</u>	<u>18</u>	<u>19</u>	<u>22</u>	<u>20</u>	
<u>12,977</u>	<u>15,262</u>	<u>15,286</u>	<u>18,794</u>	<u>19,483</u>	

　満興銀への出資に切り替えず回収した。併せて1936年12月期に正隆銀行への融資も回収している。

　東省実業も満洲国期に事業環境が好転したため、1935年5月10日に東拓負担による損失処理を行い、不良債権処理を終えて、再度金融業務の拡張に転ずる方針とした。すなわち資本金を1,750千円から1,000千円に減資し、そのほか東拓借入金・東拓未払利息等560千円の負担を得て不良貸付金と累積損失ほかを償却するものとし、1935年11月期にこの損失処理を実行した。その結果、東省実業のバラ

ンスシートは改善され、身軽になったため利益を計上できるまでに復活した[7]。

　関係会社一覧に掲載がないが、1934年6月の刊行物で出資の記載のある会社として、1922年11月1日設立の株式会社哈爾濱日日新聞社がある。1934年同時期の同社資本金200千円全額払込であるが、10千株（1株20円）のうち満鉄7,500株のほか、東拓と三井物産株式会社が各375株7.5千円を保有し第2位株主となっていた（日満実業協会［1934］）。東拓は満鉄に付き合って哈爾濱日日新聞社の株式を取得したようである。満鉄の保有は1926年12月から7,500株保有で変動しない（表4-2）。1936年9月28日股份有限公司満洲弘報協会設立時に満鉄は哈爾濱日日新聞社株式を譲渡したが、東拓は譲渡せずに非支配株主として所有を続けた。東拓内部資料でも見出せず、表7-7にも掲載していない。

　関係会社の融資先に掲載されている財団法人聖徳会の前身は、1911年に土建建築業者の任意の社会事業団体の大連聖徳会である。1919年に社団法人大連聖徳会に改組し、同年末に預金部資金2百万円を東拓経由で借り入れ、関東庁より官有地50千坪の貸下げを受け住宅建設に着手し、1924年度末で二階建て家屋174戸、平屋家屋233戸を竣工し、小規模住宅供給で効果が見られた。しかし大連聖徳会は東拓経由の借入金の償還が困難となり、この住宅分譲経営は苦境に陥った。満洲では同会の先行事例を見て各地に同様の組織が設立された（関東局［1926］890-891頁、沈［1996］160-161頁）。その後、満洲国期の1933年12月期以前に財団法人聖徳会に改組された。遡及できる1933年12月期の東拓の詳細な決算報告では同会の貸出残高がそのまま掲載されている。ただし関係会社出資金一覧には掲載されず、出捐したという記載も見出せない。東拓は預金部資金の融資窓口になっていたため貸出は償還されずに続いていたはずであるが、1933年12月期以前の同会に対する東拓貸出残高は不明である。

3．満洲関係会社総資産と連結総資産

　満洲事変期東拓の満洲関係会社の資産規模を点検しよう。満洲関係会社は1932年6月期の7社から1937年6月期の10社に増大した。出資額も2,883千円から12,454千円に増大した。この関係会社のうち貸借対照表の確認できる会社の総資産を点検する（表7-8）。1932年12月期から1936年12月期の累年で総資産が判明

表7-8 東洋拓殖満洲関係会社総資産（出資20%以上）(2)

(単位：千円)

	設立年月日	本店	1932.12期	1933.12期	1934.12期	1935.12期	1936.12期	
東省実業（株）	1918. 5. 4	奉天	4,964	4,964	5,082	2,648	3,128	同年11月期
満蒙毛織（株）	1918.12.25	奉天	*4,790*	*5,528*	7,015	8,655	11,609	同年10月期、1934.12期より連結子会社
（株）鴻業公司	1926. 6. 5	大連	13,226	14,700	14,880	14,271	14,285	同年9月期
大同酒精（股）	1933.11.24	哈爾濱	―	―	1,979	1,809	1,876	同年9月期
合計			22,980	25,192	28,956	27,383	30,898	
満洲連結子会社	社数		2	2	4	4	4	
	資産総額		18,190	19,664	28,956	27,383	30,898	
満洲持分法適用会社	社数		*1*	*1*	―	―	―	
	資産総額		*4,790*	*5,528*				
（総計）								
連結子会社	社数		5	6	10	9	11	
	資産総額		35,479	45,566	61,471	65,946	82,868	
持分法適用会社	社数		*5*	*5*	*4*	*2*	*5*	
	資産総額		*24,142*	*19,195*	*23,597*	*18,565*	*51,816*	

注）イタリックは持分法適用会社。
出所：柴田［2015a］第1章。

するのは4社のみで、このうち満洲国期に出現したのは大同酒精である。1932年12月期連結子会社2社、東省実業4,964千円、鴻業公司13,226千円と持分法適用会社の満蒙毛織4,790千円である。その後1934年12月期に満蒙毛織が連結子会社に切り替わり、大同酒精が追加されたことで、連結子会社4社となり、4社総資産28,956千円に増大した。これは東拓の連結子会社10社総資産61,471千円の47%を占める規模であり、この時期の東拓連結子会社に占める満洲子会社の比重はほぼ半額に達していた。その後も1936年12月期で4社合計総資産は30,898千円に増大していたが、連結子会社合計11社の総資産合計は82,868千円に増大しており、満洲4社の占める比重は37%に低下していた。1936年設立の朝鮮本店電力会社等の資産額の急増のためである（柴田［2015a］第1章参照）。

東拓総資産に占める満洲連結子会社の比重はかなり高いことが判明したが、さらに東拓の連結総資産を点検することで東拓企業集団の規模と連結子会社全体の比重を判定しよう（表7-9）。東拓の連結子会社総資産は1932年12月期37百万円から1936年12月期82百万円に増大していたが、連結子会社との単純総資産合計から出資・融資・社債保有・譲渡不動産貸借を相殺した連結総資産は1932年12月期で267百万円である。これから計算される1932年12月期総資産連単倍率は1.029となり連結子会社は東拓本体事業の2.9%の増大要因となった。連結子会社の総資

表7-9 東洋拓殖連結総資産 (2)

(単位:千円)

	1932.12期	1933.12期	1934.12期	1935.12期	1936.12期
東拓未払込資本金控除総資産	259,878	261,429	259,826	287,805	315,132
連結子会社未払込資本金控除総資産	37,105	45,566	61,470	59,695	82,868
単純合計総資産	296,984	306,995	321,297	347,501	398,001
相殺:出資	9,321	10,823	13,250	15,842	21,305
相殺:融資	3,327	1,411	4,022	4,370	4,458
相殺:債券	1,770	1,770	2,770	2,770	2,770
相殺:譲渡不動産	15,016	16,008	14,929	14,085	14,840
相殺合計	29,435	30,012	34,972	37,067	43,374
連結総資産	267,548	276,982	308,046	331,659	376,695
資産連単倍率	1.029	1.059	1.186	1.152	1.195

注:朝鮮都市経営の1932.12期譲渡不動産は次年4月期を利用。
出所:柴田 [2015a]。

産合計が増大を辿り、1934年12月期連結総資産は308百万円、総資産連単倍率は1.186に、1936年12月期376百万円、総資産連単倍率は1.195にまで増大していた。東拓の巨大な直営農事事業・林業・鉱山・非関係会社融資等の事業ほか連結子会社はその20%近く増大させるだけの事業規模に成長していた。ただし先にみたように満洲連結子会社の比重は1936年には低下しているため、この総資産連単倍率への寄与はほぼ満洲会社総資産額に連動する。

1) 東拓の満洲国内操業延命の経緯は柴田 [1999a] 第4章参照。
2) 「東拓ノ銀資金 (満洲国幣) 借入ニ関スル件」1935年9月10日拓務省決裁 (外務省記録E86)。
3) 『満銀年鑑』1935年版、588頁。
4) 新谷俊蔵は1894年2月28日生、1918年東京帝国大学法科大学卒、東拓採用、奉天支店支配人、元山支店長、朝鮮支社金融課長、奉天支店長、日魯漁業株式会社 (1914年3月12日設立、本店東京) 監査役、東省実業監査役 (帝国秘密探偵社『大衆人事録』1942年版、東京510頁)。
5) 金井佐次は1879年1月20日生、1905年満洲に渡り1907年1月合資会社日陞公司設立 (本店安東)、株式会社満鮮鉄工所 (1917年5月10日設立、本店安東、1939年5月27日株式会社興亜製作所に商号変更、同日奉天移転)、1935年6月満洲特産工業社長 (『大衆人事録』1943年版、満洲84頁、『満銀年鑑』1935年版、216頁、『満洲国政府公報』2465号、1942年8月4日)。

6) 満興銀設立については柴田［1999a］第3章参照。
7) 東省実業株式会社『第34期営業報告書』1935年5月期、同『第35期営業報告書』1935年11月期。

第4節　産業開発計画期の満洲投資

1．日中戦争期事業概要

　1937年7月7日盧溝橋事件で日中戦争が勃発した。その少し前に満洲産業開発五カ年計画が始動され、意欲的な満洲産業開発に着手していたが、日中戦争勃発をみて同計画は拡大改定された。東拓も同計画の投資部門に役回りを得た。東拓の新規満洲国出資はこの枠内で実施された。ただし日本における東拓債の発行は1937年9月10日「臨時資金調整法」等の統制法令に従うことになった。東拓の満洲国における余裕資金の運用は政府指定預金と日本国債に限定されていたが、1938年6月1日「本邦内ニ於テ募集シタル外国債ノ待遇ニ関スル法律」により満洲国債が日本国債と同等の扱いを受けるようになったため、拓務省・大蔵省は東拓の余裕資金を満洲国債に振り向けることを認めた。東拓は日中戦争期に国策を背景に朝鮮・満洲ほかへの投資を増大させていたが、資金繰りが悪化する。そのため東拓は1940年10月9日に資金繰り悪化により「当社貸出方針モ重点主義ニ転換」するとした[1]。

　満洲産業開発計画の発動に伴い、満洲国における資金需要は急増し、新規企業への出資が行われた。新設法人に対する多額の資金需要は移民・林業・電力が主要な業目といえよう。これら業種は満洲事変前から東拓は関係会社に出資していたが、満洲国期には新たな企業が多額の出資対象となる。預金部資金も東拓を支援し続けていたが、東拓向け預金部資金は1940年末に関東州枠1,900千円に減少した。大蔵省は東拓を満洲国における国策的資金供給の窓口として、1940年までは積極的に利用する方針をとらなかった。

　東拓の事業規模を点検しておこう。1937年12月期総資産370百万円は1941年12月期に654百万円に増大したが、この間、株券及債券は78百万から224百万円に急

表7-10　東洋拓殖貸借対照表（3）

	1937.12期	1938.6期	1938.12期	1939.6期	1939.12期	1940.6期
(資産)						
未払込資本金	15,000	15,000	15,000	15,000	15,000	7,500
債券価格較差	8,286	8,206	8,535	8,499	8,446	7,527
貸付金	159,573	161,201	172,532	169,019	198,821	216,224
株券及債券	78,285	95,174	116,721	127,848	153,799	161,402
特種事業資金	13,785	14,731	8,645	8,352	9,641	10,084
受託事業	3,892	3,957	4,220	4,227	4,373	4,474
地所	36,073	36,892	37,873	37,387	35,854	35,764
山林	2,925	3,102	3,134	3,128	3,180	3,269
建物	6,522	6,669	7,708	7,688	7,867	8,013
機械器具	154	193	218	232	207	251
農林鉱産物等	3,442	3,554	3,799	3,226	2,612	2,597
地所建物譲渡高	27,307	27,061	26,122	23,909	25,992	26,042
仮払金	2,925	5,813	4,944	4,898	6,015	9,752
雑勘定	8,346	21,390	11,616	32,374	5,752	6,804
預金現金	19,099	16,232	18,731	12,408	22,840	12,827
総計	385,621	419,180	439,808	458,203	500,406	512,537
未払込資本金控除総資産	370,621	404,180	424,808	443,203	485,406	505,037
(負債)						
資本金	50,000	50,000	50,000	50,000	50,000	50,000
諸準備金	2,555	2,682	2,815	2,955	3,255	3,555
債券発行高	246,698	263,680	317,640	344,395	376,846	403,511
定期預り金	21,905	25,440	26,627	25,479	27,258	24,022
借入金	45,749	55,502	19,905	11,938	17,430	3,522
地所建物譲渡受高	8,429	8,777	8,870	9,539	10,038	11,005
仮受金	4,131	6,120	6,256	4,692	5,655	6,547
雑勘定	1,250	1,261	1,288	1,850	2,051	2,209
諸引当金等	2,123	2,680	3,313	3,883	4,389	4,454
前期繰越金	1,518	1,715	1,761	1,810	1,852	1,866
当期純益金	1,258	1,319	1,328	1,657	1,629	1,845
総計	385,621	419,180	439,808	458,203	500,406	512,537

出所：東洋拓殖(株)『営業報告書』（各期）。

増した（表7-10）。他方、融資は159百万円から289百万円に増大しており、株券及び債券の増大は注目できる。東拓が出資に多額の資金を投入したことがわかる。その資金調達のため東拓債残高は246百万円から511百万円に増大していた。日中戦争景気の中で軍需関連需要が急増したことで国外投資に対する東拓への資金需要が増大し、大蔵省が増資と債券発行枠の拡大を認め、巨額の出資・融資が可能

となった（柴田［2015a］第2章参照）。

2．日中戦争期関係会社投資

（単位：千円）

1940.12期	1941.6期	1941.12期
—	37,500	37,500
6,558	5,597	4,643
241,197	260,509	289,855
192,007	216,151	224,246
15,755	19,403	23,214
4,499	4,556	—
41,657	40,891	42,028
3,705	4,448	4,695
8,685	8,585	8,666
208	279	228
4,493	3,364	4,328
20,889	22,071	23,401
11,562	8,369	6,301
8,767	10,784	12,527
8,544	8,896	10,370
568,532	651,411	692,008
568,532	613,911	654,508
50,000	100,000	100,000
3,855	4,205	4,605
422,230	461,957	511,313
24,895	19,264	19,118
42,753	41,793	35,697
7,292	6,797	—
6,789	6,137	9,353
2,244	2,455	2,745
4,542	4,614	4,614
1,878	1,887	1,889
2,049	2,297	2,669
568,532	651,411	692,008

日中戦争期関係会社出資を、新規出資を中心に概観しよう（表7-11）。1937年8月31日に満洲拓殖公社が設立された。同公社は日本政府・満洲国政府の条約により設立された特殊会社である（第5章、第8章参照）。満洲拓殖公社の資本金50百万円30百万円払込に対し、東拓は2.5百万円の出資を行った。拓務省の指示もあり、東拓は日本人移民推進策に積極的に支援した。東拓の当初業務目的に掲げられていた移民事業と満洲拓殖公社は直接に関わるため、東拓としてもっとも出資しやすい事業である。ただし満洲拓殖公社の事業資産規模から東拓の発言権は限られたものであった。

1937年9月7日に朝鮮鴨緑江水力発電株式会社（本店京城）と満洲鴨緑江水力発電株式会社（本店新京）が設立された。後者は1937年8月18日「満洲鴨緑江水力発電株式会社法」に基づき設立された。鴨緑江水力発電プロジェクトは日本窒素肥料株式会社社長野口遵と同社取締役久保田豊が朝鮮総督府と満洲国政府に折衝して企画したものであった。事業法人設立に当たってその本社国籍を巡り双方間に軋轢が生じたため、資産負債利益損失を折半した2法人設立を採用する際に東拓が出資を申し入れ、朝鮮総督も東拓の顔を立ててそれを受け入れた。その結果満洲国政府、東拓、日窒系の長津江水電株式会社（1933年5月11日設立、本店興南）と朝鮮送電株式会社（1934年5月16日設立、本店京城）が出資した。すなわち東拓は鴨緑江水力発電会社の両方へ20％各2,500

表7-11 東洋拓殖

商　号	設立年月日	本　店	1937.12期	1938.6期	1938.12期	1939.6期
東省実業(株)	1918.5.4	奉天	2,000	2,000	2,000	3,000
満蒙毛織(株)	1918.12.25	奉天	5,621	5,621	5,621	5,621
(株)鴻業公司→東拓土地建物(株)	1926.6.5	大連	125	125	125	1,625
大同酒精(股)→大同酒精(株)	1933.11.21	哈爾濱	835	835	835	835
満洲電業(股)→満洲電業(株)	1934.11.1	新京	2,031	2,031	2,031	2,031
満洲採金(株)	1934.5.16	新京	2,000	2,000	2,000	
日満製粉(株)	1934.6.25	哈爾濱	933	933	933	933
満洲特産工業(株)	1935.6.25	奉天	62	62	125	125
満洲塩業(株)	1936.4.28	新京	50	50	50	50
鮮満拓殖(株)	1936.9.24	京城	2,000	2,000	2,000	2,000
満洲拓殖公社	1937.8.31	新京	2,250	2,497	2,497	3,750
満洲鴨緑江水力発電(株)	1937.9.7	新京	2,500	2,500	5,000	7,500
満洲房産(株)	1938.2.19	新京	—	5,000	5,000	5,000
満洲林業(株)	1936.2.29	新京	—	—	3,000	3,000
海林木材(株)	1938.12.24	牡丹江	—	—	2,500	3,750
関東州工業土地(株)	1939.7.12	大連	—	—	—	—
満洲造林(株)	1941.2.14	新京	—	—	—	—
北満産業(株)	1941.6.23	綏化	—	—	—	—
満洲	社数		12	13	15	14
	資本金		20,407	25,654	33,717	39,220
満洲外	社数		30	33	37	41
	資本金		54,630	64,848	74,292	81,759
東拓総計	社数		42	46	52	55
	資本金		75,037	90,502	108,009	120,979
連結子会社	社数		14	15	18	19
	資本金		34,655	44,105	52,704	58,204
持分法適用会社	社数		*9*	*11*	*11*	*12*
	資本金		*16,919*	*22,309*	*27,342*	*34,107*
その他会社	社数		19	20	23	24
	資本金		23,462	24,087	27,962	28,667

注：1）イタリックは持分法適用会社。アンダーラインは20％以下の会社。
　　2）鮮満拓殖を満洲事業者とした。
　　3）哈爾浜日日新聞社3.75％7.5千円の出資が続いたが省略した。
出所：柴田［2015a］第2章。

千円を出資した（永塚［1966］200-201、216頁、柴田［2015a］第1章）。日窒側も多額投資負担が見込まれたため、東拓の出資への参入を受け入れたようである。日窒は日本の普通法人であり、日本・満洲国の双方の政府が関わる大規模共同事業の担い手として、日窒が前面に出ることに難点がみられたのかもしれない。このプロジェクトそのものが朝鮮と満洲国における事業の一体化の中で進められ

関係会社出資（3）

(単位：千円)

1939.12期	1940.6期	1940.12期	1941.6期	1941.12期	備考
3,000	4,000	5,000	5,000	5,000	100%
10,723	10,723	10,723	10,723	10,723	87%
1,625	1,625	1,625	1,625	1,625	100%、1939.4.1商号変更
835	835	835	2,582	2,582	50%、1938.4.28商号変更
2,257	2,482	2,482	3,250	1,046	1.6%→1.0%、1938.3.19商号変更
—	—	—	—	—	16.6%、1939.6満洲国に譲渡
933	1,073	1,073	1,073	1,073	14.9%
125	187	187	187	187	8.3%
75	75	100	100	100	2%→0.4%
2,000	2,000	2,000	2,000	—	20%、1941.6.30解散
3,750	3,750	3,750	3,750	3,750	7.5%→5.7%
10,000	10,000	10,000	10,000	12,500	20%
5,000	5,000	10,000	10,000	10,000	20%
3,000	3,000	1,500	2,500	2,500	16.6%→8.3%
3,750	3,750	3,750	3,750	3,750	100%
62	62	62	62	125	2.5%
—	—	—	2,000	2,000	25%
—	—	—	1,250	1,250	20%
15	15	15	17	16	
47,135	48,562	53,087	59,852	58,211	
44	44	47	49	50	
103,059	109,572	136,841	154,611	152,691	
59	59	62	66	66	
150,194	158,134	189,928	214,463	210,902	
20	20	19	20	21	
78,786	83,431	105,704	118,401	120,276	
14	14	14	17	16	
40,581	42,946	50,753	60,930	66,034	
25	25	29	29	30	
30,826	31,755	33,470	35,131	34,590	

るため、両方に店舗を有し長期資金供給を主要目的とする東拓が積極的に関わることとなった。満洲国側は半額出資を引き受けるが、その出資主体としては、日窒は直接に関わることができなかったため、満洲国政府のみならず東拓の出資はこの電力開発プロジェクトにとって有効に機能したはずである。その後、出資額は増大し、1940年6月期で東拓は両社に各10百万円を出資しており、東拓の満洲

表7-12 東洋拓殖関係会社

商 号	設立年月日	本 店	1937.12期	1938.12期	1939.12期
東省実業(株)	1918. 5. 4	奉天	4,294	5,194	7,723
満蒙毛織(株)	1918.12.25	奉天	19,823	32,568	37,493
(株)鴻業公司→東拓土地建物(株)	1926. 6. 5	大連	14,684	14,308	12,781
大同酒精(股)→大同酒精(株)	1933.11.24	哈爾濱	2,273	3,386	3,271
中東海林(股)	1924. 3.15	新京	8,952	—	—
鮮満拓殖(株)	1936. 9.24	京城	*16,080*	*24,922*	*30,836*
海林採木(株)	1937. 8.20	新京	—	8,961	5,424
満洲鴨緑江水力発電(株)	1937. 9. 7	新京	14,483	26,734	55,361
海林木材(株)	1938.12.24	新京	—	—	6,504
満洲房産(株)	1938. 2.19	新京	—	34,821	77,066
満洲造林(株)	1941. 2.14	新京	—	—	—
北満産業(株)	1941. 6.23	綏化	—	—	—
連結子会社	社数		5	5	6
	資産総額		50,026	64,417	73,196
持分法適用会社	社数		*2*	*3*	*3*
	資産総額		*30,463*	*86,477*	*163,296*
(総計) 連結子会社	社数		14	16	19
	資産総額		132,979	176,052	232,538
持分法適用会社	社数		*9*	*10*	*12*
	資産総額		*106,058*	*188,851*	*319,810*

注：1） イタリックは持分法適用会社。
　　2） 鮮満拓殖を満洲事業会社に分類した。
出所：柴田［2015］第2章。

関係事業としては最大の規模となった。

1937年12月1日「会社法」施行で1938年1月19日に日満製粉株式会社は日満製粉股份有限公司を吸収合併し、持株会社が事業会社に転換し事業を続けた（日満製粉［1940］）。

満洲国における日本人の急増や急速な都市開発に伴う住宅供給のため、1938年2月10日「満洲房産株式会社法」に基づき同年2月19日に満洲房産株式会社が設立された。住宅設置と管理を目的とした特殊会社であり、満洲国政府・満興銀・東拓が設立時に各10百万円を出資して支援した（柴田［1998］10頁、平山［2012］参照）。

1938年3月19日に満洲電業股份有限公司は満洲電業株式会社に商号変更した。

総資産（出資20%以上）(3)

(単位：千円)

1940.12期	1941.12期	備考
10,527	17,024	同年11月期
63,870	77,678	同年10月期
11,166	9,523	同年9月期
4,505	5,922	同年9月期、1938年と1941年期のみ次年3月期
—	—	同年10月期
38,449	—	次年1月期
—	—	同年10月期、1939.12期は1939.11.15清算期のため資産負債の圧縮
77,495	120,504	
6,127	5,934	同年10月期
150,833	182,951	
—	8,164	
—	6,361	同年9月期
5	5	
96,195	116,081	
3	4	
266,827	317,980	
18	18	
286,429	365,726	
12	14	
500,821	643,047	

　同年4月8日に大同酒精股份有限公司は1937年12月1日「会社法」施行で大同酒精株式会社に商号変更した。同社は東拓からの借入金を増大させ1940年6月期には1,570千円に達していた（柴田［2015a］第2章）。同社は1940年6月期に増資し東拓出資は2,582千円に増大した。

　東拓は鮮満拓殖に2百万円を出資しており、その出資は解散する1941年6月30日まで続いた。満鮮拓殖股份有限公司は1937年12月1日「会社法」施行後、1938年7月21日に設置法改正で、満鮮拓殖株式会社に商号変更した。満鮮拓殖の事業資金供給として、東拓は鮮満拓殖に対して出資のみならず融資でも応じていた。その事例として、1940年9月30日に承認を受けた融資案件が、10月1日に実行された。その期限は1941年9月末であり、東拓が鮮満拓殖に3,280千円を貸付け、

担保は満鮮拓殖株式250千株、払込額6,250千円、金利6.2%、その連帯保証人として満鮮拓殖が名を連ねた。資金使途は鮮満拓殖の満鮮拓殖への貸付、満鮮拓殖の事業資金であり、この償還原資として、満洲拓殖公社が翌年に満鮮拓殖を吸収合併する際に、鮮満拓殖に交付すべき現金で償還するものとした[3]。こうして東拓は鮮満拓殖に貸し付け、朝鮮経由で満鮮拓殖に資金供給を行っていた。鮮満拓殖の借入金は朝鮮総督府の許可を受けたはずである。1941年10月27日に満鮮拓殖の設置法は廃止され、満洲拓殖公社に吸収された。

1936年2月29日に満洲林業股份有限公司が設立された（本店新京）。満洲林業株式会社に商号変更後の1938年後半に東拓が保有する満洲における中東海林採木公司の林業利権を満洲林業に移転することで、その出資に切り替えた。そのほか林業投資としては、東拓は満洲における林業利権の整理により1938年12月24日に海林木材株式会社を設置し（本店牡丹江）、同社に100％出資を行っており、林業投資を続けた。

1939年6月期に東拓は保有していた満洲採金株式を満洲国政府に譲渡した（第8章）。

1939年12月期に同年7月12日に関東州工業土地株式会社が設立され（本店大連）、満鉄が半額出資し、東拓は2.5％62千円のみ出資負担した。

1941年6月期に1931年2月12日設立の満洲造林株式会社（本店新京）に25％2百万円を出資した。また1941年6月23日に北満の甜菜を原料とする製糖業を目的とした北満産業株式会社が設立された（本店綏化、資本金25百万円625千円払込）。同社に対し塩水港製糖46％2,875千円、東拓20％1,245千円の出資を見ており[4]、塩水港製糖系の事業として立ち上げられた。しかし創業間もない、同年12月のアジア太平洋戦争の勃発で、大量粗糖生産地のジャワを占領したため、満洲の粗糖産業の意義が低下し、休業に追い込まれた。

鴻業公司は1939年4月1日に東拓土地建物株式会社に商号変更し、資本金は125千円から1,625千円へと大幅に引き上げられた[5]。これに伴い従来の東拓の担保流れ不動産の処分のための事業から、広範な不動産事業に改組して、満洲国における事業を拡張した。鴻業公司はすでに青島に事業所を設置し、東拓の華北店舗が取得した担保流れの不動産の管理にも当たっていたが、東拓土地建物に改組さ

れて資金力を増し、一段と事業を拡張させた。

　東省実業は1937年11月期に資本金500万円払込2百万円に増資し、同年12月1日に満洲国法人に転換した[6]。さらに東拓は東省実業出資を1939年12月期に3百万円、1940年6月期に4百万円へと引き上げ、満洲国における投融資の別働隊としての機能を復活させた。平行して東省実業は東拓から借入金により資金調達を行っていた。1938年6月期には増資による資金調達で借入金は皆無となったが、同年12月期で370千円、1940年6月期で2,329千円、1941年12月期で2,740千円へと増大を辿った（柴田［2015a］第2章）。東拓の東省実業融資を円滑に調整することで、満洲国における東拓が直接関わらない各種の小口の資金需要に東省実業を通じて応じていたといえよう。融資先は満洲国における日本人事業者の小口取引と思われる。東省実業の満洲国内融資の拡大、産業開発計画による資金需要の高まりの中で1938年9月20日「臨時資金統制法」による統制枠の中で、資金的余裕を東拓が与えたことにより積極的に事業を拡張した。

　東省実業は満洲国期に融資に傾斜した。該期に過半出資したのは亜細亜窯業株式会社（1919年10月1日設立、本店昌図、資本金100千円払込）のみのようであり、持株会社と主張するのは困難であり、他の低率出資については省略する。

3．日中戦争期関係会社総資産・連結総資産

　日中戦争期に東拓の事業規模が先述のように急拡大したが、連結子会社・持分法適用会社の事業規模も拡大した。それを総資産で概観しよう（表7-12）。1937年12月期満洲連結子会社5社、総資産50,026千円が1941年12月に5社116,081千円に倍増していた。とりわけ満蒙毛織の19,823千円から77,678千円への増大が寄与していた。持分法適用会社も2社30,463千円から3社135,029千円に急増していた。満洲鴨緑江水力発電の14,483千円から120,504千円への急増が注目されるが、満洲房産が1940年12月期150,833千円、1941年12月期に182,951千円に増大した。1941年6月期の317,980千円がピークとなった。満洲の連結子会社と持分法適用会社の日中戦争期の資産の増大が判明する。東拓の連結子会社は1941年12月期に21社に増大しており、その期末資産が判明する18社の資産総額は365,726千円で、満洲連結子会社は31％を占めるに止まった。満洲の連結子会社の比重はさらに低

表 7 -13 東洋拓殖連結総資産 (3)

(単位:千円)

	1937.12期	1938.12期	1939.12期	1940.12期	1941.12期
東洋拓殖総資産	377,335	431,272	491,959	561,973	687,364
連結子会社総資産	132,979	176,052	229,001	286,429	365,726
単純総資産合計	510,314	607,325	720,961	848,403	1,053,091
相殺:出資	35,255	51,054	76,786	101,229	116,151
相殺:融資	15,097	25,127	30,991	43,493	87,907
相殺:債券保有	2,770	2,770	2,770	2,770	2,770
相殺:譲渡不動産	15,873	14,662	13,386	11,599	21,374
相殺合計	68,996	93,613	123,935	159,091	228,207
連結総資産	441,317	513,711	597,025	689,311	824,886
総資産連単倍率	1.170	1.191	1.214	1.227	1.200

出所:柴田［2015a］。

下したといえよう。それは急増した持分法適用会社でも同様である。同期総計13社460,096千円の29％を占めるに過ぎない。つまり日中戦争期に東拓企業集団は事業拡張を示し、満洲の連結子会社・持分法適用会社も事業規模を拡大させたものの、それ以上のその他地域、とりわけ朝鮮における東拓の関係会社投資の急増とその会社の資産増大が見られたということである（柴田［2015a］第2章）。

次に日中戦争期東拓の連結総資産を紹介しよう（表7-13）。連結子会社の数はさほど増大しないが資産額の増大で連結子会社の総資産は急増した。他方、先述のように東拓の総資産も増大しており、連結子会社の総資産がどれだけ反映しているかが確認できる。朝鮮内会社の連結子会社総資産は1938年12月期で43百万円が1941年12月期172百万円に129百万円増大し、他方、朝鮮以外では118百万円から193百万円に72百万円増大し、全社ははるかに増大したことが確認できる（柴田［2015a］第2章参照）。ただし一部の連結子会社の集計漏れが発生しているため、連結子会社総資産の実数はいくらか上乗せされるはずである。この連結子会社総資産を合計した単純総資産から出資・融資・債券保有・譲渡不動産貸借を相殺した連結総資産は1937年12月期441百万円が1941年12月期824百万円に急増した。これに伴い総資産連単倍率は1.17から1.20に上昇した。この期のピークは1940年12月期1.22である。東拓総資産の増大があり、むしろ低下した。連結子会社は東拓総資産を20％ほど上乗せするほどの事業規模に拡大していたことを告げるものである。これは東拓連結子会社も完全子会社で融資にも資金依存する会社

表7-14 東洋拓殖貸借対照表（4）

(単位：千円)

	1942.6期	1942.12期	1943.6期	1943.12期	1944.6期	1944.12期	1945.6期
(資産)							
未払込資本金	37,500	37,500	25,000	25,000	25,000	25,000	25,000
債券価格較差	3,696	2,756	2,466	9,183	7,646	7,289	7,374
貸付金	294,121	300,470	308,850	318,520	323,298	375,688	399,762
株券及債券	245,000	271,868	286,669	305,801	298,854	297,275	285,347
特種事業資金	19,133	13,366	11,782	13,847	21,057	21,864	21,773
地所	42,659	41,057	41,301	42,568	43,065	44,387	44,949
山林	5,052	5,883	6,335	6,925	7,377	7,777	8,162
建物	8,483	8,810	8,844	8,845	8,723	9,223	9,501
機械器具	198	583	504	514	619	684	768
農林鉱産物等	1,309	3,337	1,157	1,533	1,487	2,037	2,900
地所建物譲渡高	19,729	19,101	19,658	19,621	19,470	18,636	18,617
仮払金	6,633	13,767	13,619	22,547	28,243	44,227	64,514
雑勘定	14,795	22,042	26,237	24,624	31,404	40,072	53,112
預金現金	21,960	21,892	11,627	12,486	22,492	24,005	36,774
総計	720,274	762,438	764,055	812,021	838,742	918,172	978,561
未払込資本金控除総資産控除総資産	682,774	724,938	739,055	787,021	813,742	893,172	953,561
(負債)							
資本金	100,000	100,000	100,000	100,000	100,000	100,000	100,000
諸準備金	5,005	5,405	6,255	6,705	7,155	7,605	
債券発行高	560,558	589,011	581,683	616,109	623,878	650,228	685,972
定期預り金	23,328	24,523	22,612	27,471	32,774	37,268	38,743
借入金	10,037	21,425	35,072	34,981	53,574	101,984	110,244
仮受金	9,401	9,805	6,033	13,642	7,461	5,985	20,279
雑勘定	2,765	3,086	3,248	3,737	4,120	4,869	5,182
諸引当金等	4,614	4,614	4,615	4,615	4,765	5,165	4,615
前期繰越金	1,891	1,893	1,894	1,895	1,895	1,897	1,902
当期純益金	2,671	2,672	3,091	3,313	3,565	3,616	3,165
総計	720,274	762,438	764,055	812,021	838,742	918,172	978,561

出所：東洋拓殖株式会社『営業報告書』（各期）。

も存在するが、他方、非支配株主からの出資を受け、東拓以外からも資金調達することで事業規模を膨らませた後述の満蒙毛織のような事例もかなりみられることから、総資産連単倍率を引き上げる要因となっている。ただし満洲連結子会社の比重はその20％程度の寄与しかなかった。

4．アジア太平洋戦争期事業概要と関係会社投資

　1941年12月8日（日本時刻）の真珠湾攻撃でアジア太平洋戦争が勃発した。これにより満洲の操業環境は大きく変動した。日本からの資金・資材・技術の導入による開発投資の維持は困難になり、地場調達に傾斜せざるを得なくなる。地場

表 7-15 東洋拓殖

			1942.6期	1942.12期	1943.6期	1943.12期
東省実業(株)	1918. 5. 4	奉天	5,000	5,000	5,000	5,000
満蒙毛織(株)	1918.12.25	奉天	15,735	15,735	17,206	17,206
大同酒精(株)	1933.11.21	哈爾濱	2,582	2,582	2,582	2,582
日満製粉(株)	1934. 6 .25	哈爾濱	1,073	1,434	1,494	1,494
満洲特産工業(株)	1935. 6 .25	奉天	187	250	250	375
満洲林業(株)	1936. 2 .29	新京	2,500	2,500	2,500	2,500
満洲塩業(株)	1936. 4 .28	新京	100	100	100	100
満洲拓殖公社	1937. 8 .31	新京	3,750	3,750	3,750	3,750
満洲鴨緑江水力発電(株)	1937. 9 . 7	新京	*12,500*	*12,500*	*12,500*	*12,500*
海林木材(株)	1938.12.24	牡丹江	3,750	3,750	3,750	3,750
関東州工業土地(株)	1939. 7 .12	大連	125	125	125	187
満洲造林(株)	1941. 2 .14	新京	2,000	2,000	2,000	2,000
北満産業(株)	1942. 6 .22	綏化	*1,250*	*1,250*	*1,250*	*1,250*
満洲林産化学工業(株)	1942. 7 . 8	新京	—	1,250	2,500	2,500
北満興業(株)	1944. 8 . 8	黒河	—	—	—	—
満洲製材(株)	1944. 8 .30	新京	—	—	—	—
満洲	社数		14	15	15	15
	資本金		53,514	59,938	63,354	63,541
東拓出資総計	社数		68	74	76	78
	出資額		242,787	264,722	281,447	281,808
その他地域	社数		54	59	61	63
	資本金		189,273	204,784	218,093	218,267
連結子会社	社数		22	24	24	24
	資本金		151,394	142,680	147,775	147,925
持分法適用会社	社数		*13*	*15*	*16*	*16*
	資本金		*53,589*	*82,531*	*88,934*	*82,421*
その他会社	社数		<u>33</u>	<u>35</u>	<u>36</u>	<u>38</u>
	資本金		<u>37,803</u>	<u>39,510</u>	<u>44,737</u>	<u>51,461</u>

注：1) ボールドは朝鮮事業法人、イタリックは持分法適用会社、アンダラインは20％以下のその他会社。
　　2) 哈爾浜日日新聞社出資7.5千円は(株)満洲日日新聞社出資に転換、さらに(株)満洲日報社出資に転換。
出資：柴田［2015a］第3章。

供給枠が乏しく奪い合いになり、物価騰貴を惹起するため一段と運営が困難にならざるを得なかった（山本［2003］参照）。東拓も日本の起債市場での資金調達が一段と難しくなるため、潤沢に満洲投資に資金を振り向けることはできず、投資の急増は不可能になった。東拓の監督業務は、1942年11月1日大東亜省設置で拓務省が廃止され、新設された内務省拓務局に移管された[7]。満洲中央銀行の地

第 7 章　東洋拓殖系企業集団　449

関係会社出資（4）

(単位：千円)

1944.6期	1944.12期	1945.6期	備考
5,000	5,000	5,000	100%
17,206	25,848	24,157	84%→50%
2,582	2,582	2,582	50%
1,743	1,743	1,743	14.9%
500	500	875	8.3%
2,500	—	—	16.6%→5%、1944.9.1満洲農産公社設立で満洲国政府に譲渡
100	100	100	0.4%→0.25%
3,750	3,750	3,750	5.7%→2.8%
12,500	—	—	20%、朝鮮電業に譲渡
5,000	5,000	5,000	100%
187	187	187	2.5%
2,000	2,000	2,000	25%、1945.6.27解散、満洲林産公社に事業統合
1,250	1,250	1,250	20%
3,750	3,750	3,750	25%
—	5,000	5000	10%
—	5,250	5,250	35%
15	16	16	
66,415	70,807	69,491	
79	84	85	
245,421	255,194	259,291	
64	68	69	
179,006	184,387	189,800	
23	26	27	
105,825	123,267	125,847	
17	16	16	
85,446	68,595	69,619	
39	42	42	
54,148	63,331	63,824	

　方店舗を承継して1943年8月1日に興農金庫が設立されたが（本店新京）、興農金庫は農業金融制度における長期金融の提供という課題を背負い、都市部不動産金融等は最初から除外されていた。そのためこの改組に当たっても東拓は排除されることはなかった[8]。

　この期の東拓の事業規模を点検しておこう（表7-14）。1942年6月期総資産

682百万円が1945年6月期953百万円に増大した。株券及び債券は245百万円から285百万円に増大したが、ピークは1943年12月期の305百万円である。ピークアウトし、出資を回収した投資先がかなりみられたことを示すものである。その結果、融資294百万円が399百万円に増大しており、このほうがはるかに金額を上乗せしていた。その資金調達として社債560百万円が685百万円に増大していた。そのほか借入金の増大も目に付く。1942年末では預金部資金は東拓債11,900千円を保有しており、東拓の満洲国特殊会社向資金供給のため東拓債保有が増大した（柴田［2002a］第3章参照）。

　この資金繰りにより東拓は該期にも出資を行った。新規出資を中心に紹介しよう（表7-15）。新規出資は1942年7月8日設立の満洲林産化学工業株式会社（本店新京、資本金20百万円5百万円払込）に25％1,250千円を出資した。満洲の林業には従来から関わっていたため、その川下部門の産業として創出された同社に支援したものである。1944年8月8日設立の北満興業株式会社（本店黒河、資本金10百万円4分の1払込）に10％500千円を出資した。社長に東拓出身香川正一を派遣した。1944年8月30日設立の満洲製材株式会社（本店新京、資本金20百万円15百万円払込）に35％5,250千円を出資した。これは同年8月14日の満洲林産公社設立（本店新京）に伴う満洲林業、満洲造林の解散で、林業の造林・伐木・流通独占が成立するが、周辺事業としての製材事業は地域的事業として存続するため東拓は出資していた林業会社の製材部門を切り出して新設した会社に出資したものといえよう。

　東拓は満洲房産に出資していたが、1941年11月29日に設置法が廃止され、同社は普通法人に転換し、1942年3月23日に資本金20百万円払込に減資し、東拓は出資を回収した[9]。東省実業は満洲国法人に転換していたため、1942年5月29日に大連を拠点とする東拓土地建物の業務委託を引き受けて、東拓土地建物勘定として同社の満洲国内不動産管理に当たった[10]。そのほか東拓系の有力製造業者の満蒙毛織は満洲国期に東拓から資金投入を受け再起し、事業規模を拡張していた。規模の大きな中間持株会社化した同社についてはまとめて後述する。

　1943年8月2日に朝鮮電業株式会社が「朝鮮電力管理令」に基づき設立された。最大出資者は日窒である。朝鮮電業は同令に基づく特殊法人であり、既存の電力

表7-16　東洋拓殖関係会社総資産（出資20％以上）(4)

（単位：千円）

商　号	設立年月日	本店	1942.12期	1943.12期	1944.12期	1945.6期	備　考
東省実業(株)	1918.5.4	奉天	20,599	33,536	35,942	…	同年11月期、1944.12期のみ同年5月期
満蒙毛織(株)	1918.12.25	奉天	92,310	119,879	232,697	…	同年10月期
東拓土地建物(株)	1926.6.5	大連	9,260	9,053	8,864	…	同年9月期
大同酒精(株)	1933.11.24	哈爾濱	6,087	9,936	14,044	…	同年9月期
満洲鴨緑江水力発電(株)	1937.9.7	新京	*139,603*	*162,527*	*196,207*	—	1943.12期同年9月期
海林木材(株)	1938.12.24	新京	5,668	8,060	—		同年10月期
満洲造林(株)	1941.2.14	新京	*9,475*	*9,618*	—		
北満産業(株)	1941.6.23	綏化	*6,372*	*6,257*	*9,268*		同年9月期
満洲林産化学(株)	1942.7.8	新京	—	…	*34,069*	*34,069*	次年3月期、1945.6期は同年3月期
連結子会社	社数		5	5	4	…	
	資産総額		133,924	180,464	291,541	…	
持分法適用会社	社数		*3*	*3*	*3*	*1*	
	資産総額		*155,450*	*178,402*	*239,544*	*34,069*	
（総計）							
連結子会社	社数		18	19	15	3	
	資産総額		388,977	512,353	450,889	75,434	
持分法適用会社	社数		15	15	11	6	
	資産総額		683,595	698,684	838,564	461,998	

注：イタリックは持分法適用会社。
出所：柴田［2015a］第3章。

事業者は朝鮮電業に事業譲渡を強制され[11]、受け入れさせられた。併せて同社は、満洲鴨緑江水力発電への出資者になる。朝鮮総督府の意向もあってか、東拓は朝鮮電業に朝鮮内の電力会社の株式のみならず、満洲鴨緑江水力発電の株式を売却した（柴田［2015a］第3章）。それは東拓の資金繰りの悪化を緩和するものであった。他方、満洲国政府保有の満洲鴨緑江水力発電と朝鮮鴨緑江水力発電の株式は満洲電業に譲渡された（第8章参照）。

先述の哈爾浜日日新聞社出資はメディア統合の中で、1942年10月20日に株式会社満洲日日新聞社（本店新京）株式に、さらに1944年5月1日に株式会社満洲日報社（本店新京）株式に転換した（第6章参照）。

5．アジア太平洋戦争期関係会社総資産・連結総資産

東拓の関係会社出資は1943年12月期をピークとし減少したが、それでも出資額は多額である。東拓総資産も増大したが、関係会社総資産も増大した（表7-16）。1942年12月期満洲連結子会社総資産は5社133百万円、1943年12月期5社180百万

表7-17 東洋拓殖連結総資産（4）

（単位：千円）

	1942.12期	1943.12期	1944.12期
東洋拓殖未払込資本金控除総資産	724,938	787,021	893,172
連結子会社総資産	388,977	512,353	450,889
単純総資産合計	1,113,916	1,299,374	1,344,061
相殺：出資	120,161	126,156	89,298
相殺：融資	111,522	132,168	123,106
相殺：債券保有	2,770	2,770	2,770
相殺：譲渡不動産	17,493	18,249	17,667
相殺：その他資産負債	…	10,189	19,383
相殺合計	251,946	286,533	252,225
連結総資産	861,970	1,009,841	1,091,836
総資産連単倍率	1.189	1.283	1.222

注：連結対象子会社は表3-11の資産判明会社の該当時期のみ採録・相殺した。
出所：柴田［2015a］。

円、1944年12月期4社291百万円へと増大した。とりわけ満蒙毛織が92百万円、119百万円、232百万円へと増大を辿り、ほぼ同社の資産規模の増大で上乗せしていた。同様に満洲持分法適用会社も155百万円、178百万円、239百万円へと増大を辿った。東拓連結子会社合計では、18社388百万円、19社512百万円、15社450百万円と、1943年12月期をピークとして減少した。他方、東拓持分法適用会社合計では、15社638百万円、15社698百万円、11社828百万円へと変動し、1944年12月期で社数は大きく減少させていたが、金額では増大を見せた。

　東拓の事業規模はほぼ拡大を辿り、総資産を増大させてきた。該期の東拓企業集団連結総資産を点検しよう（表7-17）。東拓総資産と連結子会社総資産は増大しため、単純合計資産も1942年12月期1,113百万円、1943年12月期1,299百万円、1944年12月期1,344百万円へと増大した。これから東拓の出資・融資・債券保有・譲渡不動産貸借のほかその他の短期資産負債を相殺した。その結果、連結総資産は861百万円、1,009百万円、1,091百万円へと増大を辿った。1943年12月期から1944年12月期では伸びは乏しい。先述のように朝鮮電業への事業統合で東拓の出資する朝鮮内大規模電力会社がほぼ消滅したことに伴い、朝鮮内連結子会社資産は大きく減少した。それが反映している。総資産連単倍率は1.189、1.283、1.222と推移した。1943年12月期の1.28が東拓の総資産から見て最も連結子会社

の規模が多額の時期であったと判定できよう。東拓総資産787百万円の28％を上乗せする事業規模にまで拡大していたことになる。この数値への満洲連結子会社の寄与は1943年12月期では34％程度とみてよいが、1944年12月期には64％程度に上昇したことになる。満洲本店の連結子会社の件数は少ないが、満蒙毛織に代表される大規模事業法人を抱えているため、日本敗戦直前までプレゼンスを維持できたといえよう。

1） 東拓理事斉藤力「当社貸出方針ニ関スル件」1940年10月9日（外務省記録E92）。
2） 『満洲鉱工年鑑』1944年版。
3） 「貸付条件」（仮題）（外務省記録E92）。
4） 「在満洲企業調査報告」（外務省記録E.2.2.1.-3-25）。
5） 『満銀年鑑』1942年版、東省実業株式会社『第41期営業報告書』1938年11月期、同1939年5月期から改組日を判断した。
6） 東省実業株式会社『第39期営業報告書』1937年11月期。
7） 東拓本店が東京に置かれ、かつ朝鮮・樺太・満洲・南洋群島・華北・華中・南方占領地へと幅広い事業投資を行っているため、大東亜省の所管を超えた領域となっており、内務省が拓殖を業とする特殊法人を所管することとなった。なお樺太庁の所管も同時に内務省に移された。
8） 満銀店舗を分離して設立された興農金庫については柴田［1999a］第4章参照。
9） 1942年3月23日減資決議（『満洲日日新聞』1942年4月10日）。
10） 東省実業株式会社『第48期営業報告書』1942年5月期、2頁。
11） 東拓が7割を出資していた江界水力電気株式会社（1938年12月15日設立、資本金50百万円払込12.5百万円）は1943年9月20日を事業譲渡日と定められ、資産評価を受けた（大河内［1982］178-179頁、柴田［2015a］第3章）。

第5節　満蒙毛織の中間持株会社化

1．満洲国期事業の回復

1931年9月18日に勃発した満洲事変で満蒙毛織の操業環境が劇的に好転した。満蒙毛織奉天工場は工場整備を続けていたが1932年4月期に豊田式力織機22台を

増設し稼働を始めた。また名古屋工場の建設を竣工し機械を据え付けて稼働に向けて作業を進めていた[1]。満洲国樹立による中国関内の満洲国輸出品の関税設定により輸出は不利となったが、満洲国内の商圏維持に尽力し北満への販路開拓等に注力したため利益を増大させた。名古屋工場では本格稼働に移り、また1932年6月1日に関東庁に百貨店設立の申請をしていたところ、7月25日に承認され[2]、11月1日に株式会社満蒙毛織百貨店が設立された（本店奉天、資本金350千円払込）。同社が満蒙毛織の本格的な連結子会社である。同社で満洲国の販売網の強化を狙った。1930年下期に各地に設置した満蒙毛織直販所を満蒙毛織百貨店に移管し、満蒙毛織は大口販売に専念する体制となった[3]。1933年2月25日に1株につき7.5円を徴収し、奉天工場に細番手梳毛糸紡績設備を新設し、事業拡張を急いだ[4]。1933年4月期総資産は4,795千円となり、機械装置1,609千円、製品241千円と上向いてきた（表7-18）。満洲国期に営業収支が急速に回復する中で、さらに1933年6月12日に資本金を500千円から400千円に減資し、全額払込とし、額面50円払込40円の株式1株に対し額面20円2株を割り当てた。そのうえで9月22日に資本金1百万円に増資し、全額払込とした。その際に年8％の優先株額面20円を30千株を発行し、このうち満鉄と東拓に各5千株を引き受けさせた[5]。この増資では東拓は6分の1を引き受けただけで出資比率はさほど変動しなかった。

満蒙毛織は1934年9月12日に再度増資の決議を行った。資本金を1,500千円増加し2,500千円全額払込とし、普通株50千株、優先株25千株を発行し、普通株は東拓が全額引き受けるものとし、優先株は既存株主に割り当てるものとしたが、満鉄は応募を辞退した。その他株主が応募しない株式は東拓が引き受け、東拓の普通株50千株、100千円は1930年整理案による有利息借入金915千円と1932年10月借入金100千円のうち85千円の合計1百万円の借入金を振り替えるものとした。この満蒙毛織の増資に伴う東拓新株引受を1934年10月2日に拓務省に申請し、拓務省は同月25日に承認した[6]。結局この増資で東拓は11月1日に普通株50千株のほか優先株の割当3,265株と公募不足株引受7,158株、合計60,423株を取得し、普通株1百万円は融資を振替え、優先株208,460円は現金払込を行った。東拓保有普通株は100千株のうち69,205株となり、総株式数125千株の過半の79,628株を保有した。そのほか東拓は満蒙毛織社債（無利息）1百万円と貸付金2,509.7千円の

資産を保有し、出資と合計すると5,102,260円に達した[7]。併せて椎名義雄は専務取締役に就任し、常務取締役に武石惟友（東拓）が就任した[8]。また普通株を東拓が単独で引き受けたため、普通株70千株のうち東拓は56,186株を保有し、議決権で過半数を掌握し、優先株55千株のうち23,142株を保有していた[9]。この増資により事業拡張を行うため、奉天工場では1,826千円の売上げで350.16千円の利益、名古屋工場では572.4千円の売上げで82.56千円の利益を計上すると見込んでいた[10]。1935年4月期の総資産7,990千円、土地建物2,093千円、機械装置2,165千円、製品544千円、半製品仕掛品814千円へと増大し、利益228千円を計上した。大幅に経営の改善が見られた。なお東拓は拓務省の監督下に置かれているが、東拓の過半出資する会社については定款変更、損益、役員変更等について東拓を経由して拓務省の承認を得る体制となっており、以後の満蒙毛織の関係会社投資や役員、利益金処分等について個別承認を受けた。

　満蒙毛織の日本内事業は関係会社出資でも増大していた。すでに満蒙毛織は1935年3月に関東絹毛整染株式会社を設立した（本店群馬県佐波郡、資本金200千円払込）（表7-19）。社長に椎名が就いた。佐波郡は椎名の出身地であり、故郷に関係会社を設立して幾ばくかの地元貢献をしたことになる。同社は毛織物製造後の川下工程を担当した。1935年9月10日に東洋フェルト株式会社（本店東京、資本金1百万円825千円払込）の出資を認可された[11]。東洋フェルトにも椎名が社長に就任していた。会長に高畑誠一が就任しているため旧鈴木商店系の事業である。そのほか1925年10月設立の田中毛糸株式会社（本店東京、資本金180千円払込）の株式取得時期は不明である。満蒙毛織が140千円を出資し代表取締役に名古屋支店長豊島秀三郎、取締役に椎名が就いて支配下に入れていた。

　満洲国内事業の拡張のため工場設立を図り、また1935年から強められていた華北分離工作の中の天津への利権扶植の趣旨で工場設立が計画された。そのためには多額資金調達が必要となる。満蒙毛織は奉天第二工場と天津分工場の設立のため1937年2月に増資を申請し、東拓は1937年3月13日に拓務省に申請した[12]。奉天第二工場の固定資金785千円、流動資金250千円、合計1,035千円を予定し、天津分工場の固定資金1,301千円、流動資金600千円を投入するものとした。自前の資金では不足するため、4,500千円増資により資本金10百万円に増資し、普通株

表7-18 満蒙毛織

	1931.10期	1933.4期	1934.4期	1935.4期	1936.10期
(資産)					
未払込資本金	175	100	—	—	—
預金現金	48	143	475	119	376
仮払金	26	20	42	20	37
売掛金未収金等	35	108	219	482	1,288
受取手形	30	53	87	484	616
有価証券	5	8	8	8	8
所有株式	—	180	186	194	269
原料貯蔵品	210	193	516	470	1,069
製品	258	241	455	544	917
半製品仕掛け品	93	175	387	812	1,058
委託積送品未着品等	137	94	86	356	764
未経過保険料	3	7	9	13	14
原生課勘定	—	—	—	—	—
殖産部勘定	—	—	—	—	—
土地建物	1,628	1,824	1,931	2,093	2,113
工具什器	42	83	101	116	125
機械装置	1,373	1,609	1,668	2,165	2,845
工場整備勘定	278	49	367	106	102
合計	4,346	4,895	6,545	7,990	11,609
未払込資本金控除総資産	4,171	4,795	6,545	7,990	11,609
(負債)					
資本金	325	400	1,000	2,500	5,500
諸積立金	—	5	11	21	45
従業員退職給与基金等	—	6	12	17	35
社債	1,000	1,000	1,000	1,000	1,000
借入金	2,655	2,964	3,718	3,061	1,494
割引手形	—	—	64	55	326
支払手形	31	108	335	624	2,264
買掛金未払金	119	154	201	355	358
信認金受託金未払配当金	1	4	7	20	29
納税引当金	—	—	—	—	—
従業員預金	9	16	25	19	34
仮受金	8	8	6	23	103
前期繰越利益金	—	22	51	64	108
当期利益金	21	103	110	228	308
合計	4,171	4,795	6,545	7,990	11,609

出所：満蒙毛織株式会社『営業報告書』（各期）。

貸借対照表

(単位:千円)

1937.10期	1938.10期	1940.4期	1942.4期	1943.4期	1944.10期
3,375	3,375	7,500	7,500	5,000	37,500
681	1,322	4,141	7,996	13,688	38,680
192	993	1,924	2,214	8,231	7,766
2,372	2,185	3,286	4,491	4,224	15,632
2,082	3,213	5,459	2,594	2,923	10,799
8	8	10	53	757	2,517
487	1,822	1,176	15,748	25,542	53,118
1,909	6,865	5,787	8,889	9,903	21,399
1,947	4,220	10,272	7,634	9,953	22,706
1,558	2,829	1,848	1,814	4,158	5,891
2,364	1,209	731	2,009	1,617	3,696
20	29	67	47	209	944
―	―	240	3,250	1,462	1,130
―	―	―	―	―	1,053
2,116	2,633	4,557	6,773	10,514	17,583
155	227	368	731	808	1,462
3,272	3,944	5,184	7,787	8,379	11,590
651	1,062	1,598	1,557	964	16,722
23,198	35,943	54,156	81,102	108,341	270,197
19,823	32,568	46,656	73,602	103,341	232,697
10,000	10,000	20,000	30,000	30,000	80,000
70	136	436	4,936	7,761	13,011
56	104	389	1,651	1,874	2,292
1,000	1,000	1,000	1,000	1,000	1,000
4,552	9,072	18,051	24,759	47,783	104,965
1,224	2,286	3,552	1,749	1,352	7,357
4,713	7,790	4,448	4,505	3,219	5,666
618	2,328	1,911	2,204	3,395	7,104
38	58	123	258	333	552
―	―	―	1,984	1,071	1,873
45	95	241	1,035	1,202	3,180
230	1,938	1,300	3,328	4,495	33,537
197	402	587	899	1,058	1,120
450	732	2,114	2,789	3,794	8,535
23,198	35,943	54,156	81,102	108,341	270,197

表7-19 満蒙毛織の

商　号	設立年月	本　店	1943.4 公　称
三井物産(株)	1909.10.—	東京	300,450
田中毛糸(株)*	1925.10.—	東京	180
満蒙毛織百貨店*	1932.11.1	奉天	2,000
満洲皮革(株)	1934.7.13	奉天	3,000
東洋フェルト(株)**	1935.11.—	東京	1,000
関東絹毛整染(株)**	1935.3.—	群馬県佐波郡	200
満蒙染織(株)**	1936.11.27	奉天	450
満洲理化学工業(株)	1938.7.22	奉天	2,500
東洋製織(株)	1938.8.—	東京	400
東京繭毛工業(株)*	1938.9.—	東京	190
東和工廠(株)*	1938.3.1	天津	300
満蒙畜産工業(股)*→満蒙皮革工業(股)	1939.12.5	張家口	1,000
繊維化学工業(株)*	1939.—.—	東京	190
満洲柞蚕(株)*	1939.8.19	新京	7,500
(株)満洲資源愛護協会	1940.6.6	新京	2,500
(株)満毛商事部*	1940.9.14	奉天	195
(株)満毛被服工廠*	1940.9.10	奉天	100
朝鮮毛織(株)*	1940.9.9	釜山	3,000
東邦輸出紡毛織物(株)**	1940.5.—	名古屋	150
満蒙毛織商事(株)*	1940.7.—	名古屋	180
興亜被服工業(株)*	1940.9.—	北京	250
満蒙繊維(股)*→満蒙繊維化学(株)*	1940.10.1	厚和	400
協和畜産加工(股)**	1940.9.19	厚和	50
満洲羊毛(株)**	1941.6.24	新京	3,000
満蒙毛織工業(株)*	1941.10.—	東京	6,960
東亜鉱業(株)*	1941.6.13	奉天	195
朝鮮東亜貿易(株)→朝鮮交易(株)	1941.4.—	京城	5,000
満洲林産化学工業(株)**	1942.7.8	新京	20,000
関東州婦人子供服統制(株)	1942.10.9	大連	500
東亜繊維工業(株)*	1944.10.4	上海	*30,000*
蒙疆羊毛同業会	1937.12.12	張家口	
満洲羊毛同業会	1938.3.—	新京	

注：1）*は連結子会社、**は持分法適用会社。
　　2）イタリックは儲備券建。
出所：柴田［2014］、須永［2007］、満蒙毛織株式会社「主有株式内訳表」1943年4月末現在（外
　　『満洲国政府公報』、『朝鮮総督府官報』5203号、1944年6月10日。

第 7 章　東洋拓殖系企業集団　459

関係会社等出資

(単位：千円、千元)

資本金	満蒙毛織出資		備　考
払　込	公　称	払　込	
247,368	7.5	6.1	
180	140	140	代取豊島秀三郎、椎名が取締役
2,000	1,539.4	1,539.4	会長椎名
3,000	437.5	437.5	
825	336.7	278.1	社長椎名、会長高畑誠一、名古屋に工場
200	46.6	46.6	社長椎名
450	150	150	
1,500	80	30	
100	300	75	専務取締役西川太郎一、桐生に支店
190	132.5	132.5	社長椎名
300	215	215	
750	738.5	553.8	1943.5.30商号変更。
190	167.5	167.5	代取椎名
5,000	4,700.0	3,133.3	
2,500	100	100	満洲国出資法人、1944.5.14解散
195	195	195	
100	100	100	
2,000	2,290	1,145	
37.5	30.0	7.5	代取岡田義夫
180	180	180	会長椎名
250	218.7	218.7	
400	200	200	1943.5.30商号変更
50	10	10	蒙疆部出資
3,000	1,000	1,000	満洲畜産公社設立で1944.5.1解散
6,960	5,190	5,190	名古屋工場の法人化、1943.10.1東亜紡織(株)に譲渡
195	195	195	
2,500	15.0	7.5	京城支店出資、1944.2.15商号変更
5,000	5,000.0	1,250.0	取締役椎名
250	1.0	0.5	大連支店出資
30,000	15,000	15,000	儲備券建設立時
600		100	組合組織
			組合組織

務省記録 E88)、大連商工会議所『満洲銀行会社年鑑』1942年版、帝国興信所『帝国銀行会社要録』1942年版、

式額面50円、90千株を発行する。各株主に1株に対し1株を割り当てる。これにより不足する20千株は東拓、満鉄の応募枠から割愛する、応募残余は東拓がすべて引き受ける、第1回払込は12.5円を徴収するものとした。この定款変更計画を同年5月1日に拓務省は承認した[13]。このうちの増資については6月15日株主総会で株式併合により2.5株で1株に転換し50円払込株式に切り替えて上記の増資を行うことを拓務省は承認した[14]。この承認を得て満蒙毛織は増資新株発行に伴う徴収を行った。そして満蒙毛織の奉天工場と天津分工場の設備投資に充当された。ただし円相場下落で豪州産輸入羊毛の価格が高騰し、それにつれて満洲産羊毛価格も上昇し生産原価が上がらざるを得ない状況の中で関東軍、満洲国官庁、満鉄鉄道総局等の納品と満洲帝国協和会からの受注で活況を呈した[15]。

2．日中戦争以降の事業の拡張

日中戦争勃発後に毛織物需要が増大した。動員される軍人数が急増し、満洲における日本人の増大が続き、需要増大の中で増収増益を実現した。関内占領地事業の拡大に伴う事業資金の急増となり、未払込資本金の徴収で対処する必要があるがすぐには実現しなかった。満蒙毛織は1937年12月1日に満洲国法人に転換したことに伴い1938年4月6日に定款を改正した[16]。満蒙毛織が日本国内に保有していた工場資産は満洲国法人の日本内資産に転換した。

満洲国でも羊毛原料集荷配給の統制機構として、満洲羊毛同業会が1938年3月に設立され同月中に設立認可を得た[17]。産業部大臣指導監督の下に、自治的統制を行い羊毛類資源の確保と利用の進展を図ることを目的とした。具体的には、羊毛、山羊羊戎、駱駝毛の共同買付を行い数量の協定等の統制を行うものとした。これにより原料羊毛の確保が容易になった。満蒙毛織は10千円を出捐した。同会にはほかに満洲畜産股份有限公司（1937年9月1日設立、本店新京、翌年満洲畜産株式会社に商号変更、満洲国政府出資）、秋林股份有限公司（1937年7月23日設立、本店哈爾濱、1938年4月26日に秋林株式会社に商号変更）、東蒙貿易股份有限公司（1936年3月4日設立、本店新京、1938年4月30日に東蒙貿易株式会社に商号変更）、康徳毛織株式会社（1937年11月13日設立、本店新京）が加盟するものとした。ただしこの商号は設立計画時点であり満洲国「会社法」体制の中で

股份有限公司は株主総会をへて株式会社に商号変更する。

　満蒙毛織は1938年10月期で総資産32,568千円に増大していたが、1938年4月期の借入金7,227千円の多額に達していた。うち東拓2,945千円、満興銀1,500千円、東省実業149.3千円、横浜正金銀行1,930千円、第百銀行90.3千円、満銀500千円、横浜正金銀行天津支店200千円という構成となっており、横浜正金銀行の両店の借入が増大していた[18]。東拓からは長期借入金、満興銀からの借入金は同行が朝鮮銀行満洲内店舗を統合したことによる旧朝鮮銀行時期からの取引の継続である。東省実業は東拓の別動隊の金融会社であり東拓借入金より金利が高い。横浜正金銀行の天津支店は同地域における地場資金調達、第百銀行取引は日本国内工場に関わるものと思われる。

　満洲国の毛織物需要が増大し大量の日本からの輸入が続き1938年で31.4百万円に達した。これを満洲国内生産に代替させるため、満蒙毛織に設備拡張で引き受けさせるものとした。そのため未払込資本金を徴収し資本金10百万円払込にしたうえで倍額増資し20百万円とする。その払込資金で梳毛工場新設693千円、研究工場新設210千円、奉天工場拡張303千円、合計1,207千円、東拓引受社債1百万円の償還、残る3,667千円は流動資金に充当するとし、株式を引き受ける東拓は1939年7月20日拓務省に申請し[19]この申請に8月9日に拓務省は増資と定款変更を承認する決裁をしたが[20]、増資の部分について200千株10百万円について185千株を1939年10月31日株主に1株につき0.925株を割り当てる、15千株は現在の役員職員の功労者に割り当てることにして、東拓は増資後に出資額額面16,765.3千円、払込15,723.2千円、335,306株（内普通株326,050株、優先株9,256株）となり、東拓出資比率84％に若干低下するが11月13日に承認した[21]。こうして満蒙毛織は奉天工場を増強し満洲国内で増産体制を強化した。増資の結果1940年4月期で総資産46,656千円に増大し、土地建物、機械装置、製品等が増大していた。他方、借入金が18,051千円に増大しているため、東拓引受社債を償還できなかった。

　アジア太平洋戦争勃発後も満洲国における日本人人口の増大に伴い毛織物需要は増大を続けていた。設備投資のため1942年1月21日に満蒙毛織は10百万円増資決議し、この件についてはすでに1月20日に拓務省が承認していた。新株200千

株発行、1株37.5円払込で7.5百万円の払込となった[22]。この増資に伴う設備投資で1942年4月期資本金30百万円22.5百万円払込、総資産73,602千円という事業規模へさらに拡大した。特に1942年10月期に奉天省新民県に新民工場を完成し[23]、操業を開始し、満蒙毛織の操業基盤は一段と拡張していた。

　それでも満洲国の毛織物市場は輸入代替するには程遠かった。1943年の満洲国の毛織物の需要は6,315千メーター（軍需を含まず）と試算されており、満洲国内自給は1,490千メーターで33.7％に過ぎない状況であった。この状況を打開させるため満蒙毛織にさしあたり2,505千メーターを増産させるものとした。増産3カ年計画を樹立させ、奉天に手織工場の増設と手挽手織工場の新設、遼陽に手織工場と新興繊維工場の新設で対処するものとした。その所要資金は奉天手織工場増設2,064千円、遼陽手織工場新設33,447千円、遼陽新興繊維工場新設8,917千円、奉天手挽毛織工場取得1,313千円、合計45,742千円、各工場の流動資金28百万円、合計73,742千円、関係会社投資5,242千円、総計78,985千円と見込まれた。満蒙毛織は工場建設を急いでおり、満興銀から20百万円を調達しそのほか自己資金を充当するが、借入金の返済に当たり未払込資本金5百万円を徴収するのみならず、50百万円を増資し、1百万株の6割を現在の株主に割り当て、残る4割を満洲国で1株12.5円のプレミアム付で公募して捌くものとした。東拓はこの増資に伴い、既存新株の半額の2,950千円を払込みを行い、さらに402,909株を取得し5,036千円を払い込むことになるが、満洲国の公募発行が行われるため、東拓の出資比率は67.15％から50.35％に低下する見込みであった。この方針を東拓が1944年7月10日に内務省に申請し、同月25日に承認され[24]、満蒙毛織は増資に踏み切った。1944年10月期満蒙毛織は資本金80百万円42,500千円払込、総資産232,697千円という巨大会社となった。上記の増資スキームは東拓の持株比率を50％以上に維持することを前提に設計されていたが、満蒙毛織の事業規模が巨大化する中でさらなる多額増資が発生する場合には東拓が過半出資を維持できるかは難しい状況になりつつあった。この増資を前提とした設備投資により満蒙毛織は満洲国内の毛織物製造の輸入代替を促進するため増産体制を強化した。

3．満洲国内関係会社投資の拡大

　満蒙毛織は資金繰りが苦しいうちから満洲国体制における販売強化のため満蒙毛織百貨店を設立した。そのほか1934年7月13日に満洲皮革株式会社を設立した（本店奉天、資本金3百万円4分の1払込）。満蒙毛織は437.5千円を引き受けた。1936年11月27日に満蒙染整株式会社が設立された（本店奉天、資本金450千円払込）。満蒙毛織は3分の1を引き受けた。この関係会社では満蒙毛織は満蒙毛織百貨店に投資を注力していたといえよう。満蒙毛織百貨店の営業状況を紹介しよう。1933年7月期では総資産807千円、うち土地建物営造物216千円、商品373千円で設立当初から小売取引が行われていた。これは満蒙毛織の直販部門を承継したためである。ただしその後、1937年7月期に利益が34千円を計上できたが、1936年7月期に損失を計上しており、満洲事変期において収益状況は芳しいものではなかった。ところが日中戦争勃発後には取引が増大し、1938年7月期では総資産2,724千円で、商品は440千円に伸び悩んでいるが、得意先201千円への増大で利益は25千円に回復し、1940年1月期には総資産4,748千円、商品は1,458千円に増大し、受取手形も349千円に増大していた。アジア太平洋戦争が勃発すると、取引が伸びず、1944年7月期でも商品は2,463千円に止まった。投資先1,131千円が計上されているが、取引先相手の商品売掛金等であろう。借入金も2,037千円に増大していた。

　日中戦争期に満蒙毛織の満洲国内投資は続いた。1938年7月22日設立の満洲理化学工業株式会社（本店奉天、資本金500千円半額払込）に小額を出資した。これは満蒙毛織の本業から離れているが将来性を期待した。1939年8月19日に満洲柞蚕株式会社が設立された（本店新京、資本金5百万円4分の1払込）。満洲毛織は過半を出資した。満洲柞蚕は満洲国政府も出資し満洲国における蚕集荷の中心に立つ会社である（第8章参照）。1940年6月6日設立の株式会社満洲資源愛護協会（本店新京、資本金2.5百万円払込）にも一部出資したが、奉加帳に名前を記した程度のものである。同年9月14日設立の株式会社満毛商事部（本店奉天、資本金190千円払込）と同月10日設立の株式会社満毛被服工廠（本店奉天、100千円払込）は満蒙毛織の完全子会社であったが、出資規模で満洲国「資金統制法」

の統制枠外の小額資本金で設立された[25]。

　1941年6月24日に満洲羊毛株式会社が設立された（本店新京、資本金3百万円2,250千円払込）。同社に満蒙毛織は3分の1を出資し、羊毛原料会社への影響力を維持した。同社は満洲羊毛同業会を改組法人化したものである。ただし同社は1944年5月1日に満洲畜産公社が設立されると吸収合併され、満蒙毛織は出資を回収して影響力を喪失した。同年6月13日設立の東亜鉱業株式会社（本店奉天）は資本金195千円払込の零細法人であり全額を満蒙毛織が出資したが重要な会社ではない。日中戦争期に設立された有力な会社は満洲柞蚕と満洲羊毛のみといえよう。

　アジア太平洋戦争期に新規の満洲国投資としては1942年7月8日設立の満洲林産化学工業株式会社（本店新京、資本金20百万円4分の1払込）に25％を出資した。同社取締役に椎名が就任していた。このうちの全額出資子会社の満毛商事部と満毛被服工廠の操業状況を紹介しよう。満毛商事部は1941年7月期総資産191千円、仮払金190千円という状態で操業しているとはいえない状態であった。商品在庫がない状態にあった。同社の商品在庫が計上されるのは1943年1月期からで総資産204千円のうち商品117千円が計上された。ようやく商取引を行う商社業務が表れたが1944年7月期で総資産196千円、うち商品71千円という状態に止まり、零細企業のまま終えた[26]。満毛被服工廠は1941年1月期で総資産100千円で、固定資産を保有していなかった。1941年7月期に得意先勘定28千円、工場仕掛品27千円が現れた。1942年7月期に漸く機械及装置1千円、工具4千円が計上されるだけで自己勘定で操業しない零細事業者であった。1944年1月期総資産262千円、機械及装置31千円、工場仕掛品28千円で損失49千円を計上した。1944年7月期で総資産1,591千円に旧増資、土地建物491千円と営造物諸装置491千円が表れ、機械及び装置は197千円に増大し、工場仕掛品は37千円という規模となり、満蒙毛織勘定400千円を掲げ売掛金を保有した。1,500千円に増資しており、そのほか支払手形70千円で資金繰りをつけていたが、22千円の損失を計上していた[27]。

　満蒙毛織は事業持株会社化し、総資産に占める所有株式は1944年10月期で53,118千円に達し、総資産232,697千円の22.8％にまで増大していた。満蒙毛織は本業部分が大きいため、受取手形やその他の商品勘定でも受け払いが発生しており、

これによる資産もいくらか追加されるはずであるが、25％までは増大しないと見られる。これが満洲国期に急速に事業拡張する中で満蒙毛織が到達した事業持株会社としての投資の総額とその比重であった。

4．日中戦争後の満洲外事業の拡張

日中戦争勃発前の天津に満蒙毛織はすでに分工場設立で事業を開始していた。そこへ1937年7月日中戦争の勃発で華北・蒙疆の占領が拡大した。占領地事業資産の操業で地場生産を維持しつつ占領地支配を拡大する方針であり、各地の既存事業所が日本の大手事業者に経営を引き受けさせた（柴田［2008a］参照）。満蒙毛織はすでに関内で操業する有力事業者として、この新たな占領地事業に積極的に参入する。

受命日付は確認できていないが、満蒙毛織は寺内部隊特務部の命令により、北京郊外清河鎮所在の国民政府軍政部北京製呢廠の受託経営を行うこととなった。1937年12月27日に東拓からその旨を拓務省殖産局に報告した[28]。受命の日付は確認できないが、1937年12月かそれより前と見られる。その受命事業の内容は以下のようなものである。既存工場ではガード8台、ミュール12台、織機58台を保有するが、そこに応急補修費133千円を投じて修理し、紡績では紡毛機8台で月産34キロの製紡を行う、織布では織機58台で月産18千平米、9,352枚を製造し、検品の合格率を95％として8,900枚を生産するとした。従業員は日本人30人、中国人350人を雇用する方針とし、1938年4月頃より実行可能であり、さしあたり紡機2台の運転より開始し漸次増大させる方針とした。満蒙毛織は1939年3月期に北京製呢廠生産設備の整備を完了し[29]、本格操業に移った。

満蒙毛織は奉天工場の操業のほか北京の受命工場の経営も担当し、華北事業が拡大したため、1940年4月期に北京受命事業の管理と原料調達・販売を担当する北支部を設立し[30]、そこに経営と管理を任せた。北京工場は1942年9月30日に軍管理工場の操業を解除され、1943年3月のその手続きを完了し満蒙毛織の手を離れた。天津では1943年1月に第二工場として経営を委任された工場資産を補修し、2月より操業を開始した[31]。

アジア太平洋戦争期に華北インフレのなかで天津工場は増産を要請された。北

支那派遣軍が軍需品の現地調弁能力の拡充を企図し、「培養計画」と名づけ1943年3月以来その実現に奔走していたが、満蒙毛織もその計画の一環として毛織物部門に取り込まれ、工場立地で余裕のある天津第一工場を拡大し生産増強を図らせるものとした。既存の年産420千メーターのほか新たに年産450千ロメーターの増産を計画し、紡毛機19台、精紡機10台、その他合計413台を企業整備で遊休機械となる国内から導入し充足させるものとした。この計画に必要な新規投資は設備資金と運転資金合計12,942千円であるが、うち6,400千円は横浜正金銀行天津支店より借入れ、残る6,540千円を機械代金として日本での決済が必要となった。ところが満洲国政府は日本への送金制限を行うため送金が困難となっており、この機械輸入のため、東拓の日本内融資が要請された。1944年8月9日に東拓が内務省に申請し、同月30日にそれが認められ[32]、東拓の日本内枠で満蒙毛織に融資して天津に機械を輸出した。

　さらに満蒙毛織は中央儲備銀行券インフレの加速する華中でも新た会社設立に動いた。1944年10月4日に東亜繊維工業株式会社が設立された。東拓との折半出資である。華中の毛織物業界では激しいインフレ直面しており実物投機が恒常化している状況では原料調達に苦慮せざるを得ない。生産量は工場能力の8％に低下していた。その苦境を打開するため満蒙毛織が上海市家紡織廠業同業会の要請を受けて同会加入の8事業者工場の操業率を上げるため代替原料となる蒲草、棉稈皮、ヒマ、イラクサ等を原料とした新興繊維の生産に乗り出すものとした。原料となる雑草類は上海周辺に豊富に存在し、その確保には中国側業者が協力する体制となっていた。資本金30百万元（儲備券建払込、円換算5.4百万円）であり、社長は椎名義雄もしくは満蒙毛織上海事務所の橋本音治郎が就任したはずである[33]。

　日中戦争勃発で関東軍は長城線より南下し察哈爾省・綏遠省・山西省北部を攻略して占領した。蒙疆占領地は察南自治政府（首都張家口）、晋北自治政府（首都太原）および蒙古聯盟自治政府（首都綏遠）の独立、その上に立つ蒙疆聯合委員会（1937年11月22日設置、張家口）を経て、さらに1939年10月1日に蒙古聯合自治政府（首都張家口）の樹立といった政治支配体制の変遷を遂げる（柴田［2007a］参照）。旧綏遠省政府の既存毛織物工場、つまり綏遠毛織廠の操業を関東軍が満蒙毛織に受命させ、満蒙毛織は引き受けるに当たり1937年11月10日報告

書を提出した[34]。関東軍が満蒙毛織に受命させたのはこの日付より前である。10月に受命を受けるよう要請があり、その後に満蒙毛織が職員を派遣して工場の設備と立地条件調査したと見られる。関東軍は受命させるに当り満洲内の大手事業者の満蒙毛織を優先した。ほかに蒙疆の繊維産業で参入したのは兼ねてより陸軍に食い込んでいた鐘淵紡績株式会社である（柴田［2008a］第3章参照）。この調査によると紡機はカード1台、ミュール1台、織機は8台、そのほか仕上染色用機械が置かれていたが、この種の工場としては最小単位にも達していない。仕上げ設備はようやく毛布の製造が可能な程度であり、紡機は太番手に適するものであり、毛布製造工場として操業が可能だと判定した。さらに同社は経営要綱で方針を示した[35]。本社の分社工場の形態とし、支那産洋毛を原料としさしあたり軍用毛布製造を行い、順次軍絨及び一般毛織製品に拡大する。軍用毛布月産2,400枚、合格品95％とし2,280枚を製造する。日本人従業員約10名、中国人従業員約80名で操業するものとした。この報告書受けて12月29日に関東軍経理部は使用原料は支那産羊毛を主体とし、軍用毛布製造については軍の指示を受ける。工場附属機械等は可及的速やかに補修するとの指示を出した[36]。こうして満蒙毛織は蒙疆占領地で小規模ではあるが安定的な事業を獲得した。綏遠が厚和に改称され満蒙毛織は厚和毛織廠と称した。1938年2月に応急補修を終え操業を開始し増設を急いだ[37]。

蒙疆における原料羊毛の安定確保のため1937年12月12日に規約決定をみて蒙疆羊毛同業会が設立された。蒙疆地区内羊毛その他獣毛取引に関し蒙疆聯合委員会の監督指導を受け、自治的統制を行い、畜産資源の利用進展を図り蒙疆聯合委員会並びに各自治政府の施設に協力援助し畜産業の発達に資することを目的とし、本部を張家口に置いた。基金600千円60口に分け、鐘淵紡績13口、株式会社兼松商店9口、株式会社大蒙公司（1935年7月5日設立、本店新京、大倉組系、張家口移転）2口、日本毛織株式会社10口、満蒙毛織10口、満洲畜産2口、三井物産株式会社10口、三菱商事株式会社4口で引き受けて会員となった[38]。1938年3月3日に東拓が満蒙毛織の蒙疆羊毛同業会への加入について事後承認を拓務省に求め、拓務省はそれを承認した[39]。蒙疆羊毛同業会は原料羊毛の集荷と配給に努め、これにより満蒙毛織は綏遠毛織廠操業に当たっての原料羊毛を安定的に確保する

ことができた。綏遠は厚和と改称後、厚和毛織廠に改称された。満蒙毛織は1940年3月期に蒙疆部を設置し、厚和の事業と原料集荷・販売を担当させた。

蒙疆占領地に1939年12月5日に満蒙畜産工業股份有限公司を設立した（本店張家口、資本金1百万円半額払込）。満蒙毛織はほぼ4分の3を出資した。満蒙畜産工業は蒙疆における皮革加工生産に従事した[40]。同公司は1943年5月30日に満蒙皮革工業股份有限公司に商号変更し9月20日に倍額増資し資本金2百万円となった。

また満蒙毛織は東京護謨株式会社と折半出資で1940年10月1日に満蒙繊維股份有限公司を設立した（本店厚和、資本金400千円払込）。同公司は1943年5月30日に満蒙繊維化学股份有限公司に商号変更しその後も事業を続けた[41]。同年9月19日設立の厚和畜産加工股份有限公司は資本金50千円で満蒙毛織蒙疆部が10千円出資したが、零細事業者である。少額出資のため出先の資金枠による出資が可能であった。以上のように満蒙毛織は蒙疆事業に積極的に参入し畜産・羊毛・皮革資源の確保とそれを原料とした事業を展開した。

満蒙毛織は1931年6月に名古屋工場を設置し本格操業に移った。さらに1935年12月に岡崎紡績合資会社より買収した岡崎工場で操業を開始し事業を拡張した。その後も1940年2月に一宮工場を取得し、満蒙毛織の直接経営する毛織物工場が増大していた。日本における代表者の名古屋支店長豊島秀三郎が経営していた。名古屋工場は紡毛機8台、精紡機7台、莫大小機67台、一宮工場は広幅力織機34台、岡崎工場は並幅織機10台等を保有して操業し、羅紗類、毛布類、莫大小類、毛糸類その他毛織物製品各種を生産していた[42]。この間、満蒙毛織が満洲国法人化したため、満蒙毛織名古屋支店と工場は外国法人支店登記に切り換えた[43]。

満蒙毛織は1938年8月に東洋製織株式会社を設立した（本店東京）。1943年で資本金400千円100千円払込、満蒙毛織は4分の3を引き受けていた。1938年9月に東京繭毛工業株式会社を設立した。1943年でも資本金190千円払込で椎名義雄が社長に就任していた。1939年設立の繊維化工業株式会社（本店東京、資本金190千円払込）の代表取締役に椎名が就任していた。同社も1937年9月10日「臨時資金調整法」の規制枠外で設立した。そのほか1940年5月設立の東邦輸出紡毛織物株式会社（本店名古屋、資本金150千円37.5千円払込）に満蒙毛織は20％を出資

した。同年7月設立の満蒙毛織商事株式会社（本店名古屋、資本金180千円払込）に満蒙毛織は全額を出資した。この名古屋本店の両社は満蒙毛織名古屋支社の工場出荷商品の販売と原料調達を担当したはずである。以上の8社のうち満蒙毛織が連結子会社6社を支配下に置き役員も兼務させていた。また持分法適用会社2社のうち社長を派遣していた会社もあり、いずれも強く経営に関わっていたといえよう。ただしこれらの日本内本店会社の公称資本金は200千円以下に抑えた会社が5社もあり多く、「臨時資金調整法」の規制枠200千円を下回る資本金規模で設置の規制を回避していた。

　戦時体制が深化する中で繊維産業の統制が強化され、日本紡毛工業組合聯合会は企業合同を促迫した。一貫作業事業者は紡毛機20台以上、一貫作業をしない事業者は40台以上とし、合同は合併、委任経営及び経営合同（会社新設による経営）のいずれかで合同に踏み切らせるものとした。合同しないものは1940年8月15日以降の原料配給は3割減少させるとの方針を打ち出した。満蒙毛織の紡毛機は名古屋工場の8台と軍から借り受けている1台の合計9台のみであり、このままでは原料不足のため操業不能に陥るため、他社との合同は不可避となっていた。中島毛糸紡績大津工場（保有12台）と合同し20台体制とし、さらに満蒙毛織の織機合計34台で新会社を設立する方針とした[44]。資本金5百万円全額払込、満蒙毛織の現物出資3,310千円、現金出資272千円、中島小一郎（1938年に中島毛糸紡績株式会社が解散し中島が工場資産買収、大阪府大津町所在）現物出資1,416千円とするものとした。なお紡毛機21台（1台は借入れ）の所要織機は200〜300台となるため、満蒙毛織所有34台では到底不足する。そのため一宮、伊勢崎、津島方面に散在する小企業所有の約300台を受任経営として扱い仕上工場は関東絹毛整染株式会社に任せるものとした[45]。1941年9月6日に新会社への現物出資が満蒙毛織内で承認され[46]、同年10月に満蒙毛織工業株式会社が設立された（資本金5百万円払込、資本金本店東京、社長椎名義雄、専務取締役豊島秀三郎）。こうして満蒙毛織は日本における操業基盤を延命させることに成功した。

　満蒙毛織工業は事業拡張を急いだ。1942年6月12日に5月27日に実施した宇佐美毛織株式会社（1931年7月設立、本店大阪）との合併契約を承認し、資本金を5,960千円から6,960千円に増資した。すでに営業第1期でも吸収合併を行ってい

たため、5,960千円に増資していた。これより先に5月1日に宇佐美毛織の永和工場と木曽川工場を借り受けており、その上で合併した。また1942年4月9日に名古屋織物整理工場より乾燥機3台、洗絨機8台、縮絨機8台等の譲渡を受け、5月1日に西田整毛工場よりガーネットマシン7台、ラッグマシン8台の譲渡を受けた。7月28日許可で三河毛織有限会社より織機119台他を借り受けた。こうして事業拡大を急いだ。満蒙毛織工業は8月下旬に「重要産業統制令」に基づき設立された羊毛統制会の会員に指定された。1942年9月期で総資産16,326千円、機器装置等3,023千円、材料2,227千円、製品半製品1,789千円等で、関係会社の千代田編織株式会社ほか、大阪紡毛商事株式会社（1939年4月設立）の株式を保有していた。短期融資は東洋紡毛工業株式会社（1929年4月設立、本店東京）その他に向けたものである。資金統制の網目を掻い潜って同業者間で余裕金が回されていた。利益350千円を計上していた。ただし満蒙毛織からの借入金が3,800千円あり資金繰りは苦しいものであった[47]。同系会社からの借入れは「臨時資金統制法」による銀行融資の対象外であるが「外国為替管理法」の管理下におかれた。1942年10月5日に9月20日に締結した三河毛織有限会社（1940年12月設立、本店愛知県塩津村）との合併契約を承認し、資本金を6,960千円に増資した[48]。前期と同様に繊維産業の機械の譲渡獲得に注力していた。ただし繊維産業を追い詰める政策は強化される一方であり、それを克服する事業規模の拡張を目指して延命する必要があるが満蒙毛織工業にその余力はなかった。繊維産業企業整備の中で淘汰を迫られた結果、満蒙毛織工業は1943年10月1日に東亜紡織株式会社（1941年6月21日設立、本店大阪）に吸収合併して日本内操業拠点を喪失した（東亜紡織［1993］82-86頁）。

　満蒙毛織は満洲から華北占領地で天津、北京、張家口で操業し事業地域を拡大させていたが、朝鮮では日中戦争期になっても本格的な事業に着手できていなかった。朝鮮においては毛織物の日本からの輸入が1938年で14,742百万円に達し、地場生産の将来性が十分見られたが単独の新会社設立は朝鮮総督府が難色を示し困難であった。満蒙毛織京城支社は釜山織物工場を朝鮮における委託加工先として取引を有していた。同工場は岩本保太郎経営で、1925年6月工場設立し、帝国製麻株式会社（1907年7月設立、本店東京）釜山工場の下請けとして成功した。

1934年7月人絹織物及び人絹絹交織染色仕上設備に着手し、1935年2月に完成し操業していた。満蒙毛織は同工場を買収しようとしたが不首尾に終わった。そこで双方半額出資の会社設立に動いた。満蒙毛織は岩本から合意を取り付けて、資本金1百万円の折半出資の会社とすることし、新会社で人絹布、絹人絹交織、スフ人絹交織布、羅紗、毛布を生産するものとした。このうち羅紗と毛布の設備が新設となり、それ以外が岩本の工場資産の転用と増設で操業することになる。この会社設立について1940年7月20日に東拓が拓務省に申請し[49]、拓務省は朝鮮において既存毛織物工場が皆無のため、新会社が朝鮮において毛織物業界の優先的地位を獲得できることになり、さらに軍需向け生産に進出すべき端緒にもなるとして意義を認め9月18日に承認した[50]。こうして1940年9月に朝鮮毛織株式会社が満蒙毛織と岩本の折半出資で設立された（本店釜山、資本金1百万円払込）。社長は椎名で経営の実権を満蒙毛織が掌握した。地場産の管理されている羊毛以外の原料を用いて毛織物の生産に乗り出した。そのほか既存人絹布、絹人絹交織等の生産に入った。満蒙毛織にとっても人絹系の本格製造は初めてであり、同社の製造領域が拡大した。朝鮮における毛織物工業の新設により日本からの輸入代替が開始された。ただし毛織物製造ラインの機械は日本各地の事業所から買収して集めるものであり、順調に進展したかは不詳であるが、繊維産業の企業整備が進展しており廃棄機械の調達はさほど難しくはなかったはずである。同社の操業実態を告げる資料は見当たらない。

1) 満蒙毛織株式会社『第27期営業報告書』1932年4月期、5頁。
2) 同『第28期営業報告書』1932年10月期、4-5頁。
3) 前掲「満蒙毛織株式会社増資新株引受ノ件」。
4) 満蒙毛織株式会社『第29期営業報告書』1933年4月、5頁。
5) 同『第30期営業報告書』1933年10月期、3-8頁。
6) 東洋拓殖株式会社「満蒙毛織株式会社増資新株引受ノ件」1934年10月2日（外務省記録E42）、（「満蒙毛織株式会社増資新株引受ノ件」1934年10月25日拓務省決裁（外務省記録E42）。
7) 前掲東洋拓殖「満蒙毛織株式会社増資新株引受ノ件」。
8) 満蒙毛織株式会社『第32期営業報告書』1934年10月期、5-8頁。
9) 同『第33期営業報告書』1935年4月期、4月30日現在株主名簿。

10) 前掲「附帯書類」。
11) 満蒙毛織株式会社『第34期営業報告書』1935年10月期、5頁。
12) 東洋拓殖株式会社「満蒙毛織株式会社増資ニ伴フ定款変更承認申請ノ件」1937年3月13日（外務省記録 E 43）。
13) 「満蒙毛織株式会社増資ニ伴フ定款変更ノ件」1937年5月1日決裁（外務省記録 E 43）。
14) 「東拓ノ満蒙毛織株式会社増資新株引受ノ件」1937年8月9日拓務省決裁（外務省記録 E 45）。
15) 満蒙毛織株式会社『第37期営業報告書』1937年4月期、7頁。
16) 東洋拓殖株式会社「満蒙毛織定款変更ニ関スル件」1938年3月23日（外務省記録 E 47）。
17) 「満洲羊毛同業会規約」1938年3月14日（外務省記録 E 47）。『満洲国公報』1466号、1939年3月6日、2463号、1942年8月1日。
18) 「満蒙毛織株式会社第三拾九期（自昭和十二年十一月一日至ヶ十三年四月三十日）決算説明書」（外務省記録 E 47）。
19) 東洋拓殖株式会社「満蒙毛織株式会社増資並ニ定款変更ニ関スル件」1939年7月20日（外務省記録 E 50）。
20) 「満蒙毛織株式会社ノ増資並ニ定款変更ニ関スル件」1939年8月9日拓務省決裁（外務省記録 E 50）。
21) 「東拓ノ満蒙毛織株式会社増資引受ニ関スル件」1939年11月13日拓務省決裁（外務省記録 E 50）。
22) 東洋拓殖株式会社「満蒙毛織払込徴収、増資並ニ渡欧者ノ増資株引受ノ件」1942年5月25日（外務省記録 E 64）。
23) 満蒙毛織株式会社『第48期営業報告書』1942年10月期、5頁。
24) 満蒙毛織株式会社「増資説明書」1944年と推定（外務省記録 E 70）、東洋拓殖株式会社「満蒙毛織未払込徴収並ニ増資ニ関スル件及び増資ニ伴フ株式引受ノ件」1944年7月10日（外務省記録 E 70）、「満蒙毛織株式会社ノ未払込株金徴収及増資ニ関スル件」1944年7月25日内務省施行（外務省記録 E 70）。
25) 黒瀬［2003］262-263頁は前者を「満蒙商事」とし誤りであり、後者の掲載がない。
26) 『公報』2214号、1941年9月22日、2653号、1943年4月3日、3108号、1944年10月21日。
27) 『公報』2078号、1941年4月7日、2214号、1941年9月22日、2510号、1942年10月1日、2940号、1944年3月30日、3108号、1944年10月21日。
28) 東洋拓殖株式会社「満蒙毛織北京製呢廠受託経営ノ件」1937年12月22日（外務省記録 E 43）。

29) 満蒙毛織株式会社『第41期営業報告書』1939年4月期、6頁。
30) 同『第43期営業報告書』1940年4月期、11-12頁財産目録に初めて「北支部」と「蒙疆部」の語が現れたためこの時期と判断した。
31) 同『第49期営業報告書』1943年4月期、6頁。
32) 東洋拓殖株式会社「満蒙毛織天津第一工場培養計画ニ関スル件」1944年8月9日（外務省記録E74）、「満蒙毛織株式会社天津第一工場拡張ニ関スル件」1944年8月30日内務省施行（外務省記録E74）。
33) 「昭和十九年六月十七日本一第六二五号申請東亜繊維工業株式会社株式引受ノ検承認ス」1945年6月19日内務省施行（外務省記録E88）。日本法人の資本金の儲備券建については柴田［2008a］第1章、第6章参照。
34) 満蒙毛織株式会社「綏遠毛織廠調査報告書」1937年11月10日（外務省記録E43）。
35) 同前。
36) 関東軍経理部「綏遠毛織廠経営ニ関スル細部指示」1937年12月29日（外務省記録E43）。
37) 満蒙毛織株式会社『第39期営業報告書』1938年4月期、10頁。
38) 「蒙疆羊毛同業会規約」1937年12月12日（外務省記録E47）。大蒙公司については柴田［2008］第6章参照。
39) 東洋拓殖株式会社「満蒙毛織株式会社蒙疆羊毛同業会ニ参加ノ件」1938年3月3日（外務省記録E47）、「満蒙毛織株式会社ノ蒙疆羊毛同業会参加ニ関スル件」1938年3月14日拓務所決裁（外務省記録E47）。
40) 柴田［2008］368頁。黒瀬［2003］263頁は1938年設立とするが誤りであろう。
41) 柴田［2008］369頁。黒瀬［2003］263頁では「満蒙繊維工業」とし誤りであろう。
42) 「満蒙毛織工業株式会社趣意書事業計画書収支目論見書定款出資財産目録」（外務省記録E58）。
43) 満蒙毛織株式会社『第40期営業報告書』1938年10月期、5-6頁。
44) 「満蒙毛織株式会社ノ満蒙毛織工業株式会社設立計画及出資ニ関スル件」1941年9月17日拓務省決裁（外務省記録E58）。
45) 「満蒙毛織工業株式会社趣意書事業計画書収支目論見書定款出資財産目録」（外務省記録E58）。
46) 満蒙毛織株式会社『第46期営業報告書』1941年10月期、6頁。
47) 満蒙毛織工業株式会社『第2期営業報告書』1942年9月期、4-7頁。
48) 同『第3期営業報告書』1943年3月期、6-8頁。
49) 東洋拓殖株式会社「朝鮮毛織株式会社株式引受ノ件」1940年7月20日（外務省記録E52）。
50) 「満蒙毛織株式会社ノ朝鮮毛織株式会社株式引受ニ関スル件」1940年9月18日拓務

省決裁（外務省記録 E 52）。

おわりに

　東拓は第1次大戦期に満洲に進出し、関係会社投資と長期融資に着手した。東拓の関係会社は多くはなかった。北満電気、満蒙毛織、東亜勧業のように事業拡張を期待されたが低迷した。東省実業は大戦末期に参入し、かなりの件数の企業に出資を行い、東拓の別働隊のファイナンス・カンパニーとして迂回資金供給を行ったと見なせる。しかし東省実業は戦後恐慌で危機に陥り減資により東拓丸抱えになった。東拓本体も満洲業務で打撃を受けた。そのため1920年代半ばから後半にかけての東拓と東拓の関係会社は不振を続けた。融資先から取得した担保不動産等を管理する鴻業公司も設置された。

　満洲国出現後においても、東拓は幾分でも直接投資の不足を埋めることが期待されたため、排斥されることなく存続が認められた。そして満洲国の新設会社の日満製粉、大同酒精、満洲特産工業に出資を行った。また既存の関係会社にも支援を行った。そのうちには鴻業公司は東拓土地建物に改組され不動産事業を強化した。また東省実業は治外法権撤廃を期して満洲国法人に切り替え、併せて増資して再起を図った。満蒙毛織への出資融資を拡大して資金支援を強めたことで、同社は事業規模を拡大し、満洲外華北蒙疆投資にも乗り出していった。東拓は新規製造業・電力・農事・その他事業に幅広く投資を行い、東拓は朝鮮を超える規模の投資残高を示すことができた。しかもこれらの関係会社には東拓は出資のみならず多額の資金貸付を行い支援した。また移民事業では朝鮮・満洲両側で鮮満拓殖に対してかなりの額の出資に応じた。しかしこれら移民事業が満洲拓殖公社に統合されると東拓の影響力は低下した。鴨緑江水力発電事業に関しては、朝鮮・満洲国で事業を行う特殊会社として、両側からの出資に関わり、多額の資金を供給した。しかし朝鮮電業が設立されると、東拓の地位は朝鮮電業に取って代わられ、鴨緑江水力発電の株式を転売せざるを得なかった。その結果、1945年には電力業投資からの決定的な後退を見せた。満洲国末期に林業関係への出資も件

数が増えたが金額は多額にならなかった。副次的な投資に終わる例が多かった。一貫して東拓系と見なされたのは満蒙毛織・鴻業公司・東拓土地建物・東省実業だけである。とりわけ満蒙毛織は満洲国期に業績を回復し増資で東拓連結子会社化し、事業規模拡大を進めた。その結果、東拓企業集団の満洲における会社資産で突出した規模を示した。特に同社は満洲国のみならず、華北・日本・朝鮮にも出資会社を多数抱え、かなりの規模の事業持株会社となり満蒙毛織が事業所を設置しない地域では同社の子会社に事業を任せた。同社の連結子会社を加味し孫連結まで行えば、東拓の連結総資産をいくらか引き上げることもできる規模となっていた。

第8章　満洲国政府系企業集団

はじめに

　満洲事変により東北軍閥の支配を消滅させ、1932年3月1日満洲国出現で新たな企業体制が創出された。満洲国政府は出現当初から政府出資法人の設立を開始した。最初の政府出資法人は1932年6月15日設立の満洲中央銀行である。同行に域内通貨統一事業とその後の対市中マネー・サプライ・コントロールを担わせる必要があるため設立が急がれた。以後も多数の法人に政府が出資を続けた。その多くは特殊会社・準特殊会社である。それは満洲国政府による国内産業政策の担い手の創出であった。満洲事変期の満洲国政府出資には旧東北政権保有資産の承継による現物出資も多数みられた。これも特徴の一つである。そのほかの普通法人にも一部ではあるが出資して支配下に置き資金支援した。その結果、満洲事変期では南満洲鉄道株式会社に次ぐ多額の対民間出資機関となった。さらに日中戦争期に満洲重工業開発株式会社が鉱工業投資の中心となり満洲国政府の鉱工業出資を肩代わりさせたが、満洲国政府も他の分野の投資を続けており、対民間法人出資金額で満鉄を抜き満業に次ぐ規模を維持した。満洲国政府出資はアジア太平洋戦争期も続き、重要な産業政策の担い手としての役割は変わらなかった。

　本章は満洲国政府出資の年度末残高一覧表を提示することで通時的分析を加え、その出資法人の件数・金額・産業分野の特徴を析出することにある。従来の研究では満洲国政府の特殊会社制度を通じた満洲産業開発計画への支援の分析があり[1]、満業出現後に満鉄と満洲国の出資が満業に肩代わりされ、新たな企業体制が構築されたことがすでに多面的に解明されている[2]。また満洲国に対する日本の投資資金の推計の分析は充実している（山本[2003]）。満洲国政府を対市中投

資機関として把握し、出資先の検討を加えた研究もあるが（柴田［2007e］)、政府出資が満鉄や満業と異なり、会社形態の法人組織ではないため投資事業の内容開示が乏しく、逐年に渡る出資先悉皆調査が困難であり、特定年次の出資先を列記するだけで止まっている。それ以外にまとまった研究は見られない。

　本章では満洲国出現後の満洲国出資法人の幅を広く捉え、特殊会社・準特殊会社として、法的独占や地域独占が与えられた事業のみならず、普通法人までも視野に入れて、満洲国政府出資法人を紹介し、その範囲の広さにより満洲国が関わらざるを得なかった広範な事業を、出資した企業によって行っていたことを確認する。併せてその資金調達にもいくらか視野に入れたい。対象時期は、ほかの章と対応させて、満洲事変期、日中戦争期、アジア太平洋戦争期に区分する。またほかの章と同様に、出資による支配権を重視し50％以上、50％未満20％以上、20％未満に分けて位置づけ与え、さらに20％以上の会社については満洲国政府会計年度末に揃えて総資産を列記し、その集計により他の企業集団との比較を試みる。本章は柴田［2007e］に政府出資連年一覧表を追加し、その他の不備を改め、政府出資関係会社の中間持株会社も対象に入れ大幅に加筆して再論するものである。

1）　満洲産業開発計画の中の位置づけとして原［1972］が詳細である。
2）　原［1976］、安冨［1997a］がある。安冨［1997b］は満洲国の金融として満鉄・満業については出資、後者では融資まで個別会社統計を作成しているが、巨額に達する満洲国政府出資についてはその作業を行っていない。換えて投資特別会計の歳出で代表させている。それでも良いのであれば満鉄・満業についても投資先関係会社が満洲国か否かについて全く拘泥していないため、個別会社を掲げた統計は不要で合計だけで十分であろう。満鉄・満業と同等のレヴェルの満洲国政府個別会社逐年出資統計を省略したのは、それを作成する労を惜しんだということになる。
3）　小林［1972］、疋田［1986］、［2007］、柴田［1999a］がある。

第8章　満洲国政府系企業集団　479

第1節　満洲事変期関係会社出資

1．満洲国の資金調達と出資体制

　1932年3月1日樹立直後の満洲国は主たる財源を税収に依存できる状況ではないため、苦しい財政運営を続けた。会計年度は中華民国の7月～6月の年度を採用したが、1932年3月～6月については暫定的に大同建国年度予算とし、一般会計のみを編成した。この年度の6月11日「満洲中央銀行法」に基づき、6月15日に満洲中央銀行が設立された。同行の7月1日開業前に、一般会計は満銀借入金11.5百万円を計上しており、かなり無理な財政運営を行って資金不足を乗り切った。1932年7月～1933年6月を大同元年度予算とし、1932年10月18日に予算を施行した。この年度も税収不足を埋めるため、満銀借入金12百万円を調達した。さらに1933年3月に満銀に建国公債7.6百万円を引き受けさせ追加予算を編成した。併せて臨時国都建設局特別会計、国道局特別会計等を設置し、特定事業を区分経理するため特別会計制度を導入した[1]。1933年度の大同2年度予算（1933年7月～1934年6月）、1934年度の康徳元年度予算（1934年7月～1935年6月）は6月30日を会計年度末としたが、1935年12月28日「会計法」裁可により、康徳2年度予算は1935年7月～12月とし、康徳3年度より会計年は1月～12月の暦年に移行した（柴田［2001］54-56頁）。この間の政府出資は大同2年度予算までは一般会計が負担した。ただし現物出資では予算に歳出を計上する必要がないため、財源調達を不要とする。

　この間に安定的な財源調達とそれを政府出資融資に投入する制度として導入されたのが投資特別会計である。同特別会計は1934年度予算が施行される1934年7月1日より設置された。財源調達のため1934年7月18日「投資事業公債法」に基づく投資事業公債発行が制度化されたが、1936年度に投資事業公債を発行するまで、同公債発行による企業出資は行われない。こうして政府出資法人設立に当り、特別会計による出資財源を特別会計として管理する体制が出現した。1934年度予算によると、投資特別会計の歳入では借入金6百万円を中心とし、他方歳出で

表 8-1　投資特別

1934年度予算		1935年度予算	
投資先	金額	投資先	金額
満洲航空(株)	1,100	満洲火薬販売(股)	250
同和自動車工業(株)	200	満洲採金(株)	662
満洲電信電話(株)	220	満洲棉花(股)	250
満洲石油(株)	250	満洲拓殖(股)	3,000
大安汽船(股)	62	満洲鉱業開発(株)	1,500
金融合作社	*900*	奉天工業土地(股)	2,750
		金融合作社	*700*
合　計	2,732	合　計	9,112

注：イタリックは融資。
出所：国務院『康徳元年度予算書』、『康徳2年度予算書』、『康徳3年度決算書』、『康

　1,832千円の出資と2,350千円の融資のみであったが、1935年度には借入金10百万円で8百万円の出資、1936年度予算で18百万円の借入金で16百万円の出資を行い、急速に出資額を増大させた[2]。これにより満洲国企業体制の一つの特徴でもある特殊会社（準特殊会社を含む）の樹立を促進する。とりわけ1937年度からの産業開発五カ年計画による統制経済の中で実施される資金割当の中で、満洲国政府の長期資金供給も重要な役割を果たすことになる[3]。

　投資特別会計の設置後において、ほぼ産業開発計画前に満洲国における特殊会社・準特殊会社への出資が確認できる（表8-1）。そのほか通常は準特殊会社としても扱われない企業への出資が見られ、投資特別会計の投資の範囲はかなり広いものであった。満洲国政府の政府出資企業の範囲は、後日準特殊会社として区分される企業以外の政府出資法人をも視野に入れていたことを告げるものであろう。そのほか1934年度では同年12月7日設立の金融合作社聯合会（本部新京）に対する900千円融資も実施されており[4]、出資・融資を行う特別会計となった。

第8章　満洲国政府系企業集団　481

会計投資額

(単位：千円)

1936年度予算		1937年度予算		1938年度	
投資先	金額	投資先	金額	投資先	金額
満洲林業(股)	1,250	満洲炭礦(株)	8,000	満洲図書(株)	500
満洲塩業(株)	312	満洲図書(株)	500	満洲拓殖公社	990
満洲拓殖(股)	1,000	満洲興業銀行	20,000	満洲電業(股)	2,211
満洲航空(株)	1,050	金融合作社	250	満洲油化工業(株)	6,250
満洲石油(株)	1,250	合　計	28,750	満洲合成燃料(株)	6,800
満洲生命保険(株)	750			(株)満洲弘報協会	350
満洲計器(股)	750			満洲航空(株)	1,130
満洲軽金属製造(株)	2,500			(株)満洲映画協会	625
満洲興業銀行	7,500			満洲鉱業開発(株)	750
金融合作社	2,900			満洲塩業(株)	625
				満洲房産(股)	8,000
				金融合作社	400
				金融合作社聯合会	1,000
				都邑計画事業費貸款	4,500
				満洲拓殖公社	6,000
合　計	19,262	合　計	28,750	合　計	40,131

徳4年度予算書』、『康徳5年度各特別会計予算』。

ただしこの時点では出資が重視されている。この特別会計の性格は、日本の特別会計制度でも未経験のものである。日本では政府資金を統合管理する1925年度設置の大蔵省預金部特別会計により、従来の大蔵省理財局国庫課が管理し同省の判断で運用する体制から、この政府資金を歳入歳出外資金として運用を審査したうえで長期融資に充当する体制に移行した[5]。他方、会社組織に対する出資は一般会計と所管省庁の個別特別会計でなされてきた。政府会計で出資を統合するという方向は、個別省庁の利害調整が困難なため実現しないまま戦時体制に移行していた。出資を主たる業務とする特別会計として、日本では満洲国の投資特別会計に遅れて1940年3月27日「政府出資特別会計法」に基づき1940年度に政府出資特別会計が設置され、一般会計からの出資資産の肩代わりを受け、政府出資法人への出資をほぼ所管する体制が導入されたが[6]、既往特別会計の政府出資を丸ごと承継したわけではない。満洲国の投資特別会計の創出は日本の政府出資特別会計に先行する制度でもあった。

1936年度に投資事業公債が発行され、公債発行による財源調達が開始された。その後も公債発行が増大した。出資による配当率が公債利子率よりも高くないと損失を発生せざるをえないが、投資キャッシュ・フローと財務キャッシュ・フローが連動して増大する時期には、投資損益より事業規模拡大が重視される。さらにその後の資金調達制度に付言すると、1937年度には同年1月20日「興業金融公債法」に基づく同特別会計負担の公債発行による満洲興業銀行への資金供給が行われた[7]。同年度の投資特別会計の出資総額を上回るものであり、投資特別会計の性格は単に出資のみならず、融資へも力点を置くものとなったことを告げるものであろう。

以上の投資特別会計の設置は、満洲国が動員できる資金蓄積が乏しい中で、満洲国・日本における国債発行を通じて長期資金を調達し、それを出資財源に充当し、さらに一部は長期融資に充当する制度であった。しかし樹立後日の浅い満洲国で日本の大蔵省預金部資金のような巨額かつ長期運用可能の歳入歳出外資金の構築は不可能であり、国債発行に依存せざるをえず、それは主に満銀の国債消化か日本市場での国債消化となる。いずれも満洲国における通貨発行残高を押し上げるものとなる。この投資特別会計の機能が全面的に展開するのは、産業開発五カ年計画発動以後である。対日・対国内の投資事業公債発行で多額資金の調達に踏み切り、それを産業開発計画の特殊会社等に供給した。その原型は投資特別会計が設置された初期満洲国財政の中で確立した[8]。

2．満洲国政府関係会社出資

満洲国の出資法人として、特殊会社制度がきわめて重要であった。特殊会社とは特定設置法により規定され、しかも満洲国の産業統制業務を担当し、多くは産業独占権限を行使した。もちろん満洲国の特殊会社すべてに満洲国政府が出資したわけではなく、政策的な選択がなされている。満洲国における通則的な法人法制は1929年12月27日中華民国「公司法」であり、その例外規定として特殊会社が個別立法により規定されるものである。準特殊会社も特殊会社に似た機能を持つ。ただし準特殊会社に個別設置法は必ずしも必要はない。また満洲国全域にわたる特定法人の産業独占・統制権限を規定するものではない。個別設置法が公布され

ても、それが満洲全域の独占・産業支配を認めるものでなければ、それは準特殊会社と位置づけられる。そのため特定法人設置法の有無のみで特殊会社・準特殊会社を識別することはできない（第1章参照）。満洲国政府は特殊会社・準特殊会社以外の普通法人の株式も取得した。満洲国会計年度は中華民国会計年度を踏襲したため、7月～6月を会計年度を採用したが、1935年度康徳2年度を7月～12月とし、1936年度康徳3年度より会計年度が暦年に移行した。それを踏まえ本章では1933年6月期、1934年6月期、1935年6月期、1935年12月期の集計を行い、以後、各年度末の12月期で集計する。

（1932年6月期・1933年6月期）

1932年では3月1日に満洲国が出現すると、同年6月11日「満洲中央銀行法」に基づき6月15日に満洲中央銀行が設立された（本店新京、当初資本金30百万円半額払込）。全額政府出資である（表8-2）。総裁栄厚（前奉天省財政庁長）、副総裁山成喬六（前台湾銀行理事）であり（満洲中央銀行[1942]参照）、総裁に地場有力者を起用した。これは満洲国政府高官と並ぶ有力ポストを提供することによる満洲国政府への求心力を維持するための人材配置である。満洲国出現以前から設立に関して、特に通貨発行の金建か銀建かで最も議論されたうえで、設置法が公布された。満銀による銀本位の満銀券発行により満洲国通貨体制の構築が急がれた[9]。併せて満洲国への財源支援にも注力した。満銀は旧東北軍閥政権の発券銀行である東三省官銀号、吉林永衡官銀銭号、黒龍江省官銀号及び辺業銀行の事業資産を承継して設立されたことで、大規模現業資産を抱え込み、実業局を設置して暫定的に直営で操業した（満洲中央銀行[1942]）。同行の抱えた現業資産は1932年度のみ直営で操業したうえで、1933年7月1日満銀が全額出資で大興股份有限公司を設立し（本店新京、資本金6百万円払込）、同公司に銀行業務以外を譲渡して操業させ時間をかけて処理させ、同公司は巨大な専業当舗に転換した（柴田[1998c]参照）。1932年6月期に満銀以外の政府出資法人は設立されない。

1932年12月16日に満洲航空株式会社が設立された（本店奉天、資本金3,850千円半額払込）。満洲国政府28.5％を出資したが、筆頭株主は42.85％を出資した満

表 8-2　満洲国政府関係会社出資 (1)

(単位：千円)

商　号	設立年月日	本店	1933.6期	1934.6期	1935.6期	1935.12期	1936.12期	1937.12期	備　考
満洲中央銀行	1932.6.5	新京	**15,000**	**15,000**	**15,000**	**15,000**	**15,000**	**15,000**	100%
満洲航空(株)	1932.12.16	新京	*1,100*	*1,100*	*1,100*	*1,100*	*1,100*	3,188	28.5%→33.7%
満洲電信電話(株)	1933.8.31	新京	—	6,000	6,000	6,000	6,000	6,000	12%
(股)哈爾濱交易所	1922.4.1	哈爾濱	—	42	42	42	42	42	3.5%
(株)マンチュリア・デーリー・ニュース	1933.10.9	大連	—	13	13	13	—	—	13%、満洲弘報協会譲渡
中東海林採木有限公司→中東海林採木(股)	1924.3.15	哈爾濱	—	1,750	1,750	1,750	1,750	—	50%、1937.8.17再登記商号変更、1937.8.20解散
満洲石油(株)	1934.2.24	新京	—	*250*	*500*	*500*	*2,000*	3,500	10%→35%
同和自動車工業(株)	1934.3.31	奉天	—	*250*	*200*	*200*	*200*	*200*	3.2%
(股)奉天紡紗廠	1921.9.30	奉天	—	**2,223**	**2,223**	**2,223**	**2,223**	**2,223**	53.2%、1936.1.19再登記
満洲棉花(株)	1934.4.19	奉天	—	**250**	**250**	**250**	**250**	**250**	50%
満洲計器(股)	1934.5.7	新京	—	**750**	**750**	**750**	—	—	50%、1936.10.23解散
満洲炭礦(株)	1934.5.7	新京	—	**6,921**	**6,921**	**6,921**	**6,921**	**14,921**	50%
満洲採金(株)	1934.5.16	新京	—	*1,250*	*1,250*	*2,500*	*2,500*	5,000	41.6%
大安汽船(股)	1934.9.12	安東	—	—	287	287	287	287	50%→82%
満洲電業(株)	1934.11.01	新京	—	—	17,515	17,515	17,515	19,750	19.4%→16.5%
奉天工業土地(股)	1935.3.11	奉天	—	—	*1,250*	*1,250*	*1,250*	*2,500*	50%、1937.11.15解散
満洲鉱業開発(股)	1935.8.24	新京	—	—	—	**1,750**	**1,750**	**1,750**	50%
日支満弁本渓湖煤鉄公司→本渓湖煤鉄(股)	1910.5.22	本渓湖	—	—	—	*4,000*	*4,000*	*4,000*	40%、1935.9.25再登記商号変更
延和金鉱(股)	1935.10.30	延吉県大平村	—	—	—	*150*	*150*	*150*	25%
満洲火薬販売(株)	1935.11.11	奉天	—	—	—	**187**	**187**	**187**	50%
満洲拓殖(株)	1936.1.4	新京	—	—	—	*3,000*	—	—	33.3%、1937.8.31解散
満洲林業(股)	1936.2.29	新京	—	—	—	—	**1,250**	**1,875**	50%
満洲塩業(株)	1936.4.27	新京	—	—	—	—	312	625	25%
(株)奉天造兵所	1936.7.24	奉天	—	—	—	—	**2,300**	**2,300**	50%
(股)満洲弘報協会	1936.9.28	新京	—	—	—	—	697	1,167	39.6%→51.4%
満洲計器(股)	1936.10.23	新京	—	—	—	—	**750**	**750**	50%
満洲生命保険(株)	1936.10.23	新京	—	—	—	—	**750**	**750**	50%
満洲軽金属製造(株)	1936.11.10	新京	—	—	—	—	*2,500*	*2,500*	40%
満洲興業銀行	1936.12.7	新京	—	—	—	—	**7,500**	**7,500**	50%
満洲図書(股)	1937.4.6	新京	—	—	—	—	—	500	36
満洲鉱業(股)	1937.6.22	奉天	—	—	—	—	—	*1,250*	50%
熱河鉱山(株)	1937.7.5	新京	—	—	—	—	—	240	40%
満洲合成燃料(株)	1937.8.6	新京	—	—	—	—	—	*3,400*	34%
(株)満洲映画協会	1937.8.21	新京	—	—	—	—	—	625	—
満洲拓殖公社	1937.8.31	新京	—	—	—	—	—	8,000	30%
満洲畜産(股)	1937.9.1	新京	—	—	—	—	—	1,375	55%
満洲豆稈巴爾普(股)	1937.9.4	新京	—	—	—	—	—	500	10%
朝鮮鴨緑江水力発電(株)	1937.9.7	京城	—	—	—	—	—	6,250	—
満洲鴨緑江水力発電(株)	1937.9.7	新京	—	—	—	—	—	6,250	—
満洲重工業開発(株)	1912.9.18	新京	—	—	—	—	—	225,000	50%、1937.12.1日本法人日本産業(株)が改組特殊会社に
合計		社数	2	13	16	20	27	36	
		出資額	16,100	35,750	55,053	62,391	82,187	349,808	
50%以上会社		社数	1	7	9	10	16	24	
		出資額	15,000	28,145	26,430	32,681	49,781	304,663	
満業除外								122,308	
50%未満20%以上会社		社数	1	2	2	4	6	7	
		出資額	1,100	1,350	1,350	5,750	8,759	21,863	
20%未満会社		社数	—	4	5	6	5	6	
		出資額	—	8,605	23,770	23,957	23,944	26,679	

注：ボールドは50%以上、イタリックは50%未満20%以上、アンダーラインはその他。
出所：『満洲銀行会社年鑑』1935〜1938年版、『満洲国法人名鑑』1938年版、日満実業協会、南満洲鉄道(株)『関係会社年報』。

鉄である。そのほか住友合資会社（1921年2月設立、本店大阪）も満洲国政府と同額の28.5％を出資した。社長栄源（元清朝官僚）、副社長児玉常雄（予備役陸軍大佐、児玉秀雄実弟）、取締役根橋禎二（満鉄計画部長兼務）ほかで、社長・副社長は満洲国政府枠であるが、後者については関東軍を通じた元関東長官児玉秀雄による押し込み人事であろう[10]。満洲航空は準特殊会社として航空運送と航空機製造の両事業を担当した。この満洲航空の事業も旧政権の事業資産を承継し現物出資した。個別設置法に基づかない満洲国法人ではあるが設立当初から商号に「株式会社」を冠した[11]。本来は「公司法」に準拠した法人であれば「満洲航空股份有限公司」と表記されるはずであるが、同社のみ「株式会社」とする商号が使われている。このような事例はほかには見いだせない。満洲国法人登記制度が確立するまでは、「公司法」に準拠しない商号の利用を認めたことになるが、この点については不詳である。1933年6月期では満洲航空以外の新設会社への出資は行われないため、政府出資会社は満銀、満洲航空のみである。

（1934年6月期）

　1934年6月期では、1933年3月26日署名「満洲ニ於ケル日満合弁通信会社ノ設立ニ関スル協定」に基づき、1933年8月31日に満洲電信電話株式会社が設立された（本店新京、資本金50百万円29,375千円払込）。このうち満洲国政府は12％6百万円を現物出資した。この現物出資財産は旧政権の電気通信設備である。同社は日満政府合弁法人であり、日本政府の逓信事業特別会計（1933年4月1日「通信事業特別会計法」に基づき同年4月1日設置）が30％16.5百万円を出資した。日満政府保有株式は50円払込である。民間出資550千株は12.5払込で、満鉄が7％70千株875千円、社団法人日本放送協会（1926年8月6日設置、本店東京）3％30千株375千円、朝鮮銀行2.65％26.5千株331,250円、日本国内の生命保険会社8社各0.8％8千株100千円のほか367.5千株を民間に広く分散させた[12]。同社は電信電話、放送を主要業務とし、電信電話業務は逓信省、放送業務は日本放送協会が技術支援をした[13]。総裁山内静夫（陸軍中将）、副総裁三多（前奉天陵守護職）、理事井上乙彦（陸軍少将）、前田直造（元逓信省東京逓信局長）ほか、監事西山左内（前関東庁財務局長）、八木聞一（満鉄総務部監査役兼務）ほかである。

副総裁は満洲国政府枠、軍人と官僚は日満両政府枠である。関東軍は2名の退役陸軍軍人を押し込んだ。そのほか逓信官僚と関東庁官僚が天下った[14]。

哈爾濱周辺で農産物の市場取引を担ってきた濱江糧食証券交易所有限公司（1922年4月1日設立、本店哈爾濱、資本金哈大洋票1百万元半額払込）は満洲国樹立後、1932年12月に満洲国政府命令により満銀券建資本金800千円半額払込に増資した。さらに中華民国「交易所法」に基づき1933年8月24日に改組された。1933年10月1日に2百万円1.2百万円払込に増資し、併せて股份有限公司哈爾濱交易所に商号変更した。この増資により日満合弁組織に改組するため満洲国政府は満鉄ほか日本法人とともに増資に応じた。満洲国財政部は3.55％1,420株25円払込を取得し21.3千円を出資した。満鉄が12.5％5千株125千円を出資し筆頭株主になった。満銀も1.89％758株を取得した。そのほか株式会社大連株式商品取引所（1920年2月5日設立）等が出資した。満洲国政府は満鉄同様に役員株を保有した可能性があるが（第5章参照）、傍証できない[15]。設立当初は理事長未定、副理事長島田千代治（元三井物産株式会社哈爾濱出張所長）、常務理事奥平広敏（前長春取引所長）、理事金井清（前満鉄哈爾濱事務所長）、加藤明（在哈爾濱事業家）ほか、監事八木聞一（満鉄総務部監査役）ほかであった[16]、哈爾濱で活躍した事業家・商社関係者や取引所関係者が並んだ。

1933年10月9日に株式会社マンチュリア・デーリー・ニュースが設立された（本店大連、資本金100千円払込）。当初は同社に満鉄が48％48千円、満洲国、駐満洲国日本大使館、関東軍と関東庁が各13％13千円を出資していた[17]。社長小柳津正蔵（元陸軍中将、株式会社昭和製鋼所取締役）は満鉄から派遣された[18]。英字新聞の発行による満洲国体制への英語圏へのプロパガンダ戦略の担い手である。満洲国政府による日本法人への出資事例であるが、満洲国の関東州本店会社への出資や関東軍の民間企業出資がふさわしくないため、表面的には満鉄全株保有とした。小柳津は辞職後満洲国政府職員に収まっており（第5章参照）、関東軍の押し込み人事である。

1934年2月21日「満洲石油株式会社法」に基づき2月24日に満洲石油株式会社が設立された（本店新京、当初資本金5百万円4分の1払込）。石油採掘から精製、販売までを担当した満洲国の独占的事業を担当する特殊会社である。満洲国20％

1百万円、満鉄40％2百万円、三井物産10％500千円、小倉石油株式会社（1925年4月設立、本店東京）10％500千円ほかの出資であった（第5章参照）。同年11月14日「石油類専売法」で満洲石油は国内石油配給の独占事業者となる。理事長橋本圭三郎（日本石油株式会社社長）、専務理事佐藤健三（前日本石油の製油所長）、常務理事由利元吉（前満鉄総務部監査役）、理事内田三郎（陸軍少将）、本多敬太郎（海軍少将）、阿部重兵衛（三井物産大連支店長）、中谷芳邦（三菱商事大連支店長）、小倉彦四郎（小倉石油社長）ほか、監事堀義雄（満鉄総務部監査役兼務）ほかであった。社長橋本圭三郎は日本石油社長で元大蔵次官の貴族院議員であり、出資各社に睨みを利かせる有力者であった。ただし満洲に常駐しないため、日本石油が送り込んだ専務理事佐藤健三が中心となって操業した。小倉石油社長も名を連ねたが、石油産業出身の専務理事と満鉄出身の常務理事が経営を担った。石油利権に連動するため陸軍省のみならず海軍省も役員を押し込んでいた。そのほか三井物産・三菱商事も取締役を送り込み石油利権への食い込みを図った[19]。同社は1935年3月に大連製油所を完成し、さらに満洲里付近で油井による原油の試掘に着手した[20]。

　1934年3月22日「同和自動車工業株式会社法」に基づき3月31日に同和自動車工業株式会社が設立された（本店新京、資本金6.2百万円1.7百万円払込）。満洲国政府は同社に旧奉天迫撃砲廠の土地建物評価額236,312円を200千円として3.2％4千株を現物出資した[21]。ほかの出資者は満鉄42.6％2,900千円、日本の自動車会社合計3,100千円で、満洲国政府は現金出資をせず出資率は低いままであった（第5章参照）。

　1934年2月27日「満洲炭礦株式会社法」に基づき同年5月7日に満洲炭礦株式会社が設立された（本店新京、資本金16百万円払込）。満洲の炭礦開発に従事する特殊会社である。満洲国政府と満鉄で折半出資したが、満洲国政府は鉱山利権のほか既存炭礦法人株式すなわち北票煤礦股份有限公司（1933年12月1日設立、本店新京、資本金2.5百万円払込）合計6,921千円を現物出資し現金出資はない。満鉄も現金出資3百万円のほか鉱区の現物出資を行った[22]。理事長に関東軍の推挙で満鉄理事河本大作（1932年10月4日～1936年10月3日在任）が満鉄枠で就任した。ほか副理事長李叔平（民政部土木司長兼務）、理事粟野俊一（元満鉄地方

部地方課長、前満鉄奉天地方事務所長)、竹内徳三郎(元満鉄参事、前関東軍特務部委員)、長井租平(実業部工商司工務科長、満鉄出身)ほかであった[23]。李叔平は満洲国政府枠である。長井租平は満鉄出身者であるが、満洲国実業部に転出しており同様に満洲国政府枠である。粟野俊一が満鉄から転出して就任した。竹内も満鉄枠ではあるが関東軍特務部委員を経ており、河本と折り合いの良い人材を派遣したとみられる。同社は傘下に、上記のほか分社化した2公司を加え3公司の中間持株会社となった(第5章参照)。

　1934年4月6日「満洲棉花股份有限公司法」に基づき同年4月19日に満洲棉花股份有限公司が設立された(本店奉天、資本金2百万円払込500千円)。満洲国政府は50％、残る半額は満鉄と遼陽農事合作社が各25％出資した(第5章参照)。取締役に斉藤茂一郎(満洲棉花株式会社(1926年10月20日設立、本店大連)社長)が就任した。満洲棉花(大連)には大手棉花商社と合名会社大倉組が出資していた[24]。同社は設置法で規定されているが、満洲の棉花の全量収買統制法人ではなく、旧奉天省の一部のみの統制を担当するため準特殊会社として位置づけられている。満鉄と遼陽農事合作社の出資は短期的なものであり、満洲棉花協会会員会社に譲渡し、満洲棉花(大連)が役員株を含み50％を保有した。1936年6月で満洲国政府20千株、満洲棉花(大連)19.5千株、ほか斉藤茂一郎(取締役、満洲棉花(大連)専務取締役)、谷中快輔(取締役、満洲棉花(大連)取締役)、田村羊三(監査役、満洲棉花(大連)監査役、元満鉄興業部長)、藤崎三郎助(外地事業家、満洲棉花(大連)監査役)、門野重九郎(大倉組、満洲棉花(大連)取締役)各100株の保有であり、まだ満鉄派遣監査役株が残っていた[25]。その後の満鉄の保有株譲渡で、満洲棉花(大連)は役員株を除き19.5千株を保有し、満洲国政府とほぼ折半出資となっていた[26]。満洲棉花(奉天)は満洲国内の棉花買入・加工、棉花及び種子販売、棉花耕作資金融資、棉花栽培用品供給を業務とした。

　1934年5月7日に満洲計器股份有限公司が設立された(本店新京、資本金1,500千円半額払込)。度量衡及び計量器の製造販売を主業とするものであり、満洲国政府は50％450千円を出資した。ほかの出資者は関東州内度量衡組合18.3％、度量衡協会25％、株式会社奉天造兵所(1932年10月29日設立)6.6％である。社長張亜東(前中東海林採木理事長)、常務取締役吉田正武(前満洲国実業部総務司

庶務科長、元株式会社大連機械製作所奉天支店代表)、ほか取締役に満洲事業家の相生常三郎が就任していた。張亜東と吉田が満洲国政府枠であり、実質経営は吉田が掌握した。同公司は度量衡器及び計量機の製造修理輸入の独占権を得たため、個別設置法の規定はないが準特殊会社と位置づけられる。満洲国政府は総額232.5千円の補助金を6年間にわたり支給する特典を与えた[27]。1936年夏には関東州度量衡組合と度量衡協会の株式が合名会社千村商店(1922年5月15日設立、本店大連)597株と朝鮮計器株式会社(1927年5月12日設立、本店京城)500株のほか個人保有に分散されていた。この両社は度量衡製造販売を業とした。この両社と個人株主は関東州度量衡組合と度量衡協会の構成員であろう[28]。

　1934年5月3日「満洲採金株式会社法」に基づき同年5月16日に満洲採金株式会社が設立された(本店新京、資本金12百万円2,591千円払込、現物出資4,980千円、現金出資4分の1払込)。産金業の独占的事業者と位置づけられた特殊会社である。満洲国政府出資41.6％5,000千円1,250千円払込うち2,350千円は鉱区の現物出資であった。ほかの出資は満鉄41.6％、東拓16.6％である。副理事長草間秀雄(元大蔵省造幣局長、前朝鮮総督府財務局長)、専務理事小須田常三郎(元満鉄殖産部庶務課長、元地方部商工課長)、常務理事北村民也(昭和製鉄株式会社(1937年6月設立、本店東京)・昭和硫黄鉱業株式会社社長(1935年11月設立、本店東京)取締役ほか、幹事山鳥登(満鉄総務部監査役)、新谷俊蔵(東拓奉天支店長)ほかであった。正副理事長は満洲国政府枠であり、副理事長草間は元造幣局長であり産金処理には熟知していた。満鉄は専務理事を就任させたほか、監査役を兼務派遣した。経営は小須田と日本の鉱業事業家の北村が主に当たったはずである[29]。

　そのほか旧政権の事業法人を承継した。満洲国法人として再登記することなく操業を続けた事例もある。満洲国政府の事業承継法人として以下のものがある。満洲国政府は1933年12月28日に穆稜煤鉄公司(1924年2月26日設立、本店不詳、資本金6百万円)の株式の半分を取得した。ただし同公司の存在を『満洲銀行会社年鑑』で傍証できないため、1936年6月15日勅令「大同元年三月一日前ニ設立シタル公司ノ登記ニ関スル件」で再登記された法人でない。同様に中東海林採木有限公司(1924年3月15日設立、本店哈爾濱、資本金3.5百万円払込)の株式を

同日に取得した。同公司に対し東拓も半額出資している[30]。この満洲国の株式取得は旧吉林省政府出資を取得しただけであり、満洲国になってから新規投資したものでない。1937年8月17日に中東海林採木有限公司の商号で満洲国法人として再登記した[31]。開拓長途鉄軌汽車公司（1924年8月27日設立、本店開原、資本金不詳）の株式も同日に取得したと推定するが、1934年4月4日取得の可能性もある。ただし穆稜煤鉄公司と同様に満洲国に再登記した法人ではない[32]。これら未登記法人は操業を続け、事業が軌道に乗った段階で再登記により自立する機会を待った。

　1934年4月4日に満洲国政府は鴨緑江採木公司（1907年2月5日設立、本店安東、資本金2,800千円払込）の株式30%2.4百万円を取得した。同公司は日本政府と清国政府間協定によりに設立された合弁法人である。満洲国期に旧政権株式を承継した[33]。同公司は満洲国期に再登記されないまま存続した。同日に奉天紡紗廠股份有限公司の株式を取得した。同公司は東北軍閥政権が1921年9月30日に設立した（資本金4,500千元1,175千円払込）。満洲国政府は旧政権財産を承継したことに伴い53.28%2,223千円を取得した[34]。奉天紡紗廠の1936年12月期総資産6,150千円、当期利益120千円（通年）で、事業規模は同年10月期の満洲紡績株式会社総資産5,241千円、当期利益275千円（半期）と比べても、事業規模は十分大きい[35]。同公司は1936年11月9日に満洲国法人として再登記した[36]。

　1934年6月期は13社35,750千円、50%以上出資7社28,145千円であった。出資額の上位は1位満銀15百万円、2位満炭6,921千円、3位満洲電信電話6百万円、4位奉天紡紗廠股份有限公司（再登記未了）2,223千円、5位中東海林採木有限公司（再登記未了）1,750千円であった。このうち現金出資部分は少なく、旧政権財産を承継して法人化した。

（1935年6月期）

　1934年9月12日に大安汽船股份有限公司が旧政権の事業資産を引き継いで設立された（本店安東）。官商合弁による設立で満洲国は半額を出資した。1935年3月14日に125千円払込に減資し同日350千円払込に増資し、増資新株を満洲国政府が引き受けて出資率を82.1%に上昇させた。専務取締役倉田芳松（前日本郵船株

式会社職員)である[37]。満洲国政府は経営に全面的に責任を持ち、同社も準特殊会社として扱われた。1934年11月1日に満洲電業股份有限公司が設立された(本店新京、資本金90百万円払込)。同公司は満鉄の電力部門を分離した南満洲電気株式会社(1926年5月21日設立、本店大連)を中心とした既存発電売電会社の事業を統合したものである。会長吉田豊彦(関東軍特務部顧問、元陸軍大将)、副社長入江正太郎(南満洲電気専務取締役、満鉄派遣)、常務取締役石橋米一(南満洲電気常務取締役、満鉄出身)、高橋仁一(前南満洲電気取締役)ほかが並んでいた。南満洲電気のほか営口水道電気株式会社(1906年11月15日設立)、北満電気株式会社(1918年4月10日設立、本店哈爾濱)、安東電業股份有限公司(1933年7月28日設立、資本金1百万円払込)、奉天電灯廠、吉林電灯廠、哈爾濱電業局、斉斉哈爾電灯廠、新京電灯廠の電力事業を統合した。これにより既存旧政権時期に設置された電力事業資産を現物出資した。設立時の株主は南満洲電気64.87%1,167,712株58,385.6千円、満洲国政府19.46%350,318株17,515.9千円、以下、営口水道電気88,354株、満銀69,073株、新京特別市57,990、北満電気36,013株、安東電業28,540株という構成であった[38]。新京特別市出資は新京電灯廠の現物出資である。満洲国政府は満銀より旧東三省官銀号、吉林永衡官銀銭号、黒龍江省官銀号が所有していた奉天電灯廠、吉林電灯廠、哈爾濱電業局の事業資産を承継し、また満洲国政府は斉斉哈爾電灯廠の電力事業資産を承継し、それを現物出資した。満電は操業を維持するため現金が必要であり、南満洲電気と満洲国政府は現金出資も行った。後述の満洲国現物出資16,150千円との記述から、現金出資1,365.9千円となる。満電は満洲最大電力事業者の南満洲電気と満鉄系の営口水道電気、東拓系の北満電気の事業資産を取り込んだが、そのほかまだ他地域で多数の民営電力事業者が操業していた。なお南満洲電気が保有していた満鉄沿線各地の電力事業者の株式も譲渡を受けた(第5章参照)。これに伴い満電は事業持株会社となった。設立時に南満洲電気が過半を所有したが、それを段階的に満鉄に移譲し満鉄が過半を保有した。そのため満電は短期間ではあるが満鉄の中間持株会社と位置づけられる。満電は満洲国全域の電力事業の発電配電売電の統制機関ではなく、設置法も公布されず、また他にも発電業者が存在するため、準特殊会社と位置づけられた。南満洲電気が取得した満電株式は満鉄に移転され、満鉄

が過半出資し影響力を有したが、関東軍側の発意で設立に向かったため、満鉄は出資率に比例した影響力を行使するほどの力量はなかった。

1935年3月11日に奉天工業土地股份有限公司が設立された（資本金5,500千円払込）。同社は奉天の工業用土地供給を目的とする地域独占法人であるが、特定法律による統制権限や独占は規定されていないため、普通法人と位置づけられる。満洲国政府と満鉄が折半出資した。表面上は政府と満鉄の派遣した役員8名が各13,750株を保有する形とした。専務取締役梅津理三（満鉄参事）、取締役中西敏憲（満鉄地方部長兼務）ほかであった[39]。経営権は満鉄が掌握したようである。

1935年6月期は16社出資合計55,053千円、50％以上出資9社26,430千円である。20％未満5社23,770千円へ急増したのは満電出資が20％未満のためである。出資上位は1位満電17,515千円、2位満銀15百万円、3位満炭6,921千円であった。満銀を除けば旧政権資産による現物出資である。

（1935年12月期）

1935年8月1日「満洲鉱業開発株式会社法」に基づき同月24日に満洲鉱業開発株式会社が設立された（本店新京、資本金5百万円3.1百万円）。満洲国政府と満鉄が折半出資した。政府現物出資を含み1,250千円払込とした。理事長山西恒郎（前満鉄理事（1931年7月15日〜1935年7月14日在任））、常務理事中川信（前商工省鉱山監督局技師）であり、政府枠中川は日本から招聘した官僚である。満鉄は監事に満鉄総務部監査役山鳥登を兼務派遣した[40]。当初は満鉄主導で経営されていたといえよう。満洲鉱業開発は石炭以外の鉱業開発と鉱区管理を目的とする特殊会社である。特殊会社による鉱山業の開発体制が固まり、石炭以外の鉱区の新規開発に着手した。

1935年9月25日に日支商弁本渓湖煤鉄有限公司（1910年5月22日設立、本店本渓湖）が本渓湖煤鉄股份有限公司に改組、再登記された（資本金10百万円払込）。同社は旧政権と合名会社大倉組の合弁法人であり、再登記で満洲国政府出資4百万円と大倉組6百万円の出資とした。理事長梶山又吉（改組前工務科長、大倉鉱業株式会社出身）、副理事長張維垣（改組前在勤）、常務理事高橋岩太郎（大倉鉱業取締役）、理事日高長次郎（改組前総務科長）、大崎新吉（大倉組）ほかであっ

た[41]。大倉組から兼務派遣者や長期にわたり本渓湖煤鉄に勤務した職員が経営に当たり、改組前と変わらないようである。同社は満洲国において昭和製鋼所と並ぶ有力鉄鋼業者であるが、設置法は制定されず、また満洲全域で供給独占しているわけではないため準特殊会社に位置づけられる。同公司は政府出資の準特殊会社の位置づけであり、「会社法」施行後の1938年5月26日に株式会社本渓湖煤鉄公司に商号変更した[42]。

1935年10月30日に延和金鉱股份有限公司が設立された（本店間島、資本金400千円払込200千円）。1925年7月1日に吉林省官商合弁延和金鉱有限公司が設立され、満洲事変後に満洲国に移管された。その後、1935年7月に日満合弁に改組されたうえで新設された。合弁設立形態を採用したため、満洲国政府が出資を承継した。政府が送り込んだ役員を特定できない[43]。満洲国政府は同年11月20日に同公司株式の25％を取得した。同公司は間島地方の金鉱山を操業した。同年11月15日に倍額増資し資本金800千円600千円払込になったことで政府出資200千円150千円払込となった[44]。1938年6月期で総資産1,509千円の規模法人であった[45]。

1935年11月1日「満洲火薬販売株式会社法」に基づき同年11月11日に満洲火薬販売股份有限公司が特殊会社として設立された（本店奉天、資本金500千円4分の3払込）。政府出資50％187.5千円、ほか満鉄10％、株式会社昭和製鋼所（1929年7月4日設立、本店鞍山）・満炭・奉天造兵所・本渓湖煤鉄各10％50千円37.5千円払込の出資であった。設置法の名称では「株式会社」であるが、設立された法人は「股份有限公司」である。火薬の大口需要者が出資した。社長小柳津正蔵（予備役陸軍中将）、監査役山鳥登（満鉄総務部監査役兼務）ほかで、社長小柳津は砲兵将校、工廠長を経た軍人であり火薬には詳しいとして関東軍が推薦した人物であり、マンチュリア・デーリー・ニュース社長も兼務した[46]。満洲火薬販売は満洲国内の火薬取引の独占を認められた。

1935年12月期で20社62,391千円、50％以上出資10社32,681千円に増大した。出資上位は1位満電17,515千円、2位満銀15百万円、3位満炭6,921千円、4位満洲電信電話6百万円、5位本渓湖煤鉄公司4百万円であり、このうち50％以上出資は満銀と満炭のみであった。満銀以外は旧政権現物資産若しくは出資の承継であった。

（1936年度）

　1935年12月12日「満洲拓殖株式会社法」に基づき1936年 1 月 4 日に満洲拓殖株式会社が設立された（本店新京、資本金15百万円 9 百万円払込）。満洲国政府は 3 分の 1 を出資し、政府枠で前拓務次官坪上貞二を理事長に就任させた（第 5 章参照）。

　1936年 2 月20日「満洲林業股份有限公司法」に基づき同月29日に満洲林業股份有限公司が設立された（本店新京、資本金 5 百万円半額払込）。政府出資50％2,500千円、満鉄・共栄起業株式会社（1923年 6 月 1 日設立、本店吉林、資本金 5 百万円払込、王子製紙株式会社・大倉組出資）各25％1,250千円を出資した。理事長榛葉可省（前青森営林局長）、理事山田彦一（大日本木材防腐株式会社（1921年 2 月設立、本店名古屋）顧問）、宮田長次郎（社団法人大日本山林会（1915年 4 月 5 日設立、本部東京）主事）ほかである[47]。理事長に日本の林政官僚を据え、ほか林業関係者を日本から招聘した。満洲林業は満洲国における吉林省林業利権を統合した会社である。伐木・製材・販売の特定地域独占を有するのみであり、満洲全域の林業を統制する法人ではないため、準特殊会社と位置づけられる。満鉄と共栄起業は保有する林業利権を満洲林業に譲渡し出資に振り替えた。共栄起業は大倉組と王子製紙が組んで満洲における林業利権獲得を目指して投資していたが不振を続け、1935年には休業状態と判定されていた[48]。満洲林業への出資で事業を復活させた。満洲林業は事業拡張を続け1937年 2 月 1 日に3,750千円払込とした[49]。

　1936年 4 月23日「満洲塩業株式会社法」に基づき同年 4 月27日に満洲塩業株式会社創立総会が開催された（登記 4 月28日、本店新京、資本金 5 百万円1,250千円払込）。満洲国政府が25％312.5千円を引き受け、ほかに満鉄20％250千円、大日本塩業株式会社（1903年 9 月 8 日設立、本店東京）32％400千円、旭硝子株式会社（1907年 9 月 8 日設立、本店東京）、徳山曹達株式会社（1918年 2 月16日設立）各 6 ％150千円、満洲化学工業株式会社（1933年 5 月30日設立、本店関東州海猫屯） 5 ％125千円、東拓 2 ％25千円、晒粉販売株式会社（1932年11月設立、本店東京）・化学塩業株式会社（1919年10月設立、本店東京）各1.5％、保土谷曹達株式会社（1916年12月設立、本店東京）0.6％、東海曹達株式会社・（1916年12月設

立、本店東京)・昭和曹達株式会社（1928年12月設立、本店東京）各0.2％である。当初は曹達晒粉同業会（1918年12月設立、本部東京）が4％引受けるとしたが、同会加入会社5社が分担して引受けた。理事長三角愛三（前旭硝子取締役）、副理事長洪維国（前財政部次長）、常務理事甲斐喜八郎（大日本塩業旅順出張所長）、理事芝喜代二（大日本塩業取締役）、監事石川一郎（晒粉販売・化学塩業各社長）、富田租（満鉄）である50)。満洲国政府枠は副理事長であるが、大日本塩業が常務理事を派遣して同社が製塩・塩販売の経営を担った。大日本塩業は関東州で長らく塩田を経営していた（日塩［1999］参照）。満洲塩業は満洲国内で天日塩を製造し対日輸出用等の塩の一手販売権を有した特殊会社である。

1936年4月9日法律「関於股份有限公司満洲弘報協会之件」に基づき9月28日に股份有限公司満洲弘報協会が設立された（本店新京、資本金2百万円1,875千円払込）。政府出資39.6％16,840株、うち現物出資12,040株602千円現金出資3,800株95千円、合計697千円である。満鉄は出資していた新聞社株式を現物出資し57.4％1,148千円出資とした51)。当初の政府出資は高柳保太郎（退役陸軍中将）名義であった52)。ほかに満洲電信電話が8.3％を出資した。満洲国政府は満洲事情案内所事業資産のほか保有する株式会社マンチュリア・デーリー・ニュース株式を現物出資したが、そのほか関東局・関東軍・駐満洲国大使館保有のマンチュリア・デーリー・ニュース株式も買収したうえで現物出資したものと思われる53)。理事長高柳保太郎、理事三浦義臣（満鉄派遣）ほかが就任した54)。満洲弘報協会は満洲国の新聞・通信・出版事業への投資を行い、メディア統制を担当したほか政府直営の満洲事情案内所業務を肩代わりし直営で操業した55)。1937年7月14日に満洲国政府引受で3百万円2.5百万円払込に増資したことで、51.4％保有となり過半を支配した56)。満洲国メディア戦略の担い手としての位置づけから政府が過半出資をするとの方針が見られたはずである。同社は「会社法」施行後に1938年7月21日に設置法が「株式会社満洲弘報協会法」に改正されたことに伴い、商号を株式会社満洲弘報協会に改めた。同社は政府の報道部門を分離した股份有限公司満洲国通信社（1937年7月1日設立、本店新京）も100％出資で支配下に入れていた。

1936年7月4日「株式会社奉天造兵所法」に基づき同年7月24日に株式会社奉

天造兵所が設立された（資本金4.6百万円払込）。同社に満洲国政府が3分の1を出資した。残る3分の1を満鉄、6分の1を三井物産と大倉組が引き受けた。1932年10月29日に三井物産と大倉組が折半出資し、旧政権の奉天造兵所の事業資産を運用する日本法人の株式会社奉天造兵所（資本金2百万円払込）を設立し操業していたが[57]、事業強化のため同社を解散させ、特殊会社を新設し事業を承継させ政府出資で資金を強化した。新設の奉天造兵所理事長は解散した旧奉天造兵所社長村瀬文雄（予備役陸軍中将）である。満洲国政府枠の村瀬は陸軍造兵廠作業部長、兵器本廠長を歴任し関東軍の推薦である。理事に浅田美之助（前三井物産機械部長）、大倉彦一郎（大倉組）ほかが列していた[58]。

1936年10月19日「満洲生命保険株式会社法」に基づき同月23日に満洲生命保険株式会社が設立された（本店新京、資本金3百万円半額払込）。生命保険事業独占を認められた特殊会社である。満洲国政府50％750千円出資で、ほかの出資者は第一生命保険相互会社（1902年9月30日設立、本店東京）・千代田生命保険相互会社（1904年3月26日設立、本店東京）・明治生命保険株式会社（1881年7月9日設立、本店東京）、日本生命保険株式会社（1889年7月4日設立、本店大阪）、帝国生命保険株式会社（1888年3月1日設立、本店東京）各社10％125千円出資である。理事長高橋康順（前満洲国実業部次長、商工省出身）、常務理事大原万寿雄（東洋生命保険株式会社（1900年10月3日設立、本店東京）経理部長）、理事玉木為三郎（前生命保険協会専務理事）ほか、監事三浦義臣（満洲弘報協会理事、満鉄出身）、方煜恩（奉天事業家）であった[59]。保険行政を所管する日本の商工官僚出身の高橋康順と監事三浦義臣は満洲国政府枠である。東洋生命保険出身の大原万寿雄と生命保険協会専務理事を経た玉木為三郎が経営を担った。

1936年10月19日「満洲計器股份有限公司法」に基づき同月23日に特殊会社の満洲計器股份有限公司が設立された（本店新京、資本金3百万円半額払込）。1934年5月7日設立の満洲国の計器の製造供給を独占する満洲計器股份有限公司を1936年10月23日に解散させ[60]、設置法による同一商号の特殊会社に改組新設した。満洲国政府が半額出資したが、資本金は同一である。理事長黒岩直温（元実業部総務司庶務科長、前満洲電信電話参事、退役陸軍大尉）、常務理事、相生常三郎（満洲事業家）が並んでいた[61]。

1936年11月2日「満洲軽金属製造株式会社法」に基づき同月10日に満洲軽金属製造株式会社が設立された（資本金25百万円4分の1払込）。満鉄56％、満洲国政府40％のほか住友本社2％、日本電化工業株式会社（1925年6月設立、本店東京）1.6％、日本曹達株式会社、日満アルミニウム株式会社（1933年10月設立、本店東京）各0.2％の出資である。理事長根橋禎二（満鉄計画部長）、常務理事藤飯三郎右衛門（満鉄出身）ほか、理事内野正夫（前満鉄撫順アルミニウム試験工場長）、高橋康順（満洲生命保険理事長兼務）、監事星野龍雄（満鉄総裁室監査役兼務）、山本信夫（住友鉱業株式会社専務取締役）が列した[62]。満洲国特殊会社ではあるが、満鉄が中心となって設立したため、満鉄から送り込んだ役員が主要ポストを掌握した。満洲国枠は高橋康順である。住友枠で監査役を派遣した。満洲軽金属製造は満洲国唯一のアルミ精錬事業者となる。軽金属製造独占の特殊会社である。ただし操業第2期の1937年6月期でも総資産6,288千円のうち銀行預金4,327千円という構成で[63]、事業はまだ進捗していなかった。

1936年12月3日「満洲興業銀行法」に基づき同月7日に満洲興業銀行が設立された（本店新京、資本金30百万円半額払込）。政府と朝鮮銀行の各半額出資の特殊会社である。総裁富田勇太郎（元大蔵省理財局長）、副総裁葆康（前奉天省長）、理事松田義雄（前朝鮮銀行理事）、一色信一（前日本興業銀行調査部副部長）ほかである。満洲国の鉱工業長期金融に応じるため、満洲国内の朝鮮銀行・正隆銀行（1908年1月15日設立、本店大連）・満洲銀行（1923年7月31日設立、本店大連）の事業を統合し設立された。満興銀は1937年1月20日「興業金融公債法」発行による長期資金調達が可能であり、政府は長期資金調達を強く支援した[64]。

1936年12月期では27社82,187千円を出資し、50％以上出資16社49,481千円であり、50％以上出資会社の出資が増大した。出資上位は1位満電19,515千円、2位満銀15百万円、3位新設の満興銀7,500千円、4位満炭6,921千円、5位満洲電信電話6百万円であった。満電が準特殊会社でほかは4社を特殊会社で占めが、満洲電信電話の政府出資は低率で、満洲国政府出資に依存していなかった。

（1937年度）

1937年9月までの政府出資を紹介する。1937年3月29日「満洲図書株式会社法」

に基づき同年4月6日に満洲図書株式会社が設立された（登記4月9日、本店新京、資本金2百万円払込1百万円）。図書流通を独占する特殊会社である。満洲国政府は50％を出資し、残る50％を東京書籍株式会社（1909年9月設立）、日本書籍株式会社（1909年9月設立、本店東京）、両合公司康徳図書印刷所（1937年3月25日設立、本店新京）各220千円、大阪書籍株式会社（1909年9月設立）、日満文教株式会社（本店東京、資本金180千円）各170千円が出資した。日本の出版取次企業が満洲で同様の取次業務を支援し、満洲図書は満洲国における図書流通、併せて民間出版統制を行う組織となった。理事長石川正作、常務理事駒越五貞（前東京書籍監査役）である[65]。1935年6月1日設立の満洲図書股份有限公司（本店新京、資本金250千円半額払込）が別に存在したが[66]、設置法に基づく特殊会社設立で解散させた。翌年4月1日に康徳図書印刷所保有株はほかの4社に譲渡され、同社は4月30日に解散した。その結果、東京書籍・日本書籍各13.75％、大阪書籍・日満文教各11.25％となった[67]。同社とは別に1939年12月27日に満洲書籍配給株式会社が設立された（本店新京、資本金2百万円4分の1払込）。満洲国・関東州における教科書用図書輸入及び配給、内外優良書籍雑誌仕入輸入及び配給、国内優良書籍雑誌普及等を業とし、取締役に石川正作が並んでおり[68]、輸入配給部門を担当したが政府出資はなされなかった。

　1937年7月5日に熱河鉱山股份有限公司が設立された（本店新京、資本金1百万円600千円払込）。関東軍参謀部第三課が1936年12月5日に「熱河採金股份有限公司（仮称）設立要綱案」をまとめ、同公司を設立し、熱河省で取得した大満採金股份有限公司の鉱区と鉄路総局が取得した鉱山等を統合して採掘する、本社新京、資本金1百万円半額払込、満洲国40％、三井40％、上島慶篤20％（現物）とし、運営は三井鉱山株式会社が担当するものとした[69]。満洲国政府と三井鉱山が各40％、上島慶篤が20％を出資した。会長川島三郎（三井鉱山取締役）、常務取締役興津時馬（三井鉱山派遣）ほか、取締役上島慶篤ほかである。上島は株式会社大満採金公司（1934年6月30日設立、本店新京、満鉄と折半出資）、康徳鉱山株式会社（1938年4月6日設立、本店新京）を経営する鉱業事業家である[70]。熱河鉱山は「会社法」施行後、1938年3月31日に熱河鉱山株式会社に商号変更し[71]、さらに熱河以外にも事業を広げたため、1940年3月27日に東亜鉱山株式会社に再

度商号変更したが[72]、そのまま三井系資本による経営が続いた。

1937年8月17日に中東海林採木有限公司（1924年3月15日設立、本店哈爾濱）は1936年法律91号に基づき再登記し、中東海林採木股份有限公司に商号変更し、本店新京、資本金3.5百万円払込とした。満洲国政府と東拓が折半出資した[73]。さらに同公司は1938年4月12日に株式会社海林採木公司に商号変更したが[74]、1938年11月22日に事業を満洲林業株式会社に譲渡し解散した[75]。

1937年7月29日「満洲合成燃料株式会社法」に基づき8月6日に満洲合成燃料株式会社が設立された（本店新京、資本金50百万円10百万円払込）。法律で5分の1払込で設立すると規定した。同社は満洲国における阜新炭を使用したフィッシャー式ガス合成法による人造燃料製造を目的とした特殊会社と位置づけられた。満洲国政府は34％を出資し、残る半額出資者は満炭16％、満鉄10％、満洲石油6％、三井鉱山・三井物産、三井合名会社で三井系34％とし満洲国政府系・満鉄系・三井系の出資で設立された。帝国燃料興業株式会社設立で株式の相当部分を肩替りさせるものとした[76]。理事長尾形次郎（三井鉱山社長）、常務理事多久芳一（前満洲特産中央会理事）、田中吉政（三井鉱山鉱務第二部次長）、理事粟野俊一（満炭理事、前満鉄奉天地方事務所長）、佐藤健三（満洲石油専務理事）、監事星野龍雄（満鉄総裁室監査役）ほかであった[77]。三井鉱山派遣の田中吉政が中心となり事業を担った。

1937年8月2日調印日満条約「満洲拓殖公社設立に関する協定」に基づき8月31日に満洲拓殖公社が設立された（本店新京、資本金50百万円30百万円払込）。日満両国政府出資の特殊会社となる。条約により設置されたのは満洲電信電話に次いで2社目である。日本の国策移民を満洲国に送出する体制が確立した。日本側でも資金支援のため満洲国政府、日本政府各30％、満鉄20％、東拓7.5％、三井合名・三菱合資各5％、住友本社2.5％の出資で発足した。総裁坪上貞二（前満洲拓殖理事長、元拓務次官）、理事生駒高常（前拓務省管理局長）、安江好治（前大蔵省大阪税務監督局長）、花井脩治（前満洲拓殖理事）ほか、監事山田直之助（満鉄総裁室監査役）ほかであった[78]。満鉄出資は満洲拓殖出資の振替と追加出資である（第5章参照）。東拓も移民事業として出資に名を連ねた（第7章参照）。満洲拓殖公社設立で「会社法」公布後、「公社」を商号とする最初の法人が出現

した。併せて既存の満洲拓殖股份有限公司の事業譲渡を受け8月31日に解散させた。

1937年8月14日「株式会社満洲映画協会法」に基づき同月21日に株式会社満洲映画協会が設立された（本店新京、資本金5百万円4分の1払込）。同社に満洲国政府と満鉄が折半出資した。理事長金壁東（本名愛新覚羅憲奎、清朝皇族、軍人）、常務理事林顕蔵で理事長が満洲国政府、常務理事が満鉄枠である[79]。満洲国の国策映画の制作・配給を業務担当する独占的な会社であった（閉鎖機関整理委員会［1954］を参照）。映画部門のメディア戦略を担当した。

1937年8月18日「満洲鴨緑江水力発電株式会社法」に基づき9月7日に満洲鴨緑江水力発電株式会社が設立された（本店新京、資本金50百万円4分の1払込）。同社は鴨緑江の大規模水力発電事業の日満共同事業で、9月7日に朝鮮鴨緑江水力発電株式会社が設立された（本店京城、資本金50百万円4分の1払込）。この両社が事業資産を折半で引き受けて操業し建設投資を続けた。両社に対し満洲国政府50％、日本窒素肥料株式会社系の長津江水電株式会社（1933年5月11日設立、本店興南）20％、東拓20％、朝鮮送電株式会社（1934年5月16日設立、本店京城、長津江水電と日窒で半額出資、東拓系33.3％出資）10％の出資をした。理事長野口遵（日窒社長）、常務理事久保田豊（日窒取締役）、陳悟（前満洲国実業部鉱務司長）、理事高橋康順（前実業部長）、佐方文次郎（東拓理事）ほかで、満洲国政府は陳悟を役職者に充てたが、朝鮮側の事業と一体で進めるため日窒系が経営支配した。満洲鴨緑江水力発電は朝鮮鴨緑江水力発電とともに払込徴収と増資で建設投資を続けた[80]。

1937年9月1日に満洲畜産股份有限公司が設立された（本店新京、資本金5百万円半額払込）。満洲国政府は55％を出資した。政府出資を受けたが満洲国の畜産流通統制を担当するが独占的な事業者ではなく、設置法も制定されないため準特殊会社である。残る30％を満洲拓殖公社、15％を満鮮拓殖股份有限公司（1936年9月14日設立、本店新京、資本金15百万円半額払込）が引き受けた。専務取締役永島忠道（前蒙政部勧業司長）、常務取締役宇戸脩次郎（満鉄出身、獣医）、取締役双海、花井脩治（満洲拓殖公社理事）、監査役木村通（満鮮拓殖理事、元満鉄文書課長）、葆廉（前奉天省長）である[81]。

1937年9月4日に満洲豆稈巴爾普股份有限公司が設立された（本店新京、開原、資本金10百万円4分の1払込）。同社は日本繊維工業株式会社（1937年4月設立、本店長岡、資本金12百万円4分の1払込）70％、満洲国政府、満鉄、満興銀各10％の出資で設立された準特殊会社である。社長酒井伊四郎、専務取締役戸倉誠司（元大日本紡績株式会社絹糸部長、元日本絹織株式会社取締役）、監査役熊田克郎（野村系台湾繊維工業株式会社取締ほか）、星野龍雄（満鉄総裁室監査役）、平田瑞穂（満興銀貸付部長）ほかであった。同社経営者酒井伊四郎が酒井繊維工業株式会社（1934年9月設立、本店福井、資本金1百万円払込）がパルプ原料として満洲特産大豆の繊維を利用する試験研究に成功し、満洲でその産業化を行うために設立された[82]。酒井繊維工業は資金力が乏しいため当面出資を見送り、役員株のみ出資し日本繊維工業に資金支援を要請し事業立ち上げを急ぎ、酒井が経営に当たった。

　以上の満洲国初期に満洲国政府出資により設置された特殊会社・準特殊会社を眺めると、満洲国の特殊会社制度の特徴として、1業1社が知られているが、この時期に設立された特殊会社は概ねこの原則に即していた。特殊会社が政府による統制と産業支配・独占が制度として認められた。また準特殊会社でも旧政権の事業を承継したものを含んでいる。これらの業態を一覧すれば、当初の満銀、満洲電信電話、満洲航空、奉天造兵所を始めとし、石油専売、自動車製造、炭礦開発管理、産金、その他の鉱業開発、火薬販売、政府広報、生命保険、計器、軽金属製造、長期金融で概ね1業1社体制が確認できる。既存事業資産の現物出資や旧東北軍閥からの承継事業であれば現金出資は不要である。1936年末の特殊会社・準特殊会社に対する政府現物出資は、確認できる限りでは、合計41,552千円であり、この分が満洲国政府の現金出資負担を軽減させていた。そのほか旧政権持株を承継した本渓湖煤鉄公司出資もそれに含まれる。満洲国政府の出資の合計は1936年末で76,770千円ほどの巨額であるが、そのうち54％が現物出資であった。4百万円が本渓湖煤鉄公司株式承継、奉天造兵所2,300千円・満洲電信電話6百万円、満炭6,920千円、満電16,150千円等の実物資産の出資があり（横浜正金銀行調査部［1942］15-12、38-39頁）、これらからみても現金出資は35,220千円に抑えることができたとみられる。それでも満洲国はこの資金調達をせざるを得ず、

この資金が満銀からの資金調達（借入・公債発行）と日本市場の公債発行で主に賄われていた。

3．関係会社総資産

満洲国政府関係会社の資産規模を点検しよう。20％以上の会社の期末総資産を満洲国会計期末に対応させて列記した（表8－3）。満洲国政府系企業集団についても50％を下回らない会社の資産を出資で相殺することで投資特別会計資産負債と組み合わせることでほかの章で行った企業の連結処理が可能となるが、同会計の貸借対照表を通年で掌握できないため断念した。ただし企業集団としての関係会社の資産の比較は可能である。貸借対照表を入手できない会社も含まれているため、欠落の多い表となるがやむを得ない。満洲国政府が旧政権から引き継いだ法人資産で、1936年勅令により満洲国法人として再登記された法人については再登記前の資産が判明するものについては掲載した。

1933年6月期は満銀283,208千円のほか奉天紡紗廠9,235千円のみである。奉天紡紗廠はこの時点ではまだ満洲国法人としては再登記していないがそのまま操業を続けていた。満銀の資産額は多額である。1934年6月期は6社327,887千円、50％以上出資5社320,927千円である。6社合計で1934年3月期満鉄総資産の4分の1に達しており（表5－1）、1934年6月期東拓総資産259,104千円を大きく上回っていた（表7－1）。そのうち307,538千円が満銀である。1935年6月期では8社369,577千円、50％以上出資7社361,637千円であり、そのうち満銀327,009千円、2位満洲採金47,909千円、3位満炭19,950千円とが並んだ。満銀は発券銀行であるため、満銀券発行残高の増大に伴い資産規模が急増する。連結総資産を集計する場合に必ずしも除外しないため、ここでも列記している。満銀を除外すると50％以上出資6社34,628千円となる。1935年12月期では11社485,549千円に増大した。50％以上出資8社436,485千円となる。満銀396,938千円であり、これを除外すると39,547千円となる。会社数が限られているため満銀を除外した数値のほうが比較するには妥当であろう。2位本渓湖煤鉄公司30,047千円、3位満炭19,950千円（前期と同一数値を採用した）であり、本渓湖煤鉄公司は50％未満20％以上出資である。本渓湖煤鉄公司は1910年創業の長期にわたる

銑鉄製造を続けてきた多額事業資産保有事業者であり、再登記後に政府出資会社と位置づけられた。1936年12月期では16社683,033千円に増大した。50％以上出資11社622,450千円である。資産総額1位満銀543,335千円であり、満銀を除外すると79,115千円となる。2位本渓湖煤鉄公司34,432千円、3位満炭28,954千円と続いた。

1937年12月期では27社1,313百万円、50％以上出資会社は21社1,213百万円であった。この金額は1937年3月期満鉄総資産の61％に該当し、かつ1937年12月期東総資産370,621千円の3.2倍に相当する巨額であった。資産上位では1位満銀653,558千円、2位満興銀379,006千円、3位満炭47,745千円、4位満洲石油21,932千円、5位満洲採金14,741千円であった。満銀と満興銀の資産額が巨額であるため、この両行を除外すると19社179,828千円となる。この金額は東拓総資産の48％、東拓連結子会社総資産50,026千円の3.5倍に達しており（表7-10、表7-12）、十分多額であり短期で満洲国政府は多額資金支援を通じて政府系会社の育成に努めたといえよう。50％以上出資会社このうち満洲石油は満洲国政府と満興銀合計で50％出資となっており、50％以上出資会社に分類した。満洲産業開発計画始動に伴った多業種に渡る投資が展開されており、満洲国政府も満業に譲渡する分野の新規投資の担い手となっており、それが総額と新設会社の資産額として反映している。

4．中間持株会社

満洲事変期の満洲国政府系の中間持株会社として50％以上を保有した会社として満銀と満炭がある。満炭については満洲国政府と満銀と合計で現物で50％出資したため、50％以上出資会社と見なすことができる。満炭が中間持株会社として満洲事変期に傘下に3公司を支配下において操業させた。その中間持株会社としての活動は第5章で紹介したため省略する。満炭は日中戦争期に満業支配下に移転するため、満洲国政府系中間持株会社としての位置づけから外れる。

満銀は本業の銀行業務から多数の事業法人に出資することはふさわしくないが、実際には満洲国内の銀行以外にも出資した。それを紹介しよう（表8-4）。満銀は設立当初に満銀内部に実業局を置き、同局で旧東三省官銀号、吉林永衡官銀銭号、黒龍江省官銀号及び辺業銀行の事業資産を承継したため、油房（大豆製油）、

表 8-3　満洲国政府関係会社

商　号	設立年月日	本店	1933.6期	1934.6期
満洲中央銀行	1932. 6. 5	新京	283,208	307,538
満洲航空(株)	1932.12.16	新京	―	*6,959*
中東海林採木有限公司→中東海林採木(股)	1924. 3.15	哈爾濱	―	―
満洲石油(株)	1934. 2.24	新京	―	―
(股)奉天紡紗廠	1921. 9.30	奉天	9,235	6,246
満洲棉花(股)	1934. 4.19	奉天	―	―
満洲計器(股)	1934. 5. 7	新京	―	750
満洲炭礦(株)	1934. 5. 7	新京	―	1,602
満洲採金(株)	1934. 5.16	新京	―	4,790
大安汽船(股)	1934. 9.12	安東	―	―
満洲鉱業開発(株)	1935. 8.24	新京		
日支商弁本渓湖煤鉄公司→本渓湖煤鉄(股)	1910. 5.22	本渓湖		
満洲拓殖(股)	1936. 1. 4	新京		
満洲林業(股)	1936. 2.29	新京		
満洲塩業(株)	1936. 4.28	新京		
(株)奉天造兵所	1936. 7.24	奉天		
(股)満洲弘報協会	1936. 9.28	新京		
満洲計器(股)	1936.10.23	新京		
満洲生命保険(株)	1936.10.23	新京		
満洲軽金属製造(株)	1936.11.10	新京		
満洲興業銀行	1936.12. 3	新京		
満洲図書(股)	1937. 4. 9	新京		
満洲鉱業(股)	1937. 6.22	奉天		
満洲合成燃料(株)	1937. 8. 6	新京		
(株)満洲映画協会	1937. 8.21	新京		
満洲豆稈巴爾普(股)	1937. 9. 4	新京		
朝鮮鴨緑江水力発電(株)	1937. 9. 7	京城		
満洲鴨緑江水力発電(株)	1937. 9. 7	新京		
合計	社数		2	6
	資産額		292,443	327,887
50％以上出資会社	社数		2	5
	資産額		292,443	320,927
満銀・満興銀除外	社数		1	4
	資産額		9,235	13,389
50％未満20％以上出資会社	社数		―	1
	資産額		―	6,959

注： 1) イタリックは50％未満。
　　 2) 1937.12.に日本産業(株)が満業に改組したが日本産業の1937.11期数値は政府出資前のため採用
　　 3) 再登記前の数値も確認できたものは掲載した。
出所：『満洲銀行会社年鑑』1935～1938年版、『満洲国法人名鑑』1938年版、日満実業協会［1934］、南満洲
　　　金(株)『営業報告書』(各期)、満洲鉱業開発『営業報告書』(各期)、満洲拓殖(股)『営業報告書』(各
　　　洲生命保険(株)『営業報告書』(各期)、満洲興業銀行『営業報告書』(各期)、満洲図書(股)『営業報
　　　洲鴨緑江水力発電(株)『営業報告書』(各期)。

第 8 章　満洲国政府系企業集団　505

総資産（1）（20％以上出資）

(単位：千円)

1935.6期	1935.12期	1936.12期	1937.12期	備　　考
327,009	396,938	543,335	653,558	
…	9,287	16,667	29,042	
—	—	—	8,952	同年10月期
7,940	9,729	14,090	21,932	1935.12期は翌年6月期
7,755	6,698	6,150	6,607	1935.6期までは前年12月期
1,119	1,119	1,418	677	同年6月期、1935.12期は1935.6期を利用
883	883	1,348	—	同年6月期、1935.12期は1935.6期
19,950	19,950	28,954	47,751	同年6月期、1935.12期は1935.6期を利用
47,909	7,426	8,444	14,742	1934.6期と1935.6期は1934.12期を利用
128	368	359	357	同年11月期、1935.6期のみ前年11月期
—	3,100	3,146	3,210	
—	30,047	34,432	40,610	
—	—	12,356	—	
—	—	2,836	5,279	同年10月期
—	—	1,262	2,689	
—	—	—	9,979	同年4月期
—	—	1,963	2,660	
—	—	—	2,335	同年6月期
—	—	—	1,751	
—	—	6,256	13,360	
—	—	—	379,006	
—	—	—	1,127	
—	—	—	3,882	次年3月期
—	—	—	10,025	同年9月期
—	—	—	1,428	
—	—	—	5,005	
—	—	—	14,483	
—	—	—	14,483	
8	11	16	27	
369,577	485,549	683,033	1,313,127	
7	8	11	21	
361,637	436,485	622,450	1,212,392	
6	7	9	19	
34,628	39,547	79,115	179,828	
1	3	5	6	
7,940	49,064	60,582	100,734	

しない。

鉄道(株)『関係会社年報』、満洲中央銀行『営業報告書』（各期）、満洲炭礦(株)『営業報告書』（各期）、満洲採
期)、満洲林業(股)『営業報告書』（各期）、満洲塩業『営業報告書』（各期）、満洲計器(股)『営業報告書』（各期）、
告書』（各期）、(株)満洲映画協会『営業報告書』（各期）、朝鮮鴨緑江水力発電(株)『営業報告書』（各期）、満

表 8-4　満洲中央

商　号	設立年月日	本店	1936.6期	出資率	1938.6期	出資率
大興(股)→(株)大興公司	1933.7.1	新京	6,000	100%	6,000	100%
満洲炭礦(株)	1934.5.7	新京	1,076	6.72%	—	—
奉天商工銀行(股)→(株)奉天商工銀行	1935.12.27	奉天	—	—	—	—
営口商業銀行(股)→(株)営口商業銀行	1923.12.1	営口	—	—	—	—
(股)奉天紡紗廠→(株)奉天紡紗廠	1936.11.9	奉天	313	7.50%	337	7.72%
(株)哈爾濱交易所→(株)哈爾濱取引所	1933.10.1	哈爾濱	22	1.895%	22	1.85%
満洲電業(股)→満洲電業(株)	1934.11.1	新京	5,180	5.75%	5,315	5.75%
東興銀行(股)→(株)東興銀行	1937.7.28	図們	—	—	—	—
興徳銀行	1916.3.26	新京	—	—	—	—
奉天商業銀行	1934.12.27	奉天	—	—	—	—
濱江実業銀行	1941.12.22	哈爾濱	—	—	—	—
志城銀行	1942.9.8	奉天	—	—	—	—
瀋陽商業銀行	1942.6.9	奉天	—	—	—	—
興亜銀行	1942.6.22	営口	—	—	—	—
哈爾濱銀行	1944.11.1	哈爾濱	—	—	—	—
東満洲銀行	1944.10.27	牡丹江	—	—	—	—
帝都銀行	1944.11.30	新京	—	—	—	—

出所：『満銀年鑑』1936年版、1940年版、1942年版。東北物資調節委員会研究組 [1954]、柴田 [1998b]、[1998c]、

火磨（製粉）、焼鍋（アルコール醸造）、当舗（質業）等の現業部門もそのまま1年間直営したうえで、1933年7月1日に大興股份有限公司を全額出資で設立し（本店新京、資本金6百万元払込）、同公司に現業部門を移転し切り離した。これにより満銀は銀行業務に専念する体制に移行した。大興公司は満洲国期に「公司法」に準拠して設立された最初の公司形態の法人である。同公司は現業部門を段階的に処分し、1937年末には当舗業のみを残し、当舗専業に転換した。銀行が取引相手としない自営業者の金融の手立てとして当舗は重要であり大興公司は巨大当舗として成長を続けた（柴田 [1998] 参照）。その資金繰りに満銀が出資・融資で支援した。

　そのほか満銀が満洲事変期に出資した案件として満炭に対する一部現物出資、6.72%1,076千円がある。この資産も旧政権系銀行から承継したものであり、満銀は満炭への現物出資部分は満洲国政府現金出資部分が満業に譲渡されても、後述のように満洲国政府と同じくそのまま保有を続けた。奉天紡紗廠出資も旧政権銀行の同廠保有株式を承継したものであり、7.5%313千円を保有した。また満洲国期に改組されて政府出資も受けた哈爾濱交易所に政府・満鉄とともに満銀も少

銀行関係会社

(単位:千円、%)

1940.6期	出資率	1942.6前	出資率	1944.12期	出資率	備　考
6,000	100%	6,948	44.45%	6,948	44.45%	1938.2.24商号変更
1,078	0.358%	1,078	0.358%	—	—	
164	3.74%	—	—	—	—	1938.1.25商号変更
80	8.075%	32	3.25%	—	—	興亜銀行設立で1942.6.3解散事業譲渡
—	—	—	—	—	—	再登記日、1938.1.25商号変更
—	—	—	—	—	—	1938.6.10商号変更、1939.11.24解散
4,745	3.23%	—	—	—	—	1938.3.19商号変更、満興銀に譲渡
267	53.45%	534	53.45%	—	—	1938.7.31商号変更、1944.10.31解散
—	—	72	14.5%	—	—	満鉄から取得、帝都銀行設立で解散事業譲渡
—	—	25	2.555%	—	—	瀋陽商業銀行設立で1942.6.30解散
—	—	—	—	125	5%	
—	—	—	—	478	3.9%	
—	—	—	—	26	1.4%	
—	—	—	—	170	5.6%	
—	—	—	—	750	13.6%	
—	—	—	—	250	5%	
—	—	—	—	90	106%	

[1999a]、

額ではあるが出資した。満電設立に当たり、政府の現物電力業資産を現物出資したが、満銀も旧政権銀行保有電力業資産を現物出資した。これら出資で現物出資は満洲国政府の現金出資の余裕がないため、代わりに満銀が出資したという側面がある。満洲事変期には満洲国政府以上に資金的に余裕のある満鉄が活動して、期待通りの多面的な出資に応じていたが、満鉄の存在がなければ満銀の出資はより多額に達したはずである。日本の蒙疆占領では蒙疆地域専門の会社への出資・融資を行う機関が設立されず、一部業種のみ北支那開発が出資・融資に応じた。そのため蒙疆政権の地域開発では政策的投資を行える地場法人としては蒙疆銀行（1937年11月23日設立、本店張家口）しか存在せず、同行がかなりの件数の会社組織への出資を行った（柴田［1999］第6章参照）。関東軍支配下で設立された蒙銀は満銀をモデルにしており、満銀の事業法人出資がそのまま採用されたといえよう。

1) 初期満洲国予算制度の構築については柴田［2001］49-53頁参照。
2) 投資特別会計は1934年度に国有財産整理資金特別会計に満洲航空の土地買収費と

同和自動車工業の土地建物買収費を、また国都建設局特別会計に満洲電信電話の土地買収費を、それぞれ出資金として繰り入れている（『康徳元年度総予算』128頁）。
3） 特殊会社体制については、横浜正金銀行調査部［1942］参照。その後の産業開発計画との関連で、特殊会社に言及するものとしてさしあたり、原［1972］、［1976］参照。
4） 金融合作社聯合会については柴田［1999a］第4章参照。
5） 大蔵省昭和財政史編集室［1962］、柴田［2002a］が詳細に紹介している。
6） 政府出資特別会計については大蔵省昭和財政史編集室［1962］、柴田［2002a］参照。
7） 満興銀設立と債券発行による資金調達については柴田［1999a］83-85頁。
8） 日本資金の満洲国国債経由の対満洲国投資の概略については、柴田［1999a］第5章、参照。日本からの対満投資統計の推移は山本［2003］参照。
9） 満銀設立については多くの先行研究があるが、さしあたり柴田［1999a］第2章参照。
10） 栄源・児玉常雄については第5章参照。根橋禎二は1932年12月1日計画部長（満鉄会［1992］90頁）。満洲航空設立については満洲航空史話編纂委員会［1972］及び柴田・鈴木・吉川［2007］第3節参照。
11） 大連商工会議所『満洲銀行会社年鑑』1935年版、611頁。
12） 『満銀年鑑』、1935年版、340、611頁、満鉄は役員株を含み70千株とした（第5章参照）。朝鮮銀行は保有株26,500株のほか役員派遣をしなかったと判断した。日本放送協会の出資と役員派遣ついては日本放送協会［1939］に記述がない。
13） 満洲電信電話については満洲電信電話［1941］参照。設立経緯と業務の概観は疋田・須永［2007］第1節参照。
14） 『満銀年鑑』1935年版、611頁。山内静夫は1876年8月生、1897年陸軍士官学校卒、1928年中将、1932年満鉄顧問、1933年8月満洲電信電話総裁（帝国秘密探偵社『大衆人事録』1942年版、東京1031頁）。井上乙彦は1885年5月26日生、1904年陸軍士官学校卒、陸軍省軍務局、1933年少将、1933年8月満洲電信電話理事、華北電政総務局長、1938年7月華北電信電話股份有限公司総裁（『大衆人事録』1943年、支那7頁）。前田直造は1883年3月10日生、東京帝国大学法科大学卒、1911年逓信省採用、逓信局電話課長、電務局企画課長、東京逓信局長、1933年辞職、同年8月満洲電信電話理事（『大衆人事録』1942年版、東京900頁）。西山左内は1882年3月14日生、1910年7月東京帝国大学法科大学卒、大蔵省採用、1918年6月横浜税関監視部長、1921年6月関東庁内務局財政課長、1924年12月関東庁財務部長、1932年11月関東庁財務局長、1933年8月辞職、同年8月満洲電信電話監事、中野商店株式会社取締役、長崎鉱業株式会社監査役、1957年9年18日没（大蔵省百年史編集室［1973］131頁、『大衆人事録』1942年版、東京753頁）。八木聞一については第5章参照。
15） 南満洲鉄道株式会社『関係会社年報』1938年版、1005頁。第4章も参照。設立日

の1922年4月1日は1915年8月1日設立の濱江農産信託公司（本店哈爾濱）が改組した日である（『関係会社年報』1938年版、1005頁）。

16）島田千代治は1882年2月22日生、1907年東京外国語学校卒、三井物産採用、大連支店長次席、哈爾濱出張所長、上海支店次席、本店参事、哈爾濱交易所副理事長、同理事長（『大衆人事録』1943年版、満洲143頁）。奥平広敏は1885年1月31日生、1914年東京帝国大学法科大学卒、村井汽船合名会社（1916年2月1日設立、本店大連、1926年1月2日解散）主任、大連商品信託株式会社監査役、長春取引所長、哈爾濱交易所常務理事、満洲穀粉管理株式会社理事長、1938年9月社団法人満洲製粉聯合会（1938年9月26日設立許可、10月11日登記、本部新京）専務理事（『大衆事録』1943年版、満洲73頁、『関東都督府府報』717号、1916年3月4日、『関東庁庁報』1160号、1926年2月3日、『満洲国政府公報』1656号、1939年10月21日）。金井清については第5章参照。加藤明は1879年9月生、1904年東京外国語学校卒、陸軍通訳官、1912年貿易建築請負業起業、哈爾濱日本商工会議所会頭、株式会社哈爾濱日日新聞社取締役、哈爾濱セメント株式会社監査役、1933年8月哈爾濱交易所理事、哈爾濱取引所理事、満洲生活必需品理事（『大衆人事録』1943年版、満洲75頁）。

17）南満洲鉄道経済調査会『満洲事変後設立会社業態』1935年2月（スタンフォード大学図書館蔵）。

18）『満銀年鑑』1935年版、396頁。この出資については第4章参照。小柳津正蔵については第5章参照。

19）『満銀年鑑』1935年版。橋本圭三郎については第4章参照。佐藤健三は1882年3月生、1907年東京帝国大学工科大学卒、日本石油新潟・下松各製油所長、1934年2月満洲石油専務理事、関東タンカー株式会社社長、満洲合成燃料理事（中西利八編『満洲紳士録』1943年版、1094頁。内田三郎は1880年生、1903年陸軍士官学校卒、少将、1934年2月満洲石油理事（『大衆人事録』1942年版、東京154頁）。本多敬太郎は1881年6月生、1905年海軍機関学校卒、教育局第三課長、1929年少将、予備役、協和鉱業株式会社常務取締役、1934年2月満洲石油理事、太平洋石油株式会社（1939年3月設立、本店東京）、帝国石油株式会社、石油資源開発株式会社各取締役（『大衆人事録』1942年版、東京891頁、帝国興信所『帝国銀行会社要録』1937年版、東京269頁）。阿部重兵衛は1881年1月生、東京高等商業学校卒、三井物産採用、香港支店長、神戸支店長、大連支店長、1939年9月日本貿易会理事（『大衆人事録』1942年、東京10頁）。中谷芳邦は1889年12月14日生、1915年東京高等商業学校卒、三菱長崎造船所採用、三菱商事に移り大連支店長、満洲機器股份有限公司（1935年11月20日設立、本店奉天、三菱系）取締役、満蒙殖産監査役、満洲石油理事、社団法人満洲特産中央会（1936年10月20日設立認可、10月30日登記、本部新京、1940年12月26日解散）理事、大連取引所重要物産取引人組合長、日本農産化工株式会社（1942年10月7日設立、本店

新義州)、朝鮮農産工業株式会社（1943年5月6日設立、本店新義州)、朝鮮糧秣製造株式会社（1940年10月設立、本店平壌、1943年5月10日日穀化学工業株式会社に商号変更）各社長（『大衆人事録』1942年版、東京73頁、『満銀年鑑』1936年版、625頁、『帝国銀行会社要録』1942年版、朝鮮、満洲特産中央会［1941］、『朝鮮総督府官報』4746号、1942年11月25日、4922号、1943年6月30日、4937号、同年7月17日)。

20) 『関係会社統計年報』1938年版、687頁。
21) 『満銀年鑑』1935年版、587頁。同和自動車工業については老川［2001］参照。
22) 満洲炭礦株式会社『満洲炭礦株式会社業務概要』1935年参照。第5章も参照。満炭については原［1976］、柴田［2007j］が詳しい。
23) 役員については第5章参照。
24) 『満銀年鑑』1935年版、611頁。斉藤茂一郎については第3参照。
25) 『満銀年鑑』1935年版、1937年版、699頁、山川［1944］1240頁。
26) 『満銀年鑑』1936年版、664頁。田村羊三は1880年3月生、1907年東京高等商業学校卒、満鉄採用、1918年2月23日大連鉄道管理局庶務課長、1919年7月16日運輸部庶務課長兼営業課長、1920年紐育事務所長、1923年11月8日社会課長、1925年12月25日～1930年6月13日興業部長、1940年6月華北車輛株式会社社長、関東州工業土地株式会社取締役、満洲製麻株式会社、満洲棉花各監査役（『大衆人事録』1943年版、関東州25頁、満鉄会［1992］39、43、62、68頁)。
27) 『満銀年鑑』1935年版、588頁。吉田正武については『満洲紳士録』1943年版、315頁。張亜東については『大衆人事録』1943年版、支那84-85頁。
28) 『満銀年鑑』1936年版、560、623頁。なおこの株主名には満洲国政府保有が省略されている。朝鮮計器については『朝鮮銀行会社組合要録』1940年版、136頁。
29) 満洲国政府は鉱区の現物出資も分割した。満洲採金については柴田［2007j］、柴田［2002a］第4章参照。草間秀雄については大蔵省百年史編纂室［1973］62頁。小須田常三郎については『満洲紳士録』1943年版、87頁、満鉄会［1992］77、83頁。北村民也については『大衆人事録』1942年版、東京346頁。山鳥登については第5章参照。新谷俊蔵については第7章参照。
30) 中東海林採木に言及する研究は多い。黒瀬［2003］、柴田［2007k］、［2015a］参照。東拓の中東海林採木の満洲国期の出資の経緯については第6章及び柴田［2015a］第1章。
31) 『公報』1095号、1937年11月26日。
32) 旧政権時期の法人の再登記制度については第1章参照。
33) 柴田［2007k］参照。鴨緑江採木公司の専論として塚瀬［1990］ほかがある。横浜正金銀行調査部［1942］参照。
34) 『満銀年鑑』1935年版、584頁では再登記前の法人として紹介がある。

第 8 章 満洲国政府系企業集団 511

35) 『満銀年鑑』1935年版、584頁、満洲紡績株式会社『第27期営業報告書』1936年10月期、3-6頁。奉天紡紗廠の満洲事変前の操業を張［2007］が紹介するが設立日を特定できていない。
36) 『公報』821号、1936年12月15日。
37) 『満銀年鑑』1935年版、606頁で50％出資。横浜正金銀行調査部［1942］に1935年4月19日取得の記載。減資については『満銀年鑑』1942年版、599頁。倉田芳松については『満洲紳士録』1940年版、75頁。
38) 『満銀年鑑』1935年版、594、600頁、「満洲電業史」編集委員会［1976］参照。吉田豊彦については第5章参照。入江正太郎については第3章参照。石橋米一は1900年5月4日生、1913年長崎高等商業学校卒、満鉄採用、商事部用度事務所長代理、同倉庫長参事、南満洲電気、満洲電業各常務取締役、満洲繊維聯合会専務理事、1943年満関重要日用品統制組合理事長、満洲生活必需品理事長（『大衆人事録』1943年版、満洲30頁）。高橋仁一については第4章参照。第5章で満電設立を解説しているため重複記述を圧縮した。
39) 『満銀年鑑』1936年版、666頁。梅津理三については『満洲紳士録』1943年版、556頁、『大衆人事録』1943年版、満洲46頁。中西敏憲については第4章参照。
40) 満洲鉱業開発株式会社『第1期営業報告書』1935年12月期。山西恒郎については第4章参照。中川信については『大衆人事録』1942年版、東京689頁。
41) 『満銀年鑑』1935年版には掲載がなく、改組後に満洲国法人登記された。満洲に多数の関係会社を設置して参入した合名会社大倉組については大倉財閥研究会［1982］参照。梶山又吉については『満洲紳士録』1937年版、516頁。張維垣は光緒18（1892）年生、1922年東京帝国大学工学部卒、本渓湖煤鉄公司副社長、同監事、1942年6月瀋陽商業銀行董事（『満洲紳士録』1943年版、1085頁）、日高長次郎は1886年2月28日生、1907年東亜同文書院卒、満鉄採用、1911年本渓湖煤鉄有限公司に転出、販売科長、総務科長、理事（『大衆人事録』1943年版、関東州36頁）。
42) 『公報』1444号、1939年3月21日。
43) 『満銀年鑑』1937年版、685頁。
44) 『満銀年鑑』1942年版、583頁。そのほか柴田［2007j］参照。
45) 『公報』1369号、1938年10月29日。
46) 『満銀年鑑』1936年版、613頁、小柳津正蔵については第5章参照。
47) 『満銀年鑑』1936年版、668頁。榛葉可省については『満洲紳士録』1943年版、978頁。山田彦一は1883年4月16日生、1908年東京帝国大学農科大学林学科卒、鉄道院採用、1923年復興局技師、大日本木材防腐顧問、満洲林業理事、華北交通股份有限公司参与（『大衆人事録』1942年版、東京1053頁）。宮田長次郎は1889年9月1日生、1910年東京帝国大学農科大学林学科卒、1919年帝国森林会書記長、大日本山林会主事、

満洲林業理事（同、東京974頁）。東京興信所『全国銀行会社要録』1941年版、愛知31頁。

48) 成田［1958］117-118頁、『満銀年鑑』1935年版、387頁、鈴木［2007a］参照。

49) 満洲林業股份有限公司『第2期営業報告書』1937年11月期（吉林省社会科学院満鉄資料館（以下、満鉄資料館）02467）。

50) 満洲塩業株式会社『第1期営業報告書』1936年12月期、1-2、10-12頁。大日本塩業設立日は『府報』520号、1915年1月30日。徳山曹達設立については徳山曹達［1988］参照。洪維国は光緒19（1893）年生、呉淞中国大学法律専科卒、陸軍第一混成旅団書記官、熱河実業庁実業部鉱務司長、山海関監督、熱河作戦総司令部秘書長、満洲国財政部次長（『大衆人事録』1943年版、121頁）。甲斐喜八郎については『大衆人事録』1943年版、関東州13頁。芝喜代二は1889年生、1916年京都帝国大学卒、大日本塩業採用、同取締役、満洲塩業理事、同理事長、大日本塩業専務取締役、南日本塩業株式会社（1938年6月30日設立、本店台南）、関東州加里工業株式会社（1939年5月1日設立、本店大連）、南日本化学工業株式会社（1939年10月21日設立、本店高雄）各取締役（『大衆人事録』1942年版、東京483頁ほか）。晒粉販売・化学塩業・保土谷曹達・東海曹達・昭和曹達については『帝国銀行会社要録』1935年版、参照。曹達晒粉同業会については曹達晒粉同業会［1931］参照。三角愛三については『満洲紳士録』1940年版、1214頁。富田租については第5章参照。

51) 南満洲鉄道株式会社『関係会社年報』1263-1265頁。満鉄現物出資株式については第5章参照。満鉄出資に1,200株の役員株を追加している。

52) 『満銀年鑑』1937年版、712頁、『関係会社年報』1938年版、1265頁。高柳保太郎については第5章参照。

53) 関東軍・関東局・駐満洲国帝国大使館の保有については第5章参照。

54) 『満銀年鑑』1937年版、382頁。三浦義臣については第5章参照。

55) 支配下に入れた新聞については第5参照。

56) 『満銀年鑑』1938年版、645頁。

57) 『満銀年鑑』1935年版、213頁。

58) 『満銀年鑑』1938年版、435頁、村瀬文雄については『大衆人事録』1942年版、東京987頁、浅田美之助については同、1942年版、東京29頁。旧奉天軍閥の東三省兵工廠を満洲国期に改組した奉天造兵所については名古屋［2012］が詳しい。

59) 満洲生命保険株式会社『第1期営業報告書』1937年12月期。高橋康順は1891年2月生、1916年東京帝国大学法科大学卒、農商務省採用、商工省鉱山局鉱政課長、大臣官房文書課長、東京鉱山監督局長、特許局審判部長、1933年辞職、満洲国実業部理事官、総務司長兼特許発明局長、実業部次長兼総務司長、1936年10満洲生命保険理事長、1943年6月満洲油化工業理事長（『大衆人事録』1943年満洲、174頁）。玉木

為三郎については同1942年版、東京1121頁。大原万寿雄については『満洲紳士録』1940年版、1177頁。方煜恩については第5章参照。

60) 『公報』807号、1938年11月27日。
61) 満洲計器股份有限公司『第1期営業報告書』1937年6月期（満鉄資料館02484）。黒岩直温については『満洲紳士録』1940年版、418頁。
62) 満洲軽金属製造株式会社『第1期営業報告』1936年12月期。藤飯三郎右衛門は1897年8月16日生、1922年東京商科大学卒、満鉄採用、1936年満洲軽金属製造常務理事、満業理事、満洲ボーリング株式会社、安東セメント株式会社、撫順セメント株式会社各取締役、満炭監事、満洲マグネシウム工業株式会社監査役、北支那開発株式会社参事（『大衆人事録』1943年版、関東州38頁）。内野正夫は1892年生、1915年東京帝国大学工科大学卒、古河鉱業株式会社採用、1918年満鉄に移り、中央試験所無機化学課長、審査役、撫順アルミニウム試験工場長、1936年11月満洲軽金属製造理事、1942年10月朝鮮金属統制会理事（同、朝鮮17頁）。星野については5章参照。山本信夫は1880年4月生、1907年京都帝国大学工科大学卒、住友合資会社採用、理事、住友鉱業株式会社専務取締役、日本板硝子株式会社、住友アルミニウム製錬株式会社各取締役、1936年11月満洲軽金属製造監査役、華北石炭販売株式会社社長、北支那開発調査部顧問石炭部長、昭和石炭株式会社相談役（同、支那153頁）。
63) 満洲軽金属製造株式会社『第2期営業報告書』1937年6月期。
64) 満興銀設立については柴田［1999a］第3章参照。満洲興業銀行『第1期営業報告書』1937年6月期。葆康については第5章参照。富田勇太郎は1893年8月12日生、1908年7月東京帝国大学法科大学卒、大蔵省採用、1916年12月理財局国債課長、1918年10月同国庫課長、1924年1月理財局長、1934年2月海外駐劄財務官、1936年11月辞職、1936年12月〜1941年1月満興銀総裁、1946年2月24日没（大蔵省百年史編集室［1973］119頁）。松田義雄については『満洲紳士録』1940年版、617頁、一色信一については同120頁。
65) 満洲図書株式会社『第1期営業報告書』1937年12月期（満鉄資料館02465）。日本の図書取次各社については『帝国銀行会社要録』1937年版参照。日満文教については『銀行会社要録』1941年版、東京120頁。駒越五貞は1896年9月27日生、明治大学商学部卒、東京書籍監査役、1937年4月満洲図書常務理事、1941年理事長、1943年満洲印刷工業統制組合（1943年3月11日設立、本店新京）理事長（『大衆人事録』1943年版、満洲123頁、『公報』2866号、1943年12月21日）、満洲図書株式会社『第5期営業報告書』1941年12月期（満鉄資料館26535）、『公報』2866号、1943年12月21日。
66) 『満銀年鑑』1936年版、667頁。
67) 満洲図書株式会社『第2期営業報告書』1938年12月期（満鉄資料館26532）、『公報』1467号、1939年3月7日。

68) 満洲書籍配給株式会社『第1期営業報告書』1940年12月期（満鉄資料館02491）、『公報』2531号、1942年10月25日。
69) 「熱河採金股份有限公司設立之件」1937年4月22日（「三井鉱山株式会社取締役会議案」公益財団法人三井文庫（以下、三井文庫）蔵傘下121）。
70) 『満銀年鑑』1938年版、653頁。川島三郎は1883年11月生、1909年東京帝国大学工科大学卒、三井鉱山採用、取締役、1938年7月常務取締役、1939年12月会長、東亜鉱山会長（『大衆人事録』1942年版、東京308頁）。上島慶篤については第5章参照。三井鉱山の派遣については「熱河採金股份有限公司取締役並監査役推薦之件」1937年6月3日（「三井鉱山株式会社取締役会議安」（三井文庫蔵傘下121））。
71) 『公報』1467号、1939年3月7日。
72) 『満銀年鑑』1940年版、772頁。熱河鉱山・東亜鉱山については三井文庫［2001］参照。
73) 『公報』1095号、1937年11月26日。『満銀年鑑』1938年版、624頁は設立を1937年8月20日とするが、ここでは再登記日を利用した。
74) 『公報』1365号、1938年10月25日。
75) 『公報』1937号、1940年10月9日。
76) 「南満洲油化工業株式会社（仮称）設立ニ参加ノ件」1937年7月8日（三井文庫蔵傘下122）。
77) 『満銀年鑑』1938年版、387頁。尾形次郎は三井鉱山出身、東洋アルミニウム株式会社（1938年12月10日設立、本店東京）、北海道人造石油株式会社（1938年12月設立、本店札幌）各取締役（『大衆人事録』1942年版、東京188頁、柴田［2015a］第2章、第7章参照）。多久芳一については『満洲紳士録』1943年版、995頁。粟野俊一については第5章参照。田中吉政については「田中吉政満洲合成燃料会社常務理事就任ノ件」1937年9月9日（三井文庫蔵傘下122）。
78) 満洲拓殖公社『第1期営業報告書』1938年3月期。坪上貞二については第5章。生駒高常については『満洲紳士録』1943年版、1097頁、秦［1981］389頁。安江好治については大蔵省百年史編纂室［1973］180頁。山田直之助については『満洲紳士録』1943年版、665頁、満鉄会［1992］103頁。花井脩治については第4章参照。日本人満洲移民については満洲移民史研究会［1976］参照。
79) 『満銀年鑑』1938年版、655頁。満洲国メディア統制については吉川［2007a］参照。金壁東については第5章参照。
80) 『満銀年鑑』1938年版、652頁。満洲鴨緑江水力発電・朝鮮鴨緑江水力発電の設立と東拓出資については柴田［2005a］第2章参照。陳悟は光緒22（1896）年生、1919年明治大学卒、実業部鉱務司、1937年9月満洲鴨緑江水力発電常務理事、朝鮮鴨緑江水力発電、鴨北鉄道株式会社各常務理事（『大衆人事録』1943年版、満洲187頁、『満

洲紳士録』1940年版、1029頁)。
81)『満銀年鑑』1938年628頁。花井脩治については第4章参照、木村通については第4章参照。永島忠道については『満洲紳士録』1940年版、155頁。
82)『満銀年鑑』1938年版、406頁、『満洲鉱工年鑑』1944年版、373-374頁、『帝国銀行会社要録』1937年版、福井11頁。戸倉誠司については『大衆人事録』1943年版、満洲196頁。熊田克郎は1901年10月生、1927年東京帝国大学法学部卒、同年野村合名採用、1942年9月で野村合名理事、野村鉱業株式会社（1940年4月設立、本店東京）専務取締役、野村製鋼株式会社（1938年5月設立、本店東京）、野村東印度殖産株式会社（1919年7月24日設立、本店パンジャルマシン）、東洋製紙工業株式会社（1936年9月21日設立、本店神戸、1940年10月1日天津移転）各取締役（『満洲紳士録』1943年版、710頁、『帝国銀行会社要録』1942年版、柴田［2005a］、［2008a］）。平田瑞穂については『大衆人事録』1942年版、東京827頁。

第2節　日中戦争期の満洲国政府出資

1．満洲国出資体制の強化

　1937年に産業開発計画が発動されると、満洲国ではそれに対応した満洲国特殊会社体制が出現する。その中心的な事業投資を担ったのが特殊会社の満洲重工業開発株式会社である。同社が商号変更する前の日本産業株式会社（1912年9月18日設立、本店東京）は1937年10月20日に新京満鉄附属地に移転し、同年12月1日「会社法」施行で満洲国法人に転換したうえで、12月20日「満洲重工業開発株式会社管理法」に基づき、満洲国特殊会社の満洲重工業開発株式会社に商号変更した。資本金225百万円198,225千円払込で満洲国政府半額出資の純粋持株会社に転換した（第9章参照）。同社は満洲国における重工業・鉱業開発投資を担当する。早期の投資効果を上げるため、満業は満鉄が保有していた鉱工業部門の株式を満洲国政府の買収を経て有償譲渡を受けた。そのほか満洲国保有の同和自動車工業、満炭、満洲軽金属製造及び満洲採金の株式の有償譲渡を受けた。ただし満洲国は満炭の株式保有比率を低下させたものの現物出資株式の保有を続けた。熱河鉱業についても、満洲鉱業開発の全額出資会社に切り替える中で、満洲国政府出資が

譲渡された。以後の日中戦争期の満業の関係会社投資は、主に満業の日本における資金調達に存する。満洲国政府系企業集団の中で傑出した中間持株会社と位置づけられる。同社が単体で抱えた関係会社出資だけでも満洲国の満業を除いた出資を凌駕する金額となる。すなわち満洲国政府は日本産業の満洲国移駐と満業転化により鉱工業投資を同社に任せ、その周辺的な投資に傾注するという投資の分担を可能とした。これは投資資金の不足に悩む満洲国政府にとってこの上ない状況の到来であった。

　満洲産業開発時期に産業開発計画の担い手として多くの特殊会社が設立される。満業が大規模鉱工業部門の投資を行うが、それ以外の部門でも満洲国政府は新たに出資することで支援した。そのほか1937年6月24日公布、12月1日施行「会社法」で、法人商号は「会社」が付されることとなった。そのため満洲国の新設法人は「会社」となり、既設法人も株主総会の議決を経て「股份有限公司」を「株式会社」に商号変更することとなる。もちろん設置法により商号を「株式会社」と規定している法人についてはそのままである。この「会社法」体制で満洲国に急速に会社設立が行われるが、そのうちの満業・満鉄が出資しない部門を中心に満洲国政府が出資して支援した。

2．関係会社出資の概要

　1937年より満洲産業開発五カ年計画が発動され、その計画を達成するための担い手として特殊会社・準特殊会社が多数設立された。これら新設に当たり多くの政府出資が見られた。ここでは満業出資については第8章に譲り、ほかの政府出資法人について解説する（表8-5）。

(1937年度)

　1937年10月以降では11月15日に奉天工業土地は解散した[1]。満洲国政府は満鉄と折半2,750千円出資で奉天工業土地を設立したが、満鉄保有の株式をすべて買収し国営土地開発会社を設立する方針を固めた[2]。その後同公司の土地開発部門は後述の満洲土地開発株式会社に承継された可能性がある。他方、稼働している都市不動産事業は同年10月30日設立の満洲不動産株式会社（本店奉天、資本金2.5

百万円、満鉄全額出資)に譲渡されたと推定するが傍証できない。満洲国政府は哈爾濱交易所股份有限公司の株式を保有していたが、1937年12月期に満洲生命保険に譲渡した³)。

1937年12月期で36社349,808千円に急増した(表8-2)。満業への出資で一挙に膨らんだが、社数も増大した。50％以上出資24社304,663千円となった。50％未満の会社の出資は僅かであり、満洲国政府出資は政策的な特定会社設立支援を目標とするため50％以上出資を中心に展開されたといえよう。また満洲事変期当初には満洲国政府保有の旧政権からの承継した株式を含む現物による出資が多数みられたが、1937年12月期の新設会社や株式の追加出資はいずれも現金出資である。投資特別会計の資金調達で満洲国政府が現金出資で会社新設に向かう体制が固まった。満洲産業開発五カ年計画に合わせ多数の会社新設に向かった。上位出資は1位満業225百万円、2位満電19,750千円、3位満銀15百万円、4位満炭14,921千円、5位新設の満洲拓殖公社8百万円であった。満電は20％未満出資、満洲拓殖公社は50％未満20％以上出資である。上位5社のうち満業を除く50％出資は満銀と満炭であり満洲国政府50％以上出資は、3位満興銀7,500千円、4位朝鮮鴨緑江水力発電・満洲鴨緑江水力発電各6,250千円でこの5社合計49,921千円は満業除外出資79,663千円の62％を占めた。

(1938年度)

1938年1月28日に大安汽船股份有限公司が大安汽船株式会社に商号変更した⁴)。

1938年2月10日「満洲房産株式会社法」に基づき同月19日に満洲房産株式会社が設立された(本店新京、資本金30百万円半額払込)。満洲国政府・満興銀・東拓各3分の1の出資である。同社は設立時に既存の大興股份有限公司の子会社の大徳不動産股份有限公司(1934年6月4日設立、本店新京、資本金1百万円払込)を吸収合併し、大徳不動産の抱えていた宿舎資産等を承継した。そして新京を中心とした日本人急増都市の不動産供給に従事した⁵)。理事長謝介石(前駐日特命全権大使)、副理事長山田茂二(前蒙疆銀行副総裁)、理事佐藤建次(満興銀出身)、鈴木英一(前大徳不動産専務取締役)、中井雅人(東拓)、劉徳権(前黒龍江省民政庁長)、監事和田勁(前満洲国陸軍中将)であった⁶)。

表 8-5　満洲国政府

商　号	設立年月日	本　店	1938.12期	1939.12期
満洲中央銀行	1932. 6. 5	新京	15,000	15,000
満洲航空(株)	1932.12.16	新京	4,970	14,988
満洲電信電話(株)	1933. 8.31	新京	6,000	6,000
満洲石油(株)	1934. 2.24	新京	5,250	7,000
(股)奉天紡紗廠→(株)奉天紡紗廠	1921. 9.30	奉天	2,223	2,223
満洲棉花(股)→満洲棉花(株)	1934. 4.19	奉天	4,250	4,250
満洲炭礦(株)	1934. 5. 7	新京	1,160	1,160
満洲採金(株)	1934. 5.16	新京	5,000	31,600
大安汽船(股)→大安汽船(株)	1934. 9.12	安東	287	287
満洲電業(股)→満洲電業(株)	1934.11. 1	新京	22,028	24,284
満洲鉱業開発(株)	1935. 8.24	新京	2,500	17,500
本渓湖煤鉄(股)→(株)本渓湖煤鉄公司	1910. 5.22	本渓湖	4,000	20,000
延和金鉱(股)→延和金鉱(株)	1935.10.30	延吉県大平村	150	150
満洲火薬販売(股)→満洲火薬販売(株)	1935.11.11	奉天	250	250
奉天商工銀行(股)→(株)奉天商工銀行	1935.12.27	奉天	234	117
満洲林業(股)→満洲林業(株)	1936. 2.29	新京	11,250	11,250
満洲塩業(株)	1936. 4.28	新京	3,593	4,375
(株)奉天造兵所	1936. 7.24	奉天	2,300	7,400
(股)満洲弘報協会→(株)満洲弘報協会	1936. 9.28	新京	1,083	1,517
満洲計器(股)→満洲計器(株)	1936.10.23	新京	750	3,000
満洲生命保険(株)	1936.10.23	新京	750	750
満洲興業銀行	1936.12. 7	新京	7,500	7,500
満洲図書(股)→満洲図書(株)	1937. 4. 9	新京	1,000	1,000
満洲鉱業(股)→満洲鉱業(株)	1937. 6.22	奉天	1,250	2,500
(股)満洲国通信社→(株)満洲通信社	1937. 7. 1	新京	—	—
熱河鉱山→熱河鉱山(株)→東亜鉱山(株)	1937. 7. 5	新京	240	400
満洲合成燃料(株)	1937. 8. 6	新京	3,400	6,800
(株)満洲映画協会	1937. 8.21	新京	1,250	2,187
満洲拓殖公社	1937. 8.31	新京	9,990	15,000
満洲畜産(股)→満洲畜産(株)	1937. 9. 1	新京	5,250	12,750
満洲豆稈巴爾普(股)→満洲豆稈パルプ(株)	1937. 9. 4	新京	500	500
朝鮮鴨緑江水力発電(株)	1937. 9. 7	京城	12,500	25,000
満洲鴨緑江水力発電(株)	1937. 9. 7	新京	12,500	25,000
満洲重工業開発(株)	1912. 9.18	新京	225,000	225,000
満洲房産(株)	1938. 2.19	新京	5,000	5,000
満洲油化工業(株)	1938. 2.23	新京→四平街	5,000	5,000
満洲鴨緑江航運(株)	1938. 4. 1	安東	150	150
康徳鉄山(株)	1938. 4. 6	新京	2,000	—
満洲電気化学工業(株)	1938.10.24	吉林	5,000	5,000
満洲糧穀(株)	1938.12.21	新京	3,250	3,250
満洲葉煙草(株)	1938.12.28	奉天	250	250
満洲生活必需品配給(株)→満洲生活必需品(株)	1939. 2. 3	新京	—	21,750
満洲硫安工業(株)	1939. 2. 9	新京	—	6,250

第8章　満洲国政府系企業集団　519

会社出資（2）

（単位：千円）

1940.12期	1941.12期	備　考
15,000	15,000	100%
21,000	31,500	35.5%→70%
11,625	11,625	12%→17.5%
7,000	10,000	35%→47.5%、満興銀合計で50%以上
—	—	52.2%、1936.11.9再登記、1938.12.25商号変更、処分したと推定
8,250	10,750	90%→93%、1938.11商号変更
1,160	1,160	1.4%→0.3%
40,000	45,000	40%→100%
287	287	82%、1938.1.28商号変更
24,284	66,643	16.5%→20.8%、満銀・満興銀合計で20%以上。1938.3.19商号変更
35,000	40,000	50%→95%
20,000	20,000	40%→20%→10%、1938.5.26商号変更登記
150	150	25%、1938.7商号変更
250	—	50%、1938.9.20商号変更、1941.2.1解散、満洲火薬工業(株)に事業譲渡
117	498	10%、1938.1.25商号変更
11,250	17,500	58%、1938.7.21商号変更
7,500	10,000	50%
9,950	12,500	50%
—	—	51.4%、1938商号変更、1940.12.21解散
4,000	5,500	50%→81.2%、1938.7.21商号変更
750	750	50%
15,000	15,000	50%
4,000	5,500	50%→87%、1938商号変更
2,500	—	50%、満鉄譲渡、1938.4.30商号変更
500	2,900	100%、1938.3.30商号変更
400	400	40%→8%、1938.3.31商号変更、1940.3.27商号変更
13,600	17,000	34%
3,000	3,750	50%
15,000	15,000	30%→23%
16,500	16,500	55%→88%、1938.5.29商号変更
500	500	10%、1938.2.10商号変更
25,000	31,250	50%
25,000	31,250	50%
225,000	281,250	50%
10,000	10,000	33.3%
5,000	—	50%、1940.12.28本店移転、1941.5.12解散
150	150	20%
—	—	66.6%、1939.8.31解散
10,000	12,500	66.6%
13,000	—	65%、1941.8.1解散
387	775	10%
23,500	26,750	87%、設立時35%、1939.12.26商号変更
12,500	12,500	50%→100%

満洲特殊製紙㈱	1939. 3 . 2	奉天	—	*600*
満洲土地開発㈱	1939. 6 . 1	新京	—	5,000
舒蘭炭礦㈱	1939. 7 .23	吉林省永吉県	—	*1,000*
協和鉄山㈱	1939. 8 . 5	奉天	—	2,000
㈱満洲石炭液化研究所	1939. 8 .16	奉天	—	2,000
満洲柞蚕㈱	1939. 8 .19	新京	—	625
吉林人造石油㈱	1939. 9 . 4	吉林→新京	—	*7,000*
満洲特産専管公社	1939.10.20	新京	—	15,000
新京食糧品貯蔵㈱	1939.10.27	新京	—	*300*
日満商事㈱→日満商事㈱	1936.10. 1	新京	—	7,500
㈱満洲事情案内所	1939.12.28	新京	—	250
満洲穀粉管理㈱	1940. 1 .17	新京	—	—
南満洲鉄道㈱	1906.11.26	大連	—	—
㈱満洲資源愛護協会	1940. 6 . 6	新京	—	—
満洲特殊鉄鉱㈱	1940.10.15	新京	—	—
満洲火薬工業㈱	1941. 2 . 1	奉天	—	—
満洲造林㈱	1941. 2 .14	新京	—	—
満洲農産公社	1941. 8 . 1	新京	—	—
合計	社数		40	51
	出資額		394,060	591,065
50％以上出資会社	社数		26	31
	出資額		340,737	507,103
満業除外	出資額		115,737	282,103
50％未満20％以上出資会社	社数		8	10
	出資額		44,928	75,284
20％未満出資会社	社数		6	7
	出資額		8,394	8,677

注：ボールドは50％以上、イタリックは50％未満20％以上、アンダーラインはその他。
出所：『満銀年鑑』1936～1942年版、『満洲国法人要録』1938年版、『関係会社年報』1938年版。

　満洲豆稈巴爾普は1938年2月10日に満洲豆稈パルプ株式会社に商号変更した[7]。1940年6月期総資産9,101千円のうち工場資産5,192千円で生産を開始していたが、建設投資を続け繰越損失を計上していた[8]。1940年12月期より操業が順調に進み総資産11,768千円、当期利益110千円を計上できたため、酒井繊維工業は20,256株を取得し、社長酒井伊四郎ほか同族と合計23.38％56,627株保有となり、出資で責任を負った[9]。日本繊維工業保有株式を取得したようである。

　1938年2月17日「満洲油化工業株式会社法」に基づき同月23日に特殊会社の満洲油化工業株式会社が設立された（本店新京、資本金20百万円4分の1払込）。満洲国政府50％200千株25円払込、満興銀25％100千株12.5円払込、その他民間保

第 8 章　満洲国政府系企業集団　521

1,500	1,500	40％→42％
7,500	10,000	100％
3,000	6,000	20％
2,000	2,000	20％
3,000	4,000	66.6％
625	2,500	50％
22,750	35,200	35％
15,000	—	100％、1941.8.1解散
300	800	30％→43％
7,500	7,500	50％、登記日、1938.5.18商号変更
250	250	100％
5,000	—	100％、1941.8.1解散
10,000	10,000	3.57％、1940.1.20増資で取得
500	500	20％
5,000	14,800	33.3％
—	350	4.1％
—	4,000	50％
—	39,900	95％
54	51	
720,876	922,079	
35	31	
589,362	718,187	
364,362	436,937	
13	13	
108,234	179,743	
7	7	
23,279	24,148	

有株として第一生命保険5％20千株、満炭、満洲石油各2.5％10千株を引き受けた。理事長田昌（元大蔵次官）、理事、米山辰夫（三河鉄道株式会社社長）、平田重兵衛（三河鉄道）ほか、監事橋本圭三郎（満洲石油理事長）、並木弥十郎（前第一生命保険支配人）、河本大作（満炭理事長）が並んだ10)。同社は設置法は満洲国内独占や統制権限を与えているわけではないため、準特殊会社として位置づけられる。同社より先の1936年9月1日に満洲油化工業股份有限公司が設立登記した（本店新京、資本金2.5百万円半額払込）11)。同公司は満洲国政府の支援する化学工業法人として発足したが政府出資はなされなかった。第一生命保険相互会社19.9％、満洲石油10％、満炭9.6％、太陽生命保険株式会社（1893年5月30日設立、

本店東京)・日本石油各6％を出資した[12]。同公司の1937年9月期総資産1,336千円、建設仮勘定884千円、繰越損失31千円、当期損失43千円であり[13]、設立1年を経ても製造段階に進めなかった。油化工業を強化するため、満洲油化工業股份有限公司は同年2月21日に解散決議し翌日設立の満洲油化工業株式会社に事業譲渡し解散した[14]。満洲油化工業は1940年12月28日に本店を工場所在地の四平に移転した[15]。

1938年4月1日に満洲鴨緑江航運株式会社が設立された（本店安東、資本金750千円払込）。満洲国政府は設立時から20％を出資した。ほかは役員株を含み満洲鴨緑江水力発電である。社長久保田豊、取締役横地静夫（長津江水電株式会社取締役）、三浦貞三（前大連警察署長）、陳悟（前満洲国実業部鉱務司長）である[16]。経営を担っていたのは鴨緑江水力電源開発を中心的に担っていた日窒と同系の会社である。満洲鴨緑江航運も鴨緑江電源開発計画の一環の事業として位置づけられていた。同社社長に日窒系電源開発の中心に立った久保田豊が就任していた[17]。満洲鴨緑江水力発電はほかに鴨北鉄道株式会社（1938年4月21日設立、本店新京、資本金10百万円7.5百万円払込）に全額出資していた。社長野口遵、常務取締役陳悟、取締役久保田豊ほかであり、経営を日窒側が掌握し鴨緑江電源開発事業と一体で運営されていた。

1938年4月6日に康徳鉄山株式会社が設立された（本店新京、資本金3百万円払込）。同社に満洲国政府66.6％、上島慶篤33.3％を出資した。社長に上島が就任し、常務取締役荻原三平（上島系）、取締役三宅亮三郎（元満鉄撫順炭礦会計課長）、小山貞知（元満鉄職員）が就任した[18]。三宅亮三郎は満鉄撫順炭礦会計課長を長く務めた。小山貞治は元満鉄職員、満洲帝国協和会中央本部委員を経た人物で、政府枠の起用である。両名とも上島が満鉄勤務時期の知己の可能性が高い。しかし同社は後述のように満業出資により事業拡張を目指し、1939年8月31日に解散し[19]、後述の協和鉄山株式会社に事業譲渡した。

満洲航空は1938年6月20日に満業全額出資で満洲飛行機製造株式会社が設立されると、航空機部門を切り離し、同社に譲渡した。満洲航空の資本金は13,970千円払込で減資をせず、事業譲渡益を得た。

満洲畜産股份有限公司（資本金は5百万円半額払込）は1938年5月29日に満洲

畜産株式会社に商号変更し[20]、同社は1938年10月20日に満鉄全額出資の満洲畜産工業株式会社（本店本店奉天、資本金300千円払込）を買収し子会社とした[21]。満洲畜産は1938年10月5日に15百万円半額払込に増資し満洲国政府が増資新株を引き受け85％保有に上昇し、1940年12月27日に20百万円18,750千円払込に増資し出資率は88.75％に上昇し[22]、事業規模を拡大させた。

1938年6月16日に股份有限公司哈爾濱交易所が株式会社哈爾濱交易所に商号変更した[23]。同社株式を満洲生命保険に譲渡した。1938年前半に奉天商工銀行股份有限公司（1935年12月27日設立、資本金2.2百万円払込）は政府出資法人となった。同行は旧軍閥政権が出資していた奉天儲蓄会を満洲国時期に法人化したものである。株主は専務取締役市川宗助（元台湾銀行横浜支店長、前豊年製油株式会社常務取締役）68.6％1,510千円、頭取方煜恩（前奉天儲蓄会常務理事）27.2％600千円ほかであった[24]。奉天商工銀行は1936年7月8日に奉天林業銀行股份有限公司（1934年12月27日設立、資本金400千円半額払込）を吸収合併したが合併増資をしなかった[25]。1938年株主名簿では呉泰勲（奉天商工銀行監査役）11.36％25,000株250千円、満洲国経済部10.66％23,471株234,710円、満洲生命保険4.09％82,320円、満銀3.74％82,320円、市川4.08％8,976株89,760円に変わり[26]、方煜恩と市川が満洲国政府、満洲生命保険、満銀に株式を譲渡して、満洲国政府と同政府系法人による支援と介入が行われた。満洲国政府・満洲生命保険・満銀合計で21.49％を占めた。当初の市川の出資は奉天地場事業家に株式を分散させるまで満洲国政府が代理出資させていた可能性があるが傍証できない。

満洲林業股份有限公司は1938年7月21月に設置法が「満洲林業株式会社法」に改められたことで、7月21日満洲林業株式会社に商号変更した[27]。同年10月期末総資産は8,002千円と少額であった[28]。さらに1938年10月13日の設置法改正で特殊会社に改組された。特殊会社転換後の資本金は設置法で規定され事業拡張を進めた。11月7日に資本金30百万円20百万円払込に増資決議し、東拓の林業利権の海林採木公司を吸収合併した。政府出資は58.3％11,250千円に増大した[29]。事業拡大の結果、1939年12月期総資産は58,921千円に急増した[30]。その後、1940年7月12日陸軍省の提案に沿って満洲国政府・満鉄・東拓保有満洲林業株式各社2.5百万円を日系パルプ会社を譲渡して一部投資を回収した（第6章参照）。

「会社法」施行後に満洲計器の設置法が1938年7月21日に「満洲計器株式会社法」に改められたことに伴い、1938年7月21日に満洲計器株式会社に商号変更した[31]。8月9日に開豊鉄路株式会社が設立された（本店開原、資本金1,804.8千円払込）[32]。この事業は1924年8月17日に開拓長途鉄軌汽車公司の商号で旧政権時代に創業し、1925年11月に開原・石家台6.91キロを竣工し、さらに1926年5月に西豊まで63.7キロを全通し運行を開始した。満洲国期の1935年12月に支線の敷設を満洲国交通部の許可を得て竣工し操業を続けていた。満洲国の法人としての再登記はなされなかったが、「会社法」施行後に1938年8月9日普通法人の開豊鉄道株式会社として再設立された（本店開原）。満洲国政府出資額は不詳である。常務取締役後藤愛（株式会社徳昌行（1938年7月20日設立、本店新京）社長）ほかであった[33]。

1938年10月6日「満洲電気化学工業株式会社法」に基づき同年10月24日に満洲電気化学工業株式会社が設立された（本店吉林、資本金60百万円4分の1払込）。満洲国政府は3分の2を出資し支援した。その他の出資者は満電である。満洲電気化学工業はカーバイド製造販売を目的とした。理事長山崎元幹（前満鉄理事）、常務理事難波経一（大蔵省出身、前満洲国専売総署副署長）、理事高井恒則（満電派遣、満鉄出身）、監事王聘之（元満電常務取締役）、大磯義勇（満電取締役兼務、満鉄を経て南満洲電気出身）であった[34]。同社は1939年12月期の総資産8,528千円で初めて利益を計上したが[35]、その後も建設投資を続けた。

1938年11月2日「満洲糧穀株式会社法」に基づき同年12月21日に満洲糧穀株式会社が設立された（本店新京、資本金10百万円半額払込）。満洲国政府65％、満洲拓殖公社25％、満鮮拓殖株式会社10％の出資であった。理事長小平権一（元農林次官）、常務理事小松孝行（元農林省米穀局調査課長）、佐藤義胤（元満鉄産業部農林課長）、理事中沢正治（東拓理事（新京駐在））、花井脩治（満洲拓殖公社理事、元満鉄）、監事斉藤竹次郎（満鮮拓殖理事、東拓奉天支店長兼務）。同社は満洲国における穀物流通の統制を開始した。理事長小平と常務理事小松は日本の農林官僚を招聘した満洲国政府枠である。そのほか満洲拓殖公社役員と満鮮拓殖の親会社の鮮満拓殖株式会社に出資している東拓が派遣した。同社は1939年9月期総資産8,984千円という事業規模であったが[36]、翌年9月期には全額払込とし

総資産49,195千円に事業規模を拡大させていた[37]。同社は農産物流通統制の強化のために1941年8月1日満洲農産公社の設立で事業譲渡して解散した。

　12月28日に満洲葉煙草株式会社が設立された（本店新京、資本金10百万円4分の1払込）。満洲国政府は10％を出資した。ほかは紙巻煙草製造者の啓東煙草株式会社（1936年2月29日設立、本店奉天。英米煙草ラスト系）20.25％、満洲東亜煙草株式会社（1937年10月25日設立、本店奉天、東亜煙草株式会社系）10.8％のほかは煙草耕作者側の鳳城県興農合作社18％、奉天省興農合作社聯合会16％、錦州省興農合作社聯合会11％の出資であった。満洲葉煙草は満洲国における葉煙草収買の地域独占を認められていたが、設置法は制定されず準特殊会社の位置づけである。満洲国の出資は小額であった[38]。社長長谷川浩（専売局出身）、専務取締役工藤雄助（満鉄出身）ほかであった（柴田［2013a］163、168頁）。

　満洲棉花股份有限公司（本店奉天）が準特殊会社として棉花栽培の部分統制に従事していたが、1938年10月7日「棉花統制法」により棉花統制を強化する体制となった。同年11月に満洲棉花株式会社の商号変更した[39]。さらに12月14日に設置法が「満洲棉花株式会社法」に改正され、同社は特殊会社に改組され[40]、満洲国全域の綿花統制を担当する特殊会社に位置づけとなった。併せて満洲棉花（大連）が加入している満洲棉花協会を解散させた（山川［1944］1240頁）。満洲棉花の総資産は1938年6月期5,650千円であったが、1938年12月14日に満洲国政府引受で10百万円4.5百万円払込に増資し、出資率は50％から90％に上昇した。それに伴い総資産は1939年6月期で12,053千円へと急増した。1940年6月期には当座貸越が払込資本金を上回り、総資産23,713千円に増大していた[41]。さらに1941年12月22日に満洲国政府は15百万円11百万円増資新株を引き受けたことで出資率は93.3％に上昇した。事業規模拡大を政府出資の増大で支援していた。

　1938年12月期で40社394百万円の出資をみた。そのうち50％以上会社26社340百万円となり、50％以上の会社の出資に傾注した。上位出資では1位満業225百万円、2位満電22,028千円、3位満銀15百万円、4位満洲鉱業、朝鮮鴨緑江水力発電、満洲鴨緑江水力発電各12,500千円である。このうち満電のみ50％未満20％以上出資である。上位5社合計は満業を含む50％以上出資合計の78％を占めた。次に満業を除外した連結子会社出資115,737千円のうち7位満洲林業11,250千円を加え

た上位5社合計108,750千円は50％以上出資会社の93％を占めた。政府出資を伴う新設特殊会社は4社、準特殊会社は、改組による特殊会社化を含み2社ある。

(1939年度)

1938年12月20日「満洲硫安工業株式会社法」に基づき1939年2月9日に満洲硫安工業株式会社が設立された（本店新京、資本金50百万円4分の1払込）。設立時に満洲国政府は50％、全国購買組合聯合会（1923年設立、本部東京）10％、残りを各府県購買販売組合聯合会が出資した。理事長西村淳一郎、常務理事野中巖（前満洲化学工業東京営業所長）、日野義一であり、西村は大蔵省出身の前満洲国経済部次長、日野は満鉄の建築系技術者出身であった[42]。同社は満洲国硫安製造の独占的事業者となった。1940年3月に日本側株式を満洲国政府が全株買収する決議をした[43]。硫安工場設立計画が進行せず、満洲国政府が責任を取って株式を買収したようである。操業第3期の1940年3月期で総資産12,586千円のうち興業費735千円、銀行預金8,280千円で硫安製造プラント建設は進捗していなかった[44]。そのため1942年7月3日に6百万円払込に減資し事業を縮小した[45]。

1939年2月23日に準特殊会社の満洲生活必需品配給株式会社が設立された（本店新京、資本金10百万円半額払込）。満洲国政府35％、満鉄、満鉄生計組合、満鉄消費組合各20％の出資である（第6章参照）。同社は準特殊会社として日用品の流通統制に乗り出した。さらに同社12月26日「満洲生活必需品株式会社法」に基づき同日に満洲生活必需品株式会社に改組され特殊会社に転換した。併せて50百万円半額払込に増資し、満洲国政府が新株を引き受けた。これにより政府出資は87％に増大し支配下に置いた。同社は満洲国各地の市場会社と中央卸売市場会社の事業を統合して解散させた（第6章参照）。1940年2月17日に理事長に島田茂が就任した[46]。島田は大蔵省出身、元台湾銀行頭取歴任した人物で政府枠の就任である。

1939年3月2日に満洲特殊製紙株式会社が設立された（本店新京、資本金500千円払込）。満洲国政府は満鉄と同率の40％を出資したと推定する。ほかに康徳製紙株式会社、撫順製紙株式会社、特種製紙株式会社（静岡県）等が出資した（第6章参照）。社長飯島省一、常務取締役斉藤貢である[47]。社長飯島は前満銀印刷

所長であり政府枠である。斉藤は元満鉄商工課勤務で満洲特殊製紙に転出した[48]。同社は官庁・特殊会社の反故紙の一元的回収と製紙原料製造、和洋紙製造販売を業とし、特種製紙ほかの製紙業者の技術の導入で維持された。1939年10月31日に2.5百万円払込で40％を維持したが、1940年10月25日に3.5百万円払込に増資し全額を満洲国政府が引き受けたことで政府出資率は42.85％150払込に上昇し、満鉄は21.4％に低下した。増資の過程で出資率が調整され政府が資金負担を強めた。

1939年4月20日「満洲土地開発株式会社法」に基づき6月1日に満洲土地開発株式会社が設立された（本店新京、資本金20百万円4分の1払込）。満洲国政府出資100％である。理事長池田泰次郎（前満洲国興農部）、花井脩治（満洲拓殖公社理事）、副理事長張国賢（元興農部開拓総局理事官）、理事岡田猛馬（前満鮮拓殖理事）、大石義郎（前満洲国吉林省理事官）、宮崎公平（前満洲拓殖公社参事）、横田利喜一（前東京府農林技師整地課長）である。移民用農地開発も業務としたため満洲拓殖公社理事の兼務、前満鮮拓殖理事の就任となった。ほか池田、張国賢、大石は満洲国政府枠である。横田は農地開発の専門職として招聘された[49]。同社は満洲国政府と地方公共団体の取得した未利用土地の開発、満洲拓殖公社及び満鮮拓殖が取得した未利用土地の開発を主業とした。満洲拓殖公社との連携を強めるため1940年3月14日に花井脩二が理事長に就任した[50]。

1939年7月23日に舒蘭炭礦株式会社が設立された（本店吉林省永吉県、資本金10百万円4分の1払込）満洲国政府は20％、吉林人造石油と満炭が各40％を出資した（大塩［1989］131頁）。社長野口遵（日窒社長）、常務取締役清水奨（前朝鮮窒素肥料株式会社鉱業部長）、野崎郁之助（日窒出身）、取締役河本大作（満炭理事長）、工藤宏規（前朝鮮石炭工業株式会社（1935年8月18日設立、本店阿吾地）常務取締役）、永井四郎（前龍江省公署理事官）、前島英一（満炭理事）、監査役長井租平（満炭理事）、天野作蔵（前濱江税務監督署副所長）が就任した[51]。1940年4月20日に本店を吉林に移転したが、同年10月21日に前の本店所在地に戻った[52]。日窒系巨大事業の吉林人造石油の企画と舒蘭炭礦及び吉林鉄道株式会社（1939年8月9日設立）の事業は一体化していた[53]。

1939年8月5日設立の協和鉄山株式会社（本店奉天、資本金10百万円払込）に20％を出資した。同社は満洲国の準特殊会社の位置づけとなった。ほかの出資者

は満業、上島慶篤各40％である。上島は先述の康徳鉄山を解散し現物出資した。役員は社長上島、取締役甲斐猛一、小山貞治、監査役川合正勝、田中知平であった。小山貞治は前康徳鉄山取締役である。監査役川合は元満鉄職員で満業に転出しており満業枠である。田中知平は株式会社泰東洋行（1939年5月6日設立、本店新京）、株式会社泰東製作所（1940年6月12日設立、本店新京）を経営する満洲事業家であり、上島が専務取締役として経営していた大満採金株式会社（1935年12月21日設立、本店新京）の取締役に列しており、上島系経営者である[54]。同社1940年2月期総資産11,309千円、鉱山5,184千円、預金322千円という構成でまだ事業は本格稼働していなかったが少額の利益を計上していた。1941年8月期では総資産13,011千円、鉱山8,565千円、貯蔵品1,926千円となり事業は進展していたが、損失を計上するようになった[55]。上島と満業を牽引する鮎川義介との関係が悪く経営に影響を及ぼしていた（第9章参照）。

　1939年8月16日に株式会社満洲石炭液化研究所が設立された（本店奉天、資本金6百万円半額払込）。同社に満洲国政府は3分の2を出資した。残る3分の1は株式会社神戸製鋼所が出資した。社長辻湊（前神戸製鋼所取締役）、取締役後藤久生（前満洲化学工業技師）、左近充基（前満洲計器会計課長）、高橋良次（前神戸製鋼所設計部長）、兪紹武（前哈爾濱税関長）が就任した。ヒアグ式石炭液化法を基礎とする実験工場の経営を目的とした[56]。試験プラントレヴェルの事業であり利益は当初から期待されていなかった。辻湊は前神戸製鋼所取締役、朝鮮油脂株式会社（1933年10月27日設立、本店京城、日本油脂株式会社系）専務取締役を歴任し、樺太ツンドラ工業株式会社（1939年3月22日設立、本店香敷）の取締役も兼務した。後藤久生は満鉄技師から満洲化学工業株式会社に転出し、満洲石炭液化研究所の技師長に就任した[57]。左近充基と兪紹武は満洲国枠、高橋良次は神戸製鋼所枠である。

　1939年8月19日に満洲柞蚕株式会社が設立登記された（本店新京、資本金5百万円4分の1払込）。満洲国政府は50％を出資した。残る出資者は満蒙毛織株式会社であるが（第6参照）、その他の出資もありうる。同社は準特殊会社としての位置づけである。社長木村春雄（予備役陸軍中将、前陸軍被服廠長、軍政部顧問）、常務取締役松田省三、取締役吉竹博愛（安東支店長）、鎌倉巖（前満洲葉煙

草取締役)である。柞蚕繭の購入加工販売輸出を業とした[58]。関東軍が政府枠として退役軍人に社長のポストを提供した。

1939年9月2日「吉林人造石油株式会社法」に基づき9月4日に吉林人造石油株式会社が設立された(本店新京、資本金100百万円20百万円払込)。法律の規定により20%払込で発足した。満洲国政府50%、日窒が30%、帝国燃料興業株式会社(1939年1月19日設立、本店東京、1937年8月10日公布「帝国燃料興業株式会社法」に基づく特殊法人)20%の出資であった。理事長野口遵、常務理事工藤宏規(前朝鮮人造石油常務取締役)、永井四郎(前龍江省理事官、満洲鴨緑江水力発電監事)が就任し、永井は満洲国政府枠であるが、事実上日窒が事業を担当した[59]。1940年10月21日に事業所のある吉林省永定県に移転した[60]。吉林人造石油は日窒系最大の満洲投資事業であり、周辺に吉林鉄道株式会社、舒蘭炭礦を配置し一体で操業していた。その後も吉林人造石油は払込を続け、1941年7月23日に資本金200百万円110百万円払込に増資し事業投資を続けたが、当初の見込みの石炭液化による人造燃料の商業化に成功しなかった[61]。

満洲採金は砂金採掘を続けていたが、満業の鉱業開発とは必ずしも産金政策が整合しないため、1939年6月13日満洲国国務院会議で満業と東拓の保有する満洲採金株式買収を決定し全額出資に切り替えた(第9章参照)。

1939年10月17日「満洲特産専管公社法」に基づき10月20日に満洲特産専管公社が設立された(本店新京、資本金30百万円半額払込)。満洲国が全額出資した。理事長に満鉄出身向坊盛一郎が就任した。副理事長は劉徳権(元黒龍江省民政庁長)、松島鑑(元満鉄職員、満洲特産中央会専務理事)、佐藤義胤(元満鉄)である[62]。同公社は満洲国特産物、すなわち大豆・大豆粕・大豆油の特産物収買を目的とした。こうして満洲国に2件目の公社組織が出現した。しかも完全な満洲国法人である。特定農産物収買の公的な性格を主張するために公社を商号に含ませた。1940年9月期総資産25,164千円で、大豆7,251千円、麻袋4,041、出資3,625のほか預金5,543千円を計上しており、余裕金で事業をさらに拡張させる状況にあった[63]。1940年11月29日に100円につき10円の未払込資本金を徴収し[64]、資金力を強め事業拡張を進める方針でいたが、1939年10月27日新京食糧品貯蔵株式会社が設立された(資本金1百万円払込)。同社に満洲国政府30%のほか日本水産

株式会社・株式会社林兼商店各17.5％を出資した（第9章参照）。専務取締役武尾弥（前日本食料工業株式会社名古屋出張所長）、取締役井野碩哉（日本水産専務取締役）、中部幾次郎（林兼商店社長）、相川岩吉（前満洲国国都建設局理事官、満鉄出身）ほか、監査役関屋悌蔵（新京特別市副市長）、栗田千足（前経済部大臣官房理事官）が就任し、相川岩吉、関屋悌蔵、栗田千足は満洲国政府枠である。蔬菜購入貯蔵並びに中央卸市場に対する出荷、魚類・青果の保管を業とした。食料供給調整業務に有力漁業兼食品製造業の日本水産と林兼商店が引き受けた[65]。

1939年12月28日株式会社満洲事情案内所が設立された（本店新京、資本金500千円半額払込）。満洲事情案内所は1933年に関東軍の指令により満洲国政府の一組織として設立され、奥村義信が事業に従事した。奥村は満洲文化協会等の勤務を経た人物である[66]。政府直営の事業であったが、満洲弘報協会設立で同会に移管して事業を続けていた。同会解散に伴い満洲国政府がその事業を回収し、単独の法人として設立した。このうちの満洲事情案内所は満洲への投資を紹介する政府公報の一翼を担うものである。

1939年12月26日「日満商事株式会社法」に基づき1936年10月1日設立登記の日満商事株式会社（本店新京）が従来の満鉄傘下の石炭販売事業から、満洲国全域の石炭流通統制を担当する特殊会社に改組され、1939年12月16日に30百万円半額払込に増資した。併せて満洲国政府が50％を出資した。これに伴い社長武部治右衛門が退任し、理事長に常務取締役小川逸郎が昇格した。満炭枠の取締役粟野俊一（満炭理事）が後任理事として満炭理事長河本大作に交代する等の役員変更が見られたが、満炭が経営を掌握する体制は変わらなかった[67]。

1939年12月期で51社591百万円に出資した。50％以上出資会社31社507百万円に増大した。出資上位では1位満業225百万円、2位満電22,284千円、3位満洲採金31,600千円、4位朝鮮鴨緑江水力発電・満洲鴨緑江水力発電各25百万円であった。このうち満電は50％未満20％以上出資会社である。50％以上出資会社5位は満銀・満洲特産専管公社各15百万円であり、満業除外50％以上出資会社上位5社合計111,600千円は同合計の39％を占めた。投資案件の増大で上位会社の比重が低下した。

（1940年度）

1939年12月25日「満洲穀粉管理株式会社法」に基づき1940年1月17日に満洲穀粉管理株式会社が設立された（本店新京、資本金10百万円半額払込）。満洲国は同社に全額出資した。理事長奥平広敏（元新京取引所理事長、元哈爾濱交易所常務理事）、副理事長臧爾寿、常務理事佐藤義胤である[68]。奥平広敏は満洲特産取引に関わっていた人物であり、佐藤義胤は満洲特産専管公社常務理事との兼務で両者間の事業を調整した。これにより糧穀・特産物に次いで小麦粉等の流通管理が開始された。

満鉄は1940年1月20日総会で600百万円増資と定款を変更し、日本政府・日本民間のみならず満洲国市政府にも増資新株を引き受けさせることとし、満洲国政府は1百万株50百万円10百万円払込の株式を取得し3.57％の出資者となった[69]。満鉄が満洲国内鉄道運行と各種関係会社投資に多大が貢献を行っているため、満洲国政府も満鉄支援に応分の負担を引き受けた。この増資の結果払込資本金2倍の社債発行上限が引き上げられたことで、社債発行による満洲投資の資金的制約が軽減された。

1940年6月6日に株式会社満洲資源愛護協会が設立された（本店新京、資本金2.5百万円払込）。同社は資源リサイクルを目標とし、官庁ほかの事業体の廃棄する備品・消耗品の再利用・再資源化を業務とした。社長石田栄造（満洲事業家）、常務取締役前田良次（前社団法人満洲綿業聯合会（1939年3月3日設立、本部新京）常務理事、退役陸軍大佐）、取締役椎名義雄（満蒙毛織社長）、斉藤貢（満洲特殊製紙常務取締役）ほかが並んだ。前田良次は退役陸軍大佐で仙台、平壌の憲兵隊長、満洲国政府に移り満洲綿業聯合会ほかの天下りポストを経て就任したため、満洲国政府系人材の就任であるが実際には関東軍推薦である[70]。斉藤貢は反故紙を原料とする満洲特殊製紙の常務取締役であり、原料調達部門の会社と連携するため兼務で取締役に就任した。同年10月15日に満洲特殊鉄鉱株式会社が設立された（本店新京、資本金30百万円4分の1払込）。満洲国政府は3分の1の5百万円を出資した。満洲油化工業は同年12月28日本店を四平街に移転した[71]。

1940年12月28日法律で先述の満洲弘報協会は廃止され、これに伴い満洲国政府出資法人に転換した事例として、株式会社満洲国通信社がある。満洲国の通信事

業者として1937年7月1日に股份有限公司満洲国通信社が設立された（本店新京、資本金5百万円半額払込）。満洲弘報協会が同公司に全額出資しメディア支配体制を固めていた。同公司は1938年3月30日に株式会社満洲国通信社に商号変更していた[72]。1940年12月21日満洲弘報協会の解散で、満洲国通信社は満洲国政府出資法人に転換し[73]、1941年8月25日「満洲国通信社法」で、1942年1月22日に特殊会社の株式会社満洲国通信社に改組され（本店新京、資本金2,800千円2,259.2千円払込）、満洲国政府の直接支配下に置かれた。社長森田久（前満洲弘報協会理事長）であった。同社は内外情報収集とメディアへの配信が業務でありメディア統制事業を踏襲した[74]。

　1940年に満洲電気化学工業は電気化学工業株式会社（1915年5月1日設立、本店東京）、大日本セルロイド株式会社（1919年9月設立、本店大阪）及び日本化成工業株式会社（1934年8月設立、本店東京）の技術支援と満電保有株式から60千株を肩代わりさせた。また電気化学工業常務取締役日比勝治を理事長に迎え入れ経営に注力させ、事業拡張を急いだ[75]。第二松花江の水源を利用した大豊満発電所の電力600千キロワットのうち、320千キロワットを利用し、電気化学工業の構築を狙った。1942年には電気炉を据え付けたカーバイド工場を完成し操業を開始した（電気化学工業［1977］132頁）。満洲電気化学工業は1941年6月23日に18,650千円払込にまで資金力を増大させ、同年12月期総資産24,720千円、当期利益70千円に事業を拡大させていた[76]。

　1940年12月では54社720百万円を出資した。50％以上出資会社には35社589百万円を出資した。社数は変わらないが金額は増大した。出資上位では1位満業225百万円、2位満洲採金40百万円、3位満洲鉱業開発35百万円、4位吉林人造石油32,500千円、5位朝鮮鴨緑江水力発電・満洲鴨緑江水力発電各25百万円であった。このうち吉林人造石油のみ50％未満20％以上出資会社である。満業を除外し満洲生活必需品23,500千円を含む50％以上出資会社上位5社合計148,500千円は同出資会社合計の40％を占めた。満洲国政府出資会社数が増大するに伴い上位出資会社の比率はさらに低下した。

（1941年度）

　1940年11月25日「満洲火薬工業株式会社法」に基づき1941年2月1日に満洲火薬工業株式会社が設立された（本店奉天、資本金8.5百千円払込）。満洲国政府は満洲火薬販売出資50％250千円に上乗せし4.11％350千円を出資したが、出資率は低下した。最多出資は奉天造兵所、以下、南満火工品株式会社（1929年7月26日設立、本店撫順、社長吉家敬造（元満洲鉱山薬株式会社取締役））、本渓湖煤鉄公司等である[77]。理事長三村友茂（予備役陸軍少将、元陸軍兵器本廠長、奉天造兵所理事長）、常務理事今井善治（元陸軍砲兵中佐、前奉天造兵所理事）、理事間藤徹十郎、帯刀与曽衛（三井物産出身、前奉天造兵所会計課長）、監事原鉱三郎（陸軍経理学校卒）、松川英雄（満鉄総務局監査役）。理事長三村は奉天造兵所理事長を兼務した天下り陸軍軍人であり、常務理事今井も前奉天造兵所理事を経た陸軍中佐である[78]。関東軍の強い介入を受ける会社であった。満洲火薬工業は火薬の独占製造配給を担当する特殊会社であり、奉天造兵所の火薬製造部門、南満加工品の撫順工場及び先述の満洲火薬販売の事業を吸収した。同社設立に伴い満洲火薬販売は解散した。

　1941年2月15日に満洲造林株式会社が設立された（本店新京、資本金8百万円払込）。満洲国政府が50％を出資し支配下に置いた。満鉄と東拓も各25％を出資した。社長杜潮盛（社団法人関東州綿業聯合会常務理事）、取締役田中波慈女（前東京営林局経営部長）、若井浩（前東拓林業課長）、草地一雄（満鉄出身、前鞍山市長）、監査役長倉親義（満鉄兼務）であった[79]。同社は満洲国の国策造林を事業としたが（柴田［2007k］参照）、満洲国全域の造林を担当するわけではなく、独占的事業を規定する法律も公布されていないため準特殊会社と位置づけられる。日本の営林局出身の政府枠の田中波慈女と東拓派遣林業専門家若井浩の二人が中心的に経営を担った。草地一雄も政府枠である。

　満洲油化工業は石炭液化事業に到達する前に、1941年5月12日に解散した[80]。当初の目的を実現できなかった。

　満洲拓殖公社は1939年4月26日増資で同公社資本金は65百万円払込という金額に達していた[81]。1941年6月1日に満鮮拓殖株式会社（1936年9月14日設立、本店新京）を吸収合併し、朝鮮人満洲移民事業を統合したことにより満洲国におけ

る移民事業の独占が完成した。これに伴い同社に全額出資していた鮮満拓殖株式会社が1941年6月30日に解散した。満洲拓殖公社はこれより先1940年12月16日設立の満洲木材加工株式会社（本店佳木斯、資本金500千円4分の1払込）に全額出資で支援した。開拓民に木製樽の供給を業務とした[82]。

1941年7月14日「満洲農産公社法」に基づき8月1日の満洲農産公社が設立された（本店新京、資本金70百万円42百万円払込[83]）。政府出資は95％66.5百万円払込で残る5％は満洲拓殖公社である。この公社設置とともに農産物流通の巨大法人が出現し、既存の満洲糧穀・満洲特産専管公社及び満洲穀粉管理の事業が吸収され3社は1941年8月1日解散した。前の3法人と同様にほぼ政府出資で成り立っていた。公社制度を用いて農産物流通全般に公的性格を持たせようとした。そして収穫時期の満洲農産公社への短期資金供給を強めることで、事業の円滑な遂行を図った。

満洲国政府は満鉄と折半出資で設立した満洲鉱業株式会社（本店新京、資本金5百万円払込）の株式を1941年7月頃に満鉄に譲渡して支援から降りた（第6章参照）。満洲航空は7月22日に本店を新京に移転し[84]、1941年7月21日「満洲航空株式会社法」により特殊会社に転換した。満洲畜産工業（奉天）は資金調達のため1941年11月20日に1百万円から3百万円に増資した。満洲畜産（新京）はその増資全額を引き受けることができず、満鉄に半額出資を依頼し引き受させた[85]。

満洲鴨緑江水力発電と朝鮮鴨緑江水力発電は増資と払込を続け、1941年12月で各資本金100百万円62百万円払込、うち満洲国政府50％の出資を維持した。長津江水電は1941年5月31日に朝鮮水電株式会社に商号変更した。

1941年12月期では51社921百万円を出資し金額では増大した。50％以上出資会社は31社718百万円となり同様に金額でも増大した。50％以上出資会社上位では1位満業281,250千円、2位満電66,643千円、3位新設の満洲農産公社42百万円、4位満洲鉱業開発40百万円、5位満洲航空31,500千円であった。このうち満電は増資後に取得額を増やして2位に再浮上した。50％以上出資会社5位は朝鮮鴨緑江水力発電・満洲鴨緑江水力発電各31,250であり、満業を除外し満洲生活必需品26,750千円を含む同上位5社合計160,750千円は同合計の36％を占めた。上位5社の比重はさらに低下した。

3．関係会社総資産

　満洲国政府は多数の会社に出資したが、それらの会社の事業規模は資本金額の増大とともに拡大した。とりわけ日中戦争期の新規出資は現金出資であり、満洲国政府の財源の対処が可能となっていた。満洲国政府出資会社の総資産を点検することで、その他政府系企業集団の関係会社総資産と比較が可能となる。ただし20％以上出資会社の貸借対照表を悉皆的に集約できたわけではなく、小規模法人の資産が不明のままのものも含まれている。それでも資産規模の大きな会社の総資産をもれなく掌握しているため、小規模会社の数値が事後的に判明しても大きな修正は必要ない。1938年12月期で31社総資産合計2,671百万円となる（表8－6）。このうち50％以上出資会社25社2,438百万円である。50％以上出資会社上位では1位満銀898,813千円、2位満業562,590千円、3位満興銀562,590千円、4位満洲房産34,821千円、5位朝鮮鴨緑江水力発電・満洲鴨緑江水力発電各26,734千円であった。満銀・満興銀・満業の資産は巨額である。この巨額の資産額は1938年3月期満鉄系連結子会社総資産280,979千円の8.7倍である（表6－4）。この3社を除外した数値を別に掲載した。除外すると221,844千円となり、満鉄連結子会社総資産と大差ない数値となる。以後、比較するためにこの3社を除外した数値で考察しよう。3社を除外し7位満洲石油25,589千円、8位満洲採金23,292千円の5社合計137,130千円は3社除外した50％以上出資会社資産合計の61％を占めた。

　満洲国政府は新設会社への出資を続け、また既存の出資会社も増資で追加調達するのみならず銀行取引等で資金調達して事業規模を拡大させた。満洲産業開発五カ年計画に即した多額投資が続けられた。1939年12月期で36社4,861百万円の資産規模であり、そのうち50％以上出資した会社は25社4,321百万円である。そこから3社を除外すると592,133千円となる。3社を除外した上位5社は1位日満商事146,812千円、2位満洲房産77,066千円、3位満洲生活必需品59,727千円、4位朝鮮鴨緑江水力発電・満洲鴨緑江水力発電各55,361千円であった。5社合計394,327千円は3社除外総資産の66％を占めた。日満商事が特殊会社化し政府半額出資となったことでこの表に現れた。満洲生活必需品はこの年度の新設法人である。新たな政府出資で大規模事業法人が出現した。

表 8-6　満洲国政府

商　　号	設立年月日	本　店	1938.12期
満洲中央銀行	1932. 6. 5	新京	898,813
満洲航空(株)	1932.12.16	新京	*30,169*
満洲石油(株)	1934. 2.24	新京	25,589
(股)奉天紡紗廠→(株)奉天紡紗廠	1921. 9.30	奉天	7,476
満洲棉花(股)→満洲棉花(株)	1934. 4.19	奉天	5,650
満洲採金(株)	1934. 5.16	新京	23,292
満洲電業(股)→満洲電業(株)	1934.11. 1	新京	*192,043*
満洲鉱業開発(株)	1935. 8.24	新京	20,670
本渓湖煤鉄(股)→本渓湖煤鉄公司	1910. 5.22	本渓湖	*103,122*
延和金鉱(股)→延和金鉱(株)	1935.10.30	延吉県大平村	*1,509*
満洲林業(股)→満洲林業(株)	1936. 2.29	新京	8,002
満洲塩業(株)	1936. 4.28	新京	3,577
(株)奉天造兵所	1936. 7.24	奉天	15,561
(股)満洲弘報協会→(株)満洲弘報協会	1936. 9.28	新京	3,811
満洲計器(股)→満洲計器(株)	1936.10.23	新京	3,159
満洲生命保険(株)	1936.10.23	新京	2,337
満洲興業銀行	1936.12.—	新京	562,590
満洲図書(股)→満洲図書(株)	1937. 4. 9	新京	2,355
満洲鉱業(股)→満洲鉱業(株)	1937. 6.22	奉天	7,201
(股)満洲国通信社→(株)満洲通信社	1937. 7. 1	新京	
満洲合成燃料(株)	1937. 8. 6	新京	*10,231*
(株)満洲映画協会	1937. 8.21	新京	3,031
満洲拓殖公社	1937. 8.31	新京	*47,660*
満洲畜産(股)→満洲畜産(株)	1937. 9. 1	新京	2,540
朝鮮鴨緑江水力発電(株)	1937. 9. 7	京城	26,734
満洲鴨緑江水力発電(株)	1937. 9. 7	新京	26,734
満洲重工業開発(株)	1912. 9.18	新京	764,146
満洲房産(株)	1938. 2.19	新京	34,821
満洲油化工業(株)	1938. 2.23	新京→四平街	8,485
満洲鴨緑江航運(株)	1938. 4. 1	安東	795
満洲電気化学工業(株)	1938.10.24	吉林	7,660
満洲糧穀	1938.12.21	新京	—
満洲生活必需品配給(株)→満洲生活必需品(株)	1939. 2. 3	新京	—
満洲硫安工業(株)	1939. 2. 9	新京	—
満洲特殊製紙(株)	1939. 3. 2	奉天	—
満洲土地開発(株)	1939. 6. 1	新京	—
舒蘭炭礦(株)	1939. 7.23	吉林省永吉県	—
(株)満洲石炭液化研究所	1939. 8.16	奉天	—
満洲柞蚕	1939. 8.19	新京	—
吉林人造石油(株)	1939. 9. 4	吉林→新京	—
満洲特産専管公社	1939.10.20	新京	—
新京食糧品貯蔵(株)	1939.10.27	新京	—
日満商事(股)→日満商事(株)	1936.10. 1	新京	

第 8 章　満洲国政府系企業集団　537

出資会社総資産 (2)

(単位：千円)

1939.12期	1940.12期	1941.12期	備　　考
1,495,154	1,837,614	2,204,290	
…	…	67,290	
32,146	48,555	49,800	
7,326			
12,053	15,678	23,713	同年6月期
…	…	…	以後もあり
268,856	*356,676*	*462,098*	持分法適用は満銀・満興銀と合計
31,958	51,204	63,712	
184,801	*280,201*	*366,563*	
4,097	*5,185*	*5,041*	1938.12期と1939.12期は同年6月期
41,352	58,921	131,502	1938.12期と1939.12期は同年10月期
11,139	20,981	27,346	
28,288	41,890	56,953	同年4月期
5,249	7,595	—	1940.12期は12.21
5,454	8,461	11,366	1938.6期は同年6月期
3,758	6,194	9,637	
961,729	1,521,863	1,752,169	
3,669	5,809	7,845	次年3月期
10,799	14,158	—	同年3月期
—	—	1,738	同年6月期
20,670	*20,255*	*50,738*	同年9月期
7,019	9,369	11,965	
140,974	*244,314*	*359,283*	同年3月期
10,193	19,632	22,603	同年5月期
55,316	77,495	125,504	
55,361	77,495	120,504	
1,272,003	1,503,528	1,723,987	同年11月期
77,066	150,833	182,951	
19,151	22,320	—	1940.12期は同年3月期
785	806	788	次年3月期
8,528	16,351	24,720	
8,984	—	—	同年9月期
59,727	114,269	118,272	1940.12期は翌年3月期、1941.12期は同年8月期
12,843	12,586	…	1939.12期は同年9月期、1940.12期は同年3月期
1,501	*3,799*	*7,287*	
5,070	10,262	36,498	
4,520	*28,080*	*56,103*	同年11月期
4,205	6,493	7,344	
—	7,730	16,645	同年7月期
20,385	*67,410*	*117,293*	1941.12期は同年6月期
—	25,164	—	1941.8.1解散
—	…	*1,018*	前年4月期
146,812	185,711	278,296	次年3月期

(株)満洲事情案内所	1939.12.28	新京	—
満洲穀粉管理(株)	1940. 1 .17	新京	—
(株)満洲資源愛護協会	1940. 6 . 6	新京	—
満洲造林(株)	1941. 2 .14	新京	—
満洲農産公社	1941. 8 . 1	新京	—
合計	社数 資産額		31 2,671,714
50％以上出資会社	社数 資産額		23 2,438,393
満銀・満興銀・満業除外	社数 資産額		20 221,844
50％未満20％以上出資会社	社数 資産額		8 233,320

注：1）イタリックは50％未満20％以上。
　　2）数値が判明しない年期については空欄とした。
　　3）資産が判明しない会社がある。
出所：『満銀年鑑』1936～1941年版、南満洲鉄道(株)『関係会社年報』1938年版、『統計年報』(各年版)、満23412）、『第6期営業報告書』1939年6月期（満鉄資料館23414）、『第7期営業報告書』1940年6月期（満（各期）、満洲鉱業開発(株)『営業報告書』(各期)、本渓湖煤鉄(股)・(株)本渓湖煤鉄公司『営業報告23224)、同『第6期営業報告書』1940年12月期（満鉄資料館23227）、満洲塩業(株)『営業報告書』(各業報告書』(各期)、満洲図書(株)『営業報告書』(各期)、満洲鉱業(株)『第1期営業報告書』1938年3報告書』1940年3月期（満鉄資料館24290）、同『第4期営業報告書』1941年3月期（満鉄資料館1939年6月期（満鉄資料館26524）、同『第3期営業報告書』1940年6月期（満鉄資料館26526)、同『月期（満鉄資料館02481）、同『第4期営業報告書』1940年12月期（満鉄資料館26527）、満洲拓殖公社『営満洲鴨緑江水力発電(株)『営業報告書』(各期)、満洲重工業開発(株)『営業報告書』(各期)、満洲房産（各期)、満洲糧穀(株)『営業報告書』(各期)、満洲硫安工業(株)『営業報告書』(各期)、満洲土地開発(株)『第2期営業報告書』1940年12月期（満鉄資料館23511）、同『第3期営業報告書』1941年12月期（満鉄貯蔵(株)『第1期営業報告書』1940年4月期（満鉄資料館02560）、日満商事(株)『営業報告書』(各期)、

　1940年12月期では41社6,910百万円に増大し、50％以上出資は28社5,738百万円に増大した。このうち3社を除外すると25社875,542千円となる。資産上位5社は前年と同様で合計605,803千円は3社除外50％以上会社資産合計の69％を占めた。新規掲載は2社のみであり、5社と同様の既存会社も事業拡大で資産規模が増大していた。産業開発計画の投資に満洲国政府系会社も積極的に関わった。満業が出資しない分野の産業の特殊会社を支援した。1941年12月期では40社8,748百万円となり集計会社数は微減したが資産額は増大していた。50％以上出資は26社7,123百万円となり資産額は増大した。3社を除外した23社合計は1,442,746千円となる。資産上位では1位日満商事278,296千円、2位新設の満洲農産公社220,971千円、3位満洲房産182,951千円、4位朝鮮鴨緑江水力発電・満洲鴨緑江水力発電120,504千円となり、満洲農産公社が既存の農産物流通3社統合で巨大法人と

252	274	320	
—	10,932	—	同年8月期
—	2,792	2,920	
—	—	8,164	
—	—	220,971	同年9月期
39	41	40	
4,861,407	6,910,674	8,748,934	
28	28	26	
4,321,019	5,738,548	7,123,192	
25	25	23	
592,133	875,542	1,442,746	
11	13	14	
540,387	1,172,126	1,625,741	

洲中央銀行『営業報告書』(各年版)、満洲棉花(株)『第5期営業報告書』1938年6月期（満鉄資料館鉄資料館23415)、『第8期営業報告書』1941年6月期（満鉄資料館23416)、満洲電業(株)『営業報告書』書』(各期)、満洲林業(株)『営業報告書』(各期)、同『第3期営業報告書』1938年10月期（満鉄資料館期)、満洲計器(株)『営業報告書』(各期)、満洲生命保険(株)『営業報告書』(各期)、満洲興業銀行『営月期（満鉄資料館02510)、同『第2期営業報告書』1939年3月期（満鉄資料館24289)、同『第3期営業24291)、(株)満洲通信社『第1期営業報告書』1938年6月期（満鉄資料館02478)、同『第2期営業報告書』4期営業報告書』1941年6月期（満鉄資料館26526)、満洲映画協会『第3期営業報告書』1939年12業報告書』(各期)、満洲畜産(株)『営業報告書』(各期)、朝鮮鴨緑江水力発電(株)『営業報告書』(各期)、(株)『営業報告書』(各期)、満洲油化工業(株)『営業報告書』(各期)、満洲電気化学工業(株)『営業報告書』『営業報告書』(各期)、満洲土地開発(株)『第1期営業報告書』1939年12月期（満鉄資料館02442)、同資料館23512)、吉林人造石油(株)『第1期営業報告書』1939年12月期（満鉄資料館02345)、新京食糧品(株)満洲資源愛護協会『第3期営業報告書』1941年12月（満鉄資料館02512)。

して出現した。5社合計928,226千円は3社除外50％以上出資会社資産合計の64％を占めた。上位5社の比重はほとんど変化しない。事業を続けていた各社とも事業資産規模を拡大させたといえよう。

4．政府出資会社の関係会社出資

　満洲国政府の50％以上出資会社で持株会社機能を有した会社は複数みられる。そのうちの純粋持株会社として活躍した満業が最大の事例であるが、同社そのものが満洲国産業政策の担い手として鉱工業投資の中心に立った巨大持株会社であり、その関係会社投資については第9章に譲り、満業以外の持株会社を紹介しよう。ほかの章では中間持株会社と位置づけているが、本章では満洲国政府が会社組織ではないため支配下の持株会社群として紹介する。

表 8-7　満洲興業銀行・

商　号	設立年月日	本　店	1938.12期	出資率
（満洲興業銀行）				
㈱大連株式商品取引所	1920. 2. 5	大連	117	5.85%
大連取引所信託㈱	1913. 6.19	大連	659	21.99%
満蒙興業㈱	1917. 9.10	大連	―	―
満洲ペイント㈱	1919. 2. 6	大連	―	―
大陸窯業㈱	1919. 2.25	大連	19	3.89%
㈱大連車夫合宿所	1919. 5.15	大連	―	―
周水土地建物㈱	1919. 6.10	大連	15	3.125%
星ケ浦土地建物㈱	1919. 9. 3	大連	48	6.51%
大連郊外土地㈱	1920. 6.20	大連	262	21.02%
満洲起業㈱	1919.12. 1	大連	58	5.85%
南満洲瓦斯㈱	1925. 7.18	大連	273	2.73%
満洲興業証券㈱	1938. 7.13	新京	250	100%
満洲石油㈱	1934. 2.24	新京	1,587	15.875%
満洲電業㈱→満洲電業㈱	1934.11. 1	新京	8,253	20.63%
満洲豆稈巴爾普㈱→満洲豆稈パルプ㈱	1937. 9. 4	新京	500	10%
満洲火災海上保険㈱	1937.12. 1	新京	25	2%
満洲電信電話㈱	1933. 8.31	新京	532	2.129%
満洲房産㈱	1938. 2.19	新京	5,000	33.3%
満洲油化工業㈱	1938. 2.23	新京	1,250	25%
合計			18,853	
（満洲生命保険）				
満洲ペイント㈱	1919. 2. 6	大連	40	3.6%
満蒙殖産㈱	1920. 3. 6	大連	60	3.0%
奉天商工銀行	1935.12.27	奉天	450	40.9%
㈱哈爾濱交易所→㈱哈爾濱取引所	1933.10. 1	哈爾濱	73	6.1%

出所：『満銀年鑑』1938年版、1940年版、1942年版。

　満洲国政府系出資として満洲事変期には満銀が位置づけられたが、日中戦争期でも満銀は会社株式の保有を続けた（表8-4）。全額出資の大興股份有限公司、1938年2月24日に株式会社大興公司に商号変更し[86]、都市住民と農民向けの当舗業務で巨大化した。その他の出資は低率である。満銀の連結対象会社は大興公司のみであり持株会社と主張するのは困難であろう。満銀は満電に対し1938年6月期5.75％5,315千円を出資していた。満洲国政府も出資しており、親子出資として機能していた。その後1940年6月期には3.23％4,745千円に出資額を低下させ1941年に処分した。株式会社哈爾濱交易所は株式会社哈爾濱取引所に商号変更し

満洲生命保険関係会社

(単位：千円)

1940.12期	出資率	1942.12期	出資率	備　　考
177	5.85%	—	—	処分
—	—	—	—	解散
17	8.75%	—	—	処分
41	3.66%	—	—	満洲生命保険より取得、処分
				東省実業が60％以上出資
83	33.5%	—	—	処分
37	7.55%	—	—	処分
3,700	98.76%	—	—	処分
294	29.63%	121	9.7%	
273	2.73%	273	2.73%	満洲銀行保有を承継
750	100%	1,000	100%	
3,175	15.875%	4,762	15.875%	
31,667	26.38%	7,965	2.48%	1938.3.19商号変更
500	10%	500	10%	1938.2.10商号変更
660	0.88%	1,284	2.12%	
10,000	33.3%	6,666	33.3%	1942.3.23、20百万円に減資
37	25%	—	—	1941.5.12解散
51,415		22,573		
—	—	—	—	満興銀に譲渡
—	—	—	—	処分
513	5.2%	723	9.0%	
—	—	—	—	1938.6.16商号変更、1939.11.24解散

たが、満洲国の通貨・商品の取引所売買の需要は低下し株式売買のみに集約される過程で1939年11月24日に解散し[87]、株式会社満洲証券取引所の哈爾濱支所となり（柴田［2007h］参照）、解散した。1940年6月期に東興銀行（1937年7月28日設立、本店図們）に53.45％267千円を出資していた。間島の銀行を支援したものである。さらに満鉄が保有していた興徳銀行の株式14.5％72千円を取得した（第5章参照）。

　満銀と同業の満興銀及び半額出資の満洲生命保険は機関投資家として期待された。満興銀の出資先を点検すると（表8-7）、満洲事変前に設立された日本人経

営の会社が多数並んでいる。1938年12月期に保有している株式は大連取引所信託株式会社（1913年6月19日設立）21.99％659千円、大連郊外土地株式会社（1920年6月20日設立）21.02％262千円の出資が多額である。それ以外の会社の出資率はいずれも低く、会社に影響力を行使するために取得したものではない。満興銀の前身の朝鮮銀行満洲国内店舗と正隆銀行の華北以外の店舗、満洲銀行店舗を統合した際に、3銀行が担保権行使等で取得した株式をそのまま保有したものが多い。上記の2社株式もその可能性が強い。満鉄が保有する南満洲瓦斯株式会社株式を市場処分したことで同社株式が流動化し、その一部の2.73％273千円を保有した。1938年7月13日設立の満洲興業証券株式会社（本店新京）は満興銀100％出資であり、満興銀の満洲国における証券市場の担い手であった。位置づけとしては日本興業銀行が1920年6月に日興証券株式会社を設立し（本店東京）、自社発行債券の市場消化を担当させた事例と類似するものである。満洲興業証券は満洲国における有力証券会社として活躍する（柴田［2013 c］参照）。注目すべきは満洲石油に15.875％1,587千円と満電に20.63％8,253千円の株式を保有したことである。両者とも満洲国政府が保有しており、親子出資となる。満洲石油については親子で50％を維持した。満電についても先述の満銀出資があり、親子3者で46.21％を保有した。のちに満銀保有株は満興銀が取得した。また満洲豆稈巴爾普の設立では満洲国政府と各10％を出資し親子で20％出資を維持した。少額取得した満洲電信電話については資産運用と銀行取引の関係で保有したものであろう。満洲房産に対しては3分の1を設立時に取得し同社の設立に強く関わり、満洲国政府と親子と合計3分の2を保有した。また満洲油化工業対しては25％を出資し満洲国政府50％出資であり親子で75％を保有し、資金で全面的に支えた。

　満洲生命保険は保険契約が期待したほど伸びないため、満洲国内の有力機関投資家となるには時間が不足しており保険料の積み上げが乏しいままであった。確認できる限りでは4社に対し少額出資を行っただけである。このうち哈爾濱取引所については満洲国政府・満銀と3者で支援した。1935年12月27日設立の奉天商工銀行の株式を取得したが、その後処分しており、他方、満銀の1938年の保有を確認できないため、満洲生命保険が保有株式を満銀に譲渡したようである。小額保有の満洲ペイント株式会社（1919年2月6日設立、本店大連）の株式を満興銀

表8-8　満洲弘報協会貸借対照表

(単位：千円)

	1936.11期	1937.6期	1937.12期	1938.12期	1939.12期	1940.12.21
（資産）						
発行権土地建物機械器具標本	233	280	85	547	719	1,261
有価証券	1,506	1,506	1,856	2,139	2,349	2,639
大同印刷所	—	—	—	—	261	359
貸金	9	30	306	956	1,532	2,546
新聞出資金	—	—	10	11	26	38
預金現金	160	128	101	2	24	296
未収金在庫貯蔵品等	36	78	96	109	185	384
仮払金保証金	18	291	187	44	149	69
未払込資本金	125	125	500	150	400	1,650
前期損失金	—	—	15	—	—	—
当期損失金	—	16	—	—	—	—
合計	2,088	2,457	3,160	3,961	5,649	9,245
未払込資本金控除総資産	1,963	2,332	2,660	3,811	5,249	7,595
（負債）						
満洲国通信社預金・借勘定	—	—	24	52	87	—
借入金	—	—	—	495	—	329
当座借越	—	—	—	273	50	—
未払金保証金身元保証金	41	120	73	29	205	564
仮受金	10	299	15	4	157	12
資本金	2,000	2,000	3,000	3,000	5,000	8,000
諸積立金	36	36	20	19	104	133
前期繰越金	—	0	—	9	7	12
当期利益金	0	—	25	77	36	193
合計	2,088	2,457	3,160	3,961	5,649	9,245

注：1）貸金の1928.12期、1939.12期に少額の国通勘定を含む。
　　2）1936.11期利益864円、1937.6期前期繰越利益864円あり、少額のため省略。
出所：『公報』923号、1937年4月30日、1054号、同年10月5日、1199号、1938年4月6日、1488号、1939年4月1日、1805号、1940年5月3日、2080号、1941年4月9日。

に譲渡した。

　資産規模は多額ではないが、多数の関係会社に出資した事例として満洲弘報協会がある。同社は満洲国メディア支配の中心に立つ特殊会社であった。1937年増資で満洲国政府は株式の過半を保有し資本でも支配下に置いた。以後は同社は増資で資金調達し事業を拡大する。同社の操業の概要を点検すると（表8-8）、1936年11月期総資産1,963千円、保有有価証券1,506千円であったが、1937年12月期には総資産2,660千円、有価証券1,856千円、貸金306千円となり有価証券と貸

表8-9　　メディア系中間持株会社

(単位：千円、%)

商　号	設立年月日	本　店	資本金	出資率	備　考
(満洲弘報協会)					
(株)満洲日報社	1913.11.26	大連	750	100	1942.1.20満洲日日新聞改組で解散
(株)哈爾濱日日新聞社	1922.11.1	哈爾濱	150	75	1942.1.20満洲日日新聞改組で解散
(株)盛京時報社	1925.11.20	奉天	260	74.28	
(株)熱河新報社	1933.3.18	承徳	10	100	1942.1.20満洲日日新聞改組で解散
(株)マンチュリア・デーリーニュース社	1933.10.9	大連	100	100	1939.10.31新設の新京本店会社に改組解散
(株)泰東日報社	1935.3.8	大連	200	50	1937.9.18、300千円払込、1941.8.25、425千円払込
(株)黒龍江民報社	1938.5.6	斉斉哈爾	28	64.2	1942.1.20満洲日日新聞改組で解散
(股)大同報社→(株)大同報社	1936.8.25	新京	121	100	1938.5.24商号変更
(股)満洲新聞社	1936.8.25	新京	99	100	1944.5.1解散
(股)満蒙日報社→(股)満鮮日報社→(株)満鮮日報社	1936.8.25	新京	21	100	1937.10.20、1938.4.15商号変更、1942.8.20解散
(股)満洲国通信社→(株)満洲国通信社	1937.7.1	新京	375	100	1938.3.30商号変更
(株)ハルビン・スコエ・ウレミヤ社	1938.6.17	哈爾濱	120	100	(資)ハルビン・スコエ・ウレミヤ社を改組新設
(株)マンチュリア・デーリーニュース社	1939.10.31	新京	100	100	大連本社同名会社の新京移転新設、1942.1.20解散
三江					不詳
(満洲映画協会)					
中華電影(股)	1939.7.5	上海	…	100	500千円出資、出資率推定
華北電影(股)	1939.12.21	北京	…	100	同
(株)満洲演芸協会	1940.5.24	新京	500	24	役員株除外と推定
(資)満洲雑誌社	1940.12.8	新京	100	100	出資率推定
(株)満洲電影総社	1941.11.21	新京	2,500	14	同
満映光音工業(株)	1942.2.28	新京	250	80	同
満映恒化工業(株)	1942.10.9	奉天	300	16.5	同

注：閉鎖機関整理委員会［1954］は満電映総社と満映光音工業出資率を100％とする。ここでは営業報告書財産目録保有株数を採用した。
出所：『満銀年鑑』1936年版、1942年版、『関係会社年報』1938年版、『満洲会社表』1944年版、閉鎖機関整理委員会［1954］、前掲満洲映画協会『第3期営業報告書』、同『第6期営業報告書』1942年12月期（満鉄資料館26528）。

金合計2,162千円は総資産の81％を占めた。さらに1938年12月期には総資産3,811千円、有価証券2,139千円、貸金956千円に増大し、有価証券・貸金合計3,095千円は総資産の81％を占めた。こうしてメディア会社の株式保有と融資を増大させた。すなわち同社はマスメディアを株式支配する業務に傾注したと断言できる。

　同社が保有した12社の株式を確認できる（表8-9）。同社は満鉄から満洲日報社、盛京時報社、哈爾濱日日新聞社、マンチュリア・デーリー・ニュースの株式の譲渡を受けた（第5章参照）。マンチュリア・デーリー・ニュースについては満鉄以外の保有株式も取得したとみられる。英語紙発行のマンチュリア・デーリー・ニュース（本店大連）は1939年10月31日に同名の新京本店会社が設立される

と（資本金100千円払込）88)、同社に事業譲渡して解散した。哈爾濱日日新聞社と盛京時報社の非支配株主保有株式の買収は行わなかった。満鉄からの譲渡を受けた会社株式以外に、株式会社熱河新報社（1933年3月18日設立、本店承徳）、株式会社泰東日報社（1935年3月8日設立、本店大連）、股份有限公司大同報社（1936年8月25設立、本店新京）、株式会社満洲新聞社（1936年8月25日設立、本店新京）、股份有限公司満蒙日報社（1936年8月25日設立）、股份有限公司満洲国通信社（1937年7月1日設立、本店新京）、株式会社黒龍江民報社（1938年5月6日設立、本店斉斉哈爾）、株式会社ハルピン・スコエ・ウレミヤ社（1938年6月17日設立）のほか、存在を傍証できなかった「三江」なる地方新聞社の株式を取得した。そのほか満洲事情案内所の経営を満洲国政府から肩代わりして直営した89)。株式取得の特徴としていずれも50％以上の出資を行っており、株式支配により取締役等役員派遣で経営を支配下に置いた。このうち朝鮮語新聞を発行する満蒙日報社は1937年10月20日に股份有限公司満鮮日報社に、さらに1938年4月15日に株式会社満鮮日報社に商号変更した90)。大同報社は1938年5月24日に株式会社大同報社に商号変更した91)。ロシア語新聞を発行するハルピン・スコエ・ウレミヤ社は合資会社ハルピン・スコエ・ウレミヤ社（1936年2月11日設立）の事業譲渡を受け改組新設したもので、合資会社は1938年8月20日に解散した92)。股份有限公司満洲国通信社は1938年3月30日に株式会社満洲国通信社に商号変更した。満洲弘報協会は同社負債に少額ではあるが満洲国通信社の預り金・借勘定を計上しており、満洲国通信社と密接な取引を持った。満洲国弘報協会は1939年12月期には自前の印刷所を保有し事業拡張を目指した93)。他方、同年12月28日に株式会社満洲事情案内所が設立され（本店新京、資本金500千円半額払込）94)、満洲弘報協会の直営事業から分離され、100％政府出資法人となった。満洲弘報協会は満洲のメディア支配戦略の変更に伴い1940年12月21日に解散した95)。解散時の総資産7,595千円、有価証券2,639千円、貸金2,546千円で有価証券と貸金合計5,185千円は総資産の68％に低下していた。満洲弘報協会は設立時から解散まで持株会社業務に重点を置いて操業していたといえる。解散に伴い満洲国通信社株式は満洲国政府に譲渡され、政府出資法人に転換した。ほかの新聞社株式の処理は不詳である。

ほかのメディア支配の中間持株会社化した事例として満洲映画協会がある。同社は新京で映画制作を担当したほか、満洲国内投資より先に関内占領地で映画興行会社を設立した中華電影股份有限公司（1939年7月5日設立、本店上海）、華北電影股份有限公司（1939年12月21日設立、本店北京）である[96]。これらに占領地プロパガンダ担当させた。満洲国内でも同社は株式会社満洲電影総社（1941年11月21日設立、本店新京）に出資し、人的に支配下に置いた。満洲電影総社は映画興行を目的とする会社であった[97]。そのほか株式会社満洲演芸協会（1940年5月24日設立、本店新京）で演芸を支配下におさめた。

満洲弘報協会ほど多数の会社を抱えた満洲国政府50％以上出資の会社はないが、個別業種に特化して関連会社に出資した事例は多い。それを紹介しよう（表8-10）。満洲採金は金鉱開発をする間島鉱業株式会社（1938年2月15日設立、本店新京）に70％2,500千円を出資した。残る30％は大同産業株式会社（1920年4月10日設立、本店奉天）である。満洲採金は出資のみならず融資でも支援した。また昭徳鉱業株式会社（1940年2月5日設立、本店新京）に40％を出資した。満洲鉱業開発は非鉄金属鉱山開発に注力し持株会社化した。満鉄から南満鉱業株式会社（1918年4月8日設立、本店奉天）の株式50％10,050千円を取得し支配下に入れた。さらに出資額を75％にまで増やした。海城金鉱株式会社（1940年9月12日設立、本店奉天省海城県）に2,750千円を出資し支配下に入れた。満洲鉱機株式会社（1939年12月6日設立、本店新京）に100％1百万円を出資して支配下に入れた。ただし満洲鉱業開発は持株会社化が遅れたため日中戦争期では4社への出資に止まった。

満洲石油は1936年8月31日に満洲国政府だけが引き受けた10百万円増資で満洲国政府出資は35％に上昇し筆頭株主となった。さらに1938年2月28日に資本金20百万円に増資する際に割り当てを引き受けて35％出資とし、満興銀が15.83％を引き受けたことで合計50.83％となった。その後の1941年2月28日40百万円への増資も引き受けた[98]。この資金力の強化で満洲石油は関係会社への投資も行っている。満洲石油は関東タンカー株式会社（1938年5月5日設立、本店東京、資本金400千円払込）に25％100千円を出資し影響力を行使できる立場を得た[99]。蒙疆石油股份有限公司（1938年7月5日設立、本店張家口、資本金800千円払込）に52.65％450千円を出資し同公司が担当する蒙疆の石油販売を支配下に入れた[100]。

大華火油股份有限公司（1932年7月29日設立、本店天津と推定、資本金650千元）に98.4％640千円を出資し同地の石油販売に参入した。

満洲棉花株式会社は1939年10月16日設立の満洲棉実工業株式会社（本店遼陽）に50％200千円を出資し支配下に入れた。残る50％は大日本セルロイド工業株式会社（1919年9月設立、本店大阪）であった。満洲畜産は1938年10月20日に満洲畜産工業株式会社の全株300千円を取得し支配下に入れた。1940年5月に満洲畜産工業の倍額増資に満洲畜産が資金不足で応じることができず、満鉄が引き受けたことで出資率が50％に低下した（第6章参照）。1938年11月30日設立満洲豚毛工業株式会社（本店奉天）の株式52.5％787.5千円を取得し支配下に入れた。興北毛皮革株式会社（1940年3月20日設立、本店海拉爾、資本金19千円）に26.3％25千円を出資した。零細法人であったが、1944年には1.8百万円1.6百万円払込に増大する[101]。1941年4月22日に東満殖産株式会社が設立された（本店牡丹江、資本金3百万円750千円払込）。同社は明治製糖株式会社の技術と資金を中心に事業に着手し、満洲畜産は14.16％106.5千円を出資した。ほかに満洲生活必需品も出資したが、満洲畜産と同程度の出資と推定する。1941年6月24設立の満洲羊毛株式会社（本店新京、資本金3百万円2,250千円払込）に全額出資したようである。同社と取引関係を有した。満洲国外投資として、1939年2月6日設立の蒙疆畜産股份有限公司（本店張家口、資本金3百万円払込）に全額出資した。満洲生活必需品はほかに満洲醤油株式会社（1940年9月30日設立、本店遼陽、資本金35百万円払込）に47％1,750千円を出資した。残る出資は金丸醤油株式会社（1907年2月設立、本店小豆島）であり、同社が資金と技術を投じた[102]。ほかに奉天造兵所が満洲火薬工業設立の際に74.94％6,370千円を出資し支配下に入れた。特殊会社化した日満商事に満洲国政府は満鉄と折半出資したため、同社が持株会社として出資した会社もここで列記できるが、第6章で紹介したため省略する。

満洲塩業は1941年前半に営蓋塩業株式会社（1940年7月1日設立、本店営口）が3.2百万円2百万円払込に増資した際に増資新株を取得し50％出資とした。さらに1942年12月期に旧株16％255.6千円を取得し58％655.6千円出資とした[103]。

満洲電気化学工業は1939年4月14日に日本タイヤ株式会社と折半で満洲合成ゴム工業株式会社を設立し（本店新京、資本金5百万円4分の1払込）、製造した

表 8-10 その他政府系

商　号	設立年月日	本　店	1942.6 出資	出資率
(満洲採金)				
間島鉱業(株)	1938.2.15	新京	2,500	70%
満洲鉱機(株)	1939.12.6	新京	1,375	50%
昭徳鉱業(株)	1940.2.5	新京	6,000	40%
(満洲鉱業開発)				
南満鉱業(株)	1918.4.8	奉天省海城県→奉天	11,050	50%→75%
海城金鉱(株)→官屯鉱業(株)	1940.9.12	奉天省海城県	2,750	
満洲ボーリング(株)	1940.6.4	新京	2,000	74%→92.57%
昭徳鉱業(株)	1940.2.5	新京	6,000	40%
満洲鉱機(株)	1939.12.6	新京	1,000	100%
(奉天造兵所)				
満洲火薬販売(股)→満洲火薬(株)	1935.11.1		50	10%
満洲火薬工業(株)	1941.1.31		6,370	74.94%
(満洲石油)				
関東タンカー(株)	1938.5.5	東京	100	25%
蒙疆石油(股)	1938.7.5	張家口	450	52.65%
大華火油(股)	1932.7.29	天津と推定	640	98.4%
満洲油化工業(株)	1938.2.23	新京	125	2.5%
満洲合成燃料(株)	1937.8.6	新京	600	6%
(満洲棉花)				
満洲棉実工業(株)	1939.10.16	遼陽	200	50%
(満洲塩業)				
営蓋塩業(株)	1940.7.1	営口	400	50%
(満洲畜産)				
満洲畜産工業(株)	1936.11.16	新京	300	100%
満洲豚毛工業(株)	1938.11.30	奉天	787.5	52.5%
蒙疆畜産(股)	1939.2.6	張家口	3,000	100%
興北毛皮革(股)	1940.3.20	海拉爾	25	26.3%
東満殖産(株)	1941.4.22	牡丹江	318.75	14.16%→3.3%
満洲羊毛(株)	1941.6.24	新京	2,250	100%
満洲畜産油脂(株)	1942.6.30	新京	105	52.5%
満洲養鶏振興(株)	1942.10.31	奉天	*125*	24%
満洲毛皮革(株)	1942.12.1	奉天	*1,125*	45%
(満洲生活必需品)				
満洲醤油(株)	1940.9.30	遼陽	1,750	47%
東満殖産(株)	1941.4.22	牡丹江	…	…
(満洲電気化学工業)				
満洲合成ゴム工業(株)	1939.4.14	新京	654	50%

注：1) 中間持株会社の設立順に配列。
　　2) イタリックは1942年6月以降の数値。
出所：野田醤油［1955］、大同製鋼［1967］、『満銀年鑑』1942年版、『満洲会社表』1944年版、『関係会社年報』1938年版、

中間持株会社

(単位:千円、%)

備　考
大同産業㈱30% 大同製鋼と折半出資
1938.2.14満鉄より取得 1943.2.28商号変更 1942.7.3満業より29,600株取得、1942.7.25に5百万円増資に応ず、1943.3期4,900千円 1942後半、満洲採金より取得 満洲採金より取得
1938.9.20商号変更、満洲火薬工業設立で解散
1938.2.28増資に出資率引き上げと満興銀引き受けで合計50%超過
満洲国政府、満興銀も出資、1941.5.12解散 満洲国政府も出資
大日本セルロイド㈱と折半出資
1945.3.25解散、満洲塩業に吸収合併
1938.10.20全株を満鉄より取得、1940.5増資新株を満鉄出資、1944.3.22満洲国政府に譲渡決議、1944.5.1解散 増資後も持株比率変動なしと想定、残る株式は三井物産
1942.3.12野田醤油㈱に8千株譲渡、3.3%に 全額出資と想定、1944.3.22満洲国政府に譲渡決議、1944.5.1解散
20%以上出資と推定、当初資本金3百万円の4分の1払込
日本タイヤと折半出資

満洲鉱業開発㈱『営業報告書』(各期)、満洲畜産㈱『営業報告書』(各期)。

表 8-11 満洲電業

	1937.12期	1938.12期	1939.6期	1939.12期
(資産)				
電力事業用固定資産	126,400	155,441	172,244	206,720
関係会社有価証券	3,602	4,567	6,916	272
関係会社貸付金	5,208	6,064	3,324	—
投資	—		—	
未収金現預金等流動資産	13,807	15,891	18,359	25,125
仮受金等雑勘定	2,849	10,078	21,906	34,286
未払込資本金	52,500	52,500	52,500	35,000
合計	204,369	244,543	275,251	303,856
未払込資本金控除総資産	151,869	192,043	222,751	268,856
(債務)				
社債	25,000	24,000	48,300	62,600
長期借入金	—	—	—	—
社員身元保証金	2,682	3,204	3,574	4,104
未払金短期借入金等短期債務	6,379	43,700	46,146	57,744
仮受金等雑勘定	1,030	1,274	2,581	2,689
資本金	160,000	160,000	160,000	160,000
諸積立金	5,013	6,783	7,933	9,113
前期繰越金	395	776	1,161	1,730
当期利益金	3,868	4,803	5,555	5,874
合計	204,369	244,543	275,251	303,856

注:1944.12期に齟齬がある。1945.3期は項目に欠落がある。
出所:満洲電業(股)・満洲電業(株)『営業報告書』(各期)、閉鎖機関整理委員会[1954]。

カーバイドを満洲国内配給するほか、一部を同社に供給し、同社がこれを原料として少量ながら合成ゴムを製造し海軍に納入した[104]。

 以上のように満洲国政府系会社は多業種で活躍していたが、その中には自社の専業とする業種に関わる複数の会社を支配下に入れ、あるいは50%以下の出資を行って影響力の強化を図った。これ以外にも少額出資ではほかにもかなり発掘できるかもしれない。

 多数の電力会社に投資した満電について付言しよう。満電に対し満洲国政府は満銀・満興銀と合計しても50%未満20%以上出資のままであった。そのため日中戦争期の満電は満洲国政府系ではあっても、資本的支配をうけてはいなかった。満電は南満洲電気から取得した地域電力会社株式のみならず、新設満洲国法人の電力事業者に出資しており、事業持株会社化した。政府系出資で50%未満ではあ

貸借対照表（2）

（単位：千円）

1940.12期	1941.12期	1942.12期	1943.12期	1944.12期	1945.3期
277,850	345,320	421,592	554,245	562,871	88,859
3,500	4,375	9,300	17,350	20,800	—
—	875	2,300	1,150	—	109,647
—	—	—	—	—	109,647
38,759	54,737	72,840	73,230	84,144	126,197
36,566	56,790	55,240	58,073	54,492	89,946
17,500	128,000	88,000	48,000	48,000	—
374,176	590,098	649,274	752,049	770,307	1,217,442
356,676	462,098	561,274	704,049	722,307	1,217,442
121,200	179,175	234,900	268,050	265,475	353,925
4,937	4,937	4,937	4,937	4,927	4,887
5,131	6,100	7,596	8,905	9,327	—
58,271	44,051	35,794	101,693	129,915	145,038
4,337	4,774	9,336	6,595	10,260	10,745
160,000	320,000	320,000	320,000	320,000	640,000
11,523	12,763	14,253	16,963	19,260	19,893
2,147	2,503	3,796	5,250	5,320	5,639
6,627	15,793	18,148	19,652	5,719	37,649
374,176	590,098	649,274	752,049	770,207	1,217,442

るがここで紹介しよう。

　満電の出資者の変遷を最初に説明しよう。満鉄は1937年7月15日満電が160百万円107.5百万円払込に増資の際に2株に1株の割当を受けたが、それを満興銀にプレミアムを載せて肩代わりさせ、満鉄保有比率を低下させた[105]。

　南満洲電気の事業資産を承継した満電は1937年3月期資本金90百万円払込で満鉄は50％出資となっていた。その前の時期についても南満洲電気と合計で50％以上出資であり、事実上の連結子会社であった。満電は傘下に地域の電力会社株式を保有し支配下に入れおり、満電が満鉄の中間持株会社の機能を担った。ところが1937年7月15日に満電は増資し160百万円107.5百万円払込となり[106]、満鉄は新株を引き受けなかっため25.82％に出資率が低下し、満電の満鉄系中間持株会社としての位置づけは終えた。満鉄は満電の事業規模拡張に伴う資金調達を旧株

表 8-12　満洲電業

	設立年月日	本店	1935.6期 出資	1937.12期 出資	1938.6期 出資	1938.12期 出資	融資
新義州電気(株)	1913.6.14	新義州	700	—	—	—	—
開原電気(株)	1914.3.30	開原	234	208	208	208	125
遼陽電灯公司	1911.9.—	遼陽	125	125	125	125	10
敦化電業(股)→敦化電業(株)	1933.3.18	敦化	17	375	375	892	140
延吉電業(股)→延吉電業(株)	1933.3.22	延吉	40	177	177	199	2,878
大同電気(株)	1933.4.1	四平街	400	470	470	470	492
瓦房店電灯(株)	1914.10.2	瓦房店	19	110	110	110	96
大石橋電灯(株)	1916.7.25	大石橋	20	60	60	600	50
依蘭電業(股)→依蘭電業(株)	1935.11.12	三江・依蘭	65	65	65	65	184
北安電業(股)→北安電業(株)	1935.2.1	北安	383	383	383	908	34
鄭家屯電業(股)→鄭家屯電業(株)	1936.4.30	鄭家屯	179	179	179	179	618
農安電業(股)→前郭旗電業(株)	1935.8.13	吉林・農安	—	68	68	69	612
西鮮合同電気(株)	1919.5.13	平壌	—	1,299	1,299	1,199	—
満洲里電業(股)→満洲里電業(株)	1935.10.1	満洲里	—	70	70	700	734
山海関電灯(股)		山海関	—	460	460	—	—
樺甸電業(股)→樺甸電業(株)	1937.5.18	吉林省樺甸県	—	—	—	—	—
満洲鴨緑江水力発電(株)	1937.9.7	旬	—	—	—	—	—
朝鮮鴨緑江水力発電(株)	1937.9.7	京城	—	—	—	—	—
満洲電気化学工業(株)	1938.10.24	吉林	—	—	—	2,500	2,500
満洲化学工業(株)	1938.10.24	大連	—	—	—	10	—

注：1）1935.6金額は株数に払込額を乗じた数値のため、役員株を含まないものを含む。
　　2）1937年以降の出資額の開原電気、遼陽電灯、大石橋電気、西鮮合同電気出資額は『関係会社年報』1938年を利用。
　　3）出資額のアンダーバー数値は20%以下出資、ほかは50%以上出資。
出所：『満銀年鑑』（各年版）、「満洲電業史」編集委員会［1976］、満洲電業外史編纂委員会［1982］、柴田［2015a］、『満

払込以上に支援しなかった。他方、満洲国政府は16.53％を保有しこれに満銀と満興銀出資を合計すると40.31％の保有となった。

　満電の事業規模を確認しよう（表 8-11）。同社の1937年12月期総資産151,869千円、電力事業用固定資産126,400千円、関係会社有価証券3,602千円、関係会社貸付金5,208千円という構成で、有価証券と貸付金合計8,810千円は総資産の5％に過ぎなかった。この傾向は続き、1938年12月期有価証券4,567千円、貸付金6,064千円、1939年6月期有価証券6,916千円、貸付金3,324千円へと推移した。この両者の占める比重はむしろ低下し、1939年6月期には4％に過ぎなかった。そのため満電の事業持株会社としての活動は、総資産の中では限定的なものであったといえよう。

関係会社

(単位：千円)

1939.6期 出資	1939.12期 出資	1940.6期 出資	1945.3期 出資	備　考
—	—	—	—	1937.1 西鮮合同電気(株)に吸収合併
208	—	—	—	西豊電業(股)(1933.9.23設立、奉天省西豊)34％保有最大株主、1939.10.31解散
—	—	—	—	合併解散
892	—	—	—	1938.4.28商号変更、1939.10.31合併解散
—	—	—	—	1938.4.25商号変更、1938.12.31合併解散
1,087	—	—	—	合併解散
110	—	—	—	1939.11.1合併解散
60	—	—	—	蓋平電業(股)(1934.1.30設立、本店奉天省蓋平)に出資、1939.11.1合併解散
65	—	—	—	1938年商号変更、合併解散
930	—	—	—	1938.5.20商号変更、合併解散
186	—	—	—	1938.5.16商号変更、1939.10.31合併解散
69	—	—	—	1938.2.26商号変更、1939.10.31合併解散
1,299	—	—	—	東拓最多出資、1937.1、新義州電気を吸収合併にともない西鮮合同電気株式に転換
70	—	—	—	1938年商号変更、合併解散
—	—	—	—	華北電業(股)に譲渡
—	250	—	—	1938.5.24商号変更、1940.4.1合併解散
—	—	—	37,500	政府より取得
—	—	—	37,500	政府より取得
2,500	2,500	2,500	20,700	
—	—	—	—	処分

『銀年鑑』各年版、満洲電業(股)・満洲電業(株)『営業報告書』(各期)、『関係会社年報』1938年版。

次に満電の関係会社を紹介しよう（表8-12）。同社は設立時に南満洲電気から株式を取得した。それが1935年6月期関係会社となる。ここには開原電気株式会社、敦化電業股份有限公司、延吉電業股份有限公司、大同電気株式会社、瓦房店電灯株式会社、大石橋電灯株式会社が並んでいた。さらに1937年12月期には地域電力事業者の株式を取得し、依蘭電業股份有限公司（1935年11月12日設立、本店依蘭）、北安電業股份有限公司（1935年2月1日設立、本店北安）、鄭家屯電業股份有限公司（1936年4月30日設立、本店鄭家屯）、農安電業股份有限公司（1935年8月13日設立、本店吉林省農安）、満洲里電業股份有限公司（1935年10月1日設立、本店満洲里）ほか満洲国外を含み14社に出資していた。このうち敦化電業は1938年4月28日に敦化電業株式会社に、延吉電業は1938年4月25日に延吉電業

株式会社に、北安電業は1938年5月20日に北安電業株式会社に、鄭家屯電業は1938年5月16日に鄭家屯電業株式会社に商号変更した[107]。満電設立後の股份有限公司の電力事業者に対し、設立時で満電が出資したと推定するが、すべてが出資を受けたかについては傍証できない。農安電業は1938年2月26日に前郭旗電業株式会社に商号変更した[108]。この中には南満洲電気の子会社であった新義州電気株式会社が西鮮合同電気株式会社に吸収合併されたことに伴い、西鮮合同電気株式に転換していたが[109]、それも譲渡された。また営口水道電気株式会社が華北分離工作に動員され半額出資で1937年5月18日に設立した山海関電灯股份有限公司の株式も営口水道電気より取得した（第5章参照）。ただし山海関電灯株式は1939年12月27日に華北電業股份有限公司が設立されると（本店北京）、同社に譲渡した。開原電気は西豊電業股份有限公司（1933年9月23日設立、本店奉天省西豊、資本金500千円350千円払込）の株式の34％を保有していたが、西豊電業は解散決議し1938年8月31日に開原電気に事業譲渡し解散した[110]。大石橋電灯は蓋平電業股份有限公司（1934年1月30日設立、本店奉天省蓋平、1938年5月21日、蓋平電業株式会社に商号変更）に一部出資していたが、蓋平電業は解散し1938年5月31日に清算人が就任していた[111]。大石橋電灯が買収した可能性があるが傍証できない。樺甸電業株式会社（1937年5月18日設立、本店吉林省樺甸県）の株式のみ満電は1939年6月期に取得した。同社の株式取得による経営支配を経て、1940年4月1日に吸収合併した[112]。

　先述のように満電の事業持株会社としての活動はたんに出資のみならず関係会社融資を行い出資を上回る年期もみられた。1938年12月期のみその融資先が判明する。延吉電業2,878千円、満洲里電業734千円、鄭家屯電業618千円、農安電業612千円、大同電気492千円等の融資がなされ、出資を上回る融資も確認できる。満電はこれら50％以上出資した満洲国電力事業者に対し支援を惜しまなかったといえよう。これら満電支配下に置かれていた電力事業者の総資産を点検しよう（表8-13）。支配下の会社の事業規模が判明する。1936年12月期で新義州電気2,847千円、大同電気1,427千円、延吉電業817千円、開原電気589千円、遼陽電灯公司534千円の資産が見られた。その後1937年12月期に各社とも事業規模を拡大させ、延吉電業2,727千円、大同電気1,643千円、敦化電業1,194千円等と増大し

表8-13 満洲電業関係会社総資産

(単位：千円)

	設立年月日	本店	1936.12期	1937.12期	1938.12期	1939.12期	備考
開原電気(株)	1914.3.30	開原	589	773	…	—	1936.12期は同年9月期
遼陽電灯公司	1911.9.—	遼陽	534	756	…	—	
新義州電気(株)	1913.6.14	新義州	2,847	—	—	—	
敦化電業(股) →敦化電業(株)	1933.3.18	敦化	565	1,194	1,331	1,778	1936.12期は同年9月期
延吉電業(股) →延吉電業(株)	1933.3.22	延吉	817	2,727			
大同電気(株)	1933.4.1	四平街	1,427	1,643	2,060	2,230	1936.12期は同年9月期、 1939.12期は同年10月期
瓦房店電気(株)	1914.10.2	瓦房店	239	464	443	455	1936.12期は同年9月期、 1939.12期は同年8月期
大石橋電気(株)	1916.7.25	大石橋	327	358	…	…	1936.12期は同年9月期
農安電業(股) →前郭旗電業(株)	1935.8.13	吉林・農安	…	376	782	772	1939.12期は同年6月期
満洲電気化学工業(株)	1938.10.24	吉林	—	—	7,660	8,528	

出所：『満銀年鑑』各年版、新義州電気［1936］、「満洲電業史」編集委員会［1976］、満洲電業外史編纂委員会［1982］、柴田［2015a］、『満銀年鑑』各年版、満洲電業(股)・満洲電業(株)『営業報告書』（各期）。

いた。これらは1939年12月前に解散したが、その前の9月期では大同電気2,230千年、敦化電業178千円、農安電業772千円という資産規模であった。

満電はこれら電力事業者を吸収合併して解散させた。1938年12月31に延吉電業を合併解散させ、1939年10月31日に開原電気、敦化電業、鄭家屯電業、農安電業を合併解散させ、翌日に瓦房店電灯、大石橋電灯も合併解散させた。合併日付が確認できない電力事業者のこの時期に合併し解散した。こうして満電支配下の満洲国電力事業者は解散した。大規模発電事業者としては、朝鮮側との一体で建設・操業する満洲鴨緑江水力発電株式会社のみ吸収合併の対象外であった。これにより満電保有株式はほぼ満洲電気化学工業のみとなった。

地域電力事業者を吸収合併した後に、満電は1940年12月21日「満洲電業株式会社法」に基づき特殊法人に転換した。1940年12月28日に満電は増資し320百万円192百万円（第二新株10円払込）となった[113]。特殊会社化したことで筆頭株主の満鉄は出資による支援の必要性が薄れ、保有株式を証券会社を通じて市場で処分した（第6章参照）。この結果、満興銀が最多株主となった。1941年5月14日に満鉄は残る満電株式を簡易生命保険積立金を管理する保険院（1938年1月11日設置）に譲渡する決定をし処分した（第6章参照）。

1) 『公報』1184号、1938年3月19日。
2) 『満銀年鑑』1937年版、707頁。
3) 満洲生命保険株式会社『第1期営業報告書』1937年12月期参照。
4) 『公報』1950号、1939年5月24日。
5) 大徳不動産と満洲房産については柴田［1998］、平山［2012］参照。大興公司については柴田［1998］参照。
6) 『満銀年鑑』1938年版。謝介石は光緒4（1878）年台湾で生、1931年中華民国吉林交渉署長、満洲国外交部総長、満洲国協和会事務局長、1935年駐日特命全権大使、1938年2月満洲房産理事長（『大衆人事録』1943年版、満洲146頁）。山田茂二は1891年12月生、御影師範学校卒、朝鮮銀行採用、総裁席計算課長兼国庫課長、満銀計算課長兼国庫課長、1937年12月蒙疆銀行副総裁、満洲房産理事長、建築興業株式会社（1940年3月2日設立、本店新京）社長（『満洲紳士録』1943年版、1339頁、柴田［1999］第6章、『満銀年鑑』1941年版、791頁）。中井雅人については柴田［2014a］109頁。劉徳権については『大衆人事録』1943年版、満洲321頁。和田勁については同1940年版、1190頁。中東海林採木の取締役兼専務鈴木英一については『満銀年鑑』1937年版、705頁。
7) 『公報』1911号、1938年12月19日。
8) 『満銀年鑑』1941年版、999-1000頁。日本繊維工業は1939年版、444頁で125,800株、1940年版、512頁で22,557株保有。
9) 満洲豆稈パルプ株式会社『第7期営業報告書』1940年12月期、7-9頁、株主名簿。
10) 『満銀年鑑』1938年版、387頁。『公報』2596号、1943年1月19日。田昌は1878年6月14日生、1914年7月東京帝国大学法科大学卒、大蔵省採用、1910年5月主計局司計課長、1917年9月海外駐箚財務官米国駐在、1922年6月主計局長、1924年8月大蔵次官、1927年4月辞職、1928年2月〜1932年1月衆議院議員、1937年2月満洲油化工業理事長（秦［1981］158-159頁）。橋本圭三郎については第4章参照。平田重兵衛は前三河鉄道株式会社専務取締役（『大衆人事録』1943年版、東京826頁）。米山辰夫については『大衆人事録』1942年版、東京1098頁。黒井千代吉については『大衆人事録』1943年版、満洲111頁）。並木弥十郎については『大衆人事録』1942年版、東京732頁。
11) 『公報』806号、1936年11月27日。
12) 『満銀年鑑』1937年版、631頁。役員株を除外している。
13) 『公報』1101号、1937年11月30日。
14) 『公報』1389号、1938年11月23日。須永［2007c］857頁は満洲油化工業股份有限公司が法律に基づいて満洲油化工業株式会社に増資改組されたと主張する。
15) 『公報』2596号、1943年1月19日。
16) 『満銀年鑑』1938年版、582頁。この典拠では25円株で満洲鴨緑江水力発電17,920株、

日本人1名12,000株となっており、後者が満洲国枠とすると40％となるがほかの記事では20％とする。当初40％出資を引き下げた可能性がある。横地静夫は1896年7月生、1920年東京帝国大学法科大学卒、大阪商船採用、日窒に移り朝鮮石炭工業（1941年1月1日、朝鮮人造石油株式会社に商号変更）重役、長津江水電取締役、新興鉄道株式会社（1930年1月31日設立、本店興南）役員、北鮮水力電気株式会社（1942年8月21日設立、本店京城）、鴨緑江運輸株式会社（1918年3月20日設立、本店新義州、1938年12月、朝鮮鴨緑江航運株式会社に商号変更）、満洲鴨緑江航運、株式会社鴨緑江輪船公司（1922年6月設立、本店新義州）、瑞豊鉄道株式会社（1937年1月14日設立、本店京城）、朝鮮鴨緑江水力発電、朝鮮電業株式会社理事（『大衆人事録』1943年版、朝鮮112頁）。

17) 久保田豊は189年4月27日生、1914年東京帝国大学工科大学卒、内務省採用、茂木総本店、朝鮮水電工務部長、日窒土木部長、同建設部長、朝鮮鴨緑江水力発電、朝鮮水力電気、北鮮水力電気各専務取締役、瑞豊鉄道、満洲鴨緑江水力発電、鴨北鉄道、平北鉄道、吉林鉄道、日窒各取締役、日本工営株式会社（1946年6月7日設立、本店東京）社長（『大衆人事録』1943年版、朝鮮38頁、永塚［1966］参照）。

18) 『満銀年鑑』1938年版、545頁。荻原三平は上島慶篤経営の大華鉱業株式会社（1939年1月31日設立、本店新京）の副社長、監査役（『満銀年鑑』1943年版、『満洲紳士録』1943年版、495頁）。三宅亮三郎は1882年11月生、1908年神戸高等商業学校卒、1918年6月21日～1926年3月15日満鉄撫順炭礦会計課長（満洲日報社『満蒙日本人紳士録』1929年版、246頁、満鉄会［1992］38、70頁）。小山貞治は1888年11月1日生、上田中学校卒、満鉄採用、埠頭事務所等勤務、1931年満洲評論社創立、満洲青年聯盟理事、満洲帝国協和会大連事務所長、同中央本部委員、関東州興亜奉公連盟理事、華北政務委員会顧問（『大衆人事録』1943年版、関東州18頁）。

19) 『公報』2512号、1942年10月3日。
20) 『公報』1855号、1938年5月29日。
21) 『関係会社年報』1938年版、735頁。第5章参照。
22) 満洲畜産株式会社『第4期営業報告書』1941年5月期。
23) 『関係会社年報』1003頁。
24) 『満銀年鑑』1938年版、235頁。満洲国の普通銀行については柴田［1998b］参照。市川宗助については『満洲紳士録』1943年版、701頁。方煜恩については第5章参照。
25) 『満銀年鑑』1936年版、596頁。
26) 『満銀年鑑』1938年版、235頁。呉泰勲については『満洲紳士録』1943年版、671頁。
27) 『公報』1578号、1939年7月20日。
28) 満洲林業株式会社『第3期営業報告書』1938年11月期（満鉄資料館23224）。
29) 同『第4期営業報告書』1938年12月期。

30) 同『第5期営業報告書』1939年12月期、柴田［2007k］参照。
31) 『公報』2366号、1942年4月3日。
32) 『満洲鉱工年鑑』1944年版、464頁。1924年8月17日設立の開拓長途鉄軌汽車公司の改組。
33) 後藤愛については『大衆人事録』1943年版、満洲120頁。徳昌行は1941年3月8日に徳昌商工株式会社に商号変更（『公報』2059号、1941年3月15日）。
34) 満洲電気化学工業株式会社『第1期営業報告書』1938年12月期。山崎元幹については第4章参照。難波経一については第6章参照。高井恒則は満鉄から満洲国期に転出、奉天省実業庁総務課財政科長、1934年満電に転出、奉天支店長、1938年10月満洲電気化学工業理事、満洲合成ゴム工業監査役（『大衆人事録』1943年版、満洲169頁）。大磯義勇については『満洲紳士録』1940年版、185頁。
35) 『満銀年鑑』1941年版、987-988頁。
36) 満洲糧穀株式会社『第1期営業報告書』1939年9月期。満鮮拓殖出資については鮮満拓殖・満鮮拓殖［1941］137頁。小平権一については小平権一と近代農政編集出版委員会［1985］参照。小松孝行は1890年3月生、1914年東京帝国大学農科大学卒、農林省採用、米穀局調査課長、1938年10月辞職、満洲糧穀常務取締役、満洲農産公社理事（『満洲紳士録』1943年版、197頁）。佐藤義胤は1892年7月生、1916年東京帝国大学農科大学卒、東北帝国大学助手、1918年7月満鉄採用、北満経済調査所長、産業部農林課長、1938年12月辞職、満洲糧穀、満洲穀粉管理各常務理事、1941年8月満洲農産公社大連支社長、関東州飼料統制株式会社監査役（『満洲紳士録』1943年版、246頁）。中沢正治については柴田［2015a］174頁。斎藤竹次郎については『大衆人事録』1943年版、満洲131頁。花井脩治については第5章参照。
37) 満洲糧穀株式会社『第2期営業報告書』1940年9月期。
38) 満洲葉煙草とその出資社については柴田［2013a］第3章参照。
39) 満洲棉花株式会社『第6期営業報告書』1939年6月期（満鉄資料館23414）。
40) 同前、『第7期営業報告書』1940年6月期（満鉄資料館23415）。
41) 同前、『第5期営業報告書』1938年6月期（満鉄資料館23413）。
42) 満洲硫安株式会社『第1期営業報告書』1939年3月期、1-13頁。西村淳一郎は1894年12月1日生、1918年7月東京帝国大学法科大学卒、大蔵省採用、1932年12月理財局国債課長、1936年4月名古屋税務監督局長、1937年4月辞職、1937年5月満洲国財政部総務司長、1937年7月満洲国経済部次長、1939年3月辞職、1939年4月～1940年3月満洲硫安工業理事長、1941年1月～1942年5月日本産金振興株式会社監事、1942年5月～1945年4月証券引受会社統制会理事長、1946年9月公職追放、1952年3月帝都高速度交通営団（1941年7月4日設立、本店東京）理事、1971年12月17日没（大蔵省百年史編纂室［1973］130-131頁）。野中巌については『満洲紳士録』

1937年版、1340頁。日野義一は1904年1月生、1926年南満高等専門学校卒、満鉄採用、1939年2月満洲硫安工業常務理事、1939年華北交通股份有限公司に転出（『大衆人事録』1943年、支那115頁）。

43) 満洲硫安工業株式会社『第3期営業報告書』1940年3月期。
44) 『公報』1934号、1940年6月6日。
45) 『公報』2699号、1943年6月1日。
46) 『公報』1775号、1940年3月25日。島田茂については第6章参照。
47) 『満銀年鑑』1939年版、442頁。
48) 飯島省一については『大衆人事録』1943年版、満洲23頁。斉藤貢については『大衆人事録』1943年版、満洲132頁。
49) 満洲土地開発株式会社『第1期営業報告書』1939年12月期（満鉄資料館02442）。池田泰次郎は1883年1月23日生、1907年東京帝国大学農科大学卒、農林省嘱託、朝鮮総督府、満洲国興農部、1939年6月満洲土地開理事、1943年5月朝鮮農地開発営団副理事長（『大衆人事録』1943年版、朝鮮9頁）。張国賢は光緒22（1896）年生、1922年北海道帝国大学土木専門部卒、奉天省公署技師、産業部建設司理事官、興農部開拓総局理事官、開拓地処調査科長、1939年10月満洲土地開理事（『満洲紳士録』1943年版、1028頁）。この典拠では就任は設立後となる。岡田猛馬は1891年1月1日生、日本大学政治科卒、1917年満洲に渡り農事経営、関東軍嘱託、1932年哈爾濱特務機関第二班長兼満洲国軍政部嘱託、満鮮拓殖理事、1939年6月満洲土地開発理事（『大衆人事録』1943年版、満洲70頁）。大石義郎は1899年生、京都帝国大学工科大学卒、満洲国交通部技正兼大陸科学院研究官、密山土木建設処長、牡丹江土木工程処長、1942年3月辞職、同年6月満洲土地開理事（『大衆人事録』1943年版、満洲55頁）。宮崎公平については『大衆人事録』1943年版、満洲284頁。横田利喜一については同312頁。
50) 満洲土地開発株式会社『第2期営業報告書』1940年12月期（満鉄資料館23511）。
51) 『満銀年鑑』1940年版、757頁。清水奨については『満洲紳士録』1940年版、824頁、野崎郁之助については同766頁。工藤宏規については『大衆人事録』1943年版、満洲108頁。永井四郎は1893年5月生、1917年東京帝国大学法科大学卒、大蔵省採用、東京税務監督局直税部長、拓務省朝鮮部第二課長、同大臣官房文書課長、1932年9月関東庁大連民営政署長兼関東庁専売局長、満洲国龍江省公署理事官（『大衆人事録』1943年版、満洲212頁）。長井租平については第5章参照。天野作蔵は1884年10月生、関東庁理事官、満洲国財政部税務司企画科長、専売総署理事官事業科長、濱江税務監督署副署長、1939年9月退職、吉林人造石油監事、舒蘭炭礦監査役、泰東煙草株式会社（1942年8月27日設立、本店奉天）監査役（『満洲紳士録』1943年版、553頁、柴田［2013a］第3章）。

52) 『公報』2145号、1941年6月30日、2004号、1940年12月27日。
53) 吉林人造石油株式会社『第1期営業報告書』1939年12月（満鉄資料館02345）に附録として舒蘭炭礦の『第1期営業報告書』と吉林鉄道の『第1期営業報告書』が掲載されている。
54) 満業と上島の関係については第9章参照。甲斐猛一については『満洲紳士録』1943年版、814頁。川合正勝は1899年1月1日生、山口高等商業学校卒、満鉄採用、1935年参事、満業調査課長、同監査部次長、満炭監査役（『大衆人事録』1943年版、満洲89頁）。田中知平は1890年12月14日生、名古屋商業学校卒、福昌公司勤務、1924年泰東洋行創業、泰東洋行（本店奉天）社長、泰東製作所社長、満洲葉煙草取締役、大連機械製作所、協和鉄山各監査役（『大衆人事録』1943年版、関東州24頁）。大満採金株式会社は1938年5月20日に大満採金股份有限公司が商号変更（『公報』1466号、1939年3月6日））。
55) 『公報』1810号、1940年5月9日、2497号、1942年9月10日。
56) 『満銀年鑑』1940年版、479頁。神戸製鋼所は海軍寄りのため当初は参入に逡巡した。満洲石炭液化研究所に出資する経緯については神戸製鋼所[1954] 109-110頁。左近充基については『満洲紳士録』1940年版、680頁、高橋良次については同1288頁、俞紹武については同520頁。
57) 辻湊については『満洲紳士録』1943年版、1111頁、後藤久生については同、206頁。樺太ツンドラ工業については柴田[2015a] 581頁。
58) 『満銀年鑑』1940年版、858頁、『満洲国法人名録』1939年版、26頁。木村春雄は1895年6月生、1908年陸軍経理学校、1927年7月第十九師団経理部長、1932年予備役、1932年5月満洲国軍政部顧問、陸軍被服廠長、1940年3月満洲柞蚕社長（『満洲紳士録』1943年版、94頁）。吉竹博愛は安東商工会常務理事、満洲柞蚕取締役を経て満洲工作機械株式会社取締役（同、320-321頁、『大衆人事録』1943年版満洲316頁）。鎌倉巌については『満洲紳士録』1943年版、87頁。
59) 『満銀年鑑』1940年版。帝国燃料興業株式会社『第3期営業報告書』1940年3月期、6頁。
60) 『公報』1989号、1940年12月10日。
61) 日窒の関係会社については、大塩[1989] 241-243頁参照。
62) 『満銀年鑑』1940年版。向坊盛一郎については第4章参照。劉徳権は光緒13（1887）年生、宣統3（1911）年日本陸軍士官学校兵科卒、黒龍江都督府振武軍、哈爾濱警察庁総局長、東省鉄路警司長、黒龍江陸軍軍官養成所総弁、黒龍江全省清郷局総弁、黒龍江省政府参議、満洲国期に黒龍江省警務庁長、呼倫貝爾市政籌備処長、黒龍江省民政庁長、満洲特産専管公社副理事長、満洲農産公社副理事長（『大衆人事録』1943年版、満洲321頁）。松島鑑については第4章参照。

第 8 章　満洲国政府系企業集団　561

63)　『満銀年鑑』1941年版、946-947頁。
64)　『公報』2627号、1943年 3 月 3 日。
65)　新京食糧品貯蔵株式会社『第 1 期営業報告書』1940年 4 月期（満鉄資料館02560）。日本水産［1961］と大洋漁業［1960］には新京食糧品貯蔵について説明がない。武夫弥については『満洲紳士録』1940年版、1288頁、井野碩哉については同344頁、日本水産［1961］役員任期表。相川岩吉は1985年 6 月生、旅順民政署を経て満鉄鞍山製鋼所勤務、1932年 6 月満洲国総務庁に移り国都建設局理事官、1939年新京食糧品貯蔵に転出（『満洲紳士録』1943年版、478頁）。関屋悌蔵は1896年 3 月生、東京帝国大学法科大学卒、満鉄採用、地方事務所長を経て1937年 7 月新京特別市副市長、1939年10月新京食糧品貯蔵監査役、1943年 6 月民政部次長（同、1158頁）。栗田千足については同702-703頁。
66)　『大衆人事録』1943年版、満洲74頁。
67)　日満商事株式会社『第 3 期営業報告書』1939年 3 月、18-19頁、『第 4 期営業報告書』1940年 3 月期、2 - 3 、27頁。日満商事については山本［2003］、鈴木［2007b］参照。
68)　奥平広敏は1885年 1 月31日生、1914年東京帝国大学法科大学卒、日華特産株式会社専務取締役、長春取引所長、哈爾濱交易所常務理事、満洲製粉聯合会専務理事、満洲穀粉管理理事長、社団法人満洲製粉協会専務理事（『大衆人事録』1943年版、満洲73頁）。この典拠では現職を満洲製粉聯合会専務理事とするが同会は1940年 6 月 3 日に解散しているため、その後の満洲製粉協会（1944年 6 月30日解散）と判定した（『公報』1656号、1939年10月21日、2138号、1941年 6 月21日、3040号、1944年 7 月31日）。臧爾寿は光緒13（1887）年生、光緒34（1908）年吉林法政専門学校卒業、満洲穀粉管理副理事長、満洲農産公社理事（『大衆人事録』満洲160頁）。
69)　南満洲鉄道株式会社『第39期営業報告』1940年 3 月期、2 - 6 頁。
70)　前田良次は1888年 2 月13日生、1910年陸軍少尉、仙台、平城の憲兵隊長、陸軍大佐、1934年満洲国政府に移り濱江省警務庁長、北満特別区警務処長、社団法人満洲綿業聯合会（1939年 3 月 3 日設立、本部新京）、社団法人関東州綿業聯合会各常務理事を経て資源愛護協会常務取締役（『大衆人事録』1943年版、満洲264頁、『公報』2421号、1942年 6 月11日）。椎名義雄については第 7 章参照。
71)　『公報』2596号、1943年 1 月 9 日。
72)　股份有限公司満洲国通信社『第 1 期営業報告書』1938年 6 月期（満鉄資料館02478）。
73)　株式会社満洲国通信社『第 4 期営業報告書』1940年12月期（満鉄資料館26526）。
74)　吉川［2007c］参照。満洲国通信社の業務については通信社史刊行会［1958］が詳しい。森田久は1938年 5 月20日高柳保太郎辞任に伴い後任理事長となった（『公報』1947号、1939年 3 月 7 日）。
75)　満洲電気化学工業株式会社『第 3 期営業報告書』1940年12月期。山崎元幹は会長

就任。電気化学工業については電気化学工業［1977］参照。大日本セルロイド、日本化成工業については『帝国銀行会社要録』1939年版。

76)　『満銀年鑑』1942年版、347頁、『公報』2411号、1942年5月30日。

77)　満洲重工業開発株式会社『関係会社概況』1940年版（アメリカ議会図書館蔵）。満洲鉱山薬については第3章を参照。

78)　三村友茂は1885年3月14日生、1905年士官学校卒、陸軍砲兵少尉、大阪兵器支廠、兵器本廠、陸軍省銃砲課、造兵廠総務部長、陸軍工科学校長、陸軍兵器本廠長、陸軍少将、1939年3月予備役、奉天造兵所理事長、満洲火薬工業理事長（『大衆人事録』1943年版、満洲278頁）。今井善治は東京帝国大学工科大学火薬学科卒（『大衆人事録』1943年版、満洲35頁）。帯刀与曽衛については『大衆人事録』1943年版、満洲180頁。原鉱三郎については『大衆人事録』1943年版、満洲237頁。松川英雄は1903年1月29日生、1928年東京商科大学卒、満鉄採用、1938年総裁室監査役、満洲不動産、昭徳建物株式会社、満洲実業振興株式会社、満洲火薬工業各監査役、1943年4月営口水道株式会社、大連工業株式会社、奉天工業株式会社、満蒙毛織、撫順セメント株式会社、復州鉱業株式会社、山東鉱業株式会社、満洲豆稈パルプ、満洲林産化学工業株式会社各監査役（『大衆人事録』1943年版、関東州41頁）。今井善治については山川［1944］59-60頁。

79)　『満銀年鑑』1941年版、760頁。杜潮盛は光緒21（1888）年1月生、北京工科大学卒、奉天紡紗廠常務取締役、関東州綿業聯合会常務理事、興亜植林株式会社（1943年2月23日設立、本店新京）、満洲造林各社長（『満洲紳士録』1943年版、1074頁）。田中波慈女は1887年10月生、東京帝国大学卒、農商務省山林技師、熊本営林局計画部長、東京営林局経営部長、1941年2月満洲造林取締役（『満洲紳士録』1943年版、467頁）。若井浩は1890年7月生、1913年盛岡高等農林学校卒、東拓技師、林務課長、林業課長、1941年2月満洲造林取締役（『満洲紳士録』1943年版、658頁）。草地一雄については同752頁。関東州綿業聯合会は1940年10月15日に社団法人関東州繊維聯合会に商号変更した（『公報』1942号、1940年10月15日）。

80)　『公報』1941年5月27日。

81)　満洲拓殖公社『第3期営業報告書』1940年3月期。

82)　同『第4期営業報告書』1941年3月期、17頁。『満洲国会社名簿』1944年版「資本金二十万円以上」。『満銀年鑑』には掲載がない。

83)　『公報』2642号、1943年4月22日。

84)　『公報』2163号、1941年7月22日。この典拠では「新京」を「東京」と誤植。

85)　満洲畜産株式会社『第5期営業報告書』1942年5月期、第5章参照。

86)　『公報』1358号、1938年10月15日、柴田［1998c］参照)、

87)　『公報』2303号、1942年1月15日)、

88) 『満銀年鑑』1941年版、819頁。設立日から本店移転による満洲国法人化ではないと判定。
89) 満鉄系以外の新聞社設立年月は李［2000］、吉川［2007c］参照。そのほか奉天日日新聞社（1927年11月設立）、大北新報社（哈爾濱、盛京時報社の経営、漢語紙）、満洲国斯民社（不明）を支配下に置いていた。奉天日日新聞社は自営業で、株式会社化にあたり満洲日日新聞社が引き受けると見られており、また大北新報社は盛京時報社の別動機関で、資本関係では同一のものであった（弘報委員会「満洲弘報協会強化案」1936年3月「株式会社満洲弘報協会出資ニ関スル件」1936年3月17日（小田原市立図書館蔵『山崎元幹文書』マイクロフィルム版R-76)）。
90) 『公報』1179号、1937年3月14日、1467号、1939年3月7日。
91) 『公報』1466号、1939年3月6日。
92) 『満銀年鑑』1938年版、723頁、『公報』1728号、1940年1月20日、株式会社満洲国通信社『第1期営業報告書』1938年6月期（満鉄資料館02478)。
93) 前掲満洲国通信社『第1期営業報告書』。
94) 『満鉄年鑑』1940年版、920頁。
95) 解散日は貸借対照表最終期末日付を採用（『公報』2007号、1941年1月6日）。
96) 株式会社満洲映画協会『第3期営業報告書』1939年12月期（満鉄資料館26527)。
97) 株式会社満洲電影総社『第1期営業報告書』1942年12月期（満鉄資料館02503)。
98) 『満銀年鑑』1942年版、『関係会社年報』1938年版、687頁。
99) 関東タンカーについては『帝国銀行会社要録』1939年版、東京114頁。
100) 蒙疆石油については柴田［2008a］第7章参照。
101) 『満洲国会社名簿』1944年版。
102) 『満洲鉱工年鑑』1944年版、429頁、『帝国銀行会社要録』1942年版、香川5頁。
103) 満洲塩業株式会社『第7期営業報告書』1942年12月期、6頁)。
104) 『満銀年鑑』1939年版、445頁、電気化学工業［1977］132頁。山崎元幹と石橋正二郎（日本タイヤ社長）の出資となっていた。この合成ゴム製造が日本人技術による最初の合成ゴム製造であったと説明する。
105) 『関係会社年報』1938年版、641頁の満電への満鉄出資状況の説明は、満電株主名簿と整合せずやや信頼に欠ける。正田・須永［2007］は満鉄の出資比率低下、持株処分については触れていない。「満洲電業史」編集委員会［1976］の記述も曖昧である。ブリヂストンタイヤ［1982a］113-114頁に亜細亜ゴム工業株式会社（1940年3月23日設立、本店遼陽、全額日本タイヤ出資）の説明はあるが、満洲合成ゴム工業については同［1982b］年表4頁に設立の記載があるだけであり、投資の重点は前者に置かれた。
106) 満洲電業株式会社『第7期営業報告書』1937年12月期、1-2頁。

107) 『公報』1232号、1938年5月19日、1320号、同8月31日、1385号、同年11月18日、1434号、1939年1月20日、1661号、同10月27日。依蘭電業と満洲里電業の商号変更日を特定できないが、「会社法」施行後の最初の株主総会の1938年中に商号変更した。
108) 『公報』1232号、1938年5月19日。
109) 第5章参照。西鮮合同電気は朝鮮電気興業株式会社として設立され、小規模電力事業者を吸収合併し1934年1月1日に商号変更した。東拓最多出資の朝鮮における電力会社であり、敗戦まで東拓は同社株式の保有を続けた（柴田［2015a］第2章・第3章・第4章参照）。
110) 『満銀年鑑』1935年版、『公報』1327号、1938年9月8日解散広告。
111) 『満銀年鑑』1935年版、『公報』1311号、1938年8月20日、1344号、1938年9月28日。
112) 樺甸電業股份有限公司が1938年5月24日に樺甸電業株式会社に商号変更（『公報』1331号、1938年9月13日）。解散は『公報』2181号、1941年8月12日。
113) 満洲電業株式会社『第13期営業報告書』1940年12月期。

第3節　アジア太平洋戦争期関係会社出資

1．満洲国政府出資の概要

　1941年12月アジア太平洋戦争勃発後には、満洲国では新たな業種の特殊会社の設立は必要なくなり、逆に既存特殊会社が淘汰される時期となる。満洲国系列の特殊会社で規模の大きな事例は、満業を除けばインフラ部門と農林業及び化学工業が中心となり、それ以外にも満業と満鉄が引き受けない多数の分野の事業で特殊会社として資金が必要な企業が設置された。しかしこれらのうちには事業の存続意義が消滅して廃止される事例がみられる。満洲国政府出資会社の新設・解散を中心に紹介しよう（表8-14）。

（1942年度）

　1942年1月20日に株式会社満洲日日新聞社が設立され（本店奉天、資本金2百万円半額払込）、満洲国政府は10.65％を出資した。満洲弘報協会解散で満鉄出資に復帰した満洲日日新聞社の改組であり、満鉄は89.35％を出資した。同社に経

第 8 章　満洲国政府系企業集団　565

表 8-14　満洲国政府関係会社出資（3）

（単位：千円）

商　号	設立年月日	本　店	1942.12期	1943.12期	1944.12期	敗戦時	備　考
満洲中央銀行	1932.6.5	新京	25,000	25,000	25,000	25,000	100%
満洲航空（株）*	1932.12.16	新京	31,500	42,000	42,000	42,000	70%
満洲電信電話（株）	1933.8.31	新京	11,625	11,625	11,625	21,562	17.5%
満洲石油（株）	1934.2.24	新京	13,000	13,000	13,000	19,000	47.5%、満興銀と合計で過半
満洲棉花（株）	1934.4.19	奉天	10,750	10,750	11,500	11,500	93.3%
満洲採金（株）	1934.5.16	新京	6,000	—	—	—	100%、1943.9.7解散
大安汽船（株）*	1934.9.12	安東	287	697	697	697	82.1%
満洲電業（株）	1934.11.1	新京	66,643	66,643	363,637	363,637	20.8%→60.4%
満洲鉱業開発（株）*	1935.8.24	新京	51,000	63,750	75,000	75,000	95%
（株）本渓湖煤鉄公司	1910.5.22	本渓湖	40,000	40,000	—	—	20%、1944.4.1解散
延和金鉱（株）	1935.10.30	延吉県大平村	900	900	—	—	25%、増資に25%引受と推定、1944.3.25解散
満洲林業（株）	1936.2.29	新京	17,500	37,500	—	—	58%→75%、1944.8.14解散
満洲塩業（株）*	1936.4.28	新京	7,500	75,000	9,375	9,375	50%
（株）奉天造兵所*	1936.7.24	奉天	12,500	12,500	12,500	12,500	50%
満洲計器（株）	1936.10.23	新京	6,500	6,500	6,500	6,500	81.2%
満洲生命保険（株）	1936.10.23	新京	750	750	750	750	50%
満洲興業銀行	1936.12.—	新京	25,000	27,500	45,000	45,000	100%
満洲図書（株）	1937.4.9	新京	5,500	5,500	5,500	5,500	87%
（株）満洲通信社	1937.7.1	新京	2,500	2,500	2,500	2,500	50%
東亜鉱山（株）	1937.7.5	新京	400	400	400	400	8%
満洲合成燃料（株）	1937.8.6	新京	16,800	23,800	27,200	27,200	34%
（株）満洲映画協会	1937.8.21	新京	2,250	2,250	2,250	2,250	50%
満洲拓殖公社	1937.8.31	新京	15,000	18,750	22,500	22,500	34%
満洲畜産（株）	1937.9.1	新京	17,500	20,250	—	—	91%、1944.5.1解散
満洲豆稈パルプ（株）	1937.9.4	新京	500	750	1,500	1,500	50%
朝鮮鴨緑江水力発電（株）	1937.9.7	京城	31,250	37,500	—	—	50%→0%、満電に譲渡
満洲鴨緑江水力発電（株）	1937.9.7	奉天	31,250	37,500	—	—	50%→0%、満電に譲渡
満洲重工業開発（株）*	1912.9.18	新京	343,750	343,750	343,750	343,750	50%
満洲房産（株）	1938.2.19	新京	10,000	10,000	10,000	10,000	100%
満洲鴨緑江航運（株）	1938.4.1	安東	150	150	—	—	20%、1943.12期まで保有し満電に譲渡と推定
満洲電気化学工業（株）	1938.10.24	吉林	17,500	29,400	32,900	62,300	66%
満洲葉煙草（株）*	1938.12.28	奉天	775	1,500	2,000	2,000	10%
満洲生活必需品（株）*	1939.2.3	新京	26,750	26,750	26,750	26,750	87%
満洲硫安工業（株）	1939.2.9	新京	6,000	6,000	6,000	6,000	100%
満洲特殊製紙（株）	1939.3.2	奉天	3,000	11,750	11,750	11,750	67%→80%
満洲土地開発（株）	1939.6.1	新京	12,800	16,000	—	—	100%、1944.2.21解散
舒蘭炭礦（株）	1939.7.23	吉林省永吉県	6,000	6,000	—	—	20%、1944.12.17解散
（株）満洲石炭液化研究所*	1939.8.16	奉天	6,000	10,000	10,000	10,000	66%、1944年増資の可能性あり
満洲柞蚕（株）	1939.8.19	新京	2,500	2,500	2,500	5,000	50%、
吉林人造石油（株）	1939.9.4	吉林→新京	49,000	49,000	36,750	—	35%、1944.12.17解散
新京食糧品貯蔵（株）	1939.10.27	新京	1,300	1,800	1,800	1,800	45%
日満商事（株）	1936.10.1	新京	9,990	14,500	14,500	14,500	17%
（株）満洲事案内所	1939.12.28	新京	375	375	—	—	100%、1944.12.20解散
南満洲鉄道（株）	1906.11.26	大連	20,000	40,000	50,000	93,750	3.57%→9.35%
（株）満洲資源愛護協会	1940.6.6	新京	500	500	—	—	50%、1944.5.14解散
満洲特殊鉱（株）	1940.10.15	新京	20,000	30,500	—	—	66%→50%、1944.6.30解散
満洲火業工業（株）	1941.2.1	奉天	350	850	1,350	1,350	11%
満洲造林（株）	1941.2.14	新京	4,000	4,000	4,000	—	50%、1945.6.20解散
満洲農産公社	1941.8.1	新京	54,000	54,000	54,000	100,000	100%
（株）満洲国通信社	1937.7.1	新京	2,500	2,500	2,500	2,500	89%
（株）満洲日日新聞社	1942.1.20	新京	106	106	—	—	10.6%
（株）康徳新聞社	1942.1.22	新京	—	4,360	4,360	4,360	43.6%
満洲海運（株）	1942.6.1	営口	906	906	906	906	17%
満洲人造石油（株）	1943.6.1	吉林	—	4,375	13,125	13,125	35%
穆稜炭礦（株）	1943.7.1	哈爾濱	—	3,000	3,000	3,000	37%
興農金庫	1943.8.10	新京	—	50,000	50,000	50,000	10%
満洲医薬品生産（株）	1943.11.11	新京	—	1,000	1,000	1,000	20%
満洲興農産業（株）*	1943.12.28	新京	—	—	1,666	1,666	33%、1944.12期を敗戦時と同額
満洲農地開発公社	1944.3.1	新京	—	—	30,000	30,000	100%、1945.6.25改組
満洲製鉄（株）	1944.4.1	鞍山	—	—	40,000	40,000	5.4%
満洲畜産公社	1944.5.1	新京	—	—	35,000	35,000	100%

㈱満洲日報社*	1944.5.1	新京	—	—	1,000	1,000	20%
満洲繊維公社	1944.5.15	新京	—	—	10,500	10,500	100%
満洲林産公社	1944.9.1	新京	—	—	35,000	35,000	100%
㈱満洲特別建設団	1944.10.20	新京	—	—	10,000	10,000	100%
国際運輸㈱	1926.8.1	奉天	—	—	—	36,000	
合計	社数		52	55	50	49	
	出資額		1,047,908	1,237,029	1,520,183	1,653,020	
50％以上出資会社	社数		33	34	34	36	
	出資額		796,952	937,472	1,333,861	1,428,260	
満業除外			453,202	593,722	936,610	1,084,510	
50％未満20％以上出資会社	社数		11	13	8	7	
	出資額		216,293	243,418	105,042	68,291	
20％未満出資会社	社数		8	8	8	8	
	出資額		34,662	56,137	107,781	161,468	

注：＊の敗戦時出資は1944.12期を延長した。
出所：『満銀年鑑』1942年版、『満洲国会社表』1943年版、1944年版、『満洲国政府公報』。

営を任せた[1]。満洲日日新聞社の新設で既存の満洲日報社、哈爾濱日日新聞社、盛京時報社、マンチュリア・デーリー・ニュース、黒龍江民報社の5社が解散した。さらに満鮮日報社が同年8月20日に解散しており[2]、満洲日日新聞社に事業譲渡したようである。これによりメディア統合が進んだ。

1942年6月1日に満洲海運株式会社が設立され（本店営口、資本金10百万円、5,284,225円払込）。満洲国政府は17.14％906千円を出資した[3]。同社は満洲国置籍船8社の事業を統合した。同社は資本金180千円全額払込であったが、満洲国政府出資に伴い10百万円に増資し5,284千円の払込となり、そのうち政府出資は906千円となった。満洲国政府は海運の重要性に鑑み出資を引き受けた。ほかの出資者については不詳である。満洲硫安工業は製造段階にまで事業が進捗せず、1942年7月3日に50百万円4分の1払込から6百万円払込に減資した[4]。同社事業の当初の見込みを大幅に下回った。

1942年12月期で52社1,047百万円を出資していた。50％以上出資会社33社796百万円に達した。巨額の満業を除外すると453百万円となる。50％未満20％以上会社11社216百万円も多額である。満業を除く出資上位は1位満電66,643千円、2位満洲農産公社54百万円、3位本渓湖煤鉄公司51百万円、4位吉林人造石油49百万円、5位満洲鉱業開発51百万円である。このうち満電・本渓湖煤鉄公司・吉林人造石油は50％未満出資会社である。この3社が50％未満20％以上会社の出資を押し上げていた。50％以上出資会社3位満洲航空31,500千円、4位満洲鴨緑江水力発電・朝鮮鴨緑江水力発電各31,250千円である。満業を除外した50％出資会

第 8 章　満洲国政府系企業集団　567

社上位 5 社合計199百万円であり、満業除外50％以上出資会社合計の43％を占めた。1941年12月期に比べ上位 5 社の比重は低下した。

(1943年度)

　日窒が事実上経営する吉林人造石油の事業が行き詰まった。当初期待していた人造石油製造プラントの立ち上げは失敗した。同社に代わる人造石油製造の新たな担い手として1943年 6 月 1 日に満洲人造石油株式会社が設立され（本店新京、資本金50百万円 4 分の 1 払込）、同社に人造石油製造事業が委ねられた。同社には満鉄が30％出資し、日窒に代わり経営を引き受けた。満洲国政府50％、帝燃20％の出資率は吉林人造石油の出資率を承継したと判断した[5]。満洲人造石油は1944年 5 月 1 日には 4 分の 3 払込となり資金力を強めた[6]。

　1943年 6 月 8 日に満洲農産公社は満洲麻袋株式会社（1940年12月 1 日設立、本店新京、資本金20百万円半額払込）を吸収合併した[7]。同年 7 月 1 日に穆稜炭礦株式会社が設立された（本店哈爾濱、資本金 8 百万円払込）。同社はかつて満洲国政府が旧政権から承継した企業資産である。満洲国法人としての再登記を行わず操業を続けていたようである。その後政府出資を引き揚げていたが、同社の資金繰りに応じ 4 百万円を引き受けた。社長は白系ロシア人のようである[8]。

　1943年 7 月26日「興農金庫法」に基づき同年 8 月 1 日に興農金庫が設立された（本店新京、資本金 5 百万円払込）。満洲国政府の全額出資である。興農金庫は満銀の農業金融業務と地方店舗を承継し、各店舗で預金を吸収し、長期・短期の農業部門の資金供給に従事した（柴田［1999a］第 4 章参照）。そのため興農金庫の資産・負債は急増する。

　アジア太平洋戦争勃発後の金塊対米現送による需要が消滅し、産金業の意義がほぼ消滅し金鉱業整備が進められる状況で（柴田［2002a］第 4 章参照）、満洲採金は存在意義を失い、1943年 9 月 7 日に満洲鉱業開発に吸収合併され解散した[9]。

　1943年11月11日に満洲医薬品生産株式会社が設立された（本店新京、資本金10百万円 5 百万円払込）。満洲国政府は医薬生産の重要性から資金繰りに応じて20％ 1 百万円を出資した。同社には満鉄10％、昭和製鋼所と大日本製薬株式会社（1897年 5 月設立、本店大阪）、武田薬品工業株式会社、塩野義製薬株式会社、田

辺製薬株式会社、三共株式会社、山之内製薬株式会社、第一製薬株式会社、万有製薬株式会社等が出資した。満鉄以外の出資率は不詳である。発起人は満鉄中央試験所所長を務めた慶松勝左衛門であったが、大日本製薬社長瀧野勇が満洲医薬品生産社長を兼務し、常務取締役に満洲製薬統制組合理事長常務理事を引き受けていた大日本製薬の宮武徳次郎を就任させ、大日本製薬が人的に強く支援した[10]。なお大日本製薬は奉天支店を分離し、1944年11月3日に大満製薬株式会社を設立した（本店新京、資本金2百万円払込）[11]。大日本製薬は廃止した奉天支店建物を満洲医薬品生産に売却した[12]。満洲房産の設置法が1943年11月29日に廃止され、同社は同年12月1日に普通法人に転換し、その際に資本金を30百万円払込から、20百万円払込に減資した[13]。

1943年12月1日に株式会社康徳新聞社（1942年1月22日設立、本店新京）が倍額増資し、10百万円払込とした際に満洲国政府が4,360千円を出資し強力な介入下に置いた[14]。

1943年12月28日に満洲興農産業株式会社が設立された（本店新京、資本金10百万円2分1払込）、満洲国政府は3分の1を出資した。代表取締役世良一二（満洲産業株式会社（1939年11月1日設立、本店新京））社長である。ほかに世良一二が出資した。同社は藁工品野草製造葦蓆等の収買とその輸入配給を業とし、併せて同年12月14日に満洲産業の解散に伴い、事業譲渡を受けた[15]。

1943年12月期で55社1,237百万円出資に増大した。50％以上出資会社34社937百万円となり金額で増大した。満業除外出資額は593百万円となり急増した。満業が払込徴収と追加増資をしないため満業の比重が低下した。満業を除外した出資上位では1位満電66,643千円、2位満洲鉱業開発63,750千円、3位満洲農産公社54百万円、4位興農金庫50百万円、5位満洲航空42百万円である。このうち満電のみ50％未満出資会社である。50％以上出資会社5位は満洲林業、朝鮮鴨緑江水力発電・満洲鴨緑江水力発電各37,500千円である。50％以上5社会社合計247,250千円は50％以上出資の41％を占めた。

（1944年度）

産金業支援から金鉱業整備に政策転換したことに伴い1944年3月25日に延和金

鉱が解散し[16]、満洲国政府は投資を回収した。1944年2月29日「満洲製鉄株式会社法」により、同年4月1日に満洲製鉄株式会社が設立され、同日に昭和製鋼所、本渓湖煤鉄公司及び東辺道開発株式会社の3社を吸収し、巨大な製鉄事業会社が出現した。資本金740百万円640百万円払込、満業が最多出資で、本渓湖煤鉄公司への満洲国政府と大倉組の出資のほか昭和製鋼所への満鉄の出資が満洲製鉄の出資に転換して巨額資本金の会社となった。満洲国政府の本渓湖煤鉄公司株式が満洲製鉄株式に転換したことで取得したが、出資率は5.4％40百万円払込に過ぎなかった。

1944年5月1日に株式会社満洲日報社が設立された（本店新京、資本金5百万円払込）。併せて満洲日日新聞社と満洲新聞社（1936年8月25日設立、本店新京、資本金649千円498千円払込）が事業統合し解散した。理事長松方義三郎である（松方正義十五男）[17]。満鉄主要出資の満洲日日新聞社が解散し事業統合されたことで満鉄保有株式が転換した、満洲国政府も新規出資した。そのほかの出資者は旧哈爾濱日日新聞社等の非支配株主の株式が転換したようであるが株主構成にはやや疑問が残る（第6章参照）。

満洲資源愛護協会は日満商事に事業を譲渡し1944年5月14日に解散した[18]。同年6月30日に満洲特殊鉄鉱が満洲鉱山株式会社に吸収合併され解散した[19]。満業と上島慶篤との間で紛議が絶えなかったようであり稀少鉱山の開発は軌道に乗らなかった。

満洲国政府の出資で支援が強化された事例として満洲特殊製紙がある。同社の1942年6月20日10百万円6,750千円払込への増資で[20]、満洲国政府は67.5％に出資率を引き上げ、1943年8月6日に全額払込となり[21]、さらに同年内と推定する倍額増資後、1944年4月19日に20百万円払込となり[22]、出資率は80％に上昇した。

既存の特殊会社等の再編として注目されるのは、1944年に設立される公社である。すでに公社形態としては満洲拓殖公社、満洲特産専管公社、満洲農産公社の前例があるが、特殊会社制度として、さらに統制経済の強化の中で資本主義の中心をなす株式会社よりは公共性を強めた商号として公社形態が選択された。そして1944年2月21日「満洲農地開発公社法」に基づき3月1日に満洲農地開発公社が設立された（本店新京、資本金50百万円30百万円払込、全額政府出資）。理事

長花井修治（前満洲土地開発理事）である[23]。併せて準特殊会社の満洲土地開発（資本金10百万円払込）の事業を取得し1944年2月21日に解散させた[24]。これにより農産物増産強化のための土地投資を支援する体制が取られた。また1944年4月25日「満洲畜産公社法」に基づき5月1日に満洲畜産公社が設置された（本店新京、資本金35百万円払込、全額満洲国出資）。理事長前川敬悦である[25]。設立に当たって既存の準特殊会社の満洲畜産のほか同社が出資していた満洲畜産工業と満洲羊毛株式会社（1941年6月24日設立、本店新京）の事業を1944年3月22日に満洲畜産が満洲国政府に譲渡決議して[26]、満洲国政府に移転したうえでこれら3社の事業資産を出資した。満洲畜産公社設立日に3社を解散させた[27]。満洲畜産が保有していたその他会社株式は満洲畜産公社に承継された。また同年5月8日「満洲繊維公社法」に基づき同15日に満洲繊維公社が設立された（本店新京、資本金30百万円払込10.5百万円、全額政府出資）。鹿野千代槌（前社団法人満洲繊維聯合会（1939年3月3日設立、本部新京）理事長、元満鉄用度部長）が理事の最初に並んでおり理事長に就任したと推定する[28]。同公社は5月8日の「繊維及繊維製品統制法」改正で、満洲国繊維流通を独占的に統制する組織として位置づけられた。同公社設立に伴い、従前の統制組織の満洲繊維聯合会は解散した[29]。1944年8月14日「満洲林産公社法」に基づき同年9月1日に満洲林産公社が設立された（本店新京、資本金70百万円払込）。全額満洲国政府出資である。理事長は確定せず、副理事長石原清逸（前満洲林業理事長）、理事笠井円蔵（興農金庫理事長）、山口重次（満洲帝国協和会重鎮）ほかが並んでいた[30]。これに伴い既存の特殊会社の満洲林業の事業は満洲林産公社に吸収され解散した。同公社は満洲国における林業の全面的な統制機関となり、公社形態でその事業規模を拡張した。同公社は政府出資造林業者の満洲造林の事業を吸収し、満洲造林を1945年6月20日に解散させた[31]。

　1944年10月20日に株式会社満洲特別建設団が設立された（本店新京、本金20百万円（半額払込））。代表取締役近藤安吉（前満洲労工協会理事長、満鉄出身、土木技術者、国都建設局技術処長等を歴任）である[32]。で満洲国政府は全額出資した。設置法は裁可されず準特殊会社としての位置づけである。満洲国の中小建設業者を統合した組織であるが、この組織に参加した企業については不明である[33]。

朝鮮にも朝鮮建設団が設立されたが会社組織ではなかった。

　日窒が経営を引き受けていた吉林人造石油は1942年5月20日に資本金200百万円140百万円払込という巨額資本金の事業者となっていたが、同社は人造燃料製造量産化に失敗し事業が行き詰まり、事業を満洲人造石油に譲渡し事業縮小に着手し、1944年4月21日に180百万円に、同年10月1日に150百万円に減資したうえで[34]、1944年12月17日に解散した[35]。同社の関連事業として操業していた満洲国政府と吉林人造石油が出資した舒蘭炭礦も同日に解散した。同様に吉林鉄道は貨物と人員の輸送実績を見せていたものの1944年1月15日に解散した[36]。

　1944年12月期で50社1,520百万円となり金額で増大した。50％以上出資会社34社1,333百万円でありこれから満業を除外すると936百万円となる。50％未満20％以上会社は8社105百万円に急減した。その理由は満電が50％以上出資会社に転換したためである。しかも満電出資額は満業出資額を上回った。満業を除外した出資上位では1位満電363,637千円、2位満洲鉱業開発75百万円、3位満洲農産公社54百万円、4位興農金庫50百万円、5位満興銀45百万円となり、いずれも50％以上出資会社であった。この5社合計587,637千円は満業除外50％以上出資会社合計の62％を占めた。満電の50％以上出資会社に転換しても上位5社の比重はその他会社の出資額が増大しているため上昇しなかった。

　1945年3月後の出資と見られるが時期を特定できない事例として満洲国政府は国際運輸株式会社（1937年11月16日設立、本店奉天）に出資した。同社の1944年3月期資本金は29百万円21.5百万円払込である[37]。同社は1944年5月27日に全額払込となっていた[38]。同社は親会社の国際運輸株式会社（1926年8月1日設立、本店大連、1944年3月期資本金40百万円32.5百万円払込）は[39]、国際運輸（奉天）に全額出資していた。また満鉄は国際運輸（大連）の全株を保有していた。ところが国際運輸（奉天）の満洲国の事業強化のため1945年6月時点の資本金100百万円払込71百万円、うち満洲国出資36百万円払込となり、残り35百万円は満鉄が引き受けた[40]。1944年6月以降1945年6月までにこの大幅増資を行ったが、1945年3月以降の増資と推定する[41]。満鉄はこの増資の際に国際運輸（大連）が行った国際運輸（奉天）への出資とその他の融資等を満鉄が取得して直接出資に切り替えた。1944年3月期国際運輸（奉天）資本金29百万円21.5百万円払込、借入金

8.1百万円、国際運輸（大連）債務35,021千円、合計64,621千円であるが、このうち満鉄が49.29％35百万円、満洲国政府が50.70％36百万円を出資することで肩代わりし現金出資を上乗せした。これにより国際運輸（奉天）はさらに資金力を強化し満洲国内小運送業務の拡大を目指した。満洲国政府と満鉄の公称資本金は端数が発生するが、実態は増資前の未払込資本金があるため、調整して丸められた数値と思われる。ただし『満洲国政府公報』の商業登記には見出せなかった。国際運輸（大連）は満洲国に支店を置いていないため、同社増資は同公報に掲載されない。そのため同社増資引受けの可能性がある。

　農産物流通統制に従事していた既存の満洲農産公社の活動で問題が発生したようであり、1945年6月25日「満洲農産公社法」に基づき同日に従来の満洲農産公社は同名の法人に切り換えられた（本店新京、資本金100百万円、全額政府出資）。設立に当たっては既存の満洲農産公社への政府出資54百万円を移転し、それに出資を上乗せするものとした。この設立に先立ち満洲農産公社改組委員会が設置され、改組方針を検討し、法律公布後の改組の事務に当たった。

　敗戦時出資会社は国際運輸（奉天）を含み49社1,653百万円を出資していた。満洲農産公社の改組増資もあり、金額は増大した。

2．関係会社総資産

　満洲国政府系会社の20％以上出資会社の総資産を点検しよう。50％以上出資会社を連結子会社相当会社、50％未満で20％以上出資を持分法適用会社相当会社として、総資産を集計しほかの企業集団と比較する。残念ながら1944年以降の貸借対照表の入手が困難な事例が多く、1944年12月総資産は参考数値に止まる。1942年12月と1943年12月の総資産を紹介しよう（表8-15）。資産不明会社は前年数値を用いることなく空欄とした。資産が全く判明しない会社については集計を断念した。

　1942年12月期で39社11,952百万円の総資産となった。50％以上出資会社27社10,116百万円へと資産額は大きく増大していた。資産額上位では1位満銀2,887百万円、2位満業2,266百万円、3位満興銀2,030百万円、4位満電561百万円、5満洲拓殖公社539百万円である。満銀・満業・満興銀の資産額が突出して多額

表 8-15 満洲国政府関係会社総資産 (3)

(単位:千円)

商 号	設立年月日	本 店	1942.12期	1943.12期	1944.12期	備 考
満洲中央銀行	1932.6.5	新京	2,887,065	2,887,065	8,533,747	前年12月期
満洲航空(株)	1932.12.16	新京	79,392	84,779	…	同年6月期
満洲棉花(株)	1934.4.19	奉天	29,425	29,427	47,826	
満洲電業(株)	1934.11.1	新京	561,274	704,049	722,307	持分法は満興銀と合計
満洲鉱業開発(株)	1935.8.24	新京	75,692	77,982	204,076	1944.12期は同年3月期
本渓湖煤鉄公司	1910.5.22	本渓湖	374,513	474,456	—	1942.12期は同年6月期、1943.12期は同年9月期
延和金鉱(株)	1935.10.30	延吉	5,041	—	—	
満洲林業(株)	1936.2.29	新京	132,517	128,478	—	1943.12期は同年3月期
満洲塩業(株)	1936.4.28	新京	34,994	42,494	—	
(株)奉天造兵所	1936.7.24	奉天	61,773	…	…	同年4月期
満洲計器(株)	1936.10.23	新京	13,442	15,517	17,096	
満洲生命保険(株)	1936.10.23	新京	14,350	19,716	—	
満洲興業銀行	1936.12.—	新京	2,030,651	3,084,278	5,505,273	
満洲図書(株)	1937.4.9	新京	6,030	—	—	
満洲合成燃料(株)	1937.8.6	新京	59,405	116,550	…	1942.12期は同年3月期、1943.12期は同年12月期
(株)満洲映画協会	1937.8.21	新京	14,953	19,239	26,836	
満洲拓殖公社	1937.8.31	新京	539,197	662,672	817,068	同年3月期
満洲畜産(株)	1937.9.1	新京	33,904	29,439	—	
満洲豆油パルプ(株)	1937.4.1	新京	16,440	23,166	28,885	満興銀と合計20%
朝鮮鴨緑江水力発電(株)	1937.9.7	京城	144,603	160,027	—	満電に譲渡
満洲鴨緑江水力発電(株)	1937.9.7	新京	139,603	162,527	—	満電に譲渡
満洲重工業開発(株)	1912.9.18	新京	2,266,251	2,863,444	4,495,170	同年6月期
満洲房産(株)	1938.2.19	新京	83,751	79,148	79,197	1944.12期は同年6月期
満洲鴨緑江航運(株)	1938.4.1	安東	833	847	—	次年3月期、満洲鴨緑江水力発電に譲渡と推定
満洲電気化学工業(株)	1938.10.24	吉林	51,831	53,130	—	1943.12期は同年4月期
満洲生活必需品(株)	1939.2.3	新京	139,040	186,136	209,473	1942.12期と1943.12期は同年9月期、1944.12期は同年3月期
満洲特殊製紙(株)	1939.3.2	奉天	9,629	21,287	33,878	
満洲土地開発(株)	1939.6.1	新京	58,887	108,587	—	
舒蘭炭礦(株)	1939.7.23	吉林省永吉県	69,605	70,229	—	同年11月期
協和鉄山(株)	1939.8.5	奉天	13,566	13,504	—	前年8月期
(株)満洲石炭液化研究所	1939.8.16	奉天	10,519	14,181	17,255	
満洲柞蚕(株)	1939.8.9	新京	9,609	18,352	16,756	同年7月期
吉林人造石油(株)	1939.9.04	吉林→新京	190,711	206,301	165,897	
新京食糧品貯蔵(株)	1939.10.27	新京	2,461	3,524	3,537	1943.12期は同年9月期、1944.12期は同年3月期
日満商事(株)	1936.10.01	新京	326,715	501,084	724,691	次年3月期
(株)満洲事情案内所	1939.12.28	新京	427	401	—	
(株)満洲資源愛護協会	1940.6.6	新京	3,723	5,405	—	1943.12期は翌年3月期
満洲造林(株)	1941.2.14	新京	9,475	9,618	—	
満洲農産公社	1941.8.1	新京	200,212	253,127	—	同年9月期
満洲人造石油(株)	1943.6.1	吉林	—	140,501	197,953	同年3月期
移稜炭礦(株)	1943.7.1	哈爾濱	…	14,244	15,341	1943.12期は同年9月期、1944.12期は同年3月期
興農金庫	1943.8.10	新京	—	877,173	3,327,820	1943.12期は翌年3月期、1944.12期は翌年6月期
満洲医薬品生産(株)	1943.11.11	新京	—	5,012	9,663	1943.12期と1944.12期は同年3月期
満洲興農産業(株)	1943.12.28	新京	—	—	42,506	1945.3期は次年3月期
合計	社数		39	40	23	
	資産額		11,952,889	14,167,116	25,239,260	
50%以上出資会社	社数		27	26	15	
	資産額		10,116,114	11,726,650	23,958,406	
満銀・満興銀・満業・興農金庫除外	社数		23	22	11	
	資産額		2,932,147	2,014,689	2,096,395	
50%未満20%以上出資会社	社数		12	14	8	
	資産額		1,836,774	2,248,201	1,280,854	

出所:『満銀年鑑』1942年版、『満洲国会社表』1943年版、1944年版、『満洲国政府公報』。満洲中央銀行『営業報告書』(各期)、満洲棉花(株)『営業報告書』(各期)、満洲電業(株)『営業報告書』(各期)、満洲鉱業開発『営業報告書』(各期)、(株)本渓湖煤鉄公司『営業報告書』(各期)、満洲林業(株)『営業報告書』(各期)、満洲塩業(株)『営業報告書』(各期)、満洲計器『営業報告書』(各期)、満洲生命保険(株)『営業報告書』(各期)、満洲興業銀行『営業報告書』(各期)、(株)満洲映画協会『営業報告書』(各期)、満洲拓殖公社『営業報告書』(各期)、満洲畜産(株)『営業報告書』(各期)、朝鮮鴨緑江水力発電(株)『営業報告書』(各期)、満洲鴨緑江水力発電(株)『営業報告書』(各期)、満洲重工業開発(株)『営業報告書』(各期)、満洲房産(株)『営業報告書』(各期)、満洲土地開発(株)『営業報告書』(各期)、日満商事(株)『営業報告書』(各期)、(株)満洲資源愛護協会『第3期営業報告書』1942年12月期(満鉄資料館02512)、満洲造林(株)『営業報告書』(各期)、満洲農産公社『営業報告書』(各期)、『満洲国政府公報』。

であり、1942年3月期満鉄総資産3,493百万円に迫る金額であり（表6-9）、とりわけ満銀は発券銀行であり銀行券残高の増大で資産規模を増大させ続けており、また満興銀は満興銀債発行で多額資金調達を行っており、満業も日本国内で増資新株発行と満業債発行で多額資金調達が可能なため、この3社を除外して考察しよう。上記5社のうち満電と満洲拓殖公社が50％以下の出資である。50％以上出資で4位日満商事326,715千円、5位満洲農産公社200,212千円、6位朝鮮鴨緑江水力発電144,603千円、7位満洲鴨緑江水力発電139,603千円、8位満洲生活必需品139,400千円の順であった。この5社合計950,533千円であり、3社除外50％以上資産合計の32％を占めた。1940年12月期に比べ上位会社資産の比重が低下していた。

　1943年12月期で40社14,167百万円に増大した。50％以上出資27社11,116百万円、上記3社のほか興農金庫877百万円も銀行業務を行っているためこの4社を除外した22社2,014百万円となり前年より減少した。資産上位では1位満電704百万円、2位満洲拓殖公社662百万円、3位日満商事501,084千円、4位本渓湖煤鉄公司477,456千円、5位満洲農産公社253,127千円であり、このうち満電と満洲拓殖公社、本渓湖煤鉄公司が50％未満である。50％以上出資会社の4位満洲生活必需品185,136千円、5位満洲鴨緑江水力発電162,527千円、6位朝鮮鴨緑江水力発電160,027千円である。50％以上出資5社合計1,261,901千円となり、4社除外50％以上出資会社資産の62％を占めた。上位5社の比率は1941年12月期と同様の水準に戻った。4社除外総資産が減少したためである。4社除外合計額は1944年3月期満鉄連結子会社資産合計917百万円の2.1倍に達する巨額となっていた（表6-11）。満洲国政府企業集団の事業規模の急増を確認できる。出資のみならず政府系金融機関の融資支援も資産急増を支援した。1944年12月期では23社のみ判明するが、25,329百万円に急増した。4社除外でも2,096百万円に達し顕在化したインフレを反映している。

3．中間持株会社

　アジア太平洋戦争期には満洲国政府出資会社は統合・淘汰された事例がみられた。満洲国政府系関係会社で出資50％以上の会社が複数の会社に出資した事例が

あり、アジア太平洋戦争期にもそのまま保有を続けた者もあれば処分したものもある。それを紹介しよう。

満銀は大興公司の全株式を保有していたが、20百万円13百万円払込の株式の半分以上を処分した。それに伴い満銀出資は6,948千円となったが44.45％に低下した。満銀は満電の出資を満興銀に肩代わりさせたが、6,948千円に低下した。銀行統合の中で新たな銀行への出資を行った。1941年12月22日設立の濱江実業銀行（本店哈爾濱、資本金10百万円4分の1払込）、1942年9月8日設立の志城銀行（本店奉天、資本金12百万円3百万円払込）、同年6月9日設立の瀋陽商業銀行（本店奉天、資本金7百万円4分の1払込）、同年6月22日設立の興亜銀行（本店営口、資本金12百万円4分の1払込）に出資した。このうち瀋陽商業銀行は奉天商工銀行と奉天商業銀行が事業統合解散で満銀保有株式が転換した。1944年11月1日に哈爾濱銀行（資本金22百万円4分の1払込）、10月27日設立の東満洲銀行（本店牡丹江、資本金20百万円4分の1払込）、同年11月30日設立の帝都銀行（本店新京、資本金22百万円4分の1払込）に設立時に出資した。このうち帝都銀行は興徳銀行出資株式を転換した。そのため完全な新設出資は少ないが、満銀は銀行業の再編淘汰のなかで出資銀行に影響力を強めた。

満興銀の新規取得株式はなく、満洲房産が普通法人転化で減資したことで出資額が減った。大連の満洲事変前設立会社の保有株式は処分したようである。ただし個別会社の株主名簿を用いた傍証が必要である。

金融機関以外の株式取得をした会社の保有株式のその後を紹介しよう。満洲採金は1943年9月7日に満洲鉱業開発に吸収合併解散で、支配下にあった間島鉱業株式は満洲鉱業開発に移転したと推定するが、その後、間島鉱業は12月31日に解散した[42]。昭徳鉱業の株式は満洲鉱業開発に肩代わりされた。満洲鉱業開発が保有していた海城金鉱は1943年2月28日に官屯鉱業株式会社に商号変更し[43]、産金中心からそれ以外の鉱物採掘に商号を改めて事業を続けた。満洲ボーリングの株式を保有していたが、1942年7月3日に29.6千株を満業より取得し（第9章参照）、同年7月25日に5百万円増資に応じて1943年3月には4.9百万円払込となり92％出資に引き上げた。

満洲畜産は東満殖産株式会社（1941年4月22日設立、本店牡丹江、資本金3百

万円2,250千円払込）の株式14.16％318.75千円を保有していた。同社は明治製糖株式会社の出資と技術導入で家畜改良増殖酪農を主業とした[44]。この株式を1942年3月12日に野田醤油株式会社に譲渡した。満洲豚毛工業の株式は満洲畜産公社設立後に解散を傍証できないため同公社の支配下に移ったと推定する。

　満電は特殊会社に転換した後には保有株式は満洲電気化学工業株式2,500千円のみの保有となり電力事業の拡張に注力した。1944年3月28日に倍額増資し、640百万円528,994千円払込となった。この増資は満洲国政府が全額引き受けた。その結果、満洲国政府の50％出資会社に転換した。政府出資は政府保有電力業資産の現物出資のみならず、満洲鴨緑江水力発電と朝鮮鴨緑江水力発電の株式合計75百万円を含んでいた[45]。こうして満洲国に残っていた政府の抱える地域電力事業を満電に任せ、同社はこれにより満洲国の電力業を完全に支配下におさめた。他方、朝鮮においても電力事業の統合で、1943年3月30日制令「朝鮮電力管理令」に基づき、1943年7月30日朝鮮電業株式会社が設立されると（8月3日登記、本店新京、資本金341,730千円）、朝鮮水電、朝鮮送電株式会社及び東拓出資電力会社が統合された。鴨緑江水力発電両社への出資は朝鮮側では朝鮮電業が単独で引き受け、事業主体は日窒が事実上経営を支配する朝鮮電業へと切り替わっていった（柴田［2015a］第3章）。鴨緑江水力発電プロジェクトは最終的に朝鮮・満洲国の特殊会社の折半出資となった。これが双方の政策として協調したうえで確定したはずであるが傍証できない。

1）　『公報』2633号、1943年12月24日。第6章参照。
2）　『公報』2701号、1943年6月1日。
3）　『満銀年鑑』1942年版。営口本店満洲海運は『満洲国会社名簿』1944年版では6月1日設立、『満銀年鑑』1942年版では2月10日設立。なお大連本店の満洲海運株式会社が別に存在する（1916年5月20日設立、資本金2百万円払込）。大連本社への出資はあり得ず、営口本店会社への増資引き受けと判断した。
4）　『公報』2699号、1943年6月1日。
5）　帝国燃料興業株式会社『第7期営業報告書』1944年3月期、3頁に新規出資の満洲人造石油の掲載があるが出資額・出資率の記載はない。須永［2007c］では満洲国政府・満鉄の出資額・出資率に言及がない。大塩［1989］は満史会［1964］に依拠し、満洲人造石油資本金を200百万円とする。

第 8 章　満洲国政府系企業集団　577

6)　『公報』3040号、1944年7月31日。
7)　『満洲日日新聞社』1943年3月23日合併広告。
8)　『満洲国会社名簿』1944年版「資本金二十万円以上」65頁。
9)　満洲鉱業開発株式会社『第9期営業報告書』1943年12月期。
10)　大日本製薬［1957］123頁。この典拠では設立時資本金20百万円とする。満洲製薬統制組合は1943年11月19日設立、本部新京、理事長瀧野勇（『公報』2905号、1944年2月16日）。武田薬品工業［1962］は同社外地事業に詳しいが、満洲医薬品生産については記載がない。
11)　『公報』2314号、1945年3月8日。
12)　大日本製薬［1978］122頁。『公報』2314号、1944年11月3日では1944年11月3日設立となっている。
13)　『満洲国会社名簿』1944年版では20百万円払込。ただし政府出資については不明。
14)　『公報』2914号、1944年2月26日。
15)　『公報』2895号、1944年2月2日、2906号、1944年2月17日。1945年6月資本金から満洲国政府出資率を推定。
16)　『公報』2979号、1944年5月18日。
17)　『満銀年鑑』1942年版、『公報』3030号、1944年7月21日。
18)　『公報』2989号、1944年5月30日。
19)　『公報』3024号、1944年7月11日。
20)　『公報』2701号、1943年6月3日。
21)　『公報』2857号、1943年12月10日。
22)　『公報』3129号、1944年11月16日。
23)　『公報』2960号、1944年4月24日。
24)　『公報』2961号、1944年4月25日。1944年1月25日10百万円全額払込。
25)　『公報』3045号、1944年8月5日。
26)　満洲畜産株式会社『第7期営業報告書』1944年3月期。
27)　『公報』3034号、1944年7月24日。
28)　『公報』3045号、1944年8月5日。
29)　満洲繊維聯合会は当初は満洲綿業聯合会で、設立時の筆頭理事岸信介（『公報』2421号、1939年6月11日）。1940年10月15日名称変更（『公報』2633号、1943年3月11日）。鹿野千代槌については『大衆人事録』1943年版、関東州21頁。
30)　『公報』3134号、1944年11月22日。石原清逸は1884年11月生、1910年東京帝国大学農科大学林学科卒、農商務省採用、東京営林局利用課長、熊本営林局長、1941年1月辞任、満洲林業常務理事、1943年5月理事長（『満洲紳士録』1943年版、820頁）。笠井円蔵は1893年7月生、大阪高等商業学校卒、日本銀行採用、文書局調査役、満

銀理事、1943年8月興農金庫理事長（同667頁）。
31) 『公報』3304号、1945年6月27日。
32) 『公報』3179号、1945年1月19日。近藤安吉については『大衆人事録』1943年版、満洲124頁。
33) 「満洲準特殊会社（1）」1945年6月末（独立行政法人日本貿易振興機構アジア経済研究所蔵張公権文書R 7 -30）。『公報』1945年1月19日。満洲特別建設団は1939年設立の「満洲建設資材株式会社」（資本金20百万円払込15百万円）に全額出資しているとの記載があるが（前掲「満洲準特殊会社（1）」）、満洲建設機材株式会社（1944年5月18日設立、興亜資材株式会社（本店新京）が1945年1月20日に商号変更）の誤りと判断した。同社は1945年1月20日増資で資本金5百万円半額払込から20百万円半額払込となった（『公報』3030号、1944年7月19日、3262号、1945年5月7日、3267号、1945年5月12日）。さらに同社は5月30日に吉林鉄工業株式会社（1940年5月9日設立）を吸収合併した（『公報』3289号、1945年6月8日）。
34) 『公報』3011号、1944年6月26日、3214号、1945年3月8日。
35) 『公報』3173号、1945年1月12日）。大塩［1989］、須永［2007c］は吉林人造石油の解散を確認できていない。持株会社整理委員会［1951］でも日窒の吉林人造石油株式保有が掲載されている。
36) 『公報』3175号、1945年1月15日。
37) 国際運輸株式会社（奉天）『第11期営業報告書』1944年3月期、6頁。
38) 『公報』3039号、1944年7月29日。
39) 国際運輸株式会社（大連）『第23期営業報告書』1944年3月期。
40) 「満洲準特殊会社（1）」。
41) 『公報』にこの増資の記載を発見できなかった。奉天法院所管法人の資本金異動記事は1945年3月末で記載がなくなるため、これ以降の増資と推定するが『公報』記載欠落や入力漏れもありうるため確定できない。閉鎖機関整理委員会［1954］や満鉄会［1986］では1945年3月期の出資として掲載するが、実際にはそれより前の時点の集計であるため国際運輸（奉天）への出資の記載はない。
42) 『公報』2884号、1944年1月17日。
43) 『公報』2732号、1943年7月10日。
44) 『満洲鉱工年鑑』1944年版、430頁。
45) 満洲電業株式会社『第17期営業報告書』1944年3月期。須永［2007b］では満電の朝鮮鴨緑江水力発電・満洲鴨緑江水力発電株式の満電取得については説明がなく、敗戦まで政府保有とする。

おわりに

　満洲国政府出資の特質を次のように要約できる。特殊会社・準特殊会社への出資による法人設立が多い。その業種は農林業とインフラ事業が多いが陸上輸送は満鉄が引き受けているため除外されている。満洲国単独出資法人は乏しく、満鉄とのジョイントの出資法人が多く、1936年までの満洲国出資は満鉄の出資を必要としていた。それは満鉄経済調査会による満洲産業化計画の発動過程で、満鉄が積極的に関わり、出資枠を積極的に確保したことと関連している。満洲国の出資財源として旧政権から承継した現物資産による現物主出資が可能である。満洲事変期当初には大口出資はほとんど現物出資である。満炭、満洲採金、奉天造兵所、同和自動車工業、満電等が該当する。これは満洲国政府の現金出資する財源が乏しく、旧政権から承継した有形資産で会社設立を急ぎ、事業資産の積極的運用を図った結果である。日中戦争期の巨額満洲投資の拡大の中で資金調達として投資特別会計設置後に政府現金出資に余力が生まれた。満洲国政府が巨額現金出資に応じることができたのは日中戦争期からである。満洲国政府系特殊会社等は、出資以外の資金調達として満銀借入金に依存することができるため資産増大が容易であった。満洲国の出資財源は日本からの満洲国債投資にも依存した。1937年の満業の満洲法人化で同社に半額出資することで、鉱工業関係法人株式を満業に譲渡し、満洲国政府出資法人はインフラ、農林業、その他鉱工業が中心となり、産業開発計画の中で急増させ満鉄会社投資を上回った。さらに満洲国政府系として満銀・満興銀・満洲生命保険が政府系機関投資家として出資に応じた。満洲国政府と共同出資も少なくなかった。ただし満洲生命保険の投資額は資金的制約で大幅増大は難しい状況にあった。発券中央銀行が事業会社投資に応ずるのは金融制度が未熟な状態にあることを告げている。株式会社形態以外の公社形態法人は満洲拓殖公社に始まり、満洲国政府出資法人としてその後も増大し、1944年に公社形態で満洲国政府系特殊会社かなり改組再編され公社に転換した。

　役員構成は業種により異なるが、規模の大きな法人には関東軍が天下りポストを確保した。満洲国政府系法人の役員には満洲国政府職員の転職も見出されるが、

満洲国政府職員の転出は職歴が短いため多くはない。むしろ満鉄退職者、陸軍退役軍人、満洲国に協力する中華民国東三省出身官僚が多数の転職先を獲得した。これは満洲国政府内部に産業に通暁した人材が乏しいためやむを得なかった。満鉄は長期にわたり学卒ホワイトカラーの雇用続けていたため、満洲国期には人材の最大の供出元となった。こうして満鉄退職後に政府に転職したか、満鉄から満洲の会社に転じた人材を活用した。満鉄はもちろん満洲国は関東軍の強い影響下に置かれており、陸軍軍人の天下りポストを関東軍が軍需産業以外にも積極的に斡旋した。満鉄関係会社の役員に天下ると、満洲の企業社会で訓練を受けた満鉄内部育成人材と競合するが、満洲国政府系会社の役員に天下る場合には、日本政府官僚・満鉄退職者・旧政権高官や漢族地場事業家と取締役会や理事会で列することになるため、満鉄支配会社よりは天下り後の業務が容易であったとみられる。本章で紹介した元軍人だけでも多くの押し込み人事を確認できた。これ以外にもかなりの陸軍軍人が満洲国政府出資会社に天下ったはずである。満洲国政府は満洲国に協力した旧政権官僚に満洲国政府の高位官職を与えたのみならず、満洲国政府出資会社の役職者にも多数のポストを与えることで、恵まれた肩書と役職者所得を保証した。これも満洲国政府出資会社の特徴である。日本の官僚の満洲国派遣も多数みられ、満洲国政府から満洲国政府出資特殊会社に転出する事例も見出される。ただし日本政府の官僚派遣の最大の目標は満洲国行政の中心的な担い手となることであり、会社への天下りが目的ではない。日本国内ですでに退官した元次官級官僚が動員をかけられ特殊会社のトップに座った事例も見出すが、ほかの兼務との関係で常駐しなかった事例も多いはずである。元関東庁官僚が満洲国期に生活に慣れた満洲に居ついて政府系会社の天下る事例も少なくなかった。

第9章　満洲重工業開発系企業集団

はじめに

　満洲国における工業化戦略は、当初は南満洲鉄道株式会社と満洲国政府の事業投資により主に担われた。しかし満鉄は満鉄改組により交通業と既存関係会社と在満日系事業者支援中心に後退を余儀なくされた。他方、満洲国による事業投資は投資特別会計の財源によって行われていた。日本における満洲国債の発行により日本からの設備購入に見合う資金調達を行ったが、それだけでは資金導入に限界が発生した。しかも1937年の産業開発計画の発動により資金需要は急増する。日本からの直接投資を呼び込むため、投資のコア企業として、日本産業株式会社の満洲移駐と満洲重工業開発株式会社への改組が行われる。この経緯については、これまでも満洲国統制経済の焦点としてまとまった研究がある（原［1976］）。そのほか満業設立については、これまでも日本産業研究の側から言及されているが、満洲国内企業に必ずしも関心がないものが多い。これまでの満業の研究では、鮎川義介・日本産業の研究の延長上で語られる場合には、日本における資金調達戦略に注目されている（中村［2003］、宇田川［2015］）。満業への改組により、満洲国産業開発計画の発動の中で新たな主役が登場した。満業系企業により、満洲国の重化学工業化が推し進められることが期待された。

　満洲国内における満業投資の累年統計分析では、投資残高増減から長期資金フローを試算する安冨［1997a］、［1997b］があり、この研究では細かな時期区分による資金フローデータをストックデータから加工することで関係会社投資フローを満洲国の資金循環に取り込むという企画で纏められている[1]。満業関係会社投資については払込資本金ベースの出資額統計で解説した柴田［2007f］があ

るが一部評価額を採用し不備が残る。そのほか満業については「閉鎖機関令」による戦後処理の過程でまとめられた事業の概要も有用である[2]。個別の満業系企業を検討する研究もあるがここでは省略しよう。満業系企業については、鉄鋼業で研究が厚い（松本［1992］、［2000］）。日本産業企業集団を率いた鮎川義介と満業転化の位置づけを「日産コンツェルン」論としてまとめた宇田川［2015］も日本産業の経営者たちについては大いに参考になるが、個別満業投資先の分析はほぼ皆無である。満業傘下に移った日本産業支配会社を同書は「日産コンツェルン」であると主張する。日本国内会社に対する満業出資率が50％を切り、さらに低下し完全に処分した後も、満業が株式会社日産を支配し、日産が満洲投資証券株式会社の議決権株式で支配下に置いたことで、満投を通じた旧日本産業系会社の議決権を支配できた。その主張のためには満投支配下の会社の解明が必要となる。満投議決権株式を財団法人義済会に譲渡後は、旧日本産業系会社は満業の日産と満投を通じた間接支配から離れるため、「満業コンツェルン」は満洲国内にほぼ限定される。日産懇話会を通じた役員等の連携が見られたが、義済会が満投を支配後に「日産コンツェルン」と主張する根拠は薄弱である。

　本章では満業系企業をその設立と資本金変動・商号変更・解散等をできるだけ詳細に解認し、企業活動の実態にいくらか詳しく紹介することで、あらたな満業系企業集団の概要を描くことを目的とする。すなわち満業系企業集団の設立と変遷に解説を加え、併せて個別企業に対して広く着目した上で出資と融資について資金的な精査を行い、企業集団分析として既存研究を統計的に乗り越えることを目標とする。また満業子会社の中間持株会社化の事例を分析することで満業企業集団の実質的にさらに広範囲にわたるものであったことを論証する。本章は柴田［2007f］を基礎に関係会社投資の範囲を拡張し、中間持株会社の役割も解明し、さらに総資産を連結処理することで企業集団の定量的把握を試みる。

1)　安冨［1997a］、［1997b］は満洲国の資金循環の解明が目標のため、企業集団論アプローチとしていくつかの欠点を指摘できる。満業営業報告書に記載のない関係会社の出資を拾えていない。満洲国内における満業系企業集団の構成企業の性格についての細かな検討はなされていない。そのため満業系企業の設立・消滅経緯の解説が乏しい。また蒙疆法人を満洲国法人と混計している。

2) 閉鎖機関整理委員会［1954］。持株会社整理委員会［1951］も日本産業系企業集団の解説として有用である。

第1節　日本産業の満洲移駐

1. 日本産業企業集団の拡大

満業として満洲移駐を果たす日本産業株式会社（1912年9月18日設立、本店東京）の前商号は久原房之助が経営していた久原鉱業株式会社である。同社は第1次大戦後恐慌で打撃を受け苦境に陥った。久原の義弟の鮎川義介はアメリカの工場で研鑽を積んだ技術者であり[1]、1910年6月1日に戸畑鋳物株式会社を設立し専務取締役として経営に着手した。鮎川の母方大叔父は井上馨であり、事業拡張の過程で長州閥人脈の支援を受けた。鮎川は1922年9月18日に久原鉱業取締役に就任し、同社の出資する戸畑製鉄株式会社（1916年5月設立）に専務取締役として送り込まれていたが、翌年1月に久原鉱業取締役を辞任し、4月に戸畑製鉄が東洋製鉄株式会社（1917年11月設立、本店東京）に吸収合併されると、東洋製鉄取締役に就任した（鮎川義介先生追想録編集刊行会［1968］521-523頁）。鮎川は同郷の立憲政友会総裁田中義一より久原鉱業再建を依頼されたことで再建を引き受けた。久原は田中の誘いで立憲政友会に参加し衆議院議員に転じた。田中は総理大臣に就任し（1927年4月20日～1929年7月2日）、権力の頂点に上り詰めた。鮎川は1927年6月29日に久原鉱業取締役に就任し、翌年3月31日に社長に就き、同年12月29日に久原鉱業株式会社は日本産業株式会社に商号変更した（鮎川義介先生追想録編集刊行会［1968］526-527頁）。1916年5月6日に日本産業の株式は東京株式取引所で売買開始された（東京株式取引所［1938］附録215頁）。日本産業は直営事業を分社化した会社や買収した会社の株式を公開して資金調達を行うという戦略を続け、短期間で大規模な日本産業企業集団を編成した。

日本産業企業集団の日本内会社を紹介する。久原鉱業時期に分社化された株式会社日立製作所は1920年2月1日設立され（本店東京）、長期にわたり小平浪平

が経営を担い有力事業法人として事業拡張を続けた[2]。久原鉱業は日立製作所株式の過半を保有し、日本産業に商号変更後も強固な関係を続けていた（日立製作所［1960］参照）。久原鉱業は1916年1月19日設置の北ボルネオゴム園久原農園を経営していたが、日本産業保有の日本産業護謨園と改称し、さらに1934年3月6日に日本産業護謨株式会社（本店東京）として分社化して傘下企業に転換した[3]。久原鉱業の鉱業部門は1929年4月24日に日本鉱業株式会社（本店東京）として分離し日本産業の完全子会社とした（日本鉱業［1957］参照）。1933年1月に日本産業は保有する日本鉱業株式公開し、翌年7月26日決議で160百万円に増資した際にプレミアムを上乗せした価格で公募し（日本鉱業［1957］87、727頁）、以後、日立製作所の株式も公開し巨額資金調達を行い新たな分野に資金を投じた。

　日本鉱業全額出資で1934年2月1日に日本産業汽船株式会社を設立し（本店東京、資本金500千円）、自社操業するマレー半島ツンゲン鉄鉱石輸送に従事させていた（日産汽船友和会［1965］5頁）。日本産業汽船は1937年6月増資で資本金3百万円とし、1937年11月22日に同系の樺太汽船株式会社（1918年4月設立、本店樺太泊居）を吸収合併し、日産汽船株式会社に商号変更した[4]。日本油脂株式会社は1921年4月20日に鮎川系と無関係のスタンダード油脂株式会社として設立された後、合併と商号変更を繰り返し、日本産業の買収で傘下のベルベット石鹸株式会社となり（本店東京）、1937年3月6日に日本油脂株式会社に商号変更し、さらに1937年3月27日に合同油脂株式会社が同社を吸収合併する決議をし、6月26日に日本油脂株式会社への商号変更を決議した[5]。

　戸畑鋳物は1933年9月22日に自動車工業株式会社（1933年3月1日設立、本店東京）よりダットサンの製造権を無償で取得し、同年12月26日に自動車製造株式会社を設立し（本店東京、資本金10百万円2.5百万円払込、日本産業6百万円、戸畑鋳物4百万円出資、社長鮎川）、同社は1934年6月1日に日産自動車株式会社に商号変更し、併せて日本産業は戸畑鋳物から株式を取得し全株を保有した（日産自動車［1965］23-39頁）。鮎川が長く経営していた戸畑鋳物は1935年10月25日に国産工業株式会社に商号変更し、1937年1月27日決議で5月1日に日立製作所に吸収合併された[6]。

日本産業系の共同漁業株式会社（1925年11月1日設立、本店東京、会長鮎川義介）が、1936年9月16日に同業の日本合同工船株式会社（1927年11月17日設立、本店東京、会長鮎川）、日本捕鯨株式会社（1934年5月7日設立、本店東京、会長鮎川）を合併し、さらに1937年3月16日に日本食料工業株式会社（1927年12月6日設立、会長鮎川）も合併決議した上で同月31日に日本水産株式会社に商号変更した（本店東京）（日本水産［1961］、鮎川義介先生追想録［1968］529-530頁参照）。日本産業は1937年1月24日決議で5月1日に大日本人造肥料株式会社（1892年9月設立、本店東京）を合併し[7]、同社の化学工業部門を傘下の日本炭礦株式会社（1934年7月26日設立、本店東京、日本鉱業の石炭業部門の分社化、会長鮎川）に合併させ、日本炭礦は1937年2月16日に日本化学工業株式会社に商号変更を決議し[8]、さらに同年12月3日に日産化学工業株式会社に商号変更を決議した[9]。

　貝島系の中央火災傷害保険株式会社（1911年5月15日設立、本店東京）は1922年2月10日に鮎川を社長に迎えた（日産火災海上保険［1961］140頁）。鮎川は1926年8月以降も取締役を続けていた。その後、1937年6月に日本産業が貝島合名会社（1919年10月設立、本店下関）から株式を買収し支配下に入れ[10]、1937年6月21日に日産火災海上保険株式会社に商号変更させた（本店東京）（日産火災海上保険［1961］241頁）。1930年9月に中央土木株式会社が設立された（本店東京）。同社は設立当初から日本産業系取締役が派遣され、日本産業の支配下に置かれていた。

　このように日本産業の傘下企業には久原鉱業の既存事業の分立で関係会社となったもののみならず、無関係の企業を買収することで企業集団に組み込まれる事例が多数見られた。一方、その過程で日本産業が直営事業として抱えていた事業は分立していったため、持株会社としての機能は一段と強まった。こうした企業集団戦略を続けた。特に1930年代前半の満洲事変景気の中で、日本産業は資金調達戦略として、株式市場を利用した資金調達を多用したことはよく知られている。ただし日本産業は社債発行を行っていない。

2．日本産業の満洲移駐

　1936年8月3日に陸軍省は「満洲開発要綱」を決定し、満洲に飛行機工業及び自動車工業を起こすことを盛り込んだ。関東軍側も満洲事業に参入してくれる人材を物色した。1936年10月に鮎川義介が関東軍参謀長板垣征四郎の招聘で満洲視察に出向き、満洲国経済開発に関心を抱いた。1937年6月17日に陸軍省軍務局が満洲産業開発計画のデスクプランを練っていた。満洲国側でも満洲国国務院総務庁長星野直樹（1936年12月～1937年7月在任、1937年7月～1940年7月総務長官、（大蔵省出身））は、計画全体の資金繰りのみならず同計画の中に自動車産業を組み込む方向で検討していた。自動車産業は多数の部材製造業を率いることになるが、その担い手として関東軍側が1937年春先に日本産業の鮎川義介に自動車産業を含む満洲産業開発の参加を求めて交渉した。交渉に当たっては満鉄社長松岡洋右も鮎川と同郷出身のため側面支援した。当初、関東軍司令官植田謙吉と参謀長東条英機は賛成せず、また満洲国総務庁企画処長松田令輔（1935年10月～1939年3月在任、大蔵省出身）と同産業部鉱工司長椎名悦三郎（1937年7月～1939年3月在勤、商工省出身）も賛同しなかったため説得を続けた。この間、1937年7月日中戦争勃発となり、政治状況が激変した。星野との交渉で鮎川は当初は難色を示したが、鮎川一人で満洲事業着手してもうまくゆかないため日本産業がまるごと満洲に移転する、それに伴い巨額の資金投資が必要になるため外資導入も視野に入れるとの方針で、日本産業の満洲移転が決定した。

　1937年10月22日閣議決定「満洲重工業確立要綱」で方針が確定した。当該会社は鉄鋼業、軽金属工業、重工業（自動車・飛行機製造業）、石炭礦業（撫順炭礦を除外）に投資し、経営は日本の民間の有力者に一任する。適任者として鮎川義介を予定すると付箋した。産金亜鉛鉛銅等の鉱業ほかにも付帯的に投資できる。満洲国は鉄工業と軽金属工業の既存会社の経営を委ねる。外国資本の参加を認める、ただし議決権株式の半分以下若しくは議決権のない株式で出資させる。満洲国政府は優遇措置を講じ、日本政府も支援するとした。この決定に当たり大蔵次官賀屋興宣は資金調達に苦慮する可能性がありとして外資導入を強く求めた[11]。

　日本産業の満洲移駐は併せて日本における税制上の課税回避を図るという趣旨

も有した[12]。鮎川側の思惑と満洲国側の自動車・航空機産業の育成戦略とが合致した。

日本産業は1937年11月20日に臨時株主総会で満洲移駐と本店の新京満鉄附属地移転及び従来の日本産業本店を東京支店とする決定を行い、日本鉱業社長伊藤文吉の発声で「日本産業株式会社万歳」を三唱し、日本産業株式会社という商号の投資会社の歴史を閉じた[13]。同年12月１日に満洲国の治外法権撤廃・満鉄附属地行政権移譲と「会社法」施行となる前の11月24日には移転手続を終了した。この時点ではまだ日本籍の普通法人である。1937年11月25日期末の日本産業の貸借対照表を見ると、未払込資本金控除総資産（以下総資産）356,470千円、有価証券269,920千円、投資会社勘定43,000千円、銀行勘定30,410千円で、負債では資本金198,380千円、社債20,550千円、借入金72,910千円で当期純益10,950千円を計上する優良企業であった。この期に特別配当２％を上乗せし年12％の配当を行っていた。保有証券は日本鉱業、日産化学工業、日本水産、日立製作所、日本油脂、日本産業護謨、日産自動車、日立電力株式会社（1927年９月１日設立、本店東京）、中央土木が並び、これらの企業からの配当と株式譲渡が満業の主要な収益として期待された。しかも日本産業の株主は54,573人という規模で[14]、これらの投資家が満洲投資に参加することになる。また満洲移駐に際して保有していた日本の有力事業法人株式が満業の日本内証券市場における資金調達で用いられることになる。日本産業は「会社法」施行日の1937年12月１日に新京本店の満洲国法人に転換した。

なお日本産業と満業は久原鉱業の５月25日と11月25日を期末とする会計年度を踏襲した。この期末は日本産業と満業の関係会社の期末と合致せず、会計上の連結処理する発想からはかけ離れている。本章では５月20日期、11月20期とすると表記が長くなるため営業期末を５月期と11月期として短縮して記載する。

1937年12月20日「満洲重工業開発株式会社管理法」施行で、日本産業は満洲重工業開発株式会社に商号変更し、同法に基づき満洲国特殊法人に転換した（閉鎖機関整理委員会［1954］参照）。併せて満業は満洲国政府から半額出資を得て満洲国政府出資225百万円、資本金総額450百万円の巨大な会社が満洲国に出現した。ただし日本産業の満洲移駐は新たな法人の設立ではないため、満業の設立年月は

久原鉱業の設立年月のままである。営業期は満業転換後の1938年5月25日を第1期とした。

　満業は設置法により享受できる特典として政府株配当率を一般民間株の配当率の半分にするといった、日本の特殊会社にも採用された民間配当優先条項があった。同社は日本の民間株主に満業株の取得を勧めた。

　満業の満洲移駐については多面的な意義が見られた。関東軍は1930年代に操業不振を抱えた満鉄の投資を越える満洲鉱工業投資の新たな担い手の設立を狙い、それが実現した。しかも自動車産業・航空機産業の満洲国における創出まで約束した。自動車産業については日産自動車の技術導入で短期間で育成が可能とみられた。満洲投資のための日本の法律に基づく北支那開発株式会社（1938年11月7日設立、本店東京）のような特殊法人を設立して満洲投資に乗り出す場合には、法律制定・会社設立・株式消化・役員人事で日本政府、とりわけ大蔵省が中心に立ち、同省が強力な介入権限を保有する。北支那開発の二代目、三代目総裁は大蔵次官歴任者である。関東軍はそのような大蔵省の強力な介入下にある法人設立を望まず、直接介入できる法人の設立を狙った。日本産業は日本で多数の株主に株式を引き受けさせている優良企業である。同様の機能を持つ満洲国特殊法人の純粋持株会社を新設した場合には、その株式を主に日本で消化する必要があるが、多額消化に当たり日本政府に介入権限を与える。また短期間で日本産業と同等の純粋持株会社を満洲国の力量で育成することは事実上不可能であった。そこで有力な日本法人を満洲に移転させることでこの隘路を突破することになる。日本の「商法」（会社篇）が適用される地域については法人本店の移転が可能である[15]。日本産業を「会社法」施行前の満洲に呼び込めばそのまま満洲国法人へ転換することになる。日本産業は満洲移駐時点で潤沢な利益を計上し続け、繰越利益と準備金を抱えた優良企業であり、満洲移駐でいきなり巨額満洲投資に傾注する純粋持株会社が出現する。関東軍・満洲国は日本産業を満洲に移駐することで、自動車・航空機産業を含む満洲投資の中軸に立つ純粋持株会社の育成時間と資金負担を同時に回避することができた。関東軍側の思惑に最も一致したのが日本産業の満洲への移駐であった。他方、日本産業も満洲産業開発の中心に立つ魅力的な独占的投資領域が与えられ、また同社として課税回避の必要性があり、渡りに船と

いう状態であった。

　満洲国移駐に伴い、満業は既存の満洲国出資法人の株式を満洲国経由で取得して傘下に移した。満業が満洲国出資法人の株式を購入した際に、満洲国に有利な価格設定がなされた。すなわち株式会社昭和製鋼所（1929年7月4日設立、本店鞍山、資本金100百万円82百万円払込）の株式1株当たり払込金額44.5円を70円で取得する等の操作を行い、満洲国の譲渡価格127,189千円は払込金額総計を28,828千円も上回っていた。満業側が資金繰りに苦しい満洲国側に配慮したものであろう。満洲国の株式譲渡金額が、満洲国の満業への出資に回り、満洲国の当初払込総額189,375千円が相殺されたが、出資で不足する71,186千円が満洲国の持出分となった[16]。この持出分が満洲国における政府債務の増大となる。満洲国政府は満鉄からの借入金の積み上げで対処した。満洲国政府が満業に出資するに伴い資金移転し、その資金が満鉄からの株式買収資金として満鉄に流れ、満鉄の資金繰りを緩和した。満鉄の対満洲国投資（本体事業・関係会社投資・満洲国政府借款）に資金が投入されるため（第6章参照）、対市中通貨供給増大となった。以上の満鉄保有株式の満業への移転は以下の関係にある。満鉄の満洲国借款引き受けによる満洲国政府への資金支援により同政府は満鉄保有株式を買収し、それにより満鉄への資金還流が発生し、満洲国政府の満業資本金半額出資で満業に資金が移転し、満業の満洲国政府からの株式有償取得で資金が還流し、満鉄・満洲国政府、満洲国政府・満業間で相互に資金移動が相殺されている。ただし満鉄の満洲国政府借款は満洲国鉄補修・運行等にも充当されるためこの資金移転が最も多額である。

3．持株会社日産への改組

　日本国内事業で満業傘下に編入されなかった事業法人株式も多い。1937年12月期で公称資本金250千円以上の満業関係会社51社あり、株主が100名以上の会社は日本水産・日立製作所・日本鉱業・日本油脂・日産護謨工業、日東硫曹株式会社（1918年10月設立、本店東京）、日産汽船、日産火災海上保険、宇部礦業株式会社（1935年8月設立、本店東京）、合同漁業株式会社（1931年12月設立、本店東京）、日立電力、ボルネオ水産株式会社（1933年12月設立、本店東京）、大阪アルカリ

肥料株式会社（1931年4月設立）ほか1社であり、ほかの会社の株式は未公開であった。未公開会社には大阪鉄工所、日産自動車、日産化学工業、中央土木も含まれていた。中間持株会社化していた日本油脂の傘下に置かれた満洲大豆工業株式会社、日本水産の傘下に置かれた日満漁業株式会社（1934年4月14日設立、本店大連）等も満業系関係会社に含まれているが、日本産業の直接支配下に置かれた国産精機株式会社、大同燐寸株式会社、台湾化学工業株式会社等も並んでいた[17]。日本産業の満洲移駐前に満業に移す株式と日本に残す株式を区分けし、資金的に余裕のある日本鉱業、日立製作所、日本油脂等に業種に配慮して譲渡したと推定する。日本鉱業保有投資資産は1936年3月期39.8百万円、1936年9月期49.9百万円、1937年3月期53.3百万円、1937年9月期59.5百万円に増大を辿っていたが1938年3月期19.0百万円に急減した。投資の主なものは台湾鉱業株式会社（1925年11月設立、本店基隆）と日産汽船である[18]。1938年3月期に40百万円ほどが減少したが、この中には1937年11月1日台湾鉱業を日本鉱業が吸収合併したことに伴う前者の解散による減少が含まれている。

　日本内その他会社の株式の受け皿として合同土地株式会社（1920年4月設立、本店東京、資本金5百万円半額払込）が日本産業系会社の一部の株式を保有していた。1937年2月期の日本産業護謨資本金6,140千円のうち、日本産業141,943株についで合同土地が11,050株を保有していた[19]。同社の前商号は合同肥料株式会社である（資本金10百万円4分の1払込）。同社は久原鉱業45.25％、大日本人造肥料44.3％、株式会社多木製肥所（1918年12月13日設立、本店加古川）7.55％の出資で設立された。同社1922年11月期総資産3,351千円のうち有価証券3,081千円、商品69千円という構成で、事業内容は有価証券投資が中心であった[20]。合同肥料は1930年7月3日に商号を実態に近い不動産・有価証券取得運用を業とする合同土地株式会社に変更し、多木製肥所は株式を日本産業に譲渡したと推定する。合同土地は1934年12月30日に資本金を10百万円4分の1払込から5百万円半額払込としていた。1937年6月頃の取締役は伊藤文吉（日本鉱業社長）、二神駿吉（大日本人造肥料）ほかである[21]。1937年1月に日本産業が大日本人造肥料を吸収合併したことで合同土地の全株を保有した。合同土地は日産懇話会の会員となり1938年8月30日に株式会社日産に商号変更した[22]。日産に商号変更後、取締役が

増員され、小平浪平（日立製作所社長）、田中栄八郎（日産化学工業取締役）、伊吹震（日産火災海上保険取締役）ほか、監査役に二神駿吉（元大日本人造肥料社長、日本油脂社長）、下河辺建二（日産護謨社長）が並んだ[23]。この商号変更と豪華な取締役の陣容への改組後に旧日本産業保有の国内会社株式のうち満業資産に取り込んだ会社と中間持株会社の下にぶら下げた会社以外の会社株式を肩代わりした。

1) 鮎川義介は1880年11月6日生、東京帝国大学工科大学卒、1910年6月戸畑鋳物、1922年12月木津川製作所を起こし、1922年9月久原鉱業取締役、1927年6月同取締役に復帰、1928年3月社長、12月日本産業社長、以後、同社系の多数の会社経営に携わり、1937年12月〜1942年12月満業総裁、1941年2月日産社長、1943年1月〜1945年12月貴族院議員、1943年11月内閣顧問、戦犯容疑で拘束、釈放後1953年帝国石油株式会社社長、石油資源開発株式会社社長、1953年5月参議院議員、1959年12月議員辞任、1967年2月13日没（鮎川義介先生追想録編纂刊行会［1968］年譜）。

2) 小平浪平は1874年1月15日生、東京帝国大学工科大学卒、藤田組採用、東京電灯株式会社等を経て1906年久原鉱業採用、日立鉱山工作課長、1910年国産初5馬力電動機製造、1911年7月久原鉱業機械工場の日立製作所設置、1920年株式会社日立製作所設立、1928年同社社長、1947年公職追放、1951年追放解除で同社相談役、1951年10月5日没（日立製作所［1960］ほか）。

3) 久原農園、日本産業護謨園を経た日本産業護謨は1939年8月日産農林工業株式会社に商号変更した（柴田［2005a］第2〜4章参照）。

4) 日産汽船友和会［1965］242頁。この典拠では樺太汽船設立を1920年とする。樺太汽船については帝国銀行会社要録『帝国銀行会社要録』1927年版、樺太4頁。

5) 『日産木曜会々報』5号、1937年3月15日、11号、1937年6月15日、日本油脂［1967］参照。

6) 『日産木曜会々報』1号、1937年1月25日、日立製作所［1960］参照。

7) 前掲『日産木曜会々報』1号。

8) 『日産木曜会々報』4号、1937年3月1日。

9) 日本鉱業［1957］参照、『日産懇話会々報』23号、1937年12月15日。

10) 『日産木曜会々報』10号、1937年6月1日。

11) 鮎川義介先生追想録編纂刊行会［1968］所収の片倉衷「鮎川義介氏と満業の思い出」123-129頁。片倉衷が閣議決定に至る経緯を紹介し詳しい。星野［1978］、小島［1937］も参照。満業をめぐる経済政策は原［1972］、［1976］も参照。星野直樹、松田令輔、椎名悦三郎については秦［1981］116-117、206、218頁。

12) 中村［2003］、宇田川［2015］が日本産業の満洲移駐の理由として課税回避要因を紹介している。
13) 日本産業株式会社『第52期営業報告書』1938年5月期、『日産懇話会々報』22号、1937年12月1日。
14) 日本産業株式会社『第51期営業報告書』1937年11月期、3-6、11-16頁。
15) 朝鮮・台湾と日本との間の法人本店の移転は珍しくない。大規模法人としては大日本製糖株式会社が1941年9月に本店を神戸から台北に移転した事例が知られている（大日本製糖［1965］参照）。「大日本帝国憲法」が施行されない関東州・南洋群島と日本との間でも勅令により「商法」（会社篇）がほぼ適用されるため本店を日本から移転した事例も見られる。代表的な事例として満鉄が東京から大連に移転した（第3章参照）。南洋興発株式会社（1911年11月18日設立、本店東京）が1922年11月6日にサイパンに移転し南洋群島最初の本店法人となった（柴田［2015a］第4章参照）。これらの事例は法人国籍を変更したものではない。
16) 満洲重工業開発株式会社『第1期営業報告書』、1937年11月期、11、23頁。
17) 『日産懇話会々報』24号、1938年1月15日。
18) 日本鉱業［1957］244頁、日本鉱業株式会社『第17期営業報告書』1937年9月期、『第18期営業報告書』1938年3月期。台湾鉱業は1933年11月金瓜石鉱山株式会社が日本鉱業により買収後に商号変更（日本鉱業［1957］726頁）。
19) 『帝国銀行会社要録』1937年版、東京77頁。
20) 合同肥料株式会社『第6期営業報告書』1922年11月期。
21) 『帝国銀行会社要録』1937年版、東京377頁。商号変更は合同土地株式会社『定款』と『帝国銀行会社要録』1930年版、東京248頁。同1928年版、東京222頁では多木製肥所派遣役員が就任していたが、1930年版では降りていた。伊藤文吉については第4章参照。
22) 1934年8月30日に日産木曜会は東京在住役員親睦会として発会、各地日産会を糾合する組織として1937年1月22日改組（『日産木曜会々報』1号、1937年1月25日、『日産懇話会々報』17号、1937年9月15日）。事務局は日本産業内に置き、1937年9月1日に日産懇話会と改称。合同土地の商号変更日は定款改正日（『日産懇話会々報』40号、1938年9年15日）。宇田川［2015］は合同土地の日産への商号変更については解説があるが、その投資先については満投以外に解説がない。
23) 『帝国銀行会社要録』1939年版、東京、420頁。田中栄八郎は文久3（1863）年8月16日生、大川平三郎実弟、1879年王子製紙採用、1898年8月辞職、1914年5月樺太工業株式会社取締役、1919年8月鴨緑江製紙株式会社取締役、1923年5月30日大日本人造肥料社長、1933年5月18日王子製紙取締役、1937年4月30日日本化学工業社長、1937年12月日産化学工業社長、1941年2月28日辞任、1941年3月16日没（『日

産懇話会々報』98号、1941年4月1日、故田中栄八郎翁追悼会［1951］年譜）。伊吹震は1888年8月3日生、藤山雷太息子、1915年東京帝国大学法科大学卒、1917年6月朝鮮製糖株式会社常務取締役、大日本製糖常務取締役、1932年同社経営を異母弟藤山愛一郎に譲り、日本食料工業社長、1937年6月日産火災海上保険社長、1940年8月太平洋生命保険社長、同年10月日産生命保険社長、1961年3月31日没（日産生命保険［1889］100-103頁ほか）。二神駿吉は明治元（1868）年6月生、1891年東京法学院卒、三井物産採用、名古屋・門司支店長、大日本人造肥料専務取締役、合同油脂取締役、日本油脂に商号変更専務取締役、日本油脂社長、1928年衆議院議員、1941年7月〜1945年7月樺太開発株式会社（1941年7月1日設立、本店豊原）社長（柴田［2015a］556頁）。三保幹太郎は1890年8月生、神戸高等商業学校卒、日産専務取締役、満業理事、満投理事長、日本燐寸製造株式会社代表取締役、日産土木、満洲日産土木株式会社各取締役（中西利八編『満洲紳士録』満蒙資料協会1943年版、284頁）。下河辺建二は1878年10月生、大阪商業学校卒、百三十銀行（1878年12月27日設立、本店大阪）採用、藤田組勤務、久原鉱業日立鉱山勤務、日本産業専務取締役、日産護謨社長、日本鉱業社長、日産農林工業社長、1964年2月28日没（帝国秘密探偵社『大衆人事録』1942年版、東京500頁ほか）。

第2節　日中戦争期満洲重工業開発の関係会社投資

1．事業概要と資金調達

　1937年12月1日「会社法」施行と附属地行政権の満洲国への返還で、日本産業は新京本店の満洲国法人に転換し、同年12月20日公布の「満洲重工業開発株式会社法」が同月27日に施行されたことに伴い、満洲重工業開発株式会社に商号変更した。総裁鮎川義介、副総裁馮涵清が任命された。翌年1月10日に商号変更を登記し、満洲国特殊法人に転換した。1月15日に常務理事山田敬亮、理事浅原源七、奥村慎次、世良正一、田中恭、宋青濤とそのほか監事の選任が認可された[1]。常務理事山田敬亮と理事浅原源七は（1939年6月27日まで在任）、前日本産業取締役でこの両者は鮎川と並び日本産業から満業に転換してもそのまま役員を続けた[2]。奥村慎次（1942年1月8日辞任登記まで在任）は満鉄出身、前株式会社興中公司（1935年12月20日設立、本店大連）、満洲化学工業株式会社（1933年5月

30日設立、本店大連)ほか取締役を歴任した。世良正一(1941年2月18日まで在任)は満鉄出身、前満鉄産業部次長、田中恭(1942年1月8日辞任登記まで在任)は大蔵省出身、前満洲国財政部理財司長、宋青濤(1942年1月8日辞任登記まで在任)は前満洲採金株式会社常務理事である[3]。同日に総裁鮎川、理事山田ほかが設置法に基づき他業に従事する件に付き届出を行った。この届出により満業役員は支配会社等の役員を兼務することで経営権を掌握した。3月12日に総裁鮎川、理事山田、奥村、田中が満洲鉱山株式会社の役員に就任する許可を得た。以後、同様に個別申請と許可を経て満業役員は支配子会社、その他会社及び非会社組織の役員に就任することになる。さらに3月16日に理事河本大作(前満鉄理事、満洲炭礦株式会社理事長(1936年10月〜1940年9月在任))、小日山直登(元満鉄理事、株式会社昭和製鋼所社長(1937年6月〜1941年3月在任))及び島田利吉(1938年3月16日〜1942年2月17日在任、前日本鉱業取締役(1929年4月24日〜1939年12月31日在任、この間常務取締役、専務取締役))の選任が認可された[4]。このうちの河本と小日山は満業が満鉄から満洲国経由で株式を取得したことに伴い満業支配下に移された大規模事業法人のトップとして満業本体の経営方針で連携を取るために理事に就任させたが、河本については関東軍の強い押しがあったはずである。ほかにも理事が多数就任するが、副総裁就任者及び重要な会社の役職者のみを省略しよう。その後、1938年11月25日に吉野信次が副総裁に就任し(1941年2月17日まで在任)、副総裁二人体制となった。吉野は商工次官、特許庁長官を経て第1次近衛文麿内閣商工大臣に上り詰めた商工官僚である。この人事は商工省時代に吉野の腹心の部下といわれた岸信介が満洲国産業部次長に就いており(1937年7月〜1939年8月在任)、岸が押し込んだと見られよう[5]。日本人副総裁を配置するというのは当初からの方針であった。そのほか1939年6月27日に三保幹太郎が理事に就任した。山田が1939年6月27日に常務理事を退任し、同日に監事に就任し(1941年2月18日まで在任)、経営の中心から降りたことによる旧日本産業枠の補充である。鮎川の日本産業時代からの部下三保は鮎川が社長に就任した株式会社日産の専務取締役も兼務し、日本内の日産企業集団の経営にも関わっていた。さらに満業保有の日本内本店会社株式処分のため1941年6月2日に設立した満洲証券投資株式会社(本店新京)の理事長も兼務し、満業の株式

表9-1 満洲重工業開発貸借対照表 (1)

(単位:千円)

	1938.5期	1938.11期	1939.5期	1939.11期	1940.5期	1940.11期	1941.5期	1941.11期
(資産)								
未払込資本金	53,250	53,250	―	―	―	―	―	―
有価証券	430,239	515,065	650,722	840,387	1,032,952	1,228,189	1,251,383	1,214,965
固定財産	768	1,175	3,049	3,540	4,640	4,701	5,446	7,244
投資会社勘定	35,344	60,589	64,766	120,223	188,493	217,464	407,733	514,108
未収入金	4,189	5,181	10,316	14,370	13,607	19,713	20,563	21,235
仮払金	1,020	9,616	9,444	7,783	5,974	7,883	9,943	11,419
預金現金等	79,543	14,152	25,847	71,051	26,333	25,575	28,916	28,990
合計	604,355	659,030	764,146	1,057,357	1,272,003	1,503,528	1,723,987	1,797,963
未払込資本金控除総資産	551,105	605,780	764,146	1,057,357	1,272,003	1,503,528	1,723,987	1,797,963
(負債)								
資本金	450,000	450,000	450,000	450,000	450,000	450,000	450,000	450,000
諸積立金	37,467	41,292	42,186	54,700	66,227	77,757	82,971	96,359
借入金	81,410	117,410	189,940	369,210	479,010	663,589	752,802	757,307
社債			30,000	130,000	170,000	210,000	340,000	399,700
投資会社勘定		23,984	13,130	12,645	64,328	64,042	54,045	49,096
諸預り金	1,135	1,021	790	744	771	772	614	770
仮受金	15,059	3,981	1,858	1,896	880	872	954	569
未払金	333	704	1,230	2,145	2,692	2,670	3,255	4,535
前期繰越金	2,459	2,752	4,738	5,475	7,475	9,542	11,588	12,305
当期純益金	16,490	17,883	30,270	30,539	30,617	24,281	27,754	27,318
合計	604,355	659,030	764,146	1,057,357	1,272,003	1,503,528	1,723,987	1,797,963

出所:満洲重工業開発㈱『営業報告書』(各期)。

処分による資金調達部門と日本内企業集団投資戦略を担当した[6]。

　高碕達之助が1940年6月に理事に就任した。高崎は東洋製缶株式会社(1917年6月設立、本店東京)を経営し力量を発揮していた[7]。満業理事の就任理由は缶詰用の製鉄供給が細る中で、高崎が満業に交渉して原料鉄の調達を目指したところ、鮎川が高崎を見込んで理事に押し込んだようである。鮎川と高碕はともに外国の事業現場で苦労して技術を磨いた経営者であり世界観等で共通するものがあったのかもしれない。副総裁吉野は1941年2月27日に辞任し、同年2月17日に高崎が副総裁に就任した[8]。経営実務に明るい高崎を副総裁に据えることで企業集団のパフォーマンスをあげる必要があった[9]。

　満業は設立当初の満洲国からの政府出資と、満洲国経由満鉄保有株式の取得でほぼ新規出資を相殺した。1938年5月期有価証券430百万円、投資会社勘定35百万円となり、総資産のうち前者は78%、両者合計は84%と純粋持株会社の特徴的な資産構成を示していた(表9-1)。他方、債務では1938年11月借入金81百万円

を調達して調整していた。1938年11月期に有価証券515百万円、投資会社勘定61百万円に増大した。他方、債務では社債発行がまだ実現せず、借入金117百万円に増大させて資金繰りをつけていた。同社は日本法人ではないため、日本の株式市場における多額増資と社債発行を実現するまでは資金調達に苦慮した。満業は設置法に基づき満洲国政府保証債の発行が可能であり、1939年3月1日より日本の銀行団引受けによる満洲国政府保証の第1回満業債30百万円発行に踏み切り（日本興業銀行［1970］298頁）、社債発行による資金調達を開始した。日本の起債市場になじみの薄い満業債の消化で困難が発生することが懸念された。そのため従来の保険院（1938年1月11日設置、厚生省外局、逓信省より移管）の管理する簡易生命保険特別会計積立金のみならず大蔵省預金部資金も満業債を引き受けることとし、1939年度に20百万円を引き受けた[10]。

　預金部資金は保有満業債の追加発行の際に取得を続けた。満業は日中戦争期に日本市場で12回累計400百万円を発行した（日本興業銀行［1970］299頁）。この日本国内消化に支援するため、1941年3月期で預金部資金はほぼ4分の1の98,970千円を保有した（大蔵省昭和財政史編集室［1964］付表）。そのほか1941年7月15日に簡易生命保険特別会計積立金は5百万円全額を引き受けた（日本興業銀行［1970］298頁）。

　こうした資金調達の強化に伴って、1941年11月期には社債399百万円のほか借入金757百万円で資金繰りをつけ有価証券1,215百万円、投資会社勘定514百万円に増大させていた。この時期でもまだ社債発行よりは借入金が多額である。さらなる出資・融資に資金を投入し続ける必要があり、借入金の金利負担と債務の不安定性を打開するため社債増発を強めるか増資するかさもなくば保有株式を処分して資金調達するしかなかった。総資産に対する有価証券比率は67％、有価証券と投資会社勘定の合計の比率は96％へと増大し、手元流動性は乏しい状況にあったが、この資産構成からみても満業は純粋持株会社として後述のように満洲国投資に傾斜していたことを告げる。

2．満洲国政府経由の南満洲鉄道保有株取得

　満業は設立後に満洲国政府・満鉄が出資していた企業の株式の譲渡を受けた。

満鉄保有株式は満洲国政府が取得したうえで、満業に譲渡した。それを概観しよう（表9-2）。株式会社昭和製鋼所は満鉄が1917年5月に直営で着手した鞍山の製鉄事業を法人として分離して、本店京城に置いて1929年7月4日設立された。工場敷地の取得を経て1932年に満洲国に事業所を設置して事業に着手し、さらに1933年5月2日に本店を工場所在地の鞍山に移転し、満鉄附属地法人となった。全株を満鉄が保有していた。1937年11月26日に同社は資本金100百万円89百万円払込となったが、満業改組後の1938年3月2日に満鉄は持株の55％1,100千株、払込48,950千円分を満洲国政府に有償譲渡し、同政府は満業に再譲渡した。これにより昭和製鋼所は満洲国の準特殊会社に位置づけられる。会長に鮎川義介が就任し、社長小日山直登（満鉄理事）、常務取締役久保田省三（満鉄・昭和製鋼所）、取締役に満業理事矢野耕治、奥村慎次、世良良一を兼務派遣した[11]。さらに同年9月16日に昭和製鋼所は倍額増資し[12]、満業が増資新株を引き受け、77.5％出資とし支配を強めた[13]。1939年5月25日「株式会社昭和製鋼所法」により満洲国特殊会社に改組された。

　同和自動車工業株式会社は1934年3月22日「同和自動車工業株式会社法」に基づき同月31日に設立された特殊会社である（本店奉天）。満鉄が筆頭株主となり一部満洲国政府現物出資のほか、日本の自動車製造業者等に出資を募ったが[14]、満業の満洲投資の開始で政府と満鉄の保有株を取得し、資本金6,200千円3,700千円払込のうち満業は満洲国政府4千株（現物出資200千円）と満鉄58千株（2,900千円半額払込）計1,650千円に相当する株式の譲渡を受けた。満業以外に日本国内の自動車工業株式会社（1929年5月設立、本店東京）、東京瓦斯電気工業株式会社（1910年8月設立）、三菱造船株式会社（1917年6月設立、本店東京）、日本車輌製造株式会社（1896年9月設立、本店東京）、川崎車輌株式会社（1928年5月設立）、戸畑鋳物株式会社（1910年10月設立）、自動車製造株式会社（1933年12月設立、本店東京）の各社が出資した。同和自動車工業は満業と日本国内の自動車関係会社の合弁事業として資本系列が改められた[15]。日本の出資会社のうち自動車製造は1934年5月に日産自動車株式会社に商号変更し、戸畑鋳物は1935年10月に国産工業株式会社に商号変更したうえで1937年5月に日立製作所に吸収合併された。1937年8月に東京自動車工業が東京瓦斯電気工業の自動車部門を買収し、

表9-2 満洲重工業

関係会社名	設立年月日	本店	地域	設立譲渡時満業保有払込資本金	譲受額	1938.5期	1938.11期
(株)昭和製鋼所	1929.7.4	鞍山	満洲	48,950	77,000	55,000	80,000
同和自動車工業(株)	1934.3.31	奉天	満洲	1,650	1,650	1,880	3,560
満洲炭礦(株)	1934.5.7	新京	満洲	29,761	31,282	45,761	61,761
満洲採金(株)	1934.5.16	新京	満洲	5,000	5,257	*5,000*	*5,000*
満洲軽金属製造(株)	1936.11.10	撫順	満洲	12,000	12,000	24,000	31,250
満洲鉛鉱(股)→満洲鉛鉱(株)	1935.6.18	奉天	満洲	—	—	2,000	
満洲鉱山(株)	1938.2.25	新京	満洲	—	—	12,500	25,000
満洲飛行機製造(株)	1938.6.20	奉天	満洲	—	—	—	5,000
東辺道開発(株)	1938.9.14	新京	満洲	—	—	—	6,800
満洲自動車製造(株)	1939.5.11	新京	満洲	—	—	—	—
(株)本渓湖煤鉄公司	1935.9.25	本渓湖	満洲	—	—	—	—
協和鉄山(株)	1939.8.5	新京	満洲	—	—	—	—
満洲重機製造(株)→満洲重機(株)	1940.5.17	新京	満洲	—	—	—	—
満洲ボーリング(株)	1940.6.4	新京	満洲	—	—	—	—
満洲特殊鉄鉱(株)	1940.10.1	新京	満洲	—	—	—	—
精炭工業(株)	1941.8.1	新京	満洲	—	—	—	—
礼賚炭礦(株)	1941.11.21	新京	満洲	—	—	—	—
日本水産	1914.11.14	東京	日本	—	—	41,724	*41,664*
(株)日立製作所	1920.2.1	東京	日本	—	—	40,862	*40,862*
合同土地(株)→(株)日産	1920.4.—	東京	日本	—	—	2,500	2,500
日立電力(株)	1927.9.1	東京	日本	—	—	2,779	*2,779*
日本鉱業(株)	1929.4.24	東京	日本	—	—	81,676	93,344
日産自動車(株)	1933.12.26	東京	日本	—	—	*14,700*	*14,700*
日本産業護謨(株)→日産農林工業(株)	1934.3.6	東京	日本	—	—	6,157	6,157
日産化学工業(株)	1934.7.—	東京	日本	—	—	62,461	62,423
日本油脂(株)	1921.4.20	東京	日本	—	—	—	1,252
中央土木(株)→日産土木(株)	1930.9.—	東京	日本	—	—	750	750
合計社数 社数				5	5	16	18
出資額				97,361	127,189	399,753	484,806
満洲合計 社数				5	5	7	8
出資額				97,361	127,189	146,141	218,371
日本合計社数 社数						9	10
出資額						253,611	266,434
連結子会社社数 社数						14	14
出資額						380,053	378,547
持分法適用会社社数 社数						2	5
出資額						*19,700*	*105,006*
その他会社社数 社数						—	1
出資額						—	1,252

注:イタリックは持分法適用会社、アンダーバーはその他会社。
出所:満洲重工業開発株式会社『営業報告書』(各期)、(株)日産『営業報告書』(各期)、中央土木(株)・日産土木(株)『営二歩難油脂』[1967]。

開発出資 (1)

(単位:千円)

1939.5期	1939.11期	1940.5期	1940.11期	1941.5期	1941.11期	備考
105,000	130,000	155,000	155,000	155,000	155,000	55%→77.5%
3,560	14,500	25,440	25,440	25,440	—	50%→57.4%→84.8%、1941.9.13に満洲自動車製造に譲渡
107,761	167,761	223,921	298,921	298,921	298,912	97%→98.8%→99.6%
5,000	—	—	—	—	—	41.6%、満洲国政府に譲渡
36,500	49,000	78,700	78,700	78,700	78,700	98%、登記日
—	—	—	—	—	—	50%、1938年中に商号変更、満洲鉱山に譲渡
37,000	49,500	80,500	100,000	100,000	125,000	100%
10,000	20,000	40,000	60,000	70,000	80,000	100%
14,000	42,500	64,000	91,950	115,350	125,350	66%→86.6%→92.1%→99.2%
25,000	25,000	25,000	25,000	25,000	25,000	100%
—	40,000	40,000	40,000	40,000	40,000	40%
—	4,000	4,000	4,000	4,000	4,000	40%
—	—	—	42,800	38,600	45,000	100%、1940.10.15商号変更
—	—	—	740	740	1,480	74%
—	—	—	2,375	2,375	4,750	31.6%
—	—	—	—	—	1,250	100%
—	—	—	—	—	12,500	100%
41,536	27,936	27,936	27,936	22,462	17,932	
47,910	56,367	57,620	75,058	64,728	40,282	
2,500	2,500	5,000	5,000	7,500	7,500	100%→50%、1938.8.30商号変更
2,779	3,338	2,612	3,005	3,005	500	
93,881	91,844	90,769	90,769	90,769	85,240	
14,700	14,700	14,700	14,700	14,700	1,170	
6,157	7,695	6,151	6,151	6,151	1,151	1939.8.25商号変更
92,846	62,846	62,727	47,727	48,090	41,704	
1,000	1,000	1,000	1,000	1,000	1,000	100%、1940.11.25商号変更
18	19	19	22	22	23	
647,134	810,491	1,004,580	1,196,275	1,212,534	1,193,424	
9	10	10	13	13	14	
343,821	542,261	736,061	924,926	954,126	996,942	
9	9	9	9	9	9	
303,313	268,229	268,518	271,348	258,408	196,481	
13	13	12	12	12	13	
535,207	572,304	766,940	884,551	916,251	956,692	
5	7	7	10	9	5	
111,927	238,187	237,639	311,723	231,554	175,695	
—	—	—	—	1	5	
—	—	—	—	64,728	61,036	

業報告書』(各期)、日米水産[1961]、日本鉱業[1957]、日立製作所[1960]、日産自動車[1965]、日産農林工業[1985]、

日立製作所が1939年5月に残る部門を吸収合併した。自動車工業は1937年11月に東京自動車工業に吸収合併された。東京自動車工業は1941年4月にヂーゼル自動車工業株式会社に商号変更した[16]。満業は政府出資現物株4千株と満鉄出資現金株58千株を取得したほか、満業に転換する前に日本産業が戸畑鋳物と日立製作所から9,200株を取得していた。さらに満業は1939年5月11増資437.6千株を引き受け、出資額は25,440千円となり、出資率は84.8％に上昇した。そのほか融資10,032千円で支援した[17]。

満洲炭礦株式会社は1934年5月7日「満洲炭礦株式会社法」に基づき同年5月7日設立された特殊会社である（資本金16百万払込）。資本金の半額を満鉄、残りを満洲国財政部・同交通部・満洲中央銀行が現物出資して保有していた。同社は増資し80百万円32百万円払込となった。満業は満洲移駐後に、満炭の株式を満鉄・満洲国政府から取得し、満業は97％を保有し、資本金では完全に支配下に置いた。こうして満洲政府系と満鉄系の出資を満業に統合した。ただし満炭理事長河本大作が満業理事兼務でそのまま続けたため、満業はほかの理事の兼務派遣を行わず[18]、満業の経営介入を見送っていた。満洲軽金属製造株式会社は1936年11月2日「満洲軽金属製造株式会社法」に基づき同月7日創立総会が開催され同月10日に設立登記された特殊会社である（本店新京）。同社の設立時の資本金25百万円12.5百万円払込であり、政府出資10百万円（半額払込）のほか満鉄と日本の軽金属事業者が出資した。満業設立と同時に満洲国政府株式200千株5百万円が譲渡され、その後1938年3月10日に満鉄保有株280千株700万円が満洲国に譲渡され、それを満業が取得した[19]。その結果ほぼ満業の出資となったが、残りは株式会社住友本社（1937年3月設立）、日本電化工業株式会社（1925年6月設立、本店東京）、日満アルミニウム株式会社（1933年10月設立、本店東京）、日本曹達株式会社（1920年2月設立、本店東京）が出資していた。満洲にアルミ製錬技術を導入するため、日本の先端企業と組んで操業させる必要があり、これら企業の出資を受けた。

1934年5月3日「満洲採金株式会社法」に基づき同月16日に設立された満洲採金株式会社（本店新京、資本金12百万円払込）は産金を推進し、満洲国の産金政策の主要な担い手となっていた。満業は満鉄41.66％5百万円及び小額の満銀出

資合計43.8％5,257千円の譲渡を受けた。満洲国政府と東洋拓殖株式会社の出資はそのまま残っていた[20]。満洲採金は他の満業支配会社と位置付けが異なるためか、満業営業報告書に事業内容の掲載がない。

以上の5社の株式評価額合計107,475.6千円となり（第6章参照）、この株式を満洲国から現物出資を受けたことで、満洲国政府の満業出資250百万円から控除され、現金出資は177,524.4千円となった（第6章参照）。この現金出資を得て満業は満洲国内投資に向かう。

こうして満業は満洲の大規模持株会社として事業投資を開始した。以上の政府持株の取得は巨額なものではあるが、それまで日本産業が日本国内で頻繁に行っていた企業買収と同等のものと理解できる。満業が取得した満洲国株式をいずれ売却することで新たな資金調達の道を開きつつ、さらに企業グループ戦略を強めることも展望されていた。

3．第1次産業開発計画発動後の投資先の拡大

1937年4月に発動された満洲産業開発計画に基づく満洲工業化戦略が実施に移され、それに対応した満業投資が行われた[21]。満業の投資には株式取得による資金供給のほか長期短期融資がある。前者は資金供給のみならず関係会社への支配の力量を示す。後者は関係会社の長期短期の資金に柔軟に応ずることで、子会社に対する資金調整を行うことが可能である。融資には満業による株式払込や増資引受までの前貸金が含まれる。第1次産業開発五カ年計画の時期の満業の投資を概観しよう。

満業の進出後に満洲国から株式を肩代わりして取得した後の満業の出資・融資の残高は、1941年まで一覧できる。まず満業系企業の新設として株式取得から概観しよう（表9-2）。

（1938年5月・11月期）

1938年5月期に満業は満洲鉛鉱股份有限公司（1935年6月18日設立、本店奉天、資本金4百万円払込）の株式2百万円を取得した。同社は日満鉱業株式会社（1919年5月22日設立、本店東京）と満鉄の折半出資で設立されたものであり、

満業は満鉄から株式を買収した。取得額2百万円であるが、評価額は1.5百万円であった。1938年2月25日に満洲鉱山株式会社が設立された（2月28日登記、本店新京、資本金50百万円4分の1払込）。満業は全額出資した。会長鮎川義介、社長島田利吉であった[22]。同社が満業改組後の最初の完全子会社の設立である。同社の設立を見て、満業は満洲鉛鉱の株式を満洲鉱山に譲渡し非石炭鉱業の投資を同社に任せ、満洲鉱山は中間持株会社化した。満業は期末で16社に399百万円を出資していた。うち満洲7社146百万円、日本9社253百万円である。ここには中央土木を掲載している。同社は満業営業報告書では1939年11月期から関係会社として掲載されているが、満業改組後の1938年4月期中央土木株主名簿では役員株を含み全額満業出資となっている[23]。同社は1930年9月設立であるが、1931年6月頃の取締役宮長平作（前久原鉱業技師）、伊藤文吉、監査役下河辺建二が並び日本産業系経営者が列し[24]、設立時点で日本産業が支配下に置いていた。まだ満洲投資に着手して間もないため日本内会社出資が上回っていた。連結子会社14社380百万円が多額で、持分法適用会社2社19百万円に止まった。日産汽船株式を日本鉱業に、また日本油脂株式も日本水産と日産化学工業に肩代わりさせ[25]、孫会社に位置付けを変えた。保有株式を資金的に余裕ある子会社に譲渡し企業集団内で資金を相互に調整することで満洲投資資金を確保した。

　1938年6月16日「満洲飛行機製造株式会社法」に基づき同月20日に満洲飛行機製造株式会社が設立された。満洲航空株式会社（1932年9月26日設立、本店奉天）の航空機整備補修部門を分離して設立したものであり、資本金20百万円5百万円払込の同社に満業は全額出資した。同社は法律に基づき航空機製造独占を行うため満洲国特殊会社と位置づけられる。1938年9月14日に東辺道開発株式会社が設立された（本店通化、資本金30百万円10.2百万円払込）。満業が3分の2、満炭が3分の1を出資の出資した。親子出資である。会長鮎川義介、常務取締役奥村慎次（満業理事）であり、満業が支配下に置いた。吉林省東部の通化周辺の鉱山を発掘し製鉄業を起こすという壮大な計画を実施に移した。こうして満業は満洲国の鉱工業に対する多額投資を開始した。

　満洲国の新設会社に出資したため、1938年11月期で18社484百万円に増大し、うち満洲8社218百万円に増大したことで、日本内10社265百万円に近づいた。連

結子会社14社378百万円に増大した。純粋持株会社として投資するため、連結子会社が多いのは当然といえよう。持分法適用会社は変わらない。

(1939年5月・11月期)

　1939年5月5日「満洲自動車製造株式会社法」に基づき同年5月11日に満洲自動車製造株式会社が設立された（本店新京、資本金10百万円4分の1払込）。満業が全株出資した。会長鮎川義介、理事長山本惣治（日産自動車常務取締役）であり、日産自動車の人材を投入した[26]。同社設立で既存の同和自動車工業のレヴェルの自動車製造からさらに事業を拡大し、満洲の自動車製造業を強化し、自動車製造独占を目指した。ほか新規出資がなかった。1939年5月期18社647百万円に増大し、満洲9社343百万円となり、日本9社303百万円を上回った。

　1939年11月期では、株式会社本渓湖煤鉄公司（1935年9月25日設立、資本金100百万円払込）の株式40％40百万円を取得した。同社は合名会社大倉組と旧政権との合弁により1910年5月22日設立された日支商弁本渓湖煤鉄有限公司が1911年10月6日に日支商弁本渓湖煤鉄有限公司に商号変更し、満洲国出現後の1935年9月25日に満洲国政府と大倉組の合弁法人の準特殊会社の本渓湖煤鉄股份有限公司に改組再登記し[27]、1937年12月1日「会社法」施行で1938年5月26日に株式会社本渓湖煤鉄公司に商号変更登記した[28]。同社の資本金10百万円全額払込、満洲国政府出資4百万円、大倉組出資6百万円であった。同社は1939年5月25日に100百万円に増資を決議し[29]、満業が増資新株40百万円を取得し、大倉組40百万円出資と同額となり、他方、満洲国政府は20％出資に低下した。これに伴い満業は本渓湖煤鉄公司を40％の持分法適用会社とし満洲国で2番目の巨大製鉄業社にも影響力を主張できる立場を得た。当初は過半出資で支配下に置く方針であったが出資率を引下げた。同年6月26日に鮎川が理事会長に就任し、前本渓湖煤鉄公司理事の大崎新吉が理事長に就任した[30]。そのほか1939年8月5日設立の協和鉄山株式会社（本店新京）の資本金10百万円払込に40％4百万円を出資し同社を持分法適用会社とした。同社には上島慶篤が満業と同じ40％、満洲国政府が20％を出資した[31]。上島は大華鉱業株式会社（1939年1月31日設立、本店新京、資本金5百万円4分の1払込）を経営していた。満洲国政府の出資は上島と満業のいずれかが

50％以上にならないように調整した。満業が満洲の鉄鋼業を支配するため、上島系鉱山を系列化した。上島は鉱山を現物出資した[32]。社長上島、副社長竹中政一（元満鉄理事、満業理事）であった。上島は鮎川を嫌っており、両者の間を調整するため満鉄総裁松岡洋右の根回しで元満鉄理事竹中政一を1938年6年27日に満業理事に就任させ併せて副社長に就任させたことで満鉄内では竹中が格下げ人事を受け入れたとする非難の声が上がった。その後、協和鉄山の増資をめぐり上島と満業は激しく対立し[33]、資金繰りが苦しくなっていった。同社は1939年8月30日に上島の経営する康徳鉄山株式会社（1938年4月6日設立、本店新京、資本金3百万払込）の営業譲渡を受けることを決定し[34]、康徳鉄山は事業譲渡後の同年8月31日に解散した[35]。

この期に満炭への出資額が107百万円に達し、昭和製鋼所105百万円を上回った。満業の主要出資業種が石炭業へと比重を移しつつあった。

1939年6月13日満洲国国務院会議で満業・東拓保有の満洲採金株式を満洲国政府が取得することを決定し[36]、満業は保有する満洲採金株式を満洲国政府に譲渡し、産金支援から手を引いた。日本産業護謨は同年8月25日に日産農林工業株式会社に商号変更した（日産農林鉱業［1985］参照）。満業は日本水産、日本鉱業及び日産化学工業の保有株を売却し資金調達を行った。日本鉱業は連結子会社から持分法適用会社に位置づけを変えた。1939年11月期合計19社810百万円に増大し、そのうち満洲10社542百万円へと増大し日本9社を突き離した。

(1940年5月・11月期)

1940年1月30日に満炭が資本金200百万円から300百万円への増資を決議し、新株4分の1払込を求めた。これにより満炭は満業企業集団の中で最大の資本金を誇る会社となり、傘下にも会社を抱えた。また1940年4月1日に満洲国政府保有満炭株式を取得した[37]。1940年5月17日に満洲重機製造株式会社が設立された（本店新京、資本金50百万円払込）。満業は全株を出資し支配下に置いた。会長鮎川義介、社長矢野美章（満業理事、前国産工業常務取締役）であった。同社は大型圧延機・大型水圧機・高級ロール・高圧反応塔ほか重機の自足時給を目的とし[38]、関東州金州に工場を設置した。同社は10月15日に満洲重機株式会社に商号変更し

た[39]）。また満業は同年6月4日に設立登記した満洲ボーリング株式会社（本店新京、資本金2百万円半額払込）に74％740千円を出資し支配下に置いた。ほかの出資は株式会社利根ボーリング（1937年12月設立、本店東京）である。専務取締役永積純次郎（満炭理事）、常務取締役久慈光三（利根ボーリング取締役）、取締役世良正一（満業理事）ほかが列した[40]）。同年10月1日に満洲特殊鉄鉱株式会社の創立総会が開催された（15日登記、本店新京、資本金30百万円4分の1払込）。満業31.6％2,375千円、満洲鉱山66.6％、日本油脂1.66％の出資である。親子出資が行われた。社長島田利吉（満洲鉱山）、常務取締役川上正一郎（満洲鉱山）で[41]）、満洲鉱山の経営支配下に置いた。同社は満洲の準特殊会社と位置づけられた。日本の会社株式では日産化学工業の保有株を減らしたため、50％を割り持分法適用会社に位置づけを変えた。1940年11月25日に中央土木は日産土木株式会社に商号変更する決議を行った（同日登記）[42]）。

（1941年11月期）

1941年8月1日に設立登記された精炭工業株式会社（本店新京、資本金5百万円4分の1払込）に満業は全額を出資した。9月13日に満業は満洲自動車製造に保有する同和自動車工業株式508.8千株を譲渡した[43]）。1941年11月21日に札賓炭礦株式会社が設立された（本店新京、資本金50百万円4分の1払込）。満業は同社に全額出資した。同社は1935年2月23日に満洲国政府がソ連より北満鉄道を買収したことに伴い同鉄道保有の札賓炭礦が満洲国政府に帰属し、満鉄にその経営を委任した。同年8月1日に満炭に委任先を変更し同社が採掘に当たっていた。満炭の経営が不振のため、札賓炭礦を法人として設立し、11月30日に満業が満洲国政府より同炭礦を取得し全額出資子会社の札賓炭礦に改め12月1日より経営を担わせた[44]）。1941年9月5日に日産土木は倍額増資し資本金2百万円払込となった。満業が引受けるはずであったが、資金繰を考慮し満投に引受けさせた[45]）。これに伴い満業出資率は50％に低下した。該期に日本の会社出資は急減した。日本鉱業と日産化学工業以外は20％未満その他会社となった。日産土木の株式も譲渡した。

1941年11月期末で最大出資先は満炭298百万円で、以下、昭和製鋼所155百万円、

表9-3 満洲重工業開発関係会社融資 (1)

(単位:千円)

	1939.5期	1939.11期	1940.5期	1940.11期	1941.5期	1941.11期
満洲炭鉱(株)	7,000	20,000	42,500	55,700	173,739	204,960
満洲軽金属製造(株)	—	13,118	1,697	15,750	28,592	34,676
満洲鉱山(株)	—	13,758	10,872	7,461	25,546	25,546
東辺道開発(株)	—	5,731	10,949	7,020	7,020	23,439
満洲飛行機製造(株)	—	9,879	11,886	6,382	6,382	16,819
(株)本渓湖煤鉄公司	—	—	5,016	53,704	75,246	100,385
(株)昭和製鋼所	—	—	—	10,101	39,692	50,972
同和自動車工業(株)	—	—	—	10,133	10,133	19,451
(株)日産		…	…	…	2,528	2,081
以上小計	7,000	62,486	82,920	166,251	368,878	478,839
その他不明	3,084	3,652	52,893	3,495	5,060	-6,872
当期貸付	7,049	56,053	69,675	33,934	194,192	107,519
期末貸付残高	10,084	66,138	135,813	169,746	393,938	471,457
株式取得払込	126,950	198,184	193,359	187,865	40,200	32,825
株式残高	374,149	572,333	765,692	953,557	993,757	1,026,582

注1:『営業報告書』の関係会社別投融資増減を株式保有期末残高とつき合わせて集計。増減のない場合も株式取得もしくは払込がなされれば、出資前貸しの引揚がなされたとし見なした。
注2:関係会社期末が同一でないため期末残高と整合しない。
出所:満洲重工業開発(株)『営業報告書』(各期)、(株)日産『営業報告書』(各期)。

満洲鉱山・東辺道開発各125百万円と続いていた。その結果、23社1,193百万円に増大していたが、満洲14社996百万円に対し、日本9社196百万円となり、この期も日本の関係会社株式を処分することで資金調達し、その資金を満洲の新規投資に回していた。処分先は後述の満投である。連結子会社13社956百万円となりほぼ連結子会社への出資に傾注していたといえよう。持分法適用会は5社150百万円に止まっていた。

　満業の出資先企業への資金供給は株式払込に止まらない。満業は持株会社として関係会社への長短融資によっても資金供給を行っていた(表9-3)。1939年5月期で出資先が確認できるのは満炭7百万円のみであるが、同年11月期には満炭20百万円に急増し、そのほか満洲軽金属製造13,110千円、満洲鉱山13,750千円、東辺道開発5,730千円、満洲飛行機製造9,870千円、その他を含み合計66,130千円に急増していた。さらに1940年11月期では本渓湖煤鉄公司53,700千円が、満炭の55,700千円に次ぐ融資先となった。満洲軽金属製造15,750千円、同和自動車工業10,133千円、昭和製鋼所10,100千円と続いた。満業の出資と融資で石炭業・製鉄

業に重点が置かれた。そのほかの製造業では、満洲軽金属製造が重点支援を受けた。満洲軽金属製造のみならず、1940年5月期より融資残高が減少している満洲鉱山、東辺道開発、満洲飛行機製造のような事例もあるが、この4社はいずれも増資により借入金を償還しており、これらの借入金は増資前借金に近い性格であった。借入金の場合には確定利子の支払が必要となるが、出資であれば利益に応じて配当率を調整できるため、資金負担が軽いといえよう。

4．満洲投資証券の設立と株式譲渡

満業は日本国内で社債を発行するとともに、保有する日本内関係会社の株式を処分することで資金調達を続けた。ただし満業保有の日本鉱業や日産化学工業等の有力会社の株式を一挙に処分すると、株価下落を引き起こすことが懸念されて大量処分に踏み切れなかった。この局面を打開するために編み出されたのが中間的な株式の受け皿法人である。日本内の資金を集めて設立し、そこに満業保有の日本法人株式を時間をかけて処分し、受け皿法人が株式市況を見ながら市中処分するかあるいは長期保有で配当を享受することも可能となる。この方針に沿って、1941年6月2日「満洲投資証券株式会社法」が裁可された。同社の目的は産業建設資金の円滑な供給を図ることにあり（第1条）、有価証券の売買及び公債、社債または株式の応募または引き受を業務とした（第2条）。本店を新京に置き（第3条）、資本金を400百万円とし総額を数回にわたって募集する、ただし最初の募集額は総額の4分の1を下回らないものとする（第4条）。定款で定めれば議決権のない株式の発行が可能で（第5条）、理事長1名、理事8名以内を配置する（第6条）。議決権のない株主に対し配当年5％に達するまで議決権株に配当しない（第9条）。無議決権株式に対し政府は配当5％に達しない場合には10年間5％に不足する額を補給する（第9条第2項）。無議決株主は配当補助交付満了後1年間を限り払込額で買い取ることを政府に要求できる（第10条）。払込資本金の3倍の社債を発行できる（第13条）。同社定款では、支店を東京に置き（第4条）、議決権株5千株とし、残りを優先株式の無議決権株とし（第8条、第9条）、議決権株主のみで株主総会を行い（第21条）、本店または東京支社で総会を開催する（第21条第2項)[46]。

表9-4 満洲投資証券株主

(単位:株)

株主	第1回募集	第2回募集	第3回募集	第4回募集	第5回募集	敗戦時保有	備考
(株)日産	5,000	—	—	—	—	—	議決権株式
愛国生命保険(株)	2,000	6,500	2,975	—	—	11,475	
板谷生命保険(株)	300	1,500	1,458	—	—	3,258	
片倉生命保険(株)	2,000	2,000	1,000	—	—	—	1942.8.31合併決議、10.31日産生命保険に吸収合併
住友生命保険(株)	2,000	4,000	—	—	1,872	7,872	
大同生命保険(株)	4,000	8,000	—	2,000	2,000	16,000	
太陽生命保険(株)	1,500	1,500	—	—	—	3,000	
第一生命保険(相)	11,100	25,000	11,780	—	—	47,880	
第一徴兵保険(株)	4,500	15,000	11,313	—	—	30,813	
帝国生命保険(株)	9,000	20,000	108	—	—	30,108	
日産生命保険(株)	1,500	3,000	2,000	1,500	2,277	15,277	
日本生命保険(株)	14,000	30,000	—	15,000	12,717	72,017	
日本徴兵保険(株)	2,000	8,000	—	—	—	10,000	
野村生命保険(株)	7,500	15,000	—	—	2,500	25,000	
富国徴兵保険(相)	20,000	11,000	5,000	—	—	36,000	
富士生命保険(株)	300	—	—	—	—	—	1942日本生命保険に包括移転、解散
福寿生命保険(株)	800	—	—	—	—	—	1942.9明治生命保険に吸収合併
前川生命保険(株)	1,000	—	—	—	—	—	
三井生命保険(株)	5,500	10,000	—	—	3,000	18,500	
安田生命保険(株)	4,500	10,000	—	—	—	14,500	
有隣生命保険(株)	1,500	—	1,500	—	—	—	1943明治生命保険に吸収合併
第百生命徴兵保険(株)	—	4,500	—	—	—	4,500	
千代田生命保険(相)	—	20,000	—	—	—	20,000	
明治生命保険(株)	—	5,000	—	—	—	8,800	
(財)義済会	5,000	—	—	—	—	5,000	日産より取得、議決権株式
合計	100,000	200,000	37,134	18,500	24,366	380,000	

注:1) 1株千円。
　　2) 生命保険各社は務議決株を保有。
出所:満洲投資証券(株)『第2期営業報告書』1942年5月期、『第3期営業報告書』1942年11月期、『第5期営業報告書』1943年11月期、閉鎖機関整理委員会［1954］。

　1941年6月2日に満洲投資証券株式会社が設立された(本店新京)。同社の資本金は、満洲国でほかに事例はないが授権資本金制度を採用している。創立時資本金100百万円60百万円払込であった。満理事長に三保幹太郎(満業理事)、理事に岸本勘太郎(満業理事、日本産業出身)が兼務で就任し、業務の調整を図った。
　設立当初の満投株主は(表9-4)、議決権株式は日産のみ5千株を保有し、ほかは無議決優先株95千株、1株額面1千円である。富国徴兵保険相互会社(1923年9月8日設立、本店東京)20千株、日本生命保険株式会社(1889年7月4日設立、本店大阪)14千株、第一生命保険相互会社(1902年9月15日設立、本店東京)

11.1千株、帝国生命保険株式会社（1888年3月1日設立、本店東京）9千株、野村生命保険株式会社（1907年1月26日設立、日清生命保険株式会社が商号変更、本店東京）7.5千株、三井生命保険株式会社（1914年3月3日設立、本店東京）5.5千株、安田生命保険株式会社（1900年3月30日設立、本店東京）4.5千株と続き、日本の有力生命保険会社が並んでいた。保険会社20社で95千株を捌いた。議決権株5％全株を保有する日産が株主総会の議事を決定する権限を有した。日本の生命保険会社は戦時金融統制の中で国債消化を強く要請されており、多額に引き受けていたため運用利回りの低下に悩み、高率配当が期待できる株式にも投資を増やし利回りの維持を図る必要に迫られていた（柴田［2011a］第5章参照）。その有力な運用先が満投株式であった。生命保険資金の対満投資を期待して、1939年10月に満洲国経済部・満鉄・満銀・満洲生命保険・満業が合同で日本の生命保険業者を招聘し、業者団体12名が各地で視察・懇談しており[47]、投資の可能性を検討した。このような投資家説明の場を設け満投設立の実現に向け努力した結果、生命保険会社からの出資を得て満投は満業保有日本国内株式を取得した。こうして満投が保有することで大量の売り注文が発生しないため日本国株式内流通市場にも下落の脅威を与えることもなかった。増資決議や払込徴収決議は、議決権株主日産のみで決定できるため、意思決定は極めて容易であった。満投は1941年12月1日に株式払込徴収で100百万円払込となった[48]。しかしアジア太平洋戦争の勃発で、日本の証券市場は統制が強まり、満業の日本市場の資金調達は困難になる。

5．関係会社総資産と連結総資産

　満業の出資先会社は増大しとりわけ連結子会社への出資が多い。これは満業が純粋持株会社として関係会社への出資・融資の拡大を図り、その配当・利子を主要な収益とすることから当然である。関係会社のうち連結子会社と持分法適用会社の総資産を点検しよう。

　満業の営業報告書で関係会社の貸借対照表が掲載されておりそれを用いる。満業の11月期を基準に集計した。1938年11月期では、連結子会社の昭和製鋼所198百万円、満炭105百万円、満洲鉱山50百万円、満洲軽金属製造26百万円、満洲飛

表9-5　満洲重工業開発関係会社総資産（1）

(単位：千円)

商　号	設立日	本　店	1938.11期	1939.11期	1940.11期	1941.11期	備　考
(満洲)							
(株)昭和製鋼所	1929.7.4	鞍山	198,644	313,415	378,962	444,229	
満洲炭礦(株)	1934.5.7	新京	105,015	231,011	444,320	713,971	同年6月期
満洲採金(株)	1936.11.10	新京	*23,292*	…	…	…	同年6月期
満洲軽金属製造(株)	1936.11.10	撫順	26,713	55,630	87,840	116,070	
満洲鉱山(株)	1938.2.28	新京	50,613	55,567	108,895	148,784	
満洲飛行機製造(株)	1938.6.20	奉天	25,837	27,246	127,149	113,676	
東辺道開発(株)	1938.9.14	新京	10,200	48,791	145,709	145,101	
同和自動車工業(株)	1934.3.31	新京	10,033	31,291	78,653		
満洲自動車製造(株)	1939.5.11	新京	—	25,152	25,204	25,045	
(株)本渓湖煤鉄公司	1935.9.25	本渓湖	—	*142,065*	*225,338*	*312,394*	
協和鉄山(株)	1939.8.5	新京			*11,034*	13,011	
満洲重機(株)	1940.5.17	新京	—	—	50,024	50,967	
満洲ボーリング(株)	1940.6.4	新京	—	—	1,022		
満洲特殊鉄鉱(株)	1940.10.1	新京	—	—	—	24,143	
(小計)							
連結子会社		社数	7	8	10	9	
		合計	427,058	788,107	1,447,782	1,757,847	
持分法適用会社		社数	1	*1*	*2*	*2*	
		合計	23,292	*142,065*	*236,372*	*349,549*	
(日本)							
日本鉱業(株)	1929.4.24	東京	316,969	440,068	547,891	626,553	1941.11期は1942.3期
(株)日立製作所	1920.2.1	東京	*290,457*	*426,354*	*552,515*		同年7月期
(株)日産	1920.4.—	東京	…	…	…	37,180	
日産化学工業(株)	1934.7.—	東京	161,428	182,310	*193,061*	254,510	1941.11期は1942.6期
日本水産(株)	1914.11.14	東京	*140,839*	*162,885*	*186,534*		
日産自動車(株)	1933.12.26	東京	62,004	70,023	72,773		
日本産業護謨(株)→日産農林工業(株)	1934.3.6	東京	14,238	17,020	24,861		
日立電力(株)	1927.9.1	東京	*13,274*	*15,430*	*18,532*		
中央土木(株)→日産土木(株)	1930.9.—	東京	9,483	23,455	40,371	45,984	同年10月期
(小計)							
連結子会社		社数	4	3	1	2	
		合計	502,118	222,787	40,371	73,165	
持分法適用会社		社数	*4*	*5*	*7*	*2*	
		合計	*506,575*	*1,114,762*	*1,596,171*	*881,064*	
(合計)							
連結子会社		社数	11	11	11	11	
		合計	929,176	1,010,894	1,488,153	1,831,012	
持分法適用会社		社数	*5*	*6*	*9*	*4*	
		合計	*529,868*	*1,256,828*	*1,832,544*	*1,230,613*	

注：イタリックは持分法適用会社。
出所：満洲重工業開発(株)『営業報告書』(各期)、(株)日産『第44期営業報告』1941年7月期、中央土木(株)・日産土木(株)『営業報告書』(各期)。

表9-6　満洲重工業開発連結総資産 (1)

(単位：千円)

	1938.11期	1939.11期	1940.11期	1941.11期
満洲重工業開発総資産	605,780	1,057,357	1,503,528	1,797,963
満洲重工業開発連結子会社総資産	929,176	1,010,894	1,488,153	1,831,012
集計社数	11	11	11	11
単純合計総資産	1,534,956	2,068,251	2,991,682	3,628,976
相殺：出資	375,295	569,804	879,551	941,462
相殺：融資	…	62,486	112,547	377,944
連結総資産	1,159,651	1,435,961	1,999,583	2,309,569
総資産連単倍率	1.914	1.358	1.329	1.284

出所：表9-1、表9-2、表9-3、表9-5。

行機製造25百万円と続いた（表9-5）。満洲の会社は連結子会社で7社合計427百万円、持分法適用会社1社23百万円となる。ただし日本鉱業316百万円が巨額である。また日産化学工業161百万円も多額である。この時期では日本の大規模事業法人の規模に満洲の支配子会社は追いついていない。連結子会社合計11社929百万円となる。日本の持分法適用会社4社合計506百万円であり、日本の会社は持分法適用会社のほうが多いため資産額が多額である。1939年11月期では満洲の連結子会社8社788百万円に増大した。他方、日本の連結子会社は3社222百万円に減少したことで、合計11社1,019百万円となり小幅増大となった。1940年11月期では満洲の連結子会社10社総資産額は1,447百万円へとほぼ倍増した。他方、日本国内連結子会社は1社40百万円のみとなった。1941年11月期では同和自動車工業株式を満洲自動車製造に譲渡済みであり、満洲ボーリングの総資産額のみが不明であるが、満洲の連結子会社9社合計1,757百万円に増大した。満炭713百万円、昭和製鋼所444百万円へと増大していた。満洲の持分法適用会社も3社312百万円に増大しており、とりわけ本渓湖煤鉄公司が312百万円に増大し同社の資産額が他の2社を圧倒している。

　以上の満業関係会社の貸借対照表の総資産（表9-1）、出資（表9-2）、融資（表9-3）及び関係会社総資産（表9-5）を点検したが、これを用いて連結総資産を試算しよう（表9-6）。満業の営業報告書の記載されている関係会社の貸借対照表は満業期末で対応しているわけではなく、その前の時点の決算が多く、そのため子会社決算後に満業が出資・融資を増大させている事例も複数含まれて

いる。連結貸借対照表を試算するうえで連結子会社の総資産から満業の出資・融資を相殺する

　満業の1938年11月期では同社総資産605百万円、連結子会社11社、日本本店4社を含む総資産929百万円である。両者単純合計総資産は1,534百万円となる。これから満業出資合計375百万円を相殺すると1,159百万円となる。融資は不明である。これがこの時点の満業の連結総資産である。満業本体と比較した連結総資産連単倍率は1.914となる。昭和製鋼所と満炭は満業の全額出資・融資に依存するわけではなく、非支配株主からの出資がかなりみられることから、純粋持株会社であっても総資産連単倍率の数値はかなり高めに出る。ただし融資は皆無ではなく、それが相殺されればいくらか低下するはずである。本体現業部門が巨大な満鉄の1938年3月期の総資産連単倍率は1.08であり、これと比べても十分高い数値である。

　1939年11月期満業総資産1,057百万円、連結子会社11社1,010百万円である。日本内3社を加算した単純合計総資産2,068百万円に増大した。これから出資569百万円、融資62百万円を相殺した連結総資産は1,435百万円に増大した。この総資産連単倍率は1.35となり前年に比べ大幅に低下した。日本の会社に対して満業は融資しておらず、また満洲の連結子会社中心となったため、総資産連単倍率は低下した。

　1940年11月期には連結集計対象11社となる。日本の会社は連結対象から外れた。連結子会社総資産は1,488百万円に増大した。単純合計総資産2,991百万円、相殺後の連結総資産は1,999百万円に増大した。総資産連単倍率は1.32に低下した。1941年11月期では満業総資産1,798百万円、連結子会社11社である。連結子会社総資産は1,831百万円に増大した。単純合計総資産3,628百万円から出資・融資を相殺すると2,309百万円に増大した。総資産連単倍率は1.28に低下した。すなわち日本の会社を除外した満業の実質的な企業集団の実態がかなり反映している。満業本体の資産増大が大きく、総資産連単倍率は低下を続けた。すなわち本体と子会社の資産負債の一体化が進んだと言えよう。それでも満鉄の1941年3月期の総資産連単倍率1.14を上回っていた。

6. 中間持株会社

　満業は満鉄保有満炭株式を満洲国政府経由で取得した。満炭は満鉄子会社時期から事業持株会社化を進めていた（第5章参照）。満炭が満業傘下に移ると、中間持株会社としての役割はさらに進展する。ここでは満業支配下に移った後の満炭の中間持株会社としての活動のみならず、満炭ほどの規模ではないが中間持株会社化した事例を紹介しよう。満業による関係会社出資・融資は該当会社の設備投資に充当されるのみならず、その関係会社が子会社を設立してその子会社に事業の一部を任せていた。そのため満業の直接の出資のない企業であっても、満業の中間事業持株会社を通じた間接投資先の企業といえる（表9-7）。

　最大規模の中間持株会社化した事例として満炭がある（表5-13）、（表9-7）。満炭資産の投資は1938年6月期7,976千円のほか投資炭礦9,910千円あり、次期より後者が前者に統合され、増大をたどり、1941年9月期には90,606千円に達した。これが関係会社への出資である。同社は1941年以降に直営していた地域炭礦を分社化するが、その前の1940年12月時点で、営城子炭礦株式会社（1937年11月27日設立、資本金4百万円払込）に出資していた（表9-8）。満炭は設立時資本金1百万円の60％を出資した。非支配少数株主は片倉製糸紡績株式会社系の専務取締役の岡田栄太郎であった[49]。同社増資で満炭出資率が上昇した。1939年9月29日に設立された琿春炭礦株式会社（本店間島省琿春、資本金10百万円6百万円払込）に東満洲産業株式会社（1938年3月29日設立、本店東京）と折半出資した。社長は東満洲産業社長中村直三郎、専務取締役内藤政次（前満炭奉天事務所長）である[50]。連結子会社の中で琿春炭礦の資産額が最多額で、1939年12月期10,096千円から1941年9月期31,008千円に増大した。杉松崗炭礦株式会社（1939年4月28日設立、本店通化、資本金2百万円払込）に60％を出資し、残る40％を東辺道開発が出資した。その後、同社出資を1941年10月31日に東辺道開発に譲渡した。舒蘭炭礦株式会社（1939年7月26日設立、本店吉林、資本金10百万円4分の1払込）に20％を出資した。舒蘭炭礦は日本窒素肥料株式会社の出資する吉林人造石油株式会社の開発計画の一環であり同社と満洲国政府が各40％出資し、満炭は20％を出資した。日窒社長野口遵が社長に就任し日窒系の経営支配下に置いた。舒蘭炭

表 9-7　満洲炭礦

	1938.6期	1939.6期	1939.12期	1940.6期	1940.12期
（資産）					
直営炭礦用事業資産	59,411	133,021	184,876	230,005	296,739
投資	7,976	16,703	27,862	32,278	40,618
投資炭礦	9,910	—	—	—	—
長期貸付金	—	—	—	—	—
日満商事勘定	1,059	2,696	6,405	5,352	9,284
有価証券	—	65	0	—	—
流動資産	13,704	41,033	66,602	92,256	121,876
雑勘定	12,953	37,491	58,523	84,426	85,184
未払込資本金	32,000	90,000	30,000	50,000	—
繰越損失	—	—	—	—	—
当期損失金	—	—	—	—	7,143
合計	137,015	321,011	374,269	494,320	560,848
未払込資本金控除総資産	105,015	231,011	344,269	444,320	560,848
（負債）					
社債	10,000	30,000	49,500	49,500	49,000
借入金	31,737	38,000	40,000	60,280	65,000
社員身元保証金	600	1,118	1,532	2,007	2,524
満業勘定	—	8,800	30,000	27,500	76,700
未払金支払手形当座借越等	8,154	29,730	31,131	34,885	41,443
雑勘定	2,629	7,421	14,789	14,748	20,880
資本金	80,000	200,000	200,000	300,000	300,000
諸積立金	1,241	2,291	3,004	4,144	4,095
前期繰越金	416	451	462	501	1,204
当期利益金	2,235	3,198	3,850	753	—
合計	137,015	321,011	374,269	494,320	560,848

出所：満洲炭礦(株)『営業報告書』（各期）。

礦の資産規模は大きく、1940年12月期に琿春炭礦を上回り1941年9月期には42,851千円に達した。

炭礦以外では株式会社阜新製作所（1937年9月1日設立）がある。同社は満炭と野村合名会社及び株式会社満洲工廠（1934年5月22日設立、本店奉天）の出資で設立された。満炭坑木株式会社（1939年9月23日設立、本店新京、資本金5百万円払込）は全額満炭が出資した。炭礦営業で不可欠の坑木を同社に確保させた。満炭は満炭鉱機株式会社（1939年10月31日設立、本店東安省密山、資本金3,500千円払込）に65.6％2,300千円出資で過半を掌握した。残る33.3％は株式会社長

貸借対照表（2）

(単位：千円)

1941.6期	1941.9期	1942.3期	1942.9期	1943.3期	1943.6期	1944.3期
288,029	304,804	308,877	332,469	37,786	38,990	45,333
90,684	91,606	64,682	64	15,000	—	1,000
—	—	—	—	—	—	—
—	—	—	—	3,500	1,522	1,522
8,301	—	—	—	—	—	—
—	—	—	—	—	10	—
117,428	181,948	168,015	129,074	287,783	72,896	58,634
188,674	108,514	44,934	37,986	10,611	6,560	6,567
5,939	20,853	28,041	27,539	30,848	45,787	58,739
14,913	7,188	—	3,309	14,938	15,086	—
713,971	714,915	614,550	595,108	400,469	180,854	171,797
713,971	714,915	614,550	595,108	400,469	180,854	171,797
48,700	48,200	47,600	46,400	45,200	—	—
33,000	30,000	30,000	—	1,134	—	—
3,233	2,921	3,215	4,080	—	1,051	839
199,581	201,431	177,371	196,910	30,000	57,806	850
43,620	45,684	35,203	30,929	17,037	12,660	4,780
81,598	82,478	16,748	12,878	3,188	5,427	6,567
300,000	300,000	300,000	300,000	300,000	100,000	100,000
4,236	4,199	3,909	3,909	3,909	3,909	—
—	—	—	—	—	—	—
—	—	501	—	—	—	58,759
713,971	714,915	614,550	595,108	400,469	180,854	171,797

谷川製作所（1939年3月設立、本店横浜）である。社長田口久広（満炭）、専務取締役平野欽也（長谷川製作所専務取締役）、取締役山田紹之助（満炭）ほかであり、経営は満炭が掌握し技術を長谷川製作所が負担した。同社は満炭用炭車、送風管、コンベア、扇風機製造等に従事した[51]。そのほか被支配出資として東辺道開発と満洲合成燃料株式会社（1937年8月6日設立、本店新京）への出資があるが、前者は満業過半出資のため親子出資である。

　満業の連結子会社の満洲軽金属製造は、1938年7月4日設立の満洲マグネシウム工業株式会社（本店新京、資本金10百万円4分の1払込）に全額を出資した（役

表 9-8　満洲炭礦関係会社

商　号	設立年月日	本　店	1938.6期	1939.6期	1939.12期	1940.12期
営城子炭礦(股) →営城子炭礦(株)	1937.11.15	新京	1,020	1,404	2,536	6,530
(株)阜新製作所	1937. 9. 2	新京→阜新	768	3,327	5,736	6,595
東辺道開発(株)	1938. 9.14	通化	—	16,243	—	—
杉松崗炭礦(株)	1939. 4 .28	通化	—	—	…	2,441
舒蘭炭礦(株)	1939. 7 .29	吉林省永吉県 →吉林→永吉県	—	—	4,520	28,080
満炭坑木(株)	1939. 9 .23	新京	—	—	7,986	18,256
琿春炭礦(株)	1939. 9 .29	琿春	—	—	10,096	24,916
満炭鉱機(株)	1939.10.31	密山	—	—	—	4,206
合計	社数		2	3	6	8
	資産額		1,789	20,975	79,367	237,547
連結子会社	社数		1	1	3	5
	資産額		1,020	1,404	20,620	94,211
持分法適用会社	社数		*1*	*2*	*3*	*3*
	資産額		*768*	*19,571*	*58,747*	*143,335*

注：イタリックは持分法適用会社。
出所：柴田［2010］、(株)阜新製作所『第1期営業報告書』1938年3月期（満鉄資料館02397）、『第2期営業報告書』
　　12月期（満鉄資料館24035）、『第6期営業報告書』1941年6月期（満鉄資料館24036）、『第8期営業報告書』1942年
　　『満洲国政府公報』1234号、1938年5月21日、1516号、1939年5月8日、1757号、1940年3月2日、1788号、4月
　　9月16日、2225号、10月6日、2373号、1943年4月11日、2421号、6月11日。

員株を含む）（表9-9）。1940年3月29日設立の安東セメント株式会社（資本金8百万円6百万円払込）に50％を出資した。残る50％はこれより先に買収しておいた岐阜セメント株式会社（1934年10月設立、本店岐阜県揖斐郡）が出資した。常務取締役渡辺文平（前撫順セメント常務取締役）、取締役世良正一（満業理事）ほかである[52]。その後、1941年6月前に満洲軽金属製造は保有株25％を小野田セメント製造株式会社に譲渡した[53]。1937年7月18日設立の撫順セメント株式会社（資本金2.5百万円払込、全額満鉄出資）が1938年9月10日に倍額増資し資本金5百万円払込とした際に満洲軽金属製造が同月6日に満洲国産業部より承認を得て増資新株を引き受け、満鉄との折半出資とし、関係会社に組み入れた[54]。

　1941年5月16日に満洲炭素工業株式会社が設立された（本店安東、資本金15百万円半額払込）。満洲側電極需要者の満洲軽金属製造と満洲電気化学工業が出資し、日本側から日本カーボン株式会社（1915年12月設立、本店横浜）と昭和電極株式

第 9 章　満洲重工業開発系企業集団　617

総資産（出資20％以上）

(単位：千円)

1941.9期	1942.9期	備　考
9,292	9,972	1938.6期と1939.6期は同年3月期、1941.9期は同年12月期、1942.9期は同年3月期
7,204	6,513	1938.6期と1939.6期は同年3月期、1941.9期と1942.9期は同年6月期
—	—	1939.6期は同年3月期
3,483	4,488	1940.12期と1941.9期は同6期
42,851	69,605	1939.12期、1940.12期は同年11月期、1941.9期は同年5月期、1942.9期は同年11月期
18,086	15,866	1941.9期と1942.9期は同年6月期
31,008	39,807	1941.9期は同年9月期、1942.9期は同年6月期
4,325	…	1941.9期は同年6月期
8	7	
261,384	326,653	
5	4	
66,196	70,134	
3	3	
195,187	256,519	

1939年6月期（満鉄資料館24032）、『第3期営業報告書』1939年12月期（満鉄資料館24033）、『第5期営業報告書』1940年6月期（満鉄資料館24038）、東辺道開発㈱『営業報告書』（各期）、『満銀年鑑』1941年版、『帝国銀行会社要録』1940年版、10日、1917号、9月13日、2063号、1941年3月20日、2076号、4月1日、2191号、8月23日、2200号、9月3日、2211号、

会社（1934年10月設立、本店兵庫県鳴尾村）が出資した。社長石川等（日本カーボン社長）、常務取締役吉田一郎（日本炭素工業株式会社（1940年1月設立、本店京城）専務取締役）、瀧口泰明（前満洲軽金属製造経理部長、満鉄出身）が就任した[55]。準特殊会社の位置づけである。出資率は満洲軽金属製造と満洲電気化学工業を合計しても50％を割っていたと推定する。満洲軽金属製造は1941年11月29日に満洲マグネシウム工業を吸収合併した[56]。

次に満洲鉱山の出資会社を紹介しよう。同社は満洲の非鉄鉱山開発に注力するため満業が全額出資で支援し、傘下に支配会社を抱えた。1935年6月19日設立の満洲鉛鉱股份有限公司（本店新京、資本金40百万円払込）は日満鉱業と満鉄の折半出資であった[57]。同社は「会社法」施行後に満洲鉛鉱株式会社商号変更した。満業は1938年6月23日に認可を得て満鉄保有株式を取得し満洲鉱山に譲渡し[58]、満洲鉱山は日満鉱業との折半出資とした。その後、満洲鉛鉱は1940年1月28日に

表9-9 満洲重工業開発系中間持株会社等出資

(単位：千円)

中間持株会社等	設立年月	本店	1940.12出資額	備考
(満洲国)				
(昭和製鋼所)				
銑鉄共同販売㈱	1932.8.25	東京	100	40%、1938.8.25解散
日満商事㈱	1936.10.1	新京	420	7%
満洲火薬販売㈲ →満洲火薬販売㈱	1935.11.1	奉天	50	10%、1938.9.20商号変更
満洲鉄鋼工務㈱	1942.2.23	鞍山	2,500	50%
鞍山高級炉材㈱	1942.2.26	鞍山	2,750	55%
(満洲軽金属製造)				
満洲マグネシウム工業㈱	1938.7.4	新京	10,000	100%、1941.11.29満洲軽金属製造が吸収
安東セメント㈱	1940.3.29	安東	8,000	100%、1944.8.16解散
撫順セメント㈱	1934.7.18	撫順	2,500	50%満鉄保有
満洲炭素工業㈱	1941.5.16	安東		25%以下と推定、満洲電気化学工業も出資
岐阜セメント㈱	1934.10.—	岐阜県揖斐郡	2,000	1939.7.15買収許可、1942解散
(満洲鉱山㈱)				
満洲鉛鉱㈱	1935.6.19	奉天	8,906	100%→16.6%満業より取得、錦西鉄道㈱、満洲選鉱剤㈱に出資、1942.2期に満業に83.3%を譲渡、1944.8.1解散
熱河鉱業㈱ →満洲金鉱㈱	1935.10.2	新京→承徳→新京	300	70%→100%、1938.5取得、1943.3.31商号変更、1937.11.25、1938.12.17本店移転
安奉鉱業㈱ →㈱満山製作所	1937.11.12	奉天→新京	500	100%、日本鉱業より取得、1939.11.14商号変更、1938.7.1本店移転
岫巌鉱業㈱	1936.9.8	新京	156	27.8%保有、1943年
満洲特殊鉄鉱㈱	1940.10.15	新京	5,124	68%、満業に譲渡、灤平鉄道㈱(1941.4.17設立)に出資、1944.8.1解散、満洲鉱山に吸収
長城金鉱㈱ →満洲燃料鉱業㈱ →東興石綿礦業㈱	1935.8.17	撫順→新京	298	99%、1938.8.15本店移転、1941.4.3商号変更、1944.7.15商号変更
錦西鉄道㈱	1939.7.15	新京→錦西	375	50%、大同セメント㈱と折半出資、1943.3.25本店移転
満洲選鉱剤㈱	1942.8.7	新京	250	15%→30%
西満洲鉄道㈱	1941.4.17	錦州	3,000	100%
(満洲鉛鉱)				
錦西鉄道㈱	1939.7.15	新京→錦西	1,500	50%、日満鉱業㈱と折半、1943.3.25本店移転
満洲選鉱剤㈱	1942.8.7	新京	250	15%
(本渓湖煤鉄公司)				
銑鉄共同販売㈱	1932.8.25	東京	65	26%、1938.8.25解散
満洲火薬販売㈲ →満洲火薬販売㈱	1935.11.11	奉天	37.5	10%、1938.9.20商号変更
本渓湖特殊鋼㈱	1938.10.22	本渓湖	875	35%、大倉事業㈱系
本渓湖坑木㈱	1920.12.29	本渓湖	25	10%
本渓湖洋灰㈱	1935.10.2	本渓湖	1,400	10%、1945.3.31解散、満洲磐城セメント㈱に吸収合併
本渓湖白雲石工業㈲ →本渓湖ドロマイト工業㈱	1936.6.25	本渓湖	170	10%、1938.3.30商号変更、1944.5.31解散
東辺道開発㈱	1938.9.14	通化	1,000	0.71%、1944.4.1満洲製鉄設立で解散
満洲火薬工業㈱	1941.2.1	新京	70	0.8%、満洲火薬販売株式の転換
渓城炭礦㈱	1942.1.12	本渓湖	1,166	2.3%
満洲鉄鋼工務㈱	1943.2.23	鞍山	2,500	30%

南定炭礦(株)	不詳		300	17.6%	
(満洲重機)					
満洲機械製造(株)	1940.10.10	新京	5,000	100%	
(株)帝国鋳鋼所	1937.5.17	大阪	1,650	100%	
(同和自動車製造)					
満洲化工(株)	1939.3.11	奉天	260	1941.11.24満洲油脂に吸収	
(満洲自動車工業)					
満洲化工(株)	1939.3.11	奉天	250	1941.11.24満洲油脂に吸収	
(満洲特殊鉄鉱)					
灤平鉄道(株)→西満洲鉄道(株)	1941.4.17	新京→錦州	600	100%、1943.5.28商号変更、1944.5.31本店移転	
(阜新炭礦)					
(株)阜新製作所	1937.9.20	阜新	*4,000*	100%、1944.6.1満業より取得	
(日本)					
(日本鉱業)					
安奉鉱業(株)	1937.11.12	新京	*500*	100%、満洲鉱山に譲渡	
(日立製作所)					
(株)満洲日立製作所	1938.3.11	奉天	6,250	100%	
満洲変圧器(株)	1939.4.28	奉天	750	50%、大阪変圧器(株)と共同出資	
満洲架線金具(株)	1943.10.22	奉天	*250*	50%、(株)日本可鍛鋳鉄所と折半出資	
(日産)					
日本産業護謨(株)→日産農林工業(株)	1934.3.6	東京	3,746	18.1%、1939.8.25商号変更	
日産火災海上保険(株)	1911.5.15	東京	1,165	46.6%	
満洲投資証券(株)	1941.6.2	新京	5,000	100%（議決権株）、1943.9義済会に譲渡	
日本土地証券(株)	1918.11.1	東京	3,000	100%、1940.7.2取得	
(日本油脂)					
奉天油脂(株)→満洲油脂(株)	1938.6.18	奉天	3,400	1940.1.31商号変更	
満洲化工(株)	1939.3.11	奉天	365	50%、1941.11.24満洲油脂に吸収	
大連油脂工業(株)→大連農薬(株)	1916.4.26	大連	500	83%、満鉄系、1938.11買収、1940.5油脂事業を譲渡、1941.5.31大連農薬(株)に商号変更	
満洲大豆工業(株)	1934.7.23	大連	1,025	70%、1937.7.10取得、1940.10.10解散	
(共同漁業→日本水産)					
日満漁業(株)	1934.4.14	大連	1,000	100%	
新京食糧品貯蔵(株)	1939.9.22	新京	175	17.5%	
(日産化学工業)					
満洲日産化学工業(株)	1942.3.14	新京	*300*	100%	
(中央土木→日産土木)					
満洲日産土木(株)	1943.4.17	新京	*1,500*	100%	

注：1）イタリックは設立時もしくは取得時出資額。
　　2）日本の中間持株会社等の出資は満洲の会社に限定。満業支配下から離れた会社も掲載。
　　3）1938年7月6日に満業の日本油脂株式を日本水産と日産化学工業に譲渡。
　　4）満業改組後に出資が確認できるものに限定した。

出所：日立製作所［1960］、満洲重工業開発(株)『満業並在満関係会社事業概要』1939年4月、満洲重工業開発(株)『関係会社事業概況』第2回、1941年2月（アメリカ議会図書館蔵）、『満銀年鑑』1940年版。

増資し、30百万円10.5百万円払込となり[59]、同年末で17百万円払込のうち過半の8,906千円を出資していた。満洲鉱山は直営鉱山楊家城子から錦西に鉱石・セメント原料を搬出するため、大同洋灰株式会社（1933年11月22日設立、本店吉林、1939年7月で資本金6百万円払込）と満洲鉛鉱とで折半出資させ、1939年7月15日に錦西鉄道株式会社を設立した（本店新京、資本金3百万円1.2百万円払込）[60]。錦西鉄道社長は満洲鉛鉱社長島田利吉が兼務し、1941年9月5日より錦州省錦西－楊家杖子間の営業運航を開始し、鉛鉱石及び石灰石の搬出を開始した[61]。

1935年10月2日に熱河鉱業股份有限公司が合弁で設立されたが（本店新京、資本金600千円半額払込、社長芳川寛治）、「会社法」が施行に備え1937年11月16日に熱河鉱業株式会社に商号変更決議し、同月25日に承徳へ移転した[62]。同社は満洲国実業部の委任で倒流水鉱山の操業を行っていたが、1938年5月に満洲鉱山は株式70％を取得し連結子会社とし、出資以外に貸借関係を開き支援した[63]。満洲鉱山が経営監視しやすいように同年12月17日に本店を新京に戻した[64]。さらに1939年2月8日に満洲鉱山が全株を買収し傘下に入れ社長に島田利吉を派遣した[65]。満洲鉱山は1940年6月1日に鉱山資産を買収し直営事業に切り替えた[66]。

満洲鉱山は1938年6月30日に安奉鉱業株式会社（1937年11月12日設立、本店奉天、資本金1百万円半額払込）の全株式を日本鉱業から取得した。同社は安東省鳳城県青城子鉱山を採掘し満洲鉛鉱と並ぶ満洲の有力鉛鉱山であり、出資以外に貸借関係を持ち支援した[67]。満洲鉱山の経営支配を容易にするため、1938年7月1日に本店を新京に移転させた[68]。満洲鉱山は1939年7月1日に安奉鉱業の青城子鉱山を取得し直営に移し[69]、安奉鉱業は鉱業部門の事業を譲渡したため鉱山機械製造に業態を転換し、同年11月14日に株式会社満山製作所に商号変更した[70]。資本金は変動しない。

1940年8月23日に許可を得て1940年10月1日に満洲特殊鉄鉱株式会社が設立された（本店新京、資本金30百万円7.5百万円払込）。同社は1940年8月31日「重要産業統制法」に基づく準特殊会社として設立された。同社はチタニウム、バナジウム鉱石の採掘選鉱精錬加工販売を目的とした。満洲鉱山は同社株式の68.31％を取得した[71]。社長稲田文浩（満洲鉱山技術顧問、日本鉱業出身）ほかを派遣した[72]。満洲特殊鉄鉱は3月21日に満洲国政府より許可を得て灤平鉄道株式会社

(1941年4月17日設立、21日登記、本店新京、資本金3百万円600千円払込)にも全額を出資した(代表取締役稲田文治)。同社は満洲特殊鉄鉱の大廟採鉱所－錦古線双頭山駅間24.3キロを鉄道・自動車で輸送する目的で設立された[73]。

そのほか満洲鉱山の営業報告書に記載はないが、1940年12月で長城金鉱株式会社(1935年8月17日設立、当初本店撫順、1940年で資本金300千円払込)にほぼ全株に相当する298千円の株式を取得し、同社を支配下に入れていた。同社は1938年8月15日に本店を新京に移転しているため[74]、満洲鉱山が株式取得後に経営管理を容易にするため本店を移転させたとみられ、買収時期は8月15日前と推定するが傍証できない。同社は1941年4月3日に満洲燃料鉱業株式会社に商号変更した[75]。

満洲重機は1940年10月10日に満洲機械製造株式会社を設立した(本店新京、資本金5百万円払込)。全額を満洲重機が出資し支配下に置いた[76]。

本渓湖煤鉄公司も本渓湖本店の会社に出資し支援した。満業の連結子会社ではないが紹介しておこう。本渓湖ドロマイト工業株式会社(1936年6月25日設立、1940年で資本金300千円払込)に170千円を出資し、支援した。それ以外にも同様に部分出資に過ぎない。金額の多い出資先として本渓湖洋灰株式会社(1935年10月2日設立)への10％1,400千円と本渓湖特殊鋼株式会社(1938年10月22日設立)への35％875千円出資がある。地域に特化した出資がなされていたと見ることができよう。

満業の日本内関係会社が満洲関係会社に出資している事例がある。1938年11月期には保有株を譲渡して連結子会社から離れた日本油脂、日立製作所、日本水産の満洲出資にも付言しておこう。日本鉱業は先述の安奉鉱業設立時に全額出資したが、それを満洲鉱山に譲渡した。日立製作所は1938年3月11日に株式会社満洲日立製作所を設立し(本店奉天、資本金5百万円半額払込)、全額出資した。同社は増資を続け1941年5月6日に資本金10百万円8,750千円払込として事業を拡張させた。満洲における日立製作所の重点投資先であった(日立製作所[1960]17-18頁)。そのほか1939年4月28日に満洲変圧器株式会社が設立された(本店奉天、資本金1百万円4分の3払込)。日立製作所と株式会社大阪変圧器(1919年12月設立)の折半出資であり、社長竹内亀次郎(日立製作所)、専務取締役(大

阪変圧器)が就任した[77]。同社は1939年11月1日増資で資本金10百万円4分の3払込になっていた[78]。

大豆圧搾による油脂工業は満洲の伝統的化学工業であるが、日本油脂は傘下に満洲大豆製品株式会社(1935年9月設立、本店川崎、資本金200千円払込)を抱えていた。他方、満洲大豆工業株式会社(1934年7月23日設立、本店大連、資本金1.5百万円払込)に満鉄が設立時に50％を出資し支配下に置き、1935年6月頃で満鉄51％、日本食料工業32.6％、味の素本舗株式会社鈴木商店6.6％、三井物産・三菱商事各3.3％、豊年製油株式会社3％という構成であったが[79]、日本食料工業が吸収合併されその後の改組を経て日本油脂となると、傘下の満洲大豆製品が1937年7月10日に3.5百万円への増資と満洲大豆工業による吸収合併決議し[80]、満洲大豆工業は5百万円2,525千円払込となり、日本油脂出資率は70％となり支配下に入れた[81]。その後、1940年10月10日に福岡・川崎の両工場を日本油脂に、大連工場を満洲大豆化学工業株式会社(1940年6月20日設立、本店新京、支店大連、資本金30百万円4分の1払込)に譲渡し解散決議をした[82]。1916年4月26日設立の大連油脂工業株式会社は、満鉄出資と融資で支援を受けていたが、業績が振るわずに続いていた。合同油脂は1935年6月頃には同社取締役久保田四郎名義で一部出資し買収の機会を狙っていたが[83]、1938年11月に改組後の日本油脂が大連油脂工業を350千円で買収した。日本油脂は1938年6月5日に奉天油脂工業株式会社を設立し(18日登記)、1940年1月31日に商号を満洲油脂株式会社に変更させ事業を拡大させた[84]。1938年7月6日に満業は保有する日本油脂株式を日本水産と日産化学工業に売却した[85]。以後の日本油脂系関係会社との出資関係はさらにその中間にこの2社が挟まる形となった。日本油脂は1939年3月11日に日清ラッカー製造(本店大阪)経営者久保孝太郎と共同出資で満洲化工株式会社(本店奉天、資本金480千円払込)を設立した。折半出資と推定する。同社は電気溶接棒の製造を開始した。社長久保孝太郎、取締役宇村山威士(日本油脂副社長)ほかであった[86]。同社に同和自動車工業260千円と満洲自動車製造250千円の出資があるとの記載があり、1939年10月1日増資760千円を引き受けたものであろう。残る250千円を折半で負担したとすると、日本油脂出資は365千円となる。満洲化工は1941年11月24日に満洲油脂に吸収合併され1942年3月1日に合併

完了し解散した[87]。1941年5月で奉天油脂の資本金6,240千円払込、うち日本油脂は5,182千円を出資して支配下に置いていた。1941年5年31日に大連油脂工業は大連農薬株式会社に商号変更を決議し、1940年7月1日に満洲油脂に工場設備を譲渡し（第6章参照）、農薬生産に参入した[88]。こうして満洲国と大連で日本油脂は事業を拡大させた。

共同漁業は日満漁業株式会社（1934年4月14日設立、本店大連、資本金120千円全額出資）に全額出資し、日本水産への改組後も出資を続け、1941年9月27日に2.5百万円払込となった[89]。日満漁業は大連を拠点に主として海老の買付事業に従事した。1939年9月22日に新京食糧品貯蔵株式会社が設立された（資本金1百万円払込）。満洲国政府30％、新京市政府35％、日本水産と株式会社林兼商店（1924年9月設立、本店下関）各17.5％を出資した。専務取締役武尾弥（日本水産）、取締役井野碩哉（日本水産）ほかであり、日本水産が経営の主導権を掌握した。同社は蔬菜の購入、貯蔵出荷、魚類青果貨物保管、氷製造販売を業とした[90]。

以上のように日立製作所、日本油脂、日本水産は、満業との資金関係が希薄になっても、満業が先導した満洲への投資から撤収せず関係会社事業を強めていた。

最後に株式会社日産の出資先を紹介しよう。日産は合同土地の時期にすでに日本産業護謨の株式を保有していたが、満業への改組後、1941年4月26日株主名簿で日産農林工業の412千株のうち18.1％74,938株3,746.9千円を保有しており、満業の24.3％100,355株5,017.75千円に次ぐ出資者であった[91]。この株式肩代りは表9-2の1941年5月期に反映していないが、満業は1941年11月期に残る日産農林工業株式のうち5百万円分を処分した。日本産業が保有していた日産火災海上保険の株式も満業保有株式に掲載がないため、1938年5月期に肩代わりしたと推定する。日産は1939年12月期で日産火災海上保険資本金10百万円2.5百万円払込200千株のうち46.6％93,370株1,167千円を保有していた[92]。満業が日産の全株を保有したが、1940年11月期に47.5％保有に低下しており、その前の株式譲渡時期と譲渡先を特定できない。役員株を含み50％を維持したと推定する。日産は1940年7月20日に日本土地証券株式会社（1918年11月1日設立、本店東京、資本金3百万円払込）を買収し社長に山田敬亮を送り込み、日本土地証券支配下にある太平洋生命保険株式会社（1909年3月20日設立、本店東京、資本金1百万円4分の1

払込）の社長に伊吹震を送り支配下に置いた。さらに1940年10月15日に同社を日産生命保険株式会社に商号変更させ、社長伊吹震がそのまま就任していた[93]。

　1941年2月28日に鮎川義介が日産社長、三保幹次郎が専務取締役に就任し、3月18日に25百万円15百万円払込に増資し同年7月期総資産37,180千円に拡張し、鮎川の経営戦略に従う会社となった。この資金で同年6月2日設立の満投議決権株全株5百万円を取得した。期末の1941年7月期日産保有有価証券12,793千円である[94]。満投議決権株式5百万円のほか日本土地証券、日産農林工業と日産火災海上保険の株式を保有していた。そのほかの銘柄も含まれている可能性がある。日産農林工業株式5百万円を満業から肩代わりしたとすると、合計14,167千円となり上回るが、金額を調整した可能性もある。日産は持株会社として事業拡張を急いだ。日本産業ほどの事業規模に巨大化するには多くの時間と資金調達を必要としたが、それを可能とする環境ではなくなっていた。

1） 前掲満洲重工業開発『第1期営業報告書』6-10頁。浅原源七は1891年9月1日生、東京帝国大学工科大学卒、理化学研究所採用、戸畑鋳物技師、常務取締役、満業理事、満洲飛行機製造理事、日産自動車専務取締役（『大衆人事録』1942年版、東京31頁、宇田川［2015］46頁）。
2） 前掲満洲重工業開発『第1期営業報告書』7-8頁。
3） 馮涵清は光緒7（1881）年生、奉天法政専門学校卒、黒龍江省呼蘭税捐局長、満洲事変後、奉天市公署実業庁長、司法部長、司法部大臣、1937年5月辞任、1937年12月満業副総裁（『満洲紳士録』1943年版、928頁）。世良正一は1887年5月生、1914年東京帝国大学農科大学卒、三共株式会社採用、満鉄に移り参事、1931年8月1日中央試験所長、1932年12月29計画部審査役、1936年10月1日産業部次長、1937年12月辞職、1937年12月～1941年2月満業理事、1941年3月満洲軽金属製造理事長（『満洲紳士録』1943年版、880頁、満鉄会［1992］85、90、107頁）。奥村慎次については第5章参照。田中恭は1899年11月5日生、1923年3月東京帝国大学法学部卒、同年4月大蔵省採用、1931年4月営繕管財局総務課、1932年7月辞職、同月満洲国財政部理財司長、1937年12月満業理事、1944年満洲製鉄株式会社常務理事、1946年1月満洲引揚、1946年公職追放、1951年8月追放解除、1970年12月23日没（大蔵省百年史編集室［1973］100頁）。宋青濤は光緒24（1898）年5月生、1925年（アメリカ）ジャクソン大学卒、1934年満洲採金常務理事、1937年12月～1942年1月満業理事、満洲塩業株式会社理事（『満洲紳士録』1943年版、306頁）。

第9章　満洲重工業開発系企業集団　625

4） 河本大作については第4章、小日山直登については第3章参照。島田利吉は1884年1月1日生、1907年東京帝国大学工科大学卒、久原鉱業採用、日本鉱業取締役、台湾鉱業、日産化学工業各取締役、満業理事（『大衆人事録』1942年版、東京492頁）。

5） 秦［1981］88、256頁、吉野信次追悼録刊行会［1974］参照。この追悼録では吉野信次は満業経営にさほど意欲を持たなかったようである。

6） 大連商工会議所『満洲銀行会社年鑑』1941年版、331頁。

7） 高碕達之助は1885年2月7日生、農商務省水産講習所卒、メキシコで水産技師、1917年6月東洋製缶株式会社設立、1940年6月満業理事、1941年2月満業副総裁、1942年2月〜1945年9月満業総裁、1952年9月電源開発株式会社総裁、1954年12月経済審議長長官、1955年2月衆議院議員、1955年7月経済企画庁長官、1958年6月通商産業大臣、1959年1月科学技術庁長官、1964年2月24日没（高碕達之助集刊行委員会［1965］）。

8） 『日産懇話会々報』96号、1941年3月1日。

9） 1940年9月に理事兼満炭理事長河本大作が辞任し蒙彊に転出し、その後、山西産業株式会社（1942年4月1日設立、本店太原）理事長に就任した。鮎川が満洲炭礦理事長を兼務することで満業は満炭を完全に支配下に置くことが可能となった。

10） 預金部資金の満業債引受については柴田［2002a］第3章参照。

11） 昭和製鋼所［1940］参照。久保田省三は1882年5月生、京都帝国大学工科大学卒、満鉄採用、鞍山製鋼所勤務、昭和製鋼所専務取締役、1941年3月同理事長、1943年3月満業参与、満洲鉄鋼工務株式会社代表取締役（『大衆人事録』1942年版、東京107頁）。矢野耕治は1866年4月8日生、大阪商工学校機械科卒、満鉄採用、大連工場勤務、1923年参事、工作課長、1933年昭和製鋼所に転出、理事、本渓湖煤鉄公司理事、満洲鉄鋼工務社長（『大衆人事録』1943年版、満洲296頁）。

12） 南満洲鉄道株式会社『関係会社統計年報』1938年版、591頁。

13） 株式会社昭和製鋼所『第11期営業報告書』1938年9月期。

14） 『満銀年鑑』1936年版、623頁。

15） 同和自動車工業設立については老川［1997］参照。

16） 商号変更は合併については日本興業銀行［1956b］参照。

17） 満洲重工業開発株式会社『関係会社事業概況』1941年（アメリカ議会図書館蔵）。

18） 満洲炭礦株式会社『第5期営業報告書』1938年6月期。河本大作は満業支配下に入ることに激しく反発し説得を重ねた結果、受入れたが（鮎川義介先生追想録編纂刊行会［1968］112-113頁）、役員派遣を拒否した。

19） 満洲軽金属製造については疋田［2007a］参照。

20） 満洲採金の設立とその事業については柴田［1999a］第5章、［2002a］第4章、［2007j］参照。

21) 産業政策については原［1972］、［1976］、マクロ経済の解説は山本［2000］参照。
22) 設立日は『日産懇話会々報』27号、1938年3月1日、登記日は『満銀年鑑』1938年版、546頁。
23) 中央土木株式会社『第16期営業報告書』株主名簿。
24) 『帝国銀行会社要録』1931年版、東京129頁。宮長平作は1883年12月生、1908年東京帝国大学工科大学卒、日立鉱山技師、久原鉱業技師、中央土木専務取締役（『大衆人事録』1942年版、東京975頁）。
25) 証券引受会社統制会『株式会社年鑑』1943年版、318、738頁。
26) 山本惣治は1888年10月25日生、1912年東京外国語学校卒、久保田鉄工所工場長、東洋製鉄調度課長、戸畑鋳物取締役工場長、1931年ダット自動車製造株式会社（1926年12月設立、本店東京）取締役、日産自動車常務取締役、専務取締役、満洲自動車製造理事長（『大衆人事録』1943年版、満洲309頁、日産自動車［1965］）。
27) 本渓湖煤鉄公司の設立と改組については大倉財閥研究会［1982］、満洲国期の同公司については疋田［2007a］も参照。
28) 株式会社本渓湖煤鉄公司『第4期営業報告書』1938年12月期。
29) 『満洲国政府公報』2387号、1942年5月1日。
30) 株式会社本渓湖煤鉄公司『第5期営業報告書』1939年9月期。本渓湖煤鉄公司は海軍の支援を受けたため、満業支配に移ることに難色を示し、大倉喜七郎と折衝し名を捨て実を取るため出資率で大倉側に配慮した（鮎川義介先生追想録編纂刊行会［1968］113頁）。
31) 満洲技術員協会『満洲鉱工年鑑』1944年版、313頁。上島慶篤については第5章参照。
32) 岡本［1953］236-237頁、『満銀年鑑』1940年版、773頁、『満業』12号、1939年8月15日。
33) 岡本［1953］235-238頁。上島慶篤については第5章参照。竹中政一については第4章参照。
34) 『日産懇話会々報』51号、1939年10月18日、『満銀年鑑』1938年版、545頁。
35) 『公報』2512号、1942年10月3日。
36) 『満業』11号、1939年7月15日。
37) 満洲炭礦株式会社『第8期営業報告書』1940年6月期。
38) 『満業』26号、1940年10月15日。
39) 『日産懇話会々報』91号、1940年12月1日。
40) 『満業』23号、1940年7月15日、『全国銀行会社要録』1940年版、東京149頁。
41) 『日産懇話会々報』88号、1940年10月15日。川上正一郎は1893年10月生、1915年東京高等商業学校卒、日産汽船取締役、日本鉱業購買部長、満炭理事、満洲特殊鉄鉱常務取締役、日満商事監事（『大衆人事録』1943年版、満洲90頁）。

42) 日産土木株式会社『第22期営業報告書』1941年4月期、1-3頁。
43) 『日産懇話会々報』115号、1941年12月15日。
44) 『満洲鉱工年鑑』1944年版、310頁。
45) 日産土木株式会社『第23期営業報告書』1941年10月期、2-3、12頁。
46) 「満洲証券投資株式会社定款」。
47) 『満業』15号、1939年11月15日。
48) 満洲投資証券株式会社『第2期営業報告書』1942年5月期、3-5頁。
49) 『満銀年鑑』1938年版、531頁。岡田栄太郎については第5章参照。
50) 琿春炭礦株式会社『第1期営業報告書』1935年12月期（吉林省社会科学院満鉄資料館（以下、満鉄資料館）02554）。東満洲産業の満洲投資については柴田［2010］参照。内藤政次は1887年3月28日生、京都帝国大学法科大学卒、神戸高等商業学校講師、久原鉱業に移り、共同火災保険株式会社（1906年6月7日設立、本店大阪）満炭奉天事務所長、琿春炭礦専務取締役、東辺道開発監査役（『大衆人事録』1943年版、満洲203頁）。
51) 『日産懇話会々報』70号、1940年12月15日。長谷川製作所については『全国銀行会社要録』1941年版、神奈川5頁。
52) 『日産懇話会々報』80号、1940年6月15日。岐阜セメントを買収した時期は不詳である。岐阜セメントは1942年には解散（『帝国銀行会社要録』1942年版から掲載なし）。渡辺文平は1901年11月29日生、東京高等工業学校卒、日窒、三菱合資勤務を経て1932年満鉄採用、1934年撫順セメント技術課長、満鉄産業部調査課、撫順セメント常務取締役、1941年3月安東セメント常務取締役（『大衆人事録』1943年版、満洲325頁）。
53) 小野田セメント製造［1952］参照。『満銀年鑑』1942年版、553頁では譲渡なし。
54) 満洲軽金属製造株式会社『第5期営業報告書』1938年12月期、8頁、『公報』1978号、1938年11月17日。
55) 『満業』46号、1942年6月15日。吉田一郎については『満洲紳士録』1943年版、309頁、瀧口泰明については同1041頁。
56) 『公報』2707号、1943年6月11日。満洲マグネシウム工業は1941年11月10日に合併契約を承認した（満洲マグネシウム工業株式会社『第8期営業報告書』1942年2月期）。満洲国政府認可は1942年2月18日（『日産懇話会々報』120号、1942年3月15日）。
57) 『満銀年鑑』1936年版、654頁。
58) 満洲重工業開発株式会社『第2期営業報告書』1938年9月期、満洲鉱山株式会社『第2期営業報告書』1938年9月期、5-6頁。
59) 満洲鉛鉱株式会社『第6期営業報告書』1940年12月期、2、18頁。
60) 満洲鉱山株式会社『第3期営業報告書』7-8頁、満洲鉛鉱株式会社『第5期営業

報告書』1939年12月、5頁、『満銀年鑑』1940年版、726、795頁。
61) 『公報』2303号、1942年1月15日、『満洲鉱工年鑑』1944年版、312-313、463頁。錦西鉄道は1943年3月25日に本店を錦州省錦西街に移転決議した(『公報』2771号、1943年8月26日)。
62) 『満銀年鑑』1936年版、655頁、『公報』1768号、1940年3月16日。
63) 貸借資産8.5千円あり。満洲鉱山株式会社『第2期営業報告書』1938年9月期、5、10頁。
64) 同『第3期営業報告書』1939年3月期、2頁。
65) 『公報』1768号、1940年3月16日。
66) 満洲鉱山株式会社『第6期営業報告書』1940年9月期、2頁、『満洲鉱工年鑑』1944年版、305頁。
67) 『日産懇話会々報』38号、1938年8月15日。貸借資産324.4千円あり。前掲満洲鉱山『第2期営業報告書』6、10頁。
68) 『公報』1578号、1939年7月20日。
69) 満洲鉱山株式会社『第3期営業報告書』1939年3月期、2頁。
70) 『満銀年鑑』1940年版、566頁。
71) 409,900株保有5,123,750円と記載し役員株を除外している可能性あり(満洲鉱山株式会社『第6期営業報告書』1940年9月期、2、10頁)。
72) 『満銀年鑑』1941年版、702頁。稲田文治は1884年8月24日生、1906年大阪高等工業学校卒、藤田組、久原鉱業、日本鉱業を経て、1938年満洲鉱山技術顧問、安奉鉱業取締役、満洲特殊鉄鉱社長、灤平鉄道代表取締役、満洲鉛鉱取締役(『大衆人事録』1943年版、満洲34頁)。
73) 『満洲鉱工業年鑑』1944年版、『日産懇話会々報』102号、1941年6月1日。
74) 『満銀年鑑』1936年版、1937年版、1938年版に掲載がない。『公報』1706号、1939年12月20日。
75) 『満銀年鑑』1941年版、703頁。
76) 『満銀年鑑』1942年版、404頁、『満洲鉱工年鑑』1944年版、349頁。
77) 『日産懇話会々報』92号、1940年12月15日。
78) 『満銀年鑑』1942年版、417頁。
79) 『満銀年鑑』1935年版、178頁。
80) 『日産木曜会々報』13号、1937年7月15日。
81) 『満銀年鑑』1938年版、57頁。
82) 『日産懇話会々報』93号、1941年1月15日。
83) 『満銀年鑑』1935年版、177頁。
84) 日本油脂[1967]370-374頁、『日産懇話会々報』39号、1938年8月31日、『公報』

2502号、1942年9月21日。
85) 前掲満洲重工業開発株式会社『第1期営業報告書』。
86) 『日産懇話会々報』56号、1939年6月1号、『満銀年鑑』1940年版、519頁。
87) 日本油脂［1967］370-374頁、『公報』2296号、1942年1月7日、『日産懇話会々報』120号、1942年3月15日。
88) 大連農薬株式会社『第52期営業報告書』1941年11月期。『日産懇話会々報』109号、1941年9月15日は8月2日総会で商号変更とするが誤りである。大連農薬は1942年9月2日新設とする『満銀年鑑』1942年版記載がある。大連油脂工業と本店所在地が一致する。いったん大連農薬が解散したうえで同名会社を新設したことになるが信じがたい。須永［2007c］では大連農薬に言及がない。
89) 『満銀年鑑』1942年版、102頁。
90) 新京食糧品貯蔵株式会社『第1期営業報告書』1940年4月期（満鉄資料館02560）。日本水産［1971］役員任期一覧表。同社史と大洋漁業［1960］にはこの出資の説明はない。『日産懇話会々報』52号、1939年11月1日。
91) 日産農林工業株式会社『株主名簿』1941年4月26日。
92) 『帝国銀行会社要録』1940年版、東京405頁。
93) 日産生命保険［1989］100-104頁。山田敬亮は1881年9月生、1904年早稲田大学法科卒、1908年戸畑鋳物創立に参加、1917年常務取締役、東洋製鉄専務取締役、久原鉱業監査役、日本土地証券社長、日産火災海上保険、太平洋生命保険取締役、満業監事（『大衆人事録』1942年版、東京1049頁）。
94) 株式会社日産『第44期営業報告書』1941年7月期。

第3節　アジア太平洋戦争期関係会社投資

1．事業概要

1941年12月8日（日本時刻）にアジア太平洋戦争が勃発し、満洲経済開発に大きな影響をもたらした。それまでの日本の資金・資材・技術に依存して開発を急いでいたが、開戦後は日本国内で資金・資材・労働力のさらなる動員が必要となり、満洲に投入する余裕が乏しくなってきた[1]。その結果、満洲国内で資金・資材を調達せざるを得なくなり、満業が満洲に進出する際に描いていた開発戦略は大きく軌道修正せざるを得なくなった。地場調達とは関東軍の介入・発言力の強

化を意味する。日本からの潤沢な資金と連動する資材を導入できなくなった満業の経営陣の独自性は低下せざるを得ない。満業を率いていた満業総裁鮎川義介は関東軍と軋轢を起こし、1943年1月9日に鮎川は退任し、副総裁高碕達之助が総裁に就任し、同日に登記した[2]。

満業が満投に株式を処分した際に70百万円の差益が発生し、そのうちの13.5百万円を日本の公益事業に用いることを決定し、その運用を鮎川に一任した。鮎川は総裁在任期中の1942年3月4日に社団法人日産会設立した（本部東京）。目的は生産力維持増強に資すべき事項、商工従業員の指導錬成並びに能率増進に関する事項等の調査研究施設又は助成を行うものとした。会長鮎川、副会長小平浪平、伊藤文吉、専務理事岸本勘太郎である。出捐は鮎川ほか7名80千円と日産よりの寄付20千円、法人個人会員出資金各1千円等であった[3]。また同年9月18日に財団法人義済会を設立した（本部東京）。目的は日本を中核とする大東亜共栄圏の財政、経済並びにこれに関連する事項の研究を遂行し国運の発展に貢献するものとし、①特別の研究機関を設置し必要とする設備及び資金を供与する、②関連する事業を行わせるため必要な施設をなす、③事業遂行上協力をを求める必要ある法人または団体に対し助成するという目的を掲げて、出捐は鮎川が寄付した財産ほか寄付金等であった。会長鮎川、副会長伊藤文吉、理事岸本勘太郎、三保幹太郎ほかであった[4]。義済会は同月に日産より満投の議決権株式を5百万円で取得した。鮎川はこの日産会と義済会およびすでに日本で持株会社として活動させていた日産を用い持株会社機能を復活しようと試みた。鮎川は満業総裁を退任後、これらの事業投資に注力した。ただし義済会が持株会社事業に突き進んだわけではなかった（閉鎖機関整理委員会［1954］494-495頁）。日産社長に鮎川が就任し、定款を「株主タル会社及其ノ投資会社ノ聯絡提携ト之ニ関聯スル事業ヲ営ム」ことにし日産会の事務も担当し、親睦組織の日産会と日産の両立は不要となったため、1941年5月31日に日産会は解散した[5]。日産は1942年8月28日に買上償却で15百万円払込に減資した。1943年1月期総資産49,726千円、有価証券10,496千円、仮払金28,437千円という資産構成であった[6]。満投議決権株式の譲渡後は大規模持株会社への拡張を諦めたようである。すでに日本の戦時統制経済も資金・資材・労働力の需給で難しい状況にあり、持株会社としての再興は十分な成功を見

なかった。これにより鮎川の満業との関係は表面上消滅した。ただし満業は満投に日本の旧日本産業系会社株式を譲渡することで、日本の生命保険会社から資金調達を続けていた。満投保有株のはめ込み先として、さらに後述のように日本の別の投資会社への分散も行っていた。鮎川は満業と距離を置いたが、満投を通し旧日本産業系会社株式の価格維持には注力していたといえよう。1942年2月17日に玉井麐輔が満業統務理事に就任し、3月4日に満洲国政府より承認を得た[7]。ほかの理事は奥村慎次、楢岡茂、金卓（前満業監事、陸軍中将）、三保幹太郎ほかである[8]。奥村は1942年1月8日に理事辞任登記で満業から離れていたが、1944年7月27日に再任された[9]。玉井は鮎川の親族で貝島炭礦株式会社出身の炭礦経営の専門家であり[10]、満業は傘下に取り込んだ多くの炭礦経営に直面しており、それを乗り切るため日本から招聘した。玉井は昭和製鋼所、東辺道開発、満炭、阜新炭礦、鶴岡炭礦、西安炭礦、北票炭礦、精炭工業各取締役を兼務した。理事田中恭は1944年4月満洲製鉄株式会社設立で専務理事に就任し満業理事を退任したが（大蔵省百年史編集室［1973］100頁）、楢岡が満業に移動したことに伴う転出であろう。

　1941年6月30日増資で満業資本金は675百万円506百万円払込に増大した。しかしその後の満業増資は実現できず、また未払込資本金徴収もなされず、日本の株式市場を通じた資金調達は実現できなかった（表9-10）。それに代わり満業社債の発行と保有日本株式処分によりで資金調達を行う。満業は日本における発行市場で大蔵省の承認を得て起債した。満業債は市中消化のみならず預金部資金に引き受けてもらうことで日本からの資金調達を強化した。満業債の日本内発行は1942年で6件合計144,560千円の金額を維持できたが、1943年で4件合計80百万円、1944年で2件25百万円、1945年で1件5百万円へと減少を辿った（日本興業銀行［1970］298-299頁）。日本内社債市場での起債は1943年以後急速に悪化していた。敗戦時で預金部資金は満業債167,500千円を保有していた（大蔵省昭和財政史編集室［1962］付表24-29頁）。

　満業は満投への株式処分を続けた。満投の業務の実態は東京に置かれており、日産が臨時株主総会でこまめに株式払込と増資を決定した。満投は1942年1月15日150百万円に無議決権株式発行による増資を行い[11]、その後も同年12月14日に

表9-10　満洲重工業開発貸借対照表 (2)

(単位：千円)

	1942.5期	1942.11期	1943.5期	1943.11期	1944.5期	1944.11期	1945.5期
(資産)							
未払込資本金	168,750	168,750	168,750	168,750	168,750	168,750	168,750
有価証券	1,254,624	1,335,337	1,734,722	1,735,161	1,892,309	1,915,545	2,033,425
固定財産	7,248	5,897	6,275	6,941	7,535	7,797	10,842
投資会社勘定	455,863	496,823	437,381	628,609	694,890	1,342,957	2,141,285
開発費勘定	—	—	—	—	169,170	169,169	167,485
未収入金	25,921	35,284	45,388	35,478	34,295	43,063	44,324
仮払金	32,931	22,784	24,260	36,236	53,109	21,087	80,047
預金現金等	20,852	24,694	18,223	13,824	12,134	10,983	17,759
合計	1,966,192	2,089,572	2,435,001	2,625,002	3,032,194	3,679,353	4,663,920
未払込資本金控除総資産	1,797,442	1,920,822	2,266,251	2,456,252	2,863,444	3,510,603	4,495,170
(負債)							
資本金	675,000	675,000	675,000	675,000	675,000	675,000	675,000
諸積立金	107,725	118,788	124,860	129,929	132,913	133,795	134,698
借入金	196,387	240,437	318,737	293,487	352,987	522,112	1,131,237
社債	902,960	966,260	1,089,160	1,423,860	1,773,710	2,273,110	2,671,555
投資会社勘定	30,015	34,192	174,170	52,745	48,995	14,931	643
諸預り金	576	714	637	821	1,037	1,750	1,513
仮受金	6,339	9,244	11,617	13,173	14,281	21,723	15,557
未払金	11,341	17,497	13,948	10,347	8,819	11,133	7,052
前期繰越金	14,587	6,001	5,479	5,963	6,818	7,732	9,046
当期純益金	21,258	21,435	21,389	19,673	17,631	18,065	17,615
合計	1,966,192	2,089,572	2,435,001	2,625,002	3,032,194	3,679,353	4,663,920

出所：満洲重工業開発(株)『営業報告書』(各期)、閉鎖機関整理委員会［1954］。

無議決権株式を発行し調達を強め[12]、その資金を用い満業保有株を逐次買い入れていた。ただし満投はその取得株式を値崩れ防止のため日本市場で一挙に売却せずに保有した（閉鎖機関整理委員会［1954］）参照）。満洲投資証券は日本の生命保険会社の出資で資金調達を行い、その資金で満業保有株を取得したため、追加的な株式大量取得のような案件が発生しない限り、一挙に売却する必要性は乏しかった。満投保有有価証券は1942年5月期185百万円が1942年11月期259百万円、1943年5月期406百円に増大した。他方、満投借入金も1943年5月期に258百万円に増大していたため、保有株式を売却処分して1943年11月期に有価証券379百万円に減少し、借入金も218百万円に引下げていた（表9-11）。1944年5月期には満投保有有価証券が417百万円に再度増大した。この期には満業保有日本本店会社株式は皆無となり、満業保有日本株の全株処分を完了した。その後の満投の操

表 9-11　満洲投資証券貸借対照表（1）

(単位：千円)

	1942.5期	1942.11期	1943.5期	1943.11期	1944.5期
(資産)					
未払込資本金	150,000	174,100	107,771	57,603	32,853
特別保有国債	—	1,251	1,533	1,533	1,533
有価証券	185,705	259,185	406,371	379,739	417,181
受渡未済有価証券	75,863	69,402	72,288	54,463	33,905
外貨邦債	94,869	94,869	—	—	—
特別投資勘定	24,527	59,550	62,587	92,161	123,871
貸付金	—	—	2,000	—	—
未収入金等雑勘定	3,285	3,756	4,936	3,358	2,484
預金現金	4,761	4,288	10,734	41,590	9,815
合計	539,013	666,404	668,224	630,449	621,644
未払込資本金控除総資産	389,013	492,303	560,452	572,846	588,791
(負債)					
資本金募集額	300,000	337,134	380,000	380,000	380,000
国債保有積立金	—	1,251	1,529	1,533	1,533
諸積立金	120	7,597	11,615	14,535	16,269
借入金	124,460	221,662	258,967	218,092	204,198
外貨借入金	94,869	82,717	—	—	—
未払金仮受金等	6,627	6,627	5,064	4,496	7,536
前期繰越金	432	451	586	646	696
当期利益金	12,503	8,963	10,461	11,145	11,410
合計	539,013	666,404	668,224	630,449	621,644

出所：満洲投資証券㈱『営業報告書』（各期）。

業状況は1945年9月30日閉鎖時点の東京支店貸借対照表によると（表9-12）で、有価証券583百万円のほか在外不換価有価証券を保有していた。前者は日本国内株式であり、金額をさらに積み増しており、満業保有株式のすべてを譲渡した後も日本市場で取得した株式が含まれているようである。後者は特別保有満洲国国債のほか満洲国法人株式、例えば満業株式を取得した可能性があるが不詳である。一般債務204百万円であり、1944年5月期と大差ない。

　満洲国のインフレと日本の資金統制の強化により、日本からの資金調達の困難が強まり、1943年以後の満業の資金調達は満洲国資金市場に依存する。すなわち満洲中央銀行の満業債券の国内消化と借入金に依存することになる。満業は満洲国内における満業社債発行と満銀からの短期資金借入で繋いで、資金確保に走った。満洲興業銀行が多額の満業債を取得したほか、多額融資にも応じた。同行は

表9-12 満洲投資証券貸借対照表 (2)

(単位：千円)

	1945.9.30現在
（資産）	
貸付金	63,564
前渡金仮払金	1,977
未収金	1,249
対閉鎖機関預金	911
国債	851
株式	583,913
社債その他	1
未払込株式見返	29,622
不動産家具什器	608
国内不換価証券	150
在外不換価証券	45,443
その他在外資産	2,188
預金現金	8,039
合計	738,520
（負債）	
担保付債務	133,172
未払税金	48
従業員請求権	253
一般債務	204,483
仮受金	407
在外店舗債務	1,897
資本金	380,000
剰余金	18,257
合計	738,520

注：東京支店閉鎖時点。
出所：閉鎖機関整理委員会［1954］248頁。

1942～1945年で855百万円の満業債を引き受けており、そのほか1944年で融資残高327百万円に達していた（柴田［1999a］99頁）。1945年5月期満業債残高2,672百万円、借入金1,131百万円に増大していた。その後も満洲国内発行が急増し1945年6月末で、満業社債残高は満洲国内2,965百万円、日本内661百万円、満洲内銀行借入609百万円であり、満洲国内での資金調達に大きく傾いていた[13]。これについては関東軍と満洲国政府も強く後押ししたため、資金繰りで追い詰められることはなかったが、日本からの投資を呼び込むことができなくなった満業の存在意義は低下せざるを得ない。敗戦に近づくと、満業の「重要な方針はすべて軍当局が決定し、それに必要な資金は政府の命令で満銀が融資した。満洲重工業の自主性はすべて失われて」いたと（高碕達之助集刊行委員会［1965］149-150頁）、総裁高碕達之助は説明している。

なお満業は満投への株式肩代わりにより日本の生命保険からの資金調達を続けたが、満投は日本の生命保険系列以外の投資会社への出資により保有株式処分のルートを開設した。それについても言及しておこう。満投は日本の日産と組み、日本の会社等の証券投資を業務とする会社を買収する。それが日本証券投資株式会社である（1940年9月3日設立、本店東京、資本金20百万円半額払込）。設立時の同社会長小布施新三郎（小布施商店（個人経営）店主、小布施合資会社（1920年5月）代表社員）、社長藍沢弥八（株式会社藍沢商店（1933年10月3日設立、本店東京）社長）、専務取締役上田厚吉（東株代行株式会社（1927年8月8日設立、

本店東京）取締役）、取締役遠山元一（株式会社川島屋商店（1920年4月11日月設立、本店東京）社長）、玉塚栄次郎（株式会社玉塚商店（1919年3月5日設立、本店東京）社長）等が並び、株価低迷を阻止するために東京の証券業者が中心となり株価軟調の際に市中から買い集める株価対策を担った。1941年3月31日に日本協同証券株式会社が設立されると市中株価対策は同社に任されたことで、保有株を同社に譲渡して業務を縮小していた[14]。同社は1941年7年4日に大蔵省に存続を申請し、23日に承認され業務を続けた。この間、日本協同証券に株式を譲渡したことで同年7月15日に資本金10百万円半額払込に減資し、業務を株式取得特殊金融に定款を変更し、9月3日に承認を得て、11月1日より同業務に乗り出した[15]。大蔵省の意向を受けて市中の流通株式を買い支えていたが、1943年7月1日に株式会社日本証券取引所が設立されると（本店東京、資本金50百万円払込）、同所株式2,040千円を取得していた[16]。その後、満投と日産および同系法人が日本証券投資の株式を買い集めた結果、満投99,500株、社団法人日産会（会長鮎川義介）65千株、日本土地証券株式会社（1918年11月設立、本店東京、日産系、社長山田敬亮）17,500株、日産17,500株、日本油脂500株の5社のみの保有となり、満投・日産系で全株を保有し、1944年10月18日に既存役員を総退陣させ、三保幹太郎が代表取締役となり、日本証券投資は満投と日産系の支配する会社となった[17]。同社は1944年12月末で13,114千円の日本鉱業株式を保有し[18]、満投の保有する満業から取得した日本鉱業株式の肩代わりが行われた。すなわち満投保有株式の肩代わりにより満洲への資金供給を行ったことになる。ただし日本証券投資の対満洲投資としてこれを評価するには、満投の日本証券投資出資2,487千円を控除して集計する必要がある。

2．関係会社投資の概要

次にアジア太平洋戦争期の満業の出資を新規出資と解散を中心に年期を追って紹介しよう（表9-13）。

(1942年5月期)

1941年7月1日設立の密山炭礦株式会社（11日登記、本店東安省鶏寧県、資本

表9-13 満洲重工業開発

関係会社名	設立年月日	本店	地域	1942.5期	1942.11期
(株)昭和製鋼所	1929.7.4	鞍山	満洲	155,000	155,000
満洲炭礦(株)	1934.5.7	新京	満洲	298,912	298,921
(株)本渓湖煤鉄公司	1935.9.25	本渓湖	満洲	80,000	80,000
満洲軽金属製造(株)	1936.11.10	撫順	満洲	78,700	78,700
満洲鉱山(株)	1938.2.28	新京	満洲	150,000	150,000
満洲飛行機製造(株)	1938.6.20	奉天	満洲	90,000	100,000
東辺道開発(株)	1938.9.14	新京	満洲	139,000	139,000
満洲自動車製造(株)	1939.5.11	新京→奉天	満洲	25,000	50,000
協和鉄山(株)	1939.8.5	新京	満洲	4,000	4,000
満洲重機(株)	1940.5.17	新京	満洲	45,000	45,000
満洲ボーリング(株)	1940.6.4	新京	満洲	1,480	1,480
満洲特殊鉄鉱(株)	1940.10.15	新京	満洲	9,500	29,500
渓城炭礦(株)	1941.2.12	本渓湖	満洲	6,628	13,256
密山炭礦(株)	1941.7.1	東安省鶏寧県	満洲	50,000	62,500
精炭工業(株)	1941.8.1	新京→哈爾濱	満洲	1,250	1,250
礼賚炭礦(株)	1941.11.21	新京→興安北省札賚	満洲	12,500	12,500
満洲鉛鉱(株)	1935.6.18	奉天	満洲	—	17,500
満洲工作機械(株)	1939.9.1	奉天	満洲	—	19,060
(株)阜新製作所	1937.9.20	阜新	満洲	—	—
営城子炭礦(株)	1937.11.17	新京	満洲	—	—
西安炭礦(株)	1943.2.16	四平省西安県	満洲	—	—
阜新炭礦(株)	1943.2.26	新京→阜新	満洲	—	—
鶴岡炭礦(株)	1943.2.26	三江省鶴立県興山街	満洲	—	—
北票炭礦(株)	1943.2.26	新京→錦州省北票街	満洲	—	—
満洲石炭工業(株)	1943.5.1	新京	満洲	—	—
満炭坑木(株)→満業坑木(株)	1939.9.23	新京	満洲	—	—
琿春炭礦(株)	1939.9.29	琿春	満洲	—	—
満洲火薬工業(株)	1941.2.1	奉天	満洲	—	—
満洲金鉱(株)	1935.10.2	新京	満洲	—	—
満洲鉱業汽船(株)→南票炭礦(株)	1939.5.1	錦州	満洲	—	—
南満化成(株)	1943.12.29	鞍山	満洲	—	—
満洲マグネシウム(株)	1944.3.18	営口	満洲	—	—
大陸化学工業(株)	1944.3.29	新京	満洲	—	—
安東軽金属(株)	1944.4.13	安東	満洲	—	—
満洲製鉄(株)	1944.4.1	新京	満洲	—	—
(株)満洲工廠	1934.4.28	奉天	満洲	—	—
満洲塩業(株)	1936.4.28	新京	満洲	—	—
日満鍛工(株)	1938.9.13	奉天	満洲	—	—
満洲軽合金工業(株)	1944.5.26	安東	満洲	—	—
本渓湖特殊鋼(株)	1938.10.22	本渓湖	満洲	—	—
満洲生活必需品(株)	1939.2.23	新京	満洲	—	—
日本鉱業(株)	1929.4.24	東京	日本	75,675	49,112
日産自動車(株)	1933.12.26	東京	日本	1,170	—
日産農林工業(株)	1934.3.6	東京	日本	1,151	—
龍烟鉄鉱(株)	1939.7.26	張家口	蒙疆	—	—
日産汽船(株)	1934.2.1	東京	日本	—	—
合計	社数			19	17
	出資額			1,224,968	1,305,300
満洲合計	社数			16	16
	出資額			1,146,970	1,256,188
日本合計	社数			3	1
	出資額			77,997	49,112
蒙疆	社数			—	—
	出資額			—	—
連結子会社	社数			14	14
	出資額			1,062,970	1,172,188
持分法適用会社	社数			3	2
	出資額			159,675	84,000
その他会社	社数			2	1
	出資額			23,221	49,112

出所:満洲重工業開発(株)『営業報告書』各期。閉鎖機関整理委員会 [1954]。

関係会社出資 (2)

(単位：千円)

1943.5期	1943.11期	1944.5期	1944.11期	1945.5.25	備　考
155,000	283,050	—	—	—	77.5%→88.7%、満洲製鉄に事業統合
298,921	100,000	100,000	100,000	100,000	99.6%→100%
80,000	*80,000*	—	—	—	40%、満洲製鉄に事業統合
78,700	138,100	138,100	138,100	138,100	98%
150,000	150,000	150,000	150,000	150,000	100%
100,000	100,000	100,000	125,000	175,000	100%
139,000	139,000	—	—	—	99.2%、満洲製鉄に事業統合
50,000	50,000	75,000	75,000	75,000	100%、1942.12.25本店移転
4,000	*4,000*	*4,000*	*4,000*	*4,000*	40%
45,000	45,000	45,000	45,000	45,000	100%
—	—	—	—	—	74%、1942.7.3満洲鉱業開発に譲渡
29,500	59,000	59,000	—	—	31.6%、1944.8.1解散、満洲鉱山に吸収
37,402	37,402	44,031	44,031	44,031	53.0%
75,000	87,500	100,000	100,000	100,000	
3,750	5,000	5,000	5,000	—	100%、1942.12.1本店移転
12,500	12,500	25,000	25,000	25,000	100%、1943.5.20本店移転
17,500	25,406	50,000	—	—	58.3%→100%、1944.8.1解散、満洲鉱山に吸収
19,070	19,133	19,201	19,231	19,231	95.3%
4,000	4,000	4,000	—	—	100%、1944.6.1満炭に譲渡
6,110	6,660	6,660	6,660	6,660	76.3%、満炭から取得
58,826	58,826	70,000	70,000	70,000	100%
155,375	155,375	176,919	198,459	220,000	100%、1943.2.26本店移転
98,249	98,249	122,166	122,166	170,000	100%
45,678	45,678	—	—	—	95.3%、1943.3.15本店移転
2,500	3,750	5,000	5,000	5,000	50%
5,000	10,000	10,000	10,000	10,000	100%→98.3%、満炭から取得、1943.7.1商号変更
15,000	15,000	15,000	15,000	15,000	50%
1,017	*1,017*	*1,017*	*1,017*	—	20.3%
—	360	360	360	—	100%、1944.11満洲鉱山より取得
—	—	7,000	10,000	10,000	23.3%→33.3%、1943.5.25商号変更、取得
—	—	625	625	625	25%
—	—	15,000	15,000	15,000	75%
—	—	*2,500*	*2,500*	*2,500*	25%
—	—	*12,500*	*12,500*	25,000	
—	—	503,500	503,500	475,000	86.4%
—	—	—	*7,525*	*15,100*	5%
—	—	—	*625*	—	6.5%
—	—	—	250	—	50%
—	—	—	6,250	6,250	50%
—	—	—	10,000	10,000	100%
—	—	*1,287*	*2,537*	—	2.86%→8.03%、取得時不詳
17,498	—	—	—	—	
—	—	—	—	—	
—	—	—	*36,000*	*36,000*	33.3%
—	—	—	—	*13,986*	
27	28	30	34	29	
1,704,600	1,821,094	1,866,580	1,866,337	2,033,425	
26	27	29	31		
1,687,102	1,722,876	1,866,580	1,830,337		
1	—	—	—		
17,498					
—	—	—	1		
			36,000		
23	24	24	26		
1,602,084	1,637,858	1,845,937	1,838,757		
3	3	5	4		
85,017	85,017	20,642	16,642		
1	—	—	4		
17,498			10,937		

金100百万円払込）の株式50％を1941年11月26日に満炭より取得した[19]。同社は満炭傘下の炭礦事業を子会社化したものである。1942年1月12日設立の渓城炭礦株式会社を設立した（19日登記、本店本渓湖、資本金50百万円現物全額・現金4分の1払込）。満業は53.025％26,512.5千円を現金出資し、満炭は44.7％、本渓湖煤鉄公司は2.3％を現物出資した。会長に高碕達之助が就任した[20]。満業は1942年4月期に保有する日産土木株式1百万円払込を満投に譲渡した[21]。

　1942年5月期で19社1,224千円出資のうち、満洲16社1,146百万円となり、一段と満洲投資額が増大した。他方、日本への出資は3社77百万円に減少した。連結子会社は14社1,062百万となりさらに増大していた。最多出資は満炭298百万円、以下、昭和製鋼所155百万円、満洲鉱山150百万円、東辺道開発139百万円、満洲飛行機製造90百万円、本渓湖煤鉄公司80百万円、満洲軽金属製造78百万円と続いていた。このうち持分法適用会社は本渓湖煤鉄公司のみである。日本本店株式は日本鉱業75百万円、ほか日産自動車と日産農林工業の株式を1百万円保有していたが、1941年11月期に比べさらに減少し、満投への処分を続けていた。1941年11月期にまだ一部を保有していた日立電力は1942年3月31日に関東配電株式会社に事業統合され解散した[22]。その際に投資を回収したはずである。

(1942年11月期)

　1942年11月期に満業は満洲鉱山から満洲鉛鉱株式会社株式17,500千円を取得した。満洲鉱山の資金繰りを支援する意味があった。また株式会社満洲工廠が1938年9月30日に株式会社池貝鉄工所（1913年4月設立、本店東京）と提携し、満洲機械工業株式会社を設立し（資本金10百万円半額払込）、同社に各50％を出資した。工作機械産業拡大のため同社は1939年9月30日に解散し、換えて準特殊会社として1939年9月1日に満洲工作機械株式会社が設立された（本店奉天、資本金20百万円4分の1払込）。満洲工廠は同社に出資し社長根本富雄が同社社長を兼務した。満洲工作機械は満洲国における機械製造業の拡大を期待され、満洲国からの補助金を受給し事業拡大を図った。資本金全額払込となっていたが操業状況が芳しくないため、1942年3月に満業に経営を任せることにし[23]、1942年6月1日に満業は満業社債と同社株式の交換により株式95.35％19,070千円取得し、支配下に置

く決議をして役員構成を改めた。社長久保田篤次郎（前日産自動車常務取締役）ほかを派遣し[24]、経営立て直しを急いだ。一部の非支配株主は満洲工廠である。

満業は満洲国政府の鉱山試錐機関統合方針に則り、保有する満洲ボーリングの株式29,600株を1942年7月3日に満洲鉱業開発株式会社（1935年8月24日設立、本店新京、満洲国政府系）に譲渡した。満洲鉱業開発は満洲ボーリングの試錐部門を吸収した上で、1942年7月25日に5百万円増資34.2円払込を引き受けて資金支援した[25]。該期に日本本店の日産自動車と日産農林工業の株式を譲渡し皆無となった。なお満業はすでに保有する日産化学工業株式をすべて処分していたが、1942年11月24日に日本鉱業が同社を吸収合併する決議を行い、1943年3月1日に合併した[26]。

期末合計17社1,305百万円となった。うち満洲16社1,256百万円へと増大した。連結子会社は14社1,172百万円である。満洲の多額出資先は変わらないが、日本鉱業が49百万円に減少してその他会社に移っていた。

（1943年5月期）

精炭工業株式会社は新京に本店を置き操業していたが、1942年12月1日に本店を哈爾濱に移転した[27]。満業は1937年9月20日設立の株式会社阜新製作所の株式4百万円払込の全株を取得した[28]。先述のように満炭と野村合名の出資で設立されたが、満炭の操業不振で全株を買収した。また営城子炭礦（8百万円払込）の株式6,110千円を満炭から取得した。被支配少数株主は取締役岡田栄太郎ほかで、営城子炭礦の前身の1936年1月設立の営城子炭礦公司の経営に関わった投資家である[29]。満炭は満業に譲渡するため有力炭礦の分社化を急いだ。1943年2月16日に西安炭礦株式会社が設立された（本店四平省西安、同社資本金70百万円58,827千円払込）。同月26日に鶴岡炭礦株式会社（本店三江省鶴立県興山街、資本金170百万円98,249千円払込）、北票炭礦株式会社（本店新京、資本金70百万円45,678千円払込）及び阜新炭礦株式会社（本店新京、資本金210百万円155,375千円払込）が設立された。いずれも満炭直営炭礦を分社化したものである。北票炭礦は1943年3月15日に本店を錦州省北票街に移転した[30]。阜新炭礦は設立日に本店を阜新に移転した[31]。この4社は舒蘭炭礦、裕東炭礦および満洲合成燃料の株式を除き

ほかの会社と一括で1943年3月に満業に譲渡された[32]。1943年5月1日に普通法人の満洲石炭工業株式会社が設立登記された（本店新京、資本金10百万円5百万円払込）。満業は50％引き受けた。同社は練炭製造その他石炭加工を主業とした。残る50％は日満商事の出資である。社長に竹内徳三郎が就任した[33]。1939年9月23日設立の満炭坑木株式会社（本店新京）の全株式5百万円払込を取得した（本店新京）。同社は満業子会社に移ると1943年7月1日に満業坑木株式会社に商号変更した[34]。札賚炭礦は1943年5月20日に本店を興安北省札賚に移転した[35]。そのほか琿春炭礦の資本金30百万円払込の株式15百万円を満炭から取得した[36]。満業は満炭保有の満洲火薬工業株式会社（1941年2月1日設立、本店新京、資本金20百万円11,375千円払込）の1,017.5千円を取得した。同社が1943年2月3日に1,150千円増資12.5円払込の際に[37]、満業も炭礦業投資を強める中で鉱山開発用の火薬製造会社を支援するため、満炭保有株式の81,440株4,072千円1,017.5千円払込を取得したと見られる。満炭が2月3日増資新株を取得した100百万円と判断した。

　1943年5月期末合計27社1,704百万円に増大した。満洲26社1,687百万円でほぼ満洲投資のみとなった。連結子会社23社1602百万円、持分法適用会社3社85百万円であり、多額出資先は満炭298百万円、以下、阜新炭礦155.3百万円、昭和製鋼所155百万円、満洲鉱山150百万円、東辺道開発139百万円、満洲飛行機製造100百万円と続き、阜新炭礦がいきなり2位に浮上した。

（1943年11月期）

　1943年6月21日に満洲軽金属製造は再度増資し、資本金80百万円払込から200百万円140百万円となったが、満業もそれに合わせて197.5百万円138.1百万円払込に出資額を引き上げていった[38]。ただし満洲軽金属製造の満業以外の出資者は、住友本社、昭和電工株式会社、住友電工株式会社の3社に切り替わっていた。6月25日に満業は満銀保有満炭株式を買収し完全子会社とした[39]。また同年11月に満業は満洲金鉱株式会社（1935年10月2日設立、本店新京、熱河鉱業の商号変更、資本金600千円360千円払込）の全株式を満洲鉱山から取得した[40]。

（1944年5月期）

　満業は1939年5月1日設立の満洲鉱業汽船株式会社（本店新京、資本金10百万円6.5百万円払込、社長川南秀造）の増資に応じた。同社は南票炭礦の採掘に当り、満洲特殊鉄鉱が経営していた錦西炭礦事業を併合し、1944年2月26日に30百万円払込に増資の際に満業が23.7％7百万円を出資した。同社は満業傘下で5月25日に南票炭礦株式会社に商号変更した。会長高崎達之助、社長川南秀造であった[38]。1943年12月29日に南満化成工業株式会社が設立登記した（本店鞍山、資本金10百万円2.5百万円払込）。満業は昭和製鋼所とともに各25％625千円を出資した。親子出資したことになる。残る50％は日本化成工業株式会社（1934年8月設立、本店東京）である。同社は各種化学工業薬品製造加工販売を業とした。会長高碕達之助、社長池田亀三郎（日本化成工業社長）、副社長秋田穣（元満鉄中央研究所、前海軍燃料廠研究部員）、常務取締役箱崎正吉（昭和製鋼所監査役）であった[42]。1944年3月29日に大陸化学工業株式会社が設立された（本店新京、資本金10百万円4分の1払込）。満業と本渓湖煤鉄公司が各25％出資し、三井化学工業株式会社（1941年4月設立、本店東京）が50％を出資した。会長高碕達之助、社長今井富之助（三井化学工業常務取締役）であり、三井化学工業が中心になり、化学工業品製造加工販売に従事した[43]。先述の満洲軽金属製造の関係会社の満洲マグネシウム工業は1941年11月29日に解散したが、それとは別にマグネシウムの重要性に鑑み1944年3月18日に満洲マグネシウム株式会社が設立登記された（本店営口、資本金20百万円払込）。満業75％15百万円、満洲軽金属工業25％5百万円を親子で出資した。代表取締役松浦梁作（前満鉄鞍山製鉄所、中央試験所電気化学課勤務）である。同社は金属マグネシウム製造加工販売に従事した[44]。

　重点産業の製鉄業では、1944年2月29日「満洲製鉄株式会社法」に基づき1944年4月1日に昭和製鋼所、本渓湖煤鉄公司および東辺道開発を統合し、特殊会社満洲製鉄株式会社が設立された。それにより満洲製鉄は資本金740百万円640百万円払込という満業を上回る満洲国製造業最大の規模となる。東辺道開発は1943年9月期にも2,907千円の損失を計上し当初計画とは程遠い失敗に終わり[45]、満洲製鉄に統合して事業を幕引きした。なお東辺道開発株式の本渓湖煤鉄公司保有20千株1百万円は3月2日に満業が肩代わりしており、すでに満炭保有株を取得し

ていたため、解散時点では満業が全株を保有していた[46]。満業は満洲製鉄の設立で従来の3社の投資額をそのまま承継し503.05百万円の出資を維持した。昭和製鋼所と本渓湖煤鉄公司という重厚長大企業を代表する2社を合併させたことで、より効率的な運営が期待されたはずである。満洲製鉄は大倉組の持株比率の低下により資本的独立が達成され、巨大国策製鉄会社となり、さらに満業からの相対的独自性を主張した。むしろ満業は、満洲製鉄に資金供給をしつつも影響力は低下したと思われる。出資額はその後の引き上げはなされなかったが、満業は貸付金の優先割当で資金供給を続けた。

1944年4月5日に株式会社満洲工廠（本店奉天、資本金30百万円払込）が倍額増資し、満業がその増資新株を引き受け、50％出資とし経営の主導権を握った。社長矢野耕治（前昭和製鋼所理事）、常務取締役守屋逸男（本渓湖煤鉄公司理事）、西山茂（前陸軍少佐）である。同社は兵器製造、鉄道車輌製造、その他一般機械製造及び部品製造を行っており[47]、兵器・機械生産が重視されるため満業出資で資金力を強化したものである。1944年4月13日創立総会（15日登記）により安東軽金属株式会社が設立された（資本金200百万円4分の1払込）。満業と満洲軽金属製造各25％の親子出資とし、株式会社住友本社50％の出資とした。満業系と住友の合弁となった。会長高碕達之助、社長荒川英二（住友鉱業株式会社専務取締役）、専務取締役神田勇吉（住友アルミニウム製錬株式会社監査役）、常務取締役中沢英三（住友本社新京事務所長）である[48]。満洲軽金属製造と安東軽金属に住友系の出資がなされており、軽金属工業に優位性を持つ住友系の関わりが一段と深まった。これらの満業の新規出資先は、満洲国の資金統制が強まる中で、資金調達で苦慮しつつ出資に充てた。北票炭礦出資が消滅したが、その処理は不詳である。

満業保有日本鉱業株式はすべて譲渡済みとなっていたが、1943年5月期保有の17,498千円が満投に譲渡され、そのうちの13,114千円が満投から日本証券投資に処分されたといえよう。満業は期末で30社1,866百万円に出資していた。満業は満洲の連結子会社投資にほぼ特化している。多額出資先は満洲製鉄503百万円、阜新炭礦176百万円、満洲鉱山150百万円、満洲軽金属製造138百万円、鶴岡炭礦122百万円、密山炭礦、満洲飛行機製造と満業による株式買収償却により減資した満炭の100百万円の順である。

(1944年11月期)

　満業は1944年5月26日に設立された満洲軽合金工業株式会社（27日登記、本店安東、資本金50百万円12.5百万円払込）の50％6,250千円を引き受けた。残る50％は住友系出資であり、住友系との合弁設立であった。会長高碕達之助、社長春日弘（住友アルミニウム製錬株式会社会長）、専務取締役吉田幸吉（満洲住友金属工業株式会社鋼管製造所長）、常務取締役妹尾城爾（住友本社総務部長）ほかであった。同社は銅、アルミニウム、マグネシウム等非鉄金属及び合金の鋳塊、板管棒等製造販売を業とした[49]。そのほか1936年4月28日設立の満洲塩業株式会社（本店新京）の株式625千円を取得した。満業は阜新製作所（資本金4百万円払込）の株式を満炭から肩代わりし、全株を保有していたが、阜新炭礦が事業拡大を続ける中で、1944年6月1日に同炭礦に譲渡し直接出資から間接出資に切り替えた[50]。

　日満鍛工株式会社（1938年9月13日設立、本店奉天、資本金2百万円1.25百万円払込）は日本鍛工株式会社（1937年9月設立、本店東京）の出資と技術の支援を受けていたが、1944年7月に新株4分の1払込50％を満業に譲渡して満業の傘下に移った。満業出資額は250千円である。会長山田忍三（満業統務理事）、専務取締役岡野備芳（東洋鉱機株式会社（1939年10月7日設立、本店奉天）取締役）、常務取締役内山新治（前昭和製鋼所経理部会計課長）である[51]。本渓湖特殊鋼株式会社（資本金10百万円払込）の株式の一部を本渓湖煤鉄公司が保有していたが、満洲製鉄に統合される際に大倉系に譲渡して、大倉系の全額出資会社に転換していたとみられる。本渓湖特殊鋼が1944年7月13日に倍額増資し、増資新株を満業が取得し50％10百万を保有し、連結子会社とした。社長畠山蔵六（大倉鉱業出身、前本渓湖煤鉄公司常務理事）、常務取締役福富夏二（満鉄出身、前昭和製鋼所製鋼部第二圧延課長）である。同社は各種特殊鋼の製造販売及びそれを原料とする各種加工品の製造販売を業とした[52]。他方、満洲特殊鉄鉱と満洲鉛鉱は6月30日に満洲鉱山に吸収合併される決議を行い8月1日に解散した[53]。満洲鉱山が合併増資したとの記載が見当たらないため、パフォーマンスが思わしくなかった両社株式を償却したと判断する。貸借対照表上の調整策として後述のように満業からの融資で資金調達して乗り切った。これにより満洲出資が減少した。

蒙古聯合自治政府（1939年9月1日設置、首都張家口）管轄法人の龍烟鉄鉱株式会社にも出資した。同社は1939年5月6日「龍烟鉄鉱株式会社法」に基づき同年7月26日に設立された蒙疆の特殊会社である。当初は株式会社興中公司（1935年12月20日設立、本店大連、満鉄全額出資の中国関内投資会社）の出資を受けたが、興中公司の投資を北支那開発株式会社が肩代わりし、龍烟鉄鉱の出資は蒙古聯合自治政府と北支那開発の折半出資となっていた[54]。満洲製鉄は蒙疆最大かつ品位の高い原料鉄鉱石を供給する龍烟鉄鉱から鉄鉱石の輸入を図った。龍烟鉄鉱は採掘の増強のため、増資により機械器具そのほかの設備を調達することにした。その増資にかかり、龍烟鉄鉱は資金調達で従来の蒙古聯合自治政府と北支那開発の折半出資に、満業が割り込むことで龍烟鉄鉱の鉄鉱石の満洲国の輸入確保を行った。この交渉に当たっては満洲製鉄が龍烟鉄鉱に出資するのではなく、満洲製鉄の親会社の満業が龍烟鉄鉱の増資新株3分の1を引き受け、残りが北支那開発・蒙古聯合自治政府の折半とし、各3分の1の36百万円を引き受ける形で資金供給を行うものとした。その後蒙古聯合自治政府の財源不足から、北支那開発・満業の折半出資に変更され、1944年5月10日に満業は龍烟鉄鉱出資契約に調印し、60百万円36百万円払込の株式を引受け33.3％出資とした[55]。この案件は満業の唯一の関内企業への投資である。その後の龍烟鉄鉱の株式払込徴収はなされなかった。1945年10月期の北支那開発の龍烟鉄鉱出資は増大せず、他方融資は増大していたため（柴田［2008a］558-559頁）、追加資金調達は蒙疆の蒙銀券インフレの中で北支那開発融資に依存した。

満洲生活必需品配給株式会社（1939年2月23日設立、本店新京）は1939年12月26日「満洲生活必需品株式会社法」裁可で同日に商号変更し特殊会社改組し、60百万円半額払込に増資し、生活必需品配給統制を行っていた。満業も関連会社従業員とその家族への支援の意義もあり、同社に1939年12月20日増資の際に新株28.6千株を取得したようであるが取得時期を傍証できない。同社は1944年1月24日50百万円払込となり、さらに同社は1944年10月2日に30百万円増資し、その増資新株のうち5百万円4分の1払込を満業が引き受けた[56]。これにより合計8.0375％6,430千円2,680千円の保有とした。同社は満洲国政府が中心になって支援するため、満業は脇役に過ぎなかった。

表9-14 満洲重工業開発関係会社融資（2）

(単位 千円)

	1942.5期	1942.11期	1943.5期	1943.11期	1944.5期	1944.11期	1945.8残高
満洲炭礦(株)	187,682	179,941	-124,541	57,806	-165,557		48,726
満洲軽金属製造(株)	39,012	41,674	50,487				36,522
満洲鉱山(株)	22,192	4,295	4,295				270,546
東辺道開発(株)	25,672	37,207	55,615	75,776			—
満洲飛行機製造(株)	11,167	1,167	1,167				103,160
(株)本渓湖煤鉄公司	43,164	48,164	48,164	47,400			—
(株)昭和製鋼所	70,489	98,487	154,658	116,896			
満洲自動車製造(株)	27,567	11,996	18,346				36,220
満洲特殊鉄鉱(株)	4,750	15,300	30,100				
渓城炭礦(株)	3,920	5,677	4,121	7,398	2,862	3,215	5,584
精炭工業(株)	—	1,900	1,250		10,002	11,275	8,364
札賚炭礦(株)	—	2,565	4,815	8,015	11,210		8,429
密山炭礦(株)	—	34,210	21,710	13,500	19,062		1,022
満洲工作機械(株)	—	8,450	13,711	22,000	29,720		54,566
満洲鉛鉱(株)	—	8,587	15,137	14,637			—
阜新炭礦(株)	—	—	2,800	11,492	760	8,788	60,500
鶴岡炭礦(株)	—	—	2,400	22,034	24,661	27,582	81,460
西安炭礦(株)	—	—	701				8,164
北票炭礦(株)	—	—	1,351	8,522	3,823		17,628
琿春炭礦(株)	—	—	4,581	11,804	16,160		6,807
営城子炭礦(株)	—	—	4,374		2,617		19,380
(株)阜新製作所	—	—	1,395	1,604			1,907
満洲製鉄(株)	—	—	—				1,279,712
以上小計	435,615	499,620	441,178				2,048,697
その他不明	-3,065	-4,206	-3,796				486,077
当期融資	-38,907	62,864	-58,032	191,227	66,281	648,067	
期末融資残高	432,550	495,414	437,382	628,609	694,890	1,342,957	2,534,774
株式取得払込	150,028	109,615	430,999	17,937	157,148	23,235	
株式取得残高	1,176,610	1,286,225	1,717,224	1,735,161	1,892,310	1,915,545	1,932,397

注：1）満洲重工業開発(株)『営業報告書』の関係会社別投融資増減を株式保有期末残高とつき合わせて集計。
   増減のない場合も株式取得もしくは払込がなされれば、出資前貸しの引揚がなされたとし見なした。
2）1943.5期満炭預り金を小計に含まず。
出所：満洲重工業開発(株)『営業報告書』各期。「満洲重工業開発株式会社及関係会社資金一覧表」1945年8月末（独立行政法人日本貿易振興機構アジア経済研究所蔵『張公権文書』R7-36）。

1944年11月期末出資34社1,866百万円となり、満洲31社1,830百万円、連結子会社26社1,838百万円である。龍烟鉄鉱以外は満洲法人である。最多出資は満洲製鉄503百万円、以下、阜新炭礦198百万円、満洲鉱山150百万円、満洲軽金属製造138百万円、満洲飛行機製造125百万円、鶴岡炭礦122百万円、満炭・密山炭礦各100百万円と続いていた。この8社だけで77％を占め一部の大手鉱工業への出資傾斜は明らかであろう。満洲における開発投資のなかで資材調達等が難しくなっ

てきたため新規投資増大はなくむしろ満洲出資残高は減少を始めていた。

次に満業の関係会社融資を検討しよう（表9-14）。融資も持株会社業務として重要である。1942年5月期融資は10社432百万円で最多額は満炭187百万円、昭和製鋼所70百万円、本渓湖煤鉄公司43百万円、満洲軽金属製造39百万円、満洲自動車製造27百万円、東辺道開発25百万円の順であり、満炭が融資総額の4割以上を占めて突出していた。出資も最多額であり満業は炭礦採掘に資金を大きく傾注していた。持分法適用会社の本渓湖煤鉄公司への多額融資も注目できよう。大倉組からの資金支援が難しくなりつつあったことを示すものかもしれない。1942年11月期では新規に精炭工業、礼賚炭礦、密山炭礦、満洲工作機械、満洲鉛鉱への融資を行った。合計15件499百万円となり、満炭179百万円、昭和製鋼所98百万円、本渓湖煤鉄公司48百万円、満洲軽金属製造41百万円、東辺道開発37百万円、密山炭礦融資34百万円の順である。炭礦・製鉄・鉱山開発に傾注していた。1943年5月期では新たに阜新炭礦、鶴岡炭礦、西安炭礦、北票炭礦、琿春炭礦、営城子炭礦、阜新製作所に融資を開始した。他方、満炭への融資は全額回収しており、総額は21社437百万円へと件数は大きく伸びたが金額は微減した。昭和製鋼所154百万円、東辺道開発55百万円、満洲軽金属製造50百万円、本渓湖煤鉄公司48百万円、満洲特殊鉄鉱30百万円、密山炭礦21百万円の順である。昭和製鋼所への融資は急増していた。やはり製鉄・金属・炭礦・鉱山開発に傾注していた。1943年11月期は残高628百万円、1944年5月期694百万円、1944年11月期1,342百万円の総額のみ判明する。借入債務を拾い集めることである程度判明する。ただし全額満業借入金とは断言できない。昭和製鋼所、東辺道開発に次いで満炭が並ぶ。ほかにも炭礦会社が多い。1944年11月期には出資による資金支援となると特殊会社の場合には株主総会開催等の認可手続きが必要となるが、その手間が軽減される融資により資金供給する体制に移った。この中には短期融資も多額に含まれているはずである。さらに1944年11月期では確認できる21社とほかで合計2,534百万円を融資し、出資額1,863百万円を上回った。さらに融資による資金支援を深めた。満洲製鉄1,279百万円1社でほぼ半額を占めていた。そのため1944年11月期も満洲製鉄に大きく傾斜していたと推定できる。1945年8月期で以下、満洲鉱山270百万円、満洲飛行機製造103百万円、鶴岡炭礦81百万円、阜新炭礦60百万円、密山

表9-15　満洲重工業開発関係会社総資産 (2)

(単位：千円)

商　号	設立日	本　店	1942.11期	1943.5期	備考
(満洲)					
(株)昭和製鋼所	1929.7.4	鞍山	519,405	593,951	同年9月期、3月期
満洲炭礦(株)	1934.5.7	新京	614,550	595,108	同年3月期、前年9月期
満洲軽金属(株)	1936.11.10	撫順	126,195	132,688	同年6月期、前年12月期
満洲鉱山(株)	1938.2.28	新京	187,638	157,911	同年9月期、3月期
満洲飛行機製造(株)	1938.6.20	奉天	132,671	132,828	
東辺道開発(株)	1938.9.14	新京	180,399	200,325	同年9月期、3月期
満洲自動車製造(株)	1939.5.11	新京	104,504	110,118	同年6月期、前年12月期
(株)本渓湖煤鉄公司	1935.9.25	本渓湖	374,513	474,456	同年6月期、9月期
協和鉄山(株)	1939.8.5	新京	13,566	13,504	同年9月期、2月期
満洲重機(株)	1940.5.17	新京	50,909	50,780	
満洲特殊鋼(株)	1940.10.15	新京		60,303	
札賚炭礦(株)	1941.11.21	新京→興安北省札賚	15,593	17,369	同年9月期、3月期
密山炭礦(株)	1941.7.11	東安省鶏寧県	183,723	196,854	同上
渓城炭礦(株)	1941.2.19	本渓湖	43,481	52,268	同年9月期
満洲鉛鉱(株)	1935.6.19	奉天		50,731	同年3月期
満洲工作機械(株)	1939.9.1	奉天	31,170	37,204	同年1月期
連結子会社	社数		12	14	
	資産額		2,290,244	2,388,448	
持分法適用会社	社数		*2*	*2*	
	資産額		*388,080*	*487,961*	
総計	社数		14	16	
	資産額		2,678,325	28,764,006	

注：イタリックは持分法の用会社。
出所：満洲重工業開発(株)『営業報告書』(各期)、満洲炭礦(株)『営業報告書』(各期)、満洲軽金属製造(株)『営業報告書』(各期)、満洲鉱山(株)『営業報告書』(各期)、東辺道開発(株)『営業報告書』(各期)、(株)本渓湖煤鉄公司『営業報告書』(各期)、満洲鉛鉱(株)『営業報告書』(各期)、満洲工作機械(株)『営業報告書』(各期)。

炭礦54百万円、満炭48百万円の順である。製鉄・炭礦・製造業に傾斜していたが、この中の満炭は普通法人に転換して直営炭礦事業のための資金調達を行った。

3．関係会社総資産と連結総資産

　満業の貸借対照表（表9-10）、満業出資（表9-13）、満業融資（表8-14）を点検したことで、満業企業集団の満業の資金支援が明らかとなったが、さらに満業出資を受けた各会社の総資産を点検しその事業規模を確認しよう（表9-15）。

表 9-16　満洲重工業開発連結総資産 (2)

(単位：千円)

	1942.11期	1943.5期
満洲重工業開発総資産	1,920,822	2,266,251
満洲重工業開発連結子会社総資産	2,290,244	2,388,445
集計子会社数	12	14
単純合計総資産	4,211,067	4,654,696
相殺：出資	1,123,938	1,202,595
相殺：融資	425,669	249,621
相殺後連結総資産	2,661,459	3,197,480
総資産連単倍率	1.385	1.410

注：1943.5期満炭預り金を相殺した。
出所：表9-10、表9-13、表9-14、表9-15。

満業と連結子会社・持分法適用会社の営業報告書を集積した上で貸借対照表を発掘して列記する作業を行った。その延長で連結総資産を試算するまで使える統計として整備できたのは、1942年11月期と1943年5月期のみとなった。この2時点のみで総資産の紹介と連結総資産の集計を行う。

1942年11月期で連結子会社12社総資産2,290百万円である。この期の連結子会社14社のうち2社が欠落している。貸借対照表を発掘できていない。総資産合計の圧縮要因となっている。内訳は満炭614百万円、昭和製鋼所519百万円、密山炭礦183百万円の順で、この3社のみで61％を占めていた。持分法適用会社は2社388百万円で本渓湖煤鉄公司374百万円が多額である。同様の趨勢は1943年5月期でも続き、連結子会社14社2,388百万円である。この期の連結子会社23社であり、9社が欠落し、1942年11月期よりも総資産合計額が圧縮されているはずである。そのため集計できた連結総資産合計は実数を下回っている。ただし大規模連結子会社については把握できたため、減額されているのはせいぜいで20％以下と推定できる。1943年5月期では満炭595百万円、昭和製鋼所593百万円、東辺道開発200百万円と続き、この3社で58％を占めていた。

以上のこの2期について連結総資産を集計する（表9-16）。1942年11月期満業総資産1,920百万円である。連結子会社12社総資産2,290百万円を単純合計すると4,211百万円となる。この金額から12社に対する満業出資・満業融資の合計1,549百万円を相殺すると2,661百万円を得る。これから連結総資産連単倍率を試算すると1.38を得る。満業総資産を連結子会社が38％増大させる規模にあった。満業は満洲鉱山のような完全子会社のみを抱えているわけではない。満業以外の出資により設立された昭和製鋼所のような事例も多い。非支配株主からの出資、満業以外からの資金調達・短期企業間信用等で操業することにより、満業の連結総資

産を膨らませることになる。規模の大きな事業法人が含まれているためこの数値となった。満鉄の1942年3月期の連結総資産4,063百万円には届かない。満鉄の同期総資産連単倍率は1.16でありそれを大きく上回っている。満業は純粋持株会社のため、巨額本体事業を抱える満鉄と異なり、連結子会社が非支配株主からの出資や満業以外からの債務形成で総資産連単倍率は上昇しやすいという特性が現われている。1943年5月期では、満業総資産2,266百万円に急増し、連結子会社14社総資産2,388百万円と合計した単純総資産4,654百万円から満業出資・融資を相殺した連結総資産3,197百万円となる。これから算出される総資産連単倍率は1.41へ上昇した。満業本体の事業規模の伸びを、連結集計対象の子会社総資産の伸びが上回ったためである。インフレが進む中で満業以外の短期資金調達で事業規模を拡大させたと推定する。それでも満業連結総資は満鉄に届かない。

4．中間持株会社

　有力関係会社の満炭は中小炭礦を傘下に取り込み中間事業持株会社化していた。満炭支配下の個別炭礦業を切り離して満業系法人とし、満業の支配で管理する体制に切り替えることになった。そのため多数の炭礦会社の株式取得は満業の業種を炭礦業と分類されるような第三者的評価を受ける理由となる[57]。満業は満炭直営事業と支配子会社を自社の支配子会社に移した。その経緯をまとめて解説する。満業は精炭工業株式会社を1941年8月1日に、また礼賚炭礦株式会社を1941年11月21日に設立し（表9-13）、両社に出資し、個別事業として満業の監督下に置いた。精炭工業の設立は12月開戦前の資産凍結の時期であるが、この時期の炭礦業関連事業投資として理解する[58]。1941年12月のアジア太平洋戦争勃発後、さらに1942年5月期では1941年7月1日に密山炭礦株式会社を設立した（11日登記、資本金100百万円払込）（表5-13）。満炭は50％を現物出資し、日本製鉄株式会社が50％を出資した。会長永積純次郎（満炭理事）、社長藤井暢七郎（北海道炭礦汽船株式会社専務取締役）、常務取締役小林範二（前北海道炭礦汽船北海道支店査業部長）、取締役原邦道（日本製鉄常務取締役）、八木聞一（満業理事）ほかであり[59]、業務を北海道炭礦汽船に任せた。同社は満炭の炭礦分社化の最初の事例である。満炭は渓城炭礦株式会社（1942年1月19日設立、本店本渓湖）に44.7％

22,360,774円を出資した。取締役に満炭理事長松村茂と満業理事玉井磨輔を兼務で派遣した[60]。さらに1943年5月期では直営炭礦の阜新礦業所を2月28日で解消し、2月26日に阜新炭礦株式会社を設立した（本店錦州省阜新、資本金220百万円、全額満炭出資）。会長高碕達之助、常務取締役長久美（満炭理事）である[61]。同様に鶴岡炭礦株式会社（1943年2月26日設立、資本金170百万円98,249千円払込）、西安炭礦株式会社（1943年2月21日設立、資本金70百万円58,826.5千円払込）、北票炭礦株式会社（1943年2月26日、資本金58,826.5千円払込）の3社を満炭事業から分離し法人化し3月に満業に譲渡した。そのほか既存の琿春炭礦株式会社（1939年9月29日設立、資本金30百万円払込）、営城子炭礦株式会社（1937年11月17日設立、資本金8百万円払込）への出資を行った。このうち間島省の琿春炭礦は満炭と東満洲産業の折半出資で設立され[62]、当初資本金10百万円であった。それを1940年6月17日に30百万円半額払込に増資した。同社は1941年12月期に全額払込となり[63]、その株式を満業が満炭から承継し、15百万円の出資となった。また満炭の関係会社であった坑木供給を業務とする満炭坑木株式会社（1939年9月23日設立、本店新京、満洲炭礦の全額出資）の出資も引き受け、それを1943年7年1日に満業坑木株式会社と改称して[64]、法人名でも満炭から切り離した。また満炭傘下の炭礦としては最大規模の阜新炭礦の所用機械の供給を主要業務とする株式会社阜新製作所（1937年9月20日設立、本店阜新）は、満炭・野村合名会社ほかの出資で設置された。同社の株式を満業が満炭から譲渡を受けて関係会社とした。こうして1943年5月期で満炭傘下の炭礦を概ね満業の直接の関係会社に改組して満業がその事業を管理することとなった。満炭が関わる事業の満業の関係会社化は1943年5月期で概ね終えた。満炭設置法は1943年6月28日廃止となり、満炭は普通法人に転換し、同日に満業の買上償却で資本金を300.5百万円から100百万円払込に減資したが、その後も残る弱小炭礦の直営を続けた。こうして満業が満炭の個別事業所を切り離して関係会社に移すことで、関係会社の件数では炭礦業が突出して多く、しかも炭礦業出資のみで満炭を含み、1943年11月期では、南票炭礦株式会社を含むが、672,629千円という巨額に達していた。満炭は1942年2月28日に過半出資の満炭鉱機の事業資産を密山炭礦に譲渡し解散させた[65]。満炭が炭礦投資を満業傘下に分社化する中で、炭礦用鉱山機械を供給する会社の

意義が低下したことによるものである。満炭が一部支援する舒蘭炭礦は吉林人造石油の行き詰まりで1944年12月17日に解散した[66]。満炭から東辺道開発の傘下に移った杉松崗炭礦は東辺道開発が満洲製鉄に事業統合され解散したため満洲製鉄傘下に入ったが、1945年4月1日に解散した[67]。

　満洲自動車製造は満業から同和自動車工業の株式の譲渡を受けていたが、1942年3月23日に同和自動車工業との吸収合併決議し、満洲国政府より3月30に日認可を得て合併し解散させた（合併登記6月22日）[68]。

　満洲鉱山と傘下の満洲鉛鉱は1942年8月7日設立の満洲選鉱剤株式会社（登記27日、本店新京、資本金1百万円4分の1）に各15％出資し鉱山開発の周辺事業者にも支援していた。残る70％は三井物産であり三井系事業を支援する形であった。三井物産が経営の主導権を掌握した。同社は工場を奉天に設置した[69]。満洲鉱山は1942年10月1日に保有する満洲鉛鉱株式300千株と満洲特殊鉄鉱株式400千株をすべて満業に譲渡し、両社は満業直接支配会社に転じた[70]。満洲鉱山が全株を保有する熱河鉱業は1943年3月31日に満洲金鉱株式会社に商号変更した[71]。満業傘下の満洲鉛鉱と満洲特殊鉄鉱は1944年6月30日に満洲鉱山に吸収合併を決議し、8月1日に解散した[72]。それに伴い満洲鉛鉱保有満洲選鉱剤株式は満洲鉱山に移転し30％保有となった。満洲選鉱剤は1944年2月8日2百万円増資半額払込とし、1945年3月6日に全額払込とし資金調達により事業拡張を続けた[73]。満洲特殊鉄鉱が出資する灤平鉄道は1943年5月28日に西満洲鉄道株式会社に商号変更していたが[74]、満洲鉱山の傘下に転じた。満洲鉱山の支配下にある満洲燃料鉱業は1944年7月17日に東興石綿礦業株式会社に商号変更した[75]。

　1943年2月23日に満洲鉄鋼工務株式会社が設立された（本店鞍山、資本金5百万円払込）。同社は鉄鋼生産設備の設計、建設受託を業とする会社で、昭和製鋼所が50％、本渓湖煤鉄公司が30％、東辺道開発が20％を出資した。満業系3社が共同出資した。社長矢野耕治である[76]。1942年2月26日に鞍山高級炉材株式会社が設立された（資本金5百万円払込）。昭和製鋼所は55％2,750千円、黒崎窯業株式会社が45％2,250千円を出資した。社長梅根常三郎（昭和製鋼所）、専務取締役（黒崎窯業）、常務取締役奥村四郎（昭和製鋼所）、大野田剛（黒崎窯業）であり、黒崎窯業が技術を導入した[77]。

満洲軽金属製造が25％出資する安東セメントは1944年8月16日に解散し安東軽金属株式会社（1944年4月15日設立、資本金200百万円50百万円払込）に吸収合併された[78]。

　なお満業が全株を処分した日産化学工業は1942年3月14日に満洲日産化学工業株式会社を設立した（本店新京、資本金300千円払込）[79]。株式を譲渡して持分法適用会社からも外れた日産土木は満洲国で満業系企業の土木建築事業を受注していたが、1943年4月17日に満洲日産土木株式会社を設立し（本店新京、資本金2百万円1.5百万円払込）、5月1日より営業を開始した。社長宮長平作、専務取締役発地長太郎であった。奉天、安東ほかに出張所を置いた[80]。現地化で先行した同業他社を追撃する体制とした。

1）　アジア太平洋戦争期満洲国のマクロ経済は山本［2005］参照。
2）　満洲重工業開発株式会社『第10期営業報告書』1943年2月期。
3）　『日産懇話会々報』131号、1942年9月1日、132号、1942年9月15日。
4）　『日産懇話会々報』139号、1943年1月15日。閉鎖機関整理委員会［1954］も参照。
5）　『日産懇話会々報』102号、1941年6月1日。
6）　株式会社日産『第47期営業報告』1943年1月期
7）　満洲重工業開発株式会社『第9期営業報告書』1942年4月期。玉井磨輔は1886年8月生、1909年関西大学卒、貝島炭礦株式会社（1919年12月設立、本店下関）取締役ほか多数の会社役員、1942年2月満業統務理事就任、阜新炭礦、鶴岡炭礦、西安炭礦、北票炭礦、精炭工業等取締役兼務（『満洲紳士録』1943年版、1098頁、『大衆人事録』1943年版、満洲182頁）。
8）　楢岡茂は1897年10月生、東京帝国大学法科大学卒、満鉄入社、長春地方事務所長、長春市政府顧問、1935年7月昭和製鋼所に移り、総務部次長、総務部長、1944年満業理事（『満洲紳士録』1943年版、955頁）。金卓は光緒21（1895）年3月生、1918年広東将校学校卒、満洲事変後、執政府二等侍従武官、軍政部中将、1937年12月満業監事、1942年12月同理事（『満洲紳士録』1943年版、1176頁）。
9）　満洲重工業開発株式会社『第13期営業報告書』1944年11月期。
10）　宇田川［2015］193-195頁で玉井磨輔を貝島系の親族と説明。
11）　満洲投資証券株式会社『第2期営業報告書』1942年5月期。
12）　同『第4期営業報告書』1943年5月期。
13）　「満洲特殊会社（1）」1945年6月末（独立行政法人日本貿易振興機構アジア経済研究所蔵『張公権文書』（以下、張公権文書）R7-29）。

14) 日本証券投資は1937年9月8日に東京の証券業者により設立された大日本証券投資株式会社（1937年9月8日設立、本店東京）を改組新設した。協同証券設立と株式譲渡については柴田［2007m］、［2011a］第4章参照。役員所属会社等設立についても柴田［2011a］第4章参照。

15) その後の業務変更等については柴田［2007m］参照。証券業・取引所は商工省の所管であったが、1941年12月13日に大蔵省に移管された。その前に1937年9月10日「臨時資金調整法」により会社資本金統制が施行されており、それに基づくものである。

16) 50円払込40.8千株は日本証券取引所の政府以外の株主で日本興業銀行126千株、生保証券株式会社（1930年10月7日設立、本店東京、生命保険会社の出資により設立）100千株、東京株式取引所42.9株に次ぐ大口株主であったが、敗戦時の保有が確認されないため、満投・日産が支配下に移すと日本証券取引所株式を処分していた（柴田［2011a］253、259頁）。証券会社に譲渡したようであるが、当初から転売する方針で、大蔵省の意向で暫定的に取得した可能性もある。

17) 日本証券投資株式会社『第7期営業報告書』1943年12月期、2-4頁。

18) 同『第9期営業報告書』1944年12月期、2、6-10頁。

19) 『満業』41号、1942年1月15日。

20) 『日産懇話会々報』117号、1942年2月1日、『満業』42号、1942年2月15日、満洲重工業開発株式会社『第9期営業報告書』1942年5月期。

21) 日産土木株式会社『第24期営業報告書』1942年4月期、株主名簿。

22) 『日産懇話会々報』122号、1942年4月15日。

23) 『満洲鉱工年鑑』1944年版、345頁、『満銀年鑑』1942年版、419頁。満洲機械工業については『満銀年鑑』1939年版、492頁、『公報』2602号、1943年1月26日。疋田［2007b］715頁も参照。

24) 『日産懇話会々報』128号、1942年7月15日、『満業』46号、1942年6月15日。

25) 『満銀年鑑』1942年版、573頁、『満洲鉱工年鑑』1944年版、『公報』2701号、1943年6月3日、『満業』48号、1942年8月15日、『日産懇話会々報』134号、1942年10月15日。

26) 『日産懇話会々報』136号、1942年12月1日。

27) 『公報』2711号、1943年6月11日。

28) 『満銀年鑑』1942年版、442頁、『公報』2707号、1943年6月11日。

29) 山川［1944］296頁、『満洲鉱工年鑑』1944年版、314頁。

30) 『公報』2738号、1943年7月19日。

31) 『満洲国会社名簿』1944年版では1943年2月26日設立とするが、この日は本店移転日である（『公報』2739号、1943年7月2日）。

32) 満洲炭礦株式会社『第14期営業報告書』1943年3月期、10頁の財産目録の有価証券は舒蘭炭礦と満洲合成燃料のみとなった。この結果、密山炭礦は満業全額出資となった。舒蘭炭礦は日窒の事業であり、満業は出資を肩代わりしなかった。裕東煤礦の満炭出資は低率のため満業は引き受けず、処分させた。ただし満業は満炭の密山炭礦の長期融資を引き継がなかった。1943年6月期で1,522千円の融資残高は減少しつつ1944年3月期まで続いた（満洲炭礦株式会社『第15期営業報告書』1943年6月期、8頁、『第17期営業報告書』1944年3月期、5頁）。
33) 『公報』2810号、1943年10月14日、『満業』57号、1943年5月15日。
34) 『公報』2839号、1943年11月19日。
35) 『公報』2814号、1943年10月20日。
36) 満洲重工業開発株式会社『第11期営業報告書』1943年5月期より掲載。
37) 『満銀年鑑』1942年版、355頁、『公報』2819号、1943年10月26日。
38) 『公報』2832号、1943年11月11日、満洲重工業開発株式会社『第13期営業報告書』1944年5月期。
39) 満洲炭礦株式会社『第15期営業報告書』1943年6月期、3-4頁。
40) 『満業』64号、1943年12月15日。
41) 『満業』71号、1944年7月15日。川南秀造は1901年6月6日生、朝鮮で製缶業経営、満洲鉱業汽船専務取締役、川南工業株式会社社長、朝鮮製缶株式会社（1939年1月26日設立、本店釜山）監査役（『大衆人事録』1943年版、満洲91頁、『朝鮮銀行会社組合要録』1940年版）。『公報』3205号、1945年2月23日では全額払込となっている。1944年11月期10百万円払込となるため、32.5円払込が正しいようである。
42) 『満業』65号、1944年1月15日。池田亀太郎については『大衆人事録』1942年版、東京81頁、秋田穣については同1943年版、満洲9頁、箱崎正吉については同1943年版、満洲230頁。
43) 詳細は三井文庫［2001］。『満業』68号、1944年4月15日。1942年5月11日に設置された同名の別法人（本店奉天、資本金100千円）があるため（『満銀年鑑』1942年版、359頁）、混乱しやすい。松浦梁作については『大衆人事録』1943年版、満洲268頁。
44) 満洲マグネシウムについては、「満洲準特殊会社（1）」1945年6月（『張公権文書』R7-30）と「満業関係会社一覧」1945年11月10日（『張公権文書』R7-37）による。
45) 東辺道開発株式会社『第11期営業報告書』1943年9月期、12頁。東辺道開発の政策的位置づけについては原［1976］参照。
46) 『満業』68号、1944年4月15日。
47) 『満業』69号、1944年5月15日。守屋逸男については『大衆人事録』1943年版、満洲291頁。西山茂については同1271頁。
48) 『公報』3028号、1944年7月17日、『満業』69号、1944年5月15日。荒川英二につ

いては『大衆人事録』1943年版、愛媛1頁、神田勇吉については同1943年版、大阪70頁、中沢英三については同1943年版、満洲205頁。

49) 『満業』70号、1944年6月15日。春日弘については『大衆人事録』1943年版、大阪64頁、吉田幸吉については同1943年版、兵庫188頁、妹尾城爾については同1943年版、大阪132頁。

50) 『満業』73号、1944年9月15日。

51) 『満洲鉱工年鑑』1944年版、362頁、『満業』73号、1944年9月15日。山田忍三については『大衆人事録』1943年版、満洲306頁、内山新治については同45頁。

52) 『公報』3064号、1944年8月28日、『満業』73号、1944年9月15日。畠山蔵六については『大衆人事録』1943年版、満洲232頁、福富夏二については同249頁。

53) 『公報』3024号、1944年7月11日、3092号、1944年10月2日、3105号、1945年2月23日。

54) 興中公司については柴田［2000］、［2008a］参照。

55) 龍烟鉄砿への満業出資については柴田［2007c］、［2008a］参照。柴田［2007c］、［2008a］は満業3分の1出資と説明しているが、北支那開発・満業各50％60百万円36百万円払込であり修正する（満洲重工業開発株式会社『第14期営業報告書』1944年11月期、9頁、柴田［2007c］558-559頁）。安冨［1997b］では龍烟鉄砿については特記のないままほかの満業系満洲国法人の企業金融と一括して扱う。

56) 『満業』75号、1944年11月15日。1944年1月24日旧株50円払込、第一新株45円払込（『公報』3011号、1944年6月26日）。

57) 満洲技術委員会『満洲鉱工年鑑』1944年版、303頁では満業は炭礦業に分類されている。

58) 炭礦業の満炭の事業から満業系企業への切り離しについては原［1976］参照。

59) 『満銀年鑑』1942年版、572頁、『日産懇話会々報』107号、1941年8月15日、108号、1941年9月1日。藤井暢七郎については『大衆人事録』1942年版、東京852頁、小林範二については同1943年版、北海道23頁。

60) 松村茂は1884年9月生、東京帝国大学工科大学卒、明治鉱業株式会社採用、長崎鉱業株式会社常務取締役、満炭理事長、営城子炭礦社長、満業理事、舒蘭炭礦、密山炭礦各取締役（『大衆人事録』1943年版、満洲272頁）。

61) 『日産懇話会々報』148号、1943年6月1日。長久美については『大衆人事録』1943年版、満洲183頁。

62) 東満洲産業は1938年3月設立、本店東京。同社は朝鮮と接する東満洲地域に多業種の投資を行った。同社と企業集団については柴田［2010］参照。

63) 琿春炭礦株式会社『第5期営業報告書』1941年12月期（満鉄資料館22311）。

64) 『公報』2839号、1943年11月19日。

65) 『公報』2342号、1942年3月9日、『日産懇話会々報』122号、1942年4月15日。
66) 満洲炭礦株式会社『第17期営業報告書』1944年3月期、9頁の有価証券投資に掲載なし。『公報』3175号、1945年1月15日。
67) 『公報』3259号、1945年5月3日。
68) 『日産懇話会々報』125号、1942年6月11日、128号、1942年7月15日。
69) 満洲鉛鉱株式会社『第10期営業報告書』1942年9月期、5、12頁、『日産懇話会々報』133号、1942年10月1日。『日産懇話会々報』138号、1942年12月15日では8月9日設立。
70) 『満業』50号、1942年10月15日、『日産懇話会々報』138号、1942年12月15日。
71) 『公報』2795号、1943年9月27日。
72) 『公報』3024号、1944年7月11日、3092号、1944年10月2日。
73) 『公報』3044号、1944年8月4日、3273号、1945年5月26日。
74) 『公報』2809号、1943年10月13日。
75) 『公報』3065号、1944年8月29日。
76) 『満業』55号、1943年3月15日。
77) 『日産懇話会々報』123号、1942年5月1日。
78) 『公報』3028号、1944年7月17日、3057号、1944年8月19日。
79) 『日産懇話会々報』121号、1942年4月1日。
80) 『公報』2804号、1943年10年27日、『日産懇話会々報』148号、1943年6月1日。

おわりに

　日本産業が満洲国に移駐し、特殊会社満業に転換することで、政府半額出資を得て、巨大な純粋持株会社となった。満業の出現は関東軍側が望む日本政府の介入を極力受けないまま多額・長期安定資金調達を可能とする法人の実現であった。満業に転換時にすでに多数の株主を抱え安定的に収益を上げている日本産業の満洲移駐で満洲鉱工業投資の中心に立った。その資金力で満洲国・満鉄から鉱工業関係の出資を肩代わりし、産業開発計画における鉱工業投資の主役となった。満業出資・融資・短期貸付で20社を越す事業法人に資金供給した。さらに規模の大きな関係会社は満洲国における子会社の設置に資金を供給した。これは満業関係会社の満洲国投資と見なせるため、連結ベースを考慮すれば、満業の連結会社は直接子会社を超えた範囲に広げることができよう。また満業は満業株式のみなら

ず社債発行で日本内起債市場と預金部資金から満洲国政府保証で消化してもらい、資金調達した。満洲国特殊会社の資金需要に対する日本政府の直接支援を得たといえよう。こうして満業は鉱工業の多業種にわたり投融資を実行した。その結果短期間で多額企業資産を抱える企業集団を満洲国で創出した。ただし産業開発計画の中軸を担った満業の新規着手事業の成功例は乏しい。満業の資金調達のため日本国内社債発行のみならず、満投への日本会社株式の譲渡による資金調達という枠組みを構築し1943年まで安定的に資金調達を続けた。しかしアジア太平洋戦争期の末期となると、日本からの資金調達は困難となるため、満銀からの長期・短期の資金調達でしのぐことで資金供給を続けた。満業の満銀資金依存が深まるため、満業の証券発行により資金供給するという持株会社機能の実質的な後退が進んでいたといえよう。

　従来から満業の資産規模を考慮するためか、その事業投資について過大評価がなされてきた。満業設立後に新規事業として立ち上げた業種で事業が成り立った事例は見当たらない。結局、満業設立前から操業していた鉱山と製鉄とその周辺産業のみが、資金・資材等の制約の強まる中で何とか操業を維持できたに過ぎない。しかもこれらは満業のみから資金調達を行っていたわけではなかった。満業は純粋持株会社であるが、関係会社社債引受けを行っていない。満洲国企業の社債発行は限られている。関係会社貸付金は一部の関係会社向けに長期・短期でなされた。短期貸付金は投資と回収の期間からみて出資の前貸しのような位置づけが多いが、敗戦近い時期には苦しい外部資金調達に転じていた。

　満業は日本から経営者として使える人材を動員した。有力事業法人を経営する中で能力を磨いた多数の企業経営者を動員することで大規模企業集団の経営掌握が可能となった。満業理事が多数の出資先の役員を兼務することで対処した。純粋持株会社であるため、本業が出資融資先管理に集中していたためそれに特化させた。

　企業集団の特徴として、関係会社直営事業の関係会社への分立がある。これにより満業の関係会社の持つ有力事業部門を満業直接管理に移行させようとした。それは満業設立前から操業していた規模の大きな関係会社の独自性の排除の試みである。その代表が満炭であった。同社の直営事業または間接投資事業を独立さ

せ、満業の関係会社に編入することで、求心力を持たせようとした。満洲製鉄設置に伴い、本渓湖煤鉄公司の抱えていた関係会社も同様に満業子会社として傘下に取り込んだ。満洲製鉄が巨大化することによる独自性の強化を排除するためであったのかもしれない。企業集団内の頻繁な会社の合併や子会社化、中間持株会社化、分離等が続いた。鮎川が日本産業で展開した企業集団戦略が満洲で再現されたといえよう。

終　章　満洲における政府系企業集団の解体と結語

第1節　満洲企業の戦後処理

1．国民政府の企業接収体制

　1945年8月15日日本敗戦で満洲国は事実上崩壊した。すでに日本無条件降前の、8月9日に、ソ連軍が満洲国との国境から進撃したことで、関東軍は応戦したが巨大兵力に圧倒された。満洲国皇帝溥儀は新京を脱出し、関東軍とともに朝鮮国境方面に逃げまどった。もちろん多数の日本人と満洲国政府高官も同様である。ソ連軍との交戦は日本が無条件降伏した8月15日を越え8月20日頃まで続いて、ようやく降伏となった。こうして満洲国は解体した。軍事力により出現した占領地非公式帝国満洲国は軍事力による敗退で消滅した。日本から多くの資金・設備・技術・人材を投入し続続けて構築された満洲国の巨大経済制度の支配者も立ち位置を失った。併せて公式帝国日本租借地関東州も租借放棄に追い込まれた。日本敗戦前後の満洲国政治体制の崩壊過程の紹介はこれまでもいくつかなされてきているため本書では省略しよう[1]。また日本の降伏後、日本人軍人は武装解除され、民間人も同様に拘束された。各抑留施設からの軍人の復員と民間人の引揚げが行われる。復員・引揚げに関する日本政府の政策は、かなり詳細な行政史が刊行されており、研究もなされているため省略しよう。満洲からの引揚げは、関東州とそれ以外で状況が異なり、また引揚げが実現する前に国共内戦状態となり、中国共産党軍と国民政府軍とが睨み合ったことで、その境界線のどちらに抑留されたかで、引揚げへの道のりがかなり異なった[2]。

　以下、満洲における企業の戦後処理と事業の承継について紹介する。国民政府

経済部(部長翁文灝)は1944年3月24日「淪陥区重要工礦事業処理弁法」をまとめ、それにより日本敗戦後の中国占領地における敵産処理方針を概ね固めた[3]。さらに1945年3月24日に「淪陥区重要工礦事業処理弁法」を提案した[4]。日本の敗戦が明確になったため、国民政府経済部で日本降伏後の鉱工業事業の処理方針を提案したものである。それによる東北区における方針として、この地域の重要物資の基礎をなす鉱工業の事業規模は特に大きく、国家統一及び政権強化のため、中央の工礦事業関係の機関すなわち経済部管轄下にある資源委員会(委員長翁文灝が接収管理するものとした。資源委員会は事業を管理する事業主体を設置し、それを直営下に置くか、経営に参加するものとした。繊維産業等の重要視されていない事業については、民間経営として指導するとした。接収管理を予定した事業として個別事業所93件ほか各紡績所等の表記で15の業種が列記されていた。具体的には南満洲鉄道株式会社経営の25件(ほかとのジョイント出資を含む、撫順炭礦、撫順液化工廠、撫順頁岩油工廠、烟台炭礦ほか4炭礦)、満洲炭礦株式会社経営の23件(阜新炭礦株式会社ほか10炭礦と満洲合成燃料株式会社、満洲油化工業株式会社、吉林人造石油株式会社)、満洲重工業開発株式会社9件(株式会社昭和製鋼所、鞍山鉄鉱、同和自動車工業株式会社、満洲自動車製造株式会社ほか)、大倉組4件(株式会社本渓湖煤鉄公司ほか)等が並んでいる。これらについて資源委員会の直営もしくは日本敗戦後の事業管理企業の設置による資源委員会が経営参加するという管理の形態がそれぞれの満洲の事業に示されている。

　ただし国民政府側が満洲国の企業情報を十分入手できないため、接収対象事業者の記載は敗戦時の状況を正しく反映していない。満炭は満洲油化工業に出資していたが、満洲油化工業は1941年7月21日に解散している。また満炭の満洲合成燃料の出資を満業に移転しており、吉林人造石油には満炭は出資を行っていない。1944年11月17日に吉林人造石油は解散している。同和自動車工業も1942年3月23日に事業を満洲自動車製造に譲渡して解散した。解散情報が収録されていないことから資源委員会依拠した資料は1940年か1941年のものとみられる。1944年4月1日に満洲製鉄株式会社が設立され、昭和製鋼所と本渓湖煤鉄公司の事業は統合され解散した。「鞍山鉄鋼」に該当するものとして株式会社鞍山鉄廠(1939年12月19日設立)があるが資本金300千円払込の規模である。この会社を示しているよ

りも昭和製鋼所本店が鞍山に置かれていたことから昭和製鋼所鞍山事業所を重複して記載している可能性がある。満洲鉱業開発株式会社に事業が吸収され、1943年9月7日に解散した満洲採金株式会社の経営による金山5事業所が列記されている。これらのいくつもの現実とは異なる記載がある。上記の満洲企業体制の現状認識は敗戦時のものとは言えないが、国民政府側の方針としてほぼこの方針が採用される。なお経済部は1938年1月設置、資源委員会は経済部に同時に設置された[5]。この接収事業を担当する責任者が1945年8月11日に経済部で決定され、行政院に報告されていた。撫順、鞍山等の地域別と事業種類別に責任者が選任された。これらは国民政府の鉱工業の専門家が中心となった[6]。

日本降伏後、収復区全国性事業接収委員会が1945年11月23日「収復区敵偽産業処理弁法」に基づき設置され、その下に蘇浙皖区や華北平津区等の地方別の敵偽産業処理局と敵偽産業審議委員会が設置されたが、満洲では関内とはやや異なった。当初は東北行轅が設置され、そこで敵偽事業資産統一接収委員会を設置し、敵産接収を行った。同委員会は東北敵偽事業資産統一接収委員会に改組され、さらに同委員会は敵偽産業処理局に改組された。関内占領地では同法により1946年12月に、各区に産業審議委員会が設置され、中央信託局の各区の敵偽産業清理処が接収事業を承継したが、満洲では東北敵偽産業処理局による接収と経営が続いた。同処理局の局長洪鈁、東北11省市と熱河を所管区域としたが、関内の敵偽産業審議委員会が行政院、中央信託局の各地区清理処が中央信託局に隷属していたのに対し、満洲では東北剿匪総司令部に隷属した[7]。すでに東北の北部で中国共産党が攻勢を強めており、国共内戦が如実に反映していた。その中で中国法幣の乱発で激しいインフレに陥っていった。

2．瀋陽における接収企業

満洲国消滅後に日系事業者が担当していた企業の中には、操業をある程度持続した事例や、略奪の標的となって機械設備が撤去された事例等がある。ここでは満洲における国民政府による接収政策のあり方を紹介し、さらに満洲最大の工業都市の奉天（日本敗戦後瀋陽に改称）とその周辺の工業都市における事業所の承継を検討する。これまでも日本敗戦後の満洲における企業資産の処理に言及する

研究は少なくない[8]。

満洲国最大の工業都市の遼寧省瀋陽とその周辺における日本人事業所の接収処理データ残っている。このデータは接収着手後の接収継続・接収希望・使途不適切ゆえの別の管理へ移転等を一覧表にしたものである[9]。このデータは1946年末ころの集計ではないかと思われる。このデータを法人名のほか地域・接収主体・処理内容等で分類し、日本敗戦後の日系企業処理を分析する素材とする。同様の採録基準のデータがほかの地域について作成されたか不明であるが、瀋陽・撫順・遼陽・鉄嶺・本渓湖・鞍山・営口を含むため、ほぼ関東州を除く遼寧省全域を網羅するデータといえよう。遼寧省は関東州を除く満洲国時期の満洲鉱工業の8～9割以上を占めていたと思われる。一部商社・流通統制機構や土木・建築業を含むために、このデータすべてが鉱工業であるとはいえない。このデータでは満鉄の輸送部門は接収案件として集計されていないため、満鉄の個別事業所では撫順炭礦が採録されているだけである。この接収資産688件については、非民間事業の関東軍の工場・病院、満洲国軍の病院、国営等農事試験場が含まれている。満洲国体制期企業の戦後処理として、その非民間事業所と事業形態とその性格が不明の複数の農場を除外した民間事業所655件に限定して検討する。

この接収企業データは企業名がややあいまいで、株式会社・合名会社・合資会社の明示のないものが多く、また設立年月日・資本金も一部収録されているが、データに疑点の残るのもが含まれている。代表的な満洲国における企業リストと比べても[10]、これらに所載の企業名称と異なる例が少なくない。このデータが既存の企業一覧データと中国語で表記されているため、例えば「護謨」が「膠皮」と改称される等の法人名称の調整がなされている。また1事業法人でも複数事業所で接収処理されている場合には、複数件として計算されている。また地域の異なる複数事業所を有した法人は複数の接収主体により接収されており、そのためこの一覧表では重複して表示されている。その重複は49社等で発生している。以下、本章のみに出現する会社については設立年月日と本店を付記して紹介する。株式会社大矢組（1920年4月16日設立、本店奉天）4件、田辺薬品株式会社（1939年12月25日設立、本店奉天）4件、奉天酸素製造合資会社（1936年10月16日設立、本店奉天、1943年4月15日解散）4件、満洲製紙株式会社（1939年4月13日設立、

本店奉天）4件、満洲製鉄株式会社4件、満洲農産公社4件、富士機械工業株式会社（1940年11月14日設立、本店奉天）3件、満洲工作機械株式会社3件、満洲曹達株式会社3件等が含まれているため、これらの名寄せをすると、69件がネットの法人件数から除外されことになる。ただし地域を異にする事業所を1件としてまとめて集計することは、接収のあり方から無意味である。地域分類・接収主体分類をするため、個別事業所単位で接収処理を分類する。また

表終-1 遼寧省接収機関別接収事業分類

(単位：件)

	接収	適当	不適当
空軍第13司令部	60	51	9
軍政部	26	14	12
東北保安長官司令部	9	7	2
後方勤務司令部第16汽車修理廠	11	7	4
軍政部撫順兵行署	1		1
経済部	158	81	77
交通部	39	22	11
財政部	7	4	3
司法行政部	5	5	—
糧政部	39	12	27
農林部	5	5	—
生産管理局	89	87	—
生産管理局撫順分局	70	70	—
水利委員会	2	—	2
衛生署	7	6	1
遼寧省政府	72	22	50
瀋陽市政府	23	3	20
撫順市政府	28	1	27
合　計	651	397	246

出所：日本貿易振興機構アジア経済研究所蔵『張公権文書』R 8 - 6。

一部設立年月日が記載さているが、中には日本敗戦後の設立となっている日系企業もあり、明らかな誤りであるが、設立と企業の正式名称の個別の情報補正は、今後の課題とし、とりあえずここでは接収処理の全貌を紹介することに傾注する。このデータのうち、日系企業接収希望という案件もあり、こうした事業所の件数は多く、それらはまだ接収されていなかった事業と思われる。

このデータにより接収事業所の地域別の件数をみると、瀋陽418件で6割、次いで撫順116件、以下、鞍山41件、遼陽19件、錦州17件、営口11件で最大工業都市瀋陽と石炭鉱業都市撫順・鉄鋼工業都市鞍山に集中している。このうちの資本金規模の大きな特殊会社・準特殊会社が多数含まれている。瀋陽・鞍山所在の規模の大きな鉱工業特殊法人の製造業はほぼ網羅されている。

その所管別と接収後の適否を紹介しよう（表終-1）。空軍第13地区司令部による接収60件、適当51件、不適当9件であり、その関連企業としては、満洲航空株式会社、満洲飛行機製造株式会社、満洲内燃機株式会社（1934年3月15日設立、

本店奉天)、満洲航空精機株式会社（1940年3月18日設立、本店奉天）、満洲藤倉工業株式会社（1938年10月1日設立、本店奉天）等が並んでいた。ほかに存在を傍証できない複数の会社が並ぶ。これらの航空関連事業が多いため、当初の不適当件数は少ないが、その後不適当であると判断されれば生産管理局の管理に任せるとされたものが46件含まれていた11)。この全案件が瀋陽に所在していた。次に軍政部は26件、うち適当14件、不適当12件と多い。満蒙毛織株式会社、満洲富士綿株式会社（1936年4月16日設立、本店奉天）、東亜製靴株式会社（1942年1月28日設立、本店奉天）、東亜莫大小株式会社（1940年4月13日、本店新京）、株式会社満洲製絨所（1937年11月15日設立、本店奉天）、奉天製麻株式会社（1937年11月20日設立、満洲製麻株式会社（1917年5月22日設立、本店大連）となっているが修正）の繊維関係・医療関係が含まれており、また田辺薬品・満洲第一製薬株式会社（1941年10月11日設立、本店奉天）・満洲武田薬品株式会社（1939年11月6日設立、本店奉天）・満洲山之内製薬株式会社（1942年4月27日設立、本店奉天）・塩野義薬品株式会社（1940年6月17日設立、本店奉天）等の薬品工業が含まれていたが、これらの工場を軍政部で抱え込む必要がないため、所管事業としての不適当が多い。ほとんど瀋陽に所在していた。経済部は158件のうち適当81件、不適当77件で、不適当の比率が高い。瀋陽・鞍山・遼陽・錦州に多く、撫順が少ないのが特徴である。多業種製造業が対象となった。規模の大きな企業としては、満洲製鉄（本渓湖）・（営口）・（鞍山）、満洲林産化学工業株式会社・満洲軽金属製造株式会社・満洲化成工業株式会社（1939年7月27日設立、本店奉天）・満洲工作機械株式会社・株式会社満洲工廠・満洲自動車製造・満洲通信機株式会社（1936年12月24日設立、本店奉天）・満洲電線株式会社・満洲銅鉛鉱株式会社（1939年5月22日設立、本店新京、1941年7月26日、東亜化成工業株式会社に商号変更）・株式会社満洲日立製作所・三菱機器株式会社（1935年11月20日設立、本店奉天）・満洲住友金属工業株式会社（1934年9月17日設立、本店奉天）・阜新炭礦株式会社・北票炭礦株式会社・南票炭礦株式会社が並んでいた。これらはいずれも現在の操業主体が適当なものとして分類されている。他方、不適当が多いのは、事業所規模が小さい企業が多数含まれており、それらを経済部が抱え込んで操業する必然性が乏しいためであり、生産管理局への移管がふさわ

しいとされていた。

　交通部は鉄道部門を別に取り込んでいるが、個別事業所として、39件を接収し、22件が適当とされた。その中には、満洲横河橋梁株式会社（1937年10月26日設立、本店奉天）、無限製材株式会社（1936年1月25日設立、本店安東）が並んでいた。他方、不適当は小規模事業所であるため、交通部で接収して抱える必要はないと見られていた。交通部の接収事業所はすべて瀋陽である。

　生産管理局の接収管理事業所はすべて瀋陽で、89件うち適当87件で、残る2件は暫定的に空軍に利用させていた。民生用事業所を管理していた。そのうち満洲繊維公社、満洲製紙株式会社、奉天鉄鋼工業株式会社（1941年12月26日設立、本店奉天）、日満紡麻株式会社（1939年9月25日設立、本店奉天）等が含まれており、繊維・窯業・鉄工所が中心であった。生産管理局撫順分局は70件、すべて撫順で、すべて適当である。民生用中小工業がほとんどである。中には満洲大倉土木株式会社、株式会社満洲高岡組（1939年9月25日設立、本店奉天）撫順工場が資本金で大きいほうである。

　糧政部は39件であるが、そのうち12件が適当、27件が不適当となっている。12件の適当のうち満洲特産公社6件、糧穀加工の大矢組が3件であり、実質的5法人のみである。不適当が多いのは、小規模食料加工工場を生産管理局に移管し、また地域食糧配給は市政府に任せるのがふさわしいとされたためである。

　地方政府の所管となった事業所も少なくない。遼寧省政府は72件の接収事業を引き受けたが、そのうち適当とされたものは22件で、さらにそのうちの9件の炭礦は迅速に民間に移行し省政府が管理することがふさわしいとされた。不適当とされたのは、中小規模製造業は生産管理局に移行することがふさわしいとされた。省政府が雑多な製造業を抱えることにさほど意義は認められていなかった。概ね瀋陽に集中している。瀋陽市政府は23件のうち3件のみ適当とされ、そのうち水道管のためパイプ工業を直営とするというのが2件、製氷業1件であり、それ以外の工業は生産管理局に任せるのがふさわしいとされた。撫順市政府は29件の接収案件を有したが、適当とされたのは製氷業の1件のみで、中小工業はほとんど生産管理局に任せるのがふさわしいとされた。地方政府所管資産に比べ中央政府所管の資産として利用する事業資産が格段に多い。この接収は中央省庁の所管別

で接収管理されたが、とりわけ鉱工業を所管する経済部が中心となる。また多数の中小企業の実質的な事業所管理は生産管理局が実行する。中央省庁の経済部ほかで接収管理しても、実質的な生産業務でふさわしくない場合もある。各省庁の利権と絡むため、より広い事業資産を獲得しようと試みたと思われる。地方政府への接収資産の取得は制限された。

このように遼寧省所在の製造業は概ね事業資産が承継されたが、そのうちの機械設備が略奪により撤去された事業については、再起は容易でなかったと思われる。日本からの機械導入で事業復活するとの方針を持っていた事例も複数見られた。

以上から、中小工場まで接収されたことが確認できる。それらの資産も有効に活用された。そして多くは民営事業者に切り替えられる見込であった。接収された事業は、生産管理局で暫定操業した後、民営事業に転換される。ただし事業規模の大きな事例については、国営事業として転換する方針が明確な事例も見られた。それは国民政府の国有事業として運営される事業となる。そのほか吉林省・黒龍江省・関東州における事業資産も接収されているが、その処理の全貌については個別事業史の記述以外には未確認である。中国東北で多数刊行されている地方史にも旧日系企業資産を承継して立ち上がった事業が少なくないが、満洲国時期の資産に言及する著作はほとんどない。

3．日本国内の敗戦処理

1945年8月15日の日本敗戦後、連合国総司令部の名の下で事実上アメリカ軍が単独占領を行い、日本政府はその指令の下におかれた。日本敗戦後の満洲企業の国内処理についても手短な言及を与えよう[12]。連合国総司令部は日本の植民地・占領地支配を遂行していた企業について、その事業を断ち切るため、それらの活動を停止させる。すなわち1945年9月30日に連合国総司令部覚書により大規模な国内統制会社・戦時機関のほか国外で活躍した法人の事業の閉鎖を命じた。その中には満洲関係の企業も多数含まれていた。さらに事業を停止させていた企業に対して、この連合国総司令部の命令は、1946年3月8日ポツダム勅令「閉鎖機関令」として公布され、その内容が規定された（閉鎖機関整理委員会［1954］）。そ

表終-2 満洲関係閉鎖機関の閉鎖日と特殊清算結了

閉鎖日	閉鎖機関名	清算結了日	備考
1945.9.30	満洲中央銀行	1960.9.7	満洲国政府系
	満洲拓殖公社	1953.2.26	満洲国政府・満鉄出資
	満洲重工業開発(株)	1957.8.1	満洲国政府系
	満洲興業銀行	1959.5.11	満洲国政府・朝鮮銀行折半出資
	満洲投資証券(株)	1956.10.24	日本の生命保険会社出資
	東洋拓殖	1958.3.3	日本政府系
	南満洲鉄道(株)	1957.4.13	日本政府系
	朝鮮銀行	1957.7.24	日本政府系
1946.4.4	満洲軽金属(株)	1957.5.23	満業系
	阜新炭砿(株)	1957.5.23	満業系
	満洲製鉄	1956.4.14	満業系・満洲国政府出資
	満洲飛行機製造(株)	1953.3.10	満業系
	満洲軽金属(株)	1953.1.29	満業系
	満洲マグネシウム(株)	1952.2.13	満業系
	満洲鉱山(株)	1953.1.29	満業系
	密山炭砿(株)	1952.11.29	満業系
	鶴岡炭砿(株)	1957.5.23	満業
	西安炭砿(株)	1952.2.13	満業
	日満商事(株)	1957.3.30	満鉄・満洲国政府折半出資
	(株)満洲映画協会	1952.2.13	満鉄・満洲国政府折半出資
1946.10.4	満洲電業(株)	1956.7.12	満洲国政府系
	満洲電信電話(株)	1955.1.4	満洲国政府・日本政府出資
1946.11.25	満洲自動車製造(株)	1956.3.1	満業系
1947.6.30	横浜正金銀行	1964.6.16	日本特殊会社
1947.7.15	大連船渠鉄工(株)	1956.3.1	満鉄系
1947.8.5	南満鉱業(株)	1953.6.25	満洲鉱業開発系
1948.9.7	大連汽船(株)	1956.3.22	満鉄系

出所：閉鎖機関整理委員会［1954］、旧大蔵省資料。

して閉鎖機関は特殊清算に移行することとなった。特殊清算とは閉鎖機関の国内資産負債を先行的に分離して処理することを意味する。そして国内の資産・負債関係の清算により残余資産が発生した場合には、後日の「閉鎖機関令」改正を以って、その残余資産が解除されることとなる。この閉鎖機関に指定された満洲関係企業としては、満洲中央銀行、満洲拓殖公社、満業、満洲興業銀行、満洲投資証券株式会社、満鉄があり、そのほか東洋拓殖株式会社・朝鮮銀行も含まれていた（表終-2）。さらに1946年4月4日には12社が指定された。その中には、満炭

から分離して満業の関係会社に切り替えられた阜新炭礦等の炭礦4社、満洲製鉄、満洲飛行機製造、安東軽金属株式会社、満洲軽金属製造、日満商事株式会社等が含まれていた。これらの閉鎖機関に指定された事業者は日本国内に生産すべき事業資産を有している法人であり、日本国内になんら清算すべき資産がなければ、閉鎖機関として指定されることはない。その後も1946年10月4日に満洲電業株式会社、満洲電信電話株式会社、11月25日に満洲自動車製造が指定された。そのほか満洲に本店を持つ企業として大連船渠鉄工株式会社・南満鉱業株式会社・大連汽船株式会社が閉鎖機関に指定されている。

　以上の閉鎖機関指定法人は1949年5月31日に閉鎖機関整理委員会は廃止されるまで、閉鎖機関整理委員会により特殊清算されたが、在外事業資産負債が多額に残る企業にとっては、清算に時間を要した。国外に本店を有する未清算企業については、閉鎖機関整理委員会廃止後、在外関係閉鎖機関特殊清算人事務所によって特殊清算が続行された。「閉鎖機関令」に基づくその資産負債関係の整理が完了すれば、特殊清算結了の認可を受けて登記をして閉鎖機関の解除となる。ただしこれらの清算の結了には時間がかかる。満洲本店企業だけでも、最も早く結了したのは満洲マグネシウム工業株式会社、西安炭礦株式会社と株式会社満洲映画協会の1952年2月13日であり、講和発効前に特殊清算結了となったのは、僅かにこの3社のみであった。その後も1953年に結了となった企業5社、1955年結了1社である。特殊清算はその後も1956年に6社、1957年に7社で結了し、満洲関係の閉鎖機関の特殊清算は概ね終了した。在外資産で回収不能なものは放棄された。特に東京に支店として多額の不動産を有していた満鉄については、残余財産の処分で時間が要した。他方、満洲からの多数の引揚者を抱えたため、未払給与等の債務も多額に抱えており、満洲企業の敗戦処理は多くの問題を発生させた。

　閉鎖機関に指定されなかった国外に本店を有する残存法人の処理として、連合国総司令部でその調査を早くから着手し、その対象の概要を把握した上で、1949年8月1日ポツダム政令「旧日本占領地域に本店を有する会社の本邦内にある財産の処理に関する政令」により、国外に本店を有する会社を在外会社として指定し、この「在外会社令」に基づく特殊整理が実施されることとなった[13]。この政令公布前に日本における在外会社の資産状況が大蔵省により調査票配布により事

前調査されており、その資産状況を掌握したうえで指定がなされた。在外会社に対して悉皆的に指定したわけではない。同年8月1日共同省告示により、「在外会社令」に基づく在外会社が指定された。同日の在外会社指定405件のうち、満洲関係360件、関東州45件である。さらにその後の指定追加があり、最終的に452件となり、うち満洲

表終-3 満洲関係在外会社

(単位：件)

	満洲国	関東州	合計
株式会社	380	49	429
合資会社	6	3	9
合名会社	2	2	4
営団・公社・金庫	3	2	5
金融組合等	—	1	1
その他	1	—	1
合計	392	60	452
1949年指定	360	45	405

出所：柴田［1997b］。

国392件の指定が行われた（表終-3）。事業形態としては株式会社が429件、うち満洲国380件であり、満洲国の株式会社が指定された企業の9割方を占めていた。満洲における日本人経営の会社は閉鎖機関指定以外に3,000社を下回らないはずである。ここに含まれる合資会社・合名会社は僅かである。日本に事業資産を持つような満洲国や関東州に本店を持つ合名会社・合資会社は乏しいと見られるが、商取引でなんらかの資産負債関係が発生した企業も少なくなったはずであるが、「在外会社令」公布以前の事前の調査段階での申告がほとんどなかったものであろう。満洲の在外会社令指定企業のうち、関東州の比重が高いことも指摘できよう。それは相対的に日本との商取引で対日資産負債関係が発生しやすかったことを表すものかもしれない。

　1949年8月1日に指定された企業を列記するには件数が多すぎるが[14]、その中には満洲国の特殊会社・準特殊会社のほか満鉄・東拓出資会社が多数含まれている。政府系企業集団の会社で在外会社に指定されたものを紹介しよう。特殊会社・準特殊会社・普通会社を企業集団別に列記した（表終-4）。満鉄系は関東州5社、満洲国13社、東拓系は関東州1社、満洲国3社、満洲国政府系20社、満業系6社の指定を受けた。満洲国政府系が最も多い。他方、満業系は閉鎖機関指定を受けた会社が多い。これら会社の日本国内財産の特殊整理を経て、残余財産の国内処分が可能となった。

　満洲関係事業のうち特殊整理に着手して、整理資産が乏しく、特殊整理の必要がなければ指定解除される。1950年10月11日～1951年7月6日までに257件が解

表終-4　満洲の政府系企業集団在外会社指定（満洲本店に限定）

	南満洲鉄道	東洋拓殖	満洲国政府	満洲重工業開発
関東州	*南満洲瓦斯(株)*、国際運輸(株)、大連都市交通(株)、*満洲化学工業(株)*、関東州工業土地(株)（5社）	東拓土地建物(株)（1社）		
満洲国	東亜土木企業(株)、日本精鑛(株)、満洲航空(株)、満洲鉱業開発(株)、*満洲豆稈パルプ(株)*、満洲生活必需品(株)、満洲火薬工業(株)、*満洲人造石油(株)*、*満洲車輛(株)*、満洲医薬品生産(株)、満洲林産化学工業(株)、満洲林産塗料(株)（13社）	満蒙毛織(株)、東省実業(株)、大同酒精(株)（3社）	満洲航空(株)、満洲鉱業開発(株)、満洲石油(株)、満洲棉花(株)、満洲塩業(株)、満洲生命保険(株)、満洲計器(株)、東亜鉱山(株)、満洲豆稈パルプ(株)、*満洲合成燃料(株)*、満洲葉煙草(株)、満洲生活必需品(株)、満洲曹達(株)、満洲電気化学工業(株)、満洲火薬工業(株)、満洲石炭液化研究所、満洲海運(株)、*満洲医薬品生産(株)*、満洲畜産公社、満洲農産公社、満洲林産公社（20社）	(株)満洲工作機械、満洲軽合金工業(株)、大陸化学工業(株)、満洲生活必需品(株)、*満洲火薬工業(株)*、(株)満洲工廠（6社）
処分	満洲紡績(株)、昌光硝子(株)			

注：1）複数の企業集団に並ぶ会社は複数回出現。中間持株会社出資を除外。
　　2）最終出資が確認できる時点で、イタリックは50％未満20％以上、アンダーラインは20％未満。
出所：柴田［1997b］。

除された。うち満洲国企業は239件である（柴田［1997b］）。それ以外の企業は特殊整理を結了し次第、残余財産の分配を受けてその処分権が引揚者等の日本人に帰属する。多数の満洲からの引揚者企業は、在外財産補償要求運動を行ったため、対政府折衝を必要とする。引揚者企業の日本国内における連絡事務所を海外事業戦後対策中央協議会におき、そこを窓口として特殊整理された。海外事業戦後対策中央協議会は、同協議会に満洲支部設置し、それを中心に在満企業の補償要求が行われたが[15]、その運動体とその経緯は省略しよう。

1）　満洲国史編纂委員会［1960］、［1961］ほかを参照。満鉄職員については満鉄会［1996］がある。
2）　大連の引揚げについては柳沢［1999］、満洲引揚げについては他地域の引揚げも扱う加藤［2008］を参照。満洲起業家の引揚げ後の活動については柳沢［2016］参照。
3）　国史館蔵1102-084.02-01。関内占領地における日系企業処理政策の経緯については、柴田［2005b］、［2008a］で紹介した。柴田［2005b］では満洲における接収も国民政府の接収の一環として解説している。
4）　国史館蔵1102-0824.02-01。

終　章　満洲における政府系企業集団の解体と結語　671

5）　国民政府経済部は1948年5月に廃止、その後、工商部となり1948年3月に経済部として再設置されている（劉ほか［1995］563-566頁）。資源委員会は1946年10月に経済部から独立した行政機関となり1949年まで存続した（劉ほか［1995］573頁）。

6）　「東北重要工礦事業接管弁法及主持人選」1945年8月10日（国史館蔵1102-0824.02-01）。

7）　「行政院呈報処理敵偽産業情形及加速出售敵偽房地産弁法」1948年9月9日（国史館蔵1102-084.02-06）。

8）　満洲国後の事業の承継について、個別企業の紹介として、例えば満洲製鉄について革命後の承継にまで検討がなされている（松本［2000］参照）。個別事業として、満銀の接収過程の紹介もある（柴田［1999a］終章参照）。そのほか個別の引揚者団体等でまとめた戦後の事業史として、例えば満鉄会［1986］、［1996］がある。個別事業に関わった側の立場で、国内残存資料に主に依拠してまとめられている。そのほかのさらに回顧的な関係者の回想録の類は多い。個別モノグラフとしては、満鉄の保有技術の戦後の連続性も検討されている（長見［2003］）。以上の既存の公表された著作を眺める限りでも、これらをもって満洲における日系企業の戦後処理を代表させることはできない。ソ連占領下満洲では略奪がなされたため、敗戦後満洲における事業資産はかなりの打撃を受けたのは確かである。ソ連占領・国民政府軍の占領・中国共産党軍の占領と、政治状況はめまぐるしく変貌するため、その下での工場操業自体が大変な困難に晒されたはずであるが、その中でかなりの工場は敗戦後も破壊されずに残っていた。この経緯を工場設備の生産可能性の残余に注目した研究として山本［1986］とその改定版［2005］がある。ただし満洲国日系企業の敗戦後の現地における接収処理の全貌を分析する研究はいまのところ見られない。

9）　独立行政法人日本貿易振興機構アジア経済研究所蔵『張公権文書』R8-6。

10）　大連商工会議所『満洲銀行会社年鑑』1936年版～1942年版、新京商工公会編『満洲国法人名録』1940年版、満洲中央銀行資金統制課『満洲国会社名簿』1943年版、1944年版、満洲労工協会『満洲鉱工会社年鑑』1944年版、等。

11）　生産管理局は国民政府の中央重要直属機関として1944年設置され1946年廃止となっている。局長は経済部長翁が兼務した。そのためこの企業敗戦処理のデータは1946年の状況についてまとめられたものであろう（劉ほか［1995］672頁）。財政部は1927年5月11日設置でそのまま存続し（劉ほか［1995］524頁）、農林部は1940年3月15日設置（劉ほか［1995］567頁）。「糧政部」なる組織は見当たらないが、糧食部なら1941年5月20日設置であり（劉ほか［1995］579頁）、糧食部の誤りのようである。水利委員会は行政院水利委員会を指し1941年9月設置（劉ほか［1995］596頁）、司法行政部は1928年11月13日設置（劉ほか［1995］634頁）、衛生署は行政院衛生署を指し1937年設置（劉ほか［1995］612頁）。軍政部は1928年10月24日設置（劉ほか

[1995] 457頁)、国防部は1946年5月31日設置（劉ほか [1995] 453頁）。以上のうち、国防部の設置時期から見てこの資料の取りまとめ時期は、1946年6月以降の同年中ということができよう。
12) これまでも閉鎖機関処理についてまとまった事業史として閉鎖機関整理委員会 [1954] がある。そのほか閉鎖機関・在外財産処理・在外会社等を所管した大蔵省の行政史でも、閉鎖機関整理委員会解散後の時期まで視野に入れた、大蔵省財政史室 [1984]、[1995] がある。在外会社処理の検討も行われている（柴田 [1997b]）。
13) 「在外会社令」公布にいたる準備法令については柴田 [1997b] 参照。
14) 柴田 [1997b] で在外会社の一覧表を掲げているため参照。
15) 特に企業財産を中心とした在外財産補償要求運動の顛末については柴田 [2008b] 参照。

第2節　結語

本書全体を振り返ったうえで、本書の結語をまとめたい。

日露戦争後の日本行政権を主張できる関東州と満鉄附属地で「商法」（会社篇）を適用させることで、日本とほぼ同様の法人法制が成立した。この法的インフラを得て、日本人植民者は会社設立で事業活動を行うことができた。ただし中国側との合弁法人の場合は別の「公司条例」に準拠した協定で設立される場合もあり、満洲の法人の設立も日本人経営法人であっても、異なる法人組織の事例も見出された。ところが満洲事変後に政府（関東軍を含む）の産業政策の担手として特殊会社制度が導入された。とりわけ1937年12月「会社法」施行で激変した。満洲国に会社が急増し産業開発五カ年計画の中で会社制度が定着する。資本主義のコアをなす株式会社がとりわけ資本金額を積み上げていった。これは満洲における日本型会社制度の導入と定着という意義を強調できよう。資本主義の拡大の中ではその中心をなす株式会社の件数の増大、資本金の増大、参入・合併・解散の自由が担保されて初めて成り立つものである。ただし個別産業においては特殊会社のプレゼンスの高い分野も多数残されていた。

満洲企業の長期趨勢として、満洲事変前期において資本金規模では満鉄の傑出した地位が特筆される。第1次大戦結了前期では満鉄とその他の会社の位置関係

は、満鉄という巨木の周辺に散らばる灌木もしくは雑草ほどの規模に過ぎない。それは資本金番付で明白である。また第１次大戦期の会社急増を経て、1920年代の満鉄の分社化した大規模会社が資本金番付の上位に並び、まさに1920年代は満鉄王国として突出したプレゼンスを主張していた。満洲事変期に会社件数はさほど伸びなかったが、特殊会社制度が導入されたことで大規模法人が創出された。「会社法」施行後に法人件数が急増し、そのなかで大規模特殊会社も次々に生まれ、また日本産業株式会社が満洲に移駐し満業となり巨額投資を開始すると、満鉄と満鉄企業集団のプレゼンスは、会社資本金番付で見る限り低下を続けた。ただしアジア太平洋戦争期の日本からの資金・資材等の調達難の中で満業の事業拡張は頭打ちとなり、1944年には資本金規模で満洲電業株式会社に乗り越えられており、その立ち位置を象徴していた。

　満鉄は1910年には関係会社投資を開始したが、第１次大戦結了前期に満洲会社投資は限定的なものであった。地域電力事業のインフラ投資に支援したが、それ以外には日本人植民者の経営する取引所附置の清算会社や沿線都市の卸市場業者の件数が多い。日本人経営の既存株式を買収し経営を支援した北満製粉株式会社や日清燐寸株式会社のような事例も見出す。それでも第１次大戦期には新たな製造業投資に着手した。それが大連の本体研究開発部門を分社化した大連油脂工業株式会社や新たな企業新設の波に乗って設立された事業の満蒙毛織株式会社や南満洲製糖株式会社等であった。しかしこれら事業は第１次大戦後恐慌で多くは事業不振に陥った。それでも1920年代に新規産業の創出が期待され、満鉄出資も得て満洲冷蔵株式会社、満洲紡績株式会社等が設立された。大戦後の満鉄は輸送事業の伸びが止まり、事業見直しが必要となると、直営事業の分社化を急いだ。分社化で出現した会社として満洲船渠株式会社、大連窯業株式会社、大連工業株式会社、南満洲瓦斯株式会社、南満洲電気株式会社、昭和製鋼所、南満洲旅館株式会社がある。これらの事業規模が大きいため、1920年代後半の満洲企業資本金番付で上位を占め、まさに満洲の日本企業社会が満鉄王国であったことを象徴した。1931年３月期には出資会社58社、うち連結子会社34社に増大していた。総資産連単倍率は1921年３月期の1.01から1931年３月期の1.05へ大きく引き上げていたが、満鉄本体事業が巨大であり、また上記分社化して設置された会社が満鉄全額出資

で満鉄依存経営を続けていたため、連結子会社資産は満鉄総資産の５％ほどを膨らます程度に止まっていた。

　満洲事変後の満洲国出現で操業環境は激変し、関東軍に密着した満鉄は満洲国の特殊会社新設に多額の出資を続け、満洲新規投資は急増した。満洲国の会社設立に規制をかけている時期の満鉄の新規会社投資の比重は高く、関東軍の期待に十分応えるものとなった。満洲電信電話株式会社、満洲航空株式会社、満炭、満洲採金、同和自動車工業等が並んだ。その結果、満鉄と関わりの薄い部門への多額投資となり、満洲国政府借款供与の負担とも重なり、満鉄の経営を圧迫した。既往満鉄社債の金利負担も重く、満鉄の危機として問題にされる結果、満鉄は保有持ち株の処分で投資負担軽減策を打ち出し、満洲事変期にもその一部の売却に踏み切った。これにより本体事業とは関わりの薄い株式の処分に着手した。この期の出資増大の結果、出資会社80社、うち連結子会社46社に増大し、総資産連単倍率は1.15に上昇していた。

　1937年日中戦争勃発で新たな政治局面が発生した。1937年に始動した満洲産業開発五カ年計画は戦争勃発で拡大改定され、計画規模は膨れ上がった。意欲的な投資計画の発動で満鉄への資金需要も新たに発生したが、満洲国政府経由で鉱工業の会社株式を満業に譲渡したことで製鉄・炭礦の支援からは大きく後退した。そのため関係会社投資残高がかなり減少し1938年３月期総資産連単倍率は1.04に低下していた。満業が担当しない分野の新たな投資案件の発生で、満鉄も出資に応じることで投資残高は回復したが、満鉄が過半出資する投資案件は多くはなかった。満鉄は華北では華北交通股份有限公司に、蒙疆では大同炭礦株式会社に各20％を出資し経営を支援した。その結果1941年３月出資会社66社、うち連結子会社21社に減少していた。1941年３月期総資産連単倍率は1.15に回復していた。アジア太平洋戦争勃発で日本の満洲投資の余力が乏しくなると、満洲国内で地場資金調達による会社投資に重点を置かざる得なくなり、満鉄も新規投資に応じた。その結果、1945年３月期は出資82社、うち連結子会社46社に増大した。1943年３月期総資産連単倍率は1.12を示し、連結子会社が大規模法人化した事例が乏しく、他方、満鉄本体の事業が拡大していたため、数値は伸び悩んでいた。満洲国産業の多面的な分野への投資は満業単体で支え切れるわけではなく、満鉄にも多くの

終　章　満洲における政府系企業集団の解体と結語　675

支援要請がなされたことを告げるものである。

　東拓は1917年設置法改正により、満洲店舗を設置し満洲投資に参入した。ただし投資件数は乏しく、第1次大戦期に満洲会社投資を急増させた満鉄に追いつける投資規模ではなかった。しかも出資した満蒙毛織、東省実業株式会社、東亜勧業株式会社等はいずれも操業不振に陥り、東拓本体の事業も不振に陥り東亜勧業の支援を満鉄に任せた。東省実業は東拓の直接出資しない投資案件を引き受けており、東拓の別動隊の位置づけにあった。満洲事変期にも満洲国の金融会社として営業存続が認められ、新規出資支援として特殊会社の満洲採金、新設会社の大同酒精股份有限公司等に支援した。ただし東拓は満洲外の案件にも多くの投資要請がなされたため満洲内投資件数はさほど伸びなかった。日中戦争期に満洲房産株式会社、満洲林業株式会社、満洲造林株式会社等に新規出資を行い、産業開発計画始動後の満洲投資を上乗せした。この期に東拓は朝鮮投資に回帰したため、満洲投資の比重は低下した。アジア太平洋戦争期にも投資案件は増大したが、多額なものではない。東拓の出資先に連結子会社が乏しいことが指摘できよう。ただし東拓の連結子会社のうち満蒙毛織は満洲国期に事業を回復させ拡大路線を突き進み、大規模な中間持株会社となり、満洲のみならず中国関内や日本に本店を有する多くの会社に出資した。同社の事業規模増大が東拓系満洲本店会社のプレゼンスを支えていたといえよう。

　満洲国政府も現物出資のみならず現金出資で満洲国特殊会社・準特殊会社を設立し、支援した。ただし満洲国政府には個別産業の会社を経営できる人材を送り込む力量が乏しいため、満鉄・東拓・日本の財閥等とのジョイントの出資で会社を設立した。特殊会社は設置法に基づき満洲国の個別産業を独占した。これら満洲国政府出資会社の資産規模は急増した。そのため事業規模拡大が続く場合には満洲国の投資負担も重いものとなった。満洲国の晩年には満洲林産公社、満洲畜産公社のような株式会社形態をとらない法人に事業統合し政府の介入下で独占的に事業を任せる事例も出現した。

　1937年に鮎川義介が率いる日本産業株式会社が満洲国に移駐し満業に転換すると鉱工業投資に乗り出した。同社は満鉄保有鉱工業株式を満洲国政府経由で取得し支配下に入れた。そのほか新規の満洲自動車製造、満洲鉱山等を新設し操業さ

せ満洲の鉱工業投資の中心に立った。ただし傘下会社の操業は十分な利益を計上できなかったため、満業の投資負担は増大した。満業の投資財源として日本国内で満業債を発行し資金調達したが、そのほか日本国内本店会社の株式を処分することで資金調達を行った。日本国内での株式処分の受け皿として生命保険会社の資金で満投を設立し消化させた。純粋持株会社として出資のほか融資で支援した。旧日本産業系各社から満業系各社へ経営人材を派遣させた。企業集団の効率性を上げるため、集団内で企業の再編を頻繁に行なった。アジア太平洋戦争期には満業の日本からの資金調達は困難になり満洲内調達として満洲興業銀行に依存したため、満業の経営の独自性は喪失し、総裁鮎川義介は退任し関東軍の支配下に移った。満業の出資・融資は増大したが、出資会社の操業状況は予想を大きく下回った。

　以上の各章の要約を行ったうえで、各章を通じた結語として以下のように主張できる。

　1．満洲事変前期満洲では満鉄・東拓が満洲における政府の経済政策の実行部隊として位置づけることができる。満洲事変前期における満鉄は関東都督府・関東庁・外務省・鉄道省・大蔵省・拓務省等の意向を受けて、域内の傑出した巨大独占的企業として在満日本人事業基盤を支援するため、本体に直接関わりの薄い業種にも多くの出資を行った。すなわち満鉄資金による政府の産業政策の代行である。これは第1次大戦期の満鉄の輸送事業の急拡大の中で安定的な営業キャッシュ・フローがもたらす余裕で可能となった。東拓も社債発行で対応した。在満日本人は主に満鉄にぶら下がって多くの事業を維持した。

　2．満鉄は1920年代に多くの直営事業を分社化したが、いずれも規模が大きく、企業集団の厚みが一挙に増大した。とりわけインフラ部門の会社は地域独占を形成しているため、長期的には居住者増大で採算が期待できた。満鉄は1920年代に関係会社投資を増大させたことで企業集団の社数、出資額、総資産を拡大させ、分社化による企業集団の経営効率性を追求した。ほかの満洲における企業集団では東拓の株式会社鴻業公司設立の事例が見られた。ただし東拓は本体事業を切り分けるほど巨大な満洲事業を抱えているわけではなかった。

　3．満洲事変期・日中戦争期の満鉄と日中戦争期の満業の関係会社出資はいず

終　章　満洲における政府系企業集団の解体と結語　677

れも満洲国政府、すなわちその背後に立つ関東軍の意向を受けたものであり、満洲国の投資方針に沿ったものであった。関東軍の産業政策の担手となった。満洲国政府出資と並び満洲国統制経済の中心に位置した。ただし全面的に服属していたわけではなく、満鉄・満業ともに関東軍が資金調達を支えていたわけではなく、日本における資金調達に依存したため、両社ともにある程度の関係会社投資の独自性が認められた。ところがアジア太平洋戦争期になり満洲国内関係会社投資の財源を地場調達に依存すると、満洲国政府と関東軍の意向が前面にでるため、それに従うしかなかった。

　4．満鉄・東拓・満業の満洲会社の総資産の増大が見られる。満鉄は1920年代期に有力直営事業を分社化したため、とりわけ早期にそれが実現した。満洲国期に満洲投資の急増、産業開発計画始動後の投資の激増に伴い関係会社投資残高は各社とも増大した。それに伴い関係会社資産も増大した。満鉄出資を満業に肩代わりさせたことで、満鉄は日中戦争期当初は減少し投資の中心的担い手が代替したため変動が見られるが、持株会社の総資産が増大し続けた。満洲産業開発計画発動後の投資の急増には本業を抱えたままの満鉄は負担しきれないため、満業を満洲に引き込んだ満洲開発戦略は資金導入策として成功した。そして大規模鉱工業法人に資金を注ぐことができた。併せて自動車産業ほかの製造業技術が移転された。さらに満洲国政府企業集団は巨大化し満鉄・満業が出資しない分野を含め事業投資を急増させた。満洲国の産業開発投資で地域GDPが増大しその中で政府系企業集団の連結子会社と持分法適用会社の総資産は増大を続けた。満洲国経済開発を中心的に担ったのが本書で扱った政府系企業集団に属する企業群である。満洲国期の短期間で実現した経済成長の担い手を改めて確認させる。

　5．満洲国政府出資の巨大化が注目される。満洲国政府は大規模直営部門を持たず、事業法人に操業させた。満洲事変期には現物出資が中心で投資件数は限られていたが、日中戦争期に新規投資案件を積極的に手掛けた。財源は投資特別会計の公債発行に依存した。新規設立の特殊会社に積極的に支援した。とりわけ満鉄・満業が手掛けない分野で全額出資支援した会社が多いが、満洲国政府に製造業を支援する技術を持ち合わせないため、日本の財閥・事業法人とのジョイントによる設立も少なくない。満洲国政府は個別融資を行わないが、満洲国政府支配

会ある満銀・満興銀が多額融資支援を行うことで、満洲国政府出資会社が事業規模を拡大させた。満業系事業のパフォーマンスが伸び悩む中で、満鉄も本業から離れた分野に重点投資を行わないため、満洲国政府出資会社に巨額資金を投入し新たな産業分野の事業拡張を目指した。その結果が満洲政府系企業の資産規模の拡大として現れた。

　6．満洲企業社会の裾野の急速な拡大を指摘できる。1920年代期満洲の日本企業社会は巨大な満鉄の周囲に灌木と雑草にしか当たらない会社が件数も乏しく存在していたにすぎなかったが、満洲事変期に特殊会社・準特殊会社形態の大規模法人が出現し、満鉄とその連結子会社群が他を圧倒するという体制は改められた。さらに「会社法」施行と満業の投資開始で、満洲の企業社会は大拡張する。そのほか1935年12月に満銀券が日本銀行券と等価とする方針が確定し、1936年にはそれが実現したことで、日本からの対満投資の為替変動リスクは急減した。これにより一段と満洲国投資が容易となり、満洲に資金が注ぎ込まれた。「会社法」施行に伴い附属地の大規模日本法人はほぼ満洲国法人に国籍を転換し、そのまま事業を続けた。産業開発計画の中で多額投資が続き、多額資本金会社が増大し、企業社会が急拡大する中で零細規模法人も急増した。個別事業法で産業統制がなされる場合もあるが、参入・退出が自由な商業系の業種もあり、その業種では出資する資金・実物資産さえ保有していれば会社設立は容易である。1942年で6,500社ほどが関東州・満洲国に存在したが、そのうち5,100社ほどが満洲国の会社である。その中には満業を筆頭に満電、その他特殊会社群が並ぶが、株式会社は2,300社ほどで、それ以外は合資会社・合名会社であり、これらの多数の満洲国法人は土着中国人自営業の法人成で設立された事例が多い。満洲国前からの地場中国人の自営事業資産をベースに会社設立に進む事例も多数発生した。「会社法」施行後僅か4年半ほどで会社資本主義が満洲国を覆ったとの評価が成り立つ。ただしアジア太平洋戦争期には資材・物流統制が強化されたことにより、商業系の零細法人の存続基盤が切り崩され、解散もまた多く発生しており、社数の急増は見られなくなったため、満洲国会社資本主義は1942年後も増大を続けピークは1944年末から1945年3月あたりといえよう。

　7．満洲の会社の増大趨勢を制度的に支援したのが会社法制である。満洲事変

前期において、日本法人が満洲に進出しやすくしたのは、日本の「商法」（会社篇）の関東州・満鉄附属地に適用させたことに尽きる。それにより安定的に会社を新設し、あるいは日本から本店を移転して操業することができた。本店移転の最も大規模な事例が満鉄と満業である。満洲国期に「公司法」に基づく公司の新設は抑制された。1937年12月「会社法」施行と附属地行政権返還で満洲国全域が日本の「商法」（会社篇）とほぼ同様の地域に転換し、法人新設が急増した。安定的投資地域として産業開発計画で沸き立つ満洲経済に参入できた。商業取引は登記した法人のほうが安定性があるため、満洲国法人は大小さまざまではあるが増大を続けた。ただし「資金統制法」の規制逃れの小規模法人が多数設立されたのも会社法制との関連で指摘できる。

　8．満洲における会社経営人材の供給体制でも特徴が認められる。満鉄は巨大な現業部門を抱えて設立されたため、高等教育を受けた人材を大量雇用し、大連本社のみならず沿線事務所に派遣していた。大連本店関係会社に役員を兼務派遣したが、満鉄附属地でも沿線事務所職員を兼務派遣し経営の掌握に努めた。また本体事業の分社化にあたりそのまま転籍させた職員もいるが、経営監視で兼務派遣する職員もいた。満洲国期に満洲国で大量に新規会社が設立されたが、満鉄が当初は最大の人材供給組織であった。学卒高級職員が満洲国特殊会社にスピンアウトした事例も多い。いったん満洲国政府職員に転籍した後で特殊会社職員に転じた事例も見出す。長期に渡り高等教育を受けた学卒採用を続けてきた人材豊富な巨大会社であったためこれが可能となった。満洲国政府は独自育成した人材は当面期待できないため、満洲国政府出資で設立された特殊会社には満鉄出身者、関東局退職者、退役陸軍将校、日本からの派遣官僚、旧政府官僚、日本人の転職による新規採用者等が混在した。満洲の事情に明るい満鉄・関東局退職者のほかとりわけ退役陸軍将校が多く、関東軍の陸軍軍人天下りポスト獲得の差配人事であった。旧政府官僚の役員招聘は地場漢族等有力者の政府への求心力維持策として用いられた。満業系の会社は日本産業系会社から経営人材を動員した。炭礦・自動車製造等の会社経営に熟達した人材が大量供給されたところに特徴がある。

　9．企業集団の間にも経営体制の差異を見出す。満鉄は重要事業分野と本体の分社化については経営支配を続けようとする意志が強くみられた。大連汽船・南

満洲電気・大連都市交通・国際運輸がそれに該当する。政府の産業政策の代行で出資している会社にはつぶさないために支援しているだけであり、評価の低い会社が多く、株式処分を検討した会社は低率出資会社か政府出資要請による支援会社が中心である。満洲国期に解散もしくは株式処分したことで負担が軽減された。満洲国政府出資会社の多くは特殊会社のため、その育成に注力したが、経営では招聘経営者の任せるしかなく、資金支援で維持させたため企業集団内再編は農産物集荷分野以外では乏しい。満業企業集団では、企業集団外の会社の株式の取得による企業集団への新規取り込み、中間持株会社の満洲鉱山との間で子会社の移転・合併がなされるといった企業集団主内の会社の再編が頻繁に行われた。これは鮎川義介が日本産業時期に行った企業集団の間断なき再編・拡大再編成を続けた経営スタイルをそのまま満洲国で再現したといえよう。

　以上の結語を得たが、最後に残された課題を列記し本書を閉じる。

　1．満洲事変前期の満鉄の関係会社についても出資回収時期が不明の会社も存在しており、細かな関係会社投資の事実関係の発掘が残されている。満鉄・東拓・満洲国政府・満業出資の会社でもアジア太平洋戦争期の出資残高が未詳のまま残っている法人が存在する。とりわけ満洲国政府出資は、同政府が営業報告書の作成とは無縁のため累年統計を作成しにくく、出資額が未詳もまま放置状態にある年次が多く残った。この解明が必要である。また満鉄の関係会社融資・預り金も営業報告書である程度把握できるため、連結総資産のさらなる精査が可能である。

　2．持株会社に対する政策史的研究としては、政策資料の発掘が不足の時期がある。関係会社投資の政府の政策としての位置づけを強める必要がある。満洲事変前期の関東都督府・関東庁・外務省・大蔵省・拓務省等の政策的裏付けを取ることで個別関係会社投資に対する政府の意向が判明しよう。満洲国期では関東軍・満鉄経済調査会の立案資料は1936年までしか対象としていない。満鉄の重役会資料も1936年までしか使えていない。そのあとの時期の政策史的位置づけを別の資料で傍証する必要がある。本書の政策史的位置づけの弱さは満洲国期のマクロ経済への目配りの低さと連動しており、論述に工夫を必要とする。

　3．持株会社の経営者の発意・意図と政府の意向との同調・対抗・競合等の解

明も避けては通れない。満洲事変前期の満鉄社長ほかの満洲投資戦略と政府との関係、満洲国期の満鉄正副総裁、満業総裁の投資戦略と満洲国・関東軍との意見の同調・対抗等も解明する必要がある。

　4．満洲の会社統計のさらなる整備が必要である。満洲事変前期から治外法権撤廃までの通時的会社統計の作成、満洲国期の一貫した統計を提示する必要がある。会社法制の段階的際により通時的統計は作成しにくいが、まだ改良の余地は残っている。1944年『満洲会社表』以降にまとまった会社統計は作成されていないが、その後の時期についても満洲国に限定すれば1945年3月期、1945年6月期といった時点における会社統計を会社登記情報を取り込むことで近似値として採用できた。今後はさらに関東州の『関東州局報』の商業登記の集約で関東州会社の1942年以降の全体像の把握が可能となろう。満洲企業の総体的把握のためにはこうした基礎的作業を避けては通れない。今後の作業で解明される成果を期待したい。

あとがき

　2007年2月に共著の鈴木邦夫編『満州企業史研究』を日本経済評論社より刊行した。再読して、その不備を多々見いだした。筆者担当部分でも誤りが多く、総論的論述は未熟であり、個別各論ではそれぞれの企業が業界での立ち位置が判明した程度に止まる。また個別企業集団の位置付として、紙幅の都合もあるが十分なものとはいえない。特に第1部の企業集団論ではほかの企業集団との比較が必要となるが、非金融業に限っても各執筆者の関心も異なり手法も統一できないまま編集・出版された。産業横断的に企業集団を位置づけるには、企業集団の事業規模比較を可能とする別のアプローチが必要となる。柴田が分担執筆した章も個別企業の累年出資残高を示すことができないままとなった章が複数含まれている。時間をかけたつもりではあったが、特定時点で出資額を比較できる水準にしか資料集積が進まなかった。累年統計として出資と関係会社総資産の統計を整理できるか確認するため、資料状況の良い1930年代満鉄について2008年度に営業報告書の集約を開始した。2010年春先に中山大学に滞在する機会があり、日本から持参した満鉄関係会社貸借対照表の入力作業に没頭した。ただし営業報告が欠落し、貸借対照表を入手できない会社も発生した。それでも1930年代については関係会社総資産を概ね掌握することができた。そのデータを使い、関係会社総資産を連結子会社、持分法適用会社及びその他関係会社に区分して分析を試みた。作業に当たっては極力営業報告書を点検することで、新たな事実関係を多々発掘できたことで視野が開けてきた。この手法を満洲のほかの企業集団に適用可能かもしれないと、作業への期待が膨らんだ。満洲企業の件数が多く追加的資料発掘作業が膨大になるため、2012〜2014年度に日本学術振興会科学研究費を受給して作業対象企業と時期を広げた。この作業は2013年6月に出版した『中国における日系煙草産業：1905-1945』及び2015年2月に出版した『植民事業持株会社論：朝鮮・南洋群島・台湾・樺太』の作業と並行した。営業報告書を入手できない企業や欠落時期については、『満洲国政府公報』、『満洲日日新聞』等の決算公告を点検して、

可能な限り埋めることができた。そのほか同公報と、1930年代前半まで欠落が多いが復刻されている『関東都督府府報』及び『関東庁庁報』の商業登記情報を集積した。これらの作業を経て、満洲の企業集団分析の新たな水準を示す見通しがつき、2015年度出版用原稿を取りまとめた。この作業を単独で仕上げたため負荷は重かったが、当初予想した目標にほぼ到達できたと自認している。

本書は以下の筆者の先行研究を骨格として取りまとめたものである。序章、書き起こし、第1章、小林英夫・柴田善雅「満洲国経済政策と会社法制」（『満州企業史研究』第1部第1章の柴田執筆第2節）、第2章、書き起こし、第3章、書き起こし、第4章、「1930年代南満洲鉄道株式会社の関係会社投資」（『大東文化大学紀要』第49号（社会科学））、第5章、第1節同前、第2節書き起こし、第6章、「東洋拓殖系企業」（『満州企業史研究』第Ⅰ部第4章）、「満蒙毛織株式会社の1920年代の不振と「満洲国」の再起」（『大東文化大学紀要』第52号）、『植民地事業持株会社論——朝鮮・南洋群島・台湾・樺太』第1・2・3章の満洲該当部分）、第7章、「満洲国政府系企業」（『満州企業史研究』第Ⅰ部第5章）、第8章、「満州重工業開発系企業」（同第Ⅰ部第9章）、終章第1節「満洲企業の終焉と結語」第1節（同終章）、第2節：書き起こし、以上である。いずれも旧稿を大幅に加筆修正している。

国内外に筆者がアクセスしていない大量の企業資料が存在しているのは承知している。さらに時間をかけて資料発掘を続ければ、欠落している営業報告書や貸借対照表を発見できるはずである。残念ながら筆者に残された研究者人生が乏しくなっていることを勘案し、この辺で筆者の満洲企業研究の中間的な幕引きとした。今後も同様の手法で、あるいはさらに魅力的な手法で満洲企業の研究を開拓する後続の研究者が現れることを願ってやまない。

本書刊行にあたっては、多くの資料収蔵機関のお世話になった。国内では、国立国会図書館、外務省外交史料館、財務省財務総合政策研究所財政史室、財務省図書館、大東文化大学図書館、岐阜大学図書館、一橋大学図書館、同経済研究所、同所社会科学文献情報センター、北海道大学図書館、明治大学図書館、立教大学図書館、成美大学図書館、拓殖大学図書館、東北大学図書館、東京大学経済学部図書館、東京経済大学図書館、早稲田大学図書館、同現代政治経済研究所、同商

学研究所、国立歴史民俗博物館、独立行政法人日本貿易振興機構アジア経済研究所、公益財団法人三井文庫、公益財団法人東洋文庫、国外では、アメリカ議会図書館、スタンフォード大学フーバー研究所資料部、同東アジア図書部（現東アジア図書館）、吉林省社会科学院満鉄資料館、大連市図書館、国史館（台北）のお世話になった。なお収集した内外資料の一部は旧満洲企業史研究会の同人と発掘したものであり、思い出深いものが多い。

　出版状況の厳しさが増すなかで筆者の7冊目の単著の出版を快諾していただいた、株式会社日本経済評論社の前代表取締役栗原哲也氏と現代表取締役柿﨑均氏にお礼申し上げたい。特に校正ゲラに加筆にする悪癖を持つ筆者を忍耐強く対処し、丁寧に仕上げていただいた谷口京延氏には改めてお礼申し上げたい。

　本書は2012〜2014年度日本学術振興会科学研究費基盤研究、課題「満洲における政府系企業集団の財務分析」（課題番号24530406）を受給して研究に従事し、また2016年度大東文化大学特別研究費研究成果刊行助成金を受給して刊行するものである。改めて筆者への研究支援に感謝したい。

　最後に、私事ではあるが、資料発掘や原稿執筆に没頭し、ほかのことに省みることの少ない筆者の研究の公表をいつも応援してくれる妻しおりに本書を捧げたい。

　　2017年1月

参照文献

アルファベット順に配列した。
年鑑・雑誌等の逐次刊行物、営業報告書、奥付けのない印刷物及び一次資料を除外した。
参照したが論述で利用しなかった図書を含む。
簡体字を常用漢字に改めた。

〈日本語文献〉

鮎川義介先生追想録編纂刊行会［1968］:『鮎川先生追想録』
アジア経済研究所図書館編［2011］:『史料満鉄と満洲事変：山崎元幹文書』岩波書店
有馬勝良編［1984］:『満鉄の設立命令書と定款』龍渓書舎
浅田喬二・小林英夫編［1986］:『日本帝国主義の満州支配』時潮社
麻田雅文［2012］:『中東鉄道経営史：ロシアと「満洲」——1896〜1935』名古屋大学出版会
旭硝子株式会社［1967］:『社史』
浅野虎三郎［1922］:『殉職の偉人早川千吉郎』満洲加越能協会
馬場明［1983］:『日中関係と外政機構の研究：大正・昭和期』原書房
ブリヂストンタイヤ［1982a］:『ブリヂストンタイヤ五十年史』
——— ［1982b］: 同「資料」
朝鮮銀行史研究会［1988］:『朝鮮銀行史』東洋経済新報社
大同製鋼株式会社［1967］:『大同製鋼50年史』
大日本製糖株式会社［1965］:『日糖六十五年史』
大日本製薬株式会社［1957］:『大日本製薬六十年史』
大連汽船株式会社［1935］:『大連汽船株式会社二十年略史』
大信洋行株式会社［1960］:『大信洋行五十年史』
電気化学工業株式会社［1977］:『デンカ60年史』
江夏由樹［2003］:「近代東北アジア地域の経済統合と日本の国策会社——東亜勧業株式会社の事例から」(『東北アジア研究』第8号)
——— ［2004］:「東亜勧業株式会社の歴史からみた近代中国東北地域：日本の大陸進出でみる「国策」と「営利」」(江夏ほか編『近代中国東北地域史研究の新視角』山川出版社)
富士紡績株式会社［1947］:『富士紡績株式会社五十年史』
福田英雄［1983］:『華北の交通史——華北交通株式会社創立小史』TBSブリタニカ
福島紡績株式会社［1942］:『福島紡績株式会社五十年紀』
花井俊介［2007a］:「南満州鉄道系企業」(鈴木［2007a］)
——— ［2007b］:「紡織業」(同前)

羽鳥敬彦［2000］：「1920年代の経営危機と整理」（河合ほか［2000］）
八田豊明［1976］：『父八田嘉明の思い出』
原朗［1972］：「1930年代の満洲経済統制政策」（満州史研究会［1972］）
─── ［1976］：「「大東亜共栄圏」の経済的実態」（『土地制度史学』第71号）
─── ［1976］：「「満州」における経済統制政策の展開」（安藤良雄編『日本経済政策史論』下、東京大学出版会）
───編［1995］：『日本の戦時経済』東京大学出版会
─── ［2013］：『戦時日本経済論』東京大学出版会
原邦道［1974］：『邦道随想録』
秦郁彦編［1981］：『日本官僚制の制度・組織・人事』東京大学出版会
─── ［1991］：『日本陸海軍総合辞典』東京大学出版会
閉鎖機関整理委員会［1954］：『閉鎖機関とその特殊清算』
樋口弘［1942］：『日本財閥論』味灯社
疋田康行［1986］：「財政・金融構造」（浅田喬二・小林英夫編『日本帝国主義の満洲支配』時潮社
─── ［2007a］：「資本系列の概要」（鈴木［2007a］）
─── ［2007b］：「金属工業」（同前）
─── ［2007c］：「機械器具工業」（同前）
疋田康行・須永徳武［2007］：「通信・ガス・電力」（同前）
平井廣一［1997］：『日本植民地財政史研究』ミネルヴァ書房
平野零児［1959］：『満洲の陰謀者：河本大作の運命的な足あと』自由国民社
平島敏夫［1972］：『楽土から奈落へ』講談社
平山剛［2012］：「満洲房産株式会社の住宅供給事業」（『アジア経済』第53巻第5号）
平山勉［2000］：「満鉄社員会の設立と活動──会社経営への参画問題を中心に」（『三田経済雑誌』第93巻第2号）
─── ［2009］：「満鉄の増資と株主の変動──1933年増資の払込期間を中心として」（『歴史と経済』第202号）
㈱日立製作所［1960］：『日立製作所史』2
北海道拓殖銀行［1971］：『北海道拓殖銀行史』
本庄比佐子編［2006］：『日本の青島占領と山東の社会経済1914～22年』財団法人東洋文庫
堀和生［1987］：「「満洲国」における電力業と統制政策」（『歴史学研究』第564号）
─── ［1995］：『朝鮮工業化の史的分析──日本資本主義と植民地経済』有斐閣
─── ［2009］：『東アジア資本主義史論Ⅰ』ミネルヴァ書房
堀内文二郎・望月勲編［1960］：『開灤炭礦の八十年』啓明交易
北条秀一編［1971］：『十河信二と大陸』

豊年製油株式会社［1944］:『豊年製油株式会社二十年史』
星野直樹［1978］:『見果てぬ夢——満州国外史』ダイヤモンド社
井口治夫［2012］:『鮎川義助と経済的国際主義——満州問題から戦後日米関係へ』名古屋大学出版会
飯塚靖［2008］:「満鉄中央試験所と満洲化学工業」（岡部［2008a］）
飯塚靖・風間秀人［1986］:「農業資源の収奪」（浅田・小林編［1986］）
五十嵐栄吉［1918］:『大正人名事典』東京新報社
井村哲郎［2008］:「アジア太平洋戦争下の満鉄調査組織」（岡部［2008a］）
入江正太郎［1938］:『一枚の屋根瓦』満洲日日新聞社出版部
槐樹会［1981］:『北支那開発株式会社之回顧』
鐘紡株式会社［1988］:『鐘紡百年史』
関東局［1936］:『関東局施政三十年史』
関東庁［1926］:『関東庁施政二十年史』
春日豊［2010］:『帝国日本と財閥商社：恐慌・戦争下の三井物産』名古屋大学出版会
加藤聖文［2008］:「海外引揚問題と日本人援護団体——戦後日本における帝国意識の断絶」（小林英夫・柴田善雅ほか編『戦後アジアにおける日本人団体——引揚げから起業進出まで』ゆまに書房）
「回想の日満商事」刊行会［1979］:『回想の日満商事』
金子文夫［1991］:『近代日本における対満投資の研究』近藤出版
笠原益恵［1922］:『満鉄の事業と人物』満蒙産業研究会
勝田一編［1927］:『帝国大学出身名鑑』校友調査会
河合和男［2000a］:「国策会社・東洋拓殖株式会社」（河合ほか［2000］）
―――［2000b］:「東洋拓殖株式会社の農業経営」（同）
―――［2000c］:「敗戦と東洋拓殖株式会社」（同）
河合和男ほか［2000］:『国策会社・東拓の研究』不二出版
川崎重工業株式会社［1959］:『川崎重工業株式会社社史』（年表・諸表）
風間秀人［2008］:「満洲国期における満鉄の港湾」（岡部［2008a］）
姜在彦編［1985］:『朝鮮における日窒コンツェルン』不二出版
北日本汽船株式会社［1939］:『北日本汽船株式会社二十五年史』
北岡伸一［1978］:『日本陸軍と大陸政策』東京大学出版会
北崎房太郎［1938］:『東拓三十年の足跡』東邦通信社出版部
吉川容［2007a］:「請負労力供給業・不動産業」（鈴木［2007a］）
―――［2007b］:「サービス産業」（同前）
―――［2007c］:「メディア産業」（同前）
君島和彦［1986］:「鉱工業支配の展開」（浅田・小林編［1986］所収）

木村仁信編［1996］:『彼方の礬土　満洲軽金属その誕生から終焉まで』
金早雪［1992］:「国策会社・東拓の事業展開」(『信州大学経済学論集』第28号)
── ［2000a］:「東洋拓殖株式会社における政府および役員」(河合ほか［2000］)
── ［2000b］:「東洋拓殖株式会社における国策投資と戦時体制」(同)
── ［2000c］:「東洋拓殖株式会社の資金調達と運用」(同)
金洛年［2002］:『日本帝国主義下の朝鮮経済』東京大学出版会
喜多貞吉編［1926］:『和田豊治伝』和田豊治伝編纂所
小林英夫［1975］:『「大東亜共栄圏」の形成と崩壊』御茶ノ水書房
──編［2000］:『近代日本と満鉄』吉川弘文館
小林英夫・柴田善雅［2007］:「経済政策と企業法制」(鈴木編［2007］所収)
㈱神戸製鋼所［1954］:『神鋼五十年史』
小平権一と近代農政編集出版委員会［1985］:『小平権一と近代農政』日本評論社
小島精一［1937］:『満鉄コンツェルン読本』春秋社
国際運輸株式会社［1934］:『国際運輸株式会社十年史』
── ［1943］:『国際運輸株式会社二十年史』
小島直記［1967］:『鮎川義介伝──赤い夕陽の昭和史』日本経営出版会
故田中栄八郎翁追悼会［1967］:『田中翁の思ひ出』
高宇［2004］:「1920年代における水産物冷蔵流通構想と実践──葛原冷蔵の創業と失敗について」(『立教経済学』58巻2号)
久原房之助伝記編纂会［1970］:『久原房之助』
呉羽紡績株式会社［1960］:『呉羽紡績30年』
黒瀬郁二［1985］:「1920年代における東洋拓殖会社の海外投資と外資導入」(『鹿児島経大論集』第27巻第4号)
── ［1992］:「東洋拓殖会社の対「満洲」投資」(中村政則編『日本の近代と資本主義──国際化と地域』東京大学出版会)
── ［2003］:『東洋拓殖会社──日本帝国主義とアジア太平洋』日本経済評論社
旧満洲興業銀行［1979］:『満洲興業銀行の回顧』
㈳共同通信社［1996a］:『共同通信社50年史』
── ［1996b］:『共同通信社年表』
李相哲［2000］:『満州における日本人経営新聞の歴史』凱風社
槙谷真一［1942］:『営口日本人発展史』営口商工公会
満蒙毛織株式会社［1942］:『会社要覧』
──原料課［1936］:『満蒙及北支ニ於ケル羊毛並皮革資源事情』
満史会［1964］:『満洲開発四十年史』謙光会
満洲電業外史編纂委員会［1982］:『思い出の満洲電業』満洲電業会

「満洲電業史」編集委員会［1976］:『満洲電業史』
満洲電信電話株式会社［1941］:『電電の十年』
満州移民史研究会［1976］:『日本帝国主義下の満州移民』龍渓書舎
満洲国史編纂刊行会［1970］:『満洲国史』「総論」
―――［1971］:同「各論」
満洲航空史話編纂委員会［1972］:『満洲航空史話』正
―――［1981］:同、続
満洲生活必需品株式会社［1941］:『満洲生活必需品株式会社概要』
満洲史研究会［1972］:『日本帝国主義下の満州:「満州国」建国前後の経済研究』御茶の水書房
満洲市場株式会社［1938］:『満洲市場株式会社二十年史』
満洲特産中央会［1941］:『満洲特産中央会略史』
(財)満鉄会［1973］:『満鉄最後の総裁山崎元幹』
―――［1986］:『南満洲鉄道株式会社第四次十年史』龍渓書舎
―――［1992］:『課級以上組織機構変遷並人事異動一覧表』龍渓書舎
―――［1996］:『満鉄社員終戦記録』龍渓書舎
―――［2007］:『満鉄四十年史』吉川弘文館
松本俊郎［1992］:『侵略と開発――日本資本主義と中国植民地化』御茶の水書房
―――［2000］:『「満洲国」から新中国へ――鞍山鉄工業から見た中国東北の再編過程1940～1954』名古屋大学出版会
松村高夫・解学詩・江田憲治編［2002］:『満鉄労働史の研究』日本経済評論社
松村高夫・柳沢遊・江田憲治編［2008］:『満鉄の調査と研究:その「神話」と実像』青木書店
松岡洋右伝記刊行会［1974］:『松岡洋右:その人と生涯』講談社
三木理史［1991］:「明治末期における地方公益事業の地域的展開:才賀電機商会を事例として」(『人文地理』第43巻第4号)
―――［2015］:「1920年代南満洲鉄道における撫順炭輸送」(『アジア経済』第56巻第1号)
南満洲電気株式会社［1930］:『南満洲電気株式会社二十年沿革史』
南満洲鉄道株式会社［1919］:『南満洲鉄道株式会社十年史』
―――［1928］:『南満洲鉄道株式会社第二次十年史』
―――［1934］:『満洲事変と満鉄』
―――［1937］:『南満洲鉄道株式会社三十年略史』
―――［1938］:『南満洲鉄道株式会社第三次十年史』
―――調査部［1939］:『在満株式会社株金異動調査書――自昭和元年至昭和11年』
―――産業部［1937a］:『満洲会社考課表』「商業編」

―――産業部［1937 b］：同「工業編」
―――庶務部調査課［1928］：『満蒙に於ける日本の投資状態』
―――総裁室地方部残務整理委員会［1939］：『満鉄附属地経営沿革史』
蓑洲会［1938］：『野村龍太郎伝』日本交通学会
㈶三井文庫［1994］：『三井事業史』本篇第3巻中（花井俊介執筆）
―――［2001］：同、本篇第3巻下（鈴木邦夫執筆）
持株会社整理委員会［1952］：『日本財閥と其の解体』上
武藤富男［1956］：『満洲国の断面：甘粕正彦の生涯』近代社
長見崇亮［2003］：「満鉄の鉄道技術移転と中国の鉄道復興――満鉄の鉄道技術者の動向を中心に」（『日本植民地研究』第15号）
永塚利一［1966］：『久保田豊』
名古屋貢［2012］：「東三省兵工廠から奉天造兵廠までの変遷」（『日本銃砲史学会』第373号）
内外棉株式会社［1937］：『内外棉株式会社五十年史』
中村隆英［2003］：「日産と鮎川義介」（『総研レヴュー』第16号）
成田潔［1958］：『王子製紙社史』第3巻、王子工業株式会社
―――［1959］：同、第4巻
日塩株式会社［1999］：『日塩五十年史』
日満実業協会［1934］：『満鉄関係会社業績調』
―――［1935 a］：『満洲事変後新設サレタル満洲関係会社』（増補版）
―――［1935 b］：『満洲の採金に就て』
―――［1939］：『満洲国特殊・準特殊会社要覧』
日満製粉株式会社［1940］：『日満製粉株式会社五年史』
日満倉庫株式会社［1940］：『日満倉庫株式会社十年略史』
日本窒素肥料株式会社［1937］：『日本窒素肥料事業大観』
㈱日本保険新聞社［1968］：『日本保険業界史』
日本放送協会［1939］：『日本放送協会史』
日本興業銀行［1957 a］：『日本興業銀行五十年史』
―――［1957 b］：同、年表
―――［1970］：『社債一覧　自明治23年（第一回）至昭和44年3月』
日本鉱業株式会社［1957］：『日本鉱業株式会社五十年史』
㈶日本交通公社［1982］：『日本交通公社七十年史』
日本近代史料研究会［1971］：『日本陸海軍の制度・組織・人事』東京大学出版会
日本製鉄株式会社史編集委員会［1959］：『日本製鉄株式会社史』
日本曹達株式会社［1992］：『日本曹達70年史』
日本水産株式会社［1961］：『日本水産50年史』

日本車両製造株式会社［1997］：『驀進100年』
日本通運株式会社［1962］：『社史日本通運株式会社』
日本油脂株式会社［1967］：『日本油脂三十年史』
新山虎二［1929］：『肝の人——川村竹治』万里閣書房
日産火災海上保険株式会社［1961］：『五十年史』
日産汽船友和会［1965］：『日産汽船の歩み』
日産自動車株式会社［1965］：『日産自動車三十年史——昭和八年—昭和三十八年』
日産農林工業株式会社［1985］：『日産農林工業株式会社史』
日産生命保険相互会社［1989］：『日産生命80年史』
日清製油株式会社［1969］：『日清製油60年史』
西野入愛一［1937］：『浅野・渋沢・大川・古河コンツェルン読本』春秋社
野田醬油株式会社［1955］：『野田醬油株式会社三十五年史』
野口米次郎［1943］：『中日実業株式会社三十年史』
老川慶喜［1997］：「「満州」の自動車市場と同和自動車工業の設立」（『立教経済学研究』第51巻第2号）
——— ［2002］：「「満洲国」の自動車産業——同和自動車工業の経営——1935年7月～37年12月」（『立教経済学研究』第55巻第3号）
岡部牧夫編［2008a］：『南満洲鉄道会社の研究』日本経済評論社
——— ［2008b］：「南満洲鉄道会社の四〇年」（同前所収）
——— ［2008c］：「「大豆経済」の形成と衰退——大豆をとおしてみた満鉄」（同前）
——— ［2008c］：「満鉄研究の歩みと課題」（同前）
岡本敬一［1957］：『竹中政一の生涯』石崎書店
岡崎哲二［1999］：『持株会社の歴史——財閥と企業統治』筑摩書房
王子製紙株式会社［1959］：『王子製紙山林事業史』
大木源二［1935］：『花井卓蔵全伝』花井卓蔵全伝刊行所
大河内一雄［1981］：『遙かなり大陸——わが東拓物語』績文堂
——— ［1982］：『幻の国策会社　東洋拓殖』日本経済新聞社
——— ［1991］：『国策会社東洋拓殖の終焉』績文堂
大蔵省百年史編集室［1969］：『大蔵省百年史』別巻
——— ［1973］：『大蔵省人名録：明治・大正・昭和』大蔵財務協会
大蔵省理財局資金課［1964］：『大蔵省預金部史』
———昭和財政史編集室［1962］：『昭和財政史』第12巻「大蔵省預金部資金・政府出資」（吉田震太郎・大島清執筆）東洋経済新報社
———財政史室［1984］：『昭和財政史——終戦から講和まで』第1巻「賠償・終戦処理」（原朗執筆）東洋経済新報社

―――［1995］:『昭和財政史――昭和27〜48年度』第3巻「国有財産」（柴田善雅執筆）東洋経済新報社
大倉財閥研究会［1982］:『大倉財閥の研究――大倉と大陸』近藤書店
大村卓一追悼録編纂会［1972］:『大村卓一』
小野田セメント株式会社［1952］:『回顧七十年』
大塩武［1989］:『日窒コンツェルンの研究』日本経済評論社
大塚栄三［1935］:『馬越恭平翁伝――伝記・馬越恭平』馬越恭平翁伝記編纂会
小沢親光［1974］:『鮎川義介伝――夢を開く男』山口新聞社
斉藤憲［1987］:『新興コンツェルン理研の研究――大河内正敏と理研産業団』時潮社
蓑洲会編［1938］:『野村龍太郎伝』日本交通学会
坂本雅子［1986］:「対中国投資機関の特質――東亜興業、中日実業の活動を中心として」（国家資本輸出研究会『日本の資本輸出――対中国借款の研究』多賀出版、1986年）
―――［2003］:『財閥と帝国主義：三井物産と中国』ミネルヴァ書房
佐野真一［2008］:『甘粕正彦：乱心の曠野』新潮社
佐藤応次郎氏追憶委員会［1952］:『佐藤応次郎君を偲ぶ――満洲土木会の先駆者』
鮮満拓殖株式会社・満鮮拓殖株式会社［1941］:『鮮満拓殖株式会社・満鮮拓殖株式会社五年史』
柴田善雅［1977］:「日本の対「満州」通貨金融政策の展開――第一次大戦から一九二〇年代中頃にかけて」（『社会経済史学』第43巻第2号）
―――［1986］:「軍事占領下中国における日本の資本輸出」（国家資本輸出研究会［1986］）
―――［1993］:「「蒙彊」における通貨金融政策の展開」（『アジア経済』34巻6号（1993年6月）
―――［1996］:「戦時産金体制と金資金特別会計」（『大東文化大学紀要』第34号（社会科学）、1996年3月）
―――［1997a］:「中華匯業銀行小史――合弁銀行の運命」（『東洋研究』第123号）
―――［1997b］:「在外会社の処理とその分析」（『大東文化大学紀要』第35号（社会科学））
―――［1998a］:「アジア太平洋戦争期華北占領地における日系銀行の融資割当」（『大東文化大学紀要』第26号（社会科学）
―――［1998b］:「「満州国」における金融機関の対民間取引」（『東洋研究』第128号）
―――［1998c］:「「満州国」における大興公司の活動」（『中国研究月報』第607号）
―――［1999a］:『占領地通貨金融政策の展開』日本経済評論社
―――［1999b］:「華北占領地における日系企業の活動と敗戦時資産」（『大東文化大学紀要』第37号（社会科学）
―――［2000］:「華北における興中公司の活動」（『東洋研究』第138号）
―――［2001］:「初期「満州国」財政制度の構築」（宇野重昭編『深まる侵略・屈折する抵

抗：1930・40年代の日中のはざま』研文出版）
────［2002a］：『戦時日本の特別会計』日本経済評論社
────［2002b］：「七十四銀行と横浜貯蓄銀行の破綻と整理」（横浜開港資料館・横浜近代史研究会『横浜近郊の近代史──橘樹郡にみる都市化・工業化』日本経済評論社）
────［2002c］：「占領地行政機構としての興亜院」（本庄比佐子・内山雅生・久保亨編『興亜院と戦時中国調査』岩波書店）
────［2005a］：『南洋日系栽培会社の時代』日本経済評論社
────［2005b］：「関内占領地日系企業の敗戦後処理」（『東洋研究』第158号）
────［2007a］：「日本の蒙疆政治支配体制」（内田・柴田［2007］所収）
────［2007b］：「蒙疆の財政と域際収支」（同前）
────［2007c］：「蒙疆における企業活動」（同前）
────［2007d］：「東洋拓殖系企業」（鈴木［2007a］）
────［2007e］：「満州国政府系企業」（同前）
────［2007f］：「満州重工業開発系企業」（同前）
────［2007g］：「金融」（同前）
────［2007h］：「取引所と周辺業種」（同前）
────［2007i］：「食料品工業」（同前）
────［2007j］：「鉱業」（同前）
────［2007k］：「農業・林業」（同前）
────［2007l］：「晩期日本占領地帝国の対日決済」（『大東文化大学紀要』第45号（社会科学））
────［2007m］：「戦時日本の株式市場統制」（『東洋研究』第166号）
────［2008a］：『中国占領地日系企業の活動』日本経済評論社
────［2008b］：「引揚者経済団体の活動と在外財産補償要求」（前掲『日本人の在外経済団体──引揚から企業進出まで』ゆまに書房）
────［2009a］：「満洲における日系煙草会社の活動」（『大東文化大学紀要』第47号（社会科学））
────［2009b］：「書評　岡部牧夫編『南満洲鉄道会社の研究』」（『日本植民地研究』第21号）
────［2010］：「東満洲産業株式会社と周辺会社の活動：「鮮満一体」経営を超えて」（『東洋研究』第178号））
────［2011a］：『戦時日本の金融統制──資金市場と会社経理』日本経済評論社
────［2011b］：「1930年代南満洲鉄道株式会社の関係会社投資」（『大東文化大学紀要』第49号（社会科学））
────［2011c］：「外地への進出と清算」（柴孝夫・岡崎哲二編『講座日本経営史』第4巻「制度転換期の企業と市場1937～1955」ミネルヴァ書房）
────述［2011］：「南方占領地域と大東亜共栄圏の実態」（NHK取材班『日本人はなぜ戦

争へと向かったのか：NHK スペシャル：戦中編』NHK 出版）
―――［2011d］：「中国関内開港地日系銀行の活動」（『東洋研究』第182号）
―――［2012a］：「日中戦争期東洋拓殖株式会社の関係会社投資」（『大東文化大学紀要』第50号（社会科学））
―――［2013a］：『中国における日系煙草産業　1905-1945』水曜社
―――［2013b］：「台湾拓殖株式会社の関係会社投資」（『大東文化大学紀要』第51号（社会科学））
―――［2013c］：「「満洲国」における証券会社の現地化」（『東洋研究』第189号）
―――［2014］：「満蒙毛織株式会社の1920年代の不振と「満洲国」期の再起」（『大東文化大学紀要』第52号（社会科学））
―――［2015a］：『植民地事業持株会社論：朝鮮・南洋群島・台湾・樺太』日本経済評論社
―――［2015b］：「株式会社福大公司の中国占領地事業」（『大東文化大学紀要』第53号（社会科学）
―――［2017］：「大連都市交通株式会社の「満洲国」投資」（『東洋研究』199号）
柴田善雅・鈴木邦夫［2007］：「戦後処理と総括」（鈴木［2007a］）
柴田善雅・鈴木邦夫・吉川容［2007］：「交通」（同前）
新水栗原［1942］：『星野直樹氏と椎名義雄氏を語る』新紘社
沈潔［1996］：『「満洲国」社会事業史』ミネルヴァ書房
下谷政弘［2006］：『持株会社の時代：日本の企業結合』有斐閣
―――［2009］：『持株会社と日本経済』岩波書店
新潮社［1991］：『新潮社人名事典』新潮社
新義州電気株式会社［1936］：『新義州電気株式会社二十五年史』
新日本監査法人［2008］：『連結決算書作成の実務』中央経済社、第2版
篠崎嘉郎［1932］：『満洲と相生由太郎』福昌互敬会
昭和電工株式会社［1977］：『昭和電工五十年史』
㈱昭和製鋼所［1940］：『昭和製鋼所二十年誌』
曹達晒粉同業会［1931］：『日本曹達工業史』
副島昭一［1995］：「「満洲国」統治と治外法権撤廃」（山本［1995a］所収）
須永徳武［2007a］：「地場系企業」（鈴木［2007a］）
―――［2007b］：「窯業」（同前）
―――［2007c］：「化学工業」（同前）
鈴木邦夫［2007a］：『満州企業史研究』日本経済評論社
―――［2007b］：「貿易と商業」（鈴木［2007a］）
―――［2007c］：「製紙業」（同前）
鈴木邦夫・花井俊介・疋田康行・須永徳武［2007］：「財閥と大手事業法人系企業」（同前）

大正海上火災保険株式会社［1961］：『大正火災海上保険株式会社四十年史』
大洋漁業株式会社［1960］：『大洋漁業80年史』
高橋泰隆［1986］：「鉄道支配と満鉄」（浅田・小林編［1986］）
─── ［1995］：『日本植民地鉄道史論：台湾・朝鮮・満州・華北・華中鉄道の経営史的研究』日本経済評論社
─── ［1997］：『昭和戦前期の農村と満洲移民』吉川弘文館
高村直助［1982］：『近代日本綿業と中国』東京大学出版会
高碕達之助集刊行委員会［1965］：『高碕達之助集』上
東亜紡織株式会社［1993］：『東亜紡織70年史』
東亜勧業株式会社［1933］：『東亜勧業株式会社史』
㈱鳥羽洋行［1971］：『柏樹──鳥羽洋行六十五年史』
徳山曹達株式会社［1988］：『徳山曹達70年史──道標はるかに』
㈱東京株式取引所［1928］：『東京株式取引所』
東京海上火災株式会社［1964］：『東京海上八十年史』
東京建物株式会社［1968］：『東京建物株式会社70年の歩み』
東洋拓殖株式会社［1918a］：『東拓十年史』
─── ［1918b］：『日本及支那ニ於ケル毛織物及原料毛ノ需給関係』
─── ［1928］：『東洋拓殖株式会社二十年誌』
─── ［1939］：『東洋拓殖株式会社三十年誌』
友清高志［1992］：『鞍山昭和製鋼所：満洲製鉄株式会社の興亡』徳間書店
塚瀬進［1990］：「日中合弁鴨緑江採木公司の分析：中国東北地域における日本資本による林業支配の特質」（『アジア経済』31巻10号）
通信社史刊行会［1958］：『通信社史』
内田知行・柴田善雅編［2007］：『日本の蒙疆占領　1937-1945』研文出版
内田康哉伝記編纂委員会［1969］：『内田康哉』鹿島平和研究所出版会
内田洋行株式会社［1980］：『内田洋行株式会社70年史』
宇田川勝［2015］：『日産コンツェルン経営史研究』文真堂
臼井勝美・高村直助・鳥海靖・由井正臣編［2001］：『日本近現代人名事典』吉川弘文館
和田日出吉［1937］：『日産コンツェルン読本』春秋社
山本条太郎翁伝記編纂会［1942］：『山本条太郎伝記』
山浦貫一編［1940］：『森恪──東亜新体制の先駆』森恪伝記編纂会
柳沢遊［1996］：「榊谷仙次郎──「満州国」土木請負業者の世代交代」（竹内常善ほか編『近代日本における企業家の諸系譜』大阪大学出版会）
─── ［1999］：『日本人の植民地経験──大連日本人商工業者の歴史』青木書店
─── ［2002］：「日本帝国主義の「満州国」支配史研究」（田中明編『近代日中関係史再考』

日本経済評論社）
――― [2008]：「満鉄傘下企業の設立――一九二〇―三〇年代を中心に」（岡部 [2008a]）
柳沢遊・岡部牧夫 [2001]：「解説・帝国主義と植民地」（『展望・日本歴史』20「帝国主義と植民地」東京堂出版）
柳沢遊・木村健二編 [2004]：『戦時下アジアの日本人経済団体』日本経済評論社
山地範明 [2000]：『連結会計の生成と発展』中央経済社、第2版
山川隣編 [1944]：『戦時体制下に於ける事業及人物』東京電報通信社
山本条太郎翁伝記編纂会 [1942]：『山本条太郎伝記』
山本裕 [2002]：「「満州」日系企業研究史」（前掲『近代日中関係史再考』）
――― [2003]：「「満州国」における鉱産物流通組織の再編成過程――日満商事の設立経緯――1932-1936年」（『土地制度史学』第178号）
――― [2008]：「満州」（日本植民地研究会『日本植民地家円級の現状と課題』アテネ社）
――― [2016]：「一九四〇年代後半期大連営業者の職業「復帰」」（今泉裕美子・柳沢遊・木村健二編『日本帝国崩壊期「引揚げ」の比較研究――国際関係と地域の視点から』日本経済評論社
山本有造 [1986]：「国民政府統治下における東北経済：1946年～1948年」（産業研究所『中国東北地方経済に関する調査研究報告書』）
――― [1992]：『日本植民地経済史研究』名古屋大学出版会
―――編 [1998]：『「満州国」の研究』緑蔭書房
――― [2003]：『「満州国」経済史研究』名古屋大学出版会
―――編 [2003]：『帝国の研究――原理・類型・関係』名古屋大学出版会
――― [2005]：「国民政府統治下における東北経済――1946年～1948年」（江夏自樹ほか編『近代中国東北地域史研究の新視角』山川出版）
――― [2011]：『「大東亜共栄圏」経済史研究』同
山室信一 [1993]：『キメラ――満洲国の肖像』中央公論社
――― [1998]：「植民帝国・日本の構成と満洲国――統治様式の遷移と統治人材の周流」（Duus & 小林編 [1998] 所収)）
山崎志郎 [2009]：『戦時金融金庫の研究：総動員体制のリスク管理』日本経済評論社
――― [2012]：『総動員計画と共栄圏構想の形成』日本経済評論社
「安田保善社とその関係事業史」編修委員会 [1974]：『安田保善社とその関係事業史』
安冨歩 [1997a]：『「満洲国」の金融』創文社
――― [1997b]：同、図表篇
横浜正金銀行調査部 [1942]：『満洲国特殊会社制度ニ就テ』
吉田正樹 [1982]：「電灯産業発展における中間商人の役割――才賀電機商会及び川北電気企業者による電灯企業経営、1900～1930」（『三田商学研究』第25巻第5号）

吉野信次追悼録刊行会［1974］：『吉野信次追悼録』
吉岡喜一［1962］：『野口遵』フジ・インターナショナル・コンサルタント出版部
吉田建一郎［2011］：「向井龍造と満蒙殖産の骨粉製造――1909-31年」（富沢芳亜・久保亨・萩原充編『近代中国を生きた日系企業』大阪大学出版会）
張暁紅［2007］：「奉天市における中国人綿織物業」（『歴史と経済』第49巻第2号）

〈英語文献〉

Beasley, William[1987]：Japanese Imperialism, 1894-1945, Oxford UP（杉山伸也訳『日本帝国主義1894-1945　居留地制度と東アジア』岩波書店）

Duus, Peter, Myers, Ramon & Peattie, Mark R. eds, [1989]：Japanese Informal Empire in China, 1895-1937, Princeton UP

Gallagher, J. & Robinson, R., [1953]：'The Imperialism of Free Trade', The Economic History Revier, 2nd series, vol. VI

Matsusaka, Yasuhisa [2001]：The Making of Japanese Manchuria, 1904-1932, Harvard University Asia Center

Young, Louise [1998]：Japan's Total Empire: Manchuria and the Cultural Wartime Imperialism, University of California Press（加藤陽子ほか訳『総動員帝国――満洲の戦時帝国主義の文化』岩波書店、2001年）

〈中国語文献〉

姜年東ほか［1980］：『偽満洲国史』吉林人民出版社
解学詩［2007］：『満鉄与華北経済――1935～1945』社会科学出版社
―――［2008］：『偽満洲国史』（新編）人民出版社
―――編［2011］：『掠奪東北煤炭石油資源』社会科学文献出版社
―――編［2012］：『満洲交通史稿』第20巻、社会科学文研出版社
解学詩・孫彤景編［2015］：『関東軍満鉄与偽満洲国的建立』社会科学文献出版社
郭鉄・関捷編［2008］：『日本殖民統治大連四十年史』社会科学文研出版社
劉寿林ほか［1995］：『民国職官年表』中華書局
蘇崇民［1990］：『満鉄史』中華書局（山下睦男ほか訳『満鉄史』葦書房、1999年）
―――ほか［1995］：『労工的血与涙』中国大百科全書出版社
―――編［2011a］：『日本的大陸政策第与満鉄』社会科学文献出版社
―――編［2011b］：『巨型殖民侵略機関――満鉄』同
―――編［2011c］：『水陸交通和運輸工人』同
―――編［2011d］：『農林牧業拡張与移民』同
―――編［2011e］：『工商礦業統制掠奪』同
東北物資調節委員会研究組［1947a］：『東北経済小叢書』「水泥」

―――［1947b］：同「紙及紙水」
―――［1948a］：同「化学工業」下
―――［1948b］：同「電力」
胡昶・古泉［1990］：『満映――国策電影面面観』中華書局（横地剛ほか訳『満映――国策映画の諸相』パンドラ、1999年）

付地図　満洲・朝鮮略地図

注：幹線鉄道のみ掲示

索　引

法人・機関等

凡例：

五十音順で配列した。
南満洲鉄道・満鉄、東洋拓殖・東拓、満洲重工業開発・満業、満洲国政府の語は頻繁に登場するため、索引掲載の意味が乏しく採録を省略した。
本書で言及する満鉄部署は職員経歴に現れるものを含むと100件をかなり上回るため、注の課級以下を省略し本社部課級以上を採録した。
満洲国政府の組織は部・国務院の局級つまり「司」以上を採録し、地方政府を省略した。
大学は大学名のみを採録した。
日本政府は在外公館を採録したが本省局の採録を省略した。
「株式会社」と「股份有限公司」を省略したが、混乱を避けるため「合資」と「合名」を残すものがある。
商号等で一部変更もしくは略称表記がある場合には（　）で補記した。
表に含まれる商号の採録を省略した。
典拠図書名・資料名等に含まれる法人等名称の採録を省略した。
注で紹介した法人等を採録したが、表に含まれるものの採録を省略した。
満洲国期に多数の股份有限公司が株式会社に商号変更したが、商号に大幅な変更がなされなければ同一行で採録した。同様に商号の一部のみ変更された場合には、同一行で採録した。
同一商号の別法人が存在する場合も区別せず同一行で採録した。
一部存在を傍証できない組織を含む。

ア行

相生合名 ………………………………… 388
藍沢商店 ………………………………… 634
旭硝子 ………………… 194, 195, 273, 294, 298
旭産業 ……………………………… 385, 397
旭石油 …………………………………… 179
亜細亜ゴム工業 ………………………… 563
亜細亜煙草 ……… 74, 124, 143, 178, 219, 406, 407, 414, 421
亜細亜麦酒 ……………………………… 34
亜細亜貿易 ……………………………… 240
亜細亜窯業 ……………………………… 445
味の素本舗鈴木商店 …………………… 622
亜洲興業麺粉・亜洲製粉 ……………… 29
安宅商会 ………………………………… 421
荒井合名 ………………………………… 422
鞍山銀行 ……………………… 228, 232, 237
鞍山高級炉材 …………………………… 651
鞍山市場 ………………………………… 226
鞍山不動産信託 ………… 173, 237, 241, 293, 344, 358, 376
安東軽金属 …………………… 99, 642, 668
安東興業 ………………………………… 416
安東交通 ………………………………… 372
安東市場 ……………………… 269, 287, 386
安東自動車 ……………………………… 372
安東石油販売 …………………………… 395
安東セメント ………………… 513, 616, 627, 652
安東造紙廠・安東造紙 ………………… 138
安東貯金銀行 …………………………… 22, 66
安東電気 ……………………………… 131, 136
安東電業 ……………………………… 306, 491
安奉鉱業 ……………………… 620, 621, 628
石崎商店 ………………………………… 66
一面坡電灯 ……………………………… 29
出光商会 ……………………………… 226, 228
猪苗代水力電気 ………………………… 189
依蘭電業 ……………………………… 553, 564
岩城硝子 ……………………………… 348, 364
宇佐美毛織 …………………………… 469, 470
内田汽船 ……………………… 213, 214, 220
内田工業 ………………………………… 49
内田商事 ………………………………… 49
内田洋行 ………………………………… 45, 49
宇部礦業 ………………………………… 589
浦塩運輸 ………………………………… 205
運輸通信省 …………………… 221, 380, 396

永安建物 ……………………………… 353
営蓋塩業 ……………………………… 547
瀛華洋行 ……………………………… 21, 26
営口水道電気・営口水道交通・営口水道 …… 3, 21,
　　64, 72, 74, 114, 115, 117, 120, 124-128, 131, 132,
　　136, 157, 172, 174, 176, 182, 197, 243, 244, 249,
　　270, 271, 288, 309, 312, 347, 372, 386, 491, 554
営口石油販売 ………………………… 395
営口倉庫汽船 ………………………… 211
営口電気 ……………………………… 131
営口取引所信託 …………………… 176, 222, 224
営口煉瓦製造所 ……………………… 395
営城子炭礦 ………………… 316, 320, 325, 613
江ノ島電気鉄道 ……………………… 112
延吉電業 …………………………… 306, 553-555
塩水港製糖 ……………………… 141, 144, 420, 444
延和金鉱 …………………………… 87, 493, 568
王子製紙 ………… 74, 142, 175, 220, 246, 272, 277,
　　340, 494, 592
鴨北鉄道 ………………………… 514, 522, 557
鴨緑江運輸 …………………………… 557
鴨緑江（日清合同）採木公司 …… 24, 25, 490, 510
鴨緑江製材 …………………………… 24
鴨緑江製紙 ………………………… 35, 592
鴨緑江輪船 …………………………… 557
大分合同銀行 ………………………… 414
大川合名 ……………………………… 209
大倉組 ………… 17, 23, 24, 64, 74, 75, 85, 123, 209,
　　210, 233, 262, 272, 305, 340, 377, 412, 467, 488,
　　492-494, 496, 511, 569, 603, 645, 660
大倉鉱業 ……………………… 492, 643, 645, 660
大倉事業 ……………………………… 91
大倉商事 …………………………… 210, 226
大蔵省 ……… 8, 76, 107, 108, 110, 111, 146, 164, 165,
　　188, 197, 200, 216, 229, 233, 297, 302, 331, 351,
　　358, 361, 363, 367, 379, 403, 422, 427, 432, 437,
　　438, 439, 481, 489, 497, 508, 513, 524, 526, 556,
　　558, 559, 586, 588, 594, 624, 631, 634, 635, 653,
　　657, 668, 672, 676, 680
大倉土木 …………………………… 45, 210
大阪アルカリ肥料 …………………… 589
大阪高等工業学校 …………………… 628
大阪商業学校 ………………………… 593
大阪商船 …………… 23, 135, 205, 207, 238, 257, 374, 557
大阪書籍 ……………………………… 498
大阪製鉄 ……………………………… 285
大阪鉄工所 …………………………… 590

大阪野村銀行 ……………………… 245, 248
大阪変圧器 …………………………… 621
大阪紡毛商事 ………………………… 470
大阪毎日新聞社 …………………… 130, 214
大橋本店 ………………………… 141, 237, 241
大林組 ………………………………… 45
大矢組 …………………………… 662, 665
岡崎紡績 ……………………………… 468
沖ノ山炭礦 …………………………… 304
小倉石油 ………………………… 297, 487
小野田セメント製造 …………… 304, 616
小布施合資 …………………………… 634
小布施商店 …………………………… 634

カ行

海外事業戦後対策中央協議会 ……… 670
海軍省 …………………………… 193, 487
開原市場 ………………………… 150, 226
開原取引所信託 ………… 64, 121, 147, 266, 293
貝島合名 ……………………………… 585
貝島炭礦 ……………………… 631, 652
海城金鉱 ……………………… 546, 575
海城電灯 ……………………… 243, 248
開拓長途鉄軌汽車公司 ……… 490, 524, 558
開平鉱務・開平鉱務局 ……… 176, 190
蓋平電業 ……………………………… 554
開豊鉄路 ……………………………… 524
外務省 ……… 25, 107, 109, 110, 114, 115, 165,
　　221, 225, 256, 288, 331, 410
開灤炭礦鉱務総局 ………………… 176
海林木材 ……………………………… 444
化学塩業 ………………………… 494, 512
科学技術庁 …………………………… 625
閣議 …………………… 111, 164, 586, 591
鶴岡煤炭・鶴岡炭礦 …… 29, 97, 99, 313, 314, 631,
　　639, 642, 644, 646, 650, 652
学習院 ………………………………… 284
鹿島組 ………………………………… 45
加州中央農会 ………………………… 240
華商証券信託 ………………………… 69
片倉組 ………………………………… 325
片倉製糸紡績 …………… 247, 248, 315, 613
勝栄石綿工業 ………………………… 416
樺甸電業 ……………………… 554, 564
金丸醬油 ……………………………… 547
鐘淵実業 ……………………………… 277
鐘淵紡績 …………… 145, 187, 341, 467

索　引　705

兼松商店 …………………………………… 467
瓦房店銀行 ………………………………… 229
瓦房店電灯 …………… 120, 127, 133, 178, 553, 555
華北運輸 …………………………………… 374
華北交通 …………… 15, 203, 291, 344, 346, 349, 352,
　　　356, 362, 373, 379, 380, 382, 385, 387, 390, 394,
　　　399, 511, 559, 674
華北車輛 ……………………………… 77, 510
華北政務委員会 …………………………… 557
華北石炭販売 ……………………………… 513
華北電影 …………………………………… 546
華北電業 …………………………………… 554
華北電信電話 ……………………………… 508
華北電政総務局 …………………………… 508
釜石製鉄 ……………………………… 262, 263
樺太開発 ……………………………… 364, 593
樺太汽船 ……………………………… 584, 591
樺太人造石油 ……………………………… 145
樺太庁 ………………………………… 361, 453
樺太ツンドラ工業 …………………… 528, 560
カリフォルニア大学 ……………………… 240
川崎車輛 ……………………………… 296, 597
川崎造船所 ………………………… 192, 193, 201
川島屋商店 ………………………………… 635
川南工業 …………………………………… 654
関西大学 ……………………………… 188, 652
関東火柴 …………………………………… 39
関東局 ……… 56, 58, 81, 256, 303, 338, 346, 367, 495,
　　　512, 580, 679
関東軍 ………… 1, 4, 8, 14, 28, 32, 37, 47, 80, 102, 110,
　　　111, 140, 163, 189, 207, 240, 251, 253, 256, 266,
　　　268, 270, 272, 285, 295, 296, 298, 299, 301-303,
　　　306, 308, 320, 321, 323, 326, 327, 348, 366, 367,
　　　385, 420, 427, 460, 466, 467, 485-487, 492, 493,
　　　495, 496, 498, 507, 512, 529-531, 559, 579, 580,
　　　586, 588, 594, 629, 634, 656, 659, 662
間島鉱業 ……………………………… 546, 575
関東州小野田セメント …………………… 35
関東州加里工業 …………………………… 512
関東州機帆船運航統制 …………………… 394
関東州興亜奉公連盟 ……………………… 557
関東州興業 …………………………… 389, 398
関東州工業土地 ……… 146, 287, 346, 362, 379, 444
関東州青果配給統制 ……………………… 395
関東州船舶運営会 ………………………… 394
関東州度量衡組合 ………………………… 489
関東州貿易実業振興 ……………………… 349

間島石油販売 ……………………………… 395
関東タンカー ……………………… 509, 546, 563
関東庁 ……… 3, 7, 22, 56, 58, 59, 62, 78, 106, 111, 143,
　　　148, 151, 156, 157, 160, 164, 165, 175, 177, 199,
　　　208, 209, 222-224, 229, 243, 245, 246, 250, 256,
　　　266, 361, 416, 421-424, 434, 454, 486, 508, 559,
　　　676, 680
関東都督府 ……………… 4 7, 22, 23, 56-59, 64, 106, 110,
　　　111, 114, 115, 121-124, 131-134, 136, 140, 141,
　　　144, 147, 148, 150, 151, 153, 154, 157, 192, 208,
　　　227, 323, 347, 676, 680
関東配電 …………………………………… 638
官屯鉱業 ……………………………… 129, 575
漢冶萍煤鉄廠礦 …………………………… 129
岸本共同 …………………………………… 210
岸本商店 …………………………………… 285
汽車製造 …………………………………… 389
技術研究動員本部 ………………………… 212
義済会 ………………………………… 582, 630
宜川電気 …………………………………… 246
貴族院 …………… 111, 112, 139, 145, 161, 187, 188, 189,
　　　203, 221, 255, 284, 487, 591
北川電気工務所 ……………………… 245, 248
北支那開発 ………… 203, 342, 343, 346, 348, 355, 360,
　　　361, 374, 375, 393, 399, 507, 513, 588, 644, 655
北支那青果 ………………………………… 84
北支那方面軍（寺内部隊） ……………… 465
北日本汽船 ………………………………… 374
北満洲金鉱 ………………………………… 138
吉林永衡官銀銭号 ………………… 483, 491, 503
吉林金華火柴 ……………………………… 29
吉林興業土木公司 ………………………… 235
吉林交通 …………………………………… 372
吉林実業煙草店 …………………………… 417
吉林衆志火柴 ……………………………… 29
吉林人造石油 ……… 90, 94, 95, 101, 386, 397,
　　　527, 529, 532, 559, 566, 571, 578, 613, 651, 660
吉林石油販売 ……………………………… 395
吉林倉庫金融 ……………………… 175, 178, 204, 207
吉林中央卸売市場 ………………… 343, 348, 361
吉林鉄道 …………………………… 527, 529, 560, 571
吉林批発市場 ……………………………… 361
吉林貿易公司 ……………………………… 152
吉林燐寸 ………………………………… 35, 152
木津川製作所 ……………………………… 591
冀東電業 …………………………………… 375
岐阜セメント ……………………………… 616, 627

九州製鉄	285
九州鉄道	112, 189
教育銀行	144
共栄起業	75, 272, 301, 340, 360, 494
協済公司	247
共同火災保険	627
共同漁業	288, 585, 623
京都帝国大学	202, 396, 512, 513, 559, 625, 627
京都法政学校	290
共立汽船	202
協和鉱業	509
協和建物	232, 320, 352
協和鉄山	91, 191, 287, 522, 527, 560, 603, 604
旭華鉱業公司	316
極東企業公司	272, 316
金瓜石鉱山	592
錦州市場	273, 287, 348
錦州省興農合作社聯合会	525
錦州石油販売	395
錦西鉄道	620, 628
金福鉄路公司	76, 177, 209, 210, 212
金融合作社聯合会	480, 508
葛原冷蔵	216, 220, 247
久原鉱業	221, 286, 583, 584, 585, 587, 590, 591, 593, 602, 625-629
久原商事	286
呉羽紡績	277
黒崎窯業	651
軍需省	362
慶応義塾	146, 188
渓城炭礦	94, 638
渓城鉄路公所	122, 124, 125, 172, 177, 278
経済企画庁・経済審議庁	625
啓東煙草	34, 35, 40, 525
元山海水浴	175, 239, 242, 337
憲政会	163
興亜醸造	231
興亜食料工業	144
興亜製作所	436
興亜窯業	97
江界水力電気	453
興業銀行	361
鴻業公司	409, 412, 435, 444, 474, 475, 676
甲子不動産	414
公主嶺電灯	122, 134, 178, 243, 306
公主嶺取引所信託	124, 126, 148, 266, 293
厚生省	596
興中公司	88, 203, 270, 288, 291, 312, 316, 325, 339, 343, 356, 361, 375, 376, 399, 593, 644, 655
合同運送	206
合同漁業	589
合同毛織	426
合同酒精	389, 398
合同煙草	325
合同肥料・合同土地	590, 592, 623
合同不動産	414
合同油脂	584, 593, 622
康徳華パルプ	35, 277
興徳銀行	347, 351, 363, 541, 575
康徳毛織	460
康徳鉱山	498
康徳産業	386
康徳新聞社	382, 396, 568
康徳製紙	345, 362, 526
康徳鉄山	522, 528, 604
康徳図書印刷所	498
康徳不動産	241
鴻池合名	209
興農合作社中央会	240
工部省	189
工部大学校	189
神戸高等商業学校	155, 190, 191, 287, 397, 557, 593, 627
神戸製鋼所	528, 560
神戸又新日報	396
興北毛皮革	547
光明洋行	23, 26
光和商会	191
国際運送	138, 174, 178, 204-207, 379
国際運輸	42, 44, 74, 76, 138, 178, 183, 204, 206-208, 211, 249, 265, 278, 279, 293, 312, 319, 326, 338, 339, 349, 352, 356, 369, 370, 374, 377, 379, 384, 385, 387, 390, 392, 394, 399, 571, 578, 680
国際運輸組	312
国際航空	296
国際信託	422
国際通運	206
国際通信・国際通信社	169, 238, 239, 242
国際連盟	255
国産工業	585, 597, 604
国産精機	590
克山電業	306
国民政府行政院	661

索引 707

――――政部 ……………………… 465, 664, 671
――――経済部 ………… 660, 661, 664, 666, 671
――――工商部 ……………………………… 671
――――国防部 ……………………………… 672
――――財政部 ……………………………… 671
――――資源委員会 …………………… 660, 661
――――司法行政部 ………………………… 671
――――収復全国性事業接収委員会 ……… 661
――――敵偽産業処理局 …………………… 661
――――敵偽産業審議委員会 ……………… 661
――――東北敵偽事業資産統一接収委員会 ‥ 661
――――農林部 ……………………………… 671
――――糧食部 ……………………………… 665
黒龍江省官銀号 ……………… 483, 491, 503
黒龍江民報社 …………………… 545, 566
小松製作所 ………………………………… 221
呼蘭製糖公司 ……………………………… 141
琿春炭礦 ………… 91, 613, 614, 627, 640, 646, 650

サ行

在安東領事館 ……………………………… 21
在営口領事館 ……………………………… 21
在延吉領事館 ……………………………… 21
在外関係閉鎖機関特殊清算人事務所 ……… 668
在開原領事館 ……………………………… 147
才賀電機商会 …………………… 132, 136, 244
在間島領事館 ……………………………… 21
在吉林領事館 ……………………………… 21
在牛荘領事館 ……………………………… 21
在琿春領事館 ……………………………… 21
在上海総領事館 ………………………… 21, 39
在青島総領事館 …………………………… 190
在斉斉哈爾領事館 ………………………… 21
在長春領事館 ………………………… 21, 148
在鉄嶺領事館 ……………………………… 21
在天津総領事館 …………………………… 21
在哈爾濱領事館 …………………………… 225
在北京公使館 ……………………………… 225
在奉天(総)領事館 ………… 21, 150, 225, 337
在満洲国日本大使館 … 266, 303, 379, 486, 495, 512
在遼陽領事館 ……………………………… 21
斉魯電業 …………………………………… 375
酒井繊維工業 ………………… 277, 278, 501, 520
察南自治政府 ……………………………… 466
札幌農学校 …………………………… 145, 284
札免採木公司 ………………… 24, 25, 190, 278, 346
礼賚炭礦 …………………………… 605, 640

佐藤商会 …………………………………… 26
晒粉販売 …………………………… 494, 495, 512
山海関電灯 ………………………… 270, 271, 554
参議院 ……………………………… 202, 591
三共 ………………………………… 567, 624
三十四銀行 ………………………………… 137
杉松崗炭礦 …………………………… 613, 651
山西産業 ……………………………… 189, 625
三星洋行 ……………………………………… 23
三泰油房 ………………… 21, 23, 26, 63, 64
山東興業 …………………………………… 84
山東鉱業 ……………… 174, 274, 316, 393, 562
山陽パルプ ………………………………… 362
シェフシェンコ商会 ……………………… 173
塩野義製薬 …………………………… 386, 567
塩野義薬品 ………………………………… 664
七十四銀行 …………………………… 423, 426
自動車工業 …………………………… 584, 597, 600
自動車製造 …………………… 296, 584, 597
四平街交通 ………………………………… 373
四平街電灯 ……… 30, 39, 123, 134, 178, 243, 306
四平街取引所信託 ……… 148, 168, 169, 222, 266, 293
四平石油販売 ………………………… 395, 399
島谷汽船 ………………………………… 374
清水組 ……………………………………… 45
ジャクソン大学 …………………………… 624
佳木斯石油販売 …………………………… 395
上海市家紡織廠業同業会 ………………… 466
上海取引所 …………………………… 225, 421
衆議院 ……… 109, 112, 130, 144, 145, 187, 189, 192,
  202, 220, 221, 231, 255, 556, 583, 593, 625
臭水土地建物・周水土地建物 ………… 69, 146
秋林 ………………………………………… 460
昭和酒精公司 ………………………… 409, 430
昌光硝子 ……… 177, 195, 201, 273, 293, 298, 321,
  346, 362
松江銀行 …………………………… 228, 415
商工省 ……… 32, 39, 216, 302, 338, 362, 492, 496,
  512, 586, 594, 653
昭徳鉱業 ……………………………… 546, 575
承徳石油販売 ……………………………… 395
昭徳建物 ……… 191, 268, 287, 316, 344, 360, 562
昌龍汽船 …………………………………… 394
正隆銀行 …… 22, 26, 63, 64, 68, 70, 72, 74, 75, 177,
  228, 230, 432, 433, 497, 542
昌隆電灯 …………………………………… 29
昭和硫黄鉱業 ……………………………… 489

昭和製鋼所 ………16, 34, 84, 85, 90, 94, 95, 99, 102, 139, 180-183, 198, 203, 249, 250, 257, 263, 264, 266, 269, 270, 275, 278, 279, 286-288, 293, 301, 319, 326, 339, 340, 345, 349, 351, 352, 355-357, 367, 368, 379, 382, 385, 386, 387, 390, 486, 567, 569, 589, 594, 597, 604, 605, 609, 611, 612, 625, 631, 638, 640-643, 646-648, 651, 652, 661, 673
昭和製鉄 ……………………………………… 489
昭和石炭 ……………………………………… 513
昭和曹達 …………………………………… 495, 512
昭和電極 ……………………………………… 616
昭和電工 …………………………………… 321, 640
如水会 ………………………………………… 284
舒蘭炭礦 ……… 91, 320, 527, 529, 559, 571, 613, 639, 650, 654, 655
白河艀船 ……………………………… 144, 312, 378
新義州電気 …………………………… 246, 249, 306, 554
新京運送 ……………………………………… 357
新京運輸 ……………………………………… 375
新京(官営)取引所信託 …………… 264, 291, 338, 351
新京交通 …………………………… 372, 373, 377, 394
新京市場 ……………………………… 291, 316, 343
新京食糧品貯蔵 …………………………… 529, 561, 623
新京商工会議所 ……………………………… 361
新京石油販売 ………………………………… 395
新京倉庫運輸 ………………………………… 155
新京特別市中央卸売市場 ……………… 343, 348
新京屠宰 ………………………………… 273, 337
振興鉄鉱 …………………… 121, 130, 198, 264, 286
新興鉄道 ……………………………………… 557
牲牲火柴 ……………………………………… 39
神桟汽船 …………………………………… 68, 72
晋北自治政府 ………………………………… 466
瀋陽商業銀行 …………………………… 511, 575
瀋陽馬車鉄道 …………………………………… 24
進和商会・進和鉄商会 ………………… 69, 77, 388
綏遠毛織廠 …………………………………… 466
瑞祥号 ………………………………………… 416
綏中電灯 ………………………………… 270, 271
瑞豊鉄道 ……………………………………… 557
スウェーデン燐寸 …………………………… 178
鈴木商店 ………… 141, 175, 226, 227, 228, 305, 455
スタンダード油脂 …………………………… 584
住友アルミニウム製錬 …………………… 513, 643
住友金属工業 …………………………… 389, 398
住友鉱業 …………………………… 497, 513, 642
住友合資 ……… 123, 209, 276, 295, 299, 300, 304, 322, 485, 513
住友伸銅管 …………………………………… 304
住友総本店 …………………………………… 189
住友電気工業 …………………………… 640, 642
住友本社 …………… 321, 497, 499, 600, 640, 642
西安煤礦・西安炭礦 ……… 29, 97, 313, 631, 639, 646, 650, 652, 668
盛京時報社 ……………… 238, 291, 303, 545, 563, 566
西鮮合同電気 …………………………… 554, 564
西鮮殖産鉄道 ………………………………… 174
精炭工業 …………………… 605, 631, 639, 646, 649, 652
青島交通 ……………………………………… 373
青島埠頭 ………………………………… 342, 355, 374
聖徳会 ………………………………………… 434
西豊電業 ……………………………………… 554
生保証券 ……………………………………… 653
生命保険協会 ………………………………… 496
清和公司 ……………… 3, 106, 114, 115, 117, 131, 133, 136
石炭庁 ………………………………………… 139
石油資源開発 …………………………… 509, 591
前郭旗電業 …………………………………… 554
全国購買組合聯合会 ………………………… 526
戦時金融金庫 …………………………… 384, 397
銑鉄協同組合 ………………………………… 263
銑鉄共同販売 ………………… 191, 257, 263, 285, 340, 359
船舶運営会 …………………………………… 394
船舶無線電信電話 …………………………… 394
鮮満拓殖 ……… 35, 242, 274, 300, 301, 322, 341, 353, 432, 444, 474, 524, 534
千村商店 ……………………………………… 489
曹達晒粉同業会 ………………………… 495, 512

タ行

大安汽船 …………………………… 80, 490, 517
大安生命保険 ………………………………… 137
第一生命保険 …………………………… 496, 521, 608
第一製薬 ………………………………… 386, 568
大英煙公司 …………………………………… 143
大華火油 ……………………………………… 546
大華鉱業 ………………………………… 287, 557, 603
大華電気冶金公司 ………………………… 123, 287
大興公司 ……… 28, 38, 80, 172, 338, 483, 506, 517, 540, 556, 575, 578
大興煤礦 …………………… 172, 181, 212-214, 275, 289
第三高等中学校 ……………………………… 188
大正海上火災保険 …………………………… 227, 294,
大正信託 ……………………………………… 69

索引　709

大信洋行 …………………………………… 69, 77
大石橋電灯 ……… 122, 125, 127, 133, 138, 178, 243,
　　244, 553, 554, 555
大東亜省 ……………………… 378, 379, 449, 453
大同運輸 ……………………………………… 312
大同産業 ……………………………………… 546
大同酒精 ………………… 34, 430, 435, 443, 474
泰東製作所 ………………………………… 528, 560
泰東煙草 ……………………………………… 559
大同炭礦 ………… 291, 348, 349, 364, 386, 399, 674
大同電気 ………………………………… 553-555
泰東日報社 ……………………………… 323, 545
大東文化大学 ………………………………… 202
大同報社 ………………………………… 544, 545
泰東洋行 ……………………………………… 560
大同洋灰 ………………………………… 35, 620
大同燐寸 ……………………………………… 590
大徳不動産 ……………………………… 80, 517, 556
大日本塩業 ………………………… 23, 302, 495, 512
大日本山林会 …………………………… 494, 511
大日本証券投資 ……………………………… 653
大日本人造肥料 ……………………… 585, 590-593
大日本製糖 ……………………………… 592, 593
大日本製薬 ……………………………… 386, 567
大日本セルロイド ……………………… 532, 547, 562
大日本麦酒 …………………………………… 415
大日本紡績 ……………………………… 421, 501
大日本木材防腐 ………………………… 494, 511
太平洋生命保険 ………………………… 593, 623, 629
太平洋石油 …………………………………… 509
大満採金・大満採金公司 ………… 267, 305, 498,
　　528, 560
対満事務局 ……………………… 256, 263, 342, 367, 378
大蒙公司 ………………………… 45, 50, 467, 473
大洋汽船 ……………………………………… 66
太陽生命保険 ………………………………… 521
大陸科学院 ……………………………… 285, 559
大陸化学工業 ………………………………… 641
大陸製粉 ………………………………… 130, 153
大陸窯業 ………………………………… 69, 416
大連内田 ……………………………………… 49
大連運送 ……………………………………… 394
大連火災海上保険 ……… 43, 44, 146, 173, 228, 232,
　　293, 294, 319, 337, 338, 346, 352
大連株式商品取引所 …………… 72, 225, 265, 486
大連機械製作所 ……………… 68, 77, 94, 489, 560
大連北川工務所 ……………………………… 245
大連銀行 ……………………………… 64, 72, 237
大連建材 ………………………………… 235, 240
大連郊外土地 …………………………… 70, 144, 542
大連工業 ……… 77, 123, 140, 172, 179, 180, 293-295,
　　352, 388, 562, 673
大連自動車 …………………………………… 239
大連信託 ………………………………… 23, 26
大連新聞社 …………………………………… 270
大連聖徳会 …………………………………… 434
大連製油 ………… 17, 140, 145, 415, 417, 425, 487
大連船渠鉄工 ……… 312, 339, 346, 359, 379, 390,
　　392, 668
大連貯蓄銀行 ………………………………… 64
大連東和汽船 ………………………………… 64, 68
大連都市交通 ……… 15, 275, 312, 325, 349, 352,
　　371-373, 379, 385, 387, 390, 392, 394, 680
大連土地家屋 ………………………………… 64
大連取引所重要物産取引人組合 …………… 509
大連取引所信託 …………… 64, 72, 74, 75, 144, 542
大連取引所銭鈔信託 …………………… 146, 265
大連農事 ……… 76, 180, 234, 240, 257, 290, 345,
　　349, 395
大連農薬 ………………………………… 623, 629
大連皮革 ……………………………………… 78
大連ベンジン工業 …………………………… 125
大連燐寸 ………………………………… 153, 178
大連油脂工業 ……… 35, 69, 122, 125, 139, 140, 144,
　　157, 172, 182, 257, 264, 285, 305, 339, 341, 360,
　　399, 417, 425, 622, 629, 673
大連窯業 ……………………… 102, 177, 179, 191, 195
台湾化学工業 ………………………………… 590
台湾鉱業 ………………………………… 590, 592, 625
台湾製糖 ………………………………… 143, 406
台湾繊維工業 ………………………………… 501
台湾総督府 ……………………… 108, 111, 188, 202
台湾拓殖 ……………………………… 288, 351, 375, 377
高岡組 ………………………………………… 665
高島屋飯田 …………………………………… 385
多木製肥所 ……………………………… 590, 592
拓殖局 ………………………… 111, 164, 196, 200, 410
拓殖事務局 ……………………………… 164, 201, 403
拓務省 ……… 8, 164, 165, 234, 256, 302, 305, 342,
　　378, 403, 409, 424, 436, 437, 439, 448, 455, 460-
　　461, 465, 467, 471, 499, 559, 676, 680
武田薬品工業 …………………………… 386, 567
竹中工務店 …………………………………… 45
ダット自動車製造 …………………………… 626

田中汽船 …………………………… 64
田中毛糸 …………………………… 455
田中合資 …………………………… 64
田辺製薬 …………………………… 386, 567
玉塚商店 …………………………… 635
塘沽運輸公司 ………………… 319, 376, 394, 398
ヂーゼル自動車工業 ……………… 600
筑豊鉄道 …………………………… 189
斉斉哈爾石油販売 ………………… 395
秩父鉱業 …………………………… 269
中央火災傷害保険 ………………… 585
中央信託局 ………………………… 661
中央土木 ……………… 585, 587, 590, 602, 605, 626
中華煙公司 ………………………… 225
中華製粉 …………………………… 72
中華煙草 ………………………… 143, 225, 231
中華電影 …………………………… 546
中華葉煙草 ………………………… 219
中華紡織 …………………………… 217
中華民国交通部 …………………… 235
中華民国臨時政府 ………………… 377
中国共産党 …………………… 285, 659, 661, 671
中国興業 …………………………… 117
中国聯合準備銀行 …………… 95, 378, 385
中東海林実業公司・中東海林採木 …… 29, 409,
　410, 411, 430, 444, 489, 490, 499, 510, 556
中日実業 ………… 117, 120, 129, 213, 221, 235, 240,
　386, 421
中立銀行 …………………………… 137
長春運輸 …………………… 123, 135, 138, 207
長春銀行 …………………………… 149, 155
長春市場 …………………… 123, 149, 155, 226
長春倉庫 …………………………… 149, 155
長春特産物信託 …………………… 223, 230
長春取引所信託 ……… 64, 122, 148, 154, 222, 223, 264
長春松茂洋行 …………………… 135, 138
長城金鉱 …………………………… 621
長津江水電 …………………… 439, 500, 522, 534, 557
朝鮮運送 …………………………… 208
朝鮮鴨緑江航運 …………………… 557
朝鮮鴨緑江水力発電 ………… 35, 40, 439, 451, 500,
　514, 517, 525, 530, 532, 534, 535, 538, 557, 566,
　568, 574, 576, 578
朝鮮銀行 ………… 2, 37, 54, 129, 164, 165, 229, 238,
　300, 308, 387, 401, 403, 414, 427, 432, 461, 485,
　497, 508, 542, 556, 667
朝鮮金属統制会 …………………… 513
朝鮮計器 …………………………… 489, 510
朝鮮軽便鉄道 ……………………… 135
朝鮮毛織 …………………………… 471
朝鮮産業鉄道 ……………………… 175
朝鮮殖産 …………………………… 137
朝鮮殖産銀行 ……………………… 300
朝鮮人造石油 ……………………… 529, 557
朝鮮森林鉄道 ……………………… 174
朝鮮製缶 …………………………… 654
朝鮮製糖 …………………………… 593
朝鮮製粉 …………………………… 130, 153
朝鮮石炭工業 ……………………… 527, 557
朝鮮送電 …………………… 439, 500, 576
朝鮮総督府 ……… 109, 164, 175, 201, 274, 285, 297,
　342, 403, 427, 439, 444, 451, 470, 489, 559
朝鮮中央鉄道 …………… 125, 135, 174, 175
朝鮮鉄道 …………………… 109, 129, 175, 293
朝鮮電気興業 ……………………… 564
朝鮮電業 ……………… 450-452, 474, 557, 576
朝鮮都市経営 ……………………… 409
朝鮮農産工業 ……………………… 510
朝鮮郵船 …………………………… 374
朝鮮油脂 …………………………… 528
朝鮮糧穀製造 ……………………… 510
千代田編物 ………………………… 470
千代田生命保険 …………………… 496
通化石油販売 ……………………… 395
鄭家屯電業 ………………………… 553-555
帝国議会 …………………… 17, 214, 252
帝国人造肥料 ……………………… 269, 287
帝国製糖 …………………………… 130, 146
帝国製麻 …………………………… 470
帝国生命保険 ……………… 136, 496, 609
帝国石油 …………………… 188, 509, 591
帝国大学 …………………… 111, 112, 145, 187, 221
帝国鉄道協会 ……………………… 112
帝国鉄道庁建設部 ………………… 112, 285
帝国燃料興業 ………… 145, 345, 362, 499, 529, 560
定州電気 …………………… 246, 306, 324
逓信省 ……… 107-112, 188, 189, 285, 352, 396, 485,
　508, 596
帝都復興院 ………………………… 286
帝燃→帝国燃料興業
鉄鋼統制会 …………………… 139, 287, 379
鉄道院 ……… 109-113, 189, 191, 203, 212, 285, 286,
　288, 380, 396, 511
鉄道省 ……… 8, 164, 165, 173, 197, 200, 206, 288,

索引 711

331, 380, 396, 676
鉄道庁 …………………………… 112, 189, 285
鉄嶺銀行 ……………………………………… 22
鉄嶺商品陳列館 ………………… 124, 150, 177
鉄嶺取引所信託 ………………… 125, 148, 224
鉄嶺電灯局 …… 117, 120, 131, 132, 133, 157, 178, 243
電源開発 …………………………… 202, 625
天津交通 …………………………… 373, 377
天津電業 …………………………… 319, 325
天津艀船運輸 ……………………… 394, 398
東亜運送 …………………………… 174, 204, 205
東亜勧業 ……… 74, 76, 172-174, 176-180, 182, 183, 191, 215, 216, 233, 234, 239, 240, 242, 246-248, 250, 274, 289, 300, 342, 405, 408, 409, 412, 474, 675
東亜研究所 ………………………………… 212
東亜興業 ……………………… 123, 130, 197
東亜鉱業 ……………………………………… 464
東亜鉱山 ……………………… 287, 498, 514
東亜蚕糸組合 ……………………… 247, 325
東亜証券商品 ……………………… 217, 223
東亜生果 …………………………………… 395
東亜製靴 …………………………………… 664
東亜繊維工業 ……………………………… 466
東亜拓殖工業・東亜拓殖澱粉 ………… 145
東亜煙草 …… 34, 42, 44, 91, 93, 178, 219, 406, 407, 414, 525
東亜電力 …………………………………… 271
東亜同文書院 …………… 290, 323, 362, 511
東亜土木企業 …… 45, 72, 76, 125, 144, 169, 189, 208, 235, 236, 272, 287, 293, 316, 337, 370, 377, 379, 392, 409
東亜紡織 ………………………………… 470
東亜莫大小 ……………………………… 664
登瀛閣 …………………………………… 179
東海曹達 ………………………… 494, 512
東華銀行 ………………………… 229, 232
東株代行 ………………………………… 634
統監府 …………………………………… 201
東京朝日新聞社 ………………………… 145
東京音楽学校 …………………………… 290
東京外国語学校 ………………… 220, 509, 626
東京海上火災保険 …… 227, 228, 294, 338, 346
東京火災保険 …………………………… 338
東京瓦斯電気工業 ……………… 296, 597
東京株式取引所 ……… 217, 221, 367, 583, 653
東京繭毛工業 …………………………… 468

東京高等工業学校 ……………… 287, 426, 627
東京高等商業学校 ………… 112, 144, 146, 154, 202, 211, 284, 286, 288, 361, 365, 509, 510, 626
東京自動車工業 …………………… 597, 600
東京商業会議所 ………………………… 141
東京商業学校 …………………………… 284
東京書籍 …………………………… 498, 513
東京大学理学部 ………………………… 112
東京建物 ……………… 68, 236, 237, 241
東京地下鉄 ……………………………… 112
東京帝国大学 ……… 113, 136-138, 145, 188, 201-203, 211, 220, 221, 231, 239, 242, 255, 284, 286-288, 320, 321, 331, 358, 361-363, 379, 380, 396, 436, 508, 509, 511-515, 556-559
東京電灯 …………………………… 197, 591
東京毎日新聞社 ………………………… 240
東興石綿礦業 …………………………… 651
湯崗子温泉 …… 125, 152, 155, 200, 201, 216, 293, 337
東山鉱山公司 ……………………………… 25
東三省官銀号 …………… 218, 483, 491, 503
同志社 …………………………… 130, 145
東省実業 …… 69, 72, 74, 76, 140, 146, 213, 231, 402, 405, 408, 412, 413, 415-417, 420, 421, 425, 433, 435, 437, 445, 450, 461, 474, 475, 675
同仁会 …………………………………… 284
東拓土地建物 …………… 444, 450, 474, 475
東辺道開発 …… 16, 90, 95, 99, 287, 387, 569, 602, 606, 607, 613, 627, 631, 638, 640, 641, 645, 646, 648, 651, 654
東方通信社 ……………………………… 242
東邦輸出紡毛織物 ……………………… 468
東北帝国大学 …………………… 240, 558
東北鉄山 ………………………………… 191
東北鉄道 ………………………………… 189
東満殖産 ………………………… 547, 575
東棉紡織 ………………………………… 91
東蒙貿易 ………………………………… 460
東洋アルミニウム ……………………… 514
東洋鉱機 ………………………………… 643
東洋製缶 ……………………………… 595, 625
東洋製紙工業 …………………… 385, 397, 515
東洋製織 ………………………………… 468
東洋製鉄 ……………………… 188, 583, 629
東洋生命保険 …………………………… 496
東洋タイヤ工業 ………………………… 91
東洋炭礦 …… 172, 174, 177, 179, 202, 213, 214, 219, 250

東洋畜産興業 ····················· 415, 416, 425
東洋窒素工業 ············· 218, 304, 350, 399
東洋パルプ ························· 35, 277, 360
東洋フェルト ································· 455
東洋紡毛工業 ································· 470
東洋冷蔵 ································ 216, 248
同和興業 ·· 325
同和自動車工業 ········· 34, 87, 266, 296, 320, 326,
　339, 367, 368, 487, 508, 510, 515, 579, 597, 603,
　605, 606, 622, 625, 651, 660, 674
満洲特産専管公司 ········ 51, 91, 191, 529, 530, 531,
　534, 560, 569
特種製紙 ···························· 345, 362, 526
徳昌商工・徳昌行 ···················· 524, 558
徳山曹達 ···························· 302, 494, 512
土佐吉野川水力電気 ························· 189
利根ボーリング ······························· 605
戸畑鋳物 ··············· 296, 583, 584, 591, 597, 597,
　600, 624, 626, 629
戸畑製鉄 ·· 583
鳥羽洋行 ·· 388
度量衡協会 ···································· 489
敦化電業 ······················· 80, 306, 552-555

ナ行

内外綿 ·· 217
内閣拓殖局 ············ 161, 164, 165, 188, 201, 403
内閣法制局 ····························· 113, 188
内国通運 ································ 204, 206
内務省 ········ 110, 113, 146, 188, 202, 221, 288, 380,
　450, 453, 462, 466, 557
長崎鉱業 ······························· 508, 655
長崎高等商業学校 ····························· 511
中支那振興 ······················· 39, 286, 342, 360
中島毛糸紡績 ································· 469
中島鉱業 ······································· 203
中野商店 ······································· 508
七尾セメント ································· 304
南昌工業 ······································· 146
南昌洋行 ································ 146, 173, 174
南票炭礦 ······························· 641, 650, 664
南武鉄道 ······································· 112
南方開発金庫 ························ 358, 379, 396
南満火工品 ···························· 350, 365, 533
南満化成工業 ································· 641
南満銀行 ······································· 237
南満鉱業 ·········· 69, 123, 129, 144, 177, 191, 220, 271,
　276, 289, 299, 344, 361, 546, 668
南満農産 ······································· 416
南洋兄弟烟草公司 ······················ 143, 219
南洋興発 ······································· 592
西満洲鉄道 ···································· 651
日陞公司 ······································· 436
日印通商 ······························ 191, 263, 285
日穀化学工業 ································· 510
日仏対満事業公司・日仏事業公司 ······ 272, 286,
　339, 345, 353
日満亜麻紡織 ······························· 38, 41
日満アルミニウム ········ 146, 299, 321, 497, 600
日満化学工業 ···························· 389, 398
日満化学製品販売 ···························· 389
日満漁業 ······························· 590, 623
日満鉱業 ························ 269, 340, 601, 617
日満商会 ······································· 153
日満商事 ··········· 14, 190, 274, 287, 301, 319, 320,
　322, 326, 340, 349, 352, 353, 355, 356, 359, 376,
　379, 386, 387, 389, 390, 392-395, 530, 535, 538,
　547, 561, 569, 574, 626, 640, 668
日満水産 ······································· 288
日満製粉 ············ 34, 37, 41, 430, 431, 442, 474
日満倉庫 ············ 180, 345, 349, 350, 356, 374, 379
日満鍛工 ······································· 643
日満鉄鋼販売 ···························· 340, 376
日満巴爾普製造・日満パルプ製造 ······ 35, 277
日満文教 ······························· 498, 513
日満紡麻 ······································· 665
日満マグネシウム ········ 34, 266, 304, 323, 338, 359
日満緬羊協会 ································· 240
日魯漁業 ································ 220, 237
日華蚕糸 ························ 247, 248, 325, 426
日華証券信託 ··································· 69
日華紡織 ······································· 187
日産 ········· 582, 589-594, 608, 609, 623, 624, 630,
　631, 634, 635, 653
日産会 ······························ 592, 630, 635
日産化学工業 ·········· 585, 587, 590, 592, 602, 604,
　605, 607, 611, 612, 622, 625, 639, 652
日産火災海上保険 ····· 585, 589, 591, 593, 623, 629
日産汽船 ···················· 584, 589, 590, 602, 626
日産懇話会 ···························· 582, 590, 592
日産自動車 ······· 584, 587, 588, 590, 597, 603, 624, 626,
　638, 639
日産生命保険 ···························· 593, 624
日産土木 ························ 593, 605, 638, 652

索引　713

日産農林工業 …… 591, 593, 604, 623, 624, 638, 639
日産木曜会 ……………………………………… 592
日清興信所 ……………………………………… 70
日清生命保険 …………………………………… 609
日清燐寸 ………………………… 35, 153, 156, 178, 294
日清豆粕製造・日清製油 ……………… 23, 26, 305
日窒→日本窒素肥料
日東硫曹 ………………………………………… 589
日本板硝子 ……………………………………… 513
日本運送 ……………………………… 174, 204, 205, 211
日本カーボン ……………………………………… 616
日本海汽船 ……………………………………… 374
日本化成工業 …………………………………… 641
日本勧業銀行 …………………………………… 111
日本協同証券 ……………………… 351, 365, 385, 397, 635
日本銀行 ………………… 37, 145, 187, 238, 242, 577, 678
日本毛織 ………………………………… 209, 277, 467
日本絹織 ………………………………………… 501
日本興業銀行 ………… 111, 123, 146, 231, 237, 497, 542, 653
日本工業倶楽部 ………………………………… 211
日本航空輸送 …………………………………… 295
日本合同鉱業 …………………………………… 191
日本合同工船 …………………………………… 585
日本産業 …… 288, 305, 331, 366, 515, 516, 581-588, 590-594, 600-602, 604, 608, 623, 624, 631, 656, 673, 675, 680
日本産業汽船 …………………………………… 584
日本産業護謨 ………………… 584, 587, 590, 591, 604, 623
日本紙器製造 …………………………………… 410
日本車輛製造 ……………………………… 296, 389, 597
日本証券投資 ……………………… 634, 635, 642, 652, 653
日本証券取引所 ………………………………… 635
日本食料工業 …………………… 530, 585, 593, 621, 622
日本書籍 ………………………………………… 498
日本新聞聯合社 ………………………………… 239
日本水産 …… 269, 288, 529, 530, 585, 587, 589, 590, 602, 604, 621, 622, 623
日本製鉄 ………………………………… 263, 340, 367, 649
日本生命保険 ……………………………… 496, 608
日本精鑛 …………………………………… 76, 179, 379
日本石油 ………………………… 188, 297, 487, 509, 521
日本セルロイド人造絹糸 ……………………… 142
日本繊維工業 …………………… 277, 290, 501, 520, 556
日本曹達 ……………………………… 299, 302, 497, 600
日本タイヤ ………………………………… 547, 563
日本鍛工 ………………………………………… 643

日本炭素工業 …………………………………… 617
日本窒素肥料 ………… 386, 439, 441, 442, 450 500, 522, 527, 528, 529, 556, 557, 560, 567 571, 576, 578, 613, 627, 654
日本電化工業 ……………………………… 497, 600
日本電気工業 …………………………………… 299
日本電報通信社 …………………………… 239, 242
日本土地証券 ……………………………… 623, 629, 635
日本農産化工 …………………………………… 509
日本貿易会 ………………………………… 211, 509
日本放送協会 ……………………………… 485, 508
日本紡毛工業組合聯合会 ……………………… 469
日本捕鯨 ………………………………………… 585
日本燐寸製造 …………………………………… 593
日本郵船 …………… 23, 136, 146, 187, 238, 257, 374, 490
日本油脂 ………… 341, 349, 528, 584, 587, 589, 590, 591, 593, 602, 605, 621-623, 635
熱河鉱業 ………………………… 620, 640, 651, 661
熱河鉱山 ………………………… 498, 499, 514, 515
熱河実業庁実業部 ……………………………… 512
熱河新報社 ……………………………………… 545
農安電業 …………………………………… 553, 554, 555
中華民国政府農商部 …………………………… 225
農商務省 ………… 188, 216, 221, 512, 562, 577, 625
農林省 ……………………………… 524, 558, 559
野田醤油 ………………………………………… 576
野村鉱業 ………………………………………… 515
野村合名 ………… 245, 248, 367, 515, 614, 639, 650
野村製鋼 ………………………………………… 515
野村生命保険 …………………………………… 515
野村東印度殖産 ………………………………… 515

ハ行

博文館 …………………………………………… 141
橋本汽船 ………………………………………… 66
長谷川製作所 ……………………………… 614, 615, 627
八王寺醸造工業 ………………………………… 231
林兼商店 ………………………………… 529, 530, 623
ハルピン・スコエ・ウレミヤ社 …… 382, 396, 545
哈爾濱印刷 ……………………………………… 416
哈爾濱銀行 ………………………………… 387, 397, 575
哈爾濱交易所 ………… 265, 340, 347, 486, 506, 509, 517, 523, 531, 540, 561
哈爾濱信託 ……………………………………… 225
哈爾濱石油販売 ………………………………… 395
哈爾濱セメント ………………………………… 509
哈爾濱倉庫 ……………………………………… 211

哈爾濱中央卸売市場 …………… 343, 348, 361, 364
哈爾濱土地建物 …………181, 287, 293, 339, 343, 344, 358, 376
哈爾濱取引所 ……………… 172, 175, 225, 231, 509
哈爾濱日日新聞社 ………… 238, 242, 274, 289, 291, 302, 318, 382, 388, 396, 434, 451, 509, 544, 564, 569
哈爾濱日本商工会議所 ………………………… 509
哈爾濱批発市場 ………………………………… 361
范家屯電気 …………… 172, 178, 243, 306, 553-555
阪神築港 ……………………… 137, 180, 293, 347
万有製薬 …………………………………… 386, 568
東吉林交通 ……………………………………… 372
東満洲産業 ………… 13, 17, 129, 613, 627, 650, 655
東満洲人絹巴爾普・東満洲人絹パルプ …… 34, 38, 42, 277, 341
東満洲鉄道 ……………………………………… 91
貔子窩銀行 ………………………………… 405, 406
貔子窩市場 ……………………………………… 226
貔子窩電灯 ……………………………… 244, 245, 248
日立製作所 ………… 16, 389, 398, 583, 587, 589, 590, 591, 597, 600, 621, 623, 664
百三十銀行 ……………………………………… 593
濱江実業銀行 ……………………………… 387, 397, 575
濱江農産信託公司 ……………………… 224, 286, 509
濱江糧食証券交易所 …………………… 224, 265, 486
藤平兄弟商会 …………………………………… 22
富錦鉱業所 ……………………………… 388, 390, 397
福井組 ………………………………………… 215
復県交通 ……………………………………… 372
福島紡績 ………………………………… 76, 217, 221
復州鉱業 …… 144, 181, 214, 215, 220, 277, 338, 562
復州粘土公司 ………………………………… 214
復州粘土窯業公司 …………………………… 215
復州湾粘土公司 ……………………………… 215
福昌華工 …………… 74, 76, 178, 236, 278, 375, 379
福大公司 ………………………………… 375, 377
富国徴兵保険 ………………………………… 608
富士瓦斯紡績 …… 74, 76, 145, 161, 187, 217, 218, 353, 420
富士機械工業 ………………………………… 663
富士製鋼 ……………………………………… 285
藤田組 ……………………………… 238, 591, 593, 628
富士綿花 ……………………………………… 664
撫順市場 ……………………………… 123, 226, 293, 386
撫順製紙 ………………………………… 345, 526
撫順製錬 ………………………………… 213, 220

撫順セメント ……… 35, 87, 267, 293, 305, 324, 361, 389, 395, 513, 562, 616, 627
撫順炭販売 ……… 173, 263, 264, 274, 285, 301, 322
阜新製作所 ……………… 614, 639, 643, 646, 650
阜新炭礦 ………… 95, 99, 102, 631, 639, 640, 642, 645, 646, 650, 652, 660, 664, 668
復興建築助成 ………………………………… 137
復興公司 ……………………………………… 25
富来洋行 ……………………………………… 68
普蘭店電灯 ……………………………… 244, 245, 248
古河鉱業 ………………………………… 211, 513
古河電気工業 …………………………… 211, 304
閉鎖機関整理委員会 ………………………… 668
ベルベット石鹸 ……………………………… 584
辺業銀行 ………………………………… 483, 503
豊国興業 ……………………………………… 156
鳳城興農合作社 ……………………………… 525
奉天運送 ……………………………………… 394
奉天化学工業 ……………………………… 72, 78
奉天金融整理委員会 ………………………… 360
奉天恵臨林火柴 ……………………………… 39
奉天工業 …………………………… 77, 388, 398, 562
奉天工業土地 ……… 87, 268, 337, 358, 492, 516
奉天交通 ……………………………… 373, 372, 377
奉天市場 ………………………………… 149, 150
奉天実業貨桟 ………………………………… 416
奉天商業銀行 ………………………………… 575
奉天商工会議所 ………………………… 191, 231
奉天商工銀行 ……………… 360, 523, 542, 575
奉天省興農合作社聯合会 …………………… 525
奉天省商工公会 ……………………………… 360
奉天商品証券交易所 …………………… 149, 155
奉天信託 ……………………………………… 415
奉天製麻 ……………………………………… 664
宝田石油 ………………………………… 161, 188
奉天石油販売 ………………………………… 395
奉天造兵所 ……… 34, 270, 288, 350, 395, 488, 493, 496, 501, 512, 533, 547, 562, 579
奉天煙草 ………………………………… 30, 39
奉天中央卸売市場 ……………… 342, 343, 347, 348
奉天儲蓄会 ……………………………… 360, 523
奉天鉄鋼工業 ………………………………… 665
奉天取引所信託・奉天取引所重要物産信託 …… 149, 172, 175, 191, 222-224, 230, 231, 271, 293, 319, 363
奉天紡紗廠 ……… 29, 34, 87, 217, 360, 490, 502, 506, 511, 562

奉天油脂工業 …………………………… 622
奉天窯業 ……………………………… 415
奉天林業銀行 …………………………… 523
奉南交通 …………………………… 347, 372
豊年製油 ……………………… 305, 523, 622
奉北交通 …………………………… 372, 373
蓬莱不動産 ……………………………… 414
北安電気 …………………………… 553, 554
北支産金 ………………………………… 375
北支電力 ………………………………… 271
北支棉花 ………………………………… 375
北清輪船 ………………………………… 134
北鮮運輸 …………………… 207, 208, 211
北鮮水力電気 …………………………… 557
北票煤礦・北票炭礦 ……… 97, 313-315, 325, 487, 631, 639, 642, 646, 650, 652, 664
北満運輸倉庫 …………………… 416, 418
北満興業 ………………………………… 450
北満産業 ………………………………… 444
北満水産開発 …………………… 388, 398
北満製糖 ………………………………… 34
北満製粉 ……………… 72, 124, 153, 156, 157, 416, 425, 673
北満製油 …………………………… 387, 397
北満セメント瓦 ………………………… 416
北満倉庫 ………………… 205, 211, 387, 397, 416
北満電気 …… 225, 231, 309, 324, 405, 407, 408, 412, 431, 474, 491
北洋政府礦政司 ………………… 121, 130
北洋灤州官礦 …………………………… 176
穆稜炭礦 ………………………………… 566
穆稜煤鉄公司 …………………… 489, 490
保険院 ………………………… 352, 555, 596
牡丹江交通 ……………………………… 372
牡丹江石油販売 ………………………… 395
牡丹江中央卸売市場 ……… 343, 348, 361
北海道人造石油 ………………… 145, 514
北海道炭礦汽船 ………………… 202, 649
北海道炭礦鉄道 ………………………… 284
北海道帝国大学 ………………………… 559
保土谷曹達 ……………………… 494, 512
ボルネオ水産 …………………………… 589
ボロヂン高田醸造 ……………………… 430
本渓湖特殊鋼 ……………… 91, 102, 621, 643
本渓湖ドロマイト工業 ……… 276, 621
本渓湖煤礦公司・本渓湖煤鉄公司 …… 15, 16, 24, 25, 34, 63, 64, 85, 90, 94, 95, 99, 102, 122, 244, 262, 263, 270, 285, 351, 387, 492-494, 501-503, 511, 533, 566, 569, 574, 603, 606, 611, 621, 625, 626, 635, 638, 641-643, 646, 648, 651, 658, 660
本渓湖洋灰 ………………………… 35, 621
香港中央書院 …………………………… 188

マ行

マーカス・サミュエル商会 …………… 145
松浦洋行 …………………………… 387, 397
松茂洋行 …………………………… 132, 135
松下電気工業 …………………………… 137
満韓塩業 ………………………………… 23
満関重要日用品統制組合 ……………… 511
満業坑木 …………………………… 640, 650
満銀→満洲中央銀行
満興銀→満洲興業銀行
満山製作所 ……………………………… 620
満洲浅野セメント ……………………… 389
満洲麻袋 …………………………… 240, 567
満洲医薬品生産 ……………… 386, 397, 577
満洲岩城硝子 …………………… 348, 364
満洲印刷 ………………………………… 137
満洲印刷工業統制組合 ………………… 513
満洲労工協会 …………………………… 570
満洲映画協会 ……… 276, 290, 350, 364, 376, 379, 500, 546, 668
満洲液体燃料 …………………………… 395
満洲塩業 …… 273, 301, 302, 316, 323, 342, 412, 431, 494, 495, 547, 563, 624, 643
満洲演芸協会 …………………… 323, 546
満洲鉛鉱 ………… 87, 269, 305, 339, 359, 601, 602, 617, 620, 628, 638, 643, 646, 651
満洲鴨緑江航運 ………………… 522, 557
満洲鴨緑江水力発電 …… 35, 439, 445, 451, 500, 514, 517, 522, 525, 529, 530, 532, 534, 535, 538, 555-557, 566, 568, 572, 574, 576, 578
満洲大倉商事 …………………………… 385
満洲大倉土木 ……………………… 45, 665
満洲大林組 ……………………………… 45
満洲小野田洋灰 ………………………… 35
満洲音盤・満洲音盤配給 ……………… 290
満洲化学工業 …… 34, 85, 88, 94, 202, 265, 267, 273, 275, 278, 279, 293, 298, 301, 302, 304, 316, 321, 323, 339, 342, 345, 346, 349, 352, 355, 356, 379, 382, 385, 395, 494, 528, 593
満洲化工 ………………………………… 622
満洲火災海上保険 ………… 44, 338, 346, 359, 363

満洲鹿島組 …………………………… 45,50
満洲瓦斯 ……………………………… 369
満洲瓦斯証券 ………………………… 370
満洲火薬工業 ………………………… 365
満洲火薬販売 …………… 270,288,315,342,350,493
満洲川島屋証券 ……………………… 46
満洲機械工業 ………………………… 638,653
満洲機械製造 ………………………… 621
満洲機器 ……………………………… 509
満洲急送貨物運輸 …………………… 42,44
満洲共同セメント …………………… 376,395
満洲（帝国）協和会 ……… 202,380,460,522,556,
   557,570
満洲金鉱 ……………………………… 640,651
満洲銀行 ……………………………… 72,228
満洲銀行協会 ………………………… 360
満洲久保田鋳鉄管 …………………… 77
満洲軍援産業 ………………………… 360
満洲計器 ………………… 488,496,524,528
満洲軽金属製造 ……… 34,90,91,99,298,299,304,
   326,367,368,376,389,497,513,515,600,606,
   615-617,625,638,640-642
満洲軽合金工業 ……………………… 643
満洲鉱機 ……………………………… 546
満洲興業 ………………………… 68,237,315
満洲鉱業 …………… 275,339,346,349,351,379,534
満洲鉱業開発 …… 87,203,270,298,305,343,344,
   361,492,515,532,534,546,566-568,571,575,
   639,661
満洲鉱業汽船 ………………………… 641,654
満洲興業銀行 ………… 2,10,53,277,324,338 351,
   361,367,427,432,437,442,461,462,482,497,
   501,503,508,513,517,520,535,541,542,546,
   550,551,555,571,572,574,578,579,633,658,
   667,676,678
満洲航空 …………… 34,263,295,296,353,483,485,
   501,508,522,534,566,568,602,663,674
満洲航空精機 ………………………… 49,664
満洲工作機械 …………… 91,385,560,638,646,663
満洲鉱山 ……………… 90,94,95,99,340,569,594,602,
   605-607,609,617,620,621,628,638,640,642,
   643,646,648,651,675,680
満洲鉱山薬 …………… 124,142,145,157,179
満洲工廠 ……………………………… 614,642,664
満洲合成燃料 ………… 276,303,320,345,499,509,
   615,639,654,660
満洲交通 ……………………………… 49

満洲弘報協会 ……… 266,274,291,302,303,318,
   319,322,323,326,340,350,364,382,396,434,
   495,496,530-532,543,545,546,564
満洲国軍政部 ………………… 528,559,560,652
——経済部 ………… 44,46,51,277,345,367,523,
   526,530,558,609
——交通部 ………… 51,296,361,524,559,600
——国都建設局 ……………………… 530,561
——国務院 ………… 32,44,48,340,385,586,604
——国務院総務庁 … 32,34,42,323,338,561,586
——財政部 ………… 121,296,486,495,512,558,
   559,594,600,624
——産業部 …… 346,367,460,559,586,594,616
——実業部 28,29,32,240,296,308,320,324,488,
   489,496,500,512,514,522,620
満洲国通信社 …… 303,323,495,531,532,545,561
満洲穀粉管理 ……… 51,509,531,534,558,561
満洲国民政部 ………………… 151,296,487,561
満洲国蒙政部 ………………………… 500
満洲小麦粉配給組合 ………………… 362
満洲採金 ………… 15,34,85,267,297,367,368,379,
   432,444,489,502,503,510,515,529,532,535,
   546,579,594,600,601,604,624,625,661,675
満洲採炭 ……………………… 213,219,220
満洲柞蚕 ………………… 91,163,464,528,560
満洲雑貨統組合 ……………………… 362
満洲蚕糸 ……………………………… 247,248
満洲資源愛護協会 …………… 463,531,569
満洲市場 …… 123,126,149,150,268,287,316,342,
   343,344,360
満洲事情案内所 ……………………… 530,545
満洲実業振興 ………………………… 349,562
満洲自動車交通 ……………………… 37,41
満洲自動車製造 …… 91,286,651,660,664,668,675
満洲清水組 …………………………… 45
満洲車輌 ……………………………… 91,389
満洲重機製造・満洲重機 ……… 286,604,621
満洲酒精工業 ………………………… 389,398
満洲商業 ……………………………… 23
満洲商業銀行 ………………………… 22,66
満洲証券取引所 …………… 155,347,363,541
満洲商工 ……………………………… 230
満洲昌光硝子 ………………………… 201,346
満洲醤油 ……………………………… 547
満洲殖産 ……………………………… 66
満洲殖産銀行 ………………… 191,223,230
満洲書籍配給 ………………………… 498

索　引

満洲人造石油 ……… 99, 386, 396, 397, 567, 571, 576
満洲新聞協会 ……………………………… 350, 364
満洲新聞社 ………………… 382, 387, 397, 544, 569
満洲進和商会 ……………………………………… 77
満洲進和釘鋲 ……………………………………… 77
満洲水産 ………………………………… 23, 26, 77, 144
満洲水産販売 …………………………………… 144
満洲住友金属工業 …………………………… 643, 664
満洲生活必需品配給・満洲生活必需品 …… 91, 343, 344, 347, 348, 360, 361, 363, 386, 509
満洲製材 ………………………………………… 450
満洲製絨所 ……………………………………… 664
満洲製鉄 ……… 16, 99, 387, 390, 397, 569, 624, 641-644, 646, 651, 657, 658, 660, 661, 663, 664, 668, 671
満洲製糖 …………………………………… 34, 146
満洲青年聯盟 …………………………………… 557
満洲製粉 …… 22, 26, 64, 68, 74, 76, 124, 130, 141, 143, 153, 156, 181
満洲製粉聯合会 ………………………… 509, 561
満洲製麻 ……………………………… 34, 146, 154, 510
満洲生命保険 …… 496, 497, 512, 517, 523, 541, 542, 579, 609
満洲石炭液化研究所 …………………………… 528
満洲石炭工業 ……………………………… 395, 640
満洲石油 …… 14, 34, 87, 188, 266, 297, 320, 486, 487, 499, 503, 509, 520, 521, 535, 542, 546
満洲セメント …………………………… 38, 42, 360
満洲繊維公社 …………………………………… 51, 569
満洲繊維聯合会 ………………… 52, 53, 511, 570, 577
満洲船渠 ………… 174, 193, 194, 249, 257, 339, 673
満洲選鉱剤 ……………………………………… 651
満洲染料 ………………………………………… 396
満洲造林 ……… 351, 388, 444, 450, 533, 562, 570, 675
満洲曹達 …… 14, 34, 273, 298, 316, 321, 339, 379, 663
満洲測機舎 ……………………………………… 49
満洲大豆化学工業 …… 191, 240, 267, 305, 349, 622
満洲大豆工業 ………………… 35, 349, 590, 621, 622
満洲大豆製品 ……………………………… 621, 622
満洲拓殖 …… 36, 85, 240, 271, 274, 276, 288, 300, 399, 494, 499, 500
満洲拓殖公社 …… 2, 31, 85, 51, 276, 290, 322 353, 353, 355, 356, 361, 399, 439, 444, 474, 499, 500, 517, 524, 527, 533, 534, 569, 572, 579, 667
満洲竹中工務店 ………………………………… 46
満洲大信洋行 …………………………………… 77
満洲煙草 ……………………………… 34, 37, 41

満洲炭礦 ……… 14, 16, 29, 31, 34, 85, 90, 91, 94, 189, 267, 270, 275, 276, 279, 296, 297, 301, 312-314, 320, 326, 339, 351, 367, 368, 376, 487, 490, 492, 493, 497, 499, 501-503, 506, 510, 513, 515, 517, 520, 521, 527, 530, 560, 579, 594, 600, 602, 604-606, 609, 611-615, 625-627, 631, 635, 638-650, 654, 655, 657, 658, 660, 667, 674
満洲炭素工業 …………………………………… 616
満洲畜産 …… 51, 91, 273, 337, 342, 353, 361, 460, 467, 500, 523, 534, 547, 569, 575
満洲畜産工業 ………… 51, 274, 353, 522, 534, 570
満洲畜産公社 ………… 51, 99, 464, 570, 575, 675
満洲中央銀行 …… 10, 15, 16, 28, 36, 37, 40, 41, 53, 54, 56, 79, 80, 84, 85, 95, 265, 296, 312, 320, 338, 345, 351, 360, 367, 376, 378, 430, 450, 453, 461, 477, 479, 482, 483, 485, 486, 490-493, 497, 501-503, 506-508, 517, 523, 525, 526, 530, 535, 540, 541, 542, 550, 552, 556, 567, 572, 574, 575, 579, 600, 609, 633, 634, 640, 657, 667, 671, 676, 678
満洲中央煙草 ……………………………… 97, 101
満洲通信機 ……………………………………… 664
満洲鉄鋼工務 …………………………… 625, 651
満洲電影総社 …………………………………… 546
満洲電気 ………………………………… 244, 245, 248
満洲電気化学工業 ………… 524, 532, 547, 555, 558, 576, 616
満洲電業 ………… 80, 85, 90, 94, 95, 97, 99, 103, 202, 267-271, 275, 279, 293, 299, 300, 307-312, 319, 324, 339, 345, 349, 351-353, 355, 356, 368, 371, 379, 380, 396, 405, 407, 431, 443, 451, 491, 492, 493, 497, 501, 507, 511, 517, 524, 525, 530, 532, 534, 540 542, 550-555, 558, 566, 568, 571 572, 574-579, 668, 673, 678
満洲電信電話 ……… 2, 79, 85, 90, 265, 286, 293, 485, 490, 495-497, 497, 499, 501, 508, 542, 668, 674
満洲東亜スレート ……………………………… 325
満洲東亜煙草 ………………………………… 91, 93, 97
満洲豆稈巴爾普・満洲豆稈パルプ …… 240, 277, 290, 338, 501, 520, 542, 562
満洲投資証券 …… 16, 94, 95, 97, 99, 101, 157, 582, 592, 593, 605-609, 624 630-632, 634, 635, 638, 642, 653, 657, 667, 676
満洲東洋紡績 …………………………………… 97
満洲特産工業 ……………………… 431, 436, 474
満洲特産中央会 …………………… 240, 499, 529
満洲特産物商組合聯合会 …………………… 362
満洲特殊製紙 ………… 345, 362, 526, 531, 569

満洲特殊鉄鉱 ………… 286, 531, 569, 605, 620, 621, 626, 628, 641, 643, 651
満洲図書 ……………………………………… 498, 513
満洲塗装 ……………………………………………… 144
満洲土地開発 …… 240, 242, 385, 516, 527, 559, 570
満洲取引所 …………………………………… 149, 155, 347
満洲取引所信託 ……………………………………… 149
満洲豚毛工業 ………………………………… 547, 576
満洲内燃機 …………………………………………… 663
満洲日日新聞社 ………… 64, 120, 125, 151, 238, 302, 303, 382, 387, 396, 397, 451, 563 564, 569
満洲日産化学工業 …………………………………… 652
満洲日産土木 ………………………………… 593, 652
満洲日報社 …… 238, 270, 274, 291, 319, 387, 396, 451, 544, 564, 569
満洲燃料鉱業 ………………………………… 621, 651
満洲農産公社 ………… 51, 287, 525, 534, 538, 558, 560, 561, 566, 568-572, 663
満洲農地開発公社 ……………………… 51, 99, 569
満洲野村証券 ………………………………………… 46
満洲麦酒 ……………………………………………… 34
満洲葉煙草 …………………………………… 525, 558
満洲巴爾普工業・満洲パルプ工業 …… 34, 38, 277, 341, 360
満洲皮革 …………………………………… 72, 78, 385, 463
満洲飛行機製造 …… 90, 99, 522, 606, 607, 624, 640, 645, 646, 663
満洲日立製作所 ……………………………………… 664
満洲評論社 …………………………………………… 557
満洲福紡 ………………………………………… 34, 76, 217
満洲藤倉工業 ………………………………………… 664
満洲不動産 ………… 235, 240, 268, 337, 343, 344, 358, 376, 379, 385, 387, 516, 562
満洲不動産信託 ……………………………………… 235
満洲刷子工業 …………………… 124, 157, 177, 416, 425
満洲変圧器 …………………………………………… 621
満洲房産 ……………… 91, 358, 442, 517, 535, 675
満洲紡績 ……… 34, 74, 182, 217, 218, 221, 250, 293, 353, 365
満洲ボーリング ……… 361, 513, 575, 605, 611, 639
満洲マグネシウム …………………………… 641, 654
満洲マグネシウム工業 …… 91, 304, 323, 513, 615, 617, 627, 641, 668
満洲燐寸 ……………………………………………… 153
満洲棉花 …… 31, 80, 146, 267, 286, 488, 510, 525, 547
満洲棉花協会 …………………… 267, 286, 488, 525
満洲綿業聯合会 ………………………… 52, 53, 561, 577

満洲木材加工 ………………………………………… 534
満洲山一証券 ………………………………………… 46
満洲油化工業 …… 34, 512, 521, 522, 531, 533, 542, 556, 660
満洲油脂 …………………………………… 341, 360, 622
満洲輸入 ………………………………… 275, 287, 349, 364
満洲輸入組合聯合会 ……………………………… 275
満洲養鶏振興 ………………………………………… 395
満洲洋灰 …………………………………………… 35, 38, 42
満洲羊毛 ………………………………………… 51, 464
満洲羊毛同業会 …………………………… 460, 464
満洲里電業 ………………………………… 553, 554, 564
満洲硫安工業 ………… 91, 321, 526, 558, 566
満洲糧穀 …………………………… 51, 91, 524, 534, 558
満洲林業 ……… 52, 88, 272, 301, 322, 340, 341, 360, 385, 388, 444, 450, 494, 499, 511, 512, 523, 525, 568, 570, 577, 675
満洲林産化学工業 …… 385, 397, 450, 464, 562, 664
満洲林産公社 ……………… 52, 99, 388, 450, 570, 675
満洲林産塗料 ………………………………… 389, 398
満洲煉瓦 ……………………………………………… 23
満鮮坑木 …… 124, 125, 152, 172, 179, 182, 287, 293
満鮮殖産電気 ……………………………… 246, 249
満鮮拓殖 ………… 2, 35, 36, 274, 301, 322, 341, 353, 360, 431, 443, 444, 500, 524, 527, 533, 558, 559
満鮮鉄工所 …………………………………………… 436
満鮮日報社 ………………………………… 545, 566
満炭→満洲炭礦
満炭鉱機 ………………………………………… 614, 650
満炭坑木 ……………………………………… 614, 640, 650
マンチュリア・デーリー・ニュース ………… 265, 266, 303, 382, 486, 493, 495, 544, 564
満電→満洲電業
満投→満洲投資証券
満日亜麻紡織 ………………………………… 34, 38, 41
満蒙化学工業 ………………………………………… 78
満蒙毛織 …… 15, 17, 34, 72, 74, 76, 98, 124, 142, 157, 223, 293, 384, 385, 402, 405, 408, 414, 420-426, 435, 445, 450, 453-455, 460-471, 474, 475, 562
満蒙毛織工業 ……………………………… 469, 470
満蒙毛織百貨店 …………………… 129, 454, 463
満蒙興業 …………………………………………… 144
満蒙証券 …………………………………… 72, 245, 248
満毛商事部 …………………………………………… 464
満蒙殖産 …………………………………… 72, 78, 509
満蒙繊維 ……………………………………………… 468
満蒙繊維化学 ……………………………………… 468

索 引　719

満蒙繊維工業 ……………………………… 69
満蒙染整 …………………………………… 463
満蒙畜産工業 ……………………………… 468
満蒙土地建物 ……………………… 72, 225, 231
満蒙日報社 ………………………………303, 545
満蒙皮革工業 ……………………………… 468
満毛被服工廠 …………………………… 463, 464
満蒙紡織 …………………………………… 217
満蒙棉花 …………………………………… 217
満蒙冷蔵 ………………… 155, 156, 173, 215, 216, 246-248, 270, 295
三重洋行 …………………………………… 23
三河毛織 …………………………………… 470
三河鉄道 ………………………………… 521, 556
三井化学工業 ……………………………… 641
三井銀行 …………………………………… 187
三井鉱山 ………………………………… 498, 499, 514
三井合名 ……………… 123, 161, 271, 274, 276, 300, 499
三井生命保険 ……………………………… 609
三井同族会 ………………………………… 187
三井物産 ……… 21, 23, 64, 112, 129, 135, 142-146, 153, 156, 161, 162, 173, 174, 176, 187, 202, 209, 226-228, 263, 265, 297, 301, 305, 387, 434, 467, 486, 487, 496, 499, 509, 533, 593, 622, 651
密山炭礦 …… 94, 95, 99, 635, 642, 645, 646, 648-650, 654
三菱海上火災保険 ………………………… 346
三菱機器 …………………………………… 664
三菱銀行 …………………………………… 238
三菱航空機 ………………………………… 304
三菱合資 ……… 123, 209, 255, 271, 274, 276, 284, 300, 499, 627
三菱社 ……………………………………… 284
三菱重工業 ……………………………… 389, 398
三菱商事 ……… 173, 174, 226, 228, 263, 265, 301, 305, 467, 487, 509, 622
三菱製紙 …………………………………… 277
三菱製鉄 ………………………………… 262, 263
三菱石油 …………………………………… 297
三菱造船 ……………………………… 214, 296, 597
南朝鮮鉄道 ………………………………… 175
南日本化学工業 …………………………… 512
南日本汽船 ………………………………… 374
南満洲瓦斯 ……… 14, 74, 75, 85, 91, 93, 177-183, 191, 202, 249, 257, 267, 269, 275, 278, 287, 293, 294, 320, 326, 345, 349, 350, 356, 369, 370, 379, 399, 542, 673

南満洲硝子 …… 179, 191, 218, 221, 293, 348, 364, 399
南満洲汽船 ……………………………… 69, 81
南満洲殖産 ………………………………… 66
南満洲製糖 …… 70, 74, 122, 130, 141-143, 145, 146, 157, 266, 293, 295, 421, 673
南満洲倉庫建物 ………………………… 225, 231
南満洲鉄道運輸部 ……… 148, 154, 193, 199, 200, 203, 205, 212, 510
──計画部 …… 181, 191, 256, 269, 275, 287, 296, 299, 309, 485, 497, 508, 624
──経済調査会 …… 256, 287, 302, 303, 323, 331, 579, 680
──経理部 …… 140, 175, 180, 190, 191, 195, 196, 197, 200, 234, 235, 238, 239, 288, 298, 396
──興業部 …… 130, 138, 144, 154, 165, 173, 181, 190, 191, 193, 194, 195, 196, 197, 202, 215, 217, 227, 234, 240, 352, 488, 510
──鉱業部 ………………………………… 150
──産業部 …… 256, 287, 346, 524, 558, 594, 624, 627
──社長室人事課 ……………… 239, 395, 137
──商事部 …………………………… 190, 301, 511
──殖産部 …………… 165, 242, 256, 300, 489
──庶務部 ………………………………… 137
──総裁室 …… 191, 234, 277, 290, 333, 336, 345, 351, 353, 360, 361, 365, 382, 385, 395, 396, 497, 499, 501, 561
──総務局 ……………………… 287, 382, 533
──総務部 …… 123, 130, 136, 138, 143, 181, 191, 192, 227, 265, 268, 269, 270-277, 286, 287, 290, 291, 297-301, 321, 333, 336, 395, 396, 486, 487, 489, 492, 493
──炭礦部 ………………………………… 397
──地方部 ………………… 117, 139, 140, 144, 146
──鉄道建設局 ………………………… 272, 358
──鉄道総局 …… 272, 275, 336, 344, 346, 361, 362, 460
──鉄道総局附業局 …… 333, 336, 348, 363, 381
──鉄道部 …… 165, 198, 200, 203, 205, 236, 358
──用度部 …………………………… 190, 385
南満洲電気 …… 14, 75, 102, 137, 178-183, 191, 197, 199, 200, 242-246, 249, 257, 267-270, 275, 278-280, 293, 299, 306-312, 319, 324-326, 371, 491, 492, 524, 550-552, 554, 673
南満洲物産 ……………………………… 69, 81
南満洲旅館 …… 76, 156, 179-183, 200, 203, 249, 251, 673
向井合資 …………………………………… 78

向井獣骨粉工場	78
向井商事	78
向井商事工業	78
無限製材	665
明治運送	204, 206, 211
明治鉱業	655
明治生命保険	496
蒙疆運輸	374, 394
蒙疆銀行	507, 517, 556
蒙疆石油	546, 563
蒙疆畜産	547
蒙疆電業	375
蒙疆羊毛同業会	467, 468
蒙疆聯合委員会	466, 467
蒙古産業公司	233
蒙古聯合自治政府	348, 466, 644
蒙古聯盟自治政府	466
茂木合名	144, 421, 422, 423
紅葉屋商会	205, 211
森興業	299
文部省	188

ヤ行

安田生命保険	609
安田保善社	123, 209, 237, 241
野戦鉄道提理部	106
八千代生命保険	216, 220
八幡製鉄所	110, 173, 185
山一証券	46, 389
山神組	288
山口運輸	135, 138, 204, 205
山口高等商業学校	191, 560
山口合名	134, 135
山下汽船	180, 269, 346,
大和染料製布・大和染料	77, 146, 385, 395, 396
山之内製薬	386, 568, 664
山葉洋行	49, 388
裕東煤礦・裕東炭礦	30, 315, 325, 639, 635
夕張鉄道	202
羊毛統制会	470

横浜火災海上保険	209
横浜護謨製造	211
横浜正金銀行	23, 238, 242, 403, 427, 461, 466
横浜貯蓄銀行	426
灤平鉄道	620, 628, 651

ラ行

理化学研究所	299, 431, 624
理化学興業	266, 276, 304, 338, 367, 431
陸軍省	112, 256, 302, 321, 422, 432, 487, 508, 523, 562, 586
理研金属工業	304
理研マグネシウム	304
立憲憲政会	214
立憲政友会	109, 110, 112, 161, 162, 163, 187, 198, 213, 214, 216, 250, 255, 583
立憲民政党	163, 198, 255
龍烟鉄鉱	643, 644, 655
両江拓林鉄道	175
遼東汽船	66, 76
遼東銀行	72, 405, 406
遼東新報社	151
遼東ホテル	180, 191, 200, 201, 336, 337, 358
遼東モータース	239
遼寧省档案館	17
遼寧煙草	30, 39
遼陽鞍山信託	237, 241
遼陽電灯公司	64, 117, 120, 132, 178, 242, 554
遼陽取引所信託	175, 222, 224
遼陽農事合作社	488
旅順銀行	229, 232
旅大自動車	245, 249
連合国総司令部	666
六十五銀行	137
魯大鉱業公司	316
龍口銀行	70, 72, 78, 175, 177, 190, 228-230

ワ行

早稲田大学	240, 287, 629
輪西製鉄	262, 263

索引　721

人　名

凡例：
アルファベット順で配列した。
中国人名は拼音で配列した。
典拠図書等の著者名を省略した。
注・表に含まれる人名を省略した。
一部存在を傍証できない人物を含む。

A

阿部重兵衛 ……………………………… 487
安部幸之助 ………………………… 143, 421, 422
安部幸太郎 ……………………………… 421, 422
安部幸兵衛 ………………………… 142, 144, 146
愛新覚羅憲奎 …………………………… 277, 500
相川岩吉 ………………………………… 530, 561
鮎川義介 ……… 528, 581-587, 591, 593-595, 597,
　　602-604, 624, 625, 630, 631, 635, 675, 676, 680
相生常三郎 ……………………………………… 489
相生由太郎 ……… 140, 143, 144, 208, 229, 235, 241,
　　420-422, 425
藍沢弥八 …………………………………………… 434
赤羽克己 …………………………… 144, 195, 202
明石東次郎 ……………………………………… 142
秋田穣 ……………………………………… 641, 654
甘粕正彦 ………………………………… 350, 365
天野作蔵 ………………………………… 527, 559
新井静二郎 ……………………………… 336, 358
荒井泰治 …………… 421, 423, 425, 141, 143-145, 173
荒川英二 ………………………………… 642, 654
荒尾文雄 ……………………………………… 193
有賀定吉 ………………………………… 235, 240
浅田美之助 ……………………………… 496, 512
浅原源七 ………………………………… 593, 624
安宅弥吉 ……………………………………… 421
粟野俊一 …………… 487, 499, 514, 530, 296, 320

C

陳悟 …………………………………… 500, 514, 522
千葉豊治 ………………………………… 236, 240
長久美 …………………………………… 649, 655

D

田昌 ……………………………………… 520, 556
土居節 …………………………………… 152, 156

E

江川忠式 ……………………………………… 530
江口定条 ………………………………… 255, 284
遠藤宗六 ……………………………………… 217
遠藤真一 ……………………………………… 424
江藤豊二 ……………………………………… 421
江崎重吉 ………………………………… 275, 290

F

馮涵清 …………………………………… 593, 624
藤平泰一 ……………………………………… 22
藤井文陽 ………………………………… 140, 145
藤井省策 ………………………………… 133, 138
藤井暢七郎 ……………………………… 649, 655
藤飯三郎右衛門 ………………………… 497, 513
藤根寿吉 …………………………………… 235
藤崎三郎助 …………………………… 144, 420, 488
藤田平太郎 ………………………………… 238
藤田臣直 …………………………………… 195
藤田与市郎 ………………………………… 150
藤原銀次郎 ………………………………… 142
藤山愛一郎 ………………………………… 593
藤山雷太 …………………………………… 593
福井米次郎 ……………………………… 214, 215
福本元之助 ………………………………… 421
福富夏二 ………………………………… 643, 655
古沢幸吉 …………………………………… 181
二神駿吉 …………………………… 590, 591, 593

G

伍堂卓雄 ………………………………… 198, 203
後藤愛 …………………………………… 524, 558
後藤久生 ………………………………… 528, 560
後藤新平 ………………………………… 108, 156
郭松齢 ……………………………………… 206

H

- 箱崎正吉 …………………………………… 641, 654
- 浜口雄幸 …………………………………… 163, 255
- 花井脩治 ………… 234, 240, 300, 499, 500, 514, 524, 527, 558, 569
- 花井卓蔵 …………………………………………… 220
- 原敬 …………………………………… 110, 161, 214
- 原田鉄造 …………………………………………… 150
- 榛葉可省 …………………………………… 494, 511
- 長谷川浩 …………………………………………… 525
- 橋本戊子郎 ………………………………………… 235
- 橋本幾三郎 …………………………………… 173, 189
- 橋本圭三郎 ……… 161, 188, 297, 487, 509, 521, 556
- 橋本音治郎 ………………………………………… 466
- 橋本貞夫 …………………………………………… 141
- 橋本音治郎 ………………………………………… 466
- 畠山蔵六 …………………………………… 643, 655
- 八田嘉明 …………………………………………… 255
- 服部誠蔵 …………………………………… 134, 138
- 発地長太郎 ………………………………………… 652
- 早川仙吉郎 …………………………………… 161, 187
- 林権助 ……………………………………………… 111
- 林博太郎 …………………………………… 266, 284, 319
- 林顕蔵 ……………………………………… 277, 290, 500
- 林清勝 ……………………………………………… 238, 241
- 日比勝治 …………………………………………… 532
- 日野義一 …………………………………… 526, 558
- 平井誉次郎 ………………………………… 238, 241
- 平井喜久松 ………………………………… 380, 396
- 平野欽也 …………………………………………… 615
- 平尾康雄 …………………………………… 274, 289
- 平島達夫 …………………………………… 149, 155
- 平島敏夫 ………………………………… 197, 202, 380, 396
- 平田重兵衛 ………………………………… 521, 556
- 平田釟一郎 ……………………………… 205, 206, 211
- 平田瑞穂 …………………………………… 501, 515
- 本多敬太郎 ………………………………… 487, 509
- 洪維国 ……………………………………… 495, 512
- 本庄繁 ……………………………………………… 295
- フーバー、ハーバート …………………… 176, 190
- 堀親道 ……………………………………………… 193
- 堀三之助 …………………………………………… 208
- 堀末治 ……………………………………………… 389
- 堀義雄 ……………………………… 297, 298, 299, 321, 487
- 星野直樹 …………………………………… 586, 591
- 星野龍雄 …………… 276, 277, 290, 497, 499, 501, 513

I

- 伊吹震 ……………………………………… 593, 624
- 市川数造 …………………………… 193, 200, 236
- 市川健吉 …………………………………… 275, 290
- 市川宗助 …………………………………… 523, 557
- 五十嵐澄夫 ………………………………………… 269
- 日高長次郎 ………………………………… 493, 511
- 飯田邦彦 …………………………………… 213, 220
- 飯島省一 ……………………………… 345, 361, 526, 558
- 池田亀三郎 ………………………………… 641, 654
- 池田泰次郎 ………………………………… 527, 559
- 生駒高常 …………………………………… 499, 514
- 生野稔 ……………………………………………… 298
- 今井五介 …………………………………………… 248
- 今井富之助 ………………………………………… 641
- 今井善治 …………………………………… 533, 562
- 稲田文治 …………………………………… 621, 628
- 井野碩哉 ……………………………… 530, 561, 623
- 井上準之助 ………………………………………… 238
- 井上馨 ……………………………………………… 583
- 井上乙彦 …………………………………… 485, 508
- 犬塚信太郎 ……………………… 109, 112, 131, 155
- 犬養毅 ……………………………………………… 255
- 庵谷忱 ………………………… 216, 225, 342, 415, 421
- 入江正太郎 ……… 133, 137, 180, 191, 308, 324, 491, 511
- 入江海平 …………………………………… 195, 201
- 石橋正二郎 ………………………………………… 563
- 石橋米一 ……………………… 308, 324, 491, 511
- 石田栄造 ……………………… 67, 77, 389, 397, 531
- 石塚英蔵 ……………………… 142, 420, 421, 422, 425
- 石川等 ……………………………………………… 617
- 石川一郎 …………………………………………… 495
- 石川正作 …………………………………………… 498
- 石本鑽太郎 …………… 139, 141-144, 239, 235, 421, 425
- 石崎広治郎 ………………………………… 344, 348, 362
- 石崎頼久 …………………………………………… 155
- 一色信一 …………………………………………… 497
- 伊藤文吉 ……………………… 217, 221, 587, 590, 592
- 伊藤大八 …………………………………… 109, 112
- 伊藤原蔵 …………………………………… 133, 137
- 伊藤博文 …………………………………………… 221
- 伊藤野枝 …………………………………………… 365
- 岩藤与十郎 ………………………………………… 193
- 岩倉具視 …………………………………………… 205
- 岩倉具光 …………………………………………… 205
- 岩本保太郎 ………………………………………… 470

索　引　723

岩崎俊哉	195
岩崎弥五郎	153, 156
岩田熊次郎	193

J

金璧東	277, 500
金卓	630, 652

K

樺山愛輔	238
門野重九郎	210, 488
甲斐喜八郎	495, 512
甲斐猛一	528, 560
貝瀬謹吾	196, 202, 353, 365
梶山又吉	492, 510
鎌倉巌	528, 560
鎌田弥助	121, 136
亀井宝一	215
亀岡精二	275, 290
神守源一郎	348, 363
上中尚明	213
神成季吉	143, 146, 227, 232
金井清	265, 272, 286, 486, 509
金井佐次	431, 436
金丸富八郎	181, 191, 197, 215, 234, 237, 238, 268, 287
神田勇吉	642
金子隆二	140
金七捷平	528
春日弘	643, 655
片倉衷	591
片倉武雄	258, 314
加藤明	486, 509
加藤定吉	237, 415, 420
加藤鉄矢	385
加藤友治	236
加藤友三郎	161, 162
香取真策	211
桂太郎	108
桂城太郎	200
河辺義郎	272
川田貫一	651
川合正勝	528, 560
河合良成	217, 221
川上謹一	214
川上正一郎	605, 626
川村鋳次郎	132, 134, 137
川村竹治	161, 188
川南秀造	641, 654
川島三郎	498, 514
木村春雄	528, 560
木村正道	344, 348, 361
木村通	238, 242, 300, 301, 322, 500, 515
木村総助	147
木下通敏	300
岸信介	53, 367, 576, 594
岸利信	223, 230
岸本勘太郎	608, 630
北川芳洲	245, 248
北村民也	489, 510
清瀬規矩雄	151, 155
小林範二	649, 655
小平権一	524, 558
児玉源太郎	107
児玉八郎	348, 363
児玉秀雄	164, 209, 210, 219, 296, 348, 485
児玉翠静	152, 155, 200, 203, 216
児玉常雄	296, 485, 508
児玉謙次	238
古賀叶	336, 358
小池筧	308
古仁所豊	227, 232
駒越五貞	498, 513
小松孝行	524, 558
河本大作	163, 189, 297, 320, 487, 521, 527, 530, 594, 600, 625
近藤安吉	570, 578
小西和	141, 145
向野堅一	72, 78, 149, 154
小須田常三郎	297, 321, 489, 510
小山貞知	522, 528, 557
久保孝太郎	622
久保田忠吉	296
久保田四郎	622
久保田省三	597, 625
久保田豊	440, 500, 522, 557
久保田篤次郎	639
工藤宏規	527, 528, 559
工藤雄助	133, 137, 525
久原房之助	583
熊田克郎	501, 515
国沢新兵衛	110, 112, 141
倉知鉄吉	217, 221, 233, 235
倉橋泰彦	342, 360

倉田芳松 ････････････････････････ 490, 511
栗村平三郎 ･･････････････････････････ 193
栗田千足 ････････････････････････ 530, 561
栗田作四郎 ･･････････････････････････ 247
黒岩直温 ････････････････････････ 496, 513
久留島秀三郎 ････････････････････････ 269
草間秀雄 ･･････････････････ 297, 489, 510
草間正志 ････････････････････････････ 151
串田万蔵 ････････････････････････････ 238
葛原猪平 ････････････････････････････ 220

L

李叔平 ････････････････････････ 296, 488, 320
劉德権 ･･････････････････････ 517, 528, 556, 560

M

町野武馬 ････････････････････････････ 236
前田直造 ････････････････････････ 485, 508
前田良次 ････････････････････････ 531, 561
前島巳一 ････････････････････････････ 527
馬越恭平 ････････････ 141, 213, 220, 415, 417, 421
槇哲 ･････････････････････････････ 141, 420
増尾鉄三 ････････････････････････････ 122
松田令輔 ････････････････････････ 586, 591
松田省三 ････････････････････････････ 528
松田進 ･･････････････････････････ 336, 358
松田義雄 ････････････････････ 344, 361, 496, 513
松平直平 ････････････････････････ 421, 425
松方義三郎 ･･････････････････････････ 569
松方幸次郎 ･･････････････････････････ 238
松方正義 ････････････････････････････ 568
松川英雄 ････････････････････ 385, 396, 533, 562
松元時雄 ････････････････････････････ 237
松本豊三 ････････････････････････ 382, 396
松本烝治 ････････････････････････ 161, 188
松村茂 ･････････････････････････････ 649, 655
松岡洋右 ････････ 162, 255, 256, 319, 331, 366, 586, 604
松岡功 ･････････････････････････････ 382, 396
松島鑑 ････････････････････････ 234, 240, 529, 560
三保幹次郎 ････････････ 593, 594, 608, 624, 631, 635
皆川広量 ････････････････････････････ 237
美濃部俊吉 ･･････････････････････････ 220
美濃部洋二 ････････････････････ 34, 39, 338
三島潤郎 ････････････････････････････ 133
三角愛三 ････････････････････････ 302, 495, 512
三浦貞次 ････････････････････････････ 522
三浦義臣 ････････････････････ 303, 323, 495, 496, 512

三輪環 ･････････････････････････････ 272
三宅亮三郎 ････････････････････････ 522, 557
宮長平作 ････････････････････ 602, 626, 652
宮田長次郎 ････････････････････････ 494, 511
宮崎公平 ････････････････････････ 527, 559
水野錬太郎 ･･････････････････････････ 161
村井啓次郎 ････････････････ 147, 227, 232, 337
茂木惣兵衛 ････････････････ 144, 421, 422, 423, 425
森格 ･････････････････････ 144, 212, 214, 220
森上高明 ････････････････････････････ 217
森上卯平 ････････････････････････････ 225
森岡金蔵 ････････････････････････････ 651
森沢源太郎 ･･････････････････････････ 651
森田久 ･･････････････････････････ 532, 561
守屋秀也 ････････････････････････････ 151
守屋逸男 ････････････････････････ 642, 654
守屋善兵衛 ･･････････････････････････ 151
向井龍造 ･････････････････････････ 72, 78
向坊盛一郎 ･･････ 181, 191, 193, 195-198, 217, 227, 234, 349, 529, 560
村瀬文雄 ････････････････････････ 496, 512
村田誠治 ････････････････････････････ 151
村田懋麿 ････････････････ 148, 154, 205, 206, 211, 353, 365
村山威士 ････････････････････････････ 622

N

永井四郎 ････････････････････････ 527, 529, 559
長井租平 ････････････････ 527, 559, 596, 320, 488, 527
長倉親義 ････････････････････ 351, 353, 365, 533
長倉不二夫 ････････････････････････ 336, 358
永島忠道 ････････････････････････ 500, 514
永積純次郎 ････････････････････････ 605, 649
長山七治 ････････････････････････････ 298
内藤熊喜 ････････････････････････････ 415
内藤政次 ････････････････････････ 613, 627
中部幾次郎 ･･････････････････････････ 530
中江兆民 ････････････････････････････ 112
中川信 ･･････････････････････････ 492, 511
中井雅人 ････････････････････････ 517, 556
中井励作 ････････････････････････････ 367
中島小一郎 ･･････････････････････････ 469
中島久万吉 ･･････････････････ 205, 206, 211
中島亮作 ････････････････････････････ 195
中島多嘉吉 ･･････････････････････････ 205
中丸一平 ････････････････････････････ 144
中村是公 ･･････････････････････ 108, 109, 111
中村直三郎 ･･････････････････････････ 613

中村雄次郎	109, 112
中根照夫	342, 360
中西清一	110, 113, 161, 213, 214
中西敏憲	181, 192, 268, 287, 492, 511
中野武営	141
中野忠夫	336
中谷庄兵衛	422
中谷芳邦	487
中沢英三	642, 654
中沢正治	385, 524, 558
並木弥十郎	521, 556
楢岡茂	630, 631, 652
夏秋亀一	152, 156
根津嘉一郎	209
根橋禎二	296, 299, 485, 497, 508
二宮治重	36, 300, 301, 322
西川芳太郎	227
錦織是喜代	247, 248
西村淳一郎	367, 526, 558
西村信敦	122
西村多三郎	237
西山左内	485, 508
西山茂	642, 654
西山昌作	237, 241
西山虎吉	298
野田俊作	220
野田卯太郎	214, 220
野口信二	630
野口遵	440, 500, 522, 527, 529, 613
野村得七	367
野村龍太郎	109, 110, 112, 161, 214
野中巌	526, 558
野中秀次	236
野崎郁之助	527, 559
沼田政二郎	132, 136

O

小日山直登	135, 138, 150, 204, 205, 206, 213, 214, 263, 285, 379, 380, 396, 594, 597, 624
大淵三樹	140, 145, 152, 216, 218, 220, 221, 233, 263, 285
小布施新三郎	634
小田万蔵	385
小田要一	342, 360
小平浪平	584, 590, 591, 630
大垣研	386, 396
尾形次郎	499, 514

小川逸郎	530
小川卓馬	336
荻原三平	557
小倉彦四郎	487
小倉鐸二	133, 137
大橋新太郎	141, 142, 144, 237
大平駒槌	162, 163, 189, 255
大石義郎	527, 559
大磯義勇	524, 558
大岩銀象	275
岡部三郎	235
岡田栄太郎	325, 613, 626, 639
岡田猛馬	527, 559
岡野備芳	643
大川平三郎	209, 592
興津時馬	498
大河内正敏	367
奥平弘敏	486, 509, 531, 561
奥村慎次	269, 275, 287, 309, 593
奥村四郎	651
奥村義信	530
大倉彦一郎	496
大蔵公望	208, 212, 234, 424, 426
大倉喜七郎	626
大村卓一	256, 272, 284, 331, 345, 379
大野田剛	651
大崎新吉	492, 603
大島義昌	110
大田三郎	129
大和田勇	173, 190
小柳津正蔵	270, 288, 486, 493, 509, 511

P

溥儀	569

R

栄厚	483
栄源	485, 295, 508

S

佐伯政之助	385
西園寺公望	211
斉藤実	266
斉藤貢	345, 362, 526, 531, 558
斉藤忠雄	385
斉藤竹次郎	524
斉藤茂一郎	144, 146, 173, 174, 190, 421, 425,

　　　　　　488, 510
酒井伊四郎 ……………………… 277, 501520
酒井清兵衛 ……………………… 200, 236, 241
榊谷仙次郎 ……………………… 210, 212
左近充基 ………………………… 528, 560
三多 ……………………………… 484
三栄茂 …………………………… 524
佐々木謙一郎 …………………… 331, 358, 379
佐志雅雄 ………………………… 214, 215
佐藤健三 ………………………… 297, 487, 509
佐藤建次 ………………………… 517
佐藤応次郎 ……………………… 331, 332, 358, 380
佐藤至誠 ………………………… 138, 140, 144, 237
佐藤安之助 ……………………… 133, 136
佐藤義胤 ………………………… 524, 529, 531, 558
関屋悌蔵 ………………………… 529, 561
仙石貢 …………………………… 109, 163, 189, 198, 255
妹尾城爾 ………………………… 643, 655
世良正一 ………………………… 568, 593, 594, 597, 605, 616, 624
芝喜代二 ………………………… 302, 494, 495, 512
渋沢栄一 ………………………… 238
椎名悦三郎 ……………………… 586, 591
椎名義雄 ………… 385, 424, 426, 455, 464, 466, 469,
　　　　　　471, 531, 561
鹿野千代吉 ……………………… 570, 577
志岐信太郎 ……………………… 235, 240
島定治郎 ………………………… 421, 422
島徳蔵 …………………………… 64, 420, 423, 425
島田千代治 ……………………… 486, 509
島田茂 …………………………… 348, 363, 526, 558
島田利吉 ………………………… 594, 602, 605, 618, 620, 624
島田吉郎 ………………………… 336
清水奨 …………………………… 527, 559
下河辺建二 ……………………… 591, 593, 602
神保太仲 ………………………… 147, 154
新羅祐三 ………………………… 152, 156
新谷俊蔵 ………………………… 430, 436, 489, 510
白浜多次郎 …… 175, 190, 196, 197, 234, 238, 239
白城貞一 ………………………… 269
勝田主計 ………………………… 164, 401, 403
双海 ……………………………… 500
柴山鷲雄 ………………………… 72, 245
島崎好直 ………………………… 150, 154, 223, 231
十河信二 ………………………… 270, 288, 296, 297, 301, 316, 374
染谷保蔵 ………………………… 135, 139, 238
宋青涛 …………………………… 593, 594, 624
杉野喜作 ………………………… 367

孫澂 ……………………………… 308, 324
孫烈臣 …………………………… 225
鈴木英一 ………………………… 517, 556
鈴木岩治郎 ……………………… 141
鈴木格三郎 ……………………… 248, 315
鈴木貫太郎 ……………………… 380
鈴木庸生 ………………………… 139, 144

　　　　　　　　T

多田晃 …………………………… 273
高田友吉 ………………………… 69, 77, 140, 388
高橋岩太郎 ……………………… 492
高橋康順 ………………………… 496, 497, 500, 512
高橋良次 ………………………… 528, 560
高橋丈夫 ………………………… 497
高橋仁一 ……… 177, 196, 227, 245, 246, 308, 324,
　　　　　　491, 511
高畑誠一 ………………………… 455
高井恒則 ………………………… 524, 558
宝来市松 ………………………… 367
高瀬梅吉 ………………………… 421, 425
高柳保太郎 ……………………… 303, 323, 495, 512, 561
武部六蔵 ………………………… 367
武部治右衛門 …………………… 173, 181, 190, 301, 323
武田胤雄 ………………………… 273
武石惟友 ………………………… 455
竹本徳三郎 ……………………… 296
竹村芳雄 ………………………… 529
武村清 …………………………… 193
竹中政一 ………… 180, 191, 220, 319, 366, 604, 626
武尾弥 …………………………… 529, 623
竹内亀次郎 ……………………… 621
竹内徳亥 ………………………… 343, 361
竹内徳三郎 ……………………… 320, 488, 640
瀧口泰明 ………………………… 616
瀧野勇 …………………………… 386, 567, 577
多久芳一 ………………………… 499, 514
玉塚栄次郎 ……………………… 635
玉井麿輔 ………………………… 631, 649, 652
玉木為三郎 ……………………… 496, 512
田村義三郎 ……………………… 141
田村羊三 ………………………… 148, 154, 353, 365, 488, 510
田辺敏行 ………………………… 233, 234, 239
田中知平 ………………………… 528, 560
田中栄八郎 ……………………… 591, 592
田中波慈女 ……………………… 533, 562
田中広吉 ………………………… 345, 362

田中恭	593, 594, 624, 631
田中信良	367
田中鉄三郎	367
田中吉政	499
田中義一	583, 162, 198, 219
田中挙二	134, 169, 189
谷田繁太郎	296
谷中快輔	488
田沼義三郎	132, 134, 136
立野儀光	269
鳥羽実	388
栃内壬五郎	139, 142, 145, 234, 240, 420, 423, 425
戸倉誠司	501, 515
富永能雄	195
富田租	268, 270, 273, 274, 275, 287, 302, 336, 358, 495, 512
富田富	385
富田勇太郎	367, 497, 513
富次素平	196, 202
豊島秀三郎	455, 468, 469
遠山元一	634
坪上貞二	271, 288, 300, 494, 499, 514
津田元吉	235
辻光	225
辻湊	528, 560
佃与一	143, 146
妻木隆三	155

U

内田三郎	487, 509
内田小太郎	49
内田信也	213
内田康哉	255
内野正夫	497, 513
内山新治	643, 655
上田厚吉	634
殖田俊吉	424, 426
上島慶篤	467, 287, 305, 498, 514, 522, 528, 557, 559, 569, 603, 604, 626
梅根常三郎	651
宇佐美寛爾	198, 203, 346, 32
宇戸修次郎	273, 500

W

和田勁	517
和田豊治	161, 187, 217, 420, 422, 425
若尾璋八	421

王聘之	308, 524
王用賓	524
王執中	147
渡辺文平	616, 627
渡長次郎	385
和登良吉	149
翁文灝	660, 671
呉泰勲	523, 557

X

謝介石	517, 556
許桂恒	347, 363
徐鵬志	430

Y

八木開一	265, 286, 485, 508, 649
山田彦一	494, 511
山田潤二	122, 130, 144, 214, 220
山田敬亮	593, 594, 623, 629, 635
山田忍三	643, 655
山田三平	152, 181, 217, 225, 359
山田茂二	517, 556
山田紹之助	615
山田三次郎	195
山田直之助	499, 514
山鳥登	269, 271, 275, 287, 298, 300, 489, 492, 493, 510
山口忠三	275
山口重次	570
山本信夫	407
山本惣治	603, 626
山本俤二郎	143, 219
山本定三	499, 513
山本条太郎	161, 162, 163, 187, 199, 200, 216, 219, 255
山中重雄	152, 156
山成恭六	483
山西恒郎	198, 203, 298, 321, 343, 492, 511
山ノ内一次	110
山下市助	269
山下亀太郎	180
山下樵曹	651
山下亀三郎	180
山内勝雄	200
山内四郎	147
山内静夫	485, 508
山内義雄	195

山崎重次	223, 290
山崎幸太郎	352, 365
山崎元幹	378, 379, 380, 396, 524, 558, 561, 563
山崎善次	275
矢野耕治	597, 625, 642, 651
矢野美章	604
矢野端	195
安江好治	499, 514
安広伴一郎	161, 188, 197, 200
横地静夫	522, 557
横田利喜一	527, 559
横田多喜助	133, 197
横山正男	200
横山武	195
米山辰夫	521, 556
吉田幸吉	643, 655
吉田市郎平	342, 360
吉田一郎	617, 627
吉田正武	488, 510
吉田豊彦	308, 321, 367, 491, 511
吉家敬造	143, 350
芳川寛治	620
吉村鉄之助	124, 130, 141, 143, 143
吉野小一郎	225, 231, 410, 414
吉野信次	594, 595, 625
吉竹博愛	528
于冲漢	121, 132, 198
由利元吉	297, 487

Z

臧爾寿	531, 561
張作霖	141, 162, 163, 189, 206, 207, 216, 219, 225, 233, 235, 236
張維垣	493, 511
張亜東	489, 510
鄭孝胥	295
鐘子万	528
荘景軒	528

【著者紹介】

柴田善雅（しばた・よしまさ）
- 1949年　新潟市生まれ
- 1973年　早稲田大学政治経済学部卒業
- 1975年　早稲田大学大学院文学研究科修士課程修了
- 1983年　一橋大学大学院経済学研究科博士後期課程退学
- 1983〜95年　大蔵省勤務
- 1995年より大東文化大学国際関係学部教授
- 主な業績　小林英夫・柴田善雅『日本軍政下の香港』（社会評論社、1996年）、『占領地通貨金融政策の展開』（日本経済評論社、1999年）、『戦時日本の特別会計』（日本経済評論社、2002年）、財務省財務総合政策研究所財政史室編『昭和財政史──昭和49〜63年度──』第3巻「特別会計・政府関係機関・国有財産」（共著、東洋経済新報社、2002年）、『南洋日系栽培会社の時代』（日本経済評論社、2005年）、内田知行・柴田善雅編『日本の蒙疆占領　1937-1945』（研文出版、2007年）、鈴木邦夫編『満州企業史研究』（共著、日本経済評論社、2007年）、『中国占領地日系企業の活動』（日本経済評論社、2009年）、『戦時日本の金融統制──資金市場と会社経理──』（日本経済評論社、2011年）、『中国における日系煙草産業──1905-1945』（水曜社、2013年）、『植民地事業持株会社論──朝鮮・南洋群島・台湾・樺太──』（日本経済評論社、2015年）ほか。

満洲における政府系企業集団

2017年2月28日　第1刷発行	定価（本体8800円＋税）

　　　　　　　著　者　　柴　田　善　雅
　　　　　　　発行者　　柿　﨑　　　均
　　　　　　　発行所　　株式会社　日本経済評論社
　　　　　〒101-0051　東京都千代田区神田神保町3-2
　　　　　　電話　03-3230-1661　FAX　03-3265-2993
　　　　　　　　　info8188@nikkeihyo.co.jp
　　　　　　　URL：http://www.nikkeihyo.co.jp

装幀＊渡辺美知子　　　　　　印刷＊文昇堂・製本＊誠製本

乱丁・落丁本はお取替えいたします。　　　Printed in Japan
Ⓒ SHIBATA Yoshimasa 2017　　　ISBN978-4-8188-2448-5
大東文化大学特別研究費研究成果刊行助成金出版

・本書の複製権・翻訳権・上映権・譲渡権・公衆送信権（送信可能化権を含む）は、㈱日本経済評論社が保有します。

・JCOPY〈㈳出版者著作権管理機構　委託出版物〉
本書の無断複写は著作権法上での例外を除き禁じられています。複写される場合は、そのつど事前に、㈳出版者著作権管理機構（電話03-3513-6969、FAX03-3513-6979、e-mail: info@jcopy.or.jp）の許諾を得てください。

柴田善雅著
植民地事業持株会社論
——朝鮮・南洋群島・台湾・樺太——
A5判　八八〇〇円

東拓・南興・南拓・台拓・揮発の平時から戦時にわたる植民地内外の関係会社投資を中心に分析する。新たな資料発掘に基づき植民地事業持株会社の全体像を提示。

柴田善雅著
中国占領地日系企業の活動
A5判　七五〇〇円

一九三七年日中戦争勃発から一九四五年敗戦までの中国関内占領地における日本の経済支配の主要な担い手として活動した日系企業の全体像について実証的に解明を試みる。

柴田善雅著
占領地通貨金融政策の展開
A5判　八五〇〇円

満州事変から太平洋戦争全期間にわたる日本の占領地（東アジア・東南アジア全域）における通貨帝国の構築と改定の実証的研究。占領地通貨体制はいかに破綻したか。

柴田善雅著
南洋日系栽培会社の時代
A5判　九〇〇〇円

戦前期日本の企業活動は日本の行政権圏外にある英領マラヤ・蘭印・米領フィリピンにおける栽培業にまで及んだ。その活動の実態を具体例を挙げて検証する。

柴田善雅著
戦時日本の特別会計
A5判　六二〇〇円

戦時体制継続のため国内資金割当や物資動員、軍事費支出、占領地植民地体制に通じた対外資金移動、対外決済調整などから特別会計が戦時財政に果たした役割を検証。

柴田善雅著
戦時日本の金融統制
——資金市場と会社経理——
A5判　六五〇〇円

満州事変、日中戦争の勃発で戦時体制に移行した日本は資金・資材・労働力の集中投入により兵器と軍需財の拡大を急いだ。金融市場における政府の統制の総体的把握を試みる。

（価格は税抜）　日本経済評論社